Handwörterbuch Sexueller Missbrauch

Handwörterbuch Sexueller Missbrauch

herausgegeben von
Dirk Bange
und Wilhelm Körner

Hogrefe · Verlag für Psychologie
Göttingen · Bern · Toronto · Seattle

Dr. Dirk Bange, Diplom-Pädagoge. Von 1992 bis 1996 hauptamtlicher Mitarbeiter bei Zartbitter Köln e.V. mit den Arbeitsschwerpunkten Beratung und Therapie sexuell missbrauchter Jungen, sexuelle Gewalt in Institutionen, Kinder vor Gericht und Prävention. Seit 1996 Wissenschaftlicher Mitarbeiter bei der Behörde für Schule, Jugend und Berufsbildung in Hamburg mit den Arbeitsschwerpunkten Jugend- und Sozialberichterstattung, Armut und Weiterentwicklung der Jugendhilfe. *Buchpublikationen:* Die dunkle Seite der Kindheit - Sexueller Missbrauch an Mädchen und Jungen (1992), Auch Indianer kennen Schmerz - Sexuelle Gewalt gegen Jungen (1995, gemeinsam mit U. Enders), Sexueller Missbrauch an Kindern - Ausmaß, Hintergründe, Folgen (1996, gemeinsam mit G. Deegener). Daneben weitere Veröffentlichungen zum Thema Sexueller Missbrauch und zu anderen Themen wie Jungenarbeit, Sexualpädagogik und Lebenswelt- bzw. Sozialraumorientierung in Büchern und Fachzeitschriften.

Dr. Wilhelm Körner, Diplom-Psychologe, Psychologischer Psychotherapeut, Kinder- und Jugendlichenpsychotherapeut. Seit 1977 Tätigkeit in verschiedenen Einrichtungen der psychosozialen Versorgung und Jugendhilfe, Weiterbildungsveranstaltungen für Professionelle und Lehraufträge an verschiedenen Hochschulen zur psychotherapeutischen und Jugendhilfe-Praxis sowie zum Thema „Sexuelle Gewalt". Arbeitsschwerpunkte: Entwicklung von Handlungskonzepten gegen Gewalt und sexuellen Missbrauch, Kindzentriertheit in der Klärungsphase, Vermittlung von Grundwissen, Qualitätssicherung. *Buchpublikationen:* Psychologische Mobilmachung (1983, Mithrsg.), Psychotherapie in der Sackgasse (1985, hrsg. mit H. Zygowski), Familie und Familientherapie: Probleme - Perspektiven - Alternativen (1988, Mithrsg.), Gesundheit und Mythos (1989, Mithrsg.), Die Familie in der Familientherapie. Eine Kritik der systemischen Therapiekonzepte (1992), Klinische Psychologie (1991, 1998, 2. Aufl., hrsg. mit G. Hörmann), Handbuch der Erziehungsberatung. Band 1. Anwendungsbereiche und Methoden der Erziehungsberatung (1998, hrsg. mit G. Hörmann), Handbuch der Erziehungsberatung. Band 2. Praxis der Erziehungsberatung (2000, hrsg. mit G. Hörmann), daneben Mitarbeit an Büchern und Zeitschriften. E-Mail: wilhelmkoerner@aol.com

Die Deutsche Bibliothek - CIP-Einheitsaufnahme

Ein Titeldatensatz für diese Publikation ist bei
Der Deutschen Bibliothek erhältlich.

© by Hogrefe-Verlag, Göttingen • Bern • Toronto • Seattle 2002
Rohnsweg 25, D-37085 Göttingen

http://www.hogrefe.de
Aktuelle Informationen • Weitere Titel zum Thema • Ergänzende Materialien

Das Werk einschließlich aller seiner Teile ist urheberrechtlich geschützt. Jede Verwertung außerhalb der engen Grenzen des Urheberrechtsgesetzes ist ohne Zustimmung des Verlages unzulässig und strafbar. Das gilt insbesondere für Vervielfältigungen, Übersetzungen, Mikroverfilmungen und die Einspeicherung und Verarbeitung in elektronischen Systemen.

Umschlagbild: Diana Ong
Druck: Kaestner GmbH & Co. KG, D-37124 Rosdorf/Göttingen
Printed in Germany
Auf säurefreiem Papier gedruckt

ISBN 3-8017-1188-9

Inhaltsverzeichnis

Vorwort: Rita Süssmuth.................................... XIII
Vorwort der Herausgeber.................................. XV
Abwehrstrategien der Täter
   Günther Deegener....................................... 1
Anatomisch korrekte Puppen
   Dirk Bange 6
Armut von Kindern und Jugendlichen
   Dirk Bange 10
Ausmaß
   Dirk Bange 20
Befragung von Kindern
   Günther Deegener....................................... 26
Behinderung und sexuelle Gewalt
   Helga Rühling & Friedrich Kassebrock.................... 31
Betroffenen-Bericht
   Peter W. 37
CAPP – Child Assault Prevention Project
   Gisela Braun 40
Datenschutz
   Hans-Alfred Blumenstein 43
Definitionen und Begriffe
   Dirk Bange 47
Dissoziation (Dissoziative Störung)
   Hertha Richter-Appelt.................................. 53
Drei-Perspektiven-Modell: Ein feministisches Ursachenmodell
   Maren Kolshorn & Ulrike Brockhaus 55
Erinnerungen
   Dirk Bange 61
Erziehung
   Gisela Braun 69
Erziehungsberatung
   Wilhelm Körner.. 73

Fallanalyse, Operative Fallanalyse (OFA)
  Michael C. Baurmann 78

Falschbeschuldigungen
  Dirk Bange 90

Familiendynamik
  Mathias Hirsch 97

Familien- und Vormundschaftsgericht
  Wolfgang Raack 102

Feministisches Ursachenverständnis
  Maren Kolshorn & Ulrike Brockhaus 109

Folgen
  Franz Moggi 116

Frauen als Täterinnen
  Barbara Kavemann & Gisela Braun 121

Gefährdung des Kindeswohls – Eingriffe in das elterliche Sorgerecht
  Hans-Alfred Blumenstein 131

Geschichte
  Dirk Bange 135

Geschlecht des Beraters/der Beraterin
  Bernhard Eckert-Groß 143

Geschlechtskrankheiten
  Dirk Bange 147

Geschwister bei sexueller Gewalt innerhalb der Familie
  Ursula Enders 151

Geschwisterinzest im Kindes- und Jugendalter
  Georg Romer & Joachim Walter 154

Glaubhaftigkeitsuntersuchung und diagnostischer Erkenntnisprozess in Fällen sexuellen Missbrauchs
  Rainer Balloff 162

Gynäkologische Untersuchung
  Eberhard Motzkau 171

Häusliche Gewalt
  Barbara Kavemann 174

Helferinnen/Helfer und Professionalisierung
  Gabriele Roth 183

Hilfen zur Erziehung und sexueller Missbrauch
  Luise Hartwig 190

Institutionen und sexueller Missbrauch
Marie-Lusie Conen 196

Institutionen und sexueller Missbrauch:
Täterstrategien und Reaktionsweisen
Ursula Enders 202

Internet
Detlef Drewes 210

Intervention – die „Regeln der Kunst"
Dirk Bange 216

Jugendämter
Monika Weber 224

Jugendliche Täter
Klaus-Peter David 234

Jugendmedienschutz
Detlef Drewes 240

Jungen als Opfer
Ulfert Boehme 245

Jungenprostitution
Dirk Bange 254

Jungensozialisation
Tim Rohrmann 261

Kinder als „Täter"
Georg Romer 270

Kinderpornographie
Detlef Drewes 278

Kinder-Spieltherapie
Wilhelm Körner 284

Kinder- und Jugendhilfegesetz
Reinhard Wiesner 291

Kinderzeichnungen
Rosemarie Steinhage 296

Kindesmisshandlung
Eberhard Motzkau 300

Kirche
Wunnibald Müller 306

Klientenzentrierte Gesprächspsychotherapie als Beziehungsangebot
Rosemarie Steinhage 312

Körperliche Untersuchung bei Kindesmisshandlung
Eberhard Motzkau 318

Literatur
Hanna Kiper 321

Mädchenprostitution
Christiane Kluge 326

Männliche Homosexualität
Thomas Grossmann 330

Medien
Gabriele Amann & Rudolf Wipplinger 337

Migrantinnen und Migranten
Margarete Finkel 346

Missbrauch mit dem Missbrauch
Ursula Enders 355

Modell der vier Voraussetzungen – David Finkelhors Ursachenmodell
Maren Kolshorn & Ulrike Brockhaus 362

Mütter
Eva Breitenbach 367

Mythen über sexuelle Gewalt
Maren Kolshorn & Ulrike Brockhaus 373

Nebenklage
Claudia Burgsmüller 379

Opferentschädigungsgesetz
Claudia Burgsmüller 387

Opferschutzgesetz
Claudia Burgsmüller 389

Pädosexualität
Martin Dannecker 390

Parteiliche Beratungsstellen
Birgit Schlathölter 395

Parteilichkeit in der Beratung
Luise Hartwig 398

Pflegefamilien
Margarete Finkel & Dirk Bange 403

Polizei
Dagmar Freudenberg 410

Polygraph („Lügendetektor")
    Ulfert Boehme 412
Posttraumatische Belastungsstörungen
    Hertha Richter-Appelt 418
Prävention als Elternbildung
    Gisela Braun 420
Prävention in der Heimerziehung
    Wilma Weiß 425
Prävention in der Kindertagesbetreuung
    Gisela Braun 433
Prävention in der Schule
    Brunhilde Marquardt-Mau 438
Prävention mit Kindern
    Dirk Bange 447
Prozesskostenhilfe
    Claudia Burgsmüller 455
Psychiatrie und sexueller Missbrauch
    Hertha Richter-Appelt 457
Psychoanalyse und Inzest
    Mathias Hirsch 459
Psychoanalytische Psychotherapie
    Mathias Hirsch 465
Psychodynamik sexuell missbrauchter Mädchen und Frauen
    Rosemarie Steinhage 470
Psychodynamik sexuell missbrauchter Männer
    Ulfert Boehme 475
Rahmenbedingungen für Interventionen
    Dirk Bange 480
Rechtsmittel
    Hans-Alfred Blumenstein 489
Risiko- und Schutzfaktoren in der Ätiologie und Bewältigung von
Misshandlung und Vernachlässigung
    Doris Bender & Friedrich Lösel 493
Ritualisierter Kindesmissbrauch
    Ursula Enders 501
Rückfälle von Sexualstraftätern
    Dirk Bange 509

Rückführungskriterien
Klaus-Peter David & Dirk Bange 516

Selbsthilfe
Marion Mebes 523

Sextourismus
Detlef Drewes 529

Sexualpädagogik
Christa Wanzek-Sielert 536

Sexuell auffälliges Verhalten von Kindern
Bettina Schuhrke 542

Sexuelle Entwicklung von Kindern bis zur Pubertät
Bettina Schuhrke 548

Sexuelle Übergriffe in der Therapie
Franz Moggi & Vedrana Hercek 554

Sicherungsverwahrung
Gerhard Rehn 562

Soziale Schicht
Dirk Bange 566

Sozialpädagogische Prozessbegleitung für Opferzeuginnen und -zeugen im Rahmen der Jugendhilfe
Friesa Fastie 567

Sozialtherapeutische Anstalt
Gerhard Rehn 574

Spezialisierte Beratungsstellen
Monika Weber 580

Sport
Birgit Palzkill 586

Staatliches Wächteramt
Reinhard Wiesner 592

Staatsanwaltschaft
Dagmar Freudenberg 596

Strafanzeige/Anzeigepflicht
Friesa Fastie 600

Strafverfahren
Hans-Alfred Blumenstein 605

Strafvollzug
Gerhard Rehn 609

Strafvorschriften gegen sexuellen Missbrauch
Hans-Alfred Blumenstein 614

Supervision
Bernhard Eckert-Groß 616

Systemische Erklärungsansätze zum Sexuellen Missbrauch
Franziska Sitzler & Wilhelm Körner 621

Systemische Therapieansätze bei der Arbeit mit sexueller Gewalt
Franziska Sitzler & Wilhelm Körner 624

Täterbehandlung
Günther Deegener... 632

Tätergespräch
Ursula Enders 639

Täterprävention
Thorsten Kruse 646

Täterprävention und männliche Sozialisation
Anita Heiliger 650

Täterstrategien und Prävention
Anita Heiliger 657

Traditionelles Ursachenverständnis
Maren Kolshorn & Ulrike Brockhaus 663

Trauma
Hertha Richter-Appelt 668

Trennung und Scheidung, Regelung der elterlichen Sorge und des Umgangs bei sexuellem Missbrauchsverdacht
Rainer Balloff 671

Umstände
Dirk Bange 679

Väter
Ursula Enders & Dirk Bange................................. 682

Verdrängung
Günther Deegener... 685

Verführungstheorie
Dirk Bange 691

Vergewaltigung
Susanne Heynen 697

Verhaltenstherapie
Gabriele Amann & Rudolf Wipplinger......................... 705

Vernachlässigung
  Eberhard Motzkau 712

Vernehmung von Kindern
  Ursula Nelles 717

Videoaufzeichnungen
  Ursula Nelles 724

Weibliche Sozialisation
  Gisela Roth 730

Zeugenbegleitprogramm für Kinder im Strafverfahren
  Sigrid Bürner 736

Zeuginnen und Zeugen
  Friesa Fastie 745

Autorenregister 753
Sachregister 767

Vorwort

Das Thema Sexueller Missbrauch an Kindern hat über die vielen Jahre, in denen ich mich damit beschäftige, nicht an Bedeutung verloren und steht in direktem Gegensatz zum Anspruch der Gesellschaft, den Schutz des Kindes zu gewährleisten. Daher halte ich es für eine positive Entwicklung, dass das Thema in den letzten Jahren enttabuisiert werden konnte und der Weg offen ist, eine produktive Diskussion zu führen.

Bis Mitte der Achtzigerjahre lagen in Deutschland kaum wissenschaftlich fundierte Kenntnisse zum sexuellen Missbrauch bei Mädchen und Jungen vor. Seitdem hat sich dies glücklicherweise geändert. Die Ergebnisse der letzten Jahre sind in diesem vorliegenden Handwörterbuch in leicht verständlicher Form zusammengefasst. Dass neben Wissenschaftlern auch Autoren aus der beruflichen Praxis Kapitel beigesteuert haben, ist Ausdruck dieses Anliegens. Dies ist besonders wichtig, da die Menschen, die sich Tag für Tag mit dem Problem des sexuellen Missbrauchs auseinandersetzen müssen, auf diesem Weg Unterstützung erfahren. Sowohl Ärzte, Eltern, Lehrer und Erzieher in Kindertagesstätten als auch die Professionellen in Jugendämtern und in den Gerichten können von dem vorliegenden Band profitieren. Denn eines ist deutlich: Trotz der Erfolge im Kampf gegen sexuellen Missbrauch, die in den letzten Jahren verzeichnet werden konnten, muss das große Engagement aus allen Bereichen der Gesellschaft weitergeführt werden. Wir dürfen uns nicht auf dem ausruhen, was in den letzten Jahren erreicht wurde. Neue Formen des Missbrauchs (z. B. in den neuen Medien) müssen erkannt und neben den anderen Formen angemessen berücksichtigt werden.

Besonders zu schätzen ist der umfassende Ansatz, der in diesem Buch zu finden ist. Experten aus unterschiedlichen Fachrichtungen beleuchten die verschiedensten Aspekte, die von Gewicht sind. Prävention und Hilfsangebote für die betroffenen Kinder sind von ebenso großer Bedeutung wie die sozialen Umstände und die Ursachenforschung. Daher ist es auch zu schätzen, dass Themen wie Armut, häusliche Gewalt und Vernachlässigung von Kindern eigene Aufsätze gewidmet sind. Die wechselseitigen Beziehungen zwischen diesen verschiedenen Faktoren verdeutlichen uns, dass in mancher Hinsicht die Forschungsbemühungen noch intensiviert werden müssen und das Hilfesystem noch besser an den Bedürfnissen der Kinder anzupassen ist.

Der oftmals sehr emotional und kontrovers geführten Diskussion über den sexuellen Missbrauch an Kindern ist es zu wünschen, dass in Zukunft mehr solcher Versuche unternommen werden, unterschiedliche Meinungen zu präsentieren und sachorientiert über der besten Weg der Hilfen zu diskutieren.

Durch mein langjähriges Engagement in Familien-, Frauen- und Gesundheitspolitik ist mir die besondere Problematik „Sexueller Missbrauch" immer wieder deutlich geworden. Es gab und gibt viele Türen, die zu öffnen und Tabus, die zu überwinden sind. Das Handwörterbuch „Sexueller Missbrauch" verdeutlicht uns, warum dieser Kampf wichtig war, ist und weiterhin sein wird.

Rita Süssmuth

Vorwort der Herausgeber

Über sexuelle Gewalt an Kindern wird seit fast zwei Jahrzehnten in der Öffentlichkeit und Fachwelt kontrovers und auch emotional diskutiert. Im Rahmen dieser Debatte sind zahlreiche Biographien und Fachbücher erschienen, die mittlerweile Regale füllen. Angesichts dieser großen Zahl von Veröffentlichungen fällt es schwer, die relevanten Titel herauszufinden. Ein Nachschlagewerk, das eine schnelle, der Problematik angemessene und allgemein verständliche Information zu allen wichtigen Aspekten sexueller Gewalt ermöglicht, fehlte bisher. Das vorliegende Handwörterbuch versucht diese Lücke zu schließen. Es soll als *Wörterbuch* zum einen den mit der Problematik wenig vertrauten Leserinnen und Lesern Orientierungshilfe zum Thema bieten. Zum anderen kann es Professionellen und Studierenden auch als *Einführung* dienen, die es ihnen ermöglicht, sich genauere Kenntnisse über das Phänomen des sexuellen Missbrauchs anzueignen. Letztlich dient es somit als Hilfestellung, wenn es darum geht, in konkreten Fällen von sexuellen Missbrauch zu handeln.

Das Buch ist alphabetisch aufgebaut. Es enthält 129 Beiträge von A wie „Abwehrstrategien der Täter" bis Z wie „Zeuginnen und Zeugen", die von insgesamt 63 Autorinnen und Autoren verfasst wurden. Deshalb gestattet es einen individuellen Zugang zu diesem komplexen und sensiblen Thema. Mit Pfeilen wird im Text auf Zusammenhänge zwischen den Stichwörtern hingewiesen. Die Literaturhinweise nach jedem Stichwort erleichtern die Vertiefung in einzelne Problemfelder. Dabei wurden wichtige und leicht verständliche Quellen bevorzugt berücksichtigt.

Als Autorinnen und Autoren haben wir Frauen und Männer gewonnen, deren Kompetenz und fachliche Positionen uns aus ihrer praktischen Arbeit gegen sexuelle Gewalt oder ihren Beiträgen in der Fachdiskussion bekannt waren. Bei ihrer Auswahl war es uns wichtig, unterschiedliche theoretische und praktische Zugänge zum Thema und ein breites Meinungsspektrum abzubilden. Dadurch ist eine große Vielfalt an fachlichen Standpunkten zu fast allen Facetten des sexuellen Missbrauchs entstanden. Einige Leserinnen und Leser werden sich deshalb in der einen oder anderen Sichtweise nicht wieder finden können. Auch die Herausgeber stehen nicht hinter allen vertretenen Positionen. Allerdings war es beabsichtigt, die zwischen den verschiedenen Autorinnen und Autoren bestehenden Unterschiede nicht zu verwischen, um eine möglichst große Anzahl von fachlich qualifizierten Positionen zu repräsentieren.

Das Buch soll außerdem zu einer Versachlichung der hitzigen Diskussion beitragen, bei der es mitunter zu Überreaktionen und persönlichen Angriffen kam. Alle Beiträge des Handwörterbuches spiegeln das Ziel, die Entstehung (sexueller) Gewalt zu vermeiden sowie die Klärung eines Missbrauchsverdacht für das betroffene Opfer möglichst sensibel und genau zu gestalten. Ebenso deutlich wird auch, dass sich in der Sache unterdessen die Vertreterinnen und Vertreter der verschiedenen Strömungen vielfach sehr nahe gekommen sind. Diese Kooperation so vieler Fachleute bietet eine gute Basis für die weitere Arbeit für Betroffene und gegen sexuelle Gewalt. Dies ist für die Zukunft wichtig, da viele Aspekte sexueller Gewalt und des kompetenten professionellen Umgangs mit ihr noch zu erforschen sind, worauf in den Stichwörtern hingewiesen wird.

Für wertvolle Anregungen und anderweitige Unterstützung danken wir Kerstin Geisel, Lilly und Mia Bange, Susanne Jeismann, Inessa Körner, Yvonne Theußen und den Mitarbeiterinnen und Mitarbeitern des Hogrefe Verlags.

Dirk Bange *Wilhelm Körner*

Abwehrstrategien der Täter

Günther Deegener

Einleitung

In der Literatur über sexuelle Missbraucher und andere Sexualtäter wird immer wieder herausgestellt, wie umfassend (von der ersten Aufdeckung und Diagnostik an bis hin zu späteren Behandlungsphasen) von ihnen die Verantwortung für ihr Handeln durch Verleugnungen, Verharmlosungen, Rechtfertigungen, Schuldverschiebungen usw. abgewehrt wird. Die folgenden Aussagen aus Interviews mit sexuellen Missbrauchern (Deegener, 1995) veranschaulichen diese Abwehrhaltungen:

– *Täter-Selbstbild*: „Ich bin schuldlos, war es nicht; gezwungen hab' ich sie nicht, bin doch kein Sittenstrolch, der an der Ecke steht; ich habe damit auch Gutes getan, es war auch positiv für sie, für ihr Selbstwertgefühl."
– *Staat, Polizei, Justiz:* „Was der Staat macht, ist schlimmer, als was die Sexualtäter machen, die haben die Kinder bedroht, wenn sie keine Aussagen machen, kommen sie ins Heim; die Richter, die sind den Lügen gar nicht nachgegangen, obwohl ich alles bewiesen habe."
– *Psychosoziale Helfer:* „Die Sozialarbeiter haben alles aufgebauscht, dadurch hat sich die Fehlentwicklung meiner Tochter noch verschlimmert; der Psychologe, der war so kalt, so abgebrüht, und der hat gesagt, mit höchster Wahrscheinlichkeit ist sie glaubwürdig, aber vielleicht kann man glaubwürdig lügen; wir waren beim Frauenarzt mit ihr, wobei bewiesen wurde, dass dies hinten und vorne nicht stimmen würde."
– *Zeitungen*: „Ist viel die Presse, die schreiben auch viel über Sexualdelikte, da steht's ja alles drin. Das lesen auch die Mädchen, da kriegen sie ja die Tricks beigebracht."
– *Sexueller Missbrauch*: „Allgemein wehre ich mich gegen den Begriff sexueller Missbrauch, würde es akzeptieren, wenn Gewalt mit im Spiel ist."
– *Die sexuell missbrauchten Mädchen*: „Beim ersten Verkehr hatte sie einen Orgasmus gehabt, so dass von daher, beim späteren Verkehr, sie es auch gewünscht hat. Sie hat gelogen, hat dann losgelegt, ich hätte jeden Tag Verkehr mit ihr gehabt, hätte sie bedroht, auch mit dem Messer."
– *Psychosexuelle Reife der Mädchen*: „Es gibt heute schon 12- bis 14-Jährige, die sind biologisch und geistig so voran, dass es fast kriminell ist und nicht richtig ist, dass man so jemand seine Sexualität verbietet. Die reizen den Mann

raus, waren selber aus Leib und Seele dabei, und um sich reinzuwaschen, sagen sie bei der Mutter, sie seien gezwungen worden."
- *Die Mütter/Ehefrauen*: „Meine Frau hat (Mit-)Schuld, sie hatte 165 Kilogramm zum Schluss, da war bei mir natürlich in Punkto Sexualität Feierabend, tote Hose auf deutsch gesagt; meine Frau lügt, sie ist der Tochter in der Klinik mit dem Diktiergerät nachgelaufen und hat gesagt: „Gell, der Papa war's, der Papa war's.""
- *Familie und Kontakt zum missbrauchten Kind heute*: „Meine Tochter hat mir auch in die U-Haft geschrieben: ‚Ich werd' Dich nie vergessen, ich hab' Dich lieb'; die Familie, die ich reinsten Herzens geliebt habe, die hat mich jetzt im Stich gelassen."

Mit Salter (1988) können solche Aussagen nach den folgenden inhaltlichen Komponenten der Abwehr geordnet werden: Leugnung des sexuellen Missbrauchs (z. B. der Art der Handlungen, des Ortes, der Zeit), Leugnung von Phantasien und Planungen, Leugnung der eigenen Verantwortlichkeit und Schuld, Leugnung der Schädlichkeit des Missbrauchs. Zusammen mit einer Leugnung der Schwierigkeiten, das Missbrauchsverhalten zu ändern, ergibt sich ein ausgedehntes Verantwortungs-Abwehr-System.

Ursachen des Verantwortungs-Abwehr-Systems

Zwar werden von vielen Helferinnen und Helfern diese Abwehrhaltungen als „ganz bewusste", „dreiste", „reine" Lügen bewertet, doch dies vereinfacht aus den folgenden Gründen die Ursachen unzulässig:
- Alltägliche Erfahrung zeigt, dass allgemein bei Kritik sehr schnell versucht wird, die Schuld zu vermindern, das Geschehene zu verharmlosen oder zu rechtfertigen, die Verantwortung wegzuschieben, usw.
- Auch in der normalen klinischen Praxis sind immer wieder vielfältige Abwehrhaltungen, Widerstände, kognitive Verzerrungen u. ä. zu berücksichtigen sowie die Klientinnen und Klienten dahingehend zu motivieren, an den eigentlichen Problemen zu arbeiten.
- Missbraucher müssen aufgrund der starken moralischen Ächtung und strafrechtlichen Folgen besonders ausgeprägt die Konsequenzen der Aufdeckung fürchten, u. a. also: Verlust von Partnerin, Kindern, weiteren Familienmitgliedern, Arbeit, Einkommen, Ansehen und Freiheit (Fürniss, 1993, S. 66f.).
- Sicherlich kann bei der Verantwortungs-Abwehr den sexuellen Missbrauchern vielfach „bewusstes Lügen" unterstellt werden. Aber wenn das eigene Wert-Unwert-Gleichgewicht ins Wanken kommt, wird wohl jeder – mehr oder weniger ausgeprägt – vielfältige „Verschönerungsarbeiten" am Selbst- und Fremdbild vornehmen, die durchaus nicht immer bewusst erfolgen.
- Je mehr das Selbstwertgefühl im Lebenslauf beschädigt wurde, um so stärker wird auch schon geringfügige Kritik als massive Kränkung, beschämende

Bloßstellung und ausgeprägte Entwertung erlebt sowie mit einer Fülle von Mechanismen reagiert, um das Selbstwertgefühl zu retten, z. B. mit Idealisierungen, Größenphantasien, Realitätsverleugnungen, Schuldverschiebungen, Lügen und Verharmlosungen.
– Letztere Prozesse weisen auch auf unbewusste Abwehrprozesse im Rahmen tiefenpsychologischer Theorienbildung hin. So werden z. B. bei der Projektion eigene Impulse/Phantasien/Handlungen, welche als unmoralisch erlebt werden, anderen Personen untergeschoben. Zusätzlich kann mittels Verdrängung und Isolierung versucht werden, spezifische Erinnerungen unbewusst zu halten oder die mit ihnen verbundenen Emotionen abzuspalten durch Verleugnung, Kompensation, Rationalisierung, Reaktionsbildung und Ungeschehenmachen werden eigene negative Anteile geleugnet, verharmlost und umgedeutet im Sinne von eher achtenswerten Motivationen, Persönlichkeitsmerkmalen und Verhaltensweisen.
– Hinzu kommt, dass im Rahmen des Sozialisationsprozesses eine Reihe von kognitiven Verzerrungen erlernt werden, also: erworbene verzerrte Denkschemata, falsche Bewertungen, irrationale Ansichten, fehlerhafte Annahmen, willkürliche Schlussfolgerungen, Übergeneralisierungen, festgefahrene Denkgewohnheiten u. ä.. Diese führen beim sexuellen Missbraucher dazu, dass er die Verhaltensweisen des Opfers, die eigenen Motive, die Interaktionen usw. falsch bewertet und positiv begründet (wobei ggf. Norm- und Werteverschiebungen aufgrund in der Kindheit selbst erlittener körperlicher Misshandlung, Vernachlässigung und Missbrauchshandlungen sowie sexualisierter familiärer Beziehungen zu berücksichtigen sind).
– Die in den o. a. Interviews zum Ausdruck kommenden kognitiven Verzerrungen können auch mit weiteren erlernten Einstellungen korrelieren, wie sie z. B. von Schwarz (1987) und Costin & Schwarz, (1987) mit Fragebögen zu „Rechten von Männern und Frauen" (Geschlechtsrollen-Orientierung) sowie „opferfeindlichen Vorstellungen" (bei Vergewaltigung) bei einer Normalstichprobe erfasst wurden: „Je weniger eine Person Frauen die gleichen Rechte und Freiheiten zugesteht wie Männern, desto höher ist auch ihre Akzeptanz von opferfeindlichen Vorstellungen über Vergewaltigung und Misshandlung in der Ehe" (Schwarz, 1987; s. a. Gögelein, 1995 und Merkel, 1995 zu vergleichbaren Zusammenhängen bei sexuellem Missbrauch).
– Bruder (1999) führt in diesem Zusammenhang einen weiteren Aspekt ein: der Missbraucher leugnet auch deshalb die Verantwortung, weil es dem Bild von Männlichkeit widerspricht, die Kontrolle über sich und Situationen zu verlieren: Die Leugnung dieses Kontrollverlustes bewahrt also die bedrohte Männlichkeit.

Eine eingeengte Sichtweise des Verantwortungs-Abwehr-Systems („Leugnen/Lügen, bis man schwarz wird") kann leicht den Blick auf ein „Graugestehen" (Bullens, 1992), also auf verschiedene Abstufungen des Eingestehens, verhindern. Ein Beispiel (aus: Deegener, 1997, S. 312f.): Bagatellisiert und rationalisiert ein sexueller Missbraucher bei Fragen nach sexuellen Phantasien („sicher, ab und zu schon, aber wer hat die denn nicht, die Mädchen sind ja heute auch schon so reif wie früher die 20-jährigen Erwachsenen, und wie die sich kleiden, die wollen ja, dass man dann erregt wird"), so bringt er bei aller Verharmlosung und Externalisierung von Schuld eben auch zum Ausdruck, dass er

1. sexuelle Phantasien auf Mädchen besitzt, die ihn
2. sexuell erregen und die er
3. auch als gewissermaßen normal ansieht. Wenn dann dieser sexuelle Missbraucher weiter spontan zur Erläuterung der o.a. Aussage anführt, dass in seiner Nachbarschaft auch ein 12-jähriges Mädchen wohnt, welches bereits wie 20 Jahre aussehen würde, so gibt er damit im Zusammenhang mit der ersten Aussage auch zu erkennen, dass
4. bereits sehr junge Mädchen ihn sexuell erregen, diese
5. von ihm vor allen Dingen als Sexual-Objekte betrachtet werden, welche er
6. auch nur unter diesem Gesichtspunkt der eigenen Bedürfnisse und Befriegungsmöglichkeit betrachtet. Er ahnt wohl auch zumindest, dass
7. sexuelle Handlungen mit solch jungen Mädchen im Sinne von Missbrauch oder von Straftaten zu bewerten sind, und außerdem wird er
8. auch seine Unreife empfinden, denn sonst müsste er aus diesem Mädchen nicht in seinem Bilde eine erwachsene Frau machen und sich damit selbst in seinem Verhalten zu ihm als erwachsen und normal aufwerten. Kommt nun hinzu, dass der hier angesprochene sexuelle Missbraucher in einem ganz anderen Gespräch in Bezug auf den sexuellen Missbrauch seiner Tochter anführt: „Man kann nicht aufhören, es ist der sexuelle Reiz, wenn man einen Partner gefunden hat, der mitmacht, der sich nicht wehrt bzw. der es auch will, einen anregt", so gibt er neben der Bestätigung der o. a. Annahmen weiter wohl ungewollt zu, dass er
9. sein Missbrauchsverhalten nicht mehr allein unter Kontrolle bringen kann, er
10. seine Tochter in eine Partner-Ersatzrolle drängte und
11. wohl auch bereits bewusst herbeiführte, dass die Tochter sich nicht wehrte bzw. den Missbrauch nicht aufdeckte. Insgesamt weisen die Aussagen auch darauf hin, dass die Möglichkeit inner- wie auch außerfamiliären Missbrauchs besteht. Auf die zeitliche Ausdehnung möglicher Missbrauchshandlungen können sich dann weitere Hinweise ergeben aufgrund der Angaben des Missbrauchers über die Ehebeziehung, über die Pubertätszeit, über seine Persönlichkeitsentwicklung usw.

Verantwortungs-Abwehr-System und Rückfall-Prävention

Bei der Rückfall-Prävention von Sexualtätern (→ *Rückfälle von Sexualstraftätern*) spielt das Konzept der „scheinbar irrelevanten Entscheidungen" (SIE) eine bedeutsame Rolle. Dabei wird davon ausgegangen, dass Täter auf dem Wege zu Rückfällen eine Reihe von SIE treffen, bei denen sie wenig oder gar kein Bewusstsein über deren Beziehungen zum Rückfall-Prozess besitzen. Sie erkennen nicht die individuellen Risikofaktoren eines Rückfalles aufgrund der sich überlagernden Auswirkungen der o. a. Ursachen des Verantwortungs-Abwehr-Systems. Das Ziel der Rückfall-Prävention besteht dementsprechend darin, den sexuellen Missbrauchern die zugrundeliegenden Auslöser, Konflikte usw. beim Treffen von SIE bewusst zu machen, damit sie die SIE als frühe Warnsignale erkennen und darauf fußend angemessene Bewältigungsstrategien entwickeln lernen. Neben solchen kognitiv-verhaltenstherapeutischen Ansätzen dürfen aber psychodynamisch orientierte Annahmen zur Genese des sexuellen Missbrauchs bei der „Konfrontations-/Klärungsarbeit" und Therapie mit sexuellen Missbrauchern nicht vernachlässigt werden, also z. B.: „Indem er sein Kind missbraucht, zerstört er, wonach er sucht: Nähe, Zärtlichkeit, Anerkennung, Bewunderung, Liebe" (Bruder, 1999, S. 124). „Konfrontation" in Diagnostik und Therapie bedeutet dann insgesamt ein gemeinsames Verstehenlernen der Ursachen der Leugnungen und des sexuellen Missbrauchs bei klarer Betonung der Notwendigkeit der Verantwortungsübernahme und Selbstkontrolle mit dem letztlichen Ziel der Entwicklung von Ich-Autonomie und interner Kontrolle.

Literatur

Bruder, K.-J. (1999). Therapie für Männer, die ihr(e) Kind(er) sexuell mißbraucht haben. Der familienorientierte Ansatz von „Kind im Zentrum", Berlin – Konzept, Erfahrung und Reflexion. In G. Deegener (Hrsg.), *Sexuelle und körperliche Gewalt. Therapie jugendlicher und erwachsener Täter* (S. 121–169). Weinheim: PVU.

Bullens, R. A. R. (1992). *Ambulante Behandlung von sexuellen Delinquenten innerhalb eines verpflichtend gerichtlichen Rahmens.* Vortrag Deutscher Kinderschutzbund, Ortsverband Mühlheim a. d. Ruhr.

Costin, F. & Schwarz, N. (1987). Beliefs about rape and women's social roles. *Journal of Interpersonal Violence, 2,* 45–46.

Deegener, G. (1995). *Sexueller Mißbrauch: Die Täter.* Weinheim: Psychologie Verlags Union.

Deegener, G. (1997). Das Verantwortungs-Abwehr-System sexueller Mißbraucher. In G. Amann & R. Wipplinger, *Sexueller Mißbrauch* (S. 310–329). Tübingen: dgvt-Verlag.

Fürniss, T. (1993). Verleugnungsarbeit. In G. Ramin (Hrsg.), Inzest und sexueller Mißbrauch (S. 63–90). Paderborn: Junfermann.

Gögelein, H. G. (1995). *Zusammenhänge zwischen der Beurteilung von sexueller Gewalt gegen Kinder und der Beurteilung von sexueller Gewalt und Restriktion gegen Frauen. Eine Fragebogenstudie.* Unveröffentlichte Dissertation, Medizinische Fakultät der Universität des Saarlandes, Homburg/Saar.

Gray, A. S. & Pithers, W. D. (1993). Relapse prevention with sexually aggressive adolescents: Expanding treatment and supervision. In H. E. Barbaree, W. L. Marshall & S. M. Hudson (Hrsg.), *The juvenile sex offender* (S. 289–319). New York: Guilford Press.

Jenkins-Hall, K. D. & Marlatt, G. A. (1989). Apparently irrelevant decisions in the relapse process. In D. R. Laws (Hrsg.), *Relapse prevention with sex offenders* (S. 47-57). New York: Guilford Press.

Merkel, P. (1995). *Untersuchung der Fremdbeurteilung von Pädophilie in Abhängigkeit von der persönlichen Einstellung zur Sexualität.* Unveröffentlichte Dissertation, Medizinische Fakultät der Universität des Saarlandes, Homburg/Saar.

Salter, A. C. (1988). *Treating child sex offenders and victims.* Beverly Hills: Sage Publications.

Schwarz, N. (1987). Geschlechtsrollenorientierung und die Einstellung zu Gewalt gegen Frauen. *Psychologische Rundschau, 38,* 137–144.

Anatomisch korrekte Puppen

Dirk Bange

Über die so genannten anatomisch korrekten Puppen und ihren Einsatz als diagnostisches Hilfsmittel beim Verdacht auf sexuellen Missbrauch ist jahrelang ein erbitterter Streit geführt worden. Durch das Urteil des Bundesgerichtshofs (BGH) vom 30. Juli 1999 zu Glaubhaftigkeitsgutachten ist der Streit juristisch entschieden worden (→ *Glaubhaftigkeitsbegutachtung und diagnostischer Erkenntnisprozess*). Der BGH misst dem Einsatz anatomisch korrekter Puppen bei der forensisch-aussagepsychologischen Begutachtung keine Bedeutung zu. In seiner Urteilsbegründung stützt sich der BGH auf die Gutachten von Prof. Dr. Max Steller und Prof. Dr. Klaus Fiedler sowie einen Beitrag von Endres & Scholz (1995) (Entscheidungen des Bundesgerichtshofes in Strafsachen 2000, 175 f.; Balloff 2000, 270). Damit hat sich der BGH den Argumenten der Kritiker am Einsatz anatomisch korrekter Puppen angeschlossen.

Anatomisch korrekte Puppen unterscheiden sich von handelsüblichen Puppen dadurch, dass sie alle äußeren Geschlechtsmerkmale (Brüste, Vagina, Klitoris, Penis sowie bei den Erwachsenenpuppen Schambehaarung) sowie Körperöffnungen (Mund, Vagina, Anus) aufweisen. Luise Greuel (1997, 371) vermutet, dass diese augenscheinliche „Sexualisierung" ein wichtiger Grund für die kritische Auseinandersetzung mit diesen Puppen ist. Einen weiteren Grund sieht sie darin, dass die Puppen entgegen ihrem ursprünglichen Verwendungszweck als sexualpädagogisches Material in zunehmendem Maße in der diagnostischen bzw. therapeutischen Arbeit mit (vermutlich) sexuell missbrauchten Kindern eingesetzt wurden. Des Weiteren würde die Diskussion über die Puppen von der Unfähigkeit überlagert, sich sachlich mit dem Phänomen des sexuellen Missbrauchs auseinanderzusetzen.

Nach dem Urteil des BGH dürfen anatomisch korrekte Puppen zu diagnostischen Zwecken nicht mehr eingesetzt werden. Bis dahin wurden sie in der Praxis zur Abklärung eines Verdachts auf sexuellen Missbrauch insbesondere bei Kindern im Vorschulalter verwendet, die entweder auf Grund ihres Entwicklungsstandes oder auf Grund emotionaler Probleme nicht in der Lage waren, einen möglichen sexuellen Missbrauch zu verbalisieren. Bei solchen Kindern wurden die anatomisch korrekten Puppen mit drei unterschiedlichen Zielsetzungen eingesetzt: Erstens sollten sie als „Eisbrecher" zu Beginn einer Exploration dienen, um spielerisch in Kontakt mit dem Kind zu kommen und gleichzeitig zu körper- und sexualitätsbezogenen Themen überzuleiten. Zweitens wurden sie als

Stimulusmaterial in Spielsituationen mit dem Ziel verwendet, über das kindliche Spiel mit den Puppen Indikatoren zu erhalten, die zur Bestätigung oder zur Verwerfung der Missbrauchshypothese dienen sollten. Drittens wurden sie als Explorations- und Demonstrationshilfe eingesetzt, um die Erinnerungsleistung der Kinder zu aktivieren bzw. zu verbessern oder um die sprachlichen Ausdrucksschwächen der Kinder zu kompensieren. Damit verbunden war die Hoffnung, dass durch die Puppen Kinder eventuell zu spontanen Mitteilungen über sexuelle Erfahrungen veranlasst werden, indem sie implizit dem Kind die Erlaubnis vermitteln, über ansonsten Tabuisiertes zu sprechen (Greuel 1997, 174; Endres 1996, 7).

Die Befürworter des Einsatzes anatomisch korrekter Puppen sehen in ihnen den Vorteil, dass sie den Kindern signalisieren, dass sie über den sexuellen Missbrauch sprechen dürfen (Fegert 1993, 23). Die Kritiker lehnen ihre Verwendung dagegen vehement ab. Sie schreiben den Puppen ein hohes Suggestionspotenzial zu. Sie befürchten, dass die Puppen durch das Vorhandensein äußerer Geschlechtsmerkmale Kinder erst dazu animieren, Sexuelles zu spielen bzw. darüber zu reden. Dadurch bestünde ein hohes Risiko, dass durch die Puppen die Kinder zu falschen Missbrauchsvorwürfen verleitet würden (z.B. Endres 1996, 7ff.).

Die vorliegenden Untersuchungen über den Einsatz anatomisch korrekter Puppen sind zu folgenden Ergebnissen gelangt:

– Das kindliche Spiel mit anatomisch korrekten Puppen liefert allenfalls Hinweise zur Entwicklung von Hypothesen. Keinesfalls kann ein Verdacht auf sexuellen Missbrauch allein auf dieser Basis bestätigt werden. Letzteres wäre nur möglich, wenn es ein spezifisches Spiel- und Verhaltensmuster gäbe, das eindeutig zwischen sexuell missbrauchten und nicht missbrauchten Kindern differenzieren würde. Ein solches Muster gibt es jedoch nicht (Greuel 1997, 375; Endres 1996, 8; Fegert 1993, 36ff.). So zeigte sich z.B. bei der Untersuchung von August & Foreman (1989), dass allein auf der Ebene des gespielten sexuellen Verhaltens mit den Puppen missbrauchte und nicht missbrauchte Kinder nicht zu unterscheiden waren. Kinder aus beiden Gruppen berührten die Geschlechtsteile oder steckten Finger in die Körperöffnungen.
– Die Untersuchung von DeLoache & Marzolf (1995 zitiert nach Endres 1996, 8) lässt es zweifelhaft erscheinen, ob gerade jüngere Kinder das erforderliche Verständnis für die symbolische Verwendung der Puppen als Repräsentanten der eigenen Person haben. Dort zeigte sich, dass Dreijährige, die durch Aufkleber an der Puppe die Stelle markieren sollten, an der an ihrem eigenen Körper zuvor ein Aufkleber befestigt worden war, an dieser Aufgabe scheiterten, obwohl sie verbal den Körperteil richtig benennen konnten.
– Außerdem zeigen verschiedene Untersuchungen, dass sich die Professionellen nicht einig sind, was überhaupt unter dem Begriff „sexualisiertes Verhalten" zu verstehen ist (Everson & Boat 1990; Kendall-Tacket 1992; Realmuto & Wescoe 1992, → *Sexuell auffälliges Verhalten von Kindern*).
– Die Studie von George Realmuto und Sibyl Wescoe (1992) liefert zudem ein Ergebnis, das für all diejenigen als Warnung gelten sollte, die denken, dass anatomisch korrekte Puppen ein sicheres diagnostisches Hilfsmittel sind. Im

Rahmen der Untersuchung wurden mit 13 Kindern (4 missbrauchte und 9 nicht missbrauchte Mädchen und Jungen) im Alter zwischen dreieinhalb und sieben Jahren strukturierte puppengestützte Interviews über sexuellen Missbrauch geführt und mit Video aufgezeichnet. Die Videobänder wurden 14 Beobachterinnen und Beobachtern mit mehr als zehnjähriger Berufserfahrung im Umgang mit Missbrauchsfällen (drei Kinderärzte, drei Kinderpsychiater, drei Sozialarbeiter, drei Rechtsanwälte und zwei Psychologen) gezeigt. Ihnen wurde nicht gesagt, welche Kinder missbraucht oder nicht missbraucht waren. Zentrales Ergebnis war, dass die meisten von ihnen anhand der Filme die Unterscheidung zwischen den missbrauchten und nicht missbrauchten Kindern nicht treffen konnten. Nur zwei (eine Frau, ein Mann) konnten relativ sicher ein zutreffendes Urteil abgeben. Diese beiden unterschieden sich aber weder durch mehr Erfahrung oder andere Merkmale von den anderen Expertinnen und Experten (Fegert 1993).

- Die empirischen Befunde weisen eindeutig nach, dass die anatomisch korrekten Puppen nicht betroffene Kinder wenig beeindrucken und auch nicht quasi zwanghaft zu sexuellen Äußerungen oder Spielen animieren. Die Kinder wenden sich häufig vielmehr anderen Spielmaterialien zu, die für sie interessanter sind (Fegert 1993, 33).
- Die Untersuchungen zeigen des Weiteren, dass nicht von einem erhöhten Suggestionspotenzial der Puppen an sich ausgegangen werden kann (Greuel 1997, 376; Fegert 1993, 31 f.).
- Dass die anatomisch korrekten Puppen bei einer Exploration durchaus hilfreich sein können, zeigt insbesondere die Untersuchung von Saywitz, Goodman, Nicholas & Moan (1991). Dort wurde die Hälfte von 72 Mädchen bei einer kinderärztlichen Untersuchung im Genital- und Analbereich untersucht, die anderen Mädchen wurden nur entlang der Wirbelsäule abgeklopft. Bei einem zweiten Termin wurden die Mädchen zu der Untersuchung befragt. Dabei zeigte sich, dass gerade bei jüngeren Mädchen ein sehr großer Teil der tatsächlich durchgeführten Berührungen im Genital- oder Analbereich nicht in der freien Erzählung oder beim freien Zeigen berichtet wurden, sondern erst bei einer puppengestützten direkten Befragung. Drei Mädchen berichteten fälschlicherweise über vaginale oder anale Berührungen. Dabei zeigte sich, dass die puppengestützte Befragung nur dann problematisch war, wenn sie unter Verwendung inhaltlicher Vorhaltfragen geführt wurde.

Fazit: Die Ablehnung der anatomisch korrekten Puppen als diagnostisches Hilfsmittel bei Glaubhaftigkeitsuntersuchungen durch den BGH erscheint empirisch bedingt haltbar. Luise Greuel (1997, 377) ist zuzustimmen, wenn sie schreibt, dass die „Diskussion um das mögliche Suggestionspotenzial weniger auf die Qualitäten der Puppen selbst, sondern vielmehr auf grundsätzliche Aspekte der Kinderbefragung bezogen (ist, D.B.). Es handelt sich also nicht um ein „puppenspezifisches" Problem, sondern vielmehr um ein Problem, das aktuell die fachwissenschaftliche Diskussion um die generelle Suggestibilität von Kindern im Allgemeinen sowie daraus resultierender Anforderungen an eine adäquate Explorationstechnik im Kontext sexueller Missbrauchsverfahren betrifft". Ob das Urteil des BGH wirklich dafür sorgt, dass sich die Qualität der vorgelegten Gerichtsgutachten deutlich verbessert, bleibt abzuwarten. Wie wichtig eine solche Verbesserung indes wäre, zeigt ein neues Untersuchungsergebnis von Busse, Steller & Volbert (2000). Sie hatten 22 Gutachten untersucht, die in Sorge- und Umgangsrechtsverfahren an Berliner Familiengerichten erstellt worden waren. Dabei stellten sie fest, dass der überwiegende Teil der Gutachten nicht den Mindestanforderungen an Gutachten entsprachen, wie sie im BGH-Urteil vom 30. Juli 1999 festgeschrieben worden sind (vgl. Fegert 2001).

Literatur

August, R. L. & Foreman, B. D. (1989). A comparison of sexually abused and nonsexually abused children's behavioral responses to anatomically correct dolls. *Child Psychiatry and Human Development, 20,* 39–47.

Balloff, R. (2000). Das Urteil des Bundesgerichtshofes vom 30. Juli 1999 zur Frage der wissenschaftlichen Anforderungen an aussagepsychologische Begutachtungen (Glaubhaftigkeitsgutachten) und die Folgen für die Sachverständigentätigkeit. In: *Praxis der Kinderpsychologie und Kinderpsychiatrie 49,* 261–274.

Busse, D., Steller, M. & Volbert, R. (2000). *Abschlußbericht zum Forschungsprojekt: Sexueller Missbrauchsverdacht in familiengerichtlichen Verfahren.* Praxis der Rechtspsychologie, 10 (Sonderheft 2), 3–98.

DeLoache, J. S. & Marzolf, D. P. (1995). The use of dolls to interview young children: Issues of symbolic representation. *Journal of Experimental Child Psychology, 60,* 155–173.

Endres, J. (1996). Der psychologische Sachverstand als Beweismittel: Möglichkeiten und Grenzen rechtspsychologischer Erkenntnis bei Verdachtsfällen sexuellen Kindesmißbrauchs. Vortrag auf der Fachtagung des Deutschen Kinderschutzbundes Lüneburg am 8.11.1996. http://www.psychologie.uni-bonn.de/kap/kong/lue96_en.htm

Entscheidungen des Bundesgerichtshofes in Strafsachen – 45 Band (2000). Köln: Carl Heymanns Verlag.

Everson, M. D. & Boat, B. W. (1990). Sexualized doll play among young children: Implications for the use of anatomical dolls in sexual abuse evaluations. *Journal of the American Academy of Child and Adolescent Psychiatry, 29,* 736–742.

Fegert, J.-M. (1993). Der Einsatz anatomischer Puppen. In: J.-M. Fegert & M. Mebes (Hg.). *Anatomische Puppen* (S. 21–80). Ruhnmark: Donna Vita.

Fegert, J.-M. (2001). Information von Kindern und Jugendlichen über die Begutachtung als Voraussetzung für eine bessere Partizipation. In: J.-M. Fegert (Hrsg.). *Begutachtung sexuell missbrauchter Kinder* (S. 17–26). Neuwied: Luchterhand.

Greuel, L. (1997). Anatomische Puppen – Zur Kontroverse um ein diagnostisches Hilfsmittel. In: G. Amann & R. Wipplinger (Hg.): *Sexueller Mißbrauch – Überblick zu Forschung, Beratung und Therapie. Ein Handbuch* (S. 370–384).Tübingen: dgvt Verlag.

Kendall-Tackett, K. A. (1992). Professionals' standards of 'normal' behavior with anatomical dolls and factors that influence these standards. *Child Abuse & Neglect, 16,* 727–733.

Realmuto, G. M. & Wescoe, S. (1992). Agreement among professionals about a child's sexual abuse status: Interviews with sexually anatomically correct dolls as indicators of abuse. *Child Abuse & Neglect, 16,* 719–725.

Saywitz, K., Goodman, G., Nicholas, E. & Moan, S. (1991). Children's memories of a physical examination involving genital touch: Implications for reports of child sexual abuse. *Journal of Consulting and Clinical Psychology, 59,* 682–691.

Scholz, B. & Endres, J (1995): Aufgaben des psychologischen Sachverständigen beim Verdacht auf sexuellen Kindesmißbrauch. *Neue Zeitschrift für Strafrecht 15,* 6–12.

Armut von Kindern und Jugendlichen

Dirk Bange

Zur Definition von Armut

In der wissenschaftlichen und gesellschaftspolitischen Diskussion über Armut wird mit verschiedenen Armutsbegriffen und -konzepten operiert. Einen allgemein gültigen Armutsbegriff gibt es nicht (Erster Armuts- und Reichtumsbericht der Bundesregierung 2001, 10).

Relativ unumstritten ist der Begriff der *absoluten Armut*. Von ihr wird gesprochen, wenn die Existenz eines Menschen physisch oder psychisch bedroht ist, sei es durch Hunger, Obdachlosigkeit oder kriegerische Auseinandersetzungen. Die absolute Armut hat in Deutschland – abgesehen von einigen speziellen Gruppen wie den Straßenkindern – weitgehend an Bedeutung verloren (Toppe & Dallmann 2000, 129).

Der Begriff der *relativen Armut* wird dagegen kontrovers diskutiert. Bis heute wird relative Armut vielfach über die zur Verfügung stehenden Geldmittel definiert. Demnach ist arm, wer das monatliche Durchschnittseinkommen um einen bestimmten Prozentsatz unterschreitet. Die Europäische Union hat z.B. festgelegt, dass arm ist, wer 50 oder weniger Prozent des durchschnittlich zur Verfügung stehenden Haushaltseinkommens monatlich zur Verfügung hat (ebd., 131; Hanesch, Krause & Bäcker 2000, 50ff.). Solche Definitionen werden teilweise heftig kritisiert (Toppe & Dallmann 2000, 128).

Ein ausschließlich am Einkommen orientierter Armutsbegriff ist problematisch, da allein die ökonomische Situation die Lebenswirklichkeit eines Menschen nur unzulänglich beschreibt. Zwar ist Geld einer der Schlüssel zur Teilhabe am gesellschaftlichen Leben, doch müssen immaterielle Komponenten wie mangelnde Bildung, fehlende berufliche Qualifikationen, Krankheit, unzureichende Ernährung, geringe körperliche Leistungsfähigkeit, Arbeitslosigkeit, Wohnraumversorgung, sich auflösende Sozialbeziehungen sowie der Zugang zu öffentlichen Einrichtungen ebenfalls einbezogen werden (Bieligk 1996, 13ff.). Eine Integration der materiellen und immateriellen Aspekte versucht das *Lebenslagenkonzept*. Dort steht nicht ein bestimmtes Merkmal wie Einkommen im Vordergrund, sondern arm ist danach, wer in einem oder mehreren der genannten Bereiche nicht ausreichend versorgt ist (Hock, Holz, Simmedinger & Wüstendörfer 2000, 24ff.; Toppe & Dallmann 2000, 132).

Trotz dieser Erweiterung der Armutskonzeptionen wird weiterhin häufig der *Sozialhilfebezug* als Armutsindikator verwendet, da über ihn regelmäßige Statistiken vorliegen und er von einem großen Teil der Bevölkerung mit Armut und Ausgrenzung in Verbindung gebracht wird. Kritisch daran ist Folgendes:
- Die nichtmateriellen Dimensionen der Armut bleiben unberücksichtigt.
- Die Sozialhilfeschwelle wird durch die Politik festgelegt. Dabei spielen häufig finanz- und sozialpolitische Erwägungen eine größere Rolle als solche, die zur Armutsbekämpfung notwendig wären.
- Menschen, die aus welchen Gründen auch immer den Weg zum Sozialamt scheuen, sind nicht erfasst. Durch eine Gleichsetzung mit der Zahl der Sozialhilfebezieherinnen und -bezieher wird das Ausmaß der Armut systematisch und sozial selektiv unterschätzt (Toppe & Dallmann 2000, 130f.; Hock, Holz, Simmedinger & Wüstendörfer 2000, 22f.).

Eine weitere Perspektive ist durch die *dynamische Armutsforschung* eröffnet worden (Leibfried, Leisering u.a. 1995). Sie geht den Fragen nach, wie einzelne Menschen arm werden, wie lange sie in der Armut verbleiben, was sich in dieser Zeit in ihrem Leben verändert sowie wie und warum es einigen (besser) gelingt, diesen Zustand wieder zu verlassen. Armut wird von ihr „nicht als ein gegebener Zustand, als eine feste Eigenschaft von Personen gesehen, sondern als eine (oder mehrere) zeitlich begrenzte Lebensphase(n). Damit ist auch gesagt, dass die Armen nicht als Teil einer beständig ausgegrenzten gesellschaftlichen Schicht gesehen werden" (Leisering 1993, 298).

Im Hinblick auf die Kinder ist an den Armutsbegriffen und -konzepten zu kritisieren, dass fast alle Armutskonzepte primär von der Lebenssituation der Erwachsenen ausgehen. Für Kinder und Jugendliche sind die Bedeutungen aber oftmals gänzlich andere. So zeichnet sich die Situation insbesondere der Kinder, aber auch der Jugendlichen z.B. durch die Abhängigkeit von den Eltern bzw. den Bezugspersonen aus. Deshalb müssen die Erziehungskompetenz und das Erziehungsverhalten der Eltern einbezogen werden, um die Lebenslagen von Kindern und Jugendlichen adäquat beschreiben zu können. Auch Faktoren wie die Bildungschancen, Spiel- und Freizeitmöglichkeiten oder Kontakte zu Gleichaltrigen müssen berücksichtigt werden (Walper 1999, 298). Außerdem fehlen in den vorliegenden Studien grundlegende Differenzierungen wie beispielsweise nach dem Geschlecht, der Dauer des Lebens in Armut oder dem Alter der Kinder. „Ein Perspektivenwechsel mit Blick in die Richtung ‚Wie erleben Kinder Armut?' erscheint dringend geboten" (Toppe & Dallmann 2000, 136; Hoelscher 2000).

Wie viele Kinder sind von Armut betroffen?

Die mit Abstand größte Gruppe der von Armut bedrohten Menschen sind heute anders als noch vor einigen Jahrzehnten Kinder. Diese Entwicklung führte dazu, dass mittlerweile von einer „Infantilisierung der Armut" gesprochen wird.

Ende 1998 erhielten insgesamt etwa 2,9 Millionen Personen Sozialhilfe (HLU). Unter den Empfängern von HLU waren Kinder und Jugendliche unter 18 Jahren mit rund 1,1 Millionen die mit Abstand größte Gruppe. Die Sozialhilfequote von Minderjährigen war mit 6,8 % fast doppelt so hoch wie im Bevölkerungsdurchschnitt und hat sich seit 1980 im früheren Bundesgebiet mehr als verdreifacht. Nach Altersklassen differenziert zeigt sich, dass die Sozialhilfequote mit 9,5 % am höchsten in der Gruppe der unter 3-Jährigen ist, während die Quote bei den 15- bis 17-Jährigen „nur" noch 4,9 % beträgt (Erster Armuts- und Reichtumsbericht 2001, 69).

Die Sozialhilfebedürftigkeit von Kindern ist das Resultat der finanziellen, beruflichen und sozialen Situation der Eltern. Besonders betroffen sind die allein erziehenden Haushalte, die 1998 in den alten Bundesländern zu 23 % und in den neuen Ländern zu 27 % auf HLU angewiesen waren. Eine zweite Problemgruppe sind Ehepaare mit mehr als zwei Kindern. So bezogen 5,4 % der Paare mit drei oder mehr Kindern 1998 HLU (ebd., 73 ff.). Die dritte Problemgruppe sind ausländische Familien mit Kindern. Ausländische Kinder und Jugendliche wiesen 1998 mit 14,1 % eine mehr als doppelt so hohe Sozialhilfequote auf als Deutsche unter 18 Jahren (ebd., 141).

Der gemeinsame Armutsbericht der Hans-Böckler-Stiftung, des DGB und des Paritätischen Wohlfahrtsverbandes stellt basierend auf einer Auswertung des sozioökonomischen Panels fest, dass im Jahr 1998 etwa 14 % der Kinder unterhalb der Armutsgrenze aufwuchsen. Als arm gilt in dieser Studie, wer die Hälfte des durchschnittlichen Einkommens unterschreitet (Hanesch, Krause & Bäcker 2000, 83 ff.). Zu in der Tendenz ähnlichen Aussagen gelangen auch andere sozialwissenschaftliche Untersuchungen (Zehnter Kinder- und Jugendbericht 1998, 90 f.; Hoelscher 2000).

Wichtig ist in diesem Zusammenhang der Hinweis, dass Armut nicht nur chronisch ist. Der Satz „einmal arm, immer arm" trifft nur für einen Teil der von Armut betroffenen Kinder zu. Vielmehr sieht die Realität eher so aus, dass Armut vielfach ein zeitlich begrenztes Problem ist (Leibfried, Leisering u. a. 1995).

Was bedeutet ein Leben in Armut für die Kinder?

Über die Folgen der Armut für Kinder und Jugendliche liegen in Deutschland bisher nur wenige empirische Untersuchungen vor. Obwohl die Auswirkungen der Armut auf das Leben von Kindern eine wichtige Forschungsfrage ist, ist die Wissensbasis trotz zunehmender Forschungsbemühungen immer noch relativ schmal (Hoelscher 2000).

Wie sich Armut auf die Entwicklung von Kindern und Jugendlichen auswirkt, hängt von einer Reihe situativer, familiärer und sozialer Faktoren ab, die im Folgenden dargestellt werden.

Dauer der Armut

Bei Kindern können sich bereits kurze Episoden von Armut oder Arbeitslosigkeit als problematisch erweisen, da jede negative Veränderung der Lebensumstände Kinder vor hohe Anforderungen stellt. Sie müssen neue Strategien der Alltagsbewältigung entwickeln, die nicht ohne weiteres verfügbar sind. Das Risiko negativer Auswirkungen des Lebens in Armut steigt bei Kindern mit zunehmender Dauer und einer Bündelung von Problemlagen deutlich an. Eine langfristig erlebte Armut lässt sie verbittern oder fatalistisch reagieren (Dangschat 2000, 169; Walper 1999, 301).

Finanzielle Einbußen

Die mit der Armut einhergehenden finanziellen Einbußen bringen oft erheblichen Stress mit sich. Obwohl viele Eltern sich bemühen, die Auswirkungen auf ihre Kinder möglichst klein zu halten, müssen die Kinder im Vergleich zu ihren Altersgenossen häufiger auf neue Kleidung, Spielsachen und Taschengeld verzichten. Bei einer Befragung durch INFAS gaben 11 Prozent der befragten Mütter schulpflichtiger Kinder an, dass sie die Klassenfahrten ihrer Kinder nicht mehr bezahlen können. Fast 20 Prozent konnten den Kindern kein Taschengeld mehr geben und 19 Prozent waren nicht mehr in der Lage, zusätzliche Bücher und Arbeitsmittel der Kinder zu finanzieren (Ministerium für Arbeit, Gesundheit und Soziales NRW 1990).

Besonders bedeutsam ist bei einer längeren Dauer der Armut, dass Eltern die Bildungslaufbahn ihrer Kinder – insbesondere der Mädchen – verkürzen und sie dazu drängen, früh ins Erwerbsleben einzutreten, um den Haushalt zu entlasten. Diese Haltung der Eltern trifft häufig auf ein starkes Bedürfnis der Jugendlichen frühzeitig „eigenes" Geld zu haben. Mit dem Verzicht auf eine qualifizierte Berufsausbildung steigt jedoch die Gefahr einer Verfestigung von Risikolagen über die Generationen hinweg (Walper 1999, 326f.; Dangschat 2000, 169).

Vermehrte häusliche Anwesenheit des Vaters

Nehmen die zur Verfügung stehenden finanziellen Mittel über eine längere Zeit immer weiter ab und/oder ist die Arbeitslosigkeit des Vaters für das Abgleiten der Familie unter die Armutsschwelle verantwortlich, stellt nach verschiedenen Untersuchungen die vermehrte häusliche Anwesenheit des Vaters eine enorme Belastung dar (Walper 1999, 326). Dies resultiert daraus, dass viele Männer in einer patriarchalisch strukturierten Gesellschaft erhebliche Schwierigkeiten haben, sich mit einem Leben in Arbeitslosigkeit und abhängig von staatlicher Unterstützung zu arrangieren. Das gängige Bild eines Vaters verlangt von ihm, seine Familie angemessen zu ernähren. Ein Mann, der dieser Rolle nicht gerecht wird, ist nach traditionellem Verständnis ein Versager. Für Kinder kann es ausgesprochen belastend sein, tagtäglich einen sich überflüssig vorkommenden Vater, der nichts mit sich anzufangen weiß, zu erleben.

Die Arbeitslosigkeit des Vaters kann zudem dazu führen, dass bislang klar festgelegte Rollenverteilungen in der Familie in Frage gestellt werden. Möglicherweise bringt die Frau jetzt mehr Geld nach Hause als der Mann. Dies kehrt die traditionelle Rollenverteilung in vielen Familien um. Gerade Väter, die sich entsprechend längst überholter patriarchalischer Vorstellungen als Ernährer und Oberhaupt der Familie betrachten, sehen sich durch eine solche Situation in Frage gestellt. Sie versuchen dies häufig durch einen strengen und kontrollierenden Erziehungsstil auszugleichen (Walper 1999, 326).

Qualität der Elternbeziehung

Durch ein Leben an oder unter der Armutsgrenze kommt es nicht selten zu vermehrten Spannungen unter den Eltern. Dabei wird vordergründig zumeist um die finanziellen Belastungen gestritten. Doch verbergen sich hinter dem Streit um das Geld oft tief greifende Beziehungsprobleme. Untersuchungen haben gezeigt, dass die Elternkonflikte vor allem in denjenigen Beziehungen steigen, die schon vor der finanziellen Belastungssituation wenig harmonisch waren (ebd., 339).

Die Elternkonflikte führen dazu, dass die Eltern in erster Linie mit sich und ihrer eigenen psychischen Not belastet sind. Sie haben deshalb nicht mehr genügend Zeit und Kraft für die Kinder. Dies ist besonders gravierend, da die Kinder in dieser Situation oftmals besonders bedürftig sind. Außerdem schwächt die Zunahme von Konflikten und Spannungen in der Ehe die Erziehungskompetenz der Eltern (ebd., 328f.).

Die Eltern-Kind-Beziehung

Die Eheprobleme erhöhen meist die Reizbarkeit der Eltern und damit manchmal auch ihre Neigung zu willkürlichen und harten Strafen gegenüber den Kindern. Vor allem die Vater-Kind-Beziehung gestaltet sich dann oft problematisch (s.o.). Ähnlich wie bei dem Faktor Elternbeziehung verhält es sich hierbei jedoch auch so, dass in der Regel nur Väter die zuvor schon eine ablehnende Haltung gegenüber ihren Kindern hatten, zu vermehrten Strafen neigen. Das veränderte Erziehungsverhalten kann bei Kindern zu auffälligem, schwierigem Verhalten führen, was dann die Väter wiederum zu weiteren Strafen veranlasst. Eine positive Mutter-Kind-Beziehung hilft den Kindern oftmals, die Spannungen aus der Vater-Kind-Beziehung zu mildern. Wenn die Mütter ebenfalls zu einem strafenden und inkonsistenten Erziehungsstil wechseln, sind meist deutliche Auswirkungen auf die Kinder festzustellen. Bei allein erziehenden Müttern führen die sozio-ökonomischen Beeinträchtigungen ebenfalls zu mehr bestrafenden und weniger effektiven Erziehungspraktiken sowie weniger Beaufsichtigung des Kindes (ebd., 330).

Insgesamt haben sich die Veränderungen der Familienbeziehungen und vor allem des elterlichen Erziehungsverhaltens als sehr bedeutsam für die aus der Armut resultierenden Entwicklungsrisiken der Kinder erwiesen (Kling, 1994, 7f.).

Qualität der sozialen Beziehungen der Familien

Wenn die Familie in ein intaktes soziales Umfeld eingebunden ist, wirkt sich das in der Regel belastungsmindernd aus. Je höher die soziale Integration in ein informelles Netzwerk von Sozialbeziehungen und je größer die Zufriedenheit der Betroffenen mit diesen Kontakten ist, desto positiver die psychische Befindlichkeit und Gesundheit. Diese positive Wirkung resultiert daraus, dass die Familienmitglieder emotionale Unterstützung, Ratschläge und wichtige Informationen sowie konkrete Alltagshilfe bekommen. Außerdem wird ihnen das Gefühl gegeben, als Mensch geachtet und geschätzt zu werden. Wie wirkungsvoll ein gutes soziales Umfeld sein kann, zeigt sich daran, dass bei Eltern, die unterhalb der Armutsgrenze leben, nur eine erhöhte Wahrscheinlichkeit von bestrafendem Verhalten gegenüber den Kindern zu beobachten ist, wenn die wahrgenommene soziale Unterstützung gering ist (Walper 1999, 334).

Fatalerweise hat Armut häufig einen Verlust von Sozialbeziehungen zur Folge. Mit dem Verlust des Arbeitsplatzes gehen wichtige soziale Kontakte verloren. Darüber hinaus erlauben es die eingeschränkten finanziellen Mittel oftmals nicht mehr, bisherige Beziehungen aufrecht zu erhalten oder neue zu knüpfen.

Hinzu kommt, dass in unserer Gesellschaft Beziehungen auf einem Geben und Nehmen beruhen. Hilfeleistungen auch aus dem sozialen Umfeld werden deshalb häufig mit Verlegenheit angenommen und erzeugen den starken Wunsch, sich zu revanchieren. Kann man über lange Zeit dem anderen nichts zurückgeben, isolieren sich nicht wenige Betroffene quasi freiwillig, um nicht als „Schnorrer" zu gelten.

Formale Betreuungsangebote

Die von Armut betroffenen Kinder profitieren von formellen Betreuungsangeboten. Verschiedene amerikanische Untersuchungen zeigen, dass die Kinder, die eine Kindertagesstätte besuchen, eine bessere Sozialentwicklung und später bessere schulische Leistungen zeigen als die Kinder, die diese Chance nicht haben. Ausschlaggebend hierfür dürfte sein, dass die Kinder weniger unbeobachtet außer Haus spielen, mehr Lernangebote erhalten, mehr an Förderkursen teilnehmen und weniger fernsehen (ebd., 338).

Individuelle Faktoren

Das Temperament der Kinder hat sich als wichtig dafür erwiesen, wie die Eltern auf die Kinder reagieren. Ein Kind, das permanent schreit oder unruhig ist, provoziert eher strafendes Erziehungsverhalten als ein angepasstes, ruhiges Kind. Für Kindesmisshandlungen und Vernachlässigungen gilt, dass solche Kinder besonders gefährdet sind (Amendt 1992, 119ff.).

Verschiedene Studien zeigen, dass Behinderungen, körperliche Auffälligkeiten und auch die körperliche Attraktivität Einfluss auf das Erziehungsverhalten seitens der Eltern haben (Walper 1999, 342).

Psychische Probleme und Verhaltensauffälligkeiten

Zahlreiche Untersuchungen (zusammenfassend Walper 1999, 307ff.) belegen, dass ein Leben in Armut mit folgenden psychischen Problemen und Verhaltensauffälligkeiten korreliert:
– Minderwertigkeitsgefühle
– niedriges Selbstwertgefühl
– Ängstlichkeit
– Depressivität
– Gefühle von Hilflosigkeit
– Ärger- und Wutreaktionen
– Aggressivität
– erhöhte Bereitschaft zu Normverstößen
– sozialer Rückzug
– verzögerte Sprachentwicklung
– verminderte Intelligenzentwicklung
– den Fähigkeiten nicht entsprechende schlechte Schulleistungen
– nicht beendete Berufsausbildung
– mangelndes Gesundheitsverhalten, Fehlernährung, Übergewicht, Zahnerkrankungen, vermehrte Zahl von Magenerkrankungen, Atemwegserkrankungen, Kopfschmerzen, Schlafstörungen, Exzeme, Asthma.

Armut und sexueller Missbrauch

Soziokulturelle Faktoren tragen zur Entstehung sexuellen Missbrauchs bei. Neben der geschlechtsspezifischen Sozialisation und patriarchalischen Herrschaftsstrukturen werden vor allem solche gesellschaftlichen Bedingungen als für sexuellen Missbrauch förderlich erachtet, die die Position von Kindern schwächen (Brockhaus & Kolshorn 1993).

Die bisherigen Ausführungen haben deutlich gezeigt, dass das Leben in oder auch am Rande der Armut Kinder und Jugendliche enorm belasten und ihre Widerstandskräfte schwächen kann. Die Forschung über Täterstrategien belegt, dass sich Täter aus dem außerfamilialem Nahbereich bevorzugt emotional verunsicherte Kinder als Opfer auswählen. Diese Kinder suchen oft Zuneigung und soziale Zuwendung. Dies machen sich die Täter zu Nutze, um das Vertrauen der Kinder zu gewinnen, eine Beziehung zu ihnen aufzubauen und die Kinder systematisch für sexuelle Handlungen zu desensibilisieren. Zudem schenken sie den Kindern oft Dinge, die sie sich sonst nicht leisten könnten (z. B. Computerspiele) oder geben ihnen Geld (Conte, Wolff & Smith 1989, 295 ff.; Bullens 1995, 63 f.; Elliott, Browne & Kilcoyne 1995, 584; Heiliger 2000; Enders 2001, 55 ff.). Hinzu kommt, dass die gespannte Familiensituation dazu führt, dass sich viele dieser Kinder nicht ihren Eltern anvertrauen. Außerdem fehlt manchen von ihnen als sozialen Außenseitern auch der Mut, sich anderswo Hilfe zu suchen. Die „Infantilisierung der Armut" hilft den Tätern also Opfer zu finden und minimiert für sie zudem das Risiko, entdeckt zu werden.

Außerdem gibt es offenbar Männer, die gezielt Beziehungen mit allein erziehenden Frauen eingehen, um deren Kinder sexuell missbrauchen zu können. Sie setzen dabei auf die oftmals missliche psychosoziale Lage allein erziehender Frauen (Wyre & Swift 1991, 75).

Allerdings muss hier vor Verallgemeinerungen gewarnt werden. Es sind nicht nur emotional und sozial vernachlässigte Kinder, die außerhalb der Familie sexuell missbraucht werden. Manche Täter gehen auch auf freundliche und offene Kinder zu. Hier setzen sie auf die Vertrauensseligkeit dieser Kinder gegenüber Erwachsenen (Conte, Wolff & Smith 1989, 295 ff.).

Noch größeres Gewicht als in Deutschland hat die Armut als Ursachenfaktor für sexuellen Missbrauch in der so genannten „dritten Welt" bzw. in den Zielländern des Sextourismus (→ *Sextourismus*). Für eine große Zahl der Jungen und Mädchen ist in diesen Ländern die Prostitution eine der wenigen Verdienst- und Überlebensmöglichkeiten. Die meisten dieser Kinder stammen aus den Armensiedlungen der Metropolen. Ihre Eltern oder allein erziehenden Mütter sehen sich kaum in der Lage, die Existenz der Familie zu sichern. In den äußerst beengenden Wohnverhältnissen und angesichts der existenziell bedrohlichen Situation entladen sich die Frustrationen nicht selten in Gewaltakten. Dies führt dazu, dass Kinder oftmals schon mit acht, neun Jahren dem Elternhaus entfliehen. Um auf der Straße überleben zu können, müssen sich viele von ihnen prostituieren. Manche der Kinderprostituierten gehen auch mit dem Wissen der Eltern der Prostitution nach. Sie tragen so zur Existenzsicherung der Familien bei (Krausse 1994, 15 ff.).

Der Sextourismus hat in seinen Zielländern zur Erosion traditioneller Werte beigetragen. So wird darüber berichtet, dass die materiellen Zuwendungen, die die sich prostituierenden Mädchen und Jungen, ihren Familien zukommen lassen, in manchen Regionen neue Normen gesetzt haben. Das Beispiel von erfolgreichen Kinderprostituierten setzt die anderen Mädchen und Jungen unter Druck. Sie sehen sich mit der Erwartung konfrontiert, für das Wohl ihrer Eltern und Geschwister zu sorgen (ebd., 19). Eine Untersuchung der Universität Jakarta zeigt, welche finanziellen Unterstützungsmöglichkeiten für ihre Familien die Kinderprostituierten haben. Sie kommt zu dem Ergebnis, dass ein Mädchen in einem asiatischen Bordell bis zu achtzehn Familienmitglieder ernähren kann (DIE ZEIT Nr. 39/1996, 22).

Zur Illustration dieser Zusammenhänge möchte ich abschließend aus einem Bericht von Bernadette van Vuuren (1998, 2f.), der Geschäftsleiterin des „Network Against Sexual Expolitation and Abuse of Children" in Kapstadt/Südafrika, zitieren:

„Die immer schlechtere wirtschaftliche Lage führte dazu, dass Kinder für das Überleben der Familie von Erwachsenen sexuell ausgebeutet werden konnten. In vielen Teilen des Landes werden Kinder von ihren Eltern offen an Straßenecken und in den lebhaften Stadtzentren angeboten.

Die üblichsten Formen kommerzieller sexueller Ausbeutung waren 1996 folgende:
– durch ihre Familien, als Einkommensquelle (oft das einzige Einkommen der Familie);
– durch Gemeindemitglieder als Gegenleistung für Essen, Geld, Kleidung oder Luxusartikel wie Seife und Shampoos;
– durch Mitschüler als Gegenleistung für Essen oder Geldstücke;
– durch Banden ...
– durch Taxifahrer als Gegenleistungen für Transportdienste oder Luxusartikel ...
– verlassene, weggelaufene Kinder und Straßenkinder ließen sich für ihr psychisches Überleben und für Essen innerhalb von Banden durch andere Kinder sexuell ausbeuten oder durch erwachsene Zuhälter auf der Straße kontrollieren.

... Heute, 1998, zwei Jahre später, blüht die existenzielle und kommerzielle sexuelle Ausbeutung von Kindern in unserem Land. Sie blüht inmitten der unzulänglichen Bemühungen von Polizei und Wirtschaftspartnern im Kampf gegen Armut, die Hauptursache für kommerzielle sexuelle Ausbeutung. Und bevor sich diese Situation nicht bedeutend ändert, sind alle Bemühungen, dieser Form der Ausbeutung Einhalt zu gebieten oder sie zu verhindern, umsonst".

Literatur

Amendt, G. (1992). *Das Leben unerwünschter Kinder.* Frankfurt am Main: Fischer.
Bieligk, A. (1996). *„Die armen Kinder". Armut und Unterversorgung bei Kindern. Belastungen und ihre Bewältigung.* Essen: Die Blaue Eule.
Brockhaus, Ulrike & Kolshorn, Maren (1993). *Sexuelle Gewalt gegen Mädchen und Jungen. Mythen, Fakten, Theorien.* Frankfurt a.M.: Campus.
Bullens, Ruud (1995). Der Grooming Prozeß – oder das Planen des Mißbrauchs. In: B. Marquardt-Mau (Hg.). *Schulische Prävention gegen sexuelle Kindesmißhandlung* (55–67). Weinheim: Juventa.

Conte, J. R., Wolf, S. & Smith, T. (1989). What sexual offenders tell us about prevention strategies. *Child Abuse and Neglect, 13*, 293–301.
Dangschat, J. S. (2000). Armut und eingeschränkte Gesundheit von Kindern und Jugendlichen in ihrem Stadtteilbezug. In: T. Altgeld & P. Hofrichter (Hg.). *Reiches Land – kranke Kinder?* (S. 155–177). Frankfurt am Main: Mabuse Verlag.
Elliott, M., Browne, K. & Kilcoyne, J. (1995). Child abuse prevention: What offenders tell us. *Child Abuse & Neglect, 19,* 579–594.
Enders, U. (Hg.). (2001). *Zart war ich, bitter war's. Handbuch gegen sexuelle Gewalt an Mädchen und Jungen.* Völlig überarbeitete Neuausgabe. Köln: Kiepenheuer & Witsch.
Erster Armuts- und Reichtumsbericht der Bundesregierung. Drucksache 14/5990.
Hanesch, W., Krause, P. & Bäcker, G. (2000). *Armut und Ungleichheit in Deutschland.* Reinbek: rororo.
Heiliger, A. (2000). *Täterstrategien und Prävention.* München: Frauenoffensive.
Hock, B., Holz, G., Simmedinger, R. & Wüstendorfer, W. (2000). *Gute Kindheit – Schlechte Kindheit? Armut und Zukunftschancen von Kindern und Jugendlichen in Deutschland.* Frankfurt am Main: ISS-Eigenverlag.
Hoelscher, P. (2000). *Mädchen und Jungen in Armut. Lebenslagen und Bewältigungsstrategien materiell deprivierter Jugendlicher.* Dissertation Universität Dortmund.
Leibfried, S., Leisering, L. u.a. (1995). *Zeit der Armut.* Frankfurt am Main: Fischer.
Leisering, L. (1993). Armut hat viele Gesichter. *Nachrichtendienst des Deutschen Vereins, Heft 8,* 297-305.
Kling, F. (1994). Auswirkungen von Arbeitslosigkeit und Armut auf Kinder. *Vortrag auf dem Bundestreffen der Kinder- und Jugendtelefone am 28.–30.10.1994 in Königswinter.*
Krausse, Juliane von (1994). Kinderprostitution und Sextourismus in Ländern der „Dritten Welt". In: Kampagne gegen Kinderprostitution im Sextourismus (Hg.). *Kinderprostitution und Tourismus. Die deutsche Kampagne gegen Kinderprostitution im Sextourismus 1991–1994* (S. 15-22). Tübingen: Eigenverlag.
Ministerium für Arbeit, Gesundheit und Soziales des Landes Nordrhein Westfalen (1990). *3. Familienbericht der Landesregierung.* Düsseldorf.
Toppe, S. & Dallmann, A. (2000). Armutsbegriffe und ihre Anwendung in Wissenschaft und Praxis bei Kindern. In: T. Altgeld & P. Hofrichter (Hg.). *Reiches Land – kranke Kinder?* (S. 127-142). Frankfurt am Main: Mabuse Verlag.
Vuuren, B. van (1998). Kommerzielle und existenzielle sexuelle Ausbeutung von Kindern in Südafrika und deren Verknüpfung mit Kinderhandel und Pornographie in Afrika. *http://www.terredeshommes.ch/aktuell/kipro/sudafrika.html*
Walper, S. (1999). Auswirkungen von Armut auf die Entwicklung von Kindern. In: *Kindliche Entwicklungspotenziale: Normalität, Abweichung und ihre Ursachen / DJI, Deutsches Jugendinstitut. A. Lepenies, G. Nummer-Winkler, G. E. Schäfer & S. Walper. Matrialien zum Zehnten Kinder- und Jugendbericht; Bd. 1)* (S. 291–360). München: DJI-Verlag.
Wyre, R. & Swift, A. (1991). *Und bist du nicht willig ... Die Täter.* Köln: Volksblatt.
Zehnter Kinder- und Jugendbericht (1998). Herausgegeben vom Bundesministerium für Familie, Senioren, Frauen und Jugend. Bonn.

Ausmaß

Dirk Bange

Bei der Diskussion über das Ausmaß des sexuellen Missbrauchs werden zwei Maße betrachtet. Als *Inzidenz* wird die Zahl der in einem bestimmten Zeitraum (in der Regel während eines Jahres) neu aufgetretenen „Fälle" in einer Population bezeichnet. Unter *Prävalenz* versteht man die Anzahl der „Fälle", die innerhalb einer bestimmten Periode (z. B. während der Kindheit der Befragten) in einer Bevölkerung aufgetreten sind (Ernst 1997, S. 55 f.).

Zur Inzidenz

Beim sexuellen Missbrauch an Mädchen und Jungen sind beide Maße von großem Interesse. So ist es z. B. für die Planung eines angemessenen Hilfeangebots wichtig, Kenntnisse über die Zahl der jährlich neu auftretenden „Fälle" zu haben. Da es aus ethischen Gründen und auf Grund der speziellen Dynamik des sexuellen Missbrauchs (z. B. Schweigegebot) nicht möglich ist, Kinder oder deren Eltern direkt zu befragen, kann bezüglich der Inzidenz nur auf aktenkundige „Fälle" zurückgegriffen werden (z. B. Polizeiliche Kriminalstatistik, gerichtliche Verurteilungen, Akten von Jugendämtern).

In Deutschland ist bisher ausschließlich die *polizeiliche Kriminalstatistik* (PKS) ausgewertet worden, da sie die einzige Datenquelle ist, die auf nationaler Ebene jährlich Informationen über das Ausmaß des sexuellen Missbrauchs an Kindern enthält. Die PKS erfasst die Gesamtheit der in Deutschland zur Anzeige gekommenen und polizeilich registrierten Verdachtsfälle strafrechtlich relevanter Delikte, so auch den sexuellen Missbrauch an Kindern. Angaben zur Inzidenz auf Basis der PKS unterliegen jedoch einer Reihe von Einschränkungen. Bei Befragungen von erwachsenen Frauen und Männern, die als Kinder oder Jugendliche sexuell missbraucht wurden, zeigt sich, dass nur ein Teil der Ereignisse angezeigt wurde. Viele der sich tatsächlich ereignenden Taten werden der Polizei also nicht bekannt. Diese werden als *Dunkelfeld* bezeichnet. Außerdem beeinflussen die Umstände des sexuellen Missbrauchs das Anzeigeverhalten: So werden beispielsweise unbekannte Täter eher angezeigt als solche aus der Familie. Ferner ist bekannt, dass die polizeiliche Erfassung von Delikten zu einem nicht unwesentlichen Teil durch sozial selektive Mechanismen beeinflusst ist und Opfer wie Täter aus unteren sozialen Schichten in der PKS vermutlich überrepräsentiert sind. Des Weiteren beeinflussen Veränderungen im Anzeigeverhalten der Bevölkerung oder der Geschädigten sowie die Intensität der Verbrechensbekämpfung die PKS. Die PKS liefert also kein genaues Abbild der Verbrechenswirklichkeit (Wetzels 1997, S. 25 ff., → *Fallanalyse*).

Das deutsche Strafrecht kennt derzeit mehr als ein Dutzend gesetzlicher Bestimmungen, die entweder altersunabhängig dem Schutz der sexuellen Selbstbestimmung vor gewaltsamen Übergriffen dienen (z. B. §§ 177, 178 StGB), oder anknüpfend an bestimmte Schutzaltersgrenzen – unabhängig von körperlicher Gewaltanwendung oder Schädigungen – die ungestörte sexuelle Entwicklung von Kindern und Jugendlichen sichern sollen (z. B. §§ 174, 176 StGB). Sexualstraftaten gegen Kinder werden deshalb in unterschiedlichen Rubriken der PKS erfasst. Die qualitativ bedeutsamsten Tatbestände sind der „sexuelle Missbrauch von Kindern" gemäß § 176 StGB und der „sexuelle Missbrauch von Schutzbefohlenen" gemäß § 174 StGB. Für die Straftatbestände der §§ 177 „Sexuelle Nötigung; Vergewaltigung" und 178 StGB „Sexuelle Nötigung und Vergewaltigung mit Todesfolge" bietet die PKS die Möglichkeit, sie nach dem Alter der Opfer zu analysieren (→ *Strafvorschriften gegen sexuellen Missbrauch*).

Betrachtet man die in der PKS registrierten Fälle sexuellen Kindesmissbrauchs gemäß § 176 StGB, ist festzustellen, dass ihre absolute Zahl von 4.717 im Jahr 1955 auf 18.773 im Jahr 1964 (Höchststand) anstieg. Bis Ende der 60er Jahre verharrte die Zahl auf diesem Niveau. Von 1969 bis 1987 sank die absolute Zahl auf 10.085. Erst ab 1988 stieg sie von 11.851 auf 14.440 im Jahr 1992 wieder an. Seit 1993 werden die Zahlen für die alten und neuen Bundesländer gemeinsam ausgegeben. Sie schwanken seitdem zwischen 15.096 im Jahr 1994 und 16.888 im Jahr 1997. 1999 wurden 15.279 Fälle erfasst (Polizeiliche Kriminalstatistiken der Jahre 1956 bis 1999, Fallanalyse).

Allerdings sagt die absolute Zahl der Anzeigen wenig aus, da sich im Laufe der Jahre durch demografische Veränderungen die Zahl der Kinder und Jugendlichen ebenfalls verändert hat. Nimmt man deshalb beispielsweise die *Opferrate* für die Anzeigen gemäß § 176 StGB – also die Anzahl der betroffenen Mädchen und Jungen pro 100.000 – zeigt sich für die Jahre 1985 bis 1999 trotz eines Anstiegs von 13.469 auf 17.897 hier sogar ein leichter Rückgang. Eine ausgeprägte Zunahme findet sich hingegen bei der Vergewaltigung und sexuellen Nötigung von Kindern (§§ 177, 178). Hier stieg die Zahl der Opfer von 233 auf 627 und die Opferrate um mehr als 90% (Polizeiliche Kriminalstatistik der Jahre 1986 bis 1999; Wetzels 1997, S. 30 f.).

Auf Grund der Unwägbarkeiten bezüglich der Daten aus der PKS und der Dunkelziffer hat es Ende der Achtzigerjahre in Deutschland eine heftige Kontroverse um die Inzidenz gegeben. Barbara Kavemann und Ingrid Lohstöter schätzten 1984 basierend auf der PKS, die damals jährlich etwa 10.000 bis 15.000 Fälle sexuellen Missbrauchs an Kindern auswies, und einer von Michael C. Baurmann aufgrund verschiedener Untersuchungen angenommenen Dunkelfeldschätzung von 1 : 18 bis 1 : 20, dass jährlich etwa 300.000 Kinder in Deutschland sexuell missbraucht würden (Kavemann & Lohstöter 1984). Diese Zahl setzte sich zwischenzeitlich so weit durch, dass sie auch von offizieller Seite publiziert wurde (z.B. Ministerium für Arbeit, Gesundheit und Soziales NRW 1989, S. 11). Michael Baurmann (1991) kritisierte diese Angabe später selbst als wesentlich zu hoch. Zum einen sei die in der PKS erfasste hohe Zahl von 7.000 exhibitionistischen Kontakten fälschlicherweise mit berechnet worden, zum anderen seien als Geschädigte außer Kindern auch Frauen im Alter von 16 bis 18 Jahren einbezogen worden. Schließlich sei nicht berücksichtigt worden, dass es je nach den Umständen des sexuellen Missbrauchs unterschiedlich hohe Dunkelziffern gäbe. Häufigkeitsangaben auf Grund der Schätzung von neuen Fällen sind deshalb mit größter Vorsicht zu betrachten. Möglichst repräsentative Befragungen zur Prävalenz sind folglich derzeit der bessere Weg, um verlässliche Aussagen über das Ausmaß des sexuellen Missbrauchs machen zu können.

Prävalenz

Für aussagekräftige Untersuchungen über die Prävalenz sexuellen Missbrauchs sind drei Voraussetzungen notwendig: eine Falldefinition, eine Stichprobe und ein Befragungsinstrument. Bei allen drei Voraussetzungen gibt es bezogen auf den sexuellen Missbrauch erhebliche forschungsmethodische Probleme. Zunächst variieren die in den vorliegenden Untersuchungen verwendeten Definitionen in dreierlei Hinsicht: Erstens werden unterschiedliche Altersgrenzen verwendet (14., 16. oder 18. Geburtstag). Zweitens stellt sich die Frage, ob ein Altersunterschied zwischen Opfer und Täter gegeben sein muss. In verschiedenen Untersuchungen wird z.B. ein Altersunterschied von fünf Jahren als Definitionskriterium verwendet, andere nehmen drei Jahre als Kriterium, wieder andere Studien verzichten völlig auf ein solches Kriterium. Drittens wird kontrovers diskutiert, ob man nur sexuelle Handlungen mit Körperkontakt oder auch solche ohne (z.B. Exhibitionismus) als sexuellen Missbrauch definiert (Bange & Deegener 1996, S. 95ff.).

Bezüglich der *Stichprobe* hat die Art und Weise ihrer Gewinnung Einfluss auf die Untersuchungsergebnisse. Zum einen kann es sich um Freiwillige handeln, die sich beispielsweise auf ein Inserat melden. Zum anderen kann eine Stichprobe aber auch aus zufällig ausgewählten Personen bestehen, die z.B. die Frauen eines bestimmten Alters, einer bestimmten Stadt oder eines ganzen Landes repräsentieren. Prinzipiell gelten die Ergebnisse einer Untersuchung nur für die Population, aus der die Stichprobe gewonnen wurde. Der Wert einer Stichprobe steigt und fällt zudem mit der Rücklaufquote. In den Untersuchungen über sexuellen Missbrauch pendelt die Rücklaufquote zwischen 40 und 98% (ebd., S.111).

Die Art des *Befragungsinstruments* und wie darin nach dem sexuellen Missbrauch gefragt wird, ist der dritte wichtige Faktor. So werden in vielen Untersuchungen Fragebögen verwendet, die von den Befragten direkt zurückgegeben oder per Post zurückgeschickt werden. Andere Untersuchungen basieren wiederum auf telefonischen oder persönlichen Interviews. Welches Vorgehen zu besseren Ergebnissen führt, ist strittig. Zugunsten des Fragebogens wird z.B. argumentiert, dass die durch eine Fragebogenuntersuchung gegebene Distanz es den von Missbrauch betroffenen Teilnehmerinnen und Teilnehmern erleichtert, etwas über den sexuellen Missbrauch mitzuteilen. Dagegen wird z.B. eingewandt, dass man nur ein Datengerüst erhalte, ohne die Individualität der einzelnen Befragten zu erfassen (ebd., S. 108ff.). Judy L. Martin, Jessie C. Anderson, Sarah E. Romans, Paul E. Mullen und Martin O'Shea (1993) verglichen in ihrer Untersuchung die Ergebnisse eines Fragebogens und eines zwei Monate später durchgeführten persönlichen Interviews. Belastende Ereignisse kamen mit beiden Instrumenten gleichermaßen zur Sprache. Dies entspricht Untersuchungsergebnissen, die zeigen, dass es wichtiger ist, wie im Fragebogen oder im Interview nach dem sexuellen Missbrauch gefragt wird. So konnten Stefanie Doyle Peters, Gail E. Wyatt und David Finkelhor (1986, S. 40ff.) bei einem Vergleich aller bis 1985 vorliegenden Untersuchungen Folgendes nachweisen: Wenn in einer Studie nur eine allgemeine Frage wie „Sind Sie sexuell missbraucht worden?" gestellt wurde, war das erhobene Ausmaß in der Regel deutlich niedriger, als wenn verschiedene Fragen gestellt wurden.

Bis Anfang der Neunzigerjahre gab es in Deutschland keine methodisch angemessene Untersuchung über das Ausmaß des sexuellen Missbrauchs an Kindern. Diese Situation hat sich in den letzten zehn Jahren entscheidend verbessert. Mittlerweile liegen sieben solcher Studien vor.

Schötensack, Elliger, Gross und Nissen (1992) untersuchten 1.841 Berufsschüler und Studenten aus Würzburg mit einem Fragenbogen, der im Unterricht ausgefüllt wurde. Der Rücklauf betrug 90%. Als Missbrauch wurden sexuelle Erlebnisse vor dem 15. Lebensjahr mit einem mindestens fünf Jahre älteren Partner oder – bei geringerer Altersdifferenz – unter Zwang und/oder mit negativen Gefühlen einhergehend definiert. Erfasst wurden sexuelle Erlebnisse mit und ohne Körperkontakt. Missbrauch im definierten Sinn gaben 16,1% der Frauen und 5,8% der Männer an. Dabei zeigten sich deutliche Unterschiede zwischen Berufsschülerinnen und Studentinnen. Von den Studentinnen waren 16% betroffen, von den Berufsschülerinnen 11%.

Dirk Bange (1992, S. 86ff.) befragte mittels eines Fragebogens 518 Studentinnen und 343 Studenten der Universität Dortmund nach sexuellen Missbrauchserfahrungen. Als sexueller Missbrauch wurden alle sexuellen Kontakte bewertet, die vor dem 16. Lebensjahr gegen den Willen der Befragten geschahen oder bei denen kein wissentliches Einverständnis möglich war. Es wurden sexuelle Kontakte mit und ohne Körperkontakt erfasst. Der Rücklauf lag bei 57%. 130 der befragten Frauen (25%) und 28 der Männer (8%) gaben an, mindestens einen solchen Übergriff erlebt zu haben.

Günther Deegener von den Universitätskliniken des Saarlandes wiederholte die Untersuchung von Bange in Homburg. Er befragte 868 Studierende, Berufs- und Fachschüler/innen. In Homburg gaben 22% der Frauen und 5% der Männer an, sexuell missbraucht worden zu sein (Bange & Deegener 1996, S. 123ff.).

Ulrich Raupp und Christian Eggers (1993, S. 317 f.) von der Rheinischen Landeshochschulklinik für Kinder- und Jugendpsychiatrie in Essen befragten ebenfalls per Fragebogen 520 Frauen und 412 Männer. 385 der Befragten waren Studierende der Universität bzw. Gesamthochschule Essen und 547 Berufsfachschüler/innen unterschiedlicher Berufsfachrichtungen. Als Definitionskriterien galten, dass entweder ein Altersunterschied von fünf Jahren zwischen Opfer und Täter bestand oder physischer oder psychischer Druck ausgeübt bzw. der sexuelle Kontakt als unangenehm erlebt wurde. Altersgrenze war das 14. Lebensjahr. Der Rücklauf lag bei 92 %. Insgesamt hatten 25 % der Frauen und 6 % der Männer sexuellen Missbrauch erlebt.

Hertha Richter-Appelt (1995, S. 64 ff.) von der Abteilung für Sexualforschung der Psychiatrischen Universitätsklinik Hamburg befragte 616 Studentinnen und Studenten der verschiedenen Hamburger Hochschulen schriftlich nach sexuellen Gewalterfahrungen in der Kindheit. Die verwendeten Definitionskriterien waren, dass mindestens eine sexuelle Handlung bzw. Situation angegeben wurde, bei der es zu Berührungen entweder mit einem Erwachsenen, einem Jugendlichen oder einem Kind kam; die Handlung unter Anwendung von Druck oder Gewalt gegen den Willen der Befragten geschah; sie vor dem 12. Geburtstag des oder der Befragten stattfand (In Ausnahmefällen wurden Handlungen bis zum 14. Geburtstag mitberücksichtigt.). Von den befragten Frauen wurden 23 % und von den befragten Männern 4 % als sexuell missbraucht eingeschätzt.

Die einzige auf einer für Deutschland repräsentativen Stichprobe basierende Untersuchung führte das Kriminologische Forschungsinstitut Niedersachsen 1992 durch. Es wurden 1.661 Frauen und 1.580 Männer befragt. Sexuelle Missbrauchserfahrungen wurden im Fragebogen durch sechs Fragen, welche konkrete Handlungsformen beschrieben, sowie einer siebten unspezifischen Frage zu „sonstigen sexuellen Handlungen" operationalisiert. In der Instruktion erfolgte der Hinweis, dass es sich um Vorfälle aus Kindheit und Jugend handeln solle, bei denen der Täter bedeutend älter war (mindestens fünf Jahre) und die Befragten die Handlung nicht wollten oder nicht verstanden. Außerdem sollte die sexuelle Erregung des Täters Ziel der Handlungen sein. Ohne definitorische Eingrenzung gaben 18,1 % der Frauen und 6,2 % der Männer an, sexuell missbraucht worden zu sein. Wurden beispielsweise Schutzaltersgrenzen festgelegt (z.B. 14. Lebensjahr) sank die Zahl bei den Frauen auf 10,7 % und bei den Männern auf 3,4 % (Wetzels 1997, S. 154). Dies illustriert, welchen Einfluss die Definition auf das erhobene Ausmaß hat.

Im Rahmen eines Forschungsprojekts zum Thema Jugendsexualität der Abteilung für Sexualforschung des Universitätskrankenhauses Eppendorf in Hamburg wurde eine repräsentative Stichprobe von 687 16- bis 17-jährigen Großstadtjugendlichen in West- und Ostdeutschland nach sexueller Belästigung und Gewalt befragt. Den Jugendlichen blieb es selbst überlassen, was sie als sexuelle Belästigung/Gewalt empfunden hatten. Insgesamt berichtet die Hälfte aller Mädchen und ein Fünftel aller Jungen darüber, sich schon einmal sexuell belästigt gefühlt oder sexuelle Gewalt erlebt zu haben. Wurden nur die sexuellen

Übergriffe gezählt, die von den Jugendlichen als „schwer" bezeichnet wurden, waren 8% der Mädchen und 1% der Jungen betroffen. Rechnet man die „mittel schweren" hinzu, waren 29% der Mädchen und 4% der Jungen betroffen (Lange 2000, S. 17ff.).

Die Ergebnisse der methodisch anspruchsvolleren Untersuchungen aus Europa und den Vereinigten Staaten (Finkelhor 1997) sowie der referierten deutschen Untersuchungen zeigen eine recht hohe Übereinstimmung, wenn man ihre Definitionen aneinander anpasst. Danach kann davon ausgegangen werden, dass 10–15% der Frauen und 5–10% der Männer bis zum Alter von 14 oder 16 Jahren mindestens einmal einen sexuellen Kontakt erlebt haben, der unerwünscht war oder durch die „moralische" Übermacht einer deutlich älteren Person oder durch Gewalt erzwungen wurde (Ernst 1997, S. 68f.).

Literatur

Bange, D. (1992). *Die dunkle Seite der Kindheit. Sexueller Mißbrauch an Mädchen und Jungen.* Köln: Volksblatt.
Bange, D. & Deegener, G. (1996). *Sexueller Mißbrauch an Kindern. Ausmaß – Hintergründe – Folgen.* Weinheim: Psychologie Verlags Union.
Baurmann, M. (1991). Straftaten gegen die sexuelle Selbstbestimmung. Zur Phänomenologie sowie zu Problemen der Prävention und Intervention. In: J. Schuh & M. Killias (Hrsg.).*Sexualdelinquenz* (S. 11–49). Chur: Rüegger.
Ernst, C. (1997). Zu den Problemen der epidemiologischen Erforschung des sexuellen Mißbrauchs. In: G. Amann & R. Wipplinger (Hrsg.): *Sexueller Mißbrauch – Überblick zu Forschung, Beratung und Therapie. Ein Handbuch* (S. 55–71).Tübingen: dgvt Verlag.
Finkelhor, D. (1997). Zur internationalen Epidemiologie von sexuellem Missbrauch an Kindern. In: G. Amann & R. Wipplinger (Hrsg.): *Sexueller Mißbrauch – Überblick zu Forschung, Beratung und Therapie. Ein Handbuch* (S. 72–85). Tübingen: dgvt-Verlag.
Kavemann, B. & Lohstöter, I. (1984). *Väter als Täter.* Reinbek: rororo.
Lange, C. (2000). Sexuelle Belästigung und Gewalt. Ergebnisse einer Studie zur Jugendsexualität. In: Behörde für Schule, Jugend und Berufsbildung Hamburg (Hrsg.): *Weiblichkeit und Sexualität. Beiträge aus den Vortragsreihen des Modellprojekts Berufsbegleitende Sexualpädagogische Fortbildung* (S. 17–27). Hamburg.
Martin, J., Anderson, J., Romans, S., Mullen, P. & O'Shea, M. (1993). Asking about child sexual abuse: Methodological implications of a two stage survey. *Child Abuse and Neglect 17*, 383–392.
Ministerium für Arbeit, Gesundheit und Soziales NRW (Hrsg.). (1989). *Sexueller Missbrauch an Kindern. Expertise zum 5. Jugendbericht der Landesregierung NRW.* Autorin: Ursula Enders. Düsseldorf.
Peters, S. D., Wyatt, G. E. & Finkelhor, D. (1986): Prevalence. In: D. Finkelhor (ed.). *A sourcebook on child sexual abuse* (S. 15–59). Beverly Hills: Sage.
Raupp, U. & Eggers, Ch. (1993). Sexueller Mißbrauch von Kindern. Eine regionale Studie über Prävalenz und Charakteristik. *Monatsschrift Kinderheilkunde 141*, 316–322.
Richter-Appelt, H. (1995). Sexuelle Traumatisierungen und körperliche Mißhandlungen in der Kindheit. Geschlechtsspezifische Aspekte. In: S. Düring & M. Hauch (Hrsg.): *Heterosexuelle Verhältnisse* (S. 57–76). Stuttgart: Enke.
Schötensack, K., Elliger, T., Gross, A. & Nissen, G. (1992). Prevalence of sexual abuse of children in Germany. *Acta Paedopsychiatrica 55*, 211–216.
Wetzels, P. (1997). *Gewalterfahrungen in der Kindheit.* Baden-Baden: Nomos Verlagsgesellschaft.

Befragung von Kindern

Günther Deegener

Einleitung

Als vor etwa 15 Jahren nach Zeiten der völligen Verdrängung sexuellen Missbrauchs dessen hohes Ausmaß zunehmend anerkannt wurde, geschah es in der Folgezeit nicht selten (auch aufgrund der Schuldgefühle gegenüber der eigenen Blindheit in der Vergangenheit), dass leichtsinnig, vorschnell, einseitig und überwertig aufgrund von „Signalen", „verdeckten Hilferufen", Aussagen, Symptomen und Verhaltensweisen der Verdacht eines sexuellen Missbrauchs als bestätigt angesehen wurde (Deegener, 1997). Die forensische Psychologie erforschte parallel dazu „Realkennzeichen" = inhaltliche Glaubwürdigkeitskriterien, mit deren Hilfe versucht wurde, auf wissenschaftlicher Basis erfundene Geschichten von auf tatsächlichem Erleben beruhenden Aussagen zu unterscheiden. Wie allgemein die wissenschaftliche Diagnostik grundsätzlich hypothesengeleitet ist, so muss auch bei der Beurteilung der Glaubhaftigkeit (s. a. Urteil des Bundesgerichtshofes vom 30.07.1999) die „Null- bzw. Unwahrheits-Hypothese" gegenüber der „Wahrheits-Hypothese" geprüft werden (→ *Glaubhaftigkeitsbegutachtung und diagnostischer Erkenntnisprozess*). In diesem Zusammenhang kam es nicht selten bei Vertreterinnen und Vertretern der forensischen Psychologie gegenüber den o. a. Gefahren fachlich unzureichender, emotionalisierter Diagnostik zu einem Umkippen in das andere Extrem: sie sprachen zum einen z. B. davon, dass „in deutschen Landen ein ungezügelter Aufklärungs- und Verfolgungswahn grassieren" würde (Undeutsch, 1994, S. 192), und zum anderen führten sie Null- bzw. Gegen-Hypothesen in ihren Glaubwürdigkeitsgutachten an, welche in ihrem ausufernden Phantasiereichtum den von ihnen zu Recht angegriffenen „Wahrheits-Hypothesen" z. B. im Rahmen der sog. Wormser Prozesse entsprachen. So gab z. B. ein 3 Jahre altes Kind u. a. an, dass bei seinem Opa aus dem Penis „eine weiße Schnecke" herausgekommen war. Der – zumindest nicht abwegigen – Hypothese, dass der Junge damit einen Samenerguss meint, wird vom Vertreter der forensischen Psychologie die – zumindest sehr deutungsfreudige – Hypothese gegenüber gestellt, dass der Junge mit dieser Aussage nur seine unterschiedlichen Farbwahrnehmungen des Penis mitteilte.

In Zukunft sollten sich die Bemühungen aller darauf konzentrieren, zwei Arten von Fehlern gleichgewichtig und mit Augenmaß sowie über den Zeitströmungen stehend zu vermeiden: das Übersehen von tatsächlich erlittenem Missbrauch einerseits sowie auch die Unterstellung eines in Wirklichkeit nicht erfolgten Missbrauchs. Die bei dieser Gratwanderung zu beachtenden Faktoren werden im Folgenden nur im Hinblick auf Aussagen eines Kindes zum sexuellen Missbrauch dargestellt, nicht aber bezüglich des Missbrauchsverdachtes aufgrund von Beobachtungen eines Kindes durch Dritte (zur Psychologie der Zeugenaussage und Glaubhaftigkeit s. die forensisch-psychologischen Handbücher von Greuel et al., 1997, 1998 sowie das Handbuch zu Fragen der kinder- und jugendpsychiatrischen/psychologischen Begutachtung von Fegert, 1993).

Grundlagen zur Überprüfung der Glaubhaftigkeit

Die Gründe für Falschaussagen können mit Steller et al. (1993) folgendermaßen eingeteilt werden:
1. Absichtliche Falschaussagen: die Aussagen sind insgesamt oder in Teilen absichtlich falsch. Sie sind mehr oder weniger erfunden oder aber aufgrund eigener Erlebnisse und Wahrnehmungen auf den Beschuldigten verschoben worden.
2. Falschaussagen aufgrund von Fremdbeeinflussungen:
   – Bewusste Fremdbeeinflussung, wobei das Kind entweder weiß, dass es sich um eine Falschaussage handelt, oder aber es übernimmt die Falschaussage im subjektiven Glauben an deren Wahrheitsgehalt.
   – Unbeabsichtigte Fremdbeeinflussung, wobei wiederum das Kind entweder weiß, dass die übernommene Aussage falsch ist, oder aber es glaubt fälschlich an deren Wahrheitsgehalt.
3. Autosuggestionen: Unbeabsichtigte Falschaussage aufgrund der Verschiebung eigener Erlebnisse/Wahrnehmungen auf den Beschuldigten oder aufgrund eingeschränkter bzw. nicht vorhandener Fähigkeit, zwischen Phantasie und Realität zu unterscheiden.
4. Erinnerungsfehler bei der Wiedergabe eines tatsächlichen Ereignisses.

Es wird ersichtlich, dass Aussageverfälschungen durch bewusstes Lügen, Irrtümer, beabsichtigte Beeinflussungen, ungewollte Suggestionen, Gedächtniseffekte, mangelnde Wirklichkeitskontrolle, spezifische Motivationen usw. entstehen können (auf Seiten der Kinder wie auch der Bezugspersonen) (→ *Glaubhaftigkeitsbegutachtung und diagnostischer Erkenntnisprozess*). Um diese möglichen negativen Beeinflussungen zu begrenzen, sollten die Kinder möglichst frühzeitig fachlich qualifiziert interviewt werden. Dabei sollte zunächst versucht werden, die Kinder zu einem freien Bericht über ihre Erinnerungen anzuregen. Erst danach sollten strukturierte Befragungen im Sinne der „Trichtertechnik" erfolgen, d.h. die Fragen sollten zunächst möglichst offen gestellt werden und dann schrittweise spezifischer, konkreter werden. Nach Endres et al. (1997, S. 195) sollten möglichst folgende Frageformen mit gering suggestiver Wirkung verwendet werden:

offene Fragen:	„Was hast du gesehen?"; „Und wie ging es dann weiter?"
Bestimmungsfragen:	„Wann war das denn an diesem Tag?"; „Um welche Uhrzeit warst du dort?"; „In welchem Zimmer seid ihr gewesen?"
Auswahlfragen:	„War das im Bett oder auf der Couch?" (besser: „wo war denn das genau?")
Ja-Nein-Fragen:	„Hat der Papa etwas gesagt?"

Die folgenden Frageformen sollten (nicht nur aufgrund ihrer möglichen stark suggestiven Wirkung) so gut es geht vermieden werden. Das ist allerdings bei jüngeren Kindern, psychisch sehr stark belasteten Jugendlichen oder in familiären Konflikten feststeckenden Opfern häufig kaum möglich:

Fragen mit Vorannahmen:	„Hat er dann den Penis herausgeholt?"
Fragewiederholungen:	„Sagst du wirklich die Wahrheit? Also, hat er den Penis herausgeholt? Das stimmt doch, oder?!"
Vorwürfe:	„Das kann ich gar nicht glauben, dass du das vergessen hast"; „Und dann hast du das auch noch mitgemacht, das versteh' ich nicht!"
Bewertungen, Beschreibungen:	„Wie hat er denn da in der Wanne seinen großen Penis gewaschen, als er sexuell erregt war?"; „Als er das machte, hat er dann auch geschnauft und gekeucht, ein rotes Gesicht gehabt?"
Vorgabeneinengung:	„Hat er da die Hose bis zu den Knien oder bis zu den Knöcheln heruntergezogen gehabt?"
Drohungen:	„Bevor du mir jetzt nicht alles sagst, kommst du hier nicht raus!"
Versprechungen:	„Wenn du endlich sagst, was da sonst noch passiert war, wird es dir besser gehen, dann brauchst du da auch nicht mehr hin."
Erwartungen:	„Und dann hat er sicher seinen Penis abgeputzt?!"
Vorausgesetzte Fakten:	„Du sagst, sein Glied war steif. Dann hat er also daran so gerieben?"

Druck zur Anpassung:	„Dein Freund sagte, der Mann hat dann dort onaniert. Das musst du doch auch gesehen haben, oder nicht?!"

Die so erhaltene Aussage des Kindes sollte (nicht nur bei Begutachtungen, sondern auch in der klinischen Praxis) einer kriterienorientierten Aussageanalyse mit den folgenden Realkennzeichen z. B. nach Steller und Köhnken (1989) unterzogen werden:
- *Allgemeine Merkmale:* Logische Konsistenz; ungeordnete sprunghafte Darstellung; quantitativer Detailreichtum
- *Spezielle Inhalte:* Raum-zeitliche Verknüpfungen; Interaktionsschilderungen; Wiedergabe von Gesprächen; Schilderung von Komplikationen im Handlungsverlauf
- *Inhaltliche Besonderheiten:* Schilderung ausgefallener Einzelheiten; Schilderung nebensächlicher Einzelheiten; phänomengemäße Schilderung unverstandener Handlungselemente; indirekt handlungsbezogene Schilderungen; Schilderung eigener psychischer Vorgänge; Schilderung psychischer Vorgänge des Beschuldigten
- *Motivationsbezogene Inhalte:* spontane Verbesserungen der eigenen Aussage; Eingeständnis von Erinnerungslücken; Einwände gegen die Richtigkeit der eigenen Aussage; Selbstbelastungen; Entlastung des Angeschuldigten.
- *Deliktspezifische Inhalte:* deliktspezifische Aussageelemente.

Durch diese Auswertung ergibt sich eine Einschätzung der Qualität der Aussage für den Einzelfall. Dies bedeutet u. a., dass die Erfüllung/Nicht-Erfüllung von Realkennzeichen auch abhängig ist vom Umfang der zu berichtenden Ereignisse, von den sprachlichen Ausdrucksmöglichkeiten eines Kindes, von seiner kognitiven Leistungsfähigkeit, usw. Deswegen ist es notwendig, neben der Aussagequalität (Inhaltsanalyse) auch die Aussagetüchtigkeit (Kompetenzanalyse) des Kindes zu beurteilen (u. a. Intelligenz, Gedächtnis, Sinneswahrnehmungen, Persönlichkeit, Phantasie; psychische Störungen/Erkrankungen, Sexualwissen) sowie die Aussagevalidität zu bewerten (u. a. Aussagemotivation, suggestive Beeinflussungen der Aussage, Entstehung der Aussage). Erst aufgrund der Zusammenschau all dieser Bewertungen ergibt sich eine abschließende Beurteilung zur Glaubhaftigkeit, und zwar vor dem Hintergrund folgender Frage: „Könnte dieses Kind mit den gegebenen individuellen Voraussetzungen unter den gegebenen Befragungsumständen und unter Berücksichtigung der im konkreten Fall möglichen Einflüssen von Dritten diese spezifische Aussage machen, ohne dass sie auf einem realen Erlebnishintergrund basiert?" (Volbert, 1995, S. 23).

Spezifische Probleme

Sowohl in der klinischen wie auch gutachterlichen Praxis ist es immer noch – trotz vielfacher Appelle zur frühzeitigen Hinzuziehung von Sachverständigen oder Beschleunigungen polizeilicher Vernehmungen oder Videoaufzeichnungen von Aussagen – fast die Regel, dass Kinder mehrfach und innerhalb eines längeren Zeitraumes Aussagen machen (→ *Vernehmung von Kindern,* → *Videoaufzeichnung).* Dadurch ergibt sich die Gefahr, dass die Aussagen und Erinnerungen im Verlaufe der Zeit – gewollt oder ungewollt – suggestiv durch die Befrager/innen beeinflusst und/oder die Erinnerungen der Kinder verändert werden. Es empfiehlt sich deswegen auch für Verwandte der Kinder, die Gespräche möglichst genau zu protokollieren (auch bezüglich der Fragestellungen), damit spätere Gutachter/innen sich ein weitgehend umfassendes Bild über den Verlauf der Aussagen und ihrer Entstehung machen können. Unterschiede in den Aussagen von Kindern bei wiederholten Befragungen sprechen dabei nicht gleich gegen die Glaubhaftigkeit: solche Unterschiede können sich auch psychologisch erklären lassen, z. B. durch verschiedene Befragungstechniken, durch unterschiedliche Bereitschaft des Kindes zum Berichten gegenüber den Befrager/innen, durch verschiedenste Konflikte des Kindes gerade bei familiärem Missbrauch. Umgekehrt sind fast gleichlautende Berichte im Sinne eines „Schallplattenreports" im Verlaufe von Wochen als eher unerwartet anzusehen. In diesem Zusammenhang zu beobachtende Tendenzen, diagnostische und therapeutische Maßnahmen zugunsten polizeilicher oder richterlicher Befragungen auch über Wochen (auch auf Wunsch von Eltern) zurückzustellen, sind als ethisch bedenklich einzustufen. Dabei sind auch Aussagen wie „Auch Rösner und Schade weisen darauf hin, dass Therapie der Wahrheitsfindung abträglich ist" (Undeutsch, 1994, S. 185) erschreckend simplifizierend. Zwar kann mit einigem Recht formuliert werden, dass Therapeuten mehr auf die subjektive Wahrheit von Klienten eingehen, während Sachverständige mehr den objektiven Sachverhalt aufzuklären versuchen, aber Therapeuten müssen ihren Klienten und Klientinnen auch dazu verhelfen, ihre z. B. neurotischen Reaktionen (= Wahrheit des Subjekts) aufzugeben sowie in realitätsgerechtere, reifere Konfliktlösungen zu überführen. Dementsprechend sollten Therapeuten und Therapeutinnen Kindern und Jugendlichen einerseits bei erlittenem Missbrauch helfen, andererseits aber auch bei der gemeinsamen Wahrheits- und Ursachenfindung über eine Falschaussage zu einem sexuellen Missbrauch (sowie bei den vielfachen Abstufungen dazwischen).

Literatur

BGH-Urteil vom 30.07.1999 – 1 StR 618/98 – LG Ansbach. In *Zeitschrift für das gesamte Familienrecht, 46,* 1648–1653, 1999.

Deegener, G. (1997). Probleme und Irrwege in der Diagnostik und Therapie von sexuellem Mißbrauch. In G. Amann & R. Wipplinger (Hrsg.), *Sexueller Mißbrauch – Überblick zu Forschung, Beratung und Therapie* (S. 415–435). Tübingen, dgvt-Verlag.

Endres, J., Scholz, O. B. & Summa, D. (1997). Aussagesuggestibilität bei Kindern. In Greuel, G., Fabian, T. & Stadler, M. (Hrsg.). (1997). *Psychologie der Zeugenaussage* (S. 189–204). Weinheim: Psychologie Verlags Union.

Fegert, J. M. (1993). *Sexuell mißbrauchte Kinder und das Recht. Band II. Handbuch zu Fragen der kinder- und jugendpsychiatrischen und psychologischen Untersuchung und Begutachtung.* Köln: Volksblatt-Verlag.

Greuel, L., Fabian, T. & Stadler, M. (Hrsg.). (1997). *Psychologie der Zeugenaussage.* Weinheim: Psychologie Verlags Union.

Greuel, L., Offe, S., Fabian, A., Wetzels, P., Fabian, T., Offe, H. & Stadler, M. (Hrsg.). (1998). *Glaubhaftigkeit der Zeugenaussage.* Weinheim: Psychologie Verlags Union.

Steller, M. & Köhnken, G. (1989). Criteria based statement analysis. Credibility assessment of children's statements in sexual abuse cases. In D. C. Raskin (Hrsg.), *Psychological methods for investigation and evidence* (S. 217–245). New York: Springer.

Steller, M., Volbert, R. & Wellershaus, P. (1993). Zur Beurteilung von Zeugenaussagen: Aussagepsychologische Konstrukte und methodische Strategien. In L. Montada (Hrsg.), *Bericht über den 38. Kongreß der Deutschen Gesellschaft für Psychologie in Trier 1992, Band 2* (S. 367–376). Göttingen: Hogrefe.

Undeutsch, U. (1994). Verbrechen gegen die Sittlichkeit. Kinder als Opfer und Zeugen. In K. Rutschky & R. Wolff (Hrsg.), *Handbuch sexueller Mißbrauch* (S. 173–195). Hamburg: Klein.

Volbert, R. (1995). Glaubwürdigkeitsbegutachtung bei Verdacht auf sexuellen Mißbrauch. *Zeitschrift für Kinder- und Jugendpsychiatrie, 23,* 20–26.

Behinderung und sexuelle Gewalt

Helga Rühling und Friedrich Kassebrock

Einleitung

Menschen mit Behinderungen sind auf Grund ihrer Hilfsbedürftigkeit und Abhängigkeit besonders gefährdet, Opfer sexueller Gewalthandlungen zu werden. Potenzielle Täter[1] sind Familienmitglieder, Verwandte, Erzieher, Lehrer oder auch Therapeuten, manchmal auch Mitbewohner oder Werkstattskollegen. Erst in den letzten Jahren wird die spezifische Problematik des sexuellen Missbrauchs von behinderten Kindern und Jugendlichen ernsthafter thematisiert (vgl. Becker 1995; Brill 1998; Klein, Wawrok & Fegert 1999). Dabei werden bisher

---

[1] Bei Aussagen, die sowohl für weibliche als auch für männliche Personen zutreffen, verwenden wir zur Vereinfachung durchgängig die männliche Form.

in erster Linie die Schicksale von behinderten Mädchen und Frauen untersucht. Es werden jedoch keine Zweifel darüber geäußert, dass behinderte Jungen ebenfalls Opfer sexueller Gewalt sein können.

Menschen mit einer geistigen Behinderung sind wegen ihrer geringeren Wahrnehmungsmöglichkeiten und ihrer eingeschränkten intellektuellen Fähigkeiten häufig überfordert, sexuelle Gewalt rechtzeitig zu erkennen und abzuwehren (Neldner 1993, S. 249). Menschen mit einer körperlichen Behinderung sind oft wehrlos. Kinder und Jugendliche mit (und ohne) Behinderungen haben in der Regel nicht ausreichend gelernt, sich zu schützen, wenn die sexuelle Gewalt von Vertrauenspersonen ausgeht. Statt dessen erleben sie in ihrer Familie und in den Institutionen regelmäßig Grenzverletzungen ihrer physischen und psychischen Integrität (Zemp, Pircher & Neubauer 1998). Diese problematischen Konstellationen werden durch den Terminus „sexuelle Gewalt" angemessener als mit dem Begriff „sexueller Missbrauch" beschrieben (Brill 1998), da so das Machtgefälle und das Gewaltverhältnis zwischen Täter und Opfer eindeutig benannt wird.

Beratungsanlässe

Die folgenden Ausführungen spiegeln die diesbezüglichen Erfahrungen einer Erziehungsberatungsstelle wider, die sich auf Beratung und Therapie bei jungen Menschen mit einer chronischen Krankheit oder Behinderung spezialisiert hat (→ *Erziehungsberatung*). Wie in allgemeinen Beratungsstellen auch, kann in vielen Fällen der Verdacht auf eine sexuelle Gewalterfahrung im Verlauf von Diagnostik und Beratung erst entstehen. Häufiger wird dieser Verdacht jedoch von Personen aus dem Umfeld von Kindern und Jugendlichen geäußert und ist der Anlass für die Inanspruchnahme der Beratungsstelle (vgl. Coughlan, 1997).

Die Anliegen, mit denen sich vorwiegend Lehrer oder Erzieher melden, können sehr unterschiedlich sein. Sensibilisierte Sonderpädagogen haben mitunter zahlreiche Beobachtungen dokumentiert und teilweise auch schon andere Institutionen (Jugendamt, Amt für Soziale Dienste, Familienrichter etc.) eingeschaltet. Im Einzelfall wird eine weiterführende Diagnostik und Abklärung erwartet. Häufig wird auch nach Möglichkeiten gesucht, wie der betroffene junge Mensch besser geschützt werden kann. Es wird eine Beratung der Familie, des pädagogischen Umfelds, der Sozialdienste oder häufig auch eine Psychotherapie der betroffenen Kinder oder Jugendlichen erwartet. Unerfahrene Helfer hoffen, dass die Beratungsstelle die gesamte Verantwortung für die Abklärung des Verdachts und die notwendigen Interventionen übernimmt, was jedoch nicht möglich und fachlich auch nicht sinnvoll ist (→ *Intervention – die „Regeln der Kunst"*).

Entsprechend den Vorgaben des KJHG (§§ 7, 35a, 41), Beratung und Hilfe für junge Erwachsene in besonderen Lebenslagen auch über das 18. bzw. 27. Lebensjahr hinaus zu gewährleisten, können Erziehungsberatungsstellen auch in Anspruch genommen werden, wenn es um die gerade erst erlittene Vergewaltigung einer behinderten jungen Frau geht. Wie in anderen Fällen auch besteht die erste Aufgabe der Berater darin, in Ruhe und behutsam den Hilfebedarf abzuklären, Kompetenzen und Grenzen abzustecken und „agierenden Aktionismus" zu vermeiden (Bartels 1998). U. a. bedarf es der Desillusionierung des Umfelds, durch „schnelle" Psychotherapie könne das Unvorstellbare bzw. Unerträgliche aufgelöst werden.

Seit einiger Zeit gibt es vermehrt Anfragen aus heilpädagogischen Heimen oder Sonderschulen, in denen ein junger Mensch (z.B. mit einer geistigen Behinderung) eine(n) Mitbewohner(in) sexuell „bedrängt", „verführt", „vergewaltigt" oder „ausgenutzt" habe. Mangels einer realen Intimsphäre ist dies schnell öffentlich geworden und die Mitarbeiter dieser Einrichtungen suchen Orientierung, welche Interventionen pädagogischer, psychotherapeutischer, juristischer oder polizeilicher Art hier angezeigt sind. In diesen Beratungsprozessen geht es u.a. um die Klärung der Frage, welche Aufsichtspflichten Heime und Sonderschulen haben und wo es angemessen bzw. dringend geboten ist, auch und gerade jungen Menschen mit Behinderungen Räume zum Experimentieren und Leben mit der eigenen Sexualität zu geben bzw. zu lassen.

In anderen Fällen wird ein Mitarbeiter aus einem Heim, einer Werkstatt oder einem Therapie-Zentrum beschuldigt, sexuelle Gewalthandlungen an Patientinnen, Schülerinnen oder Bewohnerinnen verübt zu haben (s. dazu Becker, 1995). Neben anderen Institutionen sollen Beratungsstellen dann helfen, den Sachverhalt zu klären und aufzuarbeiten (→ *Institutionen und sexueller Missbrauch*, → *Institutionen und sexueller Missbrauch: Täterstrategien und Reaktionen*).

In Einzelfällen kommen behinderte Menschen zu einer Beratungsstelle, da sie selbst sexuelle Gewalt gegen Kinder im Kindergarten- oder Schulkindalter angewendet haben. In diesen Fällen, wo die betroffenen behinderten Menschen in der Täterrolle sind, geht es einerseits um Aufklärung und sexualpädagogische Maßnahmen. Andererseits erhoffen sich Richter, die eine Psychotherapie anregen oder zur Auflage gemacht haben, Einschätzungen des Wiederholungsrisikos und eine Prognose über Chancen einer verbesserten Selbstkontrolle.

Besonderheiten im Umgang mit behinderten Kindern und Jugendlichen

Es ist für eine Beratungsstelle oft schwer, gewollte sexuelle Ausbeutung unter Ausnutzung des Machtgefälles von blinder Grenzenlosigkeit der verantwortlichen Eltern und Erzieher abzugrenzen. Das Leugnen der Sexualität behinderter junger Menschen führt mitunter zu gedankenlosen, krassen Grenzverletzungen: Kinder mit Behinderungen werden bis ins Erwachsenenalter im elterlichen Ehebett geduldet oder festgehalten. Lehrer duschen mit pubertierenden Mädchen ihrer Klasse im Schwimmbad. Beim Schichtwechsel übernimmt der männliche Pfleger das Waschen eines Mädchens, ohne vorher zu fragen, ob das Mädchen dies so auch akzeptieren kann und will. Mädchen mit einer geistigen oder körperlichen Behinderung werden bedrängt, Antibabypille oder Spirale zu akzeptieren, bevor sie überhaupt den ersten sexuellen Kontakt hatten. Trotz eines verbesserten Rechtsschutzes wird bei 18-Jährigen noch häufig eine „vorsorgliche" Sterilisation durchgeführt (Brill 1998, S. 164). Diese Formen alltäglicher sexueller Gewalt gegenüber behinderten Menschen geschehen in der Regel völlig unspektakulär, können jedoch die Ursache für verschiedene Fehlentwicklungen und Traumatisierungen sein. Das bedeutet, dass ein wesentlicher Teil der Beratungspraxis, egal ob im Umfeld des behinderten Opfers oder Täters, die Aufklärung über die sexuelle Entwicklung, sexuelle Bedürfnisse und die eigentlich selbstverständlichen Grenzen der Intimität beinhalten sollte (→ *Sexualpädagogik*).

Kinder und Jugendliche mit einer geistigen oder körperlichen Behinderung geben sehr unterschiedliche oder auch gar keine Hinweise auf eine akute oder vergangene sexuelle Gewalterfahrung. Während vor einigen Jahren im Behindertenbereich „sexualisiertes" Verhalten wie Onanieren in der Öffentlichkeit oder distanzloses Küssen fremder Personen noch als Folge der geistigen Behinderung angesehen wurde, galt das gleiche Verhalten z.B. von kleineren Kindern eine Zeit lang als sicherer Indikator für sexuellen Missbrauch. Das sexualisierte Verhalten gibt vielleicht aber auch Hinweise auf fehlende Aufklärung, Erziehungsdefizite und mangelnde Einübung sozialer Verhaltensregeln (vgl. auch Coughlan 1997). Ebenso können verstärktes Auftreten von selbstdestruktivem Verhalten, psychogene Anfälle, dissoziative Störungen oder auch ein Verstummen Hinweise auf sexuelle Gewalterfahrungen sein. Diesbezüglich sind jedoch noch viele Fragen offen. Ein wichtiger Indikator für eine traumatische Erfahrung ist jedenfalls immer eine plötzliche radikale Verhaltens- oder Persönlichkeitsänderung (vgl. Überlegungen zur Diagnostik: Steiniger 1997). Wiederholte sexuelle Gewalt und Ausbeutung behinderter Menschen kann schwere Verstörungen verursachen, die ein Leben lang anhalten können. Vor allen psychotherapeutischen Bemühungen brauchen die betroffenen Menschen konkret erfahrbaren, äußeren Schutz.

Wenn eine akute Missbrauchssituation eines behinderten Kindes oder Jugendlichen vermutet wird, ist die Planung einer „Aufdeckung" für alle Beteiligten oft eine Überforderung, wenn sich die Betroffenen selbst nicht konkret ausdrücken können und damit vor Gericht zunächst einmal als grundsätzlich unglaubwürdig angesehen werden (s. dazu die Hinweise auf die Rechtsprechung des BGH in: NJW 1999, 2746–2751). Eine wirklich hilfreiche Krisenintervention kann darin bestehen, genau herauszufinden, welche konkreten Wünsche die primär Betroffenen haben: „Wo will sie/er sein, mit wem will sie/er Umgang und mit wem nicht?". Es ist oft sinnvoll, diese Fragen zunächst gemeinsam mit einem vertrauten Elternteil oder anderen Vertrauten, z.B. mit der(m) Lehrer(in), abzuklären. Ein Berater bräuchte ohne diese Hilfestellung sonst Wochen für eine vertrauensvolle Verständigung mit der/dem Betroffenen. Allerdings sollten so früh wie möglich die betroffenen Kinder bzw. Jugendlichen selbst beteiligt werden. Sie brauchen dringend ein Signal, dass es um die Wahrung ihrer Interessen geht, auch wenn sie nicht alles genau verstehen können.

In diesen Gesprächen äußern die Betroffenen oft überraschend klare Vorstellungen bzw. Wünsche. Veränderungen in der Lebenssituation, wie die Trennung von bestimmten Kontaktpersonen bzw. Umzug oder Werkstatt-Wechsel, sollten jedoch nicht in jedem Fall mit dem Missbrauchsverdacht sondern eher mit dem Recht auf Selbstbestimmung begründet werden. Sie lassen sich so oft besser durchsetzen und ermöglichen die nötige Ruhe zur weiteren Abklärung. Eine enge psychotherapeutische Beziehung zu den fraglichen Opfern sollte nur dann aufgebaut werden, wenn die Aussicht besteht, eine langfristige psychotherapeutische Begleitung anbieten zu können. Beziehungsabbrüche zu Helferinnen und Helfern, wie sie im Zusammenhang mit Aufdeckung sexueller Gewalterfahrungen häufig vorkommen, können von Menschen mit geistiger Behinderung kaum verarbeitet werden, da sie die Zusammenhänge nur sehr schwer begreifen und wegen eingeschränkter Umstellungsfähigkeit auch noch zusätzlich benachteiligt sind. Die Aufdeckung wiederholter sexueller Gewalt wird durch Zweifel an der Glaubwürdigkeit der Schilderungen erschwert (vgl. Becker 1995, S. 95). Psychosoziale Beratungsstellen können hier hinzugezogen werden, um zur Glaubwürdigkeit z.B. eines geistig behinderten Menschen Stellung zu nehmen. Dabei muss beachtet werden, dass sich Begutachtung einerseits und Beratung und Therapie andererseits in der Regel ausschließen. Gelegentlich sind allerdings schriftliche oder mündliche Aussagen in Form von fachlichen Stellungnahmen unumgänglich, auch wenn die Beratungsbeziehung weiter geht. Die eigene Rolle als Berater muss also genau bedacht werden: Soll das soziale Umfeld beraten werden oder geht es um die therapeutische Begleitung des Opfers? Geht es vor allem um die Abklärung eines Verdachts auf sexuelle Gewalt oder geht es nach dieser Abklärung um die therapeutische Aufarbeitung des Traumas, und ist dies jetzt indiziert? In der Beratungspraxis wird allgemein davon ausgegangen, dass eine strafrechtliche Verfolgung von sexueller Gewalt an behinderten Kindern, Jugendlichen und jungen Erwachsenen außerordentlich schwierig ist (vgl. Brill 1998, S. 69). Statt dessen kann eine sorgfältige Kooperation mit der Familie und allen beteiligten Institutionen, auch dem Familiengericht, wirksame Hilfestellungen und einen verbesserten Opferschutz ermöglichen (vgl. Steininger 1997, S. 68).

Ausblick

Spezialisierte und nicht spezialisierte psychosoziale Beratungsstellen sollten bereit sein, in Zusammenarbeit mit Jugendamt, allgemeinem Sozialdienst, Rechtsanwälten, Familiengerichten und anderen Institutionen ihre Kompetenzen anzubieten, wenn es um behinderte und nicht behinderte Opfer sexueller Gewalt geht. Auch für die therapeutische Begleitung behinderter sexueller Gewalttäter sollten nach Möglichkeit gezielte Angebote gemacht werden. Erziehungsberatungsstellen haben die Aufgabe, bei der Erziehung von behinderten jungen Menschen in der Familie zu helfen, so dass ihnen eine positive psychosexuelle Identitätsentwicklung auf der Basis von Ablösung und Autonomieentwicklung ermöglicht wird. Erziehungsberatungsstellen sind zur Intervention verpflichtet, wenn mehr oder weniger subtile sexuelle Gewalt erkennbar wird. An allen Orten, wo Menschen mit Behinderungen leben oder leben sollten, ist eine ausführliche sexualpädagogische Aufklärung notwendig (z. B. mit dem ausgezeichneten Buch der Bundesvereinigung Lebenshilfe 1995). Darüber hinaus sollten Mitarbeiterinnen und Mitarbeiter von Einrichtungen, in denen Menschen mit Behinderungen lernen, arbeiten und wohnen, an Fortbildungen zum Thema „sexuelle Gewalt" teilnehmen. Alle Formen sexueller Gewalt und ungute inzestuöse Nähe zwischen behinderten jungen Menschen und ihrem sozialen Umfeld sollten benannt und beendet werden. Psychosoziale Beratungsstellen sollten dazu beitragen, dass geeignete Wohnformen mit unterschiedlichem Betreuungsgrad in Einzelwohnungen, Wohngemeinschaften und Kleinstheimen geschaffen werden, um eine würdige Intimsphäre für Menschen mit Behinderungen zu ermöglichen.

Dies wird nur möglich sein, wenn Fachleute bereit sind, von und mit behinderten jungen Menschen zu lernen, wie menschenwürdige Hilfe für diese benachteiligte Klientel gerade im Bereich der sexuellen Identitätsfindung aussehen müsste.

Literatur

Bartels, V. (1998). Professioneller Schutz durch Kooperation. Sexuelle Gewalt gegen Mädchen und Jungen: Aufgaben und Grenzen von Erziehungsberatungsstellen. *Informationen für Erziehungsberatungssstellen (1)*, 14–19.
Becker, M. (1995). *Sexuelle Gewalt gegen Mädchen mit geistiger Behinderung. Daten und Hintergründe*. Heidelberg: Universitätsverlag C. Winter.
BGH (1999). Anforderungen an Glaubhaftigkeitsgutachten. Wissenschaftliche Anforderungen an aussagepsychologische Begutachtungen. *NJW (37)*, 2746–2751.
Brill, W. (1998). Sexuelle Gewalt gegen behinderte Menschen – ein Überblick über den aktuellen Stand der Diskussion. *Behindertenpädagogik 37 (2)*, 155-172.
Bundesvereinigung Lebenshilfe (1995). *Sexualpädagogische Materialien für die Arbeit mit geistig behinderten Menschen*. Weinheim und Basel: Beltz Verlag.
Coughlan, J.-G. (1997). Zur Arbeit von Erziehungsberatungsstellen bei Verdacht auf sexuellen Missbrauch. *Praxis der Kinderpsychologie und Kinderpsychiatrie, 46 (7)*, 499–506.
Klein, S., Wawrok, S. & Jörg M. Fegert (1999). Sexuelle Gewalt in der Lebenswirklichkeit von Mädchen und Frauen mit geistiger Behinderung – Ergebnisse eines Forschungsprojekts. *Praxis der Kinderpsychologie und Kinderpsychiatrie, 48 (7)*, 497–513.
Neldner, S. (1993). Sexuelle Gewalt an Menschen mit geistiger Behinderung. *Geistige Behinderung 32 (3)*, 248–253.
Steiniger, Ch. (1997) Möglichkeiten und Grenzen der Diagnostik bei Kindern und Jugendlichen mit einer geistigen Behinderung. *Geistige Behinderung 36 (1)*, 56–72.
Zemp, A., Pircher, E. & E. Ch. Neubauer (1998). Sexuelle Ausbeutung von Mädchen und Frauen mit Behinderung. In: Amann, G. & Wipplinger, R. (1997, 2. Aufl. 1998). *Sexueller Missbrauch. Überblick zu Forschung, Beratung und Therapie*. Tübingen: dgvt-Verlag.

Betroffenen-Bericht

Peter W.

Ich heiße Peter W. und bin heute 40 Jahre alt. Ich lebe im Ruhrgebiet, bin geschieden und arbeite als Angestellter in einer großen Firma.

Ich war elf Jahre alt, als ich im Frühjahr 1972 von einem Freund der Familie zum erstenmal belästigt und dann missbraucht wurde. Insgesamt erstreckte sich dieser schreckliche Zustand über zwei Jahre, bis ich aus diesem Trauma erwacht bin und mich aus eigener Kraft von diesem Schwein losreißen konnte. Ich begann mit Karate und trainierte bis zu vier mal in der Woche. Nach einigen Monaten fühlte ich mich gestärkt. Es war eigentlich wie David gegen Goliath. Ich fasste all meine Wut und meinen Mut zusammen und schrie: „Fasst du mich noch einmal an, haue ich dich um." Warum auch immer, es hat funktioniert. Er hat sich nie wieder sehen lassen. Aber was war in dieser Zeit geschehen?

Antworten auf diese Fragen kann ich heute, nach 28 Jahren nur zum Teil geben.

Ich war damals in einem Spielmannszug und spielte Flöte. Gerald B. war für die Jugendarbeit innerhalb des Vereins zuständig. Außerhalb des Vereins war er Organist und spielte bei Veranstaltungen und den Gottesdiensten seiner Gemeinde.

Ich denke an das erste Mal, als mich das Schwein traktierte und mir sagte: „Ich zeige dir jetzt was Schönes!" Er machte sich über mein kleines Glied her und streichelte und massierte es, bis mir alles weh tat. Mit mir war ja noch nichts anzufangen. Ich hatte noch nie masturbiert oder einen Höhepunkt erlebt. Er wurde sehr wütend, weil es nicht so war, wie er es wollte. Dann musste ich seinen dicken Schwanz in die Hand nehmen, und das Scheusal führte meine Hand. Ich musste ihn massieren, bis er sich plötzlich verkrampfte und sein glibberiger Samen über meine Hand lief. Ich war wie ohnmächtig! Wo war meine kleine heile Kinderwelt? Was sollte ich jetzt machen? Wie sollte es weitergehen? Gerald sagte mir: „Wir sind doch Freunde. Das von eben darf keiner wissen, sonst sind wir keine Freunde mehr."

Quälende Stunden und Tage begannen. Was war nur mit mir geschehen, und wie werde ich dieses beschissene Gefühl wieder los? Diese Fragen beantworteten sich leider gar nicht.

Ich war nur noch wie benommen und ohnmächtig. Der Ekel schnürte mir den Hals zu. Ich schämte mich unendlich und gab mir die Schuld für das was geschehen war. Ich wollte nur noch im Boden versinken und nicht mehr da sein.

Tage später stand Gerald wieder auf der Matte. Er holte mich von meinen Eltern ab. Diese freuten sich über so einen guten Freund, der ja auf mich aufpassen würde, denn schließlich war er erwachsen. Er war Musiker und ein angesehenes Mitglied seiner Gemeinde. Gerald unternahm viel mit mir und zeigte sich dabei immer großzügig. Ich bekam oft Currywurst mit Pommes oder ein Eis. Aber es sollte sich zeigen, dass er dafür immer irgendwann etwas von mir wollte. Seine Fingerspitzen begannen stets zu zittern, wenn er anfing, mich zu missbrauchen. Er steckte mir seine Zunge in den Mund. Er war so außer sich, das dabei seine dunkle Hornbrille beschlug. Plötzlich öffnete er wieder seine Hose, packte meinen Hals und sagte irgend etwas. Dann stopfte er seinen dicken Schwanz in meinen Mund. Ich hatte das Gefühl daran zu ersticken. Panik und Angst waren das Einzige was mich noch beherrschte. Er stopfte sein Ding immer wieder und schneller in meinen Hals, bis er schließlich keuchend seine Soße in meinen Hals spritzte. Heiss, bitter, glibberig, einfach ekelhaft. Er ließ mich nicht los, und mir blieb nichts anderes übrig, als diesen Mist zu schlucken. Als er von mir abließ, gab es wieder freundliche, aber auch einschärfende Kommentare. Ich wollte nur noch alleine sein, keinen mehr sehen und hören. Ich glaubte alle würden auf mich zeigen und mir ansehen, was geschehen war.

Wenn ich an meine Schulzeit denke, so ging es ab jetzt schlagartig mit meinen Leistungen bergab. Ich blieb zweimal sitzen und musste letztlich die Realschule ohne Abschluss verlassen. Zu Hause hieß es nur: „Du bist ein fauler Hund. Wenn du nur willst, kannst du es auch." Wie gerne hätte ich gewollt, aber alles ging an mir vorüber. Es war niemand für mich da. Ein Nachbar von uns ging zu meinen Vater und bemerkte, dass es doch ungewöhnlich sei, wenn ein Mann mit einem Kind so viel Kontakt hat! – Die Reaktion meines Vaters war: „Was soll das? Sollte da etwas sein, schlage ich meinen Sohn tot." Damit war auch der letzte Funken Hoffnung gestorben.

Wie gerne hätte ich einen lieben und starken Vater gehabt, der mich schützt und befreit. Aber wir hatten nie ein liebevolles Verhältnis. Einmal hatte er mir schon gesagt: „Dich habe ich nie gewollt." Unsere Beziehung wurde erst 25 Jahre später, kurz vor seinem Tod besser.

Damals im Jahre 1972 studierte meine ältere Schwester, mit den Zeugen Jehovas, die Bibel. Irgendwann fasste ich verzweifelt den Mut und fragte einen dieser Brüder: „Wie ist das, wenn Männer mit Männern zusammen sind?" – Seine Antwort brach mir das Genick. Er sagte: „Menschen, die solche Dinge tun, werden Gottes Königreich nicht ererben!!!"

Aber was war mit mir passiert? Ich habe meinen Körper abgestoßen. Der hatte nichts mehr mit mir zu tun. Mit ihm konnte man machen, was man wollte, mein Inneres jedoch verkapselte sich immer mehr. Keiner konnte mich mehr erreichen oder verletzen.

Selbstwertgefühl oder Selbstachtung sind Dinge, die ich nur von anderen kenne. Später, als junger Erwachsener, habe ich mich von einer Aktivität in die andere gestürzt und gearbeitet wie ein Wilder. Ich wollte mir beweisen, doch etwas wert zu sein, aber welch ein Selbstbetrug. Ich war immer hilfsbereit und für jeden da, konnte aber für mich selbst nur Verachtung empfinden. Jesus Christus sagte: „Liebe deinen Nächsten, wie dich selbst!" Ja, wie dich selbst. Aber wie soll das gehen, wenn du dich selbst ablehnst und hasst? Durch den Missbrauch stirbst du, obwohl du am Leben bist.

Als Jugendlicher dann ließ ich mich mit vielen Mädchen ein. Ich wollte mich von diesem Alptraum reinwaschen. Ich benutzte diese Mädchen eigentlich wie einen Waschlappen. Aber all dieses brachte mir natürlich gar nichts. Dann lernte ich ein sehr schüchternes Mädchen kennen, die mit Jungen und ihrem eigenen Körper nichts anzufangen wusste. Bei ihr fühlte ich mich sicher. Ich wusste, sie konnte mir nichts tun und würde auch nicht versuchen, an mein Inneres zukommen. Natürlich war diese Freundschaft auf Dauer ebenfalls sehr unglücklich. Wir wollten uns aber zusammentun, und so heirateten wir im November 1982. Meine Frau war extrem religiös und versuchte ständig mir ihren Stempel aufzudrücken. Ich versuchte, so gut ich eben konnte, zu funktionieren. Ich wollte doch wenigstens ihr gefallen. So entfernte ich mich noch weiter von mir selbst. Die Jahre gingen ins Land und ich hatte mein Missbrauchstrauma unter einer meterdicken Betondecke begraben. Bald sollte ich feststellen, dass sich aber eigentlich an meiner Person als Überlebender nichts geändert hatte. Unerwartet stellte sich bei uns 1989 Nachwuchs ein. Kurz nachdem unser Sohn geboren war, stellte sich heraus, dass er eine Behinderung hatte. Alles stürzte für mich ein. Wie konnte das nur passieren? Warum habe ich das nicht verhindern können? Warum konnte ich ihn nicht davor bewahren? Diese und viele andere Gedanken schossen mir immer wieder durch den Kopf. Ich glaubte, ihn genauso im Stich gelassen zu haben, wie ich damals alleine und hilflos dem Missbrauch ausgeliefert war, als niemand für mich dagewesen war. Tag für Tag, Monat für Monat, Jahr für Jahr wurde alles für mich wieder präsent. Ich konnte nicht mehr schlafen, meine Konzentration ließ rapide nach. Meine Arbeit und andere Aufgaben konnte ich kaum noch bewerkstelligen. Es wurde so schlimm, dass ich ohne Tabletten, die mich ruhig stellten, nicht mehr auskommen konnte. Dann bestand meine Hausärztin darauf mich in fachliche Hände zu geben.

Der erste Versuch einer Therapeutin schlug jedoch gänzlich fehl. Auch sie, ließ ich nicht an meine Kindheitserlebnisse heran. Mein Zustand wurde noch schlimmer und meine Ärztin stellte einen Antrag auf Rehabilitation in einer Fachklinik. Hier fühlte ich mich zum erstenmal in meinem Leben richtig aufgehoben. Mein erster Aufenthalt dort dauerte acht Wochen. Jetzt begann für mich ein sehr harter und steiniger Weg. Er zeigte mir aber, dass auch für mich Licht am Ende des Tunnels sein kann. Dieser Klinikaufenthalt war für mich der Start meine Missbrauchserlebnisse zu bewältigen. Ein Jahr später war ich noch einmal in dieser Klinik für sechs Wochen. Danach schloss sich für mich eine zweijährige ambulante Einzeltherapie mit einem Spezialisten an. Es war eine schwere Zeit und oft habe ich mich selbst überfordert. In diesen Momenten stand mir mein Therapeut bei und bremste mich, wenn es nötig war. Unter anderem war es unabdingbar geworden meine Familienverhältnisse neu zu ordnen. Ich löste mich aus den bedrückenden Umklammerungen meiner Frau. Auch sie hatte mich für ihre Vorstellungen und Zwecke benutzt. Lange hatte ich dies zugelassen, ohne es zu merken. Ich trennte mich von ihr und ließ mich scheiden.

Im November 1998 gründete ich eine Selbsthilfegruppe für Männer und Frauen, die als Kind sexuell missbraucht wurden. Ich wandte mich an die regionalen Tageszeitungen und schnell fand sich eine Gruppe zusammen. Begleitet wird diese Gruppe von je einem männlichen und weiblichen Therapeuten. Wir arbeiten alle 14 Tage ernsthaft an einem vorher festgelegten Thema. Ein sogenannter Gefühlsstern dient uns als Grundlage für unsere Arbeit. Ein Beispiel: Kann ich wütend sein? Lass ich Wut zu? Wie drücke ich sie aus? Was macht mich wütend? Habe ich Wutphantasien? Unterdrücke ich meine Wut? – usw. Andere Themen können sein: Schuld, Geborgenheit, Selbstvertrauen, Angst, Ärger, Verzweiflung, Freude, Liebe oder Mut.

Auch heute noch kommt es immer wieder zu Abstürzen durch besondere Ereignisse oder Anlässe. Mittlerweile bin ich auch organisch krank geworden. Mich plagen chronische Ganzkörperschmerzen und Migräneanfälle. Auch Depressionen begleiten weiterhin mein Leben. Ein normales Alltagsleben ist oft nur unter größten Anstrengungen möglich.

Beseitigen kann ich nicht die Narben und den Makel, aber ich kann heute schon wesentlich besser damit umgehen. Ich schreibe all dies nieder und fühle mich total beschissen. Aber ich werde weiter kämpfen, es kann nur vorwärts gehen.

Kontakt: www.geocities.com/Bv_missbr_gruppe

CAPP – Child Assault Prevention Project

Gisela Braun

Das in den 80er Jahren in Deutschland bekannteste Präventionsprojekt, das Child Assault Prevention Project (CAPP), entwickelte sich in den USA etwa zehn Jahre früher aus der Selbstschutzarbeit mit Frauen.

Inhalte von CAPP

Angesprochen werden Kinder und Jugendliche im Alter zwischen fünf und 18 Jahren. Zu dem Programm gehören ein Workshop für das Schulpersonal, ein Elternworkshop und ein Kinderworkshop.

Der *Workshop für das Schulpersonal* besteht aus einer zweistündigen Informationsveranstaltung, in der grundlegende Kenntnisse über sexuellen Missbrauch, mögliche Signale und Aspekte der Krisenintervention vermittelt werden. Zudem wird die methodische Verfahrensweise des Kinderworkshops dargestellt.

Der *Elternworkshop* hat im Prinzip ähnliche Inhalte mit anderer Gewichtung. Der Schwerpunkt liegt auf der Sensibilisierung der Eltern und dem Abbau von Ängsten und Vorbehalten bezüglich des Kinderworkshops. Ziel ist es, von den Eltern die Erlaubnis zur Teilnahme ihrer Kinder am Präventionsprogramm zu erhalten.

Im *Kinderworkshop* sprechen die Trainerinnen in den Schulklassen über die Rechte von Kindern, die in dem Slogan „safe, strong, free" zusammengeführt sind: Mädchen und Jungen haben das Recht, sicher, stark und frei zu sein.

In drei Rollenspielen werden diese Rechte konkretisiert:
– Ein älteres Kind erpresst ein jüngeres.
– Ein fremder Mann versucht einen Jungen unter einem Vorwand zum Mitkommen zu überreden.
– Ein Onkel versucht seine Nichte zu einen Kuss zu nötigen und fordert Geheimhaltung.

Diese Szenen werden jeweils so vorgespielt, dass das beteiligte Kind unterliegt. Anschließend erarbeiten die Trainerinnen Handlungsstrategien mit den Kindern und spielen die Szenen mehrfach mit positivem Ausgang nach. Zusätzlich gibt es noch eine Szene, in der eine Schülerin ihre Lehrerin um Hilfe bittet, um die Mädchen und Jungen zu ermutigen, sich Unterstützung zu holen. Des Weiteren lernen die Kinder Selbstverteidigungsstrategien wie Treten und einen lauten Hilfeschrei. Am Ende bekommen sie Adressen von Beratungs- und Hilfseinrichtungen, da die Trainerinnen selbst nur präventiv und nicht intervenierend arbeiten.

Kritik an CAPP

Nachdem das CAPP-Programm in den ersten Jahren in Deutschland euphorisch aufgenommen wurde, entstand zunehmend eine kritische Haltung. Der Deutsche Kinderschutzbund fasste seine Standpunkte in einer eigens publizierten Broschüre zusammen (vgl. Deutscher Kinderschutzbund o. J.) Andere Institutionen stimmten den Einwänden zu und erweiterten die Kritik (→ *Prävention mit Kindern,* → *Prävention in der Schule).* Zentrale Vorbehalte waren:
– In den Workshops wird den Kindern Verantwortung für ihren Schutz übertragen. Dies entspricht nicht der Realität und kann Schuldgefühle bei betroffenen Kindern bewirken.
– In den CAPP-Programmen wird nicht offen über Sexualität gesprochen. Geschlechtsteile und sexuelle Handlungen werden mit Begriffen wie „private Zonen" oder „Berührungen unter dem Badeanzug" umschrieben. Dieser

Sprachgebrauch ist in den Vereinigten Staaten üblich, hat aber in diesem Zusammenhang die fatale Konsequenz, dass eine erneute Tabuisierung stattfindet und Kindern die doppelte Botschaft vermittelt wird, dass sie über erlebte Übergriffe reden sollen, es aber schlecht und unpassend ist, über Sexualität zu sprechen.
- Die körperlichen Selbstverteidigungsstrategien suggerieren falsche Sicherheit gegenüber körperlich überlegenen Erwachsenen und berücksichtigen nicht die Formen von Überredung, Manipulation und Verstrickung, wie sie vor allem Täter aus dem sozialen Nahbereich gegenüber Kindern anwenden.
- CAPP bezieht sich hauptsächlich auf familienferne Täter.
- Die zweitägige Ausbildung der pädagogisch oft nicht vorgebildeten Trainerinnen ist zu wenig qualifiziert.
- Die Auswirkung im Sinne einer Verhaltensänderung eines zweistündigen Kinderworkshops, dessen Inhalte häufig den eigenen Lebenserfahrungen in der Familie widersprechen, ist fragwürdig.
- Die Trainerinnen werden Vertrauenspersonen für die Mädchen und Jungen, bieten ihnen jedoch keine konkreten Hilfen an (vgl. Gies 1995).

Diese Einschätzung verhinderte, dass das CAPP-Projekt in seiner ursprünglichen Form in Deutschland Verbreitung fand. Allerdings wurden Leitgedanken aus CAPP nach der kritischen Auseinandersetzung modifiziert und umgesetzt. Viele Inhalte einer modernen emanzipatorischen Präventionspädagogik gründen in diesen Diskussionen. Eine der Basisideen von CAPP, „Empowerment", als Ausbau vorhandener Stärken sowie einer Steigerung von Autonomie und Handlungskompetenz von Kindern, ist heute Bestandteil vieler Präventionskonzepte.

Literatur

Deutscher Kinderschutzbund: *DKSB-Standpunkte zum CAPP-Programm.* Hannover o.J.
Gies, H. (1955). *Zur Prävention sexueller Gewalt. Strukturelle Grundlagen und pädagogische Handlungsmöglichkeiten.* Berlin: VWB.

Datenschutz

Hans-Alfred Blumenstein

Allgemeines

Sozialdaten sind Einzelangaben über persönliche oder sachliche Verhältnisse einer bestimmten oder bestimmbaren Person, die von einer in § 35 SGB I genannten Stelle im Hinblick auf ihre Aufgaben nach diesem Gesetzbuch erhoben, verarbeitet oder genutzt werden (§ 67 Abs. Satz 1 SGB X). Anspruchsgegner sind in erster Linie öffentliche Leistungsträger sowie deren Verbände und Arbeitsgemeinschaften, außerdem die weiter in § 35 SGB I genannten öffentlich-rechtlichen Vereinigungen und Ämter. Der Anspruch auf Datenschutz richtet sich daher an sich nur gegen staatliche Institutionen. Das sog. Volkszählungsurteil des Bundesverfassungsgerichts vom 15.12.1983 (Entscheidungssammlung des Bundesverfassungsgerichts Band 65, S. 1 ff.), das aus dem allgemeinen Persönlichkeitsrecht das Grundrecht auf *informationelle Selbstbestimmung* entwickelt hat, legt indessen die Drittwirkung dieses Grundrechts nahe, so dass informationelle Selbstbestimmung überall dort – also auch von privaten Trägern – zu respektieren ist, wo personenbezogene Daten verarbeitet werden (Jans, Happe & Saurbier 1998, Vorbemerkung 20 zu § 61 KJHG). Im Übrigen müssten Träger der freien Jugendhilfe gem. § 61 Abs. 4 KJHG zur Einhaltung des Datenschutzes vom öffentlichen Träger zumindest vertraglich verpflichtet werden. Der Begriff der „personenbezogenen Daten", wie er im Bundesdatenschutzgesetz Verwendung gefunden hat, ist mit den „Sozialdaten" des Sozialgesetzbuchs identisch (Jans, Happe & Saurbier 1998, Vorbemerkung 2 zu § 61 KJHG).

Im Bereich der Jugendhilfe haben die *datenschutzrechtlichen Regelungen in den §§ 61 bis 68 KJHG* Vorrang vor den Regelungen des SGB X (Jans, Happe & Saurbier 1998, Vorbemerkung 39 zu § 61 KJHG). Die Straf- und Bußgeldvorschriften in den §§ 85 und 85 a des SGB X gelten jedoch auch im KJHG, außerdem die der §§ 104 (Bußgeldvorschriften) und 105 (Strafvorschriften) KJHG als Spezialregelungen.

Erhebung und Weitergabe von Sozialdaten

Die Erhebung von Sozialdaten und deren Verarbeitung, insbesondere deren Weitergabe, darf grundsätzlich nur mit Einwilligung der Betroffenen erfolgen.

Von diesem Grundsatz darf nur abgewichen werden, wenn das SGB X oder eine andere Rechtsvorschrift des Sozialgesetzbuches hierfür eine besondere Ermächtigung zur Erhebung, Verarbeitung, zu der auch die Übermittlung gehört, oder Nutzung enthalten (Jans, Happe & Saurbier 1998, Vorbemerkung 40 zu § 61 KJHG; siehe unten).

Minderjährige können nach der Vollendung des 15. Lebensjahres ohne Mitwirkung ihrer gesetzlichen Vertreter die Einwilligung selbst erteilen (§ 36 SGB I).

Die *Einwilligung* kann *schriftlich, mündlich, konkludent* (z. B. durch Stellung eines Antrags), oder auch *stillschweigend* erteilt werden. In Einzelfällen kann auch von einer *mutmaßlichen* Einwilligung, wenn sie im wohlverstandenen Interesse des Betroffenen liegt, ausgegangen werden. Sie muss aber immer eindeutig und konkret sein. Insbesondere bei der mutmaßlichen Einwilligung kann es Schwierigkeiten geben, zumal es in diesem Falle in der Regel an der erforderlichen Aufklärung der Betroffenen über die Tragweite der Einwilligung fehlen wird.

In den Fällen des § 42 KJHG (Inobhutnahme) kann der Jugendhilfeträger aber auch ausdrücklich ohne jede Mitwirkung der Betroffenen Ermittlungen anstellen und dabei Daten erheben (§ 62 Abs. 3 Nr. 2c KJHG). Das entspricht einer sachgerechten Jugendhilfe (→ *Jugendämter*).

Im Übrigen dürfen Daten nur erhoben werden, wenn dies zur Erfüllung der jeweiligen Aufgabe *erforderlich* ist (§ 62 Abs. 1 KJHG). Nach ihrer Erhebung unterliegen diese Daten einer *Zweckbindung*, d. h. sie dürfen nur zu dem Zweck übermittelt oder genutzt werden, zu dem sie erhoben wurden (§ 64 Abs. 1 KJHG). Sollen sie zu anderen Zwecken übermittelt oder genutzt werden, bedarf es einer neuen Einwilligung des Betroffenen (Jans, Happe & Saurbier 1998, Vorbemerkung 45 zu § 61 KJHG) oder entsprechender gesetzlicher Regelungen. So ist die Übermittlung von Sozialdaten zulässig, soweit sie zur Durchführung eines Strafverfahrens wegen eines Verbrechens oder wegen einer sonstigen Straftat von erheblicher Bedeutung erforderlich ist (§ 73 SGB X). Das SGB X verweist insoweit auf das Strafgesetzbuch. Danach sind gem. § 12 Abs. 1 StGB Verbrechen solche Straftaten, die mit einer Mindeststrafe von 1 Jahr bedroht sind. Maßgebend ist unabhängig vom konkreten Fall allein die von Gesetz angedrohte Mindeststrafe. Die Fälle des sexuellen Missbrauchs und der Vergewaltigung sind vorwiegend als Verbrechenstatbestände ausgebildet (z. B. §§ 176a, 177 StGB). Zu den „sonstigen Straftaten von erheblicher Bedeutung" im Sinne von § 73 Abs. 1 SGB X zählen aber auch alle weiteren, als Vergehenstatbestände ausgebildeten Straftaten gegen die sexuelle Selbstbestimmung (z. B. §§ 174, 176, 182 StGB) (Jans, Happe & Saurbier 1998, Anm. 4 § 73 SGB X). Gemäß § 12 Abs. 2 StGB sind Vergehen solche rechtswidrigen Taten, die im – abstrakten – Mindestmaß mit einer Freiheitsstrafe von weniger als 1 Jahr oder mit Geldstrafe bedroht sind. § 73 Abs. 2 SGB X, der nur eine Übermittlung der reinen Personaldaten zulässt, trifft auf diese Straftatbestände nicht zu.

§ 73 SGB X regelt, wie sich aus Absatz 3 dieser Bestimmung schließen lässt, jedoch nicht die Erstattung einer Strafanzeige, sondern nur die Übermittlung von

Daten im Rahmen eines bereits eingeleiteten Strafverfahrens, denn nur dann macht die vorgeschriebene Einschaltung eines Richters Sinn.

Datenschutz und Strafanzeige

Die *Anzeigeerstattung durch Jugendhilfeträger* wird durch § 65 KJHG geregelt. Diese Bestimmung sieht drei Fälle vor, in denen zu diesem Zweck Daten weitergegeben werden können. Bei Einwilligung des Betroffenen zur Datenweitergabe (§ 65 Abs. 1 Nr. 1 KJHG) zum Zwecke der Anzeigeerstattung ergeben sich schon nach den allgemeinen Grundsätzen keine Probleme; der Betroffene kann im Rahmen seiner informationellen Selbstbestimmung frei über seine Daten verfügen. Die Information des Vormundschafts- und Familiengerichts (§ 65 Abs. 1 Nr. 2 KJHG) muss zur wirksamen Erfüllung von Aufgaben der Kinder- und Jugendhilfe auch ohne Einwilligung der Betroffenen möglich sein. Im Übrigen ergibt sich dies auch aus § 50 Abs. 3 KJHG. Insoweit ist auch die Datenweitergabe in den Fällen der §§ 42 und 43 KJHG (Inobhutnahme und Herausnahme) gedeckt.

§ 65 Abs. 1 Nr. 3 KJHG verweist indessen auf *§ 203 StGB*, der die Verletzung von Privatgeheimnissen mit Strafe bedroht. Geschützt wird dadurch ein fremdes, zum persönlichen Lebensbereich gehörendes Geheimnis, das dem Täter entweder anvertraut worden oder das ihm kraft Berufsausübung bekannt geworden ist (Tröndle & Fischer 1999, § 203 StGB Anm. 2f.) oder das Einzelangaben über persönliche und sachliche Verhältnisse eines anderen betrifft, die für Aufgaben der öffentlichen Verwaltung erfasst worden sind. Es ist gleich, ob der Begriff des Sozialgeheimnisses mit dem des „Geheimnisses" im Sinne von § 203 StGB identisch ist. Die Tatsache, dass Kinder oder Jugendliche Opfer sexuellen Missbrauchs geworden sind, ist auf jeden Fall ein zu ihrem persönlichen Lebensbereich gehörender Umstand, an dessen Geheimhaltung sie ein schutzwürdiges Interesse haben. Geheim sind Tatsachen nicht nur, wenn sie allein dem Betroffenen bekannt sind, sondern auch dann, wenn nur ein beschränkter Personenkreis davon weiß, wie dies häufig in Fällen des sexuellen Missbrauchs vorkommen wird.

Täter im Sinne von § 203 StGB können u.a. Psychologen sowie staatlich anerkannte Sozialarbeiterinnen/Sozialarbeiter oder Sozialpädagoginnen/Sozialpädagogen sowie Amtsträger oder für den öffentlichen Dienst Verpflichtete sein.

Zwar besteht beim sexuellen Missbrauch im weitesten Sinne keine Anzeigepflicht (siehe oben). Die Weitergabe von Tatsachen dieser Art würde auch an sich den Tatbestand des § 203 StGB erfüllen. Geschieht dies jedoch zum Zwecke der Anzeigeerstattung und Einleitung eines Strafverfahrens gegen den Täter, ist der Bruch dieses Geheimnisses durch rechtfertigenden Notstand gem. § 34 StGB gerechtfertigt mit der Folge, dass die sozialarbeiterische Fachkraft nicht rechtswidrig handelt. Das gilt gerade für die Fälle, in denen gegen oder ohne den Willen der vom Missbrauch Betroffenen Anzeige erstattet wurde. Liegt die Einwilligung des Betroffenen vor, wird die Rechtswidrigkeit der Offenbarung schon allein dadurch ausgeschlossen.

Bei § 34 StGB hat eine *Interessenabwägung* stattzufinden zwischen dem Interesse des Betroffenen an der Geheimhaltung bestimmter Tatsachen und dem öffentlichen Interesse am Schutz von Kindern und Jugendlichen vor sexueller Ausbeutung in jeder Form und an der Strafverfolgung solcher Taten. Die von Jans, Happe & Saurbier (1998, § 65 KJHG Anm. 14) vertretene Auffassung, die mit entsprechenden Aufgaben betrauten Mitarbeiter, in jedem Fall die Fachkräfte des Allgemeinen Sozialdienstes hätten eine Garantenstellung inne, die eine „strafrechtliche Pflicht" begründe, „zum Schutz des gefährdeten Kindes oder Jugendlichen tätig zu werden" und die ohne weitere Rechtsgüterabwägung Vorrang vor der Geheimhaltungspflicht habe, liefe jedoch auf eine Anzeige*pflicht* hinaus (→ *Strafanzeige/Anzeigepflicht*). Das ist abzulehnen. Zwar ist an der Garantenstellung der Fachkraft durchaus festzuhalten. Sie hat aber „nur" zum Inhalt, das Kind oder den Jugendlichen zu schützen, was manchmal ohne Strafverfahren besser möglich ist (sekundäre Viktimisierung). Würde man der von Jans, Happe & Saurbier vertretenen Ansicht folgen, würde sich die Fachkraft bei Nichtanzeige ggf. der Beihilfe zum sexuellen Missbrauch strafbar machen. Die Anwendung von § 34 StGB mit der darin enthaltenen Rechtsgüterabwägung führt demgegenüber zu sinnvolleren Ergebnissen (Rudolphi, Horn, Samson & Günther 2000, § 203 Anm. 43 ff.).

Literatur

Entscheidungssammlung des Bundesverfassungsgerichts (BVerfGE) Band 65. Tübingen: J.C.B. Mohr.
Jans, K.W., Happe, G. & Saurbier, H. (1998). *Kommentar zum Kinder- und Jugendhilferecht*, Loseblattausgabe. Stuttgart: Deutscher Gemeindeverlag.
Rudolphi, H.-J., Horn, E., Samson, E. & Günther, H. L. (2000). *Systematischer Kommentar zum Strafgesetzbuch*, Loseblattausgabe, Stand April 2000.
Tröndle, H. & Fischer, T. (1999). *Kommentar zum Strafgesetzbuch,* 49. Auflage. München: Beck.

Definitionen und Begriffe

Dirk Bange

In der Literatur über den sexuellen Missbrauch an Kindern werden zahlreiche Begriffe nebeneinander her oder auch synonym verwendet. Da das individuelle Verständnis eines bestimmten Begriffs zu unterschiedlichen Interpretationen und Lösungen des betrachteten Phänomens beitragen kann, ist dies problematisch. Auch bezüglich der Definition von sexuellen Missbrauch gibt es zahlreiche, sehr unterschiedliche Definitionsansätze. Ein solches „Begriffs- und Definitionswirrwarr" führt leicht dazu, dass es bei Diskussionen zu Missverständnissen kommt und aneinander vorbei geredet wird. Angesichts der selbst bei gleicher Begrifflichkeit anzutreffenden extremen Unterschiede der Operationalisierung wurde es bereits als Illusion bezeichnet, davon auszugehen, dass mit dem Etikett „sexueller Missbrauch" ein Phänomen präzise beschrieben und erfasst werde (Wetzels 1997, S. 65). Gerade auf Grund dieser Vielfalt und Ungenauigkeit sind möglichst exakte und vergleichbare Definitionen für die Forschung, Diagnostik, Behandlung und den öffentlichen Diskurs von großer Bedeutung.

Zur Begrifflichkeit

Neben dem Begriff „sexueller Missbrauch", der am häufigsten verwendet wird, gibt es zahlreiche weitere Bezeichnungen für diesen Problembereich. Was für die einzelnen Termini spricht und wie sie sich gegeneinander abgrenzen lassen, wird für die gebräuchlichsten Begriffe im Folgenden beschrieben.

Für die Verwendung des Begriffs *sexueller Missbrauch* sprechen drei Argumente: Erstens wirkt er jeglichen Assoziationen entgegen, die eine Verantwortung der betroffenen Kinder an den Geschehnissen beinhalten. Zweitens entspricht er der juristischen Terminologie und drittens hat es sich in der (Fach-)Öffentlichkeit durchgesetzt (z.B. Julius & Boehme 1997). Kritisiert wird an diesem Begriff, dass die Wortbedeutung „Missbrauch" die Möglichkeit eines „richtigen bzw. legitimen (sexuellen) Gebrauchs" von Kindern suggeriere. Außerdem habe der Begriff eine stigmatisierende Wirkung, die die Betroffenen schmutzig erscheinen lasse. Schließlich spiegle er ihre Gefühle nicht wider (Wipplinger & Amann 1997, S. 15f.).

Einige Autorinnen und Autoren ziehen deshalb den Begriff *sexuelle Gewalt* vor (z.B. Enders 2001). Zum einen käme der Begriff den Gefühlen der Opfer näher, da er die Gewalt betont, zum anderen würde er auf die gesellschaftlichen Bedingungen der sexuellen Gewalt verweisen. Letzteres wird auch als Begründung für den Begriff *sexuelle Ausbeutung* angeführt, der sehr häufig im Zusammenhang mit Kinderpornografie und Kinderprostitution verwendet wird, weil er deutlich die Komponenten der Macht und der Unterdrückung enthält (Wipplinger & Amann 1997, S. 16).

Eine weitere Variante des Sprachgebrauchs ist die Bezeichnung *sexuelle Misshandlung*. Damit soll darauf verwiesen werden, dass es verschiedene Formen der Gewalt gegen Kinder gibt und sich die sexuelle Form nicht grundsätzlich von den nicht sexuellen Formen unterscheidet (z.B. Gründer, Kleiner & Nagel 1994). Insbesondere von feministisch orientierten Autorinnen wird dieser Begriff abgelehnt, da er die gesellschaftlichen Bedingungen verschleiere und insbesondere weil sich der sexuelle Missbrauch in vielerlei Hinsicht von körperlicher Misshandlung unterscheidet. Während sexueller Missbrauch z.B. in der Regel genau geplant wird, kommt es zu körperlichen Misshandlungen meist im Affekt (Steinhage 1989, S. 30ff.).

Unter *Inzest* wird jeder sexuelle Kontakt zwischen Verwandten unabhängig vom Verwandtschaftsgrad verstanden. Von verschiedenen Seiten ist der Begriff kritisiert worden. Zum einen umgebe ihn eine Aura von wie auch immer gearteten sexuellen Reiz. Zum anderen gäbe es auch einvernehmliche sexuelle Kontakte zwischen (gleichaltrigen) Verwandten, die so fälschlicherweise als missbräuchlich etikettiert würden. Außerdem würde er die gesellschaftlichen Bedingungen sexuellen Missbrauchs verschleiern (Wipplinger & Amann 1997, S. 17).

Neben den genannten Begriffen werden noch eine Reihe weiterer Bezeichnungen wie *Seelenmord, realer Inzest, sexualisierte Gewalt, sexueller Übergriff* oder *sexuelle Belästigung* verwendet. Diese Vielzahl der Bezeichnungen und Begründungen für die Wahl des jeweiligen Begriffs zeigt, dass es schwierig ist, ein solch sensibles Problem wie den sexuellen Missbrauch genau zu beschreiben. Vermutlich wird sich auch in Zukunft ein allgemein akzeptierter und anerkannter Terminus nicht durchsetzen. Deshalb ist es wichtig, dass die verwendeten Begriffe sorgfältig ausgewählt und die dahinter liegenden theoretischen Annahmen transparent gemacht werden.

Zur Definition

Bis heute gibt es keine allgemein gültige Definition sexuellen Missbrauchs an Kindern. Die fast unüberschaubare Zahl von Definitionen lassen sich nach verschiedenen Systemen kategorisieren. Zum einen wird zwischen „weiten" und „engen" Definitionen unterschieden. *„Weite" Defintionen* versuchen sämtliche als potenziell schädlich angesehene Handlungen zu erfassen. So werden bei „weiten" Definitionen in der Regel auch sexuelle Handlungen ohne Körperkontakt wie Exhibitionismus zum sexuellen Missbrauch gezählt. *„Enge" Definitionen* versuchen dagegen nur, bereits als schädlich identifizierte bzw. nach einem sozialen Konsens normativ als solche bewertete Handlungen einzubeziehen (Wetzels 1997, S. 62).

Ein anderes Kategorisierungssystem unterscheidet zwischen normativen, klinischen und Forschungs-Definitionen. *Normative Definitionen* beinhalten von vornherein vorgenommene, abstrakte Bewertungen von Handlungen oder Ergebnissen. Sie finden ihren Niederschlag z.B. in Gesetzen oder in Normen und Werten. Während deshalb normative Definitionen das traumatisierende Moment und die daraus resultierenden Folgen des sexuellen Missbrauchs bewusst ausschließen, basieren *klinische Definitionen* geradezu darauf. Für die Beratung und Therapie ist es nicht so sehr entscheidend, ob ein potenziell schädigendes Verhalten auch sozial missbilligt wird. Entscheidend ist vielmehr, ob eine Person sich geschädigt oder beeinträchtigt fühlt. Stärker als objektive Gegebenheiten entscheidet also das subjektive Erleben der Betroffenen über die Definition und über die Art und das Ausmaß klinischer Interventionen. *Forschungs-Definitionen* stellen eine Sondergruppe dar. Sie können sowohl an klinischen Erkenntnissen über die Schädlichkeit als auch an normative Bewertungen anknüpfen. Das Erkenntnisinteresse und die Fragestellung der Untersuchung sind hierbei die entscheidenden Bezugspunkte der Eingrenzung des Untersuchungsgegenstands. So muss z.B. eine Untersuchung, die u.a. die Frage behandelt, ob Exhibitionismus für die Betroffenen traumatisierend ist, eine „weite" Definition wählen (Julius & Boehme 1997, S. 15ff.; Wetzels 1997, S. 62f.).

Eine spezielle Variante normativer Definitionen sind *„feministische" Definitionen*. Sie heben den Aspekt der männlichen Dominanz gegenüber weiblichen Opfern hervor und sehen sexuellen Missbrauch als weitgehend durch die patriarchale Gesellschaftsstruktur bedingt an. Dem entsprechend sind alle Formen sexueller Annäherung, die ein Mädchen zum Sexualobjekt degradieren und ihr vermitteln, dass es nicht als Mensch interessant und wichtig ist, sondern dass Männer frei über es verfügen dürfen, sexueller Missbrauch (Kavemann & Lohstöter 1984, S. 9).

Außerdem gibt es noch *rechtliche Definitionen*, auf die hier nicht näher eingegangen wird, da ihnen ein eigenes Stichwort gewidmet ist (→ *Strafvorschriften gegen sexuellen Missbrauch*).

Um die unterschiedlichen Begriffe zu definieren bzw. die Definitionen zu operationalisieren, werden zahlreiche mehr oder weniger strittige Kriterien verwendet. Einig sind sich die Wissenschaftler/innen darüber, dass alle sexuellen Handlungen, die durch *Drohungen* oder *körperliche Gewalt* erzwungen werden, sexueller Missbrauch sind.

Fast ebenso einhellig gilt es als sexuelle Gewalt, wenn die sexuellen Kontakte gegen den *Willen* eines Kindes stattfinden. Da Kinder in Einzelfällen jedoch sagen, dass sie „es" auch gewollt hätten, ergeben sich hier erste Probleme. Für betroffene Kinder kann eine solche Aussage eine wichtige Strategie sein, um die Situation auszuhalten. Sie versuchen damit, ihre eigene Machtlosigkeit und das sie verletzende Verhalten des Täters umzudeuten. Judith Lewis Herman (1994, S. 142) beschreibt solche Abwehrmechanismen bezogen auf den innerfamilialen sexuellen Missbrauch folgendermaßen: „Obwohl es (das Kind, D.B.) sich einer gnadenlosen Macht ausgeliefert fühlt, darf es die Hoffnung nicht verlieren und muss an einen Sinn glauben. Absolute Verzweiflung, die einzige Alternative, kann ein Kind nicht ertragen. Um sich das Vertrauen in die Eltern zu bewahren, darf das Kind die nahe liegendste Schlussfolgerung, dass nämlich die Eltern extrem gestört sind, nicht ziehen. Es wird alles tun, um eine Erklärung für sein Schicksal zu finden, die seine Eltern von jeder Schuld und Verantwortung freispricht."

Eine Lösung für das Dilemma der „scheinbaren Einwilligung" von Kindern bietet das Konzept des *wissentlichen Einverständnisses*. Es geht davon aus, dass Kinder gegenüber Erwachsenen keine gleichberechtigten Partner sein können, weil sie ihnen körperlich, psychisch, kognitiv und sprachlich unterlegen sind. Hinzu kommt, dass Kinder auf die emotionale und soziale Fürsorge Erwachsener angewiesen und Erwachsenen rechtlich unterstellt sind. Kinder können aus diesen Gründen sexuelle Kontakte mit Erwachsenen nicht wissentlich ablehnen oder ihnen zustimmen. Auf Grund dieses strukturellen Machtgefälles ist jeder sexuelle Kontakt zwischen einem Kind und einem Erwachsenen sexueller Missbrauch (Bange & Deegener 1996, S. 96f.).

Verschiedene Forscher modifizieren das Konzept des wissentlichen Einverständnisses dahingehend, dass sie einen *Altersunterschied zwischen Opfer und Täter* als Definitionskriterium benutzen. Meistens setzen sie einen Altersunterschied von fünf Jahren voraus, ehe sie von sexuellem Missbrauch sprechen. So wollen sie eine Ausuferung der Definition sexuellen Missbrauchs vermeiden (z.B. Finkelhor 1979, S. 50f.). Problematisch an diesem Definitionskriterium ist, dass sexuelle Gewalt unter Jugendlichen nicht erfasst wird.

Von einigen Autoren wird das Konzept des wissentlichen Einverständnisses abgelehnt. Sie behaupten, dass sexuelle Beziehungen zwischen Kindern und Erwachsenen keinesfalls immer ungleiche Beziehungen mit verschiedenen Machtpositionen seien. Vielmehr könne beispielsweise gerade bei „echten päderastischen Beziehungen" zwischen Männern und Jungen „von Missbrauch nur in wenigen Ausnahmefällen die Rede sein" (Kentler 1994, S. 149; vgl. Lautmann 1994). Diese Wissenschaftler lassen außer Acht, dass zwischen Kindern und Erwachsenen hinsichtlich ihrer Sexualität eine „Disparität der Wünsche" besteht (Dannecker 1996, S. 268; Bange 2000). Natürlich haben Kinder sexuelle Bedürfnisse, die sie auch ausleben sollen. Aber „aus der kindlichen Neugier an sexuellen Dingen einen Wunsch nach sexuellen Kontakten abzuleiten, ist ebenso unangemessen, wie aus der kindlichen Neugier an Tätigkeiten, die Erwachsene ausüben, einen Wunsch nach Berufstätigkeit abzuleiten" (Rust 1986, S. 14, → *Pädosexualität)*.

Fachliche Kontroversen bestehen auch bezüglich der Frage, ob sexualisierte Blicke und Exhibitionismus – d.h. *Übergriffe ohne Körperkontakt* – sexuellem

Missbrauch zuzurechnen sind oder nicht. Einige Forscher/innen nehmen solche Handlungen nicht in ihre Definition auf, da sie sie für wenig oder nicht traumatisierend halten (z. B. Wolff 1994, S. 83); andere Wissenschaftler beziehen sie mit ein, weil sie zumindest von einem Teil der Kinder als belastend erlebt werden (Bange & Deegener 1996, S. 100ff.).

Eines der wahrscheinlich gängigsten Argumente gegen Sexualität zwischen Erwachsenen und Kindern ist, dass dadurch das Kind *geschädigt* werde. Folgende Gründe halten aber viele Forscher/innen davon ab, sexuellen Missbrauch in Abhängigkeit von möglichen Folgen zu definieren:
– Nicht jeder sexuelle Missbrauch ist traumatisch. Es gibt Kinder, deren Psyche fähig ist, „weniger intensive" sexuelle Ausbeutung ohne bedeutende Beeinträchtigungen der seelischen Entwicklung zu verarbeiten (Russell 1986, S. 42).
– Nicht bei allen Kindern sind in direkter Folge des sexuellen Missbrauchs Verhaltensauffälligkeiten festzustellen. Bei einigen Kindern zeigen sich die Schädigungen erst im Laufe der Jahre (sogenannte „sleeper effects") (Finkelhor & Berliner 1995, S. 1417).
– Außerdem ist eine traumaorientierte Definition in gewissem Sinne eine empirische, die beispielsweise vor Gericht dazu führen könnte, „darüber zu streiten, ob überhaupt Schäden entstanden sind. Da bei sexuellem Missbrauch sowohl Sofort- wie auch extreme Langzeitfolgen bekannt sind, ist eine solche Überprüfung schwierig" (Fegert 1987, S. 167).
– Eine Definition, die sich ausschließlich an den Folgen orientiert, spricht jenen Kindern, die über ausreichend Bewältigungsmöglichkeiten verfügen und deshalb nicht unter negativen Folgen leiden, ab, einen sexuellen Missbrauch erlebt zu haben (Wipplinger & Amann 1997, S. 31).

Schwierigkeiten wirft auch die Bestimmung einer *Altersgrenze* auf, um den sexuellen Kindesmissbrauch von der sexuellen Gewalt gegen Frauen und Männer abzugrenzen. So wird in einigen Untersuchungen nur sexueller Missbrauch, der vor dem 14. Lebensjahr stattfand, berücksichtigt. Andere Studien ziehen die Altersgrenze bei 16 Jahren und wieder andere bei 18 Jahren. So sinnvoll und logisch eine Altersbegrenzung scheint, ist sie dennoch nicht unproblematisch. Denn eine 15-Jährige kann weiter entwickelt sein als manche 17-Jährige, während einige 19-Jährige durchaus noch sehr kindlich sein können.

Ein einzelnes Definitionskriterium reicht also nicht aus, um alle Fälle sexueller Gewalt zu erfassen. Eine Kombination verschiedener Ansätze ist notwendig. Dennoch wird es immer Grenzfälle geben. Ein Verhalten kann einmal sexueller Missbrauch sein und ein anderes Mal nicht. Wenn beispielsweise ein Vater immer schon mit seiner Tochter gebadet hat und sie Spaß daran hat, ist es sicher kein sexueller Missbrauch, wenn er auch im Alter von neun, zehn Jahren noch mit ihr plantscht. Sollte seine Tochter ihm aber zeigen, dass sie es nun nicht mehr möchte, und er tut es trotzdem, ist die Grenze überschritten. Haben Vater und Tochter nie zusammen gebadet und sich nie nackt gesehen, erlebt es das Kind sicher als sexuellen Übergriff, wenn der Vater plötzlich nach zehn Jahren mit ihr badet (Saller 1986, S. 180).

Eine allgemein akzeptierte und für alle Zeiten gültige Definition sexuellen Missbrauchs an Kindern kann es auf Grund der beschriebenen Schwierigkeiten nicht geben. Es sind allerdings in erster Linie die Grenzbereiche, die schwer zu bestimmen sind und für Kontroversen sorgen. Darüber, dass die Vergewaltigung eines 8-jährigen Mädchens durch einen 35-Jährigen sexueller Missbrauch ist, besteht keinerlei ernsthafter Dissens.

Literatur

Bange, D. (2000). Pädosexualität ist sexueller Missbrauch. In: H.-J. Lenz (Hrsg.): *Männliche Opfererfahrungen* (S. 81–91). Weinheim und München: Juventa.
Bange, D. & Deegener, G. (1996). *Sexueller Mißbrauch an Kindern. Ausmaß, Hintergründe, Folgen*. Weinheim: Psychologie Verlags Union.
Dannecker, M. (1996). Sexueller Mißbrauch und Pädosexualität. In: V. Sigusch (Hrsg.): *Therapie sexueller Störungen* (S. 265–275). Stuttgart: Thieme.
Enders, U. (Hg.) (2001). *Zart war ich, bitter war´s. Handbuch gegen sexuelle Gewalt an Mädchen und Jungen*. Dritte völlig überarbeitete Neuausgabe. Köln: Kiepenheuer & Witsch.
Fegert, J.-M. (1987). Sexueller Mißbrauch an Kindern. *Praxis der Kinderpsychologie und Kinderpsychiatrie 36,* 164–170.
Finkelhor, D. (1979). *Sexually Victimized Children*. New York: Sage.
Finkelhor, D. & Berliner, L. (1995). Research on Treatment of Sexually Abused Children: A Review and Recommendations. *Journal of the American Academy of Child and Adolescent Psychiatry 34,* 1408–1423.
Gründer, M., Kleiner, R. & Nagel, H. (1994). *Wie man mit Kindern darüber reden kann: Ein Leitfaden zur Aufdeckung sexueller Misshandlung*. Freiburg im Breisgau: Herder.
Herman, J. L. (1994). *Die Narben der Gewalt*. München: Kindler.
Julius, H. & Boehme, U. (1997). *Sexuelle Gewalt gegen Jungen*. Göttingen: Verlag für Angewandte Psychologie.
Kavemann, B. & Lohstöter, I. (1984). *Väter als Täter*. Reinbek: rororo.
Kentler, H. (1994): Täterinnen und Täter beim sexuellen Missbrauch an Jungen. In: K. Rutschky & R. Wolff (Hrsg.): *handbuch sexueller missbrauch* (S. 143–156). Hamburg: Klein.
Lautmann, R. (1994). *Die Lust am Kind. Portrait des Pädophilen*. Hamburg: Klein.
Russell, D. E. H. (1986). *The Secret Trauma. Incest in the Lives of Girls and Women*. New York: Basic Books.
Rust, G. (1986). Sexueller Mißbrauch – ein Dunkelfeld in der Bundesrepublik Deutschland. Aufklärung, Beratung und Forschung tun not. In: L. Backe u. a. (Hrsg.): *Sexueller Mißbrauch von Kindern in Familien* (S. 7–20). Köln: Deutscher Ärzteverlag.
Saller, H. (1986). Sexueller Mißbrauch von Kindern – ein gesellschaftliches Problem. *Theorie und Praxis der Sozialen Arbeit 37,* 179–184.
Steinhage, R. (1989). *Sexueller Missbrauch an Mädchen. Ein Handbuch für Beratung und Therapie*. Reinbek: rororo.
Wetzels, P. (1997). *Gewalterfahrungen in der Kindheit*. Baden-Baden: Nomos Verlagsgesellschaft.
Wipplinger, R. & Amann, G. (1997). Zur Bedeutung der Bezeichnungen und Definitionen von sexuellem Mißbrauch. In: G. Amann & R. Wipplinger (Hrsg.): *Sexueller Mißbrauch – Überblick zu Forschung, Beratung und Therapie. Ein Handbuch* (S. 13-38).Tübingen: dgvt Verlag.
Wolff, R. (1994). Der Einbruch der Zwangsmoral. In: K. Rutschky & R. Wolff (Hrsg.): *handbuch sexueller missbrauch* (S. 77–94). Hamburg: Klein.

Dissoziation (Dissoziative Störung)

Hertha Richter-Appelt

Das Hauptmerkmal der Dissoziation ist der teilweise oder völlige Verlust der normalen Integration von Erinnerungen an die Vergangenheit, des Identitätsbewusstseins, der unmittelbaren Empfindungen sowie der Kontrolle von Körperbewegungen. Es wird angenommen, dass traumatische belastende Lebenssituationen die Ursache der Beeinträchtigung des Bewusstseins sind. Traumatische Erlebnisse führen zum Ausblenden der unerträglichen Erinnerungen. Unter Patientinnen und Patienten, die in der Kindheit Erfahrungen mit sexuellen Missbrauchserlebnissen hatten, findet man vermehrt dissoziative Störungen (vgl. Eckhart und Hoffmann 1997). Es liegt dabei keine organische Ursache vor. Es besteht ein Kontinuum von normalen, dissoziativen Phänomenen bis zu dissoziativen Störungen. Im Normalfall können sie willentlich herbeigeführt bzw. unterbrochen werden (z.B. Tagträume).

Bei den dissoziativen Störungen lassen sich grundlegend die folgenden unterschiedlichen Störungen unterscheiden:
- *Dissoziative Amnesie* (Gedächtnisverlust): Unfähigkeit sich an wichtige Ereignisse und Informationen aus der persönlichen Geschichte zu erinnern, die meist traumatischer oder belastender Natur sind. Das Symptom bewirkt in klinisch bedeutsamer Weise Leiden oder Beeinträchtigung in sozialen, beruflichen oder anderen Funktionsbereichen. Der Erinnerungsverlust bezieht sich meist auf Ereignisse, die in engem zeitlichen Zusammenhang mit einem traumatischen Ereignis stehen und ist anterograd (bezieht sich auf Ereignisse vor, während oder nach dem traumatischen Geschehen). Es wird unterschieden zwischen folgenden Formen der Amnesie:
  - lokalisierte oder umschriebene Amnesie, die sich auf eine zeitlich eingrenzbare Periode beschränkt
  - selektive Amnesie: Erinnerungsverlust für bestimmte Ereignisse einer begrenzten Zeit
  - generalisierte Amnesie: infolge traumatischer Erfahrung für kurze Zeit völliger Verlust aller Erinnerungen an bestimmte Phasen des bisherigen Lebens
  - andauernde und kontinuierliche Amnesie: fortbestehender anterograder Amnesieprozess, Ereignisse werden kognitiv nicht integriert und nicht erinnert
  - systematisierte Amnesie: bestimmte Kategorien von Informationen werden nicht erinnert

- Amnesie für die Amnesie: nach Wiederherstellung aller Erinnerungen besteht Erinnerungsverlust gegenüber der Amnesie-Episode
- *Dissoziative Fugue* (frz. Flucht): Plötzliches, unerwartetes Reisen, Wegfahren, Weglaufen aus der gewohnten Umgebung (Familie, Arbeitsplatz). Währenddessen besteht eine Desorientierung zur persönlichen Identität und zur eigenen Vergangenheit, wenngleich die Person sich geordnet verhält und nicht unbedingt weiter auffällt. Manchmal wird eine neue Identität angenommen. Einfache Selbstversorgung sowie einfache soziale Interaktionen mit Fremden können völlig unauffällig sein. Wichtig ist, zu überprüfen, ob es sich um ein Symptom der Temporallappenepilepsie handelt.
- *Dissoziative Identitätsstörung* (früher auch als multiple Persönlichkeitsstörung bezeichnet): Zwei oder mehrere getrennte, völlig unterschiedliche Identitäten oder Persönlichkeitszustände bestimmen wechselweise das Verhalten des Betroffenen. Diese Persönlichkeiten können über jeweils völlig verschiedene Wertmassstäbe und Verhaltenseigenarten verfügen. Die Primäridentität kann sich dabei durchaus der weiteren abgrenzbaren Identitäten erinnern, oder das Auftreten der neuen Identität kann separat bewusst sein. Begleitet wird dies durch die Unfähigkeit, sich an wichtige persönliche Informationen zu erinnern, die zu umfassend sind, um durch gewöhnliche Vergesslichkeit erklärt zu werden. Die Störung geht nicht auf die direkte körperliche Wirkung einer Substanz oder eines medizinischen Krankheitsfaktors zurück.
- *Depersonalisierungsstörungen*: Ständiges oder wiederkehrenden Gefühl, von den eigenen psychischen Prozessen oder vom eigenen Körper getrennt zu sein; die Realitätsprüfung ist dabei völlig erhalten. Das eigene Selbst wird als „verändert" wahrgenommen. Das eigene Tun erscheint abgespalten, mechanisch automatenhaft. Der ganze Körper oder Körperteile werden als unwirklich, als nicht mehr zum Körper zugehörig erlebt. Gestört können sein Sinneswahrnehmungen wie Hören, Sehen, Tast- und Berührungsempfindungen oder allgemeine Körpergefühle wie Appetit, Hunger, Durst. Die Außenwelt wird als fremd wahrgenommen. Es handelt sich um ein Erlebnis von Verfremdung und Unwirklichkeit. Eine bisher neutrale Umgebung kann plötzlich sehr bekannt erscheinen (déjà vu) oder aber auch fremd und unbekannt. Ein Gefühl der Losgelöstheit von eigenen Erfahrungen und Gefühlen wird als Detachement bezeichnet.
- *Dissoziative Bewegungsstörungen:* vollständiger oder teilweiser Verlust der Bewegungsfähigkeit eines oder mehrer Körperteile.
- *Dissoziative Sensibilitäts- und Empfindungsstörungen*: unterschiedliche Verluste verschiedener sensorischer Modalitäten, wie etwa Hauttaubheits- und Kribbelgefühle. Visuelle Störungen bestehen eher in einem Verlust der Sehschärfe als des Sehverlustes.
- *Dissoziativer Stupor:* Beträchtliche Verringerung oder Fehlen der willentlichen Bewegungen und normalen Reaktionen auf äußere Reize, wie Licht, Geräusche etc. Der Patient sitzt lange Zeit bewegungslos, wobei die Person weder schläft noch bewusstlos ist.

- *Dissoziative Krampfanfälle:* Hier handelt es sich um Pseudoanfälle, die in ihrem Ablauf epileptischen Anfällen ähnlich sind. Es kommt jedoch nicht zu den bei epileptischen Anfällen typischen Reaktionen wie Zungenbiss, Verletzungen beim Sturz und Urininkontinenz. Auch kommt es nicht zu einem Bewusstseinsverlust sondern zu einem tranceähnlichen Zustand.

Die dissoziativen Bewegungsstörungen, die dissoziativen Sensibilitäts- und Empfindungsstörungen, der dissoziative Stupor und die dissoziativen Krampfanfälle werden zu den Konversionsstörungen zusammengefasst. Für Freud waren sie charakteristische Merkmale der Hysterie.

Literatur

Eckhart, A. & Hoffmann, S. O. (1997). Dissoziative Störungen. In: Egle, U. T., Hoffmann, S. O. & Joraschky, P.: *Sexueller Missbrauch, Misshandlung, Vernachlässigung* (S. 225–236). Stuttgart: Schattauer.

Fiedler, P. (1999): *Dissoziative Störungen und Konversion*. Weinheim: Beltz, Psychologie VerlagsUnion.

Drei-Perspektiven-Modell: Ein feministisches Ursachenmodell

Maren Kolshorn und Ulrike Brockhaus

Das „Drei-Perspektiven-Modell sexueller Gewalt" von Brockhaus und Kolshorn (1991, 1993) basiert auf feministischen Erkenntnissen zu den Ursachen sexueller Gewalt und stellt eine Weiterentwicklung des „Modells der vier Voraussetzungen sexuellen Missbrauchs" von Finkelhor (1984) dar *(→ Modell der vier Voraussetzungen)*. Es liefert einen theoretischen Rahmen zur Analyse der *Wirkmechanismen* von Bedingungsfaktoren, die in einer patriarchalischen Gesellschaft zur Entstehung sexueller Gewalt beitragen. Mit Hilfe sozialpsychologischer Theorien fokussiert es die intra- und im Ansatz auch interindividuellen Prozesse, die dem Handeln von Tätern, Opfern und Personen aus dem sozialen Umfeld zugrunde liegen. Da bislang kaum empirisches Material zur Ausübung sexueller Gewalt durch Frauen vorliegt, ist es vorerst auf männliche Täter beschränkt. Zum besseren Verständnis sei empfohlen, zunächst die Stichworte (→ *Feministisches Ursachenmodell* und → *Modell der vier Voraussetzungen sexuellen Missbrauchs*) zu lesen.

Erweiterung des Blickwinkels

Gewöhnlicherweise dreht sich die Suche nach den Ursachen um die *Person des Täters* – insbesondere um seine Motivation. Anderen Personen wird dabei entweder eine tatauslösende Rolle zugedacht (z. B. aufreizendes Opfer, sich sexuell entziehende und den Täter frustrierende Partnerin) oder man schreibt ihnen zu, den Grundstein für psychische Probleme, die einen Mann zum Täter werden lassen (z. B. negative frühkindliche familiäre Erfahrungen), gelegt zu haben. Eine weitere Variante ist, dass andere Menschen äußerst abstrakt als die das Verhalten des Täters prägende Gesellschaft berücksichtigt werden.

Doch ein Täter handelt nicht im menschenleeren Raum. Im Gegenteil: beim Akt sexueller Gewalt sind immer mindestens zwei Personen involviert. Das Verhalten des Täters variiert mit dem realen oder erwarteten Verhalten des *Opfers*. Wehrt sich z.B. das Opfer massiv, so lässt der Täter möglicherweise von seinem Vorhaben ab. Außerdem wird das Verhalten von Tätern und Opfern davon beeinflusst, wie sich Personen aus dem *sozialen Umfeld* zum Geschehen verhalten oder verhalten könnten. Erfährt z. B. jemand von der Tat und tut sie als Kavaliersdelikt ab, dann kann sich der Täter in seinem Verhalten bestärkt sehen und setzt es möglicherweise fort. Stehen die Menschen aus dem sozialen Umfeld den sexuellen Übergriffen dagegen wachsam und ablehnend gegenüber, wachsen die Chancen, dass das Opfer Unterstützung erhält und der Täter sanktioniert wird. Die Analyse sexueller Gewalt muss derartigen wechselseitigen Beeinflussungen aller potenziell involvierten Personenkreise Rechnung tragen und sollte deshalb folgende drei Perspektiven verfolgen:
1. Hinsichtlich der Täter ist zu fragen, welche Faktoren die *Initiierung und Fortsetzung sexuell gewalttätiger Handlungen* begünstigen oder erschweren.
2. Das *Opfer* wird vom Täter angegriffen und ist damit im Zwang zu reagieren. Effektive Gegenwehr kann einen sexuellen Übergriff oder zumindest seine Wiederholung vereiteln. Aus der Perspektive des Opfers muss daher betrachtet werden, welche Bedingungen (effektiven) *Widerstand* begünstigen oder erschweren.
3. Das *soziale Umfeld* von (potenziellen) Tätern oder Opfern kann durch sein Verhalten eine Tat erleichtern oder erschweren. Es kann den Widerstand des Opfers stützen oder dem Täter einen Freibrief für weitere Übergriffe geben. Daher gilt es zu analysieren, welche Faktoren (adäquate) Interventionen durch das soziale Umfeld begünstigen oder ihnen entgegenstehen.

Innerhalb der Perspektiven muss nicht nur geklärt werden, welche Motive dem jeweiligen Verhalten zugrunde liegen, sondern auch, welche *Prozesse zwischen*

Wollen und tatsächlichem Handeln ablaufen und wodurch sie beeinflusst werden. Ein Motiv zum Sexualkontakt mit einem Kind vorausgesetzt, stellt sich z.B. die Frage, warum innere Hemmungen einen Mann nicht davon abhalten? Andere Fragen sind: Warum behalten manche Kinder „das Geheimnis" für sich, obwohl sie sich nichts sehnlicher wünschen, als dass es ein Ende findet und ihnen jemand hilft? Wie kommt es, dass Menschen, die helfen wollen, oftmals in Untätigkeit verharren? Der Schlüssel zur Beantwortung derartiger Fragen liegt gemäß grundlegender (sozial-)psychologischer Theorien (zwischen-)menschlichen Handelns (Zur sozialpsychologischen Fundierung siehe Brockhaus & Kolshorn 1991) in der Beantwortung folgender Fragen:
1. Welche Verhaltensweisen werden durch die *innere Vorstellungswelt* (Werte, Normen, Einstellungen, Rollen usw.) nahegelegt oder gehemmt?
2. Über welche *Handlungskompetenzen und -möglichkeiten* verfügt ein Individuum?
3. Was hat er oder sie davon, sich in bestimmter Art und Weise zu verhalten? Ist *der Nutzen* aus einer Handlung größer als der Aufwand?

Im Folgenden wollen wir Ideen von der inneren Logik des Modells und seiner Grundthesen vermitteln. Zur ausführlichen Darstellung sei auf andere Veröffentlichungen hingewiesen (Brockhaus & Kolshorn, 1991, 1993).

Handlungsmotivation

Ein Mensch zeigt nur dann ein bestimmtes Verhalten, wenn er oder sie in irgendeiner Weise dazu motiviert ist. Die Analyse muss daher mit der Frage beginnen, welche *Motive* dem Verhalten zugrunde liegen können und wie sie zustande kommen.

Was den *Täter* angeht, liegen seinem Verhalten meist nicht-sexuelle Motive wie der Wunsch, die eigenen Männlichkeit zu bestätigen oder Macht zu demonstrieren, zugrunde. Die Sexualisierung derartiger Motive liegt zentral in der Kopplung von Männlichkeit mit Dominanz und Sexualität in der traditionellen Geschlechtsrolle begründet, aber z.B. auch in der Erotisierung von Gewalt und Unterwerfung in Medien und Pornographie (→ *Feministisches Ursachenmodell*).

Hinsichtlich der Motivation eines missbrauchten Kindes zur Gegenwehr gilt es zu bedenken, dass sich die *Opfer* häufig in einer ambivalenten Situation befinden. Der Missbrauch selbst ist aversiv, doch die Beziehung zum Täter beinhaltet häufig auch positive Aspekte. Dies erschwert die Ausbildung einer eindeutigen Handlungsmotivation. Für *Personen aus dem sozialen Umfeld* schließlich stellt sich die Frage der Motivation erst dann, wenn sie sexuellen Missbrauch überhaupt wahrnehmen und als solchen werten. Genau hier liegt das Problem, welches ein Eingreifen von außen oft im Keim erstickt. Wer etwa das Bild hat, sexuelle Gewalt würde nur von Randgruppen verübt, wird den gut getarnten Übergriff des charmanten Onkels an seiner Nichte kaum erkennen und sichtbare Zeichen wie Busengrabschen als liebevolle Neckerei abtun. Die weitverbreiteten Mythen über sexuelle Gewalt stehen dem *Erkennen einer Interventionsnotwendigkeit und der Entwicklung einer entsprechenden Handlungsmotivation* entgegen.

Verhaltensfördernde und -hemmende Internalisierungen

Eine Motivation führt nur dann zu einem entsprechendem Verhalten, wenn die zentralen Werte eines Individuums, seine Einstellungen und Vorstellungen von der Welt sowie die verinnerlichten und von außen an es herangetragenen Verhaltenserwartungen das Verhalten insgesamt eher begünstigen als ihm entgegenzustehen.

Zunächst nimmt das Individuum seine Umwelt wahr und interpretiert das Wahrgenommene. „Ein Mann im weißen Kittel betastet meinen nackten Körper" (Wahrnehmung). „Es handelt sich um eine angemessene ärztliche Untersuchung" (Interpretation 1) oder „Irgendetwas stimmt nicht, mein Fuß ist geschwollen und er „untersucht" meine Brust?" (Interpretation 2). Mit der Wahrnehmung und Interpretation einer Situation sind eine Reihe von weiteren Werthaltungen, Vorstellungen und Rollenzuschreibungen verbunden. Sie geben Hinweise, wie man sich in einer solchen Situation verhalten kann, darf oder muss. Gemäß der Interpretation 1 wird die Person die Untersuchung vermutlich ruhig geschehen lassen. Interpretation 2 dagegen wird zu einer Verunsicherung führen. Einerseits liegt es nahe, den Arzt zu fragen, was er da tut oder die weitere Untersuchung zu unterbinden. Andererseits wird das hohe Ansehen, das Ärzte in unserer Gesellschaft haben, und die Erwartung, dass ein Arzt kompetent ist, helfen will und dafür tut, was er tun muss, vermutlich dazu führen, die eigene Wahrnehmung in Zweifel zu ziehen und die Situation womöglich doch als normale Untersuchung zu definieren.

Wie die Umwelt wahrgenommen und interpretiert wird und welche Verhaltensweisen in Betracht kommen, ist gesellschaftlich vermittelt. Was sexuelle Gewalt betrifft, sind vor allem die traditionellen Geschlechtsrollen und die Mythen über sexuelle Gewalt bedeutsam (→ *Mythen über sexuelle Gewalt* → *Feministisches Ursachenmodell*). Sie führen dazu, dass sexuelle Gewalt nicht als solche definiert und statt dessen bagatellisiert wird, dass dem Opfer entweder nicht geglaubt oder ihr/ihm die Schuld an den Übergriffen zugeschrieben und dem Täter mit Verständnis und Milde begegnet wird. All dies steht einer Parteinahme und einem angemessenen Hilfeangebot für das Opfer im Wege. Es erschwert gleichzeitig den Widerstand durch das Opfer und erhöht durch die negativen Reaktionen des Umfeldes den Aufwand und die negativen Konsequenzen, die das Opfer für ihre/seine Gegenwehr zu tragen hat. Was den Täter betrifft, tragen sie

– bereits im Vorfeld der Tat – als weithin akzeptierte Rechtfertigungen dazu bei, seine moralischen Bedenken abzubauen und seinen Aufwand und seine psychischen Kosten zu minimieren.

Handlungsmöglichkeiten

Nicht alles, was man tun möchte, *kann* man auch tun. Man braucht auch Fähigkeiten und Mittel, die eigenen Ziele in die Tat umzusetzen. Das heißt: wenn jemand zu einer bestimmten Handlung motiviert ist und die innere Vorstellungswelt das Verhalten eher fördert als hemmt, erfolgt die Handlung nur, wenn man über entsprechende *Handlungskompetenzen und -ressourcen* verfügt. Dazu gehören sowohl ideelle Ressourcen wie Wissen, Erfahrung, Autorität, Selbstbewusstsein u. ä. als auch materielle Ressourcen wie Geld und Statussymbole.

Dem zitierten Arzt verhilft z. B. die Autorität und Glaubwürdigkeit, die ihm zugeschrieben wird, dazu, seine Patientinnen und Patienten missbrauchen zu können. Andere Täter nutzen ihre soziale Kompetenz, um ein Kind in eine Abhängigkeitsbeziehung zu verwickeln, innerhalb derer ein sexueller Missbrauch leicht möglich ist. Auch der Vorsprung an Wissen und Erfahrung ermöglicht es Erwachsenen einem Kind weiszumachen, es sei etwas ganz Normales, was sie tun oder es handele sich um ein Spiel (z. B. Der Penis wird als „Zaubermännchen, das Wolken macht", beschrieben). Aus der Perspektive des Opfers fehlt es, um sich wirksam gegen sexuelle Gewalt zur Wehr setzen zu können, häufig z. B. an Ressourcen, an Wissen über das, was gerade geschieht (Aufklärung über Sexualität und sexuelle Gewalt) und über Hilfsangebote sowie an realer sozialer Unterstützung.

Kosten-Nutzen Abwägung

Menschen sind bestrebt, im Handeln für sie Angenehmes zu erreichen und Unangenehmes zu vermeiden. Die Verhaltensalternativen, die Tätern, Opfern und sozialem Umfeld zur Verfügung stehen, beinhalten in ihren Konsequenzen jedoch meist nicht nur positive sondern auch negative Aspekte. Diese werden gegeneinander abgewogen und das Verhalten wird so organisiert, dass bei möglichst wenig Aufwand bzw. Kosten der eigene Nutzen maximiert wird. In diesem Sinne sind:
– *Nutzen der Ausübung sexueller Gewalt:* Bestätigung der Männlichkeit, Machterleben und -konsolidierung, Kontakt zu einem Kind u. ä. Kosten: Aufwand (Herstellung der Situation, materielle Köder, Gewaltanwendung), Widerstand des Opfers, schlechtes Gewissen, soziale Ächtung, Strafe u. ä.
– *Nutzen von Gegenwehr:* Ende des sexuellen Missbrauchs oder zumindest weniger massive Handlungen, weniger Angst, Schmerz usw. Kosten: Verlust po-

sitiver Aspekte in der Beziehung zum Täter, massivere Gewaltanwendung durch den Täter, Schuldzuschreibung von anderen, Auseinanderbrechen der Familie, emotionale Belastungen eines Strafprozesses o. ä.
- *Nutzen von Intervention:* Befriedigung zu helfen, Handeln nach eigenen Wertmaßstäben, Erleben, Macht und Einfluss ausüben zu können. Kosten: Aufwand, emotionale Belastung, Anschuldigungen durch andere (hysterisch sein, aus Rache handeln o. ä.), Zweifel und Unsicherheit, Rache des Täters u. ä.

In einer patriarchalen Gesellschaft stellen die traditionellen Geschlechtsrollen, die Mythen über sexuelle Gewalt und die nur dürftig ausgebauten Interventionsstrukturen Faktoren dar, die hinsichtlich der Ausübung sexueller Gewalt für die Täter den Nutzen erhöhen und die Kosten senken. Hinsichtlich Widerstand und Intervention erhöhen sie umgekehrt für die Opfer die Kosten und senken den Nutzen.

Den Teufelskreis durchbrechen

Die Prozesse von der Motivation bis hin zum tatsächlichen Verhalten laufen im Individuum nicht als stringente, logische, stets bewusste Folge ab. Es ist vielmehr ein stetiger Fluss, in welchem sich die einzelnen Faktoren wechselseitig beeinflussen. Die Motivation zur Intervention kann geschwächt werden, wenn einem gewahr wird, was dabei alles auf einen zukommt und dass man unter Umständen alles noch verschlimmert. Umgekehrt kann die Interventionsbereitschaft wachsen, wenn man fachkundigen Rat erhält und dadurch die Kosten sinken. Wechselwirkungen finden jedoch nicht nur *innerhalb* einer Perspektive sondern auch *zwischen* ihnen statt. Widerstand des Opfers oder Eingreifen von außen kann die Möglichkeiten eines Täters zum sexuellen Missbrauch verringern und die Kosten dafür erhöhen. Dies wiederum kann sich auf seine Motivation auswirken. Das heißt: Sobald sich an einem der Faktoren etwas ändert, tritt eine – wenn auch noch so minimale – Verhaltensänderung ein.

Diese wichtige Erkenntnis lässt sich für die Arbeit gegen sexuelle Gewalt nutzbar machen. So wird jede Maßnahme, die die Kosten der Ausübung sexueller Gewalt erhöht und die für Widerstand und Intervention senkt, die Wahrscheinlichkeit sexueller Gewalt verringern. Derartige Maßnahmen können auf gesellschaftlicher Ebene der Ausbau von Interventionsstrukturen und auf individueller das entschiedene Verurteilen vermeintlich noch so harmloser sexueller Übergriffe und die klare Parteinahme für das Opfer sein. Desgleichen wird die Wahrscheinlichkeit sexueller Gewalt verringert, wenn es gelingt, die traditionellen Geschlechtsrollen aufzuweichen und die Akzeptanz der Mythen zu verringern. Und daran kann jede und jeder mitwirken!

Literatur

Bandura, Albert (1979). *Sozial-kognitive Lerntheorie.* Stuttgart: Klett-Cotta.
Berger, Peter L. & Luckmann, Thomas (1966/1989). *Die gesellschaftliche Konstruktion der Wirklichkeit. Eine Theorie der Wissenssoziologie.* Frankfurt a.M.: Fischer.
Brockhaus, Ulrike & Kolshorn, Maren (1991). *Sexuelle Ausbeutung von Kindern. Erscheinungsbild, Soziale Repräsentationen und gesellschaftliche Mechanismen.* Diplomarbeit im Studienfach Psychologie an der Georg-August-Universität Göttingen.
Brockhaus, Ulrike & Kolshorn, Maren (1993). *Sexuelle Gewalt gegen Mädchen und Jungen. Mythen, Fakten, Theorien.* Frankfurt a.M.: Campus.
Finkelhor, David (1984). *Child sexual abuse. New theory and research.* New York: The Free Press.
McCall, George J. & Simmons, J. L. (1966/1978). *Identität und Interaktion.* Düsseldorf: Schwann.
Mead, George H. (1934/1973). *Geist, Identität und Gesellschaft.* Frankfurt a.M.: Suhrkamp.
Moscovici, Serge (1984). The phenomenon of social representations. In Robert M. Farr & Serge Moscovici (eds.), *Social representations* (S. 3-69). Cambridge: University Press.
Rotter, J. B. (1982). *The development and application of social-learning theory.* New York: Praeger.
Stryker, Sheldon (1983). Social psychology from the standpoint of a structural symbolic interactionism: Toward an interdisciplinary social psychology. *Advances in Experimental Social Psychology, 16,* 181–218.
Stryker, Sheldon & Statham, Anne (1985). Symbolic interaction and role theory. In G. R. Lindzey & N. E. Aronson (eds.), *The handbook of social psychology (Bd.1)* (S. 311–378). New York: Newly Award Records.
Thibaut, J. W. & Kelley, H. H. (1959). *The social psychology of groups.* New York: Wiley.
Thommen, Beat; Ammann, Rolf & Cranach, Mario von (1988). *Handlungsorganisation durch soziale Repräsentationen.* Bern: Hans Huber.

Erinnerungen

Dirk Bange

Insbesondere in den USA, aber auch in Deutschland, haben wieder entdeckte Erinnerungen von Erwachsenen an sexuellen Missbrauch in der Kindheit für erregte öffentliche Diskussionen gesorgt. Sich falsch beschuldigt fühlende Eltern haben Gruppen wie die „False Memory Syndrome Foundation" gegründet. Ihr Ziel ist es, Eltern zu helfen, die von ihren erwachsenen Kindern des sexuellen Missbrauchs auf Grund von im Rahmen einer Therapie wieder gefundenen Erinnerungen beschuldigt wurden. Diese Gruppen werden argumentativ von prominenten Wissenschaftlern und Publizisten unterstützt. Sie bewerten solche Erinnerungen entweder als Hirngespinste von verwirrten oder rachsüchtigen

Frauen und Männern oder als Suggestionen durch übereifrige oder schlecht ausgebildet Therapeutinnen und Therapeuten. Als Ursachen für falsche Erinnerungen kritisieren sie zudem bestimmte Ratgeberliteratur für Opfer sexuellen Missbrauchs und reißerisch aufgemachte Medienberichte. Ihre Kritik beruht auf spektakulären Gerichtsverhandlungen und auf Ergebnissen von Laboruntersuchungen, die gezeigt haben, dass man Erinnerungen an traumatische Erfahrungen suggerieren bzw. Teile der Erinnerungen manipulieren kann (z. B. Wakefield & Underwager 1992; Tavris 1994; Loftus & Ketcham 1995; Lindsay & Read 1994; Yapko 1996). Auf der anderen Seite stehen Forscher und Autoren, die wieder entdeckte Erinnerungen für weitgehend authentisch halten. Sie entgegnen der Kritik, dass man in Laboruntersuchungen traumatische Erfahrungen nicht nachstellen könne und deshalb die Ergebnisse nicht auf die Realität übertragbar seien. Außerdem bewiesen Untersuchungen, dass man zwar Details einer Erinnerung durch Suggestionen manipulieren kann, der Kern der Erinnerung davon aber relativ unberührt bleibt (z. B. Herman 1994; Terr 1995; Williams 1994a und b, 1995; Elliott 1997; Epstein & Bottoms 1998; Hopper 1999). Beide Seiten stehen sich unversöhnlich gegenüber. Dadurch hat sich die Debatte um die wieder entdeckten Erinnerungen von einer wissenschaftlichen Kontroverse in einen politisch motivierten Schlagabtausch verwandelt, in dem jedes Forschungsergebnis scharf kritisiert und extrem kontrovers diskutiert wird. Eine Versachlichung dieser Diskussion ist im Sinne der Betroffenen dringend geboten. Im Folgenden werden die vorliegenden Untersuchungsergebnisse zu vier zentralen Fragestellungen referiert:
1. Wie häufig ist es, keine Erinnerungen an sexuellen Missbrauch zu haben?
2. Wie kommt es zu wieder entdeckten Erinnerungen und welche Rolle spielen Therapeutinnen und Therapeuten dabei?
3. Wie häufig sind Falschbeschuldigungen auf Grund wieder entdeckter Erinnerungen?
4. Welche Prozesse sind dafür verantwortlich, wenn sich ein Mensch nicht an den sexuellen Missbrauch erinnern kann?

Zur Häufigkeit fehlender Erinnerungen an sexuellen Missbrauch

Seit 1987 sind über 30 Untersuchungen zur Frage der Häufigkeit fehlender Erinnerungen an sexuellen Missbrauch durchgeführt worden – der Großteil davon in den USA. Die Studien zeigen unabhängig von der Art der Stichprobe und ihrer Methodik durchgängig, dass sich ein Teil der Betroffenen längere Zeit ihres Lebens nicht an den Missbrauch erinnern können. Die Rate derer, die Fragen wie „Gab es eine Zeit in Ihrem Leben, in der Sie sich nicht an den Missbrauch erinnert haben" mit „ja" beantworten, schwankt dabei allerdings erheblich. In den Studien, die auf klinischen Stichproben beruhen, pendelt sie zwischen 19% und

64%. So fanden Judith Lewis Herman und Emily Schatzow (1987), dass sich von 53 Frauen aus einer Kurzzeittherapiegruppe für Inzestopfer 64% nicht immer an den sexuellen Missbrauch erinnern konnten. John Briere und Jon Conte (1993) untersuchten 450 Erwachsene in therapeutischer Behandlung. 59,3% von ihnen konnten sich in ihrem Leben zumindest phasenweise nicht an den sexuellen Missbrauch erinnern. Relativ unbekannt ist, dass Elizabeth Loftus, die Verdrängung und wieder entdeckte Erinnerungen als Unsinn bezeichnet hat, selbst eine Untersuchung zu dieser Frage durchgeführt hat. Gemeinsam mit S. Polonsky und M. T. Fullilove hat sie 105 Frauen, die wegen Drogenabhängigkeit in Behandlung waren, untersucht. 54% der Frauen berichteten, sie seien als Kinder sexuell missbraucht worden. 19% dieser Frauen gaben an, dass sie sich zeitweise nicht an den Missbrauch erinnern konnten, die Erinnerung dann aber zurückgekehrt sei (Loftus, Polonsky & Fullilove 1994).

Von den Untersuchungen, die ausgewählte Bevölkerungsgruppen untersucht haben, ist vor allem die von Shirley Feldman-Summers und Kenneth S. Pope (1997) zu erwähnen. Sie befragten 330 Therapeutinnen und Therapeuten per Fragebogen, ob sie sexuell missbraucht oder körperlich misshandelt wurden und ob sie sich an die Gewalterfahrungen Zeit ihres Lebens erinnern konnten. Von den Therapeutinnen gaben 28,6% an, sexuell missbraucht oder körperlich misshandelt worden zu sein, von den Therapeuten 17,9%. Von den 79 Therapeutinnen und Therapeuten, die Gewalt erlebt hatten, berichteten 32 (40,5%), von einer Zeitspanne, in der sie sich an den Missbrauch bzw. die Misshandlung nur teilweise oder gar nicht erinnern konnten. In den Untersuchungen mit College- bzw. Universitätsstudentinnen und -studenten gaben zwischen 18% und 30% an, dass sie sich phasenweise nicht an den Missbrauch bzw. die Misshandlungen erinnern konnten (Melchert 1996: 18%; Golding, Sanchez & Sego 1996: 23%; Epstein & Bottoms 1998: 30%).

Diana M. Elliott (1997) führte eine Fragebogenerhebung basierend auf einer für die USA repräsentativen Zufallsstichprobe von 724 Erwachsenen durch. Von den angeschriebenen Frauen und Männern nahmen 505 (70%) an der Untersuchung teil. Die Teilnehmer/innen stimmten weitgehend mit den Merkmalen des amerikanischen Mikrozensus von 1990 überein. Im Fragebogen wurde nicht nur nach sexuellem Missbrauch, sondern insgesamt nach 13 verschiedenen traumatischen Ereignissen gefragt (u. a. Autounfall, Naturkatastrophe, Mord an einem Angehörigen, Zeuge einer schweren Verletzung oder des Todes eines Kameraden im Krieg, Vergewaltigung oder sexuelle Nötigung als Erwachsene). 72% der Befragten berichteten von mindestens einer traumatischen Erfahrung. 43% von ihnen waren Zeuge von Gewalttaten und 50% waren direkte Opfer einer Gewalttat geworden. Von allen Befragten, die ein traumatisches Ereignis erlebt hatten, gaben 17% an, sich eine Zeit lang weniger genau als zum Befragungszeitpunkt bzw. nur teilweise an das Trauma erinnert zu haben. 15% berichteten, dass sie sich phasenweise überhaupt nicht mehr an das traumatische Ereignis erinnern konnten. Über ungenaue Erinnerungen berichteten eher die Befragten, die einen Mord oder einen Suizid eines Verwandten erlebt hatten (38%), die Opfer eines sexuellen Missbrauchs oder von körperlicher Misshandlung waren (jeweils 22%). Ein phasenweise völliger Verlust der Erinnerungen fand sich am häufigsten bei den Opfern sexuellen Missbrauchs (20%), den Zeugen von schweren Verletzungen oder des Todes eines Kameraden im Krieg (16%) und den Zeugen von häuslicher Gewalt (13%). Durchgängige Erinnerungen hatten meist die Opfer sexueller Gewalt, die keine Penetrationen beinhaltete (94%), von Autounfällen (92%) und von Naturkatastrophen (89%).

Schließlich soll noch über die bisher einzige prospektive Untersuchung berichtet werden. Linda Meyer Williams (1994a und b, 1995) interviewte 129 Frauen, die 17 Jahre zuvor in einem Krankenhaus als Missbrauchsopfer vorgestellt und diagnostiziert wurden. Beim ersten Interview konnten sich 38% dieser Frauen nicht mehr an den sexuellen Missbrauch erinnern (Williams 1994a). Zudem gaben 16% der Frauen, die sich zum Zeitpunkt des Interviews erinnern konnten, an, dass sie sich zeitweise an den Missbrauch nicht mehr erinnern konnten (Williams 1995).

Für die teilweise erheblichen Schwankungen werden methodologische Probleme verantwortlich gemacht. So wird darauf hingewiesen, dass die Ergebnisse der klinischen Studien nicht auf die Gesamtbevölkerung übertragen werden können. Ähnliches wird gegen die Befragung der Therapeutinnen und Therapeuten sowie gegen die Studien mit Studentinnen und Studenten als Stichproben eingewandt. An den retrospektiven Untersuchungen wird kritisiert, dass nicht sicher ist, ob die Angaben der Befragten stimmen. Es könnten zum einen Missbrauchsopfer nicht als solche identifiziert worden sein, zum anderen könnten sich auch einige Befragte fälschlicherweise als missbraucht eingeschätzt haben. Auf Grund dieser und anderer methodologischer Probleme sind alle vorliegenden Untersuchungen in ihrem Aussagewert begrenzt. Dennoch belegen die Studien insgesamt betrachtet – unabhängig davon, ob retrospektiv oder prospektiv, ob klinische oder repräsentative Stichprobe – dass ein Teil der Missbrauchsopfer sich zumindest phasenweise nicht an den Missbrauch erinnern kann.

Zwei weitere Ergebnisse der Studien sind in diesem Zusammenhang wichtig: Erstens konnten bei den Untersuchungen von Herman und Schatzow (1987) und von Feldman-Summers und Pope (1997) 74% bzw. 50% der Betroffenen bekräftigende Hinweise oder Bestätigungen für die wieder entdeckten Erinnerungen an den Missbrauch finden. So erhielten bei der Studie von Herman und Schatzow (1987) 40% der Frauen eine Bestätigung durch den Täter, durch andere Familienmitglieder oder durch Beweise wie Tagebuchaufzeichnungen des Täters oder Fotografien. 34% der Frauen entdeckten, dass der Täter noch andere Kinder missbraucht hat. Zweitens zeigte sich bei der Untersuchung von Williams (1995), dass die Erzählungen der Frauen, die sich zum Zeitpunkt des Interviews erinnern konnten, zuvor aber phasenweise keine Erinnerung hatten, weitgehend mit den Beschreibungen in den Fallakten übereinstimmten, obwohl die Frauen selbst eher Zweifel in dieser Hinsicht äußerten. Die Genauigkeit ihrer Erinnerungen unterschied sich auch nicht von den Befragten, die sich immer an den Missbrauch erinnern konnten.

Therapeut(inn)en und die Suggestion falscher Erinnerungen

Autorinnen und Autoren wie Elizabeth Loftus und Katherine Ketcham (1995) oder Michael D. Yapko (1996) halten den Großteil wieder entdeckter Erinnerungen für durch unprofessionell handelnde Therapeuten suggeriert. Sie werfen den Therapeuten u.a. vor, zu wenig Wissen über die Funktion und Arbeitsweise des Gedächtnisses zu haben, nicht nach bestätigenden Beweisen zu suchen und leichtfertig suggestive Techniken zur Aufdeckung von Erinnerungen einzusetzen. Michael D. Yapko (1996, 66ff.) belegt seine Vorwürfe zum Teil mit einer von ihm durchgeführten Befragung von 869 Therapeutinnen und Therapeuten zu ihrem Wissen und ihren Einstellungen zur Funktionsweise des Gedächtnisses und zur Hypnose. So gab beispielsweise jeder sechste befragte Therapeut zu, dass sein Wissen über die Funktionsweise des menschlichen Gehirns unterdurchschnittlich sei. Mehr als die Hälfte der Befragten gestand offen ein, keinerlei Versuch zu unternehmen, um die Wahrheit von der Fiktion zu trennen. 53% gaben an, in ihrer Arbeit Hypnosetechniken anzuwenden, obwohl nur 43% eine formale Hypnoseausbildung absolviert hatten. Diese Ergebnisse werfen sicherlich kein gutes Licht auf die therapeutische Zunft. Sie sind aber auch kein Beweis dafür, dass fast alle wieder entdeckten Erinnerungen falsch bzw. durch Therapeuten suggeriert sind. Vielmehr zeigen zahlreiche Untersuchungen (Elliott 1997; Herman & Harvey 1997; Williams 1995; Feldman-Summers & Pope 1997), dass die meisten Erinnerungen unabhängig von einer Therapie auftauchen und die wiederkehrenden Erinnerungen eher dazu führen, dass die Frauen und Männer eine Therapie beginnen. Bei der Studie von Elliott (1997) gaben beispielsweise 54% der Befragten mit einer traumatischen Erfahrung, die sich zeitweise nicht daran erinnern konnten, an, dass die Erinnerungen ausgelöst durch Medienberichte wiedergekehrt seien. 37% führten es auf ein Erlebnis zurück, das sie an das Trauma erinnerte und ebenfalls 37% sahen ein Gespräch mit einem Verwandten als Auslöser an. Die niedrigste Bedeutung wurde der Psychotherapie mit 14% zugesprochen. Bei den Opfern sexuellen Missbrauchs wurde eine Psychotherapie ebenfalls nur von 14% als Auslöser genannt. Bei der Untersuchung von Herman und Harvey (1997) ging es bei der Aufnahme einer Psychotherapie nur zwei der 25 Klientinnen mit wiederkehrenden Erinnerungen darum, mehr Erinnerungen freizulegen. Die überwiegende Zahl hoffte dagegen, dass sie durch die Therapie besser in der Lage seien, den Erinnerungsprozess und seine Auswirkungen kontrollieren zu können.

Falsche Anschuldigungen auf Grund wieder gefundener Erinnerungen

Die bisher vorgestellten Ergebnisse bedeuten allerdings nicht, dass es nicht in Einzelfällen vorgekommen ist, dass unseriös arbeitende Therapeutinnen und

Therapeuten ihren Klientinnen und Klienten Erinnerungen an sexuellen Missbrauch suggeriert haben. Unzweifelhaft sind durch solche Vorfälle Kinder und Erwachsene geschädigt worden. Deshalb ist es dringend notwendig, dass alle Therapeuten ihr Wissen über die Arbeitsweise des Gedächtnisses und bezüglich des sexuellen Missbrauchs an Kindern auf dem neuesten Stand halten. Außerdem sollte mit hoch suggestiven Techniken zur Aufdeckung von Erinnerungen ausgesprochen vorsichtig umgegangen werden.

Ein Untersuchungsergebnis von Michelle A. Epstein und Bette L. Bottoms (1998) belegt zudem, dass es durchaus Frauen und Männer gibt, die empfänglich für Suggestionen bezüglich sexuellen Missbrauchs sind. Bei ihrer Befragung von 1.712 Studentinnen und Studenten der Universität Chicago gaben 5% (n=73) der Teilnehmerinnen und Teilnehmer an, dass andere sie darauf hingewiesen haben, dass sie möglicherweise als Kind sexuell missbraucht worden seien. Diese Befragten berichteten zweimal so häufig über eine traumatische Erfahrung wie die anderen Teilnehmer. Außerdem gaben sie zweimal so häufig an, dass sie sich phasenweise nicht an den Missbrauch erinnern konnten und siebenmal so häufig glaubten sie daran, dass sie sexuell missbraucht worden seien, ohne sich aktuell daran erinnern zu können. Solche Einstellungen fanden sich signifikant häufiger bei Frauen als bei Männern.

Einfaches Vergessen, Dissoziation oder Verdrängung?

Besonders heftig gestritten wird auch darum, welche Mechanismen für fehlende Erinnerungen verantwortlich sind. Genannt werden die Verdrängung, die Dissoziation und das einfache Vergessen. Besonders umstritten ist dabei das auf Sigmund Freud zurückgehende Konzept der Verdrängung. Freud (1917) hielt Verdrängung für einen unbewussten Prozess, durch den emotional aufgeladene und konflikthafte Gedanken und Gefühle aus dem Bewusstsein gehalten werden, um sich zu schützen. Bei traumatischen Erfahrungen führt dieser Prozess zur Amnesie. Im Gegensatz zur Verdrängung wird Dissoziation als Verlust bewusster Kontrolle in traumatischen Situationen angesehen. Durch die Dissoziation ist ein Mensch in der Lage, auf geistiger Ebene einen Ort zu verlassen, an dem ihm Erschreckendes passiert. Die Fähigkeit, sein Wissen, seine Gefühle und Erinnerungen zu integrieren, geht dabei verloren. Dadurch werden traumatische Erinnerungen aus dem Gedächtnis geschoben und aus dem normalen Bewusstsein ausgegrenzt, um schmerzliche Gefühle und Gedanken kontrollieren zu können (Terr 1995, → *Dissoziation – Dissoziative Störung*).

Aus Sicht der Vertreter dieser Theorien stützen Ergebnisse der Untersuchungen zu wieder entdeckten Erinnerungen ihre Annahmen über Verdrängung bzw. Dissoziation. So weisen viele der Untersuchungen nach, dass sich vor allem Frauen und Männer nicht erinnern können, die als kleine Kinder sexuell missbraucht wurden und die schwere Formen von Missbrauch erlebt haben (z.B. Herman & Schatzow 1987; Briere & Conte 1993; Williams 1994a und b). Diese Befunde passen zu der Theorie, dass Verdrängung bzw. Dissoziation in frühem Alter bei sehr schweren Traumen eingesetzt werden, weil dem Kind noch keine anderen Abwehrmechanismen zur Verfügung stehen. Allerdings gibt es auch einige Untersuchungen, in denen solche Zusammenhänge nicht festgestellt werden konnten (z. B. Elliott & Briere 1995; Melchert 1996). Diese Befunde werden so interpretiert, dass bei manchen Kindern möglicherweise nicht die „objektive" Schwere des sexuellen Missbrauchs ausschlaggebend ist, sondern das subjektive Erleben des Kindes.

Außerdem vertreten die meisten dieser Autorinnen und Autoren die Auffassung, dass es ein besonderes Gedächtnis für traumatische Erfahrungen gibt, in dem Erinnerungen anders als im autobiografischen Gedächtnis aufbewahrt werden (van der Kolk 1996; Terr 1995; Herman 1994). „Danach werden traumatische Erfahrungen auf Grund der extremen Erregung spezifisch enkodiert. Die Integration und Interpretation mit Hilfe des semantischen Gedächtnisses wird unterbrochen und die Speicherung findet als affektiver Zustand, als somatische Empfindungen, als Gerüche, Geräusche und als visuelle Bilder statt. Das Ergebnis ist ein nichtsymbolischer, unflexibler und unveränderbarer Inhalt traumatischer Erinnerungen" (Bohleber 2000, 806.).

Dies wird zum einen damit begründet, dass fehlende Erinnerungen beim sexuellen Missbrauch durch andere psychische Mechanismen entstehen als bei anderen Traumen, da sich anders als z. B. bei einer Naturkatastrophe zumindest langanhaltender Missbrauch durch Vertrauenspersonen meist in einer Atmosphäre von Geheimnis und Schweigen abspielt. Außerdem gehe sexueller Missbrauch oftmals mit Scham- und Schuldgefühlen beim Opfer einher und die Reaktionen auf Andeutungen seitens der Kinder fielen allzu oft entmutigend aus. Da die Kinder keinen Ausweg sähen, verändere sich der Prozess des Speicherns der Erinnerungen hin zu sehr genauen Gedächtnisleistungen (Williams 1994b).

Andere Autoren halten Verdrängung für einen Mythos. Es sei nie ein überzeugender Beweis für dieses Phänomen erbracht worden. Außerdem sei es ein Irrglaube anzunehmen, dass das Gedächtnis wie ein Videogerät oder ein Computer arbeite. Erinnerungen an ein traumatisches Erlebnis seien – wie andere Erinnerungen auch – ungenau und das Erinnern daran sei ein störanfälliger Prozess. Die erinnerte Wahrheit sei eine andere als die tatsächliche, weil die Ereignisse der Vergangenheit immer neu be- und überarbeitet würden. In der Erinnerung beschreibe der Klient, wie er heute glaubt, das traumatische Erlebnis oder seine Kindheit erlebt zu haben, ohne dass es sich auch wirklich so abgespielt haben müsse. Deshalb gebe es auch keine sichere Möglichkeit, Wahrheit und Fiktion zu unterscheiden. Außerdem würde die Genauigkeit eines Erinnerungsprozesses durch zahlreiche Faktoren wie dem Grad der emotionalen Erregung, den Erwartungen an die Erinnerung, den zur Aufdeckung verwendeten Methoden und der Zeit, die seit dem Erlebnis vergangen ist, beeinflusst. Des Weiteren seien Erinnerungen an Geschehnisse bis zum dritten Lebensjahr auf Grund der cerebralen und der kognitiven Entwicklung nicht zu erinnern. Dies wird allgemein als

Kindheitsamnesie bezeichnet. Zudem wird angeführt, dass traumatische Erfahrungen wie andere Erfahrungen auch „einfach" vergessen werden (Loftus, Garry & Feldman 1994; Lindsay & Read 1994; Yapko 1996).

Diese wenigen Ausführungen zeigen, dass es zum einen noch dringenden Forschungsbedarf über die Arbeitsweise unseres Gedächtnisses bei traumatischen Ereignissen gibt. Zum anderen ist die Forschung noch weit von sicheren Erkenntnissen über die Prozesse, die für fehlende Erinnerungen an Traumen verantwortlich sind, entfernt. Sicher erscheint aber, dass Traumen nicht einfach vergessen werden, sondern dass psychologische Prozesse bzw. psychische Abwehrmechanismen beteiligt sind. Schließlich sei noch angemerkt, dass es für den Erfolg einer Therapie nicht zwingend ist, dass Erinnerungen an Traumen reaktiviert werden. Wenn Erinnerungen an traumatische Erfahrungen auftauchen, geht dies in der Regel mit starken Emotionen bis hin zu psychischen Zusammenbrüchen einher. Deshalb ist ein sorgfältiger Umgang mit Erinnerungen in der Therapie dringend geboten. Treten Erinnerungen an traumatische Erfahrungen in einer Therapie auf, sollte ihre historische Realität überprüft werden. „Sie darf nicht gegenüber der psychischen Realität als unerkennbar vernachlässigt werden. Die Rekonstruktion der traumatischen Erfahrung und ihrer Umstände kann Ängste und Selbstbilder in einen Zusammenhang rücken und die unbewusst zugeschriebene Selbstverantwortlichkeit entlasten" (Bohleber 2000, 833).

Literatur

Bohleber, W. (2000). Die Entwicklung der Traumatheorie in der Psychoanalyse. *Psyche 54*, 797-839.
Briere, J. & Conte, J. (1993). Self-reported amnesia for abuse in adults as children. *Journal of Traumatic Stress 6*, 21–31.
Elliott, M. (1997). Traumatic events: Prevalence and delayed recall in the general population. *Journal of Consulting and Clinical Psychology 65*, 811–820.
Elliott, M. & Briere, J. (1993). Posttraumatic stress associated with delayed recall of sexual abuse: A general population study. *Journal of Traumatic Stress 8*, 629–647.
Epstein, M. E. & Bottoms, B. L. (1998). Memories of childhood sexual abuse: A survey of young adults. *Child Abuse and Neglect 22*, 1217–1238.
Feldman-Summers, S. & Pope, K. S. (1997). Die Erfahrung des „Vergessens" eines Missbrauchs in der Kindheit: Eine nationale Befragung von Psychologen. In: G. Amann & R. Wipplinger (Hrsg.). *Sexueller Mißbrauch – Überblick zu Forschung, Beratung und Therapie. Ein Handbuch* (S. 274–286).Tübingen: dgvt Verlag.
Freud, S. (1917). *Vorlesungen zur Einführung in die Psychoanalyse*. Gesammelte Werke. Band XI. Frankfurt: Fischer.
Golding, J. M., Sanchez, R. P. & Sego, S. A. (1996). Do you believe in repressed memories? *Professional Psychology: Research and Practice 27*, 429–437.
Herman, J. L. (1994). *Die Narben der Gewalt*. München: Kindler.
Herman, J. L. & Schatzow, E. (1987). Recovery and verification of memories of childhood sexual trauma. *Psychoanalytic Psychology 4*, 1–14.
Herman, J. L. & Harvey, M. R. (1997). Adult memories of childhood trauma: A naturalistic clinical study. *Journal of Traumatic Stress 10*, 557–571.
Hopper, J. (1999). Recovered memories of sexual abuse: Scientific research & scholary resources (last revised 10/10/99). *http://www.jimhopper.com/memory/*

Lindsay, D. S. & Read, J. D. (1994). Psychotherapy and memories of childhood sexual abuse: A cognitive perspektive. *Applied Cognitive Psychology 11,* 281–338.
Loftus, E. & Ketcham, K. (1995). *Die therapierte Erinnerung.* Hamburg: Klein.
Loftus, E., Polonsky, S. & Fullilove, M. T. (1994). Memories of childhood sexual abuse: Remembering and repressing. *Psychology of Women Quarterly 18,* 67–84.
Loftus, E., Garry, M., Feldman, J. (1994). Forgetting sexual trauma: What does it mean when 38% forget. *Journal of Consulting and Clinical Psychology 62,* 1177–1181.
Melchert, T. P. (1996). Childhood memories and a history of different forms of abuse. *Professional Psychology: Research and Practice 27,* 438–446.
Tavris, C. (1994). Der Streit um die Erinnerung. *Psychologie Heute Heft 6,* 20–30.
Terr, L. (1995). *Schreckliches Vergessen, heilsames Erinnern.* München: Knaur.
Van der Kolk, B. (1996). Trauma and memory. A. McFarlane & L. Weisaeth (ed.). *Traumatic stress. The effects of overwhelming experience on mind, body and society* (S: 279–302). New York: Guilford Press.
Wakefield, H. & Underwager, R. (1992). Recovered memories of alleged sexual abuse: Lawsuits against parents. *Behavioral Science and the Law 10,* 483–510.
Williams, L. M. (1995). Recovered memories of abuse in women with documented child sexual victimization histories. *Journal of Traumatic Stress 8,* 649–673.
Williams, L. M. (1994a). Recall of childhood trauma: A prospective study of women´s memories of child sexual abuse. *Journal of Consulting and Clinical Psychology 62,* 1167–1176.
Williams, L. M. (1994b). What does it mean to forget child sexual abuse: A reply to Loftus, Garry, and Fieldman. *Journal of Consulting and Clinical Psychology 62,* 1182–1186.
Yapko, Michael D. (1996). *Fehldiagnose: Sexueller Missbrauch.* München: Knaur.

Erziehung

Gisela Braun

Sexueller Missbrauch ist in den überwiegenden Fällen eine geplante und keine spontane Tat. Die meisten Täter oder Täterinnen suchen deshalb auch gezielt Opfer, die ihren Vorstellungen entsprechen. Dies sind nicht – entgegen vielen landläufigen Annahmen – äußere Merkmale. Für einen Großteil der Täter ist es wichtig, dass sie mit möglichst wenig Entdeckungsrisiko vorgehen können und der Aufwand nicht allzu groß wird, dass der kindliche Widerstand gering ist, die Eltern keine Gefahr darstellen und das Kind nicht redet (Heiliger 2000, → *Täterstrategien und Prävention*). Welche Kinder entsprechen nun am ehesten diesem „Täterideal"? Bestimmte familiäre Konstellationen, pädagogische Botschaften, erzieherische Ideale und Praktiken können dazu beitragen, dass das Risiko von Mädchen und Jungen, Opfer von sexueller Gewalt zu werden, erhöht wird.

Familiäre Konstellation

In Familien, in denen ein Kind sexuell missbraucht wird, findet sich häufiger eine traditionelle Geschlechtsrollenaufteilung. Das heißt, in der Regel ist es der Vater oder ein anderer männlicher Familienangehöriger, der sich als überlegen darstellt und dem häufig von anderen Familienmitgliedern größere Rechte zuerkannt werden. „Männer mit traditioneller Geschlechtsrollen-Orientierung ... haben im Vergleich zu Männern mit weniger traditioneller Geschlechtsrollen-Orientierung ... eine höhere Bereitschaft, sexuelle Gewalt auszuüben" (Brockhaus & Kolshorn 1993, S. 102). Die mangelnde Beteiligung von Vätern an früher Fürsorge und Pflege kann ebenso negative Folgen haben. „Viele Männer können sich deshalb schlecht in die emotionalen und körperlichen Bedürfnisse von Kindern einfühlen. Sie lernen es nicht, körperliche Nähe zu einem Kind herzustellen, ohne sie zu sexualisieren" (Bange 1995, S. 20).

Mit einer traditionellen Geschlechtsrollenorientierung geht häufig eine hohe Mythengläubigkeit einher, wie etwa, dass Kindern Sex mit Erwachsenen Spaß macht, dass sie Erwachsene verführen oder Männer ihren „Trieb" ausleben müssten. Der Glaube an solche Stereotypen bewirkt eine Rechtfertigung sexueller Übergriffe im Vorfeld und nach der Tat (Brockhaus & Kolshorn 1993, S. 102, → *Mythen*).

Auch ein sehr autoritärer Erziehungsstil kann fatale Folgen haben. Wenn kindliche Bedürfnisse, Rechte oder Ansprüche ignoriert werden, die von Erwachsenen dagegen höchste Geltung haben, lernen Mädchen und Jungen, dass sie Erwachsenen grundsätzlich Gehorsam schulden. Sie leben häufig in Furcht und Unterdrückung. „Die kindlichen Familienmitglieder lernen am Vorbild der Erwachsenen: Über Unterordnung und Machtlosigkeit, über „Männlichkeit" und „Weiblichkeit", über Ausbeutung und Gewalt" (Braun 1995, S. 10).

Neben diesem familiären Hintergrund spielt auch das Familienklima eine Rolle. Aus der Täterforschung ist bekannt, dass Täter sich häufig gezielt Mädchen und Jungen suchen, die ihr Familienleben als unglücklich empfinden und zu wenig Liebe, Aufmerksamkeit und Interesse bekommen (Heiliger 2000, → *Täterstrategien und Prävention*). „Jedes Kind ..., das in einem emotionalen Mangel lebt, dem es an Anerkennung, Zuwendung und Körperkontakt fehlt, das unsicher, ängstlich, einsam ist, wird nach alldem suchen und eher bereit sein, auf entsprechende Angebote einzugehen" (ebd.). Täter suchen Kinder, die keine Freunde haben und bieten ihnen Kontakt, Interesse und Beziehung – zuerst einmal. Manche Kinder sind so unendlich bedürftig, dass sie die sexuelle Gewalt ertragen, um die „Freundschaft" nicht zu verlieren.

Erziehungsstile als Risiko

Selbstbewusstsein, Eigensinn, Durchsetzungsvermögen sind Schlüsselqualifikationen für Mädchen und Jungen. Fehlen diese, so können Kinder weniger gut ihre Interessen vertreten, sich gegen Erwachsene durchsetzen oder von diesen Unterstützung einfordern. „Und selbstbewusste Kinder schrecken manche Täter ab, da es sich bei ihnen schwieriger gestaltet, sie in eine Missbrauchsbeziehung zu verstricken und sie am Reden zu hindern" (Bange 1995, S. 26).

Alltagsmythen, die Kindern vermittelt werden, verstärken das Unterlegenheitsgefühl. Aussagen wie „Kinder müssen Erwachsenen gehorchen", „Kinder verstehen das nicht", „Ich weiß schon, was für dich gut ist ..." dienen der Disziplinierung und Unterordnung der Kinder – und schwächen sie in ihrer Persönlichkeitsbildung. Das gleiche gilt auch für Mythen, die aus der schon geschilderten stereotypen Geschlechtsrollenorientierung entspringen wie „Ein Mädchen ist lieb, anschmiegsam, brav" und ein „richtiger Junge setzt sich durch, lässt sich nichts gefallen, zeigt keine Gefühle". „Mit diesen letzten Ausführungen soll aber nicht gesagt sein, dass eine gute Eltern-Kind-Beziehung einen perfekten Schutz gegen sexuelle Gewalt garantiert. Jedes Kind kann Opfer sexueller Gewalt werden. Jedoch werden selbstbewusste Kinder einen Missbrauch anders verarbeiten und wahrscheinlich auch eher aufdecken können als emotional vernachlässigte Kinder" (ebd.).

Mangel an Sexualerziehung

In manchen Familien herrscht ein eher sexualfeindliches Klima. Das heißt, es wird beispielsweise nicht über Sexualität gesprochen, altersgemäße kindliche Sexualäußerungen werden tabuisiert oder gar bestraft, Körperlichkeit ist mit Scham und Schuldgefühlen verknüpft. Kinder, die so aufwachsen, haben zu wenig oder gar keine Informationen über sexuelle Vorgänge, Verhaltensweisen oder Körperfunktionen. Sie sind neugierig, dürfen aber nicht fragen. Natürlich fällt es ihnen sehr viel schwerer, einen sexuellen Übergriff einzuordnen. Vor allen können sie sich niemandem anvertrauen, weil sie gelernt haben, nicht über sexuelle Dinge zu sprechen (→ *Sexualpädagogik*).

Gewöhnung an Körperkontakt wider Willen

Viele Erwachsene machen sich nicht bewusst, dass sie die körperliche Selbstbestimmung von Kindern nicht respektieren. Sie berühren wildfremde Kinder auf der Straße, im Bus, im Supermarkt, kneifen in Wangen oder streichen über Haare. In Familien werden Mädchen und Jungen gegen ihren Willen auf den Schoß genommen, geküsst und umarmt, in der Luft geschwenkt und liebkost. All dies mag wohlmeinend sein, aber es ist vor allem auch respektlos. Kinder lernen: „An meinen Körper darf jeder dran, ob ich will oder nicht spielt keine Rolle, wenn ich mich wehre, bin ich unartig und kriege Ärger". Traut ein Kind sich, diese

„Wohlwollensattacken" abzuwehren, reagieren viele Erwachsene ungehalten oder enttäuscht. Vielleicht wird auf Geschenke hingewiesen und dafür „Liebsein" eingefordert. Die Erfahrung, dass Kinder Erwachsenen ihren Körper zur Verfügung zu stellen haben, ist für die Durchsetzung eines sexuellen Übergriffs ungemein erleichternd.

Nichtachtung kindlicher Intuition

Viele Mädchen und Jungen können Personen, Situationen, Gefühlslagen intuitiv sehr gut einschätzen. Sie spüren unterschwellige Absichten und unklare Beziehungen. Diese Kompetenz könnten Kinder einsetzen, um sexuelle Übergriffe frühzeitig erkennen zu können. Allerdings wird Kindern die Wahrnehmung ihrer eigenen Gefühle und das Zutrauen in ihre Gültigkeit nicht zugestanden. Erwachsene neigen dazu, die kindliche Bewertung einer Situation oder Person bei weitem nicht so ernst zu nehmen wie ihre eigene. Auch im Alltag werden den Mädchen und Jungen Gefühle wie Schmerz, Unbehagen, Trauer oder Angst ausgeredet. Sie verlernen, ihren Gefühlen zu vertrauen und sie laut und deutlich zu artikulieren.

Gewöhnung an Manipulation

Kennzeichnend für viele Missbrauchssituationen ist, dass Täter ihre Opfer manipulieren. Sie verstricken, machen Schuldgefühle, suggerieren Beteiligung, verdrehen und verfälschen. Sie machen befangen und beschämen, deuten um, appellieren an „Liebe" und Gefühl, beeinflussen und überreden. Durch Manipulation bringen sie das Kind dazu, die sexuelle Gewalt zu ertragen, zu schweigen und sich dazu auch noch mitschuldig zu fühlen. Mit ein Grund, warum Täter damit so großen Erfolg haben, ist der, dass viele Kinder an Manipulation gewöhnt sind. In der Erziehung werden häufig ganz ähnliche Strategien benutzt, wie die oben geschilderten der Täter. Es werden zwar andere Interessen als sexuelle verfolgt, aber das Prinzip ist das gleiche: Ausübung verdeckter Macht, um Kinder in Abhängigkeit zu halten und problemlos eigene Ansprüche durchzusetzen, ohne sie sachlich begründen zu müssen. Diese „alltägliche Übermächtigung" (Wais & Gallé 1996) macht Kinder nahezu wehrlos gegen die Strategien der Täter.

Ähnlich geht es auch Mädchen und Jungen, denen immer wieder vermittelt wird, dass sie bestimmte Ansprüche erfüllen müssen, um geliebt zu werden. Wenn ein Kind nicht um seiner selbst willen „bedingungslos" geliebt wird, muss es sich Zuneigung erarbeiten, sei es durch Fügsamkeit, Anpassung oder Leistung. So ist es auch zu erklären, dass in etwa einem Viertel der Fälle allein emotionale Zuwendung zur Durchsetzung der sexuellen Übergriffe genügt (vgl. Bange 1992, S. 105). Diese Kinder haben gelernt, dass man, wenn man jemanden liebt und vorgeblich wiedergeliebt wird, widerspruchslos Dinge tun muss, die man gar nicht will.

Literatur

Bange, Dirk (1992). *Die dunkle Seite der Kindheit. Sexueller Mißbrauch an Mädchen und Jungen. Ausmaß-Hintergründe-Folgen.* Köln: Volksblatt.
Bange, Dirk (1995). Nein zu sexuellen Übergriffen – Ja zur selbstbestimmten Sexualität. Eine kritische Auseinandersetzung mit Präventionsansätzen. In: Arbeitsgemeinschaft Kinder- und Jugendschutz (AJS), Landesstelle NRW e.V. (Hrsg.): *Sexueller Mißbrauch an Mädchen und Jungen. Sichtweisen und Standpunkte zur Prävention* (S. 19–48). Köln.
Braun, Gisela: Der Alltag ist sexueller Gewalt zuträglich. Prävention als Antwort auf „alltägliche" Gefährdungen von Mädchen und Jungen. In: Arbeitsgemeinschaft Kinder- und Jugendschutz (AJS), Landesstelle NRW e.V. (Hrsg.): *Sexueller Mißbrauch an Mädchen und Jungen. Sichtweisen und Standpunkte zur Prävention* (S. 9–14). Köln.
Brockhaus, Ulrike & Kolshorn, Maren (1993). *Sexuelle Gewalt gegen Mädchen und Jungen. Mythen, Fakten, Theorien.* Frankfurt: Campus.
Heiliger, A. (2000). Täterstrategien und Prävention. München: Frauenoffensive.
Wais, Mathias & Gallé, Ingrid (1996). *... der ganz alltägliche Mißbrauch.* Ostfildern: edition tertium.

Erziehungsberatung

Wilhelm Körner

Die institutionelle Erziehungsberatung

Die Gründung der ersten Erziehungsberatungsstelle (EB; EBn = Abkürzung des Plurals) wird zu Beginn des 20. Jahrhunderts verortet (vgl. Abel 1998a, S. 22).

Spezielle Beratungsstellen als Einrichtungen der Jugendhilfe in Deutschland gehen auf das Jahr 1914 zurück. Freie Wohlfahrtsverbände, Kommunalverwaltungen und Kliniken gründeten in den Jahren 1921 bis 1929 spezielle Erziehungsberatungsstellen. Diese Einrichtungen werden auch (Psychologische) Beratungsstellen für Eltern, Kinder und Jugendliche genannt.

Bereits mit dem Reichsjugendwohlfahrtsgesetz (RJWG) von 1922 erhielt die Jugendhilfe die Möglichkeit, solche Beratungsstellen einzurichten. „Mit der Novellierung von 1953 werden sie (die Jugendämter WK) auf die Erfüllung dieser Aufgabe noch einmal ausdrücklich verpflichtet und aufgefordert, die Errichtung freier Stellen zu unterstützen ..." (Abel 1998a, S. 42).

Zur Zeit bilden verschiedene Paragraphen des seit 01.01.1991 geltenden Kinder- und Jugendhilfegesetzes (KJHG), insbesondere der § 28 KJHG, die rechtliche Basis der Erziehungsberatung (vgl. Abel 1998b, S.111; Gröll u.a. 1998), die den Erziehungsberatungsstellen aber kein Monopol einräumen, wie Mrozynski (1994, S. 112) betont: „Erziehungsberatung kann verschiedenen Diensten zugeordnet sein".

In die Erziehungsberatungsstellen kommen Eltern, Kinder, Jugendliche und junge Erwachsene mit unterschiedlichen Anliegen, die von Fragen zu Entwicklung und Erziehung bis zu Verhaltensauffälligkeiten verschiedener Schwere, darunter z.B. auch den Folgen sexueller Gewalt, reichen (zur Übersicht vgl. Körner & Hörmann 1998; 2000).

Die Erziehungsberatung ist für die Problematik der „sexuellen Gewalt" zunächst einmal aus mehreren Gründen wichtig: Sie gilt als „das einzige in den alten Bundesländern beinahe flächendeckende Beratungsangebot für die Zielgruppe, zu der aktuell vom Inzest betroffene Menschen gehören" (Jakob 1992, S. 10). Die derzeit aktuellste Untersuchung (Stand 31.12.1998) ermittelte 1086 Erziehungs- und Familienberatungsstellen mit insgesamt 3627 Planstellen, die von insgesamt 4762 beraterischen Fachkräften (ohne Honorar- und Verwaltungsfachkräfte) besetzt sind (vgl. Informationen für Erziehungsberatungsstellen 3/2000, S. 33).

Weiterhin haben die dort tätigen Mitarbeiter eine sehr hohe berufliche Qualifikation. So haben ca. 90% der Fachkräfte einen akademischen Abschluss und ca. die Hälfte eine abgeschlossene Zusatzausbildung in Beratung oder Psychotherapie (vgl. bke 1998).

Sie können durch ihr allgemeines Angebot und ihr niederschwelliges, gemeindenahes Konzept auch Personengruppen erreichen, die den Gang zu anderen Einrichtungen aus Angst vor Stigmatisierung scheuen; denn der Anlass, sich in einer EB anzumelden, kann das ganze Spektrum von Verhaltensauffälligkeiten und Problemen des Kinder- und Familienlebens sein.

Pfafferodt (1992, S. 54) verweist auf den Vorteil, den eine EB in der Klärungsphase gegenüber einer Spezialberatungsstelle hat: „da Anmeldungen auch da erfolgen, wo von seiten des Anmeldenden noch nicht an sexuellen Missbrauch gedacht wird, bzw. man von seiten der Anmeldenden nicht damit rechnet, dass in der Erziehungsberatungsstelle Missbrauchsverdacht entstehen könnte."

Dank dieser Ausgangsbasis bieten EBn daher grundsätzlich gute Möglichkeiten, im Bereich (sexuelle) Gewalt gegen Kinder, insbesondere innerhalb der Familie, zu arbeiten (vgl. Körner & Sitzler 1998; Sitzler & Körner 2000; Graf & Körner 1998)

Die Problematik sexueller Gewalt ist in den EBn seit langem bekannt. In Akten aus der Zeit nach dem zweiten Weltkrieg taucht das Problem sexueller Missbrauch auf und auch in der älteren Fachliteratur wurde es bereits sorgfältig erörtert. So behandelt das „Handbuch der Erziehungsberatung" (Lückert 1964) in Band 2 das Thema sexuelle Gewalt (Gerson 1964). Ferner stellte sich bereits damals die Problematik kindlicher und jugendlicher Zeugen vor Gericht (→ *Zeuginnen und Zeugen*), und wie selbstverständlich fordert der Autor, ein Doktor der Jurisprudenz und Leitender Regierungsdirektor bei der Jugendbehörde in Hamburg, die Beteiligung der EB, nachdem er auf die „mögliche Schädigung von Kindern durch wiederholte Vernehmungen, namentlich bei sittlichen Verfehlungen Erwachsener" (Becker 1964, S. 797) hingewiesen hat (→ *Vernehmung von Kindern*). „Dabei sollte es einleuchten, dass gerade bei den Jugendschutzsachen eine Mitwirkung der Erziehungsberatungsstelle vielfach notwendig werden kann. Der psychologische Sachverständige wird – auch auf Grund seiner Erfahrungen in der Erziehungsberatungsstelle – zur Frage der Glaubwürdigkeit gehört, oder er nimmt Stellung zur Frage der Schädigung des Kindes. So lässt die forensische Psychologie die Verbindungslinien zur Erziehungsberatungsstelle deutlich werden." (ebd.)

Praxis der Erziehungsberatung bei sexueller Gewalt

Im Folgenden soll ein kurzer Überblick über das Spektrum der inzwischen praktizierten Arbeitsansätze bei sexueller Gewalt in der EB gegeben werden. Wie bei anderen Verhaltensauffälligkeiten können EBn grundsätzlich auch bei sexuellem Missbrauch Beratung und Psychotherapie für Opfer sexueller Gewalt und deren Bezugspersonen anbieten sowie entsprechende Präventionsangebote machen (vgl. Pfafferodt 1992). Auch die Behandlung von sexuell aggressiven Kindern und Jugendlichen kann in einer entsprechend qualifizierten Einrichtung erfolgen (vgl. Schulz 1999, → *Kinder als Täter*).

Seit Beginn der 90er Jahre reflektieren einige Veröffentlichungen, meist von in der EB tätigen Fachfrauen, vor allem die Frage, wie EB bei der Klärung von sexueller Gewalt vorgehen soll. Grundsätzlich können EB-Mitarbeiter auf dreifache Weise mit einem Missbrauchsverdacht konfrontiert werden: Die Hypothese entsteht durch Informationen von Kontaktpersonen eines Kindes, durch Selbstmeldung von Kindern/Jugendlichen oder sie entsteht während des Beratungsprozesses bei dem Berater selbst (vgl. Graf & Körner 1998).

Pfafferodt (1992) berichtet von ihrer Praxis in einem Landstrich, in dem es keine Spezialberatungsstellen oder Spezialdienste für das Problem gab und damit jede Möglichkeit fehlte, solche Dienste in Anspruch zu nehmen. Insgesamt gesehen sind in dem Aufsatz der Autorin innovative Ideen enthalten, die erst Jahre später in die Praxis umgesetzt wurden, wie etwa die Therapie von Tätern als Bestandteil einer notwendigen Prävention.

Bartels (1992) skizziert eine enge Zusammenarbeit ihrer Psychologischen Beratungsstelle mit einer Spezialberatungsstelle, die Organisation eines von ihr geleiteten Arbeitskreises, „in dem Mitarbeiterinnen und Mitarbeiter aus allen Abteilungen des Jugendamtes vertreten sind sowie Mitarbeiterinnen des NOT-RUFs" (S. 18) und die von ihrer Erziehungsberatungsstelle geleistete Öffentlichkeitsarbeit. Diese Veröffentlichung ist deshalb wichtig, weil sie zeigt, dass die mitunter mancherorts zu beobachtende Rivalität zwischen Spezialberatungsstellen und Erziehungsberatungsstellen vermieden werden kann.

Ein hohes Maß an Selbstreflexion beweist Bartels (1998), indem sie aus ihrer Praxis einen Fall schildert, in dem sie sich zu einer Strafanzeige entschloss, die mit einer Einstellung des Verfahrens endete. Dazu bemerkt die Autorin selbstkritisch: „An diesem Beispiel wird deutlich, welche Schritte handlungsweisend sein müssen und welche eher nicht das vorrangige Ziel, nämlich den Schutz des Kindes, erreichen. Die rechtzeitige Einschaltung des Vormundschaftsgerichtes mit dem Ziel, das Aufenthaltsbestimmungsrecht als Teil des Sorgerechts auf das Jugendamt zu übertragen, wäre sicher sinnvoller gewesen." (S. 16f.).

Die Klärung von Missbrauchsvermutungen im Rahmen von kindzentrierter Spieltherapie in der EB skizzieren Graf & Körner (1998; 2000, → *Kinder-Spieltherapie*).

Schulz (1999) berichtet über Erfahrungen aus der Tätertherapie im Rahmen der Erziehungsberatung, der er eine präventive Wirkung zuschreibt und die er als Kinderschutz versteht: „Jegliche Arbeit mit Tätern, die Kinder sexuell ausgebeutet haben, hat ein vorrangiges und zentrales Ziel: Kein Übergriff mehr! Wenn möglich stattdessen die Entwicklung einer fürsorglichen und respektierenden Haltung Kindern gegenüber. Falls also in diesem Sinne behandelte Täter keinen erneuten Missbrauch mehr begehen, so hat Tätertherapie eine vorbeugende Wirkung, ist letztlich Kinderschutz. Unter diesem Gesichtspunkt passt Tätertherapie durchaus in die Arbeit einer Erziehungsberatungsstelle" (1999, S. 7).

Inzwischen wird im Rahmen der Berater/innen-Fortbildung auch eine Veranstaltung mit dem Thema „Arbeit mit Sexual(straf)tätern in Beratungsstellen" angeboten (vgl. Informationen für Erziehungsberatungsstellen 3/99, S.22).

Abschließend sei noch auf das „Kerpener Modell" der Kooperation zwischen Justiz und Jugendhilfe verwiesen, in dessen Rahmen Eltern mit dem Hinweis auf ihre Sorge, das Kind könne einen „Erziehungs- oder Entwicklungsschaden erleiden" bei Bedarf von der dortigen Psychologischen Beratungsstelle eine Bescheinigung ausgestellt werden kann, die einem betroffenen Kind den als sehr belastend eingeschätzten Auftritt in der Hauptverhandlung erspart, selbst wenn der Angeklagte nicht gesteht (vgl. Raack 1999, S. 31).

Hinweise für Nutzer/innen der Erziehungsberatung bei sexueller Gewalt

Für die Nutzer/innen der EB ist es gerade bei diesem Thema besonders wichtig, sofort an die richtige Adresse zu geraten, um unnötige Wege und Zeitverluste zu vermeiden. Anders als spezialisierte Einrichtungen hat die EB ein großes Spektrum von Problemen abzudecken, für die nicht alle Erziehungsberatungsstellen oder deren Mitarbeiterinnen und Mitarbeiter gleichermaßen kompetent sind. Die institutionelle Erziehungsberatung hat zwar grundsätzlich gute Möglichkeiten für die Arbeit gegen sexuelle und andere Gewalt an Kindern, das bedeutet aber keineswegs, dass diese Möglichkeiten auch immer von den Beraterinnen und Beratern genutzt werden können.

Jakob (1992) zeigt, wie vier verschiedene Typen von EBn mit sexueller Gewalt in der Familie umgehen: Beim ersten, und nach Auffassung des Autors, häufigsten Typ komme das Problem kaum oder gar nicht vor, da die Berater keine entsprechenden Kompetenzen hätten. Am zweithäufigsten komme es vor, dass sich ein Mitarbeiter besonders stark bei der Problematik engagiere, ohne eine angemessene fachliche oder emotionale Unterstützung zu erhalten. Am dritthäufigsten existiere die gleiche Teamstruktur, aber in diesem Fall werde die Kollegin anerkannt und unterstützt, allerdings auch „als alleine verantwortlich für diesen Bereich angesehen" (Jakob 1992, S. 11). Als Ausnahmeerscheinung gilt dem Verfasser Typ 4: „Erziehungsberatungsstellen in denen sich mehrere oder alle Mitarbeiter beim Inzestproblem engagieren" (ebd.; im Original fett).

Der Autor skizziert nach meiner Erfahrung zutreffend diese vier Typen, über deren Verteilung man heute, fast ein Jahrzehnt danach, trefflich streiten könnte. Für die Nutzer (Betroffene, Bezugspersonen, andere Professionelle) von EB beim Thema sexuelle Gewalt ist es daher nach wie vor nötig, sich vorher zu informieren, zu welchem der vier Typen die von ihnen ins Auge gefasste EB gehört und wo sich eine EB befindet, welche die von ihnen gewünschte fachliche Unterstützung bieten kann. Außerdem sollte sich nach der methodischen Orientierung erkundigt werden, da nicht alle psychotherapeutischen Richtungen, die i. a. die fachliche Basis der Erziehungsberatung bilden, gleichermaßen gut für den Umgang mit sexueller Gewalt und ihren Opfer geeignet sind.

Literatur

Abel, A. H. (1998a). Geschichte der Erziehungsberatung: Bedingungen, Zwecke, Kontinuitäten. In: W. Körner & G. Hörmann (Hrsg.), *Handbuch der Erziehungsberatung. Band 1* (S. 19–51). Göttingen: Hogrefe.
Abel, A. H. (1998b). Rahmenbedingungen der Erziehungsberatung. In: W. Körner & G. Hörmann (Hrsg.), *Handbuch der Erziehungsberatung. Band 1* (S. 87–111). Göttingen: Hogrefe.
Bartels, V. (1992). Konzepte der Beratung sexuell mißbrauchter junger Menschen – eine Herausforderung für das ganzheitliche Verständnis. In: *Informationen für Erziehungsberatungsstellen 3/92*, 13–17.
Bartels, V. (1998). Professioneller Schutz durch Kooperation. Sexuelle Gewalt gegen Mädchen und Jungen: Aufgaben und Grenzen der Zuständigkeit von Erziehungsberatungsstellen. In: *Informationen für Erziehungsberatungsstellen 1/98*, 14–19.
Becker, W. (1964). Erziehungsberatung, Vormundschaftsgericht und Jugendgericht. In: H-R. Lückert (Hrsg.). *Handbuch der Erziehungsberatung. Band II* (S. 780–801). München: Ernst Reinhardt.
bke (1998). *Erziehungs- und Familienberatung in Zahlen*. Fürth: Eigenverlag.

Gerson, W. (1964). Probleme der Jugendkriminalität und Jugendgerichtsbarkeit. In: H-R. Lücker (Hrsg.). *Handbuch der Erziehungsberatung. Band II* (S. 650–693). München: Ernst Reinhardt.
Graf, H. & Körner, W. (1998). Sexueller Mißbrauch: Skizze einer personzentrierten Klärung. In: W. Körner & G. Hörmann (Hrsg.), *Handbuch der Erziehungsberatung. Band 1* (S. 311–333). Göttingen: Hogrefe.
Graf, H. & Körner, W. (2000). Sexueller Mißbrauch: die personzentrierte Klärung in der Praxis. In: W. Körner & G. Hörmann (Hrsg.), *Handbuch der Erziehungsberatung. Band 2* (S. 213–265). Göttingen: Hogrefe.
Gröll, J., Kassebrock, F. & Körner, W. (1998). Tendenzen der Modernisierung in Jugendhilfe und Erziehungsberatung. In: W. Körner & G. Hörmann (Hrsg.), *Handbuch der Erziehungsberatung. Band 1* (S. 113–128). Göttingen: Hogrefe.
Jakob, P. (1992). Erziehungsberatungsstelle und sexueller Kindesmißbrauch in der Familie. In: *Informationen für Erziehungsberatungsstellen 3/92*, 10–13.
Körner, W. & Hörmann, G. (Hrsg.) (1998). *Handbuch der Erziehungsberatung. Band 1: Anwendungsbereiche und Methoden der Erziehungsberatung.* Göttingen: Hogrefe.
Körner, W. & Hörmann, G. (Hrsg.) (2000). *Handbuch der Erziehungsberatung. Band 2: Praxis der Erziehungsberatung.* Göttingen: Hogrefe.
Körner, W. & Sitzler, F. (1998). Elterliche Gewalt gegen Kinder. In W. Körner & G. Hörmann (Hrsg.), *Handbuch der Erziehungsberatung. Band 1* (S. 281–309). Göttingen: Hogrefe.
Lückert, H. R. (Hrsg.) (1964). *Handbuch der Erziehungsberatung. Band II*. München: Ernst Reinhardt.
Mrozynski, P. (1994). *Kinder- und Jugendhilfegesetz (SGB VIII)*. (2. Auflage). München: Beck.
Pfafferodt, M.-T. (1992). Sexueller Mißbrauch als Arbeitsgebiet in der Erziehungsberatung. In: *Iag aktuell 4/92*, 53–67.
Raack, W. (1999). Kooperation zwischen Justiz und Jugendhilfe anhand des Kerpener Modells und anderer Kooperationsformen. In: KiZ – Kind im Zentrum (Hrsg.). *Wege aus dem Labyrinth* (S. 28–34). Berlin: Eigenverlag.
Schulz, D. (1999). Sexueller Mißbrauch – Erfahrungen aus der Tätertherapie. In: *AJSForum*, 2/99, 7.
Sitzler, F. & Körner, W. (2000). „Eltern in Not" – Ein Gruppenangebot zur Verringerung von Gewalt in der Erziehung. In: W. Körner & G. Hörmann (Hrsg.), *Handbuch der Erziehungsberatung. Band 2* (S. 191–212). Göttingen: Hogrefe.

Fallanalyse, Operative Fallanalyse (OFA)

Michael C. Baurmann

In der aktuellen Kriminalistik und Kriminologie sind neue kriminalistische Methoden in die Diskussion gekommen, die meist verkürzt mit dem US-amerikanischen Begriff „*profiling*" benannt werden. Allgemein bekannt wurden diese neuen Methoden unter anderem durch die Printmedien, durch das Fernsehen, durch Hollywood-Spielfilme, welche auf Romane aufbauen (beispielsweise „Das Schweigen der Lämmer" (1991), „Hannibal" (2001) sowie durch populärwissenschaftliche und durch eher reißerische Veröffentlichungen in Buchform, wie beispielsweise die populär gefassten Sachbücher von Douglas und Olshaker sowie von Ressler und Shachtman aus den USA und von Fink in Deutschland. Man sprach in den Medien in der Folgezeit von *Profilern*, die so genannte *Täterprofile* erstellen. Das so genannte *„offender profiling"* bzw. die *„crime scene analysis"*, wurde in der Reagan-Ära in den Vereinigten Staaten im Federal Bureau of Investigation (FBI) entwickelt, es wird bei der englischen Polizei – viel zutreffender – mit *„behavioural analysis"* bezeichnet und bei der deutschen Polizei heißt der Fachausdruck *„Fallanalyse"*.

Im Bundeskriminalamt (BKA) wurden die ersten Fallanalysen 1987 als Pilotprojekte durchgeführt. Seit 1992 arbeitete ein Team von Wissenschaftlern und Kriminalbeamten im Kriminalistischen Institut (KI) des Bundeskriminalamts auf der Basis von verschiedenen Forschungsprojekten gezielt an einer solchen Konzeption zum strukturierten Analysieren von Kriminalfällen. Daraus entstand – aufbauend auf den FBI-Ansatz – ein spezielles Konzept in Deutschland, welches 1998 bei der gesamten Polizei in allen Bundesländern etabliert wurde. Bei der deutschen Polizei heißt der Oberbegriff für ein ganzes Bündel neuer Methoden „Operative Fallanalyse (OFA)" und es enthält zurzeit die folgenden Instrumente:
– die *Fallanalyse* (auch Tathergangsanalyse oder Fallrekonstruktion genannt), womit der Kriminalfall in seinen detaillierten Abläufen und in seinen Bedeutungen verstehbar gemacht werden soll,
– die *geografische Fallanalyse* zum Lokalisieren des vermutlichen Täters sowie
– das Erstellen des *Täterprofils*, welches eine Einschätzung zum möglichen Tätertyp ist;
weiterhin:
– die *ViCLAS-Datenbank*, die dem Wiedererkennen von Serientätern im Bereich der schwer wiegenden Gewaltdelikte dient und
– eine *Experten- und Spezialistendatei (ESPE)*, mit welcher Experten und Spezialisten aus sehr unterschiedlichen Fachgebieten als Berater für schwer wiegende Kriminalfälle erreichbar gemacht werden sollen.

Die Ergebnisse der Anwendung dieser neuen Methoden können sein: Gefährdungsanalysen auf Opferseite, Gefährlichkeitseinstufungen von Tätern, Eingrenzungen der Täterwohnorte und Beschreibung eines möglichen Tätertyps (Täterprofilerstellung). Die abgeleiteten Resultate von fallanalytischen Verfahren sind Entscheidungshilfen in einem laufenden kriminalistischen Arbeitsprozess der ermittelnden Dienststelle und bringen unterstützende Hinweise für Ermittlung, Fahndung und Beschuldigtenvernehmung.

Deliktfelder, bei denen die Methode der Fallanalyse eingesetzt wird

Im angloamerikanischen Raum wurden bisher lediglich Serienvergewaltigungen (meist gegen Kinder oder Frauen als Opfer), allgemeine Tötungsdelikte, sexuell motivierte Tötungsdelikte und Serienmorde mit Hilfe dieser Methode kriminalistisch bearbeitet.

Seit den 70er Jahren wurden in der kriminologischen Forschungsgruppe des Bundeskriminalamts verschiedene empirische Untersuchungen durchgeführt, die als Basis dienten für die Entwicklung eigenständiger fallanalytischer Methoden (Beuter 2000). Im BKA wurde diese Methode weiter entwickelt (Bundeskriminalamt 1998; Case Analysis Unit 1998; Baurmann 1999; Hoffmann und Musolff 2000) und bisher auf die folgenden Deliktfelder ausgedehnt: schwer wiegende sexuelle Gewaltdelikte unter Anwendung körperlicher Gewalt (Baurmann 1996), allgemeine und sexuell motivierte Tötungsdelikte, Erpressung, erpresserischer Menschenraub (Baurmann u.a. 2000), Serienbrandstiftungen, Serien von Sprengstoffanschlägen und bestimmte Formen der Computerkriminalität. Die fallanalytische Bearbeitung weiterer Deliktfelder ist in Deutschland absehbar.

Im Rahmen des vorliegenden Handwörterbuchs soll im Weiteren lediglich auf die Anwendungsfelder *"Vergewaltigungen und Sexualmorde, und zwar jeweils mit kindlichen Opfern"* eingegangen werden.

Kinder als Opfer von Vergewaltigungen und Sexualmorden – die angezeigten und registrierten Fälle in der Polizeilichen Kriminalstatistik (PKS)

In den folgenden beiden Abbildungen werden die absoluten, jährlich registrierten Zahlen zu den angezeigten versuchten und vollendeten Fällen von sexuellem Missbrauch in Deutschland (s. Abb. 1a) sowie die relativen Fallzahlen (jährlich angezeigte Fälle pro 100.000 Einwohner, s. Abb. 1b) grafisch dargestellt. Dabei ist zu beachten, dass darunter gemäß dem Wortlaut des § 176 im deutschen Strafgesetzbuch auch eine große Anzahl von exhibitionistischen Handlungen vor Kindern erfasst wurde. Weiterhin ist zu beachten, dass sich die in der deutschen Polizeilichen Kriminalstatistik registrierten Fälle, Tatverdächtige und Opfer immer auf angezeigte versuchte und vollendete Taten beziehen. Fernerhin wird dabei nicht berücksichtigt, wie der Fall später vor Gericht be- oder verurteilt wird.

Die absolute Zahl der angezeigten Fälle von sexuellem Missbrauch von Kindern nahm in Deutschland seit Anfang der 60er Jahre bis 1987 beständig ab, um dann seit 1987 wieder anzusteigen. Nach der deutschen Vereinigung wurden mehr Fälle registriert (jährlich etwa 14.500 bis nahezu 17.000), es gab leichte Schwankungen und seit 1997 nahmen die Fallzahlen dann wieder ab (s. Abb. 1a).

Die absoluten Fallzahlen sagen aber wenig über die tatsächliche Entwicklung und Bedrohung aus, erstens weil dabei das Dunkelfeld nicht berücksichtigt wird und zweitens weil sich die Bevölkerungszahl in Deutschland in dem dargestellten Zeitraum sehr stark verändert hat. Die größte zahlenmäßige Veränderung in

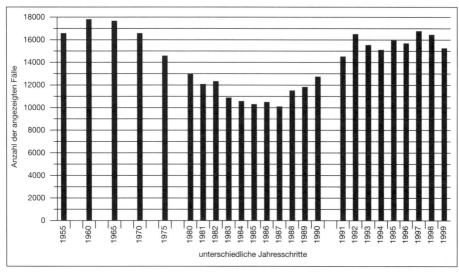

Abbildung 1a: Sexueller Missbrauch von Kindern in Deutschland von 1955 bis 1998. Anzahl der angezeigten versuchten und vollendeten Fälle (aus Polizeilicher Kriminalstatistik)

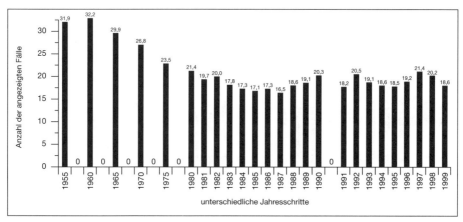

Abbildung 1b: Opferbelastungszahlen zum Sexuellen Missbrauch von Kindern von 1955 bis 1999 in Deutschland. Angezeigte versuchte und vollendete Fälle pro 100.000 Einwohner (aus Polizeilicher Kriminalstatistik)

der Gesamtbevölkerung geschah durch die deutsche Vereinigung. Zusätzlich finden zur Zeit Veränderungen statt, die sich auf die Zusammensetzung der Bevölkerung nach Altersstufen auswirkt; Kinder, junge Menschen haben zunehmend einen geringer werdenden Anteil an der Gesamtbevölkerung. Rechnet man die angezeigten Fälle von versuchtem und vollendetem sexuellen Missbrauch pro 100.000 Deutsche um, dann wird deutlich, dass die Opferbelastungszahlen Ende der 50er Jahre am höchsten waren (jedes Jahr etwa 32 Opfer pro 100.000 Einwohner – s. hierzu Abb. 1b) und dass sich die Opferbelastungszahlen bis 1987 annähernd halbierten (16,5 Opfer pro 100.000 Einwohner). Seit den späten 80er Jahren stagnieren die Opferbelastungszahlen mit geringen Schwankungen.

Da die Fallanalyse grundsätzlich nur bei besonders schwer wiegenden Gewalttaten eingesetzt wird, sollen im Folgenden die Anzahl der angezeigten Fälle *von sexueller Gewalt im engeren Sinn* und von *Sexualmord* an Kindern beschrieben werden. Die obige Gegenüberstellung von absoluten Fallzahlen (Abb. 1a) und Verhältniszahlen (Abb. 1b) ist wichtig für die Bewertung der folgenden beiden Darstellungen zu den Fallzahlen von angezeigten schwer wiegenden sexuellen Gewaltdelikten mit Kindern als Opfern (s. Abb. 2 und 3).

Im Bereich der sexuellen Nötigung und der Vergewaltigung mit kindlichen Opfern haben die absoluten Zahlen nach der Vereinigung in Deutschland zwar zugenommen, bezogen auf die jeweilige Einwohnerzahl haben die Opferbelastungszahlen bis 1990 jedoch abgenommen und ab 1991 einen Anstieg verzeichnet, der zwischen 1993 und 1997 stagnierte (s. Abb. 2) – vor der Wende jährlich etwa 0,4 kindliche Opfer pro 100.000 Einwohner, nach der Wende etwa 0,7 bis 0,8 kindliche Opfer pro 100.000 Einwohner.

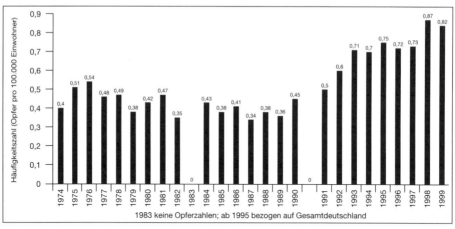

Abbildung 2: Opferbelastungszahlen für Kinder als Opfer von sexuellen Nötigungen und Vergewaltigungen in Deutschland von 1974 bis 1999 (deklarierte Opfer pro 100.000 Einwohner; aus: Polizeiliche Kriminalstatistik)

Im Bereich des Sexualmordes an Kindern haben nicht nur die relativen, sondern auch die absoluten Fallzahlen seit 1997 abgenommen (s. Abb. 3). Hier greift auch nicht der übliche Standardeinwand in der politischen Diskussion, dass die PKS nur die Fälle im Hellfeld zähle. Im Bereich des Sexualmords an Kindern ist davon auszugehen, dass das Dunkelfeld a) zahlenmäßig sehr gering ist und b) es

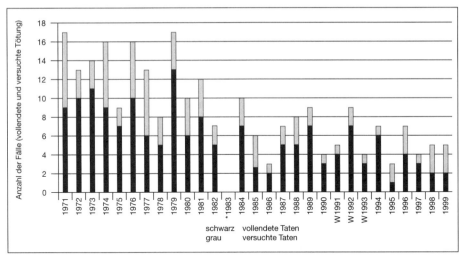

Abbildung 3: Kinder als Opfer von vollendetem und versuchtem Sexualmord in Deutschland von 1971 bis 1999 – berechnet und erstellt aus der Polizeilichen Kriminalstatistik (bis 1990: alte BRD; *1983: keine Opferdaten; W 1991 bis W 1993: nur Westdeutschland und Gesamtberlin)

ist nicht anzunehmen, dass das Dunkelfeld in diesem Kriminalitätsbereich während der letzten Jahrzehnte zugenommen hätte.

Diese in der PKS ablesbaren Entwicklungen widersprechen also den oftmals veröffentlichten Meinungen und der Wahrnehmung in weiten Teilen der Bevölkerung. Dies hängt offensichtlich teilweise damit zusammen, dass es sich bei diesen Fällen um besonders erschreckende Fälle handelt; jeder einzelne Fall wird – ganz verständlich – als dramatisch empfunden und führt zu fehlerhaften Verallgemeinerungen, die suggerieren, Sexualmorde an Kindern würden beständig zunehmen.

Zusätzlich werden solche Fehleinschätzungen bestimmt durch eine selektive Medienberichterstattung, bei denen vor allem die Bedrohung durch – aus Opfersicht – *fremde* Gewalttäter beschrieben werden. Dabei wird geflissentlich übersehen, dass die weitaus meisten Tötungsdelikte an Kindern von Familienangehörigen und Bekannten des Opfers begangen werden. Ähnlich ist es bei den sexuellen Gewalttaten ohne Todesfolge.

Weil die Täter so häufig Bekannte und Verwandte des Opfers sind und weil die Polizei bei diesen schwer wiegenden Gewalttaten meist besonders aufwändig arbeitet, werden fast alle diese Kapitaldelikte gegen Kinder mit Hilfe der üblichen kriminalistischen Methoden aufgeklärt. Es bleibt eine sehr kleine Gruppe unaufgeklärter Fälle, bei denen zunehmend das neue Instrumentarium der operativen Fallanalyse unterstützend zum Einsatz kommt – so auch bei den spektakulären Sexualmorden an Kindern während der letzten Jahre.

Die Fallanalyse (Fallrekonstruktion, Tathergangsanalyse) im Bereich der Tötungsdelikte und der sexuell motivierten Gewaltdelikte mit kindlichen Opfern

Für die Bereiche „Tötungsdelikte" und „sexuell motivierte Gewaltdelikte" entstand in den USA die Methode der *„crime scene analysis"*, die bei uns zunächst etwas irreführend mit „Tatortanalyse" übersetzt wurde. Das hatte zur Folge, dass vielerorts die „Tatortanalyse" mit der Tatortarbeit im engeren Sinn verwechselt wurde. In den Medien benützt man häufig verkürzt den Begriff *„profiling"*. Um Verwechslungen zu vermeiden und um den Aufbau und die Funktion der Methode zu verdeutlichen, wird bei der deutschen Polizei der Begriff *„Fallanalyse"* benutzt. Bei dieser Fallanalyse wird der Tathergang des Gewaltdelikts detailliert rekonstruiert, und zwar sowohl bezogen auf die Vortatphase, auf die Haupttatphase und auf die Nachtatphase. Deshalb spricht man auch von „Tathergangsanalyse". Dies geschieht ausschließlich auf der Basis der *objektiven* kriminalistischen Fall-, Täter- und Opferdaten. Da der Fallanalyseprozess ein ableitender ist (Bildung von Hypothesen zum Täterverhalten), müssen die Ausgangsdaten objektiv gesichert sein, um damit eine größere Einschätzungssicherheit bei der Hypothesenbildung erreichen zu können.

Für das Erstellen einer methodisch sauberen Fallanalyse müssen wenigstens die folgenden objektiven kriminalistischen und gerichtsmedizinischen Daten vorliegen:
- der Tatortbefundbericht,
- die Tatortfotos,
- Umgebungsfotos und Luftaufnahmen vom engeren Tatort und von sonstigen bekannten Handlungsorten des Täters,
- detailliertes Kartenmaterial bezüglich des Tatorts und der näheren Umgebung,
- der gerichtsmedizinische Obduktionsbefund,
- die gerichtsmedizinischen Obduktionsfotos,
- möglichst objektive Daten zur Lebensweise, zum bisherigen Verhalten des Kindes (des Opfers), insbesondere in Bedrohungssituationen und zur Persönlichkeit des Kindes (des Opfers) sowie
- der von der sachbearbeitenden Dienststelle ausgefüllte ausführliche Erhebungsbogen bezüglich des gesamten Kriminalfalles.

Weitere objektive Falldaten können hinzukommen.

Dies sind die Mindeststandards zur Qualitätssicherung bei der Tathergangsanalyse. Zeugenaussagen werden beispielsweise nicht als objektive Daten gewertet. Sie enthalten in der Regel zu viele Unsicherheiten. Sie gehen deshalb nicht in die Fallanalyse ein.

Ablauf der Fallanalyse

Im Folgenden wird kurz der Ablauf der Fallanalyse beschrieben, so wie er von der OFA-Einheit des Bundeskriminalamts durchgeführt wird. Im gesamten OFA-Team des BKA arbeiten 15 Fallanalytiker (13 Kriminalbeamte, 2 Psychologen, darunter 4 Frauen und 11 Männer). Üblicherweise wird eine Fallanalyse (Tathergangsanalyse, Fallrekonstruktion) im Bundeskriminalamt in einem Team gemeinsam mit den sachbearbeitenden Kriminalisten der zuständigen Dienststelle erarbeitet. Dieses Arbeitsteam besteht dann aus fünf bis acht Fallanalytikern. Der Teamansatz erhöht die Qualität der Analysearbeit (Einbringen von unterschiedlichen kreativen Fallhypothesen, Prüfen aufgestellter Fallhypothesen durch mehrere Experten, Einbringen und Kontrolle des kriminalistischen Fallwissens und Einbringen von lokalen geografischen und soziografischen Kenntnissen). Das Einbeziehen von örtlich zuständigen Kriminalbeamten in das Analyseteam trägt im weiteren Verlauf der Ermittlungen dazu bei, dass in der Sonderkommission mit den Einschätzungen weiterhin kreativ und fortschreibend umgegangen wird.

Mit Hilfe der „Fallanalyse" werden bei schwer wiegenden Gewaltdelikten die objektiven kriminalistischen, kriminologischen und gerichtsmedizinischen Daten zum Kriminalfall, zum Täter und zum kindlichen Opfer gemeinsam – also als Ganzheit – analysiert, um polizeiliche Sonderkommissionen bei der Bearbeitung von Kapitaldelikten so zu unterstützen, dass es ihnen möglich ist, einen noch unbekannten Täter eines Kapitaldelikts effizienter zu ermitteln. Ergebnisse der Fallanalyse sind: die detaillierte Fallrekonstruktion (Tathergangsanalyse), die Ermittlungshinweise, die Beschreibung eines möglichen Tätertyps, die Einschätzungen zur Gefährlichkeit des Täters (Ausmaß der angewandten Gewalttätigkeiten, Rückfälligkeit usw.), gegebenenfalls die Einschätzung zur Gefährdung von potenziellen Opfern sowie helfende Hinweise für eine eventuell anstehende Vernehmung eines Täters, falls er denn ermittelt und verhaftet wird.

Da die fallanalytische Methode relativ aufwändig ist – wenn die Teamarbeit umgerechnet wird, dann beträgt der Aufwand etwa 54 Personentage pro Fall – wird sie eher in besonders schwer wiegenden Kriminalfällen eingesetzt, bei denen umfassende Spurenbilder festgestellt wurden, die nachweislich vom Täter stammen (großes Ausmaß an „Täterhandschrift" an den Tat- und Handlungsorten) und bei denen zudem die üblichen kriminalistischen Mittel nicht zum Ziel geführt haben. Umfassende Spurenbilder liegen in der Regel bei schwer wiegenden sexuellen Gewaltdelikten und bei Tötungsdelikten gegen Kinder vor. Zudem wird solchen Verbrechen in der Regel eine so große Bedeutung beigemessen, dass der Einsatz der Fallanalyse – wenn er als notwendig erachtet wird – zunehmend selbstverständlich erscheint.

Die praktische Durchführung einer Fallanalyse

Da das Bundeskriminalamt bei den genannten Verbrechen mit kindlichen Opfern keine eigene originäre Zuständigkeit hat (Polizeiarbeit ist in diesem Bereich grundsätzlich Ländersache), arbeitet das OFA-Team des BKA nur, wenn es von der örtlichen Dienststelle um Unterstützung gebeten wird. Sobald das OFA-Team des BKA um Unterstützung gebeten wird, wird bei der örtlichen Dienststelle nachgefragt, ob alle objektiven kriminalistischen Daten (s. o.) vorliegen. Die Beamten der örtlichen Dienststelle füllen dann einen ausführlichen Erhebungsbogen zum Kriminalfall aus (Arbeitszeit etwa eine Woche) und die Dienststelle wird weiterhin gebeten, zwei besonders qualifizierte Beamte zu benennen, die detailliertes Fallwissen und Ortskenntnisse ins Fallanalyseteam einbringen können. Zwischenzeitlich werden der Erhebungsbogen, die objektiven Daten (s. o.) und die Fallakten zum OFA-Team ins BKA geschickt und als Vorbereitung von allen Teamangehörigen durchgearbeitet. Falls notwendig und möglich werden zusätzlich die Handlungsorte des Verbrechens aufgesucht. Wenn es sich um einen sehr alten Fall handelt (das Delikt geschah beispielsweise vor zwei bis fünf Jahren), dann haben sich die Handlungsorte u. U. derart geändert, dass eine Besichtigung eventuell nicht mehr hilfreich ist.

Es wird ein Team von etwa fünf bis acht Fallanalytikern unter der Leitung eines Moderators zusammen gestellt. Im Team befinden sich auch die beiden örtlich zuständigen Kriminalbeamten. Wissenschaftlich interdisziplinäres Zusammenarbeiten ist für dieses Team üblich. Die eigentliche Fallanalyse wird dann im Team in einem speziellen Fallanalyse-Raum mit ungestörter Arbeitsatmosphäre am Standort des BKA in Wiesbaden durchgeführt. Die eigentliche Fallanalyse läuft bei einem Tötungsdelikt in der Regel über vier bis fünf Tage hinweg und besteht aus: Bestandsaufnahme der vorliegenden objektiven Daten (wie: Wege des Täters und des Kindes zum Tatort, eingesetzte Waffen, zugefügte Verletzungen, nachweisbares Abwehrverhalten des Kindes, das gewalttätige Verhalten, die sexuellen Handlungen, Todesursache, Todeszeit usw.), minutiöse Rekonstruktion des Tatablaufs (Erstellen einer möglichst exakten Chronologie der Abläufe), Hypothesen zum Ausfüllen von Wissenslücken, Abprüfen der Fallganzheit an empirisch gesicherten Falltypologien (Rekonstruktion des konkreten Kriminalfalls zu einer überzeugenden Fallganzheit), Einordnen des Täterverhaltens und der Falltypologie in bekannte kriminologische Vergleichsgruppen, nochmaliger Abgleich der gefundenen Ergebnisse ausschließlich an den objektiven Daten (= Kontrollschleife), Erarbeiten von Ermittlungshinweisen, Erarbeiten einer Einschätzung zum möglichen Täter (Täterprofil). Gegebenenfalls werden zusätzlich Hinweise für eine mögliche Vernehmung ausgearbeitet.

Im Fall des ermordeten Mädchens Christina Nytsch in Saterland bei Cloppenburg wurde durch das BKA in Zusammenarbeit mit der örtlich zuständigen Dienststelle die Fallanalyse, die geografische Fallanalyse und die Täterprofilerstellung eingesetzt. Dabei wurde unter anderem herausgearbeitet, dass der Täter in einem Umkreis von etwa 15 km vom Verschwindort des Mädchens leben musste, es wurde das ungefähre Alter und weitere soziale Merkmale beschrieben. Die Sonderkommission in Cloppenburg führte mit diesen Daten die größte DNA-Probe in der Kriminalgeschichte Deutschlands durch und ermittelte damit den zweifachen Sexualmörder Ronnie Rieken. Neben den Morden an zwei Mädchen war der Täter noch für weitere Vergewaltigungen verantwortlich.

Die geografische Fallanalyse (GEOFAS)

Die geografische Fallanalyse ist eine zusätzliche, computerunterstützte Methode zur Lokalisierung des Wohnortes, des Arbeitsplatzes oder sonstiger „Ankerpunkte" des Täters. Eine geografische Fallanalyse kann immer dann eingesetzt werden, wenn es nachweislich eine Vielzahl von Handlungs- und Tatorten desselben Täters gibt. Diese Lage ergibt sich, wenn der Täter im Rahmen einer Tatbegehung mehrere Handlungsorte hinterlassen hat oder wenn ein Serientäter an mehreren Tatorten unterschiedliche Taten begangen hat. Bevor das Instrument „geografische Fallanalyse" eingesetzt werden kann, muss für jeden dieser Tatorte jeweils die oben beschriebene Tathergangsanalyse durchgeführt werden. Erst daran anschließend kann das Bewegungsbild des Täters rekonstruiert werden. Mit Hilfe einer gelungenen geografischen Fallanalyse ist es dann möglich, den möglichen Aufenthaltsort des Täters einzugrenzen. Die geografische Fallanalyse wurde auf der Basis kriminologischer Auswertungen bezüglich bekannter Bewegungsbilder der entsprechenden Tätergruppen konstruiert und entsprechend gefütterte Computerprogramme dienen zur Unterstützung bei der geografischen Fallanalyse.

Das Protokollieren von fallanalytischen Ergebnissen

Der gesamte Analyseprozess wird begleitend protokolliert. Es entsteht eine erste schriftliche Falleinschätzung von etwa 10 bis 50 Seiten, die den örtlich zuständigen Beamten sofort an die Hand gegeben wird. Der örtlichen Dienststelle wird vorgeschlagen, dass die Ergebnisse der Fallanalyse gemeinsam der gesamten Sonderkommission vorgetragen werden. Innerhalb einer Woche wird das schriftliche Analyseprotokoll noch einmal redaktionell überarbeitet und dann ebenfalls der zuständigen Dienststelle zugeschickt.

Wenn der Täter verhaftet wird, finden Feedback-Sitzungen und eine Evaluierung zu den Aussagen in dem Fallanalyse-Gutachten statt.

Innerhalb der Fallanalyse sind die Tathergangsanalyse – und gegebenenfalls die geografische Fallanalyse – das Kernstück.

Besseres Fallverständnis durch Fallanalyse

Wodurch trägt die Fallanalyse zum besseren Fallverständnis bei?
- Alle relevanten Daten werden im Fallanalyseprozess zusammengeführt (objektive, subjektive; harte und weiche).
- Die *chronologische* Ordnung wird hergestellt und ist für das Fallverständnis von besonderer Bedeutung *(zeitliche Ganzheit)*; dieses Prinzip der Ganzheit wird häufig unterschätzt.
- Die *inhaltliche Ganzheit* des Falles wird möglichst weitgehend rekonstruiert (Merkmalsganzheit).
- Die Ergebnisse werden mit belegtem phänomenologischen Erfahrungswissen aus der Kriminologie (systematisierte retrograde Analysen in den betreffenden Deliktsfeldern) abgeglichen; dies führt zur phänomenologischen Sicherheit bei der Einzelfalleinschätzung.
- Die Gefährlichkeitseinschätzung bezüglich des Täters wird sicherer.
- Die Gefährdungseinschätzung bezüglich des Kindes bzw. der potenziellen Opfer wird sicherer.
- Es entsteht die Chance, das mögliche weitere Verhalten des Täters (im Rahmen der Ermittlungen; im Rahmen der Vernehmung) genauer zu beschreiben.

Das Täterprofil

Aus dem Amerikanischen kamen die Begriffe *„offender profiling"* und *„profiling"* zu uns, mit denen ausgedrückt werden sollte, dass eine Einschätzung zur Persönlichkeit und zur Lebensweise eines möglichen Tätertyps in einem konkreten Kriminalfall erstellt wird. „Profiling" wurde bei uns mit „Täterprofilerstellung" (= die Tätigkeit) und „Täterprofil" (= das Endprodukt) eingedeutscht. Fälschlicherweise wird das *„profiling"* häufig mit der Fallanalyse, also mit der Tathergangsanalyse, der Fallrekonstruktion (s.o.) gleichgesetzt. Die korrekte Bezeichnung für das Täterprofil wäre: Einschätzung zum möglichen Tätertyp. Die Erstellung eines Täterprofils ist kein zwingend folgender Arbeitsschritt nach der Fallanalyse. Dieser Arbeitsschritt kann aber – wenn überhaupt – erst dann durchgeführt werden, wenn zuvor eine Fallanalyse (s.o.) erstellt wurde. Falls zusätzliche objektive Daten im Laufe der weiteren Ermittlungen bekannt werden, können sich die Ergebnisse der Fallanalyse ändern. In der Folge ändert sich dann auch das Täterprofil. Deshalb kann es in einem einzelnen Kriminalfall – bedingt durch neue Datenlagen – in der zeitlichen Abfolge zu *mehreren Fallanalysen* und zu *mehreren Täterprofilen* kommen.

Insgesamt eignen sich die Instrumente „Fallanalyse" und „Täterprofilerstellung" besonders gut zur Unterstützung der kriminalistischen Arbeit in Fällen von Sexualmord, allgemeinen Tötungsdelikten und Vergewaltigungsserien, wenn die klassischen Ermittlungsmethoden nicht zur Aufklärung geführt haben und wenn noch einmal neue Ermittlungsansätze gefunden werden sollen. Dabei kann es sich durchaus auch um Gewaltdelikte handeln, die schon seit Monaten oder Jahren nicht aufgeklärt werden konnten.

Polizeiliche Fallanalytiker – der Ausbildungsgang in Deutschland

Der englische Begriff „*profiler*" hat sich zwar auch in Deutschland weitgehend eingebürgert. Inhaltlich zutreffender wäre wohl der Begriff „*Fallanalytiker*" bzw. „*Fallanalytikerin*". In Abstimmung mit den 16 Bundesländern hat das Bundeskriminalamt einen zwei- bis dreijährigen Ausbildungsgang für „Polizeiliche Fallanalytiker" eingerichtet. Diese Spezialausbildung wird für gezielt ausgewählte Kriminalbeamte sowie für Psychologen und Sozialwissenschaftler innerhalb der Polizei durch das BKA angeboten. Nach dem Auswahlverfahren in den verschiedenen OFA-Dienststellen der Bundesländer bzw. des BKA durchlaufen die zukünftigen polizeilichen Fallanalytiker die folgenden sechs Stufen einer Spezialausbildung im BKA:
1. ViCLAS-Datenbank Grundkurs, vor allem zu den kriminologischen Hintergründen und zur Dateneingabe (mit Lernzielkontrolle);
2. ViCLAS-Datenbank Fortgeschrittenenkurs, vor allem zur fallanalytischen Recherche (mit Lernzielkontrolle);
3. Fallanalyse Grundkurs, vor allem zum Aufarbeiten einschlägiger Literatur (mit Lernzielkontrolle), des kriminologischen Hintergrunds und für praktische Übungen
4. Praktikumsphase Fallanalyse (1 1/2 bis 2 Jahre) mit
   – mindestens drei Teilnahmen an Fallanalysen im Team,
   – Durchführen von mindestens einer verantwortlichen Fallmoderation,
   – wissenschaftlich begleitete Hospitationen in benachbarten Arbeitsfeldern (wie Gerichtsmedizin, forensische Psychiatrie usw.)
   – zusätzliche dezentrale und zentrale Fortbildungsveranstaltungen
5. Fallanalyse Fortgeschrittenenkurs zum Prüfen der erworbenen Fähigkeiten, Vertiefung und Aktualisierung der kriminologischen Inhalte, Vorbereitung auf Gutachtertätigkeit, mit formaler Abschlussprüfung zum *Polizeilichen Fallanalytiker*.
6. Für die Tätigkeit von polizeilichen Fallanalytikern als Gerichtsgutachter ist ein zusätzlicher Ausbildungsgang notwendig.

Bisher gibt es in Deutschland 75 polizeiliche Fallanalytiker (15 im BKA und etwa 60 bei den Länderpolizeien [Stand 2001]), die diese Spezialausbildung teilweise oder schon weitgehend durchlaufen haben. Insgesamt arbeiten derzeit 90 bis 100 ViCLAS- und Fallanalytiker in der deutschen Polizei. Die Systemadministratoren für die ViCLAS-Datenbank werden getrennt von diesem Ausbildungsgang trainiert. Zur Zeit entsteht innerhalb der deutschen Polizei ein Qualitätszirkel, der dafür sorgt, dass die Qualitätsstandards für Fallanalysen innerhalb der deutschen Polizei vereinheitlicht und gesichert werden (Hänel und Werder-Mörschel, 2002).

Literatur

Baurmann, M. C. (1996). *Sexualität, Gewalt und psychische Folgen.* Eine Längsschnittuntersuchung bei Opfern sexueller Gewalt und sexueller Normverletzungen anhand von angezeigten Sexualkontakten. (BKA – Forschungsreihe Band 15) (1. Aufl.: 1983, 2. Aufl.: 1996). Wiesbaden: Bundeskriminalamt.

Baurmann, Michael C. (1999). ViCLAS – Ein neues kriminalpolizeiliches Recherchewerkzeug. In: *Kriminalistik (53) 12,* 53 – 67.

Baurmann, M. C., Vick, J., Dern, H., Dewald, M., Pistor, R. & Trautmann, K. (2000). *Neue Methoden der Fallanalyse für die kriminalistische Bearbeitung von Erpressung und erpresserischem Menschenraub.* Abschlussbericht. Wiesbaden: Bundeskriminalamt.

Beuter, R. (Zusammenstellung). (2000). *Veröffentlichungen des Kriminalistischen Instituts des Bundeskriminalamts.* Gesamtverzeichnis. Wiesbaden: Bundeskriminalamt.

Bundeskriminalamt (Hrsg.). (1956 bis 2000). *Polizeiliche Kriminalstatistik* (Berichtsjahre 1955 bis 1999) Wiesbaden: Bundeskriminalamt.

Bundeskriminalamt (Hrsg.). (1998). *Methoden der Fallanalyse.* Ein internationales Symposium. (BKA – Forschungsreihe Band 38.1) Wiesbaden: Bundeskriminalamt.

Case Analysis Unit (Ed.). (1998). *Methods of Case Analysis.* An International Symposium. (BKA – Forschungsreihe Band 38.2) : Wiesbaden: Bundeskriminalamt.

Hänel, I. & Werder-Mörschel, I. (im Druck, erscheint voraussichtlich 2002). *Subjektive Theorien von Kriminalbeamten über die Methode der Fallanalyse, deren Ergebnisse und das Erstellen von Täterprofilen.* (BKA-Reihe „Polizei + Forschung") Neuwied: Luchterhand Verlag.

Hoffmann, J. & Musolff, C. (2000). *Fallanalyse und Täterprofil.* Geschichte, Methoden und Erkenntnisse einer jungen Disziplin. (BKA – Forschungsreihe Bd. 52) Wiesbaden: Bundeskriminalamt.

Falschbeschuldigungen

Dirk Bange

In der Diskussion über den so genannten „Missbrauch mit dem Missbrauch" wurde wiederholt von Gerichtsgutachtern und Juristen behauptet, es gebe eine drastische Zunahme von (falschen) Missbrauchsvorwürfen in strittigen familiengerichtlichen Verfahren zur elterlichen Sorge und zum Umgang. So trat z. B.

der Vorsitzende des Deutschen Familiengerichtstages im Jahr 1994 mit der Behauptung an die Öffentlichkeit, dass der Vorwurf des sexuellen Missbrauchs in etwa 40% der Sorge- und Umgangsrechtsverfahren erhoben würde und die Gefahr von falschen Vorwürfen sehr groß sei (Willutziki zitiert nach Rheinische Post vom 26.3.1994). In zahlreichen Beiträgen forensischer Forscherinnen und Forscher wurde ebenfalls auf eine Besorgnis erregende und explosionsartige Zunahme (falscher) sexueller Missbrauchsvorwürfe im Zusammenhang mit familiengerichtlichen Verfahren hingewiesen (u.a. Schade 1996; Deberding & Klosinski 1995; Kluck 1995; Endres & Scholz 1994; Offe, Offe & Wetzels 1992; Müther & Kluck 1992; Roemer & Wetzels 1991).

Als Belege für diese Annahmen wurde auf us-amerikanische Untersuchungen, auf eine Anfang der Neunzigerjahre zu beobachtende Zunahme von Gutachtenaufträgen in familiengerichtlichen Verfahren und persönliche Erfahrungen verwiesen. Auf Grund von selektiven Erhebungen, us-amerikanischen Studien und persönlichen Eindrücken lässt sich allerdings nicht auf eine Gesamtentwicklung in Deutschland schließen. Außerdem gibt es deutsche Untersuchungen, die deutlich niedrigere Zahlen von Falschbeschuldigungen ausweisen. So berichtet Jörg Fegert (1995), dass von 20 Gutachten, die an der Abteilung für Psychiatrie und Neurologie des Kindes- und Jugendalters des Virchow Klinikums der Humboldt Universität in Berlin erstellt wurden, nur in vier Fällen der Verdacht als ungerechtfertigt eingeschätzt wurde. Schließlich stehen diese Einschätzungen auch im Kontrast zu Untersuchungen über Glaubwürdigkeitsuntersuchungen in Strafverfahren, bei denen nur in 15% erhebliche Zweifel an der Glaubwürdigkeit der Aussage bestanden (Busse & Volbert 1997).

Als Ursachen für die zunehmenden (falschen) Missbrauchsvorwürfe wurden die Enttabuisierung bzw. öffentliche Diskussion des Themas, Veröffentlichungen in publikumswirksamen Zeitschriften und die engagierte Interessensvertretung von betroffenen Kindern durch Initiativgruppen angesehen (Salzgeber, Scholz, Wittenhagen & Aymans 1992). Roemer & Wetzels (1991) betonen, dass auftretende Falschbeschuldigungen zum Teil mit der Funktionalisierung der Kinder im Streit der Erwachsenen zu erklären seien. Salzgeber, Scholz, Wittenhagen & Aymans (1992) sahen eine weitere Ursache darin, dass Mütter auf Grund von negativen Gefühlen gegenüber ihrem Ehemann, Äußerungen ihrer Kinder missinterpretieren könnten. Von zahlreichen Autorinnen und Autoren wurden die beteiligten Professionellen aus Jugendhilfeeinrichtungen verantwortlich gemacht. Sie würden unspezifische Indikatoren fehlerhaft interpretieren und Schilderungen falsch bewerten. Roemer & Wetzels (1991) unterstellen in diesem Zusammenhang z.B. „professionelle Hysterie". Schade, Erben & Schade (1995) sprachen von „Aufdeckungseifer" und „Hexenverfolgungen" (vgl. Steller 1995; Endres & Scholz 1994; Rösner & Schade 1993; Müther & Kluck 1992; Offe, Offe & Wetzels 1992). Wakefield & Underwager (1990) vermuten, dass falsche Missbrauchsbeschuldigungen in Sorgerechtsverfahren häufig von Eltern ausgehen, die unter massiven Persönlichkeitsstörungen leiden. Wie sieht aber nun die empirische Wirklichkeit aus?

Untersuchungen aus den USA

Erste Untersuchungen über die Problematik des sexuellen Missbrauchs in Scheidungs- und Umgangsregelungsverfahren wurden in den Achtzigerjahren in den USA durchgeführt. Es zeigten sich dort Spannbreiten des Anteils an Verfahren mit Missbrauchsvorwürfen an allen Verfahren von 2% bis 40%. Der Anteil der Falschbeschuldigungen lag zwischen 20 und 80% (z.B. Mikkelsen, Gutheil & Emens 1992; Wakefield & Underwager 1991; Thoennes & Tjaden 1990).

Die große Spannbreite dieser Ergebnisse lässt einen Blick auf die Methodik der Studien ratsam erscheinen. Da die Untersuchungen von Benedek & Schetky (1985), Green (1986) und Jones & Seig (1988) in Deutschland häufig zitiert worden sind und ausgehend von ihren Ergebnissen von bis zu über 50% Falschbeschuldigungen gesprochen wurde, sollen ihre methodischen Probleme exemplarisch aufgezeigt werden. Zuerst einmal muss festgestellt werden, dass sie auf 18, 11 und 20 Fällen beruhen. Eine Verallgemeinerung ihrer Ergebnisse ist deshalb unzulässig. Außerdem wurden in den Studien nicht validierte Standards genutzt, um im Nachhinein „falsche" von „wahren" Anschuldigungen zu unterscheiden (Corwin, Berliner, Goodman, Goodwin & White 1987; Elterman & Ehrenberg 1991). Schließlich widersprechen Corwin, Berliner, Goodman, Goodwin & White (1987) Greens Auffassung, dass Kinder in Gegenwart des beschuldigten Vaters auf jeden Fall wahrheitsgemäß mit Ablehnung oder Zuneigung reagieren würden. Eben so wenig teilen sie seine Ansicht, dass die verbalen Äußerungen kleinerer Kinder auf keinen Fall wörtlich genommen werden dürfen.

Die Untersuchungen mit einer für einen Gerichtsbezirk repräsentativen Stichprobe von genügender Größe zeigen übereinstimmend, dass die These von einer erheblichen Zunahme von sexuellen Missbrauchsvorwürfen in Familiengerichtsverfahren für die USA nicht bestätigt werden kann. Der Anteil der Verfahren liegt bei diesen Studien bei etwa 2% (McIntosh & Prinz 1993; Thoennes & Tjaden 1990). Die erste Studie aus Deutschland kommt zu einem ähnlichen Ergebnis (Busse, Steller & Volbert 2000 ausführlich s.u.).

Allerdings weisen auch die methodisch anspruchsvolleren Studien nach, dass falsche Missbrauchsbeschuldigungen im Rahmen von Scheidungsverfahren ein relevantes Problem darstellen können. So fanden z.B. Thoennes & Tjaden (1990) bei ihrer mehrere US-Bundesstaaten umfassenden Untersuchung von 129 Fällen, dass in 50% der Fälle der Missbrauch bestätigt, in 33% der Vorwurf als unzutreffende Anschuldigung und in 17% als nicht entscheidbar eingestuft wurde. In 6% der Fälle gab es bewusst falsche Anschuldigungen. Dennoch argumentieren sie, dass weniger die Zahl solcher Fälle entscheidend sei, wichtiger sei es vielmehr, detaillierte Untersuchungen zur Dynamik von Sorgerechtsstreitigkeiten und den in diesem Zusammenhang auftretenden Falschbeschuldigungen durchzuführen.

Faller (1991) und Faller & DeVoe (1995) haben dies getan. Sie haben über einen Zeitraum von 15 Jahren die an den Universitätskliniken im mittleren Westen der USA untersuchten Fälle zu dieser Problematik systematisch gesammelt

und ausgewertet. Insgesamt basiert ihre Studie auf 215 Fällen. Hinsichtlich der Beziehung zwischen Scheidung und Missbrauchsanschuldigung ergaben sich folgende Fallkonstellationen:
– Die Scheidung erfolgte nach Aufdeckung des Missbrauchs (14,4% der Fälle).
– Die Aufdeckung eines bereits während der Ehe laufenden sexuellen Missbrauchs erfolgte erst nach der Scheidung (25,1% der Fälle).
– Der Missbrauch begann erst während der Scheidung (27% der Fälle).
– Falsche oder möglicherweise falsche Anschuldigungen gab es in 20,9% der Fälle. Dabei handelte es sich in 31 Fällen (14,4%) um sichere Falschbeschuldigungen und 14 Fälle (6,5%) wurden als möglicherweise falsch betrachtet. Von den 45 Falschbeschuldigungen beruhten 15,8% der Fälle auf Fehlinterpretationen von Verhaltensweisen des Kindes oder auf Missverständnissen. Zehn Fälle (4,7%) wurden als bewusste Falschbeschuldigungen klassifiziert, wobei diese Falschbeschuldigungen auf Aussagen von sechs Personen beruhen. Vier Falschbeschuldigungen wurden allein von einem Vater erhoben, der später einräumte, sich alles nur ausgedacht zu haben, um seine Tochter für sich zu gewinnen.
– Missbrauchsbeschuldigungen, die nicht direkt im Scheidungskontext genannt wurden, machten 12,6% der Fälle aus.
– Eindeutige Falschbeschuldigungen durch Kinder gab es in 4,2% der Fälle. In einem Fall lag eine bewusste Falschbeschuldigung durch ein Kind vor, in drei Fällen beschuldigte ein tatsächlich missbrauchtes Kind, die falsche Person, und in fünf Fällen übernahm das Kind die falschen Anschuldigungen seitens eines Elternteils.

Untersuchungen, die sich direkt mit dem Problem bewusster Falschbeschuldigungen durch Kinder befassen, belegen – entsprechend dem Ergebnis von Faller – übereinstimmend, dass die Rate bewusster Falschbezichtigungen auch allgemein sehr gering ist. Entsprechende Zahlenangaben schwanken in einer Größenordnung von 2 bis 8%, wobei altersmäßige Unterschiede festgestellt wurden (Everson & Boat 1989; Jones & Mc Graw 1987). Das Risiko intendierter Falschbeschuldigungen steigt mit der Vorpubertät. Everson & Boat (1989) stellten z.B. bei Kindern unter sechs Jahren eine Falschaussagenrate von unter 2% fest, bei Kindern zwischen sechs und elf Jahren lag sie bei 4,3% und bei den 12- bis 18-Jährigen bei 8% (n=1249 Fälle).

Die erste deutsche Studie

In Deutschland wurde zu diesen Fragen erstmals ein groß angelegtes Forschungsprojekt am Institut für Forensische Psychiatrie der Freien Universität Berlin von Busse, Steller & Volbert (2000) durchgeführt. Die Untersuchung basiert auf einer Aktenauswertung familiengerichtlicher Verfahren an den beiden zuständigen Berliner Familiengerichten. Dazu wurden alle Akten über die Verfahren bezüglich isolierter Umgangsregelungen der Jahre 1988, 1993 und 1995 ausgewertet. Zudem wurden zusätzlich jeweils 500 Akten von isolierten Sorgerechtsfällen am Familiengericht Tempelhof-Kreuzberg gezogen. Bei den 1.394 ausgewerteten Akten zur Regelung des Umgangs fanden sich insgesamt nur 45 Fälle, in denen in irgendeiner Form ein sexueller Missbrauchsverdacht zur Sprache kam. Das sind 3,3% aller gesichteten Fälle. Die Verteilung der Fälle pro Jahrgang zeigt eine leichte Zunahme der Fälle mit Missbrauchsvorwurf im Jahre 1993 gegenüber 1988 (von 2,4% auf 4,8%) und eine Abnahme auf 2,7% im Jahr 1995. Diese geringfügigen Unterschiede erreichen nicht Signifikanzniveau. Bei den Fällen, in denen es um Sorgerechtsregelungen ging, zeigt sich ein ganz ähnliches Ergebnis: In 45 (3%) der 1.500 Akten fand sich ein Hinweis auf sexuellen Missbrauch. Die Verteilung über die Altersjahrgänge liegt 1988 bei 2,6%, 1993 bei 3,4% und 1995 bei 3,0%.

Die vertiefende Auswertung der Fälle mit Missbrauchsvorwürfen erbrachte folgende wichtige Ergebnisse:

– Die Fallanalyse zeigte vielfältige Fallkonstellationen. Keineswegs handelte es sich immer um den „klassischen" Fall, dass ein Elternteil den anderen des Missbrauchs beschuldigt. Insgesamt wurde in 71% der Fälle der Vorwurf von einem Elternteil gegenüber dem anderen erhoben. 58-mal wurde der Vorwurf von der Mutter, 6-mal vom Vater erhoben. In 10% der Fälle wurde seitens des Elternteils eine andere Person beschuldigt – meist erhob der Vater die Vorwürfe gegen den neuen Lebenspartner der Mutter. In der Regel erschienen derartige Beschuldigungen wenig substanziert. Darüber hinaus fanden sich 14 Fälle (16%), bei denen der Missbrauchsvorwurf vom Jugendamt an das Gericht herangetragen wurde. Dabei spielte der Streit der Eltern um die elterliche Sorge meist keine oder kaum eine Rolle. Ausgangspunkt war vielmehr, dass die Jugendämter eine Kindeswohlgefährdung sahen.

– Die Analyse der Verdachtsbasis zeigt, dass in 28% der Fälle Verhaltensauffälligkeiten die Grundlage der Verdachtsbildung darstellen. In weiteren 14% der Fälle waren es unspezifische Beobachtungen beim Waschen, Baden oder Wickeln des Kindes oder beim Austausch von Zärtlichkeiten. In 19% wurden Beschuldigungen ohne nähere Konkretisierung vorgenommen. In 13% spielten Befürchtungen eine Rolle, dass ein Kind auf Grund von nicht belegten Annahmen über frühere sexuelle Handlungen bzw. Neigungen einer Person sexuell missbraucht worden sein könnte. In 8% wurden einschlägige Verurteilungen eines Elternteils (oder einer anderen Person) als Argument angeführt. In 6% der Fälle haben die Kinder den Vorwurf nachvollziehbar zurückgewiesen. In 12% der Fälle lagen konkrete Angaben der Kinder vor.

– Die Stellungnahmen der Jugendämter zum Missbrauchsvorwurf zeichnen sich bei den meisten Fällen durch eine große Zurückhaltung aus. In wenigen Einzelfällen ergab sich der Eindruck, dass unangemessene diagnostische Strategien der Verdachtsabklärung verwendet und fehlerhafte Interpretationen und Schlussfolgerungen gezogen wurden. Allerdings waren die Stellungnahmen von sehr unterschiedlicher Qualität. Neben formalen Mängeln fehlte z.B.

häufig eine systematische und differenzierte Beschreibung der aktuellen Lebenssituation des Kindes bzw. der Familie. In über 40% der Stellungnahmen war nicht ersichtlich, ob das Kind selbst gefragt wurde.
- Der Vorwurf des sexuellen Missbrauchs wurde nur in 35% aller gerichtlichen Entscheidungen aufgenommen. Dabei wurde der Missbrauchsverdacht in 28% als bestätigt bewertet und in 64% als zweifelhaft bzw. nicht bestätigt beurteilt. In zwei Fällen wurde zwar von einem sexuellen Missbrauch des Kindes ausgegangen, aber die Täterschaft des Vaters bezweifelt.
- Die Gesamtbetrachtung der Sorgerechtsfälle zeigt, dass in den seitens des Gerichts nicht bestätigten Missbrauchsfällen, der Vorwurf in fast allen Fällen für die beschuldigten Elternteile keine negativen Konsequenzen bezüglich der Sorgerechtsentscheidungen hatte. Etwas anders ist das Ergebnis bei den Umgangsrechtsfällen mit sexuellen Missbrauchsverdacht. In fünf Fällen erfolgten Einschränkungen des Kontaktes des Kindes mit dem Verdächtigen, obwohl der Verdacht nicht bestätigt werden konnte.
- In etwa einem Drittel der Fälle wurden Gutachten in Auftrag gegeben. Lediglich in drei Fällen (14%) wurde der Missbrauchsvorwurf bestätigt. In 15 Fällen als negativ bzw. äußerst zweifelhaft beurteilt. In vier weiteren Fällen wurde ein Missbrauch grundsätzlich bestätigt, jedoch wurde die Täterschaft des Kindesvaters entweder ausgeschlossen oder als zweifelhaft beurteilt. Den Einschätzungen der Gutachter hinsichtlich des Missbrauchsvorwürfe wurde seitens der Gerichte in allen relevanten Fällen gefolgt. Der überwiegende Teil der Gutachten entsprach nicht den Mindestanforderungen an Gutachten, wie sie im BGH Urteil von 30. Juli 1999 festgeschrieben worden sind. So fehlte z. B. in vielen Gutachten eine ausführliche Exploration des Kindes zum fraglichen Sachverhalt.

Fazit: Feststellungen sowohl in der Fachöffentlichkeit als auch in der Praxis über eine in den Neunzigerjahren einsetzende drastische Zunahme familiengerichtlicher Verfahren, in denen der Vorwurf des sexuellen Missbrauchs erhoben wurde, finden nach den vorliegenden Studien aus den USA und den Ergebnissen der Studie von Busse, Steller und Volbert (2000) keine Bestätigung.

Auch die häufig vertretene Meinung, dass es „hysterische Mütter" sind, von denen eine solche Beschuldigung ausgeht, muss zumindest relativiert werden. Ein Teil der Beschuldigungen gehen auch von Vätern aus und in einem Teil der Fälle wird der Missbrauchsvorwurf vom Jugendamt an das Gericht herangetragen. Dabei zeigt sich, dass von einer „professionellen Hysterie" ebenfalls nicht gesprochen werden kann, da die Stellungnahmen der Jugendämter in der Regel vorsichtig verfasst sind.

Der Anteil nicht substanziierter Beschuldigungen in familienrechtlichen Verfahren ist nicht unerheblich. Insoweit stimmt die These, dass Missbrauchsvorwürfe in Scheidungs- und Umgangsverfahren sich im Gegensatz zu Strafverfahren häufig nicht bestätigen lassen. Problematisch erscheint auch, dass sehr viele der Anschuldigungen nicht auf Aussagen von Kindern, sondern auf unspezifischen Signalen beruhen.

Die Zahl der Gutachten, die nicht dem durch das BGH-Urteil festgelegten Standards entsprechen, ist hoch. Dies ist auch insofern problematisch, weil sich die Entscheidungen der Gerichte stark an den Ergebnissen der Gutachten orientieren.

Auch der häufig von betroffenen Vätern erhobene Vorwurf, die Missbrauchsanschuldigungen würden sich negativ für sie auswirken, muss relativiert werden. Nicht substanzierte Beschuldigungen hatten kaum bzw. nur in wenigen Fällen Einfluss auf die gerichtlichen Entscheidungen. Solche Fälle führen allerdings zu kaum reparablen Folgen für alle Beteiligten und sind deshalb sehr ernst zu nehmen.

Die Fehleinschätzungen der Juristen und Gutachter über die Zahl der (falschen) Missbrauchsbeschuldigungen in familiengerichtlichen Verfahren könnten darauf beruhen, dass vor allem außergewöhnliche Fälle in Erinnerung bleiben und bei späteren Einschätzungen daher überbewertet werden (Fegert 1995).

Literatur

Benedek, E. & Schetky, D. (1985). Allegations of sexual abuse in child custody and visitation disputes. In: D. Schetky & E. Benedek (Hg.). *Emerging issues in child psychiatry and law* (S. 145–158). New York: Brunner & Mazel.

Busse, D., Steller, M. & Volbert, R. (2000). Forschungsbericht. Sexueller Missbrauchsverdacht in familiengerichtlichen Verfahren. *Praxis der Rechtspsychologie,* 10 (Sonderheft 2), 3–98.

Busse, D. & Volbert, R. (1997). Glaubwürdigkeitsgutachten im Strafverfahren wegen sexuellen Missbrauchs: Ergebnisse einer Gutachtenanalyse. In: L. Greuel, T. Fabian, & M. Stadler (Hg.): *Psychologie der Zeugenaussage* (S. 131–142). Weinheim: Psychologie Verlags Union.

Corwin, D. L., Berliner, L., Goodman, G., Goodwin, J. & White, S. (1987). Child sexual abuse and custody disputes. No easy answers. *Journal of Interpersonal Violence 2,* 91–105.

Deberding, E. & Klosinski, G. (1995). Analyse von Familiengerichtsgutachten mit gleichzeitigem Vorwurf des sexuellen Mißbrauchs. *Kindheit und Entwicklung 4,* 212–217.

Elterman, M. F. & Ehrenberg, M. F. (1991). Sexual abuse allegations in child custody disputes. *International Journal of Law and Psychiatry 14,* 269–286.

Endres, J. & Scholz, B. O. (1994). Sexueller Kindesmißbrauch aus psychologischer Sicht – Formen, Vorkommen, Nachweis. *Neue Zeitschrift für Strafrecht 14,* 466–473.

Everson, M. D. & Boat, B. W. (1989). False allegations of sexual abuse by children and adolescents. *Journal of the American Child and Adolescent Psychiatry 28,* 230–235.

Faller, K. (1991). Possible explanations for child abuse allegations in divorce. *American Journal of Orthopsychiatry 61,* 86–91.

Faller, K. & DeVoe, E. (1995). Allegations of sexual abuse in divorce. *Journal of Child Sexual Abuse 4,* 1–25.

Fegert, J. M. (1995). Kinderpsychiatrische Begutachtung und die Debatte um den Mißbrauch mit dem Mißbrauch. *Zeitschrift für Kinder- und Jugendpsychiatrie 23,* 9–19.

Green, A. H. (1986). True and false allegations of sexual abuse in child custody disputes. *Journal of the American Child and Adolescent Psychiatry 25,* 462–472.

Jones, D. P. & McGraw, J. M. (1987). Reliable and fictuos accounts of sexual abuse in children. *Journal of Interpersonal Violence 2,* 27–45.

Jones, D. P. & Seig, A. (1988). Child sexual abuse allegations in custody or visitations disputes. In: E. B. Nicholson & J. Bulkley (Hg.). *Sexual abuse allegations in custody and visitation cases* (S. 22–36). Washington: American Bar Association, National Legal Ressource Center for Child Advocacy and Protection.

Kluck, M. L. (1995). Verdacht auf sexuellen Mißbrauch und familiengerichtliches Verfahren – Probleme der Entstehung und Prüfung. *Familie-Partnerschaft-Recht 1,* 56–59.

McIntosh, J. A. & Prinz, R. J. (1993). The incidence of alleged sexual abuse in 603 family court cases. *Law and Human Behavior 17*, 95–101.
Mikkelsen, E. J., Gutheil, T. G. & Emens, M. (1992). False sexual abuse allegations by children and adolescents: Contextual factors and clinical subtypes. *American Journal of Psychotherapy 46*, 556-570.
Müther, M. & Kluck, M.-L. (1992). Vom Mißbrauch des Mißbrauchs. Bedingungen und Probleme einer psychologischen Diagnostik. *Sozialmagazin 17*, Heft 5, 13–20.
Offe, H., Offe, S. & Wetzels, P. (1992). Zum Umgang mit dem Verdacht des sexuellen Kindesmißbrauchs. *neue praxis 22*, 240–256.
Roemer, A. & Wetzels, P. (1991). Zur Diagnostik sexuellen Mißbrauchs bei Kindern in der forensisch-psychologischen Praxis. *Praxis der Forensischen Psychologie 1*, 22–31.
Rösner, S. & Schade, B. (1993). Der Verdacht auf sexuellen Mißbrauch in familiengerichtlichen Verfahren. *Zeitschrift für das gesamte Familienrecht 40*, 1133–1139.
Salzgeber, J., Scholz, S., Wittenhagen, F. & Aymans, M. (1992). Die psychologische Begutachtung sexuellen Mißbrauchs in Familienrechtsverfahren. *Zeitschrift für das gesamte Familienrecht 39*, 1249–1256.
Schade, B. (1996). Der Verdacht auf sexuellen Mißbrauch von Kindern in familiengerichtlichen Verfahren. In: B. Marchewka (Hg.): *Weißbuch sexueller Mißbrauch* (S. 111–128). Bonn: Holos Verlag.
Schade, B., Erben, R. & Schade, A. (1995). Möglichkeiten und Grenzen diagnostischen Vorgehens bei Verdacht auf sexuellen Mißbrauch eines Kindes. *Kindheit und Entwicklung 4*, 197–207.
Steller, M. (1995). Verdacht des sexuellen Mißbrauchs – Begutachtung in familien- und vormundschaftsgerichtlichen Verfahren. *Familie-Partnerschaft-Recht 1*, 60–62.
Thoennes, N. & Tjaden, P. G. (1990). The extent, nature and validity of sexual abuse allegations in custody/visitations disputes. *Child Abuse & Neglect 14*, 151–163.
Wakefield, H. & Underwager, R. (1990). Personality characteristics of parents making false accusations of sexual abuse in custody disputes. *Issues in Child Abuse Accusations 2*, 121–136.
Wakefield & Underwager, R. (1991). Sexual abuse allegations in divorce and custody disputes. *Behavioral Sciences and the Law 9*, 451–468.

Familiendynamik

Mathias Hirsch

Am besten untersucht ist die Dynamik der Familie, in der Vater-Tochter-Inzest vorgekommen ist. Die Grundlage der Familiendynamik ist eine allseitige emotionale, narzisstische Bedürftigkeit. Die Partner, die sich finden, um eine Familie zu gründen, sind der Illusion verfallen, sich gegenseitig zu heilen und die jeweiligen frühen Defizite auszugleichen. Da sie sich enttäuscht sehen, wenden sie sich ihren Kindern zu, insbesondere einem ausgewählten „Opferkind", typischerweise der ältesten Tochter. Während der Vater sexuelle Befriedigung als

Mittel dieser Kompensation verlangt, versucht die Mutter, von der Tochter eine Entlastung von ihren Pflichten im Haushalt und den jüngeren Geschwistern gegenüber zu bekommen. Der Vater agiert dabei eine Aggression gegen die eigene als versagend erlebte Mutter aus, auch den daraus resultierenden allgemeinen Frauenhass, durch die inzestuöse Beziehung zum Vater kann die Tochter zum Teil auch die Aggression gegen die eigene Mutter agieren. Auch die Mutter agiert eine Mutterübertragung auf die Tochter, indem sie sie zwingt, Mutterfunktionen zu übernehmen (Rollenumkehr, s. u.).

Soweit die psychodynamische (natürlich schematische) Grundlage der Inzestfamilie. Das äußere Erscheinungsbild ist keineswegs überwiegend das einer chaotischen, gewalttätigen, brutal-promiskuösen Familie, in der der Durchschnittsbürger sich nicht wiedererkennen müsste, sondern weit überwiegend (man hat von ca. 85 % gesprochen; vgl. Hirsch 1987, S. 25) handelt es sich um an die Forderungen der sozialen Mittelklasse angepasste Durchschnittsfamilien. Eine Bevorzugung einer sozialen Schicht gibt es nicht, Inzest kommt in allen Schichten gleichermaßen vor. Äußere Merkmale der Inzestfamilie sind kaum festzustellen. Das einzige Merkmal, das durchgehend beobachtet werden kann, wenn man hinter die unauffällig angepasste Fassade blickt, ist das der sozialen Isolation. Die Familie ist familiendynamisch eine „paranoide Festung", umgeben von Feinden. Innerhalb ihrer Grenzen sollen alle Bedürfnisse aller Mitglieder befriedigt werden, die sich eng zusammenschließen, und das nicht erst durch das Inzestgeheimnis, sondern bereits vorher aufgrund der paranoiden Persönlichkeit meist beider Eltern, die kaum in der Lage sind, tiefere soziale Bindungen einzugehen und aufrechtzuerhalten. In einer Vergleichsstudie (Madonna et al. 1991) zeigte sich bei den Inzestfamilien eine erhöhte Dysfunktionalität, z. B. durch einen rigiden Glauben an Familienzusammenhalt, durch elterliche Koalition gegen die Kinder (die Mutter ist als „silent partner" bezeichnet worden, jemand, der das Inzestgeschehen bemerkt, jedoch durch Verleugnung kollaboriert und das Kind nicht schützen kann), Vernachlässigung und emotionale Nicht-Verfügbarkeit von Seiten der Eltern und die Unfähigkeit, Autonomiebestrebungen aller Familienmitglieder, insbesondere der adoleszenten Kinder, zu unterstützen.

Trennungsangst

Die soziale Angst der Familienmitglieder lässt sich auch als Identitäts- und damit Trennungsangst verstehen. Natürlich hat das Kind, das Inzestopfer, Angst vor dem Verlust der Familie, wenn der Inzest aufgedeckt würde, aber auch die anderen Familienmitglieder klammern sich aneinander, und sowohl das Inzestgeschehen selbst, also auch die Notwendigkeit, es geheim zu halten (Funktion der Komplizenschaft der Mutter und auch der Geschwister) schließt die Familie noch enger zusammen. Der Inzest hat also eine Funktion für die Homöostase der Familie, er wirkt spannungsreduzierend und vermindert die Trennungsangst. Ein

Beispiel aus der frühen familiendynamischen Inzestforschung (Gutheil und Avery, 1977) soll diese Dynamik illustrieren: Der Vater unterhielt sexuelle Beziehungen zu fünf seiner sieben Töchter. Aufgrund der paranoiden Struktur unterschied die Familie streng zwischen „außen und innen", die Menschen draußen waren in den Augen der Familie anders, hatten andere Regeln des Zusammenlebens, waren generell schlecht. Wut auf die Eltern zu haben, war gegen die Regel der Familie. Fast wahnhaft wurden Außenkontakte der Töchter von den Eltern als gleichbedeutend mit Drogensucht, Alkoholismus, Sexualität mit verheirateten Männern (!) erlebt. Wenn die Mädchen z. B. rauchen wollten, war das ein „Bündnis mit dem Feind". Es wurde versucht, die Töchter durch Schuldgefühle-Machen zu Hause zu halten. Besonders nachdem die Mutter vom Inzest erfahren hatten, legte sie eine Haltung an die Tag, die mit der Formel bezeichnet werden könnte: „Wenn ich bei diesem Mann bleibe, der mir eine solche Ungeheuerlichkeit angetan hat, müsst ihr erst recht bei mir bleiben, da ich so viel für euch getan habe!" Die mittleren der Töchter rebellierten noch am meisten, was mit Trennungsbedrohungen quittiert wurde: „Wenn's dir nicht passt, kannst du ja ins Erziehungsheim gehen!" Eine allmähliche Loslösung der adoleszenten Töchter war den Eltern nicht vorstellbar, entweder gehörten sie ganz dazu, oder es würde keinerlei Kontakt mehr gehen, so lautete die Drohung.

Da ein Faktor des generellen Inzestverbots, das alle bekannten menschlichen Gemeinschaften ausgesprochen haben, sicher darin besteht, dass die adoleszenten Familienmitglieder sich Sexualpartner außerhalb der Familie suchen müssen (Exogamiegebot), ist der Umkehrschluss erlaubt, dass der Inzest eine Trennung nicht nötig macht bzw. eine seiner Wurzeln die Vermeidung des Verlassenwerdens der Eltern durch die adoleszenten Kinder ist. Die Aufdeckung des Inzests bedeutet immer die Möglichkeit der realen Familienauflösung durch Gefängnisstrafe oder Heimunterbringung, soziale Ächtung, materielle Not, Auseinanderfallen der Familie, damit also eine Verlassenheitsdrohung, die schwere Dekompensation (psychotisches Reagieren, schwere Krankheit, häufig Suizidalität, unvollendete Selbstmorde) nach sich ziehen kann.

Rollenumkehr

Wie oben erwähnt, wird die „ausgewählte" Tochter in der Inzestfamilie in eine Mutterrolle hineingedrängt (Parentifizierung). Dieses Merkmal wurde von den frühen Familienforschern geradezu als sicheres diagnostisches Zeichen für die Inzestfamilie betrachtet, zumal der Inzest selbst ja bereits das Kind zu einer gebenden, die sexuelle Befriedigung gewährleistenden Partnerin werden lässt. Früh (Gutheil und Avery, 1977; Machotka et al., 1967) wird von den Wünschen der Mutter, bemuttert zu werden, gesprochen bzw. von Wünschen der infantilen Abhängigkeit der Mutter, die an die Tochter gerichtet sind. Notgedrungen identifiziert sich das Kind mit dieser Rollendelegation und wächst sozusagen frühreif in diese Aufgabe hinein. Dabei handelt es sich aber nicht um eine Ichfunktion, die auf einer starken Identität beruht, sondern um ein Zeichen von Pseudo-Reife (bereits Ferenczi 1933). In der Rollenumkehr ist natürlich immer eine Überforderung des Kindes enthalten, trotz der Identifikation mit der Aufgabe kann es sie nicht erfüllen und entwickelt wegen dieses Versagens regelmäßig Schuldgefühle (zur Schuldgefühldynamik des Inzestopfers s. Hirsch 1997, S. 92–105). Die Verantwortung für den Familienzusammenhalt liegt also nicht nur darin, stillzuhalten und kein Wort der Mutter oder sonst jemandem vom Inzest zu verraten, sondern schon früher in viel größerem Umfang in der Übernahme der Rolle der Mutter, der „weiblichen Autorität im Haushalt" (Lustig et al., 1966) durch das Kind.

Bündnisse der Familienmitglieder

Wenn auch das Kind eindeutig Opfer einer letztlich menschenverachtenden sexuellen Gewalt durch einen Erwachsenen ist, gibt es auch einen ödipalen Anteil. Von diesem Aspekt aus gesehen bedeutet der Inzest innerhalb der ödipalen Rivalität der Tochter mit der Mutter ein Bündnis gegen sie, ein Triumph und in gewisser Weise eine Rache für die frühkindlichen Entbehrungen durch die Mutter und die fehlende Solidarität der Mutter mit der Geschlechtsgenossin, für den Verrat durch die Duldung des Inzestgeschehens. Umgekehrt kann auch der Vater die Tochter gegen die Mutter benutzen und gegen sie ausspielen, also ein gegen die Ehefrau gerichtetes Bündnis mit der Tochter bilden. Dieses Benutzen der Tochter durch den Vater als Werkzeug der Aggression gegen die Partnerin entspricht genau dem Gefühl der Mutter, maßlos vom Ehemann verraten worden zu sein.

Ein Bündnis zwischen Mutter und Tochter, insbesondere nach Aufdeckung der inzestuösen Beziehung, lässt auf jeden Fall erwarten, dass der Inzest beendet wird, insbesondere, wenn die Mutter in der Lage ist, den Vater mit den Kindern zu verlassen. Es gibt aber auch ein übertriebenes, über das Ziel hinausschießendes „sexistisches Bündnis" (Gutheil und Avery, 1977), das im Laufe einer Familientherapie zwischen Mutter und Tochter gegen den Vater entsteht und dazu dient, den Anteil der Verantwortung der Mutter zu verleugnen und den Vater vollständig zum Sündenbock der Familiengruppe zu machen.

Geschwisterbeziehungen

Bei Geschwistern in Inzestfamilien gibt es eigentlich nur eine Konstellation, die ein solidarisches Bündnis ist: Die ältere Schwester, die bereits den inzestuösen Missbrauch erleiden musste, konnte zwar sich selbst nicht schützen, wohl aber die jüngere Schwester, wenn der Vater sich nun dieser nähert. Sonst sind solche positiven Bündnisse von Geschwistern umso weniger zu erwarten, je bedürftiger sie aufgewachsen sind. Ansonsten bleiben überwiegend die Geschwister mit den Eltern identifiziert, geben dem Inzestopfer die Schuld und treiben sie in die Sündenbockrolle. Wendet sich die adoleszente Tochter nach außen um Hilfe, wird sie von den Geschwistern, insbesondere den Brüdern, die sich mit dem patriarchalischen System eher identifizieren, beschuldigt und verraten; in einem Fall aus meiner Praxis stellte der ältere Bruder in der Schule des Opfers Nachforschungen über sexuelle Aktivitäten der Schwester und ihre Beziehungen zu Jungen an, um sie in einer Gerichtsverhandlung gegen sie zu verwenden.

Andererseits kann allein das „Wissen um die sexuelle Misshandlung eines Geschwisterkindes in sich selbst extrem traumatisch sein" (Fürniss 1993, S. 58). Auch die Geschwister müssen das Unrechte, Ungeheuerliche, über das nicht kommuniziert werden kann, das aber unterschwellig die Familienbeziehungen betrifft, introjizieren, sie sind gezwungen, sich zu identifizieren, erleben Loyalitätskonflikte, die umso weniger zu lösen sind je stärker das Familiengeheimnis bewahrt wird. Widersprüchliche Empfindungen von Ohnmacht, Hilflosigkeit, Wut, aber auch Neid und Eifersucht auf das Inzestopfer sowie entsprechende Gefühle von Zurücksetzung sind denkbar.

Familiendynamisch gesehen handelt es sich bei intrafamiliärem sexuellem Missbrauch um ein System von ineinandergreifenden kollaborativen Beziehungen, was einerseits bei allen Beteiligten vorliegende emotionale Defizite kompensieren, insbesondere aber auch soziale Ängste und Trennungsängste mildern bzw. unterdrücken soll. Letztlich wird ein partriarchalisches Familiensystem sozusagen auf die Spitze getrieben; der im Grunde schwache Vater übt eine autoritäre, fassadäre Macht über Frau und Kinder aus, die Frau, selbst in ihrer Identität geschwächt und ohne Grundlage eines autonomen gesellschaftlichen Lebens klammert sich an den Partner, unterwirft sich und kollaboriert, während die Kinder in extremem Umfang den Bedürfnissen der Eltern geopfert werden.

Literatur

Ferenczi, S. (1933). Sprachverwirrung zwischen den Erwachsenen und dem Kind. In: *Schriften zur Psychoanalyse,* Bd. II. Fischer: Frankfurt (dt. Fassung, 1972).
Fürniss, T. (1993): Arbeit mit Familien. In: Ramin G. (Hrsg.), *Inzest und sexueller Missbrauch.* (S. 31–62). Junfermann: Paderborn.
Gutheil, T. G. & Avery, N. C. (1977). Multiple overt incest as family defense against loss. *Fam. Process, 16,* 105–116.
Hirsch, M. (1987). *Realer Inzest. Psychodynamik des sexuellen Missbrauchs in der Familie.* Springer: Berlin, Heidelberg, New York, Tokyo.
Hirsch, M. (1997). *Schuld und Schuldgefühl – Zur Psychoanalyse von Trauma und Introjekt.* Vandenhoeck & Ruprecht: Göttingen.
Lustig, N., Dressler, J. W., Spellmann, S. W. & Murray, T. B. (1966). Incest. A family group survival pattern. *Arch Gen Psychiatry, 14,* 31–40.
Machotka, P., Pittman, F. S. & Flomenhaft, K. (1967). Incest as a family affair. *Fam Process, 6,* 98–116.
Madonna P. G., van Scoyk S. & Jones D. P. (1991). Family interactions within incest and nonincest families. *Am J Psychiatry, 148,* 46–49.

Familien- und Vormundschaftsgericht

Wolfgang Raack

Seit Einführung des „großen Familiengerichts" im Zuge der Kindschaftsrechtsreform ist im Zusammenhang mit dem Kinderschutz im Wesentlichen nur noch das Familiengericht betroffen. Die Richterin oder der Richter des *Familiengerichts* treffen die erforderlichen Sorgerechts- oder Umgangsregelungen oder erlassen Maßnahmen zum Schutze des Kindes. Sind die Eltern jedoch kraft Gesetzes, also z.B. aufgrund der Vorschriften der Strafprozessordnung, von der Vertretung ihres Kindes ausgeschlossen, bestellen die Rechtspflegerin oder der Rechtspfleger des *Vormundschaftsgerichts* eine Ergänzungspflegerin oder einen Ergänzungspfleger. Das Vormundschaftsgericht ist auch für die Auswahl und Überwachung der Pflegerinnen und Pfleger, Vormünderinnen und Vormünder zuständig. Die Befugnis zur Ausübung des Zeugnisverweigerungsrechts wird den Anforderungen einer ausreichenden rechtlichen Vertretung des Kindes in Fällen des familiären sexuellen Missbrauches allein jedoch kaum gerecht, deshalb hat die vormundschaftsgerichtlich angeordnete Ergänzungspflegschaft eher marginale Bedeutung. In aller Regel wird ein weitergehender Eingriff in das Sorgerecht erforderlich, der dem Familiengericht vorbehalten ist.

Das Familiengericht ist im Wesentlichen mit drei Fallkonstellationen befasst:
1. Der Vorwurf des innerfamiliären Missbrauchs wird von außen erhoben,
2. der Vorwurf des sexuellen Missbrauchs wird im Rahmen eines Sorgerechtsstreits der Eltern anlässlich von Scheidung oder Trennung erhoben und
3. der Vorwurf wird von den sorgeberechtigten Eltern gegen einen außenstehenden Dritten erhoben.

Der Vorwurf des innerfamiliären Missbrauchs wird von außen erhoben

Während das Opfer einer Kindeswohlgefährdung durch sexuellen Missbrauch in den beiden letztgenannten Fällen durch einen Elternteil oder beide Eltern vertreten wird, bedarf es im Falle der Kindeswohlgefährdung innerhalb der Familie des Beistands Dritter. Dieser wird in aller Regel entweder durch einzelne, z.B. Nachbarn oder Freunde, gewährt oder durch Helfer aus Institutionen, z.B. in Kindergärten, Schulen, und Jugendhilfeeinrichtungen. Infolge einer jahrzehntelangen Informations- und Aufklärungsarbeit auf diesem Gebiete ist es mittlerweile zum Standard geworden, dass die Verdachtsmomente an das jeweilige Jugendamt herangetragen werden, das nach Aufschöpfung der sozialpädagogischen Möglichkeiten gemäß § 50 Abs. 3 KJHG das Familiengericht informiert. Da in vielen Fällen die Jugendämter die betreffenden Familiensituationen schon seit längerer Zeit kennen und auf freiwilliger Basis Hilfe angeboten haben, schöpfen sie aus Sicht der Familiengerichte des Öfteren den ihnen gemäß § 50 Abs. 3 KJHG eingeräumten Entscheidungsspielraum bei der Frage, ob Mitteilungen an das Familiengericht „erforderlich" sind, sehr zeitaufwendig aus. Legen sie schließlich dem Gericht einen aufbereiteten Fall mit konkretem Antrag zur Entscheidung vor, so ist es für das Jugendamt kaum kalkulierbar, ob seiner Anregung vom Gericht gefolgt wird. Da infolge des Gerichtsverfahrens das belastende Material den Beteiligten bekannt wird, können die Auswirkungen für den Kinderschutz verheerend werden.

Es liegt daher nahe, für derartige Kinderschutzverfahren ein engeres Zusammengehen der beteiligten Institutionen zu fordern. Insoweit sei nur auf die Ausführungen von Tauche (1998) verwiesen, die ein vernetztes Vorgehen dahingehend fordert, dass die unterschiedlichen Aufgaben, Vorgehensweisen und Ziele dem jeweiligen Partner bekannt sind und deren Mindeststandards wechselseitig eingefordert werden können. Die Grundlage hierfür ist Kommunikation, gegenseitige Respektierung und gemeinsame Zielausrichtung.

Eine Kooperation im Vorfeld möglicher Gerichtsverfahren wird aber sehr häufig von Richterinnen und Richtern mit dem Hinweis auf eine daraus resultierende Befangenheit abgelehnt. Dies geschieht jedoch zu unrecht, da die in diesen Verfahren geltende Amtsmaxime die Eigeninitiative fordert und die durch das Kinder- und Jugendhilfegesetz vorgegebene Kooperationspflicht eine frühzeitige Kontaktaufnahme rechtfertigt. Gerade in den so genannten Zweifelsfällen, in denen beunruhigende Indizien, Verdachtsmomente und Mitteilungen des Kindes oder anderer auf ein Missbrauchsgeschehen hinweisen und der zuständige Helfer vor der Frage steht, „was zu tun" ist, scheint eine Kontaktaufnahme mit dem zuständigen Familiengericht gemäß § 50 Abs. 3 KJHG geboten, um die weiteren Interventionen zu planen. An einer zu dieser Frage einberufenen Helferkonferenz dürfen aus beruflichen Verschwiegenheitspflichten nur in eigener Kompetenz Beteiligte teilnehmen, also z. B. die Vertrauenslehrerin, Mitarbeiterinnen von Jugendämtern und Beratungsstellen und gegebenenfalls die Familienrichterin oder der Familienrichter (→ *Intervention – die „Regeln der Kunst"*). Die für richtig befundenen und von den Helferinstanzen verabredeten Maßnahmen reichen von Hilfsangeboten an die Sorgeberechtigten durch eine Beratungsstelle oder das Jugendamt bis hin zur Einschaltung einer kompetenten Sachverständigen, um von ihr eine – möglichst die einzige – Befragung des Kindes vornehmen zu lassen (→ *Glaubhaftigkeitsbegutachtung und diagnostischer Erkenntnisprozess*). Dies muss unter Umständen auch gegen den Willen des oder der Sorgeberechtigten geschehen.

In dieser Situation gilt es, einen juristischen Balanceakt zu vollführen, der darin besteht, dass vor Maßnahmen nach § 1666 BGB, die den Missbrauchsverdacht begründenden Umstände zu beweisen sind, wobei die überzeugende Beweisführung zur Aufklärung des Missbrauchsverdachts jedoch erst durch die Einholung eines Gutachtens einer kompetenten Sachverständigen durch eine gerichtliche Maßnahme nach § 1666 BGB ermöglicht wird. Dieses Dilemma wird dadurch gelöst, dass, solange das fachpsychologische Gutachten noch fehlt, die gerichtliche Entscheidung als eine einstweilige Anordnung auf die fundierte Mitteilung einer Fachkraft im Range eines „Attestes" gegründet und zeitlich eng begrenzt wird. Der hierbei zur Verfügung stehende Zeitraum von etwa drei Monaten setzt voraus, dass in einer Art case-management jeweils erforderlich werdende Schritte vorher bis ins einzelne geplant werden, eine sofort arbeitsbereite Sachverständige gefunden wird und der Schutz des Kindes durch eine begleitende „go-order" gegen den potenziellen Täter bzw. die Herausnahme des Kindes sichergestellt ist. Die Interventionsplanung mündet in einer mündlichen Verhandlung an deren Ende die geschilderte einstweilige Anordnung stehen kann. Spätestens jetzt kommt es zur Anhörung des beschuldigten Elternteils oder beider Eltern, die ein Anhörungsrecht nach § 50a FGG und insbesondere einen Anspruch auf rechtliches Gehör gemäß Artikel 103 GG haben. Da auf das Kind als Opferzeuge im Verlaufe des Verfahrens sehr belastende Situationen und schwierige Entscheidungen zukommen können, insbesondere über die Ausübung eines eventuellen Zeugnisverweigerungsrechts und über eine eventuelle strafrechtliche Verfolgung des Täters, sollte bereits im familiengerichtlichen Verfahren für eine rechtliche Vertretung gesorgt werden.

Das Minimum einer solchen rechtlichen Vertretung stellt die Verfahrenspflegschaft gemäß § 50 FGG dar (→ *Sozialpädagogische Prozessbegleitung*). Sie bezieht sich jedoch lediglich auf die Wahrnehmung der Verfahrensrechte im familiengerichtlichen Verfahren und enthält keinen Eingriff in das Sorgerecht. Der Verfahrenspfleger ist deswegen auch hinsichtlich des Zugangs zum Kind und der notwendigen Besprechungen mit diesem auf die Unterstützung der oder des Sorgeberechtigten angewiesen.

Besteht der Verdacht des sexuellen Missbrauchs, so ist stets die Einrichtung einer Verfahrenspflegschaft notwendig, wenn sich nicht ein sorgeberechtigter Elternteil auf die Seite des Kindes stellt, da die Regelbeispiele Nr. 1 und Nr. 2 des § 50 Abs. 2 FGG vorliegen, wonach dem Kind ein Verfahrenspfleger zu bestellen ist, wenn ein erheblicher Interessengegensatz zu seinen gesetzlichen Vertretern besteht bzw. Gegenstand des Verfahrens Maßnahmen wegen Gefährdung des Kindeswohls sind, mit denen die Trennung des Kindes von seiner Familie oder die Entziehung der gesamten Personensorge verbunden ist.

Bei der Auswahl der Verfahrenspfleger wird darauf zu achten sein, dass sie entweder besonders mit der Materie vertraute Anwältinnen und Anwälte oder aber Sozialarbeiterinnen und Sozialarbeiter mit einer Zusatzqualifikation sind. Neben der erforderlichen fachlichen Kompetenz sind professionelle Distanz und besondere kommunikative Fähigkeiten im Hinblick auf das Kind erforderlich. Schon im familiengerichtlichen Verfahren ist darauf zu achten, dass eine Vielfachbefragung des Kindes vermieden und eine richterliche Vernehmung erreicht wird, die auch in einem späteren Strafverfahren oder aber in einem späteren Verfahren nach dem Opferentschädigungsgesetz Verwendung finden kann.

Weitergehende Rechte zum Schutze des Kindes bietet die Ergänzungspflegschaft. Abgesehen von dem Fall des § 52 Abs. 2 Satz 2 StPO, wo der beschuldigte Elternteil bzw. beide Eltern von der Entscheidung über die Geltendmachung des Aussageverweigerungsrechts gesetzlich ausgeschlossen sind und das Vormundschaftsgericht eine Ergänzungspflegerin oder einen Ergänzungspfleger bestellt, beruht die Einrichtung der Ergänzungspflegschaft stets auf einer das Sorgerecht beschränkenden Entscheidung des Familiengerichts. Nach den Feststellungen von Münder und Schone (1997) wird in zwei Dritteln aller Fälle der Entzug des Aufenthaltsbestimmungsrechts als das mildere Mittel gegenüber dem Entzug des Personensorgerechts vom Gericht angesehen in der Erwartung, dass wenn der Aufenthalt des Kindes außerhalb der bisherigen Familie bestimmt wird, die Eltern keine realistischen Einwirkungsmöglichkeit mehr haben. Diese Verfahrensweise ist äußerst problematisch, da die Interessen des betroffenen Kindes in aller Regel nur durch ein koordiniertes Vorgehen gewahrt und seine Rehabilitierung gesichert werden kann. Dies erfordert als Wirkungskreis des Ergänzungspflegers die Wahrnehmung der Rechte im familiengerichtlichen Verfahren, im Strafverfahren und im Verfahren nach dem Opferentschädigungsgesetz ebenso wie die Geltendmachung von Jugendhilfemaßnahmen. Dergestalt ausgestattet kann die Ergänzungspflegerin bzw. der Ergänzungspfleger nicht nur über die Zeugnisverweigerung entscheiden, sondern zugleich die erforderliche Zustimmung zu einer psychologischen Begutachtung geben, kann darauf hinwirken, dass eine Aussage des Kindes durch eine Videoaufnahme nach den strafprozessualen Vorschriften dokumentiert wird, die ihrerseits auch zur Grundlage des familiengerichtlichen Verfahrens sowie des Verfahrens nach dem Opferentschädigungsgesetz gemacht werden kann (→ *Videoaufzeichnung*). Schließlich ist die Unterbringung des Kindes außerhalb der Familie durch das Aufenthaltsbestimmungsrecht allein nicht gesichert. Vielmehr wird erst durch die Befugnis zur Geltendmachung von Jugendhilfemaßnahmen die Möglichkeit eröffnet, ein auf die vorliegende Problematik vorbereitetes Heim mit entsprechenden heilpädagogischen und therapeutischen Möglichkeiten in Anspruch zu nehmen.

Hat sich der nichtbelastete sorgeberechtigte Elternteil eindeutig auf die Seite des Kindes gestellt, können all diese Ansprüche natürlich auch von ihm wahrgenommen werden. Tatsächlich kann es aber auch sein, dass er sich im Hinblick auf die im übrigen bestehenden Probleme mit der vorliegenden besonderen Problematik überfordert fühlt und die Hilfe des Ergänzungspflegers geboten erscheint.

Liegt eine derartige Parteinahme nicht wenigstens eines Elternteils für das Kind vor, dürfte jedoch im Hinblick auf die Komplexität und Unberechenbarkeit der entsprechenden Lebenssachverhalte bei sexuellem Missbrauch die Einrichtung einer Vormundschaft durch einen kompletten Sorgerechtsentzug gemäß § 1666 BGB durch das Familiengericht das gebotene Mittel sein.

Der Vorwurf des sexuellen Missbrauchs des gemeinsamen Kindes wird im Sorgerechtsstreit nach Trennung oder Scheidung der Eltern erhoben

Durch die Kindschaftsrechtsreform gilt seit 01.07.1998 grundsätzlich das gemeinsame Sorgerecht beider Eltern und zwar wenn die Frau, die das Kind geboren hat, den Vater vor oder nach der Geburt geheiratet hat, wenn die Frau, ohne mit dem Vater verheiratet zu sein, zu seinen Gunsten eine Sorgerechtserklärung abgegeben hat und schließlich nach Trennung oder Scheidung der gemeinsam sorgeberechtigten Eltern, solange nicht einem von ihnen auf seinen Antrag hin die elterliche Sorge allein übertragen worden ist.

Eine Auflösung der gemeinsamen elterlichen Sorge ist natürlich dringend notwendig, wenn der andere Elternteil des sexuellen Missbrauchs am Kind beschuldigt wird oder an den Schutzmaßnahmen für das Kind nicht mitwirken will. Mit Marquardt und Lossen (1999) erscheint es empfehlenswert, dass das Gericht dem Elternteil, der den Schutz des Kindes vor dem anderen betreibt, schnell im Wege der vorläufigen oder einstweiligen Anordnung die gesamte Personensorge überträgt. In derartigen Fällen legen Trennung und Streit der Eltern über das Sorgerecht für die Kinder im Allgemeinen bereits die Befürchtungen nahe, das Wohl der Kinder werde hierdurch in Mitleidenschaft gezogen, weil die Eltern gerade infolge der anstehenden Ermittlungen unstreitig nicht in der Lage sind, miteinander zu reden und wichtige Dinge für die Kinder einvernehmlich zu regeln. Eine Eilentscheidung hinsichtlich des Aufenthaltsbestimmungsrechts dürfte nicht ausreichen, da für viele wichtige Entscheidungen die alleinige Personensorge Voraussetzung ist, so z.B. bei der Ausübung des Zeugnisverweigerungsrechtes für das Kind.

Die prozessualen Möglichkeiten, die Übertragung der alleinigen elterlichen Sorge zu erreichen, sind vielfältig. So kann der Antrag gleich nach der Trennung gemäß § 1671 BGB gestellt werden, wobei in dringenden Fällen eine vorläufige Anordnung begehrt werden kann. Wird das Sorgerecht im Rahmen eines Scheidungsverfahrens beantragt, so gilt dieses Verfahren als Folgesache der Scheidung mit der Folge, dass erst mit dem Scheidungsausspruch auch über das Sorgerecht entschieden wird. Es ist jedoch auch eine Vorabentscheidung mit Abtrennung des Sorgerechtsverfahrens vom Scheidungsverfahren möglich oder aber eine Sorgerechtsregelung für die Zeit bis zur Scheidung durch einstweilige Anordnung.

Eine während der Trennung ergangene Sorgerechtsregelung gilt auch nach der Scheidung fort.

Die Herstellung einer räumlichen Trennung des beschuldigten Elternteils vom Kinde wird schließlich bei verheirateten Eltern im Wege des Wohnungszuweisungsverfahrens nach § 1361 b BGB ermöglicht und bei nichtehelicher Lebensgemeinschaft durch die im Folgenden noch darzustellende „go-order".

Ein besonderes Problem stellt nach einer Trennung oder Scheidung im Hinblick auf einen sexuellen Missbrauch des Kindes das Umgangsrecht des beschuldigten Elternteils dar. Nach der Kindschaftsrechtsreform ist dem Umgangsrecht vom Gesetzgeber eine erhebliche Bedeutung beigemessen worden, indem § 1626 Abs. 3 BGB feststellt, dass zum Wohl des Kindes in der Regel gehört, Umgang mit beiden Elternteilen zu haben. Folgerichtig bestimmt § 1684 Abs. 1 BGB, dass das Kind das Recht auf Umgang mit jedem Elternteil hat und jeder Elternteil zum Umgang verpflichtet und berechtigt ist. Marquardt und Lossen (1999), die bereits auf den Vorwurf des sexuellen Missbrauchs hin für eine klare Orientierung, Sicherheit und Geborgenheit durch eine eindeutige Sorgerechtsentscheidung plädieren, lehnen ebenso konsequent ein Umgangsrecht des Beschuldigten mit der Begründung ab, dass nach sexuellem Missbrauch und anderen für das Kind traumatischen Erfahrungen das Kind die Gewissheit brauche, in Zukunft geschützt zu sein. Dazu gehöre auch der Ausschluss des Umgangs mit allen anderen Personen, die das Trauma verleugnen oder verharmlosen.

Vermittelnd argumentiert in dieser Situation Bergmann (1999), dass generell der betreute Umgang für viele Fälle eine geeignete Zwischenlösung sei, in denen sich die Frage, ob der Verdacht begründet sei, nicht umgehend kläre ließe. Ein völliger Ausschluss des Umgangs wäre hier ein unverhältnismäßiger Eingriff in das Elternrecht und zugleich eine fast irreparable Verletzung des Kindeswohls, wenn sich der Verdacht später als ungerechtfertigt erweist.

In der Tat stellt die Klärungsphase ein erhebliches Problem dar. Marquardt und Lossen (1999) ist jedoch zuzustimmen, dass der größte Teil der Kommunikation nonverbal abläuft und die Aufsichtsperson nicht verhindern kann, dass das Kind vom Täter nonverbale Botschaften wie Vorwurf oder Drohung erhält. Die Aufklärung des Geschehens wird unter Umständen durch einen beaufsichtigten Umgang des Beschuldigten mit dem kindlichen Zeugen für immer verhindert. In dieser Situation ist an einen vorläufigen Ausschluss des Umgangsrechts im Wege einer einstweiligen Anordnung mit einer zeitlichen Begrenzung zu denken.

Der Vorwurf des sexuellen Missbrauchs richtet sich gegen außenstehende Dritte

Richtet sich der Vorwurf des sexuellen Missbrauchs gegen einen außenstehenden Dritten, besteht das Interesse der sorgeberechtigten Eltern nicht nur an einer zügigen und opferschonenden Strafverfolgung, sondern auch an einem sofortigen Schutz des Kindes während des Verfahrens sowie an einem nachsorgenden Schutz nach einer eventuellen Strafverbüßung des Täters.

In dieser Situation bietet das Familiengericht nicht nur die Möglichkeit, gemäß § 1632 Abs. 2 BGB den Umgang des Kindes auch mit Wirkung für und gegen Dritte zu bestimmen, d.h. ein Umgangsverbot für den Dritten aussprechen zu können, sondern auch die Möglichkeit gemäß § 1666 Abs. 4 BGB Maßnahmen gegen den Dritten treffen zu lassen. Ziel dieser Maßnahmen ist es, ein wenn auch nur zufälliges Zusammentreffen des Kindes mit dem Beschuldigten zu vermeiden und zwar nicht nur während des Verfahrens sondern sogar noch nach der Strafverbüßung durch den Täter, wie das Oberlandesgericht Köln 1999 festgestellt hat. Die Maßnahme („go-order"), dass der Verurteilte das Stadtgebiet nicht betreten darf, scheine hiernach allein geeignet, ein auch nur zufälliges Zusammentreffen mit dem Kinde zu verhindern. Es sei dem Verurteilten auch zumutbar, diese Einschränkung seiner Bewegungsfreiheit hinzunehmen, die nur die zum Wohl des Kindes erforderliche Konsequenz seines eigenen strafbaren Verhaltens sei. Das gelte auch dann, wenn deshalb ein Wohnungswechsel nach der Strafentlassung erforderlich werde oder er Freigängerzeiten nicht in der Stadt bzw. bei seiner Lebensgefährtin dort verbringen könne. Es hieße die Ursachen und Folgen auf den Kopf stellen, wenn man nicht vom Täter sondern vom Opfer verlangen würde, dass es den Aktionskreis seines normalen Lebens einschränke, um dem Täter nicht zu begegnen. Eine solche wenn auch nur zufällige Begegnung könnte dem Wohl des Kindes wegen der Wiederbelebung des Geschehen zu schwerem Schaden gereichen (Oberlandesgericht Köln, Beschluss v. 24.01.1999 – 14 UF 242/98).

Neben dieser aktuellen Sicherung des Schutzes ihres Kindes wird den betroffenen Eltern besonders daran gelegen sein, ihr Kind nicht vielfachen Befragungen und Vernehmungen ausgesetzt zu sehen. Unter Berufung auf die Ergebnisse der Traumaforschung fordern Eggers u.a. (1998) ein koordiniertes Vorgehen der Justiz in den verschiedenen Verfahren mit dem Ziele einer einzigen richterlichen Vernehmung bzw. Befragung durch eine Gutachterin oder einen Gutachter (→ *Vernehmung von Kindern*, → *Glaubhaftigkeitsbegutachtung und diagnostischer Erkenntnisprozess*).

Da schwere emotionale und/oder körperliche bzw. sexuelle Traumatisierungen zu einer schweren Verwundung führen, die das gesamte Erleben und Erinnern, d.h. Wiederbeleben all dessen, was mit dieser Traumatisierung zusammenhängt, sehr stark tangiert, wird verständlich, dass Erinnertes je nach der Art der seelischen Verarbeitung, nach dem Verdrängungs- und Verleugnungsgrad einem Wandlungsprozess unterliegt und dass eben je nach der gefühlsmäßigen Verarbeitung und dem Auftreten von mehr oder weniger starken Verleugnungsprozessen entsprechend etwas weggelassen oder hinzugefügt wird. Wiederholte Explorationen sind daher zu vermeiden, einerseits wegen der dadurch möglichen Re-Traumatisierung, andererseits wegen der Gefahr auftretender und zunehmender Verfälschungstendenzen als psychologische Reaktion auf die Missbrauchserfahrung im Sinne einer psychohygienischen Abwehr von Schmerz, Angst, Scham, Entsetzen, wobei wiederholtes Befragen bei den Betroffenen zu einem anhaltenden Wiedererleben des traumatischen Ereignisses führt, was die Erinnerungsgenauigkeit an das tatsächliche Geschehen einschränkt.

Folgerichtig ist in den Beratungen zum Zeugenschutzgesetz im Deutschen Bundestag (1997) ausdrücklich darauf hingewiesen worden, dass eine Überführung des Angeklagten nun nicht mehr in jedem Fall vom persönlichen Erscheinen des Zeugen abhängig ist. Dies ist insbesondere für Eltern kindlicher Opferzeugen von Bedeutung. Liegt die Videoaufzeichnung der Vernehmung ihres Kindes vor, so sollten sie sich ermutigt fühlen, häufiger dem Rat von Ärzten oder

Psychologen zu folgen und ihr Kind den Belastungen einer Hauptverhandlung dann nicht auszusetzen, wenn es aus ärztlicher oder psychologischer Sicht nicht zumutbar erscheint.

Eine konsequente Haltung der sorgeberechtigten Eltern wird das Familiengericht, die Staatsanwaltschaft und das Strafgericht sowie schließlich das Versorgungsamt im Entschädigungsverfahren veranlassen, ihre jeweiligen Entscheidungen auf der Grundlage der einmal erfolgten auf Video aufgenommenen Aussage bzw. Exploration zu treffen.

Literatur

Bergmann, M. (1999), Zur Kindesanhörung im familiengerichtlichen Verfahren. In: *Kindschaftsrechtliche Praxis,* Heft 3, S. 78–82.

Deutscher Bundestag (1997), *Drucksache 13/7165.*

Eggers, Ch. u.a. (1998), Initiative der Arbeiterwohlfahrt Bezirksverb. Niederrhein e.V. zum Schutze sexuell mißbrauchter Kinder und Jugendlicher. In: *Zentralblatt für Jugendrecht,* 85. Jg., Nr. 9, S. 371–372.

Marquardt, C. & Lossen, J. (1999), *Sexuell mißbrauchte Kinder in Gerichtsverfahren.* Münster: Votum.

Münder, J. & Schone, R. (1997), Jugendhilfe und Vormundschaftsgerichte – Ende der Sozialpädagogik oder neuer Rahmen für neue Chancen? In: *Forum Erziehungshilfen, 3,* Heft 1, S. 9–13.

Oberlandesgericht Köln, Beschluß v. 24.01.1999 – 14 UF 242/98 – In: *Kindschaftsrechtliche Praxis,* Heft 3, S. 95.

Tauche, A. (1998), Synergieerzeugung. Eine Aufforderung aus dem Rechtssystem an die scheidungsbegleitenden Berufe. In: *Kindschaftsrechtliche Praxis,* Heft 4, S. 110–113.

Feministisches Ursachenverständnis

Maren Kolshorn und Ulrike Brockhaus

Die feministische Analyse sexueller Gewalt hat ihren Ursprung in der Frauenbewegung der 70er Jahre. Damals begannen Frauen erstmals offen über ihre eigenen Vergewaltigungen zu sprechen. Dabei wurde deutlich, in welch großem Ausmaß Frauen von sexuellen Übergriffen betroffen waren, welches Leid ihnen damit zugefügt wurde und wie ignorant und frauenverachtend die Gesellschaft damit umging. Das, was dort ans Licht der Öffentlichkeit kam, verbannte einen Großteil dessen, was man bisher über Vergewaltigungen zu wissen glaubte, ins Reich der Mythen (→ *Mythen über sexuelle Gewalt*) und forderte eine kritische Analyse herrschender – auch wissenschaftlicher – Erklärungen und Strukturen. Rund zehn Jahre später waren es ebenfalls in erster Linie betroffene Frauen und Feministinnen, die erkannten, dass sexuelle Gewalt bereits an Kindern, vor allem Mädchen, ein alltägliches Geschehen ist.

Die feministische Kernthese

Für das feministische Ursachenverständnis sind folgende Erkenntnisse grundlegend:
– Sexuelle Gewalt ist *keine Ausnahmeerscheinung*, sondern ein so häufiger und regelhafter Bestandteil des Alltags von Frauen, Mädchen und auch Jungen, dass ihr Vorkommen durch individuelle Faktoren nicht zu erklären ist (gesellschaftliche Dimension).
– Sexuelle Gewalt ist ein *geschlechtsspezifisches* Phänomen. Die Täter sind fast ausschließlich männlich, die Opfer überwiegend weiblich.
– Innerhalb der Dynamik sexueller Gewalt spielt der Faktor *Macht* als Ziel oder Mittel zur Durchsetzung sexueller Gewalttaten eine entscheidende Rolle.
– Sexuelle Gewalt ist ein *Herrschaftsinstrument*, welches von Männern gezielt dazu eingesetzt wird, um ihre Vormachtstellung zu festigen und Frauen in die Schranken zu weisen.

In Kombination der Faktoren Gesellschaft, Geschlecht und Macht kristallisierte sich folgende feministische Kernthese heraus: *Sexuelle Gewalt ist im Wesentlichen durch eine patriarchale Kultur bedingt und trägt gleichzeitig dazu bei, diese aufrecht zu erhalten.* Diese These hat mittlerweile Eingang auch in die nicht-feministische Wissenschaft gefunden und ist in unterschiedlichen Facetten untersucht und belegt worden. Dennoch gibt es bis heute nicht die eine feministische Theorie. Wenn wir hier von dem feministischen Ansatz reden, meinen wir damit alle theoretischen Überlegungen und empirischen Arbeiten, die sexuelle Gewalt im Kontext der gesellschaftlichen Beziehungen zwischen den Geschlechtern betrachten.

Patriarchale Gesellschaftsstruktur und sexuelle Gewalt

Patriarchale Gesellschaften sind durch die Vorherrschaft des Männlichen gekennzeichnet. *Strukturell* ist diese in der geschlechtsspezifischen Arbeitsteilung verankert. Damit einher geht, dass Frauen seltener Positionen gesellschaftlicher Einflussnahme und Macht besetzen und über weniger Handlungsressourcen verfügen als Männer. *Ideell* spiegelt sich das Machtungleichgewicht vor allem in den traditionellen Geschlechtsrollen wider.

Es gibt zahlreiche Forschungsergebnisse, die Zusammenhänge zwischen den genannten zentralen Kennzeichen einer patriarchalen Kultur und sexueller Gewalt belegen (Literaturauswertung in Brockhaus & Kolshorn, 1993). So wurde etwa in kulturvergleichenden Studien (Sanday, 1981) und in einer die Staaten der USA vergleichenden Untersuchung (Baron & Straus, 1987) herausgefunden, dass Vergewaltigungen u.a. dort häufiger waren, wo traditionelle Geschlechtsrollen und eine entsprechende Arbeitsteilung zwischen den Geschlechtern vorherrschten und Frauen hinsichtlich ökonomischer oder politischer Aspekte benachteiligt waren *(→ Vergewaltigungen)*. Ferner zeigten sich Zusammenhänge zwischen dem herkömmlichen Familienmodell und dem Risiko, dass die Töchter zum Opfer sexueller Gewalt, die Väter zu Tätern oder die Söhne zu sexuellen Gewalttätern „erzogen" werden (Herman & Hirschman, 1981; Lisak & Roth, 1990 in Lisak 1991; Parker & Parker, 1986; Sanday, 1981). Schließlich offenbaren zahlreiche Untersuchungen einen Zusammenhang zwischen den traditionellen Geschlechtsrollen und den eng damit verbundenen Mythen über sexuelle Gewalt einerseits und der Ausübung sexueller Gewalt, dem Widerstandsverhalten der Betroffenen und den Reaktionen auf sexuelle Gewalt andererseits (s.u. sowie *→ Mythen über sexuelle Gewalt).*

Wie sind diese Befunde zu erklären und in welcher Weise können die zitierten patriarchalen Faktoren ursächlich sexuelle Gewalt bewirken?

1. Die patriarchale Gesellschaft bringt sexuelle Gewalt hervor, indem ihre Mitglieder die in allen Bereichen der Gesellschaft manifestierte Geschlechtshierarchie als sexistische Vorstellungswelt verinnerlichen. Als solche beeinflussen insbesondere die traditionellen Geschlechtsrollen und die Mythen über sexuelle Gewalt die Wahrnehmung und Bewertung sexueller Übergriffe und damit letztlich das Verhalten *(→ Mythen über sexuelle Gewalt, → Modell der vier Voraussetzungen sexuellen Missbrauchs).*

2. Historisch ist die geschlechtsspezifische Arbeitsteilung eine wesentliche Basis für die *Verdinglichung weiblicher Sexualität* (Lerner, 1991). Aufgrund der in traditionellen Beziehungen meist bestehenden ökonomischen Abhängigkeit der Frau wird ihre Sexualität zur Ware, die sie zusammen mit verschiedenen Reproduktionsleistungen (Haushalt, Kindererziehung) gegen ökonomische Lebenssicherung und Status von Seiten des Mannes tauscht (Butzmühlen, 1978). Die Objektivierung der Frau im Bereich der Sexualität erleichtert es Männern, sich sexuelle „Dienste" eines Mädchens oder einer Frau wie eine Ware zu nehmen – mit oder ohne „Gegenleistung". Eine Frau bringt es auf den Punkt: „Mein Mann hat schon gelegentlich damit gedroht, kein Geld herauszurücken oder Gefälligkeiten einzustellen ... wenn ich nicht mit ihm Sex mache" (Hite, 1976, S. 413).

3. Die institutionalisierte Ungleichheit der Geschlechter hat zur Folge, dass Frauen nicht nur strukturell niedrigere Positionen einnehmen, sondern das weibliche Geschlecht im Vergleich zum männlichen auch *weniger wertgeschätzt* wird. Abwertungen erleichtern und fördern Diskriminierungen und Gewalt ge-

gen die stigmatisierte Gruppe (wie z. B. auch bei Ausländerinnen und Ausländern oder Jüdinnen und Juden).

4. Im Rahmen der institutionalisierten Ungleichheit der Geschlechter wird Männern eine Art *Eigentums- und Verfügungsrecht über die Sexualität* und die Lebenszusammenhänge „ihrer" Frauen und Kinder zugesprochen. Historisch ist der Geschlechtsverkehr das rechtskräftige Mittel der Inbesitznahme. Folgerichtig wurde Vergewaltigung lange als ein Eigentumsdelikt unter Männern geahndet. Wenn wir uns vergegenwärtigen, dass Vergewaltigungen und sexuelle Übergriffe in der Ehe bis 1997 nicht als solche strafbar waren, und dass die formale Vormundschaft des Mannes über die Ehefrau endgültig erst 1977 aus unseren Gesetzen verschwand, wird klar, dass das alte Verfügungsrecht in vielen Köpfen noch weiter lebt. Entsprechend meint ein Mann, der seine Frau vergewaltigt hat: „Ich hatte das Recht auf meine Frau. Ich bin der Chef zu Hause" (in Godenzi, 1991, S. 58). Und eine Frau, die als Kind von Ihrem Vater sexuell missbraucht worden ist, erzählt: „Er sagte zu mir, du musst mich tun lassen, was ich will, weil ich dich gemacht habe und du mir gehörst" (in Armstrong, 1985, S. 237). Die genannten „Rechtsansprüche" können bei Männern eine Motivation zur Gewaltausübung hervorbringen und tathindernde moralische Skrupel unterminieren.

5. Die patriarchale Gesellschaft begünstigt sexuelle Gewalt, indem sie Mädchen und Frauen im Schnitt mit weniger *materiellen und ideellen Handlungsressourcen* ausstattet als Jungen und Männer. Gegen den Willen eines anderen Menschen die eigenen Interessen behaupten und einen Menschen wie ein Ding benutzen, das kann nur, wer über mehr Mittel verfügt, die er oder sie einsetzen kann, um das eigene Ziel durchzusetzen. Die ökonomische Abhängigkeit erschwert es z. B. vielen Frauen, sich gegen ihren Partner, der ihnen selbst oder ihren Kindern gegenüber sexuell aggressiv ist, zu wehren.

6. Die geschlechtspezifische Arbeitsteilung hat zur Folge, dass Männer üblicherweise weniger Kontakt zu Kindern haben und entsprechend über weniger *Empathie* gegenüber Kindern verfügen. Der Mangel an Empathie wird zudem durch die männliche Geschlechtsrolle forciert. Die Unfähigkeit (und Unwilligkeit), sich in das Opfer einzufühlen, erleichtert Gewaltausübung.

7. In psychoanalytisch sozialisationstheoretischen Erklärungen wird angenommen, dass Männer v. a. deshalb zur Gewaltausübung Frauen und Kindern gegenüber neigen, weil sie sich im Prozess der geschlechtlichen Identitätsbildung hart von der gegengeschlechtlichen primären Bezugsperson – der Mutter – abgrenzen müssen (Harten 1997, → *Psychoanalyse und Inzest*). Dieses Denkmodell greift nur unter den Bedingungen patriarchaler, geschlechtsspezifischer Arbeitsteilung, nach der Frauen für die Betreuung und Erziehung der Kinder weitgehend allein zuständig sind.

8. Patriarchale Strukturen im Verbund mit den traditionellen Geschlechtsrollen und den Mythen über sexuelle Gewalt haben zur Folge, dass nur sehr *unzureichende Interventionsstrukturen* existieren. So ist einerseits das Ausmaß sozialer Kontrolle gegenüber Tätern relativ gering, gleichzeitig erfahren Opfer und soziales Umfeld im Bemühen, dem Täter Einhalt zu gebieten wenig Unterstüt-

zung. Fatale Fortsetzung findet dies in einer nach wie vor eher *täterfreundlichen und opferfeindlichen Justiz* (Schliermann 1993, → *Nebenklage,* → *Opferschutzgesetz,* → *Opferentschädigungsgesetz*).

Traditionelle Geschlechtsrollen und sexuelle Gewalt

Für das Verständnis des Ursachengefüges sexueller Gewalt sind aus feministisch-sozialpsychologischer Sicht die traditionellen Geschlechtsrollen und die Mythen über sexuelle Gewalt von besonderer Bedeutung (s. o. Punkt 1). Den Mythen ist ein eigenes Stichwort gewidmet, auf die Geschlechtsrollen wollen wir an dieser Stelle ausführlicher eingehen (→ *Weibliche Sozialisation,* → *Jungensozialisation).*

Die unterschiedlichen Positionen, die Männer und Frauen in unserer Gesellschaft innehaben, spiegeln sich in bestimmten Vorstellungen über das Wesen von Frauen und Männern wider (Brovermann et al., 1972; Neuendorff-Bub,1979; Schenk, 1979; zur männlichen Sozialisation s. Heiliger & Engelfried, 1995). Danach sind :
– *Frauen*: gefühlvoll, warm, sensibel, abhängig, sicherheitsbedürftig, passiv, schwach, unlogisch, verführerisch usw.
– *Männer*: unabhängig, dominant, aggressiv, aktiv, stark, selbstbehauptend, nüchtern, sexuell initiativ, potent usw.

Mit den stereotypen Bildern über Frauen und Männer gehen unterschiedliche Erwartungen an das Verhalten von Mädchen und Jungen, Frauen und Männern einher. Diese Verhaltenserwartungen werden einerseits von außen an die Person herangetragen und andererseits verinnerlicht. Als solches *prägen sie Selbstbilder, Wahrnehmung und Verhalten* der Menschen. Hinsichtlich sexueller Gewalt bedeutet dies insbesondere folgendes:

1. Generell befähigt die durch Dominanz geprägte männliche Rolle Männer und Jungen eher dazu, eigene Ziele selbstsicher und notfalls aggressiv zu verfolgen. Im Kontext struktureller Vorteile eröffnet sie ihnen mehr Handlungsmöglichkeiten als Mädchen und Frauen. Diese Überlegenheit an ideellen und materiellen Handlungsressourcen eröffnet erst die *Möglichkeit* zur Ausübung sexueller Gewalt (s. o.).

2. Die männliche Geschlechtsrolle legt eine *Trennung von Sexualität und Gefühl* nahe. Dies erleichtert die sexuelle Objektivierung eines anderen Menschen zum Zwecke eigener Befriedigung.

3. Die männliche Geschlechtsrolle prädestiniert zudem zur *Sexualisierung von Zuneigung.* Insofern kann sexuelle Ausbeutung von Kindern in einigen Fällen den Versuch darstellen, eine emotionale Beziehung zum Kind einzugehen oder zum Ausdruck zu bringen.

4. In der männlichen Geschlechtsrolle ist *sexuelle Potenz* ein sehr zentrales Element, welches gleichzeitig *mit Macht, Kontrolle und Aggression verknüpft ist.* Sexuell initiatives, dominantes und selbst aggressives Verhalten trägt zur

Bekräftigung der eigenen männlichen Identität bei. Damit ist die Erfüllung der männlichen Geschlechtsrolle ein *starkes Motiv* zur Ausübung sexueller Gewalt: Sexuelle Gewalt ist in diesem Verständnis ein Männlichkeitsbeweis. Ein Vergewaltiger bringt es auf den Punkt: „Es ging mir nicht um Sex, sondern darum, diese Frau zu erniedrigen. Dieses Erzwingen löst bei mir etwas aus – dass ich irgendwie ein Mann bin praktisch" (in Godenzi, 1991, S. 96). Die „überragende Männlichkeit" wird dabei nicht nur sich selbst zur Bestätigung der eigenen geschlechtlichen Identität demonstriert, sondern auch dem Opfer gegenüber. In der sexuell gewalttätigen Inszenierung von Dominanz und Unterwerfung wird die in den traditionellen Geschlechtsrollen festgeschriebene Ordnung der Geschlechter bekräftigt. Vergewaltigungen werden oftmals genau mit dem Ziel, die Frau zu disziplinieren und ihre Selbstständigkeit zu brechen, verübt. Ein Beispiel: „Mein Mann und ich hatten Streit und ich blieb bei meiner Meinung. Irgendwann haute er dann wutschnaubend ab. Später kam er mit zwei Freunden zurück und dann vergewaltigten sie mich" (persönliche Mitteilung).

5. Die Norm des stets Kompetenten und Dominanten macht Kinder für Männer (vor allem für solche mit weniger Selbstbewusstsein) zu *adäquaten Sexualobjekten*. Einem Kind gegenüber ist es einfach, alles im Griff zu haben und Männlichkeit durch Macht und Stärke zu beweisen. Sexuelle Handlungen mit einem Kind mögen dabei nur eine schwache, aber immer noch wichtige Bestätigung der Männlichkeit bringen.

6. Durch die Verknüpfung des Männlichkeitsideals mit sexueller Potenz, Dominanz, Kontrolle und Aggression liegt die Ausübung sexueller Gewalt *innerhalb der gesellschaftlichen Norm* – oder stellt zumindest ihre Überspitzung dar (→ *Täterprävention und männliche Sozialisation*).

7. Mit den traditionellen Geschlechtsrollen sind Vorstellungen verknüpft, die *Bedenken hinsichtlich sexuell gewalttätigen Verhaltens abbauen*. Einige dieser Haltungen und Meinungen motivieren sogar direkt zur Ausübung sexueller Gewalt und *legen entsprechendes Verhalten nahe* (→ *Mythen über sexuelle Gewalt*). Wer überzeugt ist, dass Männer ihren Trieb nicht kontrollieren können und müssen, dass es schließlich die Pflicht der Frauen ist, den Mann zu befriedigen, wer glaubt, dass Frauen „nein" sagen, aber „ja" meinen und ohnehin Spaß an der Unterwerfung haben – wer all dies glaubt, warum sollte der davor zurückschrecken, sich zu holen, was ihm sowieso zusteht?

8. Die durch Abhängigkeit und Sensibilität gekennzeichnete weibliche Rolle prädestiniert Frauen dazu, sensibel auf die Wünsche anderer einzugehen und sich unterzuordnen und steht der aggressiven Durchsetzung eigener Wünsche entgegen. Damit fehlen tendenziell nicht nur die Handlungs„kompetenzen" zur Ausübung sexueller Gewalt, sondern auch zu selbstsicherem und effektivem Widerstand gegenüber einem Täter.

9. Die weibliche Geschlechtsrolle legt die *Integration von Sexualität, Gefühl und Empathie* nahe. Dies steht der Ausübung sexueller Gewalt entgegen.

10. Während Männer sich über die Ausübung sexueller Gewalt ihre geschlechtliche Identität bestätigen können, *greift das gleiche Verhalten die weib-*

liche Identität an. Auch dies steht sexuell gewalttätigem Verhalten von Frauen und Mädchen entgegen.

Der Zusammenhang zwischen traditioneller Geschlechtsrollenorientierung und sexueller Gewalt wird durch Vielzahl empirischer Ergebnisse belegt. *(Ergebnisse im einzelnen und Literatur, s. → Mythen über sexuelle Gewalt.)*

Bewertung des feministischen Ansatzes

Die These der patriarchalen Bedingtheit sexueller Gewalt hat sich theoretisch und empirisch als schlüssig erwiesen. Damit kommt feministischen Wissenschaftlerinnen und Wissenschaftlern nicht nur der Verdienst zu, sexuelle Gewalt als weit verbreitetes Problem überhaupt ins Blickfeld gerückt, sondern auch mit alten Mythen aufgeräumt zu haben. Zudem wurden darauf aufbauend Ansätze für eine *multifaktorielle Ursachenanalyse* (Finkelhor, 1984; Brockhaus & Kolshorn, 1991 und 1993) entwickelt, die sich zudem auch mit den ablaufenden psychischen und interaktiven Prozessen befassen *(→ Modell der vier Voraussetzungen sexuellen Missbrauchs).*

Mit der Betonung gesellschaftlicher Aspekte in der feministischen Theorie wird keinesfalls die Bedeutung individueller Faktoren negiert. Ihr Einfluss muss nach dem feministischen Verständnis jedoch immer im gesellschaftlichen Gesamtzusammenhang gesehen werden. Wird z.B. die Erfahrung vieler Täter, als Kind selbst Opfer sexueller oder anderer Gewalt geworden zu sein, für ihr Täterverhalten verantwortlich gemacht, muss über die Person des Täters hinausgehend analysiert werden, warum z.B. Mädchen, die noch häufiger als Jungen zum Opfer werden, so viel seltener sexuelle Gewalt ausüben.

Die feministische Erkenntnis der patriarchalen Determinierung und Vorstrukturierung sexueller Gewalt spricht den Menschen nicht von seiner persönlichen Verantwortung frei. Es existieren stets Handlungsspielräume, die eigene Entscheidungen erfordern und die ausgefüllt werden können und müssen. Menschen haben in gewissen Grenzen immer die Freiheit der Wahl und tragen damit die Verantwortung für ihr Handeln.

Literatur

Armstrong, Louise (1975/1985). *Kiss daddy goodnight.* Frankfurt a.M.: Suhrkamp.
Baron, Larry & Straus, Murray A. (1987). Four theories of rape: A macrosociological analysis. *Social Problems, 34,* (5), 467–489.
Brockhaus, Ulrike & Kolshorn, Maren (1991). *Sexuelle Ausbeutung von Kindern. Erscheinungsbild, Soziale Repräsentationen und gesellschaftliche Mechanismen.* Diplomarbeit im Studienfach Psychologie an der Georg-August-Universität Göttingen.
Brockhaus, Ulrike & Kolshorn, Maren (1993). *Sexuelle Gewalt gegen Mädchen und Jungen. Mythen, Fakten, Theorien.* Frankfurt a.M.: Campus.

Broverman, I. K., Vogel, S. R., Broverman, D. M., Clarkson, F. E. & Rosenkrantz, P. S. (1972). Sex-role stereotypes: A current appraisal. *Journal of Social Issues, 28 (2)*, 59–77.
Butzmühlen, Rolf (1978). *Vergewaltigung. Die Unterdrückung des Opfers durch Vergewaltiger und Gesellschaft.* Gießen: Focus.
Finkelhor, David (1984). *Child sexual abuse. New theory and research.* New York: The Free Press.
Godenzi, Alberto (1991). *Bieder, brutal. Frauen und Männer sprechen über sexuelle Gewalt.* Zürich: Unionsverlag.
Harten, Hans-Christian (1997). Zur Zementierung der Geschlechtsrollen als mögliche Ursache für sexuellen Missbrauch – Sozialisationstheoretische Überlegungen zur Missbrauchsforschung. In: Amann, G. & Wipplinger, R. (Hrsg.), *Sexueller Missbrauch. Überblick zu Forschung, Beratung und Therapie* (S. 106–120). Tübingen: dgvt Verlag.
Heiliger, Anita & Engelfried, Constanze (1995). *Sexuelle Gewalt. Männliche Sozialisation und potentielle Täterschaft.* Frankfurt a. M.: Campus.
Herman, Judith L. & Hirschman, Lisa (1981). *Father-daughter incest.* Cambridge: University Press.
Hite, Shere (1976/1988). *Hite Report. Das sexuelle Erleben der Frau.* München: Bertelsmann.
Lerner, Gerda (1991). *Die Entstehung des Patriarchats.* Frankfurt a. M.: Campus.
Lisak, David (1991). Sexual aggression, masculinity, and fathers. *Signs, 16 (2)*, 238–262.
Neuendorff-Bub, Brigitte (1979). Stereotype und geschlechtsspezifisches Verhalten. In Eckert, R. (Hrsg.), *Geschlechtsrollen und Arbeitsteilung* (S. 78–96). München: Beck.
Parker, Hilda & Parker, Seymour (1986). Father-daughter sexual abuse: An emerging perspective. *American Journal of Orthopsychiatry, 56*, 531–549.
Sanday, Peggy (1981). The socio-cultural context of rape: A cross-cultural study. *Journal of social issues, 37, (4)*, 5–27.
Schenk, Herrad (1979). *Geschlechtsrollenwandel und Sexismus. Zur Sozialpsychologie geschlechtsspezifischen Verhaltens.* Weinheim: Beltz.
Schliermann, B. (1993). *Vergewaltigung vor Gericht.* Hamburg: Konkret Literatur Verlag.

Folgen

Franz Moggi

Unter sexueller Kindermisshandlung versteht man die Benutzung von Kindern bei sexuellen Aktivitäten mit Erwachsenen. Dazu gehören genitale, orale und anale Praktiken einschließlich Geschlechtsverkehrs, Herstellung pornographischen Materials mit Kindern oder Anleitung zur Prostitution, aber auch sexuelle Berührungen, Präsentation pornographischen Materials, Exhibitionismus oder anzügliche Bemerkungen (Engfer, 1997).

Die meisten Fachleute gehen davon aus, dass sexuelle Kindesmisshandlung bei den Opfern zu negativen Folgen führt. In der Fachliteratur wird im Allge-

meinen zwischen den beiden Folgetypen Kurz- und Langzeitfolgen unterschieden (vgl. Moggi, in Druck):
- Unter *Kurzzeitfolgen* werden zum einen unmittelbare Reaktionen des Kindes auf die sexuelle Misshandlung und zum anderen mittelfristige Folgen bei den Kindern verstanden, die innerhalb der ersten beiden Jahre nach Beginn der sexuellen Misshandlung auftreten.
- Als Langzeitfolgen werden Folgen bezeichnet, die anhaltend sind und die Dauer der Kurzzeitfolgen überschreiten oder die erst später als zwei Jahre nach Beginn der Misshandlung – meist während der Adoleszenz bzw. im Erwachsenenalter – auftreten.

Kurzzeitfolgen

Die Kurzzeitfolgen lassen sich in vier Symptomgruppen einteilen (vgl. Moggi, in Druck):
- *Emotionale Reaktionen:* Angststörungen, Posttraumatische Belastungsstörung, Depression, niedriger Selbstwert, Schuld- und Schamgefühle, Ärgerneigung, Feindseligkeit, Suizidgedanken und selbstschädigendes Verhalten (z. B. Drogenkonsum) sowie allgemeine Störungen der Gefühlsregulation (z. B. Impulsivität).
- *Somatische und psychosomatische Folgen:* Verletzungen im genitalen, analen und oralen Bereich, Schwangerschaften während der Adoleszenz, Geschlechtskrankheiten, psychosomatische Beschwerden (z. B. chronische Bauchschmerzen ohne körperlichen Befund), Ess- und Schlafstörungen sowie Bettnässen oder Einkoten.
- *Unangemessenes Sexualverhalten*: Ausufernde Neugier an Sexualität, frühe sexuelle Beziehungen, offenes Masturbieren oder Exhibitionismus sowie unangemessenes sexualisiertes Verhalten im Sozialkontakt.
- *Auffälligkeiten im Sozialverhalten:* Weglaufen von Zuhause, Schulschwierigkeiten, Fernbleiben vom Unterricht, Rückzugsverhalten, Hyperaktivität, delinquentes Verhalten, aggressives Verhalten wie mutwilliges Zerstören von Eigentum sowie physische Angriffe (unter Umständen unter Benutzung von Waffen) und übermäßiger Konsum von Suchtmitteln.

Nach Salter (1988) lassen sich die Kurzzeitfolgen in *zwei Breitbandfaktoren* unterteilen, die als internalisierende (= gegen die eigene Person gerichtete) oder externalisierende (= gegen die Außenwelt gerichtete) Reaktionsformen auf sexuelle Kindesmisshandlung aufgefasst werden können. Unter *internalisierenden Reaktionsformen* werden z. B. Depression, Ängste, Rückzugsverhalten, schulischer Misserfolg, psychosomatische Beschwerden verstanden; unter *externalisierenden Reaktionsformen* z. B. offene Aggression gegen andere Personen oder deren Eigentum, offenes Masturbieren oder Weglaufen von Zuhause.

Langzeitfolgen

Die Störungen und Symptome von in der Kindheit sexuell misshandelten Erwachsenen sind recht vielfältig, so dass sich zwar kein typisches „Missbrauchssyndrom" ableiten lässt, aber dennoch bei den Opfern einige Langzeitfolgen gehäuft vorkommen (vgl. Moggi, in Druck).
- *Posttraumatische Belastungsstörung:* Beharrliches Wiedererleben der sexuellen Kindesmisshandlungen (z. B. Erinnerungen), bewusste Vermeidung von Situationen, die mit der sexuellen Kindesmisshandlung in Verbindung stehen und anhaltende Symptome erhöhten Erregungsniveaus (z. B. Reizbarkeit) (→ *Dissoziation – dissoziative Störung*).
- *Emotionale und kognitive Störungen:* Depression, Ängstlichkeit, Angst- und Zwangsstörungen, Schuld- und Schamgefühle, Einsamkeitsgefühle, Ärgerneigung, negative Selbstwahrnehmung, Unsicherheit, niedriges Selbstwertgefühl, Hilflosigkeits- und Ohnmachtsgefühle.
- *Persönlichkeitsstörungen*: anhaltende Impulsivität, emotionale Instabilität (z. B. Borderline-Persönlichkeitsstörung).
- *Selbstschädigendes Verhalten:* z. B. sich mit Zigaretten verbrennen, Suizidgedanken und suizidale Handlungen.
- *Psychosomatische Symptome:* Körperliche Symptome ohne organischen Befund wie z. B. Bauchschmerzen, Durchfall, Übelkeit, Brust- und Gliederschmerzen, Schmerzen im Genitalbereich.
- *Dissoziative Störungen:* z. B. Gedächtnislücken, Multiple Persönlichkeitsstörungen (→ *Dissoziation – dissoziative Störung*).
- *Schlafstörungen:* z. B. Einschlaf- oder Durchschlafstörungen, schlechte Schlafqualität.
- *Substanzgebundenes Suchtverhalten:* z. B. Alkoholmissbrauch oder -abhängigkeit, Missbrauch illegaler Drogen.
- *Essstörungen*: Magersucht, Ess-Brech-Sucht.
- *Sexuelle Störungen:* Sexuelle Funktionsstörungen, unbefriedigende Sexualität, Promiskuität, sexuelle Orientierungsstörungen.
- *Störungen interpersonaler Beziehungen:* Feindseligkeit gegenüber den Eltern, Furcht oder Feindseligkeit gegenüber Männern, chronische Unzufriedenheit in intimen Beziehungen, Misstrauen, Tendenz wieder Opfer zu werden.

Geschlechtstypische Unterschiede

Finkelhor stellte in seinem Literaturüberblick von 1990 noch fest, dass weibliche und männliche Opfer sexueller Kindesmisshandlung ebenso häufig wie stark unter Kurz- bzw. Langzeitfolgen leiden, wobei Knaben eher externalisierende und Mädchen eher internalisierende Kurzzeitfolgen zeigen würden. In ihrer neueren empirischen Meta-Analyse kommen Rind und Tromovitch (1997) dagegen zum Schluss, dass weibliche Opfer häufiger als männliche Opfer angeben, unter Folgen der sexuellen Kindesmisshandlung zu leiden, und dass die weiblichen Opfer tendenziell stärker unter den Folgen leiden als männliche Opfer. Die beiden Autoren führen diese Geschlechtsunterschiede darauf zurück, dass weibliche Opfer im Allgemeinen schwerere Formen sexueller Kindesmisshandlung zu erleiden hätten als männliche Opfer. Im Vergleich zu Knaben würden Mädchen häufiger sehr jung und öfter durch körperliche Gewalt zu inzestuösen Beziehungen gezwungen. Opfer mit derart schweren sexuellen Kindesmisshandlungen litten häufiger und stärker unter Kurz- bzw. Langzeitfolgen. Denkbar ist auch, dass Jungen und Männer eine sexuelle Misshandlung auf Grund ihrer Sozialisation anders erleben und bewerten als Mädchen und Frauen.

Opfer ohne Symptome

Fast alle Untersuchungen zu den Folgen sexueller Kindesmisshandlung weisen nach, dass bis zu einem Drittel der weiblichen und bis zu über 50 Prozent der männlichen Opfer subjektiv nicht unter Folgen sexueller Kindesmisshandlung leiden (Rind & Tromovitch, 1997; Finkelhor & Berliner 1995). Eigene Forschungsergebnisse zeigen einen Zusammenhang zwischen der Schwere der sexuellen Misshandlung und ihren Folgen (Moggi, 1996; Moggi & Hirsbrunner, 1999). Erwachsene Frauen, die in ihrer Kindheit einen einmaligen und ohne Gewaltanwendung durchgeführten sexuellen Übergriff (z.B. Exhibitionismus) von einem Täter außerhalb des Verwandten- oder Bekanntenkreises erlebt haben, gaben wenige oder gar keine Langzeitfolgen an. Dagegen litten erwachsene Frauen deutlich stärker unter Langzeitfolgen, wenn sie als Kind in lang andauernden Inzestbeziehungen lebten, in denen mit Gewalt die Teilnahme an sexuellen Handlungen erzwungen worden waren. Sie hatten ein negativeres Selbstbild, häufigere Depressionen sowie Beziehungs- und Sexualstörungen. Gewöhnliche Alltagssituationen mit Männern erlebten sie unangenehmer und fühlten sich hilfloser.

Methodische Probleme der Folgeforschung

Der Begriff „Folgen sexueller Kindesmisshandlung" legt einen Wirkungszusammenhang nahe, der mehrheitlich auf der Grundlage von Forschungsergebnissen *retrospektiver Studien* angenommen wird. Das sind Studien, die Ereignisse und Erlebnisse untersuchen, die meist lange, zum Teil Jahrzehnte zurückliegen können, und deshalb anfällig für Verzerrungen sind (z.B. Schwierigkeiten sich an die Ereignisse zu erinnern, Einfluss anderer Lebenserfahrungen auf die seelische Gesundheit zum Zeitpunkt der Befragung). Ursächliche Zusammenhänge sind letztlich nur mit prospektiven Langzeitstudien mit einer

Kontrollgruppe (= nicht sexuell misshandelte Personen) zu klären. Das sind Studien, die eigentlich vor, während und nach der Misshandlung die Opfer untersuchen würden. Sie könnten andere Ursachen (z. B. andere negative Lebenserfahrungen, fehlende Unterstützung durch andere Personen) ausschließen. *Prospektive Langzeitstudien* können jedoch bei sexueller Kindesmisshandlung nicht durchgeführt werden, weil aus ethischen und rechtlichen Gründen in jedem Fall einzugreifen ist. Deswegen wird man sich weiterhin auf Forschungsergebnisse berufen müssen, die von retrospektiven Studien oder von Untersuchungen stammen, in denen in bekannt gewordenen Fällen ge- und behandelt wurde und die nach Monaten oder Jahren nachuntersucht wurden.

Unterschiedliche Forschungsergebnisse können auch durch Merkmale der Untersuchung selbst zustande kommen. So unterscheiden sich Untersuchungen erheblich in Bezug auf die verwendeten *Definitionen sexueller Kindesmisshandlung* (enge oder weite Begriffe) *(→ Definitionen und Begriffe), Befragungsmethoden* (Fragebogen oder Interview), *Erhebungsinstrumente* (psychologische Tests oder frei erfundene Fragebogen), *statistischen Verfahren* und *Befragtengruppen* (repräsentative Stichproben, Studenten-, Freiwillige-, klinische Kollektive).

Kilpatrick (1992) und Neumann, Houskamp, Pollock und Briere (1996) gelangen in ihren sorgfältigen Übersichten zum Schluss, dass in der Mehrzahl der methodisch korrekt durchgeführten Untersuchungen mit klinisch auffälligen Untersuchungspersonen bei längerfristigen, mit Gewalt einhergehenden Fällen sexueller Misshandlung durch Familienmitglieder oder nahe Bezugspersonen ein deutlicher Zusammenhang zwischen sexueller Kindesmisshandlung und Beeinträchtigungen der seelischen Gesundheit im Erwachsenenalter zu finden ist. Dagegen zeigten sich zwischen einmaligen und ohne körperliche Gewalt erzwungenen sexuellen Kindesmisshandlungen und Beeinträchtigungen der seelischen Gesundheit im Erwachsenenalter lediglich schwache Zusammenhänge. Auch in Untersuchungen mit klinisch unauffälligen repräsentativen Bevölkerungsstichproben wird oft lediglich ein schwach erhöhtes Risiko zur psychischen Erkrankung nachgewiesen (Rind & Tromovitch, 1997). Neben Art, Schwere und Dauer der sexuellen Misshandlung nehmen soziale Unterstützung und Bewältigungsstrategien Einfluss darauf, wie und ob die Entwicklung des Kindes beeinträchtigt wird (Pynoos, Steinberg & Wraith, 1995). Weiter erforscht werden muss das Zusammenwirken der einzelnen Faktoren bei der Ausformung psychischer Störungen und welche Faktoren schützend wirken.

Literatur

Engfer, A. (1997). Gewalt gegen Kinder in der Familie. In U.T. Egle, S.O. Hoffmann & P. Joraschky (Hrsg.), *Sexueller Missbrauch, Misshandlung, Vernachlässigung* (S. 21–34). Stuttgart: Schattauer.
Finkelhor, D. (1990). Early and long-term effects of child sexual abuse. An update. *Professional Psychology. Research and Practice, 21,* 32–330.

Finkelhor, D. & Berliner, L. (1995). Research on the treatment of sexually abused children: A review and recommendations. *Journal of the American Academy of Child and Adolescent Psychiatry, Vol. 34,* 1408–1423.
Kilpatrick, A. C. (1992). *Long-range effects of child and adolescent sexual experiences. Myths, mores, menaces.* Hillsdale, N.J.: Lawrence Erlbaum.
Moggi, F. (in Druck). Kindesmisshandlung. In P. F. Schlottke, R. K. Silbereisen, S. Schneider & G. W. Lauth. *Enzyklopädie der Psychologie. Band 5: Störungen im Kindes- und Jugendalter.* Göttingen: Hogrefe.
Moggi, F. (1996). Merkmalsmuster sexueller Kindesmisshandlung und Beeinträchtigungen der seelischen Gesundheit im Erwachsenenalter. *Zeitschrift für Klinische Psychologie, 25,* 296–303.
Moggi, F. & Hirsbrunner, H. P. (1999). Sexuelle Kindesmisshandlung: Kognitive Bewertung, Emotion und Bewältigung in sozialen Alltagssituationen. *Zeitschrift für Klinische Psychologie, 28,* 105–111.
Neumann, D. A., Houskamp, B. M., Pollock, V. E. & Briere, J. (1996). The long-term sequelae of childhood sexual abuse in women: A meta-analytic review. *Child Maltreatment, 1,* 6–16.
Pynoos, R. S., Steinberg, A. M. & Wraith, R. (1995). A developmental model of childhood traumatic stress. In D. Chicchetti & D.J. Cohen (Eds.), *Developmental psychopathology. Vol. 2: Risk, disorder, and adaption* (pp. 72–95). New York, NY: John Wiley & Sons.
Rind, B. & Tromovitch, P. (1997). A meta-analytic review of findings from national samples on psychological correlates of child sexual abuse. *Journal of Sex Research, 34,* 237–255.
Salter, A. C. (1988). *Treating child sex offenders: A practical guide.* London: Sage.

Empfohlene Literatur:

Amann, G. & Wipplinger, R. (1997). *Sexueller Missbrauch. Überblick zu Forschung, Beratung und Therapie. Ein Handbuch.* Tübingen: dgvt-Verlag. (eine Neuauflage ist in Druck).

Frauen als Täterinnen

Barbara Kavemann und Gisela Braun

Der nachfolgende Beitrag fasst den derzeitigen Kenntnisstand über Täterinnen zusammen. Er ist geschrieben in dem Bewusstsein, dass über Täterinnen wenig fundiertes Wissen vorliegt. Der Text basiert auf der von der Arbeitsgemeinschaft Kinder- und Jugendschutz Landesstelle NRW herausgegebenen Broschüre „An eine Frau hätte ich nie gedacht …! Frauen als Täterinnen bei sexueller Gewalt gegen Mädchen und Jungen".

„Ich kann es einfach nicht glauben"

„Ich kann es einfach nicht glauben, dass eine Frau sowas tut." Dies könnte der Leitsatz der Diskussion über weibliche Täterinnen sein. War es schon schwierig genug, die sexuelle Gewalt von Männern gegen Kinder in ihrem Ausmaß als Realität wahrzunehmen, so scheint dies bei Täterinnen fast unmöglich. Die Verleugnung weiblicher Täterschaft hat viele Gründe. Der entscheidende ist vermutlich, dass sexueller Missbrauch durch Frauen unsere Ansichten darüber untergräbt, wie Frauen sich Kindern gegenüber verhalten. „Der traditionellen gesellschaftlichen Rolle von Frauen, insbesondere von Müttern, widerspricht sexueller Missbrauch von Kindern derart, dass wir ihn uns gewöhnlich nur vorstellen können, wenn die betroffene Frau entweder psychotisch ist ... oder unter Alkohol oder Drogen gestanden hat" (Hanks & Saradjian 1994, S. 202). Eine andere abwiegelnde Erklärung findet sich im Mythos von Liebe und Verführung: Die attraktive Frau in den besten Jahren verliebt sich in einen Jungen und führt ihn in Liebe und Sexualität ein. Dies wiederum ist für den Jungen so schön, dass er noch Jahre später davon schwärmt. Beide Sichtweisen – gestörte Frau oder Liebende – dienen dazu, eine verstörende Tatsache so zu verbrämen, dass das Weltbild intakt bleibt.

Vorurteile – Wahrheit und Wunsch

In der Diskussion um weibliche Täterschaft werden eine Reihe von Annahmen vertreten, die einer kritischen Überprüfung bedürfen:

Sexueller Missbrauch durch Frauen ist die absolute Ausnahme

Es gibt eine Reihe von Untersuchungsergebnissen zur Häufigkeit weiblicher Täterschaft. Allerdings variieren die Zahlen je nach Definition, Erhebungsmethodik und anderen Bedingungen deutlich. Deshalb ist in jedem Fall Zurückhaltung bei der Verbreitung von Häufigkeitsangaben geboten. Wenn man verschiedene neuere Untersuchungen zusammenfasst, lässt sich der Anteil weiblicher Täterinnen zur Zeit bei 10–15 Prozent festmachen (vgl. Kavemann 1996).

Frauen missbrauchen Kinder genauso häufig wie Männer

Es gibt sicherlich gute Gründe, davon auszugehen, dass es beim sexuellen Missbrauch durch Frauen ein hohes Dunkelfeld gibt. Da sind die Jungen, die, um ihr männliches Selbstverständnis zu wahren, die Gewalterfahrung verschweigen oder erzählen, dass sie „es" genossen haben. Da sind die Mädchen, die glauben, sie sind Monster, weil sie von einer Frau sexuell missbraucht werden, wo man sie doch immer nur vor Männern gewarnt hat, die Angst haben, nun lesbisch zu werden oder schon zu sein. Da ist die Öffentlichkeit, die Gewalt durch Frauen nicht thematisiert und Pädagoginnen und Pädagogen, die nicht an Frauen als Täterinnen denken. Es könnte deshalb sein, dass der genannte Anteil der Frauen an den Täterinnen und Tätern zu niedrig ist und sich die Zahl der Täterinnen in Zukunft erhöhen wird.

Frauen haben viel mehr Möglichkeiten, sexuellen Missbrauch zu tarnen

Sicher ist es richtig, dass Frauen mehr und intensiverer Körperkontakt mit Kindern zugestanden wird, als Männern. Sie sind traditionell eher mit Kinderpflege und Versorgung betraut, ja mehr noch, sie werden von ihnen erwartet. So „natürlich" scheint dieser Körperkontakt, dass auch intime Verrichtungen am Körper des Kindes als unverdächtig gelten. Hinzu kommt, dass die Möglichkeit sexueller Gewalt durch eine Frau, besonders die Mutter, gänzlich ausgeblendet wird und sogar offensichtliche, massive Grenzüberschreitungen wahlweise als Überfürsorglichkeit, mütterliche Strenge oder offenherzige Sexualaufklärung interpretiert werden. Trotzdem ist es nicht ganz so einfach. Auch männliche Täter verbergen ihre Taten oft meisterhaft. Zudem ist sexuelle Gewalt durch Frauen ja nicht nur ein unangemessenes Streicheln, das sich im Rahmen von Körperpflege leicht verbergen ließe (vgl. Finkelhor & Russel 1984).

Sexueller Missbrauch durch Frauen ist eher Verführung und nicht so gewalttätig

Sexueller Missbrauch ist keine „Verführung". Täterinnen tun das gleiche wie Täter. Die Formen der sexuellen Gewalthandlungen, die Intensität, der körperliche, psychische und emotionale Zwang ist ähnlich.

Gewalttätigkeit hat unterschiedliche Formen. Meist wird hauptsächlich an körperliche Gewalt gedacht und die wird eher Männern zugeordnet. „Zum herkömmlichen Bild der Frau gehört, dass sie weniger zu Formen offener und körperlicher Gewalt greift, um ihre Interessen und Bedürfnisse durchzusetzen" (Wais & Gallé 1996, S. 65). Richtig ist, dass viele Täterinnen genauso wie Täter versuchen, eine Beziehung zum Kind aufzubauen, es in Abhängigkeit zu halten, seine Wünsche und Bedürfnisse auszunutzen, sein Vertrauen zu gewinnen, auf seine Zuneigung zu setzen und vor allem zu manipulieren. Aber genauso oft üben Täterinnen auch körperliche Gewalt aus. So stellte Wolfers (1995, S. 160) in einer Untersuchung fest, „... dass sieben von zehn Frauen ihre Opfer einem sehr hohen Grad körperlicher und seelischer Gewalt aussetzten".

Sexueller Missbrauch durch Frauen hat nicht so schlimme Folgen

Diese Einschätzung ist falsch. Untersuchungen belegen, dass die Folgen der sexuellen Gewalt durch Frauen traumatisch sein können. Einige Betroffenen suchen Zuflucht in Drogen, Medikamenten, Alkohol, andere verhalten sich autoaggressiv, unternehmen Selbstmordversuche, leiden unter chronischer Depression, sind magersüchtig oder bulimisch, entwickeln Probleme mit ihrer Geschlechtsidentität, haben Schwierigkeiten, Beziehungen aufrechtzuerhalten oder wurden als Kinder zu notorischen Ausreißerinnen und Ausreißern (Elliott 1995, S. 47f. → *Folgen*).

Frauen missbrauchen eher Jungen als Partnerersatz

Auch diese These sieht Täterinnen eher in der Rolle der einsamen Frau, die sich Zuneigung durch die Verführung eines Jungen erwirkt. Die Realität ist: „Die Verwechslung von sexueller Gewalt mit Zärtlichkeit ist bei Frauen ebenso unzulässig wie bei Männern" (Kavemann 1996, S. 255). Außerdem kamen einige Untersuchungen zu dem Ergebnis, dass die Anzahl männlicher und weiblicher Opfer fast gleich ist, während einige sogar eine Überzahl weiblicher Opfer feststellten (vgl. Elliott 1995). Wie alle Untersuchungen sind auch diese mit Zurückhaltung zu betrachten. Hilfreich sind sie insofern, als dass sie uns daran hindern, in klischeehaften Kategorien zu denken.

Täterinnen werden von Männern/Partnern dazu gezwungen

Wie im Folgenden noch näher beschrieben wird, gibt es in der Tat eine nicht geringe Zahl von Täterinnen, die von männlichen Tätern gezwungen werden, Mädchen und Jungen sexuell zu missbrauchen oder sich an den Taten des Mannes zu beteiligen. Aber daneben gibt es eine große Zahl von Täterinnen, die eigenständig Kinder missbrauchen. Oder aber sie fahren mit den Übergriffen fort, wenn die Gewaltandrohung durch einen männlichen Partner nicht mehr existiert. Da Frauen nicht als sexuell aggressiv gelten, scheint es schwierig wahrzunehmen, dass sie aus eigenem Antrieb sexuell gewalttätig werden können.

Ursachen sexueller Gewalt durch Frauen

Für Frauen, die missbrauchen, gilt das gleiche, was wir auch schon über männliche Täter wissen. Wie auch männliche Missbraucher haben sie Denkmodelle entwickelt, die ihnen erlauben, ihr Verhalten zu legitimieren, bagatellisieren, rechtfertigen oder entschuldigen. Ihre Motive für den sexuellen Missbrauch sind unterschiedlich. Manchmal sind es primär sexuelle Motive. In anderen Fällen geht es der Täterin hauptsächlich darum, auf sexuelle Weise eine ganze Reihe von emotionalen Bedürfnissen zu befriedigen (vgl. Eldrige 1997). Es ist deshalb „unsinnig, sexuelle Gewalt von Frauen anders erklären zu wollen als die von Männern. Es handelt sich in beiden Fällen um Machtmissbrauch und Sexualisierung von Gewalt" (Kavemann 1996, S. 256 → *Abwehrstrategien der Täter*).

Das bedeutet allerdings nicht, dass patriarchale Verhältnisse zu negieren sind, da die männliche und weibliche Sozialisation beiden Geschlechtern unterschiedliche Zugänge zu Aggression und Gewalt eröffnen: Für Jungen und Männer bietet die Sexualisierung von Gewalt sich als eine Möglichkeit an, Männlichkeit zu etablieren oder zu stabilisieren und erlittene Kränkungen oder eigene Mangelsituationen durch sexualisierte Gewalt zu kompensieren. Frauen eröffnet die Sexualisierung von Gewalt im Unterschied dazu nicht die Möglichkeit, sich der eigenen Weiblichkeit zu versichern. Im Gegenteil kann diese Gewalt als eklatante Verletzung der Werte gesehen werden, die das gesellschaftliche Frauenbild bestimmen (ebd., S. 248 → *Feministisches Ursachenverständnis*).

Andererseits haben Frauen ganz klar Mitverantwortung und Mitbeteiligung an der Gestaltung von Macht- und Herrschaftsverhältnissen in unserer Gesellschaft. „Soziale Gruppen wie zum Beispiel Männer und Frauen, Mehrheiten und Minderheiten treten sich als ‚verletzungsoffen' bzw. als ‚verletzungsmächtig' gegenüber. Männer und Frauen können je nach Kontext sowohl zu den Verletzungsoffenen wie auch zu den Verletzungsmächtigen zählen bzw. – und das ist die spezifische Schwierigkeit – beides zugleich darstellen. Frauen partizipieren an der Macht zum Beispiel als weiße Deutsche gegenüber ausländischen Frauen und Männern, als körperlich und geistig Unversehrte gegenüber behinderten Frauen und Männern bzw. unser Thema betreffend als Erwachsene gegenüber Kindern" (ebd.).

Die Ursache von sexuellem Missbrauch wird auch in einem Bestrafungsritual gesehen: „Aufgrund ihrer geschlechtsspezifischen Sozialisation entwickeln Frauen verstärkt autoaggressive Verhaltensweisen, d.h., sie bestrafen oftmals eher sich selbst und ihre kleinen Geschlechtsgenossinnen, als ihre Wut konstruktiv in der Auseinandersetzung gegen männliche Machtstrukturen einzusetzen" (Enders 2000, S. 3). Ebenso wird sexuelle Gewalt als Ausdruck von Neid diskutiert (vgl. Heyne 1993, Enders 2000). Dies hieße, dass erwachsene Täterinnen den Mädchen und Jungen ihre Lebendigkeit neiden und diese zu entwerten oder zu zerstören trachten. Eine Rolle spielt möglicherweise auch, dass die missbrauchende Mutter den Körper ihrer Tochter als eine Ausdehnung oder Verlängerung ihres eigenen betrachtet und so die körperlichen Grenzen nicht einhält (vgl. Lee 1999; Enders 2000).

Was wissen wir über Täterinnen?

Täterinnen kommen aus unterschiedlichen sozialen Schichten mit verschiedenstem Bildungshintergrund. Manche der Frauen sind alleinerziehend, andere leben mit einem männlichen Partner zusammen oder in Gruppen von Männern und Frauen. Einige Täterinnen missbrauchen schon sehr kleine Kinder, Mädchen wie Jungen. Einige wiederum beginnen den Missbrauch, wenn die Kinder älter sind (vgl. Hanks & Saradjian 1994). Wie männliche Täter suchen Täterinnen ihr Opfer bewusst aus und benutzen taktische Manipulationen, um sexuell zu missbrauchen und eine Entdeckung zu verhindern (vgl. Eldrige 1997).

Verschiedene Untersuchungen aus den USA und Großbritannien geben Aufschluss über typische Gruppierungen von Täterinnen. Bei aller angebrachten Vorsicht gegenüber Kategorisierungen sind die Folgenden doch hilfreich für ein näheres Verständnis.

Liebhaberin: Die Frau missbraucht vorpubertäre oder pubertäre Jungen und definiert dies als „Liebesbeziehung". Sie nimmt das Opfer als „Geliebten" wahr, der sie nicht verletzen kann, wie ein erwachsener Mann. Meist ist ihr selbst sexuelle oder andere Gewalt durch Männer widerfahren. Sie baut Denkmodelle auf, die ihr Verhalten rechtfertigen. Der Junge wird als Freund oder Partner angesehen. Vor allem aber sexualisieren die Missbraucherinnen ihre Opfer. Sie sagen, der Junge wolle Sex, er sei frühreif und ähnliche Verzerrungen, die auch von männlichen Pädosexuellen bekannt sind. Sie beuten das erwachende sexuelle Interesse, die natürliche Neugier, die Verwirrung, das Geschmeicheltsein des Jungen für ihre Bedürfnisse aus. Die Frau besticht und verführt, gibt aber dem Jungen die Schuld. Oft hält sie verzweifelt an der Überzeugung fest, dass es hier um „wahre Liebe" geht im Kampf gegen die Vorurteile der Gesellschaft.

Mittäterin: Hier zeigt sich ein Unterschied zwischen männlicher und weiblicher Täterschaft. Mittäterinnen oder auch Täterinnen unter männlichen Einfluss werden zumindest am Anfang von männlichen Missbrauchern gezwungen, sich am sexuellen Missbrauch des Kindes zu beteiligen. Die männliche sexuelle Gewalt richtet sich dabei häufig gegen das Kind und die Mittäterin, zumeist die Mutter des Kindes. Diese wiederum ist zu verängstigt, um sich und das Kind aus der Gewaltsituation zu befreien. Die Frauen befanden sich in einer derartigen Abhängigkeit vom männlichen Täter, dass „ ... sie wie Gefangene reagierten. Dies geschah, obwohl die Frauen von ihrer Persönlichkeit her nicht besonders abhängig oder unselbständig waren" (Hanks & Saradjian 1994, S. 205). Manche dieser Frauen beenden den sexuellen Missbrauch, wenn sie vom männlichen Mittäter getrennt sind, viele jedoch missbrauchen unabhängig weiter. Außer den eigenen Kindern werden auch außenstehende Mädchen und Jungen missbraucht.

Vorbelastete Täterin: Diese Täterinnen sind in erster Linie Frauen, die in ihrer Kindheit selbst sexuell missbraucht worden sind, oft sehr schwer, sehr lange und schon sehr früh. Die vorbelastete Täterin handelt alleine und wählt meist ihre eigenen Kinder, wenn sie noch sehr klein sind. Sie kann in ihrem Vorgehen, das Kind zu kontrollieren, sehr aggressiv werden. Sie verlässt sich auf die Abhängigkeit des Kindes und ihren Einfluss als Mutter auf sein Denken und Empfinden. Vor allem versucht sie dem Kind Mitschuld am sexuellen Missbrauch zu suggerieren (vgl. Eldrige 1997).

Eine englische Untersuchung stellte bei solchen Müttern fest, dass sie oftmals eine ehemals selbst erfahrene Missbrauchserfahrung aus ihrer Kindheit reinszenieren. Wenn sie selbst zum „machtvollen, beherrschenden Täter" werden, erleben sie das Gefühl von Macht und scheinen sich körperliche Entspannung verschaffen zu können. Dies wirkt als starke Motivation, die Missbrauchshandlung zu wiederholen (Hanks & Saradjian 1994, S. 205). Die Opfer der missbrauchenden Mütter hatten große Schwierigkeiten, eine von der Mutter unabhängige, eigenständige Persönlichkeit zu entwickeln.

Die Kenntnis dieses Hintergrundes löst bei Helfenden oft unterschiedliche Reaktionen aus. Die einen verwechseln Erklärung mit Entschuldigung nach dem Motto „Frauen missbrauchen nur weil sie selbst missbraucht wurden!" Frauen ernstzunehmen heißt auch, sie in die Verantwortung dafür zu nehmen, was sie getan haben. Eigene Betroffenheit verringert diese Verantwortung nicht. Andere Helferinnen und Helfer sind hochgradig enttäuscht. „Sie ist selbst betroffen, also muss sie doch wissen, wie das ist." Opfererfahrung schützt aber nicht davor, Gewalt auszuüben.

Atypische Täterinnen: In dieser Kategorie werden diejenigen Täterinnen zusammengefasst, die, soweit bisher bekannt, nicht in die genannten drei Gruppierungen passen. So gibt es z.B. Täterinnen, die gleichberechtigt mit Männern missbrauchen, oder solche, die sich bewusst missbrauchende Männer suchen oder einer ausschließlich weiblichen pädosexuellen Gruppierung angehören (vgl. Eldrige 1997).

Eine weitere Ausnahme sind Frauen, die eindeutige Grenzverletzungen aus Angst vor sexuellem Missbrauch begehen. Es sind Mütter, die übergroße, panische Angst haben, dass ihr Kind missbraucht werden könnte. Diese Panik steigert sich zu einer Hysterie, in der sie das Kind täglich genauestens befragen, jeden Kontakt kontrollieren und ständig die Genitalien untersuchen, um Spuren eines vermuteten Missbrauchs festzustellen. Diese Verhaltensweisen haben dann letztendlich selbst missbräuchlichen Charakter.

Der persönliche Hintergrund der Täterinnen

Was haben nun diese Täterinnen gemeinsam? Wie sind sie so geworden? Die Beantwortung dieser Fragen dient nicht der Entschuldigung. Je mehr wir über Täterinnen und Täter wissen, desto besser können wir Kinder schützen und vielleicht Täterschaft verhindern. Zudem sind diese Informationen wichtig für die Arbeit mit Täterinnen, die wiederum einen Rückfall verhindern soll – mit dem primären Ziel des Kinderschutzes.

Ein Forschungsprojekt aus Großbritannien kam zu dem Ergebnis:
- Generell hatten die Täterinnen (hier meist Mütter) wie auch ihre Opfer ein sehr niedriges Selbstbewusstsein. Ihr Angstlevel und die Selbsteinschätzung ihrer Lebensschwierigkeiten war hoch. Sie empfanden ihr Leben als sehr schwie-

rig und stressbelastet, erfuhren gleichzeitig aber äußerst wenig Unterstützung durch Freunde oder Familienmitglieder. Viele beschrieben sich als nahezu vollständig von allen sozialen Bezügen isoliert. Gleichzeitig waren sie nur in geringem Maße in der Lage, ihr Leben in die Hand zu nehmen und z.B. Beziehungen einzugehen.
– Eine Verzerrung des Kinderbildes zeigt sich in der Beurteilung des missbrauchten Kindes. Die missbrauchende Mutter nahm ihr Opfer als launisch und übermäßig anhänglich wahr. Sie schätzte ihr Kind als sehr interessiert an Sexualität – interessierter als sie selbst – ein, was den Schluss zulässt, dass sie sich vormacht, das Kind habe die sexuellen Aktivitäten gewollt. Andere Kinder, die nicht missbraucht wurden, nahm sie ganz anders wahr.
– Viele der Täterinnen stellten ihre Kindheit als perfekt dar, ihre Mutter als Ideal-Mutter. Dies obwohl die Kindheit eher belastet und durch einem hohen Grad an emotionalem Missbrauch gekennzeichnet war. Die Frauen mussten sich als Mädchen um die emotionalen, praktischen und oft auch sexuellen Bedürfnisse der Eltern kümmern, ihr eigenes Bedürfnis nach Nähe wurde nur in unangenehmer Weise erfüllt. Sie wurden vernachlässigt und misshandelt. Es gab keine Liebkosungen außer denen des Missbrauchers. Viele der Täterinnen konnten sich nicht erinnern, jemals einem Menschen etwas bedeutet zu haben.
– „Ausnahmslos alle untersuchten Mütter, die ihre Kinder sexuell missbraucht hatten, waren selbst schon sehr früh Opfer sexuellen Missbrauchs geworden. Danach waren sie Beziehungen eingegangen, in denen sie ebenfalls physisch, emotional oder sexuell von ihren Partnern misshandelt beziehungsweise missbraucht wurden. Es stellte sich heraus, dass keine der Frauen jemals eine positive Beziehung zu einem erwachsenen männlichen Partner erfahren hatte, weder in der Kindheit noch als erwachsene Frau" (Hanks & Saradjian 1994, S. 206).

Im Rahmen der Untersuchung wurde auch eine Vergleichsgruppe von Nicht-Täterinnen nach ihrem persönlichen Hintergrund befragt. Bei ihnen fand sich ebenfalls einer hoher Anteil von Frauen, die eine schwere Kindheit und Missbrauchserfahrungen hatten. Im Unterschied zu den Täterinnen gab es aber positive Erwachsenenfiguren, oft Lehrpersonen, die sie förderten und ihnen Zuwendung gaben. Auch gleichaltrige Freude und Freundinnen waren vorhanden. Sie hatten zumindest eine Person, die sich für sie interessierte – dies unterschied sie von den Täterinnen und ist eine entscheidende Information für die Prävention.

Notwendige Auseinandersetzungen der Jugendhilfe

Für mögliche Helferinnen und Helfer ist erst seitdem über Täterinnen gesprochen wird, eine Chance gegeben, sexuellen Missbrauch durch Frauen wahrzunehmen. Aber die Widerstände sind beträchtlich. „Um daran zu glauben, dass eine Frau ihr eigenes Kind sexuell missbrauchen würde, muss ein Mensch einflussreiche Stereotypen über Mutterschaft und die Mutter-Kind-Beziehung anzweifeln, die unsere Gesellschaft hegt und preist. Es fällt schwer, das Klischee einer von Wohlwollen und Fürsorge geprägten Mutter-Kind-Beziehung aufzugeben, selbst wenn unsere persönlichen Erfahrungen in scharfem Gegensatz zu diesem Ideal stehen" (Elliott 1995, S. 67). So sehr es verständlich ist, dass Helfende Täterinnen gar nicht oder allenfalls verschwommen wahrnehmen, so tragisch kann sich dies für die betroffenen Mädchen und Jungen auswirken. Ein Beispiel, das sich so oder ähnlich jederzeit in der deutschen Jugendhilfelandschaft zutragen könnte:

> Frau Müller hat drei Söhne. Benni ist fünf Jahre, Florian acht und Markus zwölf. Markus fällt im Sportverein durch sehr sexualisiertes Verhalten auf. Von seinem Trainer angesprochen, berichtet er, dass das doch alles Kinderkram sei und dass er mit seiner Mutter „vögelt". Der Trainer benachrichtigt das Jugendamt, dem die Familie schon bekannt ist, weil Frau Müller offensichtlich ihre Kinder verwahrlosen lässt und schlecht ernährt. Markus kommt in ein Heim. In der Folge zeigen Benni und Florian ähnlich auffälliges Verhalten und werden ebenfalls im selben Heim untergebracht. Für Frau Müller ist eine Beratung vorgesehen, bei der sie sich mit ihren sexuellen Übergriffen auseinandersetzen und ihre Mutterrolle auch in Bezug auf die Versorgung ihrer Söhne neu definieren soll. Frau Müller reagiert aggressiv auf dieses Ansinnen. Sie leugnet die Tat und beschuldigt Markus, ein geborener Lügner zu sein. Zu den Beratungsterminen erscheint sie nicht.
>
> Wenige Monate später sucht sie Kontakt zu den Jungen. Dies wird von den Betreuern als positives Zeichen gewertet. Obwohl sie den Missbrauch leugnet und keinerlei Beratungsangebote angenommen hat, wird sie in die stationäre Betreuung der Jungen miteinbezogen. Häufige Besuche, alltägliche Versorgungen und gemeinsame Freizeitgestaltung werden von Heim und Jugendamt als gutes Lernfeld für Frau Müllers neue Mutterrolle betrachtet. Vorsichtshalber erlaubt das Heim keine unbeaufsichtigten Kontakte und keine Übernachtung. Derweilen lassen die Verhaltensauffälligkeiten, besonders die Aggressivität, der drei Jungen nicht nach. Benni und Florian verbünden sich gegen Markus, der nach ihrer Meinung schuld ist, dass sie alle im Heim sind, wo die Mama doch „gar nix Schlimmes" gemacht hat. Als Markus beginnt, andere Kinder sexuell zu belästigen, wird für alle drei Jungen eine Therapie anberaumt. Frau Müller erhält die Erlaubnis, die Kinder über Weihnachten nach Hause zu holen. Langfristig wird die Rückführung der Jungen in ihre Ursprungsfamilie angestrebt.

Auffällig ist, dass der Anspruch an die Täterin, ihre Verleugnung (→ *Abwehrstrategien der Täter*) aufzugeben und sich mit ihren Taten auseinanderzusetzen, nicht vorhanden ist. Jedem männlichen Täter wäre bedeutend mehr Misstrauen entgegengebracht worden. Bei dieser Täterin wurde dagegen jede „mütterliche" Reaktion positiv bewertet.

Um solches Verhalten zu verhindern, muss sich Jugendhilfe sehr viel stärker mit dem Thema „Täterinnen" auseinandersetzen. Alle Beteiligten müssen sehr kritisch ihr eigenes Wert- und Normensystem und die dazugehörigen blinden Flecken unter die Lupe nehmen. Eine gründliche Überprüfung von Handlungsstrategien innerhalb der Jugendhilfe und vor allem von Konzepten der Elternarbeit muss stattfinden.

Grundsätze der Arbeit mit Täterinnen

Noch fehlt es an eigenständigen Konzepten beratender, intervenierender und therapeutischer Arbeit mit weiblichen Missbrauchenden. Dies wird eine Aufgabe der nächsten Jahre sein. Für alle in Kinderschutz und Jugendhilfe Tätigen ist es jedoch entscheidend, dass Erfahrungen, die in der Arbeit mit männlichen Tätern gemacht wurden, dafür genutzt werden können. So ist das vorrangige Ziel der Arbeit: „Beenden des sexuellen Missbrauchs und Sicherstellung von Schutz für das verletzte Kind. Das bedeutet: keine Zusicherung von Anonymität und kein Beharren auf dem Prinzip der Freiwilligkeit, da es keinen Grund gibt anzunehmen, Frauen würden ihre Taten weniger verleugnen. Auch bei Täterinnen ist eine Verbindung von gesellschaftlicher Sanktion und Therapie geboten" (Kavemann 1996, S. 257).

Mögliche Ziele wie den Erhalt der Familie oder der Mutter-Kind-Beziehung gelten nicht, wenn die Sicherheit des Kindes gefährdet ist. Dass Täterinnen häufig selbst sexuelle und andere Gewalt erlitten haben, muss in der therapeutischen Situation bearbeitet werden, ändert aber nichts daran, dass sie für ihr Tun zur Verantwortung gezogen werden müssen. Nicht selten begegnen Helferinnen und Helfer einer Frau als Opfer von Gewalt und nehmen im Prozess der Beratung oder Therapie wahr, dass die Klientin selbst sexuell missbraucht. Diese Information ändert die Situation. Nun ist das primäre Ziel, die sexuelle Gewalt zu beenden und das Opfer zu schützen. In diesem Fall darf es keine falsch verstandene Loyalität für die Klientin geben – im Interesse des Kinderschutzes ist eine eindeutige Politik der Nicht-Vertraulichkeit unabdingbar (vgl. Eldrige 1997). Zudem ist anzustreben, dass die Täterin
– Verantwortung für die Tat übernimmt,
– Empathie für das verletzte Kind entwickelt und
– ihre Lebenssituation verändert, um Wiederholungen des sexuellen Missbrauchs nach Möglichkeit auszuschließen (Kavemann 1996, S. 275).

Dass Täterinnen in Beratung und Therapie zur Verantwortung gezogen werden für ihr Tun, ist nicht anti-feministisch, kein Verrat am eigenen Geschlecht, keine Ablenkung von existierender Männer-Gewalt. Es bedeutet nur, Frauen ernstzunehmen und sie nicht auf die Opferrolle festzulegen. Jede helfende Beziehung berücksichtigt aber auch den persönlichen Hintergrund der Täterin, ihr Geworden-Sein, ihre eigene Gewalterfahrung, ihr Leben als Frau in dieser Gesellschaft und die Erwartungen, die an sie als Frau (und Mutter) gestellt werden. Ihre Lebenssituation zu sehen heißt nicht, ihre Gewaltausübung zu entschuldigen.

Literatur

Eldrige, Hilary (1997). *Female Sex Offenders: Characteristics and Patterns of Offending.* Vortragsmanuskript.
Elliott, Michele (Hrsg.) (1995). *Frauen als Täterinnen. Sexueller Mißbrauch an Mädchen und Jungen.* Ruhnmark: Donna Vita.
Enders, Ursula (2000). *Presseinformation „Mein Körper ist dein Körper". Sexueller Missbrauch durch Frauen.* Hrsg. von Zartbitter Köln, 13.11.2000.
Finkelhor, David & Russel, Diana (1984). Women as perpetrators of sexual abuse. In: David Finkelhor (Hg.). *Child sexual abuse. New theory and research.* New York: Free Press.
Hanks, Helga G. I. & Saradjian, Jacqui (1994). Frauen, die Kinder sexuell mißbrauchen. In: O. Schubbe (Hg.). *Therapeutische Hilfen gegen sexuellen Mißbrauch an Kindern* (S. 198–216). Göttingen: Vandenhoeck & Ruprecht.
Heyne, Claudia (1993). *Täterinnen. Offene und versteckte Aggression von Frauen.* Zürich: Kreuz.
Kavemann, Barbara (1999). Viel schlimmer oder halb so schlimm? Wenn Frauen Mädchen oder Jungen sexuell missbrauchen. In: Verena Wodtke-Werner & Ursula Mähne (Hrsg.). *„Nicht wegschauen!" Vom Umgang mit Sexual(straf)tätern. Schwerpunkt Kindesmissbrauch.* Baden Baden: Nomos.
Kavemann, Barbara (1996). Täterinnen. Frauen, die Mädchen und Jungen sexuell mißbrauchen. In: Gitti Hentschel (Hg.). *Skandal und Alltag. Sexueller Mißbrauch und Gegenstrategien.* Berlin: Orlanda.
Kavemann, Barbara (1995). „Das bringt mein Weltbild durcheinander". Frauen als Täterinnen in der feministischen Diskussion sexueller Gewalt. In: Michele Elliott (Hrsg.) (1995). *Frauen als Täterinnen. Sexueller Mißbrauch an Mädchen und Jungen* (S. 13–41). Ruhnmark: Donna Vita.
Lee, Fritzroy (1999). Mother/Daughter incest: Making sense of the unthinkable. *Feminism and Psychology Vol. 9,* (Heft 4), S. 402–405.
Wais, Mathias & Gallé, Ingrid (1996). *... der ganz alltägliche Mißbrauch. Aus der Arbeit mit Opfern, Tätern und Eltern.* Ostfildern: edition tertium.
Wolfers, Olive: Das Paradoxon von Frauen, die Kinder sexuell mißbrauchen. In: Michele Elliott (Hrsg.) (1995). *Frauen als Täterinnen. Sexueller Mißbrauch an Mädchen und Jungen* (S. 159–170). Ruhnmark: Donna Vita.

Gefährdung des Kindeswohls – Eingriffe in das elterliche Sorgerecht

Hans-Alfred Blumenstein

§ 1666 BGB

Kinderrecht ist in der Bundesrepublik Deutschland trotz mancher Reformen nach wie vor Elternrecht (Kühl & Salgo 1995, S.195). Auch gehören nach herrschender Meinung die Eltern des Kindes und deren sozio-ökonomische Verhältnisse grundsätzlich zum Schicksal und Lebensrisikos eines Kindes. Regelmäßig seien die Eltern die besten Interessenwahrer des Kindes (Coester 1992, Anm. 67). Es gehöre nicht zum staatlichen Wächteramt, für eine den Fähigkeiten des Kindes bestmögliche Förderung zu sorgen (Entscheidungssammlung des Bundesverfassungsgericht 1998, S. 165 und 184). Bei der mancherorts immer noch zu beobachtenden Tendenz, Gefährdungen des Kindeswohls ausschließlich im Einvernehmen mit den Eltern begegnen zu wollen, besteht die Gefahr, dass das Wohl des Kindes auf der Strecke bleibt, zumal dabei häufig viel zu viel Zeit verstreicht. Gesetzliche Eingriffsgrundlagen bietet jedoch § 1666 BGB bei *Gefährdung des Kindeswohls*. Dies sind auch die beiden zentralen Begriffe dieser Bestimmung.

Was „*Kindeswohl*" bedeutet, ist nirgends definiert. Es handelt sich hierbei um einen sog. „unbestimmten Rechtsbegriff", der seinerseits erst einen „latenten Konkretisierungsauftrag an den Richter enthält" (Keiser 1998, S. 55). Der Entscheidungsmaßstab, der an diesen Begriff anzulegen ist, hat sich vornehmlich „am durch § 1626 Abs. 2 Satz 1 BGB anerkannten Erziehungsziel einer Heranführung des Kindes zu selbständigem verantwortungsbewussten Handeln im Sinne einer Entwicklung zu einer eigenverantwortlichen Persönlichkeit zu orientieren" (Hinz 1992, Anm. 23 f.). Mehr als eine Generalklausel vermag zwar auch diese Definition nicht zu bieten, doch gibt sie wenigstens die Richtung vor, in die eine störungs- und gewaltfreie Entwicklung des Kindes verlaufen soll, insbesondere dann, wenn der sich aus § 1631 Abs. 2 BGB ergebende Anspruch des Kindes auf Unterbleiben entwürdigender Erziehungsmaßnahmen, vor allem von körperlichen und seelischen Misshandlungen, mitberücksichtigt wird. Im Übrigen lässt sich Kindeswohl, worauf Claudia Keiser (1998, S. 84) zu Recht hinweist, nur auf multidisziplinärer Grundlage erfassen. Nicht nur rechtliche Gesichtspunkte, sondern vor allem auch solche der Entwicklungspsychologie und der Sozialpädagogik vermögen diesen Begriff in jedem Einzelfall erst mit Leben zu erfüllen.

„*Gefährdung*" im Sinne von § 1666 BGB bedeutet nach einheitlicher Rechtsprechung eine „gegenwärtige, in einem solchen Maß vorhandene Gefahr, dass sich bei der weiteren Entwicklung eine erhebliche Schädigung mit ziemlicher Sicherheit voraussagen lässt" (Coester 1992, Anm. 64).

Unter diesen Zentralbegriffen des Kindeswohls und seiner Gefährdung enthält § 1666 BGB *vier Eingriffstatbestände*, die unter der Voraussetzung, dass die Eltern die Gefährdung entweder nicht beseitigen *wollen* oder nicht beseitigen *können*, nach dem Grundsatz der Verhältnismäßigkeit dem Familiengericht Eingriffe in das Personensorgerecht der Eltern gestatten:
- Der sog. *Missbrauchstatbestand* („missbräuchliche Ausübung der elterlichen Sorge") setzt ein aktives Tun der Eltern oder eines Elternteils voraus, welches das Kindeswohl bedroht (Misshandlungen, sexueller Missbrauch u. a.). Allein unpraktische oder ungeschickte Maßnahmen reichen zur Erfüllung dieses Tatbestandsmerkmals nicht aus.

- Der *Vernachlässigungstatbestand* hingegen („Vernachlässigung des Kindes") geht von einem passiven Verhalten der Sorgeberechtigten aus. Darunter werden vor allem pflichtwidrig mangelhafte Pflege, Ernährung, Bekleidung, Betreuung, Aufsicht und Gesundheitsfürsorge zu verstehen sein (Hinz 1992, Anm. 38). Beide Tatbestände können alternativ oder kumulativ vorliegen. So kann z. B. bei einem Elternteil aktives, beim anderen passives Verhalten auftreten (→ *Vernachlässigung*).
- *„Unverschuldetes Versagen der Eltern"* ist demgegenüber als Auffangtatbestand ausgebildet, der jede Nichterfüllung elterlicher Pflichten ohne Rücksicht auf die subjektive Zurechenbarkeit erfassen soll (Coester 1992, Anm. 73). Solche Fälle können, soweit nicht schon der Missbrauchtatbestand greift, vorliegen, wenn etwa eine ärztlich dringend indizierte Bluttransfusion an religiösen Grundüberzeugungen der Eltern zu scheitern droht.
- Die Gefährdungstatbestände, die unter dem *„Verhalten eines Dritten"* zusammengefasst sind, haben heute geringere praktische Bedeutung. Zwar kann das Gericht auch Maßnahmen mit Wirkung gegen einen Dritten treffen, doch werden dies in der Regel Fälle sein, in denen die Jugendlichen die gem. § 1626 Abs. 2 Satz 1 BGB auch hier zu berücksichtigende Fähigkeit zu selbständigem verantwortungsbewussten Verhalten bereits weitgehend haben. Einem 16-jährigen Mädchen etwa den Umgang mit ihrem Freund verbieten lassen zu wollen, wird heute kaum mehr in Frage kommen.

§ 42 SGB VIII (KJHG)

§ 42 Abs. 1 definiert die *Inobhutnahme* eines Kindes oder Jugendlichen als eine niederschwellige vorläufige und kurzzeitige Maßnahme der Krisenintervention, die an sich nur auf den Schutz eines Kindes oder Jugendlichen ohne Wissen und Wollen der Eltern gerichtet ist (→ *Jugendämter*). Dennoch können bzw. sollten sich im Hinblick auf Satz 5 dieser Bestimmung durchaus Hilfen in Sinne der Leistungen des 2. Kapitels des KJHG (Hilfen zur Erziehung) ergeben (Jans, Happe & Saurbier 1998, Anm. 3ff.). Geeignete Unterbringungsmöglichkeiten vorzuhalten, ist Aufgabe des Jugendamts. Außerdem enthält Absatz 1 einen Pflichtenkatalog des Jugendamts für den Fall der Inobhutnahme (Unterhalt, Krankenhilfe, Benachrichtigung, tatsächliche Ausübung des Personensorgerechts, das bis zu einer Entscheidung gem. § 1666 BGB rechtlich bei den Eltern verbleibt, usw.).

§ 42 Abs. 2 regelt die Fälle, in denen das Kind oder der/die Jugendliche die Initiative für die Inobhutnahme selbst ergreift. Seine Bitte um Inobhutnahme begründet einen *Rechtsanspruch* (das Jugendamt ist „verpflichtet") (ebd., Anm. 27). Der Bitte des Kindes oder Jugendlichen können objektive, reale Notsituationen, aber auch ernstzunehmende subjektive Ängste zugrunde liegen, so dass bereits ein subjektives Schutzbedürfnis genügt. „Gerade bei besonders gefährdenden Verhaltensweisen wie Kindesmisshandlung oder sexueller Bedrohung sind Kinder und Jugendliche zur schlüssigen Darstellung und Beweisführung nicht in der Lage ... Wäre es zulässig, das Kind mit einer dürftigen Darstellung einfach an die Eltern zurückzugeben, könnte der Schutz nicht hinreichend effektiv sein ... Die verantwortliche Fachkraft muss daher über Einfühlungsvermögen verfügen, um die Äußerung des Kindes richtig deuten zu können" (ebd., Anm. 34). Das bedeutet aber auch, dass damit beauftragte Fachkräfte zudem über Grundkenntnisse der Aussagepsychologie verfügen müssen (→ *Glaubhaftigkeitsbegutachtung und diagnostischer Erkenntnisprozess*). Außerdem muss ihre multiprofessionelle Beratung durch Fachkräfte anderer Disziplinen sichergestellt werden.

Genauso wenig wie jeder sexuelle Missbrauch die Inobhutnahme eines Kindes nach Absatz 1 zwingend erfordert, bedarf es auch nicht immer der Anzeige bei den Strafverfolgungsbehörden. Eine gesetzliche Anzeigepflicht besteht in diesen Fällen ohnehin nicht; auch bei akuter Wiederholungsgefahr liegen die Voraussetzungen des § 138 StGB nicht vor, weil sexueller Missbrauch nicht zu den dort aufgeführten Katalogtaten gehört. Gleichwohl wird angesichts der Suchtstruktur des täterschaftlichen Handelns in solchen Fällen häufig nur eine Anzeige und ggf. die Verhaftung des Beschuldigten der hier fast immer bestehenden Wiederholungsgefahr vorbeugen können. In diesem Zusammenhang kann die inzwischen erfreulicherweise z.T. schon umgesetzte Forderung, einschlägige Fachdezernate bei den Strafverfolgungsbehörden einzurichten, nur wiederholt werden (→ *Strafanzeige/Anzeigepflicht*).

Fällt die Entscheidung indessen gegen eine Strafanzeige und will der Jugendhilfeträger allein mit sozialpädagogischen Mitteln ohne Einschaltung der Justiz arbeiten, wofür es im Einzelfall gute Gründe geben mag, muss sein Verhalten dem Täter gegenüber eindeutig und konsequent sein. Dieser muss fest in ein enges Korsett stützender und vor allem auch überwachender Maßnahmen eingebunden werden. Verstößt er auch nur gegen eine der bindenden Abmachungen, müssen die für diesen Fall angedrohten Konsequenzen auch sofort umgesetzt werden. Meist wird es sich dabei um die nachträgliche Erstattung einer Anzeige handeln. Umso wichtiger ist es daher, die gesamte Vorgehensweise einschließlich der belastenden Aussagen des Kindes, vor allem seine Erstaussage, schriftlich zu dokumentieren, damit später keine Beweisverluste auftreten (→ *Intervention – die „Regeln der Kunst"*). Dazu bedarf es keiner Vernehmung des Kindes im eigentlichen Sinne: ein ausführlicher Aktenvermerk genügt (→ *Vernehmung von Kindern*).

In diesem Zusammenhang ist es m.E. in Fällen des innerfamiliären Missbrauchs außerordentlich wichtig, die Schutzmöglichkeiten für Kinder, vor allem rasch eine Go-Order zu Lasten des Täters umsetzen zu können, zu verbessern und auszubauen. Nicht das Kind, sondern der Täter ist der Störer!

Nicht nur aus sozialpädagogischer, sondern auch aus strafrichterlicher Sicht erweist es sich als immer bedeutsamer, das geschädigte Kind seinem Alter entsprechend als mitbestimmendes Subjekt in die Hilfeplanung einzubeziehen. Dies gilt auch für die Frage, ob die Tat strafrechtlich verfolgt werden soll oder nicht. Ein Kind, über dessen Kopf hinweg Strafanzeige erstattet wurde, ist in der

Regel ein schlechter Zeuge. Wenn es indessen von der Notwendigkeit der Anzeige überzeugt (worden) ist, werden nicht nur die Ansätze für eine sekundäre Viktimisierung minimiert, sondern auch die Aussagetüchtigkeit und das Selbstbewusstsein des Kindes gestärkt. Dies hat nichts mit Suggestion zu tun.

Alle Fachkräfte, die mit solchen Fällen befasst sind, werden daher m.E. mehr als bisher die Sachverhalte mit den Augen des Kindes sehen müssen. Das heißt nicht, dem Kind die Verantwortung zuzuschieben, sondern nur, es nicht als „Gegenstand" staatlicher Fürsorge zu behandeln, über dessen Wohl andere befinden.

Literatur

Coester, M. (1992). § 1666, Anm. 67. In: J. v. Staudinger (Hg). *Kommentar zum BGB*. Berlin: de Gruyter.
Entscheidungssammlung des Bundesverfassungsgerichts (BVerfGE) Band 34. Köln: Carl Heymanns Verlag.
Hinz, Manfred (1992). § 1666 Anm. 23f. In: *Münchner Kommentar zum BGB*, Bd. 8. München: Beck.
Jans, K.W., Happe, G. & Saurbier, H. (1998). *Kommentar zum Kinder- und Jugendhilferecht*, Loseblattausgabe. Stuttgart: Deutscher Gemeindeverlag.
Keiser, C. (1998). *Das Kindeswohl im Strafverfahren*. Frankfurt am Main: Peter Lang Verlag.
Kühl, W. H. & Salgo, L. (1995). Zum Bericht der Bundesrepublik Deutschland vom August 1994 an die Vereinten Nationen gemäß Art. 44 des Übereinkommens über die Rechte des Kindes. In: *Recht der Jugend und des Bildungswesens 43*, S. 196–198.

Geschichte

Dirk Bange

Aus der frühen Menschheitsgeschichte gibt es kaum Überlieferungen über sexuellen Missbrauch (deMause 1980, S. 71). Dass Männer schon damals Kindern sexuell nachstellten, geht jedoch aus einer etwa 5.000 Jahre alten Tontafel der Sumerer hervor. Dort steht, dass sich die Göttin Ninlil zu jung fühlte, um den sexuellen Wünschen des Gottes Enlil zu entsprechen (Rush 1985[3], S. 49; Trube-Becker 1997, S. 39).

Die Antike

Besser ist die Quellenlage hinsichtlich der antiken Hochkulturen Europas. Dies gilt insbesondere für die „Knabenliebe" im antiken Griechenland. Die griechische Gesellschaft erlaubte in streng reglementierten Zusammenhängen sexuelle Beziehungen zwischen Männern und Jungen. Von Pädosexuellen werden diese Beziehungen oft als gleichberechtigt bewertet und idealisiert (z. B. Hohmann 1979, S. 153). Tatsächlich waren die Voraussetzungen für eine solche Beziehung jedoch die altersbedingte körperliche und geistige Unterlegenheit der Jungen sowie die Einseitigkeit des Liebesbegehrens. Zudem durfte der Junge keine sexuelle Erregung zeigen. Bekam er eine Erektion, war dies unehrenhaft und er wurde als Strichjunge angesehen. Außerdem musste die sexuelle Gefügigkeit der Jungen mit teuren Geschenken erkauft werden. Schließlich waren nur sexuelle Beziehungen von Männern und Jungen ab dem zwölften Lebensjahr erlaubt. Auf sexuelle Kontakte mit jüngeren Kindern standen hohe Strafen. Allerdings wurden diese Gesetze kaum angewandt. In den griechischen Hafenstädten gab es zudem Bordelle, in denen Jungen und Mädchen als Prostituierte arbeiten mussten (deMause 1980, S. 71 ff.; Licht 1969, S. 244 ff.; Reinsberg 1989, S. 164 ff.).

Auch im alten Rom benutzten Männer Kinder als Sexualobjekte. So wurden Jungen z. B. schon „in der Wiege kastriert, um in Bordellen von Männern gebraucht zu werden, die die Päderastie mit jungen kastrierten Knaben liebten" (deMause 1980, S. 75). Llyod deMause (1980, S. 71) kommt deshalb zu folgender Einschätzung über die antiken Hochkulturen Europas: „In der Antike lebte das Kind in den ersten Jahren in einer Atmosphäre sexuellen Missbrauchs. In Griechenland oder Rom aufzuwachsen, bedeutete oft, von älteren Männern missbraucht zu werden."

In der Rechtsprechung dieser Zeit galt die Vergewaltigung eines Mädchens als Diebstahlsdelikt. Weder die Verletzung der sexuellen Selbstbestimmung des Opfers noch die dem Mädchen zugefügten seelischen und körperlichen Schädigungen waren ausschlaggebend für die Strafverfolgung. Vielmehr wurden die Verletzung der Eigentumsrechte des Vaters und die für ihn aus dem Verlust der Jungfräulichkeit der Tochter resultierende Minderung des Brautpreises bestraft. Nur wenn z. B. ein Mann ein noch nicht verlobtes Mädchen ohne die Erlaubnis des Vaters vergewaltigte, hatte er mit Strafe zu rechnen. Er musste das Mädchen heiraten und dem Vater den Brautpreis bezahlen. Zudem war nach dem Deuteronomischem Gesetz eine verlobte Jungfrau zu steinigen, wenn sie bei einer Vergewaltigung innerhalb der Stadtmauern nicht geschrien hatte: dahinter stand die sich bis heute haltende Vorstellung, dass das Mädchen die Vergewaltigung durch Hilfeschreie und Widerstand hätte verhindern können. Diese Rechtsprechung blieb bis zum 2. Jahrhundert unserer Zeitrechnung gängige Praxis (Rush 1985³, S. 55 ff.).

Erst mit der Ausbreitung des Christentums vor etwa 2.000 Jahren veränderten sich langsam die Einstellungen. Sexuelle Handlungen zwischen Erwachsenen und Kindern galten nun zunehmend als unmoralisch und für die Kinder schädlich. Sie waren unvereinbar mit der von den Christen postulierten „Unschuld des Kindes" (de Mause 1980, S. 76 ff.).

Das Mittelalter

Dem entsprechend wurde die Vergewaltigung von Kindern teilweise bereits im Mittelalter als verachtenswert und strafwürdig betrachtet. So wurden Ende des 13. Jahrhunderts in England die ersten Gesetze zum Schutz der Kinder vor sexueller Ausbeutung erlassen. In den „Statutes of Westminster" wurde es unter Strafe gestellt, ein Mädchen unter zwölf Jahren zu vergewaltigen, selbst wenn es keinen sichtbaren Widerstand zeigte (Rush 1985³, S. 75 f.). 150 Jahre später schuf man ebenfalls in England ein Gesetz zum Schutz der Jungen vor „forced sodomy". Die Gesetze wurden damals aber kaum angewandt, obwohl sexuelle Gewalt gegen Kinder im Mittelalter ein alltägliches Geschehen war (Schultz 1982, S. 22). Gerd Schwerhoff (1991, S. 400), der die Turmbücher der Stadt Köln untersuchte, stellt z. B. Folgendes fest: „Sexuelle Gewalt gegen Mädchen im Alter von fünf bis zwölf Jahren war kein Einzelfall, ob sie von Nachbarn, Meistern, Fremden oder gar den eigenen Vätern verübt wurde." An einer Fülle von vor Gericht verhandelten Fällen arbeitet Schwerhoff zudem heraus, dass sexueller Missbrauch damals schon einen starken Normverstoß darstellte und teilweise hart bestraft wurde. Gleichzeitig blieben aber – ähnlich wie heute – zahlreiche Verfahren in Beweisschwierigkeiten stecken. Nicht selten wurden die Kinder zudem von den Tätern diffamiert oder die Angehörigen verzichteten auf eine Anzeige, weil sie um ihren guten Ruf fürchteten (ebd., S. 398 ff.).

Gleichzeitig scheint eine gewisse Freizügigkeit im Umgang mit Kindern erlaubt gewesen zu sein. So waren grobe Scherze in Gegenwart von Kindern und auch bestimmte Formen sexueller Berührungen offenbar bis zur Renaissance gestattet (Ariès 1975, S. 176).

Das 18. und 19. Jahrhundert

Im 18. Jahrhundert wurden die Stimmen lauter, die jegliche sexuellen Handlungen zwischen Kindern und Erwachsenen als schädlich und unmoralisch kritisierten. Ausgangspunkt war die alte christliche Vorstellung vom „unschuldigen Kind", die also erst nach mehr als 1.500 Jahren eine breitere Zustimmung fand. Jegliche Äußerung über Sexualität vor Kindern und natürlich erst recht sexuelle Kontakte zwischen Erwachsenen und Kindern galten nun als sündhaft, unmoralisch und verletzend. Sie wurden zunehmend kriminalisiert und später pathologisiert (deMause 1980, S. 78 f.; Schultz 1982, S. 24).

Voraussetzung für diese Entwicklung war, dass sich seit der Renaissance eine Vorstellung von Kindheit entwickelt hatte. Vorher wurden Kinder als kleine Erwachsene angesehen. Erst als Kindheit und Jugend als besondere Lebensphasen betrachtet wurden, konnte sich die Sichtweise durchsetzen, dass Kinder und Jugendliche eines besonderen Schutzes bedürfen.

Die erste große Kinderschutzbewegung basierte aber nicht nur auf christlichen und philantrophischen Motiven, auch gesellschaftliche Notwendigkeiten spielten eine wichtige Rolle. So brachte z.b. die rücksichtslose Ausbeutung der Kinder als Arbeiter in den Fabriken und als Sexualobjekte in Bordellen oder zu Hause den Industriellen und Militärs mehr Schaden als Nutzen, da man physisch und psychisch gesunde Frauen als Mütter und Männer als Arbeiter und Soldaten brauchte (Johanson 1978, S. 77 ff.).

Wie notwendig und gleichzeitig erfolglos diese Kinderschutzbewegung zumindest hinsichtlich der sexuellen Ausbeutung war, zeigen die folgenden zwei Schlaglichter:
- In Paris sind einem Untersuchungsbericht zufolge in den Jahren 1888 und 1889 fast die Hälfte der nichtregistrierten Prostituierten minderjährig (Rush 1985³, S. 111).
- Im Jahre 1886 veröffentlicht Paul Bernard ein Buch mit dem Titel „Unzucht mit kleinen Mädchen". Die Tabellen am Ende des Buches weisen zwischen 1827 und 1870 in Frankreich 36.176 aktenkundig gewordene Fälle von Vergewaltigung und Sittlichkeitsvergehen an Kindern bis zum fünfzehnten Lebensjahr auf (Masson 1984, S. 42).

Das 20. Jahrhundert

Das Thema „sexueller Missbrauch an Kindern" genoss zu Anfang des 20. Jahrhunderts relativ große Aufmerksamkeit. In psychoanalytischen Kreisen wurde über Sigmund Freuds Verführungstheorie diskutiert (→ *Verführungstheorie*). Die Zeitungen berichteten regelmäßig über derartige Verbrechen und sozialkritische Literaten beschrieben ebenfalls die Realität sexuellen Missbrauchs (z.B. Zille 1913). Außerdem entwickelte sich mit Beginn des 20. Jahrhunderts eine lebhafte Diskussion über die Glaubwürdigkeit kindlicher Zeugen in Sittlichkeitsprozessen (Stern 1903-1906). Meist wurde den kindlichen Aussagen dabei wenig Wahrheitsgehalt zugesprochen (z.B. Mönkemöller 1930, S. 406). Des Weiteren erschienen zahlreiche Studien über Täter. Für ihre Taten wurden vor allem Geisteskrankheit, angeborene Dispositionen, ein ungewöhnlich starker Geschlechtstrieb, Intelligenzdefekte, Psychopathien und Alkohol verantwortlich gemacht. Ähnlich verhält es sich hinsichtlich der sozialen Ursachen. Wohnraumnot oder andere wirtschaftliche Nöte werden als ausschlaggebend angesehen. Im Mythos vom geisteskranken Triebtäter aus der Unterschicht fließen diese Annahmen zusammen (Bange & Deegener 1996, S. 32f.).

Über die Jahre des Nationalsozialismus gibt es nur wenig verlässliche Informationen bezüglich des sexuellen Missbrauchs. Bekannt ist, dass die Täter von Wissenschaftlern als „minderwertige" Menschen klassifiziert wurden. Ihre Taten wurden zudem als Ausdruck einer Veranlagung gesehen. Zu Tausenden wurden sie als „sexuell unangepasste, Perverse" sterilisiert oder kastriert (Fegert 1991, S. 317; Scheuer 1990, S. 78f.; Bock 1986, S. 394f.). Ernst Klee (1985, S. 123) belegt, dass Sittlichkeitsdelikte auch zum Abtransport in Konzentrationslager führen konnten.

Den offiziell bekannt gewordenen Opfern sexueller Gewalt ging es nicht besser. Sie wurden als geistig und seelisch gestört, als schwachsinnig und sexuell hemmungslos betrachtet. Viele von ihnen wurden deshalb sterilisiert (Bock 1986, S. 394). Bis heute scheint kein(e) Einzige(r) von ihnen dafür entschädigt worden zu sein. Vielmehr kamen beispielsweise „die ehemaligen ‚Erzieher' der ‚Jugendschutzlager' alle wieder zu Ehren und Würden: in der Kriminalpolizei, als Lehrer oder Rektor einer Schule, als Leiter eines Erziehungsheimes, als Missionsinspekteur usw." (Hepp 1987, S. 213).

Nur wenige Jahre nach dem Ende des Nationalsozialismus setzte die Diskussion über die Glaubwürdigkeit der Opfer vor Gericht wieder ein. Erneut prallten die unterschiedlichen Meinungen aufeinander, wenn auch „die Gegensätze zwischen medizinischen und psychologischen Experten nicht mehr so scharf sind" wie in den ersten drei Jahrzehnten des Jahrhunderts (Geisler 1959, S. 16).

Neben der Frage der Glaubwürdigkeit stand wiederum der Täter und die sozio-ökonomische Familiensituation im Zentrum der Forschung (u.a. Gerchow 1955; Nass 1954). Langsam änderte sich nun aber die Sicht auf die Täter. Herbert Maisch wendet sich schon 1968 ganz eindeutig gegen den Mythos vom geistesgestörten „Sittenstrolch": „Was sich heute auf Grund der bisherigen Forschung ganz sicher sagen lässt ist, dass es den Inzesttäter gar nicht gibt. Sein Persönlichkeitsbild reicht (vereinfacht ausgedrückt) vom geistig normalen, charakterlich und sozial völlig unauffälligen, treu sorgenden Familienvater bis zur durch alkoholische Exzesse bereits veränderten Persönlichkeit" (Maisch 1968, S. 92).

Dennoch hielt sich der Mythos vom „schwarzen Mann" bis weit in die Achtzigerjahre hinein. Ähnlich verhält es sich mit anderen Mythen. Thea Schönfelder (1968, S. 18f.) findet z.B. bei ihrer Aktenanalyse heraus, dass 32 Prozent der Täter aus der Familie, 50 Prozent aus dem sozialen Umfeld der Kinder kommen und nur 18 Prozent Fremde sind. Andere Untersuchungen kommen zu ähnlichen Ergebnissen (Groffmann 1962; Nau 1965). Trotzdem wurde selbst in den Siebzigerjahren in Aufklärungsbroschüren der Polizei weiterhin nur vor Fremdtätern gewarnt. Außerdem fällt auf, dass sich die Wissenschaft weiterhin kaum mit den Folgen für die Opfer beschäftigt (Groffmann 1962, S. 149). Nach dieser regen wissenschaftlichen Diskussion flaute Ende der Sechzigerjahre das Interesse am Thema sexueller Missbrauch an Kindern wieder ab.

Einige Jahre lang beherrschte nun die „sexuelle Revolution" die öffentliche Debatte. Durch sie entwickelte sich langsam ein Klima, in dem über Sexualität offener gesprochen und Sexualität freier gelebt werden konnte. Hinzu kam, dass die Familie zumindest ein Stück weit von ihrem Sockel der „heiligen Institution" herunter geholt wurde. Zu Beginn wurde jedoch von den Reformern nicht über die Gefahren sexueller Gewalt gesprochen, da sie von den Konservativen sicher als Argumente gegen die sexuelle Liberalisierung benutzt worden wären. Erst als die Koalition liberaler Kräfte mehr und mehr auseinander brach, thematisierten die einzelnen Gruppen, etwa die Frauen- oder die Schwulenbewegung, ihre besonderen Problemlagen. Die Frauenbewegung machte seit Mitte der Siebzigerjahre sexuelle Gewalt gegen Frauen öffentlich. Von da an war es nur noch eine Frage der Zeit bis auch der sexuelle Missbrauch von Kindern zur Sprache kam.

1982 war es dann soweit. Sexuelle Gewalt gegen Kinder kam erneut in die Diskussion, die nun zum ersten Mal – und dies ist eine ihrer Besonderheiten – nicht von Wissenschaftlern, Juristen, Medizinern und Psychologen bestimmt und geführt wurde: Betroffene Frauen waren es, die den Anstoß gaben und sexuellen Missbrauch an Kindern zum weithin beachteten sozialen Problem machten (→ *Selbsthilfe*). Dabei ging es zuerst um die sexuelle Gewalt gegen Mädchen in der Familie. Die Medien berichteten fortan immer wieder über sexuellen Missbrauch an Kindern. Aufsätze in Fachzeitschriften und Bücher erschienen zuhauf. An vielen Orten fanden, meist initiiert von Frauen- oder Selbsthilfegruppen, Podiumsdiskussionen statt. Die Grünen stellten 1985 eine Große Anfrage zum sexuellen Missbrauch an Kindern an die Bundesregierung. Die Öffentlichkeit reagierte zumeist geschockt, ungläubig und empört. Vor allem die Aussagen, dass jedes vierte Mädchen betroffen sei, dass die Täter aus allen Schichten kämen und ganz „normale" Männer seien, führten zu diesen Reaktionen.

Im Eifer dieser Jahre wurden einige Aspekte überbetont, andere übersehen. Vor allem dass nicht nur Väter die Täter sind, sondern oftmals auch andere Autoritätspersonen wie Lehrer oder Geistliche, Bekannte und Nachbarn, wurde erst nach einiger Zeit thematisiert. Anschließend rückten auch die Jungen als Opfer sexueller Gewalt mehr in den Blickpunkt des Interesses. In der Folgezeit wurden weitere Tabus überwunden: Es wurde jetzt auch über Frauen als Täterinnen, über Missbrauch in Institutionen oder über Kinderpornografie gesprochen.

Dass eine breite Diskussion über den sexuellen Missbrauch entstehen konnte, ist durch die sehr gemischte Zusammensetzung der beteiligten Gruppen mitbedingt. Feministinnen sind ebenso dabei wie die Kinderschutzbewegung und Politiker(innen) aller Parteien. Dies begründet einerseits einen Teil der Stärke dieser sozialen Bewegung, bedeutet aber andererseits, dass von den einzelnen Untergruppen sehr unterschiedliche, manchmal entgegengesetzte Werte und Ziele vertreten werden, was für derartige Bewegungen aber nicht ungewöhnlich ist.

Seit Anfang der Neunzigerjahre versuchen verschiedene Autorinnen und Autoren die Diskussion über den sexuellen Missbrauch als übertriebene Panikmache und sexualfeindlich zu diskreditieren (z. B. Rutschky 1992).

Diese Gegenreaktion war angesichts der (Forschungs-)Geschichte im 20. Jahrhundert zu erwarten. Es gab immer wieder Phasen, in denen der sexuelle Missbrauch an Kindern problematisiert und auf sein großes Ausmaß hingewiesen wurde. So bezeichnet Erich Wulffen 1913 den Missbrauch von Schulmädchen in Deutschland als eine Volksseuche. 1954 sieht Gustav Nass „Unzucht mit Kindern als das Delikt unserer Zeit" an. Auch er spricht von einer seuchenähnlichen Ausbreitung (Nass 1954, S. 69). Parallel zu solchen Veröffentlichungen wurde von Wissenschaftlern immer auch die Meinung vertreten, dass die Zahlen übertrieben, Kinder in dieser Hinsicht als unglaubwürdig und die Täter als perverse Außenseiter zu betrachten seien. So schreibt im Jahr 1952 beispielsweise Hans Remplein: „Welche Gefahr diese sexuellen Fantasien in sich bergen, zeigen die dabei immer wieder vorkommenden Fälle, in denen Erwachsene von halbwüchsigen Mädchen unzüchtiger Handlungen beschuldigt werden. Psychologisch lassen sich diese Fälle nur so verständlich machen, dass die betreffenden Mädchen ihre Opfer so lange in ihre Tagträume einspinnen, bis die Grenze zwischen Traum und Wirklichkeit zu fließen beginnt." (S. 240f.)

Zusammengefasst zeigt die (Forschungs-)Geschichte und die heutige Diskussion:

– Auf Versuche, sexuelle Gewalt gegen Kinder zu problematisieren, folgte zumindest im 20. Jahrhundert immer der Versuch, die Realität sexuellen Missbrauchs an Kindern zu leugnen. Dabei wurde jedesmal die Glaubwürdigkeit der Opfer und neuerdings auch ihrer Vertrauenspersonen angezweifelt.
– Mit Ausnahme der heutigen Diskussion wurde sexueller Missbrauch immer als ein besonderes Problem der Zeit hingestellt. Die historische Kontinuität wurde nicht wahrgenommen.
– Nach den Folgen für die Opfer wurde, außer seitens der Frauen- und Kinderschutzbewegung, meist nicht gefragt.
– Die Wissenschaftler, die Psychologen, die Pädagogen, die Mediziner und die Juristen standen selten auf der Seite der Opfer. Meist waren sie damit beschäftigt zu beweisen, dass die Opfer lügen, fantasieren oder „es" selbst wollten.

Literatur

Ariès, Philippe (1975). *Geschichte der Kindheit*. München: dtv.
Bange, D. & Deegener, G. (1996): *Sexueller Mißbrauch an Kindern. Ausmaß – Hintergründe – Folgen*. Weinheim: Psychologie Verlags Union.
Bock, G. (1986). *Zwangssterilisation im Nationalsozialismus*. Opladen: Leske und Budrich.
DeMause, L. (1980): *Hört ihr die Kinder weinen*. Frankfurt am Main: Suhrkamp.
Fegert, J. M. (1991). Knastrealität und Täterforschung. In: D. Janshen (Hrsg.). *Sexuelle Gewalt. Die alltägliche Menschenrechtsverletzung* (S. 295–322). Frankfurt am Main: Zweitausendeins.
Geisler, E. (1959). *Das sexuell mißbrauchte Kind*. Beiheft Nr. 3 zur „Praxis der Kinderpsychologie und Kinderpsychiatrie". Göttingen: Verlag für Medizinische Psychologie.
Gerchow, J. (1955). Neue Ergebnisse über die Bedeutung soziologischer, psychologischer und psychopathologischer Faktoren bei Inzesttätern der Nachkriegszeit. In: *Monatsschrift für Kriminologie und Strafrechtsreform, Vol. 38,* 168–183.
Groffmann, K. J. (1962). Die psychischen Auswirkungen von Sittlichkeitsverbrechen bei jugendlichen Opfern. In: G. Blau & E. Müller-Luckmann (Hrsg.): *Gerichtliche Psychologie* (S. 148–161). Berlin: Luchterhand.
Hepp, M. (1987). Vorhof zur Hölle. Mädchen im „Jugendschutzlager" Uckermark. In: A. Ebbinghaus (Hrsg.): *Opfer und Täterinnen. Frauenbiographien des Nationalsozialismus* (S. 191–216). Nördlingen: Franz GRENO.
Hohmann, J. S. (1979). Von der Liebe zu den Kindern. In: F. Bernard (Hrsg.). *Pädophilie. Von der Liebe mit den Kindern* (S. 143-169). Lollar: Achenbach.
Johanson, E. M. (1978). *Betrogene Kindheit. Eine Sozialgeschichte der Kindheit*. Frankfurt am Main: Fischer.

Kavemann, B. & Lohstöter, I. (1984). *Väter als Täter. Sexuelle Gewalt gegen Mädchen.* Reinbek: rororo.
Klee, E. (1985). *„Euthanasie" im NS-Staat.* Frankfurt am Main: Fischer.
Licht, H. (1969). *Sittengeschichte Griechenlands.* Reinbek: rororo.
Maisch, H. (1968). *Inzest.* Reinbek: rororo.
Masson, J. M. (1984). *Was hat man dir, du armes Kind, getan?* Reinbek: rororo.
Mönkemöller, O. (1930). *Psychologie und Psychopathologie der Aussage.* Heidelberg: Winter.
Nass, G. (1954). Unzucht mit Kindern – das Sexualdelikt unserer Zeit. In: *Monatsschrift für Kriminologie und Strafrechtsreform, Vol. 37,* 69-83.
Nau, E. (1965). Die Persönlichkeit des jugendlichen Zeugen. In: Stockert, F. G., von (Hg.): *Das sexuell gefährdete Kind* (S. 27–37). Stuttgart: Enke.
Reinsberg, C. (1989). *Ehe, Hetärentum und Knabenliebe im antiken Griechenland.* München: Beck.
Remplein, H. (1952). *Die seelische Entwicklung in der Kindheit und Reifezeit.* München: Reinhardt.
Rush, F. (1985[3]). *Das bestgehütete Geheimnis: Sexueller Kindesmißbrauch.* Berlin: sub rosa.
Rutschky, K. (1992). *Erregte Aufklärung. Kindesmißbrauch: Fakten und Fiktionen.* Hamburg: Klein.
Scheuer, K. (1990). *„Asozial" im Dritten Reich – Die vergessenen Verfolgten.* Münster: Votum.
Schönfelder, T. (1968). *Die Rolle des Mädchens bei Sexualdelikten.* Beiträge zur Sexualforschung. Stuttgart: Enke.
Schultz, L. R. G. (1982). Child Sexual Abuse in Historical Perspective. In: Conte, J. R. & Shore, D. A. (Hrsg.): *Social Work and Child Sexual Abuse* (S. 21–35). New York: The Haworth Press.
Schwerhoff, G. (1991). *Köln im Kreuzverhör. Kriminalität, Herrschaft und Gesellschaft in einer frühneuzeitlichen Stadt.* Bonn: Bouvier.
Stern, L.W. (1903-1906). *Beiträge zur Psychologie der Aussage.* 2 Bände. Leipzig: Barth.
Trube-Becker, E. (1997). Historische Perspektive sexueller Kontakte zwischen Erwachsenen und Kindern bzw. Jugendlichen und die soziale Akzeptanz dieses Phänomens von der Zeit der Römer und Griechen bis heute. In: G. Amann & R. Wipplinger (Hrsg.): *Sexueller Missbrauch. Überblick zu Forschung, Beratung und Therapie* (S. 39–54). Tübingen: dgvt.
Wirtz, U. (1989). *Seelenmord. Inzest und Therapie.* Zürich: Kreuz.
Wulffen, E. (1913). *Das Kind: Sein Wesen und Entartung.* Berlin: Langenscheidt.
Zille, H. (1913). *Hurengespräche.* Neuausgabe 2000. München: Schirmer und Mosel.

Geschlecht des Beraters/der Beraterin

Bernhard Eckert-Groß

Das Geschlecht des Beraters/der Beraterin hat in der Begleitung, Beratung und Therapie mit von sexueller Gewalt betroffenen Kindern und Jugendlichen große Bedeutung (Dörsch & Aliochin 1997, S.34f.; Lew 1993, S. 273f.). Ich möchte mit meinem Beitrag dazu ermutigen, diese Bedeutung zu erkennen und sie im professionellen Kontext im Sinne der Betroffenen nutzbar zu machen.

Immer wieder erlebe ich in Supervision und bei der Begleitung von Einrichtungen, dass die fachliche Qualifikation durch Supervision, Zusatzausbildungen und regelmäßige Fortbildungen bei einem Teil der Professionellen hoch ist. Der Faktor des „Geschlechts des Beraters/der Beraterin" als wirksamer und relevanter Aspekt für effektive Diagnostik, Intervention und Beratung wird dagegen eher selten erkannt und genutzt – und wenn, dann eher unsystematisch, zufällig oder eingeschränkt. Das heißt z. B., dass Überweisungen nach persönlicher Präferenz („Ich mache Jungenarbeit, also alle Jungs zu mir!") oder nach statischen, ideologischen Positionen geschehen („Mädchen zu Frauen, Jungen zu Männern!" oder „Egal, bei mir sind alle gleich!"). Dies bedeutet nicht, dass diese Positionen in Einzelfällen nicht sinnvoll sein können. Sie sind meist jedoch nicht oder nur reduziert am tatsächlichen Bedarf des Kindes, sondern häufig am „Bild" der Berater(in) oder der Einrichtung orientiert.

Erfahrungen im Umgang mit betroffenen Kindern

Gerade in Fällen von Missbrauchsverdacht ist es zentral, zu erkennen, wie hoch zu Beginn der Beratung/Therapie das Angstniveau des Kindes gegenüber Mann/Frau ist. Es ist z.B. denkbar, dass ein männlicher Berater, wenn der mögliche Täter ein Mann ist, vom Kind sofort als bedrohlich erlebt wird. Dies ist bei genauer Beobachtung in der Reaktion, im Spiel und im Erstkontakt mit dem Kind meist erkennbar. Genauso kann es vorkommen, dass Kinder den Berater als „vertraut" erleben, wenn neben oder in Verbindung mit den Missbrauchshandlungen der Aspekt der Zuwendung und des Körperkontaktes für das Kind existenziell wichtig war und als positiv erlebt wurde. Infolgedessen ist es möglich, dass das Kind dem Berater sehr positiv (möglicherweise unter Abspaltung der Negativ-Seiten, also in der Idealisierung) gegenübertritt. Dies kann dann z. B. an ein Kontaktmuster mit grenzüberschreitendem Verhalten gekoppelt sein. Hat das Kind die Mutter z.B. als „nicht-schützend" oder „verratend" erlebt, ist die Reaktion einer weiblichen Beraterin gegenüber möglicherweise ängstlich, abweisend oder wütend. Geht man nun vom Grundsatz aus, das Kind da abzuholen, wo es steht und es mit möglichst hoher Eigenmotivation und höchstmöglichem Schutz für einen Therapie- oder Begleitungsprozess zu gewinnen, kann es je nach Konstellation wichtig sein, entweder als Frau oder als Mann mit der Arbeit zu beginnen.

Die Form bzw. das Muster der Kontaktaufnahme zu erkennen und angemessen darauf zu reagieren, kann einen ersten diagnostischen Hinweis auf die Form des Beziehungsmusters zum Täter bzw. zur Täterin geben. Außerdem bietet es die Möglichkeit erste, heilsame Korrekturen und/oder Konfrontationen mit dem bisherigen Kontaktmuster vorzunehmen (z.B. wenn sich ein Mädchen nach kurzem Kennenlernen auf den Schoß des Beraters setzen will und dieser direkt sagt: „Das möchte ich jetzt nicht!"). So war in einem Fall z.B. das Angstniveau eines Jungen mir gegenüber sehr hoch, weil der Täter ein Mann war. Der Junge erlebte meine Kollegin im informellen Kontakt – im Gegensatz zur Mutter – als klar, kraftvoll und schützend und wollte ihr Therapiezimmer nicht mehr verlassen, obwohl vorgesehen war, dass ich als Mann mit dem Jungen arbeiten sollte. In solchen Fällen ist es wichtig, auf den aktuellen, innerpsychischen Zustand des Kindes zu reagieren und nicht das Kind zu zwingen, sich einem Konzept unterzuordnen, sonst würde sich die Dynamik zwischen Kind und Täter wiederholen: „Ich will, dass du etwas bestimmtes für mich (mein Bild, mein Konzept, meine Überzeugung) tust!"

Zusammengefasst sind für die „Eingangsphase", in der geprüft werden muss, ob, durch wen und mit welcher Zielsetzung mit dem Kind therapeutisch gearbeitet werden soll, folgende Überlegungen und Leitfragen wichtig:
– Zu wem tendiert das Kind spontan, welches ist die spontane Präferenz? Soll dieser Wahl des Kindes gefolgt werden, ohne schon genaueres über die Beziehungsmuster des Kindes zu wissen? Wird der Wahl des Kindes entsprochen, schließt dies eine spätere Überweisung an den Kollegen/die Kollegin natürlich nicht aus. Im Gegenteil, eine solche Überweisung kann das Ergebnis des diagnostischen Prozesses sein.
– Wo findet das Kind im Moment „Sicherheit"?
– Welches mögliche Beziehungsmuster oder welcher akute Bedarf nach Schutz ist daraus zu erkennen?
– Welches männliche/weibliche „Modell" und/oder Gegenüber braucht das Kind im Moment für eine unmittelbar wirksame korrigierende und schützende Erfahrung?

Konzeptionelle und persönliche Voraussetzungen

Im Folgenden werden stichwortartig zunächst konzeptionelle, dann persönliche Voraussetzungen und Fragestellungen skizziert bzw. aufgeworfen:

Einrichtungsspezifische Aspekte:
- Die Konzeption sieht neben der Einhaltung diagnostischer Standards die Prüfung der oben genannten Leitfragen für die „Eingangsphase" vor.
- Die Prozess- und Beziehungsorientierung stellen die Grundlage für die therapeutische Arbeit dar. Testverfahren u.ä. ergänzen diesen Prozess.
- Die Identität und der Arbeitsauftrag der Einrichtung in Abgrenzung zu anderen Professionellen/Berufsgruppen ist klar beschrieben und operationalisiert (z.B.: Therapieauftrag ist keine „Vorarbeit" für Begutachtung, sondern kann diese im Einzelfall im Zeugenstatus ergänzen!).
- Eine wertschätzende Vernetzung mit allen beteiligten Berufsgruppen auf der Basis von persönlichen Beziehungen und professionellem Austausch ist gewährleistet.
- Die Einrichtung sieht die Einbeziehung aller Bezugspersonen des Kindes (Mutter, Vater, Geschwister) auch im Verdachtsfall vor und kann dies auch personell oder durch Kooperationspartner gewährleisten.
- Im Kontakt zu den Bezugspersonen werden geschlechtsspezifische Aspekte berücksichtigt (Es hat sich auch bewährt, den Kontakt zu meist „unmotivierten" oder „abwesenden" Vätern durch einen Mann aufzunehmen, der dann auch die weitere Begleitung übernimmt.).

Persönliche Aspekte der Professionellen:
- Die Ursachen und Wirkungen geschlechtsspezifischer Sozialisation von Mädchen und Jungen sowie die geschlechtsspezifischen Aspekte der Gewaltformen (strukturelle Gewalt, physische Gewalt, psychische Gewalt, sexuelle Gewalt) sind bewusst.
- Die geschlechtsspezifischen Verarbeitungsmechanismen bei sexueller Gewalt (Gemeinsamkeiten und Unterschiede) sind bekannt.
- Eigene Gewalterfahrungen und deren Auswirkung auf die eigene Geschlechtsidentität sind aufgearbeitet.
- Eine Auseinandersetzung mit den eigenen Motiven für diese Arbeit hat stattgefunden.
- Die „innere Freiheit", auch aggressive und mädchen- und frauenfeindlich agierende Jungen als Opfer mit ihrer „inneren Not" zu sehen und nicht ausschließlich als „kleine Täter", ist gegeben. Dies gilt auch für das häufige „Übersehen" depressiver und sehr zurückgezogener Jungen.
- Die jeweils eigene Rolle als „soziale Mütter und Väter" für das Kind wird sich selbst und der Kollegin/dem Kollegen gegenüber als wichtig und unersetzbar anerkannt.
- Narzisstische Anfälligkeiten in der Positiv- und Negativübertragung sollten erkannt werden können. Dabei dürfen auch hier geschlechtsspezifische Unterschiede nicht geleugnet werden (z.B. zu spüren, inwieweit eine vom Kind ausgehende Idealisierung als „besserer Vater/bessere Mutter" sich je nach Geschlecht des Kindes unterschiedlich anfühlt und weshalb!).
- Eigene, biographisch bedingter Haltungen und deren Auswirkungen müssen reflektiert sein (z.B. erlebe ich häufig, dass männliche Kollegen sich als

„Kumpel" definieren, die Ebene der „sozialen Vaterschaft" – Grenzen setzen, Halten, Einfühlung, Fürsorge – als innere Haltung aber nicht besetzen. Ebenfalls finde ich oft eine „Weigerung" von Frauen, neben der klaren Begrenzung aggressiver Jungen auch den Anteil der Fürsorge und der Einfühlung in die innere Not des Jungen als „soziale Mutter" zur Verfügung zu stellen!).

– Es muss ein hohes Maß an Vertrauen und Prozesstransparenz in den Teams bestehen (z. B. um diagnostisch nutzbare Impulse in Bezug auf ein Kind aussprechen zu können, ohne gleich als „Mittäter" oder als „typisch Feministinnen" bezeichnet zu werden). Dies setzt die Bereitschaft und den Mut zur Benennung eigener Positionen und deren möglicher Veränderung voraus. Vor allem für Männer, die sich häufig in „Schweigen" hüllen und Konflikte vermeiden, stellt dies oft eine hohe Anforderung dar. Letztendlich geht es um die Überwindung ideologischer und biographisch bedingter Haltungen, die einem am Bedarf des Kindes orientierten Vorgehen zuwiderlaufen. In Teams entzündet sich an aktuellen Fällen immer wieder die „Frauen- und Männerfrage" im Grundsatz, oft in emotional sehr heftiger Form. Hier fließen häufig unbewusste und unbearbeitete Aspekte des Themas in den „Fall" ein. Wird dies nicht erkannt und aufgelöst, ist eine „freie" Arbeit im Sinne des Kindes häufig nicht mehr möglich.

– Das offene Aussprechen des Vertrauens v.a. an männliche Kollegen, dass es erlaubt und wichtig ist, unabhängig vom Geschlecht des Kindes die Tür hinter sich schließen zu können. Dies ist deshalb so wichtig, weil Männer mit der „Hypothek" leben müssen, dass ca. 80–85 % der Täter/innen bei sexueller Gewalt Männer sind. Es ist deshalb wichtig, offen darüber zu sprechen, inwieweit ich als Mann und Berater/Therapeut mir (zu)traue, bei z. B. grenzüberschreitendem Verhalten von Kindern/Jugendlichen Grenzen zu setzen, Hilfe zu holen, mein eigenes Tun z. B. in der Supervision einzubringen, also mich mit all meinen Seiten und Unsicherheiten zu zeigen.

– Die Überwindung schulenspezifischer Ideologie innerhalb der therapeutischen Ausrichtungen und Methoden ist erforderlich: Auch hier werden häufig Dogmen und ein Vorgehen nach „Vorschrift" über eine prozessorientierte Prüfung des Standes des Kindes gestellt. Die Erkenntnis, dass das dogmatische Festhalten an ehernen Grundsätzen oft der eigenen Angst- und Unsicherheitsbewältigung und der Vermeidung mit der Konfrontation eigener Anteile, Überzeugungen und Haltungen dient, halte ich besonders beim Thema „Sexuelle Gewalt" für wichtig.

– Die verdeckte oder unbewusste Überzeugung, dass Frauen und Mütter per se bessere Menschen sind und die Einbeziehung der Möglichkeit, dass auch Frauen Täterinnen, Mittäterinnen und/oder Mitwisserinnen sein können, ohne zu leugnen, dass der derzeit bekannte Hauptanteil an sexueller Gewalt auf das Konto von Männern geht, muss gegeben sein (→ *Frauen als Täterinnen*).

– Und zuletzt muss akzeptiert werden, dass wir auch in der Berufswelt nicht zu Neutren mutieren, sondern immer auch durch und mit unserem Mann- und Frausein präsent sind und wirken – ob wir wollen oder nicht.

Abschließend möchte ich dazu anregen, den Weg der Auseinandersetzung zu wagen. Für uns als Männer bedeutet das, immer wieder die Angst vor dem Konflikt, vor unseren Impulsen und Gefühlen zu überwinden, immer wieder neu den Mut zu finden, nicht im Rückzug und Schweigen unser „Glück" zu suchen, sondern im Kontakt und in der Auseinandersetzung. Frauen und Männer sollten sich dabei in ihrer Unterschiedlichkeit akzeptieren und würdigen und sich nicht in zwei Lager spalten oder spalten lassen.

Als Professionelle müssen wir es schaffen, unter einem Dach mädchen- und jungenspezifische Arbeit dadurch therapeutisch wirksam zu gestalten, dass wir uns so direkt, unmittelbar, authentisch und menschlich wie möglich in unserer Professionalität in Verbindung mit unserem Mann- und Frau-Sein einbringen. Damit wirken wir auch als notwendiges Gegenmodell zu den „Modellen" in Missbrauchsfamilien für ein autonomes Mann- und Frausein und für einen abwertungsfreien und wertschätzenden Umgang miteinander.

Literatur

Dörsch, Manuela & Aliochin, Karin (1997). *Gegen sexuellen Mißbrauch. Das Handbuch zur Verdachtsabklärung und Intervention.* Eigenverlag Wildwasser Nürnberg.
Eckert-Groß, Bernhard (1990). Zwischen Anpassung und Rebellion. *Zeitschrift für Entwicklungspädagogik 3*, S. 14–17.
Eckert-Groß, Bernhard (1999). Männer und Frauen in der Arbeit mit sexuell mißbrauchten Jungen. *Zeitschrift der Aktion Jugendschutz, Stuttgart, 1*, S. 7–10.
Lew, Mike (1993). *Als Junge missbraucht.* München: Kösel.

Geschlechtskrankheiten

Dirk Bange

Ein kleiner Teil sexuell missbrauchter Kinder wird mit Geschlechtskrankheiten infiziert. In der Regel werden Geschlechtskrankheiten durch sexuelle Kontakte übertragen. Da aber Geschlechtskrankheiten in seltenen Fällen auf nicht sexuellem Wege übertragen werden und es vorgeburtliche Infektionen des Kindes durch die Mutter gibt, kann nicht allein auf Grund des Vorliegens einer Geschlechtskrankheit auf sexuellen Missbrauch geschlossen werden. Dennoch gilt der Nachweis von Geschlechtskrankheiten bei Kindern unumstritten als eines der härtesten medizinischen Indizien für einen sexuellen Missbrauch (Hammerschlag 1998, S. 623; Jones & The Royal College of Physicians 1996, S. 102 f.).

Untersuchungen zeigen, dass man sexuellen Missbrauch als Ursache von Geschlechtskrankheiten bei Kindern um so häufiger feststellt, je sorgfältiger die Umgebungsuntersuchungen und die Interviews mit dem Kind oder Jugendlichen und seinen Bezugspersonen durchgeführt werden. So haben A.C. Argent, P.I. Lachmann, D. Hanslo und D. Bass (1995, S. 1305 ff.) von der Universität Kapstadt festgestellt, dass der sexuelle Missbrauch bei der überwiegenden Zahl der 96 in ihre Studie einbezogenen Kinder während der ersten medizinischen Untersuchung nicht festgestellt wurde. Erst bei intensiven Nachuntersuchungen, die neben einer medizinischen Behandlung auch Gespräche mit Sozialarbeiterinnen und Sozialarbeitern beinhalteten, konnten sich viele Kinder öffnen bzw. konnten eindeutige Befunde für sexuellen Missbrauch erhoben werden (vgl. auch Hammerschlag 1998, S. 624; Branch & Paxton 1965, S. 347 f.).

Gonorrhöe: Die nicht sexuelle Infektion mit Gonorrhöe ist äußerst selten. In keiner der großen Untersuchungsreihen konnten jedoch alle Fälle ausschließlich auf sexuellen Missbrauch zurückgeführt werden. Bei einer der ersten und viel zitierten Studien zu dieser Frage von Geraldine Branch und Ruth Paxton (1965, S. 350) wurde beispielsweise festgestellt, dass von 45 Kindern im Alter von 1 bis 9 Jahren 42 durch sexuelle Kontakte infiziert wurden (s. auch Ingram, Everett, Flick, Russell & White-Simms 1997; Argent, Lachmann, Hanslo & Bass 1995; Farrell, Billmire, Shamroy & Hammond 1981). Diese Ergebnisse deuten im Großen und Ganzen darauf hin, dass der Nachweis von Gonokokken einen sexuellen Missbrauch sehr wahrscheinlich erscheinen lässt (Hammerschlag 1998, S. 624; Jones & The Royal College of Physicians 1996, S. 105).

Es ist umstritten, ob alle sexuell missbrauchten Kinder auf eine solche Infektion hin untersucht werden sollten. Neuere Untersuchungen aus den USA zeigen, dass sich nur bei bis zu 3% der sexuell missbrauchten Mädchen und Jungen eine Gonorrhöe nachweisen lässt (Hammerschlag 1998, S. 624). Die „American Academy of Pediatrics" hat 1991 vorgeschlagen, Kinder nur dann zu testen, wenn die vorliegenden Indizien und/oder körperlichen Befunde auf eine orale, genitale oder anale Vergewaltigung hinweisen (ebd.).

Chlamydia trachomatis: Eine Infektion mit Chlamydien bei einem Kind, bei dem ein sexueller Missbrauch vermutet wird, erhärtet den Verdacht des sexuellen Missbrauchs, wenn gleichzeitig eine Infektion der Mutter ausgeschlossen werden kann und bei dem Verdächtigen eine Infektion nachgewiesen wird (Jones & The Royal College of Physicians 1996, S. 107).

Warzen im Genitalbereich: Über Warzen im Genitalbereich von Kindern ist wenig bekannt. Sicher ist, dass solche Warzen auch durch nicht sexuelle Kontakte übertragen werden können. Bei Kindern unter 3 Jahren ist eine Infektion durch die Mutter die häufigste Ursache. Dennoch sollte bei Warzen im Genitalbereich insbesondere bei Kindern über drei Jahren die Möglichkeit eines sexuellen Missbrauchs in Betracht gezogen werden. Liegt gleichzeitig eine andere Geschlechtserkrankung vor, deutet dies mit hoher Wahrscheinlichkeit auf einen sexuellen Missbrauch als Ursache hin (ebd., S. 108).

Herpes genitalis: Bei einer Infektion mit Herpes genitalis sollte ein sexueller Missbrauch in die Überlegungen bezüglich der Ursache eingeschlossen werden. Da aber Herpeserkrankungen in der Allgemeinbevölkerung relativ häufig vorkommen, sollte bei Herpes genitalis nach weiteren sexuell übertragbaren Krankheiten gesucht werden (ebd.).

Bakterielle Vaginose: Eine bakterielle Vaginose ist bei gesunden, nicht missbrauchten Kindern ungewöhnlich und wird oftmals durch sexuellen Missbrauch hervorgerufen. So stellten Margret R. Hammerschlag und Mitarbeiter (1985, 1029f.) fest, dass 13% der von ihnen untersuchten sexuell missbrauchten Kinder eine solche Infektion aufwiesen, während aus der Kontrollgruppe kein einziges Kind infiziert war (vgl. auch Bartley, Morgan & Rimza 1987). Dennoch ist die Diagnose kein eindeutiger Beweis für sexuellen Missbrauch (Jones & The Royal College of Physicians 1996, S. 111).

Syphilis: Wenn ein präpubertäres Kind eine Syphilisinfektion hat, ist dies ein fast sicheres Indiz für einen sexuellen Missbrauch. Mit Syphilis infizierte sexuell missbrauchte Kinder sind jedoch sehr selten (ebd., S. 112; Hammerschlag 1998, S. 629).

HIV/AIDS: In Deutschland gibt es wenig HIV-infizierte Kinder. Die meisten sind durch ihre Mütter angesteckt worden. Jugendliche infizieren sich meist durch intravenösen Drogenkonsum oder durch sexuelle Kontakte. Wie viele Kinder und Jugendliche in Deutschland durch sexuellen Missbrauch mit HIV infiziert worden sind, ist nicht bekannt.

Da HIV-infizierte sexuell missbrauchte Mädchen und Jungen selten sind, ist strittig, in welchen Fällen ein HIV-Test durchgeführt werden sollte (Fegert 1990, S. 26). Zur Klärung dieser Frage führten George A. Gellert, Michael J. Dufree und C. D. Berkowitz (1990) in den USA eine Expertenbefragung bezüglich der Bedingungen einer HIV-Testung durch. Von den 63 befragten Experten fand sich eine Übereinstimmung von über 90% bei folgenden Kriterien. Man sollte das Kind testen, wenn
– man vom Täter weiß, dass er HIV-positiv ist,
– beim Täter klinische Befunde eine HIV-Infektion wahrscheinlich machen,
– der Täter „hochriskantes Sexualverhalten" zeigt,
– beim Kind klinische Befunde eine HIV-Infektion wahrscheinlich machen,
– die/der Jugendliche selbst hochriskantes Sexualverhalten zeigt oder
– die/der Jugendliche oder die Eltern des Kindes einen Test immer wieder einfordern.

Unabdingbar ist, dass das Kind und seine Eltern sowie Jugendliche vorher über das Für und Wider eines HIV-Tests ausführlich beraten werden und ihnen genügend Zeit für eine Entscheidung gelassen wird.

In der Diskussion um die HIV-Prävention wird das Thema sexueller Missbrauch bisher völlig vernachlässigt, obwohl Untersuchungen aus den USA belegen, dass homosexuelle Männer, die als Jungen sexuell missbraucht worden sind, signifikant häufiger „risikoreiche" Sexualpraktiken durchführen als nicht missbrauchte Männer. Zudem benutzen sie dabei signifikant seltener Kondome. Außerdem injizieren sie sich häufiger intravenös Drogen. Dementsprechend fand sich bei ihnen eine im Vergleich zu den anderen Befragten deutlich erhöhte Rate von HIV-Infektionen (Carballo-Diéguez & Dolezal 1995; Cunningham, Stiffman & Doré 1994; Bartholow u.a. 1994). Zwei Untersuchungen zeigen, dass auch sexuell missbrauchte Frauen häufiger ein risikoreicheres Verhalten bezüglich einer HIV-Infektion zeigen als nicht missbrauchte Frauen (Thompson, Potter, Sanderson & Maibach 1997; Zierler, Feingold, Laufer, Velentgas, Gordon & Mayer 1991).

Ein wichtiger Grund dafür, dass sexuell missbrauchte Frauen und Männer seltener „safer sex" praktizieren, ist offenbar ein durch den sexuellen Missbrauch mitbedingtes niedrigeres Selbstwertgefühl. Dies kann bei sexuellen Kontakten dazu führen, sich den sexuellen Wünschen des Partners unterzuordnen, um nicht abgelehnt zu werden. Zudem ist denkbar, dass die Frauen und Männer die sexuellen Kontakte nutzen, um ihr Selbstbewusstsein zu stabilisieren. Außerdem entwickeln einige der betroffenen Frauen und Männer ein „instrumentelles" Verhältnis zu ihrem Körper und zu ihrer Sexualität. Sie benutzen ihren Körper, um dafür Liebe und Zuneigung oder auch materielle Gegenleistungen zu bekommen. Schließlich verbergen sich hinter dem „risikoreichen" Sexualverhalten auch autoaggressive Tendenzen. Deshalb ist es für die HIV-Prävention wichtig, die Auswirkungen des sexuellen Missbrauchs auf Mädchen und Jungen besser zu begreifen und sie in die Prävention einzubeziehen.

In Beratungsgesprächen äußern einige sexuell missbrauchte Mädchen und Jungen die Angst, durch den Missbrauch mit dem HIV-Virus infiziert worden zu sein (Bange 1995, S. 119, Fegert, 1990, S. 27). Auf diese Ängste muss in behutsamer Art und Weise eingegangen werden. Die Mädchen und Jungen sind dabei über Übertragungsrisiken und das Für und Wider eines HIV-Tests aufzuklären. Falls ein Test gewünscht wird, ist eine Begleitung zum Arzt oder Gesundheitsamt erforderlich (Bange 1995, S. 119f.).

Literatur

Argent, A. C., Lachmann, P. I., Hanslo, D. & Bass, D. (1995). Sexually transmitted diseases in Children and evidence of sexual abuse. *Child Abuse & Neglect 19,* 1303–1310.
Bange, D. (1995). Die Narben der sexuellen Gewalt. In: D. Bange & U. Enders: *Auch Indianer kennen Schmerz. Sexuelle Gewalt gegen Jungen* (S. 113–120). Köln: Kiepenheuer & Witsch.
Bartholow, B. N. u.a. (1994). Emotional, behavioral, and HIV risks associated with sexual abuse among adult homosexual and bisexual Men. *Child Abuse & Neglect 18,* 747–761.
Branch, G. & Paxton, R. (1965). A study of gonococcal infections among infants and children. *Public Health Reports 80,* 347–352.
Bartley, D. L., Morgan, L. & Rimza, M. E. (1987). Gardnerella vaginalis in prepubertal girls. *Amercian Journal of Diseases of Children 141,* 1014–1017.

Carballo-Diéguez & Dolezal, C. (1995). Association between history of childhood sexual abuse and adult HIV-risk sexual behavior in puerto rican men who have sex with men. *Child Abuse & Neglect 19,* 595–605.

Cunnigham, R. M., Stiffman, A. R. & Doré, P. (1994). The association of physical and sexual abuse with HIV risk behaviors in adolescene and young adulthood: Implications for public health. *Child Abuse & Neglect 18,* 233–245.

Farrell, M. K.; Billmire, M. E.; Shamroy, J. A. & Hammond, J. G. (1981). Prepubertal gonorrhea: A multidisciplinary approach. *Pediatrics 67,* 151–153.

Fegert, J.-M. (1990). Riesenerwartungen und Enttäuschungen. Die Rolle der Ärztin bzw. des Arztes im Spannungsfeld der Aufdeckung des sexuellen Missbrauchs bei Mädchen und Jungen. *Dokumentation der Fachtagung „Sexueller Missbrauch im Kindes- und Jugendalter" vom 28. bis 30. Juni 1990 in Pforzheim* (S. 21–32). Heraugeber: Walter, J. & Amt für Jugend und Familie, Pforzheim. Pforzheim.

Gellert, G. A., Durfee, M. J. & Berkowitz, C. H. (1990). Developing guidelines for HIV antibody testing of victims of pediatric sexual abuse. *Child Abuse & Neglect 14,* 9–17.

Hammerschlag, M. R. (1998). The transmissibility of sexually transmitted diseases in sexually abused children. *Child Abuse & Neglect 22,* 623–635.

Hammerschlag, M. R., Cummings, M., Doraiswamy, B., Cox, P. & McCormack, W. M. (1985). Nonspecific vaginitis following sexual abuse in children. *Pediatrics 75,* 1028–1031.

Ingram, D. L., Everett, V. D., Flick, L. A., Russell, T. A. & Whits-Simms, S. T. (1997). Vaginal gonococcal cultures in sexual abuse evaluation: Evaluation of selective criteria for preteenaged girls. *Pediatrics 99,* 8–16.

Jones, D. P. H. & The Royal College of Physicians (1996). *Sexueller Missbrauch von Kindern. Gesprächsführung und körperliche Untersuchung.* Stuttgart – New York: Georg Thieme.

Thompson, N. J., Potter, J. S., Sanderson, C. A. & Maibach, E. W. (1997). The relationship of sexual abuse and HIV risk behaviors among heterosexual adult female STD patients. *Child Abuse & Neglect 21,* 149–156.

Zierler, S., Feingold, L., Laufer, D., Velentgas, P., Gordon, I. & Mayer, K. (1991). Adult survivors of childhood sexual abuse and subsequent risk of HIV Infection. *American Journal of Public Health 81,* 572–575.

Geschwister bei sexueller Gewalt innerhalb der Familie

Ursula Enders

Sexuelle Gewalt durch Familienangehörige hat immer mehrere Opfer, denn auch die Geschwister werden in Mitleidenschaft gezogen. Ganz gleich, ob sie um die sexuelle Ausbeutung wissen oder diese ihnen verborgen bleibt – auch sie sind Betroffene *(→ Familiendynamik).*

Das „gemeinsame Geheimnis" von Opfer und Täter (Täterin) belastet die Beziehung zwischen den Geschwistern: Die Schwestern und Brüder erleben, wie sich das Verhalten des Opfers „aus unerklärlichen Gründen" ändert, sie spüren die Sexualisierung der Beziehungen innerhalb der Familie und ahnen, dass etwas vor ihnen geheim gehalten wird. Oft reagieren sie z. B. mit Eifersucht, wenn das betroffene Mädchen/der Junge zum „Lieblingskind" ernannt und mit Geschenken und Aufmerksamkeit überhäuft wird. Verunsicherung und Aggression belasten in erheblichem Maße das Vertrauensverhältnis unter den Geschwistern.

Viele Geschwisterkinder fühlen sich in besonderem Maße schuldig, weil sie die Schwester oder den Bruder nicht beschützen können und selber von der sexuellen Ausbeutung „verschont" bleiben. Andere distanzieren sich aus Angst vor dem Täter (der Täterin) vom Opfer und identifizieren sich mit dem Aggressor, übernehmen dessen Sichtweise und schreiben der Schwester/dem Bruder die Schuld für das Verbrechen zu.

Häufig auch werden in Familien mehrere Kinder gleichzeitig missbraucht, ohne dass die Opfer untereinander von ihrem gemeinsamen Leid wissen. David Finkelhor wies schon im Jahre 1984 nach, dass in 35% der Fälle von innerfamilialem sexuellen Missbrauch an Mädchen ebenso Geschwisterkinder betroffen sind. Bei männlichen Opfern nannte der amerikanische Experte eine Quote von 60% (Finkelhor 1984).

Bisher wird in der Fachliteratur wie auch in der Praxis die Situation der Geschwister fast gänzlich vergessen. Kaum Beachtung fand bisher zudem die Tatsache, dass das Miterleben von sexueller Gewalt in der Familie für Schwestern und Brüder gleichermaßen eine Traumatisierung sein kann wie für das Opfer selbst. Die Erfahrungen der Selbsthilfeinitiativen zeigen, dass häufig Frauen und Männer ihre Betroffenheit bei der Konfrontation mit der Thematik spüren, sich jedoch an nichts „Konkretes" erinnern können (→ *Erinnerungen*). Nicht selten fällt ihnen nach einer intensiven Auseinandersetzung mit den eigenen Gefühlen wieder ein, dass sie z.B. als Kind Zeugin (Zeuge) der Vergewaltigung der Schwester oder der Mutter wurden oder nachts mit im Ehebett schlafen mussten, um die Mutter vor der sexuellen Gewalt des Vaters zu schützen – sie lebten in einer Atmosphäre sexueller Gewalt.

Die Beziehung zwischen den Geschwistern

Fast immer nutzten die Täter (Täterinnen) ihre Machtstellung aus, um nicht nur einen Keil in die Mutter-Kind-Beziehung zu treiben, sondern um gleichsam solidarisches Verhalten zwischen den Geschwistern zu verhindern. Missbrauchende Väter spielen ihre Kinder mit System gegeneinander aus, säen Eifersucht und Streit und beugen so einer Aufdeckung ihres Verbrechens vor: Die ältere Tochter soll z.B. nichts vom parallel laufenden Missbrauch der jüngeren Schwester oder des kleinen Bruders erfahren. Doch selbst wenn die Geschwister den Missbrauch der/des anderen erahnen oder miterleben, verhindern häufig Scham oder Angst den Austausch über das gemeinsame Unglück. Oftmals schaffen es Geschwister erst Jahre später, miteinander über die gemeinsamen sexuellen Gewalterfahrungen zu sprechen.

„Von meinem 4. Lebensjahr an wurde ich von meinem Vater sexuell missbraucht. Meiner Schwester, sie ist ein Jahr älter, passierte das Gleiche. Wir haben nie darüber gesprochen. Jetzt bin ich 15 Jahre alt. Zu meiner Schwester hatte ich nie einen Draht, obwohl wir schon lange im gleichen Heim leben. Ich fand sie einfach blöd. Vor drei Wochen habe ich sie mal darauf angesprochen. Es hat uns beiden gut getan, endlich einmal über alles zu sprechen. Jetzt können wir plötzlich auch über andere Sachen reden. Doch ich will jetzt in ein anderes Heim, denn wenn ich meine Schwester nur sehe, muss ich immer an den ganzen Mist denken." (Jessica, 15 Jahre)

Viele Mädchen und Jungen, Frauen und Männer machen die bittere Erfahrung, dass sich sogar die Geschwister von ihnen abwenden, sobald sie das Geheimnis lüften.

„Ich habe zwei Schwestern und zwei Brüder. Seitdem ich über den sexuellen Missbrauch durch meinen Vater spreche, ist mein Kontakt zu meinen beiden Brüdern gänzlich abgebrochen. Ich soll ihrer Meinung nach doch endlich die Vergangenheit auf sich beruhen lassen. Ihnen kommen selbst Erinnerungen, mit denen sie nicht umgehen können; bei uns wurden die Mädchen missbraucht und die Jungen geprügelt. Auch wollen die beiden nicht, dass Dritte von der Familientragödie erfahren und sie womöglich darauf ansprechen.

Die Beziehung zu einer meiner Schwestern ist auch zerbrochen. Als ich mich einer Selbsthilfegruppe anschloss, war sie zunächst begeistert und unterstützte mich. Doch je intensiver ich in unserer Vergangenheit rumkramte, umso mehr ging Brigitte auf Abstand. Ich sollte mich ihrer Meinung nach mit Vater und Mutter versöhnen, zu ihr seien sie in der letzten Zeit sehr nett, er sei doch inzwischen ein alter Mann.

Meine zweite Schwester schloss sich ebenso einer Wildwassergruppe an. Mit ihr verstehe ich mich gut – wir kommen gut miteinander klar.

Bis auf die eine Schwester habe ich meine ganze Familie verloren. Mir bleibt halt keine andere Wahl; ich will und kann nicht mehr zurück – sonst würde ich mich selbst verleugnen. In der letzten Zeit habe ich manchmal das Gefühl, dass meine Freundinnen und Freunde heute meine wirkliche Familie sind. Wir brauchen alle Eltern und Geschwister – ich auch, aber es müssen nicht immer die leiblichen sein!" (Silke, 28 Jahre)

In vielen Fällen zwingen die Täter (Täterinnen) ihre Opfer, sich gegenseitig zu missbrauchen, so dass diese die Schwester/den Bruder nicht nur als Mitopfer, sondern auch als Täter (Täterin) erleben – eine Erfahrung, die eine gemeinsame Aufarbeitung der sexuellen Gewalterfahrungen erschwert.

Literatur

Finkelhor, D. (1984). *Child sexual abuse. New theory and research*. New York: The Free Press.

Geschwisterinzest im Kindes- und Jugendalter

Georg Romer und Joachim Walter

Einleitung

In der modernen Psychotraumatologie wird ein seelisches Trauma definiert als: „Vitales Diskrepanzerlebnis zwischen bedrohlichen Situationsfaktoren und individuellen Bewältigungsmöglichkeiten, das mit Gefühlen von Hilflosigkeit und schutzloser Preisgabe einhergeht und so eine dauerhafte Erschütterung von Selbst- und Weltverständnis bewirkt" (Fischer & Riedesser, 1998, S. 545).

An diese Definition, in der Trauma nicht als äußeres Ereignis, sondern als innerseelisches Geschehen verstanden wird, knüpft sich u.a. zwingend eine entwicklungspsychologische Dimension, da die jeweilige Fähigkeit, ein belastendes Erlebnis zu verarbeiten und zu bewältigen, vom Stand der kognitiven, emotionalen und psychosexuellen Reifeentwicklung abhängt (Romer & Riedesser 1999). Bei der Frage, inwieweit ein sexueller Angriff das Selbst- und Weltverständnis des Betroffenen traumatisch erschüttert, ist zudem das Wesen der Beziehung, in der dieser Angriff geschieht, bedeutsam.

In Bezug auf traumatische Folgen von Geschwisterinzest nimmt Hirsch (1999) an, dass dieser häufig ohne schädliche psychische Folgen bleibt. Da von allen bekannten Inzestformen der Geschwisterinzest als der am wenigsten schwere Verstoß gegen das kulturelle Inzesttabu gilt, wird angenommen, dass die zu erwartenden Schuldgefühle des Inzestopfers, die bekanntlich wesentlich zu seiner psychischen Problematik beitragen, weniger ausgeprägt sind (ebd., S. 174). Lediglich in Fällen, bei denen dieser Geschwisterinzest mit Gewalt erzwungen wird, geht Hirsch (1999, S. 175f.) von einer nachhaltigen Traumatisierung des Opfers aus, und stellt das Geschehen in seiner Dynamik und seinen Folgen dem Vater-Tochter-Inzest weitgehend gleich.

Während jede Form von sexuell motivierter Annäherung eines Erwachsenen an ein Kind als sexueller Angriff zu verstehen ist, bietet im Unterschied hierzu die strukturelle Gleichberechtigung innerhalb der Geschwisterbeziehung grundsätzlich die Möglichkeit einvernehmlicher sexueller Handlungen. So sind experimentelle sexuelle Annäherungen im Rahmen von kindlichem Neugierverhalten, „Doktorspielen", oder dem sog. „sexual rehearsal play" (Money & Erhardt 1972) unter Geschwisterkindern weit verbreitet (Friedrich et al. 1991). Mit dem Begriff des Geschwisterinzests werden daher lediglich sexuelle Handlungen be-

zeichnet, bei denen eine vaginale oder rektale Penetration oder ein Oralverkehr erfolgt (Bank & Kahn 1984).
Grundsätzlich lassen sich zwei Formen von Geschwisterinzest unterscheiden: Zum einen gibt es machtorientierten Inzest, der sadistische, ausbeuterische Elemente enthält und eine Form sexueller Gewalt ist, zum anderen wird auch der fürsorglich-liebevolle Inzest beschrieben, der einvernehmlich geschieht, von Lust und gegenseitiger Loyalität geprägt ist und von den beteiligten Geschwistern als Insel liebevoller Zuwendung in einer emotional defizitären familiären Umwelt erlebt wird (Bank & Kahn 1982). Für die Abgrenzung inzestuöser Gewalt von einvernehmlicher sexueller Aktivität zwischen Geschwistern und Cousins oder Cousinen werden zumindest für Situationen, bei denen einer der Beteiligten ein Kind unter 14 Jahren ist, folgende objektiven Kriterien vorgeschlagen (DeJong 1989): Von einem sexuellen Angriff ist zweifelsfrei auszugehen, wenn *Gewalt, Zwang* oder *Bedrohung* angewendet wurde, wenn eine *Penetration versucht* wurde, oder wenn irgendeine Form von *Verletzung des Opfers* dokumentiert ist. Ab einem *Altersunterschied von fünf Jahren* muss auch bei Fehlen von Drohungen oder Gewaltanwendung grundsätzlich eine sexuelle Aggression angenommen werden, weil bei dem vorliegenden Macht- und Entwicklungsgefälle kein Einvernehmen des jüngeren Kindes für sexuelle Handlungen hergestellt werden kann (ebd.).

Die besondere Bedeutung der Geschwisterbeziehung

Um das Ausmaß der „Erschütterung des Selbst- und Weltverständnisses" in der Erfahrung des Geschwisterinzests zu verstehen, muss zunächst die Bedeutung einer intakten Geschwisterbindung für die psychosexuelle Identitätsentwicklung beleuchtet werden. Diese stellt im Laufe der Entwicklung vom Kind zum Jugendlichen als horizontales Beziehungsgefüge das Bindeglied dar zwischen der vertikalen Beziehung zum gegengeschlechtlichen Elternteil und der späteren intimen Liebesbeziehung zu einem gleichaltrigen Partner außerhalb der Familie (Parens 1988, Sohni 1999). In der Geschwisterbeziehung – der oft längsten Beziehung im Lebenszyklus – kann durch das meist geringe Machtgefälle vieles besprochen und als Probehandeln erlebt werden, was in der Eltern-Kind Beziehung keinen Platz findet. Dabei kommt es nicht selten zu Projektionen elterlicher Aspekte auf die Geschwister (Wellendorf 1995). Im Laufe der präpubertären kindlichen Entwicklung werden teilweise Liebeswünsche vom betreffenden Elternteil abgezogen und auf Geschwister verschoben. Im Schutz der geschwisterlichen Vertrautheit reift das Bewusstsein für Gemeinsamkeiten und Unterschiede zwischen den Beziehungspartnern, sowohl im Hinblick auf ihre Individualität als auch ihre psychosexuelle Identität (Sohni 1999). Dieser Schritt ist als Entwicklungsaufgabe im Rahmen der psychosexuellen Identitätsfindung bedeutsam und kann als wichtige Voraussetzung für das Eintreten in Liebesbeziehungen mit gleichaltrigen Partnern außerhalb der Familie gelten. Inzestuöse Kontakte unter Geschwistern verhindern demnach eine psychosexuelle Individuation (ebd.). Das Fehlen einer psychosexuell intakten elterlichen Paarbeziehung geht in der Regel einem Geschwisterinzest voraus (Didzus 1993, zit. n. Sohni 1999). Das Fehlen des horizontalen Modells einer Liebesbeziehung jenseits der Generationengrenze, also auf der Erwachsenenebene, trägt zum Scheitern dieser bedeutenden Identifikations- und Individuationsschritte bei den beteiligten Geschwistern bei. Die Entwicklung zu reifer sexueller Beziehungsfähigkeit wird nachhaltig blockiert (Sohni 1999). Insbesondere in der Präpubertät sind inzestuöse Verwicklungen zwischen Geschwistern, auch wenn sie einvernehmlich erfolgen, besonders verwirrend für die sexuelle Identitätsentwicklung, mit entsprechend nachhaltigen Auswirkungen (Bank & Kahn 1982).

Häufigkeit und Charakteristika

Geschwisterinzest ist die am wenigsten erforschte, aber wahrscheinlich die häufigste Form des Inzests (Adler & Schutz 1995). Daie, Witztum & Eleff (1989) weisen darauf hin, dass wenn man in psychotherapeutischen Erstgesprächen routinemäßig direkt nach sexuellen Missbrauchserfahrungen fragt, insbesondere von Frauen häufig inzestuöse Erlebnisse mit einem Bruder berichtet werden. 15 % der Frauen und 10 % der Männer einer repräsentativen Gruppe amerikanischer Studenten (n=796) gaben an, sexuelle Erfahrungen mit Geschwistern zu haben (Finkelhor 1980). In einer Fallsammlung von 14 Familien, in denen ein aufgedeckter missbräuchlicher Geschwisterinzest zu einer psychosozialen Hilfsmaßnahme führte, waren 13 der 16 Opfer zwischen 2 und 10 Jahren Mädchen (81 %), und 14 der 15 Täter zwischen 13 und 17 Jahren Jungen (93 %) (Gilbert 1992). Auch hier fällt die deutliche Altersdifferenz auf, die auf ein missbräuchliches Machtgefälle in der inzestuösen Geschwisterbeziehung hinweist.

Familiendynamik

In einer vergleichenden Untersuchung von Inzestfamilien getrennt nach Vätern und Brüdern als Täter fanden sich hinsichtlich des Einsatzes von Gewalt und Zwang beim Inzest, dem überbetonten äußeren Erscheinungsbild als „normale Familie", dem Missbrauch von Alkohol und Drogen sowie der innerfamilialen Gewalt mehr Übereinstimmungen als Unterschiede. Alle Bruder-Schwester-Inzestfamilien waren hingegen durch die Abwesenheit der Väter geprägt. Dies legt den Schluss nahe, dass die Brüder bei entsprechender familiärer Inzestdynamik die Rolle der von der Mutter als missbrauchend dargestellten, vom Kind so fantasierten oder real missbrauchenden Väter übernommen haben (Rudd & Herzberger 1999). In einer Fallstudie einer aus einer kirchlich gebundenen Familie stammenden Patientin, die in ihrer Kindheit von ihrem älteren Bruder über mehrere Jahre sexuell missbraucht wurde, wird das Zusammenwirken von väterlicher Abwesenheit, mütterlicher emotionaler Distanziertheit und unangemessener Übernahme der Vaterrolle durch den Täter-Bruder beschrieben. Ebenso typisch scheint hier der Umstand, dass das Inzestopfer mehrere verzweifelte Anläufe über einen längeren Zeitraum unternehmen musste, um die Erwachsenenwelt auf den stattfindenden Missbrauch aufmerksam zu machen (Abrahams & Hoey 1994). Dabei findet sich ein Phänomen, das auch bei anderen Formen traumatisierender Erfahrungen beschrieben wurde: es entsteht eine doppelte „Mauer des Schweigens" (Bar-On 1993) gegenüber der Mitteilung der Erfahrung. Die Betroffenen können sich aus Angst-, Scham- oder Schuldgefühlen nicht äußern. Gleichzeitig ist die Bereitschaft der Umwelt vermindert, entsprechende Schilderungen oder Zeichen wahrzunehmen. Die Eltern verleugnen und bagatellisieren das Inzestgeschehen häufig. Dies spielt auch nach einer Aufdeckung oft eine große Rolle für eine traumatische Verarbeitung beim Opfer (Adler & Schutz 1995).

In größeren Fallsammlungen wurden folgende familiendynamisch relevanten Einflussfaktoren beschrieben (Adler & Schutz 1995, O`Brien 1991, Smith & Israel 1987, Justice & Justice 1979, Romer & Berner, 1998):

– Die familiäre Atmosphäre ist insgesamt sexualisiert.
– Es bestehen unklare Generationen- und Geschlechtergrenzen. Dies verhindert, dass sich bei den Kindern ein Sinn für geschützte Intimität entwickeln kann.
– Eltern unterhalten wechselnde Intimbeziehungen, wodurch Kinder zu Mitwissern sexueller Geheimnisse von Erwachsenen werden.
– Die Familienstruktur ist chaotisch mit unzureichender elterlicher Kontrolle, Kommunikation und Aufsicht.
– Die emotionalen Beziehungen sind unzureichend und häufig wenig vorhersagbar.
– Nicht selten besteht eine transgenerationale Dynamik inzestuöser Beziehungen. Bedeutsam für diese Weitergabe ist möglicherweise eine „Trauma-Ansteckung" („trauma contagion", Maltas & Shay 1995): Die Tabuisierung des eigenen Inzest-Traumas als Schutzmechanismus, meist durch die Mutter, führt dazu, dass es durch die unbewusste Weitergabe dieses nicht bewältigten Themas auf dem Wege der projektiven Identifizierung zur Re-Inszenierung und Konkretisierung durch die Kinder kommt.
– Am Zustandekommen und Aufrechterhalten missbräuchlich inzestuöser Beziehungen zwischen Geschwistern sind ferner doppelte Botschaften der Eltern zum akzeptablen Umgang mit Sexualität beteiligt.

Nicht untersucht sind bisher die Fähigkeiten der Familien, mit Konflikten umzugehen. Dabei ist zu beachten, dass nach Ergebnissen der Bindungsforschung (Biringen et al 1997) die frühe Erfahrung mit der empathischen Wahrnehmung und Lösung von „Mikrokonflikten und Dyssynchronien" zentral ist für den späteren Umgang mit Macht und unterschiedlichen Bedürfnissen in Beziehungen.

Folgen sexueller Traumatisierung durch Geschwisterinzest

In einer Diskussion von vier Kasuistiken, in denen Langzeitverläufe unterschiedlichster Konstellationen von Geschwisterinzest dokumentiert sind, wurde als gemeinsames Element eine deutlich beeinträchtigte Kompetenz in der Gestaltung freundschaftlicher und intimer Zweierbeziehungen beschrieben, sowohl bei den Opfern als auch bei den Tätern (Daie, Witztum & Eleff 1989). Schädliche Langzeitfolgen von Bruder-Schwester-Inzest scheinen Frauen deutlich stärker zu betreffen als Männer. Beschrieben wurden u.a. (Bank & Khan 1982, Laviola 1992):
– Das tiefgreifende Misstrauen gegenüber den eigentlichen Motiven des Bruders setzt sich als bleibendes Misstrauen gegenüber Männern fort und beeinträchtigt die Fähigkeit zu erfüllten Liebesbeziehungen.
– Aus dem Gefühl, sich benutzt und manipuliert haben zu lassen, resultiert ein extrem negatives Selbstkonzept mit stark beeinträchtigtem Selbstwertgefühl, das bis zum Selbsthass gehen kann.
– Bei einvernehmlichen Inzest führt die notwendige Abspaltung von Liebe und Sexualität später zu sexuellen Funktionsstörungen und bei der Partnersuche zu promiskuitivem Verhalten, das als verzweifelte Suche nach einem Ersatzbruder verstanden werden kann.
– Das Bedürfnis nach spürbarer Sicherheit führt zum Wunsch nach Unabhängigkeit durch beruflichen Erfolg, der wiederum aufgrund von mangelndem Selbstvertrauen, Depression, dissoziativen Symptomen oder autodestruktiven Tendenzen erschwert sein kann.
– Als weitere Spätfolgen bekannt sind bis ins Erwachsenenalter stetig wiederkehrende intrusive Gedanken an den erlebten Inzest (Laviola 1992).
Als hilfreich erlebten Frauen, die als Kind Bruder-Schwester-Inzest erlitten, insbesondere ihre Erfahrungen mit Einzeltherapie sowie die Selbstbetrachtung als Opfer des Inzestgeschehens und damit sexueller Gewalt (ebd.).

Die massiven Schuldgefühle des Opfers von Geschwisterinzest nähren sich u.a. aus der erlebten Bereitschaft, sich zum Opfer des sexuellen Angriffs machen zu lassen. Hierzu tragen wiederum u.a. folgende Elemente bei (Bank & Khan, 1982):
– Die Macht des sexuellen Geheimnisses vor den Eltern, d.h. das Gefühl, die Eltern durch die heimliche Überschreitung eines Tabus „an der Nase herumzuführen", hilft dem Kind, erlittene Ohnmachtsgefühle in der Elternbeziehung zu kompensieren. Auch das Wissen gegenüber dem missbrauchenden oder missbrauchten Geschwister lädt die Beziehung mit der Macht möglichen Verrats auf.
– Der Inzest kann entsetzlichen Verlassenheitsängsten entgegenwirken.
– Er kann als Möglichkeit, mit einem zuverlässigen anderen zu verschmelzen und sich dabei als ganze Person zu spüren, helfen, ein durch erlittene Deprivation brüchiges Gefühl von Objektkonstanz auszugleichen.

– Ein einvernehmlich begonnener lustvoller Geschwisterinzest kann sich, wenn ein Partner daraufhin die durch das mächtige Geheimnis entstandene Loyalitätsbindung missbraucht, in einen fortgesetzten machtorientierten Inzest umwandeln. In diesem wird das Opfer durch die latente oder offene Drohung, das extrem schambesetzte ursprüngliche Einvernehmen offenzulegen, gefügig gemacht.

In der Literatur kaum beschrieben wurden bislang die Auswirkungen auf Jungen, die Opfer von Geschwisterinzest waren. Dies kann damit zu tun haben, dass betroffene Jungen und Männer in psychotherapeutischen Kontexten hiervon nicht zu berichten wagen. Als Gründe hierfür lassen sich nennen: (1) Die Selbstwahrnehmung eines Bruders als Opfer einer Schwester verletzt das männliche Ideal von Stärke, (2) die betroffenen Opfer befürchten, man werde ihnen nicht glauben (Meiselman 1978).

Diagnostik und Therapie

Bei Bekanntwerden eines nach den o. g. Umständen erfolgten Geschwisterinzest im Kindes- und früheren Jugendalter ist bis zum Beleg des Gegenteils von einer Traumatisierung des Opfers auszugehen, die dessen psychosexuelle und Selbstwertentwicklung nachhaltig erschüttert und mit beträchtlichen Risiken für psychische Spätfolgen behaftet ist. Unabhängig von einer vermeintlichen Symptomfreiheit ist eine umfassende diagnostische Beurteilung beider Kinder sowie der familiären Beziehungsstrukturen erforderlich. Die Indikation zur Psychotherapie des Opfers ist hierbei nicht nur abhängig von vorhandenen störungsrelevanten Symptomen, sondern auch unter präventiven Gesichtspunkten zu stellen. In die Überlegungen einfließen sollten hierbei die zu erwartenden Beziehungsprobleme im Jugend- und frühen Erwachsenenalter sowie die psychosexuelle Kompetenz zur späteren Elternschaft und damit das Risiko transgenerationaler Weitergabe der Missbrauchsdynamik (Romer & Riedesser 2000). Da die tiefgreifende familiäre Beziehungsstörung für die Entstehung und Aufrechterhaltung der inzestuösen Dynamik eine zentrale Rolle spielt, kommen familientherapeutischen Interventionen eine wichtige Bedeutung zu (→ *Systemische Therapieansätze*). Diese sind auch dann wichtig, wenn zumindest für den Täter eine längerfristige Trennung von der häuslichen Umgebung erforderlich wird. Häufig führen Verleugnung und Bagatellisierung durch die Eltern in Verbindung mit der alarmierten Aufmerksamkeit, die sich auf den „erschreckend jungen" sexuellen Angreifer richtet, dazu, dass sich das Opfer angepasst in sich zurückzieht und die dringend notwendigen diagnostischen und therapeutischen Maßnahmen gänzlich unterbleiben. Dieser familiäre Widerstand kommt einem Ungeschehenmachen des Traumas gleich, das den Blick auf die Tragweite dessen, was in der Familie real vorgefallen ist, erspart. Der Angreifer braucht zwar zweifelsfrei eine Therapie, damit er später nicht „wirklich schlimme Dinge" tut, das Opfer „kommt auch so ganz gut zurecht". Dieser Widerstand kann nur aufgelöst werden, wenn Helfer Empathie für die emotionale Überforderung der Eltern, die sich der Realität sexueller Gewalt unter ihren eigenen Kindern stellen müssen, entwickeln und entsprechend Entlastung und äußere haltende Struktur anbieten können. Vor der Einleitung familientherapeutischer Interventionen sollte sichergestellt sein, dass eine Wiederholung des inzestuösen Missbrauchs real und im Erleben des Opfers sicher ausgeschlossen ist, was in der Regel die räumliche Trennung des Täters von der Familie bedeutet. Alle Familienmitglieder sind in einen „Sicherheitsplan" zum Schutz vor der Wiederholung des innerfamiliären Missbrauchs, z.B. bei Wochenendbesuchen, verantwortlich einzubeziehen (DiGiorgio-Miller 1998). In der familientherapeutischen Behandlung ist wie in der Einzeltherapie darauf zu achten, dass der Missbrauch Thema bleibt, aber nicht zum ausschließlichen Beziehungsthema wird. Als nächstes sollte dem Opfer ein eigener geschützter psychotherapeutischer Raum angeboten werden, in dem es Vertrauen fassen kann, sich in seinem Erleben mitzuteilen, ohne den verleugnenden Abwehrstrategien der restlichen Familienmitglieder ausgesetzt zu sein. Auf dieser sicheren Basis können dann ressourcenorientierte familientherapeutische Interventionen darauf abzielen, intakte Grenzen und Hierarchien wiederherzustellen sowie eine offene und aufrichtige Kommunikation zu ermöglichen. Dies setzt voraus, dass der sexuelle Angreifer die Verantwortung für sein Verhalten übernimmt. Abzuraten ist von dem Versuch, mit der gesamten Familie im Beisein des Opfers die familiäre Inzestdynamik „aufzuarbeiten", was in der Regel für alle Beteiligten eine Überforderung wäre.

Ungelöste Probleme

Bisherige Erkenntnisse zu den Folgen von Geschwisterinzest erlauben derzeit nicht, eine spezifische entwicklungspsychologische Betrachtungsweise durchzuformulieren. Diese darf sich nicht auf das oben ausgeführte Verständnis psychosexueller Entwicklungsaufgaben in der Geschwisterbeziehung beschränken. Letztlich müssen in jedem einzelnen Fall Täter und Opfer vor dem Hintergrund ihres psychosozialen Entwicklungsstandes und den damit verbundenen üblichen Entwicklungsaufgaben sowie ihrer spezifischen Fähigkeit, die inzestuöse Grenzverletzung zu verarbeiten, betrachtet werden. Jede einzelne Entwicklungsstufe vom Kleinkindalter bis zur Adoleszenz bringt ihre spezifischen Implikationen für eine traumatische Verarbeitung und deren Bewältigung. Für den Geschwisterinzest steht eine entsprechende Ausdifferenzierung anhand gesammelter kasuistischer Daten noch aus.

Literatur

Abrahams, J. & Hoey, H. (1994). Sibling incest in a clergy family: A case study. *Child Abuse and Neglect, 18 (12),* 1029–1035.

Adler, N. A. & Schutz, J. (1995). Sibling incest offenders. *Child Abuse and Neglect, 19 (7),* 811–819.
Ascherman, L. I., & Safier, E. J. (1990). Sibling incest: A consequence of individual and family dysfunction. *Bull Menninger Clin, 54 (3),* 311–322.
Bank, S. P. & Kahn, M. D. (1982). *The Sibling Bond.* ([dt.: Geschwister-Bindung, Reihe Innovative Psychotherapie und Humanwissenschaften Bd. 44, Paderborn: Junfermann-Verlag, 1989] ed.). New York: Basic Books.
Bar-On, D. (1991). *Die Last des Schweigens.* Frankfurt/M.: Campus.
Biringen, Z. et al (1997). Dyssynchrony, conflict, and resolution: positive contributions to infant development. *American Journal of Orthopsychiatry 67 (1),* 4–19.
Daie, N., Witztum, E. & Eleff, M. (1989). Long-term effects of sibling incest. *J Clin Psychiatry, 50 (11),* 428-431.
De Jong, A. R. (1989). Sexual interactions among sibling and cousins: experimentation or exploitation? *Child Abuse & Neglect, 13,* 271–279.
DiGiorgio-Miller, J. (1998). Sibling incest: treatment of the family and the offender. *Child Welfare, 77 (3),* 335–46.
Finkelhor, D. (1980). Sex among siblings: A survey on prevalence, variety and effects. *Arch Sex Behavior, 9,* 171–94.
Fischer, G., & Riedesser, P. (1998). *Lehrbuch der Psychotraumatologie.* München: Reinhardt.
Friedrich, W. N., Grambsch, P., Broughton, D., Kuiper, J., & Beilke, R. L. (1991). Normative sexual behavior in children. *Pediatrics, 88 (3),* 456–464.
Gilbert, G. M. (1992). Sibling incest: a descriptive study of family dynamics. *J Child Adolesc Psychiatr Ment Health Nurs, 5 (1),* 5–9.
Hirsch, M. (1999). Realer Inzest: Psychodynamik des sexuellen Missbrauchs in der Familie. (Neuausgabe). Gießen: Psychosozial-Verlag.
Justice, B. & Justice, R. (1979). *The Broken Tatoo: Sex in the Family.* New York: Human Sciences Press.
Laviola, M. (1992). Effects of older brother-younger sister incest: A study of the dynamics of 17 cases. *Child Abuse Neglect, 16 (3),* 409–421.
Maltas, C. & Shay, J. (1995). Trauma contagion in partners of survivors of childhood sexual abuse. *American Journal of Orthopsychiatry 65 (4),* 529–539.
Meiselman, K. C. (1978). *Incest: A Psychological Study of Causes and Effects with Treatment Recommendations.* San Francisco: Jossey-Bass.
Money, J. & Erhardt, A. (1972). *Man, woman, boy, girl.* Baltimore: John Hopkins Press.
O' Brien, M. (1991). Taking sibling incest seriously. In M. Patton (Ed.), *Family Sexual Abuse: Frontline Research and Evaluation,* (pp. 75–92). Newbury Park, CA: Sage Publications.
Parens, H. (1988). Siblings in early childhood: some direct observational findings. *Psychoanalytic Inquiry, 8,* 31–50.
Romer, G. & Berner, W. (1998). Sexuell aggressive Impulsivität von Kindern. *Zeitschrift für Sexualforschung, 11 (4),* 308–326.
Romer, G. & Riedesser, P. (1999). Prävention psychischer Störungen bei Kindern und Jugendlichen: Perspektiven für die Beziehungsberatung. In G. J. Suess & W.-K. P. Pfeifer (Eds.), *Frühe Hilfen – die Anwendung von Bindungs- und Kleinkindforschung in Erziehung, Beratung und Therapie,* (pp. 65–85). Gießen: Psychosozial Verlag.
Romer, G. & Riedesser, P. (2000). Perspektiven der Prävention sexuellen Missbrauchs. In U. Finger-Trescher & H. Krebs (Eds.), *Misshandlung, Vernachlässigung und sexuelle Gewalt in Erziehungsverhältnissen,* (Psychoanalytische Pädagogik Bd. 10, pp. 183–198). Gießen: Psychosozial-Verlag.
Rudd, J. M. & Herzberger, S. D. (1999). Brother-sister incest – father-daughter incest: a comparison of characteristics and consequences. *Child Abuse Neglect, 23 (9),* 915–928.
Smith, H., & Israel, E. (1987). Sibling incest: A study of the dynamics of 25 cases. *Child Abuse & Neglect, 11,* 101–108.
Sohni, H. (1999). Die Bedeutung der Geschwisterbeziehung für die psychosexuelle Entwicklung – Geschwistermärchen als Modell. In H. Sohni (Ed.), *Geschwisterlichkeit: horizontale Beziehungen in Psychotherapie und Gesellschaft,* (Psychoanalytische Blätter Bd. 12, pp. 32–54). Göttingen: Vandenhoeck & Ruprecht.
Wellendorf, F. (1995). Zur Psychoanalyse der Geschwisterbeziehung. *Forum der Psychoanalyse 11 (4),* 295–310.

Glaubhaftigkeitsuntersuchung und diagnostischer Erkenntnisprozess in Fällen sexuellen Missbrauchs

Rainer Balloff

Einführung

Begutachtungsfragen nach einem sexuellen Missbrauch von Kindern und Jugendlichen bzw. nach dem Entstehen von Verdachtsmomenten berühren normalerweise die Aspekte der Glaubhaftigkeit der Angaben kindlicher Opferzeugen und die möglichen Folgen des sexuellen Missbrauchs.

Unter einem sexuellen Missbrauch versteht man aus sozialwissenschaftlicher und heilkundlicher Sicht – anders als aus rechtlicher Sicht gemäß § 176 StGB – die sexuelle Inanspruchnahme von abhängigen, entwicklungspsychologisch „unreifen" Kindern für sexuelle Handlungen, wobei das Kind die Tragweite dieser Handlung von einem älteren Dritten, angesichts seines Entwicklungsstandes oder aufgrund familialer Abhängigkeiten und Loyalitäten nicht verstehen kann. Insofern ist ein Kind auch außerstande, „freiwillig" und „rechtswirksam" in eine derartige erotische oder sexuelle Inanspruchnahme einzuwilligen (vgl. z.B. Balloff, 1992, S. 186). Grenzen zum sexuellen Missbrauch werden immer dann überschritten, wenn das Kind in sexueller Absicht berührt oder aufgefordert wird, den Erwachsenen zu berühren (vgl. Volbert, 1995, S. 54). Hervorzuheben ist, dass eine sexuelle Handlung faktisch und auch im Strafrechtssinne vom Kind als solche nicht wahrgenommen zu werden braucht (z.B. Herstellen pornografischen Materials eines unbefangenen nackten Kindes im Rahmen eines ansonsten üblichen Reinigungsrituals). Allerdings muss die Sexualbezogenheit der Handlung vom äußeren Erscheinungsbild „objektiv" erkennbar sein. Welche sexuelle Handlung nun im Einzelnen als sexueller Missbrauch angesehen wird, ist von der Rechtsprechung naturgemäß wiederholt behandelt worden. Hieraus hat sich eine umfangreiche Kasuistik entwickelt: z.B. Zungenkuss = sexueller Missbrauch; bloßes Berühren des nackten Oberschenkels eines Kindes = kein sexueller Missbrauch. Sexuelle Handlungen an Kindern sind auch dann strafbar, wenn sie von Kindern gewollt oder sogar herbeigeführt wurden.

Die strafgesetzliche Regelung des sexuellen Missbrauchs von Kindern findet man in § 176 StGB. Kind im Sinne des Strafrechts ist ein junger Mensch unter 14 Jahre. Nach dieser Vorschrift sind alle sexuellen Handlungen

- *an einem Kind* oder
- *vor einem Kind* unter 14 Jahren verboten.
- Verboten sind ferner sexuelle Handlungen, die jemand *an sich von einem Kind* vornehmen lässt.
- Des Weiteren ist strafbar, *ein Kind zu sexuellen Handlungen an oder*
- *mit Dritten* zu bestimmen.
- Schlussendlich ist strafbar, *einem Kind pornografische Abbildungen oder Darstellungen* vorzuführen oder
- durch *Abspielen von Tonträgern pornografischen Inhalts* oder
- durch *entsprechende Reden* auf das Kind einzuwirken.

Bestraft werden können alle Personen ab Beginn des Strafmündigkeitsalters mit 14 Jahren. Die Altersschutzgrenze für Kinder und Jugendliche beträgt sogar 18 Jahre, wenn jemand an seinem noch nicht achtzehn Jahre alten leiblichen oder angenommenen Kind sexuelle Handlungen vornimmt (§ 174 Abs. Nr. 3 StGB).

Zur Frage der Abklärung des sexuellen Missbrauchsverdachts

Die aussagepsychologische Begutachtung (Glaubhaftigkeitsuntersuchung) beinhaltet sowohl im familiengerichtlichen Verfahren als auch im Strafverfahren ein hypothesengeleitetes Vorgehen. Dabei steht eine wissenschaftlich begründete Unterscheidung zwischen einer wahrheitsgemäßen Darstellung und einer Lüge im Zentrum der Überlegungen und Forschungen. Seit langem ist es beispielsweise forschungsevident, dass kein eindeutiger Zusammenhang zwischen einem allgemein positiven Leumund und der Glaubhaftigkeit einer konkreten Bekundung besteht (Steller & Volbert, 1997, S. 15 ff., mit weiteren Nachweisen). Die Beurteilung einer Zeugenaussage im sexuellen Missbrauchsfall entwickelte sich aus frühen, bereits Anfang des vergangenen Jahrhunderts vorgenommenen experimentellen Untersuchungen zur Aussagegenauigkeit von Kindern, die nach heutigem Erkenntnis- und Forschungsstand auf systematischen, hypothesengeleiteten empirischen und experimentellen Forschungen im Bereich der Glaubhaftigkeitsbeurteilung beruhen (Steller, Volbert & Wellershaus, 1993, S. 367).

Die Prüfung der Aussagegenauigkeit beinhaltet dabei die Unterscheidung zwischen realitätsgerechter Darstellung und Irrtum. Danach sind Glaubhaftigkeit und Aussagegenauigkeit situationsbezogene Merkmale, während sich die sog. allgemeine Glaubwürdigkeit und die Zeugentüchtigkeit eher auf personale Merkmale und Eigenschaften der zu untersuchenden Person beziehen. Festzuhalten bleibt, dass die zeitgemäße Glaubhaftigkeitsdiagnostik nicht mehr die Glaubwürdigkeit eines Zeugen erfasst, sondern die Glaubhaftigkeit einer spezifischen Aussage.

In der gerichtsgebundenen Glaubhaftigkeitsuntersuchung findet der sog. inhaltsanalytische Ansatz Anwendung, nach dem die Aussage als eine kognitive

Leistung angesehen wird. Untrennbar mit dieser Annahme ist die Erkenntnis verbunden, dass eine Aussage eines Zeugen über ein sehr komplexes Handlungsgeschehen, wie das eines sexuellen Missbrauchs, ohne reale Erlebnisgrundlage bzw. Erlebnisgestütztheit besonders hohe Anforderungen an die kognitive Leistungsfähigkeit darstellt. Aus dieser Erkenntnis resultiert die Hypothese, dass erfundene Schilderungen vermutlich eine geringere inhaltliche Qualität aufweisen als eine wahre Bekundung über ein Erlebnis und dass dieser Unterschied durch eine Inhaltsanalyse der Aussage deutlich wird.

Hypothesengeleitetes Vorgehen

Das sachverständige Vorgehen in einer Begutachtung umfasst zunächst das methodische Grundprinzip der Hypothesenbildung, die sich an folgender Leitfrage zu orientieren hat:
Könnte dieser Zeuge
– mit den gegebenen individuellen Voraussetzungen
– unter den gegebenen Befragungsumständen und
– unter Berücksichtigung der im konkreten Fall möglichen Einflüsse Dritter diese spezifische Aussage machen,
– ohne dass sie auf einem realen Erlebnishintergrund basiert?
Aus dieser Fragestellung resultiert die empirische Notwendigkeit, bei jeder Glaubhaftigkeitsuntersuchung Hypothesen und Alternativhypothesen aufzustellen, die anhand des gewonnenen Datenmaterials entweder bestätigt oder verworfen werden. Dabei besteht die methodische Annahme gerade darin, einen zu überprüfenden Sachverhalt so lange zu negieren, bis diese Negation mit den gesammelten Fakten nicht mehr vereinbar ist; erst dann wird diese Null- oder Unwahrhypothese verworfen, mit der Folge, dass die Alternativhypothese – es handelt sich somit um eine glaubhafte Aussage – gilt (vgl. Balloff, 2000, S. 265, unter Bezugnahme auf das richtungsweisende und für alle Sachverständigen im Strafverfahren und familiengerichtlichen Verfahren gutachtenleitende BGH-Urteil vom 30.7.1999). Im Einzelfall kann, wenn beispielsweise aus der Entstehungsgeschichte der Aussage Hinweise auf Suggestionen ersichtlich werden, die durch nicht sachgerechte Fragen entstanden sind, auch die Hypothese untersuchungsleitend sein, die die Aussage als Ergebnis suggestiver Beeinflussungen ansieht (Salzgeber, 2001, S. 205).

Aussagetüchtigkeit

Die Überprüfung der Aussagetüchtigkeit des Zeugen beinhaltet z.B. die Frage, ob die aussagende Person den zur Debatte stehenden Sachverhalt zuverlässig wahrgenommen hat bzw. hat wahrnehmen können und ob diese Person in der Lage ist, diesen Sachverhalt zwischen dem Tatgeschehen und der Befragung im Gedächtnis zu behalten. Das führt normalerweise zu einer gutachtlichen Überprüfung der Wahrnehmungs-, Erinnerungs- und Ausdrucksfähigkeit des kindlichen Zeugen.

Ferner muss überprüft werden, ob der Zeuge über ein ausreichendes Sprachverständnis verfügt, über eine ausreichende sprachliche Ausdrucksfähigkeit, ein ausreichendes Maß an Kontrollmöglichkeiten gegenüber Suggestionen und ob der Zeuge in der Lage ist, Erlebtes von Phantasien zu unterscheiden. Die Überprüfung der Aussagetüchtigkeit eines Zeugen beinhaltet ferner – vordringlich auch im familiengerichtlichen Verfahren – explorative und anamnestische sowie fremdexplorative und fremdanamnestische Interviews und meist auch testpsychologische Untersuchungen. In der Praxis sind es besonders häufig Kinder unter vier Jahren, bei denen aus entwicklungspsychologischer Sicht noch keine hinreichende Aussagetüchtigkeit identifizierbar ist.

Aussagequalität und Aussagevalidität

Die Beurteilung der Qualität einer Zeugenaussage erfolgt anhand einer Inhaltsanalyse der Aussage selbst. Erforderlich ist hierfür die wörtliche Protokollierung der Zeugenaussage, bei der auch die Fragen und Antworten deutlich voneinander abgegrenzt erkennbar sein müssen.

Die Frage der Aussagevalidität bezieht sich in erster Linie auf störungsfreie interne und externe Rahmenbedingungen der Aussageentwicklung. Hier stellt sich dann im Rahmen der Gesamtanalyse mit Blick auf die Validität der kindlichen Zeugenaussage die Frage, ob Zweifel an der Zuverlässigkeit der Aussage vorliegen könnten (Greuel, Fabian & Stadler 1997, S. 160).
Als *geeignete Frageformen* werden beispielsweise übereinstimmend die
- Leerfrage,
- Anstoßfrage,
- Wahlfrage und
- Konträrfrage angesehen.

Als *bedingt geeignete Frageform* wird die
- Stichwortfrage beurteilt.

Als *ungeeignete Frageformen* werden die
- Erwartungsfrage,
- Voraussetzungsfrage,
- Vorhaltfrage und die
- Wiederholungsfrage herausgestellt (vgl. für viele andere: Greuel, Offe, Fabian, Wetzels, Fabian, Offe & Stadler, 1998, S. 66, mit weiteren umfassenden Nachweisen → *Befragung von Kindern*).

Falschaussagen auch kindlicher Zeugen kommen durchaus vor, wenn beispielsweise eine Befragungsstruktur vorliegt, die auf eine Bestätigung der Annahme

eines sexuellen Missbrauchs orientiert ist, wenn beispielsweise eine persönlichkeitsbezogene Suggestibilität (Empfänglichkeit) des Kindes vorliegt oder wenn spezifische Informationen vorgegeben werden, die von dem Kind selbst noch nicht erwähnt wurden. Suggestive Effekte kann auch der Konformitätsdruck vermeintlich mehrerer betroffener Kinder auslösen (Volbert, 2000, S. 123-134, mit weiteren Nachweisen). Hierbei kann es sich um
- *Absichtliche Falschaussagen* handeln
  - Intentionale Falschaussage
  - Intentionaler Transfer eines eigenen Erlebnisses, einer sonstigen Wahrnehmung auf den Beschuldigten
- *Aussagen, die durch Fremdbeeinflussungen* zustande gekommen sind,
  - Intentionale Induktion einer Falschaussage durch einen Dritten, die vom Kind subjektiv als unwahr erkannt, aber dennoch übernommen wird
  - Intentionale Induktion einer Falschaussage durch einen Dritten, die vom Kind subjektiv als wahre Aussage übernommen wird
  - Irrtümliche Induktion einer Falschaussage durch einen Dritten, die vom Kind als unwahr erkannt, aber übernommen wird
  - Irrtümliche Induktion einer Falschaussage durch einen Dritten, die vom Kind subjektiv als wahre Aussage übernommen wird
- Es kann sich aber auch um *Aussagen handeln, die durch Autosuggestionen* entstanden sind, durch
  - Unabsichtlich falschen Transfer eines Erlebnisses oder eine sonstige Wahrnehmung (vgl. Steller & Volbert, 1999, S. 49; Volbert, 2000, S. 114).

Zur Operationalisierung und Handhabbarmachung von „wahren" bzw. „unwahren" Zeugenaussagen wurden seit den sechziger Jahren des 20. Jahrhunderts – vor allem im deutschen Sprachraum – mehrere Kategorialsysteme vorgelegt, die sich nach heute übereinstimmender Meinung auf spezifische Merkmalsgruppen beziehen, die auch als Realkennzeichen bezeichnet werden. Folgende Realkennzeichen finden in der Glaubhaftigkeitsuntersuchung Anwendung:

Allgemeine Merkmale
  1. Logische Konsistenz
  2. Chronologisch unstrukturierte Darstellung
  3. Quantitativer Detailreichtum.

Spezielle Inhalte
  4. Raum-zeitliche Verknüpfungen
  5. Interaktionsschilderungen
  6. Wiedergabe von Gesprächen
  7. Schilderungen von Komplikationen im Handlungsverlauf

Inhaltliche Besonderheiten
  8. Schilderung ausgefallener Einzelheiten
  9. Schilderung nebensächlicher Einzelheiten
  10. Phänomengemäße Schilderung unverstandener Handlungselemente
  11. Indirekt handlungsbezogene Schilderungen
  12. Schilderung eigener psychischer Vorgänge

13. Schilderung psychischer Vorgänge des Angeschuldigten
Motivationsbezogene Inhalte
14. Spontane Verbesserungen der eigenen Aussage
15. Eingeständnis von Erinnerungslücken
16. Einwände gegen die Richtigkeit der eigenen Aussage
17. Selbstbelastungen
18. Entlastung des Beschuldigten
Deliktspezifische Inhalte
19. Deliktspezifische Aussageelemente (vgl. für viele: Volbert, 2000, S. 116).
Dabei dürfen diese Glaubhaftigkeitsmerkmale bzw. Realkennzeichen nicht als Checklisten missverstanden werden. Eine bestimmte Quantität von Einzelmerkmalen spricht somit nicht für oder gegen die Glaubhaftigkeit einer Aussage. Die Benutzung der Glaubhaftigkeitsmerkmale dient vielmehr nur einer systematischen Einschätzung der Aussagequalität. Erst die gutachtlichen Schlussfolgerungen aus der Gesamtheit aller Indikatoren erlangen einen Indizwert, der für die Glaubhaftigkeit der zu beurteilenden Angaben spricht. Nur durch das Zusammenwirken aller Indikatoren kann die Fehlerwahrscheinlichkeit gesenkt werden. Die benutzten Realkennzeichen können somit nicht den Status von nomologischen (Aussagen mit Gesetzeskraft) Gesetzen beanspruchen, obwohl diese Merkmale durchaus geeignet sind, als nützliche Indikatoren im Rahmen klar spezifizierter und kritisch geprüfter Modelle einen statistisch gesicherten Beitrag zur Wahrheitsfindung leisten zu können (Fiedler & Schmid, 1999, S. 17). Um diesem Umstand angemessen Rechnung zu tragen, wird bei der Realkennzeichenanalyse, also in Bezug auf das jeweilige Vorliegen einer Realkennzeichen, das mathematische und psychometrische Prinzip der Aggregation zugrunde gelegt.

Zusammenfassung und Ausblick

Erst das Zusammenwirken der aussagepsychologischen Konstrukt-Trias (Greuel, 1997, S. 160),
- Aussagetüchtigkeit,
- Aussagequalität und
- Aussagevalidität,
als mehrdimensionales Konstruktspektrum ergibt, neben der Hypothesenbildung drei übergeordnete psychologische Untersuchungsfragen, die die Wahrnehmungs-, Erinnerungs- und Ausdrucksfähigkeit des Zeugen umfassen (Frage der Aussagetüchtigkeit) und ferner die Frage aufwerfen, ob die konkrete Aussage solche Merkmalsstrukturen aufweist, die in erlebnisfundierten Aussagen und Schilderungen zu erwarten sind, in intentionalen Falschaussagen hingegen fehlen (Frage der Aussagequalität). Darüber hinaus muss immer auch überprüft werden, ob die internen sozio-emotionalen und motivationalen und externen Rahmenbedin-

gungen der Aussageentstehung und -entwicklung frei von solchen (suggestiven) Störungen sind, die Zweifel an der Zuverlässigkeit der Aussage begründen können (Frage der Aussagevalidität) (Greuel, Fabian & Stadler 1997, S. 160).

Ungeklärt ist angesichts des Herausstellens der Polygrafiemethode (→ *Polygraph*) durch den BGH als ungeeignetes Beweismittel (Urteil des Bundesgerichtshofes vom 17.12.1998), wie und mit welchen fachlich anerkannten Mitteln einem sexuellen Missbrauchsverdacht nachgegangen werden kann, wenn z.B. das Kind überhaupt keine Aussage trifft, aus Gründen der Entwicklung oder einer Behinderung zu keiner Aussage in der Lage ist oder wenn das Kind eine Aussage ohne weitere Erläuterung widerruft. Die rechtspsychologische Forschung erachtet nach bisherigem Kenntnisstand zu Recht nur die oben dargestellte wissenschaftliche Aussageuntersuchung und möglicherweise noch die polygrafische Untersuchung als Methoden der Wahl in einem sexuellen Missbrauchsfall. Das Benutzen von Symptomlisten, die Anwendung von Beobachtungsverfahren oder die sog. Aufdeckungsarbeit führen nach derzeitigem Forschungsstand zu keinen zuverlässigen und gerichtsverwertbaren Erkenntnissen.

Literatur

Arntzen, F. (1993). *Psychologie der Zeugenaussage: System der Glaubwürdigkeitsmerkmale*. 3. Auflage. München Beck.

Balloff, R. (1992). *Kinder vor Gericht*. München: Beck.

Balloff, R. (2000). Das Urteil des Bundesgerichtshofs vom 30. Juli 1999 zur Frage der wissenschaftlichen Anforderungen an aussagepsychologische Begutachtungen (Glaubhaftigkeitsgutachten) und die Folgen für die Sachverständigentätigkeit. *Praxis der Kinderpsychologie und Kinderpsychiatrie, 49*, 261–274.

Bohlander, M. (1995). Der Einsatz von Videotechnologie bei der Vernehmung kindlicher Zeugen im Strafverfahren. Eine rechtsvergleichende Betrachtung der Modelle Englands, der USA und Australiens. *Zeitschrift für die gesamte Strafrechtswissenschaft, Bd. 107, 1*, 82–116.

Brähler, E. & Overbeck, A. (Hrsg.).(1993). *Sexueller Mißbrauch*. Nördlingen: Psychosozial-Verlag.

Bretz, E., Bodenstein, F. & Petermann, F. (1994). Sexueller Mißbrauch von Kindern und Jugendlichen: Diagnostik und Prävention. *Kindheit und Entwicklung, 3*, 39–53.

Busse, T. (1992). Mißbrauch und Mißhandlung von Kindern. Reflexionen zur Fachtagung vom 18.-20. Juni 1992 in Münster. *Familie und Recht, 3*, 287–290.

Busse, D., Steller, M. & Volbert, R. (2000). Sexueller Mißbrauchsverdacht in familiengerichtlichen Verfahren. *Praxis der Rechtspsychologie, 10 (Sonderheft 2)*, 3–98.

Carl, E. (1995). Die Aufklärung des Verdachts eines sexuellen Mißbrauchs in familien- und vormundschaftsgerichtlichen Verfahren. *Zeitschrift für das gesamte Familienrecht, 42*, 1183–1192.

Deberding, E. & Klosinski, G. (1995). Analyse von Familienrechtsgutachten mit gleichzeitigem Vorwurf des sexuellen Mißbrauchs. Retrospektivanalyse von 48 Sorge- bzw. Umgangsrechtsregelungen. *Kindheit und Entwicklung, 4*, 212–217.

Deckers, R. (1997). Probleme bei der juristischen Aufarbeitung von Mißbrauchsfällen im Familien- und Strafprozeß. *Familie, Partnerschaft, Recht, 5*, 211–218.

Deegener, G. (1998). *Kindesmißbrauch – Erkennen, Helfen, Vorbeugen*. Weinheim: Beltz.

Egle, T., Hoffmann, S. O. & Joraschky, P. (2000). *Sexueller Mißbrauch, Mißhandlung, Vernachlässigung*. Erkennung und Therapie psychischer und psychosomatischer Folgen früherer Traumatisierungen. Stuttgart: Schattauer.

Ehinger, U. (1995). Rechtliche Informationen zur Begutachtung. Freibeweis – Strengbeweis, Beweisanordnungen, Rechte des Gutachters und der Begutachteten. *Familie, Partnerschaft, Recht, 3*, 68–71.

Endres, J. & Scholz, O. B. (1994). Sexueller Kindesmißbrauch aus psychologischer Sicht – Formen, Vorkommen, Nachweis. *Neue Zeitschrift für Strafrecht, 14,* 466–473.
Fegert, J. (1992). Diagnostik und klinisches Vorgehen bei Verdacht auf sexuellen Mißbrauch bei Mädchen und Jungen. In J. Walter (Hrsg.). *Sexueller Mißbrauch im Kindesalter* (S. 68–102). 2. Auflage. Heidelberg: Schindele.
Fegert, J. (1993). *Sexuell mißbrauchte Kinder und das Recht. Band 2.* Ein Handbuch zu Fragen der kinder- und jugendpsychiatrischen und psychologischen Untersuchung und Begutachtung. Köln: Volksblatt Verlag.
Fegert, J. (1995). Die Debatte über psychische Folgen von sexuellem Mißbrauch und ihre Bedeutung im familien- und vormundschaftsgerichtlichen Verfahren. *Familie, Partnerschaft, Recht, 1,* 62–68.
Fiedler, K. & Schmid, J. (1999). Gutachten über die Methodik und Bewertungskriterien für Psychologische Glaubwürdigkeitsgutachten. *Praxis der Rechtspsychologie, 9,* 5–45.
Fischer, G. & Riedesser, P. (1999). *Lehrbuch der Psychotraumatologie.* 2. Auflage. München: Reinhardt.
Freudenberg, D. (1998). Glauben oder Gutachten, das ist die Frage – können wir auf Glaubwürdigkeitsgutachten im Strafverfahren verzichten? *Streit, 16,* 12–16.
Gebhardt, C., Eckhardt, K. & Reckewell, K. (1995). Optimierung der Ermittlungsverfahren wegen sexueller Gewalt gegen Kinder bei der Staatsanwaltschaft. *Familie und Recht, 6,* 124–129.
Gerhard, M. (1993). Basis-Informationen zum sexuellen Mißbrauch. *Der Amtsvormund, 66,* 514–517.
Gerstendörfer, M. (1994). „In dubio pro reo" oder „In dubio contra victimam"? Zur Problematik der Entscheidungsfindung vor Gericht im Falle von Sexualdelikten. *Praxis der Rechtspsychologie, 4,* 51–62
Greuel, L., Fabian, T. & Stadler, M. (1997). *Psychologie der Zeugenaussage.* Ergebnisse der rechtspsychologischen Forschung. Weinheim: Psychologie Verlags Union.
Greuel, L., Offe, S., Fabian, A., Wetzels, P., Fabian, T., Offe, H. & Stadler, M. (1998). *Glaubhaftigkeit der Zeugenaussage.* Theorie und Praxis der forensisch-psychologischen Begutachtung. Weinheim: Psychologie Verlags Union.
Keiser, C. (1998). *Das Kindeswohl im Strafverfahren.* Zur Notwendigkeit eines am Kindeswohl orientierten Umgangs mit minderjährigen Opfern und Zeugen, den Möglichkeiten de lege lata und den Erfordernissen de lege ferenda. Frankfurt am Main: Lang.
Kirchhoff, S. (1994). *Sexueller Mißbrauch vor Gericht. Band 1:* Beobachtungen und Analyse. Opladen: Leske + Budrich.
Klitzing, von, K. (1990). Glaubwürdigkeitsbegutachtung von Kindern und Jugendlichen in der Frage des sexuellen Mißbrauchs. *Acta Paedopsychiatrica, 53,* 181–191.
Kluck, M.-L. (1995). Verdacht auf sexuellen Mißbrauch und familiengerichtliches Verfahren – Probleme der Entstehung und der Prüfung. *Familie, Partnerschaft, Recht, 1,* 56–59.
Köhnken, G. (1990). *Glaubwürdigkeit.* Untersuchungen zu einem psychologischen Konstrukt. München: Psychologie Verlags Union.
Köhnken, G. (1995). Video im Gericht – Modelle und Erfahrungen aus Großbritannien. *Neue Zeitschrift für Strafrecht, 15,* 376–380.
Kraheck-Brägelmann, S. (Hrsg.). (1993). *Die Anhörung von Kindern als Opfer sexuellen Mißbrauchs.* Rostock: Hanseatischer Fachverlag für Wirtschaft.
Kröber, H.-L. & Steller, M. (2000). *Psychologische Begutachtung im Strafverfahren. Indikationen, Methoden und Qualitätsstandards.* Darmstadt: Steinkopff.
Krück, U. (1995). Die Opfer sexueller Gewalt im Strafprozeß. Erkenntnisse einer Gerichtspsychologin. *Die Psychotherapeutin, 3,* 46–55.
Kühne, A. & Kluck, M.-L. (1995). Sexueller Mißbrauch – forensisch-psychologische und psychodiagnostsiche Aspekte. *Zeitschrift für das gesamte Familienrecht, 42,* 981–986.
Kuntzag, L. (1994). Diagnostische Probleme bei Verdacht auf sexuellen Mißbrauch an behinderten Vorschulkindern. *Praxis der Kinderpsychologie und Kinderpsychiatrie, 43,* 21–26.
Lossen, J. (1995). Kindliche Zeugen vor Gericht: Brauchen wir die Videovernehmung? Welche Möglichkeiten des Kinderzeugenschutzes bietet die StPO nach geltendem Recht? *Streit, 13,* 108–109.
Marquardt, C. (1995). Zivilrechtliche Maßnahmen zum Schutz von Kindern vor sexuellem Mißbrauch. *Familie, Partnerschaft, Recht, 1,* 146–151.
Marquardt, C. & Lossen, J. (1999). *Sexuell mißbrauchte Kinder im Gerichtsverfahren. Juristische Möglichkeiten zum Schutz sexuell mißbrauchter Kinder in Gerichtsverfahren.* Münster: Votum.

Nedopil, N. (1996). *Forensische Psychiatrie. Klinik, Begutachtung und Behandlung zwischen Psychiatrie und Recht.* Stuttgart: Thieme.
Offe, H. & Offe, S. (1994). Anforderungen an die Begutachtung der Glaubwürdigkeit von Zeugenaussagen beim Verdacht des sexuellen Mißbrauchs. *Praxis der Rechtspsychologie, 4,* 24–37.
Ollmann, R. (1994). Rechtliche Aspekte der Aufdeckung von sexuellem Mißbrauch. *Zentralblatt für Jugendrecht, 81,* 151–159.
Ollmann, R. (1999). Ist das Jugendamt bei sexuellem Kindesmißbrauch zur Strafanzeige verpflichtet? *Zentralblatt für Jugendrecht, 86,* 195–197.
Pirschner, E. (1992). Sexueller Mißbrauch von Kindern. Hinweise zur Diagnostik. *Unsere Jugend, 44,* 367–386.
Plaum, E. (1997). Psychodiagnostik ohne Suggestion: Keine Befragung „zur Sache"!. Bemerkungen zum Beitrag von Volbert und Pieters „Suggestive Beeinflussungen von Kinderaussagen". *Psychologische Rundschau, 47,* 167–168.
Rakete-Dombek, I. (1997). Familienrecht und Strafrecht – Unterschiede und Zusammenhänge am Beispiel des Mißbrauchsverdachts. *Familie, Partnerschaft, Recht, 5,* 218–225.
Rapp, A. F. (1999). Wie „gut" erinnern Kinder im Vorschulalter Ereignisse in Abhängigkeit von unterschiedlichen Interviewtechniken? Mögliche Konsequenzen für die Bewertung der Erinnerungen von Vorschulkindern im juristischen Kontext. *Monatsschrift für Kriminologie und Strafrechtsreform, 82,* 160–177.
Rasch, I. (1995). Straftat und familienrechtliches Verfahren. *Familie, Partnerschaft, Recht, 1,* 151–152.
Rasch, W. (1999). *Forensische Psychiatrie.* 2. Auflage. Stuttgart: Kohlhammer.
Roebers, C., Rieber, C. & Schneider, W. (1995). Zeugenaussagen und Suggestibilität als Funktion der Erinnerungsgenauigkeit: Eine entwicklungspsychologische Studie. *Zeitschrift für Entwicklungspsychologie und Pädagogische Psychologie, Bd. 27, Heft 3,* 210–225.
Rohmann, J. & Stadler, M. (1999). Das Zueinander von Diagnostik und Intervention in der familienpsychologischen Sachverständigentätigkeit. *Zentralblatt für Jugendrecht, 86,* 37–45.
Rösner, S. & Schade, B. (1993). Der Verdacht auf sexuellen Mißbrauch von Kindern in familiengerichtlichen Verfahren. *Zeitschrift für das gesamte Familienrecht, 40,* 1133–1139.
Salgo, L. (Hrsg.) (1995). *Vom Umgang der Justiz mit Minderjährigen: Kinder und Jugendliche im familien- und vormundschaftsgerichtlichen Verfahren. Kindliche Opferzeugen im Strafverfahren.* Tagungsdokumentation: Frankfurter Tage der Rechtspolitik. Neuwied: Luchterhand.
Salzgeber, J. (2001). *Familienpsychologische Gutachten. Rechtliche Vorgaben und sachverständiges Vorgehen.* 3. Auflage. München: Beck.
Salzgeber, J., Scholz, S., Wittenhagen, F. & Aymans, M. (1992). Die psychologische Begutachtung sexuellen Mißbrauchs in Familienrechtsverfahren. *Zeitschrift für das gesamte Familienrecht, 39,* 1249–1256.
Schaaber, R. (1993). Strafprozessuale Probleme bei Verfahren wegen sexuellen Mißbrauchs. *Streit, 11,* 143–152.
Schade, B., Erben, R. & Schade, A. (1995). Möglichkeit und Grenzen diagnostischen Vorgehens bei Verdacht auf sexuellen Mißbrauch eines Kindes. *Kindheit und Entwicklung, 4,* 197–207.
Scholz, O. B. & Endres, J. (1995). Aufgaben des psychologischen Sachverständigen beim Verdacht des sexuellen Kindesmißbrauchs – Befunde, Diagnostik, Begutachtung. *Neue Zeitschrift für Strafrecht, 15,* 6–12.
Schütz, H. (1997). Gerichtliche Prüfung des Mißbrauchsverdachts in Familiensachen. *Familie, Partnerschaft, Recht, 5,* 225–227.
Steller, M. (1995). Verdacht des sexuellen Mißbrauchs – Begutachtung in familien- und vormundschaftsgerichtlichen Verfahren. *Familie, Partnerschaft, Recht, 1,* 60–62.
Steller, M. (1998). Aussagepsychologie vor Gericht – Methodik und Probleme von Glaubwürdigkeitsgutachten mit Hinweisen auf die Wormser Mißbrauchsprozesse. *Recht und Psychiatrie, 16,* 11–18.
Steller, M. & Volbert, R. (1997). Glaubwürdigkeitsbegutachtung. In M. Steller & R. Volbert (Hrsg.), *Psychologie im Strafverfahren. Ein Handbuch* (S. 12–39). Bern: Huber.
Steller, M., Volbert, R. & Wellershaus, P. (1993). Zur Beurteilung von Zeugenaussagen: Aussagepsychologische Konstrukte und methodische Strategien. In L. Montada (Hrsg.), *Bericht über den 38. Kongreß der Deutschen Gesellschaft für Psychologie in Trier 1992* (S. 367–376). Göttingen: Hogrefe.
Steller, M. & Volbert, R. (1997). *Psychologie im Strafverfahren. Ein Handbuch.* Bern: Huber.

Steller, M. & Volbert, R. (1999). Wissenschaftliches Gutachten. Forensisch-aussagepsychologische Begutachtung (Glaubwürdigkeitsbegutachtung). *Praxis der Rechtspsychologie, 9,* 46–106.
Steller, M., Wellershaus, P. & Wolf, T. (1992). Realkennzeichen in Kinderaussagen: Empirische Grundlagen der kriterienorientierten Aussageanalyse. *Zeitschrift für experimentelle und angewandte Psychologie, Bd. 39, Heft 1,* 155–170.
Trott, G.-E., Friese, H.-J. & Wirth, S. (1995). Kinder als Zeugen von Gewalttaten: Konsequenzen für die Aussagefähigkeit. *Zeitschrift für Kinder- und Jugendpsychiatrie, 23,* 27–34.
Undeutsch, U. (1967). Beurteilung der Glaubhaftigkeit von Aussagen. In U. Undeutsch (Hrsg.), *Handbuch der Psychologie. Bd. 11. Forensische Psychologie* (S. 26–181). Göttingen: Hogrefe.
Undeutsch, U. (1993). Die aussagepsychologische Realitätsprüfung bei Behauptung sexuellen Mißbrauchs. In S. Kraheck-Brägelmann (Hrsg.), *Die Anhörung von Kindern als Opfer sexuellen Mißbrauchs* (S. 69–162). Rostock: Hanseatischer Fachverlag für Wirtschaft.
Volbert, R. (1992). Sexueller Mißbrauch von Kindern. Empirische Befunde und psychosoziale Trends. *Psychomed, 4,* 8–12.
Volbert, R. (1995). Sexueller Mißbrauch von Kindern – Definition und Häufigkeit. *Familie, Partnerschaft, Recht, 1,* 54–55.
Volbert, R. (1995). Glaubwürdigkeitsbegutachtung bei Verdacht auf sexuellen Mißbrauch von Kindern. *Zeitschrift für Kinder- und Jugendpsychiatrie, 23,* 20–26.
Volbert, R. (2000). Standards der psychologischen Glaubhaftigkeitsdiagnostik. In H.-L. Kröber & M. Steller (Hrsg.), *Psychologische Begutachtung im Strafverfahren. Indikationen, Methoden und Qualitätsstandards* (S. 113–145). Darmstadt: Steinkopff.
Volbert, R. & Pieters, V. (1993). *Zur Situation kindlicher Zeugen vor Gericht:* Bonn: Forum.
Volbert, R. & Pieters, V. (1996). Suggestive Beeinflussungen von Kinderaussagen. *Psychologische Rundschau, 47,* 183–198.
Wellershaus, P. (1992). Glaubhaftigkeit kindlicher Zeugenaussagen. Zur Begutachtung in Fällen des sexuellen Mißbrauchs. *Psychomed, 4,* 20–24.
Westhoff, K., Terlinden-Arzt, P. & Klüber, A. (2000). *Entscheidungsorientierte psychologische Gutachten für das Familiengericht.* Berlin: Springer.

Gynäkologische Untersuchung

Eberhard Motzkau

Wenn Kinder sexuell misshandelt worden sind oder wenn der Verdacht besteht, dass dies geschehen sein könnte, ist es eine der wichtigsten, möglichst unverzüglich einzuleitenden Maßnahmen, sie einem Arzt vorzustellen. Diese Entscheidung muss primär die Interessen der betroffenen Kinder berücksichtigen – und dazu kann auch die Feststellung und Dokumentation von körperlichen Misshandlungsfolgen gehören – und darf nicht im primären Interesse von Erwachsenen geschehen.

Die körperliche und kindergynäkologische Untersuchung durch erfahrende Ärztinnen und Ärzte ist immer bei berechtigtem Verdacht auf kurz zurückliegende Traumatisierung angezeigt. Sie sollte sobald wie möglich geschehen, da vor allem Befunde im Genital- und Analbereich nur wenige Tage nachweisbar sind. Die Wahrscheinlichkeit, nach der infolge einer sexuellen Misshandlung körperliche Befunde feststellbar sind, schwankt in der Literatur zwischen 27 und 74% bei Mädchen, zwischen 18 und 83% bei Jungen (Motzkau 1997; Jones & The Royal College of Physicians 1996, Fegert 1993). In der „Ärztlichen Kinderschutzambulanz" in Düsseldorf sind bei maximal 30% der Kinder körperliche Befunde festgestellt worden. Das bedeutet, dass ein unauffälliger Befund im Genital- oder Analbereich das Vorliegen einer sexuellen Misshandlung nicht ausschließt!

Bei der Beurteilung der kindergynäkologischen Befunde spielt die spezielle Erfahrung der Ärztin/des Arztes eine große Rolle. Die sorgfältige Dokumentation der Befunde ist wichtig, um spätere Kontrolluntersuchungen effektiv durchführen und bewerten zu können. Auch bei der kindergynäkologischen Untersuchung ist die genaue Betrachtung der Haut vor allem im Becken- und Oberschenkelbereich wichtig, um eventuelle Begleitverletzungen, wie Griffmarken, Striemen und Kratzer, in diesem Bereich zu sehen. Außerdem ist die Untersuchung der Mundhöhle wichtig, um dort Verletzungen der Mundschleimhaut oder Infektionsherde zu erkennen.

Nach einer sexuellen Misshandlung finden sich bei Mädchen nur bei 3–16% die Hauptsymptome: Verletzung im Genitalbereich, Geschlechtskrankheit oder Sperma (Bays & Chadwick, 1993).

Allgemeine Befunde, wie Rötung oder Schwellung im Bereich der Schamlippen, kleinere Einrisse der Schleimhaut, Ausfluss, Blut im Urin oder aus der Scheide, können Hinweis auf eine Misshandlung sein, können aber auch Folge von Erkrankungen sein.

Die Weite der Scheidenöffnung und die Form des Jungfernhäutchens vor Einsetzen der Pubertät kann ebenfalls Hinweise geben, allerdings meistens keine sicheren Beweise, insbesondere wenn die Verletzungen nicht frisch sind. Kleinere Einrisse können auch folgenlos wieder verheilen (Bays & Chadwick, 1993).

Bei entsprechendem Verdacht wird ein Abstrich zum Nachweis von Sperma oder Ejakulationsflüssigkeit sinnvoll sein. Geschlechtskrankheiten und AIDS-Infektion, die nach der Geburt erworben sind, ohne dass die Kinder Bluttransfusionen erhalten haben, sind Beweis für erfolgten Geschlechtsverkehr, ohne allerdings sichere Hinweise auf den Schädiger zu geben (→ *Geschlechtskrankheiten*). Lediglich die Schwangerschaft mit der Möglichkeit der DNA-Feststellung des Kinder lässt sichere Rückschlüsse auf den Schädiger zu.

Bei Jungen finden sich nach sexueller Misshandlung Rötung und Schwellung des Penis, Blutergüsse und Abschürfungen, Schnürmarken und Biss-Spuren sowie Blut im Urin als mögliche Symptome.

Die Untersuchung des Afters ist bei Jungen und Mädchen gleichermaßen wichtig beim Verdacht auf sexuelle Misshandlung. Es gibt allerdings in diesem

Bereich keine beweiskräftigen Verletzungen, mit Ausnahme von Spermaspuren (Hobbs & Wynne, 1989).

Die Untersuchung eines Kindes in diesem Körperbereich stellt schon normalerweise die Fähigkeit eines Kindes, seine intimen Grenzen preiszugeben, auf eine harte Probe. Noch viel mehr gilt dies für tatsächlich misshandelte Kinder, die verständlicherweise angstvoll oder panisch reagieren. Die Untersuchung ist deshalb mit großer Behutsamkeit vorzunehmen, möglicherweise in zwei oder drei Anläufen.

Die Überwältigung eines Kindes, um die körperliche Untersuchung sicherzustellen, ist auch beim Verdacht einer sexuellen Misshandlung nicht gerechtfertigt, weil bei einer tatsächlich erfolgten Misshandlung die Traumatisierung des Kindes erheblich verschärft werden könnte. Die daraus entstehenden Folgen können so schwerwiegend sein, dass eine Untersuchung in Narkose gerechtfertigt erscheint, falls die Untersuchung oder eine eventuelle Behandlung nicht aufschiebbar ist.

Sexuell misshandelte Kinder sind bei der ärztlichen Untersuchung auch psychisch in einer anderen Situation als während der üblichen Untersuchung des Kinderarztes. Zwar haben alle Kinder mehr oder weniger Scheu bzw. Angst vor der Untersuchung, gleichzeitig wird ein körperlich erkranktes Kind je nach Entwicklungsstand aber auch von der ärztlichen Tätigkeit Hilfe oder Linderung erwarten. Tatsächlich sexuell misshandelt Kinder oder Jugendliche kennen aber die Wirklichkeit, und zwar früher und genauer als Eltern oder Ärztin, es sei denn, das Kind hat sich seinen Eltern schon mitgeteilt und wünscht sogar selber die Untersuchung. Dies trifft für ältere Kinder und Jugendliche nicht selten zu, weil nach sexuellen Misshandlungen die Angst auftaucht, ernsthaft und dauerhaft beschädigt zu sein. Findet die Untersuchung aber im Stadium der Vermutung statt, wird das tatsächlich sexuell misshandelte Kind erneut und verstärkt Angst und Scham erleben. Angst wird es vor allem vor der Entdeckung der sexuellen Misshandlung haben – sonst hätte es sich schon mitgeteilt. Häufig werden sexuell misshandelte Kinder bedroht, um sie zum Schweigen zu bringen. Gleichzeitig bestehen neben den Ängsten vor Beschädigung häufig auch Ängste vor den Folgen der Misshandlung, z.B. einer Schwangerschaft, aber auch was die emotionalen und sozialen Folgen im Kreis der Familie angeht (→ *Folgen*). Vor allem inzestgeschädigte Kinder sind besorgt, die Mutter verraten und enttäuscht zu haben. Gleichzeitig haben viele der sexuell misshandelten Kinder und Jugendlichen auch mehr oder weniger starke Hoffnung, dass die Misshandlung durch die Untersuchung entdeckt wird, um sie dann stoppen zu können. Ganz besonders können Kinder irritiert sein, wenn eine sexuelle Misshandlung stattgefunden hat, aber keine körperlichen Anzeichen zu finden sind. Die ärztliche Feststellung: „Es ist nichts zu sehen", kann für das ohnehin verwirrte und ambivalente Kind auch heißen: „Es ist nichts geschehen." Dies könnte die Verwirrung des Kindes noch verstärken und macht zusätzliche Aufklärung nötig für Kind und Eltern.

Literatur

Bays, J. & Chadwick, D. (1993). Medical diagnosis of the sexually abused child. *Child Abuse & Neglect, Vol. 17,* 91–110.

Fegert, J. M. (1993). *Sexuell missbrauchte Kinder und das Recht. Ein Handbuch zu Fragen der kinder- und jugendpsychiatrischen und psychologischen Untersuchung und Begutachtung.* Band 2. Köln: Volksblatt.

Hobbs, C. J. & Wynne, J. M. (1989). Sexual abuse of english boys and girls: The importance of anal examination. *Child Abuse & Neglect, Vol. 13,* 195–210.

Jones, D. P. H. & The Royal College of Physicians (1996). *Sexueller Missbrauch von Kindern. Gesprächsführung und körperliche Untersuchung.* Stuttgart – New York: Georg Thieme.

Motzkau, E. (1997). Hinweise auf und diagnostisches Vorgehen bei Misshandlung und Missbrauch. In: Egle, U. T., Hoffmann, S. O. & Joraschky, P. (Hrsg.). *Sexueller Missbrauch, Misshandlung, Vernachlässigung.* (S. 54–64). Stuttgart, New York: Schattauer.

Martinius, J. J. & Frank, R. (Hrsg.). (1993). *Vernachlässigung, Misshandlung und Missbrauch von Kindern: Erkennen, bewusstmachen, helfen.* Bern, Stuttgart, Toronto: Huber.

Häusliche Gewalt

Barbara Kavemann

Erst in jüngster Vergangenheit ist das Interesse an der Situation von Mädchen und Jungen gewachsen, deren Mutter vom Partner misshandelt wird. Neuere Forschungsergebnisse aus dem angloamerikanischen und skandinavischen Sprachraum werden in Deutschland zur Kenntnis genommen, an Runden Tischen und in Interventionsprojekten werden interdisziplinär Konsequenzen für die Praxis überlegt (vgl. Kavemann u. a. 2001).

Begriffsbestimmungen

Im Schnittpunkt der beiden hier diskutierten Formen der Gewalt stehen die Kinder misshandelter Mütter. Diese Zielgruppe kann wie folgt definiert werden: „Die Bezeichnung Kinder misshandelter Frauen bezieht sich auf Kinder, die wiederholt ernste emotionale oder physische Gewalthandlungen gegen ihre Mutter miterlebt haben, die von deren Beziehungspartner ausgingen." (Jaffe, Wolfe & Wilson 1990, S. 16).

Wurden Mädchen und Jungen, deren Mutter misshandelt wird, herkömmlich als
„sekundäre Opfer" bezeichnet, so werden sie heute als von den Gewalttaten gegen die Mutter und der bedrohlichen häuslichen Atmosphäre unmittelbar Betroffene angesehen. Gewalt gegen die Mutter ist eine Form der Gewalt gegen das Kind.

„Der Begriff häusliche Gewalt umfasst die Formen der physischen, sexuellen, psychischen, sozialen und emotionalen Gewalt, die zwischen erwachsenen Menschen stattfindet, die in nahen Beziehungen zueinander stehen oder gestanden haben. Das sind in erster Linie Erwachsene in ehelichen und nicht-ehelichen Lebensgemeinschaften aber auch in anderen Verwandtschaftsbeziehungen. Häusliche Gewalt wird fast ausschließlich von Männern gegen Frauen ausgeübt und zwar überwiegend im vermeintlichen Schutzraum des eigenen ‚zu Hause'. Sie ist an das strukturelle Machtverhältnis zwischen Männern und Frauen gebunden." (BIG o. J., S. 4).

Fakten zum Zusammenhang von Gewalt gegen Frauen und Gewalt gegen Kinder

Die empirische Sozialforschung weist nach, dass Frauen stärker gefährdet sind, Opfer häuslicher Gewalt zu werden, wenn sie Kinder haben und Kinder sind durch die Gewalt gegen die Mutter selbst in ihrer Entwicklung und Gesundheit gefährdet. Evan Stark und Anne Flitcraft (1988) weisen in ihrem bahnbrechenden Artikel „Risiko für Frauen und Kinder: Feministische Perspektiven für den Kinderschutz" darauf hin, dass die Misshandlung der Mütter der häufigste Kontext von Kindesmisshandlung ist. Durch verschiedene Studien ist diese Aussage belegt worden. So erlebten beispielsweise ein Drittel der untersuchten Kinder, die mit ihren Müttern in Frauenhäuser von Women's Aid in Großbritannien gekommen waren, ebenfalls körperliche oder sexuelle Gewalt durch den Partner der Mutter (Hanmer 1989; vgl. auch Abrahams 1994).

Farmer & Owen (1995) untersuchten Fälle von Kindesmisshandlung und sexuellem Missbrauch, in denen Kinderschutzmaßnahmen eingeleitet worden waren. In 60 % der Fälle von Kindesmisshandlung und in 40 % der Fälle von sexuellem Missbrauch waren auch die Mütter der Gewalt durch den gleichen Mann ausgesetzt. Epstein & Keep (1995) befragten 126 Kinder, die sich wegen der Misshandlung ihrer Mutter an Childline – das Notruftelefon für Kinder in Großbritannien – gewandt hatten. Fast 40 % sagten, dass der Partner der Mutter – in den meisten Fällen ihr biologischer Vater – auch sie und/oder ihre Geschwister misshandelt. Hester & Pearson (1996) untersuchten 111 Akten einer Kinderschutzbehörde. In einem Drittel der Fälle waren Informationen über Gewalt gegen die Mutter vermerkt, ohne dass diese Information zu einer Intervention geführt hätte. Nachdem die Behörde zu häuslicher Gewalt fortgebildet worden war, stieg die Anzahl der Fälle, in denen häusliche Gewalt bekannt wurde auf zwei Drittel an. Die Untersuchung von Browning und Boatman (1977) sagt aus, dass der überwiegende Teil von Vätern, die ihre Töchter sexuell missbraucht hatten, auch ihre Frauen misshandelten.

Diese Erkenntnisse lassen sich wie folgt zusammenfassen:
- Wenn häusliche Gewalt gegen die Mutter stattfindet, dann besteht eine hohe Wahrscheinlichkeit, dass auch Kinder vom Partner der Mutter misshandelt, sexuell missbraucht oder vernachlässigt werden.
- Wenn Kindesmisshandlung durch den Vater stattfindet, dann besteht eine hohe Wahrscheinlichkeit, dass auch die Mutter Gewalt durch diesen Mann erleidet.
- Häusliche Gewalt gegen die Mutter muss als zentrale Thematik in alle Überlegungen zum Kinderschutz einbezogen werden.

Auswirkungen der Gewalt gegen die Mutter auf die Töchter und Söhne

Das Miterleben der Gewalt gegen die Mutter hat vielfältige Auswirkungen auf die Töchter und Söhne. Nie bleibt es ohne Auswirkungen:
- Kinder fühlen sich angesichts der Gewalt des Vaters und der Ohnmacht der Mutter hilflos und ausgeliefert, aber auch verantwortlich für das, was passiert. Oft glauben sie, sie seien daran schuld.
- Viele versuchen, den Vater zurückzuhalten, um die Mutter zu schützen. Wenn sie sich einmischen, werden sie oft selbst misshandelt. Manche haben Angst, sich einzumischen und deshalb Schuldgefühle. Oder sie sehen, in welcher Verfassung die Mutter ist, und übernehmen die Verantwortung für die Versorgung und den Schutz ihrer Geschwister.
- In vielen Fällen wird durch die Misshandlung der Mutter das Verhältnis von Eltern und Kindern verkehrt: Kinder übernehmen teilweise die Rolle der Eltern.
- Die Flucht aus der Gewaltsituation ist für die meisten Kinder eine große Erleichterung. Vor allem fühlen sie sich entlastet, wenn die Mutter Unterstützung bekommt. Sie erleben ihre Mutter handlungsfähig und sich selbst wieder als Kind. Flucht bedeutet für viele Kinder aber auch den Verlust vertrauter Umgebung, von Schulfreunden und anderen wichtigen Kontakten. Auch der Vater wird oft vermisst. Selbst wenn sie Angst vor ihm hatten, kann die Trennung auf Dauer doch schmerzhaft sein.
- Wenn sie lange Zeit chronisch der Gewalt gegen die Mutter ausgesetzt sind, können Töchter und Söhne jeglichen Respekt vor Mutter und Vater verlieren. Die Mutter hat ihre elterliche Autorität eingebüßt, der Vater beherrscht die Kinder durch Einschüchterung oder Manipulation.

Die Auswirkungen erreichen nicht immer traumatisierende Intensität, aber qualifizierte, eigenständige Unterstützung brauchen alle dieser Kinder. Vor allem in den Fällen, in denen Kinder über lange Zeit der chronischen Gewalt des Vaters gegen die Mutter ausgesetzt waren, ist mit traumatischen Schädigungen zu rechnen.

In vielen Fällen werden unspezifische Auswirkungen beobachtet wie: Schlafstörungen, Schulschwierigkeiten, Entwicklungsverzögerungen, Aggressivität oder Ängstlichkeit. Dieses Spektrum ähnelt sehr den Symptomen, die Kinder und Jugendliche in anderen schwierigen Lebenssituationen zeigen, z. B. wenn sie selbst misshandelt werden oder ihnen wichtige Bindungen verloren gehen. Die mangelnde Besonderheit der Hinweise macht deutlich, dass Kinder gefragt werden müssen, was ihr Problem ist, um ihnen geeignete Unterstützung anbieten zu können.

Untersuchungen zeigen, dass Mädchen und Jungen unterschiedlich auf das Miterleben häuslicher Gewalt reagieren. Außerdem erwerben sie dabei spezifische Informationen über das Geschlechterverhältnis, die für ihre eigene Lebensplanung fatal sein können. Ein geschlechtsspezifisches Unterstützungsangebot ist deshalb wichtig.

Die misshandelnden Männer und ihre Väterlichkeit

Mütterlichkeit ist ein hoher kultureller Wert und die meisten von uns haben ein Bild davon. Väterlichkeit ist sehr viel unklarer und wird als Begriff auch sehr viel seltener benutzt. Über Männer, die ihre Partnerin misshandeln, gibt es noch kaum Hinweise in der Forschung bezüglich ihrer Rolle und ihres Selbstverständnisses als Vater und über ihre väterlichen Kompetenzen. Ein Erfahrungswert der Praxis – vor allem der Praxis der Frauenhäuser – ist, dass misshandelnde Männer selten viel Kontakt zu ihren Kindern haben und sie nur selten versorgen. Sie setzen ihre Vaterschaft vielmehr überwiegend instrumentell ein, um die Frau in der Beziehung zu halten oder sie nach einer Trennung zu kontrollieren und Kontakt zu erzwingen.

Die Mütter

Viele Frauen tun ihr möglichstes, um ihre Kinder vor Misshandlung zu schützen und um die Tatsache, dass sie selbst misshandelt werden, vor ihren Kinder zu verbergen. Sie denken, im Interesse ihrer Kinder zu handeln, um ihnen die Familie, den gewohnten Lebensstandard und den Vater zu erhalten. Das Schweigen der Mütter macht es den Kindern jedoch fast unmöglich, eigene Erlebnisse und Gefühle auszusprechen. Deshalb sollten Frauen dabei unterstützt werden, ehrlich zu ihren Kindern zu sein.

Liz Kelly (1994) weist darauf hin, dass die Lebensrealität, in der Frauen Kinder empfangen, austragen, gebären und aufziehen nur selten der idealen Vorstellung von Mutterschaft entsprechen. Die Einschränkungen in ihrem Leben beeinflussen auch ihre Fähigkeiten für ihre Kinder zu sorgen. Frauen haben meist dennoch das Idealbild von Mütterlichkeit verinnerlicht und reagieren mit Frustration oder auch mit Aggression, wenn sie diesen Erwartungen nicht entsprechen können oder wenn ihnen klar wird, dass sie ihre Kinder nicht schützen konnten. Demzufolge haben Misshandlungen tiefgreifende Auswirkungen auf die Gefühle und das Verhalten von Frauen gegenüber ihren Kindern und auf ihr Selbstverständnis als Mütter.

Misshandelte Mütter und ihre Beziehung zu den Kindern

In der Forschung finden sich folgende Überlegungen zu den Auswirkungen häuslicher Gewalt auf die Mutter-Kind-Beziehung (vgl. Mullender & Morley 1994):
– Für einige Frauen ist das Gebären und Versorgen der Kinder so unmittelbar mit den Misshandlungen verbunden, dass es ihnen nicht gelingt, diese Verbindung aufzulösen z. B. wenn der Mann ständige Schwangerschaft als eine Möglichkeit einsetzte, um die Frau an sich zu binden, wenn Kinder sich dafür entschieden haben, sich auf die Seite des Misshandlers zu stellen oder wenn Kinder in die Misshandlung der Mutter einbezogen wurden.
– Manche Frauen verlieren durch die Misshandlungen jeden Glauben an ihre Fähigkeiten, gut für ihre Kinder zu sorgen und ihnen emotional nahe zu sein. Sie schämen sich oft sehr dafür, in welchen entwürdigenden Situationen die Kinder sie schon gesehen haben.
– Manche Frauen sehen sich gezwungen, ein Kind zu opfern, um sich selbst und die anderen Kinder zu schützen, z.B. wenn der Misshandler sie nur dann gehen lässt, wenn sie ein bestimmtes Kind bei ihm zurücklässt – häufig ein sexuell missbrauchtes Kind – oder wenn die Zufluchtsmöglichkeiten nicht zulassen, alle Kinder mitzunehmen (z.B. wenn jugendliche Söhne nicht aufgenommen werden).
– Manche Frauen sehen in den Kindern während der Misshandlungsbeziehung oder nach der Trennung ihren ganzen Lebensinhalt. Die Kinder werden dadurch überfordert und funktionalisiert. Durch die soziale Isolation in Zufluchtsorten mit anonymer Adresse bzw. durch den Wechsel des sozialen Umfeldes nach einer Trennung kann dies verstärkt werden.
– Manche Frauen setzen selbst Gewalt ein, z.B. um die Kinder zu disziplinieren oder als Ausdruck eigener Frustration.
– Manche Frauen sind unberechenbar für ihre Kinder in der Willkür, wie sie Grenzen setzen, Regeln und Verbote aussprechen und Strafen verhängen, entweder aus Sorge, die Kinder könnten so werden wie der Misshandler oder aus dem Wunsch nach Kontrolle (vgl. Kelly 1994).

Jede dieser Situationen stellt eine große Belastung für die Beziehung der Frau zu ihren Töchtern und Söhnen dar. Manchmal sind die Gefahren, die darin liegen, den Frauen bewusst und sie setzen sich damit auseinander, ohne es die Kinder spüren zu lassen. Manchmal ist den Frauen der Konflikt nicht bewusst und drückt sich z.B. in inkonsequentem Verhalten oder in Ablehnung der Kinder aus. Die wenigsten Frauen verstehen ihr Verhalten und seine Konsequenzen als Folge aufgezwungener Mutterschaft und häuslicher Gewalt. Liz Kelly (1994) kommt deshalb zu dem Ergebnis, dass in vielen Fällen Schutz und Unterstützung für Frauen der beste Kinderschutz sein kann. Verständnis für die Situation der misshandelten Mutter kann dazu führen, dass Frauen schneller Hilfe suchen und häusliche Gewalt offen legen, was im Interesse der Kinder ist.

Konsequenzen für die Praxis der Hilfeeinrichtungen

Hilfen für die Mütter

Professionelle Helferinnen und Helfer übersehen die Bedeutung der häuslichen Gewalt oft und überfordern die Mütter mit Erwartungen, die nicht an ihren realen Lebenssituationen, sondern am Idealbild von Mütterlichkeit orientiert sind. Tendenziell werden immer noch vorrangig die Mütter für Misshandlung oder Vernachlässigung der Kinder verantwortlich gemacht, unabhängig davon, ob der Mann misshandelt hat oder ob er die Versorgung der Kinder hätte übernehmen können. Meistens befürchten die Mütter deshalb zu recht, als schlechte Mütter angesehen zu werden, wenn sie sich Hilfe suchen. Folglich sehen misshandelte Frauen für sich wenig Möglichkeiten, offen über diese Konflikte zu sprechen. Die Mütter brauchen aber die Chance, über diese Probleme sprechen zu können, ohne sich als schlechte Mutter entwertet zu sehen. Es gibt aber auch Situationen, in denen Frauen bei der Entscheidung gestützt werden müssen, ihre Kinder in die Verantwortung anderer abzugeben – für eine Weile oder auf Dauer.

Übersehen wird oft auch, dass Frauen ihre Kinder nur dann beschützen können, wenn sie selbst Schutz finden. Wenn sie über die Misshandlungen sprechen, befürchten sie, dass ihnen die Kinder weggenommen werden. Diese Furcht ist mit Abstand der am häufigsten genannte Grund, warum misshandelte Frauen sich nicht an soziale Einrichtungen wenden (Kelly 1994, Hester, Pearson & Harwin 1998). Sie haben Angst, dass es negativ ausgelegt wird, wenn sie den Kindern den Vater nehmen oder dass ihnen vorgeworfen wird, dass die Kinder Gewalt miterleben mussten.

Frauenhäuser

Frauenhäuser sind Orte, die den Müttern einen sicheren Ort bieten. Dort können sie sich ausruhen, ihr Leben wider stabilisieren und über die ihnen und ihren Kindern widerfahrene Gewalt berichten, ohne auf Vorbehalte zu stoßen. Diese Unterstützung hilft Müttern nach einer Flucht aus der Gewaltsituation auch, ihre mütterlichen Kompetenzen wieder zu stärken.

Ein Frauenhaus bietet aber auch Mädchen und Jungen die Chance, die Gewalterlebnisse aufzuarbeiten. Dafür benötigen die Kinder aber ein eigenes an ihren Bedürfnissen ausgerichtetes Hilfeangebot, das ihnen erlaubt, ihre Verluste zu betrauern. Die Mütter können diese Rolle nicht übernehmen, da es ihnen und den Kindern schwer fällt, über die erlebte Gewalt miteinander zu sprechen. Frauenhäuser und Zufluchtswohnungen brauchen von daher eine Ausstattung, die qualifiziertes Personal für die Kinder beinhaltet.

Polizei

Kinder und Jugendliche sind häufig diejenigen, die die Polizei rufen. In der Einsatzsituation werden sie oft übersehen. Polizeibeamte haben in dieser Situation wenig Zeit, den Kindern zu erklären, was passiert und auf ihre Ängste und Bedürfnisse einzugehen. Es gehört auch nicht unmittelbar zu ihrem Auftrag. Das routinemäßige Hinzuziehen von Kinderschutzeinrichtungen ist nicht üblich und auch schwer umsetzbar.

Ein Beispiel für positive Veränderungen sind die neuen Richtlinien für polizeiliches Handeln in Fällen häuslicher Gewalt im Land Berlin, die im Rahmen des Berliner Interventionsprojekts gegen häusliche Gewalt erarbeitet wurden. Dort werden die Beamtinnen und Beamten aufgefordert,
– sich den Kindern vorzustellen;
– die Kinder nach ihrem Namen zu fragen, um sie besser ansprechen zu können;
– den Kindern zu erklären, was gerade passiert und was passieren wird und
– Zwangsmaßnahmen gegen den Mann möglichst nicht im Beisein der Kinder vorzunehmen (Der Polizeipräsident in Berlin & BIG e. V. 1999).

Jugendämter und Familiengerichte

Auch wenn Frauen den gewalttätigen Partner verlassen, bedeutet das sehr oft nicht das Ende der Gewalt, sondern in vielen Fällen eine Eskalation der Bedrohung und Gewalt. In der Zeit der Trennung besteht für misshandelte Frauen das höchste Risiko, schwer verletzt oder getötet zu werden.

Um nicht in Kontakt zu dem gewalttätigen Partner treten zu müssen, versuchen viele Frauen, das alleinige Sorgerecht zu erhalten und eine Aussetzung des Umgangsrechts zu erwirken. Bei richterlichen Entscheidungen macht sich allerdings negativ bemerkbar, dass die Frage des Kindeswohls in der Regel unabhängig von der Gewalt des Vaters gegen die Kindesmutter und ihrer Sicherheit diskutiert wird.

Hester & Pearson (1996) führten in England eine Untersuchung bezüglich der Entscheidungen zu Besuchs- und Umgangsregelungen in Fällen von häuslicher Gewalt durch. Die Gefährdung der Frauen waren für die Familiengerichte kein Thema. 70% der Frauen, deren Kinder Kontakt zum Vater hatten, wurden während der Besuche oder während der Übergabe der Kinder erneut misshandelt, auch noch nach mehr als einem Jahr Trennung. 58% der Kinder wurden während der Besuche misshandelt. Dementsprechend waren auch die vereinbarten Regelungen nicht von Dauer, weil Frauen erneut in anonyme Schutzeinrichtungen fliehen mussten oder sich weigerten, den Mann zu treffen.

Es wird von Seiten der Jugendämter und Familiengerichte – auch in Deutschland – kaum etwas unternommen, um die Sicherheit von Frauen in den Übergabesituationen zu gewährleisten. Frauen, die sich von gewalttätigen Partnern trennen, müssen allein, in einer Zeit, die für sie außerordentlich gefährlich ist, für ihre Sicherheit und die der Kinder sorgen. Eine vorübergehende Aussetzung des Umgangsrechts bis die Frage der Sicherheit von Frau und Kind geklärt ist, könnte eine Lösung dieses Problems sein.

In den letzten Jahren wird bei Trennung und Scheidung verstärkt auf gemeinsames Sorgerecht, auf einverständliche Einigungen und persönliche Einigungsgespräche gesetzt. Weil aber die Institutionen, die für die Entscheidungen über das Kindeswohl zuständig sind, oft nur wenig Kenntnisse über die Dynamik häuslicher Gewalt haben, übersehen sie oft folgendes: Um gleichberechtigt verhandeln und sich einigen zu können, müssen die Verhandlungspartner von annähernd gleichen Positionen ausgehen können. Das ist in Gewaltverhältnissen nicht der Fall. Sinnvolle, praktikable Lösungen werden so nicht zustande kommen. Viele Frauen stimmen aus Angst vor der Gewalt des Mannes oder aus Angst, in den Augen der Behörde nicht als kooperativ zu gelten, Lösungen zu, die sich als gefährlich erweisen. Kooperation mit dem gewalttätigen Mann darf nicht zum Kriterium der Erziehungsfähigkeit einer misshandelten Frau gemacht werden. Bei Gewalt gegen die Frau darf nicht auf gemeinsame elterliche Sorge erkannt werden (OLG Stuttgart FamRZ, 1999, 1646ff.).

Um Besuchskontakte zu ermöglichen, wenn Väter ihr Recht einfordern und Kinder es wünschen, sollten von Familiengerichten Entscheidungen für beschützten Umgang getroffen werden. Allerdings ist es sehr wichtig, dass der beschützte Umgang professionell gestaltet wird. Beschützter Umgang darf ausschließlich in Gegenwart von professionellen Mitarbeiterinnen und Mitarbeitern z.B. im Jugendamt oder in einer Besuchszentrale stattfinden, die damit beauftragt und dafür qualifiziert sind, den Umgang des Mannes mit dem Kind zu beurteilen und nicht zulässige Gespräche und Erpressungen zu unterbinden. Diese können dem Vater auch Ratschläge geben, wenn er ungeübt im alleinigen Kontakt mit dem Kind ist und sie können Übergriffe oder Regelverletzungen an die Kinderschutzbehörde melden.

Täterprogramme und väterliche Verantwortung

Im Rahmen von Täterprogrammen wie sie seit einiger Zeit sowohl für Männer, die Mädchen und Jungen sexuell missbraucht haben, als auch für diejenigen, die ihre Partnerin misshandelt haben, entwickelt und eingerichtet werden, besteht die Möglichkeit, auf das Verhalten der Täter Einfluss zu nehmen (→ *Täterbehandlung*). Wenn auch noch nicht erwiesen ist, wie diese Programme langfristig wirken, so lässt sich doch nachweisen, dass sie kurzfristig, während der Wochen und Monate der Teilnahme an einem Programm, die Gewalttätigkeit und Gewaltbereitschaft akut senken (Burton u.a. 1998). Dies verschafft Frauen und Kindern die Möglichkeit, die besonders gefährliche Phase der Trennung in relativer Sicherheit zu vollziehen.

Fazit

Es geht um ein Abwägen zwischen mehreren Gütern: Zwischen dem Schutz von Frauen, dem Schutz von Kindern und den Rechten von Männern. Schutz vor Gewalt muss Vorrang vor dem Recht auf Kontakt haben. Alle Maßnahmen, die zum Wohle von Kindern eingeleitet werden, müssen daraufhin überprüft werden, ob sie die Sicherheit der Mutter gefährden. Gleichermaßen müssen alle Angebote, die dem Schutz und der Unterstützung von Frauen dienen, daraufhin beleuchtet werden, ob sie die Interessen und den Schutz von Kindern nicht vernachlässigen. Schließlich sind alle Entscheidungen über die Rechte von Vätern auf Umgang mit ihren Kindern müssen dahingehend zu beleuchten, ob sie die Sicherheit der Mütter oder das Wohl der Kinder gefährden.

Literatur

Abrahams, C. (1994). *The hidden victims – Children and Domestic Violence,* NCH Action for Children, London.
BIG e.V. Berliner Initiative gegen Gewalt gegen Frauen, Koordinationsstelle des Berliner Interventionsprojektes gegen häusliche Gewalt (Ohne Jahresangabe). Berliner Interventionsprojekt gegen häusliche Gewalt. Alte Ziele auf neuen Wegen. Ein neuartiges Projekt gegen Männergewalt an Frauen stellt sich vor.
Browning, D. & Boatman, B. (1977). Incest: Children at risk. *American Journal of Psychiatry, Vol. 134,* 69–72.
Burton, S., Regan, L., Kelly, L. (1998). *Supporting women and challenging men – Lessons from the Domestic Violence Intervention Project.* The Policy Press, Bristol.
Der Polizeipräsident in Berlin & BIG e.V. (Hg.) (1999). *Polizeiliches Handeln in Fällen häuslicher Gewalt – Leitlinien.* Berlin.
Epstein, C. & Keep, G. (1995). *What children tell Childline about domestic violence in: Saunders, A. (ed.). It hurts me too: Children's Experiences of Domestic Violence and Refuge Life.* WAFE/Childline/NISW, Bristol.

Farmer, E. & Owen, M. (1995). *Child Protection Practice: Private Risks and Public Remedies.* HMSO, London.
Hagemann-White, C. & Kavemann, B. u. a. (1981). *Hilfen für mißhandelte Frauen.* Schriftenreihe des Bundesministeriums für Jugend, Familie und Gesundheit, Bd. 124, Stuttgart.
Hanmer, J. (1989). Women and policing in Britain in: Hanmer, J., Radford, G., and Stanko, E. (Eds.). *Women Policing and Male Violence.* Routledge, London.
Hester, M., Pearson, C. & Harwin, N. (1998). *Making an Impact – Children and domestic violence. A Reader and Training Resource.* Barnados & NSPCC, Leicester.
Hester, M. & Pearson, C. (1996). *From periphery to centre – Domestic violence in work with abused children.* The Policy Press, Bristol.
Jaffe, P. G., Wolfe, D. A. & Wilson, S. K. (1990). *Children of battered women,* Sage, London.
Kavemann, B. (2000). Kinder und häusliche Gewalt – Kinder misshandelter Mütter, in: *Kindesmisshandlung und Vernachlässigung, Jahrgang 3, Heft 2,* S.105–120.
Kavemann, B., Leopold, B., Schirrmacher, G. & Hagemann-White, C. (2001). *Modelle der Kooperation bei häuslicher Gewalt – wir sind ein Kooperationsmodell, kein Konfrontationsmodell,* Schriftenreihe des BMFSFJ, Band 193, Kohlhammer, Stuttgart.
Kelly, L. (1994) The interconnectedness of domestic violence and child abuse. Challenges for research, policy and practice in: Mullender, A. & Moreley, R. (Eds.). *Children Living with Domestic Violence,* Whiting and Birch, London.
Mullender, A. & Morley, R. (1994). *Children Living with domestic violence. Putting Men's abuse of women on the Child Care Agenda,* Whiting & Birch Ltd, London.
Peled, E., Jaffe, P. G. & Edleson, J. L. (1995). *Ending the Circle of Violence. Community response to Children of Battered Women,* Sage, London.
Peled, E. & Edleson, J. L. (1992). Breaking the secret: multiple perspectives on groupwork with children of battered women. *Violence and Victims, 7 (4),* 327–46.
Saunders, A. with C. Epstein, G. Keep & T. Debbonaire (1995). *It hurts me too: Children's Experiences of Domestic Violence and Refuge Life.* WAFE/ Childline/NISW, Bristol.
Stark, E. & Flitcraft, A. (1988) Women and Children at Risk: A Feminist Perspective on Child Abuse. *International Journal of Health Studies, 18 (1),* 97–119.
WiBIG (1999) Modellprojekt Berliner Interventionsprojekt gegen häusliche Gewalt – BIG, Erste Ergebnisse der wissenschaftlichen Begleitung, *Kurzfassung des 1. Zwischenberichts, erhältlich über BMFSFJ,* Bonn.
Zur Aufhebung der gemeinsamen elterlichen Sorge und zur Übertragung des alleinigen Sorgerechts auf den antragstellenden Elternteil. In: *Familienrechtszeitschrift (FamRZ) 1999, Heft 24,* 1646ff.

Helferinnen/Helfer und Professionalisierung

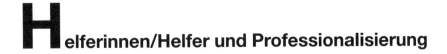

Gabriele Roth

Anfang der 80er Jahre gelang es der Frauenbewegung, die Problematik des sexuellen Missbrauchs zu enttabuisieren – dem Schweigen ein Ende zu setzen. Zentrale Ergebnisse dieser Öffentlichkeitsarbeit sind die wachsende Sensibilisierung von Professionellen für die Signale und Hilferufe der betroffenen Kinder und Frauen und der allmähliche Aufbau und Ausbau von Fortbildungsangeboten, Fachberatungsstellen und Zufluchtsstätten. Diese allmähliche Entwicklung zu mehr Sensibilität und Offenheit der Helferinnen[1]/Institutionen gegenüber der Problematik zeigt sich u. a. darin, dass betroffene Kinder in Institutionen der Jugendhilfe und Schule eher wahrgenommen werden und Unterstützung erfahren als früher.

Untersuchungen zeigen jedoch auf, dass bezüglich der Hilfestellungen für die Betroffenen sexueller Gewalt zwischen einzelnen Institutionen erhebliche Unterschiede bestehen (Finkel 1998; Roth 1997; Weber & Rohleder 1995). Diese Differenzen sind zum einen auf institutionelle, konzeptionell-fachliche und personelle Bedingungen zurückzuführen, zum anderen jedoch vor allem auch auf die subjektiven Einstellungen, Wahrnehmungs-, Deutungs- und Handlungsweisen der Helferinnen selbst: Während in sozialpädagogischen Einrichtungen, in denen ein enger beruflicher Kontakt zu Kindern und Jugendlichen möglich ist und Basiswissen zur Problematik besteht, Kenntnis über sehr viele Betroffene vorhanden ist, werden in den Kinderheimen, insbesondere jedoch in Kindertagesstätten und Schulen die betroffenen Kinder und Jugendlichen kaum wahrgenommen – außer sie wenden sich mit der Bitte um sofortigen Schutz und Hilfe beispielsweise direkt an die Lehrerin. Es ist daher davon auszugehen, dass vor allem in diesen Einrichtungen betroffene Kinder und Jugendliche sind, deren Not nicht erkannt wird. Ganz im Gegenteil: Konzentrationsstörungen, Leistungsschwächen, Depressivität, besonders aber massive Verhaltensauffälligkeiten wie Aggressivität, Schuleschwänzen und sexualisiertes Verhalten, werden oft nicht als mögliche Folgen sexueller Gewalt erkannt, sondern u.a. sanktioniert, weil sie z.B. den „reibungslosen Unterrichtsablauf stören". Dadurch geraten die Kinder und Jugendlichen in eine noch größere Isolation. Darüber hinaus – wenn Missbrauchsfälle bekannt werden – realisieren manche Helferinnen zwar, dass die Auffälligkeiten der Kinder und Jugendlichen in unmittelbarem Zusammenhang mit den Gewalterfahrungen zu sehen sind. Entsprechen deren Verhaltensweisen aber nicht dem Opferstereotyp, eigenen Norm- und Wertvorstellungen oder bestehenden Geschlechtsrollenkonzepten kann es zu starken Ablehnungsgefühlen kommen. Insbesondere die Gefährdung bezüglich weiterer sexueller Ausbeutung, die Fachleute als eine der zentralen Auswirkungen sexueller Gewalt kennzeichnen, wird von Helferinnen als „sexuelle Verwahrlosung" bewertet und den Kindern und Jugendlichen damit eine erhebliche Mitschuld an den Gewalterfahrungen zugeschrieben (Finkel 1998; Roth 1997; Hartwig 1990).

In vielen Institutionen existiert kein problemadäquates, konzeptionell festgelegtes und damit verbindliches Hilfsangebot, das sich parteilich an betroffene Kinder und Frauen richtet (Weber & Rohleder 1995). Vielmehr ist hier jegliche Hilfe an das persönliche Engagement einzelner Helferinnen gebunden. Vor al-

---

[1] Bei Aussagen, die sowohl für weibliche als auch für männliche Personen zutreffen, wird zur Vereinfachung durchgängig die weibliche Form verwendet.

lem an Schulen werden dringend notwendige Hilfestellungen oft zur „Privatsache". Dadurch entstehen erhebliche Belastungen für die Lehrerinnen. Aufgrund der beruflichen Belastungen, insbesondere aber wegen der massiven fachlichen und emotionalen Verhaltensunsicherheiten, fühlen sich viele Helferinnen mit den Anforderungen, die durch den Kontakt zu den Kindern entstehen, schnell überfordert und neigen daher dazu, den »Fall« an andere Einrichtungen weiterzuleiten. Diese Delegierung empfinden die Betroffenen wiederum als Zurückweisung, Ablehnung und erneuten Vertrauensbruch, zumal sie – insbesondere Jugendliche – an den bestehenden therapeutischen Angeboten kaum Interesse haben (Roth 1997; Bange 2000).

Betroffenen eine verlässliche und kontinuierliche Begleitung anzubieten und so einen erneuten Vertrauensbruch zu vermeiden, gehört indes zu den zentralen Aspekten einer parteilichen Hilfe (→ ... *Parteilichkeit in der Beratung*). Dieser Anspruch kann allerdings beispielsweise nicht von einer Erzieherin oder einem Erzieher realisiert werden, für die/den bereits durch die Konfrontation mit den Gewalterfahrungen des Mädchens erhebliche Belastungsmomente entstehen. Auch die von Helferinnen immer wieder als extrem belastend beschriebenen Gefühle wie Wut, Trauer, Ohnmacht, Hilflosigkeit, Verunsicherung, Überforderung, insbesondere die Schwierigkeit, genügend Distanz zur Thematik und zu den Betroffenen halten zu können, verweisen erneut darauf, dass viele keine Basisqualifikation zur Thematik erworben haben, um professionell handeln zu können (Roth 1997; Weber & Rohleder 1995; Harbeck & Schade 1994).

Massiv verstärkt werden kann diese Situation durch einen erheblichen Mangel an Unterstützung im Team/Kollegium bzw. durch Vorgesetzte. So geraten Helferinnen, wenn es zur Aufdeckung sexueller Gewalt oder zu Verdachtsfällen kommt, in ein erhebliches Dilemma, denn einerseits möchten sie dem Kind helfen, andererseits erfahren sie kaum – oder nicht die gewünschte – Unterstützung. Insbesondere in Schulen, Kindertagesstätten und Kinderheimen existieren in der Regel keinerlei Strukturen, die Helferinnen Leitlinien für ihr Handeln ermöglichen und ihnen kollegiale Absprachen und Beistand zusichern, vielmehr müssen sie in aller Regel im Alleingang handeln und entscheiden (→ *Intervention – die „Regeln der Kunst"*). Um Konflikte im Team/Kollegium zu vermeiden, aber auch, um die Betroffenen zu schützen, ziehen sich Helferinnen nicht selten ganz zurück, weil sie nicht mit kollegialer Unterstützung rechnen und befürchten, die Glaubwürdigkeit der Mädchen und Jungen beweisen zu müssen. Weiter setzen sie sich der Gefahr aus, im Team/Kollegium isoliert, als „frustrierte Emanze" und als „männerfeindlich" diskriminiert zu werden oder in den „Verdacht" eigener Betroffenheit oder des „Missbrauchs mit dem Missbrauch" zu geraten, wenn sie sich für betroffene Kinder besonders engagieren (Roth 1997, → *Prävention in der Heimerziehung*).

Explizit in der Auseinandersetzung im Team/Kollegium, mit Vorgesetzten, Institutionen wie dem Jugendamt, der Polizei etc. und mit dem Täter zeigt sich, wie relevant fachliche Kenntnisse zur Thematik sexueller Gewalt und eine parteiliche Grundhaltung sind, um bei der Durchsetzung der Interessen der Mädchen und Jungen autonom und professionell handeln zu können. Diese Kompetenz, deren Basis eine intensive und beständige Reflexion eigener Grundhaltungen zu Sexualität, Liebe, Beziehung, Männlichkeits- und Weiblichkeitsbildern, Gewalt im Geschlechterverhältnis, eigenen Gewalterfahrungen etc. erfordert, ist bei Helferinnen jedoch meist nicht vorhanden (Roth 1997; Weber & Rohleder 1995). Die Wahrnehmungs-, Deutungs- und Handlungsweisen der Helferinnen sind jedoch – jenseits der inzwischen eher vorhandenen Angebotsstruktur – wesentlich für die Frage, ob betroffene Kinder und Jugendliche problemadäquate Unterstützung erfahren oder nicht. Als grundlegend hierfür ist die Tatsache zu sehen, dass sich keine Person außerhalb der gesellschaftlichen bzw. institutionellen Strukturen stellen kann. Das Handeln von Menschen ist das Ergebnis der Wechselwirkung zwischen individueller Handlungsfähigkeit und gesellschaftlicher bzw. institutionellen Strukturen. Den Menschen nur als passives Produkt vorfindbarer Strukturen zu sehen, verleugnet seine Handlungsfähigkeit. Somit tragen Helferinnen und Helfer in allen Institutionen tagtäglich durch ihre Wahrnehmungs-, Deutungs- und Handlungsweisen zur Aufrechterhaltung der Verleugnung oder Bagatellisierung sexueller Gewalt und zur Stigmatisierung und Ausgrenzung von betroffenen Kindern und Frauen bei oder nicht!

Ausgehend von dieser Wechselwirkung müssen, wie eingangs bereits angeführt, die Einstellungen und Haltungen von Professionellen zur Problematik insofern als zentral angesehen werden, weil sie ihre Wahrnehmungs-, Deutungs- und Handlungsweisen elementar beeinflussen. Beispielsweise ist davon auszugehen, dass viele Missbrauchsfälle von Helferinnen nicht wahr- und ernstgenommen werden, weil sie ein eingeschränktes Definitionsverständnis haben: So berücksichtigen sie nicht, dass sexuelle Gewalt auch von Gleichaltrigen ausgehen kann und dass sexuelle Gewalt auch dann vorliegt, wenn der Täter keine direkte körperliche oder psychische Gewalt anwendet (→ *Definitionen und Begriffe*). Demnach reflektieren sie die vielfältigen Strategien der Täter (Heiliger 2000; Enders 1999), aber auch Abhängigkeitsverhältnisse und die Folgen früherer Gewalterfahrungen nicht genügend. Ganz im Gegenteil: Nicht wenige neigen offen oder indirekt dazu, Jugendlichen und erwachsenen Frauen eine erhebliche Mitschuld zuzuschreiben bzw. die Gewalt zu bagatellisieren (Roth 1997; Finkel 1998).

Die erheblichen Defizite bei Helferinnen im Hinblick auf eine umfassende, auch gesellschaftliche Analyse und Auseinandersetzung mit der Problematik „Sexueller Gewalt" verdichten sich insbesondere bei der Frage nach den Ursachen sexueller Gewalt. Auch hier verweisen die Einstellungen der Helferinnen insgesamt betrachtet darauf, dass viele – trotz der eindeutigen Zusicherung, dass die Hauptverantwortung beim Täter liegt – sehr dazu tendieren, die Täter zu entlasten und damit zu schützen, indem sie die Ursachen sexueller Gewalt primär in der Persönlichkeit der Täter sehen. Die Täter sind krank, haben spezifische sexuelle, psychische und soziale Probleme. Probleme mit ihren Müttern, mit Frauen, Probleme mit Alkohol etc. Wie aus der Forschung bekannt ist, kommen die Täter aus allen Schichten, verhalten sich überwiegend eher unauffällig-angepasst, sind verheiratet, ledig oder leben in Beziehungen, sie sind eben oft besonders gut sozial integriert, beruflich erfolgreich etc. (Heiliger 2000; Enders 1999). Obgleich – wie gesagt – Forschungsergebnisse seit Jahren das Bild vom kranken, triebgestörten Täter und vom Täter, der arbeitslos ist oder Probleme mit seiner Partnerin hat, widerlegen, sind diese Mythen dennoch fest in den Einstellungen von Professionellen verankert und offensichtlich nur schwer zu verändern (→ *Mythen*). Demgegenüber bleiben gesellschaftsstrukturelle Faktoren bei der Ursachenanalyse ebenso wie beim Definitionsverständnis in den Einstellungen der Professionellen mehr oder weniger ausgeblendet. Entsprechend ihrer Annahme, dass sexuelle Gewalt eine „naturgegebene menschliche Handlungsform" bzw. Ausdruck einer tief gehenden individuellen Problemlage ist, sieht ein Teil der Helferinnen grundsätzlich kaum eine Möglichkeit, präventiv vorzugehen (Roth 1997).

Während die Mütter in vielen Fällen an einem Mutter-Idealbild gemessen und entsprechend kritisiert und verurteilt werden, befürworten viele der Helferinnen für die Täter das Prinzip „Hilfe statt Strafe". Von einer Strafverfolgung des Täters abzusehen, weil darin keine problemadäquate Lösung gesehen wird, setzt aber voraus, dass man von der Realisation anderer Schritte überzeugt ist, wenn das Ziel, das Kind vor weiterer Gewalt zu schützen, ernsthaft verfolgt wird. In dieser Frage zeigen sich bei Helferinnen allerdings sehr widersprüchliche Einsichten und Lösungsvorschläge: Einerseits lehnen sie die Strafverfolgung ab, andererseits schätzen alle die Bereitschaft von Tätern, sich einer Familien- oder Einzeltherapie zu unterziehen, als überaus gering ein. Zwar reflektieren sie damit, dass die Täter in hohem Maße therapieresistent sind, dennoch befürworten nur wenige eine Fremdplatzierung des Kindes (Roth 1997). Auch hier wird erneut deutlich, dass Professionelle wenig Kenntnisse zur Problematik haben, wenn sie z. B. die Tatsachen, dass bei sexuellem Missbrauch in vielen Fällen von einer Mehrfachtäterschaft auszugehen ist, dass es sich in aller Regel um eine Wiederholungstat handelt, dass die Täter vielfältige Strategien anwenden und Druck auf die Opfer ausüben, nicht realisieren und so statt dessen Hilfskonzepte entwerfen, die den tatsächlichen Schutz eines Kindes bzw. weiterer Kinder keinesfalls gewährleisten (Heiliger 2000; Roth 1997; Weber & Rohleder 1995).

Das Ziel, die „Familie zu retten" steht demnach bei vielen der Hilfsangebote im Zentrum. Die Verkoppelung von Elternwohl und Kindeswohl deckt sich ganz mit der Haltung „Hilfe statt Strafe" bzw. „Helfen statt Strafen", bei der die Parteinahme für das Kind de facto eine Parteinahme für die Familie und damit eben in vielen Fällen für den Täter darstellt. Ein undifferenzierter Blick auf die Gesamtfamilie führt aber meist dazu, Verantwortlichkeit zu verwischen, womit der Täter nicht entmachtet wird, sondern in seinem Machtanspruch unberührt bleibt. Eine Haltung von Helferinnen, die der Unterstützung und Neuorientierung von Mädchen und Jungen, die ihre Familie als den gefährlichsten Ort erleben mussten, diametral entgegensteht. Demgegenüber ist es das Ziel und die Aufgabe einer parteilichen Haltung, Kinder und Jugendliche auf ihrem Weg zu Autonomie, Selbstbehauptung und Widerstand zu unterstützen, zu begleiten und sie nicht erneut in Missbrauchsbeziehungen zu verstricken, in denen sie sich für die „Hilfe und Heilung" der Familie und damit im Grunde des Täters verantwortlich fühlen sollen!

Verschiedene Studien belegen erneut die bedrückende Realität, die generell für Opfer sexueller Gewalt gilt: Ihre extreme Abhängigkeit von Erwachsenen – Helferinnen –, um in ihrer Viktimisierung entdeckt und wahrgenommen zu werden (Roth 1997). Angesichts dieser Tatsache ist festzuhalten, dass es – neben dem Auf- und Ausbau der Hilfestellungen auf struktureller Ebene – von grundlegender Bedeutung ist, dass Maßnahmen wie Fortbildung, Supervision, aber auch die Teilnahme an Arbeitskreisen und Berufsgruppen, bei Professionellen langfristig eine kritische Reflexion und Revision bestehender Wahrnehmungs-, Deutungs- und Handlungsweisen zur Folge haben. Denn wie die Untersuchung von Roth (1997) zeigt, sind in erster Linie die Wahrnehmungs-, Deutungs- und Handlungsweisen von Professionellen ausschlaggebend im Hinblick auf eine konsequente Umsetzung der Leit- und Arbeitsprinzipien einer parteilichen Hilfe – zentral bezogen auf die Frage, ob Professionelle Täter schützen, ohnmächtig sind oder eine parteiliche Grundhaltung einnehmen.

Wie deutlich werden sollte, ist es von zentraler Bedeutung, dass die dringend notwendige Qualifizierung des Hilfesystems immer auch fachliche, persönliche und strukturelle Hilfestellungen für die Helferinnen beinhalten muss. Helferinnen, die sich permanent überfordert, hilflos, zerrissen und in vielen Fällen fast ebenso ohnmächtig wie die Betroffenen fühlen, können Betroffenen nicht wirklich helfen! Elementare Voraussetzung für die Qualifizierung des Hilfesystems ist, dass Helferinnen an Weiter- und Fortbildungen zur Problematik teilnehmen, um sich umfassende Grundkenntnisse zu erwerben. Hauptsächlich im Hinblick auf eine problemadäquate Hilfe und Koordinierung im Einzelfall muss die Initiierung von umfassenden Fortbildungen für Ärztinnen, Anwältinnen, Richterinnen, Staatsanwältinnen, Kriminalbeamtinnen, Lehrerinnen sowie Mitarbeiterinnen und Mitarbeiter von Jugendhilfeeinrichtungen durch eine gezielte Ansprache von Berufsverbänden und Fortbildungsanbietern vorangetrieben werden. Diese fachliche Qualifizierung muss bereits in der Ausbildung beginnen, damit Helferinnen nicht mit Ängsten, Ohnmachtsgefühlen, Unglauben, Hilflosigkeit etc. reagieren, wenn sie später an ihrem Arbeitsplatz mit Betroffen in Kontakt kommen (Roth 1997; Weber & Rohleder 1995, → *Rahmenbedingungen für Interventionen*).

Um Konflikte im Team/Kollegium zu vermeiden, aber auch um die Sprachlosigkeit zur Thematik bzw. Bagatellisierung sexueller Gewalt in den einzelnen Einrichtungen abzubauen, sollten auch einrichtungsinterne Fortbildungen angeboten werden. Inhalte dieser Fort- und Weiterbildungen müssen neben Einführungsveranstaltungen auch Aspekte berücksichtigen, die gezielt auf bestimmte Berufsfelder ausgerichtet sind und es daher ermöglichen, die Thematik direkt auf die Arbeitsweise und Problemstellungen der einzelnen Einrichtungen abzustimmen. Diese berufsfeldbezogenen Ansätze in der Fortbildungsarbeit sollten von Fachkräften, die im therapeutischen, medizinischen und juristischen Bereich tätig sind, ergänzt werden. Grundgedanke ist hier erneut, dass sozial- und sonderpädagogische Einrichtungen, Soziale Dienste und Schulen betroffenen Kindern und Jugendlichen nur dann tatsächlichen Schutz und Hilfe ermöglichen können, wenn sie sich gegenüber anderen Einrichtungen und Diensten, deren Arbeitsansätzen etc. öffnen und so eine Grundlage dafür schaffen, dass eine Vernetzung und Kooperation zwecks Weiterentwicklung der Angebotsstruktur forciert wird.

Darüber hinaus ist es von erheblicher Bedeutung, dass sich diese Kompetenzerweiterung nicht auf die Aneignung von theoretischem Fachwissen beschränkt, vielmehr müssen Räume geschaffen werden, in denen Selbsterfahrungsanteile und Reflexion möglich sind. Die Problematik „Sexueller Missbrauch" löst Gefühle aus, spricht persönliche Haltungen und Einstellungen zu Sexualität und Gewalt, zu Geschlechterrollen- und Familienbildern an und stößt aus eben diesen Gründen auf vielfältige Vorurteile, Mythen und Abwehrstrategien. Um professionell handeln zu können, ist es nötig, diese Emotionen, Haltungen und Einstellungen, aber auch Widerstände und Blockaden zu thematisieren, zu reflektieren und zu verändern (→ *Intervention – die „Regeln der Kunst"*).

Eine der zentralen Hilfestellungen ist daher auch die Einzel- oder Gruppensupervision unter Anleitung und Beratung von spezialisierten Fachkräften. Regelmäßige Supervisionen und Fachberatungen sind vor allem für die Helferinnen unentbehrlich, die direkt mit Betroffenen und deren Vertrauenspersonen arbeiten. Diese Unterstützung bietet die beste Möglichkeit, sowohl fallbezogen qualifizierte Hilfe anzubieten, als auch eigene Problemstellungen, die sich durch die Konfrontation mit der Thematik ergeben, zuzulassen, zu reflektieren und zu bewältigen. In diesen Sitzungen können auch die beschriebenen Konflikte im Team/Kollegium und institutionelle Reaktionen thematisiert und abgebaut werden.

Um eine Koordinierung der Hilfen im Einzelfall zu gewährleisten, aber vor allem auch, um dem Gefühl der Allzuständigkeit, das bei Helferinnen zu Erschöpfung und Ohnmachtsgefühlen führt, entgegenzuwirken, ist eine überinstitutionelle Zusammenarbeit und Vernetzung unerlässlich. Diese lässt sich durch den Aufbau bzw. die Weiterentwicklung von regionalen Arbeitskreisen und Berufsgruppen realisieren, in denen sich Professionelle aus den unterschiedlichsten Institutionen und Berufsbereichen regelmäßig treffen. Diese Gruppen ebnen zunächst einmal den Weg, um ein gegenseitiges Kennenlernen der Einrichtungen, der verschiedenen Konzeptionen und der institutionellen Grenzen zu ermöglichen, um Vertrauen und gemeinsame Handlungsansätze aufzubauen, aber auch, um sich im Hinblick auf gegensätzliche inhaltliche Arbeitsansätze und praktische Vorgehensweisen kritisch auseinanderzusetzen. Dieser Austausch impliziert immer auch eine persönliche Reflexion und theoretische Auseinandersetzung mit der Thematik untereinander und Möglichkeiten zu gemeinsamen politischen Aktivitäten im öffentlichen Raum (Weber & Rohleder 1995).

Ausgehend von diesen Arbeitskreisen und Berufsgruppen, die als zentrale Basis einer problemadäquaten Hilfestellung einzurichten sind, müssen des Weiteren im Einzelfall Helferinnenkonferenzen gebildet werden, um kurzfristig und unbürokratisch Maßnahmen zum Schutz eines Kindes einzuleiten. Insbesondere im Hinblick auf die Inobhutnahme ist es erforderlich, dass sich die Helferinnen aus den zuständigen Einrichtungen kennen und im Sinne einer parteilichen Hilfestellung zusammenarbeiten, um das Kind vor weiteren Verletzungen zu schützen.

Literatur

Bange, D. (2000). Zur Intervention bei sexuellem Missbrauch an Kindern. Qualitätsentwicklung tut not. In: *Sozialmagazin, 10,* 13–32.

Enders, U. (1999). Die Strategien der Täter und die Verantwortung von uns Erwachsenen für den Schutz von Mädchen und Jungen. In: S. Höfling, D. Drewes & I. Epple-Waigel (Hg.). *Auftrag Prävention. Offensive gegen sexuellen Kindesmissbrauch* (S. 177–198). München: Hanns-Seidel Stiftung.

Finkel, M. (1998). „Das Problem beim Namen nennen!" – Kinder und Jugendliche mit sexuellen Gewalterfahrungen in Hilfen zur Erziehung. In: D. Baur u. a.. *Leistung und Grenzen von Heimerziehung.* Herausgegeben vom Bundesministerium für Familie, Frauen, Senioren und Jugend (S. 351-385). Stuttgart: Kohlhammer.

Harbeck, V. & Schade, G. (1994). *Institutioneller Umgang mit sexueller Kindesmisshandlung.* Kiel: Eigenverlag des Kinderschutzzentrums Kiel.

Hartwig, L. (1990). *Sexuelle Gewalterfahrungen von Mädchen. Konfliktlagen und Konzepte mädchenorientierter Heimerziehung.* Weinheim und München: Juventa.

Heiliger, A. (2000). *Täterstrategien und Prävention.* München: Frauenoffensive.

Roth, G. (1997). *Zwischen Täterschutz, Ohnmacht und Parteilichkeit. Zum institutionellen Umgang mit „Sexuellem Missbrauch".* Bielefeld: Kleine.

Weber, M. & Rohleder, C. (1995). *Sexueller Missbrauch. Jugendhilfe zwischen Aufbruch und Rückschritt.* Münster: Votum.

Hilfen zur Erziehung und sexueller Missbrauch

Luise Hartwig

Problemaufriss

Für Mädchen und Jungen, die innerfamilial sexuelle Gewalt erfahren, sind Einrichtungen der Erziehungshilfe neben Pflegefamilien der einzig mögliche sichere Lebensort. Für die Unterbringung in einem Heim oder einer Wohngruppe benötigen die Kinder allerdings in der Regel die Antragstellung auf Erzieherische Hilfen der Eltern beim Jugendamt; es sei denn, ein bekannt gewordener sexueller Missbrauch rechtfertigt Maßnahmen nach § 1666 BGB (z.B. Sorgerechtsentzug) oder es wird eine Eingliederungshilfe nach § 35 a (KJHG) für seelisch behinderte Kinder und Jugendliche gestellt, bei der die Antragstellung durch Minderjährige möglich ist. Hier wird ein zentrales Problem der Erziehungshilfe deutlich: Täter und Antragsteller (Erziehungsberechtigter) sind oft ein und dieselbe Person. Insoweit bleibt sexueller Missbrauch als Indikation für Erziehungshilfen im behördlichen Verfahren weitgehend unbekannt.

Sexuelle Gewalthandlungen tauchen noch immer sowohl in den Interventions- und Aufnahmebegründungen der Erziehungshilfe als auch in den Handlungs- und Angebotskonzepten der Einrichtungen der Erziehungshilfe gemäß KJHG selten auf, obwohl das Thema mittlerweile Eingang in die Jugendhilfe und die Erziehungshilfe gefunden hat (Hartwig 1990; Finkel 1998). Sexueller Missbrauch bleibt hinter den klassischen Indikatoren des sog. Abweichenden Verhaltens, wie Kriminalität, Suizidalität, Prostitution und Drogengebrauch in den Hilfeplänen (§ 36 KJHG) der Jugendämter verborgen. Weber & Rohleder (1995) gehen davon aus, dass dies an der fachlichen Unsicherheit der Professionellen im Hinblick auf die Thematik und der fehlenden innerinstitutionellen Absicherung der Vorgehensweise liege. Es gibt selten klare Handlungsorientierungen in den Einrichtungen oder auch den Jugendämtern für sozialpädagogische Fachkräfte zur Aufdeckung und Bearbeitung des sexuellen Missbrauchs bei ihnen anvertrauten Kindern und Jugendlichen (→ Intervention – die „Regeln der Kunst").

Dabei stellen innerfamiliale Gewalt und sexueller Missbrauch real einen zentralen Problembereich für den Einsatz erzieherischer Hilfen dar (§§ 27 ff. KJHG). Kinder, die innerfamiliale Gewalt erfahren haben, entwickeln häufig Überlebensstrategien, die im klassischen Sinne als „Abweichendes Verhalten" bezeichnet werden. Prostitution, Drogengebrauch, Suizidalität, Kriminalität und Schulscheitern gelten neben innerfamilialen Problemen als zentrale Indikatoren für den Einsatz Erzieherischer Hilfen und sind gleichzeitig Folgen innerfamilialer Gewalt gegen Kinder (Hartwig 1990). Es besteht häufig ein Zusammenhang zwischen dem Einsatz erzieherischer Hilfen und sexuellem Missbrauch, auch wenn man nicht von einem Kausalverhältnis im Sinne von Gewalterfahrung und Heimerziehung bzw. stationären Erzieherischen Hilfen sprechen kann (Schäfter & Hocke 1995; Finkel 1998).

Aktueller Stand

In der jüngsten Untersuchung über Leistungen und Grenzen von Heimerziehung kommt Finkel zu dem Ergebnis, „dass ca. jedes 4. Mädchen und jeder 15. Junge in den untersuchten stationären oder teilstationären Hilfen zur Erziehung tatsächlich oder vermutlich Opfer sexueller Gewalthandlungen gewesen sind" (Finkel 1998, S. 354). Danach ist statistisch von zwei oder drei sexuell gewaltbelasteten Kindern in jeder Gruppe auszugehen. Weber & Rohleder (1995) gehen ebenso wie Hartwig (1990) in ihren Untersuchungen von 50% bis 75% betroffener Mädchen in der Erziehungshilfe aus.

Bis in die 80er Jahre hinein galt sexuelle Verwahrlosung von Mädchen als zentrale Indikation für die Anordnung von Fürsorgeerziehung und Geschlossene Unterbringung. Bei Jungen galt dies entsprechend für die Kriminalität. Die schädlichen Neigungen der oder des Jugendlichen sollten durch Fürsorgeerziehung beseitigt werden. Nicht gesehen wurde, dass die in Rede stehenden Verhaltensweisen signifikant auf innerfamiliale Gewalterfahrungen zurückzuführen sind (Wetzels 1997), die mit einem Einsperren und Bestrafen der Kinder nicht bearbeitet werden können. Die Jugendhilfe „bestrafte" Mädchen und Jungen für ihre Verhaltensauffälligkeiten mit Heimerziehung. Der Begriff der sekundären Traumatisierung durch institutionelle Intervention wurde geprägt.

Der aktuelle Aus- und Umbau der Heimerziehung weg von einer Jugendhilfe als Eingriffsbehörde hin zu einem lebensweltorientierten sozialpädagogischen Dienstleistungskonzept zeigt für den Bereich der innerfamilialen Gewalt auch neue Probleme. Das fehlende Antragsrecht für Kinder und Jugendliche und die Familienorientierung der Jugendhilfe erschweren die eigenständige am einzelnen Kind oder Jugendlichen ausgerichtete Hilfe und den Schutz für das einzelne Individuum losgelöst vom familialen Kontext. Mädchen werden im Rahmen Erzieherischer Hilfen länger in der Familie betreut und unterstützt als Jungen (BMFSFJ 1998). Das birgt im Hinblick auf sexuellen Missbrauch die Gefahr, dass sie trotz Hilfe weiter traumatisiert werden. Jungen erhalten stationäre Formen Erzieherischer Hilfen zwar frühzeitiger, allerdings ist hier von einer erhöhten Tabuisierung der Thematik sexueller Gewalt an Jungen in den Einrichtungen auszugehen, so dass auch ihnen angemessene Unterstützung häufig verwehrt bleibt.

Zudem führt die unzureichende Geschlechtsspezifizierung der Erziehungshilfe dazu, dass Jungen mit sexuell aggressivem Verhalten mit Mädchen, die sich prostituieren oder suizidal sind, in den selben Gruppen untergebracht werden und die Opfer somit nicht vor weiteren Übergriffen geschützt werden können. Das gilt für Jungen mit sexuellen Gewalterfahrungen in gleicher Weise.

Als die Frauenbewegung die Familie auch als Gefahrenort für Kinder und Jugendliche und nicht nur als Ort des Schutzes und der Geborgenheit herausstellte, wurden Ende der 80er Jahre erste geschlechtsbezogene Konzepte und Hilfeansätze auch in der stationären Jugendhilfe entwickelt, die den Mädchen und Jungen eigene Chancen auf Hilfe und Unterstützung ermöglichen sollten (Mädchenhäuser, Jungenschutzstellen). Allerdings sind diese parteilichen Arbeitsansätze in Spezialeinrichtungen bereits zehn Jahre später aufgrund ihrer Problem- und Zielgruppenspezifizierung zunehmend in einen fachlichen Legitimationsdruck geraten. Die parteilichen, am einzelnen Kind orientierten Handlungsansätze haben zudem nur punktuell Eingang in die Regelpraxis Erzieherischer Hilfen gefunden (Weber & Rohleder 1995).

Das doppelte Mandat sozialer Arbeit von Hilfe und Kontrolle hat in der Erziehungshilfe in Bezug auf den Umgang mit sexueller Gewalt einen Kristallisationspunkt: wann darf und muss die öffentliche Jugendhilfe Mädchen und Jungen aufgrund sexuellen Missbrauchs auch gegen den Willen der Eltern Schutz und Unterstützung gewähren, und wann ist sie verpflichtet, den Erhalt des familialen Systems zum Schutze von Kindern zu opfern? Diese Fragestellung wird in der Jugendhilfe kontrovers im Hinblick auf die Wirksamkeit eigenständiger Hilfen für Kinder eingeschätzt. Das Kindeswohl gegenüber dem Elternrecht in der Praxis zu stärken, scheint trotz gesetzlicher Vorgaben zur Mitwirkung und Partizipation im KJHG und der UN-Kinderrechtskonvention in der Jugendhilfe nur zum Teil Konsens zu sein.

Praxis der Erziehungshilfe

Werden sexuelle Gewalthandlungen an Kindern bekannt und gelegentlich medienwirksam inszeniert, folgt der Ruf der Jugendhilfe nach den Spezialisten. Dies sind von der Anzahl der Fälle her gesehen die Ausnahmen. Häufig bleibt sexueller Missbrauch in der Erziehungshilfe nach wie vor unerkannt. Werden Anzeichen für sexuellen Missbrauch bemerkt, ist er in der Regel nicht handlungsleitend bei der Auswahl von Einrichtungen für Kinder, sondern er wird als ein Problem unter anderen der Kinder gesehen. Das bedeutet, der Focus der Hilfeentscheidung wird nicht an diesem Sachverhalt ausgerichtet. Dies kann für die Kinder fatale Folgen wie fehlender Schutz, erneute Traumatisierung oder fehlende Geschlechtsspezifizierung der Hilfe beinhalten.

Unter welchen Bedingungen gibt es nun Chancen auf Veränderung der familialen Strukturen zur Stärkung der Situation der Kinder mit verbindlichem Verhaltenskodex für alle Beteiligten? Diese Frage gilt es z. B. bei dem Einsatz Sozialpädagogischer Familienhilfe (§ 31 KJHG) und anderer ambulanter Erziehungshilfen im Sinne der vom Gesetzgeber geforderten Angemessenheit der Hilfe eindeutig zu klären. Insoweit müsste der Schutz für die Kinder oberste Priorität genießen.

Die Ambulantisierung der Jugendhilfe, der generelle Vorrang ambulanter vor teilstationärer und stationärer Maßnahmen z. B. durch den verstärkten Einsatz der Sozialpädagogischen Familienhilfe kann jedoch dazu führen, dass Hilfen angeboten werden, die weder den Schutz der Kinder sicherstellen, noch nachhaltig die Täter zur Verantwortung ziehen können. Das Dilemma der erforderlichen Mitwirkungsbereitschaft gewaltbelasteter Familien bei Erzieherischen Hilfen gefährdet an dieser Stelle die Kinder, weil die Kinder im Falle des sexuellen Missbrauchs zunehmendem Druck durch die Eltern ausgesetzt sind, ohne eigenständige Unterstützung zu erhalten. In der Realität kann das bedeuten, dass der sexuelle Missbrauch trotz Erzieherischer Hilfen fortgesetzt wird.

Mädchen und Jungen mit sexuellen Gewalterfahrungen profitieren deutlich weniger von erzieherischen Hilfen als Kinder mit anderen Problemlagen in Erzieherischen Hilfen (BMFSFJ 1998, S. 384). Sie erleben, dass die Diskussion über den sexuellen Missbrauch in den Regeleinrichtungen nicht zu einem klaren Handlungskonzept geführt hat. Demzufolge werden sie mehr verlegt und abgeschoben, häufiger (insbesondere die Mädchen) in die Kinder- und Jugendpsychiatrie eingewiesen und in Zwischenzeiten auch wieder in das Elternhaus entlassen. Die Hilfen beginnen später und enden später. Auf Jugendliche mit sexuellen Gewalterfahrungen treffen damit alle Faktoren zu, die in Erzieherischen Hilfen als „schwierige Fälle" beschrieben werden. Weber & Rohleder (1995) fordern vor diesem Hintergrund Fortbildungen für soziale Fachkräfte, die an dem pädagogischen Alltag mit Kindern in Einrichtungen ausgerichtet sind, damit die Mädchen und Jungen sich auf eine dem sexuellen Missbrauch angemessene fachliche Orientierung und Verhaltenssicherheit der Mitarbeiter verlassen können. Gerade die weitere Tabuisierung der sexuellen Gewalt auch in den Einrichtungen erschwert für Mädchen und Jungen die angemessene Hilfe. Bislang hat die Diskussion über sexuellen Missbrauch in der Erziehungshilfe zur Gründung einiger Spezialeinrichtungen wie Wohngruppen für sexuell missbrauchte Mädchen und neuerdings auch Jungen geführt. Hier ist allerdings zu beachten, dass nur einige Kinder eine solche geschlechtshomogene Unterbringung wünschen, sie in solchen Einrichtungen einer impliziten Stigmatisierung unterliegen und darüber hinaus angesichts der Fallzahlen nur wenige Kinder mit Gewalterfahrungen gesondert untergebracht werden können (→ *Spezialisierte Beratungsstellen*). Hier gibt es nur die Möglichkeit, die Erziehungshilfe neben den fachspezifischen Hilfen insgesamt für den Umgang mit Problem des sexuellen Missbrauchs zu qualifizieren.

Untersuchungen über den Einsatz Erzieherischen Hilfen belegen, dass ältere Kinder als Opfer sexuellen Missbrauchs eigenständig Hilfen gemäß KJHG einfordern, sowie als Selbstmelderinnen und Selbstmelder das Jugendamt um Unterstützung bitten (BMFSFJ 1998). Gelingt der Weg aus dem Elternhaus, ist jedoch häufig das Hilfesystem nicht in der Lage, auf die Problemlagen der Kinder und Jugendlichen angemessen zu reagieren. Das trifft insbesondere auf die Einrichtungen zur Krisenintervention und Inobhutnahme (§ 42 KJHG), die Schutzstellen und Kindernotdienste zu (BMFSFJ 1998). Die eigenständig entwickelten Hilfekonzepte aus der Spezialberatung (→ *Spezialisierte Beratungsstellen*) und den Selbsthilfegruppen (→ *Selbsthilfe*) bei sexueller Gewalt haben kaum Eingang in den pädagogischen Alltag stationärer Erzieherischer Hilfen und der Krisenintervention gefunden. Deshalb verlassen nach wie vor viele Kinder die Heime ohne dass sie die Chance zur Aufarbeitung der erfahrenen Gewalt und des sexuellen Missbrauchs hatten. Ihnen ist damit keine Heilung als Voraussetzung für eine eigenständige Lebensplanung zu Teil geworden (Hartwig 1990). Das fachliche Umdenken hin zu einer an der Lebenslage des Kindes orientierten Hilfe fällt Fachkräften in der Jugendhilfe so schwer, weil es dem aktuellen fachlichen Standard des modernen Dienstleisters Jugendhilfe entgegenläuft, gegen den Willen von Eltern Kinder aus Familien zu holen, auch wenn Mädchen und Jungen dies wünschen. Die aktuelle rechtliche Situation erschwert die Absicherung der Erzieherischen Hilfen für Kinder und Jugendliche, da die Eltern z.B. die Zustimmung zu den Hilfen jederzeit widerrufen können. Die Organisation der Jugendhilfe in familienunterstützende, familienergänzende und schließlich familienersetzende Hilfen baut auf ein System Jugendhilfe in grundlegender Orientierung am familialen Modell und organisiert die Hilfen für sexuell missbrauchte Kinder damit an dem Ort, der für diese Kinder die größte Gefahr dargestellt hat und darstellt. Bei aller bedeutsamen primärsozialisierenden Wirkung, die Eltern für Kinder haben, geht es insbesondere im jugendlichen Alter auch um eine Neuorientierung mit und an Fachkräften in der Jugendhilfe.

Kinder, die in ihrer Herkunftsfamilie sexuell missbraucht wurden, sind in besonderer Weise gefährdet, auch außerfamilial erneut emotional und sexuell ausgebeutet zu werden. Die „Sehnsucht" der Kinder nach liebevoller Zuwendung und Unterstützung zeichnet ihren Opferstatus aus und gefährdet sie, erneut ausgebeutet zu werden. Dieser Sachverhalt ist grundlegend für die Organisation Erzieherischer Hilfen. Denn sexueller Missbrauch findet auch in Institutionen der Erziehungshilfe statt (Conen 1996, → *Institutionen und sexueller Missbrauch*, → *Institutionen und sexueller Missbrauch: Täterstrategien und Reaktionsweisen*). Die Zielvorgabe Reintegration des Kindes in die Familie und Elternarbeit mit denselben Fachkräften, die das ausgebeutete Kind begleiten u.a.m. kann ein erneuter Vertrauenbruch gegenüber dem Kind als Opfer sexueller Gewalt sein (Kriener & Hartwig 1997, → *Rückführungskriterien*).

Perspektiven für die Erziehungshilfe

Den Schutz für Mädchen und Jungen als Voraussetzung für die eigenständige Lebensplanung sicherzustellen, ist oberstes Gebot erzieherischer Hilfen. Die Kinder brauchen Vertrauenspersonen in verlässlichen Settings. Dazu bedarf es eines eigenen Antragsrechts für Mädchen und Jungen auf Erzieherische Hilfen. Kein Kind entscheidet sich leichtfertig gegen die eigene Familie als Lebensort. Die Hilfeplanung (§ 36 KJHG) sollte dezidiert auf die fachspezifischen Kenntnisse zum sexuellen Missbrauch rekurrieren, damit eine sekundäre Traumatisierung der Kinder durch behördliche Intervention vermieden wird. Mädchen und Jungen sollten als Expertinnen und Experten ihrer Geschichte angemessen an dem Verfahren und der Auswahl des neuen Lebensortes beteiligt werden (→ *Intervention – die „Regeln der Kunst"*). Die Einrichtungen benötigen fachliche Standards zur Arbeit mit Opfern sexueller Gewalt, die in der Qualitätsentwicklung und Leistungsvereinbarung verbindlich dargelegt sind. Pädagoginnen und Pädagogen bedürfen der Fortbildung zum Vorgehen bei sexueller Gewalt und zu ihrer eigenen Bedeutung als neue Orientierungspersonen für Mädchen und Jungen.

Literatur

BMFSFJ (Hrsg.) (1998). *Leistungen und Grenzen von Heimerziehung*. Ergebnisse einer Evaluationsstudie stationärer und teilstationärer Erziehungshilfen. Stuttgart, Berlin & Köln: Kohlhammer.

Conen, M.-L. (1998). Institutionelle Strukturen und sexueller Mißbrauch durch Mitarbeiter in stationären Einrichtungen für Kinder und Jugendliche. In G. Amann & R. Wipplinger (Hrsg.) *Sexueller Mißbrauch. Überblick zu Forschung, Beratung und Therapie*. (S. 713–726) Tübingen: dgvt.

Finkel, M. (1998). „Das Problem beim Namen nennen!" Kinder und Jugendliche mit sexuellen Gewalterfahrungen in Hilfen zur Erziehung. In BMFSFJ (Hrsg.) *Leistungen und Grenzen von Heimerziehung*. (S. 351–386). Stuttgart, Berlin & Köln: Kohlhammer.
Hartwig, L. (1990). *Sexuelle Gewalterfahrungen von Mädchen. Konfliktlagen und Konzepte mädchenorientierter Heimerziehung*. Weinheim & München: Juventa.
Kriener, M. & Hartwig, L. (1997). Mädchen in der Erziehungs- und Jugendhilfe – Feministische Analysen und Ansätze in der Praxis. In B. Friebertshäuser, G. Jakob & R. Klees-Möller (Hrsg.). *Sozialpädagogik im Blick der Frauenforschung*. (S.195–209). Weinheim: Beltz.
Schäfter, G. & Hocke, M. (1995). *Mädchenwelten: Sexuelle Gewalterfahrungen und Heimerziehung*. Heidelberg: Schindele.
Weber, M. & Rohleder, C. (1995). *Sexueller Mißbrauch*. Jugendhilfe zwischen Aufbruch und Rückschritt. Münster: Votum.
Wetzels, P. (1997). *Gewalterfahrungen in der Kindheit;* Sexueller Mißbrauch, körperliche Mißhandlung und deren langfristige Konsequenzen. Baden-Baden: Nomos.

Institutionen und sexueller Missbrauch

Marie-Luise Conen

Während Fachverbände im Bereich der Psychotherapie sich schon seit einer Reihe von Jahren mit dem Thema der sexuellen Übergriffe durch Therapeuten beschäftigen, wird die Diskussion in Bezug auf sexuellen Missbrauch durch Mitarbeiterinnen und Mitarbeiter im stationären Bereich noch wenig geführt (Conen, 1995; 1997). In Einrichtungen der Jugendhilfe, wie z. B. Kinder- und Jugendheimen, Jugendwohngemeinschaften, Erziehungsstellen sowie stationären kinder- und jugendpsychiatrischen Einrichtungen ist aber derzeit zu beobachten, dass sexuelle Übergriffe durch Mitarbeiter[1] mehr Aufmerksamkeit geschenkt bekommen. In der Betreuung von Behinderten zeigen sich Kollegen ebenfalls zunehmend problembewusster *(→ Behinderung und sexuelle Gewalt)*; noch wenig Diskussionen werden dazu in der stationären Drogentherapie sowie in der Erwachsenenpsychiatrie geführt, dies mag u. a. darin begründet sein, dass hier in der Regel Erwachsene betreut werden und Reinszenierungen anders verlaufen als bei Kindern und Jugendlichen.

---

[1] Bei Aussagen, die sowohl für weibliche als auch für männliche Personen zutreffen, wird zur Vereinfachung durchgängig die männliche Form verwendet.

Vor allem in Einrichtungen, in denen Kinder und Jugendliche betreut werden, werden sexuelle Übergriffe durch Mitarbeiter von den Betroffenen meist erst dann aufgedeckt, wenn die Betroffenen sich inzwischen in einer anderen Einrichtung befinden, in der sich die Kinder und Jugendlichen offenbaren oder wenn sie erwachsen sind. Häufig werden die Vorfälle weder den zuständigen aufsichtführenden Behörden bekannt, noch werden derzeit hinreichend Konsequenzen im Umgang mit den betreffenden Kollegen gezogen.

Die zunehmende Sensibilisierung von Mitarbeitern in den verschiedensten Institutionen für die Symptome und Verhaltensauffälligkeiten von sexuell missbrauchten Kindern und Jugendlichen hat mit dazu beigetragen, dass in vielen stationären Einrichtungen mehr und mehr die Kinder und Jugendlichen wahrgenommen werden, die von sexueller Gewalt betroffen sind. In diesem Zusammenhang werden auch die Versuche eines Teil der Kinder und Jugendlichen registriert, ihre sexuellen Gewalterfahrungen auch innerhalb der Einrichtungen zu reinszenieren. Kommt es in einer Einrichtung, deren Aufgabe es ist, ihnen ein geschütztes Aufwachsen zu ermöglichen, dann wieder zu Situationen, in denen sie missbraucht werden – sei es durch andere Kinder oder Jugendliche oder auch durch Mitarbeiter –, so ist ihre „Sicht von der Welt" – „alle missbrauchen mich, nirgendwo bin ich geschützt" – für sie weiter stimmig. Für viele dieser betroffenen Kinder und Jugendlichen sind Erwachsene potenziell alle Missbraucher.

Nimmt man Pädosexuelle (→ *Pädosexualität*) aus, die in solchen Einrichtungen arbeiten, um Zugriff auf Kinder zu bekommen, stellt es für die meisten Mitarbeiterinnen und Mitarbeiter in der Arbeit mit den betroffenen Kindern und Jugendlichen eine Selbstverständlichkeit dar, sich bei sexualisiertem Verhalten der Betreuten ausreichend abzugrenzen. Einige dieser Kinder und Jugendlichen verfügen jedoch aufgrund ihrer traumatischen Erfahrungen über ein ausgeprägtes Sensorium für Mängel in den Abgrenzungen und Grenzsetzungsbemühungen der Mitarbeiter, so dass eine Dynamik einsetzen kann, die dazu beiträgt, dass seitens der Mitarbeiter Grenzverletzungen stattfinden. Auf Seiten der betroffenen Kinder und Jugendlichen ist dabei nicht selten eine Steigerung des sexualisierten oder auch generell provokanten Verhaltens zu beobachten, bis sie die betreffenden Mitarbeiter zu einer Grenzsetzung – oder im negativen Falle zu einer Grenzverletzung geführt haben.

Die Arbeit im stationären Bereich bringt es – vor allem in der Arbeit mit Kindern und Jugendlichen – mit sich, dass ein gemeinsamer Alltag zwischen den Betreuten und den Mitarbeitern besteht. Zu diesem Alltag gehört auch die gegenseitige stärkere Wahrnehmung der Körperlichkeit. Eine mögliche erotische oder sexuelle Anziehung der Kinder und Jugendlichen bei einzelnen Mitarbeitern kann sich – verbunden mit den Reinszenierungsbemühungen der Kinder und Jugendlichen und der Dynamik in der Institution sowie der Situation der Mitarbeiter – dahingehend entwickeln, dass sich über eine Zeit hinweg, eine Missbrauchssituation anbahnen kann. Da Sexualität an sich und vor allem die erotische bzw. sexuelle Anziehung von Betreuten Tabuthemen sind, gibt es für die betroffenen Mitarbeiter kaum Orientierung und Hilfestellungen; dies wird vor allem immer wieder im Umgang mit Berufspraktikanten deutlich.

Das institutionell geforderte und geförderte hohe Maß an Nähe, insbesondere in der stationären Arbeit mit Kindern und Jugendlichen, wird vor allem mit der Notwendigkeit einer Bindung des Kindes bzw. Jugendlichen an „Ersatzpersonen" begründet. Mitarbeiter in der stationären Arbeit mit Kindern und Jugendlichen befinden sich in einer Situation, in der sie die „besseren Eltern" sein sollen. Diese Rolle bringt es mit sich, dass die Kinder bzw. Jugendlichen in Loyalität zu ihren leiblichen Eltern eine entsprechende Dynamik entwickeln (Conen, 1996), die die Mitarbeiter in ihren Erziehungsbemühungen sehr fordert. Sie fühlen sich angesichts von Problemeskalationen ratlos und werten ihre Arbeit ab. In diesen stresshaften Situationen nimmt die eigene psychische Bedürftigkeit nach Zuwendung und Anerkennung zu. Signalisiert die Institution aufgrund ihrer Dynamik und Strukturen keine ausreichende Unterstützung und Wertschätzung der Arbeit und der Person der Mitarbeiter, kann dies mit dazu beitragen, dass sexuelle Übergriffe stattfinden.

Während im Rahmen gängiger Betrachtungen von sexuellem Missbrauch der Suche nach einem Persönlichkeitsprofil des Missbrauchenden nachgegangen wird (Finkelhor, 1984; Hirsch, 1987), wird der Beitrag, den Institutionen aufgrund ihrer Dynamik und Strukturen zu diesen sexuellen Übergriffen ihrer Mitarbeiter leisten, im Allgemeinen nicht thematisiert. Zum einen ist die Tatsache zu berücksichtigen, dass Pädosexuelle sich stets Kontakte und auch Arbeitsfelder suchen, in denen sie mit Kindern und Jugendlichen zu tun haben. Deshalb ist die Auswahl von Personal im stationären Bereich vor allem auch in Hinblick auf die Abschreckung und Sanktionierung von pädosexuellen Mitarbeitern zu verbessern (Conen, 1999 → *Pädosexualität*). Zum anderen gilt es auch den Aspekten Rechnung zu tragen, inwieweit die Institutionen durch bestehende Mängel dazu beitragen, dass es auch bei nicht-pädosexuellen Mitarbeitern zu sexuellen Übergriffen kommt. In diesem Zusammenhang sollen zentrale institutionelle Aspekte dargestellt werden, die bei ausreichender Berücksichtigung dazu beitragen können, dass sexuell übergriffiges Verhalten von Mitarbeitern nicht stattfinden kann.

In stationären Einrichtungen, deren Arbeitsauftrag einen gewissen Grad von Alltagsgestaltung der Betreuten einschließt, können institutionelle Strukturen vorhanden sein, die den sexuellen Missbrauch von Betreuten durch Mitarbeiter fördern. Zu unterscheiden sind hierbei zwei „Strukturtypen" von Einrichtungen: a) die überstrukturierten Einrichtungen und b) die unterstrukturierten Einrichtungen.

Überstrukturierte Einrichtungen

Diese Einrichtungen sind geprägt durch einem rigiden und autoritären Leitungsstil. Mitarbeiter sind eher willkürlich, wenig berechenbaren Entscheidungszusammenhängen ausgesetzt. Anweisungen und Anordnungen überwiegen, Entscheidungskriterien sind selten transparent. Die Interessen von Mitarbeitern werden dabei kaum berücksichtigt. Von der Leitungsebene werden weder Entlastungsmöglichkeiten (z. B. Supervision) noch Qualifizierungshilfen angeboten. Kritik und Fehlersuche überwiegen in den Rückmeldungen zur Arbeit der Mitarbeiter. Die Atmosphäre ist eher geprägt von Härte, Kälte und Geringschätzung. Vielfach machen die Mitarbeiter einen ausgebrannten Eindruck, sie scheinen sich innerlich zurückgezogen zu haben. Angesichts jahrelanger Bemühungen um Veränderungen zeigen sie Anzeichen von hoher Resignation und nicht selten auch Zynismus. In den Räumlichkeiten überwiegt eher ein „Anstaltscharakter" als ein „Zuhause" für die betreuten Kinder und Jugendlichen. Eine eher wärmende und Geborgenheit schaffende Atmosphäre ist meist nicht zu finden. Die Einrichtung signalisiert auch von ihrer Ausstattung her, dass die Mitarbeiter hier ihren Dienst (nach Vorschrift) machen. Dies geht nicht selten einher mit einem Kommunikationsstil, der eher von Härte und Abgrenzungsbemühungen, denn von Unterstützung und Einlassen geprägt ist. Die Mitarbeiter scheinen keine Reserven zu haben, auch in Konfliktsituationen auf die Betreuten annehmend und interessiert zuzugehen. Der Mangel an Wertschätzung und Anerkennung der Arbeit der Mitarbeiter ist auf vielen Ebenen zu vermerken.

Der Mangel an „Wärme und Geborgenheit" in der Institution ist für Mitarbeiter – möglicherweise insbesondere für Mitarbeiterinnen – nicht einfach zu verkraften. In ihrem Bemühen um Herstellung einer „umsorgenden" Arbeitsbeziehung mit den Betreuten und bei gleichzeitig eigenen erfolglosen Bemühungen um Anerkennung, Wertschätzung und Mitgetragensein innerhalb der Institution, sind einzelne Mitarbeiter in Gefahr, in ihrer Suche nach Nähe und Wertschätzung, diese bei den Betreuten gegebenenfalls auch in Form von sexuellen Beziehungen mit den Betreuten zu suchen.

Beispiel: In einer kinder- und jugendpsychiatrischen Klinik sind die Visiten des leitenden Arztes auf den Stationen für alle Mitarbeiter ein Albtraum: Seine Willkür und Abwertungen lassen jeden Mitarbeiter diese Visiten fürchten. Urlaubsanträge werden einen Tag vor Antritt des Urlaubs negativ beschieden. Anträge auf Fortbildungen werden kaum stattgegeben. Wer immer kann, verlässt die Einrichtung so bald als möglich, die Fluktuation ist entsprechend hoch. Die Einrichtung hat einen schlechten Ruf, wird aber mangels anderer Alternativen dennoch belegt. Der autoritäre Führungsstil ist bekannt, wird jedoch im Zusammenhang mit eigenen schweren Traumatisierungen des Leiters gesehen und „geduldet", ihm werden vom Träger keinerlei Grenzen gesetzt, man wartet auf seine Berentung. Innerhalb der Einrichtung zeigen die Mitarbeiter ausgeprägte Anzeichen von Burn-Out, Überforderung und Ratlosigkeit im Umgang mit den betreuten Kindern und Jugendlichen. Im Zusammenhang mit einem öffentlich gewordenen sexuellen Übergriff stellt sich heraus, dass gleich mehrere Mitarbeiter involviert waren und dies auch anderen Mitarbeitern bekannt war. Einer Mitarbeiterin, die die sexuellen Übergriffe eines Mitarbeiters anzeigte, wurde gekündigt. In einem anschließenden Gerichtsverfahren wurde sie der Verleumdung schuldig gesprochen. Weitere „Kennzeichen" in der Struktur und

Dynamik dieser Einrichtung wurden, wie oben beschrieben, deutlich – wobei das Überwiegen des Schweigens der nicht-missbrauchenden Mitarbeiter im Vordergrund steht: Ihre Erfahrung hat sie in der Vergangenheit gelehrt, dass es keinerlei institutionellen Rückhalt gibt und Dinge nicht veränderbar sind.

Unterstrukturierte Einrichtungen

Diese Einrichtungen sind in zwei Gruppierungen aufzuteilen: Zum einen gibt es Einrichtungen, in denen eine „schwache" Leitung die Einrichtung leitet und zum anderen bestehen Einrichtungen, bei denen unter den Mitarbeitern Konsens in der Ablehnung einer Leitung bzw. der Rolle eines Leiters besteht (i.d.R. alternative Projekte). In Einrichtungen mit schwacher Leitung verharren Mitarbeiter entweder in Positionen, in denen sie von der Leitung Orientierung und Handlungsperspektiven erwarten; oder sie bleiben über Jahre in einer Warteposition oder nehmen die „Dinge selbst in die Hand" und gestalten ihre Arbeit selbständig – jedoch immer danach Ausschau haltend, ob die „Leitung" sich den Rollenerwartungen entsprechend verhält.

In Einrichtungen mit einem Konsens bezüglich der Ablehnung von Leitung zeichnen sich die Mitarbeiter im Allgemeinen durch eine sehr hohe Kompetenz und sehr qualifizierte Arbeit mit den Klienten aus. Deutlich wird in diesen Einrichtungen, dass die Mitarbeiter kaum Rückmeldungen zu ihrer Arbeit bekommen. Sie erhalten weder Anerkennung, noch gibt es Kritik – letztere meist erst in Konfliktsituationen. Ein weiteres Kennzeichen sind verdeckt geführte Kämpfe um nicht veröffentliche Leitungspositionen; hier bringen sich insbesondere männliche Mitarbeiter ein und suchen nach Möglichkeiten der Einflussnahme. Positive Aspekte von Kontrolle sind bei den Mitarbeitern kein Thema. Die Mitarbeiter befinden sich in der Rolle eines parentifizierten Kindes, sie übernehmen für vieles Verantwortung, obwohl diese sie überfordern kann oder ihnen auch per definiertem Arbeitsauftrag nicht zusteht. Der Mangel an Rückmeldung und Kontrolle führt in manchen Einrichtungen zu einer destruktiven Nutzung von Freiräumen in Bezug auf finanzielle Mittel oder auch Arbeitszeit. Außerdem erhöht es die Gefahr möglicher sexueller Kontakte zu Betreuten. In diesen Kontakten können Mitarbeiter die Zuwendung und Wertschätzung erfahren, die sie in ihrer institutionellen Struktur nicht vorfinden. Das Vakuum an orientierunggebender Instanz führt eher bei männlichen Mitarbeitern zu sexuellen Grenzverletzungen gegenüber Betreuten.

Beispiel: In einer Einrichtung mit einem kirchlicherseits eingesetzten Leiter hatte ein leitender pädagogischer Mitarbeiter über mehrere Jahre hinweg die männlichen Jugendlichen der Einrichtung sexuell missbraucht. Er war allseits beliebt und geschätzt. Die Jugendlichen sahen in ihm ein Vorbild und suchten seine Nähe, die er auch sexuell ausnutzte. Er wohnte mit seiner Ehefrau und seinem Sohn auf dem Gelände und hatte jeder Zeit Zugang zu den Räumlichkeiten der Einrichtung. Neben seinen sexuellen Kontakten – die erst bekannt wurden als ehemalige Jugendliche als junge Erwachsene darüber andernorts Auskunft gaben – unterhielt der Mitarbeiter auch sexuelle Kontakte zu zwei Mitarbeiterinnen, wobei eine davon von seinen sexuellen Übergriffen gegenüber den Jugendlichen wusste. Es stellte sich später heraus, dass sie selbst als Kind und Jugendliche von ihrem Vater missbraucht worden war. Der Leiter der Einrichtung, der aufgrund seiner kirchlichen Funktion Leiter geworden war, verfügte nur eingeschränkt über die notwendigen Kenntnisse in Bezug auf seine Leitungsaufgaben. Er zeigte wenig Profil in der Leitung der Einrichtung und stand sehr unter dem Einfluss des Mitarbeiters. Die zwischen ihnen sich entwickelnde Freundschaft führte dazu, dass keine Kontrolle oder Aufsicht über die Mitarbeiter erfolgte, der Leiter sich voll auf die Einschätzungen des Mitarbeiters verließ. Auch im privaten verdichteten sich die Kontakte, so dass der Leiter Patenonkel für den Sohn des Mitarbeiters wurde und auch andere Gemeinsamkeiten zustande kamen.

Fazit

Eine Betrachtung von sexuellem Missbrauch durch Mitarbeiter und Mitarbeiterinnen sollte auch die institutionellen Strukturen und Dynamiken einbeziehen, die zu einem sexuellen Übergriff von Mitarbeitern beitragen oder diesen sogar fördern. Aus dieser Analyse heraus, ist es möglich innerhalb der Einrichtungen oder durch Intervention der Trägervertreter Einfluss zu nehmen und bereits im Vorfeld erheblich dazu beizutragen, dass sexueller Missbrauch durch Mitarbeiter und Mitarbeiterinnen verhindert wird. Darüber hinaus gilt es verstärkt, vor allem bereits bei der Personalauswahl, Bewerber in Hinblick auf diese Thematik in ihrer Geeignetheit zu betrachten und Pädosexuelle durch ein entsprechend gestaltetes Bewerbungsverfahren (Conen, 1999) abzuschrecken.

Literatur

Conen, M.-L. (1989). Teamsupervision in alternativen Projekten. *Supervision, 15,* 4–14.
Conen, M.-L. (1995). Sexueller Mißbrauch durch Mitarbeiter in stationären Einrichtungen für Kinder und Jugendliche. *Praxis der Kinderpsychologie und Kinderpsychiatrie, 44 (4),* 134–140.
Conen, M.-L. (1996). Wenn Heimerzieher zu nett sind ... Heimkinder im Loyalitätskonflikt zwischen Eltern und Erziehern. *Evangelische Jugendhilfe, 4,* 206–216.
Conen, M.-L. (1997). Institutionelle Strukturen und sexueller Mißbrauch durch Mitarbeiter in stationären Einrichtungen für Kinder und Jugendliche. In G. Amann & R. Wipplinger (Hrsg.), *Sexueller Missbrauch – Überblick zu Forschung, Beratung und Therapie – Ein Handbuch* (S. 713–725). Tübingen: dgvt-Verlag.
Conen, M.-L. (1999). *Neueinstellung von MitarbeiterInnen – Probleme mit pädophilen MitarbeiterInnen.* Unveröffentlichtes Seminarmanuskript, Berlin.
Finkelhor, D. (1984). *Child Sexual Abuse.* New York: Free Press.
Hirsch, M. (1987). *Realer Inzest.* Berlin: Springer.

Institutionen und sexueller Missbrauch: Täterstrategien und Reaktionsweisen

Ursula Enders

Die Strategien der Täter (Täterinnen)

In den letzten Jahren ist das Problembewusstsein gegenüber der sexuellen Ausbeutung in pädagogischen Arbeitsfeldern gewachsen. Sowohl die internationale Täterforschung (z.B. Elliott, Browne & Kilcoyne 1995) als auch Erfahrungsberichte aus der Praxis (Enders, Simone & Bange 2001) machen deutlich, dass auch die sexuelle Ausbeutung in Institutionen kein „zufälliges" Geschehen ist, sondern das Ergebnis eines strategischen Vorgehens.

Berufswahl

Zielgerichtet versuchen Täter (Täterinnen) mit potenziellen Opfern in Kontakt zu kommen. In diesem Sinne ist die Entscheidung für eine ehrenamtliche, haupt- oder nebenberufliche Tätigkeit im pädagogischen, medizinischen, seelsorgerischen oder therapeutischen Bereich eine „klassische Täterstrategie". Täter (Täterinnen) sind z.B. als Taxifahrer im Behindertentransport, Seelsorger, Arzt, Erzieherin, Lehrerin, Tagesmutter, Kindertherapeut, Schulaufgabenhilfe, Trainer, Koch in einer Kindertagesstätte oder Mitarbeiter in Projekten für Straßenkinder in der Dritten Welt tätig (u.a. Enders 2001; Bundschuh & Stein-Hilbers 1998; Engelfried 1997; Elliott, Browne & Kilcoyne 1995; Wyre & Swift 1991). Einige wechseln im Laufe ihres beruflichen Werdegangs das Tätigkeitsfeld, um leichter mit Mädchen und Jungen in Kontakt zu kommen: Einige Täter mit handwerklicher Grundausbildung bewerben sich z.B. für die Position als Hausmeister in einer Grundschule.

Institutionelle Strukturen nutzen

Einige Täter (Täterinnen) suchen sich zielgerichtet Arbeitsplätze in Einrichtungen, in denen die Wahrscheinlichkeit relativ gering ist, dass ihre Missbrauchshandlungen bekannt werden. Dies ist z.B. bei Institutionen der Fall, deren institutionellen Identitäten sich stark von anderen vergleichbaren Einrichtungen abgrenzen, und die sich im besonderen Maße „um ihren guten Ruf sorgen".

Viele Täter (Täterinnen) schauen bei der Wahl ihres Arbeitsplatzes auf die Leitungsstrukturen und den Arbeitsstil der jeweiligen Einrichtung. Institutionen mit transparenten Leitungsstrukturen und klaren Arbeitsanforderungen bieten sowohl Mädchen und Jungen, Müttern und Vätern als auch Kolleginnen und Kollegen ein relativ großes Maß an fachlicher und persönlicher Sicherheit. Einer Vermutung sexueller Übergriffe in den eigenen Reihen können sich diese Institutionen leichter stellen und ggf. schneller Grenzen ziehen als Institutionen, in denen aufgrund autoritärer Leitungsstrukturen starke persönliche Abhängigkeiten bestehen und Entscheidungen weniger aus fachlichen Erwägungen sondern eher „von oben" im Interesse der eigenen Machtsicherung getroffen werden. Die in diesen Strukturen bestehenden fachlichen und persönlichen Abhängigkeiten können Täter (Täterinnen) zum eigenen Vorteil nutzen und z.B. „Seilschaften" aufbauen.

Ebenso laufen Missbraucher (Missbraucherinnen) in Einrichtungen mit diffusen Strukturen und einer unzureichenden Trennung zwischen beruflichen und persönlichen Kontakten kaum Gefahr, dass die von ihnen verübten Verbrechen aufgedeckt werden. Nicht selten wechseln sie den Arbeitsplatz, wenn Institutionen ihnen wenig Spielraum für persönliche Intrigen, den Aufbau persönlicher Abhängigkeiten und sexuelle Übergriffe bieten.

Wahrnehmung der Umwelt vernebeln

Mitarbeiter (Mitarbeiterinnen) pädagogischer und psychosozialer Arbeitsfelder gelten gemeinhin als rechtschaffende Bürger und als Autoritäts- und Vertrauenspersonen, die im Sinne des Kindeswohls tätig sind. Und so wundert es nicht, dass sich einige Missbraucher (Missbraucherinnen) gezielt z.B. als Jugendgruppenleiterin, Sporttrainer, Messdienerführer, Betreuerin auf Ferienfreizeiten, Gerätewart im Sportverein engagieren (vgl. u.a. Bundschuh & Stein-Hilbers 1998; Wyre & Swift 1991).

Je höher das Maß an Vertrauen und Autorität, desto leichter ist es für einen Erwachsenen, ein Kind zu missbrauchen. Insbesondere Geistliche, Ärzte, Therapeuten und Juristen haben ein außergewöhnlich großes Maß an Autorität. Sie gelten als die verkörperte Rechtschaffenheit. Elinor Burkett und Frank Bruni (1995, 68) kommen auf Grund ihrer sehr breiten Recherche über sexuellen Missbrauch durch katholische Priester zu der Einschätzung, Missbraucher seien „die Rattenfänger in ihrer Umgebung, die von den Kindern verehrt und von den Eltern wegen ihrer Großzügigkeit, ihrer Geduld und ihrer Fähigkeit, mit Kindern umzugehen, gepriesen werden" (→ *Kirche).*

Einige Täter (Täterinnen) gelten als „arme Schluffen", „Kindsköppe" oder „Dauerjugendliche", die von Erwachsenen „nicht ernst genommen werden", aber angeblich „gut mit Kindern und Jugendlichen können".

Missbrauchende Mitarbeiter (Mitarbeiterinnen) aus Institutionen wägen die Risiken der Entdeckung der von ihnen geplanten sexuellen Ausbeutung von Mädchen und Jungen genau ab und bereiten diese systematisch vor: Als „Künstler der Manipulation" haben Täter (Täterinnen) die Fähigkeit entwickelt, Menschen täuschen zu können (Eldridge 1997). Diese Fähigkeit nutzen sie bei sexueller Ausbeutung in Institutionen nicht nur im Kontakt mit dem Kind, sondern sie versuchen ebenso, die Wahrnehmung der Kolleginnen und Kollegen, Mütter und Väter und der anderen Mädchen und Jungen zu vernebeln, in dem sie z. B.:
- sich im Gespräch und in Fachdiskussionen über die sexuelle Ausbeutung von Mädchen und Jungen empören und sich selbst als Kinderschützer darstellen,
- die Handlungen der sexuellen Ausbeutung in alltägliche Arbeitsabläufe einbetten (z. B. Pflege, Hilfestellungen im Sport),
- gezielt „fachliche" Alternativerklärungen für von ihnen praktizierte sexuelle Grenzverletzungen und das auffällige Folgeverhalten der von ihnen missbrauchten Mädchen und Jungen geben,
- den nichts ahnenden Kolleginnen und Kollegen, Müttern oder/und Vätern eine besondere Förderung der Kinder anbieten,
- Intrigen zwischen Mitarbeiterinnen, Mitarbeitern, Eltern und den Kindern und Jugendlichen schüren,
- kritische Kollegen und Kolleginnen, Mütter, Väter, Mädchen und Jungen versuchen auszugrenzen,
- persönliche Abhängigkeiten aufbauen (z. B. fachliche Fehler von Kolleginnen/Kollegen decken, Eltern „Sonderrechte" einräumen).
- gezielt sexuelle Beziehungen mit Kolleginnen und Kollegen oder/und Eltern eingehen,
- im Kollegenkreis ihresgleichen auszumachen versuchen und ggf. „Seilschaften" bilden (auch durch Einflussnahme bei Neueinstellungen).

Gezielte Suche nach verletzlichen Kindern

Nach einer ersten Kontaktaufnahme mit Mädchen und Jungen nutzen Täter (Täterinnen) erst einmal ihre berufliche Position, um die sozialen Kontakte ihrer potenziellen Opfer, deren Vorlieben, Abneigungen, Gewohnheiten, Wünsche und Ängste, familialen Belastungen, soziale Stellung innerhalb der Gruppe und/oder Familie und die Situation der Bezugspersonen zu erkunden. Conte, Wolf & Smith (1989) zeigen die besondere Fähigkeit von Tätern auf, verletzliche Kinder zu identifizieren. Ein erhöhtes Risiko, Opfer sexueller Ausbeutung zu werden, haben u. a.:
- Mädchen und Jungen, die bereits zuvor sexuell ausgebeutet wurden und deren Widerstandskraft mangels Unterstützung bei der Bewältigung der Gewalterfahrungen besonders geschwächt ist,

- Mädchen und Jungen, die unter einem Mangel an positiven männlichen Bezugspersonen leiden,
- Mädchen und Jungen, die in Armut leben (→ *Armut von Kindern und Jugendlichen*),
- Mädchen und Jungen mit Behinderungen (→ *Behinderung und sexuelle Gewalt*),
- Mädchen und Jungen im Vorschulalter (vgl. Enders 2001).

Strategien im Kontakt mit dem Opfer

Nach der Kontaktaufnahme mit potenziellen Opfern praktizieren missbrauchende Mitarbeiter (Mitarbeiterinnen) aus Institutionen oftmals nur schwer zu erkennende sexuelle Grenzüberschreitungen um die Widerstandsfähigkeit des potenziellen Opfers zu prüfen und dessen Wahrnehmung zu vernebeln. Schritt für Schritt überschreiten sie dessen Grenzen und etikettieren diese Überschreitungen als normal. Viele widerstandsfähige Kinder brechen nach ersten Übergriffen den Kontakt zum Täter ab, geben z. B. den Musikunterricht auf oder verzichten auf den sportlichen Erfolg. Auch wenn diese Mädchen und Jungen häufig keine massiveren Übergriffe erlebt haben, so leiden sie dennoch oftmals unter den Folgen der missbräuchlichen Situation: Sie gaben z. B. aufgrund der Übergriffigkeit des Täters (der Täterin) den Lieblingssport auf.

Mitarbeiterinnen und Mitarbeiter aus Institutionen kennen den Tagesablauf von Mädchen und Jungen sehr genau. Es kostet sie keine besondere Mühe, einen Tatort und Zeitpunkt zu wählen, an oder zu dem sie unbeobachtet ein Kind missbrauchen können.

Oftmals unterlaufen sie Absprachen von festen Tagesabläufen und verändern in einzelnen Fällen sogar örtliche Gegebenheiten (z. B. Umbau von Türschlössern, Einbau von Verdunklungsmöglichkeiten) (vgl. Enders, Simone & Bange 2001). Auch schaffen sie sich oftmals Gelegenheiten, um mit den Kindern regelmäßig alleine zu sein. Sie bieten z. B. Kolleginnen und Kollegen an, entgegen den Dienstvorschriften Dienste alleine zu übernehmen („Du kannst doch schon früher Feierabend machen.").

Im Rahmen ihrer Ausbildungen werden Pädagogen, Trainer, Therapeuten ... darin geschult, Kinder für die Durchführung bestimmter Tätigkeiten zu motivieren. Missbrauchende Mitarbeiter (Mitarbeiterinnen) aus Institutionen nutzen diese berufliche Handlungskompetenz, um Schritt für Schritt die Wahrnehmung ihrer Opfer zu manipulieren, sie innerhalb der Kindergruppe zu isolieren und die Geheimhaltung des Missbrauchs zu erzwingen. Diese versuchen sie durch Androhungen von Gewalt (gegen die Opfer, deren Eltern und Geschwister), massive Gewaltanwendungen und die Erpressung der Opfer sicherzustellen. Claudia Bundschuh und Marlene Stein-Hilbers (1998, 228) berichten z. B. über einen Jugendtrainer, der nach Trainingsende regelmäßig größere Geldbeträge in den Umkleidekabinen der Mädchen deponiert – in der Hoffnung, dass eines der Mädchen das Geld an sich nähme. Er beobachtet, welche Mädchen das Geld behalten. Diesen Mädchen droht er mit der Aufdeckung des Diebstahls, sofern sie ihm nicht sexuell gefügig sind.

Immer wieder berichten kindliche Opfer sexueller Ausbeutung darüber, dass missbrauchende Mitarbeiter (Mitarbeiterinnen) aus Institutionen sie zwangen, sich gegenseitig sexuelle Gewalt zuzufügen. Die betroffenen Mädchen und Jungen schweigen anschließend aus Angst vor Bestrafung, Scham über die „eigenen" Taten oder um sich selbst und ihre Freunde und Freundinnen nicht zu „verraten".

Reaktionsweisen bei der Vermutung eines sexuellen Missbrauchs

Nicht nur die Reaktionsweisen von Laien sondern auch die von Fachleuten auf die Vermutung der sexuellen Ausbeutung durch Mitarbeiter aus Institutionen werden weniger von Fakten als von Bildern bestimmt, die man/frau sich von Formen und Ausmaß sexuellen Missbrauchs macht. Die Tatsache, dass diese sich oftmals z.B. als engagierte und kinderliebe Pädagogen (Pädagoginnen) geben, um leichter Zugang zu Kindern zu bekommen, ist bis heute im öffentlichen Bewusstsein kaum verankert. Auch wird die von jugendlichen Tätern verübte sexuelle Gewalt meist bagatellisiert, Frauen die sexuelle Ausbeutung nicht zugetraut.

Es fällt ungleich schwerer, sexuelle Gewalt in den eigenen Reihen wahrzunehmen als außerhalb der eigenen unmittelbaren Lebenswelt. Ähnlich wie Mütter (Väter) den Missbrauch durch den eigenen Partner (die eigene Partnerin) kaum erkennen, denken auch viele professionelle Helfer/Helferinnen bei einer Vermutung der sexuellen Ausbeutung eines Mädchens/Jungen in den eigenen Reihen den Gedanken nicht zu Ende. Zudem werden vor dem Hintergrund der vom Täter (von der Täterin) strategisch gestreuten Alternativerklärungen für missbräuchliche Situationen und Auffälligkeiten der betroffenen Kinder (z.B. „Der will immer im Mittelpunkt stehen.") Verdachtsmomente „entkräftet". Auch ist die von ihm (ihr) von langer Hand initiierte Manipulation der Wahrnehmung der Kindergruppe dem Täterschutz zuträglich. Somit haben Institutionen oftmals eine geringe Chance, das Verbrechen durch einen Kollegen (eine Kollegin) oder ihnen anvertraute Jugendliche ohne fachliche Unterstützung von außen bewusst wahrzunehmen.

Kommt die Vermutung der sexuellen Ausbeutung innerhalb einer Institution auf, so ist unter den Kolleginnen und Kollegen oftmals eine Spaltung zu beobachten: Einige nehmen die Vermutung ernst und fordern eine Abklärung der Verdachtsmomente, andere bewerten die Vermutung von vorne herein als den Versuch einer „Rufmordkampagne" und versuchen diese sofort „im Keime zu ersticken". Sie legen häufig für die verdächtigte Person „die Hand ins Feuer" und sind um den Ruf der Institution besorgt und erleben die Vorstellung, selbst einmal des Missbrauchs beschuldigt zu werden, als sehr beängstigend. Nicht selten wird der Person, die die Vermutung äußert, der Versuch der Verleumdung des Täters (der Täterin) unterstellt. Nicht selten wird diese Kollegin/der Kollege, die Mutter/der Vater oder das Mädchen/der Junge anschließend gemobbt. Meist verlassen diese kritischen Personen die Institution. Dementsprechend ist es nicht verwunderlich, dass sexuelle Ausbeutung durch Mitarbeiter (Mitarbeiterinnen) aus Institutionen in vielen Fällen von Personen aufgedeckt wird, die nicht mehr oder noch nicht fest in die Struktur der Einrichtung eingebunden sind – z.B. durch die Eltern von Kindern, die erst seit kurzer Zeit die Einrichtung besuchen oder bereits seit einiger Zeit verlassen haben.

Reaktionsweisen bei erwiesenem Missbrauch

Bei erwiesener sexueller Ausbeutung von Mädchen und Jungen durch Mitarbeiter (Mitarbeiterinnen) aus Institutionen fühlten sich die betroffenen Einrichtungen in der Vergangenheit oftmals mehr dem eigenen Ruf verpflichtet als dem Wohl der Opfer. Nach dem Motto „Das darf doch nicht wahr sein!" versuchten sie, „die Angelegenheit diskret zu lösen" – z.B. durch „ein klärendes Gespräch" zwischen Täter und Opfer. Täter (Täterinnen) wurden bestenfalls „aus Krankheitsgründen in den vorzeitigen Ruhestand versetzt" oder einer anderen Dienststelle zugewiesen – ohne Rücksicht auf die potenziellen nächsten Opfer. Der Ruf der eigenen Institution durfte nicht beschädigt werden.

Seit Mitte der 90er Jahre wächst das Problembewusstsein bezüglich der sexuellen Ausbeutung in Institutionen und die Erkenntnis, dass keine Einrichtung von sich behaupten kann, sie sei vor sexuellem Missbrauch in den eigenen Reihen sicher. In konkreten Einzelfällen bemühen sich Träger zunehmend um eine offensive Aufdeckung der Fakten der sexuellen Ausbeutung innerhalb der eigenen Institution. Praxiserfahrungen belegen die Auswirkungen des strategischen Vorgehens des Täters sowohl auf die Teamdynamik als auch die Dynamik der Kindergruppe und auf die persönliche Situation der direkt und indirekt betroffenen Mädchen und Jungen als auch Kolleginnen und Kollegen.

Die Dynamik der durch sexuelle Ausbeutung traumatisierter Institutionen wird gekennzeichnet durch:
– eine Spaltung des Teams, da einige Mitglieder den Missbrauch glauben, andere sich diesen jedoch nicht vorstellen können,
– eine begrenzte Bereitschaft einiger Kolleginnen und Kollegen, sich aktiv an der Aufdeckung zu beteiligen, da sie sich selbst grenzverletzend verhalten oder der Täter (die Täterin) sich ihre Solidarität durch strategisch initiierte Verstrickungen sicherte. Oftmals sind letztere besorgt, dass ihr eigenes Fehlverhalten im Rahmen der Aufdeckung „auffliegt" bzw. sie selbst Privilegien verlieren,
– ein großes Misstrauen gegenüber den Kolleginnen und Kollegen, das in dem durch den Täter (die Täterin) erfahrenen Vertrauensbruch begründet liegt,

- die Resignation einzelner Kolleginnen und Kollegen, die nun im Rückblick Hinweise auf die sexuelle Ausbeutung erkennen, sich ihrer eigenen (professionellen) Grenzen schämen, unter Schuldgefühlen leiden und den inneren Rückzug antreten,
- das Agieren anderer Kollegen, die ihre eigenen Ohnmachtsgefühle durch einen massiven Handlungsdruck kompensieren,
- den Vertrauensverlust in die eigene professionelle Kompetenz und die Institution,
- eine Konfrontation mit Missbrauch begünstigenden institutionellen Strukturen und eigenen Verhaltensweisen,
- die Sprachlosigkeit zwischen Kolleginnen und Kollegen, die sich trotz zahlreicher Telefonate und Gespräche im kleineren Kreis vor allem darin zeigt, dass die Fakten der sexuellen Ausbeutung kaum benannt und die Details nur in Ausnahmefällen im Gesamtteam zusammengetragen werden,
- eine Überforderung aller Kolleginnen und Kollegen, die nicht nur ihre persönliche Krise bewältigen müssen, sondern an die zudem Anforderungen durch die Kinder, Eltern, Fachaufsicht, Justiz und Öffentlichkeit (Presse) herangetragen werden,
- eine intensive Auseinandersetzung mit den Täter (die Täterin) entlastenden Argumenten, da viele Kolleginnen und Kollegen Sorge haben, einen falschen Verdacht auszusprechen,
- eine Bagatellisierung des Ausmaßes der sexuellen Ausbeutung,
- eine Vernachlässigung der notwendigen Hilfen für Opfer, die Kindergruppe und die Eltern,
- das Bemühen, die Krise „so weit wie möglich zu begrenzen" und „die Angelegenheit hausintern ohne Hilfe von außen zu bewältigen".

Aus der Beratungsarbeit mit Familien, in denen der (Stief-)Vater die Tochter/den Sohn missbrauchte ist bekannt, dass einige Mütter nach der Offenlegung der sexuellen Ausbeutung ihre Wut nicht gegen den Täter richten, sondern gegen das Opfer und diesem anschließend (sexuelle) Gewalt zufügen. Eine vergleichbare Dynamik ist bei sexueller Ausbeutung in Institutionen zu beobachten. Oftmals werfen Mitarbeiterinnen und Mitarbeiter dem Kind eine aktive Beteiligung vor, sanktionieren z.B. dessen sexualisiertes Folgeverhalten („Die macht alle Jungen der Gruppe verrückt!" „So ein Täterkind können wir in der Gruppe nicht mehr halten!"). Selbst wenn von der Aussage des Opfers unabhängige Beweise (z.B. Photos) oder ein Geständnis des Täters (der Täterin) vorliegen, wird das Opfer als Lügnerin/Lügner dargestellt und in Alltagssituationen dessen Glaubwürdigkeit durch Gegenüberstellungen überprüft. Die Präsenz des Opfers erschwert eine Verdrängung der Tatsache, dass die eigene Einrichtung zum Tatort wurde. So werden betroffene Mädchen/Jungen nicht selten schrittweise ausgegrenzt, die vom Täter (der Täterin) zuvor systematisch gestreuten Negativbewertungen des Mädchens/Jungen unhinterfragt festgeschrieben („Der hat doch schon immer gelogen!").

Die institutionelle Krise wird verstärkt durch persönliche Krisen vieler Mitarbeiterinnen und Mitarbeiter, die durch die tiefe Erschütterung des eigenen

Selbst- und Weltbildes ausgelöst werden. Einige kommen durch die Konfrontation mit der sexuellen Ausbeutung innerhalb der Institution wieder mit selbst erlebten (sexuellen) Gewalterfahrungen in Kontakt. Die extremen Belastungen führen meist zu einem hohen Krankheitsstand und einer hohen Personalfluktuation in den ersten Monaten nach der Aufdeckung der sexuellen Ausbeutung.

Eine für die Missbrauchsdynamik typische Spaltung spiegelt sich in fast allen Fällen auch in den Reaktionsweisen der Eltern nach der Aufdeckung sexueller Ausbeutung in Institutionen. Während einige Mütter und Väter den Täter (die Täterin) verteidigen („Der hat das nicht so gemeint, hatte so eine unsympathische Partnerin, muss eine neue Chance bekommen... ") fordern andere die Todesstrafe. Mangels klarer Informationen durch die Institution, versuchen viele Eltern im Rahmen unendlicher Telefongespräche und zahlreicher Privatkontakte die Fakten selber zusammenzutragen. Diese Gerüchteküche erweist sich im Rahmen von Strafermittlungen als der Verteidigung der Beschuldigten zuträglich, da oftmals aufgrund wiederholter Befragungen der Opfer durch die Eltern die Entwicklung der Aussagen der kindlichen Opfer-Zeugen/-Zeuginnen nicht mehr nachvollzogen werden kann. Zudem birgt eine unzureichende Informationspolitik gegenüber den Eltern die Gefahr einer öffentlichen Skandalisierung: Immer wieder versuchen verzweifelte Mütter und Väter durch die Einschaltung von Presse Druck zu machen, „damit endlich mal etwas passiert".

Literatur

Bundschuh, C. & Stein-Hilbers, M. (1998). *Abschlussbericht zum Projekt „Entstehungsbedingungen der Pädosexualität. Materialien zur Familienpolitik Nr. 3/99.* Bonn: Bundesministerium für Familie, Senioren, Frauen und Jugend.
Burkett, E. & Bruni, F. (1995). *Das Buch der Schande. Kinder und sexueller Missbrauch in der Katholischen Kirche.* Wien-München: Europa.
Conte, J. R., Wolf, S. & Smith, T. (1989). What Offenders Tell Us About Prevention Strategies. In: *Child Abuse & Neglect, 13,* 293–301.
Eldridge, M. (1997). *Female Sex Offenders: Characteristics and Patterns of Offending.* Vortragsmanuskript.
Elliott, M., Browne, K. & Kilcoyne, J. (1995). Child Abuse Prevention: What Offenders Tell Us. In: *Child Abuse & Neglect, 19,* 579–594.
Enders, U. (Hg.), (2001). *Zart war ich, bitter war's. Sexueller Missbrauch an Mädchen und Jungen.* Dritte völlig überarbeitete Ausgabe. Köln: Kiepenheuer & Witsch.
Enders, U., Simone, S. & Bange, D. (2001). Sexueller Missbrauch durch den Rektor einer Grundschule. In: U. Enders. *Zart war ich, bitter war's. Sexueller Missbrauch an Mädchen und Jungen.* Dritte völlig überarbeitete Ausgabe (S. 389–393). Köln: Kiepenheuer & Witsch.
Engelfried, C. (1997). *Männlichkeiten. Die Öffnung des feministischen Blicks auf den Mann.* Weinheim: Juventa.
Wyre, R. & Swift, A. (1991). *Und bist Du nicht willig ... Die Täter.* Köln: Volksblatt.

Internet

Detlef Drewes

Das Internet ist ein weltweites Netzwerk von Computern. Auf diesen Computern halten Anbieter (Unternehmen, Privatleute) Informationen, Daten, Dienstleistungsangebote zur Ansicht oder zum Abruf bereit. Es gibt keine zentrale Internet-Behörde oder Agentur, die die Angebote sichtet, regelt oder überwacht. Lediglich die Vergabe der Adresse, unter denen Angebote im Internet platziert werden, wird zentral (und dann national) geregelt.

Genau genommen besteht das Internet aus einer Vielzahl kleinerer Netzwerke, die übergreifend zusammengeschaltet werden. Um das Netz zu nutzen, braucht der einzelne User einen Zugang über einen so genannten Provider, also ein Unternehmen, dass die „Auffahrt" auf die „Datenautobahn" stellt. Dabei wird zwischen Service-Providern und Content-Providern unterschieden. Erstere stellen ein eigenes, kleineres Datennetz mit eigenen Inhalten bereit (z.B. T-Online, America Online AOL), die zweite Gruppe ermöglicht ihren Nutzern den reinen Zugang zum Internet (z.B. Bürgernetzvereine, Hochschulen).

Der Begriff „Internet" wird heute irreführenderweise für alle kleineren Datennetze und den weltweiten Verbund benutzt. Außerdem verschleiert das Wort die unterschiedlichen Bereiche des Internet:

- WWW: Die Abkürzung steht für World Wide Web. Es ist der größte Bereich des Netzes, der dank seiner grafischen Darstellung eine leichte Benutzung per Mausklick möglich macht. Hier finden sich zahllose Bild-Angebote, virtuelle Einkaufshäuser bis hin zu umfangreichen Service-Bereichen wie Reisebuchungen. Auch vom einzelnen Nutzer erstellte Homepages finden sich in diesem Bereich.
- *FTP*: Die drei Buchstaben stehen für File Transfer Protocol. Hierbei handelt es sich um Rechner, die besonders für die Speicherung von großen Datenmengen und Software-Programmen geeignet sind, also weniger für bildhafte oder graphische Inhalte.
- *Usenet*: Im Usenet werden Zehntausende so genannter Newsgroups angeboten, eine Art elektronischer schwarzer Bretter. Hier können User Informationen zu Bereichen bekommen oder anbieten, die sie interessieren. Man unterscheidet zwischen moderierten Newsgroups, die von einem Betreuer gewartet werden, der z.B. auch unpassende Beiträge entfernt, und nicht-moderierten Newsgroups, die allein von den Beiträgen der User leben.
- *Chat-Bereiche*: Dialoge zwischen Usern, die zur gleichen Zeit online sind, erfreuen sich größter Beliebtheit. Die Kommunikation findet über die Tastatur,

inzwischen auch über Mikrofon (also akustisch) und/oder Computer-Kamera (also optisch) statt. Meist legen sich die beteiligten User ein Pseudonym zu, so dass ein weitgehend anonymer Kontakt möglich ist.
— *E-Mail*: Die elektronische Post zwischen Nutzern des Internet gehört zu den am meisten genutzten Funktionen des Internet. Auf diesem Wege ist es möglich, direkt miteinander „Briefe" und zusätzlich als Anhang Dateien aller Art (Dokumente, Videos, Bilder etc.) auszutauschen. Jeder User erhält eine Mail-Adresse von seinem Provider, die sich aus seinem Nutzernamen (also August Beispiel), dem so genannten „Klammeraffen @" (sprich: ät), dem Namen des Providers (z. B. t-online) und der Kennung des Herkunftslandes (für Deutschland .de) zusammensetzt. Komplett also *August.Beispiel@t-online.de*. In jüngster Zeit bieten immer mehr Freemail-Dienste ebenfalls die Vergabe von E-Mail-Adressen unter einem Pseudonym an. Da solche Mail-Adressen auch unter einem Pseudonym möglich sind und die „Post" von jedem Rechner mit Internet-Zugang abgerufen werden kann, erfreuen sich diese Dienste besonders bei jenen großer Beliebtheit, die auf Anonymität auch bei E-Mail-Kontakten großen Wert legen.

Seit Mitte der 90er Jahre ist bekannt, dass das Internet mit all seinen technischen Möglichkeiten genutzt wird, um strafbare bzw. indizierte Materialien weiterzugeben bzw. anzubieten. Experten sind sich einig, dass solche Kontakte lediglich in Randbereichen und Nischen des Netzes vorkommen, aber dennoch ein beachtenswertes Ausmaß angenommen haben. Insbesondere für die Verbreitung von kinderpornographischen Texten, Bildern und Videos sowie für die Herstellung von Kontakten Pädosexueller untereinander und den Kinderhandel wurde das Internet immer bedeutender (→ *Kinderpornographie*, → *Pädosexualität*). Es muss davon ausgegangen werden, dass dieses Medium deshalb auf kurz oder lang andere Medien wie Videokassetten, Zeitschriften, Kontaktmagazine etc. als „Vertriebsschiene" weitgehend ablöst.

Die kriminellen Nutzer des Internet machen sich dabei die technischen und rechtlichen Besonderheiten dieses Mediums zunutze:
— *Anonymität*: Weite Bereiche des Internet sind anonym bzw. durch ein Pseudonym geschützt nutzbar (siehe oben). Dies macht es – positiv gesehen – möglich, dass sich dort auch Menschen austauschen, die ein berechtigtes Anliegen haben, sich nicht zu outen: Bürgerrechtler in Diktaturen, Opfer radikaler und destruktiver Sekten, Opfer von Verbrechen. Andererseits werden – das ist die negative Auswirkung – diese Möglichkeiten zur Anonymisierung und Tarnung krimineller Aktivitäten verfügbar gemacht. Die Anonymität ist allerdings mit technischen Mitteln z.B. durch Strafverfolgungsbehörden jederzeit aufhebbar. Jeder Nutzer hinterlässt im Internet „Datenspuren".
— *Rechtliche Lücken:* Das Internet unterliegt als globales Medium dem Rechtssystem der Einzelländer. Damit kommt für einen Rechner jeweils das Strafrecht des Landes zur Anwendung, in dem dieser steht. Für kinderpornographische und andere Angebote heißt dies, dass Anbieter die Unterschiede in den nationalen Rechtssystemen ausnutzen können, um ihre Materialien zwar glo-

bal erreichbar machen zu können, sie aber zugleich auf Rechnern bereitstellen, die in Ländern mit liberalem Strafrechtssystem oder nicht vorhandenen Kontrollmöglichkeiten stehen. Ein Großteil der offenen kinderpornographischen Angebote war deshalb bis Ende der 90er Jahre auf japanischen Computern gespeichert, da Japan bis 1999 keine Kinderschutzgesetzgebung kannte. Seither bevorzugen solche Anbieter Computer in Ländern des ehemaligen Ostblocks (hier vor allem Russland), weil sie sich dort angesichts politischer und polizeilicher Strukturen vor Verfolgung sicher sein können.
– *Globale Strukturen:* Bis zur Verbreitung des Internet war es noch nie möglich, ohne staatliche Kontrollmöglichkeiten grenzüberschreitend auf alle Datenspeicher zuzugreifen. Die Unmöglichkeit, im Datennetz nationale Grenzen aufrecht zu erhalten, macht Abgrenzung oder Ausgrenzung von Inhalten, die national strafbar sind, unmöglich.
– *Verschlüsselung*: Moderne, leicht zu handhabende Verschlüsselungsprogramme machen es einfach, kriminelle Geschäfte oder Kontakte zu chiffrieren, um sie so dem gezielten oder zufälligen Zugriff von Ermittlungsbehörden zu entziehen.

Angesichts dieser technischen Strukturen, die – positiv ausgedrückt – den eigentlichen Freiraum des Netzes erst garantieren, globale Kontakte ermöglichen und somit zum Inbegriff der „Chance Internet" geworden sind, muss allerdings davon ausgegangen werden, dass dieses Medium den Kreis derer, die ein pädosexuelles Interesse haben, erkennbar vergrößert. Die leichte, anonymisierte und jederzeitige Verfügbarkeit ohne Gefahr, soziales Prestige durch Entdecktwerden aufs Spiel zu setzen, macht das Medium zu einer Art „Ideallösung" für Kinderpornographie-Anbieter, -Konsumenten sowie Kinderhändler *(→ Kinderpornographie).* Die Grauzone der Menschen mit nicht klar definierten sexuellen Vorlieben, die gelegentlich auch mal ein kinderpornographisches Bild konsumieren, ist erst durch die Möglichkeiten des Internet entstanden und hat für eine drastische Vergrößerung der Nachfrage gesorgt. Neben der Pädosexuellen-Szene, die immer schon nach realen Kontakten gesucht hat *(→ Pädosexualität),* ist damit ein zweiter großer Bereich von Abnehmern entstanden, dem der Zugang zu Darstellungen sexueller Gewalt in unterschiedlichster Form erstmals ermöglicht wurde. Dieser Personenkreis ist deswegen so wichtig, weil er einerseits für die erheblich gestiegene Nachfrage sorgt, andererseits aber wohl auch am ehesten für präventive Maßnahmen empfänglich sein könnte.

Gesetzliche Regelungen

Die einschlägigen Bestimmungen des Strafgesetzbuches gelten unabhängig vom Medium. Deshalb ist das Internet trotz seiner Globalität kein „rechtsfreier Raum". So kann zum Beispiel auch dann eine Straftat wie der Besitz kinderpornographischer Bilder vorliegen, wenn diese Fotos auf einem Rechner im Ausland, in dem diese Inhalte nicht strafbar sind, bereitgehalten werden, von einem deutschen Nutzer aber abgerufen oder heruntergeladen werden, da er in diesem Fall strafbare Kinderpornographie besitzt (§ 184 StGB).

Um die Zuständigkeiten innerhalb des Internet zu regeln, hat der Gesetzgeber 1998 das Informations- und Kommunikationsdienstegesetz (IuKDG) erlassen. Es verpflichtet die Unternehmen, die einen Zugang zum Datennetz bereithalten (Provider), im Paragraphen 5 zu eigenen Kontrollen, sofern diese zumutbar und wirtschaftlich vertretbar sind. Mit dieser Regelung soll ausgedrückt werden, dass ein Unternehmen a) nicht für alle Inhalte im gesamten Datennetz verantwortlich gemacht werden kann, b) eine auch strafrechtliche Verantwortung für eigene Inhalte grundsätzlich besteht, c) die Anforderungen an eine Selbstkontrolle angesichts der großen Datenmengen, die täglich bewegt werden, ein ökonomisch vertretbares Maß nicht überschreiten müssen. Des Weiteren wurden die Provider verpflichtet, einen Jugendschutzbeauftragten zu benennen oder ersatzweise eine Instanz zur Selbstkontrolle zu errichten. Dieser Pflicht sind die Provider durch die Gründung der Freiwilligen Selbstkontrolle der Multimedia-Diensteanbieter (FSM) nachgekommen.

Die Innenminister der Bundesländer haben parallel dazu im Herbst 1998 die Stelle jugendschutz.net gegründet und mit der Sichtung von Internet-Inhalten beauftragt. Dort wird mit der Software „Perkeo" das Internet nach kinderpornographischen und anderen Inhalten durchkämmt. Stöbert das Programm entsprechende Angebote auf, versucht jugendschutz.net in Gesprächen mit dem Anbieter die Abschaltung dieser Inhalte zu erreichen.

Als weitere Bundesbehörde ist auch die Bundesprüfstelle für jugendgefährdende Schriften (BPjS) – die künftig in Bundesprüfstelle für jugendgefährdende Medien umbenannt werden soll – damit beauftragt, jugendgefährdende Internet-Inhalte zu beurteilen. Die BPjS wird entsprechend ihrem Auftrag erst dann tätig, wenn eine amtliche Stelle des Kinder- und Jugendschutzes (z. B. Jugendämter der Städte und Gemeinden sowie der Länder) einen Antrag stellen. Stuft das Beisitzer-Gremium der BPjS ein Internet-Angebot als jugendgefährdend ein, kann die entsprechende Internet-Domain indiziert werden, für sie darf damit in Deutschland nicht mehr offen oder per Link (Querverweis) geworben werden. Eine Indizierung bewirkt kein Abschalten der Inhalte, da die Einstufung als „jugendgefährdend" nicht automatisch bedeutet, dass dieses Angebot auch strafbar ist.

Die Kontrolle des Internet nach strafbaren Inhalten obliegt allein den zuständigen Stellen von Polizei und Staatsanwaltschaft. Dazu hat das Bundeskriminalamt (BKA) eine eigene Online-Fahndungsgruppe ins Leben gerufen. Entsprechend wurden auch auf der Ebene der Landeskriminalämter Polizeibeamte für die Auswertung von Internet-Angeboten eingerichtet. Lediglich die Beamten des Bayerischen Landeskriminalamtes wurden durch eine Ergänzung des Polizeiaufgabengesetzes des Freistaates Bayern ermächtigt, auch anlassunabhängig im Internet zu fahnden. Die verdeckte Recherche wie in den USA (falsche Identitäten, falsche Papiere, Kreditkarten etc.) ist in Deutschland nicht vorgesehen. Sie wird vom Bundeskriminalamt derzeit auch nicht gefordert.

Auf Beschluss der Staats- und Regierungschefs der Europäischen Union wurde 1999 der Aufgabenkatalog der Europäischen Polizeizentrale Europol um den Aufgabenbereich „Kinderpornographie im Internet" sowie „Menschenhandel" erweitert. Allerdings stand Anfang 2001 die Ratifizierung dieses neuen Aufgabenkataloges durch die Parlamente der EU-Mitgliedsstaaten noch aus.

Darüber hinaus hat Interpol in Lyon mit seinen weltweiten Nationalbüros die Aufgabe der internationalen Koordination bei grenzüberschreitenden Fällen übernommen.

Parallel dazu haben sich in zahlreichen Ländern Nicht-Regierungs-Organisationen (NGOs) im Internet engagiert und – zum Teil in Abstimmung mit der Polizei – private Meldestellen für Kinderpornographie im Internet errichtet. Die Arbeit dieser Stellen ist deswegen nicht unumstritten, weil diese privaten Einrichtungen damit eine quasi polizeiliche Hoheitsaufgabe übernehmen. Namhafte NGOs definieren ihren Auftrag deshalb inzwischen mehr im präventiven, denn im Straftaten ermittelnden Bereich.

Der Fall „Cathedral"

Ende 1996/97 stoßen amerikanische Ermittler auf den so genannten „Orchid"-Club. Unter der Internet-Adresse dieses Clubs war eine Web-Camera installiert, vor der ein Täter Kinder sexuell missbrauchte, indem er an diesen die Wünsche der online angeschlossenen Kunden in aller Welt durchführte (zu Web-Cameras siehe unten). Im Oktober 1997 kam es zur Festnahme eines britischen Mitglieds. Bei den Ermittlungen stellte sich heraus, dass der Zirkel, dem das verhaftete Mitglied angehörte, im Internet Relay Chat (IRC, dem weltweit größten Online-Dialog-Bereich) einen eigenen Channel mit dem Namen „Wonderland" betrieb. Unmittelbar nach der Festnahme begannen weitere Recherchen, die schließlich zeigten, dass unter diesem Titel ein globaler Kinderpornographie-Ring arbeitete, dem 150 Mitglieder in 21 Staaten angehörten, davon 21 in Deutschland. Um Mitglied dieses Rings zu werden, mussten Neulinge 10.000 eigene kinderpornographische Dateien in den Ring einbringen. Neue Mitglieder wurden nur nach Empfehlung und Abstimmung aufgenommen, eine Bildübertragung zwischen den Beteiligten per FTP (File Transfer Protocol) musste möglich sein, um auf den privaten Rechner des Rings zugreifen zu können, der durch ein Passwort geschützt war. Die Maßnahmen sollten dazu dienen, jede Zufälligkeit von unerwünschten Besuchern auszuschließen. Außerdem mussten alle Daten verschlüsselt werden. Dazu wurde eine eigene Software genutzt, die übrigens bis heute von den Sicherheitsbehörden nicht geknackt werden konnte. (Hier ist eine kleine Zusatzbemerkung notwendig: Die deutschen Polizeidienststellen der Kommunen, Länder und des Bundes, die mit der Online-Fahndung bzw. Auswertung befasst sind, haben den früheren Rückstand gegenüber den Kriminellen längst aufgeholt. Es solle also bitte niemand glauben, man könne diesen „Cyber Cops" durch Verwendung handelsüblicher Kryptographie-Software wie Pretty Good Privacy (PGP) oder Steganographie ein Schnippchen schlagen.) Für den Fall, dass technische Probleme oder polizeiliche Maßnahmen den Kontakt untereinander stören würden, hatte man einen Ausweichrechner vereinbart.

Am 2. und 3. September 1998 kam es zu einer weltweiten Aktion gegen den Ring, bei der in 12 Staaten 98 Personen verhaftet wurden. In den USA wurden 34 Häuser und Wohnungen durchsucht, 60 Computer sichergestellt, neun Personen festgenommen, von denen sieben Kinderpornographie eigens für die Bedürfnisse des Ringes hergestellt hatten. In Deutschland wurden bei 24 Personen Durchsuchungen in neun Bundesländern durchgeführt. Dabei konnten von den 15 deutschen Mitgliedern elf ermittelt werden, zwei weitere wurden im Lauf des Jahres 1999 festgenommen. Von den 21 Verdächtigen in Deutschland hatten, das bestätigen die Ermittlungen, 12 definitiv Kontakt mit dem Hauptverdächtigen, der in Großbritannien festgenommen werden konnte, der selbst mehrere Kinder beschafft und dann für die Herstellung von Kinderpornographie missbraucht hatte. Allein in Deutschland wurden bei Durchsuchungen 400.000 kinderpornographische Dateien sichergestellt, zwischen 3.000 und 70.000 pro Beschuldigtem. Das Bundeskriminalamt geht davon aus, dass weltweit etwa drei Millionen kinderpornographische Bilddateien existieren, eine Zahl, die deutlich zu niedrig angesetzt ist, wenn man bedenkt, dass sich japanische Pädophilien-Rechner „rühmen", 1,5 Millionen kinderpornographische Bild-Dateien vorzuhalten.

Das Beispiel zeigt nicht nur die hohe technische Präzision, mit der diese Zirkel vorgehen. Es verdeutlicht auch die weitere Gefahr: Aus den oben genannten Zahlen lässt sich ja ablesen, dass der Polizei keineswegs alle Mitglieder in die Hände gefallen sind. Auch das BKA geht davon aus, dass sich die nicht verhafteten, nunmehr versprengten Mitglieder neu im Internet sammeln und eine neue Organisation aufbauen. Des Weiteren ist deutlich, wie perfekt die organisierten Zirkel ihre Tätigkeit abzuschotten in der Lage sind, da ein Teil der Bilddateien, die den Ermittlungsbehörden in die Hände gefallen sind, bis heute nicht entschlüsselt werden konnten. Und schließlich mussten die Ermittlungsbehörden einräumen, dass sie a) von der Vielzahl der beschlagnahmten Kinderpornographie überrascht war, dass sie b) bis dato davon ausgegangen war, im Internet würden lediglich bereits bekannte und vorhandene kinderpornographische Bilder eingescannt und dann weiter gegeben und dass c) nunmehr wirklich speziell für die User im Internet Kinderpornographie hergestellt und dann verbreitet wurde. Dazu wurden real Kinder gesucht und dann gezielt sexuell missbraucht. Und schließlich d) liegt nunmehr der Beweis dafür vor, dass auch moderne Web-Camera-Technik dafür benutzt wird.

Um deutlich zu machen, dass der Fall „Cathedral" nicht einmalig ist, sei noch auf den Fall „Bavaria" verwiesen, der unter Federführung des Polizeipräsidiums München im Januar 1999 im IRC aufgedeckt worden war. Damals gingen die Behörden gegen 30 Beschuldigte in acht Staaten vor, die ebenfalls im direkten Tausch miteinander Kinderpornographie verteilt hatten.

Intervention – die „Regeln der Kunst"

Dirk Bange

Nach den spektakulären Freisprüchen in den so genannten „Wormser Kindesmissbrauchsprozessen" wünscht sich ein Teil der (Fach-)Öffentlichkeit feste Verhaltensschemata für die Intervention beim Verdacht auf sexuellen Missbrauch. Es sollen beispielsweise exakte Grenzen festgelegt werden, wann eine Kindeswohlgefährdung gegeben oder eine Strafanzeige notwendig ist. Solch objektiven und verallgemeinerbaren Maßstäben steht jedoch zum einen die Komplexität der Fälle entgegen. Zum anderen lässt sich auf Grund des gesetzlichen Auftrags der Jugendhilfe beim innerfamilialen sexuellen Missbrauch das Spannungsfeld zwischen Hilfe und Eingriff nicht nach einer Seite hin auflösen. In jedem einzelnen Fall muss die Balance zwischen Kindeswohl und Elternrecht austariert werden. Interventionen sind hier immer eine Gratwanderung. Die Gefahr des Misslingens ist dabei immer gegeben: Und – um im Bild der Gratwanderung zu bleiben – die Täler, in die man stürzen kann, tragen die Namen „Zu früh", „Zu spät", „Zu viel" oder „Zu wenig" (Goldstein, Freud & Solnit 1982). Hilfreich ist in jedem Fall die Frage, ob die gewählten Verfahrensweisen den fachlichen und gesetzlichen Erfordernissen entsprechen. Im Folgenden werden Grundsätze beschrieben, die bei der Intervention beim Verdacht auf sexuellen Missbrauch zu beachten sind.

Flexibilität bewahren: Beim Verdacht auf sexuellen Missbrauch gestaltet sich jeder Fall anders. Deshalb dürfen die vorgegebenen Verfahrensweisen die Flexibilität des Handelns im Einzelfall nicht zu stark einschränken. Jeder Einzelfall erfordert immer wieder aufs Neue die Suche nach Handlungsmöglichkeiten und Lösungen.

Ruhe bewahren: Der verständliche Wunsch von Helferinnen und Helfern, Kinder möglichst schnell vor weiterem sexuellen Missbrauch zu schützen, verleitet zu vorschnellem und unbedachtem Handeln (Enders 2001, S. 192f.; Dörsch & Aliochin 1997, S. 22). Deshalb ist es wichtig, Ruhe zu bewahren. Die Intervention darf allerdings auch nicht auf den „Sankt Nimmerleinstag" verschoben werden. Es ist vielmehr notwendig, sie gleichzeitig geplant und zügig zu beginnen.

Alternativhypothesen überprüfen: Von Anfang an und in jeder Phase der Intervention müssen Alternativhypothesen entwickelt und mit der gleichen Sorgfalt wie der Verdacht auf sexuellen Missbrauch überprüft werden.

Sorgfältige Dokumentation: Alle Informationen und Beobachtungen müssen sorgfältig dokumentiert und die Fakten von den Vermutungen getrennt dargestellt werden. Dabei kommt es auf sprachliche Genauigkeit an. Es sollte nicht von „es", „sexuellen Spielen" usw. geschrieben werden, sondern die Handlungen sollten exakt benannt werden. Eine sorgfältige Dokumentation aller Interventionsschritte ist als Gedächtnis des Hilfeprozesses anzusehen. Eine schlampige Dokumentation ist aktiver Täterschutz seitens der Helferinnen und Helfer des Kindes (Enders 2001, S. 204).

Die Wünsche des Kindes beachten: Mit den betroffenen Kindern müssen ihrem Entwicklungsstand entsprechend alle geplanten Interventionen besprochen werden. Das Empfinden des Kindes, seine Vorstellungen und auch sein möglicher Widerstand dagegen sind dabei zu berücksichtigen. Dabei könnte eine Leitfrage sein: Helfen die Interventionen dem Kind oder dienen sie der Entlastung des Hilfesystems oder einzelnen Helfern?

Dass hier noch einiges im Argen liegt, belegen zwei neuere Untersuchungen:
- Jörg M. Fegert, Christina Berger, Uta Klopfer, Ulrike Lehmkuhl und Gerd Lehmkuhl (2001, S. 208) stellten fest, dass relativ wenig mit den in ihre Untersuchung einbezogenen sexuell missbrauchten Kindern über die eingeleiteten Maßnahmen gesprochen wurde bzw. die kindlichen Wünsche kaum Berücksichtigung fanden.
- Detlef Busse, Max Steller und Renate Volbert (2000, S. 49) analysierten im Rahmen ihrer Untersuchung über Missbrauchsbeschuldigungen im Rahmen von Sorgerecht- und Umgangsrechtverfahren 71 Stellungnahmen von Jugendämtern. In über 40% der Stellungnahmen fanden sich keine Hinweise darauf, dass das Kind selbst befragt wurde (→ *Falschbeschuldigungen*).

Im äußersten Notfall müssen jedoch Entscheidungen gegen den Willen des Kindes getroffen werden können. Entspricht z.B. eine Herausnahme aus der Familie nicht dem Wunsch des Kindes, muss für das betroffene Kind Verantwortung übernommen werden, wenn die/der Helfer/in davon überzeugt ist, dass anders das Wohl des Kindes nicht zu sichern ist (Enders 2001, S. 206).

Von der Wahrhaftigkeit des Kindes ausgehen: Einem vermutlich sexuell missbrauchten Kind darf nicht gleich mit Kontrollfragen und Zweifeln entgegengetreten werden, da dadurch eine Barriere zwischen Kind und Helferin errichtet wird. Außerdem ist es gegenüber dem Kind unfair von ihm Vertrauen zu erwarten, selbst aber misstrauisch zu sein (Holzkamp 1994, S. 144 ff.). Gleichzeitig gehört die Suche nach der „objektiven Realität" zur Intervention beim Verdacht auf sexuellen Missbrauch, da jeder Mensch etwas für die Wahrheit halten kann, was sich als falsch herausstellt. Gerade die Opfer sexueller Gewalt vergessen manchmal wichtige Details oder die Kinder sind durch die Täter derart verwirrt worden, dass sich ihre Aussagen widersprüchlich anhören (Enders 2001, S. 196). Nicht jede Aussage eines Kindes ist deshalb unreflektiert als objektive Wahrheit zu bewerten, sondern es ist von der Wahrhaftigkeit des Kindes auszugehen. Dies beinhaltet das Recht der Kinder, ihre Aussagen korrigieren und widerrufen zu können. Sollte es dazu gekommen sein, ist sorgfältig mit dem Kind zu klären, warum es den Vorwurf des sexuellen Missbrauchs erhoben hat, da sich in der Regel ein anderes belastendes Problem dahinter verbirgt.

Ressourcen des Kindes beachten: Die Ressourcen des Kindes und seines Umfeldes müssen unbedingt beachtet und in die Hilfeplanung einbezogen werden.

Wie selten dies bisher geschieht, belegt die Studie von Margarete Finkel (1998, S. 361 f.): In mehr als einem Drittel der untersuchten 45 Akten von stationär untergebrachten tatsächlich oder vermutlich sexuell missbrauchten Mädchen und Jungen fand sich kein Hinweis auf Ressourcen der Kinder, ihrer Familien oder ihres sozialen Umfeldes. Eine bundesweite Strukturanalyse über die Qualität von Hilfeplänen kommt zu dem Ergebnis, dass nur in 11,7 % der dreihundert untersuchten Hilfeplanformulare explizit nach den Ressourcen der Kinder bzw. Familien gefragt wird (Becker 2000, S. 87 f.).

Jeder „Partei" einen Ansprechpartner: Alle betroffenen Personen einschließlich des Beschuldigten müssen ein eigenständiges Hilfeangebot bekommen. Um Rollenkonfusionen bei Helfern zu vermeiden, sollte ein(e) Helfer(in) nicht verschiedene Personen beraten.

Teamarbeit: Wenn in einer Einrichtung der Jugendhilfe der Verdacht entsteht, dass ein Kind sexuell missbraucht wird, sollte ein Team gebildet werden. Die Vorteile der Teamarbeit sind vielfältig: Die Verantwortung für die Intervention wird auf mehrere Schultern verteilt, die Helferinnen und Helfer können sich gegenseitig emotionale Unterstützung geben und Vor- und Nachteile verschiedener Interventionsschritte können erörtert werden.

Raum für Intuition und als „störend" empfundenes Denken: Eine Gefahr von Teamarbeit ist, dass sie einen sozialen Druck im Hinblick auf die Anpassung Einzelner an eingeschliffene Denkmuster bzw. Dogmen der Intervention schaffen kann. Teamarbeit kann jedoch nur dann produktiv wirken, wenn Irritationen zugelassen und positiv gewürdigt werden. Alle entstehenden Gedanken bezüglich des Kindes, der Familie und der Intervention müssen eingebracht werden können. Oft genug liegen gerade in diesen als störend empfundenen oder scheinbar bedeutungslosen Äußerungen wertvolle Hinweise auf die Situation in der Familie und das weitere Vorgehen verborgen.

Einrichtungsleitung informieren: Bevor externer Sachverstand einbezogen oder Interventionen eingeleitet werden, muss das Team die Leitung seiner jeweiligen Einrichtung über den Verdacht informieren. In einem gemeinsamen Gespräch sollten die Verdachtsmomente und eine gemeinsam getragene Strategie besprochen werden. Dies ist wichtig, damit die Mitarbeiterinnen und Mitarbeiter bei Komplikationen Rückendeckung durch die Leitung erhalten. Zudem bestehen bei bestimmten Berufsgruppen wie z. B. Lehrern rechtliche Bestimmungen, die eine Information des Vorgesetzten vorsehen, wenn Informationen über Schülerinnen und Schüler nach außen getragen werden. Falls die Leitung den Verdacht nicht teilt oder von den geplanten Interventionsschritten nicht überzeugt ist und sie deshalb untersagt, sollte die nächst höhere Leitungsebene eingeschaltet werden, um den Konflikt zu besprechen.

Spezialwissen in Anspruch nehmen: Bei schwer zu interpretierenden Hinweisen sollte sich das Team auf jeden Fall umgehend von Spezialisten beraten lassen.

Datenschutz beachten: Bei der Weitergabe von Informationen müssen die datenschutzrechtlichen Bestimmungen des Kinder- und Jugendhilfegesetzes

(KJHG) und des SGB X „Gesetz zum Schutz von Sozialdaten" eingehalten werden (→ *Datenschutz*). Im Interesse des betroffenen Kindes, seiner Vertrauenspersonen und des Beschuldigten muss mit der Weitergabe von Informationen sehr vorsichtig umgegangen werden. In der Praxis kommt es angesichts der Komplexität des Datenschutzes und der vielfach emotional aufwühlenden Fälle sexuellen Missbrauchs an Kindern manchmal zu bedenklichen Verhaltensweisen der Fachkräfte: Mal wird in Gesprächen mit Kollegen ohne Legitimation der Name des betroffenen Kindes mitgeteilt, mal wird unter Berufung auf den Datenschutz die Weitergabe jeder, auch sinnvoller und zulässiger Informationen verweigert. Ein solches Verhalten spiegelt die latenten Ängste, sich rechtswidrig zu verhalten sowie die fehlenden rechtlichen Kenntnisse eines Teils der Fachkräfte der Jugendhilfe wider (Bauer, Schimke & Dohmel 1995, S. 344ff.).

Außerdem besteht vielfach ein Unbehagen gegenüber dem Datenschutz. Dies resultiert aus dem Dilemma, dass Vertrauen und damit verbunden die Schweigepflicht wichtige konstituierende Elemente von Beratung sind, gleichzeitig aber oftmals beim Verdacht auf sexuellen Missbrauch die Notwendigkeit besteht, erhaltene Informationen in Gesprächen, Berichten und Stellungnahmen weiterzugeben. Gerade der Datenschutz bietet jedoch Möglichkeiten, sich kritisch mit diesem Spannungsverhältnis auseinander zu setzen: Er stellt die Frage, wie mit der Macht, die Wissen über Menschen mit sich bringt, umgegangen werden sollte (ebd., S. 345f.).

Hilfekonferenz: Wenn sich die Verdachtsmomente verdichten und Interventionen notwendig werden, sollte möglichst schnell eine Hilfekonferenz abgehalten werden. Hier sollten die mit der betreffenden Familie befassten Professionellen sowie möglicherweise Expertinnen und Experten mit besonderen psychologischen oder juristischen Kenntnissen gemeinsam zu einer Einschätzung des Falles und des weiteren Vorgehens kommen. Organisiert werden sollte dieses Treffen von der/dem für den Fall zuständigen Mitarbeiter/in des Allgemeinen Sozialen Dienstes.

Beteiligung der Eltern am Hilfeprozess: Seit langem gibt es eine Kontroverse darüber, wann die Eltern bei einem Verdacht auf innerfamilialen sexuellen Missbrauch informiert werden sollen. Einige Autoren vertreten die Auffassung, dass die Familie umgehend von dem Verdacht informiert werden sollte. Sie betonen dabei den Rechtsschutz für die Eltern und dass ihre Mitwirkung eine wichtige Voraussetzung für das Gelingen des Hilfeprozesses sei. Außerdem könnten Alternativhypothesen und andere Belastungsfaktoren jenseits eines möglichen sexuellen Missbrauchs ohne Beteiligung der Eltern kaum überprüft werden. Schließlich würde dadurch das Problem nicht allein beim Kind festgemacht, sondern die Eltern würden unmissverständlich auf ihre Verantwortung hingewiesen. Dagegen wird argumentiert, dass durch eine zu frühe Information der Eltern die Gefahr bestehe, dass der Täter bei innerfamilialem sexuellen Missbrauch den Druck auf das Opfer erhöht und so Interventionen erschwert oder auch unmöglich gemacht würden (Jönsson 1997, S. 124f.).

Das KJHG macht in dieser Frage keine klaren Vorgaben. Einerseits haben Kinder und Jugendliche einen eigenständigen Rechtsanspruch auf Beratung, andererseits haben die Personensorgeberechtigten Informations- und Mitwirkungsrechte. Auf Grund der fachlichen Bedenken und der gesetzlichen Vorschriften erscheint eine schematische Regelung nicht möglich. Vielmehr muss die Balance zwischen den eigenständigen Rechten des Kindes und denen der Eltern in jedem Einzelfall hergestellt werden. Grundsätzlich könnte als Zielperspektive gelten, dass die Eltern bei einem Verdacht auf außerfamilialen sexuellen Missbrauch direkt und bei einem Verdacht auf innerfamilialen so früh wie möglich einzubeziehen sind. Des Weiteren sollte versucht werden, für alle Maßnahmen (auch für die Herausnahme des Kindes aus der Familie) die Einwilligung der Eltern zu erlangen. Orientierungsmaßstab bei der Beteiligung der Eltern muss jedoch immer die Situation bzw. das Wohl des Kindes sein.

Prinzipiell sollte darauf geachtet werden, dass möglichst wenig Hilfekonferenzen ohne die Familie stattfinden. Wenn Hilfekonferenzen ohne die Beteiligung der Familie stattgefunden haben, sollte dies schriftlich begründet werden (Jugendamt der Landeshauptstadt Stuttgart 1996, 9).

Beim Verdacht auf außerfamilialen sexuellen Missbrauch ist es oft relativ unproblematisch, die Eltern einzubeziehen. Beim innerfamilialen sexuellen Missbrauch gestaltet sich dies wesentlich schwieriger. Die nicht missbrauchenden Elternteile – meist die Mütter – ahnen zwar oft, dass etwas nicht stimmt, dennoch möchten viele die sexuellen Übergriffe nicht wahrhaben. Deshalb besteht immer die Gefahr, dass sie ihre Partner von den Vorwürfen unterrichten und Druck auf das Kind ausüben, die Beschuldigungen zurückzuziehen (→ *Mütter*). Für die Kinder sind sie in dieser Situation deshalb zunächst oft keine Hilfe. Gespräche mit nicht missbrauchenden Elternteilen müssen aus diesem Grund sorgfältig vorbereitet werden. Die frühzeitige Beteiligung der Beschuldigten ist noch risikoreicher, da die Täter unter ihnen versucht sein werden, das Kind unter Druck zu setzen und den Kontakt zu den Hilfeeinrichtungen zu unterbinden. Bevor ein Gespräch mit dem Beschuldigten geführt wird, müssen der Gesprächsrahmen und die Ziele des Gesprächs genau festgelegt werden (→ *Tätergespräch*). Zudem muss zuvor geklärt werden, wo das Kind untergebracht wird, wenn der Beschuldigte Druck auf das Kind auszuüben beginnt. Zu bedenken ist dabei auch, was mit den Geschwisterkindern geschieht (→ *Geschwister bei sexueller Gewalt innerhalb der Familie*). Wenn sich die Eltern gegen jedes Hilfeangebot sperren, sollte versucht werden, andere Vertrauenspersonen des Kindes wie z. B. die Großeltern in den Hilfeprozess einzubeziehen.

Kontrollaspekt benennen: In der Jugendhilfe bestehen Tendenzen, den Konflikt zwischen Hilfe und Kontrolle zu verleugnen. Jegliches Überprüfen zumindest eines Verdachts auf innerfamilialen sexuellen Missbrauch beinhaltet aber Kontrolle und stößt die Familie darauf, dass sie etwas nicht richtig gemacht hat. Dies muss von den Helferinnen und Helfern offen thematisiert werden.

Fallzuständiges Team/Koordination der Hilfen/Hilfeprozessmanager/in: In der ersten Hilfekonferenz sollte ein fallzuständiges Team bestimmt werden, das die fallzuständige Fachkraft des Allgemeinen Sozialen Dienstes bei der Entwicklung eines Hilfeplans, der Koordination der einzelnen Interventionen und der

Einhaltung der vorgesehenen Interventionen und zeitlichen Absprachen unterstützt. Angehören sollten diesem Team die mit der Familie befassten Personen und ein/e fallzuständige/r Hilfeprozessmanager/In:

Trotz der Bildung eines Teams bleibt die fallzuständige Fachkraft für die Interventionen fachlich und rechtlich voll verantwortlich. Sie muss sich, wenn etwas schief läuft, für die getroffenen Entscheidungen rechtfertigen. Das Team kann der Fachkraft diese individuelle Verantwortung nicht abnehmen. Zu betonen ist, dass die durch das KJHG festgelegte Hauptverantwortung des Allgemeinen Sozialen Dienstes die anderen Einrichtungen nicht von ihrer Mitverantwortung entbindet.

An den Fallkonferenzen sollten aus Kostengründen nur die Personen teilnehmen, die etwas zur Lösung des Problems beitragen können. Außerdem muss darauf geachtet werden, dass nicht zahllose Helferkonferenzen ohne konkrete Ergebnisse durchgeführt werden.

Viele Mitarbeiterinnen und Mitarbeiter der Jugendhilfe stehen der Beteiligung eines Hilfeprozessmanagers skeptisch gegenüber. Sie befürchten z.B., dass die kollegiale Kooperation durch eine solche Person gestört wird. Außerdem wird die Meinung vertreten, dass die anstehenden Aufgaben problemlos durch Absprachen und gegenseitige Kontrolle zu bewältigen seien. Solche Absprachen bleiben jedoch meist prekär, weil sie durch die Teammitglieder jederzeit problemlos aufgekündigt werden können und nicht bindend sind. Die Chance, dass ein Team funktioniert, erhöht sich deshalb, wenn eine Person in besonderer Weise eine institutionell definierte Zuständigkeit für die Förderung und Pflege der Teamarbeit bzw. der Koordination des Hilfeprozesses erhält. Deshalb ist ein unabhängig vom Einzelfall tätiger Hilfeprozessmanager, der den Verfahrensablauf koordiniert und überprüft sowie bei strittigen Entscheidungen korrigierend eingreifen kann, wichtig für die Intervention beim Verdacht auf sexuellen Missbrauch.

Der Hilfeprozessmanager sollte ein Experte in Fragen der Intervention beim sexuellen Missbrauch sein. Er sollte kein Vorgesetzter sein und nicht aus einer am Hilfeprozess beteiligten Abteilung des Allgemeinen Sozialen Dienstes oder Einrichtung kommen, um Fallstricke im Hilfesystem besser erkennen zu können (Jugendamt der Landeshauptstadt Stuttgart 1996, 12). Zu betonen ist, dass der Hilfeprozessmanager keinesfalls fallverantwortlich ist. Die einzelnen Beteiligten tragen für die von ihnen durchzuführenden Maßnahmen die Verantwortung.

Die Untersuchungsergebnisse von Jörg M. Fegert, Christina Berger, Uta Klopfer, Ulrike Lehmkuhl und Gerd Lehmkuhl (2001), die belegen, dass es in vielen Fällen lange Delegationsketten gibt, unterstreichen die Notwendigkeit eines Hilfeprozessmanagers.

Entscheidungen im Konsens: Die in der Helferkonferenz und im fallzuständigen Team gefällten Entscheidung sollten im Konsens erfolgen. So ist eher gewährleistet, dass verschiedene Sichtweisen des Problems bei der Intervention berücksichtigt werden. Dabei ist zu beachten, dass Entscheidungen zügig getroffen und keine „faulen Kompromisse" geschlossen werden. Falls ein Konsens nicht herzustellen ist, muss die letzte Entscheidung bei der fallzuständigen Fachkraft verbleiben, die die rechtliche Verantwortung für die Gestaltung des Hilfeprozesses hat.

Hilfeplan aufstellen: Im fallzuständigen Team muss unter Berücksichtigung der Ergebnisse der Hilfekonferenz ein Hilfeplan entwickelt werden. Durch einen Hilfeplan kann die Intervention bei einem Verdacht auf sexuellen Missbrauch verbessert werden, da er eine Selbstkontrolle der Helfer/innen ermöglicht, die fachliche Kontrolle der Entscheidungen unterstützt und Interventionen bezüglich der Einhaltung von rechtlich geforderten Verfahrensgrundsätzen und die Koordinierung der Interventionen erleichtert. Zudem erhöht er die Möglichkeiten der Betroffenenbeteiligung und der Kontrolle eines effizienten Ressorceneinsatzes.

Der Hilfeplan sollte u. a. eine Problemanalyse aus Sicht der Fachkräfte, eine Darstellung der Situation aus Sicht des Kindes und der Eltern, die Meinung der Betroffenen zum Verdacht, eine Bewertung des Verdachts durch die Fachkräfte (inklusive vorhandener Widersprüche oder Zweifel) sowie Angaben über die Ziele der Interventionen, über die bereits geleisteten Interventionen und ihrer Akzeptanz bei den Hilfe Suchenden enthalten. Wichtig sind zudem Informationen über als notwendig erachtete Interventionen, die aber nicht umgesetzt wurden, Angaben zur Finanzierung und Dauer der Hilfen sowie eine genaue Zuordnung, wer welche Aufgabe übernimmt. Der Hilfeplan muss allen Beteiligten zur Verfügung gestellt werden. Außerdem müssen die im Hilfeplan festgelegten Hilfen und Interventionen regelmäßig auf ihre Wirksamkeit und Angemessenheit hin überprüft werden. Verantwortlich für die Fortschreibung des Hilfeplans ist die fallzuständige Fachkraft. Eine ausführliche Darstellung, welche Elemente ein qualitativ hochwertiger Hilfeplan enthalten sollte, liefert Patric N. Becker (2000).

Befragungen der Kinder durch Spezialistinnen und Spezialisten: Gezielte Befragungen von Kindern nach sexuellem Missbrauch setzen ein hohes Maß an Wissen u.a. über Befragungstechniken und entwicklungspsychologische Prozesse voraus, das bei Sozialarbeiterinnen und Sozialarbeitern meist nicht gegeben ist. Befragungen von Kindern sollten deshalb möglichst von speziell dafür ausgebildeten Expertinnen/Experten durchgeführt werden. Ist dies nicht möglich, sollten Gespräche mit Kindern über den Verdacht eines sexuellen Missbrauchs auf Tonband aufgezeichnet werden, damit die Anzahl der Befragungen der Kinder möglichst gering gehalten wird und im möglicherweise folgenden Strafverfahren die Aussageentstehung nachvollzogen werden kann. Wichtig ist zudem, dass die beraterisch-therapeutische Begleitung des Kindes und die Befragung von unterschiedlichen Personen durchgeführt werden (→ *Befragung von Kindern*).

Krisenvorsorge: Bei Interventionen bezüglich eines Verdachts auf sexuellen Missbrauch kommt es nicht selten zu krisenhaften Zuspitzungen. Im Rahmen der Hilfeplanung sind deshalb verbindliche Verabredungen über die Maßnahmen bei solchen Entwicklungen zu treffen. Dazu gehören beispielsweise Vereinbarungen darüber, bei welchen Anlässen die/der fallzuständige Mitarbeiter/in des ASD umgehend zu informieren ist oder wie die Betreuung des Kindes in einer Krise zu sichern ist.

Supervision: Der Verdacht auf sexuellen Missbrauch löst bei jeder/jedem Helfer/in eine Vielzahl von Gefühlen aus, die die Arbeit mit den Klientinnen und Klienten beeinflussen und die Zusammenarbeit der Professionellen behindern können. Sie müssen deshalb im Rahmen von Supervision besprochen werden (→ *Supervision*). Supervision ist außerdem notwendig, da innerhalb der Sozialarbeit häufig das Ideal vorherrscht, eine Gruppe von Gleichen zu seien. Dies führt oftmals dazu, von Beginn an einen produktiven Streit um die richtigen Interventionen zu vermeiden, da alle Abweichungen das Gruppenideal gefährden (Dörsch & Aliochin 1997, S. 60). Zwischen den Helferinnen und Helfern können aber auch Konkurrenzen bestehen (z. B. Wer ist die bessere Therapeutin?). Manchmal gibt es auch Ängste, sich gegenseitig in die Karten schauen zu lassen, da man eigene Unzulänglichkeiten nicht zugeben möchte. Konfliktträchtig ist auch, dass häufig erst dann eine Kooperation angestrebt wird, wenn man allein nicht mehr weiter kommt. Es besteht deshalb immer in Gefahr, dass sich die Helferinnen und Helfer voneinander abschotten, gegeneinander arbeiten, das Geschehen verharmlosen oder auch dramatisieren.

Auswertung: Nach Beendigung einer Intervention sollte das fallzuständige Team gemeinsam mit der/dem Hilfeprozessmanager/in eine Auswertung der eingeleiteten Maßnahmen durchführen, um durch eine Selbstevaluation die „richtigen" und „falschen" Entscheidungen und ihre Wirkungen zu analysieren. Dabei sollten, wenn dies möglich ist, die Betroffenen bzw. ihre Sicht der Intervention einbezogen werden. Diese Auswertung könnte dann wiederum anonymisiert den Jugendhilfeplanern zur Verfügung gestellt werden.

Bei all diesen mehr formalen Vorgaben darf das Erleben der betroffenen Kinder und Eltern nicht vergessen werden. Bei der Untersuchung von Jörg M. Fegert u.a. (2001, S. 173) hat die direkte Befragung der betroffenen Kinder ergeben, dass eine freundlich zugewandte Haltung der Helferinnen und Helfer für sie sehr entlastend wirkt. Positiv beurteilen sie zudem die Begleitung durch eine Vertrauensperson, die Erklärung und Strukturierung der Situation sowie den Verzicht auf zu schwere und unverständliche Fragen. Außerdem machen scheinbar banale Details für die Kinder einen großen Unterschied. So berichteten sie darüber, „dass es z.B. einen Unterschied macht, ob man in einer für die Betroffenen ohnehin schwierigen Situation in einer schlichten Amtsstube sitzt und wartet, bis endlich jemand den Weg durch lange Behördengänge gefunden hat oder ob man die Betroffenen beim Pförtner abholt und vielleicht in ein spezielles freundlich eingerichtetes Sprechzimmer führt" (ebd., S 9). Die befragten Eltern bewerten positiv, wenn ihnen Akzeptanz und Wertschätzung entgegengebracht wird, sich um ihr Kind und sie freundlich und fürsorglich gekümmert wird, die Situation gut strukturiert wird, genügend Zeit für Gespräche vorhanden ist, sie zügig einen Termin bekommen und ihnen rasch konkrete Hilfeangebote gemacht werden (ebd., S. 166f.).

Literatur

Bauer, J., Schimke, H.-J. & Dohmel, W. (1995). *Recht und Familie. Rechtliche Grundlagen der Sozialisation.* Darmstadt und Neuwied: Luchterhand.

Becker, P. N. (2000). *Welche Qualität haben Hilfepläne?* Frankfurt am Main: Verlag des Deutschen Vereins.
Busse, D., Steller, M. & Volbert, R. (2000). Abschlußbericht zum Forschungsprojekt: Sexueller Missbrauchsverdacht in familiengerichtlichen Verfahren. *Praxis der Rechtspsychologie, 10* (Sonderheft 2), 3–98.
Dörsch, M. & Aliochin, K. (1997). *Gegen sexuellen Missbrauch. Das Handbuch zur Verdachtsaufklärung und Intervention.* Herausgeberin: Wildwasser Nürnberg. Nürnberg.
Enders, U. (Hrsg.) (2001). *Zart war ich, bitter war's. Handbuch gegen sexuelle Gewalt an Mädchen und Jungen.* Völlig überarbeitete Neuausgabe. Köln: Kiepenheuer & Witsch.
Fegert, J. M., Berger, C., Klopfer, U., Lehmkuhl, U. & Lehmkuhl, G. (2001). *Umgang mit sexuellem Missbrauch. Institutionelle und individuelle Reaktionen. Forschungsbericht.* Münster: Votum.
Finkel, M. (1998). „Das Problem beim Namen nennen!" – Kinder und Jugendliche mit sexuellen Gewalterfahrungen in Hilfen zur Erziehung. In: D. Baur u. a. *Leistung und Grenzen von Heimerziehung.* Herausgegeben vom Bundesministerium für Familie, Frauen, Senioren und Jugend (S. 351–385). Stuttgart: Kohlhammer.
Goldstein, J., Freud, A. & Solnit, A. J. (1982). *Diesseits des Kindeswohls.* Frankfurt am Main: Suhrkamp.
Holzkamp, K. (1994). Zur Debatte über sexuellen Missbrauch: Diskurse und Fakten. *Forum Kritische Psychologie 33,* 136–157.
Jönsson, E. (1997). *Intervention bei sexuellem Missbrauch.* Frankfurt am Main: Peter Lang.
Jugendamt der Landeshauptstadt Stuttgart (1996). *Gesamtkonzept zum Umgang mit dem Thema „Sexueller Missbrauch".* Stuttgart.

Jugendämter

Monika Weber

Den kommunalen Jugendämtern als zentralen Organisationseinheiten der öffentlichen Jugendhilfe kommt für die Planung und Durchführung von Hilfen bei sexuellen Gewalthandlungen eine herausragende Bedeutung zu (Wiesner, 1997, S. 10). Im Folgenden werden die im Kinder- und Jugendhilfegesetz (SGB VIII) festgeschriebenen Aufgaben der Jugendämter im Hinblick auf die Thematik sexueller Gewalt konkretisiert und – unter Bezugnahme auf vorliegende Forschungsergebnisse – gefragt, wie diese Aufgaben derzeit ausgefüllt werden und welche weitergehenden Qualifizierungsperspektiven sich daraus ableiten lassen.

Grundlegende Aufgaben öffentlicher Jugendhilfe

Das staatliche Wächteramt

Sexueller Missbrauch stellt eine Gefährdung des Kindeswohls dar. Unabhängig von möglichen Folgeschäden besteht deshalb gemäß § 1 Abs. 3 Satz 3 SGB VIII der generelle Handlungsauftrag, zum Schutz betroffener Mädchen und Jungen tätig zu werden. Diese Aufgabe ist Teil des „staatlichen Wächteramtes", das in § 1 SGB VIII Abs. 2, Satz 2 verankert ist. Das SGB VIII dokumentiert zwar einen Wandel im Selbstverständnis der Jugendämter von der Eingriffsbehörde hin zum Dienstleistungsunternehmen, der sich u. a. in einer Stärkung der Elternrechte ausdrückt. Das Bundesverfassungsgericht hat aber unmissverständlich festgestellt, dass Elternrechte pflichtgebundene Rechte sind. Zentraler Bezugspunkt der Jugendhilfe ist immer das Kindeswohl. Im Konfliktfall hat es Vorrang vor den Elternrechten (Marquardt & Lossen, 1999, S. 21).

Planungs- und Gesamtverantwortung

Die weiteren im § 1 SGB VIII definierten grundlegenden Aufgaben der Jugendhilfe auf Hilfe und Unterstützung können auch bei sexuellem Missbrauch angewandt werden. Demnach hat Jugendhilfe den Auftrag (Weber & Rohleder, 1995, S. 78 ff.; Deutscher Städtetag, 1998, S. 12),
- sexuellem Missbrauch vorzubeugen (§ 1 Abs. 3 Satz 1 und 4 SGB VIII),
- bestehende sexuelle Gewalthandlungen so früh wie möglich zu erkennen, zu beenden und den Schutz der Betroffenen sicherzustellen (§ 1 Abs. 3 Satz 3 SGB VIII)
- sowie Unterstützung zu bieten bei der Aufarbeitung sexueller Gewalterfahrungen, um z. B. langfristigen Benachteiligungen durch Folgeschäden entgegenzuwirken (§ 1 Abs. 1 und Abs. 3 Satz 1 und 4 SGB VIII).

In der Umsetzung dieser Aufgaben kommt den Jugendämtern, die mit dem Jugendhilfeausschuss und der Jugendamtsverwaltung zweigliedrig angelegt sind, eine zentrale Rolle zu. Sie sind zuständig für die Gewährleistung von Rechtsansprüchen und sind damit verantwortlich für das Tätigwerden der Jugendhilfe. Sie müssen eine angemessene Hilfe im Einzelfall sicherstellen, wozu auch die bei Kindeswohlgefährdung häufig bedeutsame Mitwirkung in Verfahren vor den Vormundschafts-/Familiengerichten gehört (§ 50 SGB VIII) (→ *Familien- und Vormundschaftsgericht*).

Weiterhin liegt beim Jugendamt die Planungs- und Gesamtverantwortung dafür, dass vor Ort ein ausreichendes und bedarfsgerechtes System verschiedener Hilfen für Betroffene und deren Bezugspersonen vorgehalten wird (§§ 79, 80 SGB VIII). Außerdem muss es für die notwendigen fachlichen und organisatorischen Rahmenbedingungen wie z.B. Fortbildungsangebote (§ 72 SGB VIII), Möglichkeiten der Vernetzung (§ 78 SGB VIII) und Konzeptentwicklung sorgen.

Die einzelnen Aufgaben der Jugendämter im Hinblick auf sexuellen Missbrauch

Hilfen für betroffene Mädchen und Jungen im Einzelfall

Ein fachlich qualifiziertes Vorgehen bei sexuellem Missbrauch – insbesondere in der Familie – und die Sicherstellung einer angemessenen Hilfe für die Betroffenen ist eine der schwierigsten Aufgaben der Jugendämter. Sie ist angesiedelt im Spannungsfeld von Elternrechten, Kindeswohl und Kinderrechten, von Hilfe und Kontrolle und stellt die Fachkräfte vor große fachliche Herausforderungen. Sie müssen abwägen, wie das Ausmaß der Gefährdung einzuschätzen ist, wann das Jugendamt tätig wird, welche Strategie bei der Vielfalt möglicher Fallkonstellationen im Einzelfall die richtige ist. Zu langes Zögern kann zu schweren Gefährdungen und Schädigungen für die betroffenen Mädchen und Jungen führen; übereiltes Vorgehen birgt die Gefahr, dass fehlerhafte Einschätzungen handlungsleitend werden oder die Hilfe scheitert. Beides kann zudem für die Mitarbeiter/innen straf- und/oder zivilrechtliche Konsequenzen haben.

Bei einer *Kindeswohlgefährdung* sind die Jugendämter verpflichtet, diese vorrangig durch eine Stärkung und Unterstützung der Sorgeberechtigten abzuwenden. Bei sexuellem Missbrauch bedeutet das, die Eltern in die Lage zu versetzen, ihren Kindern Hilfe bei der Verarbeitung ihrer Erlebnisse gewähren zu können. Sobald Sorgeberechtigte aber nicht willens oder in der Lage sind, ihr Kind vor Gefährdungen zu schützen, sondern im Gegenteil, ihre Rechte missbrauchen und selbst das Wohl ihrer Kinder gefährden, stoßen Elternrechte und die Leistungsfähigkeit familienkonformen Kinderschutzes an Grenzen. Spätestens dann ist das Jugendamt verpflichtet, unmittelbar zum Schutz der Betroffenen tätig zu werden. Dazu ist zunächst das Spektrum der im KJHG vorgesehenen Angebote und Maßnahmen der Jugendhilfe auszuschöpfen. Besondere Bedeutung gewinnen in diesem Zusammenhang die Rechte, die Kindern und Jugendlichen selbst zugestanden werden: So haben Mädchen und Jungen das Recht, sich in allen Angelegenheiten an das Jugendamt zu wenden (§ 8 Abs. 2 SGB VIII). Die Jugendämter sind verpflichtet, sie zu beraten – in Not- und Konfliktsituationen auch ohne Kenntnis der Sorgeberechtigten (§ 8 Abs. 3 SGB VIII) – bzw. sie zu ihrem Schutz in Obhut zu nehmen, wenn sie darum bitten (§ 42 SGB VIII). Sollten die Personensorgeberechtigten trotz einer Kindeswohlgefährung den Angeboten der Jugendhilfe ihre Einwilligung bzw. Mitwirkung verweigern, muss der Weg über die Vormundschafts- und Familiengerichte beschritten werden (s.u.).

Bestandsaufnahme zur Praxis der Jugendämter bei sexuellem Missbrauch

Es liegen mittlerweile einige empirische Untersuchungen vor, die Aktenstudien und Einschätzungen von Fachkräften mit Selbstaussagen von Betroffenen darüber, welche Reaktionen sie nach Offenlegung ihrer Gewalterfahrungen von Institutionen wie Jugendämtern erlebt haben, verknüpfen (Kavemann & Lohstöter, 1985; Hartwig, 1990; Roth, 1997 und Finkel, 1998). Andere Studien stützen sich ausschließlich auf die Problemeinschätzung und die Praxiserfahrungen von Fachkräften. Dabei handelt es sich häufig um regional begrenzte Studien mit eher explorativem Charakter (z. B. Enders, 1989; Hartwig & Weber, 1991; Harbeck & Schade, 1994; Hagemann-White u. a., 1997). Umfassendere Ergebnisse liegen aus drei bundesweiten Forschungsprojekten vor (Burger & Reiter, 1993; Weber & Rohleder, 1995; Fegert u. a., 2001).

Die Studien zeigen übereinstimmend, dass die Jugendhilfe sensibler geworden ist für Mädchen und Jungen mit sexuellen Gewalterfahrungen. Über die Hälfte der Jugendhilfeeinrichtungen hat heute bereits in ihrer Arbeit mit betroffenen Mädchen und Jungen zu tun gehabt (Weber & Rohleder, 1995, S. 199).

Statistiken und Aktenanalysen aus Jugendämtern und sozialen Diensten geben Auskunft darüber, wem aufgrund sexueller Gewalterfahrungen erzieherische Hilfen gewährt werden. So finden sich bei der Untersuchung über die „Leistungen und Grenzen der Heimerziehung" bei etwa jedem 4. Mädchen und jedem 15. Jungen, die (teil)stationäre erzieherische Hilfen in Anspruch nehmen, in den Jugendamtsakten Hinweise auf sexuelle Gewalterfahrungen. In über der Hälfte der Fälle wurde der sexuelle Missbrauch sogar eindeutig festgestellt – wenn gleich teilweise auch erst im Verlauf der Hilfe (Finkel, 1998, S. 353). Als ausschlaggebende Begründung für die Gewährung von Erziehungshilfen werden sexuelle Gewalterfahrungen in der Bundesjugendhilfestatistik dagegen aber sehr viel seltener angeführt (Münder u. a., 2000).

Des Weiteren belegen die Untersuchungen, dass – obwohl Mädchen und Jungen in allen Altersstufen sexuelle Gewalt erfahren – erzieherische Hilfen vorrangig im Alter zwischen 14 und 18 Jahren stattfinden. Außerdem werden sie oft von den Mädchen und Jungen selbst initiiert (Münder u. a., 2000; Finkel, 1998, S 384; Weber 1997, S. 32; Weber & Rohleder, 1995, S. 206f.; Hartwig, 1990, S. 251). In vielen anderen Fällen – vor allem bei kleineren Kindern – beobachten Fachkräfte zwar eine Vielzahl von Signalen und Hinweisen, die jedoch für die Rechtfertigung einer Intervention nicht ausreichen oder ungehört bleiben. Die Gefahr, dass Hilfegesuche im Sande verlaufen oder Mädchen und Jungen mit Gewalterfahrungen im Hilfesystem „verloren" gehen (Finkel, 1998, S. 377), scheint nach wie vor größer zu sein, als dass Überreaktionen zu einer ungerechtfertigen Herausnahme eines Kindes aus seiner Familie führen.

Ein weiteres alarmierendes Ergebnis der Untersuchungen ist, dass die Jugendämter bei der Auswahl der hilfeleistenden Einrichtungen kaum darauf achten, ob diese in der Lage sind, den betroffenen Mädchen und Jungen Hilfestellung bei der Aufarbeitung ihrer Gewalterfahrungen zu leisten. In einem Drittel der im Rahmen der Studie über die „Leistungen und Grenzen der Heimerziehung" untersuchten Fälle wird denn auch die Gewaltproblematik im Hilfeverlauf gar nicht bearbeitet. An der Tatsache, dass Hilfen für Mädchen und Jungen mit sexuellen Gewalterfahrungen seltener in den Akten als erfolgreich abgeschlossen bewertet werden als die Hilfen für nicht missbrauchte Kinder und Jugendliche (26% vs. 38%) und das sexuell missbrauchte Mädchen häufiger Einrichtungs- und damit Beziehungswechsel auf sich nehmen müssen (52% vs. 37%), werden die negativen Folgen dieser noch immer unzureichenden Problemwahrnehmung sichtbar (Finkel, 1998).

Nach wie vor müssen Mädchen und Jungen erleben, dass ihre Erfahrungen übersehen, verharmlost oder geleugnet werden, dass ihnen Mitschuld unterstellt wird oder dass ihre Verhaltensmuster, mit denen sie auf die Übergriffe reagieren, wie z.B. Weglaufen, Essstörungen vordergründig als problematischer angesehen werden als der sexuelle Missbrauch. Besonders schwer wiegt, dass über 50% der Hilfesuchenden schon im ersten Jahr nach Bekanntwerden des sexuellen Missbrauchs vier bis sechs Institutionen anfragen müssen (Wolke, 1998, S. 41), bevor ihnen Hilfe zuteil wird. Die Delegation bzw. Unklarheit von Verantwortlichkeiten, aber auch Diffamierungen und Stigmatisierungen von Mitarbeiterinnen und Mitarbeitern, die sich gegen sexuellen Missbrauch engagieren, beeinträchtigen bis heute angemessene Hilfen für Betroffene.

Mit einer besseren Koordination der vorhandenen Hilfsangebote, mit konkreten Absprachen und Handlungsempfehlungen für das Vorgehen im Einzelfall (z.B. Stuttgart, Unna, Hamburg) sowie mit einer Qualifizierung der Zusammenarbeit mit anderen Instanzen wie z.B. Polizei und Justiz (zusammenfassend Raack & Freudenberg, 1998) bemühen sich derzeit zahlreiche Jugendämter, die Qualitätsentwicklung im Bereich der Hilfen bei sexuellem Missbrauch weiter voranzutreiben (Verein für Kommunalwissenschaften e. V., 1997 und 1998). Zufälle in der Problembearbeitung sollen vermieden werden, Hilfen nicht länger abhängig davon sein, auf welche Person oder Institution Betroffene zuerst treffen (→ Intervention – die „Regeln der Kunst").

Für den Verlauf des Hilfeprozesses besteht mittlerweile weitgehender Konsens über sinnvolle Verfahrensweisen und notwendige Qualitätsstandards (Bange 2000). Erste Orientierungen bieten die in § 36 SGB VIII formulierten fachlichen Vorgaben für das Hilfeplanverfahren. Entscheidungen über die Hilfe im Einzelfall sollen demnach immer im Zusammenwirken mehrerer Fachkräfte getroffen werden; die betroffenen Mädchen und Jungen sind ebenso wie ihre Sorgeberechtigten daran angemessen zu beteiligen; Hilfepläne müssen schriftlich fixiert und regelmäßig überprüft werden. Bei Hinweisen auf sexuellen Missbrauch sollte möglichst früh ein Team gebildet werden, um die notwendigen Klärungs- und Entscheidungsprozesse von Beginn an fachlich zu qualifizieren. Spätestens wenn sich Vermutungen verdichten, sollte eine Fall- bzw. Hilfekonferenz eingerichtet werden, an der auf jeden Fall der/die fallzuständige Mitarbeiter(in) des Allgemeinen Sozialen Dienstes sowie weitere Fachkräfte, die im Kontakt mit dem Kind/Jugendlichen bzw. der Familie stehen, und ggf. speziell qualifizierte Kolleginnen/Kollegen oder Dienste hinzugezogen werden. Als hilfreich hat es sich erwiesen, eine/n Hilfeprozessmanager(in) einzusetzen, die/der die Kommunikation zwischen den Helferinnen und Helfern aufrecht erhält und die Kontinuität des Hilfeprozesses sicher stellt (→ *Intervention – die „Regeln der Kunst"*).

Kinderschutz vor Gericht – Mitwirkung in gerichtlichen Verfahren

Wenn es um sexuellen Missbrauch an Mädchen und Jungen geht, sind häufig auch Polizei und Justiz involviert. Grundsätzlich ist hier zwischen strafrechtlichen und zivilrechtlichen Verfahren zu unterscheiden.

Die Aufgabe der Strafverfolgungsbehörden liegt im Nachweis und der Sanktionierung der Tat, d.h. im Mittelpunkt des Strafverfahrens steht der Täter, die Betroffenen sind lediglich als Zeugen beteiligt. Für Mitarbeiterinnen/Mitarbeiter der Jugendämter gilt hier, dass sie zwar die Aufgabe haben, bei Hinweisen auf sexuellen Missbrauch Schutz und Hilfe für das Kind sicher zu stellen, sie jedoch – auch als Angestellte einer Behörde – keinesfalls zur Strafanzeige verpflichtet sind (→ *Strafverfahren/Anzeigepflicht*). In den Grenzen des § 69 SGB X sowie der §§ 64 und 65 SGB VIII sind die Jugendämter lediglich zur Anzeige befugt. „Maßgeblich ist letztlich die fachliche Einschätzung des Jugendamtes, ob zu einer effektiven Hilfe für das Kind die Unterrichtung der Polizei notwendig ist. Sind hingegen Hilfen zur Erziehung oder andere Hilfen nach dem SGB VIII geeignet und notwendig und würde eine Unterrichtung der Polizei diesen Hilfeauftrag vereiteln, so ist das Jugendamt zur Benachrichtung der Polizei nicht befugt." (Wiesner, 1997, S. 11).

Die Unterstützung der Betroffenen hat für die Jugendhilfe also immer Vorrang vor der Aufklärung der Tat. Ist jedoch bereits ein Strafverfahren anhängig, so gebietet die Verpflichtung der Jugendämter zur Gewährleistung des Kindeswohls, dass sie die Betroffenen z.B. durch Prozessbegleitung sozialpädagogisch unterstützen und sich für eine offensive Auslegung der Möglichkeiten des Opferschutzes im Verfahren einsetzen (z.B. durch Beantragung einer Ergänzungspflegschaft) (Marquardt & Lossen, 1999, S. 95ff. → *Sozialpädagogische Prozessbegleitung*).

Anders sieht es in vormundschafts- oder familiengerichtlichen Verfahren aus: Die Vormundschafts- und Familiengerichte sind – wie die Jugendämter – verpflichtet, zum Schutz des Kindeswohls tätig zu werden und damit die Betroffenen in den Mittelpunkt zu stellen. „Schutzmaßnahmen für ein Kind müssen bei schwerer Kindeswohlgefährdung schon dann einsetzen, wenn der begründete Verdacht im Verfahren nicht ausgeräumt werden kann" (ebd., S. 174f.). In vormundschafts- und familiengerichtlichen Verfahren sind die Mitarbeiterinnen und Mitarbeiter der Jugendämter selbst unmittelbar *Verfahrensbeteiligte*. Gemäß § 50 Abs. 1 SGB VIII sind sie zunächst dazu verpflichtet, die Vormundschafts- und Familiengerichte zu unterstützen und in den Verfahren mitzuwirken. Anders herum besteht auch die Verpflichtung der Gerichte auf Anhörung der Jugendämter. Hält das Jugendamt darüber hinaus bei Gefährdung des Kindeswohls das Tätigwerden des Gerichts für erforderlich, so obliegt ihm auch die Pflicht, das Gericht anzurufen. Die Konferenz der Leiterinnen und Leiter der Großstadtjugendämter hat dazu festgestellt, dass die Bedingungen für eine Anrufung des Gerichts erfüllt sind, wenn a) eine körperliche, seelische oder geistige Gefährdung des Kindes eingetreten ist oder erkennbar unmittelbar bevor steht und b) die Eltern hieran aktiv beteiligt sind oder bei der ihnen möglichen Gegenwirkung versagen oder daran tatsächlich verhindert sind und c) die Interventionsmaßnahmen angemessen sind (Dt. Städtetag, 1998, S. 3).

Eine aktuelle Studie zur Mitwirkung der Jugendämter in vormundschafts- und familiengerichtlichen Verfahren wegen Kindeswohlgefährdung belegt, dass sexueller Missbrauch derzeit in 16,7 % der Verfahren wegen Kindeswohlgefährdung eine Rolle spielt; damit rangiert dieser Gefährdungstatbestand nach Vernachlässigung (65,1 %), seelischer Misshandlung (38,5 %) etc. auf Rang 5 (Münder u. a., 2000). Weitaus seltener – d. h. lediglich in 7,9 % der Fälle – wird sexueller Missbrauch jedoch als Hauptgefährdungslage angegeben.

In Verfahren wegen Kindeswohlgefährdung kommt den Jugendämtern zunächst die Aufgabe zu, die Mädchen und Jungen auf ihre Rechte in Vormundschafts-, Familien- und Verwaltungsgerichtsverfahren hinzuweisen (§ 8 Abs. 1 SGB VIII). Bedeutsam für Mädchen und Jungen mit sexuellen Gewalterfahrungen kann dabei insbesondere sein,
– dass sie mit Vollendung des 14. Lebensjahrs das Recht haben, eigenständig eine anwaltliche Vertretung zu beauftragen (Marquardt & Lossen, 1999, S. 81),
– dass sie in familien- und vormundschaftsgerichtlichen Verfahren seit der Kindschaftsrechtsreform Anspruch auf eine Verfahrenspflegschaft haben und
– dass ihnen das Recht auf persönliche Anhörung zusteht.
Insbesondere die Tatsache, dass trotz bestehender Rechtsverpflichtung nur 77,1 % der über 14jährigen persönlich gehört wurden (Münder u. a., 2000, S. 131), untermauert die Bedeutsamkeit, dass die Jugendämter für die Einhaltung der Rechte von Kindern im Verfahren Sorge tragen.

Gegenüber dem Gericht fungieren die Jugendämter als sozialpädagogische Fachbehörde. Indem sie über angebotene und erbrachte Leistungen unterrichten, erzieherische und soziale Gesichtspunkte zur Entwicklung des Kindes/Jugendlichen einbringen, aber auch weitere Hilfsmöglichkeiten vorschlagen. Sie sollen dadurch dazu beitragen, dass die Gerichte Entscheidungen treffen, die den Lebenslagen, Problemen und Interessen der Betroffenen angemessen sind.

Angebote für Betroffene und ihre Vertrauenspersonen – Jugendhilfeplanung

Der Hilfeprozess steht und fällt mit einem differenzierten Angebot qualifizierter Hilfen (Isselhorst, 1997, S. 23). Dieses auch im Hinblick auf Prävention und Hilfen bei sexuellen Gewalterfahrungen zu entwickeln und fortzuschreiben, ist

Aufgabe der Jugendhilfeplanung (§ 80 SGB VIII), für die das Jugendamt die Planungs- und Gesamtverantwortung trägt (§ 79 SGB VIII) (zum folgenden Weber & Rohleder 1995, 78 ff.). Das Jugendamt hat entsprechend zu gewährleisten, dass die erforderlichen und geeigneten Einrichtungen, Dienste und Veranstaltungen rechtzeitig und ausreichend zur Verfügung stehen (§ 79 Abs. 2 SGB VIII).

Bei der Planung des Hilfeangebots sind unterschiedliche Zielgruppen zu berücksichtigen: die unmittelbar von sexuellem Missbrauch betroffenen oder bedrohten Mädchen und Jungen, Mütter und Väter, Geschwister und andere private Bezugspersonen genauso wie professionelle Fachkräfte aus der Jugendhilfe oder dem Bildungssystem, und schließlich auch die Täter.

Des Weiteren ist die Differenzierung der Angebote unter geschlechtsspezifischen Aspekten nach § 9 Abs. 3 SGB VIII unabdingbar. Aber auch für unterschiedliche Altersgruppen und unterschiedliche Nationalitäten ebenso wie für Mädchen und Jungen mit Behinderungen sollten fachkompetente und erreichbare Hilfen bereitstehen (Hagemann-White u. a., 1997, S. 64).

Entsprechende Angebote, die in der Lage sein sollten, flexibel auf individuelle Problemlagen zu reagieren, müssen schließlich in einem vernetzten System ineinander greifen (vgl. auch § 80 Abs. 2 Satz 2 SGB VIII): Denn Prävention ohne Beratung, Beratung ohne Möglichkeiten der Krisenintervention, Krisenintervention ohne weiterführende Hilfen ist jeweils für sich genommen unverantwortlich.

Trotz neu entstandener Hilfsangebote für Betroffene wie z. B. parteilichen Beratungsstellen, Mädchenprojekten und der wachsenden Sensibilisierung in den Regeleinrichtungen kann von einem stabilen und ausgewogenen Hilfesystem bisher nicht die Rede sein. Handlungsbedarf besteht derzeit vor allem in
– einer längerfristigen Absicherung der bestehenden Anlauf-, Beratungs- und Präventionsangebote, die derzeit fast ausnahmslos unter ungesicherten Rahmenbedingungen und ohne mittel- bis langfristige Perspektive arbeiten, sowie
– der Umsetzung des eigenständigen Beratungsanspruchs von Kindern und Jugendlichen nach § 8 Abs. 3 SGB VIII. Hier besteht vor allem auch auf Seiten der Jugendämter erheblicher Nachholbedarf (Roth, 1997).

Fortbildung, Vernetzung und Konzeptentwicklung

Mit der Planungs- und Gesamtverantwortung trägt das Jugendamt auch die Verantwortung, organisatorische Rahmenbedingungen zu schaffen, die den Fachkräften Orientierung und Handlungssicherheit im Umgang mit sexueller Gewalt geben. Dazu gehören vor allem die Förderung von Kooperation, die Qualifizierung der Mitarbeiterinnen und Mitarbeiter und die Weiterentwicklung von Konzepten:
– Kooperationsstrukturen müssen sowohl zur Entwicklung von Handlungsstrategien für die Intervention im Einzelfall als auch zur Weiterentwicklung der Angebotsstruktur im Rahmen der Jugendhilfeplanung sichergestellt werden. Dem Jugendamt kommt dabei die Aufgabe zu, „entweder selbst als Organisator interdisziplinäre Kooperationsmodelle zu initiieren oder zumindest auf

die Installation derartiger Kooperationsmodelle vor Ort hinzuarbeiten und daran mitzuwirken" (Raack & Freudenberg, 1998, S. 19). Einen Rahmen für diese Aufgaben können die im KJHG verankerten Arbeitsgemeinschaften nach § 78 SGB VIII bilden.
- Die Fachkräfte müssen fortlaufend qualifiziert werden. Dies muss gemäß § 72 Abs. 3 SGB VIII der Träger der öffentlichen Jugendhilfe durch Fortbildung und Praxisberatung der Mitarbeiterinnen und Mitarbeiter des Jugendamtes sicherstellen. Wie notwendig dies ist, zeigt folgendes Untersuchungsergebnis aus Schleswig-Holstein: 47% der dort befragten ASD-Mitarbeiterinnen und Mitarbeiter schätzten sich lediglich als mittelmäßig, 14% sogar als schlecht informiert ein (vgl. Harbeck & Schade, 1994).
- Handlungsleitende Konzepte müssen entwickelt und ständig überprüft werden. Die Praxis zeigt, dass Konzepte, die zwar für andere Problemstellungen angemessen sein mögen, bei sexuellem Missbrauch an ihre Grenzen stoßen. So kann z.B. ein grundsätzlicher Vorrang ambulanter Hilfen bei sexuellem Missbrauch Gewaltverhältnisse in der Familie stabilisieren.

Fazit: Einen allgemein verbindlichen Umgang mit sexueller Gewalt kann es nicht geben. In jedem Einzelfall muss neu abgewogen werden. Außerdem birgt sozialpädagogische Arbeit immer das Risiko des Scheiterns. Indem Jugendämter Verantwortung für die Bewusstmachung und strukturelle Absicherung des Themas, für die Qualifizierung ihrer Mitarbeiter/innen, für angemessene Angebote an Betroffene und deren Bezugspersonen sowie für die Sicherstellung interinstitutioneller Zusammenarbeit übernehmen, können sie jedoch wesentlich zur Gewährleistung möglichst effektiver Hilfe- und Unterstützungsleistungen beitragen.

Literatur

Bange, D. (2000). Zur Intervention bei sexuellem Missbrauch an Kindern. Qualitätsentwicklung tut not. In: *Sozialmagazin 10*, 13–32.
Burger, E. & Reiter, K. (1993). *Sexueller Missbrauch von Kindern und Jugendlichen. Intervention und Prävention*. Hrsg. vom Bundesministerium für Familie und Senioren. Stuttgart, Berlin, Köln: Kohlhammer.
Deutscher Städtetag (Hrsg.). (1998). *Standortbestimmung der Jugendämter zur Qualitätssicherung erzieherischer Hilfen insbesondere bei Vernachlässigung, Misshandlung und sexuellem Missbrauch*. Konferenz der Leiterinnen und Leiter der Großstadtjugendämter. Köln.
Enders, U. (1989). *Sexueller Kindesmissbrauch und Jugendhilfe*. Expertise zum 5. Jugendbericht der Landesregierung Nordrhein-Westfalen im Auftrage des Ministerium für Arbeit, Gesundheit und Soziales. Düsseldorf.
Fegert, J. M. u. a. (2001). *Sexueller Missbrauch von Kindern und Jugendlichen: Individuelle und institutionelle Reaktionen*. Münster: Votum.
Finkel, M. (1998). „Das Problem beim Namen nennen!" – Kinder und Jugendliche mit sexuellen Gewalterfahrungen in Hilfen zur Erziehung. In Forschungsprojekt Jule: Dieter Baur u.a., *Leistungen und Grenzen von Heimerziehung. Ergebnisse einer Evaluationsstudie stationärer und teilstationärer Erziehungshilfen* (S. 351–385). Hrsg. vom Bundesministerium für Familie, Senioren, Frauen und Jugend. Stuttgart: Kohlhammer.
Hagemann-White, C. u. a. (1997). Strategien gegen Gewalt im Geschlechterverhältnis. Bestandsanalyse und Perspektiven. In Hagemann-White, C. u.a., *Parteilichkeit und Solidarität. Praxiserfahrungen und Streitfragen zur Gewalt im Geschlechterverhältnis*. Bielefeld: Kleine.

Harbeck, V. & Schade, G. (1994). *Institutioneller Umgang mit sexueller Kindesmisshandlung.* Kiel: Eigenverlag des Kinderschutzzentrums Kiel.
Hartwig, L. (1990). *Sexuelle Gewalterfahrungen von Mädchen. Konfliktlagen und Konzepte mädchenorientierter Heimerziehung.* München: Juventa.
Hartwig, L. & Weber, M. (1991). *Sexuelle Gewalt und Jugendhilfe. Bedarfsituationen und Angebote der Jugendhilfe für Mädchen und Jungen mit sexuellen Gewalterfahrungen.* Hrsg. vom Institut für Soziale Arbeit e.V. Münster. Münster: Votum.
Isselhorst, R. (1997). Fachlicher Handlungsrahmen und Möglichkeiten der Jugendämter in der Auseinandersetzung mit sexueller Gewalt gegen Kinder. In: Verein für Kommunalwissenschaften e.V. (Hrsg.). *Aufgaben und Möglichkeiten der Jugendhilfe bei der Auseinandersetzung mit sexueller Gewalt.* (S. 20–26). Berlin.
Kavemann, B. & Lohstöter, I. (1985). Plädoyer für das Recht von Mädchen auf sexuelle Selbstbestimmung. In Kavemann, B. u.a. (Hrsg.), *Sexualität – Unterdrückung statt Entfaltung.* Opladen: Leske & Budrich.
Marquardt, C. & Lossen, J. (1999). *Sexuell missbrauchte Kinder im Gerichtsverfahren. Juristische Möglichkeiten zum Schutz sexuell missbrauchter Kinder in Gerichtsverfahren.* Münster: Votum.
Münder, J., Mutke, B. & Schone, R. (2000). *Kindeswohl zwischen Jugendhilfe und Justiz. Professionelles Handeln im Kindeswohlverfahren.* Münster: Votum.
Raack, W. & Freudenberg, D. (1998): Möglichkeiten, Grenzen sowie Verfahren der Kooperation der Jugendämter mit Ärzten, Psychologen, Polizei, Gerichten und Schulen. In Verein für Kommunalwissenschaften e.V. (Hrsg.), *Die Verantwortung der Jugendhilfe für den Schutz der Kinder vor sexueller Gewalt. Was muss Jugendhilfe leisten, wie kann sie helfen? Mit wem soll sie wie kooperieren.* Thesen und Leitlinien des Workshops am 15. und 16. Juni 1998 in Potsdam (S. 16–19). Berlin.
Roth, G. (1997). *Zwischen Täterschutz, Ohnmacht und Parteilichkeit. Zum institutionellen Umgang mit „Sexuellem Missbrauch".* Bielefeld: Kleine.
Verein für Kommunalwissenschaften e.V. (Hrsg.). (1997). *Aufgaben und Möglichkeiten der Jugendhilfe bei der Auseinandersetzung mit sexueller Gewalt gegen Kinder.* Dokumentation der Fachtagung am 6. und 7. Juni 1997 in Bogensee bei Berlin. Berlin.
Verein für Kommunalwissenschaften e.V. (Hrsg.) (1998). *Die Verantwortung der Jugendhilfe für den Schutz der Kinder vor sexueller Gewalt. Was muss Jugendhilfe leisten, wie kann sie helfen? Mit wem soll sie wie kooperieren.* Thesen und Leitlinien des Workshops am 15. und 16. Juni 1998 in Potsdam. Berlin.
Weber, J. (1997). Über die fachliche Begleitung sexuell missbrauchter Kinder und die Entwicklung des städtischen Netzwerkes in Krefeld. In Verein für Kommunalwissenschaften e.V. (Hrsg.), *Aufgaben und Möglichkeiten der Jugendhilfe bei der Auseinandersetzung mit sexueller Gewalt gegen Kinder* (S. 87–100). Berlin.
Weber, M. & Rohleder, C. (1995). *Sexueller Missbrauch – Jugendhilfe zwischen Aufbruch und Rückschritt.* Münster: Votum.
Wiesner, R. (1997). Rechtliche Rahmenbedingungen des Handelns der Jugendämter bei sexueller Gewalt gegen Kinder. In Verein für Kommunalwissenschaften e.V. (Hrsg.), *Aufgaben und Möglichkeiten der Jugendhilfe bei der Auseinandersetzung mit sexueller Gewalt gegen Kinder* (S. 7–19). Berlin.
Wolke, A. (1998). Institutionelle Reaktionen auf sexuellen Missbrauch von Kindern und Jugendlichen. In Grimm, A. (Hrsg.), *Wie schützen wir unsere Kinder? Vom gesellschaftlichen Umgang mit sexueller Gewalt.* Loccumer Protokolle 55/97 (S. 30–43). Loccum.

Jugendliche Täter

Klaus-Peter David

Ein erheblicher Teil sexualisierter Gewalt wird von Jugendlichen ausgeübt. Ihr Anteil an allen Tätern bewegt sich bei weiblichen Opfern sexualisierter Gewalt zwischen 15 und 46%, bei männlichen Opfern zwischen 24 und 46% (Bange & Deegener, 1996; Krahé u. a., 1999; Raupp & Eggers, 1993; Saunders et al., 1992). Männliche Studenten in den USA, denen Verschwiegenheit und Anonymität zugesichert wurden, gaben an, dass sie zu etwa 5% schon ein Handeln gezeigt hätten, das rechtlich als Vergewaltigung bewertet wird; weitere 3% räumten eine versuchte Vergewaltigung ein (Koss & Dinero 1988).

Laut Polizeistatistiken sowohl aus den USA als auch aus der Bundesrepublik machen Jugendliche ca. ¹/₅ aller Tatverdächtigen bei Delikten gegen die sexuelle Selbstbestimmung aus (eine Übersicht in: Deegener 1999). Außerdem ist davon auszugehen, dass sie häufig mehrere Übergriffe begehen. Des Weiteren liegt manchmal mehr als ein paraphiles Handlungsmuster vor (Abel & Rouleau, 1990; Marshall et al., 1991).

Verurteilte erwachsene Täter werden zu 15 bis 20% (Egg, 2000, → *Rückfälle von Sexualstraftätern*) erneut straffällig. Dabei bilden auf Jungen „fixierte Pädosexuelle" (Groth, 1978) und Exhibitionisten die Gruppen mit dem höchsten Risiko und die mit den höchsten Opferzahlen (Abel & Rouleau, 1990). In einer deutschen Langzeituntersuchung (Beier 1995) wurden von einer Gruppe von 85 gerichtlich begutachteten jugendlichen Delinquenten lediglich neun wieder straffällig.

Für eine Entwarnung besteht trotz der relativ niedrigen Rückfallquoten kein Anlass. Zum einen gilt es, mögliche Täterkarrieren mit einer Vielzahl von Opfern zu verhindern; zum anderen ist bekannt, dass Jugendliche mit Gewaltproblemen in späteren Partnerschaften dazu neigen, ihre Wünsche mit Zwang durchzusetzen und Konflikte gewaltsam zu lösen (Magdol et al., 1998).

Durch retrospektive Untersuchungen erwachsener Sexualstraftäter fand man heraus, dass ein erheblicher Teil bereits im Jugendalter deviante Interessen und Handlungen aufwies. Die Angaben schwanken je nach Deliktmuster zwischen 30 und 50% (Deegener, 1999) bis hin zu 80% (Groth et al., 1995). Etwa 30% der befragten Sexualstraftäter berichten von sexuell aggressiven Handlungen vor dem 9. Lebensjahr (Groth & Burgess, 1979, McGrath, 1990)!

Anonymisierte Fallvignetten illustrieren im Folgenden unterschiedliche Handlungsmuster und Hintergründe:

Axel, 16 Jahre, hatte seine 12-jährige Schwester über einen Zeitraum von 10 Monaten wiederholt missbraucht. Sie lebte seit 4 Jahren in einer Pflegefamilie. Nach einem Aufenthalt in einer Kinder- und Jugendpsychiatrie wegen Ängsten und distanzlosen sexualisierten Verhaltensweisen unklarer Genese war sie dort untergebracht worden.

Da die Mutter sich inzwischen vom Vater beider Kinder getrennt hatte (er hatte sie und die Kinder wiederholt körperlich misshandelt und war alkoholabhängig), förderte man regelmäßige Kontakte der Tochter zu ihrer Familie. An den Freitag- und Samstagabenden ging die Mutter mit ihrem neuen Partner aus und beauftragte Axel mit der Aufsicht über seine Schwester.

Er hatte die Hauptschule beendet, war bei der Lehrstellensuche gescheitert und verbrachte seine Zeit hauptsächlich mit Video- und Fernsehkonsum. Ein halbes Jahr zuvor musste er sich vor Gericht verantworten wegen obszöner Anrufe bei einer Freundin der Mutter. Als sie nun durch die Pflegemutter von Axels Übergriffen erfuhr, war ihre erste Reaktion Zweifel, ob das wohl stimme, denn die Tochter habe sich ja früher schon sehr „nuttig" verhalten.

Bert, ein 17-Jähriger, hatte sich wiederholt 8- bis 10-jährigen Mädchen genähert, seinen Penis herausgeholt und vor ihnen onaniert. Da er an einer nach außen gut wahrnehmbaren Schüttellähmung mit Gleichgewichtsstörungen litt, wurde er jedes Mal schnell von der Polizei ermittelt.

In einer Jugendgruppe wurde er geduldet und war, weil er sich in völliger Verkennung seiner Möglichkeiten als Motorradfreak gab und sich entsprechend kleidete, häufig Zielscheibe von Spott und Hänseleien. Er hatte kaum Freunde und Bekannte, seine Versuche, eine Freundin zu gewinnen, waren bislang alle gescheitert.

Kontakte zu Behindertengruppen, die er früher auf Initiative seiner Eltern gepflegt hatte, lehnte er völlig ab.

Sexuell deviante Jugendliche sind im Vergleich zu unauffälligen Kindern und Jugendlichen deutlich beeinträchtigt. Sie sind misstrauisch anderen Menschen gegenüber, isolierter und zurückhaltender im Sozialkontakt, weniger zufrieden in der Schule, neigen zu Selbstüberschätzung und Selbstgefälligkeit und haben ein geringeres Selbstwertgefühl und negativere Elternbilder (Waschlewski, 1999).

Der 16-jährige Chris hatte den 8-jährigen E. überredet, sich auszuziehen. Als er ihn oral missbrauchte, wurde er von der Mutter des Jungen überrascht. Sie stellte ihn zur Rede, woraufhin Chris' Mutter, die mit zu Besuch war, lautstark E.s Mutter angriff. Sie schieden im Streit voneinander und der Vorfall wurde dem Allgemeinen Sozialen Dienst gemeldet. In den nächsten Wochen startete eine regelrechte Initiative mit Bürgerversammlungen, da dies der dritte Übergriff war, den Chris innerhalb des letzten halben Jahres verübte.

> Vorher war er auf einer erlebnispädagogischen Maßnahme im Ausland. Seit seinem siebenten Lebensjahr war er insgesamt 13 mal für längere Zeit aus der Familie genommen worden für kinder- und jugendpsychiatrische Begutachtungen, Krisenintervention mit anschließendem Aufenthalt in Pflegefamilien u.ä.m.. Beendet wurden die Maßnahmen meist, u. a. weil die Mutter alle möglichen rechtlichen Schritte unternahm und er selbst immer stärkere aggressivere Verhaltensweisen gegenüber Kindern und Erwachsenen zeigte.
>
> Sein delinquentes Verhalten wollte die Mutter nicht wahrhaben. Es war bekannt, dass sie seinen älteren Bruder sexuell missbraucht hatte, als der Vater wegen schwerer Körperverletzung im Gefängnis war (zwischen Chris' 6. und 14. Lebensjahr). Das Erziehungshandeln der Eltern war geprägt von willkürlicher Regelsetzung. Die Mutter schwankte zwischen materieller Verwöhnung und emotionaler Vernachlässigung, der Vater hielt sich entweder zurück oder schlug sowohl die Kinder als auch die Mutter.
>
> Chris hatte einige Jahre unterschiedliche Sonderschulen besucht, Lesen und Schreiben fiel ihm schwer. Er hatte weder einen Freundeskreis noch irgendwelche Interessen.

Gewalt als Opfer oder als Zeuge zu erleben, dem Einfluss eines „traumaorganisierten Systems" (Bentovim, 1995) ausgesetzt zu sein, führt zu subjektiver Hilflosigkeit, die Kinder oft mit aggressiven Fantasien und Vorstellungen zu überwinden suchen. Später können diese aggressiven Verhaltensweisen sexualisiert werden. Diese Entwicklung kann noch verstärkt werden, wenn Mütter als Kinder selbst Missbrauch erlitten hatten und sich in dessen Folge ihren Söhnen gegenüber sexualisiert verhalten (Bentovim, 1999).

> *Daniel, 10 Jahre,* lebte in einer Wohngruppe mit meist jüngeren Kindern. Bis zum 7. Lebensjahr wurden er und seine 1 Jahr ältere Schwester vom Vater missbraucht, bis die Mutter, eine durch ihre geistige Behinderung eingeschränkte Frau, und die Kinder vom Amtsvormund in einer Betreuungseinrichtung untergebracht wurden.
>
> Daniel erhielt Therapie in der Einrichtung und wurde unterstützt, gegen seinen Vater vor Gericht auszusagen. Zu diesem Zeitpunkt war er neun Jahre alt.
>
> Später, er war als Missbrauchsopfer weiter in Therapie, stellte sich in der Wohngruppe heraus, dass er alle gleichaltrigen und jüngeren Mädchen in ihren Zimmern aufsuchte, sich auf sie legte und an ihnen rieb. Auf Nachfrage stellte sich heraus, dass er dieses Verhalten schon seit seiner Aufnahme täglich zeigte, dass es allen Kindern bekannt war und sie es alle für völlig üblich hielten.

Je jünger die Kinder sind, die sexuell aggressive Verhaltensweisen zeigen, desto deutlicher ist der Zusammenhang zu eigener Traumatisierung.

Viele Kinder sind verbalen und physischen Misshandlungen, Missbrauch oder Gewalttätigkeiten zwischen den Familienmitgliedern ausgesetzt. Hier stellt sich daher die Frage, welche Faktoren entscheidend dafür sind, dass einige von ihnen später selbst sexuell misshandeln und andere wiederum nicht. Umgekehrt muss genauso geklärt werden, warum auch einige Jugendliche oder Erwachsene mit einer unauffällig scheinenden Vorgeschichte sexuelle Übergriffe zeigen?

Die Entstehungsbedingungen von Pädosexualität *(→ Pädosexualität)* lassen sich nach einer Tiefeninterviewstudie von Bundschuh und Stein-Hilbers (1998) wie folgt umreißen: In den Objektwahlen der Pädosexuellen spiegeln sich (früh-) kindliche Sozialisationsbedingungen mit ihren Konsequenzen für das kindliche Selbstwertgefühl, die Bindungsfähigkeit und die sozial-emotive Handlungsfähigkeit wider. Weiter wird deutlich, wie sie als Kinder die geschlechtstypischen Vorstellungen ihrer Umwelt übernahmen und einsetzten, um ihr Wertgefühl zu stabilisieren. Bundschuh und Stein-Hilbers (1998) unterscheiden drei Gruppen:
- Mitglieder der ersten Gruppe wuchsen unter deutlich traumatisierenden Bedingungen in ihrer Familie auf; ihre ersten Erfahrungen mit anderen Kindern führten ebenfalls zu einem Erleben von Ohnmacht und Hilflosigkeit. Zweifel an ihrer Zugehörigkeit zur männlichen Geschlechtergruppierung als auch an ihrer Männlichkeit wurden durch Erlebnisse in der peer-group als auch der Ursprungsfamilie forciert. Sie bevorzugen Jungen, deren Alltag ähnliche Defizite aufweist, ermöglichen sich damit eine Befriedigung ihrer eigenen unerfüllten Bedürfnisse und kompensieren im Kontakt eigene Verunsicherungen.
- Die zweite Verlaufsform ist durch frühe Überforderung gekennzeichnet. Kindliche Bedürfnisse und Wünsche mussten unterdrückt werden zugunsten eines Funktionierens als Partnerersatz. Eine Überanpassung an altersunangemessene Erwartungen und eine extreme Außenorientierung durchaus in Einklang mit Männlichkeitsnormen waren die Folge. Diese Pädosexuellen fühlen sich besonders von Jungen angezogen, die ihren Wünschen Ausdruck verleihen. In der Identifizierung wird es ihnen möglich „endlich einmal Kind zu sein" und einen Ausgleich für den Druck zur Überanpassung zu finden.
- Die Mitglieder der dritten Gruppe wuchsen in deutlich geschlechtshierarchisch strukturierten Familiensystemen auf. Demonstrationen von Stärke, Unabhängigkeit und Überlegenheit über Frauen waren zentral. Versuche, außerhalb der Familie „seinen Mann zu stehen", Männlichkeit und Stärke zu demonstrieren, scheiterten und führten eher zu Opfererfahrungen. Diese Pädosexuellen werden von Mädchen, von deren kindlicher Ausstrahlung und Verfügbarkeit angezogen, was ihnen hilft, ihre Selbstkonstruktion als überlegen, dominant und mächtig aufrecht zu erhalten.

Täter der ersten Gruppe dürften schon als Jugendliche in Jugendhilfeeinrichtungen und auch in der Justiz vermehrt auftauchen, da sie auf Grund ihrer Traumatisierungen und destruktiver Sozialisationserfahrungen häufig früh Verhaltensauffälligkeiten entwickeln.

Lightfoot & Evans (2000) verglichen Kinder und Jugendliche, die sexuell missbrauchend agierten, mit einer Vergleichsgruppe, die sonstige Verhaltensauffälligkeiten aufwies. Beide Gruppen waren in gleichem Ausmaß selbst missbraucht worden. Die sexuell missbrauchenden Kinder waren früher häufiger durch Personen betreut worden, von denen sexuelle Übergriffe bekannt waren (und damit wahrscheinlich einer unangemessenen sexuellen Sozialisation ausgesetzt). Weiterhin erlitten sie mehr Abbrüche und Unterbrechungen der Beziehungen zu ihren Müttern bzw. Pflegepersonen. All dies beeinträchtigte ihre Fähigkeit zur Stressregulierung (dazu ebenfalls: Newton et al., 2000). Die Kinder agierten belastende Situationen sexuell aus; sie verfügten über weniger Bewältigungsstrategien und waren nicht imstande, vorhandene Unterstützungsmöglichkeiten zu nutzen – sie zogen sich bei Stress eher zurück.

Für die Entstehung sexuell aggressiven Verhaltens gegen Gleichaltrige überprüften Dean & Malamuth (1997) in einer Längsschnittuntersuchung ein Erklärungsmodell, das Risiko- und Schutzfaktoren umfasst. Die beiden Risikofaktoren „feindselige Männlichkeit" und eine „unpersönliche Sicht von Sexualität" erhöhen die Wahrscheinlichkeit sexualisierter Gewalt; die „Fähigkeit zur Empathie" hingegen wirkt als Schutzfaktor.

„Feindselige Männlichkeit" ist gekennzeichnet durch ein hohes Misstrauen und hohe Feindseligkeit anderen gegenüber, insbesondere Mädchen und Frauen. Kommt eine erlebte Befriedigung oder Beruhigung durch Dominanz hinzu, können Kontrolle und Zwang als Weg verstanden werden, Macht auszuüben und Überlegenheit zu sichern. Traumatisierungen und Ablehnungen in der Ursprungsfamilie, auch die Abwesenheit von Vätern, fördern die Entwicklung hypermaskuliner Männlichkeitsbilder.

„Unpersönliche Sicht von Sexualität" meint, dass sexuelle Erfahrungen als losgelöst betrachtet werden von Beziehungen und emotionalem Engagement. Dies scheint bei Jungen in der Pubertät weit verbreitet zu sein. Haben die Jungen in ihren Familien gelernt, dass Bedürfnisse nach Trost oder Zuwendung zu Zurückweisung führen, scheint ihnen eine Sexualisierung kurzfristiger Beziehungen als Ausdruck emotionaler Bedürfnisse Sicherheit zu geben (Kindler, 1999).

„Empathie" verhindert, dass Gewaltfantasien in Handlungen umgesetzt werden. Kinder entwickeln Mitgefühl, wenn sie erleben, dass Eltern selbst Mitgefühl zeigen, die Grenzen des Kindes respektieren und wenn sie es wertschätzen, dass sich das Kind in die Sichtweise anderer einfühlt.

Die oben angeführten Beispiele zeigen, welch geringe Möglichkeiten einige Jugendliche hatten, Empathie in stabilen Beziehungen zu erleben und zu lernen. Für die Therapie sexuell reaktiver Kinder und sexuell devianter Jugendlicher folgt daraus, dass neben der Auseinandersetzung mit den Delikten und der Stärkung der Selbstkontrolle ein sicheres längerfristiges Beziehungsangebot zur Nachsozialisation notwendig ist, wenn die Defizite im affektiv-zwischenmenschlichen Bereich, von Eldridge (1998) gar als kriminogene Faktoren bezeichnet, aufgearbeitet werden sollen.

Literatur

Abel, G. G. & Rouleau, J. L. (1990). The Nature and the Extent of Sexual Assault. In Marshall W. L., Laws D. R. & Barbaree H. E. (Eds): *Handbook of Sexual Assault: Issues, Theories, and Treatment of the Offender* (S. 9–21). New York: Plenum Books.
Bange, D. & Deegener, G. (1996). *Sexueller Missbrauch an Kindern.* München: PVU.
Beier, K. M. (1995). *Dissexualität im Lebenslängsschnitt. Theoretische und empirische Untersuchungen zu Phänomenologie und Prognose begutachteter Sexualstraftäter.* Berlin: Springer Verlag.
Bentovim, A. (1995). *Traumaorganisierte Systeme: Systemische Therapie bei Gewalt und sexuellem Missbrauch in Familien.* Mainz: Matthias Grünewald Verlag.
Bentovim, A. (1999). Zum Verständnis der Entwicklung sexuell missbrauchenden Verhaltens. In Kind im Zentrum (Hg.). *Wege aus dem Labyrinth. Erfahrungen mit familienorientierter Arbeit zu sexuellem Missbrauch. 10 Jahre Kind im Zentrum* (S. 75–82). Berlin: Eigenverlag.
Bundschuh, C. & Stein-Hilbers, M. (1998). *Abschlussbericht zum Projekt „Entstehungsbedingungen der Pädosexualität. Materialie zur Familienpolitik Nr. 3/99.* Bonn: Bundesministerium für Familie, Senioren, Frauen und Jugend.
Dean, K. E. & Malamuth, N. M. (1997). Characteristics of Men Who Aggress Sexually and of Men Who Imagine Aggressing: Risk and Moderating Variables. In: *Journal of Personality and Social Psychology, 72,* 449–455.
Deegener, G. (1999). Diagnostik und Therapie von psychosexuell auffälligen Jugendlichen. In Kind im Zentrum (Hg.). *Wege aus dem Labyrinth. Erfahrungen mit familienorientierter Arbeit zu sexuellem Missbrauch. 10 Jahre Kind im Zentrum* (S. 92–110). Berlin: Eigenverlag.
Egg, R. (2000). Rückfall nach Sexualstraftaten. In: *Sexuologie 7 (1),* 12–26.
Eldridge, H. (1998). Die Wolvercote Klinik: Rückfallprävention als wesentlicher Aspekt eines Therapieprogramms für erwachsene Gewalttäter. In: Bundesministerium für Umwelt, Jugend und Familie (Hrsg.). *Opferschutz und Tätertherapie. Sexueller Missbrauch von Kindern. Dokumentation der Tagung vom 8.10.1998* (S. 75–87). Wien: Eigenverlag.
Groth, A. N. (1978). Guidelines for the assessment and management of the offender. In: Burgess W., Groth A. N., Holmstrom L. L. & Sgroi S. M. (Hrsg.). Sexual Assault of Childrens and Adolscents. Û Toronto: Lexington Books.
Groth, A. N. & Burgess, A.W. (1979). Sexual trauma in the life histories of rapists and child molesters. In: *Victimology, 4,* 10–16.
Groth, A. N., Longo, R. E. & McFadin, J. B. (1995). Undetected recidivism among rapists and child molesters. In Ford, M. E. & Linney, J. A. Comparative Analysis of Juvenile Sexual Offenders, Violent Nonsexual Offenders and Status Offenders. In: *Journal of Interpersonal Violence, 10, 1,* 56–70.
Hunter, M. (Ed. 1995). *Child survivors and perpetrators of sexual abuse. Treatment innovations.* Thousand Oaks: Sage Publications.
Kindler, H. (1999). Ursachen und Hintergründe sexualisierter Gewalt durch Jungen. In: Amyna Amyna (1999). *Die leg ich flach – Bausteine zur Täterprävention. Tagungsdokumentation* (S. 29–44). München: Eigenverlag.
Koss, M. P. & Dinero, T. E. (1988). Predictors of Sexual Aggression among a National Sample of Male College Students. In: *Annals of the New York Academy of Sciences, 528,* 133–147.
Krahé, B., Scheinberger-Olwig, R., Weizenhöfer, E. (1999). Sexuelle Aggression zwischen Jugendlichen: Eine Prävalenzerhebung mit Ost-West-Vergleich. In: *Zeitschrift für Sozialpsychologie, 30,* 165–178.
Lightfoot, S. & Evans, I. M. (2000). Risk Factors for a New Zealand Sample of Sexually Abusive Children and Adolescents. In: *Child Abuse and Neglect, Vol. 24, (9),* 1185–1198.
Magdol, L., Moffit, T. & Silva P. (1998). Developmental Antecedents of Partner Abuse: A Prospective-Longitudinal Study. In: *Journal of Abnormal Psychology, 107,* 375–389.
Marshall, W. L., Barbaree, H. E., Eccles, A. (1991). Early Onset and Deviant Sexuality in Child Molesters. *Journal of Interpersonal Violence, 6, No. 3,* 323–336.
McGrath, R. (1990). Assessment of sexual aggressors. In: *Journal of Interpersonal Violence, 5, 4,* 507–519.
Newton, R. R., Litrownik, A. J. & Landswerk, J. A. (2000). Children and Youth in Foster Care: Disentangling the Relationship between Problem Behaviors and the Number of Placements. In: *Child Abuse and Neglect, Vol. 24 (10),* 1363–1374.

Prentky R. A. & Quinsey V. L. (Hg.) (1988). *Human Sexual Aggression: Current Perspectives.* Annals of the New York Academy of Sciences Vol. 528. New York.
Raupp, U. & Eggers, C. (1993). Sexueller Missbrauch von Kindern. Eine regionale Studie über Prävalenz und Charakteristik. In: *Monatszeitschrift für Kinderheilkunde, 141,* 316–322.
Saunders, B., Kilpatrick, D., Resnick, H., Hanson, R. & Lipovsky, J. (1992). Epidemiological characteristics of child sexual abuse: Results from WaveII of the National Women's Study. Presented at the San Diego Conference on Responding to Child Maltreatment (Jan.24). Zitiert nach Berliner, L. (1998) (Hg.). Juvenile Sex Offenders. Should they be treated differently? *Journal of Interpersonal Violence, 13, No. 5,* 645–646.
Waschlewski, S. (1999). *Merkmale sexuell schädigender Kinder und Jugendlicher – ein Beitrag zur Ursachenforschung.* Unveröffentlichte Diplomarbeit. Ruhruniversität Bochum, Fakultät für Psychologie.

Jugendmedienschutz

Detlef Drewes

Meinungsfreiheit ist eine der Grundsäulen der deutschen Verfassung. Aber auch diese Meinungsfreiheit ist nicht grenzenlos. Sie hat nach dem Willen des Gesetzgebers dort ihre Grenzen, wo die Menschenwürde anderer berührt wird oder wo das Wohl der Kinder und Jugendlichen gefährdet ist. Von diesem Grundgedanken aus ist der Jugendmedienschutz entfaltet worden.

Der Zugang zu bestimmten Inhalten kann der gesamten Gesellschaft verboten werden, wenn ein Verstoß gegen die Menschenwürde vorliegt. Auch wenn diese Inhalte in den einzelstaatlichen Vorschriften unterschiedlich sind, so gibt es doch über einige Punkte Konsens. Dieser bezieht sich zumeist auf Pornographie mit Kindern (→ *Kinderpornographie*), extreme Formen sinnloser Gewalt, Aufstachelung zu Diskriminierung aus rassischen oder sonstigen Gründen, zu Hass und Gewalttätigkeit.

Von diesen generellen Möglichkeiten eines Verbotes müssen jene Inhalte getrennt werden, die die physische und/oder geistige Entwicklung von Minderjährigen beeinträchtigen oder schädigen können. Aus Gründen des Jugendschutzes können diese also Minderjährigen verboten werden, obwohl der Zugang Erwachsenen erlaubt bleibt.

Bei den traditionellen Massenmedien (Zeitungen, Zeitschriften, Rundfunk, Fernsehen, Video) war die Aufgabe des Jugendschutzes in mehrere Hände gelegt worden. Die Rundfunkräte der öffentlich-rechtlichen Sender (besetzt mit Vertretern mehrere gesellschaftlicher Gruppierungen) überwachten die eigenen Inhalte, die Landesmedienanstalten wurden mit der Einführung des privaten Rundfunk und Fernsehens ins Leben gerufen, um auch dort das Programm zu kontrollieren.

Daneben hat sich eine breite Vielfalt von Selbstkontrollgremien ausgebildet, die nicht nur, aber auch den Jugendschutz im Blickfeld haben. Für den Bereich der Zeitschriften und Zeitungen nimmt diese Aufgabe der Deutsche Presserat wahr, dessen schärfstes Instrument die öffentliche Rüge eines Objektes ist. Die Unterhaltungssoftware Selbstkontrolle (USK) prüft Software und schränkt die Abgabe bzw. den Verkauf durch – allerdings unverbindlich – Altersempfehlungen ein. Für das Fernsehen wurde die Freiwillige Selbstkontrolle Fernsehen (FSF) installiert, die z. B. bei offener Pornographie oder Gewaltverherrlichung von Fernsehbeiträgen oder -filmen eingreift. Im gleichen Sinne arbeitet die Freiwillige Selbstkontrolle der Filmwirtschaft (FSK), die Filme und Videos sichtet und mit – verbindlichen – Altersbeschränkungen versehen kann.

Unabhängig davon hat der Gesetzgeber mit der Bundesprüfstelle für jugendgefährdende Schriften (BPjS) eine Institution geschaffen, die alle Medien auf ihre Jugendgefährdung hin überprüfen und dann den Zugang einschränken darf. Die BPjS wird auf Antrag örtlicher oder überörtlicher Stellen des Kinder- und Jugendschutzes tätig, ein Beirat aus Vertretern der Länder, der freien und öffentlichen Jugendhilfe, der Lehrerschaft und der Kirchen kann Druckwerke, Videos, Filme und auch Internet-Adressen indizieren (→ *Internet*). Dazu muss die Gegenseite des Anbieters gehört werden. Die Indizierung bedeutet, dass ein Produkt fortan bestimmten Abgabe-, Präsentations-, Verbreitungs- und Werbebeschränkungen unterliegt. Wird also z. B. eine Zeitschrift von der BPjS indiziert, darf sie am Kiosk nicht mehr offen ausgelegt oder für sie in Anzeigen geworben werden. Ein erwachsener Kunde kann sie allerdings nach wie vor auf Nachfrage erwerben („Verkauf unter der Ladentheke"). Die Indizierung bewirkt also keineswegs ein generelles Verkaufsverbot oder gar eine Beschlagnahme. Verboten sind lediglich das Anbieten, Überlassen oder Zugänglichmachen für Kinder und Jugendliche. Insofern ist es auch falsch, die Indizierung mit Zensur gleich zu setzen.

Als jugendgefährdend gelten laut Gesetz über die Verbreitung jugendgefährdender Schriften und Medienhalte (GjS) üblicherweise folgende Inhalte:
– Gewaltdarstellungen, wenn Gewalt in großem Stil und epischer Breite geschildert wird, wenn Gewalt als vorrangiges Mittel zur Konfliktlösung propagiert wird, wenn Selbstjustiz als einziges probates Mittel zur Durchsetzung der vermeintlichen Gerechtigkeit dargestellt wird oder wenn Mord- und Metzelszenen selbstzweckhaft und detailliert geschildert werden. Wenn Anwendung von Gewalt im Namen des Gesetzes oder im Dienste einer angeblich guten Sache als völlig selbstverständlich und üblich dargestellt wird, die Gewalt jedoch in Wahrheit Recht und Ordnung negiert, gilt dies ebenfalls als jugendgefährdend.

- Verherrlichung der NS-Ideologie, Rassenhass. Dies liegt vor, wenn für die Idee des Nationalsozialismus, seine Rassenlehre, sein autoritäres Führerprinzip, sein Volkserziehungsprogramm, seine Kriegsbereitschaft und seine Kriegsführung geworben wird, wenn die Tötung von Millionen Menschen, insbesondere die systematische Ausrottung jüdischer Menschen im so genannten „Dritten Reich" geleugnet wird oder wenn das NS-Regime durch verfälschte oder unvollständige Informationen aufgewertet oder rehabilitiert werden soll. Als Rassenhass gilt, wenn Menschen wegen ihrer Zugehörigkeit zu einer anderen Rasse, Nation, Glaubensgemeinschaft o. ä. als minderwertig und verächtlich dargestellt oder diskriminiert werden.
- Kriegverherrlichung oder -verharmlosung, wenn also Krieg als reizvoll oder als Möglichkeit beschrieben wird, zu Anerkennung und Ruhm zu gelangen.
- Sexualethisch desorientierende Medien, Pornographie: Ein Medium gilt dann als pornographisch, wenn es unter Hintansetzen aller sonstigen menschlichen Bezüge sexuelle Vorgänge in grob aufdringlicher Weise in den Vordergrund rückt und wenn seine objektive Gesamttendenz ausschließlich oder überwiegend auf Aufreizung des Sexualtriebes abzielt.

Der Jugendmedienschutz ist dabei eine Art Oberbegriff für eine Vielzahl von gesetzlichen Bestimmungen. An oberster Stelle steht der Artikel 5 des Grundgesetzes, in dem das Recht auf freie Meinungsäußerung festgeschrieben wird. Dieses Grundrecht wird im gleichen Artikel durch ergänzende, allgemeine Vorschriften sowie das Gesetz zum Schutz der Jugend und den so genannten Kunst-Vorbehalt eingeschränkt. Zu den ergänzenden Vorschriften gehört das Strafgesetzbuch, das im § 131 die Verbreitung, Vorführung oder das Zugänglichmachen von Schriften, Ton- und Bild- sowie Datenträgern mit Gewaltdarstellungen, Kriegsverherrlichung, Rassenhass oder Pornographie unter Strafe stellt. Durch folgende weitere Gesetze wird der Jugendschutz geregelt: das Gesetz zum Schutz der Jugend in der Öffentlichkeit (JÖSchG), das Gesetz über die Verbreitung jugendgefährdender Schriften und Medieninhalte (GjS), das Gesetz zur Regelung der Rahmenbedingungen für Informations- und Kommunikationsdienste (IuKDG), das Gesetz zum Staatsvertrag über Mediendienste (MStV) und den Rundfunkstaatsvertrag (RStV). Mit der Einführung der neuen Medien wie dem Internet steht der Jugendmedienschutz vor einer neuen Herausforderung. Bei den traditionellen Medien (Print, Rundfunk, Fernsehen, Video) war es leicht, den Jugendschutz per Verordnung zu installieren, da Sender und Verantwortliche in Deutschland ihren Sitz hatten und durch Beschränkungen zugleich auch der Konsum einschlägiger Inhalte vergleichsweise wirkungsvoll kanalisiert werden konnte. Für den Konsumenten bedeutete diese „Medienlandschaft" zugleich, dass er sich selbst um die Kontrolle der Inhalte nicht zu kümmern brauchte, da diese an verantwortliche Institutionen delegiert war.

Durch die Einführung neuer Kommunikationstechniken wie Pay per View (Fernsehen und Bezahlen auf Abruf), Video on Demand (Video auf Abruf) und vor allem das globale Internet wurde nicht nur der Schritt vom Massenmedium zum interaktiven, individuellen Medium getan, sondern auch die Wirkungsweise der bisherigen Kontrollgremien drastisch eingeschränkt. War es beispielsweise bislang möglich, den Fernsehsendern oder Kino-Betreibern vorzuschreiben, Filme mit jugendgefährdenden Inhalten nur innerhalb eines bestimmten Zeitkorridors (23 Uhr bis 6 Uhr) auszustrahlen, in dem Kinder und Jugendliche üblicherweise kein Medium mehr nutzen, ist dies spätestens seit der Verbreitung der Videotechnik, vor allem aber des Internet nicht mehr möglich. Eine Trennung der Inhalte auf der Grundlage von Sendezeiten funktioniert nicht mehr. Zwar ist es weiterhin möglich, innerhalb geschlossener Netze wie Video-on-Demand-Systemen Jugendschutz-Richtlinien durchzuhalten, in einem offenen Netz wie dem Internet ist dies aber unmöglich, da Jugendmedienschutz eine nationale Errungenschaft darstellt, die in anderen Ländern gar nicht oder zumindest anders geregelt ist. Die Unterschiede beginnen schon bei der Frage, bis zu welchem Alter ein Kind vor schädigenden Inhalten geschützt werden muss. Die bisherige deutsche Regelung, der zufolge ein Kind bis zum vollendeten 13. Lebensjahr eines besonderen Schutzes vor schädigenden Einflüssen bedarf, ist nicht einmal innerhalb Europas allgemein akzeptiert. In der Diskussion um das Internet als wohl größte Herausforderung für den Jugendmedienschutz wird jedoch die unterschiedliche rechtliche Qualität der Inhalte übersehen. Wo es sich z. B. um politisch extremistische Inhalte, kriegsverherrlichende Propaganda sowie Gewalt- oder Tier-Pornographie handelt, sind in erster Linie die Sicherheitsbehörden (Polizei und Staatsanwaltschaft) gefordert, da es in solchen Fällen um Straftaten geht. Unabhängig davon kann ein Inhalt als jugendgefährdend gelten, obwohl er (noch) nicht strafbar ist. Hier muss also nach dem Vorbild der oben genannten Institutionen bei den traditionellen Medien nach einer der Polizei oder Staatsanwaltschaft vorgelagerten Kontrollmöglichkeit für das Internet gefragt werden.

Im Gesetz zur Regelung der Rahmendingungen für Informations- und Kommunikationsdienste (IuKDG) hat der Gesetzgeber dazu einige Festlegungen getroffen. So wurden die Internet-Provider durch eine Ergänzung des Gesetzes über die Verbreitung jugendgefährdender Schriften (§ 7a) verpflichtet, entweder einen Jugendschutz-Beauftragten zu benennen oder sich ersatzweise zu einer Selbstkontrolle zusammenzuschließen. Die Internet-Unternehmen haben sich für den zweiten Weg entschieden und die Freiwillige Selbstkontrolle der Multimedia-Diensteanbieter (FSM) gegründet, die seit 1998 als Beschwerdestelle für User fungiert und Anbieter von gefährdenden Inhalten zum Abschalten bewegen soll. Parallel dazu haben die Innenminister der Bundesländer im Herbst 1998 die Gründung einer Stelle beschlossen, die an der Schnittstelle zwischen polizeilicher Strafverfolgung und Selbstkontrolle der Provider das Internet nach jugendgefährdenden Inhalten durchsucht: jugendschutz.net. Mit Hilfe moderner Software wird von jugendschutz.net das Datennetz durchkämmt und durch Gespräche mit den Anbietern versucht, die entsprechenden Seiten zu entschärfen oder aus dem Netz zu nehmen.

Im Laufe der Diskussion über den Jugendschutz im Internet kristallisierte sich aber heraus, dass neben die bestehenden, immer noch wirksamen, aber begrenzten Möglichkeiten nationaler Jugendschutz-Kontrolle eine intensive Begleitung zu Medienkompetenz bei den Jugendlichen und Erwachsenen selber treten muss. Das bisher gewohnte Delegieren der Verantwortung für die Inhalte funktioniert nur noch in begrenztem Umfang, umso wichtiger ist in einem individuellen Medium auch die individuelle Selbstkontrolle. Als begleitendes Hilfsmittel wird dabei oft auf Filtersysteme verwiesen, mit denen das Netz zwar genutzt, jugendgefährdende Inhalte aber nach hinterlegten Kriterien ausgefiltert werden sollten. Die Funktionsweise heutiger Filtersysteme ist jedoch unbefriedigend, weil diese entweder mit gespeicherten Keywords arbeiten, die aber der englischen Sprache entnommen wurden und deshalb bei deutschen Seiten nicht ansprechen. Oder weil die Filter stets nach festen Begriffen wie „Sex" arbeiten, und deshalb nicht ansprechen, wenn der Anbieter über seine Seite einen unverfänglichen Terminus setzt. Auf mehreren internationalen Konferenzen gab es Bemühungen, alle Seiten des World Wide Web nach einem einheitlichen Standard zu kennzeichnen, um damit Kriterien für neue Filtersysteme zu bekommen. Auch wenn es künftig sicherlich zu solchen „Markierungen" von Internet-Seiten und damit zu Filtern mit größerer Wirkung kommen wird, darf doch nicht übersehen werden, dass ein Großteil der jugendgefährdenden Angebote nicht herausgefiltert werden können. Die neuen Filtersysteme sprechen nämlich nur im WWW an, während eine Vielzahl der inkriminierten Inhalte über andere Internet-Wege wie Newsgroups (eine Art elektronischer schwarzer Bretter) oder Chats verbreitet werden.

Insofern ist absehbar, dass der Kinder- und Jugendmedienschutz dauerhaft neue Wege gehen und die individuelle Mitverantwortung deutlicher ausprägen muss. Dass daneben ein gefächertes System von Selbstkontrolle der Provider und Anbieter (z. B. durch Hotlines oder Online-Meldestellen), Jugendschutz, Filter und Strafverfolgung der Sicherheitsbehörden treten muss, ist unstrittig, kann aber die Selbstverantwortung nicht ersetzen.

Jugendmedienschutz heißt also in Zukunft neben der Verfeinerung des gesetzlichen Instrumentariums, der erhöhten Kompetenz des Kinder- und Jugendschutzes, der Mitverantwortung der Anbieter auch, das Erlernen einer neuen Einstellung zu den audiovisuellen Medien. Eltern und Kinder müssen den Umgang mit den neuen Kommunikationsmitteln einüben. Es gilt, ihre Aufmerksamkeit auf die Risiken zu lenken, die diese bergen, aber auch auf die vorhandenen Mittel, um sich schützen. Information, Sensibilisierung und Erziehung sind der vorrangige Weg, um einen wirksamen Jugendschutz zu gewährleisten und zugleich ein Klima des Vertrauens zu entwickeln, damit die neuen Dienste entwickelt und verbreitet werden können, damit sie möglicherweise selbst zu einem Hilfsmittel für den Jugendmedienschutz werden.

Jungen als Opfer

Ulfert Boehme

Seit dem Erscheinen des ersten deutschsprachigen Buches über sexuelle Gewalt gegen Jungen „Verlorene Kindheit" von Nele Glöer & Irmgard Schmiedeskamp-Böhler im Jahre 1990 erschienen einige weitere Veröffentlichungen zum Thema, die auf das beträchtliche Ausmaß (Bange, 1992), auf geschlechtsspezifische Unterschiede und Besonderheiten (Bange & Deegener, 1996) und auf die oft gravierenden Folgen für die Betroffenen (Laszig, 1996; Julius & Boehme, 1997) hinwiesen. Die Anzahl dieser Untersuchungen und Beiträge ist jedoch relativ klein geblieben und die Umsetzung ihrer Erkenntnisse in präventive, beraterische und therapeutische Maßnahmen geschieht nur langsam. Es ist daher zu befürchten, dass den meisten männlichen Opfern sexueller Gewalt eine angemessene Unterstützung bei der Verarbeitung der Opfererfahrung zur Zeit verwehrt bleibt.

Eine plausible Erklärung für diesen offensichtlichen Widerstand ist das immer noch weit verbreitete Geschlechtsrollenklischee vom wehrhaften Jungen bzw. Mann (van Outsem, 1993; Bange, 2000). Danach schließen Opfer-Sein und Männlich-Sein einander aus. So glauben Jungen und Männer z.B., dass männliche Opfer sexueller Gewalt eher selten sind (Dziuba-Leatherman & Finkelhor, 1994). Die vorherrschenden Männlichkeits-Bilder beeinflussen zudem die Wahrnehmung und Verarbeitung sexueller Gewalterfahrungen durch die Betroffenen selbst. Immer wieder finden sich Hinweise, dass ein großer Teil der von sexueller Gewalt betroffenen Jungen sich sehr spät oder nie mitteilen und Hilfe für die Verarbeitung der Missbrauchserfahrung in Anspruch nehmen (Bange & Deegener, 1996; Schein et al., 2000). Darüber hinaus bestimmen die vorherrschenden Bilder von Männlichkeit, wie männliche Opfer von ihrer Umwelt wahrgenommen werden und ob bzw. wie ihnen Hilfe angeboten wird. Den Problemen von Jungen, sich als Opfer sexueller Gewalt wahrzunehmen, entspricht die Tendenz der Umwelt, Jungen als Opfer zu übersehen bzw. den betroffenen Jungen keine angemessene Hilfe anzubieten (Huston et al., 1995; Holmes & Offen, 1996; Boehme, 2000). Die Gestaltung eines angemessenen Hilfeangebots muss daher sowohl im Kontakt mit den betroffenen Jungen als auch auf Seiten der Helferinnen und Helfer jungenspezifische Aspekte berücksichtigen.

Das Ausmaß sexualisierter Gewalt gegen Jungen

Sexuelle Gewalthandlungen gegen Jungen sind ein weitverbreitetes Problem. In Abhängigkeit von der verwendeten Definition und Forschungsmethodik belegen nationale wie internationale Dunkelfeldstudien, dass zwischen 3 und 30 Prozent aller Jungen in ihrer Kindheit und Jugend mindestens einmal Opfer sexueller Gewalt werden (Julius & Boehme, 1997, → *Ausmaß*).

Aufgrund der noch höheren Betroffenheitsraten in Untersuchungen mit Straftätern (bis zu 70%), jugendlichen Sexual(straf)tätern (bis zu über 50%), nichtsesshaften Jugendlichen (über 30%) und männlichen Strichern (bis zu über 80%) ist in diesen (und vermutlich auch anderen) „Problemgruppen" mit einem Ausmaß sexueller Ausbeutung zu rechnen, welches deutlich über dem Ausmaß in der Allgemeinbevölkerung liegt (Bange & Boehme, 2001).

Die Umstände sexueller Gewalt gegen Jungen

Über die Umstände sexueller Gewalt gegen Jungen ist Folgendes bekannt:
- Jungen werden als Säuglinge, im Vor- und Grundschulalter und als Jugendliche sexuell ausgebeutet. Das in Dunkelfeldstudien ermittelte Durchschnittsalter zu Beginn des sexuellen Missbrauchs beträgt 10 bis 12 Jahre (Julius & Boehme 1997).
- Jungen werden zumeist von Tätern/Täterinnen missbraucht, die bereits vorher eine Beziehung zu ihrem Opfer aufgebaut hatten. Nur ca. ein Viertel berichtet von Übergriffen durch fremde Personen. Täter/Täterinnen aus dem engeren Familienkreis machen etwa 20% aus. Die größte Gefahr geht also von Tätern/Täterinnen aus, die aus dem außerfamiliären Nahbereich kommen (z.B. Freunde der Familie, Nachbarn, Lehrer, Erzieher, Jugendgruppenleiter, Trainer, Babysitter).
- Täter/Täterinnen machen ihre männlichen Opfer mit sehr wirkungsvollen Strategien von sich abhängig, zwingen sie zu sexuellen Handlungen sowie zum Stillschweigen (Conte, Wolf & Smith, 1989; Enders, 2001). Diese Täterstrategien reichen von der Gewährung emotionaler Zuwendung über die Bestechung durch Geschenke oder Geld, dem Vorspiegeln falscher sexueller Normen und dem Ausnutzen kindlicher Neugier bis hin zur Androhung und Anwendung körperlicher Gewalt (Julius & Boehme, 1997). Häufig bemühen sich Täter/Täterinnen auch, im Umfeld des betroffenen Jungen einen „guten Eindruck" zu machen (z.B. als besonders engagierter Trainer, als verständnisvoller Freund der Eltern, als innovativer Pädagoge), um hinter dieser „Maske" (Enders 1999) relativ gefahrlos Jungen sexuell ausbeuten zu können (→ *Betroffenen-Bericht*).
- Ungefähr ein Drittel der befragten männlichen Opfer gab an, von anderen Kindern oder Jugendlichen missbraucht worden zu sein. Sexuelle Handlungen un-

ter Kindern und Jugendlichen sind daher aufmerksam und differenziert zu betrachten. Einerseits dürfen auf gegenseitiger Zustimmung beruhende sexuelle Aktivitäten („Doktor-Spiele") nicht pathologisiert werden. Sie stellen eine Möglichkeit der lustvollen Entwicklung kindlicher Sexualität dar. Andererseits dürfen sexuelle Handlungen unter Kindern und Jugendlichen, bei denen deutliche Altersunterschiede bestehen, die einseitig initiiert werden oder irgendeine Form des Zwangs beinhalten, nicht bagatellisiert und als Form der sexuellen Gewalt übersehen werden (→ *Sexuelle Entwicklung*, → *Sexuell auffälliges Verhalten von Kindern*).
- Jungen erleben sexuelle Gewalt überwiegend durch männliche Täter. Der Anteil weiblicher Täterinnen liegt in den Dunkelfeldstudien meist bei ca. 20%, obwohl einige Untersuchungen (Fromuth & Burkhart, 1987; Raupp & Eggers, 1993; Kloiber, 1994) z.T. deutlich höhere Anteile weiblicher Täterinnen ermittelten (→ *Frauen als Täterinnen*).
- Die sexuelle Ausbeutung von Jungen ist ein Problem aller gesellschaftlichen Schichten (Bange, 1992). Belastende familiäre Hintergründe wie etwa „broken-home"-Konstellationen oder ein hohes Maß an Ablehnung und Konflikten zwischen Eltern(teilen) und Jungen haben sich im Gegensatz zur Schichtzugehörigkeit als Risikofaktoren erwiesen (Collings, 1994; Julius & Boehme, 1997). Jungen, die unter diesen Bedingungen leben, sind eher gefährdet sexuell missbraucht zu werden, als Jungen, die in funktionierenden, von emotionaler Wärme und sicheren Beziehungen geprägten Zusammenhängen aufwachsen. Täter/Täterinnen können die emotionale Bedürftigkeit der Jungen und ihre mangelnde Anbindung und Beaufsichtigung (Finkelhor, 1986) bzw. im Fall männlicher Täter die Abwesenheit männlicher Bezugspersonen ausnutzen (Bange & Deegener, 1996).

Die möglichen Folgen sexueller Gewalt gegen Jungen

Entgegen einem immer noch weit verbreiteten Vorurteil beweisen Erfahrungen aus der Arbeit mit betroffenen Jungen, männlichen Jugendlichen und Männern sowie eine große Anzahl von Untersuchungen, dass viele männliche Opfer sexueller Gewalt unter einem breiten Spektrum oft erheblicher und z.T. chronischer Beeinträchtigungen leiden (→ *Betroffenen-Bericht*, → *Folgen*). Methodische Probleme und die Vielzahl möglicher Einflüsse vor, während und nach der sexuellen Ausbeutung erschweren die Ermittlung linearer Ursache-Wirkungs-Zusammenhänge. Berichte von betroffenen Jungen und Männern sowie eine Fülle von Forschungsdaten zeigen, dass Jungen auf sexuelle Gewalt nicht mit einem klar definierbaren „Missbrauchs-Syndrom" reagieren, sondern mit einer großen Vielfalt von psychischen und sozialen Beeinträchtigungen (z.B. Depressionen, Suizidalität, Ängste, psychosomatische Beschwerden, Beeinträchtigungen des sexuellen Erlebens, posttraumatische Belastungsreaktionen, Verunsicherung der sexuellen bzw. männlichen Identität) (Beitchman et al. 1991, 1992; Grubman-Black, 1990; Lew, 1993; Collings, 1994; Bange & Enders, 1995; Mullen, 1997; Friedrich, 1998).

Dabei führen penetrative, häufige, über einen langen Zeitraum stattfindende Missbrauchshandlungen, eine enge Beziehung sowie eine zunehmende Altersdifferenz zwischen Opfer und Täter/Täterin, ein früher Beginn des Missbrauchs, die Anwendung körperlicher Gewalt, die Beteiligung an der Produktion pornografischer Materialien und negative soziale Reaktionen bei Bekanntwerden des sexuellen Missbrauchs zu einer stärkeren Traumatisierung (Julius, 2000). Protektive Faktoren wie vertrauensvolle Beziehungen zu Eltern und Gleichaltrigen, deren positive, unterstützende Reaktionen (Lynskey & Fergusson, 1997) sowie beraterisch-therapeutische Angebote (Finkelhor & Berliner, 1995) lindern die traumatisierende Wirkung sexueller Gewalterfahrungen. Die erste Meta-Analyse bezüglich der Folgen sexueller Gewalt gegen Jungen bestätigt, dass „ein beträchtlicher Anteil sexuell mißbrauchter Jungen unter einer großen Bandbreite oft schwerer Symptome leidet" (Julius, 2000, S. 104) und dass zwischen psychischen Beeinträchtigungen und sexuellen Gewalterfahrungen ein Zusammenhang besteht.

Eine gängige Kategorisierung der Symptome betroffener Kinder nimmt eine Aufteilung in sog. internalisierende (z.B. Depressionen, Suizidalität, sozialer Rückzug) und externalisierende (z.B. Aggressionen, sexuelle Übergriffe) Verhaltensweisen vor. Die Vorgaben einer geschlechtsspezifischen Sozialisation legen betroffenen Jungen nahe, den erlebten Kontrollverlust durch betont aggressives, „hyper-maskulines" Verhalten zu kompensieren (→ Betroffenen-Bericht).

Die Berücksichtigung möglicher Zusammenhänge zwischen Opfererfahrungen und externalisierendem Verhalten kann ein besseres Verständnis für aggressive Jungen liefern (Bentheim & Kruse, 2000). Die Hypothese der jungenspezifischen Verarbeitung sexueller Gewalterfahrungen darf jedoch nicht dazu führen, dass betroffene Jungen, die „untypisch" mit Depressionen, sozialem Rückzug oder Suizidalität reagieren, übersehen werden (vgl. Watkins & Bentovim, 1992). Auch die Folgenforschung ermittelte immer wieder, dass Mädchen und Jungen sehr ähnlich auf sexuelle Gewalterfahrungen reagieren (Bange & Deegener, 1996; Watkins & Bentovim, 1992; Kendall-Tackett, Williams & Finkelhor, 1997), also sowohl mit verstärkten internalisierenden als auch externalisierenden Verhaltensweisen.

Umsetzung der Erkenntnisse in Präventions- und Interventionsmaßnahmen

Die verfügbaren Daten über Ausmaß, Umstände und Folgen sexueller Gewalt gegen Jungen müssen systematisch verbreitet und in Hilfe- bzw. Präventionsangebote umgesetzt werden. Eine verbesserte Qualifikation beraterisch-pädagogisch tätiger Fachkräfte würde die gegenwärtigen Unsicherheiten im Umgang mit männlichen Opfern sexueller Gewalt reduzieren. Betroffene Jungen fänden schneller die benötigte Unterstützung bei der Verarbeitung ihrer Gewalterfahrungen.

Ein wichtiger Schritt wäre die Vermittlung der vorliegenden Erkenntnisse im Rahmen aller sozialen, pädagogischen und therapeutischen Ausbildungsgänge bzw. durch entsprechende Fort- und Weiterbildungsangebote für Fachkräfte dieser Arbeitsbereiche (Bange 2000, → *Rahmenbedingungen für Interventionen*).

Großen Wert muss dabei auf die Beschäftigung der Fachkräfte mit den eigenen Geschlechtsrollen-Klischees gelegt werden. Jungenspezifische Mythen (z.B. Jungen können sich wehren. Jungen schadet sexuelle Gewalt nicht. Jungen verarbeiten die Erfahrung am besten, wenn sie sie vergessen. Jungen werden durch sexuelle Ausbeutung homosexuell.) sind nach wie vor auch in Teilen der Fachöffentlichkeit weit verbreitet und behindern einen unterstützenden Umgang mit betroffenen Jungen (Bange, 1995; Dothagen, 2000).

Beratung und Therapie

Je nach Alter, persönlichen und sozialen Ressourcen des Jungen sowie in Abhängigkeit von traumatogenen Faktoren der Missbrauchshandlungen (s. o.) sind unterschiedlich intensive Interventionen nötig. Nicht alle sexuell missbrauchten Jungen benötigen eine langfristige Therapie. Betroffene Jungen, insbesondere männliche Jugendliche haben häufig das Bedürfnis, sich im Rahmen von einigen wenigen Beratungsgesprächen mitzuteilen und über Unterstützungsmöglichkeiten zu informieren. Eine längerfristige Therapie möchten sie oftmals nicht. Auch ein kurzfristiger Kontakt zu einer Fachkraft, die Kenntnisse über Täterstrategien und jungentypische Reaktionen auf Ohnmachtserfahrungen besitzt, kann den betroffenen Jungen die selbstständige Verarbeitung der Missbrauchserfahrung und die Inanspruchnahme von Hilfe zu einem späteren Zeitpunkt erleichtern (Bange, 1995).

Je jünger die betroffenen Jungen sind und je massiver die sexuellen Gewalterfahrungen waren, desto wichtiger ist die Abklärung der Notwendigkeit einer therapeutischen Aufarbeitung der Gewalterfahrungen des Kindes (Boehme, 2000).

Wie Bange (1995) betont, gibt es für männliche Opfer sexueller Gewalt keine therapeutische Methode der Wahl. Gespräche mit betroffenen Kindern lassen darauf schließen, dass zunächst Mitgefühl, Ernsthaftigkeit und echtes Interesse wichtige Grundvoraussetzungen für jegliche beraterische/therapeutische Kontakte sind. Berücksichtigt man die Erfahrungen aus der Beratungspraxis sowie empirische Erkenntnisse zu emotionalen Reaktionen und psychischen Folgen betroffener Jungen, kristallisieren sich eine Reihe zentraler Themen beraterisch-therapeutischer Kontakte heraus (vgl. Bange, 1995; Boehme 2000): Ängste (als Junge versagt zu haben, homosexuell zu sein oder zu werden), Schuldgefühle (sich nicht „genug" gewehrt zu haben, es vielleicht doch auch gewollt zu haben, eine Erektion gehabt zu haben, Geld oder Geschenke akzeptiert zu haben) und eine grundlegende Verunsicherung der männlichen Identität sind häufige psychische Reaktionen betroffener Jungen. Da diese Gefühle wiederum mit Scham verbunden sind, werden sie von den Jungen selbst nur selten thematisiert. Ein behutsam-direktives Vorgehen und die Thematisierung der „jungentypischen" Gefühle und Reaktionen in Beratung und Therapie ist daher häufig notwendig (vgl. dazu Bange, 1995; Boehme, 2000; Cohen & Mannarino, 2000). Dabei müssen Beraterinnen und Berater den Jungen einerseits die Gelegenheit geben, ihr Opfer-Sein anzuerkennen und konstruktive Bewältigungsstrategien zu erproben. Andererseits müssen sie damit rechnen, dass die Thematisierung von Hilflosigkeit und Ohnmacht verstärkte Bemühungen der Jungen auslöst, sich männlich zu zeigen und ihre Ohnmacht zu leugnen (Friedrich, 1995).

Insgesamt ist in Deutschland ein eklatanter Mangel an Konzepten für die Beratung und Therapie sexuell missbrauchter Jungen festzustellen.

Beratung der Bezugspersonen

Neben der Hilfe für die betroffenen Jungen selbst spielt auch die beraterische Unterstützung der nicht-missbrauchenden Eltern/Bezugspersonen eine wichtige Rolle. Eine angemessene Unterstützung durch die Bezugspersonen konnte als protektiver Faktor gegen die traumatisierende Wirkung sexueller Gewalterfahrungen identifiziert werden (s.o.).

Erwachsene Bezugspersonen von männlichen Opfern sexueller Gewalt haben oftmals Ängste und Unsicherheiten, die den Ängsten der männlichen Opfer entsprechen und ebenfalls in den vorherrschenden Männlichkeitsbildern begründet liegen. Auch die Eltern/ Bezugspersonen eines missbrauchten Jungen fragen sich häufig, ob ihr Sohn noch ein „richtiger" Junge ist, ob er durch den Missbrauch homosexuell oder zum Täter wird, ob er sich nicht gewehrt hat, usw. Zudem liegen Erkenntnisse vor, dass Bezugspersonen missbrauchter Kinder im Zuge einer „sekundären Traumatisierung" in erheblichen Maße durch den Missbrauch des Kindes belastet werden (Davies, 1995). Die Bezugspersonen benötigen daher ein spezialisiertes Beratungsangebot, welches auch über jungenspezifische Reaktionen und angemessene Unterstützungsmöglichkeiten aufklärt. Dabei ist besonderer Wert auf die Entwicklung – bisher kaum vorhandener – geschlechtsspezifischer Beratungsangebote für Väter zu legen (→ *Väter*).

Jungenspezifische Prävention

Die Entwicklung und Anwendung von jungenspezifischen Präventionskonzepten gegen sexuelle Gewalt an Jungen steckt noch in den Anfängen. Solche Konzepte müssen jungenspezifische Aspekte wie z.B. die großen Berührungsängste von Jungen vor dem Thema berücksichtigen. Daher sind Präventionsbemühungen für Jungen betont niedrigschwellig zu gestalten (dahin gehen, wo die Jungen sind, in bestehende Strukturen wie Schule, offene Jugendarbeit etc. einbinden, für Jungen attraktive Materialien entwickeln usw.). Ein geeigneter Rahmen ist sicherlich die sich langsam etablierende geschlechtsbewusste Jungenarbeit. Hier kann Prävention gegen sexuelle Gewalt im Zusammenhang mit einer breiteren, kritisch-solidarischen (Bentheim & Kruse, 2000) Beschäftigung mit Männlichkeit geleistet werden. Jungen können hier lernen, sich selbst als potenzielle Opfer zu sehen, dass man über Ohnmachtserfahrungen sprechen kann und die Inanspruchnahme von Hilfe nicht unmännlich ist.

Eine besondere Herausforderung ist die Tatsache, dass Jungen nicht nur potenzielle Opfer sexueller Gewalt sind, sondern dass sexuelle Gewalt hauptsächlich von Jungen, männlichen Jugendlichen und Männern ausgeht. Prävention muss daher Jungen zum einen vermitteln, dass auch sie Opfer sein können, muss ihnen altersgerechte Informationen über Täterstrategien, über Schutz- und Bewältigungsstrategien an die Hand geben. Jungenspezifische Prävention muss aber auch täterpräventive Aspekte beinhalten, z.B. indem mit den Jungen an der Entwicklung gewaltfreier, respektvoller Möglichkeiten der Konfliktlösung gearbeitet wird und Alternativen zum belastenden und gewaltfördernden traditionellen Mann-Sein gesucht werden (→ *Täterprävention*).

Forschung intensivieren

Schließlich sind die Forschungsbemühungen zu intensivieren. Noch weist die empirische Erforschung sexueller Gewalt gegen Jungen große Lücken auf. Während allgemeinere Aussagen hinsichtlich des Ausmaßes, der Umstände und der möglichen Folgen sexuellen Missbrauchs an Jungen vorliegen, fehlen in anderen Bereichen wichtige Informationen. Differenzierte Erkenntnisse über geschlechtsspezifische Unterschiede bezüglich der Wahrnehmung und Verarbeitung sexueller Gewalterfahrungen sind ebenso wenig verfügbar wie genauere Informationen über die Wirkung von protektiven Faktoren. Auch die Frage, warum einige missbrauchte Jungen sich zum Täter entwickeln, während andere mit sehr ähnlichen Belastungskonstellationen das nicht tun, ist ungeklärt. Dringend benötigt werden Informationen über Möglichkeiten, Jungen vor dem Hintergrund ihrer weitgehend traditionell männlichen Sozialisation konstruktive Bewältigungsstrategien zu vermitteln sowie jungenspezifische Beratungs- und Therapieangebote zu entwickeln.

Literatur

Bange, D. (1992). *Die dunkle Seite der Kindheit. Sexueller Mißbrauch an Mädchen und Jungen.* Köln: Volksblatt.
Bange, Dirk (1995). Auch Indianer kennen Schmerz. Beratung und Therapie sexuell mißbrauchter Jungen und Männer. In: Bange, Dirk & Enders, Ursula. *Auch Indianer kennen Schmerz. Sexuelle Gewalt gegen Jungen (S. 121–160).* Köln: Kiepenheuer & Witsch.

Bange, Dirk (2000). Sexueller Missbrauch an Jungen: Wahrnehmungstabus bei Männern in der sozialen Arbeit und in der Sozialverwaltung. In: Lenz, Hans-Joachim (Hrsg.). *Männliche Opfererfahrungen. Problemlagen und Hilfeansätze in der Männerberatung* (S. 285–300). Weinheim: Juventa.

Bange, D. & Boehme, U. (2001²). Sexuelle Gewalt an Jungen. In: Amann, Gabriele & Wipplinger, Rudolf (Hrsg.). *Sexueller Mißbrauch – Überblick zu Forschung, Beratung und Therapie.* Tübingen: dgvt.

Bange, Dirk & Deegener, Günther (1996). *Sexueller Mißbrauch an Kindern. Ausmaß, Hintergründe, Folgen.* Weinheim: Beltz-PVU.

Bange, D. & Enders, U. (1995). *Auch Indianer kennen Schmerz. Sexuelle Gewalt gegen Jungen.* Köln: Kiepenheuer & Witsch.

Beitchman, J. H., Zucker, K. J., Hood, J. E., DaCosta, G. A. & Akman, D. (1991). A Review of the Short-Term Effects of Child Sexual Abuse. *Child Abuse & Neglect, 15,* 537–556.

Beitchman, J. H.; Zucker, K. J.; Hood, J. E.; DaCosta, G. A.; Akman, D. & Cassavia, E. (1992) A Review of the Long-Term Effects of Child Sexual Abuse. *Child Abuse & Neglect, 16,* 101–118.

Benthein, Alexander & Benthein, Aorsten (2000). Fort- und Weiterbildung zur sexualisierten Gewalt an und durch Jungen. Konzept und erste Erfahrungen eines Modellprojekts bei WIDERSPRUCH in Kiel. In: Lenz, Hans-Joachim (Hrsg.). *Männliche Opfererfahrungen. Problemlagen und Hilfeansätze in der Männerberatung (S. 267–300).* Weinheim: Juventa.

Boehme, Ulfert (2001). Täterprävention im pädagogischen Alltag vor dem Hintergrund jungenspezifischer Sozialisation. In: Petra Risen, Marlene Kruck & Kathrin Bender (Hg.): *Sexualisierte Gewalt in der Alltags- und Medienwelt von Kindern – wahrnehmen – benennen – präventiv handeln* (S. 253–283). Bad Heilbrunn: Julius Klinkhardt.

Boehme, Ulfert (2000). Die Suche nach Hilfe. Zugänge zu geschlechtsspezifischen Hilfeangeboten für männliche Opfer sexueller Gewalt. In: Lenz, Hans-Joachim (Hrsg.). *Männliche Opfererfahrungen. Problemlagen und Hilfeansätze in der Männerberatung (S. 167–184).* Weinheim: Juventa.

Cohen, Judith & Mannarino, Anthony (2000). Predictors of Treatment Outcome in Sexually Abused Children. *Child Abuse & Neglect, 24,* 983–994.

Collings, Steven (1994). The Long-Term Effects of Contact and Noncontact Forms of Child Sexual Abuse In a Sample of University Men. *Child Abuse & Neglect, 19,* 1–6.

Conte, J. R., Wolf, S. & Smith, T. (1989). What sexual offenders tell us about prevention strategies. *Child Abuse & Neglect, 13,* 293–301.

Davies, Michael (1995). Parental Distress And Ability To Cope Following Disclosure Of Extrafamilial Sexual Abuse. *Child Abuse & Neglect, 19,* 399–408.

Dothagen, Michael (2000). „…und dass ich dann frei bin." Psychotherapie mit einem Mann, der in der Kindheit sexuell missbraucht wurde. In: Lenz, Hans-Joachim (Hrsg.) (2000). *Männliche Opfererfahrungen. Problemlagen und Hilfeansätze in der Männerberatung (S. 185–197).* Weinheim: Juventa.

Dziuba-Leatherman, Jennifer & Finkelhor, David (1994). How Does Receiving Information About Sexual Abuse Influence Boys' Perceptions Of Their Risk? *Child Abuse & Neglect, 18, 7, 557–568.*

Enders, Ursula (1999). Die Strategien der Täter und die Verantwortung von uns Erwachsenen für den Schutz von Mädchen und Jungen. In: Höfling, Siegfried; Drewes, Detlef & Epple-Waigel, Irene (Hrsg.). *Auftrag Prävention. Offensive gegen sexuellen Kindesmissbrauch (S. 177–196).* Hanns-Seidel Stiftung. München.

Enders, Ursula (Hrsg.) (2001): *Zart war ich, bitter war's. Handbuch gegen sexuelle Gewalt an Mädchen und Jungen.* Köln: Kiepenheuer & Witsch.

Etherington, Kim (1997). Maternal Sexual Abuse of Males. *Child Abuse Review, 6,* 107–117.

Finkelhor, David (Hrsg.) (1986). *A Sourcebook on Sexual Abuse.* Newbury Park: Sage.

Finkelhor, David & Berliner, Lucy (1995). Research on the treatment of sexually abused children: A review and recommendations. *American Journal of the American Academy of Child and Adolescent Psychiatry, 34,* 1408–1423.

Fondacaro, Karen; Holt, John & Powell, Thomas (1999). Psychological Impact of Childhood Sexual Abuse On Male Inmates: The Importance of Perception. Child Abuse & Neglect, 361–369.

Friedrich, William N. (1995). *Psychotherapy with Sexually Abused Boys. An Integrated Approach.* Thousand Oaks: Sage.

Friedrich, William N. (1998). Behavioral Manifestations of Child Sexual Abuse. *Child Abuse & Neglect, 22,* 523–531.

Fromuth, M. E. & Burkhart, B. R. (1987). Childhood Sexual Victimization Among College Men: Definitional and Methodological Issues. *Violence and Victims, 2,* 241–253.
Glöer, Nele & Schmiedeskamp-Böhler, Irmgard (1990). *Verlorene Kindheit – Jungen als Opfer sexueller Gewalt.* München: Weismann.
Grubman-Black, Steven (1990). *Broken boys/mending men. Recovery from childhood sexual abuse.* New York: IVY Books.
Holmes, Guy & Offen, Liz (1996). Clinicians' Hypotheses Regarding Clients' Problems: Are They Less Likely To Hypothesize Sexual Abuse In Male Compared To Female Clients? *Child Abuse & Neglect, 20,* 493–501.
Huston, Rebecca; Parra, Juan; Prihoda, Thomas & Foulds, Michael (1995). Characteristics of Childhood Sexual Abuse In a Predominantly Mexican-American Population. *Child Abuse & Neglect, 19,* 165–176.
Julius, H. (2000). *Die Folgen sexuellen Missbrauchs an Jungen. Eine qualitative und quantitative Integration der Forschungsergebnisse.* Unveröffentlichte Dissertation. Universität Potsdam.
Julius, Henri & Boehme, Ulfert (1997). *Sexuelle Gewalt gegen Jungen. Eine kritische Analyse des Forschungsstandes.* Göttingen: Verlag für Angewandte Psychologie.
Kendall-Tackett, Kathleen A., Williams, Linda M. & Finkelhor, David (1997). Die Folgen von sexuellem Mißbrauch bei Kindern: Review und Synthese neuerer empirischer Studien. In: Amann, Gabriele & Wipplinger, Rudolf (Hrsg.). *Sexueller Mißbrauch. Überblick zu Forschung, Beratung und Therapie. Ein Handbuch (S. 151–186).* Tübingen: dgvt.
Kloiber, A. (1994). Sexuelle Gewalt an Jungen. Eine retrospektive Befragung erwachsener Männer. *Verhaltenstherapie und psychosoziale Praxis, 4,* 489–502.
Landesarbeitsgemeinschaft Jungenarbeit in Nordrhein-Westfalen (Hrsg.) (2000). Landkarte Jungenarbeit in NRW. *www.jungenarbeiter.de*
Laszig, Parfen (1996). Sexueller Mißbrauch an Jungen. Physische und psychische Auswirkungen bei erwachsenen Männern. *Sexuologie, 2,* 69–84.
Lenz, Hans-Joachim (Hrsg.) (2000). *Männliche Opfererfahrungen. Problemlagen und Hilfeansätze in der Männerberatung.* Weinheim: Juventa.
Lew, Mike (1993). *Als Junge mißbraucht. Wie Männer sexuelle Ausbeutung in der Kindheit verarbeiten können.* München: Kösel.
Lynskey, Michael & Fergusson, David (1997). Factors Protecting Against The Development of Adjustment Difficulties in Young Adults Exposed to Childhood Sexual Abuse. *Child Abuse & Neglect, 21,* 1177–1190.
Mullen, Paul (1997). Der Einfluß von sexuellem Kindesmißbrauch auf die soziale, interpersonelle und sexuelle Funktion im Leben des Erwachsenen und seine Bedeutung in der Entstehung psychischer Probleme. In: Amann, Gabriele & Wipplinger, Rudolf (Hrsg.). *Sexueller Mißbrauch. Überblick zu Forschung, Beratung und Therapie. Ein Handbuch (S. 246–259).* Tübingen: dgvt.
Raupp, U. & Eggers, Ch. (1993). Sexueller Mißbrauch von Kindern. Eine regionale Studie über Prävalenz und Charakteristik. *Monatszeitschrift für Kinderheilkunde, 141,* 316–322.
Schein, M. et al. (2000). The Prevalence Of A History Of Child Sexual Abuse Among Adults Visiting Family Practitioners In Israel. *Child Abuse & Neglect, 24,* 667–675.
van Outsem, Ron (1993). *Sexueller Mißbrauch an Jungen.* Ruhnmark: donna vita.
Waschlewski, Stefan (1999). *Merkmale sexuell schädigender Kinder und Jugendlicher —ein Beitrag zur Ursachenforschung.* Diplomarbeit an der Ruhruniversität Bochum.
Watkins, Bill & Bentovim, Arnon (1992). The sexual abuse of male children and adolescents: A review of current research. *Journal of Child Psychology and Psychiatry, 33,* 197–248.
Wetzels, Peter (1997). *Gewalterfahrungen in der Kindheit. Sexueller Mißbrauch, körperliche Mißhandlung und deren langfristige Konsequenzen.* Baden-Baden: Nomos.
Young, Rodney, Bergandi, Thomas & Titus, Thomas (1992). Comparison of the Effects of Sexual Abuse on Male and Female Latency-Aged Children. *Journal of Interpersonal Violence, 9,* 291–306.
Zartbitter Köln (Hrsg.) (1999). *Die Nachricht. Taschenheft für Jungen.* Zartbitter Eigenverlag.

Jungenprostitution

Dirk Bange

Jungenprostitution ist kein Phänomen des 20. Jahrhunderts. Schon in der Antike war Jungenprostituion ein Geschäft (deMause 1980). Öffentliche Aufmerksamkeit erhielt das Thema jedoch stets nur, wenn politischer oder rechtlicher Handlungsbedarf dazu zwang. So wurde in Deutschland zu Zeiten der Weimarer Republik ausgelöst durch die geplante Neufassung des § 175 StGB erstmals öffentlich über männliche Prostitution diskutiert. In den Fünfziger- und Sechzigerjahren richtete sich der Fokus auf die „Gefährlichkeit der männlichen Prostitution", weil es zu einer Zunahme von Verhaftungen und Verurteilungen nach § 175a Ziffer 4 StGB kam. Mitte der Achtzigerjahre gelangte die Jungenprostitution vor allem auf Grund der Debatte über HIV/AIDS erneut ins Blickfeld (Wright 2000, S. 3; Gusy, Krauß, Schrott & Heckmann 1994, S. 1087). In diesen Jahren wurden einige Beiträge zur Jungenprostitution (Stallberg 1990, Möbius 1990, Bange 1990, Bader & Lang 1991, Gusy, Krauß, Schrott & Heckmann 1994) veröffentlicht und in Großstädten erste Praxisprojekte für Stricher eingerichtet (z.B. Intervention in Hamburg, Sub/Way in Berlin, KISS in Frankfurt). Nachdem die Diskussion über HIV/AIDS mittlerweile abgeflaut ist, hat auch das Interesse am Thema Jungenprostitution wieder deutlich nachgelassen. Dies zeigt sich u.a. daran, dass seit Mitte der Neunzigerjahre kaum noch Beiträge zu diesem Problem veröffentlicht wurden und die meisten wissenschaftlichen Datenbanken noch keine Stichwörter für Jungenprostitution enthalten (Wright 2000).

Für diese relativ sporadische und schwache Problematisierung des Strichjungenphänomens im politischen, pädagogischen und wissenschaftlichen Bereich macht Friedrich Stallberg (1990, 18f.) die fünf folgenden Bedingungen verantwortlich:
– Anders als weiblicher Prostitution wird den sexuellen Leistungen der Strichjungen keine soziale Nützlichkeit zugestanden. Man hält sie nicht für notwendig, um bestimmte Institutionen und Prozesse im gesellschaftlich gewünschten Maße funktionieren zu lassen.
– Das Gespräch über Strichjungen und ihre Lebenswirklichkeit wird durch drei Tabus erschwert: Die Jungen üben homosexuelle Praktiken aus, sie bieten Sexualität gegen Geld an und es werden Straftatbestände tangiert.
– Strichjungen entziehen sich der öffentlichen Wahrnehmung, indem sie relativ unauffällig agieren.

– Es gibt keine Vereinigung, keinen Zusammenschluss von Strichjungen, die bzw. der – ähnlich wie bei weiblichen Prostituierten – deren Interessen öffentlich vertritt sowie zu Selbsthilfe und Selbstorganisation anregt. Die Tätigkeit von Strichjungen und männlichen Prostituierten ist traditionell so wenig professionalisiert und so sehr situativ angelegt, dass für berufsständische Ziele kein Raum ist.
– Es gibt nicht so viele Strichjungen. Jungenprostitution wird deshalb für ein randständiges Problem erachtet.

Angesichts des nur sporadischen Interesses an diesem Thema überrascht es nicht, dass nur wenige deutschsprachige Untersuchungen vorliegen, die überwiegend aus den Siebzigerjahren stammen (Schmidt-Relenberg, Karner & Pieper 1975, Schickedanz 1979, Lang 1989). Hinzu kommen einige Untersuchungen aus den USA, die wichtige Erkenntnisse über Jungenprostitution liefern (Boyer 1986, Weisberg 1985; Janus u.a. 1984). Beobachtungen und Einschätzungen von Praktikerinnen und Praktikern (Bader & Lang 1991, Möbius 1990, Schlich & Krauß 1990, Genreith 1989) haben deshalb für die Einschätzung des Problems eine große Bedeutung.

Fakten zur Jungenprostitution

Wie groß das Problem der Jungenprostitution ist, lässt sich für Deutschland auf Grund fehlender Untersuchungen zahlenmäßig nicht genau beziffern. Schätzungen gehen von 5.000 bis 10.000 Jungenprostituierten aus (Stallberg 1990, S. 19).

Ausgehend von dem Ort, an dem sich Jungen prostituieren, wird zwischen Strichjungen, Barprostituierten und Call-Boys unterschieden. Eine Sonderform stellen die „kept boys" dar. Das sind Jungen, die eine längere Zeit bei einem Freier wohnen (Gusy, Krauß, Schrott & Heckmann 1994). Die Arbeit der Call-Boys hat eher den Charakter eines gewählten Berufs; Stricher hingegen sind meistens auf die Prostitution angewiesen, da sich ihnen sonst keine anderen Arbeitsmöglichkeiten bieten (Wright 2000, S. 5ff.). Die folgenden Ausführungen beziehen sich weitgehend auf Strichjungen. Dabei muss auf Grund fehlender Untersuchungen auf eigentlich notwendige Differenzierungen z.B. nach Nationalität verzichtet werden.

Einzelne Fallgeschichten und die amerikanischen Untersuchungen deuten darauf hin, dass sich bereits Zehnjährige prostituieren und ein großer Teil der Strichjungen schon als Minderjährige in die Prostitution einsteigt (Bader & Lang 1991, Möbius 1990, Boyer 1986, Weisberg 1985). Mit Blick auf die neueren Forschungen und Beobachtungen von Praktikern ist zu vermuten, dass das Einstiegsalter und das Durchschnittsalter der Stricher tendenziell sinken (Gusy, Krauß, Schrott & Heckmann 1994).

Nur wenige Strichjungen machen aus der Prostitution einen Beruf. Die meisten Jungen gehen nur wenige Jahre auf den Strich. Der im Vergleich zu vielen weiblichen Prostituierten „frühe" Ausstieg von Jungen und Männern ist auch darauf zurückzuführen, dass sie schon nach einigen Jahren – etwa ab Mitte 20 – für die Freier uninteressant werden (Bader & Möbius 1991, Stallberg 1990).

Die Stricher zeichnen sich durch eine hohe Mobilität aus. Ein ständiger Wechsel zwischen den Großstädten ist nicht ungewöhnlich und orientiert sich an besonderen Anlässen (z. B. Messen, Kongresse) und am „Marktwert". Wenn ein Junge sich längere Zeit in einer Stadt prostituiert, verliert er für die Freier an Attraktivität, weil diese immer auf der Suche nach neuen Jungen sind (Gusy, Kauß, Schrott & Heckmann 1994).

Im Gegensatz zur weiblichen Prostitution spielt bei der männlichen Prostitution offene Zuhälterei kaum eine Rolle. Es gibt aber verdeckte Zuhälterei: Wirte, die den Strichern Räume vermieten, verlangen von den Jungen einen gewissen Betrag pro Kunden und Vermittler, die gegen Gebühr Freiern ein ständiges Angebot an jungen Strichern bieten (Bader & Möbius 1991).

Soziale Hintergründe

Alle vorliegenden Studien stimmen darin überein, dass die Jungen überwiegend in unvollständigen und/oder funktional gestörten Familien aufwachsen. Frühe Verluste der Eltern durch Trennungen, Scheidung oder Tod eines Elternteils und/oder unharmonische bis völlig zerrüttete Elternhäuser sind für Strichjungen fast schon charakteristisch (Schmidt-Relenberg, Karner & Pieper 1975, Schickedanz 1979, Allen 1980, Janus u. a. 1984, Weisberg 1985, Boyer 1986, Möbius 1990, Stallberg 1990, Schlich 1994, Wright 2000).

Die in den Achtzigerjahren durchgeführten Studien weisen zudem darauf hin, dass sehr viele der Jungen körperlich misshandelt sowie emotional oder sexuell missbraucht wurden. Janus u. a. (1984) fanden bei 24 der 28 von ihnen untersuchten Jungen, dass diese in ihrer Kindheit durch Erwachsene oder ältere Jugendliche sexuell missbraucht wurden. Weisberg (1985) berichtet, dass 29 % der von ihr befragten 79 Stricher innerhalb der Familie z. B. von Vätern, Brüdern oder einem Onkel und 15 % außerhalb der Familie z. B. von Freunden der Mutter, Babysittern oder Lehrern sexuellen Missbrauch erlebten. Außerdem waren 34 % körperlich und 38 % emotional misshandelt worden. In den deutschen Untersuchungen der Siebzigerjahre wurde dieser Aspekt nicht untersucht. Neuere deutsche Untersuchungen zu dieser Frage gibt es nicht. Berichte von Praktikern deuten allerdings darauf hin, dass auch bei uns vielen Strichjungen sexuelle Gewalt in der Familie oder im familialen Nahbereich widerfahren ist (Ulfers 2000).

Angesichts dieser familialen Hintergründe überrascht es nicht, dass ein hoher Anteil der Strichjungen Heimerfahrungen hat oder in Heimen lebt (Schlich 1994, Bader & Lang 1991, Gusy, Krauß, Schrott & Heckmann 1994). Auch das übereinstimmende Ergebnis aller Studien, dass die Jungen vielfach keine Schulabschlüsse haben, passt in dieses Bild (Wright 2000; Gusy, Krauß, Schrott & Heckmann 1994).

Kelly Weisberg (1985) sieht auf Grund ihrer Untersuchungsergebnisse einen engen Zusammenhang zwischen jugendlichen Ausreißern und Jungenprostitution. 81% der von ihr befragten Prostituierten verließen ihr Elternhaus bereits vor dem 18. Lebensjahr ohne Einwilligung der Erwachsenen (Durchschnittsalter 14,8 Jahre). Als Begründung wurden in der Mehrzahl der Fälle die konfliktreiche Familiensituation (28%), Auseinandersetzungen über die Homosexualität des Jungen (24%), der Wunsch nach Freiheit und Abenteuer (23%) oder Missbrauch in der Familie (15%) genannt.

Von Praktikern wird beschrieben, dass der Drogen- und Alkoholkonsum für viele Stricher dazu gehört. Auf Grund seiner Erfahrungen in der Arbeit mit Strichern schreibt Thomas Möbius (1990, S. 30): „Anschaffen zu gehen, ohne vorher einen Joint geraucht zu haben, Alkohol getrunken oder eine Pille genommen zu haben, scheint auf Dauer nicht erträglich zu sein. Es mag sein, dass Scham, Wut und Ekel zu groß und schmerzhaft werden, um sie nüchtern ertragen zu können." Durch Untersuchungen wird dieser Eindruck bestätigt (Wright 2000, S. 8).

Motive der Strichjungen

Der Prostitution gehen Stricher aus unterschiedlichen Motiven nach. Geld wird von ihnen als wichtiges Motiv angegeben. Ausreißer prostituieren sich, um auf der Straße überleben zu können, Drogenabhängige benötigen es, um ihre Sucht finanzieren zu können. Andere Jungen brauchen es, um sich die neuesten Luxusartikel oder die neueste Mode leisten zu können. Nachrangig gibt ein Teil der Stricher auch an, dass sie Spaß und (sexuelle) Abenteuer suchen. Darüber hinaus vermuten Forscher, dass die Jungen Gefühle der Verlassenheit, der Isolation, des Nicht-Geliebtwerdens und von Minderwertigkeit zu überwinden suchen (Bange 1990).

Sexuelle Identität

Kontrovers diskutiert wird in der Forschung, ob die Jungen homosexuell, bisexuell oder heterosexuell sind. In den deutschen Studien aus den Siebzigerjahren sind es nur etwa ein Drittel der Stricher, die sich selbst als homosexuell oder bisexuell definierten (Schmidt-Relenberg, Karner & Pieper 1975, Schickedanz 1979). Dagegen kommt Weisberg (1985) zu deutlich höheren Zahlen (47% homosexuell, 29% bisexuell, 8% Transvestiten, 4% transsexuell). Zur Selbsteinschätzung der Stricher merkt allerdings Friedrich Stallberg (1990, S. 23) an, „dass die meisten Strichjungen große Probleme mit ihrer sexuellen Identität haben und sich von daher schwer damit tun, eine abweichende Orientierung zuzugeben."

Die Freier

Angesichts des kindlichen oder jugendlichen Alters der Strichjungen kann davon ausgegangen werden, dass viele Freier Pädosexuelle sind, die ihr Leben entsprechend ihrer sexuellen Orientierung strukturiert haben (→ *Pädosexualität*). Erfahrungen von Praktikern belegen diese Annahme und zeigen, dass zumindest ein Teil dieser Männer Jungen anbietet, dass sie längere Zeit bei ihnen wohnen können (Ulfers 2000). Ein anderer Teil der Freier sind Männer, die sexuell auch an Gleichaltrigen orientiert sind, die aber immer wieder auch ihre pädosexuellen Neigungen ausleben. Diese Männer führen meist ein ganz unauffälliges Leben, sind beruflich mehr oder weniger erfolgreich und kommen aus allen gesellschaftlichen Schichten. Sie möchten unverbindlich ihre Sexualität ausleben und/oder sich durch Geld (sexuelle) Macht über Menschen kaufen.

Welche Männer Jungen für sexuelle Dienste kaufen und warum sie das tun, liegt noch immer weitgehend im Dunkeln. Außer einer kleinen Berliner Pilotstudie zum Sexualverhalten von Kunden männlicher Prostituierter (Schrott, Pant & Kleiber 1994) gibt es in Deutschland keine entsprechenden Untersuchungen. Viele Ergebnisse der Täterforschung können jedoch vermutlich auf die Freier von Strichjungen übertragen werden.

Folgen

Welche Auswirkungen die Prostitution auf das Leben der Jungen hat, ist bisher noch nicht untersucht worden. Die Selbstzeugnisse von Strichjungen (z.B. in Bader & Lang 1991), Berichte von Praktikern (Schlich 1994, Fitzner 1991) und Untersuchungsergebnisse über die Folgen für weibliche Prostituierte lassen aber keinen Zweifel daran, dass die Prostitution für die Jungen nicht ohne negative Folgen bleibt.

In Verbindung mit den negativen Sozialisationserfahrungen ergeben sich Folgen durch die der Tätigkeit selbst innewohnenden Momente wie beispielsweise die instrumentell erfahrene Sexualität, die unter entwürdigenden Rahmenbedingungen und mit immer mehr Widerwillen ausgeübt wird. Selbstachtung und Selbstwertgefühle sind dabei nur schwer aufrecht zu erhalten. Um die Situation überhaupt aushalten zu können, greifen viele Jungen zu Tabletten, Alkohol oder Drogen (s.o.).

Hinzu kommen Ängste vor dem Älterwerden und dem Nachlassen der Attraktivität. Die Angst vor einer HIV-Infizierung ist virulent, auch wenn sie von den Jungen nicht offen gezeigt wird (→ *Geschlechtskrankheiten*).

Die Gewöhnung an hohe Einkünfte und hohe Ausgaben, an „flexible" Arbeitszeiten sowie an die Möglichkeit, „sein eigener Chef zu sein", erschweren später die Rückkehr in ein „normales" Arbeitsleben. Zumal viele Strichjungen keine abgeschlossene Schul- und Berufsausbildung haben. Außerdem kommen noch die Diskriminierung und Stigmatisierung der Prostituierten hinzu, die sie weiter in die Randständigkeit treiben und ihnen eine Rückkehr in ein „bürgerliches" Leben erschweren.

So ergeben sich aus dem Leben als Stricher u.a. folgende Probleme:
– hohe Raten von Geschlechtskrankheiten und anderen physischen Erkrankungen
– Selbstwertprobleme, Entstabilisierung der Persönlichkeit, Resignation, Apathie
– Verlust von zwischenmenschlichen Kontakten bis hin zur Isolation
– Psychische Probleme wie Depressionen oder Autoaggressionen
– Alkohol- oder Drogenabhängigkeit
– Verlust von Wertorientierungen
– Delinquenz
– geringe Bildungs-, Ausbildungs- und Fortbildungschancen.

Dieses Ausmaß von Schädigungen lässt deutlich werden, das die Ende der Achtzigerjahre in einigen Großstädten eingerichteten Beratungseinrichtungen und Anlaufstellen für Strichjungen von großer Bedeutung sind.

Anlaufstellen, Beratungsangebote, Streetwork

Die im Rahmen der Präventionsarbeit gegen HIV/AIDS vor gut zehn Jahren eingerichteten Anlaufstellen und Beratungsangebote für Stricher versuchen durch neue Ansätze von sozialer Arbeit im Milieu, die Jungen zu erreichen. Anders als die älteren Angebote ist ihr Ausgangspunkt nicht das Bemühen, die Jungen zu „bekehren". Vielmehr verstehen sich die Mitarbeiter primär als Ansprechpartner und Berater in der Szene. Das Leben der Jungen wird als gegeben akzeptiert. Dadurch wird der Entmündigung der Jungen entgegengewirkt und die Chance erhöht, dass die Jungen das Leben als Stricher zu einem selbstbestimmten Zeitpunkt aufgeben oder es zumindest mit weniger bleibenden Beeinträchtigungen leben können (Möbius 1990, Schlich & Krauß 1990, Heinz-Trossen 1993; Schlich 1994, Gusy, Krauß, Schrott & Heckmann 1994; Wright 2000).

Streetwork ist dabei der zentrale Arbeitsansatz, um Jungen zu erreichen, die soziale Dienstleistungen und herkömmliche Hilfeangebote der Jugendhilfe mit Misstrauen betrachten. Durch die Präsenz im Milieu und auf Basis vertrauensvoller Beziehungen ohne Kontrollfunktion können die Hilfen direkt angeboten werden. Zudem können die Streetworker schnell und angemessen auf Probleme reagieren.

Daneben ist für die meisten der neuen Angebote die Einrichtung einer festen Anlaufstelle im Milieu wichtig. Dort können die Stricher zum einen Zuflucht finden: Sie können sich dort duschen, ihre Wäsche waschen, einen Kaffee trinken oder sich einfach ausruhen. Zum anderen können sie Beratung bekommen. Inhalte der Beratungsangebote sind u.a.: Informationen zu HIV/AIDS, AIDS-Test-Beratung, medizinische Beratung durch einen Arzt, Rechtsberatung durch Anwälte, Hilfestellung bei Sozialhilfeanträgen, Arbeitslosengeld und Wohnungssuche, Schuldenregulierung, Begleitung bei Gerichtsterminen, Hilfe in Krisen, Vermittlung von Schul- und Berufsbildungsangeboten und Ausstiegsbegleitung (Wright 2000; Gusy, Krauß, Schrott & Heckmann 1994, Schlich 1994, Möbius 1990).

Daneben sind Gruppen zur sexuellen Identität und zum sexuellen Missbrauch denkbar. Wichtig sind auch Freizeitangebote, um die Jungen nicht auf ihr Prostituiertendasein zu reduzieren.

Die Untersuchung von Heinz-Trossen (1993) zeigt, dass die Kontaktaufnahme zu männlichen Prostituierten bei Gesundheitsämtern, die aufsuchend arbeiten, wesentlich erfolgreicher ist als bei den herkömmlichen.

Abschließend ist festzustellen, dass es dringend der weiteren Erforschung der Jungenprostitution bedarf. Außerdem scheint es geboten, dass insbesondere die Erzieher und Sozialpädagogen, die in Heimen arbeiten, sich zumindest grundlegendes Wissen über die Jungenprostitution aneignen. Die finanzielle Absicherung der niedrigschwelligen Unterstützungsangebote für Stricher muss auch in Zeiten, in denen HIV/AIDS kaum noch interessiert, weiter gewährleistet sein.

Literatur

Allen, D. M. (1980). Young male prostitutes: A psychological study. *Archives of Sexual Behavior 9*, 399–426.
Bader, B. & Lang, E. (Hg.) (1991). *Stricherleben*. Hamburg: Galgenberg.
Bader, B. & Möbius, T. (1991). Thesen zur männlichen Prostitution. In: B. Bader & E. Lang (Hg.). *Stricherleben* (S. 12–14). Hamburg: Galgenberg.
Bange, D. (1990). Jungenprostitution. *päd. extra & demokratische erziehung 3, Heft 11*, 33–38.
Boyer, D. K. (1986). *Male prostitution: A cultural expression of male homosexuality*. Ann Arbor: UMI (University Microfilms International).
deMause, L. (1980). *Hört ihr die Kinder weinen*. Frankfurt am Main: Suhrkamp.
Fitzner, H. (1991). Als Arzt in der Stricherszene: Sie nannten mich „Pille". In: B. Bader & E. Lang (Hg.). *Stricherleben* (S. 96–99). Hamburg: Galgenberg.
Genreith, W. (1989). Beratung und Betreuung von jugendlichen Ausreißern, Prostituierten und Strichern im Kölner Domplatten-Milieu. In: Werner, Steffan (Hg.): *Straßensozialarbeit. Eine Methode für heiße Praxisfelder* (S. 107–113). Weinheim: Beltz.
Gusy, B., Krauß, G., Schrott, G. & Heckmann, W. (1994). *Aufsuchende Sozialarbeit in der AIDS-Prävention – das „Streetwork"-Modell*. Herausgegeben vom Bundesministerium für Gesundheit. Baden-Baden: Nomos Verlagsgesellschaft.
Heinz-Trossen, A. (1993). *Prostitution und Gesundheitspolitik: Prostituiertenbetreuung als pädagogischer Auftrag des Gesetzgebers an die Gesundheitsämter*. Europäische Hochschulschriften, Reihe 22, Soziologie; Bd. 239, Frankfurt am Main: Peter Lang.
Herm, M. (1991). Jugendprostitution und Heimerziehung. In: B. Bader & E. Lang (Hg.). *Stricherleben* (S. 54–57). Hamburg: Galgenberg.
Janus, M. D. u.a. (1984). Youth Prostitution. In: A.W. Burgess (Hg.). *Child pornography and sex rings*. Lexington: D. C. Heath.
Lang, E. (1989). Aus dem ‚Milljöh'. Eine Fragebogenaktion mit Strichern. *Streetcorner 2 (1)*, 25–29.
Möbius, T. (1990). Streetwork in der Hamburger Stricherszene. Die Arbeit des BASIS-Projektes der Intervention e.V. In: In: Kath. Sozialethische Arbeitsstelle (Hg.). *Strichjungen – Fakten zur männlichen Prostitution* (S. 27–38). Hamm: Hoheneck.

Pant, A. (1993). Stricher. Ergebnisse sozialwissenschaftlicher Forschungsprojekte. In: H. Jäger (Hg.). *AIDS: Eine Krankheit wird behandelbar* (S.247–249). Landsberg: ecomed.
Schickedanz, H. J. (1979). *Homosexuelle Prostitution*. Frankfurt am Main: Campus.
Schlich, H.-P. (1994). Jungs auf der Straße – Straßenkinder und Prostitution. *Streetcorner 7 (2)*, 71–79.
Schlich, H.-P. & Krauß, G. (1990). Essen, duschen, waschen – und Geborgenheit. Die Kriseninformationsstelle für männliche Prostituierte der AIDS-Hilfe Frankfurt am Main. *Streetcorner 3 (2)*, 25–39.
Schmidt-Relenberg, N., Karner, H. & Pieper, R. (1975). *Strichjungen-Gespräche*. Darmstadt-Neuwied: Luchterhand.
Schrott, G., Pant, A. & Kleiber, D. (1994). „Männer mieten Männer" – Berliner Pilotstudie zum Sexualverhalten von Kunden männlicher Prostituierter. In: W. Heckmann & M.A. Koch (Hg.). *Sexualverhalten in Zeiten von AIDS* (S. 399–406). Berlin: edition sigma.
Stallberg, F. W. (1990). Das Strichjungenphänomen – Aktualität, Perspektiven, Befunde. In: Kath. Sozialethische Arbeitsstelle (Hg.). *Strichjungen – Fakten zur männlichen Prostitution* (S. 17–26). Hamm: Hoheneck.
Ulfers, R. (2000). Auswirkungen sexualisierter Gewalt gegen Jungen – Erfahrungen in der Projektarbeit mit Strichern bei BASIS e.V. Hamburg. Vortrag gehalten auf der Tagung „*Sexualisierte Gewalt gegen Jungen und sexuelle Identität*" am 5.10.2000 in Kiel veranstaltet vom Ministerium für Justiz, Frauen, Jugend und Familie des Landes Schleswig-Holstein.
Weisberg, K. (1985). *Children of the night*. Lexington: D. C. Heath.
Wright, M. T. (2000). *Eine Prozessevaluierung der gesundheitsfördernden Arbeit der Stricherprojekte in Deutschland unter besonderer Berücksichtigung des Einsatzes von Printmedien zur HIV-/AIDS-Prävention*. Eine Studie im Auftrag der Deutschen AIDS-Hilfe e.V. Berlin.

Jungensozialisation

Tim Rohrmann

Vorbemerkung

Auf Grund der zahllosen widersprüchlichen Untersuchungen zum Thema Geschlechtsunterschiede, die in den letzten Jahrzehnten veröffentlicht worden sind, lässt sich heute beinahe jede Position mit „wissenschaftlichen Ergebnissen" begründen. Dies macht deutlich, dass nicht nur beim alltäglichen Umgang mit Jungen und Mädchen, sondern auch bei der Entwicklung von Theorien und der Interpretation von Forschungsergebnissen die jeweiligen Grundhaltungen der Fachleute eine wichtige Rolle spielen.

Wie werden Jungen zu Männern?

Bei der Ausbildung von Geschlechtsunterschieden wirken biologische Bedingungen, entwicklungspsychologische Faktoren und Umwelteinflüsse immer zusammen. Sozialisation bezeichnet dabei die Gesamtheit der Prozesse, in deren Verlauf der Mensch „sozial" und damit Teil der Gesellschaft wird. Der in der Psychologie gebräuchlichere Begriff *Entwicklung* betont innere Vorgänge und Gesetzesmäßigkeiten sowie die aktive Rolle von Kindern bei der Bewältigung von Entwicklungsaufgaben. Mit dem Begriff *Sozialisation* wird dagegen die Bedeutung sozialer und kultureller Prozesse hervorgehoben: Die bewussten Bemühungen von Eltern und Pädagoginnen und Pädagogen, Kinder zu erziehen; die Auswirkungen von unbewussten Erwartungen und Verhaltensweisen, die Einflüsse andere Kinder, insbesondere der Peergruppen, und schließlich die Einwirkung der kulturellen und materiellen Lebenswelt, der Medien und anderer gesellschaftlicher Einflüsse. Ein wesentlicher Teil dieser Prozesse ist die Sozialisation zu Mann und Frau.

Sind Jungen und Männer durch ihre Sozialisation privilegiert?

Die ersten feministischen Veröffentlichungen zur geschlechtstypischen Sozialisation waren stark vom Kampf gegen die Frauenunterdrückung geprägt und betonten die Benachteiligung von Mädchen gegenüber Jungen. Neuere Veröffentlichungen zeichnen ein differenzierteres Bild und zeigen auch Widersprüche und Schwierigkeiten in der Entwicklung von Jungen auf (vgl. Pollack, 1998; Rohrmann, 1994; Winter & Neubauer, 1998). So belegen die Erkenntnisse über die körperliche und seelische Gesundheit von Kindern, dass Jungen bis zum Jugendalter anfälliger und labiler sind als Mädchen. Ein Überblick über die Krankheits-Früherkennungsmaßnahmen von Kindern (U1 bis U9) zeigt, dass Jungen in vielen Krankheitsbereichen leicht und mitunter erheblich stärker betroffen sind als Mädchen. Jungen werden häufiger als Mädchen auf Grund von Verhaltensauffälligkeiten in Beratungsstellen vorgestellt, insbesondere auf Grund von Hyperaktivität (→ *Erziehungsberatung).* In der weiteren Entwicklung sind Jungen weit mehr als Mädchen gefährdet, Unfälle und Verletzungen zu erleiden. Erst im Jugendalter zeigen sich bei Mädchen in größerem Ausmaß körperliche und psychosomatische Belastungen als bei Jungen. Diese wiederum reagieren dann häufiger mit Aggression – und geraten wesentlich häufiger mit der Justiz in Konflikt. Schließlich schneiden Jungen in allen Schulen der westlichen Welt schlechter ab als Mädchen, obwohl (oder: weil?) sie in der Schule mehr Aufmerksamkeit erhalten als Mädchen. Sie sind in Haupt- und Sonderschulen deutlich überrepräsentiert und verlassen fast doppelt so oft wie Mädchen die Schule ohne Abschluss (vgl. Schnack & Neutzling, 2000, S. 119ff.).

In letzter Zeit werden Probleme der Jungensozialisation insbesondere im Zusammenhang mit aggressivem Verhalten und Gewalt verstärkt thematisiert. Eine besondere soziale Förderung von Jungen wird immer häufiger für notwendig gehalten. Innerhalb eines historisch gesehen sehr kurzen Zeitraums ist damit ein lange Zeit für „normal" gehaltenes „typisches Jungenverhalten" zu einem „Problem" geworden, dem pädagogisch und psychologisch entgegengetreten werden soll. So lautet der Titel eines aktuellen Ratgebers zur Jungenerziehung „Mein Sohn soll kein Macho werden" (Kaiser, 1999). Inwieweit der Weg vom Kind zum Mann überhaupt eine Frage der Erziehung ist, ist allerdings nach wie vor umstritten.

Biologische Erklärungen

Nachdem sich Sozialisationstheorien zur Erklärung von Geschlechtsunterschieden in den 70er Jahren weit gehend durchgesetzt hatten, wurden im letzten Jahrzehnt biologische Erklärungen für geschlechtstypisches Verhalten wieder vermehrt diskutiert. Dies führt immer wieder zu vereinfachenden Behauptungen wie der, dass typisches Jungenverhalten durch das Hormon Testosteron herbeigeführt wird (z.B. Biddulph, 1998, S. 62). Das Zusammenspiel von Genen, Gehirnstrukturen, Hormonen und Verhalten ist allerdings bei beiden Geschlechtern außerordentlich kompliziert. Neuere Untersuchungen stellen sogar in Frage, ob es Sinn macht, von „weiblichen" und „männlichen" Hormonen zu sprechen (vgl. Garrels, 1999). Auch Genforscher räumen inzwischen ein, dass der Umwelt ein weitaus höherer Stellenwert für die Entwicklung zukommt, als bisher von ihnen angenommen wurde. Mit den Worten von Craig Venter vom Celera-Genom-Forschungsprojekt: „Wir sind nicht fest verdrahtet".

Unterschiedliche Männlichkeiten

Die Differenzierung nach Geschlecht durchzieht alle Bereiche unserer Gesellschaft bis hin zu Kleinigkeiten. Das *symbolische System der Zweigeschlechtlichkeit* umfasst und beeinflusst unser gesamtes Leben (vgl. Hagemann-White, 1984). Dabei ist der *öffentliche Bereich* – Arbeit, materielle Versorgung, Selbstdarstellung in der Öffentlichkeit – in der Regel den Männern zugedacht, der *private Bereich* – Familie, Erziehung und emotionale Versorgung – den Frauen. In mancher Hinsicht lässt sich das Geschlechtersystem unserer Kultur als Hierarchieverhältnis beschreiben, in dem Frauen nach wie vor untergeordnet und benachteiligt sind.

Dies ist allerdings nur ein Teil der Wahrheit: Die Lebenswelten kleiner Jungen sind nicht von männlicher Dominanz geprägt, und längst nicht alle Männer sind gesellschaftlich privilegiert. Es gibt daher nicht „die" Männlichkeit. Was umgangssprachlich oft „die Männerrolle" genannt wird, ist das jeweils vorherrschende, *hegemoniale* Modell von Männlichkeit. Dies verändert sich im Laufe der

Geschichte und ist entscheidend auch durch Hierarchieverhältnisse unter Männern bestimmt (vgl. Connell, 1999). Daneben gibt es andere „Männlichkeiten", z. B. die von schwulen Männern, traditionellen türkischen Männern, rechtsextremen Jugendlichen oder auch die von kleinen Jungen. Diese *untergeordneten und marginalisierten* Männlichkeiten haben einige Züge mit der vorherrschenden Form von Männlichkeit gemeinsam, genießen aber weit weniger gesellschaftliches Ansehen.

Männer, die für Gleichberechtigung eintreten und in ihrem persönlichen Leben Frauen nicht unterdrücken, aber dennoch davon profitieren, dass in unserer Gesellschaft Männer oft bevorzugt werden, nennt Connell *Komplizen*. Er hat dafür den Begriff „patriarchale Dividende" geprägt. Solche Vorteile erleben schon Jungen. In Kindergarten, Schule und Jugendzentrum bekommen sie oft mehr Aufmerksamkeit und mehr Freiräume zugestanden als Mädchen. Je mehr Mädchen gefördert werden und Verhaltensweisen von Jungen generell in die Kritik geraten, desto mehr verschiebt sich jedoch das Bild. Inzwischen mehren sich die Stimmen, die eher die „kleinen Helden in Not" sehen.

Entwicklung der Geschlechtsidentität

Die meisten Jungen und Mädchen machen die grundlegenden Erfahrungen der ersten Lebenszeit überwiegend mit Frauen. Zwar ist belegt, dass Kinder ihre Väter gerade zu Beginn des Lebens brauchen und Väter Säuglinge genauso gut „bemuttern" können wie Mütter (vgl. Badinter, 1993; Olivier, 1994, Fthenakis et al., 1999). Dennoch sind in der Regel Frauen für den größten Teil der Kindererziehung zuständig, sowohl in der Familie als auch in den öffentlichen Einrichtungen der Kleinkinderziehung (vgl. Rohrmann & Thoma, 1998). Wenn Jungen im Laufe des zweiten und dritten Lebensjahres beginnen, den Geschlechtsunterschied zu entdecken, kann dies zum Problem werden. Sie müssen mit der Tatsache fertig werden, dass die Mutter – wie auch Erzieherinnen und viele andere Menschen, mit denen sie es im Alltag zu tun haben – einem anderen Geschlecht angehören als sie selbst. Die bis dahin ungebrochene Identifikation mit der Mutter erhält hier einen entscheidenden Bruch. Jungen müssen fortan nicht nur damit leben, dass sie nicht selbst später einmal Mutter werden können, sondern sie fragen sich möglicherweise, ob Eigenschaften, die sie mit ihrer Mutter gemeinsam hatten und bis dahin ganz selbstverständlich fanden, jetzt vielleicht nicht mehr zu ihnen „gehören".

Abgrenzung von der Mutter und fehlende männliche Vorbilder

Die Beziehung zwischen Mutter und Sohn ist zu Beginn des Lebens oft sehr eng. Dabei sind manchmal die Grenzen zwischen Mütterlichkeit, Zärtlichkeit, pflegerischer Versorgung und Übergriffen nicht leicht zu ziehen. Die Aussage, dass „ein Junge sich von seiner Mutter abgrenzen muss, um ein Mann zu werden", ist inzwischen fast ein Allgemeinplatz geworden und wird in vielen Beiträgen zum Thema Jungenentwicklung wiederholt. Sie könnte allerdings dahingehend missverstanden werden, dass Söhne ihre Mütter ablehnen und sich von ihnen zurückziehen *müssen* und nur Männer sie auf ihrem Weg zum Mannsein unterstützen können. Zum einen lernen Jungen – und Mädchen – nicht nur von Männern, was Männlichkeit bedeutet, sondern orientieren sich auch an den Erwartungen und Bildern von Männlichkeit, die ihnen Frauen vermitteln. Zum anderen stimmt es, dass vielen Jungen männliche Vertrauenspersonen und Vorbilder fehlen. Dabei ist jedoch nicht die bloße Anwesenheit des Vaters entscheidend, sondern die Qualität der Vater-Kind-Beziehung. Studien zu Folgen der Vaterabwesenheit ergeben daher je nach konkreter Fragestellung widersprüchliche Ergebnisse (Franz u.a. 1999; Petri 1999; Heiliger 1991). Festzuhalten bleibt, dass der Mangel an positiven männlichen Bezugspersonen in der Kindererziehung ein entscheidendes Problem ist – nicht nur für Jungen, sondern auch für Mädchen und Frauen.

Doing Gender

Die Aneignung der Geschlechtszugehörigkeit ist ein aktiver und lebenslanger Prozess. Männlichkeit ist nicht einfach naturgegeben, sondern muss erworben und dargestellt werden. Jungen wie Mädchen bilden im Umgang miteinander, gegenüber Erwachsenen sowie mit sich selbst und dem eigenen Körper kollektive oder individuelle Lebensstile heraus, mit denen sie sich im Alltag als Jungen und Mädchen inszenieren (vgl. Faulstich-Wieland, 2000; Helfferich, 1999). Viele Verhaltensweisen von Jungen lassen sich anders verstehen, wenn man sie als Versuch interpretiert, sich und anderen ihre „Männlichkeit" zu beweisen.

Dass manche Jungen „Männlichkeit" vor allem durch Abgrenzung von allem Weiblichen herzustellen versuchen, liegt daran, dass ihnen positive Bilder von Männlichkeit fehlen. Je weniger reale Vorbilder Jungen haben, um so eher orientieren sie sich an stereotypen Bildern von Männlichkeit. Diese finden sie vor allem in den Medien: in Fernsehen und Werbung, Büchern, Comics und Kinofilmen, in Videospielen und Action-Spielwelten. Insbesondere die Männlichkeitsbilder in populären Action-Spielwelten haben den Vorteil, dass sie einfache und eindeutige Antworten darauf geben, was männlich ist – Antworten, die vielen Erwachsenen oft ganz und gar nicht gefallen, Jungen aber eine Sicherheit geben können, die sie manchmal sehr nötig haben (vgl. Rohrmann, 2001).

Die Unsicherheit, Verletzlichkeit und Einsamkeit, die viele Jungen hinter einer „coolen Fassade", provozierenden Sprüchen oder überaktivem Verhalten verbergen, nehmen viele Erwachsenen zu wenig wahr. Jungen werden nach wie vor mehr als Mädchen darin unterstützt, sich der Außenwelt zuzuwenden und aktiv mit ihrer Umwelt umzugehen. Mut und Leistungsfähigkeit, gerade auch ihres

Körpers, werden von Erwachsenen unterstützt oder sogar gefordert, und sie werden eher dazu ermutigt, Grenzen zu überschreiten. Angst und Hilflosigkeit werden bei Jungen dagegen oft übersehen. Die Folge ist, dass sie dazu neigen, schwierige Gefühle zu „überspringen". Dies ist besonders beim Umschlagen von Schmerz und Traurigkeit in Aggression zu beobachten.

Aggression und Gewalt

Dass Jungen mehr aggressives Verhalten zeigen als Mädchen gehört zu den am besten belegten Unterschieden zwischen den Geschlechtern. Von feministischer Seite aus wird Männergewalt gegen Frauen als zentrales Merkmal der Geschlechterverhältnisse in unserer Gesellschaft angesehen. Diese Sichtweise wird z.T. auf Jungen übertragen. Dabei gerät aus dem Blick, dass auch die Opfer von Gewalt mehrheitlich männlich sind (vgl. Pfeiffer et. al., 1998). Wenn Mädchen die Opferrolle lernen – warum sind dann vorwiegend männliche Jugendliche oder junge Männer Opfer von Jugendgewalt?

Die Fähigkeit, sich aggressiv insbesondere gegen andere Jungen und Männer durchsetzen zu können, ist ein zentraler Bestandteil vieler Männlichkeitsdefinitionen. Das „richtige Maß" an Aggression ist dabei von Lebenswelt zu Lebenswelt sehr verschieden. In manchen gesellschaftlichen Gruppen gehört die Fähigkeit zur körperlichen Auseinandersetzung zum Alltag dazu. Von Jungen und Männern wird erwartet, dass sie sich prügeln und im Sinne traditioneller Männlichkeitsideologien als Beschützer auftreten können. In vielen Lebenswelten ist körperliche Gewalt dagegen tabu. Erwartet wird aber ein gewisses Maß an Robustheit und Durchsetzungsfähigkeit – „Weicheier" sind nirgendwo beliebt.

Für heranwachsende Jungen ist es schwierig, die an sie herangetragenen Erwartungen zu erfüllen und Aggressivität und Durchsetzungsfähigkeit so zu dosieren, dass sie „männlich" erscheinen, ohne mit den geltenden Normen all zu sehr in Konflikt zu geraten. Das Verbot, Angst, Schmerz und Schwäche zu zeigen, erhält Gewaltbeziehungen unter Jungen aufrecht. Es ist die Verankerung von Gewalt in der Jungenkultur sowie die mangelnde Fähigkeit von Jungen, mit ihren Bedürfnissen, Konflikten und Gefühlen von Angst und Hilflosigkeit konstruktiv umzugehen, die in der weiteren Entwicklung zur Männergewalt gegen Kinder, andere Männer und Frauen führt.

Jungen sind unterschiedlich

Neue Untersuchungen betonen Unterschiede zwischen Jungen und die Vielfältigkeit des Junge- und Mann-Seins (vgl. Deutsche Shell, 2000; Winter & Neubauer, 1998; Zimmermann, 1998). Die Mehrheit der heutigen Jugendlichen interessiert sich für differenziertere Modelle: Stark, aber nicht zu stark; körperlich fit, aber nicht übertrieben muskelbepackt; cool und erfolgreich, aber nicht frauenfeindlich. Das kann auch verunsichern: „Es sollte halt nicht so sein, dass – dieses Macho-Gehabe und so. Also, das sollte man nicht haben. Was man jetzt unbedingt haben sollte, ähm – weiß ich nicht", meint ein Jugendlicher (in Winter & Neubauer, 1998, S. 150).

Die gesellschaftlichen Umbrüche des Mann-Seins können Ausgangspunkt für individuelle Lebensentwürfe sein, die weniger als in früheren Zeiten von geschlechtsspezifischen Vorgaben bestimmt sind. Für die wachsende Gruppe von Jungen und jungen Männern, die sich in gesellschaftlichen Modernisierungsprozessen als Verlierer erleben, bleiben traditionelle Männlichkeitsvorstellungen dagegen attraktiv, denn sie stellen einen Gegenpol zur real erlebten Ohnmacht dar.

Ausländische Jungen

Von den Umbrüchen des Mann-Seins bislang weniger beeindruckt sind auch viele Ausländer- und Aussiedlerfamilien. Die Shell-Jugendstudie fand insbesondere bei türkischen Jugendlichen große Unterschiede zwischen Jungen und Mädchen sowie eine starke Orientierung an von den Eltern vermittelten traditionellen Vorstellungen. Neben der Dominanz des Mannes ist dabei das Konzept der „Ehre" zentral. Für die meisten türkischen Jugendlichen, auch aus wenig religiösen Familien, ist es nach wie vor selbstverständlich, dass eine Frau als Jungfrau in die Ehe zu gehen hat, während Männern sexuelle Erfahrungen zugestanden werden (vgl. Deutsche Shell, 2000, S. 14ff.). Männer haben die Aufgabe, die Ehre der Mädchen und Frauen zu schützen und zu verteidigen. Sie müssen daher ihre Schwestern überwachen und auf Angriffe sofort reagieren.

In den pädagogischen Einrichtungen und auf den Straßen deutscher Großstädte begegnen sich inzwischen manchmal Kinder aus zehn oder noch mehr Nationalitäten. Interkulturelle Unterschiede zeigen sich zum Beispiel in Bekleidung, dem Umgang mit Nacktheit und Sexualität oder im Konfliktverhalten (vgl. Gluszczynski, 1999). Ohne das Wissen über solche kulturelle Zusammenhänge – und ohne ein gewisses Basisvokabular in den Muttersprachen dieser Kinder und Jugendlichen – bleiben manche Verhaltensweisen von Kindern und Jugendlichen unverständlich. Insbesondere bei Jugendlichen aus traditionellen Familienverhältnissen, die auf Grund des Scheiterns von Integrationsbemühungen an den Rand der Gesellschaft gedrängt werden, kann das „Beweisen von Männlichkeit" durch Beleidigungsduelle, Mutproben, gemeinschaftlich begangene Straftaten sowie Anmache von Frauen zentralen Stellenwert erhalten.

Sexualität

Sexualität hat für Jungen ein doppeltes Gesicht *(→ Sexuelle Entwicklung von Kindern bis zur Pubertät)*. Sie ist ein Bereich, in dem Jungen und junge Männer schöne Körpererfahrungen mit sich und anderen machen können. Die Selbstverständlichkeit, mit der sie masturbieren (sich „einen runterholen"), und die Erlaubnis zu einem aktiven und ereignisreichen Sexualleben können Jungen im positiven Sinn als Identitätsquelle nutzen. Andererseits sind sie den Anforderungen nicht immer gewachsen, die sich aus widersprüchlichen Bildern männlicher Sexualität zwischen „Porno-Held" und „einfühlsamem Liebhaber" ergeben.

Homosexualität ist trotz zunehmender gesellschaftlicher Toleranz in vielen Jungengruppen bis heute ein Tabu. Homophobie, die Abwehr gleichgeschlechtlicher Nähe und die Verwendung von „schwul" als abwertendem Schimpfwort beginnt dabei schon in der Grundschule, also weit vor der Ausprägung einer tatsächlichen sexuellen Orientierung. Dies erschwert nicht zuletzt das „Coming Out" homosexueller Jugendlicher *(→ männliche Homosexualität)*.

Bei heterosexuellen Begegnungen stehen Jungen im Zwiespalt zwischen mangelndem Wissen und der nach wie vor verbreiteten Vorstellung, dass in der Sexualität der Mann die Initiative übernehmen sollte (vgl. Zilbergeld, 1994). Winter & Neubauer (1998, S. 277), die in einer breit angelegten Befragung zur Gesundheit und Sexualität von Jungen ein sehr vielfältiges Bild entdeckten, kommen zu dem Schluss, dass Jungen zwar klare Vorstellungen davon haben, was sie nicht machen sollen – übergriffig sein, Mädchen zum Sex zwingen, die Verhütung vergessen -, aber es „nur wenig gibt, was sie sich unter den schönen Seiten der Sexualität vorstellen können".

Literatur

Badinter, Elisabeth (1993): *XY. Die Identität des Mannes*. München: Piper.
Biddulph, Steve (1998): *Jungen: wie sie glücklich heranwachsen. Warum sie anders sind – und wie sie zu ausgeglichenen, liebevollen und fähigen Männern werden*. München: Beust.
Connell, Robert W. (1999): *Der gemachte Mann. Konstruktion und Krise von Männlichkeiten*. Opladen: Leske & Budrich.
Deutsche Shell (Hg.); Fischer, Artur; Fritzsche, Yvonne; Fuchs-Heinritz, Werner & Münchmeier, Richard (2000): *Jugend 2000. 13. Shell-Jugendstudie*. 2 Bände. Opladen: Leske + Budrich.
Faulstich-Wieland, Hannelore (2000): Sozialisation von Mädchen und Jungen – Zum Stand der Theorie. *Diskurs 2/2000*, 8–14.
Franz, M., Lieberz, K., Schmitz, N. & Schepank, H. (1999). Wenn der Vater fehlt. Epidemiologische Befunde zur Bedeutung früher Abwesenheit des Vaters für die psychische Gesundheit im späteren Leben. *Zeitschrift für Psychosomatische Medizin und Psychotherapie, 45*, 260–278.
Fthenakis, Wassilios E. et al. (1999): *Engagierte Vaterschaft. Die sanfte Revolution in der Familie. Hg. von der LBS-Initiative Junge Familie*. Opladen: Leske & Budrich.
Garrels, Lutz (1999): Somatische Geschlechtsdeterminierung und Geschlechtsdifferenzierung. Eine Übersicht. *Zeitschrift für Sexualforschung, 12 (1)*, 10–24.
Gluszczynski, Andreas (1999): Selbstwahrnehmung, Sexualwissen und Körpergefühl von Mädchen und Jungen der 3. bis 6. Klasse aus Migranten- und Aussiedlerfamilien. In: Bundeszentrale für gesundheitliche Aufklärung (Hg.): *Kinder. Forschung und Praxis der Sexualaufklä-*

rung und Familienplanung, Band 13.1. (S. 41–102). Köln: Bundeszentrale für gesundheitliche Aufklärung.
Hagemann-White, C. (1984). *Sozialisation: Weiblich – männlich?* Opladen: Leske + Budrich.
Heiliger, Anita (1991). *Alleinerziehen als Befreiung.* Pfaffenweiler: Centaurus.
Helfferich, Cornelia (1999): *Jugend, Körper und Geschlecht. Die Suche nach sexueller Identität.* Überarb. Neuauflage. Opladen: Leske + Budrich.
Kaiser, A. (1999). *Mein Sohn soll kein Macho werden.* München: Südwest.
Olivier, Christiane (1989): *Jokastes Kinder. Die Psyche der Frau im Schatten der Mutter.* München: dtv.
Petri, Horst (1999). *Das Drama der Vaterentbehrung. Chaos der Gefühle – Kräfte der Heilung.* Freiburg: Herder.
Pfeiffer, Christian; Delzer, Ingo; Enzmann, Dirk & Wetzels, Peter (1998): *Ausgrenzung, Gewalt und Kriminalität im Leben junger Menschen. Kinder und Jugendliche als Opfer und Täter.* DVJJ-Sonderdruck zum 24. Deutschen Jugendgerichtstag vom 18.–22. September 1998 in Hamburg.
Pollack, William F. (1998): *Richtige Jungen. Was sie vermissen, was sie brauchen: Ein neues Bild von unseren Söhnen.* Bern, München & Wien: Scherz.
Rohrmann, Tim (2001): *Echte Kerle. Jungen und ihre Helden.* Reinbek: Rowohlt.
Rohrmann, Tim (1994): *Junge, Junge – Mann, o Mann. Die Entwicklung zur Männlichkeit.* Reinbek: Rowohlt.
Rohrmann, Tim & Thoma, Peter (1998): *Jungen in Kindertagesstätten. Ein Handbuch zur geschlechtsbezogenen Pädagogik.* Freiburg: Lambertus.
Schnack, Dieter & Neutzling, Rainer (2000): *Kleine Helden in Not. Jungen auf der Suche nach Männlichkeit.* Überarbeitete und ergänzte Neuauflage. Reinbek: Rowohlt. Original 1990.
Winter, Reinhard & Neubauer, Gunter (1998): *Kompetent, authentisch und normal? Sexualaufklärungsrelevante Gesundheitsprobleme, Sexualaufklärung und Beratung von Jungen. Forschung und Praxis der Sexualaufklärung und Familienplanung, Band 14.* Köln: Bundeszentrale für gesundheitliche Aufklärung.
Zilbergeld, Bernie (1994): *Die neue Sexualität der Männer.* Tübingen: dgvt-Verlag.
Zimmermann, Peter (1998): *Junge, Junge! Theorien zur geschlechtstypischen Sozialisation und Ergebnisse einer Jungenbefragung.* Dortmund: Institut für Schulforschung (IFS-Verlag).

Kinder als „Täter"[1]

Georg Romer

Einleitung

Wenn Kinder, die vor oder am Anfang ihrer Pubertät stehen, sexuell aggressiv auffällig werden, kann hierfür noch weniger als beim erwachsenen oder jugendlichen Sexualtäter primär eine sexuelle „Triebentgleisung" verantwortlich gemacht werden. Psychopathologisches Wissen über erwachsene Missbraucher kann nicht im Sinne der „Rückdatierung" auf sogenannte „Kinder-Täter" angewandt werden. Eine die jeweilige Altersstufe des Kindes berücksichtigende entwicklungspsychopathologische Verstehensweise (Resch 1996, Hechtman 1996, Lewis 1996) ist erforderlich. Über sexuell aggressive Kinder existieren nur wenige empirische Untersuchungen (einen Überblick geben Vizard et al. 1995). Dennoch haben wir es nicht mit einem neueren Phänomen zu tun. Bereits Ende des 19. und zu Beginn des 20. Jahrhunderts wurden in Fallsammlungen vielfältige Beschreibungen sexuell-sadistischer Handlungen von Kindern unter 14 Jahren dokumentiert (Brock 1926, Krafft-Ebing 1892, S. 69, 72 ff.).

Definition und Phänomenologie

Im Umgang mit vermeintlichen sexuellen Auffälligkeiten bei Kindern besteht die Gefahr, dass diese vorschnell pathologisiert oder gar kriminalisiert werden *(→ Sexuell auffälliges Verhalten von Kindern)*. Unklare Definitionskriterien und mangelndes Wissen über die Bandbreite normaler Entwicklung kindlichen Sexualverhaltens tragen dazu bei, dass mitunter selbst in wissenschaftlichen Publikationen altersentsprechend normale sexuelle Verhaltensweisen von Kindern dem Bereich besorgniserregender Pathologie zugeordnet werden (Okami 1982). Dem Begriff der sexuell aggressiven Impulsivität im Kindesalter sollten alle Formen sexuell getönter Handlungen eines Kindes an einem anderen Kind zugeordnet werden, die gegen dessen Willen vollzogen werden (Romer & Berner 1998). Abzugrenzen sind sexuelles Neugierverhalten, „Doktorspiele" oder das sogenannte „sexual rehears-

---

[1] Die theoretischen Ausführungen dieses Beitrages gründen sich im Wesentlichen auf eine a.a.O. publizierte Originalarbeit mit eigener Fallsammlung (Romer & Berner 1998)

al play" (Money & Erhardt 1972), bei dem Kinder einvernehmlich miteinander sexuell experimentieren, durchaus oft in der bewussten Vorstellung, hierbei gegen Verbote der Erwachsenenwelt zu verstoßen. Diese Ausdrucksformen präpubertärer kindlicher Sexualität sind, wenngleich oft tabuisiert, in westlichen Industrieländern weit verbreitet (Johnson 1993, zit. n. Yates 1996; Rutter 1971; Langfeld 1990; Friedrich et al. 1991, → *Sexuelle Entwicklung von Kindern bis zur Pubertät*). Sie sind per se nicht als abnorm zu werten. Die Abgrenzung sexueller Angriffe von experimenteller sexueller Aktivität unter Kindern ist vor allem deshalb schwierig, weil von kindlichen Opfern kaum valide Angaben zur möglichen Freiwilligkeit gemacht werden. Dies macht objektivierbare Abgrenzungskriterien nötig. Bei sexuellen Handlungen zwischen Kindern vor dem 14. Lebensjahr ist immer dann zweifelsfrei von einem sexuellen Angriff auszugehen, wenn *Gewalt, Zwang* oder *Bedrohung* angewendet wurde, wenn eine *Penetration jedweder Art* versucht wurde, oder wenn irgendeine Form von *Verletzung des Opfers* dokumentiert ist (De Jong 1989). Ab einem *Altersunterschied von fünf Jahren* muss immer eine sexuelle Aggression angenommen werden, d.h. dass beim jüngeren Kind kein Einvernehmen hergestellt ist, auch nicht durch Bezahlung oder Geschenke (ebd.). Zudem können auch körperliche Gewaltanwendungen durch Kinder, die mit ausgeprägt sadistischen Körperzerstörungsimpulsen wie beispielsweise Zerstückelungsphantasien einhergehen (für eine Fallstudie siehe Romer 1998), ohne dass es dabei zu ersichtlichen sexuellen Reaktionen kommt, dem Phänomen der sexuell aggressiven Impulsivität zugeordnet werden (Romer & Berner 1998). Reale Handlungen sexuell aggressiver Kinder umfassen auch deutlich vor der Pubertät die meisten bei erwachsenen Tätern bekannten Formen sexueller Gewalt, einschließlich gewaltsam erzwungener penil-vaginaler, manuell-vaginaler und penil-rektaler Penetration sowie dem Gefügigmachen zu Oralverkehr oder manuell-genitaler Stimulation durch Einsatz von Drohungen (Romer & Berner, 1998). Neben dem erwachsenen Modell der Vergewaltigung kommt auch das der Prostitution vor, indem ein Kind ein wesentlich jüngeres Kind durch Geschenke dazu bringt, sexuelle Manipulationen an sich vornehmen zu lassen (ebd.).

Entwicklungspsychopathologie

Die der sexuell aggressiven Impulsivität im Kindesalter zugrundeliegende Psychopathologie wurde bislang nur wenig beschrieben. Im Hinblick auf deskriptive Diagnosen wurde in der Literatur eine meist vorliegende Störung des Sozialverhaltens sowie eine manchmal gefundene depressive Störung hervorgehoben (Adler und Schutz 1995). Ferner wurde auf vielfältige psychiatrische Komorbidität und antisoziale Entwicklungstendenzen im nicht sexuellen Bereich verwiesen (Shaw et al. 1993). Von Vizard et al. (1997) wurde mit dem Begriff „sexual arousal disorder of childhood" ein eigenständiges diagnostisches Konzept vorgeschlagen. Wesentlich scheint jedoch die entwicklungspsychopa-

thologische Einschätzung, bei der sich gehäuft in verschiedenen Varianten Auffälligkeiten finden, die für eine tiefgreifende Störung der Identitätsentwicklung auf Borderline-Strukturniveau sprechen, gekennzeichnet durch die Kombination von:
1. *Identitätsdiffusion*: z.B. sexuelle Identitätsunsicherheit, diskontinuierliches Identitätserleben
2. *Labile Realitätskontrolle:* z.B. Pseudologia phantastica, paranoide Realitätsverzerrung
3. *Beziehungsstörung*: schwer gestörte Kontaktfähigkeit und Empathie
4. *Störung der Impulskontrolle.*

Als weitere Befunde, die für ein deutlich gering integriertes Strukturniveau sprechen, finden sich ebenfalls gehäuft:
5. *archaische Ängste*
6. *Spaltung als Abwehrmechanismus*
7. *schizoide Züge.*

Bei sexuell aggressiver Impulsivität im Kindesalter, oben genannte Abgrenzungskriterien von sexuellem Neugierverhalten vorausgesetzt, besteht daher diagnostisch stets der Verdacht, dass ein Borderline-Syndrom des Kindesalters vorliegt, bei dem Identitätsentwicklung, Realitätsbezug, Beziehungsfähigkeit und Impulskontrolle so nachhaltig beeinträchtigt sind, dass intensive und langfristig angelegte Therapiemaßnahmen notwendig sind. Diese sind meist mit einer längerfristigen Trennung vom häuslichen Milieu verbunden und sollten im Rahmen stationärer Psychotherapie oder in entsprechend geeigneten Jugendhilfeeinrichtungen durchgeführt werden (vgl. Kernberg 1982; Pine 1982; Vela et al. 1982; Diepold 1992 u.1994; Bürgin 1988). Eine umfassende entwicklungspsychopathologische Diagnostik ist zur Prüfung dieser Verdachtsdiagnose und für die Einleitung geeigneter Hilfsmaßnahmen unerlässlich. Insbesondere der Befund einer beeinträchtigten Realitätskontrolle in Verbindung mit schwer gestörter Beziehungsfähigkeit erscheint im Hinblick auf Untersuchungen von erwachsenen Sexualtätern, die ihre Opfer töteten, bedeutsam. Bei diesen wurde beschrieben, dass in der frühen Kindheit die gestörte Beziehung zu den Eltern zu sozialem Rückzug mit starker sexueller Phantasiebildung geführt hat, die bei Frustrationen der Ersatzbefriedigung dienen (Ressler et al. 1996).

Familiärer Hintergrund

Untersuchungen zu sexuellen Angriffen durch Kinder und zum Geschwisterinzest verweisen darauf, dass ein eigener erlittener sexueller Missbrauch bei sexuell aggressiven Kindern nicht der am häufigsten gefundene ätiologische Faktor ist. Lediglich in einer Fallsammlung von Mädchen, die andere Kinder sexuell angriffen, wurde durchgehend eine sexuelle Traumatisierung in der Vorgeschichte gefunden (Cavanagh-Johnson 1989). Bei nicht nach Geschlecht des Angreifers getrennten Untersuchungen variierten die Häufigkeiten einer sexuellen

Opfervorgeschichte von 8 % bis max. 52 % (Adler & Schutz 1995; Johnson 1988; O'Brien 1991; Smith & Israel 1987). Hingegen wurde eine Vielfalt anderer traumatischer Einflüsse beschrieben, die eine komplexere Entstehungsdynamik vermuten lassen. Der sexuelle Angriff scheint hierbei Ausdruck eines „acting out" erlittener Angst- und Ohnmachtsgefühle zu sein, die nicht unbedingt durch eine sexuelle Opfererfahrung entstanden sein müssen. Hierzu gehören (Adler & Schutz 1995, O'Brien 1991, Smith & Israel 1987, Justice & Justice 1979, Romer & Berner, 1998):
– Vernachlässigung und Misshandlung
– ein sexueller Missbrauch in der Vorgeschichte der Mutter
– archaisch ausagierte Partnerkonflikte der Eltern.
An weiteren familiendynamisch relevanten Einflussfaktoren wurden beschrieben (Adler & Schutz 1995, O'Brien 1991, Smith & Israel 1987, Justice & Justice 1979, Romer & Berner, 1998):
– abwesende Väter
– Väter, die Kontrollverlust durch Alkoholmissbrauch oder Spielsucht vorleben
– sexualisiertes Familienklima und labile Grenzen innerhalb der Familie, die verhindern, dass sich beim Kind ein Sinn für geschützte Intimität entwickeln kann
– wechselnde Intimbeziehungen der Eltern, wodurch Kinder zu Mitwissern sexueller Geheimnisse von Erwachsenen werden
– chaotische Familienstruktur mit unzureichender elterlicher Kontrolle und Aufsicht.
Drei Charakteristika, die oft im Zusammenspiel auftreten, scheinen hierbei in ihrer psychodynamischen Bedeutung besonders wichtig (Romer & Berner 1998):
– *Die Störung der Mutter-Kind-Beziehung:* Im Interaktionsstil der in ihrer Kindheit oft sexuell missbrauchten Mütter sind gehäuft Zeichen aktiver Bindungsabweisung verbunden mit subtil verführerischen Gesten zu beobachten. Für das betroffene Kind tritt erotisierte Interaktion an die Stelle fehlender emotionaler Bindungserfahrungen. Im sexuellen Angriff auf ein anderes Kind verbindet sich wiederum die sexuell getönte Nähe mit der Benutzung des Opfers, vergleichbar der eines Fetischs, zur eigenen Bedürfnisbefriedigung, erkennbar an der nicht intendierten Gegenseitigkeit.
– *Partnerkonflikte* werden vor den Augen der Kinder ungehemmt, mitunter mit körperlicher Gewalttätigkeit, agiert. Dies lässt die Grenzen zwischen Phantasie und Realität einbrechen. Die spielerisch-imaginative „als-ob"-Ebene, in dem das Kind normalerweise angstfrei aggressive und sexuelle Phantasien ausleben kann, steht durch das Miterleben realer Gewalt nicht mehr hinreichend zur Verfügung. Archaische Fantasien könnten im Erleben des Kindes jederzeit Wirklichkeit werden. Dies macht das bei diesen Kindern oft zu beobachtende Nebeneinander von „duckmäuserischer" Hemmung und plötzlichen rücksichtslosen Impulsdurchbrüchen verstehbar. Letztere sind Ausdruck einer Abwehrstrategie durch Identifikation mit den gefürchteten erwachsenen Aggressoren. Das Ausagieren dieser Identifikationen kann „über das Ziel hinausschießen," indem es das Modell an Grausamkeit übertrifft.

– Eine *positive Vaterfigur fehlt:* Impulsive Kontrollverluste (Alkoholismus, Spielsucht, Gewalt) der Väter dienen nicht nur als negatives identitätsprägendes Beispiel. Der präpubertäre Junge, der sich von seiner subtil grenzüberschreitenden Mutter entfernen möchte, benötigte als Identifikationsfigur einen autonomen Vater, und nicht einen der in seiner Unkontrolliertheit die „geheime Macht der Frauen", ebenso wie die „Notwendigkeit" einer aggressiven Machtdemonstration bestätigt.

Zusammenfassung und therapeutisches Vorgehen

– Sexuelle Angriffe von Kindern müssen sorgfältig von experimenteller und einvernehmlicher sexueller Aktivität unter Kindern abgegrenzt werden.
– Sexuell-aggressive Impulsivität im Kindesalter ist mehr als nur ein Symptom im Rahmen einer Störung des Sozialverhaltens. Sie ist Ausdruck einer tiefgreifenden Entwicklungs-, Beziehungs- und Familienpathologie. Um diese diagnostisch zu beurteilen, bedarf es u. a. einer sorgfältigen Einschätzung des Integrationsniveaus der psychischen Struktur, die oft Hinweise auf das Vorliegen eines Borderline-Syndroms des Kindesalters liefert.
– Das vielgestaltige entwicklungspsychopathologische Geschehen lässt sich weder auf eine „Triebentgleisung" noch auf das „Umkehren passiv erlittener Traumata" reduzieren. Die verfrühte und rücksichtslos ausagierte Sexualisierung dieser Kinder ist meist Folge einer traumatischen Beziehungserfahrung mit seinen Bindungsfiguren, die die Suche des Kindes nach Anlehnung und Trost beim Erwachsenen blockiert hat. Stattdessen wird das Erreichen von Lust- und Machtgefühlen gegenüber einem als schwächer und hilfloser wahrgenommenen Kind als Strategie benutzt, um Angst zu kompensieren und Nähe herzustellen.
– Konzeptualisiert man sexuell aggressive Kinder lediglich als „sexuell reaktiv" (Rasmussen et al., 1992), engt dies die Ätiologie auf den Aspekt einer vorangegangenen sexuellen Traumatisierung ein, die oft nicht gefunden wird. Hingegen lassen sich in der Vorgeschichte oft vielgestaltige Traumatisierungen im Rahmen eines von labilen Binnengrenzen geprägten Familienklimas eruieren, einschließlich der Zeugenschaft von innerfamiliärer Gewalt. Eine reaktive Störung der Empathieentwicklung ist elementar für dieses Geschehen. Im sexuellen Angriff gegen ein anderes Kind werden internalisierte traumatische Erfahrungen der Missachtung, Grenzverletzung und des impulsiven Agierens, denen der kindliche Angreifer in seinem Beziehungsumfeld ausgesetzt war, in verdichteter Form ausagiert. Das Ausmaß an sadistischer Gewalt kann hierbei die real erlittene Gewalt in der Familie deutlich übertreffen. Hieraus resultieren wiederum besonders heftige Gefühlsreaktionen des familiären Umfeldes auf das Bekanntwerden der sexuellen Aggressionen, die in Hass, Verteufelung und Ausstoßung münden können. Solche Reaktionen können

sich wiederum im Kontext professioneller Hilfssysteme reinszenieren. Ein Verständnis der intrapsychischen und interpersonalen Mechanismen, die zum Symptom des sexuellen Angriffs geführt haben, eröffnet einen verstehenden Zugang zur „Opferseite" der betroffenen Kinder, der für den therapeutischen Umgang genauso unabdingbar ist wie die Beleuchtung der sadistischen Täter-Anteile.
− Der überzufällig häufig gefundene sexuelle Missbrauch in der Kindheit der Mütter wirft die Frage auf, wie sich die Missbrauchsdynamik von der Opfererfahrung der Mutter auf die Täterschaft des präpubertären Sohnes übertragen kann. Der subtil erotisch provokante Interaktionsstil dieser Mütter kann hier als dysfunktionale Traumabewältigung verstanden werden, mit dem unbewussten Ziel, die männliche Stimuliertheit aus der mächtigeren Position heraus kontrollieren zu können, was einer Tendenz sowohl zur Wiederholung als auch zur Umkehrung entspricht (Burian & Berner 1990). Der so unterschwellig verführte und gleichzeitig unterdrückte Junge entwickelt hierbei allmählich einen zerstörerischen Hass auf Frauen, den er aufgrund seiner emotionalen Abhängigkeit abspaltet und auf schwächere Kinder verschiebt.

Therapie darf sich bei diesen Kindern nicht auf Eingrenzung und das Einüben von Vermeidungsverhalten beschränken. Es geht um Abbau von tiefgreifenden Beziehungsängsten, um allmählichen Aufbau von Vertrauen und somit um tiefgreifende Einstellungsänderungen. Neue Identifikationsangebote und Bindungserfahrungen sind hierfür unabdingbar. Um eine nachhaltige Strukturveränderung bei diesen prognostisch sehr gefährdeten Kindern zu erreichen, sind daher oft langfristige therapeutische Maßnahmen in einem entsprechend strukturierten pädagogischen Milieu nötig, welches in der Regel nur durch stationäre Einrichtungen der Kinder- und Jugendpsychiatrie oder der Jugendhilfe gewährleistet werden kann. Da die innerseelische Dynamik archaischer Angst- und Hassgefühle sowie ihrer Abwehr durch destruktives Ausagieren niemals durch sozialpädagogische Maßnahmen allein erreicht geschweige denn bearbeitet werden kann, sollten solche Maßnahmen stets von einer intensiven Psychotherapie begleitet werden, der eine umfassende entwicklungspsychopathologische Diagnostik vorausgehen muss. Die Tendenz dieser Kinder, ihre sadistischen Anteile von ihrem Selbsterleben komplett abzuspalten, kann sich in einem durchgehend sanftmütigen Habitus äußern, während Hassimpulse meist ins soziale Umfeld externalisiert werden (z. B. durch subtiles Anheizen aggressiver Spannungen bei anderen oder durch „versteckte Fouls"). Für das psychotherapeutische Vorgehen bedeutet dies die Notwendigkeit, stetig wiederkehrend beide Pole der Persönlichkeit dieser kindlichen Patienten, den des rücksichtslosen sexuellen Ausbeuters und den des liebenswerten Kindes, das früher von Ohnmachts- und Angstimpulsen überschwemmt wurde, nebeneinander ins Blickfeld zu rücken. Die Existenz beider Seiten ist regelmäßig aktiv zu thematisieren, um dem Kind zu versichern, dass der Therapeut um die jeweils andere Seite weiß und sie nicht ausblendet. Der Therapeut leistet damit als Gegenüber die kontinuierliche kognitive Integration beider Seiten − Täter und Opfer − in ein Gesamtbild der kindlichen Persönlichkeit, was das Kind in seinem Selbstbild nicht kann. Eine verbale Thematisierung der sexuellen Angriffe ist hierbei mit diesen Kindern meist nicht möglich. Typischerweise wird jeder Versuch in diese Richtung von einem stuporähnlichen Einfrieren jeglicher Interaktionsbereitschaft („Freezing") beantwortet. Dies unterstreicht klinisch die Bedeutung archaischer Vernichtungsangst für die intrapsychische Dynamik. Das in Tätertherapien oft propagierte Behandlungsziel der „Empathie mit dem Opfer" ist aufgrund der stark beeinträchtigten Entwicklung basaler Empathiefähigkeit bei diesen Kindern zunächst zu hoch gegriffen. Dies kann sich beispielsweise darin zeigen, dass der Satz „Was du nicht willst, dass man dir tu, das füg auch keinem anderen zu!" trotz ansonsten altersentsprechender Intelligenz von einem 10- bis12-jährigen sexuellen Angreifer in seiner inhaltlichen Bedeutung kognitiv nicht erfasst werden kann. Im Bereich interpersonal induzierbarer Gefühle kann es sinnvoll sein, zunächst daran zu arbeiten, dass Scham- und Schuldgefühle erlebbar werden und ausgedrückt werden können, wozu der Therapeut für das „Täterkind" sowohl das strafende („dafür bekommt man Ärger") als auch an das soziale Gewissen („das ist nicht o.k.") deutlich repräsentieren muss, da es dies selbst bislang nicht hinreichend ausbilden konnte. Ein weiterer Fokus kann die Erarbeitung der Symbolisierungsfähigkeit für aggressive Phantasien in der Schutzsphäre der therapeutischen Situation sein, was man als Wiederherstellung der zerstörten „als ob"-Ebene verstehen kann.

Verlaufsuntersuchungen behandelter wie unbehandelter sexuell aggressiver Kinder liegen nicht vor, scheinen aber für zukünftige Therapieplanungen dringend nötig, zumal bislang wenig gesicherte Erkenntnisse darüber vorliegen, welchen Voraussagewert sexuell aggressive Impulsivität bei Kindern im Hinblick auf schwerwiegende Sexualdelinquenz im Erwachsenenalter hat (Johnson & Becker, 1997).

Literatur

Adler, N. A., & Schutz, J. (1995). Sibling incest offenders. *Child Abuse and Neglect, 19 (7)*, 811–819.
Brock, J. (1926). Jugendliche Stupratoren. *Deutsche Zeitschrift für die gesamte Gerichtliche Medizin, Bd. 6*, 15–21.
Bürgin, D. (1996). Der therapeutische Dialog mit dem Grenzfall-Kind. In G. Klosinski (Ed.), *Psychotherapeutische Zugänge zum Kind und zum Jugendlichen*, (pp. 21–50). Bern: Huber.
Burian, W. & Berner, W. (1990). Die Wiederholung des Traumas. *Zeitschrift für psycholoanalytische Theorie und Praxis, 5 (3)*, 238–250.
Cantwell, H. (1988). Child sexual abuse: Very young perpetrators. *Child Abuse and Neglect, 12*, 579–582.
Cavanagh-Johnson, T. (1989). Female child perpetrators: Children who molest other children. *Child Abuse & Neglect, 13 (4)*, 571–585.
De Jong, A. R. (1989). Sexual interactions among siblings and cousins: experimentation or exploitation? *Child Abuse & Neglect, 13*, 271–279.
Diepold, B. (1992). Probleme der Diagnostik bei Borderline-Störungen im Kindesalter. *Prax. Kinderpsychol. Kinderpsychiatr., 6*, 207–214.

Diepold, B. (1994). Borderline-Störungen im Kindesalter: Zwischenergebnisse einer empirischen Untersuchung. *Beiträge zur analytischen Kinder- und Jugendlichenpsychotherapie, H. 81,* 5–41.
Friedrich, W. N., Grambsch, P., Broughton, D., Kuiper, J., & Beilke, R. L. (1991). Normative sexual behavior in children. *Pediatrics, 88 (3),* 456–464.
Harnett, P. H., & Misch, P. (1993). Developmental issues in the assessment and treatment of adolescent perpetrators of sexual abuse. *J Adolesc, 16 (4),* 397–405.
Hechtman, L. (1996). Developmental, neurobiological and psychosocial aspects of hyperactivity, impulsivity, and attention. In M. Lewis (Ed.), *Child and Adolescent Psychiatry: A Comprehensive Textbook,* (2nd ed., pp. 323–333). Baltimore: Williams & Wilkins.
Johnson, B. D., & Becker, J. V. (1997). Natural born killers?: The development of the sexually sadistic serial killer. *J Am Acad Psychiatry Law, 25 (No. 3),* 335–348.
Johnson, T. C. (1993). *Assessment of sexual behavior problems* in pre-school aged and latency-aged children. In A. Yates (Ed.), *Sexual and Gender Identity Disorders: Child and Adolescent Psychiatry Clinics of North America.,* Philadelphia: Saunders.
Johnson, T. C. (1988). Child perpetrators – Children who molest other children: Preliminary findings. *Child Abuse & Neglect, 12 (2),* 219–229.
Justice, B., & Justice, R. (1979). *The Broken Taboo.* New York: Human Sciences Press.
Kernberg, P. F. (1982). Borderline conditions: childhood and adolescent aspects. In K. S. Robson (Ed.), *The Borderline Child,* New York: MacGraw-Hill.
Krafft-Ebing, H. (1892). *Psychopathia sexualis.* (7. Auflage ed.). Stuttgart: Ferdinand Enke.
Langfeld, T. (1990). Early childhood and juvenile sexuality, its development and problems. In M. Perry (Ed.), *Handbook of Sexology, Vol.7: Childhood and Adolescent Sexology,* Amsterdam: Elsevier Science Publishers.
Lewis, D. O. (1996). Development of the symptom of violence. In M. Lewis (Ed.), *Child and Adolescent Psychiatry: A Comprehensive Textbook,* (2nd ed., pp. 334–343). Baltimore: Williams & Wilkins.
Money, J., & Erhardt, A. (1972). *Man, woman, boy, girl.* Baltimore: John Hopkins Press.
O' Brien, M. (1991). Taking sibling incest seriously. In M. Patton (Ed.), *Family Sexual Abuse: Frontline Research and Evaluation,* (pp. 75–92). Newbury Park, CA: Sage Publications.
Okami, P. (1992). ‚Child perpetrators of sexual abuse': The emergence of a problematic deviant category. *J Sex Res, 29 (1),* 109–130.
Pine, F. (1982). A working nosology of borderline syndromes in children:. In K. S. Robson (Ed.), *The Borderline Child,* (pp. 83ff). New York: McGraw-Hill.
Rasmussen, L. A., Burton, J. E., & Christopherson, B. J. (1992). Precursors to offending and the trauma outcome process in sexually reactive children. *J Child Sex Abuse, 1 (1),* 33–48.
Resch, F. (1996). *Entwicklungspsychopathologie des Kindes- und Jugendalters.* Weinheim: Psychologie Verlags Union.
Ressler, R., Burgess, A. W. & Douglas, J. E. (1996). *Sexual Homicide: Patterns and Motives.* New York: The Free Press.
Romer, G. (1998). „Nicht nur so tun!" – Tötungsimpulse bei einem Achtjährigen. In M. Schulte-Markwort, B. Diepold, & F. Resch (Eds.), *Psychische Störungen bei Kindern und Jugendlichen: Ein psychodynamisches Fallbuch,* (pp. 136–43). Stuttgart: Thieme.
Romer, G., & Berner, W. (1998). Sexuell aggressive Impulsivität von Kindern. *Zeitschrift für Sexualforschung, 11 (4),* 308–326.
Rutter, M. (1971). Normal psychosexual development. *J Child Psychol Psychiatry, 11,* 259–283.
Shaw, J. A., Campo Bowen, A. E., Applegate, B., Perez, D., Antoine, L. B., Hart, E. L., Lahey, B. B., Testa, R. J., & Devaney, A. (1993). Young boys who commit serious sexual offenses: Demographics, psychometrics, and phenomenology. *Bull Am Acad Psychiatry Law, 21 (4),* 399–408.
Smith, H., & Israel, E. (1987). Sibling incest: A study of the dynamics of 25 cases. *Child Abuse & Neglect, 11,* 101–108.
Vela, R., Gottlieb, H., & Gottlieb, E. (1982). Borderline syndromes in childhood: A critical review. In K. S. Robson (Ed.), *The Borderline Child,* (pp. 31–48). New York: McGraw-Hill.
Vizard, E., Monck, E. & Misch, P. (1995). Child and adolescent sex abuse perpetrators: A review of the research literature. *J Child Psychol Psychiatry, 36 (5),* 731–36.
Vizard, E., Wynick, S., Hawkes, C., Woods, J., & Jenkins, J. (1997). Juvenile sex offenders: assessment issues (editorial). *British Journal of Psychiatry, 168 (3 Mar),* 259–62.
Yates, A. (1996). Childhood sexuality. In M. Lewis (Ed.), *Child and Adolescent Psychiatry: A Comprehensive Textbook,* (2nd ed. ed., pp. 221–235). Baltimore: Williams & Wilkins.

Kinderpornographie

Detlef Drewes

Die Verbreitung von pornographischen Abbildungen mit Kindern ist seit Anfang der 90er Jahre zum ersten Mal breiter in das Bewusstsein der Öffentlichkeit gelangt (Thönnissen & Meyer-Andersen, 1990[2]). Neue Aufmerksamkeit erlangte das Thema einige Jahre später durch Veröffentlichungen, in denen über das Ausmaß der Kinderpornographie im Internet berichtet wurde. Tatsächlich aber sind pornographische Abbildungen, Fotos, Videos und Filme keine „Erfindung" des Internet-Zeitalters. Sie wurden auch schon vorher hergestellt und innerhalb der pädosexuellen Szene getauscht und verkauft (Gallwitz & Paulus, 1997).

Pornographie ist zunächst ein strafrechtlicher Begriff, der in der öffentlichen Diskussion gerne als Synonym für alle Darstellungen benutzt wird, die den Betrachter sexuell erregen sollen. Der Gesetzgeber hat bei der Reform des Strafgesetzbuches 1971 ein Expertenhearing veranstaltet, um die Wirkung pornographischer Darstellungen einschätzen zu können. Dabei standen im Wesentlichen Darstellungen im Mittelpunkt, die sexuelle Vollzüge unter Erwachsenen zeigten. Deshalb konnte man sich damals auch auf die Wirkung auf den Betrachter beschränken. Die im § 184 StGB eingefügte Strafbarkeit der Herstellung und des Vertriebes von Pornographie mit Kindern, die 1993 um den Verbot des Besitzes ergänzt wurde, hat jedoch insofern eine andere Qualität, als bei Kinderpornographie stets ein sexueller Missbrauch des dargestellten Kindes vorausgeht – sieht man von so genannten virtuellen Filmen ab, bei denen das „Opfer" mit Hilfe eines modernen Bildverarbeitungsprogramms konstruiert wurde (siehe unten). Dementsprechend umfasst der einschlägige § 184 StGB in der heute vorliegenden Form denn auch den Schutz mehrerer Rechtsgüter: Die Herstellung und der Vertrieb von Pornographie mit Kindern wurde zum Schutz der Minderjährigen unter Strafe gestellt, um diese vor sexueller Gewalt zu schützen. Der Besitz von Kinderpornographie wurde dagegen pönalisiert, weil der Gesetzgeber damit die schädigende Wirkung auf den Betrachter verhindern wollte (Sieber, 1999).

Die Juristen haben bei der Abfassung des entsprechenden Paragraphen darauf verzichtet, Pornographie mit Kindern konkreter zu beschreiben. Dies hat zu einiger Begriffsverwirrung geführt, was unter weicher bzw. harter Pornographie zu verstehen ist. Inzwischen gilt als verbindlich, dass weiche Pornographie solche Darstellungen umfasst, die für Erwachsene erlaubt sind – darunter zählen z.B. Bilder, Fotos oder Filme mit unbekleideten Kindern, die lediglich in der Natur spielen (FKK-Bilder). Als harte Pornographie gelten dagegen Darstellungen se-

xueller Handlungen mit Kindern (gleichgültig ob zwischen Erwachsenem und Kind oder Kindern untereinander), mit Tieren oder mit Gewalt. Diese Form der Pornographie ist in Deutschland ausnahmslos verboten. Für die Einordnung als Pornographie hat der Gesetzgeber dennoch einige Kriterien erlassen:
- Bild oder Schrift müssen ausschließlich oder überwiegend das Ziel verfolgen, den Betrachter sexuell zu stimulieren. Es kommt also auch auf den Kontext an. Das gleiche Bild in einem Aufklärungsbuch kann anders wirken als in einem einschlägigen Sex-Magazin.
- Die in der Schrift, dem Bild oder Film dargestellte Sexualität findet ohne jeden zwischenmenschlichen Beziehungszusammenhang statt.
- Der Mensch wird auf die Rolle eines austauschbaren Lustobjektes reduziert.
- Sexualität wird als einzige Lebensäußerung und als einziger Lebenssinn verabsolutiert.
- Die Geschlechtsteile der Menschen werden in grob aufreißerischer und aufdringlicher Art und Weise ins Bild gerückt.

Es gibt kaum einen Täter, der sein(e) Opfer nicht auch fotografiert oder filmt (Paulus & Gallwitz, 2001). Sexualforscher gehen davon aus, dass die Täter mit diesen Bildern jene Phasen überbrücken, in denen dieses oder ein anderes Kind real nicht greifbar ist. Einige leiten daraus die Forderung ab, auch Pornographie mit Kindern straffrei zu stellen, weil deren Konsum Pädosexuelle zumindest zeitweise davon abhalte, auf reale Kinder zuzugreifen (u. a. Dannecker, 1999). Diese Argumentation beinhaltet aber unausgesprochen das Wissen, dass Kinderpornographie für die dargestellten Minderjährigen nicht ohne negativen Folgen sein kann. Insofern muss in solchen Argumenten eher der Versuch pädosexueller Kreise gesehen werden, einen neuen Vorstoß für die generelle Straffreiheit sexueller Kontakte zwischen Erwachsenen und Kindern durchzusetzen.

Das Ausmaß der Pornographie mit Kindern ist bestenfalls ungenau abzuschätzen. Beim 1. Weltkongress gegen kommerzielle sexuelle Ausbeutung von Kindern 1996 in Stockholm verbreitete Unicef-Generalsekretärin Carol Bellarmy Zahlen, denen zufolge jedes Jahr 500 Milliarden Mark Umsatz mit Kinderpornographie und -prostitution gemacht wird (in Deutschland 1,5 Milliarden). Andere Quellen sprechen von 50 Milliarden Dollar Jahresumsatz allein durch Kinderpornographie. Professionelle Fahnder deutscher Sicherheitsbehörden gehen nach der Enttarnung des quasi-professionellen Kinderpornographie-Rings „Cathedral" 1998 (die 200 Mitglieder mussten als „Eintrittsgeld" für den Beitritt 10.000 kinderpornographische Abbildungen einbringen) von einem weltweiten Bestand in der Höhe von drei Millionen kinderpornographischer Bilder aus (Kind, 1999, → *Internet*). Über die Zahl der Filme oder die Frage, wie viele dieser Bilder lediglich „Standbilder" aus solchen Filmen sind, gibt es keine ernstzunehmenden Angaben.

Die Verbreitung von Kinderpornographie wurde in Deutschland trotz der in den 90-iger Jahren verschärften Gesetze vor allem durch zwei Faktoren begünstigt. Zum einen haben Nachbarstaaten wie Dänemark und die Niederlande lange eine deutlich laxere Gesetzgebung praktiziert, was dazu führte, dass in der

Bundesrepublik strafbare Abbildungen dort frei verkäuflich waren. Das führte zu einem regelrechten Porno-Tourismus über die offenen Grenzen. Zum zweiten hat die Verbreitung des Internet (→ *Internet*) dazu geführt, dass Konsumenten von Kinderpornographie sich weitgehend anonym Bilder und Videos von Rechnern herunterladen konnten, die in Ländern mit deutlich eingeschränktem Kinderschutz stehen. Das betrifft vor allem Japan. Bis zur Einführung eines Verbotes der Herstellung, des Vertriebs und des Besitzes von Kinderpornographie galt Japan als Anbieter von rund 80 Prozent der kinderpornographischen Angebote im weltweiten Internet. Nachdem die Regierung in Tokio auf Druck der Konferenz der Großen acht Industrienationen (G8) im Jahre 1999 die Kinderschutzgesetzgebung verschärft hatte, ließen die Angebote – wie eigene Recherchen zeigen – auf dortigen Rechnern nach. An deren Stelle traten jedoch professionelle und semiprofessionelle Anbieter aus Ländern des ehemaligen Ostblocks, hier vor allem Russlands.

Die Möglichkeiten einer digitalen Speicherung solcher Bilder hat vor allem für die gezeigten Opfer gravierende Folgen, da die Bilder nicht mehr zu löschen sind. Das liegt zum einen an der technischen Struktur des Internet, dessen Infrastruktur aus zahlreichen Knotenservern besteht, die den geladenen Datenbestand selbsttätig untereinander austauschen, um so immer auf dem aktuellen Stand zu bleiben. Ein einmal ins Netz eingespeistes Bild wird so binnen weniger Minuten tausendfach „gespiegelt" (vervielfältigt) und ist damit auch durch die eventuelle Beschlagnahme eines Rechners nicht zu tilgen. Zum anderen liegt es auf den Rechnern all der Nutzer, die sich das Bild auf den eigenen Computer geladen haben und es nun – z.B. via E-Mail – mit anderen tauschen können. Der digitale Tausch schafft aber nicht – wie bei herkömmlichen Videos oder Zeitschriften-Fotos – Kopien, die in ihrer Qualität nachlassen, sondern stets Originale vom Original. So ist zu erklären, dass Bilder eines sexuellen Kindesmissbrauchs über Jahrzehnte hinweg in den einschlägigen Kreisen kursieren, das Opfer also niemals darauf setzen kann, dass die Abbildungen des eigenen Missbrauchs irgendwann wieder verschwinden.

Die Unterschiedlichkeit der nationalen Rechtssysteme und die Suche der Konsumenten nach immer neuen „Kicks" hat zu einer regelrechten Eskalation bei den abgebildeten Praktiken geführt. Waren es anfangs noch Fotos und Videos vom „normalen" Sex zwischen Kind und Erwachsenem, so wurden Ende der 90-iger Jahre zunehmend auch brutale Gewaltdarstellungen mit Folterungen Minderjähriger, Sex zwischen Kind und Tier, sexuellen Handlungen an und mit behinderten Kindern sowie sexuelle Praktiken an verstorbenen Kindern entdeckt bzw. beschlagnahmt (Drewes, 1998).

Eine weitere Gefahr der neuen Computertechnologie besteht in der bereits angedeuteten Möglichkeit, kinderpornographische Abbildungen herzustellen, ohne dass ein reales Opfer wirklich missbraucht wird. Per Bildverarbeitung lassen sich nämlich aus mehreren normalen Bildern durchaus Fotos herstellen, die zwar kein wirkliches, aber doch ein wirklichkeitsnahes Geschehen zeigen, ohne dass die „Komposition" später als solche erkennbar ist. Der Gesetzgeber hat dieser technologischen Entwicklung dadurch Rechnung getragen, dass er im Rahmen einer Gesetzesnovelle nicht nur die Herstellung, den Vertrieb und Besitz von kinderpornographischen Bildern, die ein wirkliches Geschehen darstellen, unter Strafe gestellt hat, sondern auch solche Aufnahmen, die ein wirklichkeitsnahes Geschehen wiedergeben (§ 184 StGB, → *Strafvorschriften gegen sexuellen Missbrauch*).

Die Polizeibehörden haben mit dem Aufkommen der Kinderpornographie im Datennetz reagiert und auf Landes-, vor allem aber Bundesebene Beamte für die Online-Fahndung ausbildet. Zugleich wird seit den 90er Jahren im Bundeskriminalamt eine Opfer-Datei geführt, um anhand von Vergleichen kinderpornographischer Funde Opfer zu identifizieren und so auch Jahre nach einer Tat diese aufzuklären. Dies ist – Stand Mitte 2000 – in rund 200 Fällen bereits gelungen.

Im Strafgesetzbuch (§ 184 StGB) wird der Besitz von Kinderpornographie nach wie vor als Vergehen eingestuft, die bis 2000 gefällten Urteile beschränkten sich im Wesentlichen auf Geldstrafen. Nach Auffassung vieler Experten wird damit aber übersehen, dass Kinderpornographie in der Regel (neue technische Entwicklungen zunächst ausgeschlossen) nicht nur einen Akt sexueller Gewalt gegen ein Kind voraussetzt (sonst wäre es keine Kinderpornographie), sondern auch einen besonders tiefen Eingriff in die individuelle Persönlichkeit des Opfers darstellt. Schließlich wird das betroffene Kind mit seinem Geschlecht, seinem Gesicht, seinem Körper, seiner individuellen Erlebensweise des sexuellen Übergriffs dauerhaft abgelichtet und vermarktet. Insofern stellt sich die Frage, ob nicht nur Herstellung und Vertrieb (= gewerbsmäßiger und nicht gewerbsmäßiger Handel) von Kinderpornographie, sondern auch der Besitz künftig als Straftat gewertet werden müsste.

In der Forschung ist die Wirkung pornographischer Abbildungen mit Kindern heute weitgehend unumstritten. Die lange verbreitete Theorie, derartige Fotos könnten Konsumenten mit pädosexuellen Neigungen soweit befriedigen, dass sie reale Übergriffe überflüssig machen, ist als falsch entlarvt worden (Baldenius, 1998). Die Funktion von Pornographie besteht generell eben nicht darin, sexuelle Vorstellungen auszuleben, sondern diese anzustacheln. Bilder befriedigen keinen Hunger, sie machen Hunger. Vor allem bei Abbildungen, die bestehende Tabus überschreiten, stellte sich heraus, dass der Konsum entsprechender Bilder und Videos/Filme die bis dahin latente und diffuse Vorstellung von einer Tat eher realisierbar erscheinen lässt. Sie wird vorstellbar, weil Medien wie eine Art Handlungsschemata empfunden werden. Darüber hinaus besteht in der Medienwirkungsforschung Konsens darüber, dass das Konsumieren solcher Bilder handlungsauslösend sein kann (Glogauer, 1998). Bei vielen der später als Kindesmissbraucher identifizierten Täter wurde festgestellt, dass diese unmittelbar vor ihrer Tat entsprechendes Bild-, Foto-, Video- oder Film-Material konsumiert hatten, dass die Tat selbst nicht selten nach dem Schema des zuvor Gesehenen inszeniert wurde. Auch wenn der Umkehrschluss, dass jeder Konsument derartiger Bilder ein potentieller Täter ist, sicherlich nicht haltbar erscheint, muss von einer die emotionale Entwicklung schädigenden Wirkung derartiger

Bilder auf den Betrachter ausgegangen werden. Es gibt in der Forschung keinerlei ernstzunehmenden Hinweis darauf, dass das Betrachten kinderpornographischer Abbildungen auf Dauer heilsam gewirkt hätte. Selbst wenn man dieser Theorie folgen würde, widerspräche ihre Umsetzung immer noch der Menschenwürde der gezeigten Opfer, da diese ja zunächst missbraucht werden müssten, um anschließend als Kinderpornographie „heilend" eingesetzt werden zu können.

Tatsächlich verhalten sich die Konsumenten von Kinderpornographie aber auch völlig anders, als von den Vertretern der „Heilungstheorie" beschrieben. Das Aufnehmen der Bilder im Internet wird nämlich ausnahmslos von der Frage begleitet, wo man real an das dargestellte Opfer herankommen könne, wo es Kontakte gäbe usw. (Drewes, 1995; Höfling, Drewes & Epple-Waigel, 1999). Hinzu kommt, dass das reale Erleben dieses Tabubruchs „Sex mit Minderjährigen" auf den (potenziellen) Täter eher fördernd und stimulierend wirkt. Um die Bedeutung des Internet-Erlebens für die Täter-Szene zu verstehen, muss man sich die Typologie der Betreffenden vor Augen führen. Der – nennen wir ihn einmal fälschlicherweise so – „normale" Täter (Missbrauch im eigenen Umfeld, in Abgrenzung also vom organisierten Kinderhandel) legt sich mit viel psychologischem Aufwand eine Ideologie zurecht, in dem das Thema „Gewalt" gegenüber dem Opfer keinen Platz hat. Er beschreibt sexuelle Begegnungen als Bereicherung für das Kind, als Ausdruck der Liebe zum Kind und kaschiert das durch den Begriff der „Pädophilie", die ihn in jedem Fall entschuldet: entweder weil er sich auf die wörtliche Übersetzung „Kinderliebe" oder (am liebsten vor Gericht) auf die psychiatrische Definition einer sexuellen Funktionsstörung beruft *(→ Pädosexualität)*. Bis er diesen Schritt tun kann, steht der Täter allein.

Das Erleben der einschlägigen Nischen des Internet und der dort leicht verfügbaren Kinderpornographie verändert diese psychologische Befindlichkeit fundamental. Er begegnet Gleichgesinnten, kann sich – unbeobachtet – Informationen einschlägiger Gruppen holen, kann mit Gleichgeneigten Kontakte aufnehmen und ausbauen – und er erlebt, dass dies alles geschützt durch Pseudonym und Anonymität möglich ist, so dass alle bisherigen heilsamen Folgen durch sozialen Druck und Furcht vor Imageverlust als hemmende und/oder kontrollierende Instanz entfallen. Wie grundlegend die Erfahrung ist, plötzlich nicht mehr allein zu sein, bisher Tabuisiertes ohne nachteilige Konsequenzen erleben zu können, lässt sich mangels entsprechender Untersuchungen nur erahnen. Da der Betreffende auf wenig Ablehnung oder Kritik, umso mehr aber auf Duldung und Unterstützung stößt, darf er sich als ernst genommen, als stabilisiert und gefördert fühlen. Er erlebt sich plötzlich wie im pädosexuellen Schlaraffenland, weil er vom Bild über das Video bis hin zu konkreten Tipps für reale Kontakte alles bekommen kann, ohne sich outen zu müssen, ohne ein unkalkulierbares Risiko eingehen zu müssen. Wenn man sich diesen psychologischen Zirkel vor Augen hält, wird auch deutlich, dass das Medium zwar keine Täter schafft, aber doch einen ungeahnten Freiraum bietet, damit sich Täter entwickeln bzw. stabilisieren. So zeigen doch auch bisherige Erfahrungen von verhafteten Tätern, die

Pornographie mit Kindern genutzt hatten, dass es sich bei vielen gar nicht um pädosexuell veranlagte Menschen handelte, sondern eher um sexuell ziellose Menschen, die auf der ständigen Suche nach neuen Reizen mal sadomasochistische Inhalte, mal Pornographie mit Tieren oder Fäkalsex und eben auch kinderpornographische Angebote genutzt hatten. Dass gerade dieser neue Kundenkreis aber die Nachfrage nach entsprechenden Materialien förderte, dass gerade für ihn in zunehmendem Maße nicht mehr altes Bildmaterial wieder verwertet, sondern neues produziert wird, ist bislang zuwenig deutlich gemacht worden.

Da die Szene sich darüber hinaus mit praktischen Tipps hilft und technische Kniffe verrät, stellt sich neben dem ohnehin vorhandenen Gefühl von „Mir kann nichts passieren" auch der Eindruck von Überlegenheit ein. Dies betrifft vor allem die Haltung gegenüber den (potenziellen) Opfern.

Literatur

Arbeitskreis Berliner Psychologischer Sachverständiger in Familiensachen (1991). *Umgangsrecht und sexueller Missbrauch*. Referat auf dem Kongress des Berufsverbandes Deutscher Psychologen in Dresden.
Baldenius, I. (1998). *Gelogene Liebe – Diskursanalyse des sexuellen Missbrauchs – Lebenswelten von Tätern und ihre Deutungsmuster der Tat*. Regensburg: S. Roderer.
Bange, D. (1992). *Die dunkle Seite der Kindheit*. Köln: Volksblatt Verlag.
Dannecker, M. (1999). Ein sexualwissenschaftlicher Blick auf den strafrechtlichen und individuellen Umgang mit Kinderpornografie. *Vortrag auf dem Bochumer Symposion gegen sexuelle Gewalt,* Bochum, 15.09.1999.
Drewes, D. (1995). *Kinder im Datennetz – Pornographie und Prostitution in den neuen Medien*. Frankfurt/Main: Eichborn.
Drewes, D. (1997). *Die Online-Gesellschaft*. München: Verlag Langen Müller Herbig.
Drewes, D. (1998). *Schützt unsere Kinder! – Stoppt ihre sexuelle Ausbeutung*. Augsburg: Weltbild.
Enders, U. & Haardt, A. (1997). *Antworten zu einer Anfrage der SPD-Bundestagfraktion*. Zartbitter Köln.
Enquete-Kommission (1998). Zukunft der Medien in Wirtschaft und Gesellschaft – Deutschlands Weg in die Informationsgesellschaft. In Deutscher Bundestag (Hrsg.), *Kinder und Jugendschutz im Multimediazeitalter*. Bonn: Zeitungs-Verlag Service.
Gallwitz, A. & Paulus, M. (1997). *Grünkram – Die Kinder-Sex-Mafia in Deutschland*. Hilden: Verlag Deutsche Polizei-Literatur.
Glogauer, W. (1998). *Die neuen Medien verändern die Kindheit*. Weinheim: Deutscher Studienverlag.
Höfling, S., Drewes, D. & Epple-Waigel, I. (Hrsg.) (1999). Auftrag Prävention. Hanns-Seidel-Stiftung, München.
Kind, H. (1999). *Vortrag beim Symposium „Kleiner weißer Schmetterling" der Friedrich-Ebert-Stiftung*. Weimar.
Paulus, M. & Gallwitz, A. (2001). *Kinderfreunde, Kindermörder*. Hilden: Verlag Deutsche Polizei-Literatur.
Sieber, U. (1999a). *Kinderpornographie, Jugendschutz und Providerverantwortlichkeit im Internet*. Hrsg. vom Bundesministerium der Justiz. Godesberg: Forum Verlag.
Sieber, U. (1999b). *Verantwortlichkeit im Internet – Technische Kontrollmöglichkeiten und multimediarechtliche Regelungen*. München: Beck.
Thönnissen, A. & Meyer-Andersen, K. (1990). *Kinderschänder. Das geheime Geschäft mit der Kinderpornographie* (2. Auflage). München: Goldmann.

Kinder-Spieltherapie

Wilhelm Körner

Kindzentriertheit, Kinderschutz und Strafverfolgung

Das Urteil des BGHs vom 30. Juli 1999 zu „Wissenschaftliche Anforderungen an psychologische Begutachtungen (Glaubhaftigkeitsgutachten)" (vgl. auch Balloff 2000, → *Glaubhaftigkeitsbegutachtung und diagnostischer Erkenntnisprozess*) hat zwar den Maßstab für die psychologische Begutachtung in juristischen Verfahren, nicht aber für den pädagogischen oder psychotherapeutischen Umgang mit einem mutmaßlich missbrauchten Kind in Einrichtungen von Jugendhilfe oder Medizin, festgelegt.

Für Professionelle, die an einer strafrechtlichen Klärung des angenommenen Missbrauchs interessiert sind, dürfte spätestens nach diesem Urteil klar sein, „dass der Versuch im Rahmen eines Beratungsprozesses häufig auch noch an mehreren Orten das Geschehene zu erfragen, die Beweissicherung und die Glaubwürdigkeitsbegutachtung eher behindert als unterstützt." (Fegert u. a. 2001, S. 16 f.).

Allerdings kommen die Autoren nach der Auswertung ihrer empirischen Untersuchung zum „Umgang mit sexuellem Missbrauch: Institutionelle und individuelle Reaktionen" (Fegert u. a. 2001) zu einer kritischen Wertung der Strafverfolgung bei sexuellem Missbrauch: „Hier muss vor scheinbar kinderfreundlicher Augenwischerei, welche Tataufklärung als Kinderschutz „verkaufen" will, gewarnt werden, denn sie weckt Illusionen, die realiter nicht eingelöst werden können." (Fegert u. a. 2001, S. 212, → *Nebenklage*).

Die Forscher halten es für ein Versagen des Strafrechtes, „dass es eher zur rechtlichen Abwicklung minderschwerer extrafamilialer Taten geeignet scheint, während es gerade bei chronischen intrafamilialen Taten die beschriebenen Schwächen aufweist" (ebd.), die sie so skizzieren: Da „Einzeltaten angeklagt werden müssen, versuchen die Ermittlungsbehörden konkrete Tatabläufe in bestimmten eingrenzbaren Zeiträumen zu beschreiben" (ebd., S. 17). Das sei bei einmaligen Übergriffen durch fremde Täter kein Problem, „aber bei jahrelangen Serientaten gerade an jüngeren Kindern innerhalb der Familie kaum möglich. Wenn der Missbrauch beinahe zum Alltagserleben gehörte, werden von den Kindern prototypische Tathergänge und nicht Einzelsituationen beschrieben. Reliable Schilderungen von Einzelsituationen treten dann auf, wenn es z.B. zu Komplikationen kam oder der Missbrauch an einem bestimmten Tag mit einem anderen gut erinnerten Ereignis (Geburtstag, Feiertag etc.) verbunden war" (ebd., → *Strafvorschriften gegen sexuellen Missbrauch*).

Die in dieser Untersuchung durchgeführten Befragungen von Experten aus den sog. „Versorgungseinrichtungen" (allgemeine und spezialisierte Beratungsstellen, Jugendamt, medizinische Versorgung) belegen außerdem, „dass 94 % der befragten Experten/innen aus der Gruppe „Versorgungseinrichtungen" im „Regelfall keine Anzeige" erstatten" (ebd., S. 52f.) und dass dem „Item „Schadet das Strafverfahren dem Kind mehr, als es ihm nützt?" ... alle Professionen mit den beschriebenen Nuancierungen" zustimmten (ebd., S. 56).

Vor dem Hintergrund, dass die meisten sexuellen Übergriffe nicht angezeigt werden und die strafrechtliche Verfolgung innerfamilialen Missbrauchs schwierig ist, wird die Bedeutung einer kindzentrierten Linie im professionellen Verhalten zu (missbrauchten) Kindern deutlich, da diese sich gut für Klärungsarbeit, Beratung und Psychotherapie (die in diesem Artikel nicht immer ausdrücklich erwähnt wird) von Kindern eignet, die innerhalb ihrer Familie missbraucht wurden.

Die Ressourcen, die der person-zentrierte Ansatz bietet, werden z.B. von den Kinderschutzdiensten in Rheinland-Pfalz (vgl. Ginciauskas 1997; Klees 2000) genutzt. Dabei wurde ein eigenes Profil im Umgang mit einem potentiell missbrauchten Kind entwickelt, das sich in folgender Perspektive zeigt: „Demnach besteht ein Ziel des kindzentrierten Ansatzes darin, für das Kind oder den Jugendlichen *die in seinem Interesse liegenden Familienbeziehungen zu erhalten*" (Ginciauskas 1997, S. 139). Die zuständige Referentin für Kinder- und Jugendschutz des Landes Rheinland-Pfalz betont einen anderen wichtigen Grundsatz der Kinderschutzdienste: „Es ist nicht Aufgabe des Kinderschutzes, Beweismaterial für die Strafverfolgung des Täters zu sichern" (Klees 2000, S. 375). Vertreter einer kindzentrierten Linie versuchen unterhalb dieser Schwelle den Schutz des Kindes vor weiteren Übergriffen zu gewährleisten. Das kann auch bedeuten, „dass es in seltenen Fällen angezeigt ist, Anwalt des Kindes gegen die Wünsche von dessen Bezugspersonen zu sein. Lassen sich familiäre Probleme nicht mehr gemeinsam mit der Familie lösen und sind diese unzumutbar belastend für das Kind, kann eine Information zum Beispiel an das Jugendamt auch gegen den Willen der Eltern unumgänglich werden" (Beckmann-Herfurth 1996, S. 199). Klees fasst ihre Analyse der personzentrierten Begleitung von Kindern so zusammen: „Die personzentrierten Spieltherapeut/inn/en betrachten sich als Anwält/inn/en des Kindes, räumen dem Wohl des Kindes einen höheren Rang ein als dem Erziehungsrecht der Eltern und betrachten das Kind – und nicht sich selbst – als Experte seiner Situation." (Klees 2000, S. 135).

Die Prinzipien der personzentrierten Kinderspieltherapie

Die Grundlagen der von Virginia Axline vor über 50 Jahren begründeten Form der Kinderpsychotherapie sind von denen der von Rogers entwickelten Gesprächspsychotherapie und Persönlichkeitstheorie (vgl. Lezius-Paulus 1998,

(→ *Klientenzentrierte Gesprächspsychotherapie als Beziehungsangebot*) abgeleitet. Die Veränderungen, die sich in dieser Therapierichtung entwickelt haben, spiegeln sich in den Begriffen „non-direktiv", „klientenzentriert" und „personzentriert" wider (vgl. Kaatz 1998), auf die hier nicht eingegangen werden kann. Ihren vorläufigen Endpunkt hat diese Entwicklung in Konzepten einer „Personzentrierten Familienspieltherapie" (Kemper 1997) oder einer „Klientenzentrierten Spiel- und Familientherapie" (Schmidtchen 1999) gefunden.

Weitere Methoden der Kindertherapie finden sich in Boeck-Singelmann u. a. (1996, 1997), Kaatz (1998) und Schmidtchen (1999). Die meistens notwendige Arbeit mit dem nicht-missbrauchenden und dem missbrauchenden Elternteil, das Angebot für die Geschwister sowie der äußere Rahmen (wie Spielzimmer mit seinen Spielangeboten; vgl. auch Schmidtchen 1999) wurde an anderer Stelle beschrieben (vgl. Graf & Körner 1998, 2000), und spielbasierte Befragungsmethoden stellt Sturzbecher (2001) vor.

Im Rahmen dieses Beitrages soll daher nur skizziert werden, wie wichtig die Grundsätze Axlines für Diagnostik und Beratung von Kindern zwischen drei und zwölf Jahren sind (vgl. auch Pfafferodt 1992; Ginciauskas 1997), weil sie gerade für die Beziehungsgestaltung und den Umgang mit missbrauchten oder möglicherweise missbrauchten Kindern wertvolle Hinweise geben. Ihre Einhaltung schafft ein Klima, das es einem kindlichen Opfer sexueller Gewalt ermöglicht, sich langsam zu öffnen und im Rahmen einer Interaktionsdiagnostik (vgl. Grubitzsch 1998; Sturzbecher 2001) innerhalb des von ihm dafür benötigten Zeitraumes, sich über das zu äußern, was ihm angetan wurde (vgl. Graf & Körner 1998, 2000). Diese von Axline „aufgestellten 8 Prinzipien für die Gestaltung des therapeutischen Prozesses sind auch heute noch wertvoll" (Kaatz 1998, S. 358):

„1. Der Therapeut muss eine warme, freundliche Beziehung zum Kind aufnehmen, die sobald wie möglich zu einem guten Kontakt führt.
2. Der Therapeut nimmt das Kind ganz so an, wie es ist.
3. Der Therapeut gründet seine Beziehung zum Kind auf eine Atmosphäre des Gewährenlassens, so dass das Kind all seine Gefühle frei und ungehemmt ausdrücken kann.
4. Der Therapeut ist wachsam, um die *Gefühle*, die das Kind ausdrücken möchte, zu erkennen und reflektiert sie auf eine Weise auf das Kind zurück, dass es Einsicht in sein eigenes Verhalten gewinnt.
5. Der Therapeut achtet die Fähigkeit des Kindes, mit seinen Schwierigkeiten selbst fertig zu werden, wenn man ihm Gelegenheit dazu gibt, eine Wahl im Hinblick auf sein Verhalten zu treffen.
6. Der Therapeut versucht nicht, die Handlungen oder Gespräche des Kindes zu beeinflussen. Das Kind weist den Weg, der Therapeut folgt ihm.
7. Der Therapeut versucht nicht, den Gang der Therapie zu beschleunigen. Es ist ein Weg, der langsam Schritt für Schritt gegangen werden muss, und der Therapeut weiß das.
8. Der Therapeut setzt nur dort Grenzen, wo diese notwendig sind, um die Therapie in der Welt der Wirklichkeit zu verankern und um dem Kind seine Mit-

verantwortung an der Beziehung zwischen sich und dem Kind klarzumachen" (Axline 1997, S. 73).
Axline weist selbst darauf hin, dass ihre Prinzipien so miteinander verwoben seien, „dass schwer festzustellen ist, wo das eine anfängt und das andere aufhört. Sie überschneiden sich und sind voneinander abhängig. Der Therapeut kann sich z. B. nicht annehmend verhalten, ohne eine gewährende Grundhaltung. Diese ist ohne die annehmende Einstellung undenkbar. Der Therapeut kann die Verantwortung des Mädchens für die Wahl seines Verhaltens nicht einem Kind überlassen, das er nicht achtet" (Axline 1997, S. 88).

Die Realisierung der personzentrierten Prinzipien bei sexueller Gewalt

Der Kontaktaufbau zu einem mutmaßlich missbrauchten Kind kann vom ersten Prinzip der Kindertherapie (Die Gestaltung der Beziehung) profitieren, das erfahrungsgemäß sehr konstruktiv ist, wie bereits Tausch & Tausch (1956, S. 69) betonten: „Für die Therapie ist es gut, wenn Kinder Gefühle ausdrücken, die sie belasten, oder Ereignisse verbalisieren, die sie etwa beschämen oder die ihnen peinlich sind. Dies kann nicht erfolgen, solange die Kinder kein freundliches warmes Beziehungsverhältnis zum Therapeuten haben" (vgl. auch Beckmann-Herfurth 1996, S. 195).

Zur Beziehungsgestaltung gehört auch die zweite Beratervariable (Die vollständige Annahme des Kindes), welche die Autorin so erläutert: Die Therapeutinnen und Therapeuten „halten eine ruhige, stetige, freundliche Beziehung zum Kind aufrecht und passen gut auf, dass sie keine Ungeduld zeigen. Sie hüten sich vor Kritik und Vorwurf ... Ebenso vermeiden sie Belobigungen für Taten und Worte" (Axline 1997, S. 85). Dass diese Forderung nicht immer leicht zu erfüllen ist, kann man sich bei Kindern, die nur ruhig da sitzen und einen gelangweilten Eindruck vermitteln, gut vorstellen. Axline schildert an einem Beispiel ein negatives Therapeuten-Verhalten und kritisiert, auch „die Alternativ-Vorschläge, mit denen die Therapeutin das Mädchen durch suggestive Anregungen zur Mitarbeit veranlassen wollte, hatten keinen annehmenden Charakter" (1997, S. 87f.).

Das dritte Prinzip der non-direktiven Kinder-Spieltherapie (Das Herstellen eines Klimas des Gewährenlassens) ist in der Praxis ebenfalls oft nicht leicht realisierbar, und als hätte Axline die Schwierigkeiten im Umgang mit der Missbrauchsproblematik geahnt, gibt sie folgendes Beispiel zur Warnung: „Wenn der Therapeut glaubt, das Kind habe Beziehungsschwierigkeiten innerhalb der Familie und rückt deshalb die Puppenfamilie in die Nähe des Kindes, während er sagt: „Sieh`mal, die Puppenfamilie! Willst du mit der nicht mal spielen?", so ist das ein Verstoß gegen die freie Wahl des Kindes" (Axline 1997, S. 91). Diese Fehler sind vermeidbar, wenn die Erkenntnis der Kinderspieltherapie berücksichtigt wird, die Goetze & Jaede (1974, S. 51) so zusammen fassen: „Die Atmosphäre des Gewährenlassens wird als Grundbedingung für das Erlebnis angesehen, mit seinen Problemen selbst fertig zu werden."

Das vierte Prinzip (Das Erkennen und Reflektieren von Gefühlen) betont folgenden Unterschied: „Das Erkennen von Gefühlen und ihre Interpretation sind zweierlei. Und doch ist es nicht leicht, zwischen beiden zu unterscheiden. Das Spiel des Kindes ist symbolisch für seine Gefühle, und wenn der Therapeut versucht, symbolisches Verhalten in Worte zu übersetzen, so liegt darin eine Interpretation, denn er sagt, was er *glaubt*, dass das Kind mit seiner Beschäftigung ausgedrückt haben könnte" (Axline 1997, S. 96). Der Berater oder Therapeut sollte versuchen, „die Welt durch die Augen des Kindes zu sehen und ihm behilflich zu sein, die eigenen Gefühle zu klären und Zugang zu verschütteten Persönlichkeitsanteilen zu bekommen" (Riedel 1997, S. 164). Der Therapeut müsse „in jeder Phase der Kindertherapie genau spüren, was das Kind im Moment braucht, und was es ablehnt." (ebd.) Tausch und Tausch (1956, S. 93) hielten diese Variable für „das entscheidendste Verhaltensprinzip des Therapeuten." Recht aktuell für die Klärungstätigkeit klingt die Warnung selbst vor einer korrekten Interpretation des kindlichen Spieles, denn „es besteht die Gefahr, in das Kind etwas hineinzulegen, für das es noch nicht reif ist. Sagt das Kind: „Ich hab' auch Angst, und manchmal weine ich, aber meine Mutter verlangt trotzdem, dass ich das tue, was sie will", dann ist es reif für die direkte Antwort: „Du hast Angst" usw. Solange es aber die Puppe als Mittelsmann nötig hat, sollte auch die Therapeutin von ihr sprechen" (Axline 1997, S. 97).

Die fünfte Therapievariable (Die Achtung vor dem Kind), die auf den ersten Blick angesichts einer (vermuteten) sexuellen Missbrauchsproblematik unangemessen erscheinen mag, vertraut der Kompetenz des Kindes, seine Probleme selbst zu lösen, sofern ihm dazu die Möglichkeit gegeben wird. Diese Haltung bewährt sich auch im Klärungsprozess bei sexueller Gewalt; denn die Erfahrung zeigt, dass Kreativität und Kompetenz des Kindes zu einer für das geschädigte Kind akzeptablen Form der Beendigung des sexuellen Missbrauchs führen können (vgl. die Beispiele bei Graf & Körner 1998, S. 326–328). Grundsätzlich deckt sich diese Linie mit dem in neueren Fachveröffentlichungen geforderten Prinzip „Die Wünsche des Kindes beachten" (Bange 2000, S. 26; im Original fett).

Die nächste Anforderung Axlines (Das Kind weist den Weg) muss gerade bei vermutetem Missbrauch gelten: ‚Der Therapeut versucht auf keine Weise, die Handlungsfreiheit des Kindes oder seine Gesprächsthematik zu bestimmen. Das Kind weist den Weg, der Therapeut folgt" (Axline 1971, 191). Der Therapeut „stellt keine Testfragen, es sei denn, das Kind finge an, über etwas zu sprechen, womit es sich abquält. In dem Fall fragt er unter Umständen: „Möchtest du mir etwas darüber erzählen?" Der Therapeut sagt nichts Lobendes, damit das Kind keine Veranlassung hat, sich so zu verhalten, dass es noch mehr Anregung bekommt ... Der Therapeut gibt keine Anregungen" (Axline 1997, S. 115). Dieser Linie kann auch in der diagnostischen Klärungsarbeit gefolgt werden, und zwar aus folgender Gewissheit: „Das Kind wird die Dinge, die ihm am wichtigsten sind, zu der Zeit bringen, da es bereit dafür ist" (Axline 1971, S.190).

Das siebte Grundprinzip (Die Therapie kann nicht beschleunigt werden) wird so erläutert: „In der therapeutischen Stunde wird ein „Gesetz von Bereitsein" wirksam. Ist das Kind bereit, in Gegenwart des Therapeuten über seine Gefühle zu sprechen, so wird es das tun. Man kann es dazu nicht antreiben" (Axline 1997, S. 121). Diese Linie ist erfahrungsgemäß in Situationen, in denen ein Kind emotional belastet wirkt, nur schwer zu ertragen. Beraterinnen und Berater müssen lernen, mit solchen Situationen angemessen umzugehen. Sie können darauf vertrauen, dass das Kind sich dann öffnen wird, wenn es das für richtig hält. Für die das Kind betreuende Fachkraft ist es ratsam, sich an Folgendes erinnern zu lassen: „Fühlt der Therapeut, dass das Kind sich mit einem Problem herumschlägt, und er möchte das Problem so schnell wie möglich angehen, muss er sich daran erinnern, dass das, was er denkt, unwichtig ist (....) Der Therapeut kennt das Kind nicht so gut wie das Kind sich selber. Er kann die wahren Gefühle des Kindes niemals so deutlich ausdrücken wie das Kind selbst" (Axline 1997, S. 122).

Das achte Prinzip (Der Wert von Begrenzungen), das sich zu Begrenzungen in der Therapiesitzung äußert, kann in seiner damaligen Formulierung und Erläuterung im Umgang mit (möglicherweise) missbrauchten Kindern nur bedingt gelten. Allerdings vertrat bereits Axline (1997, S. 128) die Position: „Werden die Begrenzungen auf ein Minimum reduziert und wird nur in Notfällen von ihnen Gebrauch gemacht, vollzieht sich der Ablauf der Therapie reibungsloser". Der Therapeut sollte die folgenden fünf Verbote (mutwilliges Zerstören von Material, Mitnahme von Material, Gesundheitliche Gefährdung des Kindes, Angreifen der Therapeuten und Nicht-Einhalten der Zeit (Goetze & Jaede 1974, S. 59) nur durchsetzen, wenn er selbst an seine Grenzen kommt, da der Beziehungsaufbau zum Kind oberste Priorität hat. Im Gegensatz zu Axline (1997, S. 127) sollten Berater bei möglichen Opfern von (sexueller) Gewalt auch akzeptieren, wenn sie vom Kind attackiert werden, sie sollten diese Aktionen aufgreifen und Ernst nehmen. „Weiterhin ist es wichtig, das Kind nicht mit Vorurteilen oder Vorwürfen zu belasten, sondern es in seinen Persönlichkeits- und Ausdrucksformen vollkommen zu akzeptieren. Das kann z. B. auch bedeuten, dass man es in seinem Wunsch, dem Vater oder der Mutter Schmerzen zuzufügen oder sie gar zu töten, akzeptiert und es beim Ausagieren dieses Wunsches im Spiel begleitet. Der Therapeut nimmt das Kind an und wertschätzt es, egal ob es sich aggressiv oder autoaggressiv verhält, ob es sich zurückzieht oder offen auf ihn zugeht" (Riedel 1997, S. 164).

Fazit

Eine kindzentrierte Orientierung bietet eine gute Basis für die Begleitung (potenziell) missbrauchter Kinder. Die Klärung eines sexuellen Missbrauchs in diesem Rahmen gibt den Beratern die Informationen, die sie für ihre Tätigkeit benötigen, berücksichtigt die Bedürfnisse des betroffenen Kindes und trägt damit dazu bei, dass es das ihm Angetane bewältigen kann.

Wenn es dem betroffenen Kind und seinen Bezugspersonen um eine strafrechtliche Verfolgung des Übergriffs geht, ist es in Anbetracht der Rechtslage ratsam, der Empfehlung des BGHs zu folgen und bereits bei der ersten Vernehmung des Kindes einen Sachverständigen einzuschalten (vgl. Balloff 2000, → *Vernehmung von Kindern*). Es müsste dann geklärt werden, ob und wann Kinderspieltherapie oder eine andere Form professioneller Unterstützung erfolgen können, um von vornherein den Verdacht auszuschließen, der kindliche Zeuge sei durch professionelle Begleitung beeinflusst oder gar manipuliert worden. Hier werden möglicherweise Grenzen einer kindzentrierten Arbeit deutlich. Professionelle, die mit potenziell von sexueller Gewalt betroffenen Kindern zu tun haben, müssen wohl lernen zu akzeptieren: „Man kann manchmal nicht alles haben" (Fegert u.a. 2001, S. 17).

Literatur

Axline, V. (1971). Spieltherapie im nicht-direktiven Verfahren. In: Biermann, G. (Hrsg.), *Handbuch der Kinderpsychotherapie* (185–192) (2. Auflage). München: Ernst Reinhardt.
Axline, V. (1997). *Kinder-Spieltherapie im nicht-direktiven Verfahren* (9. Auflage). München: Ernst Reinhardt.
Balloff, R. (2000). Das Urteil des Bundesgerichtshofs vom 30. Juli 1999 zur Frage der wissenschaftlichen Anforderungen an aussagepsychologische Begutachtungen. *Praxis der Kinderpsychologie und Kinderpsychiatrie 49 (4)*, 261–274.
Bange, D. (2000). Die Regeln der Kunst. Interventionen beim Verdacht auf sexuellen Missbrauch. *Sozialmagazin 25 (10)*, 24–32.
Beckmann-Herfurth, E. (1996). Die Person des Therapeuten – Ihre Bedeutung in der personzentrierten Kindertherapie. In: C. Boeck-Singelmann, B. Ehlers, T. Hensel, F. Kemper, & C. Monden-Engelhardt (Hrsg.), *Personzentrierte Psychotherapie mit Kindern und Jugendlichen. Band 1* (195–215). Göttingen: Hogrefe.
Boeck-Singelmann, C., Ehlers, B., Hensel, T., Kemper, F. & Monden-Engelhardt, C. (Hrsg.) (1996). *Personzentrierte Psychotherapie mit Kindern und Jugendlichen. Band 1: Grundlagen und Konzepte.* Göttingen: Hogrefe.
Boeck-Singelmann, C., Ehlers, B., Hensel, T., Kemper, F. & Monden-Engelhardt, C. (Hrsg.) (1997). *Personzentrierte Psychotherapie mit Kindern und Jugendlichen. Band 2: Anwendung und Praxis.* Göttingen: Hogrefe.
Fegert, J. M., Berger, C., Klopfer, U., Lehmkuhl, U. & Lehmkuhl, G. (2001). *Umgang mit sexuellem Missbrauch: Institutionelle und individuelle Reaktionen. Forschungsbericht.* Münster: Votum.
Ginciauskas, L. (1997). Die kindzentrierte Arbeitsweise der Kinderschutzdienste in Rheinland-Pfalz. In: K. Klees & W. Friedebach (Hrsg.), *Hilfen für missbrauchte Kinder* (130–150). Weinheim: Beltz.
Goetze, H. & Jaede, W. (1974). *Die nicht-direktive Spieltherapie.* München: Kindler.
Graf, H. & Körner, W. (1998). Sexueller Mißbrauch: Skizze einer personzentrierten Klärung. In: W. Körner & G. Hörmann (Hrsg.), *Handbuch der Erziehungsberatung. Band 1* (311–333). Göttingen: Hogrefe.
Graf, H. & Körner, W. (2000). Sexueller Mißbrauch: die personzentrierte Klärung in der Praxis. In: W. Körner & G. Hörmann (Hrsg.), *Handbuch der Erziehungsberatung. Band 2* (213–265). Göttingen: Hogrefe.
Grubitzsch, S. (1998). Klinische Diagnostik und Urteilsbildung. In: G. Hörmann & W. Körner (Hrsg.), *Klinische Psychologie* (167–191) (2. Auflage). Eschborn: Dietmar Klotz.
Jaede, W. (1996). Der entwicklungsökologische Ansatz in der personzentrierten Kinder- und Jugendpsychotherapie. In: C. Boeck-Singelmann, B. Ehlers, T. Hensel, F. Kemper, & C. Monden-Engelhardt (Hrsg.), *Personzentrierte Psychotherapie mit Kindern und Jugendlichen. Band 1* (69–95). Göttingen: Hogrefe.

Kaatz, S. (1998). Personzentrierte Kinderspieltherapie. In: G. Hörmann & W. Körner (Hrsg.), *Klinische Psychologie* (257–377) (2. Auflage). Eschborn: Dietmar Klotz.
Kemper, F. (1997). Personzentrierte Familienspieltherapie – am Beispiel einer Familie mit einem zähneknirschenden Knaben. In: C. Boeck-Singelmann, B. Ehlers, T. Hensel, F. Kemper, & C. Monden-Engelhardt (Hrsg.), *Personzentrierte Psychotherapie mit Kindern und Jugendlichen. Band 2* (71–134). Göttingen: Hogrefe.
Klees, K. K. (2000). *Personzentrierte Pädagogische Beratung für Kinder in Notsituationen. Die kindzentrierte Hilfeplanung der Kinderschutzdienste von Rheinland-Pfalz.* Habilitationschrift, Universität Oldenburg. (Veröffentlicht 2001 unter dem Titel „Beratung für Kinder in Not. Die Hilfeplanung der Kinderschutzdienste". Gießen: Psychosozial).
Körner, W. (1992). *Die Familie in der Familientherapie.* Opladen: Westdeutscher Verlag.
Körner, W. & Hörmann, G. (Hrsg.) (1998). *Handbuch der Erziehungsberatung. Band 1: Anwendungsbereiche und Methoden der Erziehungsberatung.* Göttingen: Hogrefe.
Körner, W. & Hörmann, G. (Hrsg.) (2000). *Handbuch der Erziehungsberatung. Band 2: Praxis der Erziehungsberatung.* Göttingen: Hogrefe.
Lezius-Paulus; R. (1998). Der personzentrierte Ansatz in der Erziehungsberatung. In: W. Körner & G. Hörmann (Hrsg.), *Handbuch der Erziehungsberatung. Band 1* (379–393). Göttingen: Hogrefe.
Mogel, H. (1996). Spiel – ein fundamentales Lebenssystem des Kindes. In: C. Boeck-Singelmann, B. Ehlers, T. Hensel, F. Kemper, & C. Monden-Engelhardt (Hrsg.), *Personzentrierte Psychotherapie mit Kindern und Jugendlichen. Band 1* (179–191). Göttingen: Hogrefe.
Pfafferodt, M.-T. (1992). Sexueller Mißbrauch als Arbeitsgebiet in der Erziehungsberatung. *Iag aktuell 4/92,* 53–67.
Riedel, K. (1997). Personzentrierte Kindertherapie bei sexueller Mißhandlung. In: C. Boeck-Singelmann, B. Ehlers, T. Hensel, F. Kemper, & C. Monden-Engelhardt (Hrsg.), *Personzentrierte Psychotherapie mit Kindern und Jugendlichen. Band 2* (159–180). Göttingen: Hogrefe.
Schmidtchen, S. (1999). *Klientenzentrierte Spiel- und Familientherapie.* Weinheim: Beltz.
Sturzbecher, D. (Hrsg.) (2001). *Spielbasierte Befragungstechniken.* Interaktionsdiagnostische Verfahren für Begutachtung, Beratung und Forschung. Göttingen: Hogrefe.
Tausch, R. & Tausch, A. (1956). *Kinderpsychotherapie in nicht-directivem Verfahren.* Göttingen: Hogrefe.

Kinder- und Jugendhilfegesetz

Reinhard Wiesner

Das Kinder- und Jugendhilfegesetz bildet die Rechtsgrundlage für die Tätigkeit der Träger der öffentlichen Jugendhilfe und ihre Zusammenarbeit mit der freien Jugendhilfe und anderen Leistungserbringern in Deutschland. Sein Ziel ist die Förderung der Entwicklung junger Menschen.

Begriff, Zitierweise, Systematik

Das Gesetz zur Neuordnung des Kinder- und Jugendhilferechts (Kinder- und Jugendhilfegesetz -KJHG) vom 26.6.1990 (BGBl. I S.1163) enthält als sog. Artikelgesetz alle Rechtsvorschriften, die im Rahmen der Neuordnung des Kinder- und Jugendhilferechts – als Ergebnis einer 20-jährigen Fachdiskussion – neu geschaffen oder entsprechend geändert bzw. angepasst worden sind. Das Herzstück des KJHG (Art. 1 des KJHG) bildet das Achte Buch Sozialgesetzbuch – Kinder- und Jugendhilfe (SGB VIII). Dieses SGB VIII fungiert seit der Verabschiedung des Kinder- und Jugendhilfegesetzes als selbständiges Stammgesetz und gilt nunmehr in der Fassung der Bekanntmachung vom 8.12.1998 (BGBl. I, S. 3546), zuletzt geändert durch Gesetz vom 2.11.2000 (BGBl. I, S. 1479f.). Obwohl also das SGB VIII, das immer gemeint ist, wenn von „KJHG" die Rede ist, nur der wesentliche, inzwischen verselbständigte und mehrfach geänderte Teil des KJHG ist, werden die Begriffe KJHG und SGB VIII häufig synonym verwendet.

Die Bezeichnung „Achtes Buch Sozialgesetzbuch" weist darauf hin, dass die Materie Kinder- und Jugendhilfe gesetzestechnisch Teil eines umfassenden Gesetzes ist, nämlich des Sozialgesetzbuches, das inzwischen auch Materien wie die Kranken- und die Pflegeversicherung regelt.

Das SGB VIII ist in 10 Kapitel unterteilt, einige davon nochmals in Abschnitte und Unterabschnitte. Den inhaltlichen Schwerpunkt bilden die im Kapitel 2 aufgefächerten Leistungen der Jugendhilfe (§§ 11–41) und die anschließenden sog. anderen Aufgaben (§§ 42–60). Grundlegende Aussagen sind im 1.Kapitel vorangestellt. Das Gesetz schließt mit den Vorschriften über die Strukturen der Jugendhilfe und umfangreichen Verfahrensvorschriften sowie Regelungen über die Kinder- und Jugendhilfestatistik.

Entstehungsgeschichte

Der Verabschiedung des Gesetzes im Sommer 1990 ging eine mehr als 20-jährige Diskussion um die Neuordnung des Jugendhilferechts voraus. Bereits in den 60er Jahren bestand ein breiter fachpolitischer Konsens, das aus den 20er Jahren stammende (Reichs-) Jugendwohlfahrtsgesetz durch ein leistungsrechtlich strukturiertes Gesetz zur Förderung der Entwicklung junger Menschen abzulösen. Nach der Vorlage des Diskussionsentwurfs durch eine Sachverständigenkommission im Jahre 1973 kam es zu wiederholten Gesetzgebungsinitiativen. Ideologische Auseinandersetzungen über die Rolle des Staates im Bereich der Erziehung sowie über die Ausgestaltung der Zusammenarbeit zwischen öffentlichen und freien Trägern führten immer wieder zur parteipolitischen Polarisierung und verhinderten einen parlamentarischen Konsens. Hinzu kam die Ablehnung der Länder wegen der mit einer Neuordnung verbundenen Mehrkosten für die kommunalen Gebietskörperschaften. Erst der im Jahre 1988 vorgestellte Regierungsentwurf überwand alle parlamentarischen Hürden.

Aufgrund der fast zeitgleichen deutschen Wiedervereinigung bildete das neue Gesetz von Anfang an die Rechtsgrundlage für die Jugendhilfe in beiden Teilen Deutschlands. Im Osten trat es unmittelbar mit dem Einigungsvertrag (3.10. 1990) und damit 3 Monate früher als in Westdeutschland in Kraft (1.1.1991).

Zielsetzung, Adressaten

Das Gesetz verankert ein neues Verständnis von Jugendhilfe: Nicht mehr die reaktive Aufrechterhaltung der öffentlichen Sicherheit und Ordnung, die Ausgrenzung verwahrloster Jugendlicher durch geschlossene Unterbringung und Arbeitserziehung oder die Rettung von Kindern vor dem gefährdenden Einfluss ihrer Eltern sind der zentrale Auftrag der Jugendhilfe, sondern die Förderung der Entwicklung junger Menschen und ihre Integration in die Gesellschaft durch allgemeine Förderungsangebote und Leistungen in unterschiedlichen Lebenslagen und Erziehungssituationen. Im Hinblick auf die vorrangige elterliche Erziehungsverantwortung erfolgt die Förderung der Entwicklung des Kindes oder Jugendlichen in diesem Gesetz zu weiten Teilen durch eine Stärkung der Erziehungskompetenz der Eltern. Jugendhilfe hat aber zusammen mit dem Familiengericht auch die Aufgabe, Kinder und Jugendliche vor Gefahren für ihr Wohl notfalls gegen oder vor ihren Eltern zu schützen.

Adressaten der Leistungen sind daher Kinder, Jugendliche und ihre Eltern sowie junge Volljährige, die das 27. Lebensjahr noch nicht vollendet haben.

Aufgaben der Jugendhilfe (§§ 11–60)

Das Gesetz unterscheidet insoweit zwischen Leistungen (§§ 11–41) und sonstigen Aufgaben (§§ 42–60). Zu den Leistungen zählen insbesondere die Angebote der Jugendarbeit, der Jugendsozialarbeit und des erzieherischen Kinder- und Jugendschutzes, die Angebote der Beratung in Trennungs- und Scheidungssituationen sowie zur Ausübung des Umgangsrechts, die Förderung von Kindern in Tageseinrichtungen und in Tagespflege sowie die verschiedenen ambulanten, teilstationären und stationären Formen der Hilfe zur Erziehung.

Als typische Arten der Hilfe zur Erziehung, auf die die (sorgeberechtigten) Eltern einen Rechtsanspruch haben, „wenn eine dem Wohl des Kindes oder Jugendlichen entsprechende Erziehung nicht gewährleistet ist", nennt das Gesetz:
– Erziehungsberatung
– Soziale Gruppenarbeit
– Erziehungsbeistand
– Sozialpädagogische Familienhilfe

- Erziehung in einer Tagesgruppe
- Vollzeitpflege
- Heimerziehung, sonstige betreute Wohnform
- Intensive sozialpädagogische Einzelbetreuung.

Die Feststellung des Hilfebedarfs, die Entscheidung über die geeignete und notwendige Hilfe sowie deren Gestaltung erfolgt in einem kooperativen Prozess zwischen der zuständigen Fachkraft im Jugendamt, den Eltern und dem Kind oder Jugendlichen. Die entscheidenden Elemente werden in einem Hilfeplan festgehalten, der seinerseits regelmäßig überprüft und fortgeschrieben wird (→ *Jugendämter*).

In akuten Krisensituationen kann ein Kind oder ein Jugendlicher unabhängig von seinem Alter auch selbst Beratung in Anspruch nehmen oder um Inobhutnahme bitten. So haben Kinder und Jugendliche unabhängig von ihrem Alter Anspruch auf Beratung, wenn die Beratung aufgrund einer Not- und Konfliktlage erforderlich ist und solange durch die Mitteilung an den Personensorgeberechtigten der Beratungszweck vereitelt würde (§ 8 Abs. 3 SGB VIII). Das Jugendamt ist verpflichtet ein Kind oder einen Jugendlichen in Obhut zu nehmen, wenn das Kind oder der Jugendliche um Inobhutnahme bittet (§ 42 Abs. 2 Satz 1 SGB VIII).

Die sog. anderen Aufgaben umfassen neben den vorläufigen Maßnahmen zum Schutz von Kindern und Jugendlichen, vor allem den Schutz von Kindern und Jugendlichen in Heimen und Pflegestellen, die Mitwirkung des Jugendamts in Verfahren vor dem Vormundschafts-, Familien- und dem Jugendgericht sowie die Beistandschaft, Amtspflegschaft und Amtsvormundschaft (→ *Familien- und Vormundschaftsgericht*).

Strukturen der Jugendhilfe, Zusammenarbeit zwischen öffentlicher und freier Jugendhilfe (§§ 69–81)

Das Gesetz enthält auch Regelungen über die Organisation der öffentlichen Jugendhilfe und ihre Zusammenarbeit mit der freien Jugendhilfe. Es unterscheidet zwischen den örtlichen und den überörtlichen Trägern und weist die Aufgaben der örtlichen Träger den Kreisen und kreisfreien Städten und nach Maßgabe des Landesrechts auch kreisangehörigen Gemeinden zu. Wer die Aufgaben des überörtlichen Trägers wahrnimmt, bestimmt das Landesrecht. Alle örtlichen Träger haben Jugendämter, alle überörtlichen Träger haben Landesjugendämter zu errichten. Zwischen den örtlichen und den überörtlichen Trägern sind die Aufgaben so verteilt, dass das Schwergewicht auf der örtlichen Ebene liegt (§ 85).

Die Zusammenarbeit mit den freien Trägern und sonstigen Leistungserbringern ist nicht mehr durch ein normatives Rangverhältnis (Subsidiarität) geprägt, vielmehr agieren alle Leistungserbringer gleichrangig im Rahmen der Gesamtverantwortung des öffentlichen Trägers für die Erfüllung der gesetzlichen Aufgaben. Die Auswahl von Einrichtungen und Diensten erfolgt im Einzelfall durch die Ausübung des Wunsch- und Wahlrechts seitens der Leistungsberechtigten (§ 5). Dieses Recht bezieht sich aber (bei teilstationären und stationären Leistungen) nur auf solche Leistungserbringer, die durch den Abschluss von Leistungs-, Entgelt- und Qualitätsentwicklungsvereinbarungen eine effektive und effiziente Leistungserbringung erwarten lassen.

Verfahrensvorschriften (§§ 85–97)

Das Gesetz enthält detaillierte Vorschriften über die sachliche und die örtliche Zuständigkeit, die Erstattung von Kosten zwischen den einzelnen Trägern sowie über die Heranziehung der jungen Menschen und ihrer Eltern zu den Kosten. Da die Jugendhilfe im Wesentlichen kommunal finanziert wird, ist mit der Entscheidung über die örtliche Zuständigkeit auch die Entscheidung über die Kostentragung verbunden.

Für die jungen Menschen und ihre Eltern ist die Inanspruchnahme ambulanter Leistungen (z.B. Beratung) kostenfrei. Zu den Kosten teilstationärer und stationärer Leistungen werden Kinder und Jugendliche und junge Volljährige, sofern sie über eigenes Einkommen verfügen, im Übrigen ihre (unterhaltspflichtigen) Eltern nach unterhaltsrechtlichen Grundsätzen aus ihrem Einkommen und Vermögen herangezogen.

Wichtige Änderungen seit dem Inkrafttreten

Seit dem Inkrafttreten am 1. Januar 1991 (in den neuen Ländern am 3. Okt. 1990) ist das SGB VIII bereits zwölfmal geändert worden (Stand 31.12.2000). Weitere Änderungen sind in Vorbereitung. Während einzelne Novellierungen nur zu punktuellen Änderungen mit z.T. redaktionellem Inhalt führten, haben andere grundlegende Bedeutung für das Aufgabenspektrum der Jugendhilfe. Zu den letzteren gehören:
- die Einführung des Rechtsanspruchs auf einen Kindergartenplatz (Änderung von § 24) im Rahmen des Schwangeren- und Familienhilfegesetzes vom 27. Juli 1992 mit Wirkung vom 1. Januar 1996
- die Abschaffung der gesetzlichen Amtspflegschaft und Neuordnung der Beistandschaft (Änderung von §§ 54 bis 57) durch das Beistandschaftsgesetz vom 4. Dezember 1997 mit Wirkung vom 1. Juli 1998
- die Verstärkung der Beratungsangebote zur Ausübung der elterlichen Sorge und zum Umgangsrecht insbesondere im Kontext von Trennung und Scheidung (Änderung von §§ 17,18) im Rahmen des Kindschaftsrechtsreformgesetzes vom 16. Dezember 1997 mit Wirkung vom 1. Juli 1998
- die Neuordnung der Entgeltfinanzierung für teilstationäre und stationäre Leistungen (Einfügung von §§ 78a bis 78g) im Rahmen des 2. SGB XI – Änderungsgesetzes vom 29. Mai 1998 mit Wirkung vom 1. Januar 1999.

Literatur

Kommentare zum KJHG bzw. SGB VIII
Kunkel, P.-C. (2001). *Kinder- und Jugendhilfe, Lehr- und Praxiskommentar,* 2. Aufl. Baden-Baden: Nomos.
Mrozynski, P. (1998). *Kinder- und Jugendhilfegesetz,* 3. Aufl. München: Beck.
Münder, J. u. a. (1998). *Frankfurter Lehr- und Praxiskommentar zum KJHG/ SGB VIII,* 3. Aufl. Münster: Votum.
Wiesner, R. (Hrsg.) (2000). *SGB VIII – Kinder- und Jugendhilfe,* 2. Aufl. München: Beck.
Kunkel, P.-C. (2001). *Grundlagen des Jugendhilferechts,* 4. Aufl. Baden-Baden: Nomos.
Münder, J. (2000). *Familien- und Jugendrecht,* Band 2: Kinder- und Jugendhilferecht, 4. Aufl. Münster: Votum.

Kinderzeichnungen

Rosemarie Steinhage

Malen und Zeichnen sind für Kinder wichtige Ausdrucksmöglichkeiten. Mädchen und Jungen zeichnen das, was sie im Alltag erleben, ihnen widerfährt und ihnen wichtig ist. Bildnerisches Gestalten bedeutet für Kinder eine Auseinandersetzung mit ihrer Umwelt. Malen und Zeichnen hilft ihnen bei der Verarbeitung des Alltags. Häufig kommentieren und erläutern Kinder das von ihnen Dargestellte. Erwachsene haben die Angewohnheit, Kinderzeichnungen vorschnell zu interpretieren und nehmen das, was die Kinder selbst dazu sagen häufig nicht wichtig oder nicht ernst. Damit bewerten sie das Bild oder interpretieren unter Umständen eine Aussage in das Gemalte, die nicht dem entspricht, was das Kind dargestellt hat. Nur das Kind kann dem Erwachsenen etwas über seine Zeichnung sagen. Um tatsächlich zu verstehen, was ein Kind beschäftigt, ist es notwendig, mit dem Kind ein Gespräch über sein Gemaltes zu suchen.

Mädchen und Jungen, denen sexualisierte Gewalt widerfahren ist, wurde in der Regel unter Androhung von Strafe (manchmal Todesdrohungen) verboten, darüber zu sprechen. Mit diesem Redeverbot schützt sich der Täter vor Bestrafung. Kreative Medien, wie Zeichnen, Malen, künstlerisches Gestalten etc. sind für diese Kinder besonders geeignete Ausdrucksmittel, weil sie die Möglichkeit bieten, dem Geschehenen Ausdruck zu verleihen, ohne darüber sprechen zu müssen.

Kinderzeichnungen werden schon seit mehr als 50 Jahren in Zeichentests verwendet. Sie dienen als diagnostisches Hilfsmittel in Intelligenztests, zur Feststellung von Entwicklungsstörungen oder Konflikten (Ave-Lallement, 1990, Brem-Gräser, 1986, Koch, 1986). In der Fachliteratur sind sie aber nicht unumstritten, da sie den üblichen Kriterien der Testdiagnostik nicht entsprechen (vgl. z. B. Brickenkamp 1997). Psychologinnen und Psychologen verwenden Kinderzeichnungen auch als Arbeitsmittel in der psychotherapeutischen Behandlung (Baumgart, 1985, Brocher, 1985, Furth, 1991, Garbe, 1991, Kramer, 1991, Reichelt, 1994, Oster & Gould, 1999, Wieghaus, 1985). In der Regel beruhen Zeichentests auf Deutungen und Interpretationen der Kinderzeichnung, während in der Psychotherapie auch die Aussage des Kindes zunehmend in die Deutung mit einbezogen wird. Ähnlich wie ein Traum ohne die Person, die ihn geträumt hat, nicht gedeutet werden kann, kann meines Erachtens auch eine Kinderzeichnung nur mit Hilfe der Aussage des Kindes richtig verstanden werden.

Um Kinderzeichnungen verstehen zu können, ist es (neben dem Gespräch mit dem Kind) notwendig, sich mit der kindlichen Entwicklung auseinanderzusetzen. Jedes Mädchen und jeder Junge durchläuft eine Reihe von Entwicklungsstufen bildnerischen Gestaltens. Nicht alle Kinder durchlaufen diese Stufen gleichermaßen: Einige überspringen manche Stufen; andere verweilen länger oder kürzer auf einer Stufe. Die einzelnen Entwicklungsstufen des kindlichen Malens: Hiebkritzeln, Kritzeln, Schwingkritzeln, Kreiskritzeln, sinnunterlegtes Kritzeln, die Kopffüßler-Phase, das Zeichnen ohne Ordnung, mit räumlicher Ordnung, die Situationszeichnungen etc. lassen sich zwar nicht starr einem Alter zuordnen, dennoch lassen sich Aussagen darüber machen, in welcher Entwicklungsstufe das Mädchen oder der Junge das Bild gemalt hat (Hierzu: Grönzinger, 1975, Richter, 1987, Widlöcher, 1984, Steinhage, 1992). Das heißt, dass sich auch an seinen Zeichnungen erkennen lässt, ob ein Kind sich altersgemäß entwickelt. Eine ausführliche Beschreibung der Entwicklungsstufen kindlichen Zeichnens mit Altersangaben finden sich bei den zitierten Autorinnen und Autoren.

Hier nur ein Beispiel: Die Entwicklung kindlichen Zeichnens und Malens verläuft in den unterschiedlichen Entwicklungsstufen nach bestimmten Regeln: So zeichnen Kinder zum Beispiel im Alter von ein bis drei Jahren ohne räumliche Ordnung. In dieser Phase werden Figuren und Gegenstände wahllos auf das Blatt verteilt. Fachleute sprechen hier von einem Streubild. Wurden Menschen so groß gezeichnet, dass darüber kein Platz mehr für den Himmel und die Sonne ist, wird das Blatt gedreht und Himmel und Sonne dort hin gezeichnet, wo noch ausreichend Platz vorhanden ist. Für das Kind ist es nicht störend, dass sich der Himmel nun an der Bildseite befindet. Kinder zeichnen und malen nach ihrer Vorstellung; sie zeichnen nicht nach der Anschauung.

Die Voraussetzung für das Zeichnen und Malen ist, dass Kinder ein Wissen über die Dinge und Lebewesen haben, die sie zeichnen wollen. Darstellungen von Männern und Frauen unterscheiden sich zunächst nicht voneinander. Sobald Kinder jedoch ein Wissen darüber haben, dass es unterschiedliche Geschlechter gibt, versuchen sie das weibliche oder männliche in ihren Bildern kenntlich zu machen. Das tun sie, indem sie Mädchen und Frauen mit langen Haaren, mit Schleifen, mit Zöpfen, mit Haarspangen, in Röcken etc. zeichnen. Jungen und Männer werden in Hosen und mit kurzen Haaren dargestellt. Dass Kinder in ihren Zeichnungen Männer und Frauen mit Geschlechtsteilen versehen ist eher selten. Das gehäufte Darstellen von Geschlechtsteilen in Kinderzeichnungen ist lediglich ein Hinweis darauf, dass dieses Kind sich besonders damit beschäftigt. Was der Anlass dafür ist, kann nur in Gesprächen mit dem Kind über seine Zeichnungen herausgefunden werden.

Je mehr Mädchen und Jungen darin gefördert werden, Dinge differenziert zu betrachten, Einzelheiten und Feinheiten wahrzunehmen desto eher wird dies auch in ihren Zeichnungen sichtbar. Sie stellen diese dann z. B. als Accessoires (Schuhriemen, Schleifen, Knöpfe, etc.) auch in ihren Bildern dar.

Kinder, die psychischen Belastungen ausgesetzt sind, z. B. Krankheit, Tod von Familienmitgliedern, denen körperliche, psychische und seelische Gewalt angetan wird, bringen dies in ihren Zeichnungen zum Ausdruck. Die unterschiedlichen Darstellungen der Konfliktsituationen auf dem Papier sind eine Auseinandersetzung mit dem Geschehen und dienen seiner Bewältigung. Belastendes wird in der Regel nicht nur in einer einzigen Zeichnung, sondern in ganzen Bildserien dargestellt. Die Auseinandersetzung des Kindes mit der ihm widerfahrenen sexualisierten Gewalt in der Kinderzeichnung werden u.a. in den Veröffentlichungen von Baumgardt (1985), Burgess et al. (1981), Garbe (1991), Kramer (1991), Steinhage (1992) detailliert beschrieben.

In den Fällen, in denen Kindern ein Redeverbot auferlegt wurde, ist die Möglichkeit des Zeichnens und Malens für das Kind deshalb besonders hilfreich, weil es das Verbot befolgen kann und dennoch Ausdrucksmöglichkeiten zur Verfügung hat. Dies gilt auch für Situationen, in denen Kinder keine vertrauten Erwachsenen haben, mit denen sie über belastende Themen sprechen können (z. B. bei schwerer Krankheit und Tod in der Familie, Krieg).

Für Mädchen und Jungen sind Zeichnen, Malen, Basteln, künstlerisches Gestalten hilfreich bei der Alltagsbewältigung. Es dient der psychischen Verarbeitung von Alltagsgeschehen, Konflikten, psychischen Belastungen und ist damit ein konstruktiver, nicht zu vernachlässigender Umgang mit Alltagserfahrungen und -widerfahrnissen. Dem wird im Kindergarten und in der Schule leider viel zu wenig Bedeutung beigemessen.

Um hilfreiche Aussagen über Kinderzeichnungen machen zu können, ist es notwendig, sich ein Wissen über die kindliche Entwicklung und über die Entwicklungsstufen kindlichen Malens anzueignen. Es ist wichtig, den Kindern beim Malen zuzuschauen, weil es für die Aussage des Bildes von Bedeutung ist, was als Erstes und als Letztes gemalt wurde, wann das Gemalte durchgestrichen wurde, ob und wann die Rückseite des Bildes bemalt wurde, etc. Auch die Farbenwahl hat für das Kind eine Bedeutung. Hat ein Kind jedoch nur dunkle Farben zur Verfügung, könnten Betrachterinnen und Betrachter das Gemalte aufgrund der dunklen Farben fehldeuten. Die Art und Weise, wie ein Kind malt, sagt viel aus über seine Entwicklung, seine Konzentration, seine Motivation und seine psychische Befindlichkeit. Schließlich ist das Bild für Vertrauenspersonen eine Möglichkeit, mit dem Kind über seinen Alltag und seine psychischen Belastungen zu sprechen.

Auch wenn Kinderzeichnungen vom BHG als Beweismittel in Fällen von sexualisierter Gewalt nicht anerkannt werden (BGH 2000; Balloff 2000), haben Kinderzeichnungen und das Gespräch mit dem Kind darüber im therapeutischen Rahmen eine ungeheuer große Bedeutung und sind hilfreich für die psychische Verarbeitung des Widerfahrenen.

Literatur

Ave-Lallement, U. (1990). *Baumtests*. München, Basel: Ernst Reinhardt.
Balloff, R. (2000). Das Urteil des Bundesgerichtshofes vom 30. Juli 1999 zur Frage der wissenschaftlichen Anforderungen an aussagepsychologische Begutachtungen (Glaubhaftigkeitsgutachten) und die Folgen für die Sachverständigentätigkeit. In: *Praxis der Kinderpsychologie und Kinderpsychiatrie 49*, S. 261–274.
Baumgart, U. (1985). *Kinderzeichnungen – Spiegel der Seele. Kinder zeichnen Konflikte ihrer Familie*. Stuttgart, Zürich: Kreuz Verlag.
BGH (2000). Wissenschaftliche Anforderungen an aussagepsychologische Begutachtungen (Glaubhaftigkeitsgutachten). Urteil vom 30. Juli 1999. In: *Praxis der Rechtspsychologie 9 (2)*, S. 113–125.
Brem-Gräser, L. (1986). *Familie in Tieren. Die Familiensituation im Spiegel der Kinderzeichnung*. München, Basel: Ernst Reinhardt.
Brickenkamp, R. (Hg.) (1997). *Handbuch psychologischer und pädagogischer Tests*. Göttingen. Hogrefe.
Brocher, T. (1980). *Wenn Kinder trauern*. Reinbek: Rowohlt.
Burgess, A.W. et al. (1981). Children`s drawings as indicators of sexual trauma. *Perspect Psychiatry. Care,* 19:50–58.
Furth, G. M. (1991). *Heilen durch Malen. Die geheimnisvolle Welt der Bilder*. Olten, Freiburg: Walter.
Garbe, E. (1991). *Martha. Psychotherapie eines Mädchens nach sexuellem Mißbrauch*. Münster: Votum.
Grönzinger, W. (1975). *Kinder kritzeln, zeichnen, malen*. München: Prestel Verlag.
Koch, K. (1986). *Der Baumtest. Der Baumzeichenversuch als psychologisches Hilfsmittel*. Bern, Stuttgart, Toronto: Hans Huber.
Kramer, E. (1991). *Kunst als Therapie mit Kindern*. München, Basel: Ernst Reinhardt.
Oster, G. D. & Gould, P. (1999). *Zeichnen in Diagnostik und Therapie*. Paderborn: Junfermann.
Reichelt, S. (1994). *Kindertherapie nach sexueller Gewalt*. Zürich: Kreuz.
Richter, H. G. (1987). *Die Kinderzeichnung. Interpretation. Ästhetik*. Düsseldorf: Schwann.
Schrader, W. (2000). *Die sinnerfüllte Kinderzeichnung von innen begriffen*. Hohengehren: Schneider.
Schuster, M. (2000). *Die Psychologie der Kinderzeichnung*. Göttingen: Hogrefe.
Steinhage, R. (1992). *Sexuelle Gewalt. Kinderzeichnungen als Signal*. Reinbek: Rowohlt.
Widlöcher, D. (1984). *Was eine Kinderzeichnung verrät. Methode und Beispiele psychoanalytischer Deutung*. Frankfurt/M.: Fischer.
Wieghaus, B. (1985). *Ich hab mich nicht gemalt, weil ich nicht zur Familie gehöre. Eine Kindertherapie*. München: Kösel.

Kindesmisshandlung

Eberhard Motzkau

Definition, Daten, Zahlen und Fakten

Körperliche Misshandlung liegt vor, wenn durch körperliche Gewaltanwendung Kindern ernsthafte, vorübergehende oder bleibende Verletzungen oder der Tod zugefügt werden. Von Kindesmisshandlung spricht man, wenn gewalttätiges Verhalten der Eltern oder anderer erziehender Personen ein Grundelement der Kindererziehung ist (Jungjohann, 1993).
Schon aus der Antike sind körperliche Misshandlungen von Kindern als geläufiges Phänomen bekannt. Auch die europäische Geschichte zeigt, mit welch großer Selbstverständlichkeit Kinder misshandelt, unterdrückt und ausgebeutet wurden (Ariés, 1975; deMause 1980).

Gegen Ende des 19. Jahrhunderts wurde von pädagogischer Seite auf dieses Problem hingewiesen. Auf medizinischer Seite waren es Pathologen, die aufgrund der Obduktion gestorbener Kinder Misshandlung als Todesursache feststellten. Erst seit 1954 gibt es exakte medizinische Beschreibungen des Problems der körperlichen Misshandlung von Kindern, die von dem amerikanischen Arzt C. Henry Kempe stammen. In breiterem Umfang beschäftigten sich die Medizin und die Jugendhilfe erst seit etwa 25 Jahren mit diesem Problem (Helfer & Kempe 1978; Kempe & Kempe, 1980).

Über die Häufigkeit von körperlicher Misshandlung gibt es keine genauen Zahlen. Bei der einzigen repräsentativen Untersuchung in Deutschland gaben 10,8 % der 3.249 befragten Frauen und Männer an, dass sie durch ihre Eltern körperlich misshandelt worden sind (Wetzels 1997, 145). Bei einer 1998 durchgeführten Befragung von 3.559 Hamburger Schülerinnen und Schülern der neunten Jahrgangsstufe gaben 11,1 Prozent der Mädchen und Jungen an, in ihrer Kindheit misshandelt worden zu sein (Wetzels, Enzmann & Pfeiffer 1998, 78 ff.). Schätzungen von sozialwissenschaftlicher Seite gehen dementsprechend davon aus, dass 10–15 % der Kinder und Jugendlichen mindestens einmal bis zum 18. Lebensjahr von körperlicher Misshandlung betroffen sind (Engfer 1997). In der polizeilichen Kriminalstatistik wurden vor der Wiedervereinigung jährlich etwa 1.200 bis 1.500 Fälle erfasst (Bundeskriminalamt, 1993).

Allgemein wird davon ausgegangen, dass die Zahl der nicht erfassten Misshandlungen an Kindern und Jugendlichen (Dunkelziffer) hoch ist. Von medizinischer Seite wird von ca. 4.000 schwersten körperlichen Misshandlungen pro Jahr ausgegangen. Die Geschlechterverteilung wird international übereinstimmend als in etwa ausgewogen angegeben. Das Altersmittel der erfassten Kinder liegt bei 7 Jahren. Mehr als 90% werden von Eltern oder Verwandten misshandelt (Bernet, 1997).

Über die Geschlechterverteilung der misshandelnden Personen liegen keine genauen Zahlen vor. In der Statistik der Ärztlichen Kinderschutzambulanz in Düsseldorf über die letzten 12 Jahre (N= 3.200) misshandelten ein Drittel mehr Männer als Frauen. Die bislang vorliegenden Studien besagen, dass die Schichtzugehörigkeit der Familie wahrscheinlich keine erhebliche Rolle bei der Frage spielt, ob Kinder misshandelt werden oder nicht (Engfer, 1997).

Misshandlungszeichen und Arten der körperlichen Misshandlung

Misshandelte Kinder sind in aller Regel auf die Aufmerksamkeit Erwachsener angewiesen, die sich für ihren Schutz einsetzen. *Blaue Flecken* oder *Bagatellwunden* bei Kindern sollten nicht sofort die Vermutung einer körperlichen Misshandlung auslösen. Es ist aber wichtig, die Häufigkeit solcher Verletzungen zu berücksichtigen, ebenso wie die Art und Form der Verletzungszeichen, die betroffene Körperpartie und das Alter des Kindes. Je jünger ein Kind ist, umso empfindlicher ist es gegenüber körperlicher Gewalt.

Kinderärzte berichten von einer deutlichen Häufung von körperlichen Misshandlungen bei Kindern um das dritte Lebensjahr. Die schwersten Misshandlungen mit der proportional häufigsten Todesfolge werden bei Säuglingen und Kleinkindern bis zum 18. Lebensmonat festgestellt. Besonders gefährlich ist für diese Kinder das *heftige Schütteln,* mit dem Erwachsene z. B. Schreien beenden wollen. Durch die heftigen Kopfbewegungen kann es zu gefährlichen Blutungen im Gehirn und im Auge kommen. Oft bilden sich in diesen Fällen Abdrücke der schüttelnden Hände des Erwachsenen an den Oberarmen oder am Brustkorb des Kindes ab.

Verbrühungen entstehen bei Säuglingen um den Mund herum, wenn mit einer zu heißen Flasche gefüttert wird. *Verbrühungen* und *Verbrennungen* werden besonders bei kleinen Kindern beobachtet, die gerade laufen gelernt haben. In einer wütenden „Erziehungshandlung" werden diese Kinder auf eine heiße Herdplatte gesetzt oder mit den Händen in heißes Wasser getaucht „damit sie endlich lernen", die Warnungen der Erwachsenen zu befolgen. Die unabsichtlichen Verbrühungen von Kleinkindern durch heiße Getränke oder von den Kindern heruntergezogene Töpfe entstehen meist im Gesicht, auf der Brust oder auf dem Bauch. Absichtliche Verbrühungen sind oft symmetrisch und meistens auf der Rückseite des Körpers. Vor allem durch Erwachsene mit Alkohol- oder Drogenproblemen werden Säuglingen und Kleinkindern kreisrunde Brandmarken durch Zigaretten oder heiße Feuerzeuge zugefügt. *Verletzungen durch Schlagen* entstehen meist auf der Rückseite bzw. oberhalb der „Hutkrempe". In diesem

Bereich des Kopfes entstehen ganz selten Verletzungen durch Sturz, wie sie sich bei Kindern die laufen lernen und motorisch sehr lebhaft sind typischerweise an Schienbeinen, Knien, Ellenbogen, Hand und im Gesichtsbereich bis zur Stirn finden. Häufig gibt die Form der Hautrötung bzw. des später auftretenden Blutergusses einen Hinweis auf den verletzenden Gegenstand (Fingerabdruck, Teppichklopfer, Kabel, Gürtel etc.). Die Spuren von Bissverletzungen sind oft so deutlich, dass am Gebissabdruck die misshandelnde Person erkannt werden kann. *Würgen* und *Strangulieren* hinterlassen typische Würgemale am Hals, durch den entstehenden Blutstau kommt es oft zu punktförmigen Hautblutungen im Halsbereich und in den Bindehäuten der Augen. Gefesselte oder langfristig angebundene Kinder zeigen typische ringförmige Spuren an den entsprechenden Armen oder Beinen (zu Feststellung und weiterem Vorgehen siehe → *körperliche Untersuchung bei Kindesmisshandlung*) (Bundesministerium für Jugend, Familie und Gesundheit 1984: Jungjohann, 1993).

Risikofaktoren und Erklärungsmodelle

Über Faktoren, die zu einer körperlichen Misshandlung führen, gibt es viele Vorurteile und wenig gesicherte Fakten. Die Annahme, dass Eltern, die als Kinder selber Gewalt erlebt haben, mehrheitlich ihre Kinder wiederum misshandeln, hat sich ebenso wenig nachweisen lassen, wie das Klischee, nach dem in sozialen Schichten mit wenig Bildung und geringen finanziellen Mitteln sehr viel mehr Kinder geschlagen werden als in wohlhabenden Familien. Es hat sich vielmehr gezeigt, dass höchstens 30% der ehemals misshandelten Eltern bei ihren Kindern Gewalt anwenden.

Belastende Faktoren, die eine Misshandlung von Kindern wahrscheinlicher werden lassen, sind Depressionen, psychische Labilität bzw. erhöhte Irritierbarkeit der Elternpersonen, Partnerschaftskonflikte und Faktoren, die eine angemessene Entwicklung der Eltern-Kind-Interaktion stören oder verzerren. Bei der Beurteilung der Gesamtsituation des Kindes und seiner Familie scheinen nicht so sehr einzelne Faktoren sondern das Zusammenspiel von Belastungen und Ressourcen/Möglichkeiten bedeutsam (Engfer, 1997). Diese Feststellungen gelten für Familien aller sozialen Schichten.

Dass die Kinder wohlhabender Familien nachweislich seltener in Kinderschutzambulanzen oder entsprechenden Beratungsstellen gemeldet werden, mag damit zusammenhängen, dass der Kontakt zu sozialen Diensten weniger häufig und weniger selbstverständlich ist, aber auch daran, dass die Möglichkeiten, die Folgen von körperlicher Misshandlung verdeckt zu halten, in diesen Familien aufgrund ihrer größeren sozialen Gewandtheit und Akzeptiertheit größer sind.

Psychodynamische Zusammenhänge

Für die Einschätzung des weiteren Risikos für die Kinder und für die Wahl des späteren therapeutischen Vorgehens auf Familienebene hat sich die Unterscheidung der in der Familie auftretenden Gewalt nach den Begriffen „instrumentell" und „expressiv" bewährt. Expressive Gewalt erfolgt als Ausdruck unmittelbar auftretender Gefühle, die durch bestimmte, häufig stereotype Stress-Signale ausgelöst werden. Es handelt sich dabei um ein wiederholtes, zirkuläres Geschehen mit typischen Eskalationsschleifen, in denen jeder der Beteiligten jeweils gleichbleibende Rollen einnimmt. Die Gewalt tritt quasi als Entladung dieser sich zuspitzenden Eskalation auf, endet danach sofort und wird typischerweise vom Schädiger bedauert, wobei dem Opfer allerdings die Schuld zugeschrieben wird. Die an diesen Eskalationsschleifen beteiligten Eltern sind in der Regel offen für Hilfestellungen und geben nicht selten die angewandte Gewalt zu bzw. melden sie selber in Beratungsstellen oder beim Jugendamt aus Sorge vor weiteren Gefährdungen ihrer Kinder. Diese Form von Gewalt ist vermeidbar durch rechtzeitiges Unterbrechen der stereotypen Situationsabläufe.
Instrumentelle Gewalt wird quasi kalt eingesetzt zum Erreichen eines bestimmten Zieles. Hier geht es weniger um emotionale Erregung sondern um direkte Ausübung von Macht zur Sicherung der eigenen Bedeutung in der Familie. Diese Gewalt erfolgt linear und ist für das Opfer nur vermeidbar durch Unterwerfung, Anpassung an die gewünschten Verhaltensweisen und endet bei Erreichen des Zieles oder entsprechender Ahndung des scheinbaren „Vergehens". Bei Widerstand eskaliert diese Gewaltform häufig in gefährlichem Ausmaß. Da hinter dieser Gewaltform ein erhebliches Machtstreben des Schädigers steht, das psychodynamisch gesehen durch ebenso große Angst vor Verlust von Ansehen und Wirksamkeit des Schädigers unterhalten wird, ist in diesem Fall ein familientherapeutisches Vorgehen (→ *Systemische Therapieansätze bei der Arbeit mit sexueller Gewalt*) eher kontraindiziert, da Reflexion und in Frage stellen von Rollen die besagte Angst eher schüren würde. Hier steht der strikte Schutz der Opfer und ein therapeutisches Arbeiten mit dem Schädiger außerhalb der Familie im Vordergrund.
Bemerkenswert ist bei beiden Formen von Gewalt, dass sich alle Beteiligten in der Situation als Opfer fühlen. Dies scheint zwar paradox, ist jedoch im Gespräch mit den betreffenden Eltern unbedingt zu berücksichtigen, ohne den Schutz der Kinder zu vernachlässigen.

Auswirkungen für die Familie

Körperliche Gewalt gegen Kinder wird in aller Regel von den Familienmitgliedern selbst als Handlung empfunden, die nicht in Ordnung ist und mit einem stillschweigenden Tabu belegt wird. Die Erwachsenen empfinden den Kontrollverlust und die Hilflosigkeit, die in der Stress-Situation zur körperlichen Gewalt geführt hat, als Niederlage. Die Ausübung instrumenteller Gewalt wird von den entsprechenden Erwachsenen zwar innerfamilial als gerechtfertigt dargestellt und die „Schuld" dem Opfer zugeschrieben, außerhalb der Familie wird dann aber doch mehrheitlich über diese Gewalt geschwiegen. Zur Scham über den Kontrollverlust tritt auch die Sorge vor Verlust von Ansehen außerhalb der Familie bzw. vor Strafverfolgung. Manche Kinder werden ermahnt, manche bedroht für den Fall, dass sie von der Gewalt berichten. Meist versuchen Eltern, die Entdeckung von Misshandlungsspuren an ihren Kindern zu verhindern (Fernhalten aus Schule und Kindergarten, keine oder verzögerte Vorstellung beim Arzt etc.). Erfolgt eine ärztliche Untersuchung, werden andere Erklärungen für die entstandenen Verletzungen gegeben, so dass meist eine erhebliche Diskrepanz zwischen Schilderung des „Unfallhergangs" und dem Verletzungsbild bemerkbar ist.

Die Kinder befinden sich in einem Dilemma auf mehreren Ebenen: Zwischen weiter bestehender Zuneigung zu den misshandelnden Elternteilen und Angst vor ihnen, zwischen Selbsterhaltung und Unterwerfung, zwischen Wut und Scham. Je nach Alter und Entwicklungsstand ist das Kind gefangen in seiner naturgemäßen Abhängigkeit von seinen Eltern, ohne die es sich in der Regel nicht lebensfähig fühlt. Hauptsächlich im unbewussten Versuch, sich vor dem Eindruck zu schützen, böse und vernichtende Eltern zu haben, nehmen die Kinder die Schuld für Misshandlung mehr oder weniger auf sich, reagieren auch darauf mit Scham und vermindertem Selbstwertgefühl. Dieser gesamte Prozess mit seinen Auswirkungen hat häufig die Qualität eines zusätzlichen psychischen Traumas, das in seinen langfristigen Folgen meist therapeutischer Hilfe bedarf. Jugendliche reagieren gelegentlich scheinbar selbstbewusst und abgegrenzt, indem sie sich zum Beispiel wehren oder weglaufen. Neben der Traumatisierung durch die körperliche Misshandlung muss aber auch diese Form der Abgrenzung als zusätzlicher Belastungsfaktor in der Autonomieentwicklung der Jugendlichen angesehen werden, die langfristige Folgen haben kann.

Zusätzlich zu der Tabuisierung und den möglichen Drohungen stellen auch die beschriebenen Reaktionsweisen der Kinder auf die körperliche Misshandlung (Scham, Schuldgefühle, negative Selbstwertentwicklung, Unterwerfung) weitere Hürden dar, die eine Mitteilung an familienfremde Personen erschweren. Kinder decken vielleicht aus Angst ihre schlagenden Eltern, schweigen auch aus Scham und Schuldgefühlen heraus.

Die Formen der Hilfen für Kind und Familie, der Krisenintervention und Untersuchungen sind in der Regel nicht von einer Person und einer einzelnen Institution zu leisten, sondern müssen Ergebnis einer guten und routinierten Zusammenarbeit zwischen spezialisierter Beratungsstelle, Kinderarzt, Erziehungseinrichtungen wie Schule oder Kindergarten, ggf. Jugendamt und eventuell auch Polizei sein. Alle Maßnahmen und alle helfenden Personen haben sich am Schutzbedürfnis ebenso wie am Beziehungsbedürfnis des Kindes zu orientieren. Strafbedürfnisse von Erwachsenen oder überstürzter Aktionismus schaden dem

Kind eher zusätzlich. Wichtig ist ebenso, mit den betreffenden Eltern klar, nicht verleugnend, konfrontierend und gleichzeitig soweit wie möglich akzeptierend und nicht anklagend umzugehen.

In jedem Fall ist bei Verdacht und bei erfolgter körperlicher Misshandlung eine spezialisierte Beratungsstelle einzuschalten, die mögliche Misshandlungsfolgen in seelischer Hinsicht, eventuellen Therapiebedarf, mögliche weitere Misshandlungsformen und die familiale und soziale Situation des Kindes abklären kann.

Literatur

Ariés, P. (1975). *Geschichte der Kindheit*. München: Hanser.
Bernet, W. (1997). Practice Parameter for the Forensic Evaluation of Children and Adolescent Who May Have Been Physically or Sexually Abused. *Journal of the American Academy of Child and Adolescent Psychiatry 36,* 423–442.
Bundeskriminalamt. (1993). *Polizeiliche Kriminalstatistik*. Wiesbaden: Bundeskriminalamt.
Bundesministerium für Jugend, Familie und Gesundheit (1984). *Kindesmißhandlung. Erkennen und Helfen.* Bonn 3. Auflage.
Engfer, A. (1997). Gewalt gegen Kinder in der Familie. In: Egle, T.U., Hoffmann, S.O. & Joraschky, P. (Hrsg.). *Sexueller Missbrauch, Misshandlung, Vernachlässigung* (S. 24–39). Stuttgart, New York: Schattauer.
Helfer, R. E. & Kempe, C. H. (1978). *Das geschlagene Kind.* Suhrkamp: Frankfurt/Main.
Jungjohann, E. E. (Hrsg.) (1993). *Thiemann-Praxis-Leitfaden: Hilfen für misshandelte Kinder.* Ratingen: Edition Medical Communication.
Kempe, C. H. & Kempe, R. (1980). *Kindesmisshandlung.* Stuttgart: Klett-Cotta.
Mause, L. de. (1977). *Hört ihr die Kinder weinen.* Frankfurt am Main: Suhrkamp.
Wetzels, P. (1997). *Gewalterfahrungen in der Kindheit.* Baden-Baden: Nomos Verlagsgesellschaft.
Wetzels, P., Enzmann, D. & Pfeiffer, Ch. (1998). *Gewalterfahrungen und Kriminalitätsfurcht von Jugendlichen in Hamburg. Erster Zwischenbericht über eine repräsentative Befragung von Schülerinnen und Schüler der 9. Jahrgangsstufen.* Hannover: KFN.

Literaturempfehlung

Jungjohann, E. (1992). *Kinder klagen an. Angst, Leid und Gewalt.* Frankfurt/Main: Fischer.
Rauchfleisch, U. (1992). *Allgegenwart von Gewalt.* Göttingen: Vandenhoeck und Ruprecht.

Kirche

Wunnibald Müller

Die Aufmerksamkeit, die Vorfälle sexuellen Missbrauchs in der Kirche in der Öffentlichkeit finden, ist sehr groß. Eine Institution wie die Kirche, die mit hohem moralischem Anspruch auftritt, darf sich nicht wundern, wenn sie bei Verfehlungen, die mit Missbrauch verbunden sind, in besonderem Maße in das Kreuzfeuer der Kritik gerät. In den folgenden Ausführungen will ich mich auf die Situation sexuellen Missbrauchs Minderjähriger in der Kirche und der Personen, die davon betroffen sind, beschränken. Ich gehe nicht auf die Situation von Erwachsenen ein, die Opfer sexuellen Missbrauchs im Rahmen von Seelsorge und Kirche geworden sind (vgl. Müller,1998).

Präventive Maßnahmen

Die Kirche und die in ihr Verantwortlichen müssen dafür sensibel sein, dass es unter kirchlichen Mitarbeitern und Mitarbeiterinnen Personen gibt, bei denen eine Neigung besteht, Minderjährige zu missbrauchen. Nach einer Untersuchung von Richard Sipe (1992,198 ff.) sind ca. 2% der katholischen Priester in den USA fixierte Pädosexuelle *(→ Pädosexualität)*. Darüber hinaus sind seinen Angaben zufolge weitere 4% der Priester, „vorübergehend an heranwachsenden Jungen oder Mädchen sexuell interessiert und nähern sich ihnen zum Teil auch". Stephen J. Rossetti (1996) äußert Vorbehalte gegenüber diesen Zahlen. Er hält sie für zu hoch gegriffen. Die angegebenen Zahlen zeigen aber eine Tendenz auf, die deutlich macht, dass es sich bei sexuellem Missbrauch innerhalb der Kirche durch kirchliche Mitarbeiter nicht nur um ein Randphänomen handelt. Bei manchen Mitarbeitern muss sogar davon ausgegangen werden, dass sie bewusst oder unbewusst einen kirchlichen Beruf wählten, um so leichteren Zugang zu Kindern zu erhalten *(→ Täterstrategien und Prävention, → Institutionen und sexueller Missbrauch: Täterstrategien und Reaktionsweisen).*

Die Tatsache, dass jemand ein kirchliches Amt inne hat oder als eine religiöse Person in Erscheinung tritt, darf nicht dazu führen, weniger hellhörig für ein potenzielles sexuelles Fehlverhalten zu sein, dieses zu verharmlosen oder zu übergehen. Eine solche Einstellung muss selbstverständlich sein. Sie darf nicht erst dann praktiziert werden, wenn sie im Falle eines Missbrauchs von verschiedenster Seite, sei es den Medien, betroffenen Eltern, betroffenen Gemeinden usw., angemahnt wird.

Wenn Eltern ihre Kinder kirchlichen Mitarbeitern anvertrauen, müssen sie sich hundertprozentig darauf verlassen können, dass es sich dabei um Personen handelt, die des Vertrauens wert sind, das man ihnen schenkt. Die für die Ausbildung und Anstellung von kirchlichen Mitarbeitern Verantwortlichen müssen dafür Sorge tragen und Gewähr dafür bieten, dass diese Sicherheit gegeben ist. Sie müssen das zumindest in dem Umfang tun, in dem das von ihrer jeweiligen Aufgabenstellung und Verantwortung her möglich ist.

Folgende Beobachtungen und Verhaltensweisen können mögliche Hinweise dafür sein, dass jemand pädosexuell ist. Die folgenden Merkmale reichen aber nicht aus, um klar sagen zu können, dass die Person, auf die sie zutreffen, jetzt pädosexuell ist. Sie können aber ein Hinweis dafür sein, dass diese Person bezogen auf ihre Sexualität Probleme hat bzw. haben kann und in besonderer Weise gefährdet ist, Minderjährige sexuell zu missbrauchen. Das trifft zu:
– Wenn eine Verwirrung bezüglich der sexuellen Orientierung vorliegt.
– Wenn ein auffallend großes kindliches oder jugendliches Verhalten an den Tag gelegt wird.
– Wenn ein kirchlicher Mitarbeiter seine Ferien oder seine freie Zeit ausschließlich mit Kindern oder Jugendlichen verbringt.
– Wenn ein kirchlicher Mitarbeiter keine bedeutungsvollen Beziehungen zu gleichaltrigen Erwachsenen unterhält.
– Wenn jemand als Kind oder Jugendlicher in einem exzessiven Ausmaß sexuelle Erfahrungen gemacht hat oder – im Gegensatz dazu – in dieser Zeit überhaupt nicht mit seiner Sexualität in Berührung gekommen ist, geschweige denn sexuelle Erfahrungen gesammelt hat.

Von der Kirche muss ganz klar die Botschaft herüberkommen: sexueller Missbrauch Minderjähriger wird abgelehnt und verurteilt. Es genügt nicht, das nur mit Worten, etwa in der Ausbildung oder in Verlautbarungen auszusprechen. Diese Botschaft muss sich in Taten zeigen, konkret in präventiven Maßnahmen und in der Art und Weise, wie in Fällen sexuellen Missbrauchs reagiert wird. Die Kirche hat jedoch nicht nur eine Verantwortung gegenüber den Opfern, sondern auch gegenüber den Tätern. Sie muss sie vor möglicherweise ungerechten Beschuldigungen schützen und Sorge um ihren seelischen Zustand tragen. Das darf aber nicht auf Kosten des Opfers gehen. Hier ist zum Teil noch ein Umdenken notwendig. Die Neigung, sich eher auf die Seite des Täters zu stellen, ist manchmal stärker als die Bereitschaft, sich mit dem Opfer zu solidarisieren. Das ist auch darauf zurückzuführen, dass manche Verantwortlichen sich von den Tätern etwas vormachen lassen, die – so die klinische Erfahrung –, in der Regel ihr Verhalten verharmlosen oder ganz einfach abstreiten (→ *Abwehrstrategien der Täter*). Gibt es deutliche Hinweise, dass ein kirchlicher Mitarbeiter zu pädosexuellem Verhalten neigt oder besteht die Gefahr der Wiederholung eines solchen Verhaltens, kann ein kirchlicher Mitarbeiter nicht in einem seelsorglichen Kontext arbeiten, der den Zugang zu Kindern und Jugendlichen von Amtswegen erleichtert. Geschieht das trotzdem, macht man sich mitverantwortlich für den möglichen Schaden, der dadurch Kindern zugefügt werden kann.

Die Sorge und Verantwortung für die primären Opfer sexuellen Missbrauchs

Die Kirche muss mehr als bisher die primären Opfer sexuellen Missbrauchs, also die missbrauchten minderjährigen Kinder und Jugendlichen, im Blickfeld haben und ihrer Verantwortung und Sorge für sie nachkommen. Die Stimme des potenziellen Opfers muss gehört und ernstgenommen werden. Manchmal muss die Stimme des Opfers geschützt werden gegenüber der nächsten Umgebung – z. B. der eigenen Familie, Verwandten, einflussreichen Kreisen vor Ort –, die aus Angst vor möglichen Unannehmlichkeiten, aus Unverständnis und Zweifeln am Wahrheitsgehalt der Beschuldigung, das Opfer einschüchtert oder zum Schweigen bringt.

Die Sorge um die Opfer verlangt eine intensive Zusammenarbeit zwischen den kirchlichen Behörden und den Beratungsstellen, die für die Opfer sexuellen Missbrauchs zuständig sind. Dem Opfer beziehungsweise potenziellen Opfer zuliebe ist es notwendig, miteinander zu arbeiten. Das verlangt auf beiden Seiten – den Beratungsstellen und den kirchlichen Behörden – aufeinander zuzugehen, Vorurteile abzubauen, Vertrauen zueinander zu finden, miteinander zu überlegen, wie den Opfern geholfen werden kann (→ *Parteiliche Beratungsstellen,* → *Spezialisierte Beratungsstellen*).

Die kirchlichen Mitarbeiter, die für den sexuellen Missbrauch verantwortlich sind und sich schuldig gemacht haben, müssen für die Kosten der Therapie ihrer Opfer aufkommen. Ist das nicht möglich, muss die Kirche, der der kirchliche Mitarbeiter angehört, dafür aufkommen. Ihre Vertreter dürfen auch nicht den direkten Kontakt zum Opfer bzw. den Angehörigen scheuen. In ihrer Reaktion und in ihrem Verhalten muss erkennbar sein, dass sie auf der Seite des geschädigten Kindes stehen, ihre Sorge und ihr Mitgefühl dem Opfer gilt.

Die Kirche darf sich daher in einer solchen Situation nicht vornehm zurückhalten. Sie muss auf das Opfer zugehen, sich um den jungen Menschen kümmern, indem sie Sorge dafür trägt, dass das Menschenmögliche getan wird, um den angerichteten psychischen und spirituellen Schaden zu lindern bzw. zu beseitigen. Eine solche Haltung und ein solches Verhalten stehen im schroffen Gegensatz zu dem Taktieren, Vertuschen, Sich-Heraushalten und Abstreiten, das manchmal zum Erscheinungsbild kirchlichen Umgangs mit den Überlebenden sexuellen Missbrauchs durch kirchliche Mitarbeiter gehört.

Die Kirche ist im Falle sexuellen Missbrauchs durch einen ihrer Mitarbeiter oder eine Mitarbeiterin in ihrem ureigensten Bereich herausgefordert und angefordert: dem geistlichen Bereich. Es sind Personen der Kirche, die für das Transzendente, das Heilige, in einer gewissen Weise für Gott stehen, die dem Kind großen Schaden zugefügt haben. Diese Männer und Frauen haben nicht nur das „Heilige", für das sie stehen, verletzt, sie haben neben der psychischen und körperlichen Integrität darüber hinaus die Beziehung des Kindes zu Gott beschädigt. Wenn im Zusammenhang mit sexuellem Missbrauch von Seelenmord gesprochen wird, trifft dies in Fällen sexuellen Missbrauchs durch kirchliche Mitarbeiter in besonderer Weise zu. Zu dem psychischen Schaden, der durch ein solches Verhalten im Inneren des Kindes angerichtet wird, kommt der spirituelle Schaden hinzu, der dazu führen kann, dass die Beziehung zu Gott verdunkelt und mitunter total zerstört wird. Hier bedarf es von Seiten der Kirche einer großen Sensibilität und großer Geduld, um den durch einen kirchlichen Mitarbeiter zugefügten Schaden zu beheben und mitzuhelfen, dass vielleicht mit der Zeit die Versöhnung mit Gott und irgendwann auch die Versöhnung mit der Kirche möglich wird.

Die Sorge um den pädophilen bzw. ephebophilen Mitarbeiter

Die Kirche bzw. die Vorgesetzten haben auch eine Verantwortung gegenüber dem kirchlichen Mitarbeiter, der Minderjährige sexuell missbraucht. Sie dürfen ihn nicht fallen lassen und müssen dafür Sorge tragen, dass ihm unter anderem durch Psychotherapie und geistliche Begleitung, geholfen wird. Ein besonders kritischer Moment besteht für den kirchlichen Mitarbeiter, wenn er mit den entsprechenden Beschuldigungen konfrontiert wird (→ *Tätergespräch*). In einer solchen Situation ist es wichtig, neben den kirchenrechtlichen und strafrechtlichen Maßnahmen, die sich daraus ergeben, die augenblickliche äußere Situation und innere Verfassung des kirchlichen Mitarbeiters zu berücksichtigen. Für ihn mag diese Entdeckung mit schwerwiegenden inneren und äußeren Folgen verbunden sein und nicht wenige sind in dieser Phase besonders suizidgefährdet. Innerlich mag in diesen Tagen das oft unter Mühen aufrechterhaltene Gerüst von Rationalisierungen und Beschwichtigungen jäh zusammenbrechen. Äußerlich drohen strafrechtliche Konsequenzen und soziale Ächtung.

Liegen glaubwürdige Aussagen darüber vor, dass ein kirchlicher Mitarbeiter Minderjährige sexuell missbraucht hat, ist es notwendig, den Betreffenden sofort, zumindest solange von seiner Stelle abzuberufen bis jeglicher Tatverdacht ausgeräumt wurde. Das ist schon allein deswegen wichtig, um der Gefahr weiterer Übergriffe zu begegnen. Die offensichtlich allzulange übliche Praxis, den Priester bzw. kirchlichen Mitarbeiter in dieser Situation einfach in eine andere Pfarrei zu versetzen, ist unverantwortlich.

Weitere Hilfen

Die verheerenden Auswirkungen sexuellen Missbrauchs Minderjähriger im kirchlichen Kontext betreffen aber nicht nur die geschädigten Kinder, sondern auch:
– die Familien und Freunde des Opfers
– die Schule, Nachbarschaft, Pfarrgemeinde, Jugendgruppen
– die Berufsgruppe, die mit dem Missbraucher in einem Zusammenhang steht, wie die Lehrer an der Schule, kirchliche Mitarbeiter und Mitarbeiterinnen, Psychologen und Therapeuten
– die Pfarrgemeinde, in der der kirchliche Mitarbeiter tätig ist.

Diese Personen oder Einrichtungen sind in unterschiedlichem Ausmaß Misstrauen, Verdächtigungen, heimtückischer Anklage und manchmal sogar Verachtung ausgesetzt.

Im Falle der Familie des Opfers ist die Unterstützung durch Freunde, glaubwürdige Vertreter der Kirche und andere Gemeindemitglieder wichtig. Manchmal kommen Angehörige so sehr an ihre psychischen Grenzen, dass sie professionelle Beratung in Anspruch nehmen müssen. Den Angehörigen der Täter wird oft am wenigsten Aufmerksamkeit geschenkt. Bei verheirateten kirchlichen Mitarbeitern oder im protestantischen Bereich bei verheirateten Pfarrern sind das die Ehefrauen und die Kinder. Bei Priestern die Eltern, Verwandten, die Pfarrhaushälterin oder die nächsten Freunde. Die Auswirkungen sexuellen Missbrauchs Minderjähriger im kirchlichen Kontext spüren oft auch die Mitbrüder und andere kirchliche Mitarbeiter und Mitarbeiterinnen, die keine Täter sind. Ihr Image wird durch einen solchen Vorfall, vor allem aber, wenn solche Vorkommnisse gehäuft vorkommen, mitbeschädigt, wie ja das Image der Kirche an sich dadurch stark in Mitleidenschaft gezogen wird.

Tangiert wird durch sexuellen Missbrauch an Minderjährigen auch die Gemeinde. Für die Mitglieder einer Gemeinde bricht oft eine Welt zusammen, wenn sie erfahren, dass ihr Seelsorger, Minderjährige aus ihren eigenen Reihen sexuell missbraucht hat. Für viele ist es zunächst unfassbar, sie geraten in Schock, kommen nicht darüber hinweg, können es einfach nicht verstehen, andere wollen sich dieser Wahrheit nicht stellen. Die Gemeinde wird in Unruhe und Verwirrung gestürzt. Der notwendige Heilungsprozess einer Gemeinde kann beginnen und geschehen, wenn die Gemeinde bzw. ihre Vertreter angemessen in die Situation eingeweiht werden. Geschieht das nicht, kann der Heilungsprozess nicht stattfinden. Dann besteht die Gefahr, dass über Umwege, durch Indiskretionen und Unausgesprochenes das Gift des Geschehens in die Gemeinde selbst hineingetragen wird, mit dem Ergebnis, dass sich eine Schwere über die Gemeinde legt und die Menschen nicht in der Lage sind, offen miteinander zu sprechen. Das wird sich dann in vielen Bereichen des gemeindlichen Zusammenlebens entsprechend negativ niederschlagen.

Das Ziel der Information über den Vorfall gegenüber der Gemeinde ist es, alle davon Betroffenen in Kenntnis zu setzen und an der Lösung der dadurch zu

Tage tretenden Probleme zu beteiligen. Oft bietet es sich an, dazu die ganze Gemeinde einzuladen und sie durch einen offiziellen Vertreter der Kirche, zum Beispiel den Dekan oder einen Vertreter der bischöflichen Behörde, zu informieren.

Transparenz

Will die Kirche ihren Teil dazu beitragen, dass der Nährboden für sexuellen Missbrauch in ihren Reihen immer mehr eingeschränkt, gar beseitigt wird, gelingt das nur, wenn sie den Weg der Transparenz wagt. Sie muss sich der Tatsache sexuellen Missbrauchs kirchlicher Mitarbeiter und Mitarbeiterinnen stellen und zur Kenntnis nehmen, dass eine kleine Gruppe von Mitarbeitern und Mitarbeiterinnen in ihren Reihen pädosexuell ist und sich entsprechend verhält. Sie darf nicht, um einen möglichen Skandal zu vermeiden, Fälle von sexuellen Missbrauch in ihren eigenen Reihen vertuschen oder verharmlosen. In den letzten Jahren ist eine größere Sensibilität von Seiten der Kirchenleitungen in Fällen sexuellen Missbrauchs durch kirchliche Mitarbeiter und Mitarbeiterinnen festzustellen. Mehr als bisher werden die notwendigen, auch therapeutischen, Maßnahmen ergriffen, um den Tätern zu helfen. Vor allem aber werden weit mehr als bisher die Opfer bzw. Überlebenden sexuellen Missbrauchs gesehen und die Bereitschaft wächst, Sorge und Verantwortung für sie zu übernehmen.

Literatur

Burkett, E. & Bruni, F. (1995). *Das Buch der Schande. Kinder und sexueller Missbrauch in der Katholischen Kirche*. Wien-München: Europa.
Müller, W. (1998). *Lieben hat Grenzen. Nähe und Distanz in der Seelsorge*. Mainz: Grünewald.
Rossetti, S. J.& Müller, W. (Hrsg.). (1996). *Sexueller Mißbrauch Minderjähriger in der Kirche. Psychologische, seelsorgliche und institutionelle Aspekte*. Mainz: Grünewald.
Rossetti, S. J. & Müller, W. (Hrsg.). (1998). *„Auch Gott hat mich nicht beschützt". Wenn Minderjährige im kirchlichen Milieu Opfer sexuellen Mißbrauchs werden*. Mainz: Grünewald.
Sipe, R. (1992). *Sexualität und Zölibat*. Paderborn: Schönigh.

Klientenzentrierte Gesprächspsychotherapie als Beziehungsangebot

Rosemarie Steinhage

Gesprächspsychotherapie und Focusing sind mit ihrer personzentrierten, wertschätzenden und empathischen Grundhaltung hervorragend geeignet für die therapeutische Arbeit mit Frauen, denen in ihrer Kindheit sexueller Missbrauch widerfahren ist. Den Ausführungen von J. P. Reemtsma (1997, S. 45) folgend, soll sexueller Missbrauch nicht als Erfahrung bezeichnet werden, sondern als ein Ereignis, das einem Menschen widerfährt und das von extremer Diskontinuität gekennzeichnet ist. Focusing als Erweiterung der Gesprächspsychotherapie bereichert letztere, indem sie der Klientin einen größeren Erfahrungs- und Handlungsspielraum einräumt. In der Therapie ergänzen sich beide Therapieformen harmonisch: Sie können – je nach Situation – eingesetzt werden.

Grundprinzipien der therapeutischen Methoden

Die Klientenzentrierte Gesprächspsychotherapie

Die Gesprächspsychotherapie wird als ein interaktionelles Geschehen und als ein spezifisches Beziehungsangebot der Therapeutin an die Klientin betrachtet. In der Beziehung, die die Therapeutin zur Klientin herzustellen versucht, bemüht sie sich in hohem Maße empathisch, wertschätzend und kongruent zu sein. Wertschätzung und Kongruenz sind die Voraussetzungen für die Wirksamkeit von Empathie. Empathie und Kongruenz beeinflussen wiederum die Möglichkeit der Therapeutinnen wertschätzend zu sein (Biermann-Ratjen, Eckert & Schwartz, 1981; Biermann-Ratjen, 1990; van Kessel & van der Linden, 1993).

Nach Rogers (1959) liegt eine therapeutisch wirksame Beziehung dann vor, wenn die Therapeutin in der Beziehung zu ihrer Klientin empathisch, kongruent und wertschätzend sein und die Klientin dieses Angebot auch wahrnehmen und annehmen kann. Das einzige Ziel der Therapie aus der Sicht der Therapeut(inn)en ist die Herstellung der therapeutischen Beziehung. Deshalb geht es im therapeutischen Prozess um das ständige aktive Bemühen der Therapeut(inn)en, dieses Ziel zu erreichen.

Drei Merkmale kennzeichnen also das Beziehungsangebot der Therapeutin: die Empathie, die unbedingte Wertschätzung und die Kongruenz.

Die Empathie: „Der Zustand der Einfühlung oder des sich Einfühlens besteht darin, den inneren Bezugsrahmen eines anderen genau wahrzunehmen unter Einschluss der zugehörigen gefühlsmäßigen Komponenten und Bedeutungen, so als ob man selbst der andere wäre, ohne aber jemals den als-ob-Zustand zu verlassen. In diesem Sinne bedeutet es, den Schmerz oder die Freude eines anderen zu erfühlen, so wie er sie fühlt und deren Ursachen wahrzunehmen, wie er sie wahrnimmt, aber ohne jemals die Erkenntnis zu verlieren, dass es so ist, als ob ich verletzt oder froh wäre usw. Wenn diese als-ob-Eigenschaft verloren geht, handelt es sich um den Zustand der Identifikation" (Rogers, 1959, S. 210-211).

In späteren Jahren beschreibt Rogers (1975, Übersetzung in Jankowski u. a., 1976) unter Bezug auf das Experiencing-Konzept von Gendlin (1962) den Prozesscharakter der Empathie als einen dynamischen, wechselseitigen Prozess.

Rogers verwendet den Begriff der persönlichen Wahrnehmungswelt des Klienten, in denen Gefühle *Bedeutungen* haben, bewertet und mehr oder weniger zugelassen werden können. Gendlin (1962), auf den sich Rogers dabei beruft, sieht die Verbalisierung der emotionalen Erlebnisinhalte als eine Möglichkeit der Symbolisierung der inneren Erfahrungen. Gemeint ist hier, wie die innere Erfahrung wahrgenommen, reflektiert und mitgeteilt werden kann. Das Individuum sei aktiv um den Prozess dieses Symbolisierens bemüht. Aufgabe der Therapeut(inn)en sei es, dies aktiv zu unterstützen. Diesen Fluss von Spüren und Fühlen nennt Gendlin „experiencing".

Focusing meint den Prozess, der abläuft, wenn das Individuum sich direkt auf sein inneres Erleben (experiencing) bezieht. Dabei beschäftigen den Menschen nicht die reinen Emotionen, sondern vor allem deren Bedeutungen, d.h. was diese Emotionen bei uns bedingt und was sie über uns selbst zu sagen haben (Biermann-Ratjen, Eckert & Schwartz, 1981). Empathisches Verstehen scheint also dann vorzuliegen, wenn Therapeut(inn)en mit Klient(inn)en über deren persönliche Erlebnisinhalte sprechen können.

Die Unbedingte Wertschätzung: Um die Erlebniswelt der Klient(inn)en ohne Vorurteile betreten zu können (um empathisch sein zu können), ist es wichtig, dass Therapeut(inn)en ihre eigenen Sichtweisen und Werthaltungen beiseite legen. Unbedingte Wertschätzung ist nur in einem vorurteilsfreien Rahmen möglich. Das bedeutet, dass es keine Bedingungen des Akzeptierens der Klientin gibt. „Unbedingte Wertschätzung ist keine überdauernde Haltung des Therapeuten. Sie ist eine anzustrebende Haltung gegenüber konkreten selbstexplorativen Äußerungen eines Klienten in einer konkreten Therapiesituation innerhalb einer therapeutischen Beziehung" (Biermann-Ratjen, Eckert & Schwartz, 1981, S. 27).

Die Kongruenz: Therapeut(inn)en sollten in ihrer Beziehung zur Klientin echt sein und sich ihrer Gefühle bewusst werden. Sie sollten fähig sein, sie zu leben und sie dann mitzuteilen, wenn es angezeigt ist. Nur wenn sie sich nicht verleugnen, können sie der Klientin unmittelbar begegnen. Kongruenz bedeutet also, die eigenen Gefühle wahrzunehmen zu können, ohne durch sie daran gehindert zu werden, die Klientin in ihrem Selbstempathieprozess zu fördern. Inkongruenzen seitens der Therapeut(inn)en sollten für den Therapieprozess nutzbar gemacht werden. „Die Kongruenz des Therapeuten stellt für sich genommen ein Behandlungsziel dar: Kann der Therapeut über längere Zeit in Kontakt mit dem Klienten in hohen Maße kongruent sein, so bedeutet das auch, dass er über längere Zeit unbedingt wertschätzend empathisch mit ihm sein kann, d.h. das Ziel der Behandlung ist damit erreicht" (Biermann-Ratjen, Eckert & Schwartz 1981, S. 35).

Die einzige Technik der Gesprächspsychotherapie ist die Verbalisierung der emotionalen Erlebnisinhalte, die als Verhalten der Therapeut(inn)en Empathie, unbedingte Wertschätzung und Kongruenz zum Ausdruck bringt.

Das Focusing

Gene Gendlin entwickelte die Klientenzentrierte Gesprächspsychotherapie weiter und nannte den Prozess Focusing (Gendlin 1962; 1981). Während Rogers versucht, die Bedeutung der Aussage der Klientin zu verstehen und der Klientin das Verstandene mitzuteilen, gilt das empathische Einfühlen und Verstehen nach Gendlin speziell dem inneren Prozess, der in der Klientin abläuft. Damit wird der therapeutische Raum gegenüber der Gesprächspsychotherapie beträchtlich erweitert. Das gibt der Klientin als ganzer Person einen wesentlich größeren Entfaltungs- und den Therapeut(inn)en einen vielfältigeren Handlungsraum (Wiltschko, 1988, S. 63).

Focusing ist ein ganzheitlicher Prozess psychischer Veränderungen. Bei diesem körperlich spürbaren Prozess entwickeln sich Sinngehalte aus den Körperempfindungen, d.h. Klient(inn)en lassen ihren Körper sprechen. Am Ende des Prozesses steht eine deutlich spürbare psychische Veränderung: eine körperliche Entspannung und Erleichterung. Im Focusing Prozess nehmen die Klient(inn)en Kontakt auf mit einer besonderen Art körperlichen Bewusstseins, das Gendlin „felt Sense" nennt. Gendlin betont, dass nur der Körper des Menschen weiß, wie sich seine Probleme anfühlen und wo die Ursachen dafür liegen. Damit sind Klient(inn)en die Expert(inn)en für ihre Probleme bzw. ihr Leiden und brauchen – im Focusing-Prozess – nicht mal Therapeut(inn)en, sondern einen Menschen, der die Focusing Technik versteht und sie dabei begleiten kann (Gendlin, 1981). Focusing erlaubt Klient(inn)en größtmögliche Kontrolle über das psychische Geschehen. Sie bestimmen jeden Prozess selbst und tragen dafür auch die Verantwortung.

Die therapeutische Arbeit mit Frauen

Die Therapiemethode für den Umgang mit der Problematik des sexuellen Missbrauchs gibt es nicht. Jedoch sind Therapiemethoden, die den kommunikativen Aspekt, die Beziehung zwischen Therapeut(inn)en und Klientinnen in den Mittelpunkt des Geschehens setzen, meiner Einschätzung nach besonders geeignet, den Heilungsprozess in Gang zu bringen und zu fördern.

Die grundlegenden Gefühle der Traumatisierung durch sexualisierte Gewalt sind Ohnmacht und Isolation mit all ihren Facetten: Existentielle Angst, Ausgeliefertsein, psychischer Terror, erzwungene Geheimhaltung, ohne jeden Schutz der Willkür der Verfolger ausgeliefert zu sein (Wirtz, 1989, Reddemann & Sachsse, 1997, S. 115; Steinhage, 1994, 1997, 2001). Die Voraussetzung für Heilung ist deshalb die Aufhebung der Angst, Isolation und Stärkung der Persönlichkeit. Dabei sollte die Arbeit ressourcenorientiert sein.

Die Umgehensweise mit diesem Trauma in der Psychotherapie erfordert daher, sich als Therapeutin Wissen über das Trauma des sexuellen Missbrauchs und seine möglichen psychischen Auswirkungen (→ *Folgen*) anzueignen, sowie eine Vorstellung davon zu haben, wie die Störung entstanden ist (Steinhage, 2001). Schließlich bedarf es einer Theorie darüber, wie Heilung aussehen und erreicht werden kann.

Die Gesprächspsychotherapie versteht sich nicht als eine Technik, sondern als ein interaktionelles Geschehen und spezifisches Beziehungsangebot der Therapeutin an die Klientin. Aufgabe der Therapeutin ist es, eine Beziehung zur Klientin herzustellen, in der sie in hohem Maße wertschätzend und kongruent sein kann (Biermann-Ratjen, Eckert & Schwartz, 1981). Dabei ist die positive Wertschätzung keine statische Größe, sondern sie muss wie die Kongruenz seitens der Therapeut(inn)en immer wieder hergestellt werden.

Die wichtigste Arbeitsvoraussetzung ist deshalb das grundsätzliche Annehmen und die positive Wertschätzung der Klientin durch die Therapeutin als therapeutische Haltung. Therapeut(inn)en sollten ihre Klient(inn)en annehmen wie sie sind. Deshalb sollten Therapeut(inn)en nur *die* Klient(inn)en in eine Therapie aufnehmen, die sie tatsächlich bedingungslos wertschätzen können. Nur bei einer unbedingten positiven Wertschätzung trägt das therapeutische Beziehungsangebot langfristig und überdauert Schwierigkeiten. Eine solche Beziehung ist Voraussetzung dafür, dass Klient(inn)en gesunden.

Das Beziehungsangebot der Therapeut(inn)en an die Klient(inn)en wirkt nicht, weil es eine gute (freundliche, verständnisvolle) Beziehung ermöglicht, „sondern allein dadurch, dass das Angebot wertschätzender, kongruenter Empathie es dem Klienten ermöglicht, in einen Prozess der Selbstempathie einzutreten" (Biermann-Ratjen, Eckert & Schwartz, 1981, S. 20). Gerade das non-direktive Vorgehen und die non-direktive Haltung der Therapeutin sind die Grundbedingungen für eine konstruktive Verhaltensänderung seitens der Klientin.

Ziel der Therapie ist es, im therapeutischen Prozess der Klientin so zu begegnen, dass diese dadurch angehalten wird, sich selbst empathisch zu begegnen. Dadurch wird der Zustand der Inkongruenz, der die Klientin bewegt hat, therapeutische Hilfe zu suchen, aufgehoben. Der Heilungsprozess wird in Gang gesetzt. Die Klientin kann sich zunehmend akzeptieren, wird sich weniger negativ bewerten und sich mehr als aktiv handelnd erleben. Dadurch ändert sich ihr Selbstkonzept: Sie gewinnt an Selbstachtung und Akzeptanz der eigenen Person. Alle weiteren Ziele (z.B. welche Themen in der Therapie besprochen werden sollen, was die Klientin erreichen möchte etc.) setzt die Klientin selbst und diese sind im Verlauf der Therapie immer wieder neu zu definieren.

Die Vorgehensweise in der Therapie sollte einfühlsam, wertschätzend, Erlaubnis gebend sein und der Klientin die größtmögliche Sicherheit geben. Da aufgrund des Terrors in der Kindheit die Gefühle oftmals weitgehend verschüttet sind, braucht die Klientin Gelegenheit, Wege aufzuspüren, die sie zu ihren Gefühlen führen und ihr gleichzeitig erlauben, größtmögliche Kontrolle zu bewahren. Sie braucht die Sicherheit, von Gefühlen nicht überschwemmt zu werden. Eine solche Vorgehensweise ermöglicht das Focusing (Gendlin, 1981), weil es sich auf den innerpsychischen Prozess der Klientin bezieht. Das gibt der Klientin mehr Halt und Sicherheit, da sie den Prozess – über ihr Gefühl – selbst lenken kann. Durch den Focusingprozess kommt sie spürbar in Kontakt mit ihrem inneren Erleben. Sie findet dort Sicherheit, was ihr hilft, mit ihren Ängsten umzugehen.

Eine Traumatisierung durch sexualisierte Gewalt unterscheidet sich grundsätzlich von anderen Traumata wie z. B. dem frühen Tod der Eltern oder einem Autounfall dadurch, dass es nicht real werden darf. Es gibt kein „außen", keine Vertrauensperson, die das Geschehene anhört und versteht. Das Darübersprechen wurde in der Regel unter Androhung von Strafe, nicht selten auch Todesstrafe, verboten. Das erzwungene Schweigen ist Teil des Traumas und hat im therapeutischen Geschehen eine nicht zu unterschätzende Dimension, darauf haben verschiedene Autorinnen und Autoren immer wieder hingewiesen (Lister, 1982; Steinhage, 1989; Wirtz, 1989; Herman, 1993). Deshalb ist es für die Klientin von ungeheuer großer Bedeutung, dass das Trauma ausgesprochen und damit real werden darf und auch, dass die Therapeutin glaubt, dass es wahr ist, was sie berichtet. Oftmals ist die Therapeutin die erste Person, mit der sie darüber sprechen kann. Für eine Klientin, die auch nur mit dem leisesten Zweifel an der Wahrhaftigkeit ihrer Aussage durch ihre Therapeutin konfrontiert wird, wiederholt sich damit in den ersten Sitzungen der Therapie, woran die Verarbeitung des Traumas scheitern wird: Die Therapeutin lässt nicht zu, dass das Trauma real wird.

Die (unausgesprochene) Erlaubnis, der Freiraum, der vorsichtiges Aussprechen des Geschehens in einem geschützten Rahmen ermöglicht, sowie die empathische Wertschätzung des Gegenübers (der Therapeutin) ist aber die Voraussetzung für das Aussprechen-können und damit für eine mögliche Verarbeitung. Wenn die Therapeutin ihrer Klientin einfühlend und vorurteilsfrei gegenübertritt, werden sich Verwirrungen, Ungereimtheiten und Widersprüche auflösen. Da Klientinnen aufgrund der ihnen widerfahrenen Gewalt sehr feinfühlig spüren, was in ihren Therapeut(inn)en vorgeht, werden sie ihnen folglich nur das erzählen, was diese bereit sind zu hören (Ferenczi, 1933). Das Aussprechen führt die Therapeut(inn)en nicht selten an Gefühle von Hilflosigkeit und Ohnmacht, weshalb sie das Thema bewusst und/oder unbewusst vermeiden. Schließlich aktualisiert es in der Klientin alle damaligen Gefühle von Bedrohung, panischer Angst, Hilflosigkeit, Schmerz und Ohnmacht. Das spürt auch die Therapeutin, die der Klientin in der Gesprächspsychotherapie als Person gegenübertritt. In der Übertragung werden diese Gefühle auch für sie intensiv spürbar.

Die Gesprächspsychotherapie ist durch ihre personenzentrierte, wertschätzende, einfühlsame Grundhaltung selbst für schwer traumatisierte Frauen eine hervorragend geeignete Psychotherapieform (Reddemann & Sachsse, 1997; Reddemann, 1998; 2000 a; 2000 b).

Literatur

Amann & R. Wipplinger (Hrsg.) (1997). *Sexueller Mißbrauch. Überblick zu Forschung, Beratung und Therapie. Ein Handbuch.* Tübingen: dgvt.
Biermann-Ratjen, E., Eckert, J. & Schwartz, H. J. (1981). *Gesprächspsychotherapie. Verändern durch Verstehen.* Stuttgart: Kohlhammer-Verlag.
Biermann-Ratjen, E. M. (1990). Identifizierung – ein Beitrag zu einem Klientenzentrierten Modell der Entwicklung der gesunden und der kranken Persönlichkeit. *GWG Zeitschrift, 3,* 31–35.
Egle, U. T., Hoffmann, S. O. & Joraschky, P. (Hrsg.) 2000). *Sexueller Mißbrauch, Mißhandlung, Vernachlässigung.* Stuttgart: Schattauer.
Ferenczi, S. (1933). Sprachverwirrung zwischen dem Erwachsenen und dem Kind. Die Sprache der Zärtlichkeit und der Leidenschaft. In M. Balint (Hrsg.) (1972). *Sandor Ferenczi. Schriften zur Psychoanalyse. Bd. II* (S. 303–313). Frankfurt: Fischer.
Gendlin, E. T. (1962). *Experiency and the creation of meaning.* New York: The Free Press of Glencoe.
Gendlin, E. T. (1981). *Focusing. Technik der Selbsthilfe bei der Lösung persönlicher Probleme.* Salzburg: Otto Müller.
Herman, J. L. (1993). *Die Narben der Gewalt. Traumatische Erfahrungen verstehen und überwinden.* München: Kindler-Verlag.
Hirsch, M. (1994). *Realer Inzest. Psychodynamik des sexuellen Mißbrauchs in der Familie.* Berlin, Heidelberg, New York: Springer.
Huber, M. (1995). *Multiple Persönlichkeiten. Überlebende extremer Gewalt. Ein Handbuch.* Frankfurt: Fischer.
Jankowski, P., D. Tscheulin, H.-J. Fietkau & F. Mann (Eds.) (1976), *Klientenzentrierte Psychotherapie heute.* Göttingen: Hogrefe.
Kernberg, O. F., Dulz, B. & Sachsse, U. (2000): *Handbuch der Borderline-Störungen.* Stuttgart: Schattauer.
Lister, E. D. (1982). Forced silence: A neglected dimension of trauma. *American Journal of Psychiatry, 139,* 870–876.
Maercker, A. (Hrsg.) (1997). *Therapie der posttraumatischen Belastungsstörung.* Berlin, Heidelberg, New York: Springer.
Rogers, C. R. (1959). A theory of therapy, personality and interpersonal relationships as developed in client-centred framework. In S. Koch (Ed.), *Psychology: a study of science* (pp. 184–256). New York: Mc Graw Hill.
Reemtsma, J. P. (1997). *Im Keller.* Hamburg: Hamburger Edition.
Reddemann, L. (1998). Umgang mit Täterintrojekten: „Bitte verzeiht mir Eure Sünden." *Persönlichkeitsstörungen, Theorie und Therapie. Traumazentrierte Psychotherapie II. 2,* 90–96.
Reddemann, L. & Sachsse, U. (1997). Stabilisierung. *Persönlichkeitsstörungen, Theorie und Therapie, Traumazentrierte Psychotherapie I. 3,* 113–147.
Reddemann, L. & Sachsse, U. (2000 a). Traumazentrierte Imaginative Therapie. In U. T. Egle; S. O. Hoffmann & P. Joraschky, (Hrsg.). *Sexueller Mißbrauch, Mißhandlung, Vernachlässigung,* (S. 375–389), Stuttgart: Schattauer.
Reddemann, L.& Sachsse, U. (2000 b): Traumazentrierte Psychotherapie der chronifizierten, komplexen Posttraumatischen Belastungsstörung vom Phänotyp der Borderline-Persönlichkeit. In O. F. Kernberg; B. Dulz & U. Sachsse (Hrsg.). *Handbuch der Borderline-Störungen.* (S. 555–571). Stuttgart: Schattauer.
Steinhage, R. (1989). *Sexueller Mißbrauch an Mädchen. Ein Handbuch für Beratung und Therapie.* Hamburg: Rowohlt.
Steinhage, R. (1994). Das Trauma des sexuellen Mißbrauchs. *Imagination, 2,* 32–48.
Steinhage, R. (1997; 2001). Die Klientenzentrierte Gesprächspsychotherapie als Beziehungsangebot in der therapeutischen Arbeit mit Frauen, die in der Kindheit sexuell mißbraucht wur-

den. In G. Amann & R. Wipplinger (Hrsg.). *Sexueller Mißbrauch. Überblick zu Forschung, Beratung und Therapie. ein Handbuch* (S. 465–485). Tübingen: dgvt.

van Kessel, W. & van der Linden, P. (1993). Die aktuelle Beziehung in der Klientenzentrierten Psychotherapie; der interaktionelle Aspekt. *GWG Zeitschrift, 5,* 19–32.

Wiltschko, J. (1988). Focusing: Das Überschreiten der Beschränkungen in der Gesprächspsychotherapie. *GWG Zeitschrift, 6,* 56–63.

Wirtz, U. (1989). *Seelenmord.* Zürich: Kreuz-Verlag.

Körperliche Untersuchung bei Kindesmisshandlung

Eberhard Motzkau

Wenn Kinder körperlich misshandelt worden sind oder wenn der Verdacht besteht, dass dies geschehen sein könnte, ist es eine der wichtigsten, möglichst unverzüglich einzuleitenden Maßnahmen, sie einem Arzt vorzustellen. Diese Entscheidung muss primär die Interessen der betroffenen Kinder berücksichtigen – und dazu kann auch die Feststellung und Dokumentation von körperlichen Misshandlungsfolgen gehören – und darf nicht in primärem Interesse von Erwachsenen geschehen, beispielsweise zur Beweissicherung im Rahmen eines Scheidungsverfahrens.

Die Entscheidung zur Untersuchung wird aufgrund vorliegender Verletzungsanzeichen getroffen. Für den Arzt ist zunächst unklar, ob die zur Vorstellung führende Verletzung Folge einer Misshandlung ist oder eines ernsten oder harmlosen Unfalls. Für den Arzt ist ebenfalls in der Regel nicht klar, ob die Erwachsenen, die das Kind zur Untersuchung bringen, in Sorge wegen einer für sie nicht erklärlichen Verletzung sind oder ob sie möglicherweise selber an der Entstehung dieser Verletzung z.B. durch Misshandlung beteiligt waren. Alle Möglichkeiten müssen zunächst in Betracht gezogen werden, soll dem Kind wirksam geholfen werden und der möglicherweise notwendige Schutz zukommen.

Die für das Kind wünschenswerte Klärung der anstehenden Fragen lässt sich nur mit Ruhe und Klarheit in der Untersuchungssituation erreichen. Dies ist angesichts der oft aufregenden Situation schwierig, aber unerlässlich. Aufgeregte und besorgte Erwachsene überlassen es in der Regel nicht dem Arzt, das Kind nach der Herkunft der Verletzungen zu fragen. Es ist wichtig, nur offene Fragen ohne inhaltliche Vorgabe zu stellen und das Kind nicht zu bedrängen (→ *Befragung von Kindern*). Bei allem verständlichen Erschrecken und Mitgefühl ist es ebenso wichtig, das betroffene Kind nicht mit zusätzlich belastenden emotionalen Reaktionen der Erwachsenen zu konfrontieren. Später wird möglicherweise nicht mehr zu entscheiden sein, ob das Kind sich in seiner eigenen Schilderung des Verletzungsherganges an die Vorgaben der Erwachsenen hält und sich mit eigenen emotionalen Äußerungen zurückhält, um die Erwachsenen zu schonen. Bei der Befragung des Kindes muss der Arzt ebenso berücksichtigen, dass ein misshandeltes Kind die Person ist, die am genauesten die Ursache der Verletzungen kennt und es ermutigt werden muss, diese zu nennen, falls es dies nicht spontan tut. Die Gewinnung einer solchen Aussage ist Sache des untersuchenden Arztes oder spezieller diagnostischer Einrichtungen, die sich auf Untersuchung von misshandelten Kindern spezialisiert haben (→ *Glaubhaftigkeitsbegutachtung und diagnostischer Erkenntnisprozess*).

Verletzte Kinder, die noch nicht sprachfähig sind, müssen mit besonderer Sorgfalt untersucht werden. Misshandelte Kinder sind besonders in diesem Alter ängstlich, schreckhaft und scheu in der Untersuchungssituation. Typisch für sie ist die starre Körperhaltung, die quasi eingefrorene Mimik mit angstvollen, hochgradig aufmerksamen Augen („frozen watchfulness"). Erwachsene, die an der Entstehung der Verletzungen beteiligt waren oder sie gar selber herbeigeführt haben, stellen ihre Kinder in der Praxis vor, wenn es um ernsthafte gesundheitliche Sorge oder aktuell versorgungsbedürftige offene Verletzungen geht. Typischerweise erfolgen diese Vorstellungen mit einer zeitlichen Verzögerung bis zu zwei Tagen, häufig abends oder an Wochenenden im ärztlichen Notdienst. Die Erklärung des Verletzungsherganges stimmt dann in der Regel nicht mit den festgestellten Befunden überein, deshalb ist die geschilderte Vorgeschichte ebenso sorgfältig zu dokumentieren wie die ärztlichen Befunde. Ist Kleidung durch Blutung oder Verschmutzung mitbetroffen oder bezieht der geschilderte Verletzungshergang die Kleidung mit ein (Sturz auf die Erde, Pfählungsverletzung, Sturz vom Baum etc.), so ist die Kleidung zur Sicherstellung von möglichen Beweisspuren in entlastender oder belastender Richtung aufzubewahren. Gelegentlich geht die Verleugnung der misshandelnden Personen so weit, dass sie in der Untersuchungssituation von ihrer eigenen Unschuld überzeugt sind und authentisch besorgt erscheinen.

Die Untersuchungsergebnisse müssen sorgfältig dokumentiert werden. Die Untersuchung der gesamten Haut, besonders im behaarten Bereich, ist von großer Bedeutung, denn 90 % der Misshandlungssymptome sind hier zu finden (Bundesministerium für Jugend, Familie und Gesundheit, 1984). Zur Berücksichtigung möglicher Misshandlungsformen und entsprechender Verletzungen siehe unter → *Kindesmisshandlung*. Häufig misshandelte Kinder weisen Verletzungsspuren unterschiedlichen Alters auf. Entsteht der Verdacht auf mehrfache schwere Misshandlung, ist eine Röntgenuntersuchung des gesamten Skelettsystems erforderlich, die frische, aber auch alte Knochenbrüche zeigen kann. Kinder, die nicht klar bei Bewusstsein oder gar bewusstlos sind, müssen zusätzlich mit Hilfe einer Röntgenschichtaufnahme des Gehirnes auf mögliche Blutungen im Inneren des Schädels untersucht werden. Wichtig ist die Untersuchung des ganzen Kindes und nicht nur im Bereich der beklagten Verletzungen oder Schmerzen.

In manchen Fällen sind die Hinweise auf eine körperliche Misshandlung so deutlich, die Verletzungen des Kindes so schwer oder eine Wiederholungsgefahr einer erneuten Verletzung so dringlich, dass der unmittelbare Schutz des Kindes im Vordergrund steht. In diesen Situationen ist es wichtig, die Eltern darüber zu informieren, dass weitere Entscheidungen nur mit dem Jugendamt gemeinsam getroffen werden können (→ *Jugendämter*). Notfalls ist die Polizei hinzuzuziehen. Bei dieser Entscheidung ist allerdings zu berücksichtigen, dass die Information der Polizei einer Strafanzeige gleichkommt, da die Polizei verpflichtet ist, strafbare Handlungen dieser Art zu ermitteln (→ *Strafanzeige/Anzeigepflicht*). Eine solche Entscheidung muss sorgfältig mit den Interessen des Kindes abgewogen werden. Außer der Polizei und der Staatsanwaltschaft gibt es keine andere Berufsgruppe, die verpflichtet ist, Misshandlungen strafrechtlich zu verfolgen oder der Polizei zu melden. Ärzte unterliegen selbstverständlich der Schweigepflicht, sind aber berechtigt, diese Schweigeverpflichtung zu übergehen, wenn der Schutz des Kindes als „das höhere Rechtsgut" dies erforderlich scheinen lässt (→ *Datenschutz*). Es hat sich bewährt, in allen Untersuchungssituationen, in denen der Verdacht auf Kindesmisshandlung aufkommt oder sich bestätigt, die sorgeberechtigten Eltern zu informieren bzw. mit diesem Verdacht zu konfrontieren. Wenn es gelingt, die Eltern nicht primär anzuklagen oder vielleicht sogar mit „einem ungerechtfertigten Vorwurf zu belegen" sondern auf die Sorge um das Kind zu verpflichten, bestehen gute Aussichten, die Eltern zur weiteren Zusammenarbeit zu gewinnen. Die Zusammenarbeit mit den Eltern ist erforderlich, weil Kinder, die erwiesenermaßen körperlich misshandelt wurden oder bei denen der Verdacht auf Misshandlung besteht, kinderpsychologisch und kinderpsychiatrisch untersucht werden müssen, damit von dieser Seite der Verdacht geklärt bzw. möglicherweise vorliegende körperliche und psychische Traumata verarbeitet werden können.

Literatur

Bundesministerium für Jugend, Familie und Gesundheit (1984). *Kindesmißhandlung. Erkennen und Helfen.* Bonn 3. Auflage.
Martinius, J. J. & Frank, R. (Hrsg.) (1993). *Vernachlässigung, Misshandlung und Missbrauch von Kindern: Erkennen, bewusstmachen, helfen.* Bern, Stuttgart, Toronto: Huber.
Motzkau, E. (1997). Hinweise auf und diagnostisches Vorgehen bei Misshandlung und Missbrauch. In: Egle, U.T., Hoffmann, S.O. & Joraschky, P. (Hrsg.). *Sexueller Missbrauch, Misshandlung, Vernachlässigung.* (S. 54–64). Stuttgart, New York: Schattauer.

Literatur

Hanna Kiper

Literarische Texte können als Bestandteile einer vielfältigen und ausdrucksintensiven Kulturproduktion einer Zeit begriffen werden; in ihnen findet eine Verarbeitung von Erlebnissen und Erfahrungen statt. Um Sexualität und Erotik kreisen vielfältige Gedanken und Vorstellungen, die sich in Mythen, Märchen, Erzählungen, Gedichten und literarischer Prosa der Moderne ausdrücken. Sie nehmen Motive sexualisierter Gewalt (z.B. Inzest, Verführung von Kindern, Kinderprostitution, Vergewaltigung, sexuelle Denunziation) auf und thematisieren verbotene und weitgehend mit einem Tabu belegte Vorstellungen und Handlungen, aber auch Wünsche, Phantasien und Träume. Literatur kann einen Beitrag leisten zu bewusstem Verstehen und unbewusstem Erleben. Sie löst Gedanken und Gefühle aus. Sie verhilft dazu, Ereignisse neu und anders zu sehen und zu interpretieren oder – im Rückblick – Erlebnisse der eigenen Lebensgeschichte oder Erfahrungen anderer neu zu deuten. Eine Annäherung an literarische Texte kann davon motiviert sein, menschliches Verhalten, Handeln und Erleben besser verstehen zu wollen; literarische Texte werden hier zu einer Erkenntnisquelle. Unter wissenschaftlicher Perspektive werden verschiedene Fragerichtungen entfaltet: eine textbezogene (Textwirkung), eine biographiebezogene (dichterische Persönlichkeit) oder eine leserbezogene (dichterische Wirkung). Literarische Texte können als Medium für kommunikative Prozesse genutzt werden. In der Literatur werden Aussagen getroffen. Sie leistet einen Beitrag zum Diskurs. Darüber hinaus werden Szenen, Erlebnisse und Gefühle zum Ausdruck gebracht, die durch szenische Formen der Auseinandersetzung am besten erschlossen werden. Vielfach werden Interaktionserfahrungen nicht direkt, sondern verschlüsselt, symbolisch ausgedrückt; oftmals wird so eine emotionale Wirkung erzielt.

In der griechischen Mythologie finden sich Erzählungen sexualisierter Gewalt in bildlich-anschaulicher und symbolischer Form, die Grenzen zwischen Phantasie und Realität, Denken und Träumen verwischen. Die Bibel enthält z.B. Berichte über eine Vergewaltigung (Richter 19, 24–30), den sexuellen Missbrauch eines Mädchens durch seinen Halbbruder (2. Samuel 13, 1–22) und eine Erzählung über sexuelle Denunziation (1. Mose 39, 7–21).

Die Literatur seit der Aufklärung setzt sich in unterschiedlicher Weise mit sexualisierter Gewalt auseinander. Bei de Sade wird – auf dem Hintergrund kulturanthropologischer Sichtweisen – Ethik und Moral verurteilt. Alle möglichen Formen von Gewalt (Diebstahl, Mord, Elternmord) und sexualisierter Gewalt (Inzest, Vergewaltigung) werden legitimiert und Wege ihrer Praktizierung aufgezeigt. Neben verherrlichenden Darstellungen gibt es akzeptierende, legitimierende oder sexuelle Gewalt normalisierende Präsentationen. Dabei werden die Erfahrungen von ihr Betroffener nicht angesprochen. Eine Vielzahl von Texten der erotischen Literatur spielt mit der Frage nach Erlaubtem und Verbotenem, nach einzuhaltenden Grenzen, nach Wirklichkeitserfahrung, Traum und Phantasie. Viele Autoren (z.B. Nabokov 1959, Llosa 1988) präsentieren eine erotisch gefärbte Wahrnehmung von Kindern; sie werden als attraktiv, sexuell interessiert und verführerisch dargestellt. Eine Vielzahl von Texten kreist um die Ausgestaltung der Beziehungen von Erwachsenen und Kindern, um Grenzverletzungen, Machtmissbrauch und Gewalt. Sexualität zwischen Erwachsenen und Kindern erscheint als lustvolles Erlebnis oder wird normalisiert (vgl. den Text von Grass 1969/1978). Die Darstellung und Interpretation der Ereignisse wird meist aus der Perspektive von Tätern als Protagonisten der Erzählung vorgenommen; ihre Rationalisierungen und Legitimierungen von Grenzverletzungen und sexualisierter Gewalt sind in den Texten auffindbar (→ Abwehrstrategien der Täter). Die Verführung, Manipulation und Überwältigung der Opfer wird – wenn überhaupt – nur implizit deutlich. Ihre Erfahrungen werden kaum angesprochen (vgl. Nabokov 1986). Eine andere Sorte Texte kreist um das Inzesttabu; sexuelle Übergriffe auf Kinder oder Jugendliche erscheinen dabei als „tragisches Schicksal" (vgl. den Roman Homo Faber von Max Frisch 1957/1977).

Quer dazu wird – im Kontext einer Kritik am Geschlechterverhältnis als Herrschaftsverhältnis – sexuelle Gewalt als Form der Ausübung von Macht über Frauen, als spezifische Form der Zähmung, Unterwerfung und Beherrschung, als „Mord" an Töchtern und Frauen in unserer Kultur gedeutet. Im Roman „Malina" von Ingeborg Bachmann z.B. geht es u.a. um die Gestaltung einer Extremerfahrung, um die Deutung sexueller Gewalt auf dem Hintergrund von Erfahrungen mit Inhaftierung, Folter und Vernichtung in KZs und Lagern, um eine Form der Zerstörung des Weiblichen (vgl. Kiper 1994). Dabei gelingt der Autorin eine Präsentation traumatischer Erfahrungen im Medium von Träumen, die Leserinnen und Leser zu vielfältigen Lesarten und zum Erkennen des Geschehens herausfordern (vgl. Böschenstein 2000). Das „Thema des gespaltenen Subjekts" in Malina verweist auf die Abwehrform der „Dissoziation" als einen (zeitweilig tragenden) Bewältigungsmechanismus sexueller Gewalt (→ Dissoziation).

Durch die Frauenbewegung, die sich zum Ziel setzte, das Schweigen über sexuelle Gewalt und sexuellen Missbrauch zu brechen, kam es zu veränderten Interpretationen literarischer Texte. Sexuelle Gewalt wird als Erfahrung der Demütigung, Verwirrung und Verletzung der Persönlichkeitsrechte eines Kindes, einer/s Jugendlichen oder eines Erwachsenen, meist einer Frau und als Störung der sexuellen Identitätsentwicklung gedeutet; manchmal wird sie zum Ausgangspunkt für eine therapeutisch angelegte „Geschichte einer Heilung" (Fraser 1987, Merz 1988).

In den achtziger Jahren werden im Kontext einer Hinwendung zum Subjekt Aspekte der Entwicklung und Sozialisation von Kindern (Mädchen und Jungen) in der Familie erörtert und Kindheits- und Jugenderfahrungen literarisch bearbeitet. In autobiographisch angelegten Texten kommt es auch zu einer Darstellung von sexuellen Übergriffen und sexueller Gewalt in der Familie gegen Mädchen (Fraser 1987, Merz 1988) und Jungen (Bieler 1989, Tamaro 1992). Auf dem Hintergrund antipädagogischer Stimmungen werden mögliche Sichtweisen betroffener Opfer kritisch gegen ein naives pädagogisches Selbstverständnis gewendet, das nur Absichten der Erzieher und Lehrer, aber nicht die Wirkungen ihres pädagogischen Handelns und die Strukturen pädagogischer Institutionen (z. B. Schulen, Internate, Universitäten) in den Blick nimmt. Manchmal wird sexualisierte Gewalt zum Ausgangspunkt einer spirituellen Verletzung des Protagonisten und zur Ursache eines von Ekel und Zynismus bestimmten Lebensgefühls (vgl. Fichte 1982). Parallel zum Aufschwung einer Selbsterfahrungsbewegung und einer Offenlegung und Bearbeitung von Erfahrungen in Psychotherapien entsteht ein Diskurs über die Deformation der Opfer durch sexuelle Gewalt und über Möglichkeiten ihrer Heilung durch therapeutische Intervention und Begleitung (vgl. Casey 1992). In einer geringen Zahl von Texten wird sexuelle Gewalt als Kern einer repressiven Gesellschaft, die mit ihren Institutionen (Familie, Schule, Kirche, Heim/Internat) entschieden zu kritisieren ist, gedeutet (Hoeg 1993).

In Texten von Migrantinnen und Migranten werden Unterdrückungserfahrungen innerhalb von Familien (Scheinhardt 1984, Walker 1984) angesprochen.

In einer Vielzahl von Kriminalromanen (George 1989, Fielding 1992, Donna Leon 1998) wird sexuelle Gewalt zum Ausgangspunkt für Morde oder (spätere) psychische Deformationen. Legt man sexuelle Gewalt als Deutungsmuster zugrunde, lösen sich – ansonsten nicht zu klärende – Verstrickungen zwischen Personen und ermöglichen ein Verständnis der Dynamik sich anschließender Gewalthandlungen.

Neben dramatisierten Darstellungen der Konsequenzen sexueller Gewalt gibt es belletristische Texte, in denen mit dem Erlebnis sexueller Gewalt als Motiv „gespielt" wird; hier wird sie Ausdruck eines Gedanken- und Sprachspiels, in der die Grenzen zwischen Phantasie und Realität, Konstruktion und Dekonstruktion, Darstellung und Infragestellung kunstvoll verwischt werden (Moravia 1965, Walser 1996). Daneben werden Formen des Mobbing und der sexuellen Denunziation auf dem Hintergrund radikal gesteigerter Anschuldigungen unter Hinweis auf subjektives Erleben zum Thema (vgl. Mamet 1993).

Die Vielzahl der literarischen Texte zur sexualisierten Gewalt und ihrer Interpretationen, der Rahmungen, Deutungen und Diskurse verweist auf sexualisierte Gewalt als Bestandteil unserer Kultur. Sie führen – bezogen auf die Darstellungsformen – zu einer Verstärkung des Motivs, zur Hervorhebung von Details, zu Variationen und Verkomplizierungen, zu Verfremdung und Verstärkung. So beginnt ein Prozess der Gewöhnung an sexuelle Gewalt als Tatsache; sie erscheint als Bestandteil von Normalität. Gewöhnung tritt u. a. auch dadurch ein, dass belletristische Texte Erfahrungen mit sexualisierter Gewalt – wie nebenbei – erörtern (vgl. Mc Court 1999, Hensel 1994).

Das Lesen dieser Texte kann unterschiedlich (informatorisch, kognitiv, literarisch, kompensatorisch, eskapistisch/evasorisch) motiviert sein (vgl. Groeben & Vorderer 1986). Gemessen an den Medien Internet, Videoproduktionen und Filmen für Kino und Fernsehen, sind Gedichte, Erzählungen und literarische Texte eher ein altertümliches Medium, das auf andere Rezeptionsweisen (Lesen statt Schauen), auf ein anderes Tempo (langsame Entfaltung einer Handlung in den Gedanken beim Lesen statt eine Fülle von Bildern in kurzer Zeit) und ein bewusstes Auseinandersetzen (Wählen des Textes, Auseinandersetzung mit dem Text nach dem eigenen Tempo, Möglichkeit des Weglegens und Wiederherausholens) zielt. Der Rezeptionsprozess dieser literarischen Texte hat diskursive und präsentative Dimensionen. Die diskursive Qualität der Texte erschließt sich sprachlich-symbolisch; ihre präsentative Qualität wird durch ein Einfühlen in Situationen und Szenen erhellt. Somit ergibt sich ein gedankliches Erfassen und ein emotionales Verstehen. Literarische Verarbeitungen sexueller Gewalt enthalten Uneindeutigkeiten und Mehrdeutigkeiten. Sie können ideologiekritisch, aber auch unter dem Gesichtspunkt des Gewinnens neuer Erkenntnisse gelesen werden. Der Rezeptionsprozess ist u.a. abhängig von Vorkenntnissen, Voreinstellungen und Interessen; es können verschiedene Textbedeutungen einem Werk zugeschrieben werden.

Der Rezeption literarischer Texte über sexuelle Gewalt werden oftmals hilfreiche Wirkungen (Lebenshilfe, Krisenintervention, bibliotherapeutische Hilfe) zugeschrieben, ermöglichen sie doch eine schrittweise Annäherung an dargestellte Extremerfahrungen und Traumata. Sie bieten Möglichkeiten zum Distanzieren, Nachdenken, bedingtem Identifizieren und Verstehen und ermöglichen ein gleichzeitiges Offenlegen und Verdecken von Erfahrungen. Bezogen auf sexualisierte Gewalt innerhalb von persönlich gestalteten Beziehungen führen sie in deren Dynamik ein und ermöglichen verschiedene Zugänge durch (Mit-)Fühlen und Denken, Imaginieren, Phantasieren und Analysieren. Sie zeigen sexuelle Gewalt auf dem Hintergrund – systemisch angelegter – Interpretationsmöglichkeiten, erhellen sie doch die Dynamik zwischen Täter und Opfer bzw. eines Familiensystems.

Literarische Texte veranschaulichen die besonderen Überlebensstrategien, die bei sexueller Gewalt von Betroffenen entwickelt werden. Somit ermöglichen sie ein Verstehen und – bei Betroffenen – ein Überwinden des Gefühls der Besonderheit, der Einsamkeit und Isolation – bezogen auf diese Extremerfahrung. Sie nehmen das Leiden an diesem Trauma ernst, wecken aber auch die Hoffnung auf Bewältigungsmöglichkeiten. Sie ermöglichen die Reflexion über traumatische Erfahrungen und schaffen ihnen damit einen Ort in Kultur und Gesellschaft. Literarische Texte können sowohl für eine individuelle Auseinandersetzung mit persönlichen traumatischen Erfahrungen, als auch als Grundlage für einen Austausch von Erlebnissen herangezogen werden; sie ermöglichen den Opfern sexueller Gewalt, eine Sprache für Erfahrungen zu finden, deren Realität oftmals in Abrede gestellt wird.

Erstarren jedoch die Erzählungen in festgefügten Formen der An-Klage und in einem Opferdiskurs nach wiederkehrenden Mustern, dann können sie dazu beitragen, Langeweile und Überdruss zu erzeugen; unter Hinweis auf verfestigte Darstellungsformen können Leidenserfahrungen abgewertet und negiert und Opfer erneut stigmatisiert werden (vgl. die Lesart von Berichten Betroffener durch K. Rutschky 1992).

Im Text genannte Primärliteratur

Bachmann, I. (1980). *Malina* (1971). Frankfurt/M: Suhrkamp.
Bieler, M. (1989). *Still wie die Nacht. Memoiren eines Kindes.* Hamburg: Hoffmann und Campe.
Casey, J. F. (1992). *Ich bin viele. Eine ungewöhnliche Heilungsgeschichte* (1991). Reinbek: Rowohlt.
Fichte, H. (1982). *Versuch über die Pubertät* (1974). Frankfurt/M: Fischer.
Fielding, J. (1992). *Lauf, Jane, Lauf!* (1991) München: Goldmann.
Fraser, S. (1988). *Meines Vaters Haus. Die Geschichte eines Inzests* (1987). Düsseldorf: Claassen.
Frisch, M. (1977). *Homo Faber* (1957). Frankfurt/M: Suhrkamp.
George, E. (1989). *Gott schütze dieses Haus* (1988). München: Goldmann.
Grass, G. (1978). *örtlich betäubt* (1969). Frankfurt/M: Luchterhand.
Hensel, K. (1994). *Tanz am Kanal.* Frankfurt/M: Suhrkamp.
Hoeg, P. (1993). *Der Plan von der Abschaffung der Dunkels.* München und Wien: Hanser.
Leon, D. (1998). *Sanft entschlafen. Commissarios Brunettis sechster Fall.* Zürich: Diogenes.
Llosa, V. (1988). *Lob der Stiefmutter.* Frankfurt/M: Suhrkamp.
Mamet, David (1993). *Oleanna.* (Deutsch von Bernd Samland.) Köln: PROJEKT Theater & Medien-Verlag.
McCourt, F. (1999). *Ein rundherum tolles Land.* München: Luchterhand.
Merz, H. (1988). *Die verborgene Wirklichkeit. Geschichte einer Verstörung.* Frankfurt/M: Fischer.
Mirabeau (1989). *Der gelüftete Vorhang oder Lauras Erziehung* (1786). Frankfurt/M: Insel.
Moravia, A. (1988). *Inzest* (1965). Reinbek: Rowohlt.
Nabokov, V. (1989). *Lolita* (1959). Reinbek: Rowohlt.
Nabokov, V. (1989). *Der Zauberer* (1986). Frankfurt/M: Büchergilde Gutenberg.
Sade, M. de (1989). *Die Philosophie im Boudoir oder Die Lasterhaften Lehrmeister. Dialoge, zur Erziehung junger Damen bestimmt.* Gifkendorf: Merlin.
Scheinhardt, S. (1984). *Drei Zypressen.* Berlin: EXpress Edition.
Tamaro, S. (1992). *Eine Kindheit.* Zürich: Diogenes.
Walker, A. (1984). *Die Farbe Lila.* Reinbek: Rowohlt.
Walser, A. (1996). *Dies ist nicht meine ganze Geschichte* (1994). Reinbek: Rowohlt.
Young, S. (1983). *Ein Rattenloch ist kein Vogelnest. Geschichte einer schwarzen Jugend* (1979). Reinbek: Rowohlt.

Sekundärliteratur

de Beauvoir, S. (1983). *Soll man de Sade verbrennen? Drei Essays zur Moral des Existentialismus* (1955). Reinbek: Rowohlt.
Böschenstein, R. (2000). Der Traum als Medium der Erkenntnis des Faschismus. In: Böschenstein, R. & Weigel, S. (Hrsg.): *Ingeborg Bachmann und Paul Celan. Poetische Korrespondenzen* (S. 131–148). Frankfurt: Suhrkamp.
Groeben, N. & Vorderer, P. (1986). Empirische Literaturpsychologie. In: Langner, R. (Hg.): *Psychologie der Literatur* (S. 105–149). Weinheim und München: Psychologie Verlags Union.
Kiper, H. (1994). *Sexueller Mißbrauch im Diskurs. Eine Analyse literarischer und pädagogischer Reflexionen.* Weinheim: Deutscher Studienverlag.

Kiper, H. (1998). *Vom „Blauen Engel" zum „Club der Toten Dichter". Literarische Beiträge zur Schulpädagogik*. Baltmannsweiler: Schneider Verlag Hohengehren.
Koch, F. (1986). *Sexuelle Denunziation. Die Sexualität in der politischen Auseinandersetzung*. Frankfurt/M: Syndikat.
Rutschky, K. (1992). *Erregte Aufklärung: Kindesmißbrauch. Fakten & Fiktionen*. Hamburg: Klein Verlag.

Mädchenprostitution

Christiane Kluge

Ausmaß und Rezeption des Themas Mädchenprostitution

Die Angaben darüber, wie viele Frauen in Deutschland der Prostitution nachgehen, schwanken in der wissenschaftlichen Literatur zwischen 50.00 und 400.000. Teilweise werden nur die bei den Gesundheitsämtern bekannten Prostituierten gezählt, andere Autorinnen und Autoren ziehen in ihre Berechnungen auch die dort nicht registrierten Gelegenheitsprostituierten ein (Leopold, Steffan & Paul 1993). Das Ausmaß der Prostitution minderjähriger Frauen ist noch schwerer einzuschätzen. Ein fester Personenkreis lässt sich kaum ausmachen, da die Zugangsweisen in die Prostitution und das Selbstverständnis junger sich prostituierender Frauen sehr unterschiedlich sind.

Insgesamt liegen über die Mädchenprostitution nur wenig wissenschaftlich gesicherte Kenntnisse vor. Fachkräfte von Anlauf- und Beratungsstellen verfügen jedoch vielfach über präzises Wissen um die Lebenslagen und Probleme junger Frauen, die sich prostituieren. So liefert Tiede (1997) eine fundierte Beschreibung von Lebenslagen junger Frauen in der Prostitution in Hamburg. Des Weiteren erbrachte die Untersuchung „Evaluierung unterstützender Maßnahmen beim Ausstieg aus der Prostitution" von Leopold & Steffan (1997) wichtige Erkenntnisse über Probleme beim Ausstieg von Frauen aus der Prostitution und über notwendige Beratungs- und Unterstützungsangebote. Eine rechtliche Orientierung für professionelle Helferinnen in Einrichtungen der Jugendhilfe bei der Betreuung Minderjähriger, die sich prostituieren, bietet Häbel (1999). Kluge (1991) setzt sich mit der ambivalenten Haltung von Jugendhilfefachkräften im Umgang mit Mädchen in der Prostitution auseinander und leitet Anknüpfungspunkte für die Jugendhilfepraxis ab.

Erscheinungsformen der Mädchenprostitution

Prostitution als Erwerbstätigkeit wird in der Regel von Frauen ab 18 Jahren ausgeübt. Sie gehen der Prostitution vorrangig in Bordellen, Bars, Clubs, Etablissements oder eigens dafür angemieteten Wohnungen nach. Das Einstiegsalter minderjähriger Frauen in die Prostitution wird auf 11–17 Jahre geschätzt. Sie betrachten Prostitution häufig als vorübergehenden Lösungsweg in bzw. für Krisen und definieren sich nicht als Prostituierte. Auf Grund unterschiedlicher Motivlagen lassen sich zwei Gruppen jugendlicher Prostituierter von einander abgrenzen: Zum einen Minderjährige, die als ganz „normale" Jugendliche in Familien oder Erziehungshilfen leben und sich gelegentlich unter Geheimhaltung vor den Eltern und dem sozialen Umfeld prostituieren. Zum anderen Mädchen, die von zu Hause weggelaufen und auf Trebe sind und zeitweilig ihren Lebensunterhalt durch Prostitution sichern. Sie halten sich in Milieus von Großstädten auf und übernachten abwechselnd bei Freunden und Bekannten. Sexuelle Dienstleistungen erfolgen eher als Austausch gegen eine Übernachtungsmöglichkeit oder um „dem Freund aus einer vorübergehenden finanziellen Patsche zu helfen".

Für minderjährige Frauen, die sich über längere Zeiträume im Milieu aufhalten, wird die Prostitution vielfach zum festen Bestandteil eines Lebensstils. Tiede (1997, S. 57) beschreibt, dass in den letzten zehn Jahren, bei jungen Frauen Prostitution und Drogenkonsum häufig ineinander über gehen. Das Aufputschen mit Tabletten und Betäuben mit Alkohol wurde inzwischen abgelöst durch die selbstverständliche Einnahme von Heroin und/oder Kokain.

Soziale Lage und Risiken minderjähriger Frauen in der Prostitution

Minderjährige Frauen in der Prostitution sind besonderen Risiken ausgesetzt: Leopold (1999, S. 69) weist darauf hin, dass Strafrechtsnormen, wie z. B. das Verbot, Räume an minderjährige Personen für Prostitutionsausübung zu vermieten, und Sperrgebietsverordnungen, die dem Schutz von Minderjährigen dienen sollen, sich häufig ins Gegenteil verkehren. Minderjährigen Frauen, die sich prostituieren, wird so der Zugang zu relativ sicheren Arbeitsplätzen verwehrt und sie sind gezwungen, der Prostitution an unsicheren und gefährlichen Orten wie beispielsweise dem Straßenstrich nachzugehen.

Leopold & Steffan (1997) belegen, dass je niedriger das Einstiegsalter der Frauen war, desto häufiger wurden sie Opfer gewalttätiger Zuhälter. Diejenigen, die unter 21 Jahre alt waren, als sie in die Prostitution einstiegen, wurden deutlich häufiger (mehrfach) Opfer physischer und sexualisierter Gewalt durch Freier und/oder Zuhälter oder Betreiber von Etablissements als die Frauen, die beim Einstieg 22 Jahre und älter waren.

Bei minderjährigen Frauen, die sich prostituieren treten als Folgen häufig langfristige gesundheitliche Schäden auf. Sie leiden auf Grund mangelnder gesundheitlicher Versorgung unter chronischen Eierstock-, Nieren-, Blasenentzündungen, Akne und Pilzerkrankungen (Tiede, 1997, S. 100; vergl. auch Bodenmüller, 1998; Kavemann, 1998).

Prostitution hat ebenso erhebliche Folgen für die seelische Entwicklung junger Frauen. Sie sind gezwungen, frühzeitig ein Erwachsenenleben zu führen, für den eigenen Lebensunterhalt zu sorgen und ihren Körper als „funktionierendes Arbeitsmittel" einzusetzen. Zwar erleben sie dies zumindest vorübergehend als Zugewinn an Stärke und Prestige, andererseits haben sie aber keine Möglichkeiten, in einer gesicherten Lebenssituation ihre individuellen Kräfte auszuloten und Bildungschancen wahrzunehmen, sie schwanken zwischen Allmachtsgefühlen und Versagensängsten (Tiede 1997, S. 103). Für viele junge Frauen kommt der Zusammenbruch spätestens nach dem Ausstieg aus der Prostitution, wenn sie sich neu orientieren müssen.

Erklärungsansätze

Ältere Erklärungsansätze für prostitutives Verhalten bewegen sich vielfach auf der Ebene von Zuschreibungen: Die Prostitutionsausübung wird als negatives Persönlichkeitsmerkmal der Frauen betrachtet.

Neuere Ansätze der feministischen Mädchen- und Frauenarbeit (vgl. Trauernicht 1989; Hartwig 1990) verstehen dagegen prostitutives und anderes gefährdendes Verhalten von Mädchen als Bewältigungsstrategie widersprüchlicher Rollenanforderungen und sich verschärfender Lebenszusammenhänge. Hartwig (1988) zeigt Zusammenhänge von im Elternhaus erlebter Gewalt, Familienflucht und Prostitution als Folge mangelnder Möglichkeiten, den Lebensunterhalt bei einem Leben auf der Straße zu sichern. Tiede (1997, S. 55) interpretiert prostitutives Verhalten junger Frauen auch als Ausdruck der Auseinandersetzung mit ihren Eltern und ihrem Erwachsenwerden: Sie rebellieren gegen elterliche Einschränkungen und wählen den Weg ins Milieu, um für sie unlösbare Probleme zu bewältigen.

Leopold & Steffan (1997) weisen darauf hin, dass insgesamt 52,5% der persönlich befragten Frauen langjährige sexuelle und/oder körperliche Gewalt innerhalb und außerhalb der Familie erfahren haben (→ *Häusliche Gewalt*). Dabei darf die erfahrene Gewalt nicht als Auslöser von Prostitution verstanden werden.

Interventionsstrategien

Wirksame Unterstützung kann jungen Frauen in der Prostitution über niedrigschwellig arbeitende Beratungs- und Zufluchtstellen gegeben werden. Beratungsstellen sollten Prostitution und Drogenabhängigkeit ihrer Klientel gleichermaßen Rechnung tragen, in dem sie sich mit ihren Konzepten darauf einstellen. So müssten z.B. Beratungsstellen für Frauen auch darauf vorbereitet sein, die gesundheitliche Versorgung zu leisten.
Hilfekonzepte von Gesundheitshilfeträgern, Beratungs- und Zufluchtseinrichtungen sowie der Jugendhilfeeinrichtungen sind aufeinander abzustimmen. Besonders von Nöten wäre eine Absicherung jugendlicher Wohnungsloser über einen eigenen Anspruch auf Sozialhilfe bzw. wirtschaftliche Jugendhilfe, die nicht an eine Maßnahme gebunden ist (Bodenmüller, 1998, S.16). Oftmals bietet die Absicherung des Lebensunterhalts und eine regelmäßige Versorgung für junge Frauen, die sich prostituieren, erst die Voraussetzung, um sich ernsthaft mit einem Ausstieg aus den Abhängigkeitsverhältnissen auseinander zu setzen.

„Insbesondere Mitarbeiterinnen in Institutionen und Einrichtungen, die mit und für Jugendliche arbeiten, müssten besonders geschult werden, um den Blick nicht nur für das Vorliegen eventueller sexueller Gewalterfahrungen, sondern auch für vorhandene Kontakte der Mädchen und jungen Frauen zum Prostitutionsmilieu zu schärfen und ihnen adäquate vorurteilsfreie Beratung und Unterstützung anbieten zu können" (Leopold 1999, S.74).

Literatur

Bodenmüller, M. (1998). Mädchen auf der Straße – eine Lebenssituation in extremer Armut. In: *Forum Erziehungshilfen, 1,* 11–17.
Häbel, H. (1999). Minderjährigenprostitution – akzeptierende Handlungsansätze als strafrechtliches Risiko? In: *Forum Erziehungshilfen, 2,* 89–95.
Hartwig, L. (1990). *Sexuelle Gewalterfahrungen von Mädchen. Konfliktlagen und Konzepte mädchenorientierter Heimerziehung.* Weinheim und Basel: Juventa.
Kavemann, B. (1998). Sexueller Mißbrauch ist Gewalt und schadet der Gesundheit von Mädchen immer. Darf man Fragen, was das die Gesellschaft kostet? In: *Forum Erziehungshilfen, 3,* 169–174.
Kluge, C. (1991). Mädchen, die sich prostituieren – welche Ansatzpunkte können Erziehungshilfen finden? Internationale Gesellschaft für Erzieherische Hilfen, IGFH (Hrsg.). Strategien gegen Ausgrenzung. Politik, Pädagogik und Praxis der Erziehungshilfen in den 90er Jahren (S. 116–142). Frankfurt am Main: Eigenverlag der IGFH.
Leopold, B., (1999). Weibliche Prostitution in der Bundesrepublik Deutschland. In: *Forum Erziehungshilfen, 2,* S. 66–74.
Leopold, B., Steffan, E. & Paul, N. (1993). *Dokumentation zur rechtlichen und sozialen Situation von Prostituierten in der Bundesrepublik Deutschland.* Schriftenreihe des Bundesministeriums für Frauen und Jugend (1993), Band 15. Berlin: spi.
Leopold, B. & Steffan, E. (1997): EVA-Projekt. Evaluierung unterstützender Maßnahmen beim Ausstieg aus der Prostitution. Zusammenfassung vorliegender Ergebnisse. Sozialpädagogisches Institut Berlin.
Trauernicht, G. (1989): *Ausreißerinnen und Trebegängerinnen.* Münster: Votum.
Tiede, Isabel (1997). *Mädchenprostitution.* Reinbek: rororo.

Männliche Homosexualität

Thomas Grossmann

Sexuelle Gewalt gegen homosexuelle Männer, Jugendliche und prä-homosexuelle Kinder ist – wie überhaupt sexuelle Gewalt gegen männliche Opfer – ein bislang wenig wissenschaftlich bearbeitetes Feld (Krahé & Scheinberger-Olwig 1999). Während sich die Untersuchung sexueller Gewalt gegen Frauen als Forschungsgebiet etabliert hat und mittlerweile einzelne Studien über Jungen als Opfer sexueller Gewalt auftauchen, sind die vielfältigen Formen sexueller Gewalt, der homosexuelle Männer etwa im Prozess der Herausbildung einer sexuellen Orientierung ausgesetzt sind, fast völlig unerforscht (→ *Pädosexualität)*. Bemerkenswerterweise unterbleibt auch bei der Untersuchung von sexuellem Missbrauch an Jungen eine Differenzierung nach sexueller Orientierung. Die heterosexuelle Orientierung wird praktisch vorausgesetzt.

Daher kann diese Darstellung nur eine Annäherung an den Gegenstand sein und muss sich anhand weniger harter Fakten über Akte sexueller Gewalt aus dem speisen, was über das Heranwachsen zum männlichen Homosexuellen bekannt ist.

Ein Leben als schwuler Mann beginnt nicht erst mit dem Coming-out, d. h. dem persönlichen Bewusstwerden der gleichgeschlechtlichen Orientierung, sondern viel früher. Dannecker & Reiche (1974, S. 30) berücksichtigen diesen Umstand, indem sie den Begriff des „Coming-out" vom Zeitpunkt zur Zeitspanne erweitern, beginnend mit dem „ersten Auftauchen der homosexuellen Triebrichtung im Bewusstsein". Bell et al. (1981) beziehen auch frühere Zeiten der Entwicklung mit ein, wobei Geschlechtskonformität, soziale Kontakte und Beziehung zu Eltern, Geschwistern und Freunden erfragt werden. Hintergrund dieser und früherer Beschäftigungen mit Kindheitserfahrungen schwuler Männer (Hirschfeld 1903, Freund 1967, Witham 1977) ist jedoch die Ursachenforschung, welche die Forschungsfragestellungen erheblich eingrenzte. Von Bedeutung war, ob eine Erfahrung die spätere sexuelle Orientierung beeinflusste und nicht, welchen Einfluss sie auf das spätere Leben als Homosexueller hat.

Neuere Studien (Isay 1990, Savin-Williams 1998, Grossmann 2000) interessieren sich grundsätzlich für den Zeitraum vor dem Coming-out und ergänzten damit unser Faktenwissen über spezifische Erfahrungen prä-homosexueller Kinder und schwuler Jugendlicher im westlichen Kulturkreis. Die erheblichen Unterschiede im kulturellen Umgang mit Homosexualität in anderen Kulturkreisen verbieten eine darüber hinausgehende Generalisierung.

Ein Teil dieser Personengruppen wächst heran mit den für einen Jungen mehr oder weniger typischen Erfahrungen: sie sind gut integriert bei den männlichen Peers und entdecken erst im Verlauf der Adoleszenz ihre gleichgeschlechtlichen Bedürfnisse. Sexuelle Kontakte mit anderen Jungen während der Pubertät werden relativ konfliktfrei erlebt, weil sie nicht als homosexuell definiert werden. Die Akzeptanz der eigenen Homosexualität findet sich erst spät (Grossmann 2000).

Erheblich anders entwickelt sich ein anderer Teil prä-homosexueller Kinder. Hervorstechendes Merkmal dieser Jungen ist ein „unmännliches" Geschlechtsrollenverhalten (Friedman 1993), welches sie frühzeitig Ausgrenzung und Diskriminierung erleben lässt (Isay 1990, Savin-Williams 1994). Von ihnen verspüren viele erotische Gefühle oder sexuelles Begehren gegenüber anderen Jungen und Männern bereits in der Kindheit. Sexuelle Kontakte in der Adoleszenz werden dementsprechend als homosexuell gedeutet und meist gemieden. Ihr Coming-out liegt im Durchschnitt deutlich früher als bei der anderen Gruppe (Grossmann 2000).

Beide Gruppen verbindet in einer gegen Homosexualität eingestellten Gesellschaft eine mehr oder weniger lange Phase von Isolation und Rückzug – spätestens dann, wenn die eigene sexuelle Orientierung für den Jugendlichen offensichtlich wird (Dannecker & Reiche 1974, Grossmann 1994, Hentzelt 1994).

Die starke Verunsicherung in der Geschlechtsrolle, die frühen Erfahrungen als Opfer körperlicher Gewalt durch andere Jungen und der Wunsch nach Nähe zu Männern könnten bei der zuletzt beschriebenen Teilgruppe sexuelle Übergriffe in der Adoleszenz begünstigen (Remafedi et al. 1991). Andererseits sind auch bei der zuerst beschriebenen Gruppe solche Erlebnisse denkbar, hier wegen des zunehmenden Widerspruchs zwischen Normalitätsanspruch und wahrgenommenem Abweichen im sexuellen Begehren.

Die – teils starke – Isolation von Peers und Familie lässt die Gefahr steigen, in kritischen Situationen Opfer sexueller Gewalt zu werden. So berichtet in Zemann (1991) ein schwuler Mann von sexuellen Übergriffen seitens eines Erziehers während seiner Pubertät. In einer noch nicht veröffentlichten Arbeit (Grossmann o.J.) wird dieser Zeitpunkt des sexuellen Suchens und Ausprobierens mehrfach genannt, wenn es um sexuelle Gewalterfahrung geht: der homosexuelle Onkel benutzt die Neugier und sexuelle Erregung des pubertierenden Neffen für seine sexuelle Befriedigung, der Priester benutzt den Nachhilfeunterricht, um einen Jungen trotz dessen Abwehr wiederholt sexuell zu nötigen.

Die Strategien der Täter entsprechen dabei jenen, die Bange & Boehme (1997) allgemein für die Anbahnung von sexuellem Missbrauch von Jungen beschreiben: Aufbau einer emotionalen Bindung durch Aufmerksamkeit und Zuwendung, Vorbereitung sexueller Handlungen durch Gespräch und beiläufige Berührungen, Isolierung, körperliche Gewalt.

Der zweite Zeitpunkt, in dem sexuelle Gewalterfahrungen in den bisherigen Darstellungen schwuler Männer erkennbar kumulieren, ist die Kontaktaufnahme mit der homosexuellen Szene bzw. sind erste Kontakte mit schwulen Männern.

Auch hier steht zu Beginn häufig der Aufbau einer freundschaftlichen Bindung zwischen dem unerfahrenen Jugendlichen bzw. Heranwachsenden und einem erwachsenen Homosexuellen. Letztere führen Situationen herbei, in denen der Jüngere zu sexuellen Handlungen gedrängt oder vergewaltigt wird. Teilweise findet der sexuelle Missbrauch unter Alkoholeinfluss statt, häufig aber ist es bereits die Unerfahrenheit und Unsicherheit des Jüngeren, die sexuelle Gewalt möglich macht.

Eine fehlende Aufklärung über schwule Sozialisation – wie sie umgekehrt für heterosexuelle Jugendliche in Dutzenden von Zeitschriften, Filmen und Gesprächen zugänglich ist – und eine Mischung aus Scham und Schuldgefühl sowie Unkenntnis über die Möglichkeiten homosexueller Kontaktaufnahme lassen den Jugendlichen in diesem Stadium der Entwicklung leicht zum Opfer sexueller Übergriffe werden. Der weitverbreitete Jugendkult, die Suche nach „Frischfleisch" und das für unsichere erwachsene Homosexuelle günstige Machtgefälle zum jungen Schwulen (Grossmann 1986) sind weitere begünstigende Faktoren.

Zu beiden Zeitpunkten kommt oft erschwerend die Selbstwahrnehmung des Opfers hinzu, das Geschehen auch sexuell erregend gefunden zu haben oder zumindest prinzipiell Sexualität mit Männern zu wünschen. Die Wahrnehmung des Täters als Täter wird dadurch behindert.

Diese episodenhaften Ergebnisse werden im deutschsprachigen Raum ergänzt durch eine erste Umfrage unter 310 Männern in Berlin (Krahé & Scheinberger-Olwig 1999, S 10). Knapp 30% der befragten Männer hatten Erfahrungen als Opfer sexueller Gewalt, wobei besonders häufig erzwungene sexuelle Handlungen unter Alkohol- und Drogenkonsum, aber auch aufgrund körperlicher Gewalt berichtet wurden. Jeder fünfte Mann gab an, „schon einmal durch den Einsatz bzw. die Androhung von Gewalt bzw. das Ausnutzen seiner Schutzlosigkeit zum Anal- oder Oralverkehr gezwungen, d.h. vergewaltigt worden zu sein". Wie die Geschichte der Erforschung von sexueller Gewalt lehrt, dürfte es sich bei diesen ersten Daten um eine Untergrenze handeln (Bange 1995a).

Im Zusammenhang mit der Opfer-Erfahrung fanden Krahé und Scheinberger-Olwig (1999) negative Kindheitserfahrungen wie sexueller Kindesmissbrauch, körperliche Gewalt in der Familie und Minderwertigkeitsgefühle in der Kindheit. Allerdings ergaben sich auch signifikante Korrelationen mit der Anzahl der Sexualpartner, uneindeutiger Kommunikation sexueller Absichten und prostitutiven Verhalten.

Eine sexualwissenschaftliche Erhebung in Osteuropa (Prochazka & Weiss 1997) mit ähnlichen Daten (sexueller Missbrauch prä-homosexueller Jungen und schwuler Jugendlicher bis zum Alter von 15 Jahren durch einen Erwachsenen wurde von 22,4% der Befragten angegeben) deutet darauf hin, dass die bundesdeutschen Ergebnisse auf andere Länder übertragbar sein könnten.

Problematischer ist es damit im amerikanischen Sprachraum. Dortige Studien (u.a. Rotheram-Borus et al. 1994, Savin-Williams 1994) konzentrierten sich bei Gewalterfahrungen jugendlicher Homosexueller häufig auf „runaways" und

Straßenkinder (Kruks 1991) bzw. solche, die Sex gegen Geld anboten, was eine Übertragung der Ergebnisse auf andere prä-homosexuelle Kinder und Jugendliche nicht geboten sein lässt. Selten wird zwischen sexueller und nicht-sexueller Gewalt unterschieden – sexuelle Gewalt erscheint damit nur als ein Faktor unter vielen, der das Heranwachsen zum homosexuellen Erwachsenen belastet. Sexuelle Gewalt und Missbrauch durch ältere Jugendliche oder Erwachsene wird nur selten vertieft exploriert.

Zwei der wenigen Arbeiten, welche eine große Zahl schwuler und bisexueller Männer über 18 Jahren (n = 1001) ausführlich zu sexuellem Missbrauch in Kindheit und Adoleszenz befragt, wurde im Rahmen der HIV-/AIDS-Forschung an den Centers for Disease Control in Atlanta durchgeführt (Doll et al. 1992; Bartholow et al. 1994). Bei Doll et al. berichten 37% der Männer von sexuellen Missbrauchserfahrungen vor ihrem 19 Lebensjahr, 94% davon mit Männern, wobei der Anteil bei Nicht-Weißen höher als bei Weißen ist. Ein erhöhtes Risiko existiert für feminine Jungen bzw. solche, die sich eher „unmännlich" verhielten – ein Ergebnis, das bereits Harry (1989) und Remafedi et al. (1991) erhoben haben.

Über die Folgen sexuellen Missbrauchs für schwule Jugendliche finden sich zwar auch einige Daten in den Untersuchungen der Gruppe um Bartholow, es erscheint aber doch verfrüht, die Korrelationen mit Medikamentenmissbrauch, Depression, Suizidversuchen, erhöhtem Risiko einer HIV-Infektion etc. eindeutig dem sexuellen Missbrauch zuzuschreiben. So findet sich z.B. ein erhöhtes Suizid-Risiko schwuler Jugendlicher ganz unabhängig von sexuellen Gewalterfahrungen (Gibson 1989, Hunter 1990, Hammelman 1993, D'Augelli & Hershberger 1993, Rotheram-Borus et al. 1994, Hershberger et al. 1997). Die Angaben über Suizidversuche der Probanden schwanken zwischen einem Drittel (Gibson 1989) und etwa der Hälfte (Kruks 1991; Hammelman 1993). Ein erhöhtes Suizidrisiko wird jedoch auch in Frage gestellt (Shaffer et al. 1995) bzw. methodenkritisch hinterfragt (Muehrer 1995).

Amerikanische Publikationen betrachten deshalb sexuelle Gewalterfahrungen als einen Teil vom Gesamt belastender Faktoren, denen nordamerikanische Jugendliche vor und im Coming-out ausgesetzt sind (Hammelman 1993, Dempsey 1994), neben gesellschaftlicher Diskriminierung, individueller (Gewalt-)Erfahrung und intrapsychischem Leiden.

Ein dritter relevanter Bereich für sexuellen Missbrauch stellen Heim- bzw. Gefängnisaufenthalte sowie gewalttätige Überfälle mit sexuellen Übergriffen dar. Auch hier ist die Datenlage wenig ergiebig. In der Bundesrepublik wird bei gewalttätigen Übergriffen in Gefängnissen nicht zwischen sexueller und nicht-sexueller Gewalt unterschieden, so dass Aussagen über Umfang und Beteiligte nicht möglich sind (Walter 1998). Dasselbe gilt für die wenigen empirischen Arbeiten zur Gewalt gegen schwule Männer (Dobler 1993; Bochow 1997). In den USA wird andererseits häufig nicht zwischen einvernehmlichem homosexuellen Akt und (homo)sexuellem Missbrauch im Gefängnis unterschieden (Nacci 1984).

Sicher jedoch ist anhand dieser Arbeiten, dass verbale Gewalt und erhebliche körperliche Angriffe gegen schwule Männer keineswegs ungewöhnlich sind. Opfer werden demnach vor allem solche homosexuellen Jugendlichen bzw. Männer, die ihre sexuelle Orientierung nicht verstecken wollen oder durch ihr „unmännliches" Verhalten auffallen (Nacci 1984; Dobler 1993).

Es wird somit noch weiterer Forschungen bedürfen, um die besondere Auswirkungen sexuellen Missbrauchs an prä-homosexuellen Jungen und schwulen Jugendlichen benennen zu können, wobei nach Arey (1995) sowohl das Alter, in dem der Missbrauch stattfindet, als auch der jeweilige Stand in der Entwicklung zum homosexuellen Mann einen Einfluss haben dürften. Wie weit also Erkenntnisse über die Folgen sexuellen Missbrauch von (heterosexuellen) Jungen während der Kindheit (Bange 1995b) auf prä-homosexuelle Jungen oder gar 18- bis 20-jährige schwule Jugendliche übertragbar sind, welche Bedeutung gerade bei ihnen sexueller Missbrauch durch Frauen hat, ist im Augenblick noch weithin offen. Erste Hinweise geben Selbstzeugnisse schwuler Männer, die im Internet auf eigenen Homepages oder den Seiten der Selbsthilfegruppen (z.B. www.Tauwetter.de) veröffentlicht werden.

Ein besonderes Verdienst der Potsdamer Studie (Krahé & Scheinberger-Olwig 1999) ist, dass neben der Opfer- auch Täter-Erfahrungen schwuler Männer erfragt wurden. Bei der Erhebung des Beziehungskontextes zwischen Opfer und Täter wird deutlich, dass in nicht unerheblichem Maße (homosexuelle) Freunde und Bekannte bzw. (Ex-)Partner den sexuellen Missbrauch verübt haben. Und so outen sich auch knapp 7% der befragten Berliner homosexuellen Männer, schon einmal einen anderen Mann gegen seinen Willen zu sexuellen Handlungen gezwungen zu haben. Fast 13% haben Erfahrung sowohl als Opfer wie als Täter. Die Autorinnen vermuten wohl zu Recht, dass diese Angaben aufgrund der „sozialen Unerwünschtheit" von Gewaltausübung eine Unterschätzung des tatsächlichen Ausmaßes darstellen.

Bislang wird diese Form sexueller Gewalt, bei der die Täter selbst homosexuell sind, in der Auseinandersetzung schwuler Männer um Gewalt kaum berührt. Für eine Minderheit, die in der Regel Opfer von Gewalt und Diskriminierung ist, ist es schwer, sich damit auseinanderzusetzen, dass es in den „eigenen Reihen" auch Täter gibt.

Weitere empirische Arbeiten zum sexuellen Missbrauch an und von schwulen Männern dürften jedoch eine solche Auseinandersetzung fördern. Zunehmend (z.B. im Internet) auftauchende Einzelfallberichte von Opfern können wissenschaftliche Forschung nicht ersetzen. Trotzdem sind sie vielleicht, wie früher schon Coming-out-Berichte, ein hilfreicher Anfang, das Tabu vom sexuellen Missbrauch auch im gleichgeschlechtlichen Bereich zu beseitigen.

Literatur

Arey, D. (1995). Gay males and sexual child abuse. In: Fontes, L.A. et al. (Hg.). *Sexual abuse in nine North American cultures: Treatment and prevention* (S. 200–235). Thousand Oaks: Sage Publications.
Bange, Dirk (1995a). Zahlen, Daten, Fakten. Zum aktuellen Forschungsstand. In: Bange, D. & Enders, U. *Auch Indianer kennen Schmerz. Sexuelle Gewalt gegen Jungen* (S. 65–78). Köln: Kiepenheuer & Witsch.
Bange, Dirk (1995b). Die Narben der sexuellen Gewalt. Die Folgen. In: Bange, D. & Enders, U. *Auch Indianer kennen Schmerz. Sexuelle Gewalt gegen Jungen* (S. 113–120). Köln: Kiepenheuer & Witsch.
Bange, Dirk & Boehme, Ulfert (1997). Sexuelle Gewalt an Jungen. In: Amann, G. & Wipplinger, R. (Hg.). *Sexueller Mißbrauch. Überblick zu Forschung, Beratung und Therapie. Ein Handbuch* (S. 726–737). Tübingen: dgvt-Verlag.
Bartholow, B. N., Doll, L. S., Joy, D., Douglas, J. M., et al. (1994). Emotional, behavioral, and HIV risks associated with sexual abuse among adult homosexual and bisexual men. In: *Child Abuse and Neglect, Vol 18 (9),* 747–761.
Bass, Ellen & Kaufman, Kate (1999). *Wir lieben wen wir wollen.* Berlin: Orlanda.
Bell, A. P., Weinberg, M. S. & Hammersmith, S. K. (1981). *Der Kinsey Institut Report über sexuelle Orientierung und Partnerwahl.* München: C. Bertelsmann.
Bochow, M. (1997). *Schwule Männer und AIDS.* AIDS-Forum DAH, Bd.XXXI. Berlin: Deutsche AIDS Hilfe.
D'Augelli, A. R. & Hershberger, S. L. (1993). Lesbian, gay, and bisexual youth in community settings: Personal challenges and mental health problems. In: *American Journal of Community Psychology, Vol 21 (4),* 421–448.
Dannecker, M. & Reiche, R. (1974). *Der gewöhnliche Homosexuelle.* Frankfurt: Fischer.
Dempsey, C. L. (1994). Health and social issues of gay, lesbian, and bisexual adolescents. In: *Families in Society, 1994 Vol 75 (3),* 160–167.
Dobler, Jens (1993). *Antischwule Gewalt in Niedersachsen.* Hannover: Niedersächsisches Sozialministerium.
Doll, L. S., Joy, D., Bartholow, B. N., Harrison, J. S., et al. (1992). Self-reported childhood and adolescent sexual abuse among adult homosexual and bisexual men. In: *Child Abuse and Neglect, Vol 16 (6),* 855–864.
Freund, K. (1967). Die äthiologische Problematik der Homosexualität. In: *Homosexualität oder die Politik mit dem §175* (S. 34–52). Reinbek: Rowohlt Taschenbuch Verlag.
Friedman, R. C. (1993). *Männliche Homosexualität.* Berlin: Springer.
Gibson, P. (1989). Gay Male and Lesbian Youth Suicide. In: *U.S.Department of Health and Human Services, Report of the Secretary's Task Force on Youth Suicide, Vol. 3: Prevetion and Interventions in Youth Suicide.*
Gladue, Brian-A., Bailey, J.-Michael (1995): Aggressiveness, competitiveness, and human sexual orientation. In: *Psychoneuroendocrinology, Vol 20 (5),* 475–485.
Grossmann, T. (1986). *Beziehungsweise andersrum.* Reinbek: Rowohlt Taschenbuch Verlag.
Grossmann, T. (1994). *Schwul – na und?* Reinbek: Rowohlt Taschenbuch Verlag.
Grossmann, T. (2000). Prähomosexuelle Kindheiten. Eine empirische Untersuchung über Geschlechtsrollenkonformität und -nonkonformität bei homosexuellen Männern in Kindheit, Jugend und Erwachsenenalter. *Internet: http://www.sub.uni-hamburg.de/disse/175/Titel+Inhalt.htm.*
Groth, A. Nicholas; Birnbaum, H. Jean (1978): Adult Sexual Orientation and Attraction to Underage Persons. In: *Archives of Sexual Behavior Vol. 7,* 175–181.
Hammelman, T. L. (1993). Gay and lesbian youth: Contributing factors to serious attempts or considerations of suicide. In: *Journal of Gay and Lesbian Psychotherapy, Vol 2 (1),* 77–89.
Harry, J. (1989). Sexual identity issues. In U.S. Department of Health and Human Services (ed.). Report of the Secretary's Task Force on Youth Suicide (pp. 131–142). (DHHS Publication No. ADM 899–1623). Washington, DC: U.S. Department of Health and Human Services.
Henzelt, F. (1994). *„Häßliche Entlein" – Die vorschwule Phase.* Hamburg: Männerschwarm Skript.
Hershberger, S. L.; Pilkington, N. W. & D'Augelli, A. R. (1997). Predictors of suicide attempts among gay, lesbian, and bisexual youth. In: *Journal of Adolescent Research, Vol 12 (4),* 477–497.
Hirschfeld, M. (1903). *Ursachen und Wesen des Uranismus. Jahrbuch für sexuelle Zwischenstufen, V. Jahrgang.* Leipzig: Verlag Max Spohr.

Hunter, J. (1990). Violence against lesbian and gay male youths. Special Issue: Violence against lesbians and gay men: Issues for research, practice, and policy. In: *Journal of Interpersonal Violence, Vol 5 (3)*, 295–300.
Isay, R. A. (1990). *Schwul sein – Die Entwicklung des Homosexuellen.* München: Piper.
Krahé, B. & Scheinberger-Olwig, R. (1999). *Sexuelle Gewalterfahrungen homosexueller Männer – Opfer und Täter – Zusammenfassende Darstellung der Ergebnisse.* Potsdam: Institut für Psychologie der Universität.
Kruks, G. (1991). Gay and lesbian homeless/street youth: Special issues and concerns. Special Issue: Homeless youth. In: *Journal of Adolescent Health, Vol 12 (7)*, 515–518.
Lockwood, D. (1980). *Prison Sexual Violence.* New York: Elsevier.
Muehrer, P. (1995). Suicide and sexual orientation: A critical summary of recent research and directions for future research. In: *Suicide and Life Threatening Behavior, Supplement 25*, 72–81.
Nacci, P. L. (1984). Sex and sexual aggression in Federal prisons: Inmate involvement and employee impact. In: *Federal Probation, Vol 48 (1)*, 46–53.
Prochazka, I. & Weiss, P. (1997). Zkusenosti homosexualnich muzu se sexualnim zneuzitim a nasilim. In: *Ceska a Slovenska Psychiatrie, Vol 93 (5)*, 262–268.
Remafedi, G., Farrow, J. A. & Deisher, R. W. (1991). Risk factors for attempted suicide in gay and bisexual youth. In: *Pediatrics Vol. 87*, 869–875.
Rotheram-Borus, Mary-Jane, Hunter, Joyce, Rosario, Margaret (1994). Suicidal behavior and gay-related stress among gay and bisexual male adolescents. In: *Journal of Adolescent Research, Vol 9 (4)*, 498–508.
Savin-Williams, R. C. (1994). Verbal and physical abuse as stressors in the lives of lesbian, gay male, and bisexual youths: Associations with school problems, running away, substance abuse, prostitution, and suicide. In: *Journal of Consulting and Clinical Psychology, Vol 62 (2)*, 261–269.
Savin-Williams, R. C. (1998). „... *and then I became gay". Young men's stories.* New York: Routledge.
Savin-Williams, R. C. & Cohen, K. M. (1996). Psychosocial outcomes of verbal and physical abuse among lesbian, gay and bisexual youths. In: Savin-Williams, R. C.; Savin, W. R. & Cohen, K. M. (Hg.). *The Lives of Lesbian, Gays and Bisexuals, Children to Adult: Children to Adult.* Harcourt Brace College Publication, 181–200.
Shaffer, D., Fischer, P., Parides, M., Gould, M. (1995). Sexual orientation in adolescents who commit suicide. In: *Suicide and Life Threatening Behavior, Supplement 25*, 64–71.
Walter, E. (1998). *Sexuelle Gewalt unter Inhaftierten des Strafvollzugs.* Dipl.Arbeit. Universität Bremen, Fachbereich Psychologie.
Whitam, F. L. (1977). Childhood indicators of male homosexuality. In: *Archives of Sexual Behavior, Vol 6 (2)*, 89–96.
Zemann, R. (1991). *Selbstbewußt schwul? – Perspektiven eines selbstbestimmten Lebens als Homosexueller. Eine qualitative Studie über sechs Lebensläufe schwuler Männer.* München: Profil.

Medien

Gabriele Amann und Rudolf Wipplinger

Einleitung

In unserer heutigen Zeit beeinflussen die Medien wesentlich die Einstellung und das Verhalten der Menschen. Insbesondere in Bereichen, in welchen die Möglichkeiten des persönlichen Austausches und der persönlichen Erfahrung nur eingeschränkt vorhanden sind, spielen Medien in der Ausbildung von Wissen und Einstellungen eine herausragende Rolle. Der Themenbereich des sexuellen Missbrauchs kann hier als Paradebeispiel für einen derartig tabuisierten Bereich gesehen werden. Menschen sind in der Ausbildung ihrer „subjektiven Theorien" zu sexuellem Missbrauch in einem hohen Maß auf Informationen angewiesen, die ihnen von den Medien vermittelt werden. Es sind also im Wesentlichen die Medien, die bestimmen, welches Wissen in der Bevölkerung über sexuellen Missbrauch vorherrscht: Medien beeinflussen damit auch, wie die Menschen dieses Problem einschätzen und wie sie damit umgehen. Um Aufschluss darüber zu erhalten, welches Wissen in der Bevölkerung zum Problembereich „sexueller Missbrauch" existiert, bietet es sich daher an, Medien dahingehend zu analysieren, welche Informationen durch sie transportiert werden.

Welches Wissen zu sexuellem Missbrauch wird über Tages- und Wochenzeitungen vermittelt?

Im Folgenden sollen die Ergebnisse einer Studie dargestellt werden, die sich folgende Ziele gesteckt hatte:
- Es sollten die Informationen analysiert werden, die über sexuellen Missbrauch in den Medien enthalten sind.
- Es sollte geprüft werden, ob sich die Berichterstattung über sexuellen Missbrauch in den Medien im Verlauf der Jahre verändert hat.
- Aus den Ergebnissen sollte abgeleitet werden, welche Auswirkungen die gefundenen Wissensbestände auf Handlungen und Verhalten im Bereich des sexuellen Missbrauchs haben können.

Von den unterschiedlichen Medientypen wählten wir für unsere Analyse die Printmedien, d.h. Tages- und Wochenzeitungen. Zum einen erwiesen sich die

Printmedien als wesentlichste Informationsquelle zum Thema sexueller Missbrauch (z. B. Knappe & Selg, 1993), zum anderen haben die gewählten Tages- und Wochenzeitungen eine relativ große Verbreitung.

Über das *sozialwissenschaftliche Dokumentationssystem (SOWI-DOK)* der Arbeiterkammer in Wien wurden für den Zeitraum 1980-1994 in den österreichischen Tages- und Wochenzeitungen Berichte über sexuellen Missbrauch recherchiert. Durch die SOWI-DOK hat man anhand bestimmter Stichwörter den Zugriff auf alle regionalen und überregionalen österreichischen Tages- und Wochenzeitungen, die einen gewissen Verbreitungsgrad aufweisen. Das in der SOWI-DOK archivierte Material ist zwar sehr umfangreich, jedoch nicht vollständig. Wie eine Untersuchung in einem anderen Zusammenhang zeigte, handelt es sich jedoch durchaus um eine repräsentative Stichprobe (Amann, 1994, 1995). Gesichtet wurden die Bereiche „Misshandlung", „Kinderschutz", „Sexualverbrechen" und „Sexualethik". Aus dieser ca. 1000 Berichte umfassenden Stichprobe wurden jene Berichte ausgewählt, die sexuelle Handlungen beschrieben, in welche Kinder in einem Alter bis zu 16 Jahren involviert waren. Diese, auf der Grundlage der angeführten Kriterien ausgewählten Dokumente wurden einer *zusammenfassenden Inhaltsanalyse* (Mayring, 1988) unterzogen (für eine genauere Beschreibung des Vorgehens siehe Amann & Wipplinger, 1998).

Zur Beantwortung der Fragestellung nach der Veränderung der Berichterstattung im Verlauf der Jahre wurde die gesamte Stichprobe in *zwei Extremgruppen* eingeteilt: Berichte aus den frühen *80er Jahren (1980–1984)* und den *frühen 90er Jahren (1990–1994)*. Im vorliegenden Beitrag möchten wir uns deshalb im Wesentlichen auf die Darstellung der Ergebnisse aus diesen beiden Zeitspannen beschränken, für welche 102 Dokumente gefunden werden konnten. Detailliertere Ergebnisse sind bei Amann und Wipplinger (1998) nachzulesen.

Ergebnisse der Studie

Es zeigte sich, dass die *Häufigkeit der Berichte* zum Thema sexueller Missbrauch in den letzten beiden Jahrzehnten deutlich zunahm. In den 90er Jahren hat sich die Anzahl der Berichte zu diesem Thema mehr als verdoppelt (1980–1984: 33 Berichte; 1990–1994: 69 Berichte). Man könnte nun vermuten, dass es durch die allgemeine Enttabuisierung der Themenbereiche „Sexualität" und „Gewalt" zu einer generellen Häufung von Berichten zu diesen Themen gekommen ist und die Häufung der Berichte nicht spezifisch den sexuellen Missbrauch betreffen. Es bietet sich daher ein Vergleich mit der Häufigkeit von Berichten über Vergewaltigung, d. h. sexuelle Gewalttaten gegenüber Jugendlichen über 16 Jahren und Erwachsenen, sowie mit Berichten über körperliche Misshandlungen an. Die Ergebnisse der Analyse zeigen (siehe Abbildung 1), dass der Anteil der Berichte über sexuellen Missbrauch im Vergleich zur körperlichen Misshandlung in den frühen 80er Jahren noch verschwindend gering war (6%), diese in der Relation immer mehr zunahmen, bis sie in den frühen 90er Jahren jene über körperliche

Misshandlungen mit 53% knapp überholt haben. Ein ähnlicher signifikanter Trend zeigt sich auch im Vergleich mit den Berichten zum Thema Vergewaltigung. Dort haben sich, insgesamt gesehen, die Berichte über sexuellen Missbrauch an Kindern anteilsmäßig mehr als verdoppelt.

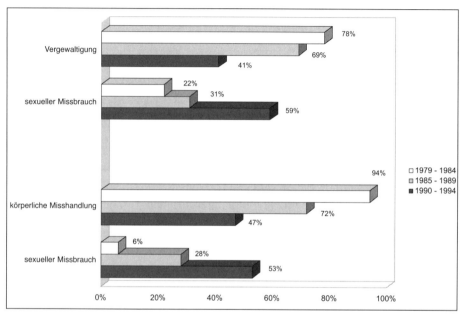

Abbildung 1: Häufigkeit der Berichte zu den Themen sexueller Missbrauch und körperliche Misshandlung sowie Vergewaltigung

Ein interessanter Wandel zeigt sich auch darin, wie in den Zeitungsberichten die sexuellen Handlungen an Kindern bezeichnet werden. So hat sich der Terminus „sexueller Missbrauch" in den 90er Jahren zunehmend durchgesetzt. Früher häufiger anzutreffende Termini, wie z. B. Vergewaltigung, Unzucht, geschlechtliche Handlungen und Inzest, sind in den Berichten aus den letzten Jahren seltener zu finden. Diese entstammen großteils dem juristischen Kontext und setzen im Alltagsverständnis einen Geschlechtsverkehr voraus.

Angaben zur *Häufigkeit und Verbreitung* von sexuellem Missbrauch, sind in ca. einem Drittel der Berichte enthalten. Darin hat sich im Verlauf der Jahre nichts verändert. Die Angaben differieren jedoch insgesamt deutlich. Man findet sehr allgemeine Aussagen, wie z. B., dass die Häufigkeit von sexuellem Missbrauch zunimmt oder abnimmt oder, dass es sich dabei um keinen Einzelfall handelt. Die Berichte enthalten jedoch auch konkrete Angaben zur Häufigkeit von Anzeigen oder des Anteils betroffener Fälle in der Gesamtbevölkerung. Letztere reichen von 8% bis 36% aller Kinder, bei Mädchen von 17% bis 36% und bei Jungen von 10% bis 18%. Häufig enthalten die Berichte den Hinweis auf eine hohe Dunkelziffer. Einhellig wird die Auffassung vertreten, dass der Großteil der Opfer Mädchen sind. Einig ist man sich auch hinsichtlich der hauptsächlich männlichen Täter. Zudem enthielten einige Berichte den Hinweis, dass drei Viertel der Täter der eigenen Familie entstammen und nur 6% der Täter dem Opfer unbekannt sind. Ist in den Berichten aus den 80er und 90er Jahren kein Unterschied zu finden, wie häufig Informationen zur Verbreitung eines sexuellen Missbrauchs enthalten sind, so zeigen sich im Vergleich der beiden Jahrzehnte deutliche Unterschiede, was die Konkretheit der Angaben anbelangt. So überwiegen in den 80er Jahren noch ungenaue Angaben bzw. Verweise auf Dunkelziffern, in den 90er Jahren werden hingegen deutlich mehr konkrete Zahlen geliefert.

30% aller Berichte – sowohl in den 80er als auch in den 90er Jahren enthalten Informationen darüber, welche *Ursachen* es für einen sexuellen Missbrauch geben kann, bzw. auf welche Ursachen ein konkreter Vorfall zurückzuführen ist. Die angeführten Faktoren lassen sich grob den Bereichen Täter, Opfer, Familie und soziales Umfeld zuordnen. Inwieweit nun diese einzelnen Bereiche für einen Missbrauch verantwortlich gemacht werden, hat sich im Verlauf der Jahre kaum verändert. Lediglich dem sozialen Bereich insbesondere der Familie wird in den 90er Jahren etwas mehr Gewicht zugeschrieben. Ein herausragendes Ergebnis ist, dass die Opfer selbst zu etwa einem Drittel für den Missbrauch, den sie erleiden, verantwortlich gemacht werden. Auch in diesem Punkt hat sich von den 80er zu den 90er Jahren nichts verändert. Deutlich verändert haben sich hingegen die Inhalte, die als Ursachen für einen Missbrauch angeführt werden. Inhaltlich betrachtet, finden wir in den Berichten Hinweise auf psychische, physische und soziale Ursachen. Als *psychische Ursachen,* die den *Täter* betreffen, werden beispielsweise die Tendenz zur Machtausübung oder aktuelle psychische Zustände, wie Triebe und Frustrationen, genannt. *Soziale Ursachen* beim Täter findet man ausschließlich in den 80er Jahre (z.B. keine Frau zu haben oder das Milieu). Doch wir finden auch *psychische Ursachen,* die dem Opfer zuzuordnen sind, beispielsweise emotional Defizite beim Opfer. Im *physischen Bereich* auf der Seite der Opfer wird die frühe körperliche Reife der Mädchen für den Missbrauch verantwortlich gemacht. Als *Soziale Ursachen* beim Opfer findet man beispielsweise die Scheidung der Eltern oder auf Aufriss oder ohne Bleibe zu sein. *Familiäre Ursachen*, die ausschließlich in den 90er Jahren angeführt werden, sind beispielsweise, dass Eltern den Missbrauch unterstützen und Mütter ihren Kindern zu wenig Zuwendung geben. Der Krieg, desolate Verhältnisse oder die Werbung für den Sextourismus wären Beispiele für Ursachen aus dem *sozialen Umfeld.* Generell fällt zum Bereich der Ursachen auf, dass in den 90er Jahren sowohl im Bereich der Täter als auch im Bereich der Opfer psychische Faktoren im Vordergrund stehen, in den 80er Jahren hingegen verstärkt soziale Faktoren genannt werden (siehe Abbildung 2).

Mehr als über die Ursachen eines sexuellen Missbrauchs informieren die Zeitungsberichte über dessen *Folgen.* Hier finden wir Aussagen darüber, welche Konsequenzen oder Veränderungen ein sexueller Missbrauch nach sich zieht bzw. bei konkreten Fällen nach sich gezogen hat. Insgesamt fällt auf, dass in den

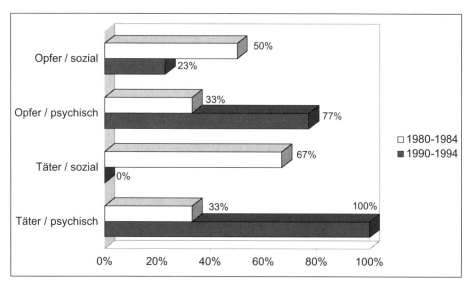

Abbildung 2: Soziale und psychische Ursachen

90er Jahren deutlich weniger Berichte zu diesem Bereich Stellung nehmen. Waren es in den 80er Jahren 81 %, sind es in den 90er Jahren nur noch 54 %. In den Berichten werden Folgen für das Opfer, den Täter oder die Familie des Opfers beschrieben. Die Ergebnisse der Analyse zeigen zudem, dass in den 90er Jahren die Folgen für das Opfer zunehmend in den Mittelpunkt des Interesses rücken. Die Berichte liefern in diesem Zeitraum deutlich mehr Informationen über Folgen, die ein sexueller Missbrauch für das Opfer nach sich zieht. Wie bereits im Bereich der Ursachen finden wir auch hier in den 90er Jahren eine zunehmende Betonung psychischer Faktoren. Demgegenüber wurden soziale Faktoren in den 80er Jahren noch deutlich stärker beachtet. In der Beschreibung der *psychischen Folgen* für das Opfer finden wir Hinweise auf eine große Bandbreite psychischer Folgeprobleme. Entsprechend der stärkeren Betonung der psychischen Folgen in den 90er Jahren wird der Bereich der *physischen Folgen* für das Opfer in den 80er Jahren etwas mehr beachtet. Die Berichte enthalten Informationen über Verletzungen, eine Schwangerschaft oder die Tötung des Opfers. Als *soziale Folgen* für das Opfer findet man beispielsweise Informationen darüber, dass das Opfer keine Hilfe bekommt, in Kontakt mit Polizei oder Jugendamt gerät, von den Eltern getrennt wird oder auf die „schiefe Bahn" kommt. Folgen für den *Täter* stehen mehr im Mittelpunkt der Berichterstattung der 80er Jahre, wobei auf der Täterseite insgesamt die Beschreibung sozialer Folgen dominieren. Hinweise darüber, dass ein sexueller Missbrauch auch *psychische Folgen* für den Täter haben kann, finden wir erst in den 90er Jahren, so beispielsweise, dass er sich einer psychiatrischen Untersuchung unterziehen muss oder sich unschuldig fühlt. Die Hinweise auf *soziale Folgen* auf der Seite des Täters sind hingegen vielfältig, beispielsweise auf dessen Verhaftung oder Verurteilung aber auch auf dessen Freispruch oder Freilassung. Hinweise darauf, dass der Täter nicht verurteilt wird, tauchen sehr häufig auf. Über Folgen für die *Familie* des Opfers wird nur sehr wenig informiert.

Besonders interessante Ergebnisse erbrachte die Auswertung, in welcher inhaltsübergreifend die Bewertung der in den Berichten beschriebenen Folgen analysiert wurde. Hier zeigte sich eine äußerst schiefe Verteilung der positiven und negativen Folgen zugunsten des Täters (siehe Abbildung 3). Bis auf eine Ausnahme finden sich für das Opfer keine Folgen, die man als positiv – d.h. nicht negativ – bewerten würde. Ganz anders sind die beschriebenen Folgen für den Täter. Hier halten sich in den 80er Jahren Hinweise auf positive und negative Folgen fast die Waage, in den 90er Jahren belaufen sich die für den Täter positiven Folgen immerhin noch auf 31 %.

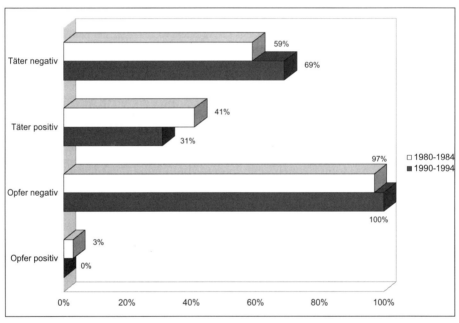

Abbildung 3: Folgen für Opfer und Täter

Auch die Auswertungen hinsichtlich der *Reaktionen des sozialen Umfeldes* erbrachten interessante Ergebnisse. Die in den Zeitungsberichten zu diesem Bereich enthaltenen Informationen wurden grob in vier Kategorien eingeteilt: Den *Missbrauch ernst zu nehmen,* was beispielsweise Reaktionen einschließt, wie den Täter zu bestrafen, polizeiliche Ermittlungen einzuleiten oder die Feststellung, dass es sich dabei nicht um einen Kavaliersdelikt handelt; den *Missbrauch nicht ernst zu nehmen,* z.B. den Täter wieder auf freien Fuß zu setzen, die Forderung nach Lockerung der Strafgesetze, Expertenäußerungen, die Studienergebnisse für maßlos übertrieben halten, dem Opfer nicht zu glauben, es in Ordnung zu finden, wenn der sexuelle Missbrauch innerhalb der Familie geschieht oder es harmlos zu finden, wenn es zu keiner Penetration kommt; *emotionale Reaktionen*, wie die Empörung über die Lockerung von Strafgesetzen, sich bedroht zu fühlen, betroffen oder überfordert zu sein, sowie die Kategorie *langfristige Konsequenzen ableiten*, wie eine parlamentarische Befassung mit diesem Thema oder die Verschärfung der Strafgesetze zu fordern. Der Vergleich der unterschiedlichen Zeiträume erbrachte in diesem Bereich ein eher unerwartetes Ergebnis. In den Berichten der 90er Jahren finden wir verstärkt Hinweise auf Reaktionen des sozialen Umfeldes, die den Missbrauch nicht ernst nehmen, während in den 80er Jahren Hinweise auf Reaktionen, den Missbrauch ernst zu nehmen, noch überwiegen.

Diskussion

Die Ergebnisse der Analyse belegen, dass sexueller Missbrauch in den letzten 10 Jahren zunehmend zu einem Thema von öffentlichem Interesse geworden ist. Die *Anzahl der Berichte* hat in den 90er Jahren deutlich zugenommen – nicht nur absolut gesehen, sondern auch im Vergleich zu Berichten über verwandte Themen. Eine eingehende Analyse der Berichte verdeutlicht, dass die Printmedien in den 90er Jahren nicht mehr in dem Ausmaß wie noch in den 80er Jahren einen konkreten Fall oder eine konkrete Tat benötigen, um über dieses Thema berichten zu können. In den 90er Jahren erscheinen die Berichte insgesamt weniger spektakulär. Sexueller Missbrauch verliert in dieser Zeitspanne den Nimbus des Besonderen, des Außergewöhnlichen. Es mehren sich die Berichte, die um eine ernsthafte und sachliche Auseinandersetzung mit diesem Thema bemüht sind und es wird zumindest in einigen Berichten das Bild vermittelt, dass es sich um eine Tat handelt, die sich tagtäglich in unserer Gesellschaft wiederholt. So sind in den Berichten aus den 90er Jahren deutlich mehr konkrete Zahlen zur Häufigkeit von sexuellem Missbrauch zu finden. Diese Informationen könnten in der Bevölkerung dazu beigetragen haben, zu erkennen, dass es sich bei sexuellem Missbrauch nicht um ein Ausnahmedelikt handelt. Diese Veränderungen in der Berichterstattung sind sicherlich darauf zurückzuführen, dass in den letzten Jahren häufiger Studien zu diesem Bereich durchgeführt wurden und Forscherinnen und Forscher mit ihren Daten auch verstärkt an die Öffentlichkeit getreten sind.

Auch in den *Termini*, die gewählt wurden, um dieses Phänomen zu beschreiben, weisen die Ergebnisse der Analyse auf einen deutlichen Wandel im Verlauf der Zeit hin. Man gewinnt den Eindruck, dass die Öffentlichkeit diesem Phänomen anfangs „sprachlos" gegenüberstand und erst im Verlauf der Zeit eine passende Sprache finden musste. Mit der gewählten Bezeichnung untrennbar verbunden ist natürlich auch immer der Bedeutungsumfang des betreffenden

Gegenstandsbereiches – insbesondere dann, wenn genauere Festlegungen und Definitionen des Terminus fehlen. So werden beim Lesen der Termini „Vergewaltigung" oder „sexuelle Ausbeutung" andere Vorstellungen auftauchen – der Bedeutungsumfang beider Termini ist ein anderer.

Nicht einmal ein Drittel aller Berichte enthält Informationen zu den *Ursachen* eines sexuellen Missbrauchs – Informationen zu diesem Bereich wären jedoch sehr wichtig. Bemerkenswert ist hier das Ausmaß, in dem Opfer im Verhältnis zu den Tätern für den sexuellen Missbrauch verantwortlich gemacht werden, aber auch die Stabilität dieser Verteilung über die Jahre hinweg. So hätte man erwarten können, dass die forcierte, an die Öffentlichkeit gerichtete Aufklärung durch Expertinnen (z.B. Kavemann & Lohstöter, 1984; Rijnaarts, 1988; Rush, 1982; Steinhage, 1989), doch zur Einsicht führt, dass das Opfer selbst nicht für den sexuellen Missbrauch verantwortlich gemacht werden kann. Demgegenüber schreiben jedoch auch in den 90er Jahren ein Drittel der Aussagen die Ursachen für den sexuellen Missbrauch den Opfern zu. Verändert haben sich lediglich die Inhalte, die zur Erklärung des Phänomens des sexuellen Missbrauchs herangezogen werden. Hier wurde die „Psyche" als Ursache des sexuellen Missbrauchs entdeckt. Psychische Faktoren und Konstellationen als Ursachen dominieren eindeutig sowohl beim Täter als auch beim Opfer die Berichte der 90er Jahre. Bei den sozialen Faktoren der 80er Jahre fällt auf, dass sich die eigentlichen Quellen des „Übels" bei Opfern und Tätern unterscheiden. Den Täter hat die Frau verlassen oder er ist vom Milieu beeinflusst, das Opfer hingegen ist auf Aufriss, davongelaufen oder ohne Bleibe. Wird der Täter von außen beeinflusst, so hat sich das Opfer selbst für die Situation entschieden, die als Ursache für den Missbrauch angeführt wird. In den 90er Jahren hingegen werden sowohl Täter als auch Opfer in erster Linie als in ihrer psychischen Struktur und in ihren psychischen Konflikten gefangen dargestellt.

Auf den ersten Blick überraschend erscheint das Ergebnis, dass in den 90er Jahren weniger über die *Folgen* eines sexuellen Missbrauchs informiert wird. Dieser Rückgang ist jedoch Großteils darauf zurückzuführen, dass in den 80er Jahren viele Berichte Hinweise über die Folgen für den Täter enthalten, was in den 90er Jahren verstärkt in den Hintergrund trat. Demgegenüber rückte die Berichterstattung über die Folgen eines sexuellen Missbrauchs für die Opfer, insbesondere der psychischen Folgen in den Mittelpunkt des Interesses. Dabei wird über die psychischen Folgen für die Opfer sehr breit und facettenreich informiert. Das herausragendste Ergebnis in diesem Bereich ist jedoch, dass für die Opfer bis auf eine Ausnahme nur negative Folgen beschrieben werden, für die Täter hingegen der Anteil der positiven Folgen relativ hoch ist. In den 80er Jahren halten sich die positiven und negativen Konsequenzen für die Täter sogar beinahe die Waage. Hier wird nahegelegt, dass der Täter zwar mit einer Strafverfolgung rechnen kann, dass diese jedoch häufig zu seinen Gunsten entschieden wird. Welche Auswirkungen dürften nun diesen Informationen auf das Verhalten und die Handlungen in der Bevölkerung zukommen? Zum einen dürften die sehr umfassend dargestellten psychischen Folgen eines sexuellen Missbrauchs für das

Opfer in der öffentlichen Meinung die Einstellung unterstützen, dass es sich keineswegs um ein zu vernachlässigendes Kavaliersdelikt handelt. Auf der anderen Seite wird sich das Wissen um die häufig positiven Konsequenzen für den Täter negativ auf die Bereitschaft auswirken, einen Missbrauch bei offiziellen Stellen anzuzeigen (→ *Strafanzeige/Anzeigepflicht*).

Die Ergebnisse der Studie zeigen, dass sich in den letzten Jahren in der öffentlichen Diskussion des Themas „sexueller Missbrauch" einiges verändert haben dürfte. Es scheint, dass die umfangreiche Aufklärungstätigkeit sowohl der Fachkreise als auch durch politische Stellen erste Früchte trägt und zur Veränderung der Sichtweise in einigen Aspekten dieses Problembereiches geführt hat. In anderen Bereichen scheinen sich hingegen nach wie vor sehr hartnäckig bestimmte Mythen und Vorurteile zu halten.

Literatur

Amann, G. (1994). Das Bild von psychisch Kranken in den Medien. In K. Pawlik (Hrsg.), *39. Kongreß der Deutschen Gesellschaft für Psychologie. Abstracts. Band I.* Hamburg: Psychologisches Institut der Universität Hamburg.

Amann, G. (1995). Informationen über psychische Krankheiten in den Printmedien – Ergebnisse einer Analyse der Jahre 1980–1990. *Verhaltenstherapie, 5* (Suppl.), A60.

Amann, G. & Wipplinger, R. (1998). Sexueller Mißbrauch in den Medien. In G. Amann & R. Wipplinger (Hrsg.), *Sexueller Mißbrauch – Überblick zu Forschung, Beratung und Therapie. Ein Handbuch* (2. Aufl.) (S. 772-794). Tübingen: dgvt-Verlag.

Kavemann, B. & Lohstötter, I. (1984). *Väter als Täter: Sexuelle Gewalt gegen Mädchen.* Reinbeck: Rowohlt.

Knappe, A. & Selg, H. (1993). *Prävention von sexuellem Mißbrauch an Mädchen und Jungen* (Forschungsbericht). München: Bayrisches Staatministerium für Arbeit und Sozialordnung, Familie, Frauen und Gesundheit.

Mayring, P. (1988). *Qualitative Inhaltsanalyse. Grundlagen und Techniken.* Weinheim: Deutscher Studien Verlag.

Rijnaarts, J. (1988). *Lots Töchter: Über den Vater-Tochter-Inzest.* Düsseldorf: Claassen.

Rush, F. (1982). *Das bestgehütete Geheimnis: Sexueller Kindesmißbrauch.* Berlin: sub rosa Frauenverlag.

Steinhage, R. (1989). *Sexueller Mißbrauch an Mädchen. Ein Handbuch für Beratung und Therapie.* Reinbek: Rowohlt.

Migrantinnen und Migranten

Margarete Finkel

Vorbemerkungen

Einen Überblicksartikel zum Thema „Migrant(inn)en und sexuelle Gewalt" zu schreiben, gelingt nicht leicht. Die Gefahr, dass zwangsläufig notwendige Verallgemeinerungen zu unzulässigen Verkürzungen werden, ist bei dieser Fragestellung besonders groß. Auf drei zentrale Schwierigkeiten soll deshalb in Vorbemerkungen näher eingegangen werden.

Die Migrant(inn)en gibt es nicht

In der Bundesrepublik Deutschland leben Menschen aus vielen verschiedenen Kulturkreisen und sie gehören innerhalb ihrer Herkunftskultur unterschiedlichen Volksgruppen und Religionen an. Sie haben aus verschiedenen Gründen und zu unterschiedlichen Zeitpunkten ihr Heimatland verlassen. Ihr Status nach dem Ausländergesetz gewährt ihnen ein je anderes Maß an Möglichkeiten und Freiheiten, am Leben im Gastland zu partizipieren, sowie unterschiedlich große Sicherheit über ihre weiteren Perspektiven. Unabhängig von der kulturellen Herkunft und dem Ausländerstatus bestimmen auch individuelle Gestaltungsleistungen die Lebenssituation. Familien, in denen der Rückkehrwunsch kontinuierlich aufrechterhalten wird, gestalten ihr Leben beispielsweise anders, als diejenigen, für die die BRD zum Lebensmittelpunkt geworden ist.

Diese Faktoren haben Einfluss auf die gesamte Lebenssituation sowie auf die Umgangsweisen mit sexueller Gewalt, so dass von einer homogenen Gruppe von sexueller Gewalt betroffener Migrantinnen und Migranten nicht gesprochen werden kann. Die einzige verbindende Klammer stellt das „Anders-Sein" dar, wobei auch diese Erfahrung jeweils individuell verarbeitet wird. Dennoch etwas über sexuelle Gewalt bei den Migrantinnen und Migranten aussagen zu wollen, legitimiert sich darin, im Interesse der Betroffenen auf das Thema aufmerksam machen und damit mehr Sensibilität dafür erreichen zu wollen sowie (potenziellen) Helferinnen und Helfern eine grobe Richtschnur für ihr Handeln zur Verfügung zu stellen.

Die Gefahr kulturalisierender Verkürzungen

Spricht man von den Migrant(inn)en oder den Türk(inn)en, wird ihre jeweils individuelle und sehr komplexe Lebenssituation auf ihre kulturelle Herkunft reduziert. Außerdem besteht dabei die Gefahr, Ursachen für ihr Handeln oder ihre Problemlagen verkürzt aus ihrer Kulturzugehörigkeit abzuleiten. Nivedita Prasad (1996) kritisiert an manchen Abhandlungen über sexuelle Gewalt bei Migrantinnen und Migranten derartige Verkürzungen, die ihrer Meinung nach eher Kulturstereotypien und Vorurteile reproduzieren, als ein realistisches Bild von der Situation abzugeben. So moniert sie z.B. an einer Interpretation von Spitzl und Yüksel (1992), die die geringe Scheidungsrate türkischer Frauen auf Wertvorstellungen in der türkischen Kultur zurückführt, dass ausländerrechtliche Bestimmungen, die Frauen von Männern abhängig machen, sowie Schwierigkeiten, sich als ausländische Frau eine unabhängige ökonomische Existenz aufzubauen, in der Interpretation unberücksichtigt bleiben (Prasad 1996, S. 187). Wird die Kultur als Erklärungsmuster für alles herangezogen, dann bleiben Faktoren wie soziale und ökonomische Ungleichheiten, persönliche Eigenschaften oder gesamtgesellschaftlich-strukturelle Bedingungen (Gesetzgebung, Aufenthaltsstatus, Fremdenfeindlichkeit etc.) unberücksichtigt. Konsequenzen der Zuschreibung von Kulturalität sind nach Franz Hamburger die „Produktion von Ausländern" und Mechanismen, „wie gegen die realen sozialen Prozesse der Integration Teilhabeforderungen abgewehrt werden" (1997, S. 26). Ursula Boos-Nünning (1994) weist dementsprechend beispielsweise nach, wie durch gesellschaftliche Zuschreibungsprozesse Mädchen türkischer Herkunft oft entgegen jeglicher Realität kontinuierlich als Außenseiterinnen definiert werden. Solche Prozesse der Verweigerung von Teilhabe nehmen Mitarbeiterinnen der Jugendhilfe wahr, wenn Mädchen und Jungen nach kurzzeitigen Aufenthalten in Jugendhilfeeinrichtungen wieder nach Hause wollen und von den Fachkräften dann (resigniert) „an ihre eigene Kultur und ausländische Hilfeangebote zurückverwiesen" werden (Celik & Kunsleben 1994, S. 9). Die damit einhergehende Vermeidung von weiteren Unterbringungen in der Jugendhilfe erleben die Fachkräfte dabei weniger als Kompetenzmangel, sondern als Nicht-Zuständigkeit (ebd.).

Um die Gefahr kulturalisierender Zuschreibungen und damit Mechanismen der Entgesellschaftlichung zu verringern, müssen Erklärungsansätze für sexuelle Gewalt und Interpretationen der Verhaltensweisen und Problemlagen der Migrantinnen und Migranten immer auf mehreren Ebenen analysiert werden: der kulturellen, der sozialstrukturellen, der sozialpsychologischen und rechtlich/politischen Ebene.

Der Mangel an wissenschaftlichen Forschungsergebnissen

Forschungsdefizite zur Problematik sexueller Gewalt bei Migrantinnen und Migranten erhöhen die Gefahr verkürzender Zuschreibungen zusätzlich. Es gibt keine empirischen Untersuchungen, die repräsentative Aussagen zulassen. Sporadische Hinweise in der Forschungsliteratur finden sich über die spezifische Situation von Mädchen aus Migrationsfamilien, wie sich diese aus dem Blickwinkel von Mitarbeiterinnen in Schutzstellen darstellt. Dabei liegt der Schwerpunkt auf Erfahrungen mit türkischen Mädchen oder Mädchen aus islamischen Kulturkreisen. Untersuchungen oder Erfahrungsberichte über die Situation ausländischer Jungen mit sexuellen Gewalterfahrungen liegen nicht vor; ihre spezifische Situation findet auch in den neueren Veröffentlichungen über sexuelle Gewalt an Jungen keine Berücksichtigung (Bange & Enders 1995; Julius & Böhme 1997; Lew 1997).

Die folgenden Ausführungen beziehen sich deshalb v.a. auf türkische Mädchen. Dabei wird versucht, kulturalisierende Verkürzungen dadurch zu verringern, dass zu der bestehenden Literatur über sexuelle Gewalt an türkischen Mädchen weitere Texte der Migrant(inn)enforschung hinzugezogen werden und darin thematisierte veränderte Blickrichtungen auf die Thematik sexueller Gewalt übertragen werden.

Migration: Anlass zur Krise oder Chance?

Migrationserfahrungen sind lange Zeit einseitig als mit Entwurzelung und Identitätsproblematiken einhergehende krisenhafte Ereignisse verstanden worden. Der „Akkulturationsstress" als orientierender Bezugsrahmen dominierte lange Zeit die Migrant(inn)enliteratur. Aus der Kritik an diesem „Elendsdiskurs" entwickelte Hamburger eine entgegengesetzte Perspektive. Er geht davon aus, dass das Leben in zwei Kulturen Entwicklungsanreize enthält, die „nicht zur wie auch immer produktiven Anpassung an eine Anforderung zwingen, sondern die Entwicklung eines eigenen neuen Weges veranlassen" (1997, S. 17). Konstitutiv für diese geänderte Blickrichtung ist es, Migrantinnen und Migranten nicht primär als schwer belastete, mit geringen Ressourcen ausgestattete „Opfer" zu begreifen, sondern ihr Handeln als produktive, durchaus gelingende Bewältigungsleistungen zu sehen. Derartige Bewältigungsleistungen beobachten Mitarbeiterinnen in sozialen Einrichtungen bei Mädchen, für die die flexible Orientierung zwischen unterschiedlichen Kulturen einen festen und unproblematischen Bestandteil ihrer Lebensrealität darstellt (Mädchenzuflucht Frankfurt 1999).

Die den Diskurs um sexuelle Gewalt bei Migrantinnen lange Zeit beherrschende These, sexuelle Gewalt sei Folge der Migration und Konfrontation mit westlichen, sexualisierteren Lebensstilen, unterliegt einer solchen Vorstellung von Migration als kritisches Lebensereignis. Solange es keine gesicherten Datengrundlagen dazu gibt, kann diese These zwar nicht verworfen werden. In Einrichtungen der Jugendhilfe zeigt sich aber, dass viele Mädchen auch schon in ihrem Herkunftsland sexuelle Gewalt erfahren haben. Zudem geben Erfahrungen mit deren Müttern Anlass zu Vermutungen, dass auch diese „schweigende Überlebende sexueller Gewalt sind" (Ter-Nedden & Ucar 1996, S. 199). Hilfreicher als Migration per se zu pathologisieren, ist es, den Migrationsprozess als Entwicklungschance zu begreifen und – wie oben ausgeführt – Ursachen und Erklärungsansätze für sexuelle Gewalt auf mehreren Ebenen zu analysieren. Dabei auch die betroffenen Mädchen und Jungen und ihre aktiven Bewältigungsleistungen in den Blick zu nehmen, erleichtert das Verstehen ihrer Handlungsweisen und damit den Zugang zu ihnen.

Zur Lebenssituation türkischer Familien in der BRD

Erfahrungen aus der sozialpädagogischen Arbeit mit jungen Migrantinnen und ihren Familie legen nahe, dass die Besonderheit sexueller Gewalt an türkischen Mädchen weniger in ihren Umgangsweisen oder in den Auswirkungen liegt, sondern vielmehr in ihrer gesamten Lebenssituation als Töchter türkischer Familien in Deutschland (Ter-Nedden & Ucar 1996). Obwohl sich bestimmte Klischeevorstellungen über die Eltern junger Türkinnen und Türken in der BRD – sie würden völlig isoliert von der deutschen Bevölkerung, fest verankert mit der Herkunftskultur leben und zum religiösen Dogmatismus neigen – widerlegen lassen (Esser & Friedrich 1990, zit. nach Gaitanides 1996), hat die familiäre Situation, in der türkische Mädchen aufwachsen, Einfluss auf die Bedeutungen sexueller Gewalt und den Umgang mit ihr.

Die Lebenssituation der Familien insgesamt

Erwartungen, die in den Familien an die Migration geknüpft waren, sind oft enttäuscht worden. „Die Eltern haben ein Lebensopfer für eine bessere Zukunft der Familien erbracht, haben ihr Leben nicht gelebt, sind kaputt" (Gaitanides 1996, S. 35). Die hohe Arbeitsbelastung und lange Zeiten der Trennung der Partnerin/der Kinder von der Gesamtfamilie führen sowohl zu einer Entfremdung zwischen den Ehepartnern als auch zwischen Eltern und Kindern. Mädchen und Jungen leiden unter der geringen emotionalen Nähe zu den Eltern, fühlen sich in Bezug auf eigene Auseinandersetzungsprozesse im Zuge des Erwachsenwerdens alleine gelassen (Stüwe 1996).

Obwohl Stefan Gaitanides (1996) davon ausgeht, dass sich die Situation türkischer Familien immer weniger mit den Schlagworten des Kulturkonfliktes beschreiben lassen, sondern immer mehr von einer in klassischen Arbeiterfamilien vorherrschenden Familiendynamik (→ *Familiendynamik*) ausgegangen werden kann, sind zentrale Bestandteile der Lebenssituation türkischer Familien nach wie vor Erfahrungen sozialer Benachteiligung und Ausgrenzung, die junge Migrantinnen und Migranten v.a. auf dem Ausbildungsmarkt erleben.

Die Lebenssituation türkischer Männer

(Türkische) Männer verlieren im Verlauf des Migrationsprozesses oftmals ihre zentrale Stellung innerhalb der Familie und erleben dies als massive Infragestellung ihrer Identität. Sie reagieren darauf immer wieder mit stark autoritärem Verhalten und mit physischer Gewalt zur Durchsetzung von Normen in der Familie (Apitsch 1990, zit. nach Gaitanides 1996; Spitzl & Yüksel 1992). Vor diesem Hintergrund wird die Familienehre von ihnen ausgeprägter hochgehalten als im Herkunftsland selbst. Dem Ehrbegriff zur Folge obliegt männlichen Familienmitgliedern der Schutz des Besitzes und der Frauen; sie vertreten die Familie nach außen und sorgen dafür, dass Situationen weitgehend ausgeschlossen werden, in denen Verstöße gegen die Normen (Jungfräulichkeit der Töchter, eheliche Treue verheirateter Frauen etc.) möglich wären. Demgegenüber stehen die von vielen jungen Migrantinnen und Migranten geforderten Auseinandersetzungsprozesse über Werte und Lebensperspektiven, die die Migranteneltern ratlos machen, weil sie nicht wissen, wie sie in dieser Gesellschaft erziehen sollen (Stüwe 1996).

Die Lebenssituation türkischer Frauen

(Türkische) Frauen erfahren durch die Migration eine doppelte Belastung durch Haushalt und Berufsarbeit (Apitsch 1990, zit. nach Gaitanides 1996). Zudem wird auf ihre zunehmende Isolierung durch den Verlust des sozialen Rückhalts im Verwandtschafts- und Nachbarschaftsverband (Spitzl & Yüksel 1992) und auf die Überforderung der Frauen/Mütter verwiesen, da ihnen neben der Haus- und Berufsarbeit auch die alltägliche Erziehung der Töchter obliegt und sie für deren mögliches Fehlverhalten verantwortlich gemacht werden. „Vielfach entlädt sich die Überforderung der arbeitenden Mutter im Zorn auf die älteste Tochter" (PAPATYA 1993, S. 83). Gaitanides (1996) gibt allerdings zu bedenken, dass die Motivation der Mütter für eine strenge Erziehung der Töchter nicht nur in traditionellen Normen begründet seien, sondern eher Befürchtungen darstellten, dass den Mädchen bei einer zu frühen Heirat genau das gleiche Schicksal widerfahre wie ihnen. Außerdem darf nicht übersehen werden, dass einige Frauen von ihrer ökonomischen Selbstständigkeit und der Veränderung der Frauenrolle profitieren.

Die Lebenssituation der Mädchen

Obwohl sich Stereotypisierungen und Vorurteile in besonderer Weise auf türkische Mädchen richten, ist unbestritten, dass die Sozialisation der Töchter die größte Reibungsfläche in türkischen Familien darstellt. Die Pubertät stellt dabei einen zentralen Einschnitt dar. Spätestens ab dieser Zeit werden Kontakte zu Jungen vielfach strengstens sanktioniert und die Möglichkeiten der Mädchen, sich ohne männlichen Schutz in der Öffentlichkeit zu bewegen, werden eingeschränkt. Diese zunehmende Kontrolle kollidiert mit dem wachsenden Anspruch der Mädchen, als Erwachsene behandelt zu werden. Zum Teil massive gewalttätige Auseinandersetzungen sind die Folge. Gleichzeitig verschaffen sich die Mädchen Freiräume, um der Kontrolle und Ausbeutung im Haushalt sowie in der Betreuung jüngerer Geschwister zu entkommen. Notlügen und Unwahrheiten über Schulzeiten o. ä. verhelfen ihnen dazu, sich unbemerkt von der Familie mit Freundinnen und Freunden zu treffen (PAPATYA 1993).

Ursula Boos-Nünning (1994) weist auch darauf hin, dass sich Mädchen türkischer Herkunft Spielräume erobern können, wenn sie z. B. Zugang zu einem von der Familie akzeptierten Beruf gefunden oder die Voraussetzungen für ein Studium erreicht haben. Auch Mädchentreffs können solche Freiräume für Mädchen darstellen, wenn es den Mitarbeiterinnen gelingt, die Akzeptanz der Eltern für die Einrichtung zu erreichen. Dafür ist eine intensive Arbeit mit den Eltern bzw. die Einbeziehung der Mütter erforderlich (Ingenfeld & Lindemann 1987). Nach Boos-Nünning (1994) sind es deshalb oft eher äußere Umstände (Betriebe, Ausbilder etc.), die türkische Mädchen bei der Suche nach einem Ausbildungsplatz überwinden müssen, als Widerstände in der Familie.

Die Lebenssituation der Jungen

Türkische Jungen geraten meist nur im öffentlichen Diskurs um jugendliche ausländische Straftäter in den Blick. Geschlechtsbezogene Analysen ihrer tatsächlichen Lebenssituation finden sich kaum. Gaitanides geht davon aus, dass der Verfall der männlichen Autorität im Zuge des Migrationsprozesses auch die Findung einer eigenen Geschlechtsrollenidentität junger Migranten erschwert. Mit „Macho"-Verhalten und dem Zusammenschluss in der Peergroup werde versucht, diese labile Identität zu kompensieren (Gaitanides 1996, S. 36). Allerdings scheint der Rückgriff auf die „Familie ohne väterliche Führung" gerade in Bezug auf das Verhalten und die Probleme der Jungen bereits zum gängigen Erklärungsmuster geworden zu sein, ohne dass andere Dimensionen ihrer Lebenssituation berücksichtigt werden. Wenn z. B. Gaitanides (1996) im Rekurs auf Untersuchungen von Farin & Seidel-Piehlen (1991) anführt, dass aggressive ausländische Jugendgangs unbewusst wohl den Rachefeldzug der gedemütigten Väter führen würden.

Befragungen junger Türken zeigen, dass viele sich von der deutschen Gesellschaft ausgeschlossen fühlen und über strukturelle Barrieren frustriert sind, die ihnen den sozialen Aufstieg verbauen. Die ständige Konfrontation mit dem Vorurteil der kriminellen Gefährlichkeit treibe sie – neben vielen anderen Faktoren – geradezu in die Kriminalität (ebd., S. 37).

Sexuelle Gewalt an türkischen Mädchen

Über das Ausmaß, die Folgen, Täter-Opfer-Beziehungen und die näheren Umstände sexueller Gewalt in türkischen Familien können keine gesicherten Aussagen gemacht werden, da empirische Studien dazu nicht vorliegen. Martina Spitzl (1992) führt aus, dass Risikofaktoren für sexuelle Gewalt in der Lebenssituation türkischer Familien fast vergleichbar zu denen von Familien westlicher Kulturen sind. Es ist deshalb vermutlich so, dass sexuelle Gewalt in türkischen Familien ähnlich häufig wie in deutschen Familien vorkommt.

Über die Situation sexuell missbrauchter türkischer Mädchen lässt sich auf Grund des v.a. in der sozialpädagogischen Arbeit gesammelten Wissens Folgendes sagen (Celik & Kunsleben 1994; PAPATYA 1993; Ter-Nedden & Ucar 1996; Mädchenzuflucht Frankfurt 1999):

- Sexuelle Kontakte zwischen Blutsverwandten sind auch in der türkischen Gesellschaft ein Tabu. Das öffentliche Bekanntwerden eines Missbrauchs durch den Vater beschädigt dessen Ansehen und hat rechtliche Sanktionen zur Folge.
- Bei sexueller Gewalt in der Familie sind die Väter/Brüder bemüht, die Jungfräulichkeit der Mädchen zu erhalten, da diese Voraussetzung für die spätere Verheiratung ist.
- Bei Bekanntwerden der Übergriffe verliert die Familie ihre Ehre, wobei mehr die Mädchen als Schuldige betrachtet werden, die durch die Eröffnung oder ihr Weglaufen Schande über die Familie gebracht haben.
- Die Mädchen nehmen Gewalt und Missbrauch lange Zeit hin, bevor sie zum letzten Mittel, den Weggang aus der Familie (oft im Zusammenhang mit einer drohenden Zwangsverheiratung), greifen. Sie glauben Unrecht zu tun, wenn sie den Missbrauch offenlegen und sind es gewohnt, Konflikte eher innerhalb der Familie zu lösen. Dem Weggang aus der Familie gehen deshalb viele andere Versuche voran, die Übergriffe zu beenden.
- Von ihren Müttern fühlen sich die Mädchen emotional oft alleine gelassen, selbst Erwartungen einer heimlichen Solidarisierung werden enttäuscht.
- Verlässt ein türkisches Mädchen seine Familie, muss sie den Verlust der gesamten Familie und ihres Ortes in der Migrantenkultur in Kauf nehmen. Dies stellt für Mädchen, die vorrangig auf ein Leben in der Familie innerhalb der Herkunftskultur hin sozialisiert wurden, einen massiven Angriff auf die eigene Identität dar.
- Die Angst vor der Offenlegung der Gewalterfahrung ist aber nicht nur in den familiären/kulturellen Zusammenhängen begründet. Auch die Sorge, infolge der Beanspruchung von Jugendhilfegeldern den Aufenthaltsstatus zu verlieren oder in Behörden rassistischen Vorurteilen ausgesetzt zu sein, hält Mädchen lange Zeit stumm. Die Hemmschwelle, sich an deutsche Behörden zu wenden ist insgesamt groß, noch größer aber ist die Angst, bei Gerichten, der Polizei oder Anwälten die Gewalterfahrung anzuzeigen. Dies führt dazu, dass sexuelle Gewalterfahrungen in ausländischen Familien kaum zur Anzeige kommen (Fastie 1994).

Institutionelle Hilfeangebote

Ausländische Mädchen sind in Kriseneinrichtungen insgesamt und in spezifischen Schutzstellen für Mädchen überrepräsentiert. (In der Zufluchtswohnung von Wildwasser Berlin machten ausländische Mädchen im Zeitraum 1988–1991 insgesamt 69,7% der Betreuten aus.) Angebote von Beratungsstellen für sexuell missbrauchte Mädchen nehmen sie hingegen deutlich weniger in Anspruch (Wildwasser Berlin: 12,9%). Aus diesen Daten kann geschlossen werden, dass institutionelle Hilfeangebote primär zur Befriedigung unmittelbarer Schutzbedürfnisse und Klärung weiterer Perspektiven der Mädchen genutzt werden (zu den Zahlen: BMFSFJ 1997). Auffällig viele Mädchen gehen aber nach kurzzeitigen Aufenthalten in den Schutzstellen wieder in ihre Familien zurück, ohne dass sich dort an ihrer Situation etwas geändert hat. Manchmal gewinnt im „Zwiespalt zwischen Sehnsucht nach der idealen Familie und Widerstand gegen die reale Familie" (PAPATYA 1993, S. 86) die Familie, v. a. wenn am neuen Lebensort Enttäuschungen und Konflikte auftreten. Immer wieder beenden die Mädchen die Hilfen auch aufgrund massiver Drohungen seitens der Familienmitglieder. Gerade deshalb ist die Anonymität solcher Einrichtungen für ausländische Mädchen besonders wichtig.

Zu bedenken ist aber auch, dass in vielen Einrichtungen der Jugendhilfe kaum den Bedürfnissen ausländischer Mädchen Rechnung getragen wird. Für Mädchen, die teilweise noch keinen Tag unabhängig von ihren Familien verbracht haben, bedeutet deshalb das Leben in solchen Einrichtungen mehr Bodenlosigkeit als Halt und Stütze. Die allgemeine Skepsis vieler sozialpädagogischer Fachkräfte gegenüber Hilfeangeboten für ausländische Mädchen („das kann man gleich bleiben lassen") trägt zu keiner Verbesserung ihrer Lage bei (Finkel 2000). Vielmehr muss es in der Betreuungsarbeit darum gehen, ihnen durch eine anfänglich engmaschige Hilfe den Übergang zu erleichtern, um dann individuelle Perspektiven und Wege gemeinsam finden zu können. Konstitutiv für eine gelingende Unterstützung ist es, sich Wissen über ihre individuellen Lebenslagen anzueignen, das nicht einseitig aus der Kulturzugehörigkeit abgeleitet wird, sondern sozialstrukturelle und rechtlich/politische Dimensionen ihrer Lebenslagen mit einschließt (→ *Hilfen zur Erziehung*).

Literatur

Bange, D. & Enders, U. (1995). *Auch Indianer kennen Schmerz. Sexuelle Gewalt gegen Jungen. Ein Handbuch.* Köln: Kiepenheuer & Witsch.
Beinzger, D. & Kallert, H. & Kolmer, C. (1995). *„Ich meine, man muß kämpfen können. Gerade als Ausländerin." Ausländische Mädchen und junge Frauen in Heimen und Wohngruppen.* Frankfurt/Main: IKO.
Böge, S. (1996). Allein und entwurzelt – wenn türkische Mädchen aus der Familie flüchten. In V. Birtsch & L. Hartwig & B. Retza (Hrsg.). *Mädchenwelten-Mädchenpädagogik* (S. 74–96). Frankfurt/Main: IGFH-Eigenverlag.

Boos-Nünning, U. (1994). Die Definition von Mädchen türkischer Herkunft als Außenseiterinnen. In R. Nestvogel (Hrsg.). „Fremdes" oder „Eigenes"? *Rassismus, Antisemitismus, Kolonialismus, Rechtsextremismus aus Frauensicht* (S. 165–185). Frankfurt: IKO.

Bundesministerium für Familie, Senioren, Frauen und Jugend (Hrsg.) (1997). *Modellprojekt Beratungsstelle und Zufluchtswohnung für sexuell mißbrauchte Mädchen von „ Wildwasser" – Arbeitsgemeinschaft gegen sexuellen Mißbrauch an Mädchen e.V.* Stuttgart/Berlin/Köln: Kohlhammer.

Celik, H. & Kunsleben, C. (1994). Mädchenhaus Bielefeld e.V., Verein zur Unterstützung feministischer Mädchenarbeit, Zufluchtsstätte. *Betrifft Mädchen. Im Labyrinth der Kulturen – Arbeit mit ausländischen Mädchen,* S. 6–10.

Ehlers, J. & Bentner, A. & Kowalczyk, M. (Hrsg.) (1997). *Mädchen zwischen den Kulturen. Anforderungen an eine interkulturelle Pädagogik.* Frankfurt/Main: IKO.

Fastie, F. (1994). *Zeuginnen der Anklage. Die Situation sexuell mißbrauchter Mädchen vor Gericht.* Berlin: Orlanda.

Finkel, M. (2000). „entweder wird man eingebaut in das System". Sozialpädagogische Arbeit mit Mädchen und Jungen aus Migrationsfamilien. *EREV-Schriftenreihe, 41 (2),* 140–167.

Gaitanides, S. (1996). Probleme der Identitätsfindung der zweiten Einwanderergeneration. *Informationsdienst zur Ausländerarbeit (IZA), 18 (1),* 32–39.

Gemende, M. & Schröer, W. & Sting, S. (Hrsg.) (1999). *Zwischen den Kulturen. Pädagogische und sozialpädagogische Zugänge zur Interkulturalität.* Weinheim/München: Juventa.

Hamburger, F. (1997). *Kulturelle Produktivität durch komparative Kompetenz.* Vortragsmanuskript (Herausgegeben vom Institut für sozialpädagogische Forschung Mainz).

Hamburger, F. (1999). Zur Tragfähigkeit der Kategorien. „Ethnizität" und „Kultur" im erziehungswissenschaftlichen Diskurs. *Zeitschrift für Erziehungswissenschaft, 2 (2),* 167–178.

Ingenfeld, M. & Lindemann, A. (1987). Eine ungestörte Umgebung auch für ausländische Mädchen. Das Mädchenzentrum Gladbeck. In D. Schlapheit-Beck (Hrsg.). *Mädchenräume. Initiativen – Projekte – Lebensperspektiven* (S. 176–183). Hamburg: VSA.

Julius, H. & Boehme, U. (1997). *Sexuelle Gewalt gegen Jungen.* Göttingen: Verlag für angewandte Psychologie.

Kraheck, N. (1994). Leben zwischen zwei Kulturen – Zur Situation und Arbeit mit ausländischen Mädchen. *Betrifft Mädchen. Im Labyrinth der Kulturen – Arbeit mit ausländischen Mädchen,* S. 3–6.

Lew, M. (1997). *Als Junge mißbraucht.* München: Kösel.

Mädchenzuflucht Frankfurt (1999). Interkulturelle Mädchenarbeit in der Zuflucht. *Mädchenpolitisches Forum, (1),* S. 4–10.

PAPATYA (1993). „Meine Eltern hatten ja die Chance zu entscheiden: Entweder ich behalte meine Ehre oder meine Töchter. *Informationsdienst zur Ausländerarbeit (IZA), 15 (1/2),* S. 80–86.

Prasad, N. (1996). Schwarze/migrierte Frauen und sexueller Mißbrauch. In G. Hentschel (Hrsg.). *Skandal und Alltag. Sexueller Mißbrauch und Gegenstrategien* (S. 183–191). Berlin: Orlanda.

Spitzl, M. & Yüksel, S. (1992). *Mädchen aus der Türkei.* Berlin: Donna Vita.

Stüwe, G. (1996). Migranten in der Jugendhilfe: Klischeevorstellungen und fehlendes Problembewußtsein. *Zeitschrift für Migration und Soziale Arbeit (IZA), 18 (3+4),* S. 25–29.

Ter-Nedden, C. & Ucar, S. (1996). Sexueller Mißbrauch an Mädchen aus der Türkei. In G. Hentschel (Hrsg.). *Skandal und Alltag. Sexueller Mißbrauch und Gegenstrategien* (S. 192–200). Berlin: Orlanda.

Weber, M. & Rohleder, C. (1995). Sexuelle Gewalt gegen ausländische Mädchen. In dies. *Sexueller Mißbrauch. Jugendhilfe zwischen Aufbruch und Rückschritt* (S. 161–166). Münster: Votum.

Yönter, I. (1999). Mädchen in der Heimerziehung. Mädchen in Wohngruppen. Wo bleiben Mädchen aus dem islamischen Kulturkreis. *Mädchenpolitisches Forum, (1),* 10–12.

Missbrauch mit dem Missbrauch

Ursula Enders

Den Initiativen gegen sexuelle Ausbeutung von Mädchen und Jungen kam ab Mitte der 80er Jahre die Funktion einer Gegenbewegung gegen eine schon lange existierende Täterlobby zu, die in der Vergangenheit erreicht hatte, dass Erwachsene in der Regel Mädchen und Jungen meist ungestraft sexuell ausbeuten konnten. Vor allem das politischen Engagement der Selbsthilfeinitiativen bewirkte eine Veränderung des gesellschaftlichen Bewusstseins im Sinne der Bewertung sexuellen Missbrauchs als eine Gewalthandlung. Bereits ab 1987 publizierte insbesondere DER SPIEGEL als Antwort auf diese Bewegung zunehmend Beiträge, die der Debatte „Missbrauch mit dem Missbrauch" zuzuordnen waren. Diese
- stellten die Glaubwürdigkeit von Kindern in Frage,
- erhoben falsche Anschuldigungen gegen über Helfergruppen (z.B. „Männerhasserinnen"),
- kritisierten die Arbeitsweise von Pädagog(inn)en, Sozialarbeiter(inn)en und Therapeut(inn)en im Umgang mit dem Verdacht des Missbrauchs,
- zeigten vermeintliche Fehlurteile in Strafprozessen wegen sexuellen Missbrauchs und familiengerichtlichen Entscheidungen auf oder
- stellten Präventionskonzepte als unseriös und/oder vorschnell dar (vgl. Kirchhoff 2001, 492f.).

Damit übernahm DER SPIEGEL, der sich selbst als „Deutschlands bedeutendstes und Europas größtes Nachrichten-Magazin" beschreibt, eine Vorreiterfunktion in der Debatte um einen „Missbrauch mit dem Missbrauch", die von Personen und Gruppierungen mit unterschiedlichen Interessen getragen wurde – u.a. von:
- Fachkräften unterschiedlicher Arbeitsfelder, die aus Interesse an einer inhaltlichen Weiterentwicklung der Hilfen für die Opfer und der Praxis der Gerichte z.T. berechtigte Kritik übten *(→ Strafverfahren)*.
- Männern und Frauen, die fälschlicherweise des Missbrauchs beschuldigt wurden und sich gegen diese Vorwürfe zur Wehr setzten.
- Akteuren, die berechtigterweise beschuldigt wurden, doch denen die von ihnen verübten Verbrechen vor Gericht nicht zweifelsfrei nachgewiesen werden konnten.
- Angehörige von rechtskräftig verurteilten Sexualstraftätern, die behaupteten, die Gerichte hätten Fehlurteile gefällt und/oder Jugendämter hätten ungerechtfertigt Kinder aus Familien genommen.
- Vertretern der Pädosexuellenlobby *(→ Pädosexualität)*.

Die Motivation anderer Vertreter und Vertreterinnen der These des „Missbrauchs mit dem Missbrauch" war nicht immer eindeutig auszumachen. Für einige Wissenschaftler war die Medienberichterstattung sicherlich kostenlose Eigenwerbung für ihre gutachterliche Tätigkeit.

Die Hauptprotagonisten der Kampagne arbeiteten vernetzt und auf unterschiedlichen Ebenen:
- Wissenschaftler vertraten ihre „Forschungsergebnisse".
- Publizistinnen und Publizisten nutzten ihre Kontakte zu den Medien.
- Personen des öffentlichen Lebens leisteten politische Lobbyarbeit.
- Funktionäre der Interessenorganisationen stellten ihre „Manpower" für die Durchführung von Aktionen zur Verfügung (z.B. Organisation von Veranstaltungen, Demonstrationen).
- Einzelpersonen waren mit hoher Stundenzahl für die Bewegung aktiv. Einige reduzierten z.B. ihre hauptberufliche Tätigkeit oder gaben diese ganz auf. So hatten sie ausreichend Zeit für ihr Engagement und konnten zudem den Unterhalt für ihre Kinder kürzen.
- Einige besser betuchte und des Missbrauchs beschuldigte und innerhalb der Kampagne aktive Männer traten öffentlich nicht in Erscheinung, doch unterstützten sie die gemeinsame politische Arbeit, indem sie z.B. Erfahrungsberichte unter Pseudonym publizierten.

Die breite (Fach-)Öffentlichkeit nahm die Kampagne „Missbrauch mit dem Missbrauch" erst zur Kenntnis, als Katharina Rutschky unter großer Aufmerksamkeit der Medien ihre Streitschrift „Erregte Aufklärung/Kindesmissbrauch: Fakten & Fiktionen" (1992) publizierte und gemeinsam mit Prof. Dr. Reinhart Wolff das Buch mit dem doppeldeutigen Titel „Handbuch Sexueller Missbrauch" herausgab (Rutschky & Wolff 1994, Neuauflage 1999). Sexuellen Missbrauch erkannte Rutschky nur als solchen an, wenn Kinder mit körperlicher Gewalt zu Handlungen gezwungen wurden oder wenn es zu einer „regelrechten" vaginalen Vergewaltigung kam (Kulturreport 5.5.1993). Orale und anale Vergewaltigungen wären demnach nur in Verbindung mit physischer Gewalt als solche zu bewerten. Ebenso ignorant gegenüber dem emotionalen Leid kindlicher Opfer äußerte sich Reinhart Wolff. Er vertrat die These, dass „Berühren/Streicheln der Brüste, der Vagina, des Penis, des Hinterteils eines/r Minderjährigen oder das Verlangen nach Berührungen der eigenen Sexualorgane (intime Zone) des Erwachsenen (Masturbation)" nur eine geringe Traumatisierung zur Folge habe (Wolff 1999). Empirische Belege für seine Erkenntnis führte Wolff nicht an.

Im „Handbuch Sexueller Missbrauch" stellte Prof. Dr. Helmut Kentler die These auf, „dass sich päderastische Verhältnisse sehr positiv auf die Persönlichkeitsentwicklung eines Jungen auswirken können, vor allem dann, wenn der Päderast ein regelrechter Mentor des Jungen ist" (Kentler 1999, S. 208). Bereits in den 70er und 80er Jahren hatte Kentler seine unkritische Haltung gegenüber Pädosexualität offenbart und z.B. die Unterbringung von straffälligen Jungen „bei pädagogisch interessierten Päderasten" vertreten (vgl. Enders 2001a, S. 455f.).

In der 1999 erschienenen Taschenbuchausgabe des „Handbuch sexueller Missbrauch" nahmen Rutschky & Wolff einen Beitrag von Prof. Dr. Dr. Rüdiger Lautmann über „Das Szenario der modellierten Pädophilie" auf. Der Hochschulprofessor hatte bereits 1994 unter dem Titel „Die Lust am Kind. Portrait des Pädophilen" u. a. folgende von ihm auf der Basis von Interviews mit „Knabenliebhabern" und „Mädchenfreunden" gewonnenen „wissenschaftlichen Erkenntnisse" veröffentlicht. Mädchen und Jungen sollen die pädosexuelle Ausbeutung „als sinnliche Freude" erleben und z. B. keine diesbezüglichen Angstreaktionen zeigen. Lautmanns „Erkenntnisse" über die Gefühle der Kinder basieren allein auf den Aussagen der befragten Pädosexuellen. Die betroffenen Mädchen und Jungen wurden nicht interviewt – eine Methode, die wissenschaftlich unhaltbar ist. „Bekennende Pädophile" benutzen Kinder entsprechend dieser Theorie niemals als Objekte, sehen diese stets als Subjekte (Lautmann 1994, → *Pädosexualität*).

Bei aller berechtigten Kritik an den teilweise kinderfeindlichen Positionen der Professoren Kentler und Lautmann ist es jedoch nicht statthaft, diese als pädosexuell zu bezeichnen. Korrekt ist vielmehr die Behauptung, dass die Hochschullehrer pädosexuellenfreundliche Positionen vertraten und damit die kindlichen Opfer aus dem Blickfeld verloren. Diese These unterstreicht Kentlers und Lautmanns Engagement im Kuratorium der „Arbeitsgemeinschaft Humane Sexualität" (AHS), die u. a. das Recht von Kindern auf Sexualität mit Erwachsenen einforderte.

Die Kampagne „Missbrauch mit dem Missbrauch" wurde ebenso von Initiativen der Väterbewegung getragen. Die „Interessen- und Schutzgemeinschaft unterhaltspflichtiger Väter" (ISUV) trat z.B. 1992 mit Veranstaltungen unter dem Titel „Missbrauch mit dem Missbrauch" und einer gleichnamigen Broschüre an die Öffentlichkeit. In dieser Publikation forderte u. a. Ernest Borneman das Recht des Kindes auf ein eigenes ungestörtes Liebesleben (ab dem 7. Lebensjahr) ein, denn Kinder könnten mit Erwachsenen ein ganz normales Geschlechtsleben führen. Die besagte „ISUV-Dokumentation" wurde im Rahmen einer Pressekonferenz und einer Podiumsdiskussion der Öffentlichkeit vorgestellt. Gastreferent war auf beiden Veranstaltungen der Forensiker Prof. Burkhard Schade.

Der Forensiker Prof. Udo Undeutsch trat ebenso auf ISUV-Veranstaltungen auf und setzte sich gegen die seiner Meinung nach „fanatischen und exzessiven Missbrauchsvermutungen" ein (Undeutsch 1999, S. 272). Mit Hilfe des „Lügendetektors" (Polygraphen) war er bemüht, zur Aufklärung von Verdachtsfällen beizutragen. Im Jahre 1998 stufte der Bundesgerichtshof (BGH) diese Methode als wissenschaftlich nicht haltbar und damit als nicht gerichtsrelevant ein (→ *Polygraph*).

Wichtiges Sprachrohr der Kampagne war der mediale Trendsetter DER SPIEGEL, der von 1987 bis 1999 allein 41 Artikel publizierte, die dem Diskurs des „Missbrauchs mit dem Missbrauch" zuzuordnen sind (Kirchhoff 2001). Die Beiträge ließen die Opfer sexueller Gewalt als zweifelhaft erscheinen oder machten in irgendeiner Art und Weise den Vorwurf der „Hysterie" und der „falschen Verdächtigungen", die in dem Schlagwort der „Hexenjagd" mündeten. Nur die Grausamkeiten der Taten und die politischen Skandale um die Dutroux-Affaire in Belgien ließen 1996 die vom SPIEGEL geführte Debatte um einen vermeintlichen „Missbrauch mit dem Missbrauch" wieder verebben. In diesem Jahr wurde das Thema nur einmal vom SPIEGEL aufgegriffen (ebd.).

Argumente der Kampagne

Auch wenn viele Hauptakteure der Kampagne „Missbrauch mit dem Missbrauch" leicht als willige und unwillige Täterlobbyisten zu identifizieren sind (vgl. Enders 2001 b, S. 469 ff.), sollte man deren Argumente keinesfalls ungeprüft zur Seite schieben. Nicht zuletzt fand die Debatte ein solch großes öffentliches Interesse, weil einzelne Kritikpunkte teilweise berechtigt waren. Dementsprechend gilt es genau zu analysieren, welche Fehler gemacht wurden und welche Impulse aus dem öffentlichen Diskurs für die Weiterentwicklung der Arbeit gegen sexuelle Gewalt gewonnen werden können.

Vorwurf: Im Rahmen einer hysterischen Panikmache wird das Ausmaß der sexuellen Gewalt gegen Mädchen und Jungen maßlos übertrieben.

Ausgangspunkt der Kritik an dem in den 80er und 90er Jahren konstatierten Ausmaß der sexuellen Ausbeutung war die auch in offiziellen Schriften häufig zitierte Zahl von jährlich 300.000 sexuell missbrauchten Mädchen und Jungen in den alten Bundesländern. Diese Zahl war unter Berücksichtigung einer Dunkelfeldziffer von 1:20 auf der Basis der Kriminalstatistik des BKA hochgerechnet worden. Ohne Zweifel hatte diese Zahl ein gewisses „Eigenleben" entwickelt: Sie wurde in öffentlichen Diskussionen oftmals als Anzahl der angezeigten Fälle dargestellt und nochmals hochgerechnet. Schnell waren Zahlenwerte jenseits der Millionengrenze erreicht.

Ebenso wurden in der Fachdiskussion zur sexuellen Ausbeutung z.T. inadäquate Begrifflichkeiten verwendet. Der Kinderpsychiater Prof. Dr. Fürniss sprach z.B. schon dann von „Sex-Ringen", wenn ein Erwachsener mehrere Kinder missbrauchte. Ein derart inflationärer Umgang mit dem Begriff birgt die Gefahr, dass die durchaus gegebene Problematik der organisierten sexuellen Ausbeutung von Kindern leicht von Dritten falsch eingeschätzt wird.

Dennoch darf bei aller Berechtigung der Kritik der Kampagne „Missbrauch mit dem Missbrauch" nicht über das Ausmaß der sexuellen Ausbeutung von Mädchen und Jungen hinweggesehen werden: Nach wie vor ist sexueller Missbrauch ein alltägliches Delikt (→ Ausmaß).

Vorwurf: Mütter betreiben einen „Missbrauch mit dem Missbrauch", indem sie falsche Beschuldigungen gegenüber getrennt lebenden Ehepartnern erheben und sich so Vorteile im Sorgerechtsverfahren erhoffen.

Von einem „Missbrauch mit dem Missbrauch" durch Mütter könnte allenfalls die Rede sein, wenn Mütter sich gezielt Falschbeschuldigungen ausdenken würden, um sich am Partner zu rächen. Der Beratungsalltag beweist eher das Gegenteil. Selbst wenn Frauen sich von ihrem Partner distanziert haben, können sie kaum glauben, dass der Mensch, den sie geliebt haben und der Vater ihres Kindes ist, das gemacht haben soll.

Studien aus den USA belegen, dass die häufige Bezichtigung von Müttern des „Missbrauchs mit dem Missbrauch" in den Medien nur als eine täterfreundliche Pressekampagne bewertet werden kann, die betroffene Mütter entmutigen und die Gerichte in einer dem Kindeswohl abträglichen Weise beeinflussen soll. Auch die Forschungsergebnisse von Busse, Steller & Volbert (2000) entkräften den Vorwurf, Mütter würden in familiengerichtlichen Verfahren häufig einen Missbrauchsvorwurf erheben. Die Auswertung von knapp 3.000 Akten zweier Berliner Familiengerichte widerlegt zudem die Behauptung einer drastischen Zunahme familiengerichtlicher Verfahren, in denen ein Missbrauchsvorwurf erhoben werde *(→ Falschbeschuldigungen)*.

Vorwurf: Erzieher(inn)en und Berater(inn)en suggerieren Mädchen und Jungen sexuelle Gewalterfahrungen.

In der öffentlichen Diskussion wurden auch Erzieher(inn)en und Mitarbeiter(inn)en der Jugendämter und Beratungsstellen beschuldigt, einen „Missbrauch mit dem Missbrauch" zu betreiben. Während den Pädagog(inn)en noch ein falsch verstandener „Übereifer" attestiert wurde, unterstellte man Sozialarbeiter(inn)en und Therapeut(inn)en vor allem ein materielles Interesse: die Schaffung und Absicherung von Arbeitsplätzen. Auf eine solche Argumentation erübrigt sich jede Antwort, doch sollten professionelle Helfer(inn)en ihre eigenen Arbeitsmethoden durchaus hinterfragen.

Es ist sicherlich richtig, dass heute die meisten, die mit Mädchen und Jungen in pädagogischen und psychosozialen Arbeitsfeldern arbeiten, weitaus häufiger als früher den Verdacht der sexuellen Ausbeutung haben und auch aussprechen. Das ist auch gut so – so lange man sich bewusst macht, dass Verhaltensauffälligkeiten von Mädchen und Jungen oftmals auch andere Ursachen haben *(→ Folgen)*. Es kommt im Alltag häufig vor, dass sich Pädagog(inn)en an eine Beratungsstelle oder das Jugendamt mit dem Verdacht eines sexuellen Missbrauchs wenden. Im Laufe der Beratung stellt sich heraus, dass das Mädchen/der Junge vermutlich unter anderen Belastungen leidet oder von einer anderen Person, als zunächst angenommen, missbraucht wurde. In anderen Fällen wird der erste Verdacht bestätigt, obgleich die Pädagogin/der Pädagoge hofft, dieser wäre nicht begründet.

Strategien der Kampagne „Missbrauch mit dem Missbrauch"

Während einige Protagonisten der Kampagne „Missbrauch mit dem Missbrauch" den fachlichen Diskurs mit Initiativen gegen sexuelle Ausbeutung von Mädchen und Jungen suchten, wählten andere Formen der Auseinandersetzung, die an Sachlichkeit vermissen ließen.
- Die Arbeit von für kindliche Opfer parteilich arbeitenden Beratungsstellen wurde verleumdet. So stellten z. B. Vertreter der Kampagne im Fernsehen angebliche „Zartbitterfälle" vor, die niemals von Zartbitter beraten wurden (vgl. Enders 2001b, S. 473ff.).
- In gerichtlichen Auseinandersetzungen wurde die aus den USA bereits bekannte Methode des „Zumüllens" mit sachlich unkorrekten Schriftsätzen angewandt. Diese mussten jeweils richtig gestellt werden. Offenbar sollte so die Arbeitskapazität der Beratungsstellen gegen sexuelle Gewalt gebunden werden (ebd., S. 480).
- Eine bereits aus dem Ausland bekannte Strategie war der Versuch der persönlichen und fachlichen Diffamierung einzelner in der Arbeit gegen sexuelle Ausbeutung exponierter Frauen und Männer. Über die Medien verbreitete Verleumdungsversuche als „Männerhasserinnen" und „fachlich nicht qualifiziert" waren in diesem Zusammenhang nur die Spitze des Eisberges.
- Einzelne Aktivisten der Bewegung „Missbrauch mit dem Missbrauch" machten auch vor Psychoterror keinen Halt: Sie bedrohten Mitarbeiterinnen und Mitarbeiter aus Beratungsstellen (ebd., S. 481).

Anita Heiliger (2000, S. 23) berichtet z. B. von einem in Fachkreisen geschätzten Therapeuten, der in einem SPIEGEL-Artikel (‚Wie ein Hexenprozess') verunglimpft und diskriminiert wurde. „Seine Informationen bezog der Autor unschwer erkennbar vom beschuldigten Vater des Kindes. Der Therapeut wurde auch persönlich so heftig mit Drohanrufen und unflätigen Briefen (‚Eier abschneiden') terrorisiert, dass er keine Existenzgrundlage vor Ort mehr sah und ein Angebot im Ausland annahm. Er habe sich ins Ausland ‚abgesetzt', heißt es in dem Artikel; in einem weiteren Artikel in derselben Ausgabe des Magazins wird die ohne jeden Zweifel haltlose Behauptung verbreitet, der Therapeut sei vor den Steuerbehörden ins Ausland geflohen".

In der öffentlichen Auseinandersetzung der 90er Jahre setzten sich Projekte und Initiativen gegen sexuelle Gewalt gegen die – vor allem über die Medien transportierten – Angriffe der Kampagne „Missbrauch mit dem Missbrauch" kaum zur Wehr. Nach anfänglicher Empörung erstarrten viele Fachfrauen und -männer in der Opferrolle. Anstatt offensiv den Verleumdungen entgegenzutreten, resignierten die meisten Mitarbeiterinnen und Mitarbeiter parteilich für Opfer arbeitender Institutionen und zogen sich aus der öffentlichen Diskussion zurück. Damit wurde nicht nur die Chance vertan, die Diskussion über einen angeblichen „Missbrauch mit dem Missbrauch" zu einer selbstkritischen Auseinandersetzung mit den eigenen Arbeitsweisen zu nutzen und eigene Positionen zu vertreten, sondern den Vertretern der Kampagne wurde zudem das öffentliche Forum überlassen. Die Ohn-Macht vieler Projekte gegen sexualisierte Gewalt lag vor allem in einer unzureichenden Kenntnis der Gegenseite begründet. Hatten viele Fachfrauen und -männer in der Vergangenheit vor dem Hintergrund einer blinden Parteilichkeit die Auseinandersetzung mit den Strategien der Täter und Täterinnen verweigert, so waren sie jetzt auf die Konfrontation mit Strategien von einzelnen Täterlobbyisten innerhalb der Kampagne „Missbrauch mit dem Missbrauch" nicht vorbereitet und ordneten oftmals fälschlicherweise gleich alle Akteure der Täterlobby zu.

Literatur

Busse, D., Steller, M. & Volbert, R. (2000). *Abschlußbericht zum Forschungsprojekt: Sexueller Missbrauchsverdacht in familiengerichtlichen Verfahren.* Unveröffentlichtes Manuskript Freie Universität Berlin. Institut für Forensische Psychiatrie. Berlin.
Enders, U. (2001a). Die Täter- und Täterinnenlobby hat viele Gesichter. In: U. Enders (Hg.): *Zart war ich, bitter war's.* Komplett überarbeitete und erweiterte Neuauflage (S. 469–484). Köln: Kiepenheuer & Witsch.
Enders, U. (2001b). Gibt es einen Missbrauch mit dem Missbrauch? In: U. Enders (Hg.): *Zart war ich, bitter war's.* Komplett überarbeitete und erweiterte Neuauflage (S. 454–468). Köln: Kiepenheuer & Witsch.
Heiliger, A. (2000). *Täterstrategien und Prävention.* München: Verlag Frauenoffensive.
Kentler, H. (1999). Täterinnen und Täter bei sexuellem Missbrauch von Jungen. In: K. Rutschky, R. Wolff (Hg.). *Handbuch sexueller missbrauch* (S. 199–217). Reinbek: rororo.
Kirchhoff, S. (2001). Sexueller Missbrauch im SPIEGEL der Medien. Schlaglicht einer wissenschaftlichen Untersuchung der SPIEGEL-Berichterstattung zum Thema sexueller Missbrauch über einen Zeitraum von zwanzig Jahren. In: U. Enders (Hg.). *Zart war ich, bitter war's.* Komplett überarbeitete und erweiterte Neuauflage (S. 485–502). Köln: Kiepenheuer & Witsch.
Lautmann, R. (1999). Das Szenario der modellierten Pädophilie. In: K. Rutschky, R. Wolff (Hg.). *Handbuch sexueller missbrauch* (S. 182–198). Reinbek: rororo.
Lautmann, R. (1994). *Die Lust am Kind. Portrait des Pädophilen.* Hamburg: Klein Verlag.
Rutschky, K. (1992). *Erregte Aufklärung: Kindesmißbrauch: Fakten & Fiktionen.* Hamburg: Klein Verlag.
Rutschky, K. & Wolff, R. (Hg.) (1999). *Handbuch Sexueller Mißbrauch.* Reinbek: rororo.
Undeutsch, U. (1994). Verbrechen gegen die Sittlichkeit. Kinder als Opfer und Zeugen. In: K. Rutschky, R. Wolff (Hg.). *Handbuch sexueller missbrauch* (S. 243–275). Reinbek: rororo.
Wolff, R. (1994). Der Einbruch der Sexualmoral. In: K. Rutschky, R. Wolff (Hg.). *Handbuch sexueller missbrauch* (S. 121–146). Reinbek: rororo.

Modell der vier Voraussetzungen – David Finkelhors Ursachenmodell

Maren Kolshorn und Ulrike Brockhaus

Aufgrund seiner Analyse aktueller Forschung und Theorie zu sexueller Gewalt an Kindern kommt David Finkelhor 1984 zu dem Schluss, dass die Frage nach den Ursachen noch nicht zufriedenstellend beantwortet werden kann. Im Zentrum seiner Kritik steht die Feststellung, dass *soziale und kulturelle Faktoren* (wie z. B. herrschende Einstellungen zu Kindern und Sexualität oder die Sexualisierung von Kindern in der Pornographie) kaum berücksichtigt werden. Finkelhor schreibt ihnen jedoch eine wichtige Rollen zum Verständnis von sexuellem Missbrauch zu. Zudem gilt es ein sehr breites Spektrum von Missbrauchsverhalten zu erklären: unterschiedliche Tätergruppen mit verschiedenen Opfergruppen und einer Vielgestaltigkeit von Tatmustern. „Um diese Verschiedenheit erklären zu können, wird ein multifaktorielles Modell gebraucht, in welchem der Vielfalt von verschiedenen Tätertypen eine Vielfalt von Erklärungen entspricht" (ebd., S. 36).

Die geforderte Mannigfaltigkeit von Erklärungsansätzen gibt es längst, doch stehen diese bislang weitgehend unverbunden oder gar konkurrierend nebeneinander. Was fehlt, ist ein *organisierender Rahmen*. Einen solchen entwickelt Finkelhor mit seinem „Four-Preconditions Model of Sexual Abuse" – dem Modell der vier Voraussetzungen sexuellen Missbrauchs. Danach stellen die folgenden vier Faktoren notwendige Voraussetzungen dar, die erfüllt sein müssen, damit es zu einem sexuellen Missbrauch kommt:

1. Ein potenzieller Täter muss *motiviert* sein, ein Kind sexuell zu missbrauchen.
2. Er muss innere *Hemmungen* gegen das Ausagieren dieser Motivation *überwinden*.
3. Er muss *äußere Hemmfaktoren überwinden*.
4. Der Täter muss *Widerstand von Seiten des Opfers* überwinden oder ein anderer Faktor muss die *Widerstandskraft des Opfers schwächen*.

Den jeweiligen Bedingungen ordnet Finkelhor empirische Befunde und theoretische Überlegungen zu, die im Zusammenhang mit sexueller Gewalt an Kindern und deren Ursachen erhoben bzw. angestellt worden sind. Dabei beinhaltet das Modell sowohl psychologische als auch sozio-kulturelle Komponenten.

Voraussetzung 1:
Motivation zu sexuellem Missbrauch

Die Grundvoraussetzung dafür, ein Kind sexuell zu missbrauchen, ist eine entsprechende Motivation des Täters. Finkelhor unterscheidet drei Motivationskomponenten:
1. *Emotionale Kongruenz:* eine sexuelle Beziehung zu einem Kind befriedigt ein wichtiges emotionales Bedürfnis;
2. *Sexuelle Erregung:* ein Kind ist eine mögliche Quelle sexueller Erregung und Befriedigung für die Person;
3. *Blockierung*: alternative Möglichkeiten zu sexueller Befriedigung sind nicht verfügbar oder weniger befriedigend.

Damit es zur Tat kommt, muss zwingend wenigstens eine der Motivationskomponenten gegeben sein, doch müssen nicht notwendigerweise alle erfüllt sein. So braucht ein Täter beispielsweise nicht sexuell erregt sein, um ein Kind sexuell zu missbrauchen. Er kann durch die Tat ebenso ein Bedürfnis nach Erniedrigung einer anderen Person erfüllen.

Faktoren, die die verschiedenen Motivationskomponenten beeinflussen und damit zur Erfüllung der ersten Voraussetzung beitragen, sind weiter unten in der Tabelle 1 aufgelistet.

Voraussetzung 2:
Überwindung innerer Hemmungen

Wenn jemand zu einem sexuellen Kontakt mit einem Kind motiviert ist, muss er im nächsten Schritt innere Hemmungen überwinden, die dem Missbrauch entgegenstehen. Finkelhor geht davon aus, dass die meisten Menschen solche Hemmungen haben.

Es ist wichtig, die Voraussetzung der Enthemmung von der der Motivation zu unterscheiden. Enthemmung selbst ist keine Motivationsquelle, sondern ein notwendiger Faktor im Rahmen der Umsetzung einer bestehenden Motivation. So wird ein Täter, der nicht motiviert ist, ein Kind zu missbrauchen, dies auch nicht tun, selbst wenn er keinerlei Hemmungen gegenüber der Tat hätte. Umgekehrt wird es ebenso wenig zur Tat kommen, wenn ein Täter zwar hochmotiviert ist, starke Hemmfaktoren aber gegen eine Umsetzung seiner Impulse sprechen. Wie wichtig es ist, zwischen Motivation und Enthemmung zu differenzieren, mag das Beispiel des Alkoholkonsums verdeutlichen, der oft im Zusammenhang mit sexueller Gewalt auftritt. Seine enthemmende Wirkung wird häufig als vermeintlich ausreichende Erklärung für eine sexuelle Gewalttat angeführt. An Finkelhors Modell wird schnell deutlich, an welcher Stelle diese Erklärung zu kurz greift: Enthemmung kann nur dann zu einer Tat führen, wenn auch im nüchternen Zustand eine – latente – Motivation zur Tat besteht. Diese jedoch kann nicht durch den Alkoholkonsum erklärt werden. In Tabelle 1 werden individuelle und soziokulturelle Aspekte aufgeführt, die zu einer Enthemmung gegenüber sexueller Gewalt beitragen können.

Voraussetzung 3:
Überwindung äußerer Hemmfaktoren

Während die Voraussetzungen 1 und 2 im Wesentlichen das Verhalten des Täters betreffen, beziehen sich die Faktoren 3 und 4 auf Aspekte außerhalb der Person des Täters, die einen Einfluss darauf haben, ob und wen er missbraucht.

Wenn ein potenzieller Täter motiviert ist, sich einem Kind sexuell zu nähern und keine inneren Hemmungen bestehen, muss er weiterhin äußere Hemmfaktoren überwinden. Neben der einfachen Frage, welche Möglichkeit der Täter hat, mit einem Kind allein zu sein, betrachtet Finkelhor hier vor allem die sozialen Bezüge des Kindes. Zentral dabei ist die Beaufsichtigung und Aufmerksamkeit, die ein Kind von anderen erfährt. Insgesamt sind Kinder, die kaum gute und stabile Beziehungen zu anderen Menschen haben, gefährdeter, Opfer von Gewalt zu werden. Besonders gefährdet sind Kinder, deren Mütter – aus welchem Grund auch immer – nicht ausreichend für sie da sind (s. dazu Tabelle 1). Finkelhor warnt davor, derartige Forschungsergebnisse als sexistisch abzulehnen. Fakt ist in unserer Gesellschaft, dass meistens niemand diese beschützende Rolle übernimmt, wenn die Mütter sie nicht übernehmen können oder wollen.

Voraussetzung 4:
Überwindung des kindlichen Widerstandes

In der Dynamik sexuellen Missbrauchs kommt auch dem Verhalten des Kindes selbst eine bedeutsame Rolle zu. Kinder haben Möglichkeiten, sexuellen Missbrauch abzuwehren oder ihn gar zu verhindern. D.h. ein potenzieller Täter muss diesen Widerstand überwinden, wenn er das Kind missbrauchen will.

Der Täter kann damit konfrontiert sein, dass das Kind „Nein" sagt, dass es wegläuft oder sich sogar körperlich zur Wehr setzt. Zum Widerstand der Opfers zählen aber auch subtile Aspekte der kindlichen Persönlichkeit oder seines/ihres Verhaltens. Vor allem emotionale Bedürftigkeit, mangelnde Aufklärung über Sexualität (→ *Sexualpädagogik*) und sexuelle Gewalt sowie eine besondere oder vertrauensvolle Beziehung zum Täter schwächen das kindliche Widerstandspotenzial. Forschungen zeigen, dass viele Täter die Fähigkeit haben, in diesem Sinne geeignete, d.h. „widerstandsgeschwächte" Opfer zu erkennen (→ *Täterstrategien und Prävention*).

Es sei darauf hingewiesen, dass es selbstverständlich häufig Situationen gibt, in denen das Kind der Übermacht und Gewalt des Täters nichts (erfolgreich) entgegenzusetzen vermag.

Tabelle 1: Voraussetzungen für sexuellen Missbrauch

	Ebene der Erklärung	
	Individuell	**Soziokulturell**
Voraussetzung 1: Faktoren, die mit einer Missbrauchsmotivation in Zusammenhang stehen		
Emotionale Kongruenz	• Stehengebliebene emotionale Entwicklung • Bedürfnis, sich stark und kontrollierend zu fühlen • Reinszenierung eines Kindheitstraumas, um die Verletzung ungeschehen zu machen • Narzisstische Identifikation mit dem Selbst als kleinem Kind	• Anforderung an Männer, in sexuellen Beziehungen dominant und mächtig zu sein
Sexuelle Erregung	• Traumatische oder stark konditionierende sexuelle Erfahrung in der Kindheit • Jemand anderes lebt sexuelles Interesse an Kindern vor • Fehlattribution von Erregungsreizen • Biologische Abnormalität	• Kinderpornographie • Erotische Darstellung von Kindern in der Werbung • Männliche Tendenz, emotionale Bedürfnisse zu sexualisieren
Blockierung	• Ödipaler Konflikt • Kastrationsangst • Angst vor erwachsenen Frauen • Traumatische sexuelle Erfahrung mit einer erwachsenen Person • Unzureichende soziale Fähigkeiten • Eheprobleme	• Repressive Normen über Masturbation und außerehelichen Sex
Voraussetzung 2: Faktoren, die dazu beitragen, internale Hemmungen zu überwinden	• Alkohol • Psychose • Impulsstörung • Senilität • Versagen von Inzest-Hemm-Mechanismen in der Familiendynamik	• Soziale Tolerierung von sexuellem Interesse an Kindern • Schwache strafrechtliche Sanktionierung der Täter • Ideologie patriarchaler Vorrechte von Vätern • Soziale Toleranz gegenüber Verbrechen, die im Rausch begangen wurden • Kinderpornographie • Männliche Unfähigkeit, sich mit kindlichen Bedürfnissen zu identifizieren

Voraussetzung 3: Faktoren, die dazu beitragen, externale Hemmungen zu überwinden	• Abwesende oder kranke Mutter • Mutter, die dem Kind nicht nahe steht oder nicht beschützend ist • Mutter, die vom Vater dominiert oder misshandelt wird • Soziale Isolation der Familie • Ungewöhnliche Möglichkeiten, mit dem Kind allein zu sein • Fehlende Beaufsichtigung des Kindes • Ungewöhnliche Schlaf- oder Wohnbedingungen	• Fehlende soziale Unterstützung für Mütter • Faktoren, die der Gleichstellung von Frauen entgegenwirken • Zerfall sozialer Netzwerke • Ideologie der heilen Familie
Voraussetzung 4: Faktoren, die dazu beitragen, den Widerstand eines Kindes zu überwinden	• Kind ist emotional unsicher oder depriviert • Dem Kind fehlt Wissen über sexuellen Missbrauch • Ungewöhnliche Vertrauenssituation zwischen Kind und Täter • Zwang	• Mangelnde Sexualerziehung für Kinder • Soziale Machtlosigkeit von Kindern

Bewertung des Modells

Innerhalb der Ursachenanalyse von sexueller Gewalt gegen Kinder stellt Finkelhors Modell eine fruchtbare Veränderung der Sichtweise dar. Er war der erste, der zur Erklärung eines derart komplexen Phänomens eine multifaktorielle Betrachtungsweise forderte und auch entwickelte. Dabei wertete er vorhandene Theorien und Forschungsergebnisse nicht ab, sondern integrierte sie in ein Meta-Modell. Finkelhor betonte zudem die zentrale Bedeutung soziokultureller Faktoren, ohne deren Berücksichtigung ein Verständnis sexueller Gewalt nicht möglich wäre.

Eine Begrenzung des Erklärungswertes seines Modells liegt unserer Ansicht nach in der auch bei ihm vorhandenen Fokussierung auf die Person des Täters und seine psychischen Prozesse. Das Opfer und Personen aus seinem Umfeld werden zwar betrachtet, jedoch nur sehr begrenzt und ohne in entsprechender Weise auf ihre psychischen Prozesse einzugehen.

Eine Weiterentwicklung im Sinne dieser Kritikpunkte stellt unser Drei-Perspektiven-Modell sexueller Gewalt an Kindern (Brockhaus & Kolshorn, 1993) dar (→ *Drei-Perspektiven-Modell sexueller Gewalt an Kindern*).

Literatur

Brockhaus, Ulrike & Kolshorn, Maren (1993). *Sexuelle Gewalt gegen Mädchen und Jungen. Mythen, Fakten, Theorien.* Frankfurt a.M.: Campus.
Finkelhor, David (1984). *Child Sexual Abuse. New Theory and Research.* New York: The Free Press.

Mütter

Eva Breitenbach

Die Mütter von sexuell missbrauchten Kindern finden relativ wenig Beachtung in der deutschsprachigen empirischen Forschung und in der theoretischen Literatur zu sexuellem Missbrauch. Selbst wenn das Thema „Mütter und sexueller Missbrauch" in die Forschung eingeht, richtet sich die Aufmerksamkeit meist nicht auf deren eigene Sicht der Dinge, auf ihre Situation, ihr Erleben, ihre Handlungsweisen und Bewältigungsstrategien. Lediglich Arbeiten, deren Schwerpunkt bei Prävention und Intervention liegt, befassen sich mit den Frauen als Müttern von Opfern und als Ehefrauen von Tätern. Kontrovers diskutiert wird die Handlungsweise der Frauen vor allem dann, wenn die Täter Familienangehörige sind oder zum sozialen Nahraum des Opfers gehören. In diesem Kontext gewinnt die Schuldfrage eine besondere Brisanz.

Dennoch stehen Erkenntnisse über diese Gruppe von Frauen zur Verfügung. Es liegen Erfahrungsberichte betroffener Mütter (vgl. z.B. Enders & Stumpf 1991), Praxisliteratur aus Beratung und Therapie sowie empirische Untersuchungen (vgl. Breitenbach 1992, Gerwert, Thurn & Fegert 1993, Gerwert 1996) vor. Eine grundlegende Schwierigkeit liegt hier darin, einen Zugang zu den Frauen bzw. gesprächsbereite Frauen zu finden. In der Regel sind das diejenigen Frauen, die willens und in der Lage sind, ihre Kinder zu unterstützen. Ein zweite Möglichkeit, etwas über Mütter missbrauchter Kinder zu erfahren, besteht darin, sie als traumatisierte Opfer oder als Zeugen von sexueller Gewalt zu betrachten (vgl. Herman 1994, Newberger u.a. 1993). Ein dritter Weg schließlich ist es zu fragen, was Mutterschaft, Ehe und Beziehung sowie Sexualität für eine Frau in dieser Gesellschaft und unter den besonderen Umständen sexueller Gewalt bedeuten (vgl. Liebman 1990). Vor allem die dritte Perspektive gibt Aufschluss über die gesellschaftlichen und kulturellen Deutungsmuster, auf die zurückgegriffen wird, um Frauen und ihre Handlungsweise einzuschätzen und zu beurteilen. Auf diese kulturellen Bilder z.B. über Mutterschaft bzw. die gute Mutter greifen die Frauen auch selbst zurück, um sich selbst und ihr eigenes Handeln zu bewerten. Diese Deutungsmuster werden nicht immer expliziert, sie sind vielmehr oft implizit und quasi vorreflexiv. Gerade bei diesem Thema ist eine Art von Ideologiekritik der vorhandenen Arbeiten und theoretischen Ansätze notwendig, denn sowohl bei der Mutterschaft als auch bei der Sexualität handelt es sich um Themen, die mit mächtigen gesellschaftlichen Bildern besetzt sind (vgl. Breitenbach 1992).

Die Situation und das Erleben betroffener Frauen

Die Mütter sexuell missbrauchter Kinder stellen keine einheitliche Gruppe von Frauen mit spezifischen persönlichen, familiären, sozialen oder ökonomischen Merkmalen dar. Versuche einer solchen Kategorisierung sind in der Literatur zwar immer wieder unternommen worden, aber allesamt gescheitert. Wesentlich angemessener ist es, nicht von den Personen auszugehen, sondern zunächst von der Situation, in der sich die Frauen durch den Missbrauch an ihren Kindern befinden. Bei der Frage nach der Unterstützung, die die Frauen benötigen, kann es dagegen sinnvoll sein, die einzelnen Personen, ihre Lebensverhältnisse und die Ressourcen, über die sie verfügen, zu berücksichtigen (vgl. Gerwert 1996).

Auch wenn es keine exakten Angaben dazu gibt, kann man davon ausgehen, dass viele oder sogar die meisten Mütter nicht sofort davon Kenntnis erhalten, dass ihre Kinder missbraucht werden oder wurden, sondern erst dann, wenn der Missbrauch schon über einen längeren Zeitraum erfolgt oder schon länger zurück liegt (vgl. Enders & Stumpf 1991). Oft erfahren sie auch nicht von ihren Kindern davon, sondern von dritten Personen. Die Frauen reagieren mit Ungläubigkeit und Schock, einem Gefühl von Unwirklichkeit und Kontrollverlust, mit Ekel, Angst, Zorn, Scham- und Schuldgefühlen. Diese Gefühle teilen sie mit anderen Opfern traumatischer Gewalterfahrungen. Die Konfrontation mit dem Missbrauch ihrer Kinder bedeutet für viele Frauen eine tiefe Krise, die zentrale Teile ihres Lebens betrifft (vgl. Gerwert, Thurn & Fegert 1993).

Ein bedeutsamer Teil der psychischen Krise ist die Zerstörung der Wahrnehmung des vergangenen und gegenwärtigen Lebens und die Zweifel an der Fähigkeit zur Wahrnehmung selbst. Wenn Frauen nach längerer Zeit erfahren, dass ihre Kinder sexuell missbraucht worden sind oder noch werden, ohne dass sie etwas davon gemerkt haben, können sie ihrer bisherigen Wahrnehmung nicht mehr trauen. Sie müssen ihre persönliche Vergangenheit, die ihres Kindes und möglicherweise die ihrer Familie im Licht ihres Wissens quasi neu konstruieren. Gleichzeitig müssen Frauen ihre Gegenwart und Zukunft und die ihrer Kinder neu entwerfen und gestalten, sowohl geistig und psychisch als auch ganz praktisch.

Wenn der Täter der Vater und Ehemann ist, hat die Aufdeckung der sexuellen Gewalt weitreichende soziale und ökonomische Konsequenzen. Möglicherweise wird die Frau mit den entsprechenden Folgen der Mittäter- oder Komplizenschaft bezichtigt. Wenn sie ihren Mann verlässt, muss sie eine neue Existenz aufbauen. Wenn der Missbrauch nach der Trennung von ihrem Mann erfolgt oder sie erst dann davon erfährt, gerät sie möglicherweise in den Verdacht, sich im Scheidungsverfahren Vorteile verschaffen zu wollen, indem sie ihren Mann beschuldigt (→ *Falschbeschuldigungen,* → *Missbrauch mit dem Missbrauch,* → *Trennung und Scheidung*). Wenn der Täter im sozialen Umfeld zu finden ist, muss die Familie den Ort wechseln oder zumindest Beziehungen neu definieren, nicht nur zum Täter, sondern zu allen im Umfeld, die Stellung zu dem Geschehen beziehen müssen. Vor diesen Aufgaben kapitulieren viele Frauen. Um sie zu bewältigen, bedarf es besonderer Hilfe und Unterstützungsleistungen.

Ein zentrales Thema in der Literatur über die Mütter ist, inwieweit es möglich ist, dass sie über einen längeren Zeitraum nichts von einem Geschehen wussten, das quasi unter ihren Augen, möglicherweise in ihrer Wohnung, am Körper und an der Seele ihres Kindes stattfand. Dieses Thema beschäftigt auch die betroffenen Frauen selbst. Die Frage ist oft gekoppelt mit der Antwort, die Mutter müsse etwas bewusst oder „unbewusst" gewusst oder zumindest geahnt haben. Wie viele Frauen ihr Einverständnis geben oder zumindest nichts gegen den Missbrauch an ihren Kindern unternehmen, lässt sich nicht klären, zumal „unbewusstes Wissen" eine Unterstellung ist, die nicht widerlegt werden kann. Ich halte es durchaus für möglich und sogar für wahrscheinlich, dass Kinder über längere Zeit ohne Wissen ihrer Mütter sexuell missbraucht werden. Nicht nur, weil die Opfer aus verschiedenen Gründen das Geschehen gerade vor ihren Müttern verheimlichen (müssen), sondern auch deshalb, weil jemand in der Regel nur das wahrnehmen kann, was als geistige Möglichkeit für ihn existiert. Die zum Leben notwendige Konzeption der persönlichen Beziehungen und der eigenen Umgebung als hinreichend positiv, vertraut und sicher und, soweit es die Beziehungen angeht, als getragen von einem hinreichenden gemeinsamen Wertesystem, schließt die Möglichkeit der Wahrnehmung sexueller Gewalt, die die Grundlagen jeder Gemeinsamkeit zerstört, aus.

Mütter als Opfer traumatischer Erfahrungen

Die Erkenntnis dessen, was mit ihren Kindern geschehen ist und die Konsequenzen, die daraus für das Leben der Frauen und ihrer Kinder resultieren, können als eine traumatische Erfahrung aufgefasst werden (vgl. Herman 1994). In einer Interviewstudie, die mehrmalige Interviews über ein Jahr einschloss, stellen Newberger u. a. (1993) fest, dass die Mütter missbrauchter Kinder schwerwiegende psychische Beeinträchtigungen aufweisen, wie z. B. Ängste und Depressionen, die im Verlauf des untersuchten Jahres nach Beendigung des Missbrauchs jedoch schwächer werden. Die mütterlichen Symptome lassen sich ebenso wie die der missbrauchten Kinder als posttraumatische Belastungsstörung beschreiben (→ *Posttraumatische Belastungsstörung*). Die Autorinnen weisen darauf hin, dass die psychischen Probleme der Mütter sich auf ihre Einschätzung des psychischen Zustandes ihrer Kinder auswirken. Wenn die Mütter sehr unter dem Missbrauch leiden, kann es sein, dass sie zwischen ihren Gefühlen und denen ihrer Kinder nicht mehr differenzieren können. Dieser Hinweis ist sowohl für Helfer/innen wichtig als auch für Forscher/innen, die sich auf Mütter als Informantinnen berufen.

Das Phänomen der Bindung an den Aggressor, das sich bei dieser Gruppe von Frauen ebenso wie bei anderen Opfern von Gewalttaten zeigen kann, ist nach meiner Einschätzung bislang nicht entsprechend gewürdigt worden, ähnlich wie bei Frauen, die von ihren Männern misshandelt werden. (Misshandlung und Terror in der Ehe kann auch bei Familien, in denen Kinder missbraucht werden, zusätzlich eine Rolle spielen, → *häusliche Gewalt*). Die Bindung der Frauen an die Täter ist lange Zeit mit ihrer ökonomisch abhängigen Situation, ihrem Egoismus, ihrer Geschichte, ihrer weiblichen Sozialisation und ihrer weiblichen Identität erklärt worden, nicht als Folge einer traumatischen Erfahrung. Wenn die betroffenen Frauen als Opfer galten, dann als Opfer des Patriarchats oder eines mächtigen Ehemannes, weniger als traumatisierte Gewaltopfer.

Mutterschaft

Alltagstheorien ebenso wie wissenschaftliche Theorien gehen implizit wie explizit davon aus, dass Mütter natürlicherweise und in einem umfassenden Sinn die Beschützerinnen ihrer Kinder sind. In dieser Hinsicht wird die Mutter ebenso mit sozialer Macht wie mit psychischer Macht ausgestattet. Als gute Mutter kennt sie die Situation ihres Kindes und kann sie im Sinne ihres Kindes bewahren oder verändern. Diese Phantasie von der allmächtigen und allwissenden Mutter ist ein äußerst wirkmächtiges kulturelles Bild. Die emotionale Färbung, Überzeugungskraft und Plausibilität erhält diese Phantasie aus den frühen und z.T. unbewussten Erinnerungen des kleinen Kindes, das die Mutter tatsächlich als allmächtig und allwissend erlebt hat (vgl. Chodorow 1985). Die Bedeutung und tiefe Verwurzelung dieses kulturellen Musters erklärt die Feindseligkeit, die strenge Verurteilung und die Schuldzuweisungen – auch und gerade in Inzesttheorien – gegenüber Frauen, die nicht in der Lage oder willens sind, ihre Kinder zu schützen (vgl. Liebman 1990). Gleichzeitig erschweren es solche Überzeugungen, Frauen als Personen mit ambivalenten und negativen Gefühlen gegenüber ihren Kindern und als eigenständige Personen mit einem von ihren Kindern unabhängigen Leben wahrzunehmen.

Die Beziehungen zwischen Müttern und betroffenen Kindern sind durch sexuelle Gewalt in der Familie erheblich belastet. Liebman (1990) spricht von der Zerstörung der Mutter-Tochter-Beziehung durch Inzest. Besonders nach der Aufdeckung und/oder Beendigung der traumatischen Erfahrungen entstehen intensive Gefühle. Gleichzeitig ist die lange Sprachlosigkeit und die Schwierigkeit, über das Geschehene zu sprechen, nicht einfach aufzuheben. Opfer empfinden Misstrauen, Zweifel und Zorn gegen die Mutter, die sie nicht beschützt hat. Verstärkt wird dies oft noch dadurch, dass die Mutter der Erwartung, sich entschlossen und eindeutig für ihr Kind und gegen den Täter zu entscheiden, nicht entspricht. Umgekehrt zeigen sich auf der Seite der Mutter Schuldgefühle, Hilflosigkeit, Kränkung und Zorn. Während Opfer berichten, sie hätten „es" der Mutter auf irgendeine Weise mitgeteilt und sie hätte es wissen müssen, sind die Frauen fassungslos über die Unfähigkeit ihrer Kinder, sich ihnen anzuvertrauen und über ihre möglicherweise noch existierende Bindung an den Täter. Berichte älterer betroffener Mädchen zeigen eindrücklich deren Wunsch nach mütterlicher Unterstützung und Solidarität und ihre tiefe Enttäuschung darüber, dass sie von ihrer Mutter aus verschiedenen Gründen keine bedingungslose Unterstützung und Solidarität erhalten. Ein Grund, den Töchter zutiefst verbittert nennen, ist die Bindung der Mutter an den Täter und ihre Weigerung, ihre bisherige Existenz aufs Spiel zu setzen (vgl. Modellprojekt 1991).

In meiner eigenen Analyse (vgl. Breitenbach 1992) habe ich herausgearbeitet, dass eine Mutter ihre Tochter dann leichter schützen kann, wenn sie sie als ein Kind wahrnimmt. Sie gerät in Schwierigkeiten, wenn sie in ihrer Tochter eine Frau sieht, weil sie sich dann mit den Mustern der sexuellen Kultur auseinandersetzen muss, die ihr nahe legen, in ihrer Tochter ein (rechtmäßiges) sexuelles Objekt des Mannes zu sehen oder auch möglicherweise eine Verführerin und Konkurrentin.

Mütter als Frauen in der herrschenden sexuellen Kultur

Die herrschenden kulturellen Muster über männliche und weibliche Sexualität, verknüpfen (männliche) Gewalt und Sexualität in so starkem Maße, dass Sexualität und sexuelle Gewalt nur mühsam klar voneinander getrennt werden können. Verstärkt wird diese Schwierigkeit dadurch, dass es keine Konzeption von Heterosexualität gibt, die die weibliche Lust und das weibliche Begehren in den Mittelpunkt stellt. Diese kulturellen Konzeptionen über Sexualität beinhalten die Vorstellung, dass die männliche Sexualität triebhaft funktioniert und natürlicherweise Befriedigung benötigt. Bei starken sexuellen Reizen und/oder bei sexuellem Mangel kann sie außer Kontrolle geraten, auch außer Kontrolle des Mannes selbst. Frauen, insbesondere Ehefrauen, aber auch ersatzweise Töchter, erhalten in dieser Sicht die Rolle der sexuellen Versorgerin. Die Frau verkörpert Sexualität gleichzeitig als sexuelles Objekt für männliche Befriedigung und als Macht der sexuellen Verführung. Auch ein weibliches Kind kann in einer solchen Konzeption von Sexualität in die seltsame Doppelrolle der sexuellen Verführerin und des sexuellen Objekts geraten.

Die gesellschaftliche gewaltförmige Konzeption von Sexualität wird sowohl den Kindern als auch den betroffenen Müttern zum Verhängnis. Dies betrifft sowohl die Beurteilung von außen als auch ihre eigene Reflektion über das Geschehene oder über sich selbst. Als Folge dieser Auffassungen kann eine Frau sich fragen, ob sie ihre sexuellen Aufgaben ihrem Mann gegenüber nicht angemessen erfüllt hat. Skandalöserweise wird letztere Frage auch in der Literatur über Mütter betroffener Kinder, vor allem betroffener Mädchen, gestellt.

Schluss

Der Missbrauch an ihren Kindern bedeutet für Frauen mit hoher Wahrscheinlichkeit eine traumatische Erfahrung und eine existenzielle Krise, die sie nötigt, ihr Leben neu zu entwerfen und zu bewältigen. Dieser neue Entwurf beinhaltet auch eine Rekonstruktion der Vergangenheit und schließt zentrale Bereiche der Person und des persönlichen Wertekosmos mit ein. (Deshalb lesen sich Berichte einer zufriedenstellenden Bewältigung des Geschehenen oft wie Geschichten von Emanzipation und Neubeginn.) Es ist wichtig, dass Menschen, die eine betroffene Frau wirksam unterstützen wollen, den Schock und die Traumatisierung der Frau mit berücksichtigen, die Komplexität der Situation beachten, dass sie Hilfe für die Frau anbieten, die sie nicht nur als Mutter sieht, sondern als eigenständige Person und als gegenwärtig tief verstörten Menschen. Außerdem müssen sie die eigenen Muster von Mutterschaft, Ehe und Sexualität überprüfen und sich klarmachen, dass nicht alle Mütter in der Lage oder willens sind, für ihre Kinder ihr Leben mit einem Partner aufzugeben. Schließlich müssen sie akzeptieren, dass es Mütter gibt, die ihrerseits ihr Kind in seelischer oder körperlicher Hinsicht vernachlässigen oder missbrauchen.

Literatur

Breitenbach, E.: (1998). *Mütter missbrauchter Mädchen. Eine Studie über sexuelle Verletzung und weibliche Identität.* 3. Aufl. (1. Aufl. 1992.) Pfaffenweiler: Centaurus-Verlag-Gesellschaft.
Chodorow, N. (1985). *Das Erbe der Mütter. Psychoanalyse und Soziologie der Geschlechter.* München: Frauenoffensive.
Enders, E. & Stumpf, J. (1991). *Mütter melden sich zu Wort. Sexueller Missbrauch an Mädchen und Jungen.* Köln: Volksblatt Verlag.
Gerwert, Ute, Thurn, Claudia & Fegert, Jörg (1993). Wie erleben und bewältigen Mütter den sexuellen Missbrauch an ihren Töchtern? In: *Praxis der Kinderpsychologie und Kinderpsychiatrie 42,* Heft 8, S. 273–278.
Gerwert, Ute (1996). *Sexueller Missbrauch aus der Sicht der Mütter. Eine Studie über Erleben und Bewältigung der Mütter betroffener Mädchen.* Frankfurt am Main u.a.: Peter Lang.
Herman, J. L. (1994). *Die Narben der Gewalt. Traumatische Erfahrungen verstehen und überwinden.* München: Kindler.
Liebman Jacobs, Janet (1990). Reassessing Mother Blame In Incest. In: *Signs. Journal of Women and Culture and Society, 15,* Nr. 3, S. 500–514.
Modellprojekt Beratungsstelle und Zufluchtswohnung für sexuell missbrauchte Mädchen von „Wildwasser" – Arbeitsgemeinschaft gegen sexuellen Missbrauch an Mädchen e.V., Berlin. *Abschlußbericht 1991* (Hrsg.: Das Bundesministerium für Frauen und Jugend) Stuttgart, Berlin, Köln: Kohlhammer.
Newberger, M. C. u. a. (1993). Mothers of Sexually Abused Children: Trauma and Repair in Longitudinal Perspective. In: *American Journal Orthopsychiatric, 63,* Nr. 1, S. 92–102.

Mythen über sexuelle Gewalt

Maren Kolshorn und Ulrike Brockhaus

Über sexuelle Gewalt an Kindern und an Frauen existieren eine Reihe weit verbreiteter falscher Vorstellungen, die in der Literatur zumeist als Mythen bezeichnet werden. Wie eine Vielzahl von Theorien und Studien zeigen, ist die Basis dieser Mythen nicht einfach pure Unwissenheit, vielmehr erfüllen sie bestimmte Funktionen.

Definition von Mythen

Bohner (1998, S. 14) definiert Vergewaltigungsmythen als „deskriptive oder präskriptive Überzeugungen über Vergewaltigung (d. h. über Ursachen, Kontext, Folgen, Täter, Opfer und deren Interaktion), die dazu dienen, sexuelle Gewalt von Männern gegen Frauen zu leugnen, zu verharmlosen oder zu rechtfertigen." Diese Definition kann ohne weiteres auf den Bereich sexueller Gewalt gegen Mädchen und Jungen übertragen werden. Bedeutsam ist die Unterscheidung zwischen *deskriptiven* Überzeugungen (z. B. „die Täter sind meist Fremde"), die wissenschaftlich auf ihren Wahrheitsgehalt überprüft werden können, und *präskriptiven* Überzeugungen. Bei diesen handelt es sich eher um Einstellungen und normative Setzungen (z. B. „Männer brauchen sexuelle Befriedigung durch Geschlechtsverkehr"), die entsprechend nicht auf einen Wahrheitsgehalt überprüfbar sind.

Inhalte der Mythen zu sexueller Gewalt

Bevor weiter auf die Funktion der Mythen eingegangen wird, sollen zunächst einige ihrer zentralen Inhalte, wie sie uns in der Öffentlichkeit, den Medien, der Rechtsprechung usw. begegnen, dargestellt werden *(→ Traditionelles Ursachenverständnis):*
– *Sexueller Missbrauch ist ein Ausnahmegeschehen und als solches selten.* Dieser Mythos hat sich hartnäckig gehalten, wenn er auch im Laufe der letzten zehn bis zwanzig Jahre, in denen sexueller Missbrauch auch in den Medien

mehr Beachtung gefunden hat, etwas aufgeweicht ist. Dennoch wird das reale Ausmaß auch heute noch zumeist deutlich unterschätzt. Zudem ist das Wissen um die große Verbreitung oft ein rein theoretisches. In Verbindung mit den anderen Mythen führt dies dazu, dass auch heute die meisten Menschen im eigenen sozialen und beruflichen Umfeld keine sexuelle Gewalt vermuten.
- *Der Täter ist in der Regel ein Fremder. Der Täter ist meist der Vater.* Das alte Bild vom fremden Mann, der auf dem Spielplatz Kinder anspricht und weglockt, ist in den letzten Jahren ergänzt worden durch das Bild des Vaters als Täter. Wer es auch sei, auf jeden Fall gilt für ihn:
- *Der Täter ist in irgendeiner Weise krank oder gestört.* Hiernach hat der Täter entweder einen gestörten „Sexualtrieb" oder ist sexuell unbefriedigt, z.B. weil er keine Partnerin hat oder diese ihn nicht ausreichend befriedigt. Er wird auch als Psychopath, Alkoholiker oder aus anderen Gründen als geistig oder psychisch gestört angesehen. Auf jeden Fall wird davon ausgegangen, dass er entweder nicht normal ist oder man kann die Tat verstehen, weil er anderweitig nicht genug Sexualität bekommt.
- *Der Täter stammt aus sozialen Kreisen, von denen „so etwas" ja zu erwarten ist* (Ausländer, Asoziale, Unterschicht, Arbeitslose etc.).
- Einmal gereizt, drängt der *männliche Trieb unkontrollierbar* nach sofortiger Befriedigung. *Männer haben das Recht auf sexuelle Befriedigung durch andere.*
- Von sexuellem Missbrauch sind in der Regel *pubertierende, sexuell reizvolle Mädchen betroffen.*
- *Kinder und Jugendliche wollen sexuelle Kontakte mit Erwachsenen* und verhalten sich verführerisch oder zumindest leichtsinnig.
- *Das vermeintliche Opfer sagt nicht die Wahrheit.* Moderne Varianten dieses Mythos unterstellen den betroffenen Kindern, die Tat sei ihnen nur von übereifrigen Pädagoginnen oder Müttern, die sich an ihren (Ex-)Männern rächen wollen, eingeredet worden (→ *Missbrauch mit dem Missbrauch*).
- Solange keine körperliche Gewalt angewendet wird, entsteht auch *kein Schaden*.

Soweit einige zentrale Mythen. Alle sind weit verbreitet, treffen aber in der Stereotypie nicht zu! (Das heißt nicht, dass es nicht auch tatsächlich fremde oder neurotische Täter gibt, aber sie sind nicht die Täter „schlechthin") (vgl. zur Widerlegung der Mythen Brockhaus & Kolshorn 1993). Entsprechende Mythen finden wir über sexuelle Gewalt gegen erwachsene Frauen.

Funktion und Folgen der Mythenakzeptanz

Gemeinsam ist den Mythen zu sexueller Gewalt (sowohl gegen Kinder als auch gegen Frauen) dass sie:
- das reale Ausmaß sexueller Gewalt negieren;

– die Tat selbst negieren (das Opfer hat es selbst gewollt, also war es keine Gewalt) oder zumindest bagatellisieren (war nicht so schlimm);
– die „Normalität" des Täters negieren (er ist krank, sexuell frustriert ...);
– die Tat und den Täter entschuldigen (er konnte nicht anders);
– die „Normalität" des Opfers negieren (sie ist aufreizend, leichtsinnig ...);
– das Opfer beschuldigen (es hat die Tat provoziert);
– die Folgen verharmlosen.

Die Mythen über sexuelle Gewalt werden von Männern wie Frauen akzeptiert. Allerdings scheinen Frauen ihnen insgesamt weniger anzuhängen als Männer. Das ist bei der Frauenfeindlichkeit der Mythen nachvollziehbar. Doch profitieren letztlich beide Geschlechter von der Existenz und Akzeptanz der Mythen:

– Menschen sind bestrebt, die Welt als geordnet, vorhersagbar, kontrollierbar und gerecht zu erleben. Jeder bekommt, was sie oder er „verdient" (Lerner 1980). Die Akzeptanz der Existenz sexueller Gewalt mit ihrem tatsächlichen Ausmaß und ihren realen Erscheinungsformen würde ein solches Weltbild massiv erschüttern. Deshalb ist es so viel angenehmer, wenn es Vorstellungen – wie die Mythen – gibt, die eine angenehmere Umdeutung der Realität erlauben.

– Für Männer haben die Mythen weitere naheliegende Vorteile. Jeder „normale" Mann kann sich von den Tätern abgrenzen und ist frei davon, sich mit eigenen Täteranteilen auseinandersetzen zu müssen. Eigene Gewalttendenzen können rationalisiert werden. Die Ausübung sexueller Gewalt selbst wird als ein legitimes Mittel oder zumindest relativ risikofreies Ventil zu Befriedigung verschiedener Bedürfnisse (z.B. Machterleben, Disziplinierung, sexuelle Befriedigung) angeboten.

– Was Frauen und Mädchen betrifft, schränken die Mythen einerseits ihre Verhaltensmöglichkeiten deutlich ein. Andererseits verschaffen sie ihnen das Gefühl, Kontrolle darüber zu haben, ob sie zum Opfer sexueller Gewalt werden. Indem sie glauben, nur bestimmte „schlechte" Mädchen und Frauen, also solche, die sich leichtfertig oder provokativ verhalten, würden zu Gewaltopfern, können sie sich selbst als vernünftige „gute" Mädchen und Frauen, sicher fühlen.

Die Mythen sind Teil einer komplexen Struktur von Einstellungen. Sie hängen eng zusammen mit der *Akzeptanz interpersonaler Gewalt* (Burt, 1980; Briere, Malamuth & Check, 1985; Costin, 1985), *sexistischen und antisozialen Haltungen* (Hall, Howard & Boezio, 1986) und vor allem der *Orientierung an* den in unserer Gesellschaft vorherrschenden *traditionellen Geschlechtsrollen* (z.B. Feild, 1978; Weis, 1982; Schwarz et al., 1985; Costin & Schwarz, 1987). Mythenakzeptanz und traditionelle Geschlechtsrollenorientierung wiederum stehen in einem engen Zusammenhang mit:
1. der Ausübung und Rechtfertigung sexueller Gewalt durch Männer;
2. der Anwendung ineffektiver Schutz- und Widerstandsstrategien der (potenziellen) Opfer;
3. opferfeindlichen bzw. täterfreundlichen Reaktionen durch andere (Brockhaus & Kolshorn 1993).

Ausübung und Rechtfertigung sexueller Gewalt durch Männer

Verschiedene Studien zeigen, dass Männer mit traditioneller Geschlechtsrollenorientierung bzw. hoher Mythenakzeptanz im Vergleich zu Männern, die weniger traditionell eingestellt sind und die Mythen weniger glauben, eine höhere Bereitschaft haben, sexuelle Gewalt auszuüben. So konnte jüngst Bohner (1998) in einer Studie einen *kausalen* Zusammenhang zwischen der Akzeptanz von Vergewaltigungsmythen und der Bereitschaft zu vergewaltigen belegen (vgl. auch *Rollen*: Malamuth, Haber & Feshbach (1980); Tieger (1981); Check & Malamuth (1983); Koss et al. (1985); Briere & Runtz (1989) (bezogen auf sexuelle Gewalt gegen Kinder); Muelenhard & Falcon (1990); Hull & Burke (1991). *Mythen*: Feild (1978); Briere, Malamuth & Ceneti (1981); Tieger (1981); Malamuth (1988); Quackenbusch (1989); Hamilton & Yee (1990); Fromuth, Burkhart & Jones (1991). Dabei scheint zu gelten: je traditioneller und stereotyper die Einstellungen zu Frauen und Kindern und je größer die Mythenakzeptanz, desto massiver die Übergriffe.

Die Mythen und traditionellen Geschlechtsrollenstereotype werden zudem von den Tätern herangezogen, um ihr Tun zu rechtfertigen (z.B. Pollock & Hashmall,1991; Godenzi, 1991; Heiliger, 2000) Dies ist nicht erst nach der Tat von Bedeutung, sondern bereits im *Vorfeld*. Die Mythen und traditionellen Geschlechtsrollenstereotype können

- die Motivation zur Ausübung sexueller Gewalt steigern oder sogar erst hervorrufen;
- innere (moralische) Hemmungen überwinden helfen, die der Ausübung sexueller Gewalt entgegenstehen;
- die Befriedigung oder den Nutzen, den ein Täter aus der Ausübung sexueller Gewalt zieht, vergrößern *(→ Drei-Perspektiven-Modell sexueller Gewalt)*.

Ineffektive Schutz- und Widerstandsstrategien der (potenziellen) Opfer

Akzeptieren Frauen und Mädchen die Mythen über sexuelle Gewalt, so haben sie aus verschiedenen Gründen schlechtere Chancen, sich erfolgreich gegen einen Angriff zu wehren. Wenn sie davon ausgehen, dass es sie selbst nicht treffen könne, sind sie weniger in der Lage, eine gefährliche Situation frühzeitig als solche einzuschätzen. Gleiches gilt für die Einstellung, dass die Täter nur Fremde sind. Diejenigen, die dies glauben, werden sich sehr schwer damit tun, den Übergriff einer vertrauten Person richtig einzuschätzen. Damit verlieren sie kostbare Zeit für Widerstand. Sind sie an traditionellen Geschlechtsrollen orientiert, so wird es ihnen noch schwerer fallen, sich effektiv zu wehren, denn aggressiv, konfrontativ und (körperlich) stark zu sein, wie es wirksamer Widerstand erfordert, passt nicht zum konventionellen Frauenbild (Siehe hierzu auch Bart, 1981).

Opferfeindliche bzw. täterfreundliche Reaktionen durch andere

Personen mit traditioneller Geschlechtsrollenorientierung und hoher Mythenakzeptanz
- haben eine geringere Bereitschaft, erzwungene sexuelle Kontakte als Vergewaltigung zu definieren;
- zeigen eine Tendenz, die Tat zu bagatellisieren;
- haben eine geringere Bereitschaft, einer vergewaltigten Frau zu glauben;
- nehmen ein Opfer negativer wahr;
- haben eine positivere Haltung zum Täter;
- schreiben vergewaltigten Frauen mehr Schuld/Verantwortung zu;
- entlasten den Täter von seiner Verantwortung;
- haben eine geringere Bereitschaft, den Täter zu bestrafen (Klemmack & Klemmack 1976; Burt & Albin 1981; Tieger 1981; Weis 1982; Acock & Ireland 1983; Shotland & Goodstein 1983; Howells u.a.1984; Schwarz 1987; Krahé 1988; Quackenbusch 1989; Horn 1990; Thornton, Ryckman & Robbins 1992).

Einzelne Forschungsergebnisse (z.B. Biere & Runtz 1989) und Erfahrungen aus der Praxis legen den Schluss nahe, dass diese Befunde auch auf den Bereich der sexuellen Gewalt gegen Kinder übertragbar sind. Dies alles trägt dazu bei, dass Täter nicht (ausreichend) zur Verantwortung gezogen werden und Opfern nicht geholfen wird.

Zusammenfassung

Die hier angeführten Befunde verdeutlichen, in welche Richtung die Mythen über sexuelle Gewalt und die traditionellen Geschlechtsrollen das Verhalten lenken. Als weithin akzeptierte Rechtfertigungen erleichtern sie aus Sicht des Täters die Tat und minimieren das Risiko einer Sanktionierung. Bagatellisieren, Schuldzuschreibung an das Opfer sowie Verständnis und Milde für den Täter stehen einer Parteinahme und einer angemessenen Hilfestellung für das Opfer im Weg. Sie erschweren gleichzeitig psychisch den Widerstand seitens des Opfers. Das alles leistet der Existenz sexueller Gewalt Vorschub.

Literatur

Acock, A.C. & Ireland, N.K. (1983). Attribution of blame in rape cases: The impact of norm violation, gender, and sex role attitude. *Sex Roles, 9,* 179–193.
Bart, P.B. (1981). A study of women who both were raped and avoided rape. *Journal of Social Issues, 37 (4),* 123–137.
Bohner, Gerd (1998). *Vergewaltigungsmythen. Sozialpsychologische Untersuchungen über täterentlastende und opferfeindliche Überzeugungen im Bereich sexueller Gewalt* (Psychologie Bd. 19). Landau: Empirische Psychologie.

Briere, John; Malamuth, Neil & Ceniti, Joe (1981). Self-assessed rape proclivity: Attitudinal and sexual correlates. *Paper presented at the American Psychological Meeting*, Los Angeles, August.
Briere, John; Malamuth, Neil & Check, James V.P. (1985). Sexuality and rape supportive beliefs. *International Journal of Women Studies, 8,* 398–403.
Briere, John & Runtz, Marsha (1989). University males' sexual interest in children: Predicting potential indices of pedophilia in a nonforensic sample. *Child Abuse & Neglect, 13,* 65–75.
Brockhaus, Ulrike & Kolshorn, Maren (1993). *Sexuelle Gewalt gegen Mädchen und Jungen. Mythen, Fakten, Theorien.* Frankfurt a.M.: Campus.
Burt, Martha R. (1980). Cultural myths and supports for rape. *Journal of Personality and Social Psychology, 38 (2),* 217–230.
Burt, Martha R. & Albin, Rochelle S. (1981). Rape myths, rape definitions, and the probability of conviction. *Journal of Applied Social Psychology, 11 (11),* 212–230.
Check, J. V. P. & Malamuth, N.M. (1983). Sex role stereotyping and reactions to depictions of stranger vs. acquaintance rape. *Journal of Personality and Social Psychology, 45,* 344–356.
Costin, Frank (1985). Beliefs about rape and women's social roles. *Archives of Sexual Behaviour, 14 (4),* 319–325.
Costin, Frank & Schwarz, Norbert (1987). Beliefs about rape and women's social roles. *Journal of Interpersonal Violence, 2 (1),* 46–56.
Feild, Hubert S. (1978). Attitudes toward rape: A comparative analysis of police, rapists, crisis counselors, and citizens. *Journal of Personality and Social Psychology, 36 (2),* 156–179.
Fromuth, Mary E.; Burkhart, Barry R. & Jones, Catherine W. (1991). Hidden child molestation. An investigation of adolescent perpetrators in an nonclinical sample. *Journal of Interpersonal Violence, 6 (3),* 367–384.
Godenzi, Alberto (1991), *Bieder, brutal. Frauen und Männer sprechen über sexuelle Gewalt.* Zürich: Unionsverlag.
Hall, Elenor; Howard, Judith A. & Boezio, Sherrie L. (1986). Tolerance of rape: A sexist or antisocial attitude? *Psychology of Women Quarterly, 10,* 110–118.
Hamilton, Margaret & Yee, Jack (1990). Rape knowledge and propensity to rape. *Journal of Research in Personality, 24,* 111–122.
Heiliger, Anita (2000). *Täterstrategien und Prävention. Sexueller Missbrauch an Mädchen innerhalb familialer und familienähnlicher Strukturen.* München: Frauenoffensive.
Horn, Janina (1990). *Verantwortungsattribution an das Opfer einer Vergewaltigung.* Unveröffentlichte Diplomarbeit am Institut für Wirtschafts- und Sozialpsychologie der Georg-August Universität Göttingen.
Howells, K.; Shaw, F.; Greasley, M. Robertson; J., Gloster, D. & Metcalfe, M. (1984). Perceptions of rape in a british sample: Effects of relationship, victim status, sex, and attitudes to women. *British Journal of Social Psychology, 23,* 35–40.
Hull, Debra & Burke, Jaqueline (1991). The religious right, attitudes toward women, and tolerance for sexual abuse. *Journal of Offender Rehabilitation, 17 (1–2),* 1–12.
Klemmack, Susan H. & Klemmack, David L. (1976). The social definition of rape. In M.J. Walker & S. L. Brodsky (eds.), *Sexual assault* (S. 135–147). Lexington, Mass.: D. C. Heath.
Koss, Mary P.; Leonard, Kenneth E.; Beezley, Dana A. & Oros, Cheryl J. (1985). Nonstranger sexual aggression: A Discriminant analysis of the psychological characteristics of undetected offenders. *Sex Roles, 12,* 981–992.
Krahé, Barbara (1988). Victim and observer characteristics as determinants of responsibility attributions to victims of rape. *Journal of Applied Social Psychology, 18,* 50–58.
Lerner, M. J. (1980). *Belief in a just world.* New York: Plenum Press.
Malamuth, Neil M. (1988). A mulitdimensional approach to sexual aggression: Combining measures of past behavior and present likelihood. *Annals of New York Academy of Sciences, 528,* 123–132.
Malamuth, Neil M.; Haber, S. & Feshbach, S. (1980). Testing hypotheses regarding rape: Exposure to sexual violence, sex differences, and the anormality of rapists. *Journal of Research in Personality, 14,* 121–137.
Muelenhard, Charlene L. & Falcon, Polly L. (1990). Men's heterosocial skill and attitude toward women as predictors of verbal sexual coercion and forceful rape. *Sex Roles, 23 (5/6),* 241–259.
Muelenhard, Charlene L. & Linton, M.A. (1987). Date rape and sexual aggression in dating situations: Incidence and risk factors. *Journal of Counseling Psychology, 34,* 186–196.
Pollock, Nathan L. & Hashmall, Judith (1991). The excuses of child molesters. *Behavioral Sciences and the Law, 9 (1),* 53–59.

Quackenbush, Robert L. (1989). A comparison of androgynous, masculine sex typed, and undifferentiated males of dimensions of attitudes toward rape. *Journal of Research in Personality, 23*, 318–342.
Schwarz, Norbert (1987). Geschlechtsrollenorientierung und die Einstellung zu Gewalt gegen Frauen: Informationsaktivierung als Alternative zu ex post facto-Versuchsplänen. *Psychologische Rundschau, 38*, 137–144.
Schwarz, Norbert; Scheuring, Bettina; Schellenberg, Renate; Lammers, Antje & Brand, Juliane (1985). Geschlechtsrollenorientierung, Gewalt gegen Frauen und „weibliche Passivität": Untersuchungen zu einer feministischen Hypothese. In: A. Striksrud & F. Wobit, (Hg.). *Adoleszenz und Postadoleszenz* (S. 211–218). Frankfurt a.M.: Fachbuchhandlung für Psychologie.
Shotland, R. L. & Goodstein, L. (1983). Just because she doesn`t want to doesn`t mean it`s rape: An experimentally based causal model of perception of rape in a dating situation. *Social Psychology Quarterly, 46 (3)*, 220–232.
Tieger, T. (1981). Self-rated likelihood of raping and the social perception of rape. *Journal of Research in Personality, 15*, 147–158.
Thornton, B.; Ryckman, M. A. & Robbins, M. (1982). The relationship of observer characteristics to beliefs in the causal responsibility of victims of sexual assault. *Human Relations, 35 (4)*, 321–330.
Weis, Kurt (1982). *Die Vergewaltigung und ihre Opfer. Eine viktimologische Untersuchung zur gesellschaftlichen Bewertung und individuellen Betroffenheit*. Stuttgart: Enke.

Nebenklage

Claudia Burgsmüller

Der oft missverstandene rechtliche Begriff Nebenklage bezeichnet keine eigenständige Klagebefugnis von Verletzten bestimmter Straftaten wie z. B. des sexuellen Missbrauchs von Kindern, sondern eine Rechtsstellung, die abhängig ist von der Anklageerhebung durch die Staatsanwaltschaft. Dies hat nur einen Vorteil für die Verletzten: Die Verfahrenskosten eines strafrechtlichen Ermittlungsverfahrens und der sich anschließenden Hauptverhandlung werden von der Strafjustiz getragen. Die Verletzten, die sich der von der Staatsanwaltschaft erhobenen Klage als Nebenklägerinnen anschließen, müssen sich nur Gedanken machen, wie sie die Honorare der von ihnen beauftragten Rechtsanwältinnen bzw. Rechtsanwälte finanzieren. (Zu der Frage, inwieweit die Kosten für diese anwaltliche Tätigkeit als Zeugenbeistand bzw. Verletztenbeistand und Nebenklagevertreterin von der Justizkasse übernommen werden (siehe → *Prozesskostenhilfe*).

In dem Zeitraum des Ermittlungsverfahrens von der Strafanzeigeerstattung bis zur Anklageerhebung durch die Staatsanwaltschaft oder einer anderen Erledigung des Ermittlungsverfahrens (z. B. Einstellung des Verfahrens) wird die beratende und vertretende Rechtsanwältin als Zeugenbeistand oder Verletztenbeistand bezeichnet. Sie sollte zum frühest möglichen Zeitpunkt von den Verletzten selbst oder von deren gesetzlichen Vertretern beauftragt werden. Ihre Aufgabe ist dann nicht etwa vorrangig, die Stoffsammlung mit eigenen Ermittlungsergebnissen anzureichern, sondern darauf zu achten, dass die Persönlichkeitsrechte der Verletzten geachtet und die gängigen Schutzrechte geltend gemacht werden. Kompetente und erfahrene Rechtsanwältinnen und Rechtsanwälte können in diesem Verfahrensstadium beantragen, dass Vertrauenspersonen der Zeuginnen die Anwesenheit bei einer Vernehmung gestattet wird und dass die Beschuldigten von der Anwesenheit bei der Vernehmung ausgeschlossen werden.

Ein konsequenter Schutz von kindlichen Zeugen durch anwaltliche Vertretung zum frühest möglichen Zeitpunkt beschränkt sich aber nicht darauf, diese gängigen Schutzrechte geltend zu machen. So kommt der anwaltlichen Beratung schon da eine wichtige Schutzfunktion für kindliche Verletzte zu, wo sie im Entscheidungsprozess, ob eine Strafanzeige erstattet werden soll, von Bezugspersonen oder gesetzlichen Vertretern der Kinder aufgesucht wird. Insbesondere dann, wenn es sich um Kinder im Vorschulalter handelt, die offensichtlich noch nicht aussagetüchtig sind und wo es keine spezifischen Beweise für einen stattgehabten sexuellen Übergriff gibt, kann durch kompetente anwaltliche Beratung eine entscheidende Weichenstellung erfolgen: Der Rat kann hier dahin lauten, auf jegliche Vernehmungen eines Kindes durch Strafverfolgungsorgane zu verzichten und keine Strafanzeige zu erstatten, sondern stattdessen Schutzmaßnahmen für das verletzte Kind beim zuständigen Vormundschaftsgericht bzw. Familiengericht zu beantragen. Zur anwaltlichen Beratung gehört es dabei auch, die bei vielen Laiinnen und Laien anzutreffende Hoffnung zu zerstören, die Strafjustiz könne einen wirksamen Schutz für die kindlichen Opfer von Straftaten leisten. Die Anforderungen an den Beweis eines sexuellen Missbrauchs im Strafverfahren an die Gruppe der kleineren Kinder sind inzwischen so hoch, dass nur in den seltensten Fällen – z.B. bei einem spezifischen gynäkologischen Befund – in Verbindung mit spontanen Äußerungen eines Kindes gegenüber Polizeibeamten eine Verurteilungswahrscheinlichkeit besteht. So urteilt das Landgericht Wiesbaden – inzwischen rechtskräftig – am 08.05.2000 (Az. 10 Js 2533. 6/98 jug.), dass die detaillierten Aufzeichnungen einer Kindesmutter und deren Bekundungen über Äußerungen ihrer Tochter zum sexuellen Missbrauch durch den Mann der Pflegemutter nicht ausreichen, um denselben zu verurteilen. Immer dann, wenn sich ein Kind zunächst gegenüber einer Vertrauensperson mitteile und nicht von einer fachlich kompetenten Vernehmungsperson befragt werde, könne ein Suggestionsverdacht nicht ausgeschlossen werden. Im Übrigen genügten die Aufzeichnungen der Mutter als Dokumentation einer Erstaussage den vom Bundesgerichtshof durch Urteil vom 30.07.1999 aufgestellten Mindestanforderungen nicht. Hier stellt ein Gericht an eine Privatperson unzulässigerweise Anforderungen, die der BGH an wissenschaftliche Gutachter anlegt, um den Nachweis eines sexuellen Missbrauchs an einem kleinen Kind führen zu können (→ *Befragung von Kindern,* → *Glaubhaftigkeitsbegutachtung und diagnostischer Erkenntnisprozess).*

Bei ihrer Tätigkeit als Verletztenbeistand von Kindern (das sind hier alle unter 14 Jahre alten Kinder) geht die Autorin mit Ursula Nelles (1997, S. 99 ff.) davon aus, dass die Strafprozessordnung nicht auf den *Schutz* kindlicher Zeugen zugeschnitten ist, sondern vorschreibt, dass das Kind als selbständige Persönlichkeit mit eigenen Rechten behandelt werden muss. „Es darf um Mitwirkung gebeten werden, nachdem ihm kindgerecht, verständlich und zutreffend alle nötigen Informationen mitgeteilt wurden, die es braucht, um eine eigene sachgerechte Entscheidung zu fällen. Seine Entscheidung ist zu respektieren. Kein Kind kann in die prozessrechtliche Rolle des Zeugen gezwungen werden." „Das Strafprozessrecht trägt dem Schutz der kindlichen Persönlichkeit dadurch Rechnung, dass es der Staatsanwaltschaft und den Gerichten keine Befugnis einräumt, den Kindern irgendeine (aktive) Mitwirkung im Strafverfahren abzuverlangen. Sie dürfen höflich und verständlich anfragen, ob und in welchem Rahmen das Kind im Interesse der Allgemeinheit zu einem Sonderopfer bereit ist und haben jede Entscheidung des Kindes zu respektieren." (Nelles 1997, S. 108 u. 110, → *Vernehmung von Kindern*).

Aus der zitierten Rechtsansicht folgt, dass es die gesetzlichen Vertreter in der Hand haben, ob sie einer Vernehmung ihrer Kinder zustimmen oder ob sie diese „sperren", da sie eine zu hohe Belastung der Kinder befürchten. Die Autorin geht hier nicht von uninformierten Eltern aus, die selbst diffuse Ängste vor einer polizeilichen oder richterlichen Vernehmung haben, sondern von gesetzlichen Vertretern, die sich verantwortungsbewusst von spezialisierten Rechtsanwälten haben beraten lassen und das Für und Wider sorgfältig abgewogen haben. Wird nach einem solchen Abwägungsprozess die Zustimmung zur Vernehmung des Kindes erteilt, so kann über die anwaltliche Vertreterin Einfluss auf das Setting einer Vernehmung bei Polizei, Staatsanwaltschaft oder Gericht genommen werden. Kein gesetzlicher Vertreter eines Kindes, der die Retraumatisierungsgefahren bei einer Vernehmung des Kindes in Anwesenheit des Beschuldigten kennt, wird jemals einer Videovernehmung zustimmen, an der der Beschuldigte – wenn auch in einem anderen Zimmer – teilnimmt. Die größte Angst von Kindern verbindet sich mit der Anwesenheit des Angeklagten in der Hauptverhandlung bzw. bei richterlichen Vernehmungen (Volbert & Pieters 1993; Volbert & Busse 1995, → *Videoaufzeichnung*).

Während die sogenannten Wormser-Strafverfahren wegen sexuellen Missbrauchs in den Medien (Spiegel, Fernsehen) als ungerechtfertigte Verfolgung Unschuldiger überleben werden, haben sie für die Autorin (Burgsmüller 1997) vor allem eines mit aller Schärfe hervortreten lassen:

Ein konsequenter Schutz von kindlichen Zeugen durch anwaltliche Vertretung zum frühest möglichen Zeitpunkt des Ermittlungsverfahrens beschränkt sich nicht nur darauf, die gängigen Schutzrechte geltend zu machen. Vielmehr wäre es hier bei rechtzeitiger Einschaltung von Rechtsanwältinnen darum gegangen, die kindlichen Zeugen auch vor der Inkompetenz und dem Übereifer der Strafverfolger zu schützen: Vor Mehrfachvernehmungen, Mehrfachuntersuchungen des Körpers bzw. gynäkologischen Untersuchungen (hinsichtlich einer 5-jährigen konnte ich die vierte Untersuchung verweigern), Kunstfehlern bei der Befragung von Kindern und vor weiteren unzulässigen Vernehmungsmethoden. Aufgabe war es hier, eine überlange Vernehmung abzubrechen, die wiederholte Lichtbildvorlage an ein Kind zur Identifizierung von Beschuldigten oder von anderen Kindern zu verhindern und darauf zu drängen, dass der kindliche Wille, nicht aussagen zu wollen, respektiert wurde. Zu den unzulässigen Versprechungen zählte die, das Kind dürfe die beschuldigte Mutter erst dann wieder sehen, nachdem eine Aussage in der Hauptverhandlung erfolgt wäre. Der Einsatz von anatomischen Puppen bei der Vernehmung durch Staatsanwältinnen war vom Verletztenbeistand unterbunden worden, um einem Einsatz dieser Hilfsmittel bei der Exploration durch Sachverständige nicht vorzugreifen (→ *Vernehmung von Kindern*, → *Missbrauch mit dem Missbrauch*, → *Gynäkologische Untersuchung*, → *Anatomisch korrekte Puppen*).

Die dargestellten negativen Beispiele, in denen es gilt, die Intimsphäre und die Persönlichkeitsrechte der kindlichen Zeugen in den Vordergrund zu stellen, und sie gegenüber anderen mit Macht ausgestatteten Beteiligten am Strafverfahren zu schützen, verfolgen das wichtigste Ziel der Nebenklagevertretung: kindliche wie erwachsene Opfer von sexuellem Missbrauch (oder anderer sexueller Gewaltdelikte), die Ohnmacht und Ausgeliefertsein in irgendeiner Form erlebt haben, dürfen im Strafverfahren nicht auf Objekte und reine Beweismittel reduziert werden.

Es mag schon deutlich geworden sein, dass aus Sicht der Autorin die Vertretung von Verletzten im Strafverfahren ausschließlich von Rechtsanwältinnen und Rechtsanwälten wahrgenommen werden muss, da nur sie die Kompetenzen mitbringen, sich eigenständig, d.h. unabhängig von Anstellungsträgern und sonstigen Zielvorgaben für die Interessen ihrer verletzten Mandantinnen einzusetzen. Dabei ist ihr rechtliches Fachwissen z.B. der Strafprozessordnung ebenso einzusetzen wie die erlernten kommunikativen Kompetenzen, mit anderen Justizorganen verhandeln zu können. Schließlich ist eine besondere Sachkunde erforderlich, die sich aus der forensischen und beraterischen Erfahrung z.B. in Fällen sexuellen Missbrauchs speist. Nach den Erfahrungen der Autorin sind die Untersuchungsergebnisse von Sabine Kirchhoff (1994) weiterhin aktuell. Sie kommt zu dem Ergebnis, dass die Verletzteninteressen nicht vom Gericht im Rahmen seiner Fürsorgepflicht vertreten werden. Opferschutzrechte (→ *Opferschutzgesetz*) wie die Entfernung des Angeklagten aus dem Sitzungssaal für die Dauer der Vernehmung der Zeugin entsprechen zwar der richterlichen Zielvorgabe Fürsorgepflicht, diese konkurriert jedoch gleichzeitig mit drei anderen Zielvorgaben: Fürsorgepflicht für den Angeklagten, Rechtsmittel-Vermeiden und zügige Verfahrensgestaltung. „Für Richter ist es also vorteilhafter, die Subjektstellung des Angeklagten zu betonen und Opferschutzrechte zu vernachlässigen, weil auf einen Streich drei Zielvorgaben verwirklicht werden können" (Kirchhoff 1994, S. 287).

Für alle Verletzten von sexuellen Gewaltdelikten ist die Vertretung durch eine eigene Rechtsanwältin in der Hauptverhandlung das entscheidende. Sie müssen dem Angeklagten und seiner Verteidigung dann nicht „ungeschützt" gegenübertreten, sondern haben die Chance, sich als mit eigenen Rechten ausgestattete Verfahrenssubjekte zu erleben.

Dabei gilt die Möglichkeit, Nebenklage zu erheben, nicht uneingeschränkt: Voraussetzung ist zunächst, dass die Staatsanwaltschaft Anklage erhoben hat wegen zumindest eines nebenklagefähigen Deliktes. Zu diesen zählen der sexuelle Missbrauch, Vergewaltigung, die Förderung sexueller Handlungen Minderjähriger, sexuelle Nötigung und schließlich Menschenhandel und schwerer Menschenhandel. Auch bei Körperverletzung, Misshandlung von Schutzbefohlenen, Tötungsdelikten sowie bei Straftaten gegen die persönliche Freiheit und bei Beleidigungsdelikten ist die Nebenklage zulässig (§ 395 Strafprozessordnung).

Richtet sich das Strafverfahren jedoch gegen jugendliche Angeklagte – d. h. solche, die zur Tatzeit noch nicht 18 Jahre alt waren, – so ist im Jugendgerichtsgesetz die Erhebung der Nebenklage ausgeschlossen (§ 80 Abs. 3 JGG). Rechtspolitisch setzt sich die Autorin dafür ein, dass die Nebenklage auch im Jugendstrafverfahren zulässig ist, da es hierfür ein dringendes Bedürfnis gibt: „International wird heute davon ausgegangen, dass etwa 20 % bis 25 % der Vergewaltigungen und 30 % bis 40 % der sexuellen Missbrauchshandlungen durch Kinder bzw. vor allen Dingen durch Jugendliche und Heranwachsende begangen werden. Weiter wird geschätzt, dass etwa 30 % bis 50 % der erwachsenen Sexualtäter bereits in ihrem Jugendalter deviante Interessen oder Handlungen aufwiesen" (Deegener 1999, S. 202).

Nach Ansicht vieler Jugendrichterinnen und Jugendrichter beim Amtsgericht und Landgericht und nach jüngster obergerichtlicher Rechtsprechung (OLG Koblenz 2000) kann den Verletzten jedoch ein anwaltlicher Rechtsbeistand beigeordnet werden.

Dieser hat dann zwar nicht die im Folgenden darzustellenden Rechte der Nebenklage, kann aber Informationsbedürfnisse und Bedürfnisse der Verletzten erfüllen, die dem Angeklagten nur im Beistand einer Anwältin begegnen wollen. Es können unzulässige Fragen beanstandet, Pausen beantragt sowie Akteneinsicht durch die Rechtsanwältin genommen werden. Auf die umfassende Darstellung der Nebenklagebefugnisse in Strafverfahren wegen sexuellen Missbrauchs durch die Bonner Rechtsanwältin Jutta Lossen (1999) sei an dieser Stelle hingewiesen.

Im Sicherungsverfahren, das gegen schuldunfähige Angeklagte durchgeführt wird, ist die Nebenklage nach Ansicht der meisten Gerichte zulässig. Diese Rechtsansicht hat sich in den vergangenen Jahren durchgesetzt, obwohl es auch im Jahre 2001 noch unterschiedliche Entscheidungen einzelner Gerichte gibt. Das OLG Köln (NJW 93, S. 3279) vertritt die Zulässigkeit.

Völlig unabhängig davon, wie intensiv sich eine Verletzte des sexuellen Missbrauchs selbst aktiv am Strafverfahren und insbesondere an der Hauptverhandlung beteiligen will, sichert ihr die Erhebung der Nebenklage und Beauftragung einer Rechtsanwältin eine Rechtsstellung, in der sie als Verfahrenssubjekt wahrgenommen wird. Über die Akteneinsicht konnte die Verletzte schon im Ermittlungsverfahren laufend über die Angaben anderer Zeuginnen und Zeugen und insbesondere über das Verteidigungsverhalten des Angeklagten informiert werden. Möglicherweise ist es hier zu einer entscheidenden Entspannung gekommen, wenn nämlich der Beschuldigte schon frühzeitig ein ernstzunehmendes Geständnis abgelegt hat. Aber auch dann, wenn die Verteidigung versucht, in ausufernden Beweisanträgen zum Randgeschehen und durch Appelle an Vorurteile die Verletzten zu unwürdigen Opfern zu degradieren, ist die Verletzte diesen Versuchen nicht ungeschützt ausgeliefert. Hier ist es Aufgabe der Nebenklagevertreterin, ihr die entsprechenden Verteidigungsstrategien durchschaubar zu machen und gemeinsam eine Gegenstrategie auszuarbeiten. So kann es für jugendliche Nebenklägerinnen sinnvoll sein, den Verteidigungsbehauptungen über die freiwilligen sexuellen Beziehungen mit jungen Männern nicht entgegenzutreten, sondern diese als Zeugen in der Hauptverhandlung zu hören. Mit ihren Angaben wird all zu oft nicht ein liederlicher Lebenswandel der jungen Frauen und Mädchen belegt, sondern stattdessen massive Folgeschäden im Bereich von freiwilligen sexuellen Beziehungen nachgewiesen.

Das rechtliche Mittel, außer mit der Aussage der Nebenklägerin selbst, derartigen Anträgen der Verteidigung entgegenzutreten, ist das Beweisantragsrecht. Die Nebenklagevertreterin kann selbst Beweisanträge auf Vernehmung von weiteren Zeuginnen und Zeugen und Sachverständigen stellen und hiermit die Beweisaufnahme beeinflussen. Es geht hier nicht allein darum, die angeklagten Tatvorwürfe nachzuweisen, sondern unwahren, das Tatopfer diskreditierenden Behauptungen entgegenzutreten. In diesem Sinne ist es auch Aufgabe der Nebenklagevertreterin, Eingriffe in das Persönlichkeitsrecht der Zeugin und deren Bloßstellung im sozialen Umfeld zu verhindern. Diese Aufgabe fällt ihr auch zu, wenn sie unzulässige Fragen an die Zeugin und Nebenklägerin beanstandet.

Ungeachtet aller Vorbehalte bei anderen Verfahrensbeteiligten, sollte jede über 14 Jahre alte Jugendliche und erwachsene Frau, die Opfer einer sexuellen Straftat geworden ist, ermutigt werden, von ihrem Anwesenheitsrecht in der Hauptverhandlung von Anfang an Gebrauch zu machen. Die absurde Situation, in der die Verletzte im Zeugenzimmer wartet, währenddessen der Angeklagte ein Geständnis ablegt, kann so verhindert werden. Nur durch die Teilnahme von Anbeginn der Hauptverhandlung an können auch die für die Verletzten spärlichen positiven therapeutischen Effekte erzielt werden: Nach einem Erleben von Ohnmachtsehrfahrungen ist es nunmehr möglich, den Angeklagten in der Rolle dessen zu sehen, der mit seiner Angst vor Freiheitsentzug und teils mitleiderregenden Versuchen, diesem zu entgehen, sich verantworten muss. Auch das Fragerecht der Nebenklagevertreterin gegenüber dem Angeklagten kann auf eine Art ausgeübt werden, dass die Nebenklägerin selbst Genugtuung erfahren kann. Nicht selten gelingt es, Lügen zu demaskieren. Das oft gehörte Argument, die spätere Zeugenaussage der Nebenklägerin verliere an Wert, wenn diese die Angaben des Angeklagten mit anhöre, wiegt gegenüber diesen positiven Effekten weniger schwer. Im Gegenteil gelingt es der Nebenklägerin in ihrer teilnehmenden, zunächst nur zuhörenden Rolle, sich an die Verhandlungsatmosphäre, an die Befragungsstile z. B. des Vorsitzenden und der Staatsanwaltschaft zu gewöhnen, um dann bei der eigenen Vernehmung entsprechend sicherer auftreten zu können.

Für alle diejenigen Nebenklägerinnen, die auch während der Hauptverhandlung noch durch die Folgen des angeklagten sexuellen Missbrauchs deutlich beeinträchtigt sind, gilt eine derartige Vorgehensweise nicht. Bei ihnen steht oft das Bedürfnis im Vordergrund, nicht in Anwesenheit der Angeklagten aussagen zu müssen. Ebenso wie bei kindlichen Zeugen ist dann der Antrag vorrangig, während der Vernehmung des Zeugen die Öffentlichkeit ausschließen zu lassen und den Angeklagten für die Dauer der Vernehmung aus dem Sitzungssaal entfernen zu lassen. Hierzu ist Voraussetzung die Befürchtung, dass die Zeugin in Anwesenheit des Angeklagten die Wahrheit nicht sagen wird oder – bei weniger als 16 Jahre alten Verletzten –, dass ein erheblicher Nachteil für das Wohl des Zeugen zu befürchten ist, oder bei älteren Zeugen die dringende Gefahr eines schwerwiegenden Nachteils für ihre Gesundheit besteht. Derartige Anträge sind von der Nebenklagevertreterin durch Einholung von Attesten bei Ärzten oder Therapeuten vorzubereiten (→ *Vernehmung von Kindern*, → *Videoaufzeichnung*).

Auch bei der Frage, die sich schon im Ermittlungsverfahren oder bei entsprechendem Antrag anderer Verfahrensbeteiligter erst in der Hauptverhandlung stellen mag, ob die Verletzte einer Glaubwürdigkeitsbegutachtung zustimmen sollte, ist die Beratung durch die Nebenklagevertreterin gefragt. Auch hier steht im Vordergrund der Beratung, den Verletzten durchschaubar zu machen, zu welchem Ergebnis die Verweigerung einer solchen Zustimmung führen kann bzw. sie über die Person der Sachverständigen zu beraten, für die die Zustimmung erteilt oder verweigert wird. Die Autorin hat sich mit dem BGH-Urteil zu den Glaubhaftigkeitsgutachten als einer späten Folge der sog. Wormser Strafverfahren vor dem Landgericht Mainz (Burgsmüller 2000) in einem gesonderten Artikel auseinandergesetzt.

Am Ende dieses Plädoyers für eine anwaltliche Interessenvertretung von Verletzten des sexuellen Missbrauchs in allen Phasen eines Strafverfahrens steht der Schlussvortrag. In ihrem Plädoyer kann die Nebenklagevertreterin das Verteidigungsverhalten des Angeklagten entlarven und würdigen; sie hat eine eigenständige Beweiswürdigung vorzunehmen und dabei insbesondere Aussagebestandteile oder Verhaltensweisen der von ihr vertretenen Verletzten zu erklären. In ihrem Plädoyer sind auch die Folgen der Straftat für das Opfer breit darzulegen. Wichtig hierbei ist, insbesondere bei Anwesenheit der Verletzten, nicht die Situation des Ausgeliefertseins der Verletzten festzuschreiben, sondern deren Widerständigkeiten zur Tatzeit herauszuarbeiten und ihre Überlebensstrategien positiv zu benennen.

Nach einem in dieser Form geführten Strafverfahren, in dem die Informations- und Beteiligungsbedürfnisse der Zeugen und Nebenkläger soweit wie möglich erfüllt wurden, kommt es am Ende weniger auf die Strafhöhe als vor allem auf die freiwillige Verantwortungsübernahme durch den Angeklagten und die Verantwortungszuweisung durch das Gericht an. Den Verletzten und den sie unterstützenden oder sie vertretenden Personen sollte es vorrangig darum gehen, neue Ohnmachterlebnisse zu verhindern. Schließlich kann auch ein den Angeklagten freisprechendes Urteil für die Verletzten erträglich sein oder sogar von ihnen akzeptiert werden, wenn das Verfahren für sie durchschaubar war und sie Gelegenheit hatten, eigene Entscheidungen zu treffen. Das wichtigste Beispiel hierfür ist die Weigerung von gesetzlichen Vertretern eines Kindes, seiner erneuten Vernehmung in einer Hauptverhandlung zuzustimmen. Bei einer derartigen Prioritätensetzung für das Kindeswohl wird es nur in den seltensten Fällen zu einer Verurteilung kommen.

Die Verletzteninteressen an einem Kommunikationsprozess, in dem die Auseinandersetzung mit der Tat stattfinden und eine Verantwortungsübernahme durch den Täter erfolgen kann, werden erst zukünftig nach einer konsequenten Umgestaltung des Strafverfahrens erfüllt werden können. Expertinnen z.B. aus der Strafrechtskommission des deutschen Juristinnenbundes (Nelles & Oberlies 1998) arbeiten daran.

Literatur

Burgsmüller, C. (1997). Lehrstück Mainz: Überlegungen zu einem Prozess und Folgen für die Institutionen. Wie schützen wir unsere Kinder? *Loccumer Protokolle 55/97*, 71–75.

Burgsmüller, C. (2000). Das BGH-Urteil zu den Glaubhaftigkeitsgutachten-eine späte Folge der sog. Wormser Strafverfahren vor dem Landgericht Mainz? *Praxis für Rechtspsychologie, 10*, Sonderheft, Mai 2000.

Deegener, G. (1999). Sexuell aggressive Kinder und Jugendliche sowie eigene Opfererfahrungen. In R. Egg (Hrsg.), *Sexueller Missbrauch von Kindern* (S. 187–205). Band 27.Wiesbaden: Kriminologische Zentralstelle e.V.

Kirchhoff, S. (1994). *Sexueller Missbrauch vor Gericht*. Band 1. Opladen: Leske und Budrich.

Lossen, J. (1999). Das Strafverfahren. In Marquardt, C. & Lossen, J., *Sexuell missbrauchte, Kinder in Gerichtsverfahren* (S. 204–286). Münster: Votum.

Marquardt, C. & Lossen, J. (1999). *Sexuell missbrauchte Kinder in Gerichtsverfahren*. Münster: Votum.

Nelles, U. (1997). Persönlichkeitsrechte und Pflichten kindlicher Zeugen im Strafprozess. *Streit 97*, 99–110.

Nelles, U. & Oberlies, D. (Hrsg.) (1998). *Reform der Nebenklage und anderer Verletztenrechte*. Baden-Baden: Nomos.

OLG Koblenz (2000). *Beschluss vom 02.05.2000 – 2 WS 198/00/2060 Js 25317/99 jug. StA Koblenz*.

Volbert, R. & Busse, D. (1995). Wie fair sind Verhandlungen mit kindlichen Zeugen: Zur Strafverfolgung bei sexuellem Mißbrauch von Kindern. In Bierbrauer, G., Gottwald, W. & Birnbreier-Stahlberger, B. (Hrsg.), *Verfahrensgerechtigkeit-Rechtspsychologische Forschungsbeiträge für die Justizpraxis* (S. 139–162). Köln: Dr. Otto Schmidt.

Volbert, R. & Pieters, V. (1993). *Zur Situation kindlicher Zeugen vor Gericht. Empirische Befunde zu Belastungen durch Strafverfahren und mögliche Reformmaßnahmen*. Bonn-Bad Godesberg: Forum Verlag.

Opferentschädigungsgesetz

Claudia Burgsmüller

Mädchen und Jungen, die durch sexuelle Missbrauchshandlungen einen länger andauernden gesundheitlichen Schaden erlitten haben, haben einen Anspruch auf Entschädigung nach dem Gesetz über die Entschädigung für Opfer von Gewalttaten (OEG). Zunächst ist darauf hinzuweisen, dass es sich bei dieser von den Versorgungsämtern anzuerkennenden Leistung nicht um die zivilrechtlichen Forderungen der Verletzten nach Schadensersatz- und Schmerzensgeld gegenüber den Täterinnen und Tätern handelt. Diese sind gesondert vor den Zivilgerichten (Landgericht z. B.) einzuklagen.

Das OEG wurde im Jahre 1976 verabschiedet, da es dem Missstand Rechnung tragen wollte, dass viele Täterinnen und Täter nicht leistungsfähig sind. Anerkannt werden Leistungen wie Heilbehandlungen und Rentenleistungen (§§ 10 ff., 30 ff. BundesVersorgungsGesetz). Von unmittelbarer Bedeutung für die Verletzten sind weniger die Heilbehandlungen, denn diese gehören auch zu den Pflichtleistungen einer gesetzlichen oder privaten Krankenkasse. Wichtiger sind mögliche Rentenzahlungen, die bei einer Minderung der Erwerbsfähigkeit um mindestens 25 % gewährt werden.

Mädchen und Jungen müssen sich in der Regel einer psychiatrischen Untersuchung unterziehen, mit der das Maß der körperlichen, geistigen und seelischen Beeinträchtigungen festgestellt wird. Die Rente bemisst sich dann nach der Schwere dieser festgestellten Beeinträchtigungen. Da sie erst auf Antrag gewährt wird, sollte dieser zum frühest möglichen Zeitpunkt gestellt werden, selbst dann, wenn das Ausmaß der Folgeschäden noch nicht absehbar ist. Langfristige Schädigungen, die sich bei Mädchen und Jungen oft in Schulversagen oder sozialem Rückzug zeigen, können dann später gutachterlich festgestellt werden und zu Teilrentenansprüchen führen. Der Antrag ist spätestens vier Jahre nach Ablauf des Kalenderjahres, in dem die schädigende Tat erfolgte, zu stellen (§ 45 SGB I).

Liegt ein rechtskräftiges strafgerichtliches Urteil gegen den Täter vor, so ist der Nachweis eines stattgehabten sexuellen Missbrauchs leicht zu führen. Größere Schwierigkeiten gibt es dann, wenn Tat und Schuldumfang nicht in einem Strafverfahren festgestellt wurden. Hier hat es die Autorin noch nie erlebt, dass Ansprüche nach dem OEG durchgesetzt werden konnten. Die Versorgungsämter sind sicherlich auch nicht dafür ausgestattet, komplizierte Sachverhalte eigenständig zu ermitteln und festzustellen.

Entscheidende Schwierigkeiten, die engen Voraussetzungen für einen Anspruch nach § 1 Abs. 1 OEG nachzuweisen, wurden im Jahre 1995 vom Bundessozialgericht beseitigt. In seinem Urteil vom 18.10.1995 (Az: 9 RVg 4/93, Sozialgerichtsbarkeit 96, 437 ff. mit Anmerkung Schäfer) löste sich das Gericht vom bisher geforderten engen Gewaltbegriff. Zuvor nämlich hatten die Versorgungsämter Ansprüche abgelehnt, wenn der sexuelle Missbrauch eines Kindes „gewaltfrei" erfolgt war. Es wird jetzt anerkannt, dass auch die Tatbegehung im innerfamiliären Bereich oder ein zwischen Täter und Opfer bestehendes Vertrauensverhältnis zu Entschädigungsansprüchen führen können.

Größere Schwierigkeiten tauchen dabei auf, die eingetretenen Gesundheitsschädigungen – vor allem im seelischen Bereich – festzustellen und einen ursächlichen Zusammenhang zwischen dem sexuellen Missbrauch, der Beschädigung und der verbliebenen Gesundheitsstörung zu beweisen. Hier sieht die Autorin die aktuellen Probleme, wenn für Mandantinnen Ansprüche nach dem OEG geltend gemacht werden. Auch hier hat das Bundessozialgericht die Rechte der Opfer gestärkt und eine Beweislasterleichterung bzw. -umkehr zu ihren Gunsten angenommen. Das Gericht folgte den Bestimmungen des Bundesentschädigungsgesetzes und vermutet den ursächlichen Zusammenhang auch im Rahmen von Ansprüchen nach dem OEG, wenn zwischen dem schädigenden Ereignis und dem Ausbruch der Erkrankung nicht mehr als 8 Monate liegen (vgl. § 28 Abs. 2 i.V.m. § 15 Abs. 2 BEG i.d.F. v. 29.06.1956, BGBl. I S. 559). Danach wird vermutet, dass die diagnostizierten seelischen Beeinträchtigungen auf den sexuellen Missbrauch zurückzuführen sind, wenn in den Jahren vor der Gewalttat weder solche Symptome noch andere Hinweise auf die seelische Krankheit vorlagen (Scharping 1998).

Literatur

Bundesministerium für Arbeit und Sozialordnung (1996). Anhaltspunkte für die ärztliche Gutachtertätigkeit im sozialen Entschädigungsrecht und nach dem Schwerbehindertenrecht. *Streit 3/98,* 115.
Scharping, B. (1998). Entschädigungsansprüche nach Sexualstraftaten. *Streit 3/1998,* 110–115.
Siefert, St. (1999). Hilfe nach dem Opferentschädigungsgesetz (OEG) in Marquardt, Claudia & Lossen, Jutta (Hg.). *Sexuell missbrauchte Kinder in Gerichtsverfahren* (S. 194–197). Münster: Votum.

Opferschutzgesetz

Claudia Burgsmüller

Mit dem Opferschutzgesetz vom 18.12.1986 wurden allgemeine Verletztenbefugnisse eingeführt, der Persönlichkeitsschutz bei Zeugenvernehmungen verbessert und generell das Recht der Nebenklage tiefgreifend umgestaltet. Vorangegangen war eine rechtspolitische Diskussion darüber, ob Verletztenrechte wie z.B. die Nebenklage grundsätzlich eingeräumt werden sollten. Drohte 1983 noch die Abschaffung des bislang wenig genutzten Instituts der Nebenklage (Burgsmüller 1983, → *Nebenklage*), so fand mit dem Opferschutzgesetz zumindest die rechtspolitische Anerkennung im Rahmen einer Teilreform statt. Dies ging gleichzeitig mit einer Beschränkung der Nebenklagerechte – wie z.B. der Rechtsmittelbefugnis – einher.

Die entsprechenden aktuellen Regelungen, die noch einmal eine Veränderung und Teilreform durch das Zeugenschutzgesetz vom 01.12.1998 erfahren haben, werden unter den Stichwörtern Nebenklage und Prozesskostenhilfe dargestellt.

Mit den bisherigen Teilreformen ist es der Gesetzgebung noch nicht gelungen, die teilweise unübersichtlichen „Detailregelungen in ein stimmiges Gesamtkonzept der Verfahrensbeteiligungen und des Opferschutzes in Strafverfahren zu integrieren" (Nelles & Oberlies 1998, S. 11). Ein Entwurf der Strafrechtskommission des Deutschen Juristinnenbundes unternimmt den Versuch, ein Modell eines kommunikativen Strafprozesses zu entwerfen, in dem die Verletzteninteressen nicht als Störung, sondern als Chance einer Auseinandersetzung mit der Tat und als Ansatzpunkt für eine Verantwortungsübernahme des Täters konstruiert werden (Nelles & Oberlies 1998).

Literatur

Burgsmüller, C. (1983). Der subjektive Faktor – ein Beitrag zur drohenden Abschaffung der Nebenklage. *Streit 83*, 8–13.
Nelles, U. & Oberlies, D. (Hrsg.) (1998). *Reform der Nebenklage und anderer Verletztenrechte*. Baden-Baden: Nomos.

Pädosexualität

Martin Dannecker

Sexuelle Kontakte zwischen Erwachsenen und Kindern werden gegenwärtig unabhängig von der Art und Weise dieser Kontakte, deren Intensität und Dauer und dem Geschlecht der daran Beteiligten als „sexueller Missbrauch" bezeichnet. Ob die geläufige Subsumtion so unterschiedlicher Phänomene wie „pädosexuelle Beziehungen", gewaltlose Verführungen von Kindern durch Erwachsene, gewaltsame sexuelle Attacken gegen Kinder, pädosexuelle Gelegenheitshandlungen durch sozial Desintegrierte, die Produktion und der Besitz kinderpornographischer Erzeugnisse oder exhibitionistische Handlungen vor Kindern unter den Ausdruck „sexueller Missbrauch" gerechtfertigt ist, kann hier nicht näher erörtert werden. Problematisch erscheint die undifferenzierte Subsumtion solch unterschiedlicher Phänomene unter den sexuellen Missbrauch aber schon deshalb, weil mit ihm allemal eine mehr oder weniger schwere Traumatisierung zusammengedacht wird. Meta-Analysen von Studien an Erwachsenen, die in ihrer Kindheit so genannte Missbrauchserfahrungen hatten, deuten jedoch darauf hin, dass durchaus nicht alle als Missbrauch etikettierten sexuellen Erfahrungen zu sexuellen Traumatisierungen führen (Rind et al., 1998, → *Folgen*).

Hier geht es um jene besondere Form sexueller Beziehungen zwischen Erwachsenen und Kindern, die sowohl in der wissenschaftlichen Literatur als auch in der Alltagssprache fast ausschließlich als „Pädophilie" bezeichnet wird. Diese Bezeichnung verschleiert indes, dass es sich bei dieser Liebe der Erwachsenen zu Kindern um eine ihr immer unterlegte bewusstseinsfähige und häufig auch bewusste Sexualisierung der Kinder durch die Erwachsenen handelt. Weil das bewusste sexuelle Interesse an Kindern das Spezifische dieser Form der sexuellen Beziehungen zwischen Erwachsenen und Kindern ist, habe ich schon vor Jahren vorgeschlagen, den Euphemismus „Pädophilie" durch den Begriff „Pädosexualität" zu ersetzen (Dannecker, 1996). Dieser Vorschlag wurde aber nur sehr zögernd aufgegriffen. Aber auch dann, wenn in der wissenschaftlichen Literatur von Pädophilie die Rede ist, steht das bewusste sexuelle Interesse des Erwachsenen an Kindern im Zentrum. So definiert Gunter Schmidt Pädophile als „Männer, deren sexuelle Wünsche und deren Wünsche nach Beziehung und Liebe vorrangig oder ausschließlich auf vorpubertäre Kinder gerichtet ist" (Schmidt, 1998, S. 133). Pädosexualität ist mit anderen Worten eine erotisch-sexuelle Präferenz für Kinder, die immer mit entsprechenden bewusstseinsfähigen sexuellen Wünschen und häufig mit entsprechenden sexuellen Handlungen einhergeht.

Das auf Kinder sich richtende sexuelle Interesse ist das einzig Gemeinsame der Pädosexuellen. Darüber hinaus bietet die Pädosexualität wie andere Sexualitäten auch eine Vielfalt von Begehrensmodalitäten, sexuellen Praktiken, Beziehungsformen, die im Hinblick auf ihre seelischen Auswirkungen auf Kinder zu differenzieren sind.

Aber auch dann, wenn man die Pädosexualität als eine in sich vielfältig zerstreute Sexualform begreift, sind einige prinzipielle Unterschiede zu anderen Formen der Sexualität nicht zu übersehen. Als einen solchen prinzipiellen Unterschied hat zuletzt Gunter Schmidt das Machtungleichgewicht zwischen dem Erwachsenen und dem Kind betont, das die sexuelle Selbstbestimmung des Kindes gefährde oder gar zu überfahren drohe (a.a.O.). Mit der Betonung des Machtungleichgewichts zwischen Erwachsenen und Kindern kritisiert Schmidt zugleich die Behauptung von Lautmann, der zufolge die „pädosexuelle Beziehung" „über ein ungewöhnlich differenziertes Konzept zum Konsens" (1994: 99) verfüge. Die Beobachtung von Lautmann, dass die Pädosexuellen bei ihren Kontakten zu Kindern in „sprachlicher, zeitlicher und sachlicher Hinsicht" (ebd.) einen verglichen mit anderen Sexualitäten bemerkenswerten Aufwand beim Versuch, ihre sexuellen Wünsche zu realisieren, treiben, hängt aber nicht nur mit der im Hinblick auf die Herstellung eines Konsens ausgesprochen ungünstigen Position eines Kindes gegenüber einem Erwachsenen zusammen. Das, was Lautmann als Versuche der Konsensbildung zwischen den Pädosexuellen und den Kindern bezeichnet, ist Ausdruck des ständig scheiternden Versuchs, zwei völlig unterschiedliche Sexualitäten zu synchronisieren.

Zwischen dem Pädosexuellen und seinen kindlichen Sexualobjekten besteht nämlich nicht nur ein Machtgefälle, sondern beide sind durch eine völlig unterschiedliche Strukturierung ihrer Sexualität voneinander getrennt. Während wir aus guten Gründen bei anderen Sexualformen unterstellen, dass das Begehrensobjekt so strukturiert ist, dass es seinerseits den Begehrenden zum sexuellen Objekt hat, d.h. dass beispielsweise sowohl die Begehrenden als auch die Begehrten heterosexuell sind, können wir bei der Pädosexualität von einer solchen basalen Entsprechung der Sexualobjekte nicht ausgehen. Während heterosexuell orientiert zu sein meint, dass sowohl Männer als auch Frauen auf ein gegengeschlechtliches Objekt ausgerichtet sind, kann von einer pädosexuellen Orientierung immer nur im Hinblick auf den Erwachsenen gesprochen werden. Pädosexuell orientiert oder, wenn man so will, pädophil ist, wie schon der Begriff klar ausdrückt, nur der Erwachsene, nicht aber dessen Objekt, auf das hin seine sexuellen Wünsche orientiert sind, also das Kind. Die Sexualität des Objekts des Pädosexuellen wird nicht einmal im Begriff repräsentiert, denn dieser zielt ja einzig und allein auf die sexuelle Struktur bzw. auf das Verlangen des Erwachsenen.

Die Diskrepanz in der sexuellen Organisation zwischen Erwachsenen und Kindern und die mit ihr einhergehende Differenz der sexuellen Bedeutungen führt zu einer unüberbrückbaren Ungleichheit der sexuellen Wünsche von Erwachsenen und Kindern. Diese Disparität ergibt sich daraus, dass der eine Partner sich jenseits und der andere sich diesseits der Pubertät befindet. Unter den vielen für die Pubertät charakteristischen Umgestaltungen in der sexuellen Organisation ist die Objektfindung im Hinblick auf das Verständnis der prinzipiellen Ungleichzeitigkeit im pädosexuellen Kontakt besonders hervorzuheben. Mit Objektfindung ist die erst nach der Pubertät erreichbare *bewusste* Konturierung des *vorher* latenten sexuellen Objekts gemeint. Zwar werden die entscheidenden Weichen für die später bewusstseinsfähige Sexualorganisation schon in der frühen Kindheit gestellt (→ *Sexuelle Entwicklung von Kindern bis zur Pubertät).* Aber erst im Verlaufe der Pubertät erwirbt ein Individuum in der Regel ein Bewusstsein über das schon vorher innerlich montierte Sexualobjekt. In der Pubertät wird das präformierte Sexualobjekt in der Regel sowohl bewusst als auch endgültig zentriert. Mit dieser bewussten Aneignung des sexuellen Objekts wird auch ein wesentliches Stück dessen angeeignet, was sexuelle Identität genannt wird: Das Individuum beginnt sich entlang seines ihm bewusst gewordenen Sexualobjekts als heterosexuell, homosexuell, bisexuell oder auch pädosexuell wahrzunehmen. Die sexualwissenschaftliche Rede von den sexuellen Formen setzt dann auch die in der Pubertät ablaufende bewusste Aneignung des vorher latenten Sexualobjekts und die mit ihr einhergehende Produktion der sexuellen Bedeutungen immer voraus.

Betrachten wir unter diesem Blickwinkel die Pädosexualität, dann wird unmittelbar evident, dass es in der „pädosexuellen Beziehung" nur einen Partner gibt, der über ein konturiertes und bewusstes Sexualobjekt verfügt. Deshalb ist es auch widersinnig und zugleich gewaltsam, die Sexualität des kindlichen Objekts der Pädosexuellen aus dem Blickwinkel der Pädosexualität zu betrachten. Pädosexuell ist immer nur der Erwachsene und es verbietet sich aus den genannten theoretischen Überlegungen heraus auch, dem Kind gleichsam eine sexuell eingefärbte Adultophilie (Liebe zu Erwachsenen) zu unterstellen. Die Pädosexualität, und das macht eine weitere Besonderheit an ihr aus, ist wahrscheinlich die einzige Sexualform, die nach einem lebendigen Objekt verlangt, das Begehren des Begehrten aber prinzipiell verfehlt. Der strukturierte Pädosexuelle, der sich seiner sexuell-erotischen Interessen an Kindern bewusst ist und auf diesen eine Sexualform aufgebaut hat, scheitert beständig an der Ungeformtheit der kindlichen Sexualität und der Formbestimmtheit seiner eigenen. Immer wieder wird der Pädosexuelle veranlasst, die gemessen an der erwachsenen Sexualität vergleichsweise unstrukturierte kindliche Sexualität von seiner Warte herab zu interpretieren. Das führt häufig dazu, dass Pädosexuelle die offenkundig nichtsexuelle Lust von Kindern in sexuelle Lust umdeuten. Beispielhaft für die Interpretation der kindlichen Sexualität in der Sprache der erwachsenen Sexualität ist die folgende Interviewsequenz aus der Studie von Rüdiger Lautmann: „Mein erster Freund mochte gern massiert werden und mit den Fingerspitzen gekrabbelt werden am Rücken; darauf war der unheimlich geil" (Lautmann, 1994, S. 105). Was der Erwachsene als geil, also als eindeutig sexuell erregend begreift, hat aus der → Perspektive des Kindes jedoch eine viel weniger klare sexuelle Bedeutung.

Zwar ist Sexuelles in den intimen Beziehungen zwischen Erwachsenen und Kindern immer anwesend. Anwesend ist das Sexuelle in diesen Beziehungen aber gleichsam freischwebend, das heißt Sexuelles schwingt in diesen Beziehungen immer mit, aber nicht in einer Gestalt, wie sie für die Sexualität der Erwachsenen charakteristisch ist. Wenn Erwachsene und Kinder körperlich miteinander kommunizieren, dann tun sie das in der Regel so, als ob die Sexualität bei beiden noch keine Gestalt und die bei dieser Kommunikation auftauchende Erregung kein Objekt hätte. Sexuelles sollte, will man nicht schwerwiegende Verwirrungen bei Kindern riskieren, bei dem Erwachsenen also nicht als Sexualität auftreten, oder anders gesagt: das, was auch von dem Erwachsenen im intimen Kontakt mit Kindern als erregend erlebt wird, sollte dem Kind gegenüber nicht in der Sprache der erwachsenen Sexualität ausgedrückt werden (vgl. Ferenczi, 1932). Das bedeutet zuallererst, dass der Wunsch nach sexueller Befriedigung auf Seiten des Erwachsenen aus dieser sexuellen Kommunikation ausgeklammert bleibt. Schlägt im körperlichen Kontakt zwischen Erwachsenen und Kindern die diffuse Erregung in sexuelle Lust und sexuelle Erregung um, ist die Grenze zum sexuellen Missbrauch erreicht, weil dadurch das Kind mit einer Sexualität überschwemmt wird, die voll von Bedeutungen ist, über die erst die Sexualität Erwachsener verfügt. In diesem Moment verändert sich die Beziehung zum Kind auch in qualitativer Hinsicht: es wird sexuell begehrt und zu einem Objekt sexueller Befriedigung und es wird, so paradox das auch klingen mag, sexuell so „behandelt", als ob es seinerseits erwachsen sei. Diese paradoxe Modalität im Umgang mit den Kindern ist grundlegend für die Pädosexualität. Der Pädosexuelle ist zur Befriedigung seiner sexuellen und erotischen Wünsche an nicht erwachsene Objekte gebunden und er behandelt seine kindlichen Sexualobjekte zugleich so, als ob sie erwachsen und reif für sexuelle Beziehungen wären.

Sexualtheoretisch betrachtet besteht der sexuelle Missbrauch eines Kindes durch einen Erwachsenen darin, dass dieser das Kind nach den Bedingungen und Bedeutungen seiner eigenen ausgeformten Sexualität behandelt. Im intimen Körperkontakt sollte der Erwachsene deshalb fähig sein, seine Sexualität in einen anderen als den erwachsenen Aggregatzustand zurückzuführen, sie also gleichsam zu entformen. Gelingt ihm das nicht, was durchaus nicht nur bei strukturieren Pädosexuellen der Fall ist, wird er entweder den intimen Kontakt zu Kindern meiden oder aber wie der Pädosexuelle das Kind nach den Bedingungen und Bedeutungen seiner sexuellen Struktur zum Sexualobjekt machen.

Daraus folgt, dass der sexuelle Missbrauch nicht nach der Anwesenheit oder Abwesenheit von Gewalt bei der Durchsetzung der Sexualität einem Kind gegenüber bestimmt werden kann. Ob es bei einem sexuellen Kontakt zwischen einem Erwachsenen und einem Kind überhaupt zu Berührungen, genitalen oder sonstigen, kommt oder nicht, ob dabei Gewalt im landläufigen Sinn eingesetzt wird oder nicht, ist für die Bestimmung einer Handlung als sexueller Missbrauch völlig unerheblich. Deshalb fallen die von Lautmann in seiner Interviewstudie befragten pädosexuellen Männer auch nicht aus der Missbrauchsfigur heraus, obwohl sie, was er überzeugend belegen konnte, mit ihren kindlichen Liebesobjekten eher weniger machen als das, was unter Erwachsenen üblich ist, und normalerweise auch keine Gewalt im alltäglichen Sinne zur Durchsetzung ihrer sexuellen Wünsche einsetzen. Aber auch sie drängen den Kindern ihre eigene Sexualität auf und handeln sexuell vornehmlich nach den Bedeutungen ihrer eigenen geformten Sexualität.

Ein so verstandener Missbrauch muss allerdings nicht gleichbedeutend mit schwerwiegenden seelischen Folgen für das Kind, also mit sexueller Traumatisierung sein. Die übliche Gleichsetzung eines sexuellen Kontakts zwischen Kindern und Erwachsenen mit seelischer Schädigung, die auf einen juristischen Diskurs zurückgeht, dem daran gelegen ist, für das, was er strafrechtlich abwehrt, auch ein sozialschädliches Verhalten zu unterstellen, hat den Blick auf das Phänomen Pädosexualität in den letzten Jahren zunehmend verstellt. Entstanden ist dadurch der Eindruck, als ob sexuelle Kontakte zwischen Erwachsenen und Kindern nur deshalb problematisch seien, weil sie mit schweren seelischen Schäden an den Kindern einhergehen (→ *Definition und Begriffe)*. Die Problematik der Pädosexualität liegt aber nicht nur in der von ihr ausgehenden möglichen Schädigung von Kindern. Die Problematik der Pädosexualität liegt vor allem darin, dass im sexuellen Kontakt zwischen Erwachsenen und Kindern eine Reziprozität von sexueller Lust und Befriedigung prinzipiell ausgeschlossen ist, sie liegt damit diesseits möglicher sexueller Traumatisierungen.

Literatur

Dannecker, M. (1996). Sexueller Missbrauch und Pädosexualität. In: V. Sigusch (Hrsg.), *Sexuelle Störungen und ihre Behandlung* (266–275). Stuttgart, New York: Thieme.
Ferenczi, S. (1932). Sprachverwirrung zwischen den Erwachsenen und dem Kind (Die Sprache der Zärtlichkeit und der Leidenschaft). In: Ders, *Bausteine zur Psychoanalyse*, 2. unveränd. Aufl. Bd. III. Bern, Stuttgart: Huber.
Lautmann, R. (1994). *Die Lust am Kind. Portrait des Pädophilen.* Hamburg: Klein.
Rind, B., Tromovitch, Ph. & Bauserman, R. (1998). A meta-analysis examination of assumed properties of child sexual abuse using college samples. *Psychol. Bull. 124,* 22–53.
Schmidt, G. (1998). Über die Tragik pädophiler Männer. *Zeitschrift für Sexualforschung, 12,* 133–139.

Parteiliche Beratungsstellen

Birgit Schlathölter

Geschichte

Das Prinzip Parteilichkeit wurde im feministischen Diskurs Ende der siebziger Jahre durch die Frauenbewegung geprägt. Es ist eine der Grundlagen feministischer Mädchen- und Frauenarbeit (vgl. Hagemann-White, Kavemann & Ohl 1997, →*Parteilichkeit in der Beratung*). Der Begriff „Parteilichkeit" wird in diesem Kontext „einerseits als Kampfbegriff in der politischen Kontroverse zwischen feministischer Gesellschaftsanalyse und deren Kritikerinnen und Kritikern benutzt (B.S.), anderseits dient er als eine Art Markenzeichen für die Arbeit in Frauenprojekten" (ebd., S. 180).

Parteiliche Beratungsstellen gegen sexualisierte Gewalt an Mädchen und Frauen sind aus der Selbsthilfearbeit entstanden (→*Selbsthilfe*). Anfang der achtziger Jahre haben Frauen, die in ihrer Kindheit sexuellen Missbrauch erleben mussten, sich auf den Weg gemacht, die eigene Gewaltgeschichte zu erarbeiten. Sie nannten sich selbst Überlebende von sexualisierter Gewalt und haben die Öffentlichkeit auf diese verleugnete (innerfamiliäre) Gewalt aufmerksam gemacht. Vor allem der sexuelle Missbrauch an Mädchen und Jungen war bis dahin ein Tabuthema. Das führte zur Gründung der ersten Parteilichen Beratungsstelle gegen sexualisierte Gewalt in Berlin. Sie nannte sich Wildwasser Berlin (vgl. Mebes 1992; Schriftenreihe des Bundesministeriums für Frauen und Jugend 1991).

Parteilichkeit

Das Prinzip Parteilichkeit ist als Grundlage feministischer Theorie und Praxis zu verstehen. Dabei stellt es nicht nur eine Arbeitsweise dar, sondern hat auch eine gesellschaftspolitische – kritische Dimension. Ihre Basis ist die feministische Ursachenanalyse, die das bestehende Geschlechterverhältnis als wesentlichen Grund für sexualisierte Gewalt an Mädchen (auch Jungen) und Frauen sieht (→*Feministisches Ursachenverständnis*). Als Gewalt unterstützend kommen hierbei insbesondere der traditionellen Minderbewertung von Mädchen und Frauen und der grundlegenden Höherbewertung von männlichen Werten und dem männlichen Geschlecht in unserer Gesellschaft besondere Bedeutung zu (vgl. z.B. Roth 1997).

Aus der Kenntnis und Analyse der bestehenden Machtverhältnisse zwischen den Geschlechtern entwickelte sich das Prinzip Parteilichkeit, dessen Leit- und Arbeitsprinzip der Schutz der Betroffenen vor weiterer Gewalt und die eindeutige Stellungnahme gegen den Täter/die Täterin, die die alleinige Verantwortung tragen, sind. Es bedeutet somit über die Parteinahme für Mädchen und Frauen hinaus die Gewalt, ihre Verursacher und die verursachenden Systemzusammenhänge zu benennen und sie verändern zu wollen. Parteilichkeit ist davon ausgehend auch eine Haltung, die Professionelle in ihrer Beratungs- und/oder Therapiearbeit einnehmen. Um diese Haltung zu entwickeln, ist es unabdingbar notwendig, sich mit den Rollen innerhalb des Geschlechterverhältnisses auseinandergesetzt zu haben. „Parteiliche Beratungsstellen" arbeiten auf dieser Grundlage.

Ziele parteilicher Beratungsstellen

Parteiliche Beratungsstellen bieten Mädchen (auch Jungen) und Frauen Schutzräume an. Diese Schutzräume ermöglichen Mädchen und Frauen, eigene Stärken auf- und auszubauen und ihre Handlungsfähigkeiten zu erweitern. Die praktische parteiliche Arbeit betont nicht die gesellschaftliche Machtlosigkeit der Mädchen und Frauen, sondern setzt vielmehr an ihren vorhandenen Ressourcen an.

Neben dem primären Ziel, Mädchen (auch Jungen) und Frauen zu schützen, ist die politische Zielrichtung parteilich arbeitender Beratungsstellen die Veränderung der gesellschaftlichen Bedingungen, die sexualisierte Gewalt fördern oder sogar erst ermöglichen. Hierbei ist das Erreichen eines gesellschaftlichgewaltfreien Zusammenlebens von Frauen und Männern das Ziel. Fälschlicherweise wird Parteilichkeit häufig als gegen die Gesellschaft arbeitend verstanden. Parteilichkeit ist jedoch eine gesellschaftsbefürwortende Utopie.

Parteilichkeit bei nicht parteilichen Beratungsstellen

Der Begriff der Parteilichkeit wird jedoch nicht nur von feministischen Beratungsstellen benutzt. Auch Vertreterinnen und Vertreter der Kinderschutzbewegung verwenden diesen Begriff. Allerdings wird er entweder als ausschließliche Parteinahme für das Kind oder als so genannte „Allparteilichkeit" gesehen (vgl. z.B. Roth 1997, Hagemann-White, Kavemann & Ohl 1997). Die theoretische Grundlage ist hier zum einen das Wissen um das Abhängigkeitsverhältnis von Kindern gegenüber den Erwachsenen. Das Machtverhältnis wird jedoch ausschließlich als ein Generationsproblem definiert und lässt außer Acht, dass Mädchen einem doppelten Gewalt- und Machtverhältnis ausgesetzt sind. Beim Konzept der Allparteilichkeit wird zum anderen vielfach davon ausgegangen, dass sexualisierte Gewalt allein als eine Beziehungsstörung innerhalb des Familiensystems zu interpretieren ist (z.B. Abelmann-Vollmer 1987). Daraus resultiert ein familienorientierter Ansatz der Hilfe, der die realen Machtverhältnisse in den Familien und zwischen den Geschlechtern negiert. Nach deutlicher Kritik an dieser verkürzten Sichtweise (z.B. Rijnaarts 1991; Roth 1997) öffnet sich auch die Kinderschutzbewegung der feministischen Ursachenanalyse immer mehr und versteht sexualisierte Gewalt auch als ein geschlechtsspezifisches Problem.

Parteilichkeit als Qualitätskriterium?

In Diskussionen über Qualitätsentwicklung wird Parteilichkeit häufig als ein Qualitätskriterium genannt. Da es aber keine einheitliche parteiliche Konzeption und Definition gibt und auch die örtlichen Beratungsstellen ihre praktische Arbeit unterschiedlich konzipieren, stellt sie per se kein Qualitätskriterium dar. Parteilichkeit wird deshalb erst dann zu einem Qualitätskriterium, wenn sie als ein die Disziplinen verbindendes und übergreifendes Prinzip in der Professionalität der praktisch Tätigen verstanden wird und damit über die Grenzen der jeweiligen Beratungsstellen hinausgeht. Konkret heisst dies, parteiliche Arbeit ist die Zusammenarbeit unterschiedlicher Professionen mit dem Ziel, sexualisierte Gewalt zu beenden, den Betroffenen Hilfestellung zu geben und sexualisierter Gewalt vorzubeugen (vgl. Hessisches Sozialministerium 1999). Nur in der Zusammenarbeit können langfristig die gesellschaftlichen Ursachen sexueller Gewalt verändert werden.

Schlussbemerkung

Die Adressen von Parteilichen Beratungsstellen wie Zartbitter, Zündfunke oder Zornrot finden Sie häufig in der örtlichen Tageszeitung oder sie sind bei den kommunalen Gleichstellungsbeauftragten (Frauenbüros) und den örtlichen Jugendämtern zu erfragen. Die bekanntesten Parteilichen Beratungsstellen tragen den Namen „Wildwasser" plus den Stadtnamen.

Literatur

Abelmann-Vollmer, K. (1987). Gewalt in Familien. Eine Studie zur Inzestproblematik. Theoretische und praktische Überlegungen aus dem Kinderschutzzentrum Bremen. In: Deutscher Kinderschutzbund, Bundesverband e.V. (Hg.). *Sexuelle Gewalt gegen Kinder. Ursachen, Vorurteile, Sichtweisen, Hilfeangebote.* Hannover, S. 40–52.
Hagemann-White, Carol, Barbara Kavemann und Dagmar Ohl (1997). *Parteilichkeit und Solidarität, Praxiserfahrungen und Streitfragen zur Gewalt im Geschlechterverhältnis.* Bielefeld: Kleine Verlag.

Hessisches Sozialministerium (1999). *Sexuelle Gewalt gegen Mädchen und Jungen, Kooperationsstrukturen vor Ort.* Wiesbaden: Hausdruck.
Mebes, Marion (Hg.) (1992). *Mühsam – aber nicht unmöglich, Reader gegen den sexuellen Missbrauch.* Berlin: Donna Vita.
Rijnaarts J. (1991). *Lots Töchter. Über den Vater-Tochter-Inzest.* Müchen: dtv
Roth, Gabriele (1997). *Zwischen Täterschutz, Ohnmacht und Parteilichkeit.* Bielefeld: Kleine Verlag.
Schriftenreihe des Bundesministeriums für Frauen und Jugend Band 10 (1991), *Modellprojekt Beratungsstelle und Zufluchtswohnung für sexuell missbrauchte Mädchen von „Wildwasser" – Arbeitsgemeinschaft gegen sexuellen Missbrauch an Mädchen e. V. Berlin.* Stuttgart Berlin Köln: Verlag W. Kohlhammer.

Parteilichkeit in der Beratung

Luise Hartwig

Begriffsbestimmung

Parteilichkeit als Begriff Sozialer Arbeit stammt aus der Diskussion der Studentenbewegung um Macht- und Herrschaftsverhältnisse und der Auseinandersetzung mit der Kritischen Theorie in der 60er und 70er Jahren. Parteilichkeit galt hier als Grundlage solidarischen Handelns sozialer Fachkräfte mit gesellschaftlich marginalisierten Gruppen zur Verbesserung ihrer Lage und zur Veränderung der gesellschaftlichen Verhältnisse (antikapitalistische Soziale Arbeit). Als Konzept und Handlungsprinzip der Mädchen- und Frauenarbeit ist diese Diskussion durch die zweite Frauenbewegung aufgegriffen und um die zentrale Kategorie Geschlecht erweitert worden. Dies betraf sowohl die Entwicklung der feministischen Theorie wie die Konzipierung und Erprobung sozialpädagogischer und therapeutischer Handlungsansätze in Frauenprojekten, insbesondere jenen, die im Bereich Gewalt gegen Frauen und Mädchen arbeiten (Frauenhäuser, Mädchenhäuser, Beratungsstellen, Notrufgruppen). Das Konzept der Parteilichkeit in der Sozialen Arbeit hat heute auch Eingang gefunden in die neue Jungenarbeit, die sich u. a. mit den Auswirkungen von Gewalterfahrungen auf die Sozialisation von Jungen und der Machtdifferenz zwischen Professionellen und Laien befasst (Bange 1995; Lenz 2000; Wieland 2000).

Parteilichkeit und feministische Soziale Arbeit

Die feministische Soziale Arbeit entstand als Antwort auf eine vermeintlich objektive Wissenschaft und Praxis, die die Lebenswelt von Frauen und Mädchen vernachlässigt. Ziel dieser Arbeit ist die Verbesserung der Lebensbedingungen von Frauen und Mädchen sowie die Herstellung von Gleichheit der Geschlechter. Ein Mittel zum Erreichen dieses Ziels ist Parteilichkeit in der Arbeit mit Mädchen und Frauen. Die Aufdeckung individueller ebenso wie kollektiver Unterdrückung und Ausbeutung von Frauen durch Männer im Patriarchat steht somit im Mittelpunkt feministischer Sozialer Arbeit. Das bestehende Geschlechterverhältnis im privaten wie gesellschaftlichen Raum wird von der Frauenbewegung und Frauenforschung als hierarchisch strukturiert gekennzeichnet. Eine Ursache hierfür liegt in der geschlechtsbezogenen Arbeitsteilung, die Männern die Erwerbsarbeit im öffentlichen Raum und Frauen die Familie im privaten Raum zuweist. Die unzureichende Teilhabe von Frauen an Macht, Geld und Einfluss in der Gesellschaft ist eine Form struktureller Gewalt gegen Frauen (Böhnisch 1996). Steuer-, Renten-, und Familiengesetze stützen dieses System. Diese kulturelle Ordnung hierarchischer Zweigeschlechtlichkeit begünstigt letztlich sexuelle Ausbeutung Schwächerer. Mädchen sind besonders häufig betroffen, da diese sowohl in Bezug auf die generative als auch geschlechtliche Hierarchie die schwächste Stellung innehaben (→ *Feministisches Ursachenverständnis*).

Demzufolge entwickelte die neue Frauenbewegung Ansätze zur Aufhebung der Geschlechterhierarchie und zur Bekämpfung der sexuellen Ausbeutung von Mädchen und Frauen nicht nur als sozialpädagogisches Handlungsprinzip sondern gerade auch als politisches Instrument zur Aufdeckung und Beendigung der Gewalt im privaten wie im öffentlichen Raum. Parteilichkeit in der Beratung soll zur Stärkung von Frauen und Mädchen als handelnden Subjekten beitragen und nicht (nur) als Hilfe für Opfer von Gewalt dienen. Nach der Aufdeckung der Vergewaltigung in der Ehe und der Gewalt, die erwachsenen Frauen im privaten Raum angetan wird, war die Aufdeckung des sexuellen Missbrauchs (zunächst an Mädchen), als zentraler Aspekt der Diskriminierung und Ausbeutung von Mädchen, Thema der Frauenbewegung. Auch hier ermöglicht nur eine an der Lebenslage des Mädchens orientierte soziale Arbeit und Beratung ein Konzept zur Förderung der Selbstbestimmung, zur Stärkung und Heilung der von Gewalt betroffenen Mädchen. Demzufolge gilt es eine parteiliche Unterstützung und Beratung von Mädchen in das Zentrum der Hilfen zu stellen. Dieses parteiliche Handlungsprinzip, das zunächst in den Beratungsstellen gegen sexuellen Missbrauch in den 80er Jahren entwickelt und praktiziert wurde, wird Anfang der 90er Jahre massiv kritisiert. Das Vorgehen einer parteilichen Unterstützung der von Gewalt betroffenen Mädchen gilt nun als unprofessionell und einseitig im Sinne einer Voreingenommenheit und Beeinflussung der Opfer sexuellen Missbrauchs. Dies gilt insbesondere in Bezug auf die Aufdeckung sexuellen Missbrauchs und bei der Vorbereitung von Strafprozessen. Das Parteiliche Handlungsprinzip wird als parteiisch missverstanden und disqualifiziert (Müther & Kluck 1991, → *Befragung von Kindern,* → *Glaubhaftigkeitsbegutachtung und diagnostischer Erkenntnisprozess*).

Parteilichkeit als Konzept der Beratung

Parteilichkeit in der Frauen- und Mädchenberatung zielt darauf ab, die Frau und das Mädchen sowohl vor dem Hintergrund der individuellen Lage und der biografischen Entwicklung als auch vor der gesellschaftlichen Lage von Frauen zu sehen. Dabei geht es nicht um eine Parteilichkeit im Sinne der unreflektierten Zustimmung zu den Lebensentscheidungen und dem Verhalten der einzelnen Frau, sondern um Parteilichkeit im Sinne des Verständnisses für die gesellschaftliche Bedingtheit der individuellen Lebenssituation des Mädchens oder der Frau. Die Lebenswelt von Frauen wurde im sozialwissenschaftlichen wie therapeutischen Diskurs häufig vernachlässigt, weshalb Konzepte parteilicher Beratung zur Bearbeitung sexuellen Missbrauchs erst in den 80er Jahren Eingang in die Soziale Arbeit fanden.

Parteilichkeit in der Beratung gilt heute neben Ganzheitlichkeit und Autonomie als Grundbaustein einer feministischen Beratungsarbeit, die von Mädchen als Expertinnen ihrer Geschichte ausgeht, die sie als handelnde Subjekte zu unterstützen sucht. Dabei gilt die Solidarität mit ihrer Lebenslage nicht im Sinne einer grundsätzlichen Übereinstimmung mit ihrer Haltung, ihrer Einstellung und ihren Wünschen, sondern im Sinne einer kritischen Teilidentifikation mit ihrer Lebenserfahrung und im Verständnis der Ursachen ihrer geschlechtsbezogenen Ausbeutung. Das bedeutet z. B. der subjektiv geäußerte Wunsch eines Mädchens nach Drogenkonsum und Prostitution wird nicht gefördert, wohl aber vor dem Hintergrund erfahrener Gewalt als Überlebensstrategie gedeutet und verstanden.

Parteiliche Beratung als Beratung von Frauen für Frauen und Mädchen vor dem Hintergrund gemeinsamer gesellschaftlicher Betroffenheit von Frauenunterdrückung stellte den Anfang des Konzepts dar, das sehr schnell modifiziert wurde. So wurde mit der Zeit die Differenzierung der Lebenslagen von Frauen als Voraussetzung parteilicher Beratung, die der Individualität der einzelnen Frau/des einzelnen Mädchens Rechnung trägt, stärker unterstrichen (Brückner 1996). Außerdem wurde der Grundsatz von einer kollektiven Betroffenheit aller Frauen durch sexuelle Gewalt und einer daraus abgeleiteten parteilichen Haltung auszugehen, in der Praxis der Beratung durch die Notwendigkeit professioneller Distanz abgelöst (Hagemann-White u. a. 1997). Der Professionalisierungsschub in der Sozialen Arbeit machte auch vor feministischer Beratungsarbeit nicht halt. Frauenparteiliche Professionalität liefert den Schlüssel, Defizite in bestehenden Theorien und Praxiskonzepten auszumachen, beschränkt Mädchen und Frauen nicht auf die Defizit- und Opferperspektive und verweist über die Hilfen für die einzelne Frau und das Mädchen hinaus auf umfassende gesell-

schaftliche Emanzipation. Parteilichkeit in der Beratung wird nun verstanden (vgl. Hartwig & Weber 2000):
1. im engeren Sinne bezogen auf *die Motivation bzw. den Arbeitsauftrag* als Einsatz für Frauen und Mädchen, die Opfer von Männergewalt geworden sind. Gesellschaftliche Strukturen und geschlechtsspezifische Lebensbedingungen werden dabei als Erklärungsfaktoren für die Entstehung, für Art und Häufigkeit des Gewalterlebens bzw. -ausübens herangezogen und auf dieser Grundlage die Parteilichkeit für die Opfer begründet.
2. über die Aufgabe der Opferhilfe hinausgehend bezogen auf das *professionelle Selbstverständnis.* Parteilichkeit steht hier als Zentralbegriff eines Feminismus, der insbesondere auch die notwendige Selbstreflexion und -veränderung von Frauen als Voraussetzung für veränderte gesellschaftliche Bedingungen und ein Ende der Männergewalt einschließt.
3. im weitesten Sinne schließlich bezogen auf die *gesellschaftspolitische Zielsetzung,* mit der Patriarchatskritik letztendlich gegen jede Form von Gewalt- und Herrschaftsausübung – d. h. auch gegen Rassismus, gegen Gewalt durch Frauen etc. – anzugehen (vgl. Kavemann 1997, S. 186f.).

Ausformuliert ist das Konzept parteilicher Beratung vor allem im Hinblick auf die Beratung bei sexuellen Gewalterfahrungen und sexuellem Missbrauch an Kindern (Weber & Rohleder 1995). Parteiliche Beratung zeichnet demnach aus, dass sie das polarisierte Geschlechterverhältnis in der Täter-Opfer-Relation bei sexueller Gewalt, wonach Frauen überwiegend unter den Opfern, Männer unter den Tätern zu finden sind, wahrnimmt und als Erklärungshintergrund berücksichtigt, ohne dabei blind für anders gelagerte Einzelfälle zu werden: „Parteilichkeit (…) garantiert, dass Gewalt immer als politisches Problem wahrgenommen wird, wie sehr sie auch das höchst individuelle Erleben jeder einzelnen Frau und jedes Mädchens ist" (Kavemann 1996, S. 172). Ferner geht sie davon aus, dass entsprechend dieser Erkenntnis auch der Kategorie „Geschlecht" in der Beratungspraxis, z. B. hinsichtlich der Frage, dass Mädchen und Frauen eher von Frauen beraten werden, sofern sie es nicht ausdrücklich anders wünschen, Bedeutung beimisst.

Parteiliche Beratung richtet ihre Hilfe und Angebote eindeutig an den Bedürfnissen und Interessen von Mädchen und Frauen als Betroffene von sexueller Gewalt aus und orientiert die Hilfe an ihren Rechten auf Schutz und Hilfe. Parteiliche Beratung betrachtet Mädchen und Frauen ganzheitlich und reduziert sie nicht auf ihre Gewalterfahrungen. Sie benennt klar Verantwortlichkeiten für die Taten und fordert insoweit von den Tätern die Übernahme der Verantwortung ein, während sie die Betroffenen hingegen von Schuldgefühlen entlastet, ohne den Blick zu verlieren für deren psychische und emotionale Ambivalenzen und Verstrickungen. Parteilichkeit in der Beratung geht davon aus, dass gerade bei innerfamiliärer Gewalt jedem Familienmitglied eine eigene Beraterin oder ein eigener Berater zur Seite gestellt wird, um sowohl Zweifel an der jeweiligen Vertrauenswürdigkeit seitens der Adressatinnen als auch Loyalitätskonflikte auf Seiten der Professionellen zu vermeiden. Das Konzept verlangt, dass die Beendigung der Gewalthandlungen, die individuelle Unversehrtheit und Autonomie der Frauen und Mädchen – und nicht etwa die Aufrechterhaltung bzw. Wiederherstellung der Familie, die Entlastung der Eltern oder die Wahrung ihrer Rechte o. ä. – oberste Priorität genießt. Diese Beratung für Frauen und Mädchen mit Gewalterfahrungen ist eingebettet in ein Gesamtangebot, das durch präventive Maßnahmen, Öffentlichkeitsarbeit und politische Einmischung zur Schaffung von Problembewusstsein beiträgt und die gesellschaftliche Sanktionierung von Gewalt gegen Frauen nachhaltig einfordert (Hartwig & Weber 2000).

Literatur

Bange, D. (1995). Der steinige Weg. Vom Jungen zum Mann. In Bange & U. Enders (Hrsg.). *Auch Indianer kennen Schmerz. Sexuelle Gewalt gegen Jungen* (S. 21–24). Köln: Kiepenheuer & Witsch.

Böhnisch, L. (1996). Gewalt. In D. Kreft & I. Mielenz. *Wörterbuch Soziale Arbeit.* (S. 259–261). Weinheim & Basel: Beltz.

Brückner, M. (1996). *Frauen- und Mädchenprojekte.* Von feministischen Gewissheiten zu neuen Suchbewegungen. Opladen: Leske & Budrich.

Hagemann-White, C., Kavemann, B. & Ohl, D. (1997). *Parteilichkeit und Solidarität.* Bielefeld: Kleine.

Hartwig, L. & Kuhlmann, C. (1987). Sexueller Missbrauch an Töchtern – der verschwiegene Aspekt der Gewalt in der Familie. *Neue Praxis 17 (5),* 436–447.

Hartwig, L. & Weber, M. (2000). Parteilichkeit als Konzept der Mädchen- und Frauenarbeit. In L. Hartwig & J. Merchel (Hrsg.), *Parteilichkeit in der Sozialen Arbeit* (S. 25–49). Münster: Waxmann.

Kavemann, B. (1996). Mädchenhäuser: Zufluchtsorte für Mädchen in Not. In V. Birtsch, L. Hartwig & B. Retza (Hrsg.) *Mädchenwelten – Mädchenpädagogik.* Perspektiven zur Mädchenarbeit in der Jugendhilfe. (2. ergänzte Aufl.) (S.163–179). Frankfurt a.M.: IGfH-Eigenverlag.

Kavemann, B. (1997). Zwischen Politik und Professionalität: Das Konzept der Parteilichkeit. In C. Hagemann-White, B. Kavemann, & D. Ohl, *Parteilichkeit und Solidarität* (S.179–225). Bielefeld: Kleine.

Lenz, H.-J. (Hrsg.) (2000). *Männliche Opfererfahrungen.* Problemlagen und Hilfeansätze in der Männerberatung. Weinheim & München: Juventa.

Müther, M. & M.-L. Kluck (1991). Bedingungen und Probleme einer psychologischen Diagnostik. *Sozialmagazin 17 (5),* (114–120).

Weber, M. & Rohleder, C. (1995): *Sexueller Missbrauch. Jugendhilfe zwischen Aufbruch und Rückschritt.* Münster: Votum.

Wieland, N. (2000). Inhalte parteilicher Jungenarbeit. In L. Hartwig & J. Merchel. *Parteilichkeit in der Sozialen Arbeit* (S. 117–133). Münster: Waxmann.

Pflegefamilien

Margarete Finkel und Dirk Bange

Das Thema „Pflegefamilien und sexueller Missbrauch" wird in der deutschsprachigen Literatur fast ausschließlich unter dem Blickwinkel betrachtet, was ein sexueller Missbrauch in der Vorgeschichte von Pflegekindern für ihre Betreuung in einer Pflegefamilie bedeutet (Fegert 1998; Nienstedt & Westermann 1998). Dagegen wird selten thematisiert, dass Mädchen und Jungen auch in Pflegefamilien von ihren Pflegevätern, -müttern oder auch Geschwistern sexuell missbraucht werden. In den USA und England ist die Situation anders. Dort gibt es eine Reihe von Untersuchungen zu diesem Problem (z.B. Hobbs, Hobbs & Wynne 1999; Benedict u.a. 1996 und 1994). Im Folgenden sollen beide Aspekte des Themas beleuchtet werden.

Vorab muss allerdings einschränkend darauf hingewiesen werden, dass in Deutschland zu beiden Fragekomplexen kaum Untersuchungsergebnisse vorliegen. Dies ist jedoch im Bereich des Pflegekinderwesens nichts Ungewöhnliches, da insgesamt wenig empirisch gesichertes Wissen vorliegt. Jürgen Blandow (1999, S. 760f.) bemängelt, dass es alles in allem nur wenige Untersuchungen gibt, die noch dazu meist auf regionalen Stichproben beruhen. Außerdem stuft er die Forschungen über Pflegefamilien unter methodischen Gesichtspunkten im Vergleich zu Untersuchungen über Adoptionen und Heimerziehung als von „niedriger Qualität" ein (vgl. auch Textor 1995, S. 1). Diese ausgesprochen schlechte Forschungslage ist erstaunlich, da Ende 1998 in Deutschland immerhin mehr als 54.000 Kinder in Pflegefamilien lebten (Statistisches Bundesamt 2000, S. 51).

Sexuell missbrauchte Mädchen und Jungen in Pflegefamilien

Es liegen keine genauen Zahlen darüber vor, wie viele der in Pflegefamilien lebenden Mädchen und Jungen zuvor sexuell missbraucht worden sind. Dass sexuell missbrauchte Mädchen und Jungen vermutlich relativ häufig in Pflegefamilien untergebracht werden, zeigt jedoch die Untersuchung von Edith Burger und Caroline Reiter (1993). Von den von ihnen erfassten sexuell missbrauchten Mädchen und Jungen (N = 836) sind 12,3% nach der Aufdeckung eines Missbrauchs von Jugendämtern in Pflegefamilien untergebracht worden (vgl. auch Fegert 1998; Textor 1995). Dieses Ergebnis lässt allerdings keine Rückschlüsse darüber zu, wie viele Pflegekinder Opfer sexuellen Missbrauchs sind.

Die vorliegenden Untersuchungsergebnisse aus den USA und England deuten aber darauf hin, dass sehr viele der in Pflegefamilien lebenden Kinder zuvor sexuellen Missbrauch oder körperliche Misshandlung erlebt haben. Dort fand sich bei zwei Drittel und mehr der Kinder ein solcher Hintergrund (Ball 1991: 66%; Chernoff 1994: 81%).

Problematische Vermittlungspraxis

Verschiedene Untersuchungen zeigen, dass sich die Anlässe für die Unterbringung in einer Pflegefamilie kaum von denen unterscheiden, die für andere Hilfeformen benannt werden (Blandow 1999, S. 761f.). Das heißt, dass sexuell missbrauchte Kinder eher zufällig einmal im Heim, einmal in einer Pflegestelle untergebracht werden – entsprechend den regionalen Gegebenheiten oder der jeweiligen Amtspraxis. Des Weiteren belegen die Untersuchungen, dass Jugendämter eine Fremdunterbringung vielfach nicht im Voraus planen, obwohl sie die Familien in der Regel schon länger betreuen. Die Kinder werden dann häufig im Rahmen von Kriseninterventionen unvorbereitet aus der Familie genommen und entweder in Heimen oder Pflegefamilien untergebracht. Die Pflegeeltern müssen sich in solchen Situationen schnell entscheiden, ob sie das Kind aufnehmen möchten oder nicht. Für diese Entscheidung fehlen ihnen wegen der fehlenden Vorplanung Informationen über das Kind und seine Beziehungserfahrungen (ebd., S. 764). Vor dem Hintergrund, dass sexueller Missbrauch bei vielen betroffenen Kindern Probleme im Bindungsverhalten verursacht, die es Pflegeeltern erschweren können, die Kinder in die Familie zu integrieren (Fegert 1998), ist dies äußerst problematisch.

Psychodynamik sexuell missbrauchter Mädchen und Jungen

Sexueller Missbrauch führt bei den meisten betroffenen Kindern zu einem einschneidenden Vertrauensverlust gegenüber Erwachsenen. Sie sind enttäuscht, dass die Eltern bzw. der nicht missbrauchende Elternteil sie nicht geschützt haben. Sie fühlen sich vom Täter verraten, ausgenutzt und erniedrigt. Ein Mensch, den sie gemocht und bewundert haben, dem sie vertrauten, hat ihre Sehnsucht nach Liebe und Geborgenheit ausgenutzt, um seine eigenen Bedürfnisse auf ihre Kosten zu befriedigen. Sexuell missbrauchte Mädchen und Jungen isolieren sich deshalb oft aus Angst vor engen Beziehungen. Sie befürchten, dass sie erneut missbraucht werden, wenn sie eine enge Beziehung zu anderen Menschen eingehen. Teilweise fühlen sie sich auch mitschuldig und verwirrt, sie schämen sich für das was passiert ist, sie sind sprachlos und haben Angst vor einem erneuten sexuellen Missbrauch. Ein sexuell missbrauchtes Kind kann deshalb neue Eltern als bedrohlich erleben. Diese Gefühle des Kindes müssen bei der Beziehungsgestaltung der Pflegeeltern zu dem Kind berücksichtigt werden. Jörg Fegert (1998, S. 23) bezeichnet folgerichtig die Beachtung der emotionalen Beziehungsqualität als eine wesentliche Voraussetzung für das Gelingen von Pflegeverhältnissen.

Zu einem vorsichtigen Beziehungsaufbau gehört auch, dass mit dem Kind über die Frage „Wo komme ich her?" altersentsprechend gesprochen wird, damit es seine Erfahrungen verarbeiten und eine kritische Distanz dazu aufbauen kann. Erst die Trennung und Ablösung des traumatisierten Kindes von seiner Herkunftssituation bzw. seinen Herkunftseltern ermöglicht die Entwicklung neuer Beziehungen in der Ersatzfamilie (Tenhumberg & Michelbrink 1998).

Mit der Vermittlung in eine Pflegefamilie bekommt das Kind die Chance, neue Beziehungserfahrungen zu machen. Es kann seine alten Erfahrungen damit vergleichen und relativieren. Die Integration sexuell missbrauchter Mädchen und Jungen ist aber auf Grund der durch den Missbrauch ausgelösten Gefühle und Bewältigungsstrategien zumindest phasenweise sehr schwierig. So sind z. B. die Einordnung sexualisierter Verhaltensweisen des Kindes und eine angemessene Reaktion darauf für die Pflegeeltern eine große Herausforderung.

Standards für die Vermittlungspraxis

Bei der Vermittlung eines sexuell missbrauchten Kindes in eine Pflegefamilie müssen deshalb folgende Standards beachtet werden:
– Für einige traumatisierte Kinder kommt eine Vermittlung in eine Pflegefamilie nicht in Frage, weil sie nicht mehr in einer Familie leben möchten. Es ist deshalb mit dem Kind vorab zu klären, ob es überhaupt in einer Pflegefamilie leben möchte.
– Auf Grund der hohen Anforderungen an Pflegeeltern, die ein sexuell missbrauchtes Kind aufnehmen wollen, müssen diese sorgfältig ausgewählt und auf ihre anspruchsvolle Aufgabe adäquat vorbereitet werden. Sie müssen Informationen über den Hintergrund des Kindes und die aus dem Missbrauch resultierenden Folgen erhalten.
– Die bereits in Pflegefamilien lebenden Kinder müssen ebenfalls über den sexuellen Missbrauch und seine möglichen Folgen aufgeklärt werden.
– Zumindest in Dauerpflege dürfen nur Kinder vermittelt werden, deren Perspektive und rechtliche Situation geklärt ist. Dies impliziert, dass bei unklaren Fällen das Heim oder eine Bereitschaftspflegestelle zur Perspektivenklärung und für das Kind als vorübergehende Entlastung von der Familie genutzt werden muss (→ *Rückführungskriterien*).
– Zwischen dem sexuell missbrauchten Kind und seinen zukünftigen Eltern müssen zur Vorbereitung der Inpflegenahme intensive Kontakte stattfinden.

Diese zu organisieren und zu begleiten, ist Aufgabe der Sozialarbeiterinnen und Sozialarbeiter aus dem Jugendamt.
- Nach der Vermittlung ist die Betreuung und kontinuierliche Beratung der Pflegefamilie durch den/die Sozialarbeiter/in des Jugendamtes unabdingbar.
- Außerdem müssen für Pflegeeltern Orte und Gelegenheiten bestehen, wo sie (psychische) Entlastung finden können. Dies könnten neben professionellen Beratungsmöglichkeiten z.B. Pflegeelterngruppen sein, die die Möglichkeit zur „kollegialen Supervision" bieten.
- Der/die Sozialarbeiter/in des Jugendamtes muss weiter mit der Herkunftsfamilie arbeiten, um auch auf dieser Seite für ein realistisches Bild der Situation zu sorgen (Tenhumberg & Michelbrink 1998; Blandow 1999, S. 763 ff.; Textor 1995, S. 5 f.).

Verschiedene Autoren formulieren weitere Thesen zu den Standards der Inpflegenahme. Sie fordern z.B., dass bei der Aufnahme eines traumatisierten Kindes die Geschwisterreihe in biologischer Reihenfolge zu beachten sei, manche traumatisierte Kinder auf Grund der Auswirkungen des sexuellen Missbrauchs besser zu kinderlosen Eltern vermittelt werden sollten und die Vermittlung von traumatisierten Geschwistern in eine Familie zu vermeiden sei. Letzteres begründen sie damit, dass es für Pflegeeltern eine Überforderung sei, gleichzeitig für mehrere Geschwisterkinder die quasi therapeutische Aufgabe der Integration zu erfüllen. Außerdem würde so der Gefahr begegnet, dass Geschwisterkinder einen großen Teil ihrer alten Familienstrukturen in die Pflegefamilie transportieren (Nienstedt & Westermann 1989; Tenhumberg & Michelbrink 1998). Demgegenüber steht, dass die Geschwister eine solche Trennung als Bestrafung erleben können. Außerdem konnte Erwin Jordan (2001) in seinen Untersuchungen keine eindeutigen Zusammenhänge zwischen der Position in der Geschwisterreihe und dem Erfolg von Pflegefamilien feststellen. Dies gilt auch für die Vermittlung von Pflegekindern in Familien ohne eigene Kinder im Vergleich zu Pflegefamilien mit eigenen Kindern.

Pflegefamilien haben Erfolg

Werden diese Standards bei Inpflegenahmen beachtet, zeigen Studien aus den USA, dass die Aufnahme traumatisierter Kinder in eine Pflegefamilie in der Regel zu einer Stabilisierung ihres Beziehungsgefüges führt und die Verhaltensauffälligkeiten abnehmen. Weniger positive Effekte wurden dagegen beim Selbstwertgefühl und emotionalen Befinden festgestellt (Fegert 1998; Textor 1995). Für Deutschland muss konstatiert werden, dass bezüglich der Effektivität und Qualität von Pflegeverhältnissen noch einiges im Argen liegt. So fühlten sich z.B. bei der Untersuchung von H. Heitkamp (1989) 50% der befragten Pflegeeltern mangelhaft über das Kind und seine Beziehungen informiert. Verschiedene Untersuchungen zeigen, dass den „abgebenden" Eltern von Pflegekindern bislang kaum Aufmerksamkeit geschenkt wird (Blandow 1999, S. 764; Textor 1995, S. 5f.). Diese und andere Probleme tragen dazu bei, dass es zu relativ vielen Fehlvermittlungen kommt und viele Pflegeverhältnisse durch Abbruch oder Auflösung beendet werden (Blandow 1999, S. 763).

Sexueller Missbrauch in Pflegefamilien

Mädchen und Jungen werden auch in Pflegefamilien von ihren Pflegevätern, Partnern der Pflegemutter, Pflegemüttern oder Geschwistern sexuell missbraucht. Dies wird sicher von niemandem bestritten, da in verschiedenen Untersuchungen Fallbeispiele auftauchen, in denen die Täter der Gewalthandlungen Pflegeväter waren (Kavemann & Lohstöter 1984; BFSFJ 1997). Außerdem zeigen Forschungen zur Heimerziehung, dass sexuelle Gewalterfahrungen in Pflegefamilien auch als Begründung für Heimunterbringungen genannt werden. Bei der Untersuchung „Leistungen und Grenzen der Heimerziehung" stellte sich heraus, dass bei vier von neun Kindern, die aus Pflegefamilien in die untersuchten Hilfeangebote der Jugendhilfe kamen, Hinweise auf sexuelle Gewalterfahrungen in den Pflegefamilien vorlagen (Finkel 1998, S. 356f.). Eine Untersuchung in Leeds über die Zahl der von Kinderärzten vermuteten oder sicher diagnostizierten Fälle von Kindesmisshandlungen oder sexuellem Missbrauch von Pflegekindern ergab, dass in den Jahren 1993 bis 1998 jährlich etwa 3 Prozent der Pflegekinder davon betroffen waren (Hobbs, Hobbs & Wynne 1999). Martin R. Textor (1995, S. 4) berichtet über eine Untersuchung, die zeigt, dass in den USA jedes Jahr 9,3 von 1000 Pflegekindern durch Misshandlung, 5,2 durch sexuellen Missbrauch (in drei Vierteln der Fälle durch die Pflegeeltern) und 2,4 durch Vernachlässigung bedroht sind. Eine andere Studie aus den USA kam zu dem Ergebnis, dass knapp zwei Drittel dieser Pflegekinder umplatziert werden (ebd.). Es ist deshalb erstaunlich, dass z.B. in Untersuchungen wie der von Erwin Jordan (1996) über abgebrochene Pflegeverhältnisse sexuelle Gewalt in der Pflegefamilie in keinem Fall in Zusammenhang mit der Beendigung der Hilfe angeführt wurde.

Warum dieses Thema bisher vernachlässigt wird, ist unklar. Möglicherweise spielen hier auf der einen Seite Gründe eine Rolle, die es auch erschweren, dass sexuelle Gewalt innerhalb der Familie wahrgenommen wird: Es gibt häufig keine klaren Aussagen der Kinder, oft steht Aussage gegen Aussage, es gibt kein spezifisches Syndrom für sexuellen Missbrauch und man traut Pflegeeltern einfach nicht zu, dass sie ihr Kind sexuell missbrauchen, weil sie sich doch dem Leben mit „schwierigen Kindern verschrieben haben". Auf der anderen Seite dürften Gründe hinzukommen, die dazu führen, dass sexuelle Gewalt in Institutionen selten wahrgenommen wird (→ *Institutionen und sexueller Missbrauch*). So müssten z.B. die Jugendämter ihre Vermittlungs- und Aufsichtspraxis hinterfragen, wenn deutlich würde, dass für Kinder in Pflegefamilien ein Risiko besteht, erneut sexuell missbraucht, misshandelt oder vernachlässigt zu werden.

Sexuell missbrauchte Mädchen und Jungen weisen generell ein erhöhtes Risiko auf, erneut Opfer von sexueller Gewalt zu werden (Draijer 1990). Auf Grund der bereits beschriebenen besonderen Probleme mit emotionalen Bindungen und wegen der oftmals gezeigten Verhaltensauffälligkeiten sind sexuell missbrauchte Mädchen und Jungen auch in Pflegefamilien einem erhöhten Risiko ausgesetzt, erneut ausgegrenzt und traumatisiert zu werden. Zumal zahlreiche Untersuchungen belegen, dass Mädchen und Jungen, die nicht bei ihren leiblichen Eltern aufwachsen, besonders gefährdet sind, Opfer sexuellen Missbrauchs zu werden (Russell 1986; Bange 1992; Brockhaus & Kolshorn 1993). Ein Grund dafür ist, dass sich einige Pädosexuelle bzw. sexuelle Gewalttäter gezielt allein stehende Frauen mit Kindern oder Betätigungsfelder suchen, die ihnen einen leichten Zugriff auf Kinder ermöglichen (Heiliger 2000; Bundschuh & Stein-Hilbers 1998, → *Pädosexualität*). Möglicherweise kommt es in Einzelfällen deshalb dazu, dass Pädosexuelle oder sexuelle Gewalttäter versuchen, Pflegeeltern zu werden. Daraus aber nun zu schließen, dass Pflegefamilien ein besonders gefährlicher Ort für Kinder sind, wäre völlig überzogen. Allerdings sollten solche Überlegungen auch nicht gänzlich außer Acht gelassen werden.

Fazit

Das Thema Pflegefamilien und sexueller Missbrauch muss dringend weiter erforscht werden. Die vorliegenden Untersuchungen zum Pflegekinderwesen zeigen, dass Pflegeeltern, die traumatisierte Kinder aufnehmen, besser auf ihre Aufgaben vorbereitet werden müssen. Außerdem müssen eine angemessene Begleitung der Pflegeeltern als auch der Herkunftsfamilie durch die Mitarbeiterinnen und Mitarbeiter des Jugendamtes gewährleistet werden. Schließlich muss vor einer Inpflegenahme von sexuell missbrauchten Mädchen und Jungen generell genau überprüft werden, ob eine Pflegefamilie überhaupt der richtige Ort für das weitere Leben des Kindes ist.

Nicht zuletzt ist es dringend notwendig, sich mit sexueller Gewalt in Pflegefamilien durch Pflegeeltern oder Geschwister auseinander zu setzen. In der Fachdiskussion und in der Begleitung/Beratung von Pflegefamilien durch das Jugendamt muss das Wissen darüber zu nehmen, dass es auch in Pflegefamilien zu (sexueller) Gewalt kommen kann und wann Pflegefamilien sich zur Problemlösung als kontraproduktiv erweisen. Dies gilt besonders, wenn im Zuge von Spardiskussionen „das Primat" der Pflegefamilien gegenüber stationären Unterbringungen immer schärfer eingefordert wird. Abschließend sei noch darauf hingewiesen, dass es für die gesamte öffentlichen Jugendhilfe zwingend notwendig ist, sich dem Thema „Übergriffe und Machtmissbrauch in Betreuungsverhältnissen" zu stellen (→ *Institutionen und sexueller Missbrauch*, → *Sexuelle Übergriffe in der Therapie*).

Literatur

Ball, I. (1991). Breaking the silence: Developing work with abused young people in care. In: D. Pitts & J. Dennington (Hg.). *Developing services for young people in crisis.* London: Longman Harlow.
Bange, D. (1992). *Die dunkle Seite der Kindheit. Sexueller Missbrauch an Mädchen und Jungen.* Köln: Volksblatt.
Benedict, M. I. u.a. (1994). Types and frequency of child maltreatment by family foster care providers in an urban population. In: *Child Abuse and Neglect, 18,* 577–585.
Benedict, M. I. u.a. (1996). The reported health and functioning of children maltreated while in foster care. In: *Child Abuse and Neglect, 20,* 561–571.
Blandow, J. (1999). Versorgungseffizienz im Pflegekinderwesen. In: H. Colla u.a. (Hg.): *Handbuch Heimerziehung und Pflegekinderwesen in Europa* (S. 757–777). Neuwied & Kriftel: Luchterhand.
Brockhaus, U. & Kolshorn, M. (1993). *Sexuelle Gewalt gegen Mädchen und Jungen.* Frankfurt am Main: Campus.
Bundesministerium für Familie, Senioren, Frauen und Jugend (Hg.) (1997). *Modellprojekt Beratungsstelle und Zufluchtswohnung für sexuell missbrauchte Mädchen von „Wildwasser" – Arbeitsgemeinschaft gegen sexuellen Missbrauch an Mädchen e.V.* Stuttgart, Berlin & Köln: Kohlhammer.
Buntschutz, C. & Stein-Hilbers, M. (1998). Abschlußbericht zum Projekt „Entstehungsbedingungen der Pädosexualität" im Auftrag des Bundesministerium für Familie, Senioren, Frauen und Jugend. Materialien zur Familienpolitik Nr. 3/99. Universität Bielefeld.
Burger, E. & Reiter, K. (1993). *Sexueller Mißbrauch von Kindern und Jugendlichen. Intervention und Prävention.* Herausgegeben vom Bundesministerium für Familie und Senioren. Stuttgart, Berlin & Köln: Kohlhammer.
Chernoff, R. (1994). Assessing the health status of children entering foster care. In: *Pediatrics, 93,* 594–601.
Draijer, N. (1990). Die Rolle von sexuellem Mißbrauch und körperlicher Mißhandlung in der Ätiologie psychischer Störungen bei Frauen. In: *System Familie, 3,* 59–73.
Fegert, J. M. (1998). Die Auswirkungen traumatischer Erfahrungen in der Vorgeschichte von Pflegekindern. In: *Stiftung „Zum Wohl des Pflegekindes" (Hg.). 1. Jahrbuch des Pflegekinderwesens* (S. 20–31). Idstein: Schulz-Kirchner.
Finkel, M. (1998). „Das Problem beim Namen nennen!" – Kinder und Jugendliche mit sexuellen Gewalterfahrungen in Hilfen zur Erziehung. In: D. Baur u.a.. *Leistung und Grenzen von Heimerziehung.* Herausgegeben vom Bundesministerium für Familie, Frauen, Senioren und Jugend (S. 351–385). Stuttgart, Berlin & Köln: Kohlhammer.
Heiliger, A. (2000). Täterstrategien und Prävention. München: Frauenoffensive.
Heitkamp, H. (1989). *Heime und Pflegefamilien – konkurrierende Erziehungshilfen.* Frankfurt am Main: Campus.
Hobbs, G. F., Hobbs, C. J. & Wynne, J. M. (1999). Abuse of children in foster and residential care. *Child Abuse and Neglect, 22,* 1239–1252.
Jordan, E. (1996). Vorzeitig beendete Pflegeverhältnisse. In: U. Gintzel (Hg.). *Erziehung in Pflegefamilien. Auf der Suche nach einer Zukunft* (S. 76–119). Münster: Votum.
Jordan, E. (2001). Indikation zur Vollzeitpflege/Pflegefamilie. In: K. Fröhlich-Gildhoff (Hg.). *Indikation in der Jugendhilfe.* Weinheim: Beltz in Druck.
Kavemann, B. & Lohstöter, I. (1984). *Väter als Täter. Sexuelle Gewalt gegen Mädchen.* Reinbek: rororo.
Müller-Schlotmann, R. (1997). *Integration vernachlässigter und misshandelter Kinder. Eine Handreichung für Jugendämter, Beratungsstellen und Pflegeeltern.* Regensburg: Roderer.
Nienstedt, M. & Westermann, A. (1989). *Pflegekinder. Psychologische Beiträge zur Sozialisation von Kindern in Ersatzfamilien.* Münster: Votum.
Nienstedt, M. & Westermann, A. (1999). Die Chancen von Kindern in Ersatzfamilien. In: H. Colla u.a. (Hg.): *Handbuch Heimerziehung und Pflegekinderwesen in Europa* (S. 791–798). Neuwied & Kriftel: Luchterhand.
Russell, D. E. H. (1986). *The secret trauma. Incest in lives of girls and women.* New York: Basic.
Statistisches Bundesamt (2000). *Sozialleistungen. Fachserie 13. Reihe 6.1.2 Jugendhilfe – Erzieherische Hilfen außerhalb des Elternhauses 1998.* Stuttgart: Metzler-Poschel.

Tenhumberg, A. & Michelbrink, M. (1998). Vermittlung traumatisierter Kinder in Pflegefamilien. In: Stiftung „Zum Wohl des Pflegekindes" (Hg.). *1. Jahrbuch des Pflegekinderwesens* (S. 106–124). Idstein: Schulz-Kirchner.

Textor, M. R. (1995). Resultate wissenschaftlicher Untersuchungen – Folgerungen für Pflegefamilien. Referat im Rahmen der Pflege- und Adoptivelternwoche des Arbeitskreises Pflegekinderdienste der Städte Konstanz, Singen und des Landkreises Konstanz gehalten am 22.09.1995 in Radolfzell. *Http://people.freenet.de/Textor/Pflegefamilien.htm*

Polizei

Dagmar Freudenberg

Strafanzeigen können grundsätzlich sowohl bei der Staatsanwaltschaft als auch bei der Polizei erstattet werden (§ 158 Absatz 1 StPO). Die Beamten der Polizei müssen grundsätzlich Straftaten erforschen, also die Ermittlungen aufnehmen, wenn sie von einer Handlung erfahren, die eine Straftat darstellen könnte. Dabei haben sie alle Anordnungen zu treffen, die keinen Aufschub gestatten, um eine Verdunkelung des Sachverhalts zu vermeiden (§ 163 Absatz 1 StPO). Anschließend übersenden die Beamten der Polizei unverzüglich ihre vollständigen, dokumentierten Ermittlungsergebnisse an die Staatsanwaltschaft (§ 163 Absatz 2 StPO). Sind Eilmaßnahmen zur Beweissicherung zu treffen, so bespricht die Polizei diese mit der Staatsanwaltschaft, die gegebenenfalls bei Gericht die erforderlichen Anträge zu stellen hat, zum Beispiel einen Antrag auf Durchsuchung, auf Untersuchung durch einen Sachverständigen *(→ Glaubhaftigkeitsuntersuchung und diagnostischer Erkenntnisprozess)* oder auf Erlass eines Haftbefehls.

Grundsätzlich ist die Polizei an die Weisungen der Staatsanwaltschaft gebunden und unterliegt, ebenso wie diese, dem Gebot der *absoluten Objektivität* und *Neutralität*. Sie hat bei der Durchführung ihrer Ermittlungshandlungen die gleichen Prinzipien des Strafprozesses zu beachten, wie die Staatsanwaltschaft, unterliegt also ebenso dem *Legalitätsprinzip* und hat die *Unschuldsvermutung* sowie den *Grundsatz der Verhältnismäßigkeit* zu beachten.

Die von Staatsanwaltschaft und Polizei durchzuführenden Ermittlungen betreffen grundsätzlich zwei Bereiche: Zum einen dienen sie zur Identifizierung des mutmaßlichen Täters, also des Beschuldigten. Zum anderen dienen sie der Überprüfung des Tatverdachts. Dabei sind alle den oder die Beschuldigten be- und entlastenden Umstände zu untersuchen.

Die Beweismittel, die von Polizei und Staatsanwaltschaft genutzt werden, gliedern sich grundsätzlich in zwei Kategorien: Einerseits die *personellen Beweismittel*, andererseits die *sachlichen Beweismittel*. Die Sicherung von sachlichen Beweismitteln, also von Beweisstücken, wie die zur Tat benutzten Gegenstände (Tatmittel), von Tatspuren an der Kleidung oder am Tatort, die Erstellung von dokumentarischen Tatortbeschreibungen und die fotografische Darstellung des Tatortes ist Hauptaufgabe der Polizei. Spuren am Tatopfer (Verletzungen, Sekretspuren des Täters) müssen allerdings stets durch Sachverständige, vorrangig durch forensisch erfahrene Ärzte oder Rechtsmediziner gesichert werden, da nur sie in einer später durchzuführenden Hauptverhandlung mit der erforderlichen Sachkunde dem Gericht Ausmaß, Umfang und gegebenenfalls Schlussfolgerungen zu solchen Spuren darlegen können.

Unterlaufen bei der Sicherung der sachlichen Beweismittel Fehler, sind diese zumeist irreparabel und diese Beweismittel unwiederbringlich verloren!

Die personellen Beweismittel, also die Zeugen, werden entweder von der Polizei oder von der Staatsanwaltschaft ermittelt. Dabei ist zu beachten, dass wiederholte Vernehmungen von Zeugen die Gefahr der Verfälschung der Erinnerung bergen und Zeugen, insbesondere die Opferzeugen, erheblich belasten. Der Zeuge oder die Zeugin erinnert sich bei wiederholter Aussage zwar auch noch an den tatsächlichen Ablauf, erinnert aber zumindest zum Randgeschehen nicht nur die Beobachtungen zum Tatzeitpunkt, sondern auch die Angaben in früheren Vernehmungen. Die sorgfältige Erstvernehmung und ihre detaillierte Dokumentation sind deshalb von grundlegender Bedeutung (→ *Befragung von Kindern*, → *Vernehmung von Kindern*). Darüber hinaus ist in Verfahren wegen sexuellen Missbrauchs von Kindern noch die besondere Belastung des kindlichen Opfers zu bedenken, die durch die Durchführung der Videovernehmung gemäß § 58a StPO minimiert werden kann (→ *Videoaufzeichnung*). Bei der Durchführung der Vernehmung der Zeugen sind außer der möglichst authentischen Wiedergabe der Zeugenangaben auch die erforderlichen Belehrungen sorgsam zu beachten. Um den ersten Zugriff bei Bekanntwerden einer Straftat des sexuellen Missbrauchs von Kindern im Sinne der Vermeidung von Beweisverlusten korrekt durchzuführen, sollen die Beamten der Polizei eine Erstvernehmung durchführen, die so schonend wie möglich die zur Feststellung erforderlicher Beweissicherungsmaßnahmen notwendigen Fragen klärt. Eine detaillierte Vernehmung zum Tatgeschehen, die als Hauptvernehmung auf möglichst alle zu klärenden Fragen eingeht, um Wiederholungsvernehmungen zu vermeiden, sollte in der Regel gemäß § 58a StPO als Videovernehmung durchgeführt werden. In Fällen des § 52 StPO, also bei bestehendem Aussageverweigerungsrecht des Zeugen, sollte diese Vernehmung wegen der Verwertbarkeit bei späterer Aussageverweigerung möglichst als richterliche Vernehmung unter den dafür erforderlichen Bedingungen durchgeführt werden (→ *Videoaufzeichnung*). Die Polizeibeamten sprechen nach Durchführung der Erstvernehmung zur Klärung des Sachverhalts die erforderlichen weiteren Ermittlungsmaßnahmen mit der Staatsanwaltschaft ab und führen die Maßnahmen, wie z. B. Spurensicherung und Festnahmen, durch.

Polygraph („Lügendetektor")

Ulfert Boehme

Polygraph (fälschlicherweise auch „Lügendetektor") ist die Bezeichnung für ein Gerät, welches autonome, der willentlichen Beeinflussung weitgehend entzogene Körperreaktionen misst und aufzeichnet. Mit Hilfe dieser Messungen sollen Schuld oder Unschuld einer Person ermittelt werden, die eines Verbrechens beschuldigt wird, aber leugnet, die Tat begangen zu haben. Grundlegende Annahme des Verfahrens ist, dass eine Person, die lügt, sich durch messbare vegetative Erregung verrät. Über die Zuverlässigkeit der Methode bestehen seit Beginn seiner Anwendung sehr unterschiedliche Einschätzungen (Faigman et al., 1997).

Verwendung des Polygraphen in Deutschland

In den neunziger Jahren wurde der Polygraph in Deutschland immer häufiger als Beweismittel in Gerichtsprozessen verwendet, in denen eine Person des sexuellen Missbrauchs beschuldigt wurde. Dabei sollte der Polygraph die Glaubwürdigkeit der Beschuldigten ermitteln helfen und als „wissenschaftliche Methode zum Nachweis der Unschuld" (Undeutsch, 1996, S. 329) dienen.

Richterinnen und Richter haben ein berechtigtes Interesse an einem Verfahren, welches Schuldige von Unschuldigen unterscheiden, durch die Untersuchung der Verdächtigen eine Befragung der Kinder überflüssig machen und die richterliche Entscheidung wissenschaftlich fundieren soll. Die Entscheidungsfindung bei einem angeblichen sexuellen Missbrauch gestaltet sich in vielen Fällen außerordentlich schwierig. Hierfür gibt es eine Vielzahl von delikttypischen Gründen, zu denen u.a. gehören, dass es selten medizinisch gesicherte Beweise für einen sexuellen Missbrauchs gibt und die Täterinnen und Täter aus Angst vor einer Verurteilung die Opfer zur Geheimhaltung drängen (vgl. Bormann, 1998; Fegert 1997; Heim & Ehlert, 1997; Jones et al., 1996; Kirchhoff, 1997, → *Täterstrategien und Prävention*). Insbesondere Familienrichterinnen und -richter müssen unter Maßgabe der Orientierung am Kinderschutz und bei häufig spärlicher Informationsgrundlage Entscheidungen zum Schutz des Kindes treffen, auch wenn die Schuld einer verdächtigten Person nicht eindeutig erwiesen ist (vgl. Fegert, 1997).

Der Polygraph wurde in Familiengerichts- später vereinzelt auch in Strafgerichtsverfahren als Beweismittel zugelassen, ohne dass dessen Tauglichkeit für diesen Anwendungsbereich (Nachweis von Schuld bzw. Unschuld von Personen, die des sexuellen Missbrauchs verdächtigt wurden) ausreichend geprüft wurde. Dieser Umstand und eine BGH-Entscheidung aus dem Jahre 1954, in der der Einsatz des Polygraphen aus strafprozessualen Gründen abgelehnt wurde, führten letztendlich dazu, dass der Bundesgerichtshof über die Zulässigkeit des Polygraphen als Beweismittel entscheiden musste (s. u.).

Darstellung des Untersuchungsablaufs

Der Ablauf einer Polygraphen-Untersuchung ist grob in vier Phasen zu unterteilen. In der ersten Phase formuliert der Untersucher auf der Basis eines ausführlichen Gesprächs mit dem Beschuldigten die zu stellenden Fragen. Außerdem stellt der Untersucher dem Beschuldigten das Verfahren dar. Hierbei ist es Aufgabe des Untersuchenden, den Beschuldigten von der Unfehlbarkeit des Polygraphen zu überzeugen, um so die Angst vor der Entdeckung bei eventuellen Lügen zu vergrößern (Steller & Dahle 1997).

Der Kontrollfragentest enthält tatbezogene Fragen, die sich auf den Tatvorwurf beziehen und sog. Kontrollfragen. Letztere fragen nach geringfügigeren Vergehen oder Normverstößen, von denen der Untersucher aus dem Vorgespräch weiß, dass der Beschuldigte sie begangen oder derer sich in der Regel jede(r) schon einmal schuldig gemacht hat. Der Untersucher versucht die Kontrollfragen so zu formulieren, dass der Beschuldigte sie nach Auffassung des Untersuchers nicht verneinen kann, ohne zu lügen oder zumindest Zweifel an der wahrheitsgemäßen Verneinung zu haben (Furedy, 1991; Steller & Dahle, 1997).

Die zweite Phase ist die eigentliche „Test"- Phase. Der Untersucher stellt dem Beschuldigten eine Reihe von Fragen, darunter auch jeweils mehrere Kontrollfragen und tatbezogene Fragen. Der Beschuldigte beantwortet die Fragen, während der Polygraph die verschiedenen autonomen (vegetativen) Körperreaktionen (meist: Blutdruck, Pulsfrequenz, Atemfrequenz und -volumen, elektrischer Hautwiderstand) misst und aufzeichnet.

Der Beschuldigte soll die Kontrollfragen verneinen, also in der Regel gezielt lügen. Damit soll als Reaktion auf das wissentliche Lügen eine autonome Erregung ausgelöst werden, die – so die Annahme – bei unschuldig Verdächtigten größer ist als die Erregung bei der wahrheitsgemäßen Verneinung der tatbezogenen Fragen. Bei Schuldigen dagegen sei die Erregung bei der unwahrheitsgemäßen Beantwortung der tatbezogenen Fragen größer als bei der ebenfalls unwahrheitsgemäßen Beantwortung der Kontrollfragen (vgl. Steller & Dahle, 1997).

In der anschließenden dritten Phase wertet der Untersucher die Messungen der verschiedenen Aufnahmekanäle aus, indem er die aufgezeichneten körperlichen Reaktionen auf nebeneinander liegende tatbezogene Fragen und Kontrollfragen vergleicht und das Ergebnis als Lügen (schuldig), wahrheitsgemäßes Antworten (unschuldig) oder als unklares Ergebnis klassifiziert (Furedy, 1991; Undeutsch, 1996).

Ein weiteres Interview, in dem der Untersucher dem Beschuldigten die Ergebnisse mitteilt, stellt die vierte und letzte Phase der Untersuchung dar.

Beurteilung der Tauglichkeit des Verfahrens

Die Methode erscheint auf den ersten Blick logisch und in ihrer Funktionsweise nachvollziehbar. Die Befürworter des Verfahrens geben die Genauigkeit, mit der Schuldige von Unschuldigen unterschieden werden können, mit bis zu 96 Prozent an (Undeutsch, 1996). Bei genauerer Überprüfung der vielfältigen Prämissen des Verfahrens, einer Würdigung auch kritischer Stimmen sowie der Auswertung der vorliegenden Forschungsergebnisse erweist sich der Polygraph jedoch als nicht geeignet, Schuld oder Unschuld beschuldigter Personen zuverlässig zu ermitteln.

So gibt es nach den bisherigen Erkenntnissen kein charakteristisches Erregungsmuster, welches durch Lügen erzeugt wird. Auch die Angst vor der Entdeckung beim Lügen verursacht keine spezifischen oder regelhaften körperlichen Reaktionen (Cross & Saxe, 1992; Frister, 1994). Zudem kann die messbare Erregung einer untersuchten bzw. beschuldigten Person vielfältige, nicht kontrollierbare Ursachen haben, die von Schuld oder Unschuld bzw. der Angst vor Entdeckung völlig unabhängig sind. Stress, Furcht, Ärger, Peinlichkeit, aber auch die Persönlichkeit und Erfahrung des Untersuchers, Räumlichkeiten, Tageszeiten, Wetter usw. können sich auf die vegetativen Körperreaktionen auswirken (Cross & Saxe, 1992; Furedy, 1991; Steinbrock, 1992). Allein die Teilnahme an einer Untersuchung wegen des Verdachts auf sexuellen Missbrauch ist aufregend und potenziell angstauslösend, da sie eine Verdächtigung beinhaltet (Saxe, 1991).

Ein weiteres Problem besteht darin, dass Unschuldige auf die tatbezogenen Fragen nach den häufig kaum vorstellbaren sexuellen Handlungen mit Kindern mit Scham, Ärger, Empörung o.ä. reagieren können – und zwar in höherem Maße als auf die Kontrollfragen.

Beim gegenwärtigen Wissensstand ist es also unmöglich, die Ursache für die gemessenen körperlichen Erregungen eindeutig zu bestimmen oder gar davon auszugehen, dass die gemessenen Reaktionen das Resultat von Lügen oder Täuschungsversuchen seien. Solange die Wirkung nicht relevanter Einflüsse nicht kontrolliert werden kann, besteht die Gefahr falsch positiver Untersuchungsergebnisse: Unschuldige würden u.U. als schuldig klassifiziert.

Der Einsatz des Polygraphen zur Beurteilung der Glaubwürdigkeit von Personen, denen Sexual(straf)taten vorgeworfen wurden, ist grundsätzlich fragwürdig. Sogar Verfechter des Polygraphenverfahrens weisen darauf hin, dass die korrekte Durchführung der Untersuchung nicht nur von der Wahrnehmung der

Tat, sondern auch von der Erinnerung daran abhängt (Reid & Inbau, 1977). Erinnerungsverzerrungen (Raskin, 1986), psychische Störungen, Drogeneinnahme sowie Rationalisierungen oder Selbsttäuschungen der Untersuchten bezüglich ihrer Schuld können die Ergebnisse der Untersuchung beeinflussen (Cross & Saxe, 1992).

Genau diese Wahrnehmungs- und Erinnerungsverzerrungen sind aber aus der Forschung über Sexualstraftäter bekannt. Sie leugnen ihre Schuld (Deegener 1995), nehmen die Missbrauchshandlungen verzerrt wahr, begehen diese in einem (bewusst herbeigeführten) abgespaltenen Bewusstseinszustand oder unter Zuhilfenahme von Alkohol (Ryan et al., 1987; Barbaree et al., 1993; Cross & Saxe, 1992; Rotthaus & Gruber, 1997) und leugnen entsprechende Phantasien, Tatvorbereitungen und die Tat selbst sowie mögliche Schäden für die Opfer (Lautmann, 1994).

Wenn Beschuldigte sich aber nicht an die Tat erinnern oder der festen Überzeugung sind, mit den Missbrauchshandlungen kein Verbrechen begangen zu haben, dann empfinden sie auch bei einer tatbezogenen Befragung wenig Schuld und Scham. Damit werden grundlegende Prämissen des Verfahrens gefährdet (Steller & Dahle 1997). Der Einsatz des Polygraphen bei Sexual(straf)tätern erscheint wenig erfolgversprechend bzw. birgt die Gefahr falsch negativer Ergebnisse.

Doch die Polygraphen-Methode krankt nicht nur an der Fehlerhaftigkeit ihrer Grundannahmen (vgl. dazu Zartbitter, 1998; Wilhelm, 1997; Frister, 1994). Das Verfahren ist zudem durch eine Reihe von Gegenmaßnahmen zu täuschen. Abgesehen von zahlreichen anekdotischen Daten von Personen, die den Polygraphen „geschlagen" haben (u.a. Ex-CIA-Direktor Casey; vgl. Steinbrock, 1992), belegen wissenschaftliche Untersuchungen die Möglichkeit, den Polygraphen bewusst zu täuschen bzw. die Ergebnisse uninterpretierbar zu machen. Körperliche Aktivitäten (auf die Zunge beißen, die Füße auf den Boden pressen) veränderten die physiologischen Reaktionen der Versuchspersonen in einem Maße, dass 60 Prozent der Klassifizierungen falsch waren. Nur bei 12 Prozent der Versuchspersonen konnten die Forscher feststellen, ob sie körperliche Gegenmaßnahmen anwendeten (Honts et al., 1994). Einfache mentale Gegenmaßnahmen (Rückwärts zählen), die Versuchspersonen innerhalb kürzester Zeit (30 Minuten) erlernten, waren genauso effektiv und kaum zu entdecken (Honts et al., 1994).

Trotz der offensichtlichen Fehlerhaftigkeit der dem Verfahren zugrundeliegenden Prämissen führen die Befürworter der Methode hohe Trefferquoten an (z.B. Undeutsch 1996: 96%). Eine umfassende Würdigung des Forschungsstandes (vgl. Ben-Shakar, 1991; Berning, 1993; Frister, 1994; Furedy, 1991; Saxe, 1991; Steinbrock, 1992) lässt dagegen eine große Streubreite der Ergebnisse deutlich werden. Außerdem werden unterschiedliche Werte für die Spezifität (das Identifizieren von Unschuldigen als unschuldig) und Sensitivität (das Identifizieren von Schuldigen als schuldig) ermittelt. Vier methodisch anspruchsvollere Studien zusammenfassend kommt Lykken (1991) auf eine Gesamtspezifität von 53 Prozent und eine Gesamtsensitivität von 88 Prozent. Selbst der

Wert der Sensitivität erweist sich jedoch als Überschätzung. Als Überprüfungskriterium für die Richtigkeit der „Test"-Ergebnisse dienten nämlich in drei der vier Untersuchungen Geständnisse aus jeweils vorangegangenen „Test"-Durchläufen, d.h. nur solche Personen, die sich zuvor schon als schuldig bekannt hatten, nahmen an den Studien teil. Damit waren aber sämtliche Schuldigen, die im ersten Durchlauf fälschlicherweise als „unschuldig" klassifiziert wurden oder deren Ergebnisse nicht eindeutig waren, von den Zuverlässigkeitsuntersuchungen ausgeschlossen. Deren Teilnahme hätte die Trefferquote erheblich reduziert.

Auch die Trefferquoten, die deutsche Befürworter des Polygraphen anführen, sind in Stichproben entstanden, die von uneindeutigen oder nicht interpretierbaren Ergebnissen bereinigt wurden (vgl. Berning, 1993; Frister, 1994; Undeutsch, 1996).

Hinzu kommt als weiterer schwerwiegender Einwand aus Sicht der empirischen Forschung, dass Zuverlässigkeit und Genauigkeit der Polygraphen-Methode bisher an Sexualstraftätern nicht erforscht wurde. Eine Übertragbarkeit der Ergebnisse von Laborstudien oder Feldstudien mit Straftätern, die nicht-sexueller Delikte beschuldigt wurden, ist insbesondere angesichts der o.g. Wahrnehmungsverzerrung von Sexualtätern äußerst fraglich.

Die bisher ermittelten Angaben zur Trefferquote lassen aber unzweifelhaft erkennen, dass eine sehr große Anzahl von Unschuldigen als schuldig, und ein beträchtlicher Anteil von Tätern übersehen oder als unschuldig klassifiziert werden. Dies ist hinsichtlich der hier diskutierten Anwendung des Polygraphen bei der Abklärung eines Missbrauchsverdachts inakzeptabel. Eine diesem Kenntnisstand entsprechende Bewertung des Polygraphen und seiner Einsetzbarkeit in familienrechtlichen Verfahren bei einem Verdacht auf sexuellen Missbrauch liefern Steller & Dahle (1997): „Es wurden nicht nur Probleme bei der jeweiligen Testkonstruktion deutlich, vielmehr sind einige Besonderheiten dieses speziellen Anwendungsfeldes geeignet, die den Verfahren zugrundeliegende Logik in ihrem Kern zu gefährden" (S. 323).

Anlässlich zweier Revisionsverfahren, in denen auch Polygraphen-Gutachten eine Rolle spielten, beschäftigte sich gegen Ende des Jahres 1998 der Bundesgerichtshof mit dem Polygraphen-Verfahren. Nach einer ausführlichen Würdigung der Tauglichkeitsforschung und Anhörung namhafter Experten kam der BGH zu dem Schluss, dass der Polygraph nicht geeignet sei, Schuld oder Unschuld einer Person zuverlässig zu ermitteln. Wichtige Grundannahmen des Verfahren seien fehlerhaft oder nicht bewiesen. Der Polygraph wurde als Beweismittel für unzulässig erklärt (BGH 1998, AZ 1StR 156/98).

Auch wenn der „Lügendetektor" seit dieser Entscheidung als Beweismittel nicht mehr zugelassen ist, muss man davon ausgehen, dass es in Deutschland eine ganze Reihe nicht korrigierter Familiengerichtsentscheidungen gibt, die auf einem Polygraphengutachten basieren. Hier ist zu befürchten, dass betroffene Mädchen und Jungen regelmäßig mit gerichtlicher Genehmigung ihren Missbrauchern zugeführt werden.

Literatur

Barbaree, Howard; Marshall, William & Hudson, Stephen (1993). *The Juvenile Sex Offender.* New York: Guilford Press.
Ben-Shakhar, Gershon (1991). Clinical Judgement and Decision-Making in CQT-Polygraphy. A Comparison with other Pseudoscientific Applications in Psychology. *Integrative Physiological and Behavioral Science, Vol. 26 (3),* 232–240.
Berning, Birgit (1993). „Lügendetektion": Eine interdisziplinäre Beurteilung. *Monatszeitschrift für Kriminologie und Strafrechtsreform, 76 (4),* 242–255.
Bormann, Monika (1998). Aufdeckungsarbeit – Diagnostik oder Suggestion? In: *Die Suche nach der Wahrheit* (S. 128–140). Dokumentation einer Fachtagung der Bochumer Berufsgruppe gegen sexuellen Mißbrauch an Mädchen und Jungen vom 27. Oktober 1998 in Bochum.
Bundesgerichtshof (1998). Pressemitteilung Nr. 96 vom 17.12.1998.
Cross, Theodore & Saxe, Leonard (1992). A Critique of the Validity of Polygraph Testing in Child Sexual Abuse Cases. *Journal of Child Sexual Abuse, Vol. 1 (4),* 19–33.
Deegener, G. (1995). *Die Täter.* Weinheim und München: Psychologie Verlags Union.
Faigman, David; Kaye, David; Saks, Michael & Sanders, Joseph (1997). *Modern Scientific Evidence. The Law and Science of Expert Testimony.* St. Paul: West Publishing.
Fegert, Jörg M. (1997). Interventionsmöglichkeiten bei sexuellem Mißbrauch an Kindern. *Sexuologie, 2 (4),* 108–123.
Frister, Helmut (1994). Der Lügendetektor – Zulässiger Sachbeweis oder unzulässige Vernehmungsmethode? *Zeitschrift für das gesamte Strafwesen, 106 (2),* 303–331.
Furedy, John (1991). On The Validity of The Polygraph. Experimental Psychophysiology and Pseudoscientific Polygraphy. *Integrative Physiological and Behavioral Science, Vol. 26 (3),* 211–213.
Heim, Christine & Ehlert, Ulrike (1997). Zur Diagnostik sexuellen Mißbrauchs und daraus resultierenden psychischen Auffälligkeiten. In: Amann, Gabriele & Wipplinger, Rudolf (Hrsg.). *Sexueller Mißbrauch – Überblick zu Forschung, Beratung und Therapie.* Tübingen: dgvt.
Herberger, Maximilian (Hrsg.) (1999). BGH, Urteil vom 17.12.98 (1 StR 156/98. Polygraphentest als Beweismittel. *JurPC – Internet-Zeitschrift für Rechtsinformatik. Web-Dok. 13,* Abs. 1–75.
Honts, Charles; Raskin, David & Kircher, John (1994). Mental and Physical Countermeasures Reduce the Accuracy of Polygraphy Tests. *Journal of Applied Psychology, Vol. 79 (2),* 252–259.
Honts, Charles; Raskin, David; Kircher, John & Hodes, R. (1988). Effects of spontaneous countermeasures in the physiological detection of deception. *Journal of Police Science and Administration, Vol.16,* 91–94.
Jones, David & The Royal College of Physicians (1996). *Sexueller Mißbrauch von Kindern.* Stuttgart: Thieme.
Kirchhoff, Sabine (1997). Kindliche Zeugen vor Gericht. Forum Sexualaufklärung, Schriftenreihe der Bundeszentrale für gesundheitliche Aufklärung, 1 / 2, 26–30.
Lautmann, Rüdiger (1994). *Die Lust am Kinde. Portrait des Pädophilen.* Hamburg: Kleine Verlag
Lykken, David (1991). Why (Some) Americans Believe in the Lie Detector While Others Believe in the Guilty Knowledge Test. *Integrative Physiological and Behavioral Science, Vol. 26 (3),* 214–222.
Raskin, D. (1986). The polygraph in 1986: Scientific, professional and legal issues surrounding application and acceptance of polygraph evidence. *Utah Law Review, 1,* 29–74.
Reid, J. E. & Inbau, F. E. (1977). *Truth and Deception: The Polygraph Technique.* Baltimore: Williams & Wilkins.
Rotthaus, Wilhelm & Gruber, Thomas (1997). Systemische Tätertherapie mit Jugendlichen und Heranwachsenden – Einladung zur Konstruktion einer Welt der Verantwortlichkeit. In: Amann, Gabriele & Wipplinger, Rudolf (Hrsg.). *Sexueller Missbrauch: Überblick zu Forschung, Beratung und Therapie* (S. 573–585). Tübingen: dgvt.
Ryan, Gail; Lane, Sandy; Davis, John & Isaac, Connie (1987). Juvenile Sex Offenders: Development and Correction. *Child Abuse & Neglect, Vol.11,* 385–395.
Saxe, Leonard (1991). Science and the CQT Polygraph. A Theoretical Critique. *Integrative Physiological and Behavioral Science, Vol. 26 (3),* 223–231.
Saxe, Leonard; Dougherty, Denise & Cross, Theodore (1985). The validity of polygraph testing: Scientific analysis and public controversy. *American Psychologist, Vol 40 (3),* 355–366.
Steinbrock, Robert (1992). The Polygraph Test – A Flawed Diagnostic Method. *The New England Journal of Medicine, Vol. 327 (2),* 122–123.

Steller, Max & Dahle, Klaus-Peter (1997). Psychophysiologische Täterschaftsbeurteilung („Lügendetektion"): Unschuldsnachweis bei Verdacht auf sexuellen Mißbrauch? In: Greuel, Luise; Fabian, Thomas & Stadler, Michael (Hrsg.). *Psychologie der Zeugenaussage. Ergebnisse der rechtspsychologischen Forschung* (S. 309–323). Weinheim: Psychologie Verlags Union.
Undeutsch, Udo (1996). Die Untersuchung mit dem Polygraphen („Lügendetektor") – eine wissenschaftliche Methode zum Nachweis der Unschuld. *FamZ, Vol. 6,* 329–331.
Volbert, Renate & Steller, Max (1997). Methoden und Probleme der Glaubwürdigkeitsbegutachtung bei Verdacht auf sexuellen Mißbrauch. In: Amann, Gabriele & Wipplinger, Rudolf (Hrsg.). *Sexueller Mißbrauch – Überblick zu Forschung, Beratung und Therapie.* Tübingen: dgvt.
Wilhelm, Ricarda (1997). Kritische Anmerkungen zur Anwendung des Lügendetektors in Mißbrauchsverfahren. *Familie, Partnerschaft, Recht, 5,* 227–230.
Zartbitter (Hrsg.) (1998). Der „Lügendetektor" – wissenschaftliche Methode oder pseudowissenschaftlicher Irrweg? Köln: Zartbitter e. V. Eigenverlag.

Posttraumatische Belastungsstörungen

Hertha Richter-Appelt

Als Folge von traumatischen Ereignissen wird zwischen einer akuten Belastungsreaktion, die kurzfristig ist, den posttraumatischen Belastungsstörungen und andauernden Veränderungen der Persönlichkeit nach Extrembelastungen unterschieden.

Posttraumatische Belastungsstörungen sind charakterisiert durch spezifische Symptome in Folge von persönlich erlebten traumatischen Ereignissen. Es wird unterschieden zwischen individuellen Traumata (z.B. Unfall, Tod eines nahen Angehörigen) und Kollektivtraumata (z.B. Überschwemmung, Krieg). Die Situation kann mit der Androhung des Todes der eigenen Person sowie dem unerwarteten oder gewaltsamen Tod oder der Androhung des Todes einer nahestehenden Person einhergehen, wie auch mit schweren Verletzungen oder der Bedrohung der körperlichen Unversehrtheit. Als Reaktion auf das Ereignis tritt intensive Angst, Hilflosigkeit oder Entsetzen auf.

Das traumatische Ereignis wird immer wieder auf mindestens eine der folgenden Arten wiedererlebt:
– wiederholte sich aufdrängende Erinnerungen an das Erlebte
– belastende Träume mit Bezug zum belastenden Ereignis
– Handeln und Fühlen, als ob das Erlebnis wiederkehrt (daher wird in der Psychoanalyse auch von Wiederholungszwang gesprochen)

– intensives psychisches Leid bei Konfrontation mit internalen oder externalen Reizen, die an das Ereignis oder symbolisch daran erinnern.

Außerdem kommt es zur anhaltenden Vermeidung von Reizen, die mit dem Trauma assoziativ oder real verbunden sind. Es werden Gedanken vermieden, Gefühle, Gespräche, Aktivitäten, Orte oder Menschen, die Erinnerungen an die traumatische Situation wachrufen. Häufig wird eine Entfremdung von anderen erlebt, bei eingeschränktem Affekt und dem Gefühl nicht positiv in die Zukunft blicken zu können.

Zusätzlich werden bestimmte Symptome beobachtet wie Ein- und Durchschlafstörungen, Reizbarkeit und Wutausbrüche, Konzentrationsschwierigkeiten, übermäßige Wachsamkeit und übertriebene Schreckreaktionen.

Schließlich muss dieses Symptombild länger als einen Monat anhalten und es muss in klinisch bedeutsamer Weise Leiden und Beeinträchtigung erlebt werden in sozialen, beruflichen oder anderen wichtigen Funktionsbereichen. Die Störung folgt dem traumatischen Ereignis mit einer Latenz von Wochen bis Monaten.

60% aller Männer und 50% aller Frauen werden mindestens einmal in ihrem Leben mit einem Trauma konfrontiert, das als Auslöser für eine Posttraumatische Belastungsstörung in Frage kommt. Es erkranken allerdings nur ein Viertel aller Betroffenen. Die prätraumatische Persönlichkeit sowie die psychosoziale Unterstützung während und nach dem traumatisierenden Ereignis spielen dabei eine entscheidende Rolle. Die Posttraumatische Belastungsstörung ist mit einem hohen psychiatrischen Komorbiditätsrisiko verbunden. Depression, somatoforme Störungen, vor allem aber auch Substanzmissbrauch und -abhängigkeit sind die häufigsten in Kombination auftretenden psychischen Erkrankungen. Wiederholt konnte gezeigt werden, dass Frauen mit einer Posttraumatischen Belastungsstörung ein wesentlich höheres Risiko für die Erkrankung einer Depression oder Alkoholabhängigkeit, aber auch die Erkrankung an einer dissoziativen Störung haben (→ *Dissoziation*).

Die akute Belastungsstörung dauert mindesten 2 Tage, höchstens 4 Wochen und tritt innerhalb von 4 Wochen nach dem traumatischen Ereignis auf. Die oben angeführten Merkmale treffen auch hier zu. Die akute Symptomatik umfasst ein gemischtes wechselndes Bild. Nach einem anfänglichen Gefühl der emotionalen Taubheit folgen Depression, Angst, Ärger, Verzweiflung, Überaktivität. In manchen Fällen können dissoziative Störungen in Form von Derealisationserleben und Depersonalisationserleben sowie eine dissoziative Amnesie beobachtet werden. Ist eine Entfernung aus der traumatisierenden Umgebung möglich, kommt es meist schnell zu einer Remission.

Literatur

Ehlers, A. (1999): *Posttraumatische Belastungsstörung*. Göttingen: Hogrefe Verlag.
Schnyder, U. (2000): Posttraumatische Belastungsstörungen – allgemeine Einführung. In W. Senf, und M. Broda: *Praxis der Psychotherapie*. Ein integratives Lehrbuch: Psychoanalyse, Verhaltenstherapie, Systemische Therapie. 2. Auflage (448–453). Stuttgart: Thieme Verlag.

Prävention als Elternbildung

Gisela Braun

Elternbildung ist häufig ein recht mühsames Unterfangen – vielleicht wird sie deshalb meist auch Elternarbeit genannt. Oder hat es andere Gründe, dass Lehrer/innenfortbildung und Erzieher/innenweiterbildung gemacht wird, die Eltern aber als Bildungsklientel nicht benannt werden? Nimmt man Eltern als „Nicht-Profis" vielleicht nicht so ernst? Dabei sind sie für die Präventionsarbeit gegen sexuellen Missbrauch sehr wichtig.

Wenn wir Präventionsarbeit nicht nur als punktuellen Einsatz betrachten, sondern als erzieherische und gesamtgesellschaftliche Grundhaltung, sind Mütter und Väter die ersten Adressaten für eine Veränderung (Knappe 1995, S. 253; Bange 1995, S. 25). Das gilt erst recht, wenn man davon ausgeht, dass die Familie ein potenziell gewaltträchtiges Umfeld für Mädchen und Jungen darstellen kann.

Vor diesem Hintergrund muss die spezifische Situation der Eltern bedacht werden. Elternbildung spricht Mütter und Väter an in ihrem Alltag, ihren Problemen, Kompetenzen und Defiziten, d.h. sie mischt sich in die Privatsphäre von (unbekannten) Menschen ein. Deshalb sind vorwurfsvolle oder belehrende Untertöne unangemessen. Eltern benötigen vielmehr sachgerechte Informationen über sexuellen Missbrauch und auch Verständnis für die Schwierigkeiten und pädagogischen Unvollkommenheiten eines Alltags mit Kindern (Knappe 1995, 253f.).

Die Situation der Eltern

Die Mütter und Väter, die zu einem Elternabend kommen, sind, was das Thema „Sexueller Missbrauch" angeht, in der Regel verunsichert. Sie sind zum einen durch die Medien einem Überangebot an Informationen ausgesetzt, zum anderen tragen die Medien durch ihre oftmals skandalisierende Präsentation eher zur Desinformation bei (→ *Medien*; Kirchhoff 2001). Dadurch wird dieses ohnehin emotionsbesetzte Thema noch beladener. Wut, Rache, Trauer, Faszination, Angst, Panik, Neugier, Bedrohung, sexuelle Erregung, Verleugnung, Zorn, Entsetzen, Abwehr und viele andere Gefühle sind bei einer Bildungsveranstaltung mit im Raum. Vor allem haben die Eltern ganz schlicht Angst um ihr Kind. Sie wissen aber oft nicht, wie sie ihre Kinder (besser) schützen können, denn Vorbilder für eine präventive Erziehung gibt es nicht und gleichzeitig herrscht ein Mangel an seriösen Informationen (Knappe 1995, S. 243 ff.). Elternbildung sollte deshalb sparsam sein mit Forderungen an die Eltern und Überforderung gänzlich vermeiden. Sie sollte dagegen Entlastungsfunktion haben, Unterstützung anbieten und Mut machen. Kooperation, Dialog und Austausch sind zentrale Stichworte.

Grundsätze der Elternbildung

Bei der Elternbildung zur Problematik des sexuellen Missbrauchs sind folgende Prämissen zu beachten:
- „Eltern" sind Frauen und Männer. Sie erscheinen und agieren als solche. In der Elternbildung sind Väter immer noch unterrepräsentiert bis nicht anwesend. Wenn der Elternabend unbeabsichtigt mit einem Fußballspiel zusammenfällt, kommt es schon mal zur „Mütterbildung". Bei der Planung und Durchführung eines Elternabends sollten deshalb geschlechtsspezifische Aspekte berücksichtigt werden. Dabei kann es auch sinnvoll sein, „Mütterabende" bzw. „Väterabende" zu veranstalten. Bezogen auf „Väterabende" bestehen aber drei grundlegende Probleme: Es gibt kaum versierte Fachmänner, es ist schwer, die Väter zur Teilnahme zu motivieren und es existieren keine Konzepte für solche Abende (Lercher, Derler & Höbel 1995, 146f.).
- Das einzige, was an einem durchschnittlichen Elternabendpublikum homogen ist, ist seine Heterogenität. Alle sind verschieden – in Geschlecht, Vorwissen, Bildungsgrad, Intellekt, Interesse, persönlicher Betroffenheit usw. Es muss deshalb ein Niveau gefunden werden, das möglichst viele anspricht.
- Aber es sind nicht nur die Väter und Mütter, an die sich Elternbildung richten sollte. Vor allem die Großeltern haben häufig großen Anteil an der Erziehung der Kinder, so wie auch Tanten, Onkel, Nachbarn/innen, Mitbewohner/innen oder Freunde/innen Einfluss haben und als potenzielles Klientel der Elternbildung Berücksichtigung finden sollten.
- Zu bedenken ist weiterhin, dass sich unter den Frauen und Männern, die beim Elternabend anwesend sind, selbst Betoffene von sexueller Gewalt befinden können – in eigener Person oder als Mütter und Väter von betroffenen Kindern.
- Zudem befinden sich meist Ausübende sexueller Gewalt unter den Anwesenden.

Inhalte und Ziele der Elternbildung

Erstes und vorrangiges Ziel ist, dass die Mütter und Väter überhaupt kommen. Fast alle, die Elternbildung anbieten, klagen, dass zu wenig Eltern kommen und dann die falschen – also die, „die es nicht nötig haben". So notwendig die Beschäftigung mit Erziehungsfragen ist, so ist sie für einige Eltern auch ein Luxus. In Zeiten von Arbeitslosigkeit, finanziellen Engpässen, familiären Krisen oder existenziellen Sorgen steht vielen Menschen nicht der Sinn nach Beschäftigung mit dem Thema „Sexueller Missbrauch". Zudem gehört die Motivation der Eltern, an Elternbildung teilzunehmen, zur Elternbildung dazu. Also müssen entsprechende Konzepte erstellt werden, die beispielsweise professionelle Werbung und Öffentlichkeitsarbeit, kundenfreundliche Zeiten oder die Einladungsgestaltung berücksichtigen. Im Übrigen – Eltern, „die es nicht nötig haben", gibt es nicht.

Was brauchen Mütter und Väter an einem Elternabend?

Trotz der sogenannten Enttabuisierung gibt es weiterhin jede Menge Vorurteile und Mythen über sexuellen Missbrauch an Kindern (→ Mythen). Aufklärung und Information über Fakten und Hintergründe sexuellen Missbrauchs ist deshalb immer noch die Grundlage jeglicher Präventionsarbeit. Damit die Eltern das Thema einordnen und eventuell bestehende extreme Auffassungen relativieren können, gilt es, Fakten und Hintergründe zu folgenden Fragen zu präsentieren:
– Was ist sexueller Missbrauch?
– Wie verbreitet ist er?
– Wer ist betroffen oder gefährdet?
– Wie erleben betroffene Mädchen und Jungen diese Gewalt?
– Was sind die Ursachen?
– Was wissen wir über Täter und Täterinnen? (Braun 1997, S. 162).
Zudem sollte Basiswissen über Prävention und die Umsetzung einer präventiven Erziehungshaltung, über Sexualerziehung und über Präventionsmaterialien für Kinder und Erwachsene vermittelt werden. Dazu sollten gängige Präventionsmaterialien und -bücher präsentiert und von den Eltern auch „in die Hand genommen" werden können. Diese Inhalte sind interessant und spannend zu präsentieren.

Bei der Elternbildung spielen auch Ziele und Inhalte eine Rolle, die sich auf Einstellungen beziehen. So soll die Erziehungskompetenz der Eltern aktiviert, gestärkt und gegebenenfalls modifiziert werden. Dies wird erreicht, indem neue Sichtweisen von kindlicher Entwicklung, kindlichem Verhalten und vom Umgang zwischen Erwachsenen und Kindern dargestellt werden. Indem die Eltern diese kindlichen Erlebnisweisen kennen lernen, können sie sich besser darauf einstellen und sie möglicherweise sogar als bereichernd erleben. Beispiel: Starke und selbstbewusste Kinder sind nicht immer anstrengend und schwierig. Es kann entlastend sein, dass diese Kinder vieles selbst entscheiden und selbst ihre Interessen vertreten. Erwachsene müssen also für die Prävention keine pädagogisch wertvollen Opfer bringen, sie können vielleicht sogar Spaß haben an der Sache und ihren Kindern (Braun 1989, S. 17f.).

Es geht ebenfalls darum, die Reflexion über eigenes Erziehungsverhalten und familiäre Stile anzuregen, wobei das Erziehungsverhalten in seiner Gesamtheit zur Debatte steht und nicht nur Einzelaspekte wie Nein-Sagen (Enders 1995, S. 139). Und um es noch einmal explizit zu sagen, Elternbildung soll Lust, Freude und Energie für eine präventive Erziehung schaffen, sie soll Kraft geben und nicht Verzweiflung erzeugen.

Es gibt nun einige Vorgehensweisen, die – zwar immer noch häufig praktiziert – auf keinen Fall in die Elternbildung gehören:
– Detaillierte Schilderungen von Missbrauchspraktiken dienen niemand, sie erzeugen höchstens blankes Entsetzen, Abwehr oder auch sexuelle Erregtheit bei den dafür Empfänglichen. Letztere bekommen damit auch noch Anregungen für Phantasie und Praxis.
– Betroffenheitserzeugungsversuche, wie auch immer geartet, sind unnötig, weil die meisten Eltern sowieso sehr betroffen sind. Zudem drücken sie die Stimmung und senken den Energiepegel, wenn ein ganzer Saal voller Menschen tief betroffen ist. Übrigens darf Betroffenheitserzeugung nicht mit Sensibilisierung gleichgesetzt werden. Sensibilisierung ist immer ein Ziel der Elternbildung.
– So genannte Symptomlisten zur Erkennung sexuellen Missbrauchs gehören nicht auf einen Elternabend. Meist ist keine Zeit, um wirklich fundiert auf Sinn und Unsinn solcher Listen einzugehen, so dass der einzige Effekt ist, dass die Eltern mit einer imaginären Liste im Kopf kindliche Verhaltensweisen abhaken und in Panik geraten, wenn sie mehr als zwei finden (Enders 1995, S. 140f.).
– Schilderungen angeblicher Folgen von sexuellem Missbrauch im Stile von „lebenslange Schäden", „irreparabel", „Seelenmord" u.ä. entwerten die Überlebenskraft der Betroffenen. Bei aller gebührenden Ernsthaftigkeit im Umgang mit den Auswirkungen sexueller Gewalt, ist es doch kontraindiziert, den Betroffenen öffentlich unheilbare Defekte zu bescheinigen (ebd.).
– Polemische Angriffe gegen Kollegen, Täter, Mütter, Richter, Familientherapeuten, Beratungsstellen, Gutachter oder wen auch immer sind in der Elternbildung fehl am Platz.
– Die Offenlegung persönlicher Betroffenheit seitens der Referentin gehört nicht in die professionelle Elternbildung. Die Referentin ist in ihrer fachlichen Qualifikation gefragt, die persönliche Erfahrungen bearbeitet haben sollte, bevor sie diese Funktion übernimmt. Gleiches gilt für Referenten.
– Die Besprechung einzelner Fälle und/oder Beratung in Einzelfällen sind Teil der Beratungsarbeit, nicht aber der Elternbildung. Die Nennung von entsprechenden Fachstellen genügt.

Zusammenfassend: Elternbildung sollte auf keinen Fall belehrend oder überheblich sein, auch nicht traurig, entsetzlich und energieraubend und vor allem nicht humorlos.

Strukturen professioneller Elternbildung

Im Folgenden werden ohne Anspruch auf Vollständigkeit einige strukturelle Bedingungen und Notwendigkeiten skizziert, die unabdingbar zur Elternbildung gehören, sie kennzeichnen und konstituieren:

- Elternbildung gehört in jede pädagogische Institution. Sie ist integraler Bestandteil von Präventionsarbeit.
- Elternbildung muss Bestandteil der Aus- und Fortbildung für Fachkräfte sein. Dazu gehören neben themenspezifischen Inhalten auch organisatorische und gruppendynamische Aspekte. Hospitationen bei erfahrenen Referenten/innen sind höchst hilfreich.
- Elternbildung ist professionelle Bildungsarbeit. D.h., dass die Referenten/innen entsprechende Kompetenzen und Erfahrungen nachweisen müssen und dass sie entsprechend honoriert werden.
- Voraussetzung für Elternbildung ist die Fort- und Weiterbildung der Fachkräfte vor Ort. Sensibilisierte und kompetente Fachkräfte initiieren häufiger Elternveranstaltungen und leisten meist auch eine gute „Alltagselternbildung". Zudem brauchen die Fachkräfte zumindest eine Grundkompetenz, um in ihrer Einrichtung, vernetzt mit den Eltern, präventiv arbeiten zu können.
- Elternbildung darf keine einmalige Sache sein. Ideal ist, wenn Elternbildung kontinuierlich verläuft z. B. in Form einer Veranstaltungsreihe oder von in Abständen immer wiederkehrender Veranstaltungen.
- Einige Institutionen, die eine Elternbildungsveranstaltung mit einer Referentin organisieren, neigen dazu, ihre Verantwortung für die Präventionsarbeit an die Referentin und/oder die Eltern abzugeben. Ein Elternabend ist kein Grund für die pädagogischen Fachkräfte, sich eigenständiger Präventionsinitiativen zu enthalten. Wer Elternbildung anbietet oder organisiert, muss auch selbst Präventionsarbeit leisten.
- Elternbildung sollte versuchen, Eltern verschiedener Nationalitäten oder Kulturkreise zu erreichen. Möglicherweise müssen dafür andere als die herkömmlichen Angebote gemacht werden, um auf besondere Bedürfnisse oder Gegebenheiten einzugehen. Wenn es sein muss, geschieht sie eben im Rahmen eines Kaffeenachmittags für muslimische Frauen (Djafazadeh & Härtl 1999; Strohhalm e. V. 2001, → *Migrantinnen und Migranten*).
- Elternbildung kann sich sehr gut spiralförmig von kleineren Zusammenhängen (z.B. Gruppe im Kindergarten) zu größeren Zusammenhängen in Richtung community-education entwickeln (z. B. Elternabend im Stadtteil, Pfarrheim, Dorf, Familienbildungsstätte, Gemeinde usw., mehrere Kindergärten zusammen, öffentliche Veranstaltung für alle). Damit wird ein größerer sozialer Kontext der Kinder angesprochen. Haben beispielsweise die Eltern, die Lehrerin, der Sporttrainer und die Tante eines Kindes denselben Abend besucht und verwirklichen dann – im Idealfall – die angesprochenen Aspekte von Prävention, hat dies einen größeren Effekt, als wenn das Kind fünf unterschiedlichen Erziehungsstilen ausgesetzt ist. Je mehr Bezugspersonen im kindlichen Umfeld durch Elternbildungsarbeit angesprochen werden, desto besser.

Literatur

Arbeitsgemeinschaft Kinder- und Jugendschutz (AJS) (1992). *Gegen sexuellen Mißbrauch an Mädchen und Jungen – Ein Ratgeber für Mütter und Väter.* Köln.
Bange, D. (1995). Nein zu sexuellen Übergriffen – Ja zur selbstbestimmten Sexualität: Eine kritische Auseinandersetzung mit Präventionsansätzen. In: Arbeitsgemeinschaft Kinder- und Jugendschutz NRW (Hg.): *Sexueller Mißbrauch an Mädchen und Jungen. Sichtweisen und Standpunkte zur Prävention* (S. 19–48). Köln.
Braun, G. (1989). *Ich sag' Nein. Arbeitsmaterialien gegen sexuellen Mißbrauch an Mädchen und Jungen.* Mülheim an der Ruhr: Verlag an der Ruhr.
Braun, G. (1997). „Man hört heute soviel …!" Ein Elternabend mit indirekter Medienpräsenz. In: B. Kavemann & Bundesverein zur Prävention von sexuellem Mißbrauch an Mädchen und Jungen e.V. (Hg.). *Prävention – Eine Investition in die Zukunft* (S. 159–164). Ruhnmark: Donna Vita
Djafazadeh, P. & Härtl, S. (1999). Fremd durch die Prävention. Die ersten Schritte zu einer interkulturellen Präventionsarbeit. In: *Prävention, 6,* S. 13.
Enders, U. (1995). Über Selbstvertrauen und (Über-)Lebenskraft. Ein Elternabend im Kindergarten und in der Schule. In: Arbeitsgemeinschaft Kinder- und Jugendschutz NRW (Hg.): *Sexueller Mißbrauch an Mädchen und Jungen. Sichtweisen und Standpunkte zur Prävention* (S. 137–142). Köln.
Kirchhoff, S. (2001). Sexueller Missbrauch im SPIEGEL der Medien. In: U. Enders. *Zart war ich, bitter war's.* Völlig überarbeitete Neuausgabe (S. 485–502). Köln: Kiepenheuer & Witsch.
Knappe, A. (1995). Was wissen Eltern über Prävention sexuellen Mißbrauch? In: B. Marquardt-Mau (Hg.). *Schulische Prävention gegen sexuelle Kindesmißhandlung* (S. 241–258). Weinheim: Juventa.
Lercher, L., Derler, B. & Höbel, U. (1995). *Missbrauch verhindern. Handbuch zu Prävention in der Schule.* Wien: Wiener Frauenverlag.
Strohhalm e.V. (2001). *Interkulturelle Herausforderungen an die Präventionsarbeit, Teil 2.* In: Mitteilungen Januar 2001. Zu beziehen über Strohhalm e.V., Luckauer Str. 2, 10969 Berlin.

Prävention in der Heimerziehung

Wilma Weiß

Viele Mädchen und Jungen in der Heimerziehung sind entweder von sexueller Gewalt betroffen oder auf Grund anderer lebensgeschichtlicher Belastungen besonders gefährdet, Opfer sexueller Gewalt zu werden (Finkelhor 1990). Dennoch findet weder das Wissen über institutionelle, konzeptionell-fachliche und personelle Bedingungen der Hilfen für die Opfer noch für die Prävention in Regeleinrichtungen ausreichend Berücksichtigung in der Hilfeplanung und Pädagogik. So stellten Wolfgang Krieger und Elfriede Fath (1995, S. 98) bei ihrer Untersuchung fest, dass pädagogische Maßnahmen zur Prävention in Heimen kaum ergriffen werden, obwohl sie von den Professionellen eigentlich als sinnvoll erachtet werden. Margarete Finkel (1998) kommt auf Grund ihrer Analyse von 45 Akten von tatsächlich oder vermutlich sexuell missbrauchten Mädchen und Jungen in der Heimerziehung zu dem Ergebnis, dass große fachliche Unsicherheiten bestehen, wie bei einem sexuellen Missbrauch vorzugehen ist. Diese Unsicherheiten führen dazu, dass in vielen Hilfeverläufen eine mögliche sexuelle Gewalterfahrung weder angegangen noch bearbeitet wird. Dem entsprechend wurden die Hilfen bei den sexuell missbrauchten Mädchen und Jungen in den Akten nur zu 24,3 % als erfolgreich abgeschlossen bewertet, während sie bei den nicht missbrauchten Kindern und Jugendlichen zu 38,5 % als erfolgreich bewertet wurden. Außerdem fanden bei über 60 % der 45 Mädchen und Jungen Verlegungen statt, für die keine plausiblen Gründe angegeben wurden. Diese Ergebnisse bestätigen die Notwendigkeit, das Thema „sexuelle Gewalt und Heimerziehung" erneut zu diskutieren sowie insgesamt Institutionen und Bezugspersonen als Adressaten von Prävention in den Mittelpunkt zu rücken (vgl. Amann & Wipplinger 1997).

Ursula Enders (1995, S. 112 ff.) sieht einen Zusammenhang zwischen der unangemessenen gesellschaftlichen Wertschätzung der Familie als Ort der Liebe und Geborgenheit und einem gesellschaftlichem „Rede und Handlungsverbot" gegenüber sexuellem Missbrauch. Diese Tabuisierung setzt sich stellenweise im Heim fort und hat Auswirkungen auf die Hilfeplanung, die Pädagogik und auf das Verhältnis Kinderschutz/Elternrecht.

Enttabuisierung in der Hilfeplanung

Im Aufnahmeverfahren hindern Unsicherheiten, rechtliche Bedenken und Bagatellisierungen soziale Fachkräfte, ihr Wissen oder ihre Vermutungen darüber, dass ein Kind Opfer sexueller Gewalt ist, weiterzugeben. Da ein solches Wissen bzw. eine solche Vermutung die Hilfeplanung notwendigerweise verändert, muss das Thema zwischen Jugendämtern und Heimen standardmäßig abgefragt und in offener Kooperation besprochen werden (→ *Intervention – die „Regeln der Kunst"*).

Wenn sexuelle Gewalt bereits im Aufnahmeverfahren angesprochen wird, ist dies ein eindeutiges Signal für die Mädchen und Jungen, dass es in dieser Einrichtung möglich und erwünscht ist, wenn sie über erlittene sexuelle und körperliche Gewalt reden. Auch den Tätern gegenüber ist es wichtig, dass die Einrichtung zeigt, dass sie von deren Täterschaft weiß und darin eine strafbare Handlung sieht. Eine solche Klarheit und Offenheit ist notwendige Voraussetzung dafür, dass der Kinderschutz in die Hilfeplanung mit einbezogen und das Machtungleichgewicht zwischen Opfer und Täter zugunsten des Opfers durch klare Aussagen der Einrichtung verschoben wird.

Über Hemmnisse und einige Möglichkeiten der Pädagogik

In der Heimpädagogik finden wir positive Ansätze, aber auch Hemmnisse für eine wirksame Prävention gegen sexuelle Gewalt. Ein Hemmnis ist das Ausblenden der Lebensgeschichte der Mädchen und Jungen: „In der Heimerziehung kommt Vergangenheit regelmäßig nur als Material für den Therapeuten ... vor" (Winkler 1988, S. 6). In einer von mir durchgeführten empirischen Studie über Belastungsfaktoren von Pädagoginnen im Umgang mit traumatisierten Kindern hat sich gezeigt, dass Michael Winklers Feststellung auch nach mehr als zehn Jahren noch aktuell ist. Die Mehrheit der Befragten berichtete, dass sie eine Abwehr verspürten, sich mit der Lebensgeschichte der traumatisierten Kinder und Jugendlichen zu beschäftigen (Weiß 1999). Diese Abwehr und die aus ihr resultierenden Unsicherheiten verhindern die Enttabuisierung sexueller Gewalt. Das Schweigegebot der Herkunftsfamilie wird so in der Heimerziehung ungewollt zementiert. Das hat fatale Folgen. Zum einen erhalten die Kinder und Jugendlichen keine Hilfeangebote für die Verarbeitung der erlittenen sexuellen Gewalt, zum anderen können angesichts einer solchen Tabuisierung die Mädchen und Jungen auch sexuelle Grenzüberschreitungen im Heim nicht benennen. Erst recht nicht, wenn der Täter oder die Täterin eine Bezugsperson ist. Des Weiteren werden Verhaltensweisen, die die Mädchen und Jungen als Überlebensstrategien entwickelt haben, aus Unkenntnis der Dynamik sexueller Gewalt abgewertet. Dadurch kommt es wiederum zu Sekundärschädigungen, pädagogischer Einengung und Kontrolle (Weber & Rohleder 1995; Roth 1997; Finkel 1998). Sexualpädagogik und geschlechtsrollenreflektierte Pädagogik als wichtige Aspekte einer vorbeugenden Arbeit gegen sexuelle Gewalt finden in den meisten Heimen ebenfalls nicht statt. Sie fallen der Zeit oder anderem zum Opfer (Krieger & Fath 1995, → *Sexualpädagogik*).

Dies ist um so bedauerlicher, weil eine präventive Pädagogik auch viele Möglichkeiten bietet, traumatische Erfahrungen zu korrigieren. Im Folgenden werden die drei in dieser Hinsicht wichtigsten Bereiche benannt.

Vom Objekt zum Subjekt

Die Lebenserfahrung von sexuell missbrauchten Mädchen und Jungen (in der Heimerziehung) ist vielfach von wenig Selbstwirksamkeit geprägt. Eine präventive Erziehungshaltung in Heimen muss deshalb ergänzend zur klassischen Primärprävention u.a. die Erfahrungen von Schuld, Selbstwertverlust und Objektstatus thematisieren und korrigieren. Ein veränderter – weil positiver – Zugang zu sich selbst ist Bedingung, um vom Objekt zum Subjekt werden zu können. Die Mädchen und Jungen brauchen z.B. Unterstützung, um eigene schädigende Verhaltensweisen als Reaktion auf den sexuellen Missbrauch zu begreifen, die damals hilfreich waren, aktuell aber beeinträchtigend wirken. Ein Satz wie: „Das ist Deine normale Reaktion auf eine unnormale Situation", öffnet bei sexuell missbrauchten Kindern oftmals Türen. Bislang glaubten sie, „sie wären nicht richtig". Eine solche Herangehensweise unterstützt die Kinder in der Entwicklung selbst stärkender Verhaltensweisen. Eine Auseinandersetzung mit der eigenen Lebensgeschichte z.B. durch Biografiearbeit fördert eine selbstbestimmte Sichtweise der eigenen Lebensgeschichte und dadurch das Selbstwertgefühl und die Selbstbewusstheit. Die Erfahrung von Selbstwirksamkeit kann auch vermittelt werden durch Partizipation am Heimalltag und an der Hilfeplanung sowie durch die Aufklärung über ihre Rechte. Dies mindert auch die Gefahr einer erneuten Abhängigkeit von Bezugspersonen.

Dem Geschehenen Worte geben

Enttabuisierung in der Pädagogik bedeutet die Vermittlung von Wissen über sexuelle Gewalt, mögliche Täter und deren Strategien. In der Heimerziehung muss ergänzend die Erlebniswelt der missbrauchten Mädchen und Jungen thematisiert werden. Die Berücksichtigung der Schuldgefühle der Kinder, ihrer Sprachlosigkeit und ambivalenten Gefühle durch Sätze wie „Die meisten Kinder denken, sie sind schuld. Das ist so, weil der Vater das so gesagt hat oder weil der Opa etwas geschenkt hat" entlasten von eben jenen Schuldgefühlen, vermindern die ambivalenten Gefühle und helfen die Sprachlosigkeit zu überwinden. Die Enttabuisierung ist auch als Gruppenpädagogik möglich und für betroffene Kinder bei guter Vorbereitung eher Schutz als Belastung.

Sexualität und Geschlechterrolle

Die Unterstützung von Heimkindern zu einem selbstbestimmten Leben beinhaltet das Erlernen von körperlicher Selbstbestimmung, die Öffnung des geschlechtsspezifischen Rollenverhaltens (§ 9 KJHG) und sexuelle Aufklärung. Sexualität als Dauerbrenner und -thema der Heimerziehung bedarf einer zielgerichteten Pädagogik. Es geht um Klärung von verwirrten sexuellen Normen in Bezug auf Wissen, Gefühle und Handeln. Eine geschlechtsspezifische Herangehensweise gibt der Sexualpädagogik eine zunehmende Bedeutung in der Prävention (vgl. AMYNA e.V. 1999, → *Sexualpädagogik*). Sie beinhaltet die Öffnung von geschlechtsspezifischem Rollenverhalten, hier genügt das Vorleben alleine nicht. Lebensbiografische und gesellschaftliche Erfahrungen sind zu korrigieren. Durch Weitergabe von Wissen über Geschlechter und geschlechtsspezifisches Rollenverhalten sowie biografisches Arbeiten am Rollenbild können problematische Einstellungen hinterfragt werden. Sexualpädagogik beinhaltet des Weiteren einen aufmerksamen, nicht verharmlosenden Umgang mit sexualisierter Gewalt und Reinszenierungen auf der Täterseite. Normen und Werte gegen Grenzüberschreitungen sollen – z.B. als „Regeln des Hauses" – mit den Mädchen und Jungen altersgemäß erarbeitet werden.

Körperarbeit als Bestandteil von Sexualpädagogik kann in stationären Einrichtungen der Jugendhilfe – insbesondere für Mädchen – wichtig sein, um eine positive Einstellung zum eigenen Körper zu bekommen oder wieder zu erlangen. Dies kann ein wichtiger Schritt zu mehr Selbstwert, zur Wiederaneignung des eigenen Körpers und zum Schutz vor sexueller Gewalt sein. Allerdings muss bei der Körperarbeit sehr genau auf die Grenzen der Mädchen und Jungen geachtet werden und Körperarbeit sollte nur auf freiwilliger Basis erfolgen.

Eine Zusammenarbeit mit spezialisierten Beratungsstellen bietet bei dieser Arbeit den Vorteil von größerer Fachkompetenz (→ *Spezialisierte Beratungsstellen*). Jedoch müssen Sexualpädagogik, Öffnung von Rollenverhalten und körperliche Selbstbestimmung gleichzeitig Inhalt einer bewussten Pädagogik in der Einrichtungen bleiben.

Arbeit mit misshandelnden Eltern versus Kinderschutz?

In vielen Heimen wird zu wenig oder gar nicht über den Umgang mit misshandelnden Eltern gesprochen, geschweige denn ein tragfähiges Konzept dafür entwickelt. Im Sinne des Kinderschutzes wäre dies aber notwendig. Grundlage hierfür ist das staatliche Wächteramt (→ *Staatliches Wächteramt*).

Die Jugendhilfe hat wenig Erfahrung mit Elternarbeit im Allgemeinen und im Besonderen damit, die Eltern mit dem, was sie getan haben, zu konfrontieren und über die Konfrontation hinaus damit zu arbeiten. Ob Heimerziehung es will oder nicht, die missbrauchenden und duldenden Eltern haben bedeutenden Einfluss auf die Verarbeitung sexueller Gewalt und damit auch auf den Heimalltag.

Ziele und Möglichkeiten einer „Elterntäterarbeit" müssen genau geprüft werden. Eine Voraussetzung ist, dass die Heime die missbrauchenden oder duldenden Eltern offen mit ihrem Wissen über die sexuelle Gewalt konfrontieren. Nur so wird man nicht in die Verleugnung hineingezogen. Da der Kontakt zwischen Kindern und missbrauchenden Eltern nur nach Aufarbeitung der Tat durch die Täter die Kinder nicht schädigt, sollte es ihnen in Absprache mit dem Jugendamt zur Auflage gemacht werden, ihre Tat durch eine Therapie aufzuarbeiten. Allerdings lehrt die Erfahrung in der Arbeit mit Tätern und Täterinnen, dass diese die Tat leugnen, sich als Manipulationskünstler (Enders 1995, Heiliger 2000) erweisen und selten freiwillig für eine entsprechende Behandlung zu motivieren sind. Erfahrungen im Rahmen des „Rotterdamer Modells" zeigen, dass Täterarbeit dann erfolgreich sein kann, wenn beraterisch-therapeutische und juristische Intervention verknüpft werden (Bullens 1993). Die Jugendhilfe und damit auch die Heimerziehung sind gefordert, Kontextbedingungen zu schaffen, um mit missbrauchenden und duldenden Eltern umzugehen. Die Verstärkung der Kooperation von Heimerziehung, Tätertherapeuten, Jugendamt und Justiz ist ein Weg, um „Täterelternarbeit" im Interesse der Kinder leisten zu können. Der fachliche Diskurs der Jugendhilfe über Elternarbeit muss deren Täterschaft und den Umgang damit beinhalten (→ *Täterbehandlung*).

Prävention im Heim nur durch Professionalisierung

In der Ausbildung erfahren Pädagoginnen wenig über sexuelle Gewalt (Weber & Rohleder 1995; Harbeck & Schade 1994). In Einstellungsverfahren werden sie selten darauf hingewiesen, dass sie mit sexuell traumatisierten Mädchen und Jungen, ihren Überlebensstrategien und ihren Leidensgeschichten umgehen müssen (Weiß 1999). Im Heim finden sie wenige Konzeptionen oder Handlungsanleitungen wie z.B. des Eylarduswerkes („Raster für das Vorgehen beim Verdacht auf sexuelle Misshandlung" 1999). Vorhandene Konzeptionen sind zudem aus vielerlei Gründen kaum umzusetzen. Pädagoginnen schildern Überforderung durch „großes Störpotenzial", zielorientierte Arbeit sei kaum möglich. Vielleicht führt eine weitere Professionalisierung auf den folgenden drei Ebenen zum ressourcenschonenden Umgang mit eben jenem Störpotential (→ *Intervention – die „Regeln der Kunst"*).

Möglichkeiten der Pädagoginnen

Bezugspersonen sind wichtige Adressaten der Prävention. Ihre Einstellung und ihr Wissen über sexuelle Gewalt beeinflussen den Verarbeitungsprozess der Mädchen und Jungen wesentlich. Im Gegensatz zu Regeleinrichtungen wie Schule, Kindergarten etc. muss in der stationären Erziehungshilfe die Bereitschaft zur Auseinandersetzung und zum Handeln im Kontext sexueller Gewalt Standard sein.

Damit die Pädagoginnen handlungsfähig werden und bleiben, müssen sie ihr Wissen über die Psychodynamik sexueller Traumatisierung ergänzen und ihre persönlichen Möglichkeiten und Grenzen, die eigene Sexualität, Geschlechtsrolle und Kindheitsgeschichte reflektieren. Die Fähigkeit, über Sexualität und sexuellen Missbrauch zu reden, muss trainiert werden. Die Bezugspersonen brauchen ein methodisches Repertoire für die gruppen- und individualpädagogische Umsetzung von Sexualpädagogik, Geschlechtsrollenreflexion und Thematisierung von Familie. Hierzu ist eine berufsbegleitende fortlaufende Auseinandersetzung notwendig. Dies steigert die Wirksamkeit der Pädagoginnen, erhöht ihre Berufszufriedenheit und senkt die Fluktuation (Weiß 1999).

Über Kommunikationsstrukturen

Die Hilfestellung für missbrauchte Kinder birgt besondere Gefahren für die einzelnen Pädagoginnen und das Team. Dazu gehört unter anderem Vereinzelung, Erschöpftheit und die Spaltung des Teams. Die Bezugspersonen brauchen „schützende" Kommunikationsstrukturen. Dazu zählen Teams, die sich durch Offenheit, Wissen und Reflexionsbereitschaft zum Thema sexuelle Gewalt und das nötige Zeitbudget hierfür auszeichnen. Die Handlungsfähigkeit der Institution Heim im Kontext von sexueller Gewalt wird auch gewahrt durch die Partizipation der Teams bei Neuaufnahmen, Einstellungen, Konzeptionserarbeitung und Hilfeplanungen.

Heimeinrichtungen sind auf Zusammenarbeit mit Jugendämtern, Beratungsstellen, Justristen, Ärzten und Jugendpsychiatrien angewiesen. Die Zusammenarbeit hat dann Erfolg, wenn sie sich durch Offenheit, Klarheit der Standpunkte und Verlässlichkeit auszeichnet. Für die Pflege dieser Zusammenarbeit – auch z. B. durch die Mitarbeit in einem Arbeitskreis zur sexuellen Gewalt – bedarf es zeitlicher und personeller Ressourcen.

Über Leitung

Marie-Luise Conen (1995, S.138) beschreibt zwei Kategorien von Leitungsverhalten, die für präventive Heimarbeit ungeeignet sind, ja eher Missbrauch fördern. Dies ist zum einen ein rigides und autoritäres Leitungsverhalten, das den Mitarbeitern keine emotionale Unterstützung gibt. Zum anderen sind es die wenig strukturierten und verschwommenen Leitungen, die keine fachliche Orientierung zu lassen (→ *Institutionen und sexueller Missbrauch*). Leitung hat zur Sicherung von Prävention im Heim folgende Aufgabe: Sie muss Rahmenbedingungen fördern, die den verantwortlichen Fachkräften Orientierung und Handlungssicherheit vermitteln sowie den Bedürfnissen der Mädchen und Jungen gerecht werden. Dazu eignet sich die Erarbeitung von Leitlinien oder Konzepten – natürlich unter Beteiligung der Mitarbeiterschaft – über
– präventive Gruppenpädagogik
– Kinderschutz /Elternarbeit
– den Umgang mit Vermutungen sexueller Gewalt, sexuellen Grenzüberschreitungen der Jungen und Mädchen untereinander und sexuellen Übergriffen durch Professionelle.

Handlungssicherheit erfordert die Sicherstellung von Qualifizierung durch Fortbildung, Supervision und Fachberatung – intern oder extern – , die die Vermittlung des aktuellen fachlichen Diskurses einschließt. Eine Fachstelle in der eigenen Einrichtung kann zur Sicherung dieser Handlungsfähigkeit viel beitragen. Der Vollständigkeit halber soll noch einmal erwähnt werden, dass entsprechende Therapiemöglichkeiten für sexuell missbrauchte Mädchen und Jungen angeboten werden müssen.

Die genannten Möglich- und Notwendigkeiten zur Prävention sind einige aus Erfahrungen geborene Ideen. Sie sind nicht der Weisheit letzter Schluss und bedürfen der Ergänzung. Die Heimerziehung muss sich – auch im Austausch untereinander – mit Möglichkeiten und Konzepten zur Prävention sexueller Gewalt beschäftigen. Die vorhandenen Konzepte müssen öffentlich gemacht und zur Diskussion gestellt werden. Sicher, alles kostet Zeit und Geld. Folglich sollte in den Verhandlungen um Pflegesätze diskutiert werden, dass Prävention gegen sexuelle Gewalt in der Heimerziehung erstens Geld kostet und zweitens ein notwendiger Bestandteil der gesellschaftlichen Prävention gegen sexuelle Gewalt ist. Da im Sozialbereich wenig Ressourcen zu verteilen sind, wäre ein Zusammenschluss der Heime z. B. zu einer Lobby für präventive Pädagogik ein lohnenswerter Weg, sich der Marktlogik der Konkurrenz entgegen zu stellen und den lobbylosen Mädchen und Jungen bessere Startchancen zu bieten.

Literatur

Amann, G., Wipplinger, R. (1997) (Hrsg.). *Sexueller Missbrauch. Überblick zu Forschung, Beratung und Therapie. Ein Handbuch.* Tübingen: dgvt.
Amyna e. V. Projekt zur Prävention von sexuellem Missbrauch (1999). *„Die leg' ich flach!" Bausteine zur Täterprävention.* München: Eigenverlag.
Bange, D. (2000). Zur Intervention bei sexuellem Missbrauch an Kindern. Qualitätsentwicklung tut not. In: *Sozialmagazin 10,* 13–32.
Bullens, R. (1993). Ambulante Behandlung von Sexualdelinquenten innerhalb eines gerichtlichen verpflichtenden Rahmens. In: G. Ramin (Hg.). Inzest und sexueller Mißbrauch. Beratung und Therapie (S. 397–412). Paderborn: Junferman.
Conen, M. (1995). Sexueller Missbrauch durch Mitarbeiter in stationären Einrichtungen für Kinder und Jugendliche. *Praxis der Kinderpsychologie und Kinderpsychiatrie 44,* 134–140.
Enders, U. (1995) *Zart war ich, bitter war's. Handbuch gegen sexuelle Gewalt an Mädchen und Jungen.* Überarbeitete und erweiterte Neuausgabe Köln: Kiepenheuer & Witsch.
Finkel, M. (1998). „Das Problem beim Namen nennen!" – Kinder und Jugendliche mit sexuellen Gewalterfahrungen in Hilfen zur Erziehung. In: Baur, D. u.a.: *Leistungen und Grenzen von Heimerziehung.* Herausgegeben vom Bundesministerium für Familie, Frauen, Senioren und Jugend. (S. 351 – 385). Stuttgart: Kohlhammer.
Finkelhor, D. (1990). Sexual abuse in a national survey of adult men and women: prevalence, characteristics, and risk factors. *Child Abuse & Neglect 14,* 19–28.
Harbeck, V. & Schade, G. (1994). *Institutioneller Umgang mit sexueller Kindesmisshandlung.* Kiel: Eigenverlag des Kinderschutzzentrums Kiel.
Heiliger, A. (2000). *Täterstrategien und Prävention. Sexueller Missbrauch an Mädchen innerhalb familialer und familienähnlicher Strukturen.* München: Verlag Frauenoffensive.
Krieger, W. & Fath, E. (1995). *Sexueller Missbrauch und Heimerziehung. Zur Situation sexuell missbrauchter Kinder und Jugendlicher im Heim.* Berlin: Verlag für Wissenschaft und Bildung.
Roth, G. (1997). *Zwischen Täterschutz, Ohnmacht und Parteilichkeit. Zum institutionellen Umgang mit „Sexuellem Missbrauch".* Bielefeld: Kleine.
Weber, M. & Rohleder, C. (1995). *Sexueller Missbrauch. Jugendhilfe zwischen Aufbruch und Rückschritt.* Münster: Votum.
Weiß, W. (1999). *Zwischen Unwissenheit und Überforderung? Über Belastungsfaktoren von Pädagoginnen im Umgang mit traumatisierten Mädchen und Jungen in Einrichtungen der stationären Jugendhilfe.* Unveröffentlichte Diplomarbeit.
Winkler, M. (1988). Alternativen sind nötig und möglich. *Neue Praxis 18,* 1–12.

Prävention in der Kindertagesbetreuung

Gisela Braun

Wie in jede pädagogische Institution gehört Prävention maßgeblich auch in die Kindertagesbetreuung und zwar als kontinuierliches Alltagserleben und gezielte Unterstützung. „Sinnvolle Prävention muss Mädchen und Jungen stärken, sie ermutigen, ihrem Gefühl zu vertrauen und Hilfspersonen von Übergriffen zu erzählen" (Braun 1999, S. 16).

Präventive Erziehungshaltung

Die Basis jeglicher Prävention ist eine erzieherische Grundhaltung, mit der Mädchen und Jungen in ihrer jeweiligen Eigenheit, ihrem Willen, ihrer Autonomie ernstgenommen werden. „Mädchen und Jungen haben Stärken und Energie, viele Fähigkeiten, einen ausgeprägten Willen und Gespür dafür, was ihnen gut tut" (AJS 1998, S. 34). Diese Stärken anerkennen und fördern, die je eigene kindliche Persönlichkeit respektieren, ist bereits Prävention. Damit wird besonders deutlich, dass Prävention zuvörderst ein Prinzip alltäglichen Umgangs von Erwachsenen und Kindern und von Erwachsenen untereinander – als Vorbild und gesellschaftliches Umfeld – ist. „Prävention ist eine Haltung, Einstellung, Überzeugung, die sich gegen die Unterordnung von Mädchen und Jungen unter den alleinigen Willen der Erwachsenen wendet und eintritt für Selbstbestimmtheit und Eigenheit. ... Prävention ist immer umfassend, auf den ganzen Menschen, seine gesamte Persönlichkeit, Handlungen und Haltungen bezogen" (Braun 1995, S. 12). Für die Kindertagesbetreuung bedeutet dies, dass Vorbeugung integraler Bestandteil der Arbeit ist, nicht punktueller Programmpunkt, sondern pädagogisches Prinzip.

Zentrale Themen

Aufbauend auf dem Fundament der präventiven Erziehungshaltung haben sich einige Themenbereiche als zentrale für die Arbeit mit Kindern herausgestellt:
– Mein Körper gehört mir!

- Meine Gefühle sind wichtig, ich kann ihnen vertrauen!
- Es gibt schöne, unangenehme und komische Berührungen. Ich kann entscheiden, welche ich mag und welche nicht!
- Ich darf NEIN sagen – auch zu Erwachsenen!
- Es gibt gute und schlechte Geheimnisse – schlechte muss man weitererzählen!
- Wenn es mir nicht gut geht, darf ich darüber sprechen und mir Hilfe holen – auch wenn es jemand verboten hat!
- Kein Mensch, ob Kind oder Erwachsener, hat das Recht, mir Angst zu machen!
- Erwachsene sollen Kindern helfen, wenn sie ein Problem haben. Wer könnte mir helfen? (vgl. Bange 1995, S. 27f.)

Diese Themenbereiche können im Alltag der Kindertagesbetreuung mit unterschiedlichen Methoden spielerisch bearbeitet werden (siehe unten).

Vorbedingungen präventiver Arbeit

Vor Beginn der Umsetzung präventiver Arbeit steht allerdings die Auseinandersetzung mit sich selbst und der Thematik, oder wie es die „Standards zur Präventionsarbeit" formulieren, „Grundverständnis" und „Grundwissen" (vgl. Bundesverein zur Prävention o.J.). Erzieher und Erzieherinnen brauchen

- eine fundierte Grundausbildung zum Thema, d.h. grundlegendes Wissen über alle Facetten des sexuellen Missbrauchs sowie Methoden- und Materialkenntnis (vgl. Kerger 2000);
- eine emotionale Auseinandersetzung, d.h. Reflektion eigener Ängste, Unsicherheiten und Abwehrmechanismen;
- die Bereitschaft, sich fachlich wie emotional Unterstützung zu holen;
- die Bereitschaft zu kontinuierlicher Fortbildung und interdisziplinärer Kooperation;
- Interventionskompetenz! Da Prävention auch immer aufdeckende Wirkung haben kann, muss klar sein, was zu tun ist, wenn ein betroffenes Kind den sexuellen Missbrauch offen legt. Dazu gehört auch Kenntnis über das örtliche Hilfenetz, denn keine Person oder Institution kann oder darf eine Intervention allein durchführen (vgl. Braun 1995a, S. 16);
- die Bereitschaft, die Mütter und Väter im Rahmen von Elternbildung aktiv an der Präventionsarbeit zu beteiligen (→ *Prävention als Elternbildung*);
- die Bereitschaft, hierarchische Strukturen, rollenstereotype Verhaltensweisen, Machtgefälle und Machtmissbrauch im pädagogischen Umfeld wahrzunehmen und dagegen zu arbeiten.

Die pädagogische Basis für Präventionsarbeit

Selbstbewusstsein vermitteln

Das Fundament der Präventionsarbeit ist über die oben beschriebene Erziehungshaltung hinaus auch eine alltägliche Stärkung des Selbstbewusstseins von Mädchen und Jungen. Selbstwert aber entwickelt sich durch die Wertschätzung der Menschen, die mit dem Kind leben und arbeiten. Das heißt beispielsweise „... Kindern ihre eigene Wahrnehmung ihrer selbst und ihrer Umwelt zu lassen, ihrer eigenen Einschätzung und ihrem Urteilsvermögen zu trauen. Es gilt, ... sie zu ermutigen, all dies zu äußern und mit diesen, ja oft unbequemen Äußerungen adäquat umzugehen" (Braun 1991, S. 2).

Geschlechtsrollen hinterfragen

„Ein Geschlechterverhältnis, das nicht auf Respekt, gegenseitiger Wertschätzung und Gleichberechtigung beruht, trägt entscheidend dazu bei, dass Mädchen und Jungen – und auch Frauen – sexueller Gewalt ausgesetzt sind" (AJS 1998, S. 32). Ein Junge, der sexuelle Gewalt erlebt hat, wird sich vielleicht nicht anvertrauen, weil er sich in dieser Situation als hilflos, verängstigt und ohnmächtig erlebt hat und er diese Gefühle nicht mit seinem Rollenselbstbild vereinbaren kann. Ein Mädchen, das sich bemüht, die Rollenerwartungen der Umwelt – lieb, schön, anschmiegsam und um Himmels willen keine Zicke zu sein – zu erfüllen, wird sich weniger gut gegen Übergriffe zur Wehr setzen können. Immer noch werden viele Kinder so erzogen bzw. bekommen dies von ihrer Umwelt, familiär und gesamtgesellschaftlich, vermittelt. Die Kindertageseinrichtung hat die Aufgabe, hier kompensatorisch zu wirken und Geschlechtsrollenstereotype zu thematisieren. Ideal wäre das Lernen am Vorbild: „Haben die Mädchen eine Chance, sich eine starke und selbstbewusste Frau zum Vorbild zu nehmen, kennen die Jungen einen sanften und fürsorglichen Mann, der mit ihnen gemeinsam nach einer anderen als der ‚Rambo-Männlichkeit' sucht?" (Braun 1991, S.2).

Sexualerziehung und sexueller Missbrauch

„Hilfe holen können Kinder nur, wenn es Erwachsene gibt, die bereit sind, über das Tabuthema ‚sexueller Missbrauch' mit Kindern zu reden; Erwachsene, die bereit sind hinzuhören, wenn ein Kind etwas erzählt" (Hochheimer 1998, S. 14). Mädchen und Jungen brauchen altersadäquates Wissen über Sexualität und sie müssen eine Sprache haben, um Sexualität – auch eventuelle sexuelle Übergriffe – benennen zu können. Vor allem, sollten sie es gewohnt sein, über Sexualität offen sprechen zu können. Es ist auch möglich, über sexuellen Missbrauch kindgemäß zu sprechen und es ist vor allen notwendig. Die Mädchen und Jungen kommen durch die Medienberichterstattung mit dem Problem in Kontakt und entwickeln häufig Ängste, dass ihnen nun auch etwas Schlimmes passieren könnte. Nur Information und das Sprechen darüber kann diese Ängste reduzieren. Entscheidend ist dabei eine Einbettung in eine körperfreundliche, lustvolle, bejahende allgemeine Sexualerziehung. Kinder können ihr „... Selbstbestimmungsrecht über ihren Körper und ihre Sexualität nur ausüben, wenn sie ihren Körper kennen und ein positives Gefühl zu ihm entwickelt haben" (Bange 1995, S. 29). So wird die mögliche Entwicklung eines negativen Verständnisses von Sexualität vermieden. Gerade bei kleineren Kindern wurde Prävention lange Zeit ausschließlich als Förderung der sozialen Handlungskompetenzen ohne die Erwähnung sexueller Übergriffe verstanden. Durch die zunehmende Skandalisierung des Themas in den Medien (→ *Medien*), die bewirkt, dass Mädchen und Jungen häufig diffuse und ängstigende Informationen haben, ist die verbale Thematisierung zusätzlich wichtig geworden.

Mädchen und Jungen stärken

Kinder brauchen Bestärkung und Unterstützung, damit sie einen eventuellen sexuellen Übergriff erkennen und die Hilfe von Erwachsenen einfordern können. Sie erfahren, dass ihr Körper ihnen gehört, dass sie unangenehme oder verwirrende Berührungen zurückweisen dürfen, dass sie ihren Gefühlen vertrauen und belastende Geheimnisse weitererzählen sollen – und dass es Unrecht ist, wenn ein Erwachsener dies nicht respektiert. Kinder stärken heißt allerdings niemals, ihnen Verantwortung für die Beendigung eines sexuellen Missbrauchs zu übertragen. Dafür sind ganz allein die Erwachsenen verantwortlich. Mädchen und Jungen leben faktisch häufig in einer recht- und machtlosen Position. Sie sollten informiert sein über ihre Rechte und ermutigt werden, ihre Interessen zu vertreten.

Umsetzung im erzieherischen Alltag

Auch präventive Arbeit in der Kindertageseinrichtung bedient sich der Formen, Mittel und Methoden, die eine kindgemäße Form des Lernens und Verstehens darstellen, als da sind Sprechen und Malen, Erzählen und Spielen, Kinderbücher angucken und Basteln, Singen und vieles mehr. Die oben beschriebenen Themenbereiche können mit vielfältigen Materialien, die sich mittlerweile auf dem Markt befinden, bearbeitet werden. Zwei Sammlungen von didaktischen Einheiten und Spielvorschlägen wären als Basis denkbar:
- Irmi Hochheimer: Sexueller Missbrauch – Prävention im Kindergarten.
- Gisela Braun: Ich sag' NEIN. Arbeitsmaterialien gegen den sexuellen Missbrauch an Mädchen und Jungen.

Darüber hinaus gibt es eine Reihe von Kinderbüchern über Gefühle, den Körper, Grenzen setzen, NEIN sagen, Schmusen usw., die sich alle im Materialkatalog des Fachhandels DONNA VITA befinden. Dort werden auch Spiele, Handpuppen, Kinderlieder-CDs und andere Arbeitsmittel angeboten. Der Einsatz der Arbeitsmittel geschieht immer in der gesamten Kindergruppe, selbstverständlich begleitet vom Gespräch. Sie werden nicht im „Giftschrank" oder im Zimmer der Leiterin aufbewahrt, sondern sind allen Mädchen und Jungen zugänglich und selbstverständlich. Für die Fachkräfte gilt, dass sie kein Arbeitsmittel einsetzen, das sie persönlich ablehnen oder das ihnen ein ungutes Gefühl vermittelt. Diese Unklarheiten würden sich unterschwellig dem Kind vermitteln und sich auf den Inhalt übertragen.

Positive Prävention

In früheren Jahren war Prävention negativ: Sie wollte verhindern und warnen, erteilte Verbote und Weisungen, dies oder jenes nicht zu tun. Heute sehen wir Prävention positiv: Als Anregung, Unterstützung, Ermutigung, Stärkung der eigenen Kräfte, des Selbstwerts. Mädchen und Jungen sind nicht „Objekte" der Präventionsarbeit. Sie als Subjekt zu begreifen heißt, ihnen alles anzubieten, was ihnen bei der Entwicklung einer reichen, individuellen Persönlichkeit hilft, gehört zur Präventionsarbeit. „Dies beinhaltet, dass sich Prävention nicht im NEIN sagen erschöpft. Das NEIN als Abgrenzung gegenüber fremden Bedürfnissen ist unbestreitbar wichtig. Prävention entfaltet aber erst mit dem JA ihre Möglichkeiten zur Gänze: Das JA zu den eigenen Bedürfnissen, dem eigenen Weg, dem Eigen-Sinn, zu Freude, Lust und Sinnlichkeit mit dem je eigenen Verständnis, wie das alles auszusehen hat (Braun 1995, S. 12f.).

Literatur

AJS (Hrsg.) (1998). *Gegen sexuellen Missbrauch an Mädchen und Jungen. Ein Ratgeber für Mütter und Väter.* Köln 6. Aufl. Bezug: AJS, Poststr. 15–23, 50676 Köln.
Bange, Dirk (1995). Nein zu sexuellen Übergriffen – Ja zur selbstbestimmten Sexualität. Eine kritische Auseinandersetzung mit Präventionsansätzen. In: Arbeitsgemeinschaft Kinder- und Jugendschutz (AJS) Landesstelle NRW (Hrsg.). *Sexueller Missbrauch an Mädchen und Jungen. Sichtweisen und Standpunkte zur Prävention* (S. 18–47). Köln.
Braun, Gisela (1991). Sexueller Missbrauch an Mädchen und Jungen. Prävention in Kindergarten und Grundschule. *ajs-Informationen* August 1991, S. 1–3.
Braun, Gisela (1995). Der Alltag ist sexueller Gewalt zuträglich – Prävention als Antwort auf „alltägliche" Gefährdungen von Mädchen und Jungen. In: Arbeitsgemeinschaft Kinder- und Jugendschutz (AJS) Landesstelle NRW (Hrsg.). *Sexueller Missbrauch an Mädchen und Jungen. Sichtweisen und Standpunkte zur Prävention* (S. 9–14). Köln.
Braun, Gisela (1995a). Einige Bedingungen für Prävention am Beispiel der Schule. In: Arbeitsgemeinschaft Kinder- und Jugendschutz (AJS) Landesstelle NRW (Hrsg.). *Sexueller Missbrauch an Mädchen und Jungen. Sichtweisen und Standpunkte zur Prävention* (S. 15–18). Köln.

Braun, Gisela (1999). *Ich sag NEIN. Arbeitsmaterialien gegen den sexuellen Missbrauch an Mädchen und Jungen.* 28. überarbeitete Aufl. Mülheim an der Ruhr: Verlag an der Ruhr.
Bundesverein Zur Prävention von sexuellem Missbrauch an Mädchen und Jungen (Hrsg.): *Allgemeine Qualitätskriterien zur Präventionsarbeit.* Bezug DONNA VITA, Kaiserstr. 139–141, 53113 Bonn (Tel.: 0180-3666284).
Hochheimer, Irmi (1998). *Sexueller Missbrauch – Prävention im Kindergarten.* Freiburg: Herder.
Kerger, Carmen (2000): Methoden und Materialien der schulischen Prävention sexuellen Missbrauchs. *prävention 1,* 6–7.

Prävention in der Schule

Brunhilde Marquardt-Mau

Prävention ist primär eine sozialpolitische Aufgabe, die im Verantwortungsbereich von Erwachsenen liegt (vgl. Godenzi, 1993). Dennoch kann die Schule, neben dem Elternhaus, einen wichtigen Beitrag übernehmen, wenn deren Präventionsaufgaben klar definiert, adäquate Ansätze und Materialien vorhanden und die Rahmenbedingungen sowie die Möglichkeiten und Grenzen schulischer Prävention reflektiert werden.

Aufgaben schulischer Prävention

Lehrerinnen und Lehrer können eine wichtige Rolle bei der Prävention von sexueller Misshandlung übernehmen. Der tagtägliche Kontakt ermöglicht es ihnen, Veränderungen von Schülerinnen und Schülern (Verhalten, Leistung etc.) wahrzunehmen. Insbesondere in der Grundschule genießen Lehrkräfte zudem eine besondere Vertrauensposition. Wie die Ergebnisse einer niederländischen Studie (vgl. Hoefnagels, 1994) nahelegen, gehen Kinder davon aus, dass eine Lehrkraft einem sexuell misshandeltem Kind glauben würde, wenn es sich ihr anvertraute.

Die Grenze präventiven Bemühens zur Intervention ist fließend. Betreibt beispielsweise eine Lehrkraft, die das Problem der sexuellen Kindesmisshandlung zum Unterrichtsthema macht, Prävention oder Intervention in Hinblick auf möglicherweise betroffene Kinder in der Klasse? Um einer Sprachverwirrung vor-

zubeugen, hat sich auch für das Problem der sexuellen Kindesmisshandlung die von Caplan (1964) für die Sozialpsychiatrie entwickelte Einteilung in drei Präventionsbereiche eingebürgert:
– Primäre Prävention zielt darauf ab, das Auftreten des sexuellen Missbrauchs von vornherein zu verhindern und wendet sich damit an eine große Adressatengruppe.
– Sekundäre Prävention soll die Wiederholung des Missbrauchs verhindern (Intervention) und betrifft ausschließlich Risikogruppen.
– Tertiäre Prävention will die Spätfolgen bei den betroffenen Kindern minimieren (Therapie).

Der Präventionsauftrag von Schule wird meistens im Bereich der Primär- und Sekundärprävention angesiedelt. Schule kann
– den Missbrauch frühzeitig aufdecken, indem Lehrerinnen und Lehrer ihre Rolle im Helfersystem und die Signale von betroffenen Kindern verstehen lernen (Sekundärprävention) und
– durch eine frühzeitige, langfristige und angemessene Erziehung – sowohl im Hinblick auf eine mögliche Opfer- als auch Täterrolle – vorbeugen (Primärprävention).

Für die holländische Kindertherapeutin Francien Lamers-Winkelmann (1995) ist die wichtigste Präventionsaufgabe von Schule, bei einem Versagen des ersten pädagogischen Milieus der „sichere Hafen" für Kinder zu werden, der ihnen positive zwischenmenschliche Beziehungen ermöglicht.

Insbesondere in der Sekundarstufe I und II ergibt sich eine weitere Präventionsaufgabe. Schulleitungen sollten sich Handlungskompetenzen aneignen, die ein adäquates Vorgehen bei sexuellen Übergriffen von Lehrkräften gegenüber Schülerinnen und Schülern ermöglichen (vgl. Münder & Kavemann, 2000; Remus, 1997).

Präventionsansätze und Materialien

In der Erziehung von Kindern gibt es ein altes, traditionelles „Präventionskonzept", das insbesondere Mädchen vor dem „schwarzen Mann" warnt. Von diesem Modell der Abschreckungsprävention setzte man sich in den USA, dem „Mutterland" der Prävention, durch das Konzept der Aufklärung, Information und des „empowerment" ab. Nicht verängstigt sollten Kinder werden, sondern „safe, strong and free" (vgl. Berrick & Gilbert, 1991).

Wie bei einem Grippevirus, vor dem man sich mit einer Impfung schützen kann, hoffte man Kinder mit Präventionswissen „impfen" zu können. Die Kinder sollten zwischen „guten und schlechten Berührungen" sowie „guten und schlechten Geheimnissen" unterscheiden können, das Recht auf eigene Körpergrenzen und bestimmte „Präventionsfertigkeiten" wie z.B. „nein sagen", „schreien", „sich Hilfe holen" kennenlernen und wissen, dass niemals ein Kind die Schuld für die sexuelle Misshandlung trägt. Durch diese fünf Grundelemente, die mit verschiedenen Medien (Video, Texte) und Methoden (Rollenspiel, Puppenspiel) in Präventionsmaterialien eingeflossen sind, erhoffte man sich eine „immunisierende" Wirkung bei den Kindern. Die Botschaft des bekanntesten schulischen Präventionsprogramms in den USA (Child Assault Prevention Project = CAPP, → *CAPP*) löste eine gewisse „Präventionseuphorie" aus, die fortan auch andere Länder erreichen sollte, wie Kanada, Großbritannien, Holland etc. und mit Verspätung auch die BRD Mitte der 80er (vgl. Lappe 1993). Inzwischen liegen auch bei uns Präventionsmaterialien für unterschiedliche Adressatengruppen vor: Handbücher, Unterrichtsvorschläge, Unterrichtseinheiten für Lehrkräfte und Dokumentationen über Unterrichtsversuche. Daneben wurden erste Konzeptionen für Lehreraus- und -fortbildung (vgl. Klie, 1993; Klees, 1993; Kiper, 1994; Johns & Marquardt-Mau, 1995) entwickelt oder wie im Kieler Petze-Projekt (Petze, 1996) in einem BLK- Modellversuch und in der Soester landesweiten Fortbildungsmaßnahme (vgl. Landesinstitut für Schule und Weiterbildung NRW, 1994; Wanzeck-Sielert, 1995) entwickelt, erprobt und evaluiert. Ferner liegen Evaluationsergebnisse einer Konzeption für die Präventionsarbeit mit Eltern (vgl. Knappe & Selg, 1993) vor.

Auch in der Bundesrepublik geht man nach einer ersten Phase der nahezu nahtlosen Adaptation (vgl. z. B. Fey, 1991; Riedel-Breitenstein, 1991; Verein zur Prävention, 1994) des bekanntesten amerikanischen Präventionsprogramms (CAPP) mittlerweile von einem umfassenderen Präventionsverständnis aus. Prävention, so die inzwischen umfangreich vorliegende Kritik (vgl. Saller, 1989; Wehnert et al., 1992; Marquardt-Mau, 1992; Bange, 1993; Berrick & Gilbert, 1995) an den amerikanischen Präventionsansätzen, solle nicht in Crash-Kursen und allein mit den Präventionselementen der US-Programme erfolgen, sondern in ein umfassendes Erziehungskonzept und in den Schulalltag eingebettet sein. Allmählich findet in der Präventionsarbeit der BRD „ein Wechsel der Blickrichtung weg von dem, was verhindert werden soll, hin auf das, was angeregt und gestärkt werden soll" statt (Mader & Mebes, 1993, S. 9). Gisela Braun (1989) kommt der Verdienst zu, schon früh ein umfassendes Verständnis von Prävention als „Erziehungshaltung" eingefordert zu haben.

Ähnlich wie bei der Gesundheits- oder Suchtprävention sind solche pädagogischen Bemühungen eher als erfolgsversprechend zu werten, die nicht nur die alleinige Abwehr von Schaden (missbrauchsspezifische Inhalte), sondern auch die Förderung einer positiven psychosozial-sexuellen Entwicklung von Kindern (missbrauchsunspezifische Inhalte) im Blickfeld haben (Marquardt-Mau, 1992). Die Rolle der Sexualerziehung und der emanzipatorischen Jungen- und Mädchenarbeit, der Ich-Stärkung und Lebenskompetenzförderung gerät dabei in den Blickpunkt (vgl. Wanzek-Sielert, 1995; Petze, 1996). Prävention ist dann mehr als eine kurzzeitige und vom übrigen Unterricht und Schulalltag abgelöste Intervention, sondern ein langfristiger gemeinsamer Lernprozess für die Schülerinnen, Schüler und Lehrkräfte, zu dem verschiedene Lernbereiche in der Schule beitragen können: Deutsch, Religion, Sachunterricht, Biologie und Sport.

Möglichkeiten und Grenzen schulischer Prävention

Ob sich die in die Präventionsmaterialien gesetzten Hoffnungen erfüllen lassen, Kinder vor sexueller Misshandlung zu bewahren oder betroffenen Kindern den Schritt zur Aufdeckung zu ermöglichen, darüber besteht nicht nur in den USA „a huge zone of uncertainty" (Berrick & Gilbert, 1991, S. 12). Die Beantwortung dieser Frage muss sich im Wesentlichen auf vorliegende Evaluationsstudien zu schulischen Präventionsprogrammen insbesondere aus denjenigen Ländern wie USA, Kanada oder die Niederlande stützen, in denen schon eine langjährige Praxis existiert, und auf die Forschungsbefunde über die Täter- Opferdynamik. Diese Befunde und Erfahrungen sind jedoch nicht immer nahtlos auf unsere unterschiedlichen kulturellen, sozialen und schulischen Rahmenbedingungen zu übertragen, sie können jedoch zur Klärung noch anstehender Probleme beitragen.

Positive Effekte

- *Vermittlung relevanten Wissens*

Prävention kann offensichtlich einen Wissenszuwachs (Arten der sexuellen Misshandlung, Hilfe holen) auch über einen Zeitraum von einigen Monaten hervorrufen. Offen bleibt jedoch die Frage, inwieweit die von den Kindern gelernten und verbal reproduzierten Verhaltensweisen auch in einer realen Missbrauchssituation angewandt werden können. Kraizer et al. (1988) versuchten mit Hilfe simulierter Begegnungen mit einem Fremden das erlernte Verhalten der Kinder festzustellen. Die meisten Kinder konnten „nein" sagen oder an andere Erwachsene verweisen. Es gab aber einzelne Kinder, die selbst nach zweimaliger Teilnahme am Präventionstraining in der dritten Simulation bereit waren, mit dem unbekannten Mann mitzugehen. Neben ethischen Bedenken gegen die in der Untersuchung gewählte Simulationsmethode bleibt festzuhalten, dass die Ergebnisse wenig Aufschluss darüber geben, inwieweit sich dieselben Kinder in einer ähnlichen Situation, jedoch mit vertrauten oder von ihnen geliebten Personen, verhalten würden, wenn diese sie sexuell misshandelten (vgl. auch Berrick & Gilbert, 1995, S. 85).

Nach einer Metastudie von Finkelhor und Strapko (1992) haben Programme, welche die Kinder (z.B. durch Rollenspiele) aktiv einbeziehen, offenbar mehr Erfolg als solche, die sich eher auf darbietende Vermittlungsformen (Filme, Unterrichtsgespräche) oder individuelles Lernen (Arbeitshefte, Comics) stützen. Ferner regen Präventionsprogramme Gespräche zwischen Kindern und Eltern an.

- *Aufdeckende Wirkung*

Finkelhor und Dziuba-Leatherman (1995, S. 89) weisen darauf hin, dass „das vielleicht bedeutsamste Ergebnis des gesamten Präventions-‚Experiments' in der Literatur seltsamerweise nur am Rande erwähnt würde: Präventive Erziehung bewirkt, dass die Kinder über bereits erlittene Misshandlungen sprechen". Zwar würde vielfach berichtet, dass sich Kinder nach einem Präventionsprogramm Erwachsenen anvertrauten, eine systematische Evaluation darüber liege jedoch nicht vor. Lediglich drei US-amerikanische Studien von Kolko et al. (1987), Beland (1986) und Hazzard et al. (1991) sind dieser Frage nachgegangen und haben einen Anstieg der Meldungen festgestellt. Auch die Evaluation der landesweiten niederländischen Kampagne gegen Kindesmisshandlung „Über manche Geheimnisse muss man reden", die sich über die Massenmedien und Schulen direkt an betroffene Kinder wandte, führte zu einem Anstieg der Meldungen (vgl. Hoefnagels, 1994; 1995). In der Bundesrepublik gibt es keine systematischen Evaluationen über Aufdeckungen durch präventive Maßnahmen. Aber auch die Praxisprojekte bei uns berichten über die aufdeckende Wirkung der präventiven Arbeit mit Kindern (vgl. z. B. Strohhalm, 1996; Verein zur Prävention, 1994).

Problembereiche

● *Täterstrategien sind für Kinder nicht durchschaubar*

Vor allen Dingen die Raffinesse, mit der viele Täter vorgehen, lässt wenig Hoffnung, dass selbst die besten schulischen Präventionsmaterialien in der Lage sein werden, Kinder vor dem Leid der sexuellen Misshandlung zu beschützen. Sexuelle Misshandlung, sowohl intra- als auch extrafamiliär, ist meist nicht das Ergebnis zufälliger und die Misshandlung begünstigender Faktoren, sondern Folge eines gut durchdachten und lange vorbereiteten Plans. Misshandler verfügen über ein Arsenal an Mitteln und Techniken (Ausnutzen von Bedürftigkeit und von Vertrauen, Bevorzugen und Isolieren des Kindes, Druck zur Geheimhaltung), um ihr Ziel zu erreichen. Ihre Strategien sind zu komplex, als dass sie von Kindern durchschaut werden könnten (vgl. Bullens, 1995; Heiliger, 2000, → *Täterstrategien und Prävention*).

● *Prävention und betroffene Kinder*

Die möglichen Auswirkungen von schulischer Prävention auf bereits von einer Misshandlung betroffene Kinder werden unterschiedlich eingeschätzt. Es wird auf die Gefahr hingewiesen, dass bei ihnen Präventionsprogramme die folgende „heimliche Botschaft" vermittelten; „Wenn ich mich nicht so gut wehren kann wie die kompetenten Kinder im Film, Comic oder Rollenspiel, so ist es meine Schuld" (vgl. Repucchi & Haugard, 1989; Tharinger et al., 1988). Da die sexuelle Misshandlung von ihnen ohnehin als eigenes Versagen und eigene Schuld (Bange, 1995) erlebt wird, könne sich das Leiden der Kinder zusätzlich verschärfen. Auch die Untersuchungen von Toal (1985) zu den Auswirkungen von Präventionsprogrammen auf bereits sexuell ausgebeutete Kinder stimmen wenig optimistisch. Diese Kinder hätten kaum etwas Positives gelernt. Teilweise waren sie noch weniger vorbereitet, sich Hilfe zu holen oder sich zu widersetzen, wenn sie erneut sexuell misshandelt würden. Zum anderen weisen Finkelhor und Dziuba-Leatherman (1995) darauf hin, dass schulische Prävention auch die Chance böte, bei betroffenen Kindern das Trauma der sexuellen Misshandlung zu lindern. Diese Einschätzung lässt sich auch durch die Erfahrungen in der Präventionsarbeit bei uns bestätigen.

- *Unerwünschte Nebeneffekte*

Innerhalb der Präventionsdebatte wird vielfach diskutiert, inwieweit es sinnvoll sei, alle Kinder mit dem Problem der sexuellen Kindesmisshandlung zu konfrontieren, d.h. auch Kinder, die niemals betroffen sein werden, unnötig zu verunsichern und zu beängstigen. Wie wir aus vorliegenden Evaluationsstudien aus den Niederlanden von Hoefnagels (1994) und insbesondere aus den USA von Garbarino (1987), Berrick und Gilbert (1991) und Finkelhor und Dziuba-Leatherman (1995) wissen, können präventive Inhalte bei den Kindern Ängste hervorrufen. Diese Ängste seien nachteilig, wenn sie die Kinder blockieren, jedoch bei tatsächlicher Gefahr seien sie produktiv, wenn zugleich die zur Gefahrenbewältigung richtigen Kenntnisse zur Verfügung stehen (vgl. Finkelhor & Dziuba-Leatherman, 1995).

- *Kulturelle Sensibilität*

Über die Frage der kulturellen Angemessenheit von Präventionsmaterialien liegen unterschiedliche Befunde und Erfahrungen vor. So fanden Finkelhor & Dziuba-Leatherman (1995) in ihrer repräsentativen Befragung 10- bis 16-jähriger Kinder und Jugendlicher heraus, dass Präventionsprogramme für Kinder von Minderheiten und Status benachteiligten Gruppen offenbar besonders attraktiv waren. Als möglichen Grund dafür vermuten die Autoren, dass die praxis- und medienorientierten Präventionsprogramme auch den oftmals in den übrigen Schulfächern weniger erfolgreichen Kindern einen positiven Gegenpol böten.

Demgegenüber betonen Ahn und Gilbert (1995), dass die in den amerikanischen Präventionsmaterialien vermittelten Werte und Normvorstellungen z.B. über die Autonomie und Rechte von Kindern oder über die akzeptierte Intimität im Zusammenleben einer Familie sich an denen der amerikanischen Mehrheitskultur orientierten. Auch die bundesdeutschen Materialien lassen die Anforderungen interkulturellen Lernens bisher weitgehend außer Acht (→ *Migrantinnen und Migranten*).

- *Psychosexuelle Sensibilität*

Inwieweit präventive Arbeit Kindern Sexualität als etwas Heimliches, Negatives und Gefährliches erscheinen lassen kann und sie in der Entwicklung ihrer eigenen Sexualität behindert oder verunsichert, gehört noch zu einer ungeklärten

Forschungsfrage (vgl. Finkelhor & Dziuba-Leatherman, 1995). Welche Auswirkungen kann z.B. die Unterscheidung vieler Präventionsmaterialien in gute und schlechte Berührungen bei den Kindern haben (vgl. De Young, 1988), wenn sie nicht an ihre eigenen sexuellen Erfahrungen anknüpfen können? Sie bleiben z.B. mit der Frage alleingelassen, ob die Berührungen beim „Doktorspielen" schlecht sind.

Schulische Rahmenbedingungen

Die Ergebnisse einer Studie des Kieler Kinderschutzzentrums (vgl. Johns & Kirchhofer, 1995) und einer niederländischen Studie (vgl. Vermeulen, 1993) zeigen, dass vor allen Dingen das mangelnde Wissen darüber, was sexuelle Misshandlung ist, wie man sie erkennen kann, ob eine Vermutung begründet ist, über Handlungsstrategien sowie eine fehlende Vernetzung mit relevanten Institutionen wesentliche Hindernisse schulischer Präventionsarbeit darstellen.

Aus dem Auftrag von Schule als bildende, erziehende und selektierende Institution ergeben sich vielfältige, den Anforderungen adäquater und umfassender Präventionsarbeit entgegenstehende Hemmnisse. Die vorliegenden bundesdeutschen Praxisberichte zur schulischen Prävention betonen mehrheitlich die Schwerfälligkeit des Systems Schule gegenüber Innovationen, wie sie z.B. die Arbeit in geschlechtshomogenen Gruppen erforderlich mache (Petze, 1996; Verein zur Prävention, 1994). Aber auch andere Probleme, wie z.B. die Stofffülle und der Zeittakt stellen limitierende Faktoren dar und verlangen nach einer anderen Konzeption von Schule als Lebens- und Lernraum.

Die schulische Prävention gegen sexuelle Misshandlung steckt noch in den Kinderschuhen und sieht sich vielen ungelösten Aufgaben gegenüber, wie z.B. der unzureichenden administrativen Verankerung der Präventionsaufgaben, der fehlenden Aus- und Fortbildung von Lehrkräften und einem großen Forschungsbedarf in den aufgezeigten Problembereichen (vgl. Bange, 1993; Marquardt-Mau, 1997). Ein Unterlassen schulischer Präventionsbemühungen wäre dennoch eine schlechte Alternative.

Literatur

Ahn, H. & Gilbert, N. (1995). Kulturelle und ethnische Faktoren bei der Prävention sexueller Kindesmißhandlung. In B. Marquardt-Mau (Hrsg.), *Schulische Prävention gegen sexuelle Kindesmißhandlung* (S. 173–182). Weinheim: Juventa.

Bange, D. (1992). *Die dunkle Seite der Kindheit. Sexueller Mißbrauch an Mädchen und Jungen. Ausmaß – Hintergründe – Folgen.* Köln: Volksblatt.

Bange, D. (1993). Nein zu sexuellen Übergriffen – Ja zur selbstbestimmten Sexualität: Eine kritische Auseinandersetzung mit Präventionsansätzen. In Kölner Institut für Jugendhilfe c/o Zartbitter e.V. (Hrsg), *Nein ist Nein. Neue Ansätze in der Präventionsarbeit* (S. 7–38). Köln: Volksblatt.

Bange, D. (1995). Sexueller Mißbrauch an Mädchen und Jungen. In B. Marquardt-Mau (Hrsg.), *Schulische Prävention gegen sexuelle Kindesmißhandlung* (S. 31–54) Weinheim: Juventa.
Beland, K. (1986). *Prevention of child sexual victimization: A school-based statewide prevention model.* Seattle: Committee for Children.
Berrick, J. & Gilbert, N. (1991). *With the best of intentions. The Child Sexual Abuse Prevention Movement.* New York, London: Guilford Press.
Berrick, J. & Gilbert, N. (1995). Prävention gegen sexuelle Kindesmißhandlung in amerikanischen Grundschulen. In B. Marquardt-Mau (Hrsg.), *Schulische Prävention gegen sexuelle Kindesmißhandlung* (S. 71–86). Weinheim: Juventa.
Braun, G. (1989). *Ich sag' nein.* Mülheim an der Ruhr: Verlag die Schulpraxis.
Bullens, R. (1995). Der Grooming Prozeß – oder das Planen des Mißbrauchs. In B. Marquardt-Mau (Hrsg.), *Schulische Prävention gegen sexuelle Kindesmißhandlung* (S. 55–70). Weinheim: Juventa.
Caplan, G. (1964). *Principles of preventive psychiatry.* New York: Basic books.
De Young, M. (1988). The good touch/bad touch dilemma. *Child Welfare League of America, LXVII 1,* pp. 60–68.
Fey, E. (1991). Präventionsprogramme in der Kontroverse. In P. Giesecke, et al. (Hrsg.), *Dokumentation Fachtagung Parteiliche Prävention von sexueller Gewalt gegen Mädchen. 25.–26.4.91.* Kiel.
Finkelhor, D. & Strapko, N. (1992). Sexual Abuse Prevention Education: A Review of Evaluation Studies. In D. Willis, E. Holden & M. Rosenberg (Hrsg.), *Child Abuse Prevention* (S. 150–167). New York: Wiley.
Finkelhor, D. & Dziuba-Leatherman, J. (1995). Präventionsprogramme in den USA. Evaluationsstudie zu den Erfahrungen und Reaktionen von Kindern. In B. Marquardt-Mau (Hrsg.), *Schulische Prävention gegen sexuelle Kindesmißhandlung* (S. 87–112). Weinheim: Juventa.
Garbarino, J. (1987): Children's Response to a Sexual Abuse Prevention Program. A Study of the Spiderman Comic. In *Child Abuse & Neglect, 11,* pp. 143–148.
Godenzi, A. (1993). *Gewalt im sozialen Nahraum.* Basel: Helbing & Lichtenhahn.
Gougeon, K. (1993). *The Globe & Mail. The touchy subject of touch.* Toronto, Ontario.
Grube, I. & Wieneke, H. (1991). *Kinder sind Realisten. Präventive Arbeit zu sexuellem Mißbrauch, Praxisbericht über ein Modellprojekt in einer Hamburger Grundschulklasse,* Hrsg. vom Deutschen Kinderschutzbund, Hamburg.
Hazzard, A. & Kleemeier, C. & Webb, C. (1991). Child sexual abuse prevention programs: Helpful of harmful? *Paper presented at the National Symposium on Child Victimization. Anaheim, CA.*
Heiliger, A. (2000). *Täterstrategien und Prävention.* München: Frauenoffensive Verlag.
Hoefnagels, C. (1994). *Over praten gesproken – effectevaluatie van de landelijke campagne tegen kindermishandeling „over sommige geheimen moet je praten"* – VU Uitgeverij, Amsterdam.
Hoefnagels, C. (1995). Der Riese, der gerade dabei ist, aufzuwachen. Prävention in den Niederlanden. In B. Marquardt-Mau (Hrsg.), *Schulische Prävention gegen sexuelle Kindesmißhandlung* (S. 148–169). Weinheim: Juventa.
Johns, J. & Kirchhofer, F. (1995). Schule (k)ein Teil des Hilfesystems? In B. Marquardt-Mau (Hrsg.), *Schulische Prävention gegen sexuelle Kindesmißhandlung* (S. 226–240). Weinheim: Juventa.
Johns, J. & Marquardt-Mau, B. (1995). Sensibel sein für Kinder. Ausbildung von Lehrerinnen und Lehrern zum Thema sexuelle Kindesmißhandlung. In B. Marquardt-Mau (Hrsg.). *Schulische Prävention gegen sexuelle Kindesmißhandlung* (S. 265–282). Weinheim: Juventa.
Kiper, H. (1994). *Sexueller Mißbrauch im Diskurs.* Weinheim: Deutscher Studienverlag.
Klees, K. K. (1993). Weiterbildung für Grundschullehrerinnen zum Thema „Prävention von sexueller Gewalt an Kindern" (S. 176–195). In K. Lappe et al. (Hg.), *Prävention von sexuellem Mißbrauch.* Ruhnmark: Donna Vita.
Klie, Th. (Hrsg.). (1993). *Sexueller Mißbrauch. Arbeitshilfen BBS 17.* Loccum: PPI.
Knappe, A. & Selg, H. (1993). *Prävention von sexuellem Mißbrauch an Mädchen und Jungen.* Forschungsbericht, Bayrisches Staatsministerium für Arbeit und Sozialordnung, Familie, Frauen und Gesundheit. München.
Koch, H. H. & Kruck, M. (2000). *Ich werd's trotzdem weitersagen.* Münster: Lit.
Kolko, D. & Moser. J. & Litz, J. & Hughes, J. (1987). Promoting awareness and prevention of child sexual victimization using the Red/Flag/Green Flag programm: An evaluation with follow up. *Journal of Family Violence 2, (1),* pp. 11–35.

Kraizer, S. K. & Fryrer, G. E. & Miller, M. (1988). Special Report. Programming for preventing sexual abuse and abduction: What does it mean when it works? *Child Welfare League, LXVII 1*, pp. 69–70.
Lamers-Winkelmann, F. (1995). Plädoyer für eine sichere Schule. In B. Marquardt-Mau (Hrsg.), *Schulische Prävention gegen sexuelle Kindesmißhandlung* (S. 301–306). Weinheim: Juventa.
Landesinstitut für Schule und Weiterbildung (Hrsg.). (1994). *Reader: Sexuelle Gewalt und sexueller Mißbrauch im gesellschaftlichen Diskurs: Teil I – III (Erprobungsfassung).* Soest.
Lappe, K. (1993). Der „böse Onkel" hat – hoffentlich – ausgedient! Zur Entwicklung der Prävention von sexuellem Mißbrauch an deutschen Schulen (S. 13–44). In K. Lappe et al. (Hg.). *Prävention von sexuellem Mißbrauch.* Ruhnmark: Donna Vita.
Mader, P. & Mebes, M. (1993). Vorwort. In K. Lappe et al. (Hg.). *Prävention von sexuellem Mißbrauch* (S. 7–11). Ruhnmark: Donna Vita.
Marquardt-Mau, B. (1992): Sexueller Mißbrauch von Kindern als Thema für den Sachunterricht. In Lauterbach et al. (Hrsg.), *Brennpunkte des Sachunterrichts* (S. 176–195). Kiel: IPN.
Marquardt-Mau, B. (1997). Schulische Prävention gegen sexuelle Kindesmißhandlung – Möglichkeiten und Grenzen. In H. Ulonska & H.H. Koch (Hrsg.), *Sexuelle Gewalt gegen Mädchen und Jungen (S. 89–112).* Bad Heilbrunn: Klinkhardt.
Marquardt-Mau, B. (Hrsg.). (1995). *Schulische Prävention gegen sexuelle Kindesmißhandlung.* Weinheim: Juventa.
Münder, J. & Kavemann, B. (2000). *Sexuelle Übergriffe in der Schule.* Behörde für Schule, Jugend und Berufsbildung. Amt für Schule. Hamburg.
Petze (Hrsg.). (1996). *Nur keine Panik – Schulische Prävention von sexualisierter Gewalt gegen Mädchen und Jungen.* Beiträge zur LehrerInnenfortbildung, Kiel.
Remus, N. (1997). Und wenn es ein Kollege ist? In B. Kavemann & Bundesverein zur Prävention von sexuellem Mißbrauch bei Mädchen und Jungen e.V. (Hg.). *Prävention – eine Investition in die Zukunft.* Ruhnmark: Donna Vita.
Reppucci, N. D. & Haugaard, J.J. (1989). Prevention of child sexual abuse – myth or reality –. *American Psychologist 44 (10),* pp. 1266–1275.
Riedel-Breitenstein, D. (1991). Präventionsarbeit mit ErzieherInnen, Sozialpädagoginnen und LehrerInnen. In P. Giesecke et al. (Hrsg.), *Dokumentation Fachtagung Parteiliche Prävention von sexueller Gewalt gegen Mädchen. 25.–26.4.91. Kiel.*
Saller, H. (1989): Prävention von sexueller Ausbeutung von Kindern – Möglichkeiten und Grenzen. In: Kinderschutzzentrum Kiel: *Sexuelle Mißhandlung von Kindern* (S. 24–31). Kiel.
Strohhalm e.V. (Hrsg.). (1996). *Auf dem Weg zur Prävention.* Berlin: Eigenverlag.
Tharinger, D., Krivacska, J. J., Laye-Mc Donough, M., Jamisson, L., Vincent, G. C. & Hedlund, A. D. (1988). Prevention of Child Sexual Abuse: An Analysis of Issues, Educational Programs, and research findings. *School Psychology Review 17,* pp. 614–634.
Toal, S. D. (1985). *Children's safety and protection training project: Three interrelated analyses.* Toal Consulation Services, Stockton/CA.
Verein zur Prävention von sexueller Gewalt an Mädchen und Jungen – Ostwestfalen-Lippe E.V. (Hrsg.) (1994). *„Das ist gut, dass es euch gibt!" Prävention von sexueller Gewalt in der Grundschule. Ein Praxisbericht.* Bielefeld.
Vermeulen, M. (1993). *„Ja"-en. „Nee" – gevoelens – Preventie van seksueel misbruik in hat primair onderwijs – Stichting tot Wetenschapelijk Ondersoek omtrent Seksualiteit en Geweld.* Utrecht.
Wanzeck-Sielert (1995). SchilF – ein Modell zur LehrerInnenfortbildung für die Prävention von sexuellem Mißbrauch. In B. Marquardt-Mau (Hrsg.), *Schulische Prävention gegen sexuelle Kindesmißhandlung* (S.283–306). Weinheim: Juventa.
Wehnert-Franke, N., Richter-Appelt, H. & Gaenslen-Jordan, C. (1992). „Wie präventiv sind Präventionsprogramme zum sexuellen Mißbrauch von Kindern? Kritische Überlegungen zu schulischen Präventionsmodellen in den USA". *Zeitschrift für Sexualforschung 5,* 41–55.

Prävention mit Kindern

Dirk Bange

„Vorbeugen ist besser als Heilen" lautet ein bekannter Slogan. So wurde, nachdem Mitte der Achtzigerjahre das Ausmaß und die gravierenden Folgen sexuellen Missbrauchs an Mädchen und Jungen aufgedeckt wurden, sehr schnell der Ruf nach Prävention laut. Viele der seitdem durchgeführten Präventionsprojekte fokussieren vorwiegend auf die Kinder. Deshalb werden im Folgenden die Ziele, Inhalte und Methoden der Präventionsarbeit mit Kindern kritisch betrachtet.

Ziele und Themen

Die grundlegenden Ziele präventiver Arbeit mit Kindern lauten:
- Kinder sollen so selbstbewusst und autonom werden, dass sie in der Lage sind, gefährliche Situationen und sexuelle Übergriffe zu erkennen.
- Kindern soll das Gefühl und das Wissen vermittelt werden, dass sie sich wehren können und dürfen.
- Kindern sollen Widerstandsformen beigebracht werden, die ihnen helfen können, einen sexuellen Missbrauch zu vermeiden oder einen laufenden aufzudecken (Braun 1989, S. 18).

Die althergebrachte Prävention hat mit ihren Warnungen vor dem „schwarzen Mann" und ihren Ratschlägen wie „Geh abends nie allein auf die Straße" den Kindern z. T. Fehlinformationen gegeben und ihnen Angst gemacht. Das Selbstbewusstsein der Kinder wurde dadurch geschwächt. Verängstigte, unwissende und abhängige Kinder haben aber weniger Möglichkeiten, sich gegen sexuellen Missbrauch zu wehren (Braun & Enders 1995, S. 264 ff.; Koch & Kruck 2000, S. 34 ff.). Für die neuen Präventionsansätze ergibt sich daraus, dass Kindern durch Prävention Kraft und Energie gegeben werden muss. Prävention sollte Lebensfreude ausdrücken und Kinder in ihren Rechten und Kompetenzen stärken.

Ausgehend von dieser neuen Präventionsphilosophie haben sich die folgenden acht Themen als zentral für eine präventive Erziehung herauskristallisiert:
- Mein Körper gehört mir!
- Ich kann mich auf meine Gefühle verlassen und ihnen vertrauen!
- Es gibt gute, schlechte und komische Berührungen!
- Ich darf „Nein" sagen!

– Es gibt gute und schlechte Geheimnisse!
– Ich darf Hilfe holen und darüber sprechen, auch wenn es mir ausdrücklich verboten wurde!
– Kein Erwachsener hat das Recht, Kindern Angst zu machen!
– Welches Kind/welcher Erwachsene kann mir helfen?

Ein wichtiger Aspekt der Prävention ist außerdem, den Kindern zu vermitteln, dass nicht nur Fremde, sondern auch Angehörige und Bekannte Täter sein können. Außerdem muss Prävention den Kindern sehr deutlich vermitteln, dass sie – egal was passiert – niemals Schuld daran haben, wenn ihnen ein sexueller Missbrauch widerfährt.

Die wenigsten Präventionsprogramme sprechen Fragen der Sexualität offen an. Auch wird den Kindern selten eine klare Definition sexuellen Missbrauchs vermittelt. Dies wird zum einen damit begründet, dass Kinder nicht mit dem Gefühl aufwachsen sollen, Gewalt und Sexualität seien eins. Zum anderen wird angeführt, dass jüngere Kinder in der Regel nur über ein unzureichendes Verständnis von Sexualität verfügen. Schließlich sei die Akzeptanz bei Eltern und Lehrkräften höher, wenn auf sexuelle Fragen nicht eingegangen wird (Lohaus & Schorsch 1997, S. 668f.). Deshalb wird über Sexualität und sexuellen Missbrauch oft nicht direkt gesprochen. Dies ist eine doppeldeutige Botschaft an die Kinder, die von Christine Gaenslen-Jordan, Natascha Wehnert-Franke und Hertha Richter-Appelt (1994, S. 81) auf den Punkt gebracht wird: „Ich will dich vor sexuellem Missbrauch warnen, aber ich sage dir nicht, was das ist." Die Atmosphäre des Heimlichen und Unaussprechlichen wird so verstärkt. Obwohl die Sorge, dass Kinder Angst bekommen, wenn sie zu drastisch über sexuelle Gewalt aufgeklärt werden, berechtigt ist, brauchen Kinder eine möglichst klare, kindgerechte Definition, um missbräuchliche Situationen überhaupt erkennen zu können.

Die Befürchtung, dass Kinder durch Prävention eine negative Einstellung zur Sexualität entwickeln, entfällt größtenteils, wenn sie in eine umfassende Sexualerziehung eingebettet wird (→ *Sexualpädagogik*). Ein solcher Rahmen ist notwendig, weil Kinder ihr Selbstbestimmungsrecht über ihren Körper und ihre Sexualität nur ausüben können, wenn sie ihren Körper kennen und ein positives Gefühl zu ihm entwickelt haben. Erst eine bejahende und lustvolle Einstellung zur Sexualität ermöglicht es, „Nein" zu sagen, wenn die Grenzen überschritten werden. Deshalb ist es nicht ratsam, Kinder zuerst mit den beängstigenden Seiten der Sexualität wie AIDS, Abtreibung und sexuellem Missbrauch zu konfrontieren. Außerdem wird ein Kind in einer Familie oder auch in einer Schule, in der nicht über Sexualität gesprochen wird, kaum etwas über einen eventuellen sexuellen Übergriff erzählen (Braecker & Wirtz-Weinrich 1991, S. 97).

Aus diesen Themen und Prinzipien ergibt sich, „dass Prävention sich niemals nur auf punktuelle Warnungen beschränkt, sondern immer eine Erziehungshaltung ist, die kontinuierlich wirkt. Dies bedeutet, dass präventive Aspekte in die Gesamterziehung von Elternhaus, Kindergarten und Schule integriert werden müssen" (Braun 1989, S. 18).

Ist Prävention mit Kindern sinnvoll?

In den USA und vereinzelt auch in Deutschland sind Präventionsprojekte entwickelt und durchgeführt worden. Über die Wirkung solcher Präventionsprojekte sind in den USA zahlreiche Evaluationsuntersuchungen durchgeführt worden. Zusammenfassende Darstellungen über die Untersuchungen und ihre Ergebnisse finden sich bei Koch & Kruck (2000), Amann & Wipplinger (1997), Finkelhor & Dziuba-Leatherman (1995), Bange (1995), Finkelhor & Strapko (1994) und Wehnert-Franke, Richter-Appelt & Gaenslen-Jordan (1992). In Deutschland klafft hier eine große Forschungslücke. Es liegen bisher nur wenige Evaluationsstudien vor (Eck & Lohaus 1993; Knappe & Selg 1993; Leppich 2000). Dabei besteht ohne Evaluation die Gefahr, dass Kinder, Eltern und professionelle Helferinnen und Helfer sich in einer falschen Sicherheit wiegen, falls sich die Präventionsbemühungen als inadäquat erweisen würden.

Zur Einordnung der Untersuchungsergebnisse ist eine kurze Methodenkritik notwendig. An einem Teil der Studien ist z. B. zu bemängeln, dass sie auf kleinen Stichproben beruhen, keine Kontrollgruppen einbeziehen und keine Altersdifferenzierung vornehmen. Das größte Problem ist allerdings, angemessene Messinstrumente zu entwickeln. Bisher werden den Kindern meist Fragen wie „Würdest du es einem Erwachsenen erzählen, wenn dich einer an den Genitalien anfasst?" gestellt, um zu überprüfen, ob die Kinder die Präventionsregeln verstanden und behalten haben. Kritisch daran ist, dass damit letztlich nicht geklärt werden kann, ob die Kinder ihr Wissen in einer Missbrauchssituation auch in Handlung umsetzen. Außerdem sind die Fragen und Situationsbeschreibungen manchmal so „kinderleicht", dass sie schon beim Vortest von fast allen Kindern richtig beantwortet werden können. Die möglichen Effekte des Präventionsprojekts sind so nicht mehr festzustellen.

Außerdem muss darauf hingewiesen werden, dass sich die vorhandenen Programme in ihrer Länge, den verwendeten Begriffen, dem Ort der Durchführung (z. B. Schule, Kindergarten), der durchführenden Person (z. B. Lehrer, externer Anleiter), den verwendeten Materialien (z. B. Filme, Bücher, Comics, Theaterstücke), den Methoden (Rollenspiele, Verhaltenstrainings, Diskussionen) und der Frage, ob die Eltern einbezogen werden oder nicht, unterscheiden.

Trotz dieser methodischen Einschränkungen und Programmvielfalt sind die Ergebnisse der Evaluationsstudien wichtig. Einerseits weisen sie die Präventionsbemühungen als sinnvoll aus, andererseits regen sie aber auch zum Nachdenken und zu Veränderungen an (Koch & Kruck 2000; Amann & Wipplinger 1997; Finkelhor & Dziuba-Leatherman 1995; Bange 1995; Finkelhor & Strapko 1994):

– In fast allen Studien ist bei den Kindern ein signifikanter Wissenszuwachs über die Grundregeln der Prävention festgestellt worden. Die auf einer kleinen Stichprobe (n = 24) basierende Untersuchung von Gerd Leppich (2000) über ein Präventionsprojekt mit stationär untergebrachten Kindern zeigt z. B. bei sechs der acht oben genannten Präventionsregeln einen Wissenszuwachs,

der je nach Regel unterschiedlich hoch ausfiel. Bei den Regeln „Ich kann mir Hilfe holen" und „Ich darf NEIN sagen" war allerdings kein Zuwachs festzustellen. Offenbar kollidiert insbesondere die Regel „Ich darf NEIN sagen" mit den Notwendigkeiten institutioneller Erziehung, die ein hohes Maß an Anpassung erfordert. Auch andere Studien zeigen, dass nicht alle Präventionsregeln gleichermaßen gelernt werden. So stellten Eck und Lohaus (1993) ebenfalls deutliche Unterschiede beim Wissenszuwachs fest. Die geringsten Verbesserungen verzeichneten sie beim Thema „Berührungen". Dies deckt sich mit den Ergebnissen von Untersuchungen aus den USA, wonach die Unterscheidung zwischen guten und „komischen" Berührungen jüngeren Kindern besonders schwerfällt. Dort wurde auch wiederholt festgestellt, dass die Kinder die meisten Probleme mit der Vorstellung hatten, dass sie von Erwachsenen missbraucht werden könnten, die sie gut kennen.
- Der Wissenszuwachs lässt sich bei einzelnen Studien bis über ein Jahr hinaus nachweisen. Gleichzeitig zeigen sie aber, dass das Wissen mit der Zeit wieder abnimmt, vor allem in den Bereichen, die den Einstellungen und Erwartungen der Kinder am stärksten widersprechen. David Finkelhor und Jennifer Dziuba-Leatherman (1995, S. 88f.) fassen dies salopp zusammen: „Mit der Zeit tritt ein gewisser ‚Schwund' ein."
- Es profitieren aber längst nicht alle Kinder gleichermaßen von den Präventionsprojekten. Bei einigen Untersuchungen konnte nur bei weniger als der Hälfte der Kinder ein Wissenszuwachs nachgewiesen werden. Außerdem profitieren jüngere Kinder weniger von den Programmen als ältere.
- Das Wissen über Handlungsstrategien nimmt bei den Kindern in der Regel nur dann zu, wenn die Präventionsprojekte handlungsorientiert sind. So sind die Projekte, die auf Rollenspielen basieren oder diese integriert haben solchen überlegen, in denen den Kindern das richtige Verhalten „nur" vorgespielt wird.
- Die Kinder lernen ebenfalls mehr, wenn verschiedene Personen die Prävention durchführen. Beispielsweise beantworten die Kinder, denen ein Programm von Eltern und Lehrer(inne)n präsentiert wurde, deutlich mehr Fragen nach Handlungsstrategien richtig als die Kinder, denen das Programm nur von Eltern oder Lehrer(inne)n vorgeführt wurde.
- Der überwiegende Teil der Kinder sagt, dass sie die Präventionsprojekte als hilfreich empfunden haben und dass sie ihnen Spaß gemacht haben.
- Zwischen Mädchen und Jungen sind in der Wirkung der Projekte Unterschiede festzustellen. Mädchen halten die Programme – mit Ausnahme eines auf einem Spidermann-Comic basierenden Projekts – für interessanter, hilfreicher und informativer. Sie berichten auch häufiger von praktischer Anwendung des Gelernten.
- Die Studien zeigen, dass nur bei wenigen Kindern Ängste ausgelöst werden.
- Die Prävention wirkt sich offenbar nicht negativ auf die Einstellung der Kinder zur Sexualität aus. Im Gegenteil zeigen mehrere Studien, dass die Kinder im Anschluss an ein Projekt Berührungen positiver werten, ihren Körper besser kennen und offener mit Sexualität umgehen.

- Verschiedene Untersuchungen zeigen, dass während und nach einem Präventionsprojekt die Kinder häufiger als früher mit ihren Eltern über Sexualität und sexuellen Missbrauch sprechen.
- Die Eltern, die ihre Kinder an einem Präventionsprojekt teilnehmen lassen, bewerten die Bemühungen überwiegend als positiv. Die meisten würden es ihren Kindern sofort wieder erlauben, bei einem solchen Projekt mitzumachen.
- Ein teilweise ermutigendes Ergebnis hinsichtlich der Frage, ob die Kinder ihr Wissen auch in die Tat umsetzen, erbrachte die Studie der Forschungsgruppe um Fryer und Kraizer (Fryer u. a. 1987; Kraizer u. a. 1988): 23 Kinder absolvierten ein Präventionsprojekt, das acht 20-minütige Übungseinheiten umfasste. Nach Beendigung des Projekts wurde eine Situation simuliert, in der ein unbekannter Mann das jeweilige Kind im Treppenhaus der Schule bat, mit ihm zum Auto zu kommen, da er Puppen für ein in der Schule stattfindendes Puppenspiel holen müsse. Wenn das Kind zustimmte, sagte der Fremde, er würde später auf das Angebot des Kindes zurückkommen. Es wurde also in der Planung der Simulation darauf geachtet, den Kindern keine Angst zu machen. Dennoch gibt es Zweifel daran, ob solche Studien ethisch verantwortbar sind (Koch & Kruck 2000, S. 49). Während sich 18 der Kinder der Experimentalgruppe weigerten (78%), taten dies nur 11 der Kontrollgruppenkinder (52%). Ein halbes Jahr später durchliefen die Kinder der Kontrollgruppe ebenfalls das Präventionsprogramm. Alle Kinder weigerten sich anschließend mitzugehen. Mit Ausnahme zweier Kinder lehnten beim zweiten Versuch auch alle Kinder der ersten Experimentalgruppe das Ansinnen des Fremden ab. Außerdem wurde festgestellt, dass Kinder mit einem hohen Selbstwertgefühl erfolgreicher waren als Kinder mit einem niedrigeren und dass alle Kinder durch das Programm selbstbewusster wurden (Kraizer u. a. 1988, S. 75f.). Einschränkend muss angemerkt werden, dass die Studie keinen Aufschluss darüber zulässt, inwieweit sich die Kinder in einer ähnlichen Situation gegenüber vertrauten Menschen verhalten würden. Nachdenklich stimmt zudem, dass trotz zweimaliger Teilnahme zwei Kinder immer noch bereit waren, mit dem unbekannten Mann mitzugehen.
- Verschiedene Untersuchungen haben nachgewiesen, dass nach Präventionsprojekten in der Regel Fälle sexuellen Missbrauchs bekannt werden. Dieser wichtige Effekt wird in der Literatur häufig nur am Rande erwähnt.

Kritik an den bisherigen Präventionsversuchen mit Kindern

Ausgehend von diesen Untersuchungsergebnissen und klinischen Erfahrungen sind zahlreiche Bedenken gegenüber der Prävention mit Kindern bzw. den Präventionsprojekten geäußert worden (Koch & Kruck 2000; Amann & Wipplinger 1997; Lohaus & Schorsch 1997; Bange 1995; Finkelhor & Strapko 1994; Wehnert-Franke, Richter-Appelt & Gaenslen-Jordan 1992):

- Es wird davor gewarnt, dass Kinder, die sexuell missbraucht werden, sich durch die Prävention unter Druck gesetzt fühlen können. Kinder, die trotz der gelernten Präventionsregeln den Missbrauch nicht verhindern oder aufdecken können, könnten sich noch schuldiger fühlen, sich noch mehr schämen und dadurch noch tiefer in die Isolation getrieben werden.
- Ein weiterer, eng mit dieser Problematik verknüpfter Kritikpunkt lautet, dass die Prävention völlig unrealistische Erwartungen an Kinder stellt. Es wird bezweifelt, dass ein Kind sich wirklich schützen kann, wenn ein körperlich und intellektuell überlegener Mensch es sexuell missbrauchen will. Wenn man die Machtmittel der Täter gegenüber den Kindern und ihre teilweise sehr raffinierten Strategien kennt, ist diese Skepsis gerechtfertigt (→ *Täterstrategien und Prävention*).
- Es wird bemängelt, dass entgegen dem Anspruch, die Kinder der Realität entsprechend aufzuklären, massive und langandauernde Formen sexuellen Missbrauchs weitgehend ignoriert werden. Das Konzept der guten, schlechten und komischen Berührungen drehe sich ausschließlich um Situationen, in denen Kinder mit Gewalt zu Küssen gezwungen werden. Außerdem würden dadurch sexuelle Handlungen ohne Körperkontakt wie Exhibitionismus, das Betrachten des nackten Körpers des Kindes oder die Herstellung von pornographischen Materials weitgehend ausgeblendet.
- Am Konzept der guten, schlechten und komischen Berührungen wird kritisiert, dass in den meisten Präventionsprojekten der Hinweis fehlt, dass sexueller Missbrauch oft mit „guten" Berührungen beginnt und erst allmählich zu „komischen" und „schlechten" übergeht. Außerdem werde nicht berücksichtigt, dass einige „schlechte" Berührungen sich in der Situation selbst „gut" anfühlen können.
- Von verschiedenen Autoren wird gegen die Präventionsprojekte eingewendet, dass sie kaum auf entwicklungspsychologischen Erkenntnissen beruhen. So wird beispielsweise kaum bedacht, dass das kindliche Verständnis des Begriffs „Fremder" sehr komplex ist. Fordert man Kinder auf, Fremde zu beschreiben, dann sagen sie, Fremde seien schmutzig, seltsam, unheimlich usw. Jeder Mensch, der der Vorstellung eines Kindes von einer netten Person entspricht, ist dann kein Fremder mehr. Selbst wenn Kinder verstehen, dass Fremde Menschen sind, die sie nicht kennen, nehmen sie sie aus der Kategorie „Fremde" doch schnell wieder heraus. Außerdem fehlen in fast allen Präventionsprogrammen Hinweise auf die Unterschiedlichkeit der kindlichen und der erwachsenen Sexualität.
- Meist dauern die Präventionsprojekte nur wenige Stunden. Für die Fülle der zu vermittelnden Konzepte und für das komplexe Problem des sexuellen Missbrauchs erscheint dies vielen Kritikern zu kurz.
- Des Weiteren wird moniert, dass viele Erzieher(inne)n und Lehrer(inne)n, die die Präventionsprogramme durchführen, schlecht auf diese Aufgabe vorbereitet sind. So zeigte sich beispielsweise in Studien, dass mehr über fremde Täter gesprochen wurde, als es das Programm vorsah.

– Schließlich wird angemerkt, dass wenn externe Personen die Programme durchführen, die gelernten Regeln mit den Erziehungsmaßnahmen der Eltern oder der Lehrkräfte kollidieren können.

Schlussfolgerungen

Die Untersuchungsergebnisse und die Kritik an der Prävention mit Kindern machen es erforderlich, einige Aspekte der gängigen Präventionsarbeit zu überdenken. Da durch Präventionsmaßnahmen häufig Fälle sexuellen Missbrauchs bekannt werden, muss vor ihrer Durchführung geklärt werden, wie in solchen Fällen den Kindern angemessen geholfen werden kann.

Alle Präventionsansätze und -materialien sind unter entwicklungspsychologischer Perspektive noch einmal zu untersuchen, da etliche Materialien eher den emotionalen Bedürfnissen Erwachsener entsprechen, als dass sie den angesprochenen Kindern gerecht werden. Zentral ist hierbei in erster Linie, dass abstrakte, diffuse und mehrdimensionale Konzepte vermieden werden müssen. So erscheint es z. B. sinnvoll, zumindest den kleineren Kindern einfache und konkrete Regeln an die Hand zu geben, welche Berührungen in Ordnung sind und welche nicht. Deshalb ist auch zu fordern, dass Materialien und Programme vor ihrem Erscheinen getestet werden. Dies ist auch wünschenswert, um möglichst auszuschließen, dass Kindern durch Präventionsangebote Angst gemacht wird.

Des Weiteren ist es notwendig, zumindest ältere Kinder in stärkerem Maße auf das heimtückische und raffinierte Vorgehen der Täter vorzubereiten.

Für eine erfolgreiche Prävention ist es weiterhin notwendig, dass unterschiedliche Methoden verwandt werden, genügend Zeit für Gespräche ist und vor allem, dass die Kinder in Rollenspielen ihr neugewonnenes Wissen in Handlung umsetzen können. Keinesfalls reicht ein zweistündiger Übungskurs. Vielmehr sollte die Prävention projektorientiert sein und in einem zeitlichen Abstand wiederholt und fortgeführt werden. Außerdem sollten die Eltern in die Präventionsprojekte einbezogen werden.

Einer kindgerechten Prävention muss Sexualerziehung vorausgehen. Denn Mädchen und Jungen können sich besser schützen, wenn sie einen positiven Zusammenhang von Sexualität, Freude, Zuneigung und Lust erleben. Sie können ihr Recht auf sexuelle Selbstbestimmung nur dann wahrnehmen, wenn sie wissen, was ihnen gefällt und was nicht. Das Gespräch über die Freude an der eigenen Sexualität und an Zärtlichkeit braucht deshalb zumindest den gleichen Raum wie der Austausch über sexuelle Gewalt. Im Rahmen der Sexualerziehung sollte mit den Kindern eine Sprache für die Sexualität erarbeitet werden. Ebenso sollte jedes Präventionsprojekt eine kindgerechte Definition sexuellen Missbrauchs liefern (→ *Sexualpädagogik*).

Die Tatsache, dass einige Kinder von der Prävention kaum profitieren, muss stärker berücksichtigt werden, indem die Angebote stärker differenziert werden.

Da anscheinend vor allem unsichere Kinder zu dieser Gruppe gehören, sollte vor der Durchführung eines Präventionsprojekts das Selbstbewusstsein dieser Kinder gefördert werden (Simone 1993). Intensiviert werden müssen auch die Bemühungen, Materialien für Kinder, die sonderpädagogische Einrichtungen besuchen, zu entwickeln. Für diese Kinder gibt es bisher so gut wie keine Materialien. Ähnliches gilt für ausländische Mädchen und Jungen wie für geschlechtsspezifische Aspekte (→ *Migrantinnen und Migranten*).

Hinsichtlich der Prävention mit Kindern ist abschließend festzustellen, dass Kinder sich letztlich gegen einen überlegenen Menschen nicht wehren können, wenn der Täter das Kind wirklich missbrauchen will. Eine Selbstverteidigung von Kindern ist in den allermeisten Fällen völlig unrealistisch. Doch viele Kinder werden durch die Prävention in ihrem Selbstbewusstsein gestärkt und lernen es auch, gefährliche Situation besser zu erkennen und eventuell zu vermeiden. Da selbstbewusste und informierte Kinder Täter abschrecken, ist dies eine wichtige und lohnende Aufgabe der Prävention! Sie darf aber nicht zu der Illusion führen, dadurch könnte sexueller Missbrauch aus der Welt geschafft werden. Geradezu unverantwortlich wäre es, den Kindern durch die Prävention zu vermitteln, es sei ihre Aufgabe, sich zu schützen oder sexuellen Missbrauch aufzudecken. Für die Lösung des Problems sind einzig und allein die Erwachsenen verantwortlich! Der folgenden Aussage von Helmut H. Koch und Marlene Kruck (2000, 34) ist deshalb uneingeschränkt zuzustimmen: „Die Prävention mit Kindern sollte in Zukunft nicht als der Hauptaspekt der gesamten Prävention, sondern als ein Teil von dieser gesehen werden – als ein Präventionselement, das wichtig ist, da es helfen kann, die Not der Kinder zu mindern, das jedoch alleine nicht ausreicht, um gegen sexuellen Missbrauch wirksam zu werden."

Literatur

Amann, G. & Wipplinger, R. (1997). Prävention von sexuellem Mißbrauch – Ein Überblick. In: G. Amann & R. Wipplinger (Hg.). *Sexueller Mißbrauch. Überblick zu Forschung, Beratung und Therapie. Ein Handbuch* (S. 655–678).Tübingen: dgvt.
Bange, D. (1995). Nein zu sexuellen Übergriffen – Ja zur selbstbestimmten Sexualität: Eine kritische Auseinandersetzung mit Präventionsansätzen. In: Arbeitsgemeinschaft Kinder- und Jugendschutz NRW (Hg.). *Sexueller Mißbrauch an Mädchen und Jungen. Sichtweisen und Standpunkte zur Prävention* (S. 19–48). Köln.
Braecker, S. & Wirtz-Weinrich, W. (1991). *Sexueller Mißbrauch an Mädchen und Jungen. Handbuch für Interventions- und Präventionsmöglichkeiten.* Weinheim: Beltz.
Braun, G. (1989). *Ich sag' Nein. Arbeitsmaterialien gegen sexuellen Mißbrauch an Mädchen und Jungen.* Mülheim an der Ruhr: Verlag an der Ruhr.
Braun, G. & Enders, U. (1995) „Geh nie mit einem Fremden mit! – Wie Kindern Angst gemacht wird. In: U. Enders (Hg.): *Zart war ich, bitter war's. Sexueller Mißbrauch an Mädchen und Jungen* (S. 264–268). Völlig überarbeitete Neuausgabe. Köln: Kiepenheuer & Witsch.
Eck, M. & Lohaus, A. (1993). Entwicklung und Evaluation eines Präventionsprogramms zum sexuellen Mißbrauch im Vorschulalter. *Praxis der Kinderpsychologie und Kinderpsychiatrie, 42,* S. 285–292.
Finkelhor, D. & Strapko, N. (1994). Präventive Erziehung: Ein Überblick über die Forschungslage. In: O. Schubbe (Hg.): *Therapeutische Hilfen gegen sexuellen Mißbrauch* (S. 217–241). Göttingen und Zürich: Vandenhoeck & Ruprecht.

Finkelhor, D. & Dziuba-Leatherman, J. (1995). Präventionsprogramme in den USA. Evaluationsstudie zu den Erfahrungen und Reaktionen von Kindern. In: B. Marquardt-Mau (Hrsg.). *Schulische Prävention gegen sexuelle Kindesmißhandlung* (S. 87–112). Weinheim: Juventa.
Fryrer, G. E., Kraizer, S. K. & Miyoski, T. (1987). Measuring actual reduction of risk to child abuse: A new approach. *Child abuse & neglect, 11,* S. 173–179.
Gaenslen-Jordan, C., Wehnert-Franke, N. & Richter-Appelt, H. (1994). Prävention von sexuellem Mißbrauch. Zwischen Ohnmacht und Handlungsdruck. In: M. Gegenfurtner & B. Bartsch (Hg.). *Sexueller Mißbrauch von Kindern und Jugendlichen. Hilfe für Kind und Täter* (S. 77–94). Magdeburg: Westarp.
Kavemann, B. (1996). Möglichkeiten und Grenzen präventiver Arbeit gegen sexuellen Mißbrauch an Mädchen und Jungen. *neue praxis 2,* S. 137–149.
Knappe, A. & Selg, H. (1993). *Prävention von sexuellem Mißbrauch an Mädchen und Jungen.* Forschungsbericht Barmberg.
Koch, H. H. & Kruck, M. (2000). *Ich werd's trotzdem weitersagen. Prävention gegen sexuellen Mißbrauch in der Schule (Klassen 1–10).* Münster: Lit.
Kraizer, S. K., Fryrer, G. E. & Miller, M. (1988). Special Report. Programming for preventing sexual abuse and abduction: What does it mean when it works? *Child Welfare League, 67,* S. 69–78.
Leppich, G. (2000). Evaluation eines Präventionsprogramms zur Risikominderung sexuell motivierter Gewalt. *Informationsdienst Kindesmisshandlung und Vernachlässigung 7, Heft 2,* S. 20–33.
Lohaus, A. & Schorsch, S. (1997). Kritische Reflexionen zu Präventionsansätzen zum sexuellen Mißbrauch. In: G. Amann & R. Wipplinger (Hg.). *Sexueller Mißbrauch. Überblick zu Forschung, Beratung und Therapie. Ein Handbuch* (S. 679–694).Tübingen: dgvt.
Simone, S. (1993). Prävention in der Grundschule. In: K. Lappe u.a. (Hg). *Prävention von sexuellem Mißbrauch. Handbuch für die pädagogische Praxis.* Ruhnmark: donna vita.
Wehnert-Franke, N. & Richter-Appelt, H. & Gaenslen-Jordan, C. (1992). „Wie präventiv sind Präventionsprogramme zum sexuellen Mißbrauch von Kindern? Kritische Überlegungen zu schulischen Präventionsmodellen in den USA". *Zeitschrift für Sexualforschung 5,* 41–55.

Prozesskostenhilfe

Claudia Burgsmüller

Wer Opfer einer Straftat geworden ist, empfindet es als zusätzliches Unrecht, für die Gebühren der von ihm oder ihr beauftragten Rechtsanwälte/innen aufkommen zu müssen. So schleppend wie sich in der Justiz die Erkenntnis durchzusetzen beginnt, dass auch die Verletzten einer eigenständigen Interessenvertretung bedürfen, so wenig ist es für viele Verletzte selbstverständlich, für eine gute anwaltliche Dienstleistung zu zahlen. Hinzu kommt, dass selbst diejenigen, die rechtsschutzversichert sind, bei der Beauftragung einer Rechtsanwältin für das

Strafverfahren feststellen müssen, dass hier bisher keine Rechtsschutzversicherung Deckungszusage erteilt. Erst seit kurzem bietet eine der großen Rechtsschutzversicherungen an, auch dieses Risiko zu versichern. Bislang konnte nur mit einer kulanzweisen Beteiligung vieler Versicherungen bei länger bestehenden Versicherungsverhältnissen gerechnet werden. Diese beteiligten sich dann mit einem kleineren oder größeren Festbetrag an den entstehenden Gebühren eines Verletztenbeistands bzw. einer Nebenklagevertreterin.

Für Verletzte einer Straftat gibt es außerdem die Möglichkeit, sich an eine Hilfsorganisation wie den Weißen Ring zu wenden, der für eine erste anwaltliche Beratung einen Beratungsscheck in angemessener Höhe ausstellt.

Alle diejenigen, die Verletzte von sexuellem Missbrauch von Kindern, von Schutzbefohlenen, von Vergewaltigung und weiteren Delikten geworden sind, die in § 395 Abs. 1 Nr. 1 und Nr. 2 StPO genannt werden, haben seit dem 01.12. 1998 (Zeugenschutzgesetz 1998) einen Anspruch auf kostenfreie anwaltliche Vertretung. Dies gilt für alle unter 16 Jahre alten Kinder und Jugendlichen in jedem Fall; die älteren Jugendlichen und Erwachsenen haben diesen Anspruch nur dann, wenn die angeklagte Tat ein Verbrechen ist.

Neu ist seit dem 01.12.1998 auch eine entscheidende Erleichterung für Kinder und Jugendliche, denen unabhängig von ihrem Einkommen und dem ihrer Eltern ein Rechtsbeistand auf ihren Antrag hin beigeordnet wird, dessen Gebühren dann in Höhe der Pflichtverteidigergebühren von der Justizkasse getragen werden. Es bedarf hier dann nicht mehr des lästigen Ausfüllens von Formularen – Anträgen für die Bewilligung von Prozesskostenhilfe –, die zudem mit Belegen über das jeweilige Einkommen zu versehen sind.

Als Beistand und Nebenklagevertreterin ist regelmäßig die Rechtsanwältin oder der Rechtsanwalt vom Gericht zu bestellen, die von den Verletzten ausgewählt und beauftragt wurden (§ 397a Abs. 1 Satz 4 StPO).

Den Verletzten, die keinen Anspruch nach § 397 a Abs. 1 StPO haben, wird Prozesskostenhilfe bewilligt, wenn sie nur ein geringes Einkommen haben, die Sach- oder Rechtslage schwierig ist, sie ihre Interessen nicht ausreichend wahrnehmen können oder ihnen dies nicht zuzumuten ist (§ 397 a Abs. 2 StPO).

Kompetente Rechtsanwältinnen und -anwälte werden im Interesse ihrer Mandantinnen und Mandanten argumentieren, dass die Nebenklagebefugnis eine Fülle von prozessualen Rechten – wie z.B. das Beweisantragsrecht – einräumt, die grundsätzlich nur von Juristen und nicht von Laien wahrgenommen werden können. Nach dieser Argumentation ist zumindest nach Erhebung der Nebenklage immer ein anwaltlicher Rechtsbeistand zu bestellen (→ Nebenklage).

Die Möglichkeit, Prozesskostenhilfe zu beantragen, besteht auch schon zu Beginn des Ermittlungsverfahrens (§ 406 g Abs. 4 StPO). Sobald der Angeklagte rechtskräftig verurteilt ist, kann die Nebenklagevertreterin ihre Gebühren in der vollen Höhe der Wahlanwaltsgebühren nach der Bundesrechtsanwaltsgebührenordnung gegen ihn festsetzen lassen. Selbst von langjährig Inhaftierten, deren Eigengeldkonto in der Justizvollzugsanstalt gepfändet werden kann, können dann auf lange Sicht kleine Beträge eingetrieben werden. Viele Verurteilte haben auch gegen Ende der Strafverbüßung ein Interesse daran, ihre diesbezüglichen Schulden zu regeln und bieten zumindest Vergleiche an. Bleibt festzuhalten, dass die Verletzten einer Straftat, die sich in einem Strafverfahren anwaltlich vertreten lassen, nicht auch mit weiteren Kosten belastet werden können. Gerichtskosten wie im Zivilverfahren oder die Verpflichtung, die Anwaltsgebühren des Angeklagten zu übernehmen, entstehen nur ausnahmsweise dann, wenn allein die Nebenklage ein Rechtsmittel gegen z.B. eine freisprechende Entscheidung eingelegt hat.

Die Beratung über die hier dargestellten Kostenfragen sollten erfahrene Rechtsanwältinnen und -anwälte durchführen, da das Regelungsnetz selbst für viele Juristen schwer durchschaubar ist.

Psychiatrie und sexueller Missbrauch

Hertha Richter-Appelt

Seit Beginn der 80er Jahre wurde eine zunehmende Anzahl von Untersuchungen durchgeführt, die sich zunächst mit der Prävalenz von sexuellem Missbrauch in klinischen und nicht klinischen Gruppen beschäftigten. Dabei wurde kaum zwischen stationären und ambulanten Patienten unterschieden. Auch fehlen weitgehend Studien, die sich mit dem Vorkommen sexueller Missbrauchserfahrungen in der Kindheit von Psychotherapiepatienten beschäftigen. In einer umfangreichen Studie an 167 Patientinnen und 109 Patienten in hochfrequenten psychoanalytischen Langzeitbehandlungen hatten 23% sexuelle Übergriffe vor dem 17. Lebensjahr erfahren, die einer enggefassten Missbrauchsdefinition entsprachen. Weitere 32% kamen dazu, wenn man eine weitgefasste Definition zu Grunde legte (Brunner et al. 1999 → *Ausmaß,* → *Definition und Begriffe*).

Danach folgten unzählige Studien, die nach der Bedeutung von sexuellen Missbrauchserfahrungen für kurz oder langfristige psychopathologische Auffälligkeiten forschten (Amann und Wipplinger 1997, Egle et al. 1997). Für alle psychiatrischen Krankheitsbilder wurde ein erhöhtes Vorkommen von sexuellen Missbrauchserfahrungen in der Kindheit im Vergleich zu nicht klinischen Gruppen gefunden. Die Problematik epidemiologischer Studien in diesem Feld darf jedoch nicht unberücksichtigt bleiben (vgl. Ernst 1997). Beitchman et al. (1991 und 1992) kamen zu dem Schluss, dass es kein „post sexual abuse syndrome" gebe. Die Tatsache, dass sexuelle Missbrauchserfahrungen in der Kindheit gemacht wurden, führt somit zu einer Häufung psychiatrischer und psychosomatischer Symptome im Erwachsenenalter wie Angst, Depression, Dissoziationen, Posttraumatische Belastungsstörungen, selbstverletzendes Verhalten, Essstörungen, Somatisierungen und sexuellen Funktionsstörungen u. a. (Ellason and Ross 1997, Jarvis & Copeland 1997, Lipschitz et al. 1999, Richter-Appelt 1997). Der Ausprägungsgrad der Psychopathologie im Erwachsenenalter hängt jedoch nicht direkt mit dem Vorkommen sexueller Missbrauchserfahrungen in der Kindheit zusammen, sondern eher mit anderen Variablen wie etwa körperlicher Misshandlung und familiären Faktoren etc. (Richter-Appelt und Tiefensee 1996 a und b; Read 1998, Ross-Gower et al. 1998). Untersuchungen der letzten Zeit haben sich daher vermehrt mit dem Zusammenhang zwischen sexuellen Missbrauchserfahrungen und anderen traumatisierenden Erfahrungen und deren Auswirkungen auf die spätere Psychopathologie beschäftigt. Schließlich wurde das Schwergewicht auf Aspekte der interpersonellen Beziehung bei Personen, die in der Kindheit sexuelle Missbrauchserfahrungen gemacht haben, gelenkt (z.B. Davis and Petretic-Jackson 2000).

Literatur

Amann, G. & Wipplinger, R. (1997): *Sexueller Mißbrauch: Überblick zu Forschung, Beratung und Therapie. Ein Handbuch.* Tübingen: dgtv-Verlag.
Beitchman, J. H.; Zucker, K. J.; Hood, J. E.; daCosta, G. A. & Akman, D. (1991): A review of the short-term effects of child sexual abuse. *Child Abuse and Neglect, 15,* 537–565.
Beitchman, J. H.; Zucker, K. J.; Hood, J. E.; DaCosta, G. A.; Akman, D. & Cassavia, E. (1992). A review of the long-term effects of child sexual abuse. *Child Abuse and Neglect. 16,* 10–118.
Brunner, R., Parzer, P., Richter-Appelt, H., Meyer, A. E. & Resch, F. (1999): Sexuelle Missbrauchserfahrungen in der Vorgeschichte von Patienten in hochfrequenten psychoanalytischen Langzeitbehandlungen. *Psychotherapie, Psychosomatik und medizinische Psychologie, 49,* 178–186.
Davis, J. & Petretic-Jackson, A. (2000): The impact of child sexual abuse on adult interpersonal functioning: A review and synthesis of the empirical literature. *Aggression and Violent Behavior, 5,* 291–328.
Egle, U. T., Hoffmann, S. O. & Joraschky, (Hrsg.) (1997). Sexueller Mißbrauch, Mißhandlung, Vernachlässigung. Stuttgart, New York: Schattauer.
Ellason, Joan, W., & Ross Colin, A. (1997). Childhood trauma and psychiatric symptoms. *Psychological Reports, 80 (2),* 447–450.
Ernst, C. (1997): Zu den Problemen der epidemiologischen Forschung. In: G. Amann & R. Wipplinger (Hrsg.): *Sexueller Mißbrauch: Überblick zu Forschung, Beratung und Therapie. Ein Handbuch* (55–71). Tübingen: dgtv-Verlag.
Jarvis, T. J. & Copeland, J. (1997): Child sexual abuse as a predictor of psychiatric co-morbidity and its implications for drug and alcohol treatment. *Drug and Alcohol Dependence, 49,* 61–69.
Lipschitz, D. S., Winegar, R. K., Hartnick, E., Foote, B. & Southwick, S. M. (1999): Posttraumatic stress disorder in hospitalized adolescents: psychiatric comorbidity and clinical correlates. *Journal of the American Academy of Child and Adolescent Psychiatry, 38,* 385–392.
Read, J. (1998). Child abuse and severity of disturbance among adult psychiatric inpatients. *Child Abuse Negl, 22 (5),* 359–368.

Richter-Appelt, H. (1997): Differentielle Folgen von sexuellem Missbrauch und körperlicher Misshandlung. In: G. Amann & R. Wipplinger (Hrsg.): *Sexueller Mißbrauch: Überblick zu Forschung, Beratung und Therapie*. Ein Handbuch (201–216). Tübingen: dgtv-Verlag.

Richter-Appelt H. & Tiefensee J. (1996a): Soziale und familiäre Gegebenheiten bei körperlichen Mißhandlungen und sexuellen Mißbrauchserfahrungen in der Kindheit aus der Sicht junger Erwachsener (Teil I). *Psychotherapie, Psychosomatik, medizinische Psychologie, 46,* 367–378.

Richter-Appelt H. & Tiefensee J. (1996b): Die Partnerbeziehung der Eltern und die Eltern Kind Beziehung bei körperlichen Mißhandlungen und sexuellen Mißbrauchserfahrungen in der Kindheit aus der Sicht junger Erwachsener (Teil II). *Psychotherapie, Psychosomatik, medizinische Psychologie, 46,* 405–418.

Ross-Gower, J., Waller, G., Tyson, M. & Elliot, P. (1998): Reported sexual abuse and subsequent psychopathology among women attending psychology clinics: the mediating role of dissociation. *British Journal of Clinical Psychology, 37,* 313–326.

Psychoanalyse und Inzest

Mathias Hirsch

Freud war sich der Sexualität als Faktor der Pathogenese der Neurosen sicher, als er 1895 zusammen mit Breuer mehrere Krankengeschichten von Patientinnen mit hysterischen Symptomen veröffentlichte. In der Vorgeschichte jeder psychischen Störung, die der Hysterie zugerechnet werden musste, fand sich ein reales inzestuöses Geschehen. Das ist die „Verführungstheorie" der Entstehung von Neurosen, die Freud 1897 jedoch bereits wieder aufgab, um der sexuellen Phantasiewelt des Kindes und den Konflikten damit, also dem Ödipuskomplex, den weitaus größten Stellenwert zu geben. Das ist einerseits als Geburtsstunde der Psychoanalyse gefeiert, andererseits scharf kritisiert (Masson 1984) oder bedauert worden (Künzler 1980; Hirsch 1987 → *Verführungstheorie*).

Freud verstand jedoch auch anfangs die Neurose nicht einfach als Folge einer äußeren traumatischen Einwirkung, sondern als Zusammenspiel von Trauma und seiner innerpsychischen Verarbeitung durch das Individuum. Nicht das reale Erlebnis allein, sondern die „assoziativ geweckte Erinnerung an frühere Erlebnisse" (Freud 1896, 432) verursache die Krankheit. Freud hat dann wenige Monate vor dem Widerruf der Verführungstheorie einen für meine Begriffe sehr kreativen Entwurf der Integration von realem Trauma und Phantasietätigkeit mitgeteilt: „Alles geht auf die Reproduktion von Szenen. Die einen sind direkt (d.h. die traumatische Handlung selbst, M. H.) zu bekommen, die anderen nur über vorgelegte Phantasien. Die Phantasien stammen aus nachträglich verstandenem Gehörten, sind natürlich in all ihrem Material echt. Sie sind Schutzbauten, Sublimierungen der Fakten, Verschönerungen derselben, dienen gleichzeitig der Selbstentlastung ... Nun überschaue ich, dass alle drei Neurosen .... dieselben Elemente aufweisen ..., nämlich Erinnerungsstücke, Impulse (von den Erinnerungen abgeleitet) und Schutzdichtungen, aber der Durchbruch zum Bewusstsein, die Kompromiss-, also Symptombildung geschieht bei ihnen an verschiedenen Stellen." (Freud 1985, 253). Diese Gedanken spiegeln meiner Meinung nach die große Chance wider, eine Synthese und Integration der beiden Bereiche äußere traumatische Realität und innerpsychische Bewältigung herzustellen. Denn der psychische Faktor in Form der Erinnerung sowie der Verdrängung als Abwehr hätte auch in dieser Konzeption des realen Traumas seinen Anteil an der Symptomentstehung. „Schon das Trauma-Modell in Gestalt der Verführungstheorie postuliert demnach einen komplexen kausalen Zusammenhang, in dem äußere und innere, d.h. soziale, psychische und somatische Bedingungen vielfältig miteinander vernetzt sind" (Grubrich-Simitis 1987, 998).

Die Entdeckung und Aufdeckung einer gesellschaftlich derart verpönten Ursache der Neurosen müssen in Freud starke ambivalente Gefühle hervorgerufen haben. Denn einerseits hatte er den Anspruch, Neues, Revolutionäres zu entdecken, andererseits lag ihm aber auch viel an gesellschaftlicher, wissenschaftlicher und universitärer Anerkennung wie auch an materieller Sicherheit. Das Aufgeben der Verführungstheorie wäre eine Möglichkeit, die „Väter" und damit die Gesellschaft zu schonen und den Ursprung des Übels in das Kind zu verlegen dadurch, dass dessen Ödipuskomplex die inzestuösen Phantasien erzeugt und die Konflikte damit die Neurose. Letztlich beruht die Ödipus-Theorie auf einer biologischen Grundlage der Triebe. Künzler (1980, 301) versteht die somatische Trieblehre als Rückschritt auf Freuds Weg zum psychologischen Verständnis psychischer Störungen. „Der psychoanalytische Erfahrungsstandpunkt, dass sich menschliches Erleben immer in zwischenmenschlicher Wechselbeziehung entfaltet und gestaltet, ist aufgegeben. Die psychoanalytische Revolution ist rückgängig gemacht." Es ist klar, dass das inzestuöse Geschehen niemanden beunruhigen muss, wenn es aufgrund eines ubiquitären Triebes in jedem Kind als Wunsch entsteht und sich als Phantasie äußert. Da aber alle Menschen gleichermaßen solche Wünsche haben, müssen zur Erklärung, warum nicht alle neurotisch erkranken, wieder Heridität und Konstitution herangezogen werden, da das individuell verschieden ausgeprägte sexuelle Trauma wegfiele.

Die Abkehr Freuds von der Verführungstheorie war allerdings nie eine vollständige. Sein Schüler Abraham dagegen ist besonders eifrig, die Verführungstheorie zugunsten von Heridität und Konstitution aufzugeben. Er geht (1907) so weit, das Erleiden sexueller Traumata in der Kindheit als eine Form der kindlichen Sexualbetätigung (!) zu verstehen. Triebhaft bringe das Kind den Erwachsenen dazu, es zu missbrauchen. Aber die klassische Analyse hat eben gerade in der Konzentration auf die inneren Motive und Triebbedürfnisse des Individuums und im Rückzug von der Bewertung der äußeren Faktoren die „Revolution der Psychoanalyse" (Robert 1964) gesehen, den „Skandal", der darin liegt, dass der Mensch nicht Herr im eigenen Haus, sondern letztlich von biologischen Trieben motiviert ist. In diesem Sinne formuliert Anna Freud in einem Brief an Masson (1984, 135): „Wenn man die Verführungstheorie aufrechterhält, dann bedeutet das die Preisgabe des Ödipuskomplexes und damit der gesamten Bedeutung der bewussten wie der unbewussten Phantasien. Danach hätte es meines Erachtens keine Psychoanalyse mehr gegeben." Heute würden wir den Skandal viel eher in der ungeahnten Verbreitung des Missbrauchs von Kindern in Familien als in der Trieb-Bestimmtheit menschlichen Verhaltens sehen.

Freud selbst schwankte immer wieder, wieviel Bedeutung er der realen Verführung an der Entstehung von Neurosen zugestehen sollte, z.B. in den Vorlesungen zur Einführung in die Psychoanalyse (Freud 1916/17, 385): „Besonderes Interesse hat die Phantasie der Verführung, weil sie nur zu oft keine Phantasie, sondern reale Erinnerung ist … glauben Sie übrigens nicht, dass sexueller Missbrauch des Kindes durch die nächsten männlichen Verwandten durchaus dem Reiche der Phantasie angehört …". In seinem Spätwerk „Der Mann Moses und die monotheistische Religion" (1939, 177) nimmt er dann einen sehr differenzierten Standpunkt ein. Die Genese der Neurose gehe überall und jedes Mal auf Eindrücke der „frühen Kindheit bis etwa zu fünf Jahren" zurück und fielen der Amnesie anheim. Die Erlebnisse seien sexueller und aggressiver Natur, auffällig sei das Überwiegen des sexuellen Moments.

In seiner Arbeit „Sprachverwirrung zwischen den Erwachsenen und dem Kind" schlägt Ferenczi (1933) einen Bogen zurück zu Freuds Verführungstheorie. In vielen Fällen missverstehen die Erwachsenen die kindliche Liebe, die zärtlichen Bedürfnisse und beuten sie für ihre eigenen sexuellen Bedürfnisse aus. Tatsächliche Vergewaltigungen von Mädchen, … ähnliche Sexualakte erwachsener Frauen mit Knaben … gehören zur Tagesordnung (Ferenczi 1933, 308). Die ungeheure Angst des Kindes führe dazu, „sich dem Willen des Angreifers unterzuordnen …, sich selbst ganz vergessend sich mit dem Angreifer vollauf zu identifizieren. Durch die Identifizierung, sagen wir Introjektion des Angreifers, verschwindet diese als äußere Realität und wird intrapsychisch statt extrapsychisch … und (es) gelingt dem Kind, die frühere Zärtlichkeitssituation aufrecht zu erhalten. Doch die bedeutsamste Wandlung … ist die Introjektion des Schuldgefühls des Erwachsenen, das ein bisher harmloses Spiel als strafwürdige Handlung erscheinen lässt. Erholt sich das Kind nach solcher Attacke, so fühlt es sich ungeheuer konfus, eigentlich schon gespalten, schuldlos und schuldig zugleich, ja mit gebrochenem Vertrauen zur Aussage der eigenen Sinne" (ebd.).

Ferenczi legt hier den ganzen Schwerpunkt auf die äußere traumatische Einwirkung und auf die zum Überleben notwendigen, aber höchst einschränkenden und letztlich selbstzerstörerischen Abwehroperationen. Dabei geht es um eine Selbst-Aufgabe zugunsten der Erhaltung des lebensnotwendig gebrauchten Objekts, auch wenn gerade dieses das zerstörerische Trauma begeht. Ferenczi weist zudem auf zwei weitere Momente hin, die beim realen Inzest (vgl. auch zur Psychodynamik der Inzestfamilie Hirsch 1987) eine große Rolle spielen: Es ist kein Dritter da, dem das Kind sich anvertrauen könnte, von dem es Realitätskontrolle erhalten könnte; die Mutter spielt insgeheim oder gar offen mit, fällt als Vertrauensperson aus (Ferenczi 1933, 309), und nicht zuletzt auch deshalb ist das Kind derart auf sich selbst gestellt gezwungen, eine „Progression oder Frühreife" (ebd., 311) zu entwickeln, ein Pseudo-Erwachsensein, das später als „falsches Selbst" (Winnicott 1956) bezeichnet wurde und häufig bei Opfern sexueller Gewalt in der Kindheit zu finden ist. Ferenczi stellt eine Synthese von intrapsychischer und äußerer Realität her und beschreibt ihre gegenseitige Beeinflussung und Abhängigkeit. Als erster wirft Ferenczi auch ein Licht auf die für die Opferpsychologie so zentrale Dynamik der Schuld (vgl. Hirsch 1993; 1997), welche die Dynamik zwischen Täter und Opfer enthält. Das Opfer entlastet den Täter, indem es seine Schuld auf sich nimmt; das sind seine Schuldgefühle. Dadurch bleibt ihm der Täter als genügend liebendes Objekt erhalten, das Kind erhält sich den guten Vater, indem es sich als schuldhaft böse erlebt. Durch die Schuldübernahme entwertet sich das Opfer und richtet das ganze Ausmaß der eigentlich dem Täter geltenden Wut gegen das eigene Selbst mit allen selbst-destruktiven Folgen.

Auch die „klassische" Psychoanalyse und besonders die Ich-Psychologie konnte sich der Bedeutung der schweren Traumata auf die Entwicklung der kindlichen Psyche nicht verschließen. Greenacre (1956) ist der Meinung, dass kindliche Phantasien immer von äußeren Ereignissen geprägt und mitbestimmt sind, darüber hinaus auch von den Reaktionen der umgebenden Personen auf ein vorgefallenes Trauma. Der Kerngedanke ist jedoch dem Ferenczis entgegengesetzt: Das Trauma würde Greenacre zufolge nicht direkt das Ich schädigen, sondern die zu früh geweckten, übermächtigen Phantasien, z. B. die ödipalen, da sie Wirklichkeit würden, schwächten das Ich. Ähnlich formuliert auch Anna Freud (1981), die dem Inzest größere pathogene Bedeutung beimaß als Verlassenwerden, Vernachlässigung oder körperliche Misshandlung, denn die ödipalen Phantasien würden durch eine Realität ersetzt, auf die das Kind in keiner Weise vorbereitet sei. Loewald (1955) wendet sich wieder dem Ich zu; das unreife Ich verfüge nicht über die Mittel der Abreaktion und assoziativen Einreihung in ein Kontinuum von ähnlichen Erfahrungen. Diesen Auffassungen zufolge hätte das Trauma insofern eine Ichschwächende Wirkung, als es dem Trieb relativ zum Ich eine teilweise unerträgliche Macht verschafft, sowie die dem Trauma entsprechenden Phantasien selbst verstärkt. Andere Autoren folgen eher Ferenczi; Fliess (1973) räumt den Triebkonflikten keinen Einfluss mehr auf die Entstehung psychischer Krankheit zu: „Niemand wurde je durch seine Phantasien krank. Nur verdrängte traumatische Erinnerungen können die Neurose verursachen" (Fliess 1973, 212). Shengold (1979) definiert als „Seelenmord" das absichtliche Brechen des Identitätssinns eines Abhängigen durch Folter, KZ-Haft, Vergewaltigung, im Kindesalter durch chronische Gewaltanwendung und sexuellen Missbrauch. Hier wird wie bei Ferenczi die direkte Einwirkung auf das Ich in den Vordergrund gestellt, es entsteht eine schwere Ich-Störung durch Überfluten mit Erregung, die das Selbstgefühl, die Würde, die Realitätsprüfung betrifft und eine massive Isolation der Gefühle, starke Verleugnung und eine Form von Ich-Dissoziation hervorruft. In der analytischen Therapie mit dem Opfer findet Shengold sowohl Identifikation mit dem Aggressor als auch schwere Schuldproblematik und folgt so Ferenczi. Neben der Ich- Deformation würde das Trauma auch die primären Phantasien modifizieren, die das menschliche Verhalten motivieren. „Das entscheidende klinische Problem ist: wie beeinflussen Erfahrungen der Überstimulation und Deprivation die motivierenden Phantasien eines Individuums" (Shengold 1979, 533). Shengold versucht also so Trauma und Phantasie konzeptuell zu vereinbaren. Einen neueren integrativen Überblick gibt Blum (1986): Bei der Einschätzung der Wirkung eines Traumas sollten die angeborene Begabung des Kindes einschließlich der Trieb- und Ich-Attribute, die konstitutionellen Dispositionen und sein Temperament, ungewöhnliche Empfindlichkeiten oder Stärken, die Phase der Entwicklung zur Zeit des Traumas, die vollständige psychische Situation einschließlich der Reaktionen der Erwachsenen oder Pflegeperson zur entsprechenden Zeit, auch der Einfluss der vorhergehenden oder späteren Entwicklungsphasen, die Phantasien und vor allem Erfahrungen in Betracht gezogen werden.

Obwohl die Kleinianer in dem Ruf stehen, in ihrer Theorie die tatsächliche Erfahrung eines Kindes kaum zu berücksichtigen (Shengold 1979), da die Objekte des Kindes absolut aus der triebbedingten Phantasie entsprungen seien, betont Segal (1964, 31): „Dieser Aspekt der gegenseitigen Beeinflussung von unbewusster Phantasie und äußerer Realität ist sehr wichtig, wenn man die relative Bedeutung der Umwelt für die kindliche Entwicklung beurteilen will." Winnicott (1956) und Khan (1963) als Vertreter der mittleren Objektschule berücksichtigen beide durchaus das Verhalten, die Unfähigkeit oder Begabung der realen Mutter, deren Versagen traumatisch wirken kann. Auch Mahler (1968, 24f.) sieht das mehr oder weniger optimale bzw. traumatische Verhalten der Mutter für die frühe Entwicklung.

Ich selbst (Hirsch 1987; 1997) sehe in der psychoanalytischen Objektbeziehungstheorie, die u.a. auf Jacobson (1964) zurückgeht, eine Möglichkeit, im Konzept des verinnerlichten Objekts (dem Resultat der Internalisierung der Erfahrungen mit einem äußeren Objekt und der Beziehung zu ihm) eigene triebbedingte Phantasietätigkeit, reale traumatische Erfahrung sowie die entsprechenden Abwehroperationen zu integrieren. Die inneren Objekte, d.h. die Selbst- und Objektrepräsentanzen, wären dann sowohl durch aggressive und libidinöse Parzialtriebe als auch durch den Einfluss der äußeren Objekte (insbesondere der Eltern) entstanden. Insbesondere sexuelle Traumatisierung in der Kindheit führt Rohde-Dachser (1991) zufolge regelmäßig zu einer der Borderline-Persönlichkeit entsprechenden Pathologie. Die zeitgenössische Psychoanalyse berücksichtigt inzwischen die zerstörerische Wirkung extremer Traumata, auch besonders chronischer Beziehungstraumata, deren extremes Beispiel sexueller Missbrauch in der Familie ist, auf die Persönlichkeitsentwicklung und Symptomentstehung (z.B. Hirsch 1987; 1997; Bohleber 1997; 2000; Kernberg 1999). Als Beispiele für die intensive Auseinandersetzung mit dem sexuellen Missbrauch seien nur einige Bücher aufgezählt: Rothstein 1986; Levine 1990; Kramer und Akhtar 1991; Blum 1994; Sugarman 1994; Davies und Frawley 1994. Innerhalb der Psychoanalyse-Geschichte ist damit eine Spaltung von Trieb- und Objektbeziehungspsychologie überwunden, was einer Rehabilitation Ferenczis und Integration seiner Erkenntnisse gleichkommt.

Literatur

Abraham, K. (1907): Das Erleiden sexueller Traumen als Form infantiler Sexualbetätigung. In: *Psychoanalytische Studien II* (Frankfurt, Fischer, 1971).
Blum, H. (1986): The concept of the reconstruction of trauma. In: Rothstein, A. (ed.): *The reconstruction of trauma. Its significance in clinical work*. Internt. Univers. Press, Madison.
Blum, H. (1994). *Reconstruction in psychoanalysis: Childhood revisted and recreated*. Internt. Univers. Press, Madison.
Bohleber, W. (1997): Trauma, Identifizierung und historischer Kontext. Über die Notwendigkeit, die NS-Vergangenheit in den psychoanalytischen Deutungsprozess einzubeziehen. *Psyche 51*, 958–995.
Bohleber, W. (2000): Die Entwicklung der Traumatheorie in der Psychoanalyse. *Psyche 54*, 797–839.
Davies, J. M. und Frawley, M. G. (1994): *Treating the Adult Survivor of Childhood Sexual Abuse – A Psychoanalytic Perspective*. New York: Basic Books.
Ferenczi, S. (1933): Sprachverwirrung zwischen den Erwachsenen und dem Kind. *Schriften zur Psychoanalyse, Bd. II*, 303–313, Frankfurt, S. Fischer, 1972.
Fliess, R. (1973): *Symbol, dream and psychosis with notes on technique*. Psychoanal. Series 3 New York: Int.Univ. Press.
Freud, A. (1981): A psychoanalysts view of sexual abuse by parents. In: Mrazek, P.B., Kempe, C.H. (eds): *Sexually abused children and their families*. Oxford, New York: Pergamon.
Freud, S. (1895): *Studien über Hysterie*. G. W. I. Frankfurt: S. Fischer
Freud, S. (1896): *Zur Ätiologie der Hysterie*. G. W. Bd. I. Frankfurt: S. Fischer
Freud, S. (1916/1917): *Vorlesungen zur Einführung in die Psychoanalyse*. G. W. Bd. XI. Frankfurt: S. Fischer
Freud, S. (1939): *Der Mann Moses und die monotheistische Religion*. G. W. Bd. XVI, 101–246. Frankfurt: S. Fischer
Freud, S. (1985): *Sigmund Freud, Briefe an Wilhelm Fliess 1887–1904*. Frankfurt: S. Fischer, 1986.
Greenacre, P. (1956): Re-evaluation of the process of working through. *Int.J. Psycho-Anal. 37*, 439–444.
Grubrich-Simitis, J. (1987): Trauma oder Trieb – Trieb und Trauma. Lektionen aus Sigmund Freuds phylogenetischer Phantasie von 1915. *Psyche 41*, 992–1023.
Hirsch, M. (1987): *Realer Inzest. Psychodynamik sexuellen Mißbrauchs in der Familie*. Berlin, Heidelberg, New York: Springer.
Hirsch, M. (1993): Schuld und Schuldgefühl des weiblichen Inzestopfers als Beispiel von Introjektions- und Identifikationsschicksalen traumatischer Gewalt. *Zschr. psychoanal. Theor. Prax. 8*, 289–304.
Hirsch, M. (1997): *Schuld und Schuldgefühl. Psychoanalyse von Trauma und Introjekt*. Göttingen: Vandenhoeck & Ruprecht.
Jacobson, E. (1964): *Das Selbst und die Welt der Objekte*. Frankfurt: Suhrkamp, 1973.
Kernberg, O. F. (1999): Persönlichkeitsentwicklung und Trauma. *Persönlichkeitsstörungen 3*, 5–15.
Khan, M. M. R. (1963): The concept of cumulative trauma. Psychoanal. Study Child 18, 286–306. Deutsch In: Khan, M.M.R. (Hrsg.): *Selbsterfahrung in der Therapie*. München: Kindler, 1977.
Kramer, S. und Akhtar, S. (1991): *The Trauma of Transgression – Psychotherapy of Incest Victims*. Papers from the 21st Annual Margret S. Mahler Symposium on Child Development, Philadelphia 1990.
Künzler, E. (1980): Freuds somatisch fundierte Trieblehre in den „Drei Abhandlungen zur Sexualtheorie" (1905). *Psyche 34*, 280–302.

Levine, H. (1990): *Adult Analysis and Childhood Sexual Abuse.* Hillsdale. New York: The analytic Press.
Loewald, H. W. (1955): Hypnoid state, depression, abreaction and recollection. *J. Am. Psychoanal. Ass. 3,* 201–210.
Mahler, M. S. (1968): *On human symbiosis and the vicissitudes of individuation.* Vol. I: Infantile psychosis. New York, Int. Univers. Press. Deutsch: Symbiose und Individuation. Stuttgart, Klett, 1972.
Masson, J. M. (1984): Freud: The assault on truth. Freud's supression of the seduction theory. London: Faber & Faber Deutsch: *Was hat man dir, du armes Kind, getan?* Reinbek: Rowohlt, 1984.
Robert, M. (1964): *Die Revolution der Psychoanalyse.* Frankfurt, Fischer, 1967.
Rohde-Dachser, C. (1991): *Expedition in den dunklen Kontinent. Weiblichkeit im Diskurs der Psychoanalyse.* Berlin, Heidelberg: Springer.
Rothstein, A. (1986): *The Reconstruction of Trauma – Its Significance in Clinical Work.* Workshop series of the American Psychoanalytic Association, International Universities Press, Inc. Madison Connecticut.
Segal, H. (1964): *Melanie Klein. Eine Einführung in ihr Werk.* München, Kindler, 1974.
Shengold, L. (1979): Child abuse and deprivation: Soul murder. *J. Am. Psychoanal. Ass. 27,* 533–559.
Sugarman, A. (1994): *Victims of Abuse – The Emotional Impact of Child and Adult Trauma.* International Universities Press, Inc. Madison Connecticut.
Winnicott, D. W. (1956): Primäre Mütterlichkeit. In D. W. Winnicott (Hrsg.): *Von der Kinderheilkunde zur Psychoanalyse* (S. 157–164). München: Kindler, 1976.

Psychoanalytische Psychotherapie

Mathias Hirsch

Die Anfangsphase der Therapie ist in der Regel von einer idealisierenden Beziehung bestimmt, in der eine gewisse Öffnung insbesondere über die Erinnerung an den Missbrauch selbst im Vordergrund steht. Diese Idealisierung ist auch sehr nötig, um die habituelle Verschlossenheit, Verleugnung und Abspaltung der Affekte, das Misstrauen (vgl. besonders Shengold 1989) und die ständige Kontrolle der Beziehungen zu umgehen und ein Arbeitsbündnis entstehen zu lassen. Von Seiten des Therapeuten muss die erste Phase von einem unterstützenden Begleiten und vorwiegendem Bestätigen von Erinnerung und Wahrnehmung bestimmt sein, und zwar in allen Bereichen wie Kindheit, heutige Beziehung zu den realen Eltern und Partnerbeziehungen. Amati (1990, 731) spricht von der „Unschuldsvermutung", mit der der Patient ohne Reserve angenommen und angehört werden muss („containing"). Die Anerkennung der Realität des Traumas ist als Ich-stützende Maßnahme unbedingt notwendig, das trifft für den Inzest auch dann zu, wenn seine Realität nicht gesichert ist. Nimmt der Analytiker von vornherein an, es handele sich um den Ausdruck der ödipalen Phantasie, begibt er sich in die Rolle der verleugnenden Mutter, wenn der Inzest Realität gewesen sein sollte (Blum 1986, S. 14), und es entsteht so eine traumatische Reinszenierung in der Analyse. In dieser Phase sollten Übertragungsdeutungen vermieden werden. Auf keinen Fall darf das Inzestopfer in dieser Phase konfrontiert werden mit den internalisierten Aspekten, die dem sexuellen Missbrauch entsprechen, wie sexuell provozierendes Verhalten, entsprechende Kleidung oder Gestik, insbesondere auch Partnerverhalten. Das trifft auch auf selbst initiiertes, sich selbst oder andere schädigendes Agieren zu.

Es hat sich inzwischen allmählich, überwiegend unbewusst, eine Abhängigkeitsbeziehung entwickelt, die weit über die anfängliche Vertrauens- und Solidaritätsbeziehung hinausgeht. Frustrationen und Trennungssituationen lösen jetzt Gefühle von existenzieller Angst, ihre Abwehr durch körperliche Reaktionen, das Auftreten von Alpträumen sowie Rückzug von sozialen Kontakten aus.

Der Abwehr der großen Angst dienen häufig auch gravierende paranoide Vorstellungen in der Übertragung; der Therapeut wird zum alles kontrollierenden verfolgenden Objekt, das sowohl die Nähebedürfnisse vernachlässigt als auch jede Autonomiebestrebung verurteilt und behindert. Spaltungen der Objektbeziehungen setzen ein, andere Objekte werden dem „nur bösen" therapeutischen entgegengesetzt, die von außen gesehen allerdings alles andere als positiv, im Gegenteil autodestruktiv zu bewerten sind. Rückfälle in destruktives promiskuöses Verhalten, Aufsuchen von sadomasochistischen Partnerbeziehungen, aus denen eine Trennung bereits möglich gewesen war, Suchtmittelmissbrauch, Suizidalität oder Flucht in die körperliche Krankheit werden an die Stelle des verlassenden oder verfolgenden therapeutischen Objekts gesetzt. Auf diese Weise wird ein aggressives Potenzial freigesetzt, das jetzt auf die Übertragung bezogen werden kann und muss.

Das Ausmaß der Wut ist oft nicht in der therapeutischen Beziehung allein auszuhalten. Andere Personen wie Partner, Ärzte, Vorgesetzte müssen als Übertragungsobjekte einspringen, auf die entweder positive Beziehungsanteile übertragen werden, so dass sie einen Schutz, eine Alternative zum negativen therapeutischen Objekt bieten, oder auf die die destruktiven Anteile projiziert werden, so dass die therapeutische Beziehung entlastet wird. Einer Aggressionsabwehr würde es entsprechen, wenn jetzt das Ziel der Aggression die versagende Mutter oder der inzestuöse Vater bliebe, der Therapeut so verschont bliebe (Becker 1990, 116).

Selbstdestruktion stellt immer ein provozierendes Attentat auf die Therapie dar, dadurch entstehen im Therapeuten oft aversive Gefühle. Empörung, Ablehnung und Wut bestimmen die Beziehung. Es ist wichtig, diese Gegenübertragungsgefühle bei passender Gelegenheit vorsichtig selbst zu verbalisieren, da angenommen werden muss, dass derart sensible Patienten die negativen Gefühle atmosphärisch spüren werden. In dieser Phase der Therapie, in der es besonders um die Frustration früher Bedürfnisse, Angst und besonders Wut geht, findet meines Erachtens eine Verknüpfung statt zwischen frühem Deprivationstrauma und späterem inzestuösen, so dass die Analogie des Verrats des kindlichen Vertrauens, des Missbrauchs der Bedürftigkeit und der Liebe, aber auch die grenzüberschreitende Intrusion auf beiden Ebenen verstanden und auf die aktuelle therapeutische Beziehung ausgedehnt werden kann. Häufig kann jetzt auch ein sexueller Missbrauch rekonstruiert werden, der lange vor dem bewussten der späteren Kindheit stattgefunden hatte und gründlich verdrängt worden war zugunsten einer Idealisierung des frühen Vaters, als wäre er vor dem bewussten Beginn des Missbrauchs ein ganz anderer gewesen.

Im Zusammenhang mit der Wut auf die frühe Mutter und dem fehlenden Gefühl für die Berechtigung der bloßen Existenz sowie dem fehlenden Selbstwertgefühl, wird die zentrale Dynamik von Schuld und Schuldgefühl (Hirsch 1993; 1997) erstmals zu bearbeiten sein, die sich ja auch in dem beschriebenen selbstdestruktiven Agieren niederschlägt, welches immer auch einem Strafbedürfnis entspricht. Das Schuldthema wird fortan im Zusammenhang mit dem sexuellen inzestuösen Introjekt und seiner therapeutischen Bearbeitung eine große Rolle spielen. Die Bedeutung dieser Therapiephase liegt meines Erachtens in der Möglichkeit der Aufdeckung und Bearbeitung der Aggression, die wegen der traumatischen Angst, einer Vernichtungsangst, bisher abgespalten bleiben musste. Durch beharrliches Interpretieren verschiedenster Äußerungen dieser Wut, wobei die therapeutische Beziehung nicht umgangen werden darf, im Gegenteil immer wieder vom Therapeuten einbezogen werden muss, erlebt die Patientin, dass der Analytiker als Mutter-Repräsentanz trotz der immensen Wut überlebt und dadurch zur schützenden Mutter-Figur wird, wie es Winnicott (1953; 1963) beschrieben hat.

In der erotisierten oder sexualisierten Übertragungsbeziehung kann das sexuelle Trauma der späteren Kindheit externalisiert erlebt werden; man kann die Reinszenierung der inzestuösen Beziehung, die ja auch in promiskuösen Kontakten und sado-masochistischen Beziehungen im Wiederholungszwang immer wieder hergestellt wird, einerseits als Reparationsversuch (vgl. Shengold 1989, S. 314), als Ausdruck der unbewussten Phantasie, der Vater werde sich eines Tages doch kindgerecht, nicht ausbeuterisch verhalten, verstehen, andererseits ist sie das Ergebnis der Introjektion des sexuellen Traumas und des damit verbundenen Verschmolzen-Seins mit dem traumatischen Objekt (vgl. Ehlert und Lorke 1988). Insbesondere jugendliche Patientinnen werden – oft völlig unbewusst – dem männlichen Therapeuten gegenüber alle Mittel der Verführung einsetzen, Gestik, Mimik, Make-up und Kleidung sowie kindlich-verführerisches Verhalten entsprechen eindeutig dem „Verführerisch-Sein", mit dem man dem Inzestopfer seit jeher die Verantwortung für den Inzest zu geben versuchte.

In der Gegenübertragung werden jetzt verstärkt erotische Gefühle und sexuelle Wünsche des Therapeuten auftreten. Es ist nicht immer leicht, diese Gegenübertragungsgefühle anzuerkennen und der Bearbeitung im Sinne der Beziehungsklärung zugänglich zu machen, gegebenenfalls auch in ihrem Abwehrcharakter, und auch in angemessener Weise der Patientin zu kommunizieren. Das muss nicht unbedingt direkt verbal geschehen, zumal ein solches Vorgehen (unter Umständen ein Vorpreschen, eine Flucht nach vorn aus Angst des Therapeuten) mit Recht als intrusiver Angriff erlebt würde, es kann sich auch um ein taktvolles atmosphärisches gegenseitiges Erkennen handeln, das keiner Worte bedarf, welche bereits zuviel Realität enthalten würden. In Unsicherheiten, Fehlleistungen und anderen verborgenen Mitteilungen wird die Patientin erkennen können, was im Therapeuten vorgeht (Hirsch 2000, Werkblatt). Im Grunde ist eine Haltung gefordert, die der Vater der ödipalen Tochter gegenüber einnehmen sollte, indem er die spielerisch erotischen Angebote freundlich akzeptiert, auch aus dem eigenen erotischen Interesse, der Bewunderung und Wertschätzung keinen Hehl macht, aber eine absolute Grenze setzt vor die eigene sexuelle Befriedigung.

Die Bearbeitung von Schuld und Schuldgefühl ist besonders wichtig für die Lösung von den Introjekten. Die zunehmende Thematisierung der Sexualisierung von Beziehungen, auch der Übertragungsbeziehung, und dem selbstzerstörerischen Verhalten bedeutet die zunehmende Notwendigkeit, das traumatische Introjekt als zum Selbst gehörig zu erkennen. Es wird also überwiegend um die Anteile des Patienten und seine Verantwortung für sein Leben gehen und nicht so sehr um das, was ihm einmal angetan wurde.

Schuldgefühle sind ein Moment starker Bindung an den Täter bzw. das traumatische System, gerade Inzestopfer sind vielfältig im Sinne eines Dilemmas in Schuldgefühle verstrickt: Sowohl Partizipation am Inzest als auch der Wunsch nach Befreiung von ihm machen Schuldgefühle. Die Mitbeteiligung aufgrund von Introjektion und Identifikation ist auch mit schwerem Schamgefühl verbunden, was es schwer macht, sie in der Therapie zu bearbeiten. Dabei geht es nicht nur um irrationale Schuldgefühle, sondern auch um reale Verantwortung des Opfers für die innere und auch aktive Komplizenschaft mit der Gewalt, die einen Anteil an realer Schuld auch des Opfers bedeutet. Für die Therapie hat die Unterscheidung von Schuld und Schuldgefühl eine große Bedeutung. Denn das irrationale Schuldgefühl, das seine Grundlage in der „Schuld" an der bloßen Existenz durch nicht genügendes Angenommensein hat, das sich verstärkt durch die Introjektion des späteren sexuellen Traumas, ist Gegenstand der Analyse. D.h. es muss auf seine Ursprünge, auf die dahinterliegenden Defizite, Traumata und Konflikte, die das Opfer nicht zu verantworten hat, zurückgeführt werden, mit dem Ziel, dass es von ihnen befreit wird. Sorgfältig zu trennen sind die Schuldgefühle, die der realen Schuld aufgrund der Identifikation mit dem Aggressor und der daraus entstehenden Komplizenschaft entsprechen. Diese sollen benannt und anerkannt werden, damit eine Trennung durch Scham, Reue und Trauer möglich wird.

Der Prozess der Loslösung vom traumatischen Introjekt verursacht Schmerzen, die als größer erlebt werden können, als der ursprüngliche traumatische Schmerz. Die Situation des kleinen Kindes, das vor die Alternative gestellt, die Familie zu verlieren oder das Trauma durch Introjektion in sich aufzunehmen und durch Identifikation zu assimilieren, letzteres wählt, lebt wieder auf. Hier liegt meines Erachtens die größte Schwierigkeit der Therapie, die implizit als eine fortwährende Aufforderung zur Emanzipation aus Abhängigkeit zu verstehen ist, gegen den enormen Widerstand gegen die Loslösung gerade bei Opfern traumatischer Gewalt anzukämpfen. Die ungeheure Wut, die eigentlich dem ursprünglichen Aggressor gelten sollte, wird gegen die Therapie gerichtet, die die Patientin gerade von der Abhängigkeit von ihm befreien will.

Es ist aber nun keineswegs so, dass das ganze Ausmaß, das dem unerträglichen Trauma entspricht, in der Übertragungsbeziehung erlebt werden muss, denn das würde sie nicht aushalten können. Realistischerweise muss man damit rechnen, dass ganze Bereiche von Aggression, auch große Teile der Angst und Konflikte um sexuelle Beziehungen nicht in der Therapie bearbeitbar sind. Wie eingangs erwähnt, gibt es gerade bei realtraumatisierten Patienten zum Teil sehr enge Grenzen, innerhalb derer eine Konfrontation mit der Destruktion des Patienten möglich ist, ohne dass wiederum ein Trauma gesetzt wird.

Die Angst vor der Trennung vom Introjekt ist eine Identitätsangst, d.h. die Angst vor einer neuen, der Nicht-Opfer-Identität. Darüber hinaus bedeuten Auflösung der Schuldgefühle und Anerkennung der Schuld, verbunden mit dem schmerzlichen Gefühl der Scham, das solange unterdrückt werden musste, jeweils Schritte der Loslösung und Identitätsfindung. Wenn man sich vorstellt, dass die Bindungen an das Introjekt denen des kleinen Kindes an die Eltern entsprechen, wird man die große Schwierigkeit des Opfers, sich zu trennen, verstehen und in der Trennungsaufforderung, die in der analytischen Psychotherapie implizit enthalten ist, die Ursache der negativen therapeutischen Reaktion sehen, die letztlich der Rückkehr zur traumatischen Familie trotz „richtiger Deutung" ihres zerstörerischen Charakters entspricht.

Literatur

Amati, S. (1990): Die Rückgewinnung des Schamgefühls. *Psyche 44,* 724–740.
Blum, H. (1986): The concept of the reconstruction of trauma. In: Rothstein, A. (ed.): *The reconstruction of trauma. Its significance in clinical work.* Madison: Internat. Univers. Press.
Becker, D. (1990): Ohne Hass keine Versöhnung. Aus der therapeutischen Arbeit mit Extremtraumatisierten in Chile. In: E. Herdieckerhoff et al. (Hrsg.): *Hassen und Versöhnen.* Göttingen: Vandenhoeck & Ruprecht.
Ehlert, M. & Lerke, B. (1988). Zur Psychodynamik der Traumatischen Reaktion. *Psyche 42,* 501–532.
Hirsch, M. (1993): Schuld und Schuldgefühl des weiblichen Inzestopfers als Beispiel von Introjektions- und Identifikationsschicksalen traumatischer Gewalt. *Zschr. psychoanal. Theor. Prax. 8,* 289–304.
Hirsch, M. (1997): *Schuld und Schuldgefühl – Zur Psychoanalyse von Trauma und Introjekt.* Göttingen: Vandenhoeck & Ruprecht.
Hirsch, M. (2000): Das Spektrum der Gegenübertragungsliebe. *Werkblatt 17 (Nr. 44),* 53–71.
Shengold, L. (1989): *Soul murder.* The effects of childhood abuse and deprivation. Yale Univers. Press, New Haven, London.
Winnicott, D. W. (1953): Transitional objects and transitional phenomena. *Int. J. Psycho-Anal. 34,* 89–97.
Winnicott, D. W. (1963): Die Entwicklung der Fähigkeit zur Besorgnis (concern). *Bull. Menn. Clin. 27,* 167–176.

Psychodynamik sexuell missbrauchter Mädchen und Frauen

Rosemarie Steinhage

Sexueller Missbrauch in der Kindheit wird in der wissenschaftlichen Literatur als ein Kindheitstrauma beschrieben, das in seinen psychischen Auswirkungen anderen traumatischen Ereignissen wie denen der Folter und der (Kriegs)Gefangenschaft gleicht (Herman, 1993, Wirtz, 1989, Steinhage,1994).

Angesichts der zum Teil sehr schweren psychischen Schädigungen, mit denen Therapeut(inn)en konfrontiert werden, wenn sie mit Frauen arbeiten, die in ihrer Kindheit sexuell missbraucht wurden, stellt sich die Frage, was an den sexualisierten Handlungen, die das Kind ertragen musste, eigentlich so zerstörerisch wirkt? Was genau ist es, was das Kind nicht verkraftet und was traumatisch wirkt?

Dass die Vergewaltigung eines kleinen Mädchens für dieses traumatisch wirken muss, können wir uns vorstellen, aber was soll an sexualisierten Übergriffen, so genannten „sexuellen Verführungen durch Erwachsene", die ohne physische Gewaltanwendung stattfinden, traumatisch sein?

Ein Trauma ist eine seelische Verletzung, eine tiefe seelische Erschütterung. Traumatisch wirken Ereignisse, die plötzlich und unerwartet und mit einer ungeheuren Intensität in den Organismus eindringen und ihn überfluten. Die Instanz, die die Psyche vor Reizüberflutung schützt, ist das Ich. Im Falle einer traumatischen Einwirkung versagt das Ich in seiner Funktion als Reizschutz; es wird von Reizen überflutet (Shengold, 1989).

Ferenczi (1933, S. 307) betont in seinem Vortrag über die „Sprachverwirrung zwischen den Erwachsenen und dem Kind. Die Sprache der Zärtlichkeit und der Leidenschaft", dass „speziell das Sexualtrauma als krankmachendes Agens nicht hoch genug veranschlagt werden kann". Dafür bringt er u. a. folgendes Beispiel: Ein Mädchen macht im Spiel dem Vater den Vorschlag, dass sie die Rolle der Mutter einnimmt. Das Kind meint dieses Spiel „zärtlich" im Gegensatz zum Vater, der „leidenschaftlich" reagiert, wie Ferenczi es ausdrückt. Er benutzt das Spiel, indem er sich an seiner Tochter sexuell befriedigt (ebd. S. 308). Das Mädchen ist in dieser Situation zu keiner unmittelbaren Abwehrreaktion fähig. Es ist „durch eine ungeheure Angst paralysiert und nicht in der Lage, auch nur in Gedanken zu protestieren". In ihrer großen Angst ist sie bemüht, „sich dem Willen des Angreifers unterzuordnen, jede seiner Wunschregungen zu erraten und zu befolgen, sich selbst ganz vergessend sich mit dem Angreifer vollauf zu identifizieren".

Stellen wir uns die Spielsituation noch einmal aus der Perspektive des Kindes vor: Ein Vater spielt mit seiner kleinen Tochter das für das Alter von Drei- bis Fünfjährigen typische „Mutter-Vater-Kind-Spiel". Für das Mädchen ist das Spiel ein Spiel ohne jedes Ziel, eben ein Spiel. Der Vater jedoch plant sein Vorgehen: Er arrangiert das Spiel so, dass er die Aufmerksamkeit seiner kleinen Tochter auf seinen entblößten Penis lenkt. Das Mädchen folgt diesem „Spiel" zunächst arglos und vielleicht sogar mit Interesse (Das bedeutet nicht, dass das Mädchen von einem sexuellen Interesse geleitet ist, sondern von kindlicher Neugierde, die alles Neue erfahren will.). In diesem Augenblick steigert sich die sexuelle Erregung des Mannes. Der Vater verändert sich durch seine sexuelle Erregung in seinem Aussehen und Verhalten: Er bekommt einen roten Kopf, große Augen, atmet heftig und zittert. Der eben noch vertraute Vater wird dem Mädchen plötzlich vollkommen fremd – und Fremdes hat sie in dieser entspannten Spielsituation nicht erwartet. Die Veränderungen kommen für das Kind vollkommen überraschend, wie ein Überfall. Sie ist mit dem Fremden vollkommen allein. Sie ist vor Angst wie gelähmt.

Der Vater, der die angsterfüllten Augen seiner kleinen Tochter sieht, unterbricht sein Tun nicht – wie es ein nicht-missbrauchender Vater täte. Er löst die Situation nicht auf, kommt seiner kleinen Tochter nicht zur Hilfe. Im Gegenteil: Die Angst des Kindes steigert seine Erregung. Er führt sein Vorhaben bis zu seiner sexuellen Entspannung durch. Niemand ist anwesend, der das Kind jetzt retten könnte. Es ist mit dem Vater vollkommen allein.

Das Mädchen spürt den Hass und die Aggressionen, die ihn leiten und deutet das heftige Atmen des Vaters in der sexuellen Erregung als Wut und Hass gegen sich. Mädchen beschreiben diese Situation so: „Das war nicht mehr mein Vater. Da war ein Löwe, ein Ungeheuer, ein Monster."

Das Ich, dass normalerweise vor Reizüberflutung schützt, funktioniert nicht, es wird von Reizen überflutet. „Ihre Persönlichkeit ist noch zu wenig konsolidiert, um auch nur in Gedanken protestieren zu können" (Ferenczi 1933, S. 308). In dieser existentiellen Not, in dieser Todesangst, reagiert die Psyche mit Spaltung (→ *Dissoziation*).

Auch nach Beendigung des sexuellen Geschehens erhält das Mädchen keine Erklärung, keinen Trost, keine Unterstützung bei der Verarbeitung. Der Vater tut so, als sei nichts geschehen – verleugnet vor allem den sexuellen Charakter seines Handelns. Es ist niemand da, mit dem sie das schreckliche Ereignis teilen könnte und es ist ihr unter Androhung von Strafe verboten, darüber zu sprechen. Das Sprechverbot verhindert, dass das Geschehene real wird. Das nimmt dem Kind jede Möglichkeit der Verarbeitung. Das Ereignis kann nicht integriert werden, es bleibt abgespalten.

Ferenczi (1933, S. 308) verwendet im Folgenden zur Erklärung der traumatischen Reaktion die Begriffe Identifizierung und Introjektion, wobei er die beiden Begriffe m. E. nicht deutlich genug voneinander abgrenzt, so dass wir dem Kontext entnehmen müssen, was er damit meint. „Doch dieselbe Angst, wenn sie einen Höhepunkt erreicht, zwingt sie (die Kinder) automatisch, sich dem

Willen des Angreifers unterzuordnen, jede seiner Wunschregungen zu erraten und zu befolgen, sich selbst ganz vergessend sich mit dem Angreifer vollauf zu identifizieren".

Die ängstliche Identifizierung mit dem missbrauchenden Vater ruft – so Ferenczi – eine bedeutsame Wandlung herbei, nämlich „die Introjektion des Schuldgefühls des Erwachsenen, das ein bisher harmloses Spiel als strafwürdige Handlung erscheinen lässt" (S. 309). Der Vater – im Gegensatz zum Kind – weiß, dass er eine strafbare Handlung begangen hat.

Die Todesangst des Kindes löst eine Persönlichkeitsspaltung aus, die die Introjektion der Gefühle des Angreifers notwendig macht. Introjektion meint hier die Einverleibung der väterlichen Gefühle. Für das Kind ist dies die einzige Möglichkeit, psychisch zu überleben. Nur die Verlagerung des Angreifers von außen nach innen kann die allumfassende Angst aufheben und die Psyche vor der existenziellen Bedrohung retten.

Dieser abgespaltene Persönlichkeitsteil nimmt jedoch nicht nur die väterlichen Schuldgefühle, – hier ist Ferenczi zu ergänzen – sondern auch die Hass- und Vernichtungsgefühle des Angreifers auf und introjiziert diese. Dieser Persönlichkeitsanteil sieht nun mit den Augen des Angreifers (und allen dazugehörigen Gefühlen von Wut, Hass, Aggressivität und natürlich auch Schuld) auf das Kind und macht es für das, was geschehen ist, verantwortlich.

Das Mädchen hat nun das Gefühl, die Bedrohung selbst ausgelöst zu haben. Damit vollzieht sich eine Umdeutung der Situation: Sie spürt nicht mehr ihre vollkommene Ohnmacht, ihr Ausgeliefertsein, ihre Todesangst, sondern sie macht sich selbst zur aktiv Handelnden. Das Mädchen verwandelt – um sich in dieser Situation zu retten – die äußere Realität in eine innere. Die Spaltungen geschehen – das ist wichtig zu wissen – aus einer existenziellen inneren Not heraus, aus Todesangst.

Nach Ferenczi (1933, S. 309) liegt das eigentliche Trauma darin, dass „die noch zu schwach entwickelte Persönlichkeit auf plötzliche Unlust anstatt mit Abwehr, mit ängstlicher Identifizierung und Introjektion des Bedrohenden oder Angreifenden antwortet".

Die Schuldgefühle als traumatisches Introjekt, so folgert Balzer (1991) bleiben als nicht assimilierbare Fremdkörper im Über-Ich des Opfers etabliert. Im Gegensatz zu Ferenczi behauptet Balzer, dass das traumatische Introjekt die sexuelle Erregung des Täters ist, die mit vernichtender Aggressivität durchsetzt ist (Balzer, 1991, S. 13). (Zur therapeutischen Arbeit mit Täterintrojekten siehe Reddemann, 1998, S. 97 ff.)

Beide Theorien über die Entstehung des Traumas vernachlässigen m. E. die Todesangst des Kindes, die die Introjektion des Täters als einzige Überlebenschance notwendig macht. Damit werden zwangsläufig auch der Hass und die Aggressionen des Täters aufgenommen, die sich von nun an von innen gegen das Kind wenden. Männer, die kleine Mädchen sexuell missbrauchen, handeln aus aggressiv-destruktiven Antrieb heraus (Balzer, 1991, S. 10). So handelt es sich beim sexuellen Missbrauch um das Ausagieren von Macht und Gewalt über Sexualität, um die Sexualisierung von Macht und Gewalt (Steinhage, 1989; 1994). Das erklärt m. E. warum Therapeut(inn)en es in der Arbeit bei Klientinnen, die als Kind sexuell missbraucht wurden, oftmals mit sehr zerstörerischen Anteilen zu tun haben.

Die großartige Leistung der Psyche, durch Introjektion den äußeren Angreifer nach innen zu verlagern, hat in der Situation den Vorteil, dass die äußere Bedrohung neutralisiert wird und sich das Kind auf diese Weise den „guten Vater", den einzigen, der es jetzt retten kann (denn niemand anderes ist anwesend), erhalten kann. Fatalerweise ist er jetzt Angreifer und Retter zugleich.

Sexueller Missbrauch ist Gewalt, auch dann, wenn scheinbar keine physische Gewaltanwendung zur Durchsetzung der Interessen des Täters stattgefunden hat. Dennoch muss nicht jeder sexuelle Missbrauch zwangsläufig traumatisierend wirken. Traumatisierend wirkt ein Ereignis dann, wenn die Bedrohung existenziell ist; die bedrohte Person um ihr Leben fürchten muss und natürliche Reaktionsmöglichkeiten wie Kampf und Flucht unmöglich sind (siehe auch Reddemann & Sachsse, 1997, S. 115).

Die grundlegenden Gefühle der Traumatisierung durch sexualisierte Gewalt sind Todesangst, Ohnmacht und Isolation mit all ihren Facetten: Angst, Ausgeliefertsein, psychischer Terror, erzwungene Geheimhaltung, ohne jeden Schutz und Hilfe der Willkür der Verfolger ausgeliefert zu sein (siehe auch Reddemann & Sachsse 1997, S. 115). Daraus resultieren eine Vielzahl von Auswirkungen, die als Folge der sexualisierten Gewalt das Leben der Betroffenen im Kindes- und Erwachsenenalter stark beeinträchtigen können (→ *Folgen*). Die dem Kind widerfahrene Gewalt wirkt sich – je nach Geschlecht des Kindes – unterschiedlich aus (Steinhage 1992, S. 181f; siehe auch → *weibliche Sozialisation,* → *Folgen*).

Eine Traumatisierung durch sexualisierte Gewalt unterscheidet sich grundsätzlich von anderen Traumata wie z. B. dem frühen Tod der Eltern oder einem Autounfall dadurch, dass es nicht real werden darf. Es gibt kein „außen", keine Vertrauensperson, die das Geschehene anhört und versteht. Es gibt nicht die geringste Unterstützung bei der Verarbeitung, keine Erlaubnis, das Ereignis als unangenehm oder schrecklich zu bewerten. Das Darübersprechen wurde in der Regel unter Androhung von (Todes-)Strafe verboten. Das erzwungene Schweigen ist Teil des Traumas (Lister, 1982, Steinhage, 1989, Wirtz, 1989, Herman, 1993). Deshalb ist es für die von sexualisierter Gewalt Betroffenen von ungeheuer großer Bedeutung, dass das Trauma ausgesprochen und damit real werden darf. Erst das ermöglicht eine Verarbeitung des Geschehenen.

Die therapeutische Arbeit mit Frauen, denen in der Kindheit sexualisierte Gewalt widerfahren ist (Jemandem widerfährt Gewalt. Dazu siehe Reemtsma, 1997, S. 45) und die therapeutische Arbeit mit Menschen, die durch Krieg und Folter traumatisiert wurden, haben dazu geführt, dass in den letzten Jahren einige Therapiekonzepte für die Arbeit mit diesen Klient(inn)en entwickelt wurden (u. a. Steinhage, 1994, 2001, Hirsch, 1994, Huber, 1995, Maercker, 1997, Reddemann & Sachsse, 1997, Reddemann 1998, 2000a, 2000b, Jahrreis, 1999, Egle, Hoffmann & Joraschky, 2000).

Literatur

Amann, G. & Wipplinger, R. (Hrsg.) (2001). *Sexueller Mißbrauch. Überblick zu Forschung, Beratung und Therapie. Ein Handbuch.* Tübingen: dgvt.
Balzer, H. (1991) Theoretische Überlegungen zur Traumatisierung durch sexuellen Mißbrauch. Versuch eines psychoanalytischen Verständnisses. *Wildwasser Wiesbaden e.V. Schriftenreihe Band 2.* Wildwasser Wiesbaden, Walluferstr. 1, 65197 Wiesbaden.
Egle, U. T., Hoffmann, S. O. & Joraschky, P. (Hrsg.) (2000). *Sexueller Mißbrauch, Mißhandlung, Vernachlässigung.* Stuttgart: Schattauer.
Ferenczi, S. (1933). Sprachverwirrung zwischen dem Erwachsenen und dem Kind. Die Sprache der Zärtlichkeit und der Leidenschaft. In M. Balint (Hrsg.) (1972). *Sandor Ferenczi. Schriften zur Psychoanalyse. (Bd. II)* (S. 303–313). Frankfurt: Fischer.
Herman, J. L. (1993). *Die Narben der Gewalt. Traumatische Erfahrungen verstehen und überwinden.* München: Kindler-Verlag.
Hirsch, M. (1994). *Realer Inzest. Psychodynamik des sexuellen Mißbrauchs in der Familie.* Berlin, Heidelberg, New York: Springer.
Huber, M. (1995). *Multiple Persönlichkeiten. Überlebende extremer Gewalt. Ein Handbuch.* Frankfurt: Fischer.
Jahrreis, R. (Hrsg) (1999). Über das Leiden an der verdeckten Wunde – moderne Traumatherapie aus verschiedenen Perspektiven. *Münchwieser Hefte. Heft 22. April 1999.* Psychosomatische Fachklinik Münchwies.
Kernberg, O. F., Dulz, B. & Sachsse, U.(2000). *Handbuch der Borderline-Störungen* (S. 555–571). Stuttgart: Schattauer.
Lister, E. D. (1982). Forced silence: A neglected dimension of trauma. *American Journal of Psychiatry, 139,* 870–876.
Maercker, A. (Hrsg) (1997). *Therapie der posttraumatischen Belastungsstörung.* Berlin, Heidelberg, New York: Springer.
Reemtsma, J. P. (1997). *Im Keller.* Hamburg: Hamburger Edition.
Reddemann, L. (1998). Umgang mit Täterintrojekten: „Bitte verzeiht mir Eure Sünden." *Persönlichkeitsstörungen, Theorie und Therapie. Traumazentrierte Psychotherapie II.* 2, 90–96.
Reddemann, L. & Sachsse, U. (1997). Stabilisierung. *Persönlichkeitsstörungen, Theorie und Therapie, Traumazentrierte Psychotherapie I,* 3, 113–147.
Reddemann, L. & Sachsse, U. (2000a): Traumazentrierte Imaginative Therapie. In U. T. Egle; S. O. Hoffmann & P. Joraschky, (Hrsg.). *Sexueller Mißbrauch, Mißhandlung, Vernachlässigung,* (S.375–389). Stuttgart: Schattauer.
Reddemann, L. & Sachsse, U. (2000b). Traumazentrierte Psychotherapie der chronifizierten, komplexen Posttraumatischen Belastungsstörung vom Phänotyp der Borderline-Persönlichkeit. In O. F. Kernberg; B. Dulz & U. Sachsse (Hrsg.). *Handbuch der Borderline-Störungen* (S. 555–571). Stuttgart: Schattauer.
Shengold, L. (1989). Soul murder. The effects of childhood abuse and deprivation. New Haven: Yale University Press.
Steinhage, R. (1989). *Sexueller Mißbrauch an Mädchen. Ein Handbuch für Beratung und Therapie.* Hamburg: Rowohlt.
Steinhage R. (1992). *Sexuelle Gewalt. Kinderzeichnungen als Signal.* Reinbek: Rowohlt.
Steinhage, R. (1994). Das Trauma des sexuellen Mißbrauchs. *Imagination, 2,* 32–48.
Steinhage, R. (2001 in Druck): Die Klientenzentrierte Gesprächspsychotherapie als Beziehungsangebot in der therapeutischen Arbeit mit Frauen, die in der Kindheit sexuell mißbraucht wurden. In Amann, G.& Wipplinger, R. (Hrsg.). *Sexueller Mißbrauch. Überblick zu Forschung, Beratung und Therapie. Ein Handbuch* (S. 465–485). Tübingen: dgvt.
Wirtz, U. (1989). *Seelenmord.* Zürich: Kreuz-Verlag.

Psychodynamik sexuell missbrauchter Männer

Ulfert Boehme

Männer, die als Jungen sexuell missbraucht wurden, können vor dem Hintergrund traditioneller Vorstellungen von Männlichkeit ihre Opfer-Erfahrungen nur schwer mit ihrer männlichen Identität in Einklang bringen. Es passt einfach nicht zum herrschenden Bild von Männlichkeit, Opfer sexueller Gewalt geworden zu sein (Bange 1995a; → *Jungen als Opfer*). Als Folge davon fühlen sich erwachsene männliche Opfer sexueller Gewalt in ihrer Männlichkeit bedroht und stehen unter großem Druck, die erlittene Gewalt und deren Folgen vor sich selbst und anderen zu verbergen.

Während als Mädchen missbrauchte Frauen in den letzten 20 Jahren in einer Vielzahl von Veröffentlichungen auf die zerstörerische Wirkung sexueller Gewalterfahrungen hinweisen, blieben entsprechende Berichte betroffener Männer weitgehend aus. Aus den vorliegenden Schilderungen betroffener Männer (Glöer & Schmiedeskamp-Böhler 1990; Lew 1993, 1999; Bange 1995b; Boehme 2000) sowie aus empirischen Studien zu den Folgen sexueller Gewalt bei Männern geht jedoch übereinstimmend hervor, dass sexuelle Gewalt als potenziell traumatisches Erlebnis schwerwiegende Langzeitfolgen haben kann, insbesondere bei schweren Formen sexueller Gewalt (Julius & Boehme 1997). In Abhängigkeit von Persönlichkeitsfaktoren, von Reaktionen auf das Bekanntwerden des sexuellen Missbrauchs und von der Anzahl traumatisierender Einflüsse der Missbrauchshandlungen (vgl. dazu Julius 2000) ist es einem Teil der Männer möglich, die Gewalterfahrungen komplett zu bewältigen, während andere unter dauerhaften, vielfältigen und z.T. schwersten psychischen Beeinträchtigungen leiden. Zu den bisher festgestellten Beeinträchtigungen betroffener Männer gehören u.a. Depressionen (Collings 1995), Suizidalität (Peters & Range 1995), Depressionen und Ängste (Gold u.a. 1999), psychosomatische Beschwerden (Bange & Deegener 1996), sexuelle Störungen sowie Ehe- bzw. Beziehungsprobleme (Finkelhor u.a. 1989). Als Kind sexuell missbrauchte Männer leiden zudem häufig unter einer tiefgreifenden und dauerhaften Verunsicherung hinsichtlich ihrer männlichen Identität und/oder sexuellen Orientierung (Laszig 1996; Weilbach 2000, → *Folgen*).

Die Auseinandersetzung mit eigenen Opfer-Erfahrungen und die Inanspruchnahme von Hilfe fällt Männern aufgrund der Vorgaben der männlichen Geschlechterrolle schwer (Brandes & Bullinger 1996) und zwar umso mehr je traditioneller ihre Bilder von Männlichkeit sind (Carballo-Dièguez & Dolezal 1995).

Viele Männer geben in Befragungen an, die erlebten sexuellen Übergriffe nicht als missbräuchlich empfunden zu haben (Fondacaro u. a. 1999). Die Tatsache, dass ein großer Teil dieser Männer schwerwiegende psychische und soziale Probleme hat, legt die Vermutung nahe, dass die positive Bewertung der sexuellen Handlungen eine Bagatellisierung zum Schutz des männlichen Selbstbildes darstellt (Briggs & Hawkins 1996). Dieser Schutzmechanismus behindert jedoch gleichzeitig die Auseinandersetzung und positive Bewältigung der Gewalterfahrungen. Betroffene Männer schildern eindrücklich, wie sie immer wieder davor zurückschrecken, sich Vertrauenspersonen oder Professionellen mitzuteilen, wie sie zwischen dem Bewusstsein, Hilfe nötig zu haben und einer weitgehenden Leugnung ihrer psychischen und sozialen Beeinträchtigungen schwanken (King 1995, 11; Autorengruppe Tauwetter 1998, 13).

Erfahrungen aus Beratungsstellen zeigen, dass viele Männer erst mit 30 bis 40 Jahren beginnen, die sexuellen Gewalterfahrungen beraterisch-therapeutisch aufzuarbeiten, zu einem Zeitpunkt also, wenn die Folgen der Gewalt in ihrer zerstörerischen Wirkung auf die psychische und körperliche Gesundheit nicht mehr zu leugnen sind oder wenn die Männer genügend Abstand zur Gewalterfahrung gewinnen konnten (Schlingmann u. a. 2000). Dunkelfeldstudien deuten darauf hin, dass die meisten betroffenen Männer sich nie eine gezielte Unterstützung zur Bewältigung der sexuellen Gewalterfahrung suchen (Collings 1995; Bange & Deegener 1996).

Diesen Problemen der betroffenen Männer entsprechen die Wahrnehmungsbarrieren der Öffentlichkeit und der Fachkräfte aus pädagogischen, psychologischen, medizinischen und sozialarbeiterischen Arbeitsbereichen. Noch immer löst die Konfrontation mit sexuell missbrauchten Männern bei vielen Helferinnen und Helfern Unglauben und große Verunsicherung aus (Holmes & Offen 1996; Bange 2000). Als Folge steht der tatsächlichen Bedürftigkeit der Männer kein adäquates Hilfsangebot gegenüber. Während sexuell missbrauchte Jungen in gewissem Maße Hilfe in Erziehungsberatungsstellen (→ *Erziehungsberatung*) oder Spezialberatungsstellen (→ *Spezialisierte Beratungsstellen*) freier Träger finden können, ist die Situation der erwachsenen männlichen Opfer vielerorts äußerst schwierig. Psychosomatische Kliniken, die ausdrücklich männliche Opfer (sexueller) Gewalt ansprechen, Beratungsstellen und Therapeuten mit spezifischen Angeboten für betroffene Männer sind selten und auch für hoch motivierte Betroffene schwer zu finden. Die Suche nach Hilfe wird auf diese Weise stark behindert (vgl. Boehme 2000, → *Jungen als Opfer*).

Diesen Umständen muss der dringend notwendige Auf- und Ausbau des Hilfsangebots Rücksicht tragen. So sollte mit einer breit angelegten Präventionsarbeit allen Jungen vermittelt werden,
– dass sexuelle Gewalt und Ohnmachtserfahrungen auch Jungen betreffen,
– dass die Inanspruchnahme von Hilfe eine wichtige (auch männliche) Kompetenz ist und

– welche Möglichkeiten der Hilfe betroffenen Jungen und Männern zur Verfügung stehen.

Das bestehende Beratungs- und Therapieangebot für Jungen und männliche Jugendliche ist nach den Prinzipien von Niedrigschwelligkeit und Flexibilität sowie unter Berücksichtigung geschlechtsspezifischer Aspekte (Bentheim & Kruse 2000) zu verbessern, damit Betroffene möglichst früh Unterstützung bei der Bewältigung sexueller Gewalterfahrungen erhalten. Ein positiver erster Kontakt zum Hilfesystem erleichtert es den Betroffenen außerdem, bei Bedarf zu einem späteren Zeitpunkt wieder darauf zurückzugreifen.

In allen psychosozialen und medizinischen Arbeitsfeldern ist bei männlichen Klienten/Patienten damit zu rechnen, dass sich Männer zunächst aufgrund von allgemeinen Beschwerden oder bestimmter Symptome in eine Behandlung begeben, ohne ihre sexuellen Gewalterfahrungen anzusprechen. Manche Männer sind sich der Zusammenhänge zwischen dem Missbrauch und ihren Symptome auch nicht bewusst. Zielke (1997) berichtet, wie mit zunehmender Sicherheit des Klinikpersonals im Umgang mit der Thematik zu beobachten war, dass Klientinnen und Klienten offener über Missbrauchserfahrungen sprachen. Auch respektvolles, selbstverständliches Nachfragen nach möglichen emotionalen, körperlichen und sexuellen Gewalterfahrungen in Anamnese-, Diagnostik- und anderen Aufnahmegesprächen erhöht die Wahrscheinlichkeit, dass missbrauchte Männer von ihren Gewalterfahrungen sprechen und eine gezieltere Unterstützung erhalten.

Um die Suche betroffener Männer nach geeigneten Hilfsangeboten zu fördern, müssten zudem niedrigschwellige und unspezifische Angebote wie z.B. Beratungsstellen oder Hausärzte vermehrt mit spezialisierten und/oder therapeutischen Angeboten kooperieren (zur geschlechtsspezifischen Gestaltung von Beratung und Therapie siehe Bange 1995c; Boehme 2000; Dothagen 2000).

Eine wichtige Ergänzung des professionellen Hilfsangebots ist die Selbsthilfe. Die Isolation betroffener Männer, ihre Schwierigkeiten, sich Professionellen gegenüber zu öffnen und die mangelnde Qualifikation vieler Professioneller sprechen für einen Ausbau des Selbsthilfebereichs. Der Kontakt zu anderen Männern mit (ähnlichen) Gewalterfahrungen macht es für den Betroffenen unmittelbar erfahrbar, dass er nicht der einzige ist, der sexuelle Gewalt erlitten hat und als erwachsener Mann unter den Folgen leidet. Schlingmann u.a. (2000, S. 242) betonen die Bedeutung des „öffentlichen Aussprechens der erlebten sexualisierten Gewalt und der heutigen Probleme, und das Sich-Wiedererkennen in den anderen Männern" als Ausgangspunkt für den Zugang zu lange ignorierten und versteckten Gefühlen. Sie sehen darin den Beginn von Heilung (→ *Selbsthilfe*).

Andere Männer nehmen auch parallel zu einer Psychotherapie an Selbsthilfegruppen teil und können so die Ängste mildern, die das Setting und die emotionale Abhängigkeit einer Einzeltherapie häufig auslösen (vgl. Autorengruppe Tauwetter 1998).

Vielversprechende Selbsthilfe-Ansätze sind im Internet zu beobachten *(→ Internet)*. So sind auf US-amerikanischen Webseiten (z.B. malesurvivor.org) umfangreiche Informationen zur Thematik, Literaturempfehlungen, Links zu professionellen Hilfsangeboten, Diskussionsforen etc. abzurufen. Die Anzahl der verfügbaren Angebote (Lew 1999, 219 ff.) verdeutlicht das Ausmaß sexueller Gewalt gegen Jungen und der Folgen für die erwachsenen Opfer. Die Anonymität des Internet kann die Kontaktaufnahme betroffener Männer erleichtern. Dieses Medium ist sicherlich auch in Deutschland noch intensiver und gezielter nutzbar zu machen, um betroffene Männer bei den ersten Schritten der Auseinandersetzung mit der erlebten Gewalt und der Hilfesuche zu begleiten.

Ziel aller Bemühungen für erwachsene männliche Opfer sexueller Gewalt muss also sein, ihnen eine Auseinandersetzung mit der erlittenen Gewalt zu erleichtern. Diese Auseinandersetzung muss gefördert werden, indem Hilfsangebote die geschlechtsspezifischen Schwierigkeiten von Männern berücksichtigen, sowie Opfererfahrungen und deren Folgen anerkennen.

Literatur

Autorengruppe Tauwetter (1998). *Tauwetter. Ein Selbsthilfe-Handbuch für Männer, die als Junge sexuell mißbraucht wurden.* Ruhnmark: donna vita.

Bange, D. (1995a). Der steinige Weg. Vom Jungen zum Mann. In D. Bange & U. Enders, *Auch Indianer kennen Schmerz. Sexuelle Gewalt gegen Jungen* (S. 21–64). Köln: Kiepenheuer & Witsch.

Bange, Dirk (1995b). Die Narben der sexuellen Gewalt. In: Bange, Dirk & Enders, Ursula. *Auch Indianer kennen Schmerz. Sexuelle Gewalt gegen Jungen* (S. 113–120). Köln: Kiepenheuer & Witsch.

Bange, Dirk (1995c). Auch Indianer kennen Schmerz. Beratung und Therapie sexuell mißbrauchter Jungen und Männer. In: Bange, Dirk & Enders, Ursula. *Auch Indianer kennen Schmerz. Sexuelle Gewalt gegen Jungen* (S. 121–160). Köln: Kiepenheuer & Witsch.

Bange, Dirk (2000). Sexueller Missbrauch an Jungen: Wahrnehmungstabus bei Männern in der sozialen Arbeit und in der Sozialverwaltung. In: Lenz, Hans-Joachim (Hrsg.). *Männliche Opfererfahrungen. Problemlagen und Hilfeansätze in der Männerberatung* (S. 285–300). Weinheim: Juventa.

Bange, Dirk & Deegener, Günther (1996). *Sexueller Mißbrauch an Kindern. Ausmaß, Hintergründe, Folgen.* Weinheim: Beltz-PVU.

Bentheim, Alexander & Kruse, Torsten (2000). Fort- und Weiterbildung zur sexualisierten Gewalt an und durch Jungen. Konzept und erste Erfahrungen eines Modellprojekts bei WIDERSPRUCH in Kiel. In: Lenz, Hans-Joachim (Hrsg.). *Männliche Opfererfahrungen. Problemlagen und Hilfeansätze in der Männerberatung* (S. 267–282). Weinheim: Juventa.

Boehme, Ulfert (2000). Die Suche nach Hilfe. Zugänge zu geschlechtsspezifischen Hilfeangeboten für männliche Opfer sexueller Gewalt. In: Lenz, Hans-Joachim (Hrsg.). *Männliche Opfererfahrungen. Problemlagen und Hilfeansätze in der Männerberatung (S. 167–184).* Weinheim: Juventa.

Brandes, Holger & Bullinger, Hermann (1996): Männerorientierte Therapie und Beratung. In: Brandes, Holger & Bullinger, Hermann (Hrsg.) (1996). *Handbuch Männerarbeit* (S. 3–17). Weinheim: Psychologie Verlags Union.

Briggs, Freda & Hawkins, Russell (1996). A Comparison of the Childhood Experiences of Convicted Male Child Molesters and Men who were Sexually Abused in Childhood and Claimed to be Nonoffenders. *Child Abuse & Neglect, 20,* 221–233.

Carballo-Diéguez, Alex & Dolezal-Curtis (1995). Association Between History of Childhood Sexual Abuse and Adult HIV-Risk Sexual behavior in Puerto Rican Men Who Have Sex with Men. *Child Abuse & Neglect, 19,* 595–605.

Collings, Steven (1995). The Long-Term Effects of Contact and Noncontact Forms of Child Sexual Abuse In a Sample of University Men. *Child Abuse & Neglect, 19,* 1–6.

Dothagen, Michael (2000). „"...und dass ich dann frei bin." Psychotherapie mit einem Mann, der in der Kindheit sexuell missbraucht wurde. In: Lenz, Hans-Joachim (Hrsg.) (2000). *Männliche Opfererfahrungen. Problemlagen und Hilfeansätze in der Männerberatung* (S. 185–197). Weinheim: Juventa.

Enders, Ursula (Hrsg.) (2001): *Zart war ich, bitter war's. Handbuch gegen sexuelle Gewalt an Mädchen und Jungen.* Völlig überarbeitete Neuausgabe. Köln: Kiepenheuer & Witsch.

Finkelhor, David u. a. (1989). Sexual Abuse and Its Relationship to Later Sexual Satisfaction, Marital Status, Religion, and Attitudes. *American Journal of Interpersonal Violence, 4,* 379–399.

Fondacaro, Karen; Holt, John & Powell, Thomas (1999). Psychological Impact of Childhood Sexual Abuse On Male Inmates: The Importance of Perception. *Child Abuse & Neglect,* 361–369.

Friedrich, William (1995). *Psychotherapy with Sexually Abused Boys. An Integrated Approach.* Thousand Oaks: Sage.

Glöer, Nele & Schmiedeskamp-Böhler, Irmgard (1990). *Verlorene Kindheit – Jungen als Opfer sexueller Gewalt.* München: Weismann.

Gold, Steven u. a. (1999). A Comparison of Psychological/Psychiatric Symptomatology of Women and Men Sexually Abused as Children. *Child Abuse & Neglect, 23,* 683–692.

Herman, Judith (1994). *Die Narben der Gewalt.* München: Kindler.

Holmes, Guy & Offen, Liz (1996). Clinicians' Hypotheses Regarding Clients' Problems: Are They Less Likely To Hypothesize Sexual Abuse In Male Compared To Female Clients? *Child Abuse & Neglect, 20,* 493–501.

Julius, Henri (2000). *Die Folgen sexuellen Missbrauchs an Jungen. Eine qualitative und quantitative Integration der Forschungsergebnisse.* Unveröffentlichte Dissertation. Universität Potsdam.

Julius, Henri & Boehme, Ulfert (1997). *Sexuelle Gewalt gegen Jungen. Eine kritische Analyse des Forschungsstandes.* Göttingen: Verlag für angewandte Psychologie.

King, Neal (1995). *Speaking Our Truth.* New York: Harper Collins.

Laszig, Parfen (1996). Sexueller Mißbrauch an Jungen. Physische und psychische Auswirkungen bei erwachsenen Männern. *Sexuologie, 2,* 69–84.

Lenz, Hans-Joachim (Hrsg.) (2000). *Männliche Opfererfahrungen. Problemlagen und Hilfeansätze in der Männerberatung.* Weinheim: Juventa.

Lew, Mike (1993). *Als Junge mißbraucht. Wie Männer sexuelle Ausbeutung in der Kindheit verarbeiten können.* München: Kösel.

Lew, Mike (1999). *Leaping upon the Mountains. Men Proclaiming Victory over Sexual Child Abuse.* Small Wonder Books: Boston.

Mullen, Paul (1997). Der Einfluß von sexuellem Kindesmißbrauch auf die soziale, interpersonelle und sexuelle Funktion im Leben des Erwachsenen und seine Bedeutung in der Entstehung psychischer Probleme. In: Amann, Gabriele & Wipplinger, Rudolf (Hrsg.). *Sexueller Mißbrauch. Überblick zu Forschung, Beratung und Therapie. Ein Handbuch.* Tübingen: dgvt.

Peters, Debra & Range, Lillian (1995). Childhood Sexual Abuse and Current Suicidality in College Women and Men. *Child Abuse & Neglect 19,* 335–341.

Schlingmann, Thomas und andere Mitarbeiter (2000). Selbsthilfe – Ein taugliches Konzept für Männer, die als Junge Opfer sexualisierter Gewalt geworden sind? In: Lenz, Hans-Joachim (Hrsg.) (2000). *Männliche Opfererfahrungen. Problemlagen und Hilfeansätze in der Männerberatung* (S. 236–250). Weinheim: Juventa.

Weilbach, Karl (2000). „Im Warteraum kann nichts passieren ..." Phantasie im Erleben von männlichen Opfern sexueller Gewalt. In: Lenz, Hans-Joachim (Hrsg.) (2000). *Männliche Opfererfahrungen. Problemlagen und Hilfeansätze in der Männerberatung* (S. 251–266). Weinheim: Juventa.

Zielke, Manfred (1997). Interaktionelle Besonderheiten in der therapeutischen Arbeit mit PatientInnen nach sexueller Gewalterfahrung und deren Bedeutung für die Supervision und Selbsterfahrung. In: Amann, Gabriele & Wipplinger, Rudolf. *Sexueller Mißbrauch. Überblick zu Forschung, Beratung und Therapie. Ein Handbuch* (S. 623–637). Tübingen: dgvt.

Rahmenbedingungen für Interventionen

Dirk Bange

Fehler und Erfolge analysieren

Die Intervention beim Verdacht auf sexuellem Missbrauch ist eine der schwierigsten Aufgaben in der sozialen Arbeit. Häufig liegen keine klaren Aussagen der Kinder vor, es gibt kein spezifisches Syndrom, von dem aus auf das Vorliegen eines Missbrauchs geschlossen werden kann, und in der Regel steht Aussage gegen Aussage. Bei solch schwierigen Interventionen ist es kaum zu vermeiden, dass in manchen Fällen Fehler gemacht werden. Deshalb ist es notwendig, eine „fehlerfreundliche Organisationskultur" zu entwickeln, die die Aufdeckung von Schwachpunkten belohnt und nicht bestraft. Ausgehend von Fehleranalysen und Analysen erfolgreicher Interventionen sind die Qualitätsstandards ständig zu überprüfen und zu verbessern (→ *Intervention – die „Regeln der Kunst"*).

Aus- und Fortbildung

Die Qualität der Intervention beim Verdacht auf sexuellen Missbrauch hängt entscheidend von den beteiligten Helfern[1] ab. Ihr Fachwissen und ihre persönliche Eignung für die (soziale) Arbeit sind die Basis der Kompetenz und der Qualität. Die Aus- und Fortbildung ist deshalb ein entscheidender Qualitätsfaktor. Unterstrichen wird dies durch Untersuchungen, die zeigen, dass bei vielen Mitarbeitern der Jugendhilfe erhebliche Wissenslücken bezüglich des Themas „sexueller Missbrauch" bestehen. So fühlten sich z.B. bei einer in Schleswig-Holstein durchgeführten Untersuchung 47 Prozent aller befragten Mitarbeiter/innen des Allgemeinen Sozialen Dienstes mittelmäßig und 14 Prozent eher schlecht oder sehr schlecht informiert. Dies ist nicht verwunderlich, da nur gut ein Viertel der befragten Praktiker/innen in ihrer Berufsausbildung etwas zum Thema sexueller Missbrauch erfahren hatten (Harbeck & Schade 1994, S. 59ff.). Beim Fortbildungsstand ist die Situation ähnlich schlecht. So hatte bei der Untersuchung von Monika Weber und

---

[1] Bei Aussagen, die sowohl für weibliche als auch für männliche Personen zutreffen, verwende ich zur Vereinfachung durchgängig die männliche Form.

Christiane Rohleder (1995, S. 195f.) von den 1.661 erfassten pädagogischen Fachkräften aus Dortmund, Magdeburg und dem Kreis Warendorf nur jede Vierte an einer entsprechenden Fortbildung teilgenommen.

Voraussetzung für eine Beschäftigung in der Jugendhilfe sollte deshalb eine adäquate Fachausbildung sein. Außerdem müssen sich alle Mitarbeiter der Jugendhilfe ein fundiertes Basiswissen über sexuellen Missbrauch aneignen. Dazu bedarf es zum einen der festen Verankerung des Themas „sexueller Missbrauch" in den Curricula der einschlägigen Berufs- und Studiengänge. Dafür Sorge zu tragen ist Aufgabe der verantwortlichen Ministerien und Bildungsinstitute sowie entsprechender Berufsverbände (Zitelmann 1998, S. 24f.). Zum anderen ist ein ausreichendes Fortbildungsangebot notwendig. Dazu gehören allgemeine Fortbildungen, in denen Grundkenntnisse vermittelt werden, und spezielle auf bestimmte Berufsfelder und Themenaspekte bezogene Angebote. Vorgesetzte und Dienstaufsichtsbehörden müssen ihren Mitarbeitern die Möglichkeit eröffnen, entsprechende Fortbildungen besuchen zu können – auch wenn fehlende finanzielle Mittel oder organisatorische Gründe dagegen sprechen (Roth 1997, S. 273).

Außerdem sollte in jeder Einrichtung bzw. jedem ASD-Team ein/e Mitarbeiter/in ausgewählt werden, die/der sich auf dem Laufenden hält, da sich das Wissen über den sexuellen Missbrauch ständig erweitert. Diese Person sollte die neuen fachlichen Entwicklungen in kollegialen Beratungen und in Teamdiskussionen einbringen (Jugendamt der Landeshauptstadt Stuttgart 1996, S. 6).

Befragungen von Praktikern zeigen, dass es ihnen oftmals schwer fällt, ihr in der Aus- und Fortbildung erlerntes Wissen in der Praxis umzusetzen. Deshalb müssen in die Veranstaltungen Rollenspiele, Planspiele u.ä. einbezogen werden (Weber & Rohleder 1995, S. 222). Selbstreflexion muss ebenfalls Teil der Aus- und Fortbildung sein, da das Thema „sexueller Missbrauch" biografische Erfahrungen und persönliche Einstellungen der Helfer zur Familie, Sexualität und Gewalt anspricht, die den Umgang mit betroffenen Kindern bzw. mit einem Verdacht unbemerkt beeinflussen können (→ *Supervision*). Deshalb darf das Thema auch weder auf eine Seminarsitzung beschränkt bleiben, noch in einer Großveranstaltung abgehandelt werden.

Wichtig erscheint zudem, bundesweit und fachöffentlich über die Inhalte und die Qualität der Aus- und Fortbildung zu diskutieren. So sollten fachliche Mindeststandards der Ausbildung für besonders schwierige Aufgabenbereiche wie zum Beispiel die Aussagebegutachtung entwickelt werden (Zitelmann 1998, S. 27, → *Glaubhaftigkeitsbegutachtung und diagnostischer Erkenntnisprozess*).

Verankerung des Themas in der gesamten Jugendhilfe

Alle Einrichtungen der Jugendhilfe müssen ein konzeptionell festgelegtes und verbindliches Hilfeangebot für sexuell missbrauchte Kinder entwickeln, damit diese z.B. nicht mehr damit rechnen müssen, von einer Einrichtung zur Nächsten geschickt zu werden. Es ist Aufgabe der Einrichtungsleiter einen organisatorischen Rahmen für eine solche Auseinandersetzung bereitzustellen (Enders 2001, S. 187 ff.). Wie wichtig dies ist, verdeutlich das folgende Untersuchungsergebnis: Von 47 sexuell missbrauchten Mädchen und Jungen aus Berlin und Köln hatten 45% innerhalb der Aufdeckungsphase bereits vier bis sechs Institutionen und 26% sieben bis zehn Institutionen kontaktiert. Eine hohe Zahl von Institutionskontakten zeigte sich insbesondere bei innerfamiliär missbrauchten Kindern (Fegert, Berger, Klopfer, Lehmkuhl & Lehmkuhl 2001, S. 154). Zum zweiten Untersuchungszeitpunkt eineinhalb Jahre später hatten sogar bereits fast 60% der Kinder mehr als sieben Institutionen aufgesucht (ebd., S. 185).

Die bestehenden Angebote zu einem Hilfesystem verknüpfen

Verschiedene Untersuchungen über das bestehende Hilfeangebot kommen zu dem Ergebnis, dass das Angebot in vielen Gemeinden, Städten und Bundesländern nicht ausreichend ist (Hagemann-White 1992, S. 28; Harbeck & Schade 1994, S. 168). Zur Qualitätsentwicklung müssen Lücken im Hilfesystem geschlossen werden. Denn es nutzt wenig, wenn in Rahmen der individuellen Hilfeplanung die Beteiligten sich mit viel Mühe auf eine Problemsicht und auf entsprechende Hilfen einigen, diese aber regional nicht zur Verfügung stehen bzw. kurzfristig nicht geschaffen werden können.

Damit die Versorgungslücken besser erkannt und schneller geschlossen werden können, muss die Jugendhilfeplanung (§ 80 KJHG) verbessert werden. Dies ist allerdings beim sexuellen Missbrauch schwierig, weil der Bedarf unbestimmt ist und sich von Jahr zu Jahr verändern kann. Ein Weg, die Planung dennoch zu verbessern, stellt die strukturelle Auswertung von Hilfeplänen nach bestimmten Kategorien wie Alter und Geschlecht des Kindes, gewählte Hilfeangebote, erwünschte, aber nicht vorhandene Hilfeangebote usw. dar (→ *Intervention – die „Regeln der Kunst"*). Damit gewinnt die Hilfeplanung eine Schlüsselposition für die infrastrukturelle Angebotsplanung. Dementsprechend muss die Verknüpfung zwischen den individuellen Hilfeplanungen, die federführend im Allgemeinen Sozialen Dienst angesiedelt sind, und der Jugendhilfeplanung durch geeignete Organisationsregelungen abgesichert werden.

Zur Bedeutung von Spezialeinrichtungen

Ein differenziertes Hilfeangebot setzt keineswegs zahlreiche Spezialeinrichtungen voraus. In gewissem Umfang sind spezialisierte Beratungsangebote aber unverzichtbar: Sie bieten den Vorteil, dass sich dort Spezialwissen sammelt, welches den betroffenen Kindern und deren Vertrauenspersonen zugute kommt. In Untersuchungen ist festgestellt worden, dass die aus der Frauen- und Selbsthilfebewegung hervorgegangenen Spezialeinrichtungen im Vergleich zu Ärzten oder Psychotherapeuten von den Betroffenen als besonders positiv und hilfreich beurteilt werden (Weber & Rohleder 1995, S. 130). Außerdem können andere Jugendhilfeeinrichtungen durch Fachberatung, Supervision und Fortbildung von dem dort gesammelten Fachwissen profitieren. Des Weiteren zeigen Untersuchungen, dass in Städten bzw. Regionen mit Spezialeinrichtungen das gesamte vorhandene Beratungsangebot mehr an den Bedürfnissen der Betroffenen orientiert ist als in Kommunen ohne solche Einrichtungen (Hagemann-White 1992, S. 21). Schließlich zeigt die hohe Inanspruchnahme der Spezialeinrichtungen durch betroffene Mädchen und Jungen als auch durch professionelle Helfer aus anderen Institutionen, dass sie ein unverzichtbarer Bestandteil des Hilfenetzes sind (Weber & Rohleder 1995, S. 130, → *Spezialisierte Beratungsstellen*).

Allerdings können sich durch Spezialeinrichtungen folgende bedenkliche Entwicklungen ergeben:
- Mitarbeiter aus den Regeleinrichtungen der Jugendhilfe fühlen sich weniger kompetent und könnten deshalb versuchen, die Begleitung der Kinder möglichst schnell an die Spezialeinrichtungen zu delegieren. Aus Unsicherheit die Begleitung eines Mädchens oder eines Jungen an eine spezialisierte Einrichtungen abgeben zu wollen, zeugt zwar von einem hohen Maß an Verantwortungsbewusstsein. In der Wahrnehmung des betroffenen Kindes wirkt dies aber häufig wie ein erneuter Beziehungsabbruch. Es zeigt sich dementsprechend auch oftmals, dass dies nicht funktioniert. Die Mädchen oder Jungen gehen zwei-, dreimal in die Spezialeinrichtung und brechen dann den Kontakt ab (Roth 1997, S. 212).
- Gerade bei unklaren Fällen sind es die Regeleinrichtungen, d.h. die Orte, an denen sich die Mädchen und Jungen täglich aufhalten, die die Chance eröffnen, Vertrauen und eine tragfähige Beziehung zum Kind aufzubauen. Gewachsene Vertrauensbeziehungen sind für die meisten betroffenen Kinder unabdingbare Voraussetzung dafür, sich zu öffnen. Die Mitarbeiter der Regeleinrichtungen schaffen also in vielen Fällen erst die Bedingungen für eine mögliche Intervention (Hebenstreit-Müller 1994, S. 152f.). Zu betonen ist jedoch, dass die Regeleinrichtungen deshalb nicht für gesamte Intervention verantwortlich sind.
- Ein weiteres Problem besteht in kleineren Gemeinden und Städten: Sie haben häufig nicht genügend Mitarbeiter, um einen Spezialdienst einrichten zu können und die Hilfe Suchenden fürchten sich vor Stigmatisierungen, wenn sie beim Besuch einer solchen Einrichtung gesehen werden. Dort sollte deshalb einzelnen Mitarbeitern die Möglichkeit eröffnet werden, sich in besonderer Weise zu qualifizieren, um den anderen Kollegen durch Fachberatung zur Seite zu stehen oder um sich an der Fallarbeit zu beteiligen (Blum-Maurice 1997, S. 83).

Besondere Skepsis wird gegenüber Spezialeinrichtungen in Bezug auf längerfristige Fremdunterbringungen geäußert. Dort bestehe ein erhöhtes Risiko, dass die Kinder ihr Selbstbild um den sexuellen Missbrauch herum entwickeln. Außerdem seien Stigmatisierungen der Mädchen und Jungen durch Außenstehende nicht auszuschließen (ebd.). Eine Untersuchung über den Hilfeverlauf von stationär untergebrachten Mädchen und Jungen, bei denen in den Jugendamtsakten sexueller Missbrauch entweder als Tatsache beschrieben (24 Fälle) oder als Verdacht thematisiert wurde (21 Fälle), zeigt jedoch, dass dem Thema sexueller Missbrauch in den nicht spezialisierten Einrichtungen kaum Beachtung geschenkt und das Verhalten der Mädchen und Jungen vielfach als untragbar erlebt, nicht aber als mögliche Bewältigungsform erlittener Gewalt verstanden wird. Im Durchschnitt entwickelten sich die Mädchen und Jungen aber sehr viel positiver, wenn das Problem benannt wurde und somit Gegenstand der Hilfe war (Finkel 1998, S. 377ff.). Deshalb spricht derzeit vieles für eine Unterbringung in Einrichtungen, die zumindest spezielle Hilfen für sexuell missbrauchte Mädchen und Jungen anbieten.

Jugendberatung

Die Fachkräfte der sozialen Arbeit sind für die betroffenen Kinder und Jugendlichen keine nennenswerten Ansprechpartner (Bange & Deegener 1996, S. 127f.). Dies liegt neben einigen Besonderheiten der Dynamik des sexuellen Missbrauchs (z.B. Schweigegebot durch den Täter) an bestehenden Defiziten in der Angebotsstruktur der Jugendhilfe. Übereinstimmend zeigen Untersuchungen, dass es kaum Beratungsangebote für Kinder und Jugendliche gibt, die dem eigenständigen Beratungsanspruch nach § 8 Abs. 3 KJHG Rechnung tragen (Weber & Rohleder 1995, S. 145). Dieses Defizit muss behoben werden. Den Kindern muss der Zugang zu den Beratungsmöglichkeiten erleichtert werden, indem die aufsuchenden Angebote ausgebaut werden. Denn es ist ein ziemlich hoffnungsloses Unterfangen, in den gut eingerichteten Räumen z.B. einer Erziehungsberatungsstelle darauf zu warten, dass sexuell missbrauchte Mädchen und insbesondere sexuell missbrauchte Jungen von selbst vorbeikommen (→ *Erziehungsberatung*).

Der § 36 Abs. 1 KJHG sieht vor, dass die Kinder und Jugendlichen an der Erstellung eines Hilfeplans zu beteiligen sind. Diese wichtige Bestimmung wird häufig übersehen. Außerdem kann ein Kind oder Jugendlicher das Jugendamt eigenständig um eine Inobhutnahme bitten. Das Jugendamt ist verpflichtet dieser Bitte nachzukommen, allerdings muss es den Personensorge- oder Erziehungsberechtigten unverzüglich von der Inobhutnahme unterrichten. Widerspricht sie/er muss das Kind ihr/ihm übergeben werden oder es muss eine Entscheidung des Vormundschaftsgerichtes über die erforderlichen Maßnahmen zum Wohl des Kindes herbeigeführt werden (§ 42 Abs. 2 KJHG). Diese wenigen Rechte, die Kindern und Jugendlichen im KJHG zugestanden werden, sind im Sinne der betroffenen Mädchen und Jungen extensiv auszulegen (Roth 1997, S. 97, → *Kinder- und Jugendhilfegesetz*).

Öffnung der Einrichtungen für Minderheiten

Ein wichtiger Maßstab für die Leistungsfähigkeit eines Hilfesystems ist, ob es auch soziale Minderheiten erreicht (Hagemann-White 1992, S. 64). So ist z.B. bei vielen türkischen Mädchen, die sexuell missbraucht worden sind, die Angst, ihre Jungfräulichkeit und damit ihren Wert als Frau verloren zu haben auf Grund anderer kultureller Vorstellungen größer als bei deutschen Mädchen. Dem sollte möglichst durch eine multinationale Besetzung bestehender Beratungsteams oder durch Honorarverträge mit ausländischen Kollegen Rechnung getragen werden. Die Beratungsangebote sind zudem durch eine in den jeweiligen Sprachen verfasste Öffentlichkeitsarbeit bekannt zu machen. Außerdem ist es für viele ausländische Mädchen wichtig, dass sie bei Inobhutnahmen oder dauerhaften Unterbringungen nicht zusammen mit Jungen wohnen (Weber & Rohleder 1995, S. 161ff., → *Migrantinnen und Migranten*). Ähnliches gilt für Menschen mit Behinderungen: So müssen Beratungsstellen beispielsweise Zugänge für Rollstuhlfahrer bekommen.

Geschlechtsspezifische Angebote

Da viele sexuell missbrauchte Mädchen und Jungen sowie viele ihrer Vertrauenspersonen unbedingt von einer gleichgeschlechtlichen Person begleitet werden möchten, sollte ein geschlechtsdifferenziertes Hilfeangebot bestehen. Dringend erforderlich ist es zudem, dass es ein ausreichendes Angebot geschlechtsspezifischer Wohngruppen gibt (Finkel 1998, S. 366f.).

Zugang zum Hilfeangebot

Für die Akzeptanz von Beratungseinrichtungen bei den Hilfe Suchenden ist es wichtig, dass die Hilfen auch zugänglich sind. So ist beispielsweise für berufstätige Eltern sicherzustellen, dass auch Termine außerhalb der Regelöffnungszeiten, z.B. am Abend, angeboten werden. Außerdem müssen der Arbeitsablauf und die Beratungskapazitäten in den Einrichtungen so geplant werden, dass Kriseninterventionen möglichst noch am gleichen Tag möglich sind und betroffene Mädchen und Jungen umgehend einen Gesprächstermin erhalten können.

Finanzielle Absicherung der Einrichtungen

Ein Problem insbesondere der Spezialberatungsstellen ist, dass die Arbeit oft im Rahmen von Arbeitsbeschaffungsmaßnahmen geleistet wird. Dies führt dazu, dass ein erheblicher Teil der Energie zur Existenzsicherung des Projektes verwendet wird und in einigen dieser Beratungsstellen eine hohe Fluktuation der Mitarbeiter/innen zu beobachten ist. Dadurch sind die für eine sachgerechte Arbeit notwendigen Voraussetzungen oftmals nicht gegeben: Hilfe Suchenden kann keine langfristige und kontinuierliche Begleitung zugesagt werden und die personellen Wechsel senken die institutionelle Verlässlichkeit und lassen kaum längerfristige Arbeitskontakte zu (Weber & Rohleder 1995, S. 142 f.). Die Kinderschutzarbeit muss deshalb finanziell abgesichert werden. Vor dem Hintergrund der angespannten Haushalte in den Kommunen ist dies schwierig. Allerdings sollte bedacht werden, dass sich diese Investitionen auf Dauer rentieren: In der Vergangenheit hat sich bei Problemeskalationen von Jugendlichen im Nachhinein häufig herausgestellt, dass ein nicht erkannter sexueller Missbrauch das Problem verursacht hat. Wäre der sexuelle Missbrauch früher erkannt und mit angemessenen Hilfeangeboten darauf reagiert worden, hätte manche Eskalation (z. B. ein Suizidversuch mit anschließender Heimeinweisung) vermieden werden können.

Fallunabhängige Kooperation und Vernetzung

Eine fallunabhängige Zusammenarbeit der verschiedenen Einrichtungen der Jugendhilfe untereinander als auch eine multiprofessionelle Kooperation ist notwendige Voraussetzung dafür, dass die Hilfe im Einzelfall gelingt. Sie ermöglicht durch das gegenseitige Kennenlernen der unterschiedlichen gesetzlichen Rahmenbedingungen und Arbeitsweisen, dass die Grenzen der einzelnen Aufgaben- und Tätigkeitsbereiche klarer erkannt werden. So können die einzelnen Helfer schneller und sicherer einschätzen, wann es erforderlich ist, die fachliche Kompetenz anderer Professionen einzubeziehen. Dies verbessert nicht nur die Qualität der Arbeit, sondern hilft auch Reibungsverluste zwischen den beteiligten Helfern und Institutionen zu vermeiden. Wichtig ist auch das durch die Zusammenarbeit entstehende persönliche Verhältnis der beteiligten Personen, da es in dringenden Einzelfällen schnelle Kontakte zu den möglichen Kooperationspartnern erleichtert. Allerdings muss die Unabhängigkeit der einzelnen Helfer gewahrt bleiben.

Die folgenden zwei Kooperationsmodelle bieten sich entsprechend den Bedingungen vor Ort an (Weber & Rohleder 1995, S. 167 ff.):
– Innerhalb der Jugendhilfe sollten Arbeitskreise nach § 78 SGB VIII eingerichtet werden, die eine breite Beteiligung aller öffentlichen und freien Träger garantieren. Dort sollte ein Grundkonsens über die Vorgehensweisen beim Verdacht auf sexuellen Missbrauch hergestellt werden. Für die Kooperation im konkreten Einzelfall sollten verbindliche Absprachen getroffen und Handlungskonzepte erstellt werden, um Zufälligkeiten bei der Bearbeitung von Fällen auszuschließen und den Hilfe Suchenden den jeweils gleichen Hilfestandard unabhängig davon anzubieten, an welche Institution sie sich wenden. Die Vereinbarungen sollten veröffentlicht werden, damit sich alle Mitarbeiter der

Jugendhilfe und die Öffentlichkeit darüber informieren können. Aufgabe eines solchen Arbeitskreises ist es auch, Lücken im Hilfesystem festzustellen. Dazu gehört, dass fehlerhaft oder ungünstig verlaufende Kooperationen analysiert und daraus in einem ständigen Prozess Verbesserungsmöglichkeiten abgeleitet werden. Für die Schaffung solcher institutioneller Kooperationsprozesse innerhalb der Jugendhilfe trägt das Jugendamt die Verantwortung (→ *Jugendämter*). Ergänzt werden sollten solche Arbeitskreise in größeren Städten durch stadtteilbezogene Arbeitskreise, um die Kooperation vor Ort zu verbessern.
– Bisher bleiben die Kooperationskontakte vielerorts hauptsächlich innerhalb der Grenzen des jeweiligen Arbeitsfeldes. Deshalb sollten arbeitsfeldübergreifende Arbeitskreise gebildet werden, an denen alle Institutionen zu beteiligen sind, die mit Kindern und Familien zu tun haben, die Hilfen und Schutz für sexuell missbrauchte Mädchen und Jungen anbieten, die für die medizinische und psychosoziale Versorgung oder gerichtliche Maßnahmen zuständig sind. Auch hier sollten gemeinsame Handlungsstrategien abgesprochen und ein gewisser Grundkonsens über das Vorgehen beim Verdacht auf sexuellen Missbrauch hergestellt werden. Denkbar wäre zudem, dass sich als Ergänzung Unterarbeitskreise wie „Jugendhilfe und Polizei" oder „Jugendhilfe und Justiz" treffen.

Wie dringend erforderlich die Einrichtung solcher Arbeitskreise ist, belegt die Studie von Jörg Fegert, Christina Berger, Uta Klopfer, Ulrike und Gerd Lehmkuhl (2001). Ihre Befragung von knapp zweihundert im Bereich der Intervention beim Verdacht auf sexuellen Missbrauch sehr erfahrenen Fachkräften aus Berliner und Kölner Strafverfolgungsbehörden (n = 45), Familien- und Vormundschaftsgerichten (n = 34), Jugendämtern (n = 23), allgemeinen Beratungsstellen (n = 37), spezialisierten Beratungsstellen (n = 13) und medizinischen Einrichtungen (n = 28) kam u.a. zu folgenden Ergebnissen:
– Die Häufigkeit der genannten Kooperationskontakte zwischen den strafrechtlichen Instanzen und den Versorgungseinrichtungen werden nicht komplementär wahrgenommen. So benennen Polizei, Staatsanwaltschaft und Strafgericht deutlich mehr Kooperationskontakte mit den Beratungsstellen als diese ihrerseits rückantworten. Während z.B. 80 bis 100% der Strafverfolger eine Kooperation mit dem Jugendamt benennen, geben nur 14 bis 40% der befragten Jugendamtsvertreter eine Kooperation mit den strafrechtlichen Instanzen an (Fegert, Berger, Klopfer, Lehmkuhl & Lehmkuhl 2001, S. 60).
– Während die strafverfolgenden und die versorgenden Einrichtungen mit ihrer internen Kooperation überwiegend zufrieden sind, wird die Kooperation zwischen diesen beiden Interventionssträngen oftmals als belastet eingeschätzt. So sind z.B. 79% die befragten Polizisten mit der Kooperation mit den Jugendämtern unzufrieden (ebd., S. 62f.).
– Solche Bewertungen beruhen offensichtlich auf einer Unkenntnis der Aufgaben und gesetzlichen Vorschriften des jeweils anderen Interventionsstranges. So äußerten die befragten Polizisten „eine bis schon an die Kränkung rei-

chende persönliche Enttäuschung darüber, dass sie in jeden Fall die Jugendhilfe informierten und in der Regel keinerlei Rückmeldung über erfolgte Kinderschutzmaßnahmen erhielten. Die datenschutzrechtlichen Bestimmungen in der Jugendhilfe, die primäre Orientierung auf die Zusammenarbeit mit den Familiengerichten hin (§ 50 Abs. 3 KJHG) war den Kriminalpolizisten weitgehend unbekannt. Die Jugendamtsmitarbeiter waren empört darüber, dass viele Mitarbeiter der Kriminalpolizei wichtige Instrumente der Jugendhilfe wie z.B. die Inobhutnahme nicht kannten und damit akuten Schutzbedarf von Kindern nicht immer hinreichend Rechnung tragen konnten" (ebd., 16).
Neben den Informationsmängeln und Vorurteilen gegenüber dem jeweils anderen Interventionsstrang gibt es vielfach auch negative Erfahrungen, die dazu führen, dass die Strafverfolger/innen oftmals die Arbeit der Jugendhilfe als unprofessionell abqualifizieren, während die Jugendhilfe den anderen Institutionen vielfach Intoleranz gegenüber den kindlichen Bedürfnissen vorwirft. Diese negativen Vorerfahrungen, Urteile und Erwartungen sind offen anzusprechen, damit sie den Kooperationsprozess nicht behindern. Ein zusätzliches Problem innerhalb der Jugendhilfe ist, dass für die Einrichtungen eine zu große äußere Transparenz aus Angst, Schwächen in der eigenen Arbeit aufzudecken und deshalb weniger oder keine Gelder mehr zu bekommen, oft kontraproduktiv erscheint. Schließlich sind durch den Datenschutz der Kooperation gewisse Grenzen gesetzt (→ Datenschutz).

Literatur

Bange, D. & Deegner, G. (1996). *Sexueller Missbrauch an Kindern*. Weinheim: Psychologie Verlags Union.
Blum-Maurice, R. (1997). Sexuelle Gewalt: Vom Verdacht zur Entscheidung – Anforderungen an die fachliche Begleitung durch die Jugendhilfe. In: Verein für Kommunalwissenschaften e.V. (Hrsg.). *Aufgaben und Möglichkeiten der Jugendhilfe bei der Auseinandersetzung mit sexueller Gewalt gegen Kinder* (S. 80–86). Berlin.
Enders, U. (2001) (Hrsg.). *Zart war ich, bitter war's. Handbuch gegen sexuelle Gewalt an Mädchen und Jungen*. Völlig überarbeitete Neuausgabe. Köln: Kiepenheuer und Witsch.
Fegert, J. M., Berger, C., Klopfer, U., Lehmkuhl, U. & Lehmkuhl, G. (2001). *Umgang mit sexuellem Missbrauch. Institutionelle und individuelle Reaktionen. Forschungsbericht*. Münster: Votum.
Finkel, M. (1998). „Das Problem beim Namen nennen!" – Kinder und Jugendliche mit sexuellen Gewalterfahrungen in Hilfen zur Erziehung. In: D. Baur u. a.. *Leistung und Grenzen von Heimerziehung. Herausgegeben vom Bundesministerium für Familie, Frauen, Senioren und Jugend* (S. 351–385). Stuttgart: Kohlhammer.
Hagemann-White, C. (1992). *Strategien gegen Gewalt im Geschlechterverhältnis. Bestandsanalyse und Perspektiven*. Pfaffenweiler: Centaurus.
Harbeck, V. & Schade, G. (1994). *Institutioneller Umgang mit sexueller Kindesmisshandlung*. Kiel: Eigenverlag des Kinderschutzzentrums Kiel.
Hebenstreit-Müller, S. (1994). Arbeit mit sexuell missbrauchten Kindern und Jugendlichen. *Soziale Arbeit Heft 5*, 152–154.
Jugendamt der Landeshauptstadt Stuttgart (1996). *Gesamtkonzept zum Umgang mit dem Thema „Sexueller Missbrauch"*. Stuttgart.
Roth, G. (1997). *Zwischen Täterschutz, Ohnmacht und Parteilichkeit. Zum institutionellen Umgang mit „Sexuellem Missbrauch"*. Bielefeld: Kleine.

Weber, M. & Rohleder, C. (1995). *Sexueller Missbrauch. Jugendhilfe zwischen Aufbruch und Rückschritt.* Münster: Votum.

Zitelmann, M. (1998). Was man voneinander wissen muss – Anforderungen an die Aus-, Fort- und Weiterbildung aller Berufszweige, die in diesem Feld tätig sind. Zusammenfassung der Thesen der Arbeitsgruppe 5. In: Verein für Kommunalwissenschaften e. V. (Hrsg.): *Die Verantwortung der Jugendhilfe für den Schutz der Kinder vor sexueller Gewalt* (S. 24–29). Berlin.

Rechtsmittel

Hans-Alfred Blumenstein

Die Strafprozessordnung (StPO) kennt im Wesentlichen drei Rechtsmittel gegen gerichtliche und staatsanwaltschaftliche Entscheidungen, die sich formal und inhaltlich unterscheiden: *Beschwerde, Berufung* und *Revision.*

Rechtsmittel gegen Verfügungen der Staatsanwaltschaft (§§ 171 bis 177 StPO)

Gegen Abschlussverfügungen der *Staatsanwaltschaft (→ Staatsanwaltschaft),* durch die sie einem Antrag auf Erhebung der öffentlichen Klage keine Folge gibt oder durch die sie nach dem Abschluss der Ermittlungen das Verfahren einstellt, kann der Verletzte innerhalb von zwei Wochen nach der förmlichen Zustellung des Bescheids *Beschwerde* zur Generalstaatsanwaltschaft einlegen (§ 172 Abs. 1 StPO). Die Beschwerde kann bei der Generalstaatsanwaltschaft direkt oder – zweckmäßiger – bei der Staatsanwaltschaft, deren Verfügung angefochten werden soll, innerhalb der genannten Frist schriftlich eingelegt werden. Die Beschwerde führt zur nochmaligen Überprüfung des Falles in tatsächlicher und rechtlicher Hinsicht. Die Staatsanwaltschaft kann der Beschwerde abhelfen und die Ermittlungen wieder aufnehmen. Andernfalls legt sie die Akten der Generalstaatsanwaltschaft zur Entscheidung vor.

Gegen deren – ablehnende – Entscheidung kann binnen eines Monats nach Zustellung beim örtlich zuständigen Oberlandesgericht der *Antrag auf gerichtliche Entscheidung* gestellt werden. Diesen Antrag, der die Beachtung zahlreicher Förmlichkeiten verlangt, kann der Verletzte jedoch nicht selbst stellen. Vielmehr muss er damit einen Rechtsanwalt beauftragen. Die Einhaltung der Monatsfrist ist unbedingt zu beachten; andernfalls wird der Antrag ohne weitere Sachprüfung als verspätet zurückgewiesen (§ 172 Abs. 3 und 4 StPO).

Rechtsmittel gegen gerichtliche Entscheidungen (§§ 296 bis 358 StPO)

Beschwerde (§§ 304 bis 311a StPO)

Die Beschwerde ist gegen alle von den Gerichten im ersten Rechtszug oder im Berufungsverfahren erlassenen *Beschlüsse* und *Verfügungen* zulässig, soweit das Gesetz diese nicht ausdrücklich einer Anfechtung entzieht. Dies ist jedoch nur ganz ausnahmsweise der Fall (§ 305 StPO). Gegen Beschlüsse des Bundesgerichtshofs und des Oberlandesgerichts in der Revisionsinstanz ist keine Beschwerde möglich. *Gegen Urteile* ist jedoch nicht die Beschwerde, sondern allein *Berufung* oder *Revision* statthaft (siehe unten).

Mit der Beschwerde kann die inhaltliche und rechtliche Überprüfung der angefochtenen Entscheidung erreicht werden. Über Beschlüsse und Verfügungen des Amtsgerichts entscheidet das übergeordnete Landgericht, über Beschlüsse und Verfügungen des Landgerichts das Oberlandesgericht.

Die Beschwerde ist bei dem Gericht, dessen Entscheidung angefochten wird, schriftlich oder zu Protokoll der Geschäftsstelle dieses Gerichts einzulegen (§ 306 StPO). Soweit es sich um keine *sofortige Beschwerde* (siehe unten) handelt – darauf wird in einer beigelegten Rechtsmittelbelehrung oder in der angefochtenen Entscheidung selbst ausdrücklich hingewiesen – ist die Beschwerde an keine Frist gebunden.

Das Gericht, dessen Entscheidung angefochten wird, kann der Beschwerde abhelfen (Ausnahme sofortige Beschwerde). Geschieht dies nicht, wird die Beschwerde dem übergeordneten Gericht als Beschwerdegericht vorgelegt. Die Vorlage soll innerhalb von drei Tagen erfolgen; dies ist jedoch keine zwingende Vorschrift. Das Beschwerdegericht entscheidet dann in der Sache selbst: es gibt der Beschwerde ganz oder teilweise statt oder verwirft sie. Im letzteren Fall muss der Beschwerdeführer die Kosten des Rechtsmittels und seine etwaigen Anwaltskosten selbst tragen.

Für die sofortige Beschwerde (§ 311 StPO) gelten folgende Besonderheiten: Die sofortige Beschwerde, die nur im Einzelfall vom Gesetz besonders vorgesehen ist (etwa beim Bewährungswiderruf), beträgt die Frist zur Einlegung eine Woche ab Zustellung der Entscheidung. Innerhalb dieser Frist muss das Rechtsmittel bei dem Gericht, dessen Beschluss angefochten wird, eingegangen sein; andernfalls wird es ohne Sachprüfung als unzulässig, weil verspätet, kostenpflichtig verworfen. Der Beschwerdeführer wird jedoch stets bei der Zustellung der angefochtenen Entscheidung darauf hingewiesen, dass hier nur sofortige Beschwerde zulässig ist und dass die Frist zu deren Einlegung eine Woche beträgt. Fehlt diese Belehrung, obwohl es sich um eine sofortige Beschwerde handelt, kann die *Wiedereinsetzung in den vorigen Stand* beantragt werden (§ 44 StPO).

Berufung (§§ 312 bis 332 StPO)

Gegen Urteile des Amtsgerichts (Strafrichter als Einzelrichter oder Schöffengericht) ist Berufung zulässig. Mit der Berufung kann die tatsächliche *und* rechtliche Überprüfung des angefochtenen Urteils erreicht werden im Gegensatz zur Revision, die lediglich eine rechtliche Kontrolle ermöglicht (siehe unten). Auch dem Nebenkläger steht dieses Rechtsmittel zur Verfügung, wenn auch in leicht eingeschränkter Form (§ 400 StPO, siehe → *Nebenklage*); in der Regel kann der Nebenkläger nur gegen ein Freisprechendes Urteil vorgehen, allerdings nicht, wenn er nur mit der Strafhöhe nicht einverstanden ist.

Berufung muss binnen einer Woche nach Verkündung des Urteils schriftlich oder zu Protokoll der Geschäftsstelle des Gerichts, das das Urteil erlassen hat, eingelegt werden. Inhaftierte können das Rechtsmittel auch bei dem für ihren Haftort zuständigen Amtsgericht einlegen. Fristversäumung führt zur Verwerfung des Rechtsmittels ohne weitere Sachprüfung als unzulässig auf Grund der Verspätung. Eine Begründung kann, muss aber nicht erfolgen; sie kann auch nachgereicht werden. Die Berufung kann auch auf bestimmte Beschwerdepunkte beschränkt werden, etwa auf einzelne Fälle oder auf das Strafmaß. Letzteres gilt nicht bei der Nebenklage.

Die Akten werden sodann dem Landgericht als dem für Berufungen gegen Urteile des Amtsgerichts zuständigen Gericht vorgelegt. Es beraumt einen Termin zur Hauptverhandlung an, wenn das Rechtsmittel rechtzeitig eingelegt wurde. Der Gang der Hauptverhandlung folgt den Regeln für das Verfahren erster Instanz, das heißt, es werden in der Regel auch alle Zeugen erneut vernommen. In Fällen sexuellen Missbrauchs würde das bedeuten, dass die Tatopfer noch einmal vernommen werden müssen. Man sollte deshalb von Seiten der Betreuungspersonen bei der Staatsanwaltschaft darauf hinwirken, dass die Anklage nicht beim Amtsgericht, sondern gleich beim Landgericht erhoben wird, um dem Tatopfer auf diese Weise eine zweite Tatsacheninstanz zu ersparen. Gegen Urteile des Landgerichts in erster Instanz gibt es nur die Revision (siehe unten) ohne weitere Beweiserhebung.

Bleibt ein Angeklagter beim Berufungstermin trotz ordnungsgemäßer Ladung unentschuldigt aus, wird sein Rechtsmittel ohne weitere Sachprüfung verworfen.

Revision (§§ 333 bis 358 StPO)

Gegen Urteile des Landgerichts in erster Instanz und gegen Berufungsurteile des Landgerichts ist Revision zulässig. Eine Berufung gegen Urteile des Landgerichts gibt es nicht. Gegen Urteile des Amtsgerichts ist *anstelle* der Berufung ebenfalls Revision möglich (sog. Sprungrevision). Bei Anwendung des Jugendstrafrechts indessen gibt es nur einen einstufigen Rechtsmittelzug: Wer gegen ein Urteil des Amtsgerichts Berufung eingelegt hat, kann gegen das Berufungsurteil kein weiteres Rechtsmittel, also insbesondere nicht Revision einlegen; gegen ein erstinstanzliches Urteil des Landgerichts hat auch er nur die Revision. Diese führt im letzteren Fall zum Bundesgerichtshof. Zur Entscheidung über Revisionen gegen Urteile des Amtsgerichts oder Berufungsurteile des Landgerichts sind dagegen die Oberlandesgerichte zuständig.

Die Revision kann *nur* darauf gestützt werden, dass das angefochtene Urteil auf einer Verletzung des Gesetzes beruhe (§ 337 StPO). Eine Überprüfung der im angefochtenen Urteil festgestellten Tatsachen findet nicht mehr statt. In der Revision geht es in erster Linie darum zu überprüfen, ob die Verfahrensvorschriften eingehalten und die Strafgesetze zutreffend angewendet wurden.

Revision muss binnen einer Woche nach Verkündung des Urteils schriftlich oder zu Protokoll der Geschäftsstelle des Gerichts, das das Urteil erlassen hat, eingelegt werden. Inhaftierte Angeklagte können das Rechtsmittel auch zu Protokoll der Geschäftsstelle des Amtsgericht geben, in dessen Bezirk die Vollzugsanstalt liegt, in der sie einsitzen. Fristversäumung führt zur Verwerfung des Rechtsmittels ohne weitere Sachprüfung.

Die Revision muss im Gegensatz zur Berufung innerhalb eines Monats nach Zustellung des Urteils begründet werden. Andernfalls wird sie ohne Sachprüfung verworfen. Die Begründung kann jedoch nur durch einen Rechtsanwalt oder zu Protokoll der Geschäftsstelle des Gerichts, dessen Urteil angefochten wird, erfolgen. Gesetz und Rechtsprechung stellen hohe – auch formale – Ansprüche an die Begründung. Das Revisionsgericht entscheidet in der überwiegenden Mehrzahl der Fälle ohne mündliche Verhandlung. Es kann die Revision verwerfen oder das angefochtene Urteil ganz oder teilweise aufheben. Im letzteren Fall wird die Sache in der Regel zu neuer Entscheidung zurückverwiesen, nur in Ausnahmefällen entscheidet das Revisionsgericht bei dieser Sachlage selbst.

Risiko- und Schutzfaktoren in der Ätiologie und Bewältigung von Misshandlung und Vernachlässigung

Doris Bender und Friedrich Lösel

Seit der Konzeption des „battered child syndrome" (Kempe, Silverman, Steele, Droegemueller & Silver, 1962) sind in der Forschung zu Misshandlung und Vernachlässigung von Kindern wesentliche Erkenntnisfortschritte erzielt worden. Sie verdeutlichen, dass deren Ätiologie und Folgen durch das Zusammenwirken multipler Faktoren auf unterschiedlichen Ebenen bedingt sind (z.B. Belsky, 1993). Methodische Probleme erschweren z.T. eindeutige Wirkungshypothesen und die Generalisierbarkeit von Ergebnissen (z.B. Cicchetti, 1994). Diese betreffen u.a. die Definition und die Erfassung der verschiedenen Missbrauchsphänomene (vgl. Manly, Cicchetti & Barnett, 1994), die multiple Viktimisierung von Kindern (vgl. Wetzels, 1997) und die Konfundierung mit anderen Risiken, z.B. Alkoholproblemen, psychischen Störungen der Eltern oder massiven Konflikten in der Familie etc. (vgl. Heller, Larrieu, D'Imperio & Boris, 1999).

Da sowohl hinsichtlich der Ätiologie als auch der Folgen von Misshandlung *(→ Kindesmisshandlung)* und Vernachlässigung *(→ Vernachlässigung)* die meisten Zusammenhänge nur moderat sind, hat sich die Konzeption von Modellen als notwendig erwiesen, die neben multiplen Risikofaktoren auch das Zusammenspiel mit Schutzfaktoren auf unterschiedlichen Ebenen berücksichtigen (vgl. Cicchetti & Toth, 1995). Diese fragen nicht nur, warum es unter bestimmten Bedingungen zu Misshandlung kommt, sondern auch warum sie unter ähnlichen Umständen vermieden werden kann, bzw. warum manche Opfer Erlebens- und Verhaltensprobleme entwickeln, während andere die negativen Erfahrungen relativ gut verarbeiten und psychisch gesund bleiben. Die pathologische Perspektive mit ihrem Fokus auf Störung und Krankheit sowie Risiken und Defiziten wird somit durch eine salutogenetische ergänzt, die sich mit psychosozialer Gesundheit sowie personalen und sozialen Ressourcen befasst (Bender & Lösel, 1998). Sie betrachtet jene protektiven Faktoren und Prozesse, die eine relativ gesunde Entwicklung trotz risikohafter Bedingungen ermöglichen. Dieses Phänomen der „Resilienz" oder „psychischen Widerstandskraft" ist nicht als eine absolute, sondern als eine relative Widerstandsfähigkeit gegenüber belastenden Lebensumständen und -ereignissen zu verstehen, die über die Zeit und Umstände hinweg variiert und auf komplexen Interaktionen von Anlage und Umwelt sowie Person und Situation basiert (vgl. Lösel, Kolip & Bender, 1992; Rutter, 1990).

Hinsichtlich des Zusammenwirkens von Risiko- und Schutzfaktoren existieren unterschiedliche Modellvorstellungen. Im kompensatorischen Modell wird gesunde Entwicklung als das Resultat eines Gleichgewichts zwischen diesen Faktoren konzipiert (z.B. Werner & Smith, 1992). Eine Störungsentwicklung wird v.a. bei der Kumulation von Risiken wahrscheinlich. Einen solchen Zusammenhang konnten wir in einer Studie an Jugendlichen aus schwierigsten familiären Verhältnissen empirisch bestätigen (Lösel, Kolip & Bender, 1992). Missbrauch, Misshandlung und Vernachlässigung treten nach diesem Modell auf, weil vorhandene Risiken (z.B. biographische Belastungen oder Kompetenzdefizite der Eltern) die Schutzfaktoren (z.B. Bewältigungsfähigkeiten oder soziale Ressourcen) übersteigen (Bender & Lösel, 1997a). Negative Auswirkungen beim Kind können in Abhängigkeit von Schwere, Häufigkeit und Dauer der erfahrenen Gewalt – zumindest teilweise – durch personale oder soziale Schutzfaktoren des Kindes kompensiert werden. Protektive Faktoren sind aber nicht einfach die „Kehrseite der Medaille" von Risikofaktoren. Aus Gründen der konzeptuellen Klarheit sollte man nur dann von Schutzfaktoren sprechen, wenn die Auswirkungen eines konkreten Risikos, z.B. der Misshandlung, gemindert bzw. moderiert wird (vgl. Rutter, 1990). Eine solche Sichtweise schließt somit eine prozessuale Betrachtung der jeweils zugrundeliegenden Mechanismen ein (Lösel & Bender, in press). Die Resilienzforschung hat auch verdeutlicht, dass die Wirkung einzelner Faktoren im Kontext anderer Einflüsse gesehen werden muss (z.B. Richters & Martinez, 1993; Rutter, 1990). In unserer Studie konnten wir z.B. zeigen, dass die soziale Unterstützung in Abhängigkeit vom Ausmaß der individuellen Erlebens- und Verhaltensprobleme sowohl Risiko- als auch Schutzfunktion haben konnte (Bender & Lösel, 1997b). Trotz solcher komplexer Zusammenhänge gibt es aber auch mehr verallgemeinerbare Ergebnisse zu protektiven Faktoren unter verschiedenen Risikobedingungen (vgl. Bender & Lösel, 1998; Kaufman, Cook, Arny, Jones & Pittinsky, 1994), die auch für die Ätiologie und die Bewältigung von Misshandlung und Vernachlässigung wichtig sind. Im Folgenden werden diese skizziert.

Risiko- und Schutzfaktoren in der Ätiologie von Misshandlung und Vernachlässigung

In der Forschung zur Entstehung von Misshandlung wurden insbesondere Merkmale der Eltern, des Kindes, der Eltern-Kind-Interaktionen, der außerfamiliären Beziehungen sowie kulturelle und gesellschaftliche Faktoren untersucht. Hinsichtlich der *elterlichen Merkmale* konzentrierte sich die Forschung auf die Kindheit misshandelnder Eltern, deren Persönlichkeit und psychische Ressourcen. Untersuchungen zum „cycle of violence" zeigen, dass etwa 30% der

Eltern die selbst erfahrene Gewalt an ihre Kinder weitergeben (Kaufman & Zigler, 1993). Die höchste Rate aktiver Gewalt gegen die eigenen Kinder ist bei jenen Müttern zu finden, die nicht nur in ihrer Kindheit Opfer elterlicher Misshandlung waren, sondern zugleich auch als Erwachsene durch schwere innerfamiliäre (Partner-)Gewalt reviktimisiert wurden (Wetzels, 1997). Dass Viktimisierungen in der Kindheit die Wahrscheinlichkeit erhöhen, zu einem späteren Zeitpunkt selbst Täter zu werden, konnte auch für andere Gewaltbereiche bestätigt werden (z.B. Gewaltverbrechen; z.B. Farrington, 1995). Aus lerntheoretischer Perspektive werden aggressive Verhaltensweisen über Modellernen und direkte Verstärkung erworben (vgl. Bandura, 1979). Nach bindungstheoretischen Vorstellungen verinnerlichen Kinder die unangemessenen elterlichen Reaktionen auf ihre Bedürfnisse und Signale in einem inneren Repräsentationsmodell (Bowlby, 1980; vgl. auch Dornes, 1997). Solche Schemata von wiederkehrenden Reaktionsmustern sind später handlungsleitend und werden auch in sozialkognitiven Lerntheorien betont (z.B. Huesmann, 1994).

Dass der Gewalttransfer in die nächste Generation nur bei einer Teilgruppe stattfindet, kann auf kompensierende protektive Mechanismen zurückgeführt werden (vgl. Kaufman & Zigler, 1989). Ein breit wirksamer Schutzfaktor ist z.B. eine emotional warme, zuverlässige und unterstützende Beziehung zum anderen Elternteil oder zu einer anderen Bezugsperson (z.B. Langeland & Dijkstra, 1995). Mit zunehmender Selbständigkeit des Kindes kommen weitere protektive Mechanismen hinzu (vgl. Bender & Lösel, 1998). Hierzu zählen v.a. Erfahrungen des Selbstwerts, die durch Bestätigungen in schulischen Leistungen, sportlichen Aktivitäten oder anderen Hobbies erworben werden können (Werner & Smith, 1992). Auch eine gute Begabung kann vor der Weitergabe selbst erfahrener Gewalt schützen (z.B. Malinosky-Rummel & Hansen, 1993). Im Erwachsenenalter scheint für ein fürsorgliches Erziehungsverhalten von Frauen gegenüber den eigenen Kindern v.a. der positive Einfluss einer guten, unterstützenden Beziehung zum momentanen Partner oder Ehemann zu sein (z.B. Belsky, Youngblade & Pensky, 1990; Rutter, 1990). Die „glückliche Wahl" eines solchen Partners war insbesondere bei jenen Frauen zu beobachten, die ein allgemein besseres Planungsverhalten und ein ausgeprägteres Erleben von Selbstwirksamkeit aufwiesen (Rutter, 1990). Ein weiterer protektiver Faktor in der Überwindung des Kreislaufs der Gewalt scheint die physische Attraktivität von Frauen zu sein (Belsky et al., 1990), wobei hier weniger rein biologische Aspekte wirksam sind als vielmehr deren Zusammenspiel mit Merkmalen der Umgebung. Ein attraktives Äußeres erleichtert die Interaktion mit anderen Personen, wodurch soziale Fertigkeiten und emotionale Stabilität leichter erworben werden können (Belsky, 1993). Schließlich scheint ein Durchbrechen des Zyklus möglich zu sein, wenn ehemals misshandelte Personen diese negativen Erfahrungen in einer therapeutischen Beziehung aufgearbeitet haben und sich innerlich distanzieren können (z.B. Pianta, Egeland & Erickson, 1989; Langeland & Dijkstra, 1995).

Neben den Gewalterfahrungen in der eigenen Kindheit wurden psychische Störungen und Persönlichkeitsdefizite bei misshandelnden Eltern postuliert. Der empirische Forschungsstand hierzu ist jedoch nur teilweise konsistent. In einigen Studien wurden bei misshandelnden Eltern Probleme der Impulskontrolle, ein geringes Selbstwertgefühl, eine eingeschränkte Empathiefähigkeit und emotionale Labilität beobachtet (z.B. Pianta et al., 1989). Es fanden sich wiederholt auch Zusammenhänge zwischen affektiven Störungen (Depression, Ängstlichkeit) und feindseliger, zurückweisender Versorgung sowie bindungslosem und nicht responsivem Elternverhalten (Gelfand & Teti, 1990). Die eigentlichen Vermittler in diesem Zusammenhang scheinen jedoch kognitive Prozesse, wie Attributionen und Kontrollerleben, bei den Eltern zu sein. Negative elterliche Attributionsmuster führen z.B. eher dazu, einem schwierigen kindlichen Verhalten Absicht und Böswilligkeit zuzuschreiben und darauf negativ und misshandelnd zu reagieren (MacKinnon-Lewis, Lamb, Arbuckle, Baradoran & Volling, 1992). Eltern mit geringen Kontrollüberzeugungen sehen in diesen Situationen auch weniger Möglichkeiten, das Kind zu beeinflussen, und erleben diese dann eher als bedrohlich. Sie reagieren mit erhöhter Erregung und einem stärkeren negativen Affekt, was wiederum ein aggressives Überreagieren begünstigt (Bugental, Mantyla & Lewis, 1989).

Eltern-Kind-Interaktionen waren Gegenstand vieler Untersuchungen. Vernachlässigende und misshandelnde Eltern verhielten sich z.B. weniger unterstützend und emotional responsiv sowie kontrollierender und häufiger unterbrechend. Sie reagierten wenn nicht offen, so doch öfter verdeckt feindselig (z.B. Bousha & Twentyman, 1984; Crittenden, 1985).

Auf *kindlicher Seite* sind es v.a. die Kinder mit schwierigem Temperament, die eine besondere Herausforderung für die elterliche Fürsorgekompetenz darstellen. „Schwierige" Kinder sind leicht irritierbar, wenig regelmäßig in biologischen Funktionen, schreien häufig und sind schwer zu beruhigen, zeigen Rückzug und stark negative Reaktionen auf neue Reize und Umgebungen etc. Prospektive Studien weisen jedoch daraufhin, dass sich später misshandelte Kinder nach der Geburt und in den ersten drei Lebensmonaten verhaltensmäßig nicht von den später gut versorgten Kindern unterschieden (Engfer, 1991; Laucht, 1990). Auch die Kinder von ablehnenden bzw. vernachlässigenden Müttern zeigten noch im Alter von drei Monaten keine Auffälligkeiten in ihrem Interaktionsverhalten. Kindliche Verhaltensprobleme sind daher primär als Folge unangemessenen elterlichen Erziehungsverhaltens zu interpretieren (z.B. Esser & Weinel, 1990; Pianta et al., 1989). Die Qualität der Mutter-Kind-Interaktion ist auch ein besserer Prädiktor für die sozial-emotionale Entwicklung des Kindes als dessen Temperamentseigenschaften. Für Kinder mit schwierigem Temperament ist das Risiko für negative Interaktionen und spätere Misshandlung v.a. dann erhöht, wenn sie auf selbst überlastete, unkontrollierte und wenig kompetente Eltern treffen (vgl. Moffitt, 1993).

Hinsichtlich der *außerfamiliären Beziehungen* wurden ebenfalls einige spezifische Merkmale misshandelnder und vernachlässigender Familien festgestellt. Misshandlungsfamilien haben z. B. weniger Kontakt, erhalten weniger Hilfe von ihrer Familie und der Verwandtschaft, sind sozial isolierter und weisen kleinere soziale Netzwerke auf (z.b. Whipple & Webster-Stratton, 1991). Ähnlich wie bei den elterlichen Merkmalen scheint der soziale Rückzug mit bestimmten Wahrnehmungen und Attributionen einherzugehen. Vernachlässigende Familien beschrieben z.b. ihre Nachbarschaft als unfreundlich und wenig hilfsbereit, während „normale" Familien ein ganz anderes Bild von derselben Nachbarschaft zeichneten (Polansky, Gaudin, Ammons & Davis, 1985).

Neben den genannten Merkmalen kommen *kulturelle* und *gesellschaftliche* Faktoren hinzu, die als Rahmenbedingungen Einstellungen gegenüber Kindern sowie die formelle und informelle Toleranz gegenüber gewalttätiger und vernachlässigender Erziehung beeinflussen (vgl. Bender & Lösel, 1997a). Hierzu gehören auch Defizite in der gesellschaftlichen Sensibilisierung für Misshandlung und Vernachlässigung sowie Kommunikationsprobleme im System der Familien- und Jugendhilfe (Lösel, Holzberger & Bender, 1999).

Insgesamt ist entscheidend, ob die verfügbaren personalen und sozialen Ressourcen der Eltern vorhandene Defizite und Belastungen zu kompensieren vermögen. Auf der Ebene der unmittelbaren Eltern-Kind-Interaktionen sprechen die dargestellten Ergebnisse für folgenden typischen Entstehungszusammenhang (vgl. Belsky, 1993): Selbst durch psychische, ökonomische und andere Stressoren belastete, sozial eher isolierte, wenig responsive Eltern(teile) ärgern sich über ihr Kind, versuchen es in relativ starrer Weise physisch und instrumental zu kontrollieren, regen sich jedoch – auch durch Zuschreibung negativer Absichten beim Kind – so sehr auf, dass sie die Kontrolle über sich verlieren und die als Disziplinierung gedachte Maßnahme über das Ziel hinausschießt. Dieser Prozess wird durch die Erfahrung von Misshandlungen in der eigenen Kindheit geformt und festigt sich durch kumulierte Lebensprobleme sowie Merkmale und Handlungen des Kindes. Umgekehrt tragen eine gute Beziehung zum Partner, Unterstützung von außen, soziale Kompetenzen, die konstruktive Auseinandersetzung mit eigenen Gewalterfahrungen und andere protektive Faktoren dazu bei, das Misshandlungsrisiko bei ansonsten gefährdeten Eltern zu mindern.

Risiko- und Schutzfaktoren hinsichtlich der Folgen einer Viktimisierung

Die Folgen von Misshandlung und Vernachlässigung sind ähnlich komplex und multifaktoriell bedingt wie die Ursachen. Aus entwicklungspsychologischer Perspektive kann v. a. die Misshandlung durch die primäre Versorgungsperson in der frühen Kindheit mit weit reichenden Folgen verbunden sein, da sie die Organisation und Entwicklung der Bindungsbeziehungen und des Selbst, der Regulation und Integration des emotionalen, kognitiven, motivationalen und sozialen Verhaltens gefährdet. Diese Merkmale sind die wesentlichen Anpassungsleistungen in dieser Entwicklungsperiode (Cicchetti, 1990). Dementsprechend zeigte die Forschung folgende Auswirkungen bei misshandelten Kindern: (1) Probleme mit der Affektregulation; (2) Entwicklung unsicherer Bindungen zu den primären Bezugspersonen; (3) Störungen in der Entwicklung ihres Selbst; (4) Probleme in ihren Beziehungen zu Gleichaltrigen; (5) Schwierigkeiten in der erfolgreichen Anpassung an den schulischen Kontext und (6) ein erhöhtes Risiko für Verhaltensprobleme und andere psychopathologische Symptome (vgl. Cicchetti, Rogosch, Lynch & Holt, 1993; Egeland, 1997).

Gleichwohl sind nicht alle misshandelten Kinder von diesen Problemen betroffen, und das Studium des Genesungsprozesses von Kindern nach fortgesetzter und schwerer Kindesmisshandlung haben eindrucksvoll das menschliche Regenerationspotenzial verdeutlicht (z.B. Skuse, 1984): Viele Aspekte der kognitiven und sozialen Entwicklung sind robust und „selbst ausrichtend". Unter den kognitiven Funktionen weist die Sprache die größte Vulnerabilität auf. Extreme Mangelernährung geht mit begrenzter Erholung einher, und der wichtigste protektive Faktor im Genesungsprozess ist die liebevolle Versorgung durch eine Pflegemutter.

Grundsätzlich lässt sich zu den Langzeitfolgen von mehr oder weniger extremen Formen von Misshandlung und Vernachlässigung sagen, dass die Auswirkungen besonders ungünstig sind, wenn es zur Misshandlung durch mehrere Personen kommt, verschiedene Misshandlungsformen vorliegen und das zentrale Nervensystem verletzt wird (vgl. Malinosky-Rummell & Hansen, 1993). Dabei können organische Defizite (durch Verletzungen, Mangelernährung etc.) die Anpassung auch insofern reduzieren, als sie z.B. die Lernfähigkeit beeinträchtigen, Problemlösekompetenzen verhindern, zu erhöhter emotionaler Labilität beitragen und dadurch weitere risikohafte Prozesse auslösen (vgl. auch Moffitt, 1993). Neben therapeutischen Prozessen spielen auch hier jene „natürlichen" Schutzfaktoren eine Rolle, die sich bereits beim Durchbrechen des Gewalttransfers als bedeutsam erwiesen haben. Dazu gehören (a) eine gute und dauerhafte Beziehung zu einem wichtigen und kompetenten Erwachsenen (z.B. Verwandte, Lehrer, Pfarrer), der auch als ein Modell für die Problemlösung fungieren kann; (b) überdurchschnittliche Intelligenz, internale Kontrollüberzeugungen, Lern- und Anpassungsfähigkeit, physische Attraktivität, soziale Kompetenzen; (c) ein Bereich, in dem die Kinder Erfahrungen der Kompetenz, Selbstwirksamkeit und des positiven Selbstwerts entwickeln können (z.B. akademischer, sportlicher, künstlerischer oder handwerklicher Natur); (d) emotionale Unterstützung, Sinn und Struktur auch außerhalb der Familie, z.B. in Schule, Heim oder Kirche (z.B. Cicchetti & Rogosch, 1997; Herrenkohl, Herrenkohl & Egolf, 1994; Masten et al., 1990; Moran & Eckenrode, 1992).

Einen wesentlichen Einfluss auf die kindliche Entwicklung hat auch die posttraumatische Umgebung: Kindliche Störungen milderten sich in dem Maße, in welchem sich die Versorgungsumgebung verbesserte (Crittenden, 1985). Positive Effekte wurden z.B. beobachtet, wenn das Kind aus der Missbrauchsfamilie entfernt wurde (Rutter, 1979). Diese Ergebnisse sprechen für die starke Bedeutung der sozialen Ressourcen für die Entwicklung von Kindern und Jugendlichen. In unserer Studie waren diese für eine erfolgreiche psychosoziale Anpassung bedeutsamer als die personalen (vgl. Bender, 1995; Lösel & Bliesener, 1994).

Die genannten Merkmale sollten zwar nicht zu pauschal als „protektiv" interpretiert werden, gleichwohl bieten sie vielfältige Ansatzpunkte für formelle und informelle Maßnahmen der Prävention und möglichst frühzeitigen Intervention (Lösel & Bender, 1999).

Literatur

Bandura, A. (1979). *Sozial-kognitive Lerntheorie.* Stuttgart: Klett.
Belsky, J. (1993). Etiology of child maltreatment: A developmental-ecological analysis. *Psychological Bulletin, 114,* 413–434.
Belsky, J., Youngblade, L. & Pensky, L. (1990). Childrearing history, marital quality and maternal affect: Intergenerational transmission in a low-risk sample. *Development and Psychopathology, 1,* 294–304.
Bender, D. (1995). *Psychische Widerstandskraft im Jugendalter: Eine Längsschnittstudie im Multiproblem-Milieu.* Dissertation. Universität Erlangen-Nürnberg.
Bender, D. & Lösel, F. (1997a). Risiko- und Schutzfaktoren in der Genese und Bewältigung von Mißhandlung und Vernachlässigung. In U. T. Egle, S.O. Hoffmann & P. Joraschky (Hrsg.), *Sexueller Mißbrauch, Mißhandlung, Vernachlässigung* (S. 35–53). Stuttgart: Schattauer.
Bender, D. & Lösel, F. (1997 b). Protective and risk effects of peer relations and social support on antisocial behaviour in adolescents from multi-problem milieus. *Journal of Adolescence, 20,* 661–678.
Bender, D. & Lösel, F. (1998). Protektive Faktoren der psychisch gesunden Entwicklung junger Menschen: Ein Beitrag zur Kontroverse um saluto- versus pathogenetische Ansätze. In J. Margraf, J. Siegrist & S. Neumer (Hrsg.), *Gesundheits- oder Krankheitstheorie?* (S. 117–145). Berlin: Springer.
Bousha, D., & Twentyman, C. (1984). Mother-child interactional style in abuse, neglect, and control groups. *Journal of Abnormal Psychology, 93,* 106–114.
Twentyman, C. (1980). *Attachment and loss: Vol 3. Loss, sadness and depression.* New York: Basic Books.
Bugental, D. B., Mantyla, S. M. & Lewis, J. (1989). Parental attributions as moderators of affective communications to children at risk for physical abuse. In D. Cicchetti & V. Carlson (Eds.), *Child maltreatment* (pp. 254–279). New York: Cambridge University Press.
Cicchetti, D. (1990). The organization and coherence of socioemotional, cognitive, and representational development: Illustrations through a developmental psychopathology perspective on Down syndrome and child maltreatment. In R. Thompson (Ed.), *Nebraska symposium on motivation, Vol. 36: Socioemotional development* (pp. 259–366). Lincoln, NB: University of Nebraska Press.
Cicchetti, D. (1994). Editorial: Advances and challenges in the study of the sequelae of child maltreatment. *Development and Psychopathology, 6,* 1–3.
Cicchetti, D. & Toth, S. L. (1995). A developmental psychopathology perspective on child abuse and neglect. *Journal of the American Academy of Child and Adolescent Psychiatry, 34,* 541–565.
Cicchetti, D., & Rogosch, F. A. (1997). The role of self-organization in the promotion of resilience in maltreated children. *Development and Psychopathology, 9,* 797–815.
Cicchetti, D., Rogosch, F. A., Lynch, M. & Holt, K. D. (1993). Resilience in maltreated children: Processes leading to adaptive outcome. *Development and Psychopathology, 5,* 629–647.
Crittenden, P. M. (1985). Maltreated infants: Vulnerability and resilience. *Journal of Child Psychology and Psychiatry, 26,* 85–96.

Dornes, M. (1997). Vernachlässigung und Mißhandlung aus der Sicht der Bindungstheorie. In U. T. Egle, S. O. Hoffmann & P. Joraschky (Hrsg.), *Sexueller Mißbrauch, Mißhandlung, Vernachlässigung* (S. 65–78). Stuttgart: Schattauer.
Egeland, B. (1997). Mediators of the effects of child maltreatment on development adaptation in adolescence. In D. Cicchetti & S. L. Toth (Eds.), *Developmental perspectives on trauma: Theory, research, and intervention.* Rochester symposium on developmental psychology, Vol. 8 (pp. 403–434). Rochester, NY: University of Rochester Press.
Engfer, A. (1991). Prospective identification of violent mother-child relationships. Child outcomes at 6.3 years. In G. Kaiser, H. Kury, & H.-J. Albrecht (Eds.), *Victims and Criminal Justice* (pp. 415–458). Freiburg i. Br.: Max-Planck-Institut für ausländisches und internationales Strafrecht.
Esser, G. & Weinel, H. (1990). Vernachlässigende und ablehnende Mütter in Interaktion mit ihren Kindern. In J. Martinius & R. Frank (Hrsg.), *Vernachlässigung, Mißbrauch und Mißhandlung von Kindern* (S. 22–39). Bern: Huber.
Farrington, D. P. (1995). Stabilität und Prädiktion von aggressivem Verhalten. *Gruppendynamik, 26,* 23–40.
Gelfand, D. & Teti, D. (1990). The effects of maternal depression on children. *Clinical Psychology Review, 10,* 329–353.
Heller, S. S., Larrieu, J. A., D'Imperio, R. & Boris, N. W. (1999). Research on resilience to child maltreatment: Empirical considerations. *Child Abuse and Neglect, 23,* 321–338.
Herrenkohl, E. C., Herrenkohl, R. & Egolf, M. (1994). Resilient early school-age children from maltreating homes: Outcomes in late adolescence. *American Journal of Orthopsychiatry, 64,* 301–309.
Huesmann, L. R. (Ed.) (1994). *Aggressive behavior: Current perspectives.* New York: Plenum Press.
Kaufman, J., Cook, A., Arny, L., Jones, B., & Pittinsky, T. (1994). Problems defining resiliency: Illustrations from the study of maltreated children. *Development and Psychopathology, 6,* 215–229.
Kaufman, J. & Zigler, E. (1989). The intergenerational transmission of child abuse. In D. Cicchetti & V. Carlson (Eds.), *Child maltreatment* (pp. 129–150). Cambridge, NY: Cambridge University Press.
Kaufman, J. & Zigler, E. (1993). The intergenerational transmission of abuse is overstated. In R. J. Gelles & D. R. Loseke (Eds.), *Current controversies on family violence* (pp. 209–221). London: Sage.
Kempe, C. H., Silverman, F. N., Steele, B. B., Droegemueller, W. & Silver, H. K. (1962). The battered child syndrome. *JAMA, 181,* 17–24.
Langeland, W. & Dijkstra, S. (1995). Breaking the intergenerational transmission of child abuse: Beyond the mother-child relationship. *Child Abuse Review, 4,* 4–13.
Laucht, D. (1990). Individuelle Merkmale mißhandelter Kinder. In J. Martinius & R. Frank (Hrsg.), *Vernachlässigung, Mißbrauch und Mißhandlung von Kindern* (S. 39–48). Bern: Huber.
Lösel, F. (1994). Protective effects of social resources in adolescents at high risk for antisocial behavior. In H.-J. Kerner & E. G. M. Weitekamp (Eds.), *Cross-national longitudinal research on human development and criminal behavior* (pp. 281–301). Dordrecht: Kluwer.
Lösel, F. & Bender, D. (1999). Von generellen Schutzfaktoren zu differentiellen protektiven Prozessen: Ergebnisse und Probleme der Resilienzforschung. In G. Opp, M. Fingerle & A. Freytag (Hrsg.), *Was Kinder stärkt* (S. 37–58). München: Reinhardt.
Lösel, F. & Bender, D. (2001). Protective factors and resilience. In D.P. Farrington & J. Coid (Eds.), *Prevention of adult antisocial behaviour.* Cambridge: Cambridge University Press (in press).
Lösel, F., & Bliesener, T. (1994). Some high-risk adolescents do not develop conduct problems: A study of protective factors. *International Journal of Behavioral Development, 17,* 753–777.
Lösel, F., Holzberger, D. & Bender, D. (1999). *Risk assessment of dangerous carers: A pilot study on BridgeALERT in Germany.* Report for the Bridge Child Care Development Service and the Daphne Program of the European Community.
Lösel, F., Kolip, P. & Bender, D. (1992). Stress-Resistenz im Multiproblem-Milieu: Sind seelisch widerstandsfähige Jugendliche „Superkids"? *Zeitschrift für Klinische Psychologie, 21,* 48–63.
MacKinnon-Lewis, C., Lamb, M., Arbuckle, B., Baradoran, L., & Volling, B. (1992). The relationship between biased maternal and filial attributions and the aggressiveness of their interactions. *Development and Psychopathology, 4,* 403–415.
Malinosky-Rummell, R. & Hansen, D. J. (1993). Long-term consequences of childhood physical abuse. *Psychological Bulletin, 114,* 68–79.

Manly, J. T., Cicchetti, D. & Barnett, D. (1994). The impact of subtype, frequency, chronicity, and severity of child maltreatment on social competence and behavior problems. *Development and Psychopathology, 6,* 121–143.
Masten, A. S., Best, K. M. & Garmezy, N. (1990). Resilience and development: Contributions from the study of children who overcome adversity. *Development and Psychopathology, 2,* 425–444.
Moffitt, T. E. (1993). Adolescence-limited and life-course-persistent antisocial behavior: A developmental taxonomy. *Psychological Review, 100,* 674–701.
Moran, P. B. & Eckenrode, J. (1992). Protective personality characteristics among adolescent victims of maltreatment. *Child Abuse and Neglect, 16,* 743–754.
Pianta, R., Egeland, B. & Erickson, M. F. (1989). The antecedents of maltreatment: Results of the Mother-Child Interaction Research Project. In D. Cicchetti & V. Carlson (Eds.), *Child maltreatment* (pp. 203–253). Cambridge, NY: Cambridge University Press.
Polansky, N. A., Gaudin, J. M., Ammons, P. W., & Davis, K. B. (1985). The psychological ecology of the neglectful mother. *Child Abuse and Neglect, 9,* 265–275.
Richters, J. E. & Martinez, P. E. (1993). Violent communities, family choices, and children's chances: An algorithm for improving the odds. *Development and Psychopathology, 5,* 609–627.
Rutter, M. (1979). Protective factors in children's responses to stress and disadvantage. In M. W. Kent & J. E. Rolf (Eds.), *Primary prevention in psychopathology* (vol. 3, pp. 49–74). Hanover/NH: University Press of New England.
Rutter, M. (1990). Psychosocial resilience and protective mechanisms. In J. Rolf, A. Masten, D. Cicchetti, K. Nuechterlein, & S. Weintraub (Eds.), *Risk and protective factors in the development of psychopathology* (pp. 181–214). Cambridge, NY: Cambridge University Press.
Skuse, D. H. (1984). Extreme deprivation in early childhood – I. Diverse outcomes for three siblings from an extraordinary family. *Journal of Child Psychology and Psychiatry, 25,* 523–541.
Werner, E. E. & Smith, R. S. (1992). *Overcoming the odds.* Ithaca, London: Cornell University Press.
Wetzels, P. (1997). *Gewalterfahrungen in der Kindheit: Sexueller Mißbrauch, körperliche Mißhandlung und deren langfristige Konsequenzen.* Baden-Baden: Nomos.
Whipple, E. E. & Webster-Stratton, C. (1991). The role of parental stress in physically abusive families. *Child Abuse and Neglect, 15,* 279–291.

Ritualisierter Kindesmissbrauch

Ursula Enders

In den letzten Jahren berichten immer wieder Mädchen und Jungen über sexuelle Gewalterfahrungen im Rahmen von ritualisierten Misshandlungssituationen. Demnach werden z. B. Tiere in die sexuelle Ausbeutung einbezogen, werden Kinder zu Tode vergewaltigt oder im Rahmen von satanischen Ritualen sexuell missbraucht (Finkelhor u. a. 1988; Kelly 1990; Jonker & Jonker 1991; Putnam 1991; Young u. a. 1991; Enders 1994; Huber 1995; Enders 2001). Als erste Reaktion auf diese Berichte herrschte Entsetzen und eine Tendenz, solche Vorfälle als gegeben zu akzeptieren (Lanning 1991, S. 172; Frude 1996, S. 61f.). Dann wurden die Stimmen immer lauter, die diese Berichte als aus dem Reich der Phantasie kommend ansahen, da bis Mitte der Neunzigerjahre trotz intensiver polizeilicher Ermittlungen kaum „handfeste" Beweise für solche Vorkommnisse erbracht werden konnten (Lanning 1991, S. 172; Jones 1991, S. 165; Loftus & Ketcham 1995, 118ff.). Erst als Belgien durch den Fall Marc Dutroux erschüttert wurde und in der Schweiz ein Mann verhaftet wurde, der Kinder sexuell missbraucht und die dabei getöteten Kinder in Salzsäure aufgelöst hatte, wurden Berichte über ritualisierten Kindesmissbrauch wieder ernster genommen.

Der Berufsalltag von im psychosozialen Bereich Tätigen zeigt, dass ritualisierter Missbrauch auch in Deutschland Realität ist. Wurde die Ursache fortwährender ritualisierter Missbrauchshandlungen an Kindern durch verschiedene Männer und Frauen eines Verwandtschaftssystems lange in der Pathologie einer multiinzestuösen Familienstruktur begründet, so zeigte sich in den letzten zehn Jahren, dass die Berichte betroffener Mädchen und Jungen unterschiedlichen Alters (ab 2 Jahre) aus verschiedenen Städten und Bundesländern bis in Detailangaben über Foltermethoden und sexuelle Rituale übereinstimmten. Diese Opfer konnten sich nicht abgesprochen haben; ein Teil von ihnen konnte noch nicht einmal lesen.

Das, was die Kinder und Jugendlichen zunächst an Erlebnissen andeuten und abhängig von der Belastbarkeit ihres Gegenübers nach und nach auszusprechen wagen, übersteigt häufig das eigene Vorstellungsvermögen. Ritualisierter Missbrauch ist allein schon als Gedanke schlichtweg unannehmbar. Deshalb sind professionellen Helferinnen/Helfern Zweifel an den Berichten der betroffenen Kinder nur allzu vertraut: „Kein Mensch ist in der Lage, einem Kind solche Schmerzen zuzufügen." „Wenn dem wirklich so wäre, in so einer Welt möchte ich nicht leben." Die Täter und Täterinnen verlassen sich darauf, dass man gemeinhin das Böse nicht sehen, nicht hören und nicht darüber sprechen will (vgl. Herman 1994).

Die Wurzeln rituellen Kindesmissbrauchs

Ritualisierte Formen der sexuellen Gewalt werden häufig von einer satanistischen Ideologie geprägt. Nicht alle Täter und Täterinnen sind gläubige Satanisten, ihre Handlungen entsprechen jedoch oftmals z.T. schon vor Jahrhunderten festgeschriebenen satanischen Ritualen. Viele Betroffene beschreiben Rituale und Symbole, die bei dem wichtigsten Theoretiker der Satanisten, dem Briten Aleister Crowley, zu finden sind. Das Pentagramm, der umgekehrte, fünfzackige Stern als magisches Symbol für Satan oder die 666, die Zahl des Antichristen in der biblischen Johannesapokalypse, spielen z.B. in den Schilderungen betroffener Mädchen und Jungen oftmals eine große Rolle (vgl. z.B. Dvorak 1993; Sakheim & Devine 1992).

Weiterhin gibt es Hinweise auf germano-faschistische Gruppierungen als mögliche Tätergruppen. Viele der von den heutigen Opfern beschriebenen Foltermethoden decken sich mit Berichten über Formen der Gewalt in den Konzentrationslagern des Nationalsozialismus.

Die „Wurzelwerke der Gewalt" sind nicht nur allgemein-gesellschaftliche Tendenzen, sondern sie sind sehr konkret: Folterer wurden und werden weltweit ausgebildet. Es ist nicht zufällig, dass sehr sadistische Formen sexueller Gewalt zum Repertoire männlicher und weiblicher Folterer gehören. Und da kein Folterer von einem auf den anderen Tag aufhört, (sexuelle) Gewalt auszuüben, verwundern auch nicht die zahlreichen Berichte, die die Schlussfolgerung zulassen, dass Nazi-Täter(-Täterinnen) auch nach der Auflösung des Dritten Reichs (weiterhin) Kinder und Jugendliche sexuell missbraucht haben (Müller-Hohagen 1996, S. 38 ff.).

Was ist ritualisierter Missbrauch?

Ritualisierter Missbrauch ist eine brutale Form körperlicher, seelischer und sexueller Misshandlung an Kindern, Jugendlichen und Erwachsenen, die im Rahmen von Ritualen verübt wird. Fast immer handelt es sich dabei um einen wiederholten Missbrauch über einen ausgedehnten Zeitraum. Oftmals finden die Rituale im Rahmen satanischer Messen und/oder faschistischer Zirkel statt. Die rituellen Elemente innerhalb der Gewalthandlungen haben das Ziel, die Opfer gezielt zum Schweigen zu bringen, sie mit Glaubensvorstellungen zu indoktrinieren und ihre Glaubwürdigkeit gegenüber Dritten zu beeinträchtigen.

Erniedrigung, Verachtung, Hass, Sadismus und Brutalität kennzeichnen diese ritualisierten Formen sexueller Gewalt. Mädchen und Jungen werden gezwungen, anderen Kindern sexuelle Gewalt zuzufügen. Vergewaltigungen werden häufig unter Verwendung von Gegenständen (z. B. Kruzifix) durchgeführt; Sodomie gehört nach Angaben betroffener Kinder zu den praktizierten Gewaltformen. Oftmals finden neben „schwarzen Messen" oder ähnlichen Ritualen innerhalb der festen Gruppierung zusätzlich „Veranstaltungen" für zahlende Gäste statt. Vielfach werden Töchter und Söhne von Gruppenmitgliedern auch auf dem Kinderstrich an Pornoproduktionen verkauft (→ *Kinderpornographie*).

Viele der Opfer ritualisierten Missbrauchs sind zu Beginn weniger als 6 Jahre alt. Mit Hilfe von gezielt eingesetzten psychologischen Techniken zur Beeinflussung der Wahrnehmung, von Drogen und speziellen Foltermethoden werden sie in einen Zustand tiefster Furcht und Bewusstseinskonfusion bis hin zur Bewusstseinspaltung versetzt, so dass es für sie extrem schwierig ist, den Missbrauch zu offenbaren (vgl. Fröhling 1996, Huber 1995, Smith 1994).

Ritualisierter Missbrauch gehört als integraler Bestandteil zum Leben mancher Familien, Verwandtschaftssysteme und Gruppierungen. Er kommt jedoch auch in Kindertagesstätten, medizinischen Einrichtungen, Ferienlagern, Nachbarschaften etc. ohne Wissen der Eltern der betroffenen Kinder vor. Ritualisierter Missbrauch von und an Jugendlichen kann zudem in Jugendbanden stattfinden, die sich in Richtung Satanismus oder anderer Ritualismen und an Gewalt orientieren (Smith 1994).

Meist sind Täter (Täterinnen) „ganz normale" Mitglieder unserer Gesellschaft, deren Identität als Mitglieder z.B. einer (satanischen) Sekte oder faschistischen Loge außerhalb dieser Gruppierung nicht bekannt ist. Viele der Erwachsenen sind von klein auf in der Gruppierung. Die (sektenähnlichen) Gruppierungen sind in der Regel stark hierarchisch strukturiert. Die fast immer extrem partriarchalische Struktur tradiert den Opferstatus von Mädchen, Jungen und Frauen innerhalb der Gruppierungen. Durch Rituale wird die Stellung innerhalb der Sekte festgeschrieben. Kinder und Jugendliche sprechen z.B. von satanischen Hochzeiten. Das Heiratsritual wird als Scheinheirat beschrieben, die die Verbundenheit zweier Sektenmitglieder zueinander (und zu Satan) festschreiben soll (vgl. z.B. Sakheim & Devine 1992). Ritualisierte Gewaltmethoden dienen somit nicht nur der Befriedigung der sadistischen Bedürfnisse der Täter (Täterinnen) sondern stellen auch Unterwerfungsrituale dar, die das Opfer zu einem funktionierenden und gehorsamen Mitglied der Gruppierung machen sollen. Als Zeichen für die Vernichtung der alten Identität und die Unterwerfung steht auch, dass den Opfern oftmals neue Namen gegeben werden (Fröhling 1996, Smith 1994).

Was versteht man unter Tier- und Menschenopferungen?

Verschiedene Sekten und faschistische Logen führen an bestimmten Kalendertagen, oder zur Verfolgung eines bestimmten Zwecks Blutopfer durch (Töten mit Blutvergießen). Diese Rituale basieren teilweise auf der Vorstellung, dass Menschen- und Tierblut eine heilende Lebenskraft darstellt (vgl. z.B. Sakheim & Devine 1992). Kinder berichten z.B., dass sie selbst Tiere und sogar Babys töten (sie wurden z.B. unter Drogen gesetzt, und ihnen wurde die Hand geführt) und anschließend deren Blut trinken und Fleisch verzehren mussten.

Doch woher kommen die menschlichen Opfer der Tötungsrituale? Sektenaussteigerinnen und die Literatur geben Hinweise auf Formen der Opferbeschaffung: Ein Teil der menschlichen Tötungsopfer soll über den internationalen Kinderhandel aus der Dritten Welt und aus osteuropäischen Ländern beschafft werden. Nach Aleister Crowley, dem Lehrmeister der Neosatanisten, ist die höchste Opfergabe der männliche Embryo im fünften Monat (vgl. Knaut 1979). Mädchen berichten von Vergewaltigungen in schwarzen Messen und von daraus resultierenden Schwangerschaften, die außerhalb des normalen Lebensumfeldes, z.B. während eines angeblichen „Kuraufenthaltes", ausgetragen wurden (pers. Mitteilung von Betroffenen). „Aber, dann müssen doch die sterblichen

Überreste zu finden sein", wenden Zweifler ein. Ein Bericht aus der Schweiz beweist das Gegenteil: Ein Pornoproduzent kaufte Kinder in Rumänien, tötete sie auf bestialische Art und Weise im Rahmen seiner Produktionen und vernichtete die Überreste der Leichen nicht mehr nachweisbar in Salzsäurefässern (pers. Mitteilung einer Juristin, die in dem Gerichtsverfahren die Interessen weiterer Opfer vertrat).

Ritualisierte Formen körperlicher Kindesmisshandlung

Opfer ritualisierten Missbrauchs werden häufig regelrecht gefoltert. Dabei wenden die Täter (Täterinnen) insbesondere bei Kindern, die ohne Wissen ihrer Eltern ritualisiert misshandelt werden, kaum nachweisbare Formen der Gewalt an (z.B. Elektroschocks und Nadelstiche). Erwachsene berichten darüber, wie sie als Kinder so lange unter Wasser gedrückt wurden, bis sie keine Luft mehr bekamen. Schlafentzug und das Vorenthalten von Flüssigkeit und Nahrung muss ebenso den ritualisierten Formen körperlicher Gewalt zugeordnet werden, die auch außerhalb von sektenähnlichen Strukturen praktiziert werden.

Wie sicher sich die Täter (Täterinnen) fühlen können, belegen die Aktivitäten eines Vereins, der den Jugendämtern die Organisation und Durchführung von „Abenteuerreisen" für Kinder und Jugendliche mit Erfolg verkaufte. Den Kindern wurde während dieser Reisen eine kaum zu bewältigende Aufgabe gestellt, sie wurden unter Schlafentzug gesetzt und mussten teilweise völlig verängstigt Mutproben bestehen. Eltern und Sozialarbeiterinnen berichteten über die katastrophalen psychischen Zustände von Mädchen und Jungen nach diesen Reisen. Inzwischen hat das Berliner Ehrengericht des Deutschen Soziologenverbandes einen der Hauptakteure des Vereins gerügt – der Soziologe schrieb seine Promotion über die „Abenteuerreisen". Der Berufsverband bewertete die skizzierten „Untersuchungsmethoden" als standeswidrig.

Ritualisierte Formen psychischer Kindesmisshandlung

Bei ritualisierten Formen psychischer Kindesmisshandlung werden die Opfer beispielsweise gefesselt und in einem Schrank, Keller oder Sarg eingesperrt mit der Ankündigung, sie müssten dort bis zu ihrem Tode verharren. Hexen oder Geister werden so überzeugend „gespielt", dass Kinder in Angst und Schrecken versetzt werden. Ein großer Teil der kindlichen Opfer spricht von Schlangen, Ratten, Hunden und anderen Tieren, die in die Rituale mit einbezogen wurden. Auch wird Kindern eingeredet, Geister könnten sie überall beobachten und töten oder bestrafen, wenn sie über die Rituale sprechen. Die Opfer werden durch die Verabreichung von Drogen und durch die Anwendung psychologischer Techniken gezielt in ihrer Wahrnehmung und ihrem Identitätsgefühl verwirrt. Die Widerstandsfähigkeit der Betroffenen wird gebrochen und die Erinnerungen an Details vernebelt.

Englischsprachige Fachliteratur erläutert die Aussagen von Mädchen und Jungen über selbst erlebte „Operationen": Einzelne Opfer beschreiben, dass ihnen eine Bombe einoperiert worden sei, die sofort explodiere, wenn sie sich Dritten gegenüber anvertrauten. Andere Kinder sprechen davon, dass in ihnen ein Geist lebe, der alles mitbekomme (vgl. z.B. Los Angeles County Commission 1991). Aus Berichten Betroffener ist zu entnehmen, dass während der „magischen Operationsrituale" die Opfer unter Drogen oder Hypnose standen, und nicht zuletzt die Tatsache, dass ihre Körper anschließend mit Blut verschmiert waren, von ihnen als Beweis bewertet wurde, sie seien de facto operiert worden.

Rituale sexueller und physischer Kindesmisshandlung werden stets begleitet von Formen psychischer Gewalt, (Mord-)Drohungen gegenüber ihnen selbst, den Eltern oder Dritten.

Folgen ritualisierter Gewalt

Judith Lewis Herman weist in ihrem Buch „Die Narben der Gewalt" (1994) nach, dass die Schädigung eines Menschen besonders groß ist, wenn das Opfer überraschend angegriffen, in die Enge gedrängt und bis zum Zusammenbruch gequält wurde. Als weitere Faktoren nennt sie die physische Verwundung des Opfers, extreme Gewaltanwendungen und das Mitansehen des grausamen Todes anderer. Ritualisierte Formen der Gewalt gegen Kinder, Jugendliche und Erwachsene haben massive physische und psychische Folgen für die Opfer. Kinder, die ohne Wissen ihrer Eltern rituell missbraucht wurden (z.B. vom jugendlichen Babysitter regelmäßig zu schwarzen Messen verschleppt wurden), haben größere Heilungschancen als Mädchen und Jungen, deren Familien seit Generationen in satanischen Kreisen eingebunden sind. Diese haben im Alltag überhaupt keine Fluchtmöglichkeit mehr, kennen keine auf Vertrauen und gegenseitiger Liebe und Fürsorge basierende Beziehungen.

Bereits im 19. Jahrhundert stellte der Pariser Arzt Janet im Rahmen seiner Forschung fest, dass traumatische Erinnerungen getrennt vom übrigen Bewusstsein gespeichert werden. Im Sinne einer Überlebensstrategie lösen die Opfer die normalen Verbindungen zwischen Gedächtnis, Wissen und den schmerzhaften und überwältigenden Gefühlen auf. Dieser intrapsychische Prozess der Abspaltung führt dazu, dass Betroffene z.B. später die intensiven Gefühle der frühen Erfahrungen empfinden, ohne klare Erinnerungen zu haben, oder aber sich genauestens an jedes Detail erinnern können, ohne dabei die eigenen Gefühle zu spüren. Einige spalten Gefühle, Wahrnehmungs- und/oder Gedanken- und Verhaltensmuster wie eigene „Persönlichkeiten" innerhalb einer Person ab. Diese Persönlichkeiten oder Persönlichkeitszustände können dann abwechselnd die Kontrolle über das Verhalten der Person übernehmen, ohne dass die verschiedenen Persönlichkeiten innerhalb der Person miteinander in Kontakt stehen müssen. Es scheint so, als ob in ein und derselben Person mehrere Personen leben. Sie zeigen etwa das Verhalten eines verängstigten kleinen Mädchens und können im nächsten Augenblick den Habitus eines erwachsenen Mannes annehmen (z.B. Stimme, Bewegung, Schrift, Verhaltensmuster, vgl. z.B. Huber 1995, → *Dissoziation*).

Tätergruppen versuchen über gezielte Methoden die Entstehung solcher sogenannten dissoziativer Identitätsstörungen u.a. deshalb zu forcieren, weil so zum einen Betroffene in besonderem Maße Schmerzen abspalten können und von daher aus Tätersicht „geeignete" Opfer sind, und zum anderen Betoffene aufgrund der Unkenntnis der Mitarbeiter psychosozialer Arbeitsfelder fälschlicherweise häufig als paranoid schizophren und bei Gericht als nicht aussagefähig eingestuft werden.

Selbst wenn den Betroffenen nicht alle Facetten ihrer Persönlichkeiten bewusst sind, sind ihre verschiedenen Erinnerungen sehr wohl glaubwürdig, es handelt sich dabei um Erinnerungen an verschiedene Realitäten (z.B. die Realität innerhalb der Sekte und außerhalb der Sekte).

In der Überlebensstrategie des Menschen, nicht aushaltbare Erlebnisse abzuspalten, liegt auch die nahezu unvorstellbare Tatsache begründet, dass Opfer ritualisierter Misshandlung parallel zu den Folterungen im alltäglichen Leben nahezu „normal funktionieren" können. Die Lehrerin eines Kindes merkt vielleicht, dass ein Mädchen/Junge freitags (nach der wöchentlich stattfindenden schwarzen Messe am Donnerstagabend) regelmäßig müde ist, dass ein Kind Kratzspuren auf den Oberschenkeln hat, keinesfalls kann sie sich jedoch das Ausmaß der Gewalterlebnisse vorstellen.

Oft versuchen Opfer ritualisierten Missbrauchs die Erinnerungen mit Tabletten, harten Drogen und Alkohol zu unterdrücken und die damit verbundenen Angstzustände zu betäuben.

In einigen Fällen werden einzelne Hinweise auf satanische Rituale den Strafverfolgungsbehörden oder den Familien- und Vormundschaftsgerichten bekannt, doch können diese die Indizien oftmals nicht richtig einordnen. Weder die Ermittlungsmethoden der Polizei noch die Qualifikation und die Verfahrensweisen der im Auftrag der Gerichte tätigen psychologischen Gutachter werden der Problematik gerecht.

Dem gesellschaftlichen Verleugnungsprozess gegenüber ritualisierter Gewalt kann nur Einhalt geboten werden durch eine Vernetzung all derer, die sich parteilich auf die Seite der Opfer stellen. Gerade in der Aufdeckung der Gewalt durch das organisierte Verbrechen ist eine enge Kooperation zwischen Strafverfolgungsbehörden und Beratungsdiensten geboten!

Literatur

Dvorak, J. (1993): *Satanismus, Schwarze Rituale, Teufelswahn und Exorzismus. Geschichte und Gegenwart.* München: Heyne.
Enders,U. (1994). Vorwort. In: Smith, Margret. *Gewalt und sexueller Missbrauch in Sekten. Wo es geschieht und wie man den Opfern helfen kann* (S. 9–25). Zürich: Kreuz Verlag.
Enders, U. (2001). Ich kann es immer noch nicht glauben, aber ich weiß, dass es stimmt: Ritualisierter Kindesmissbrauch in Deutschland. In: Enders, Ursula (Hg.). *Zart war ich, bitter war's. Handbuch gegen sexuellen Missbrauch* (S.442–453). Köln: Kiepenheuer & Witsch.
Finkelhor, D., Williams, L. M. & Burns, N. (1988). *Nursery crimes: Sexual abuse in day care.* London: Sage.
Fröhling, U. (1996). *Vater unser in der Hölle.* Ein Tatsachenbericht. Leipzig: Kallmeyertsche Verlagsbuchhandlung.
Frude, N. (1996). Ritual abuse: Conceptions and reality. In: *Clinical Child Psychological and Psychiatry Vol. 1,* 59–77.
Herman. J. L. (1994). *Die Narben der Gewalt. Traumatische Erfahrungen verstehen und überwinden.* München: Kindler.
Huber, M. (1995). *Multiple Persönlichkeiten – Überlebende extremer Gewalt. Ein Handbuch.* Frankfurt: Fischer.
Jones, D. P. H. (1991). Ritualism and child sexual abuse. In: *Child Abuse & Neglect Vol. 13,* 163–170.
Jonker, F. & Jonker, I. (1991). *Ritueller Mißbrauch.* Vortrag gehalten auf der 5. Internationalen Konferenz über Inzest und damit zusammenhängende Probleme. Biel-Biene/Schweiz 12–14. 8.
Kelly, S. J. (1990). Parental stress responses to sexual abuse and ritualistic abuse in day care centers. In: *Nursing Research Vol. 39,* 25–29.
Knaut, H. (1979). *Das Testament des Bösen.* Stuttgart: Seewald Verlag.
Lanning, K. (1991). Commentary: Ritual abuse – Another view. In: *Child Abuse & Neglect Vol. 13,* 171–173.
Loftus, E. & Ketcham, K. (1995). *Die therapierte Erinnerung.* Hamburg: Klein.
Los Angeles County Commission for Women (1991). Ritual Abuse. Definitions, Glossary, the Use of Mind Control. *Report of the Ritual Abuse Task Force.* Los Angeles.
Müller-Hohagen, J. (1996). Tradierung von Gewalterfahrungen: Sexueller Missbrauch im Schnittpunkt des „Politischen" und „Privaten". In: G. Henschel (Hrsg.). *Skandal und Alltag. Sexueller Missbrauch und Gegenstrategien.* (S. 35–52). Berlin: Orlanda.
Putnam, F. W. (1991). The satanic ritual abuse controversy. In: *Child Abuse & Neglect Vol. 13,* 175–179.
Sakheim, D. K. & Devine, S. E. (1992). *Out of Darkness. Exploring Satanism & Ritual Abuse.* New York: Lexington Books.
Smith, M. (1994). *Gewalt und sexueller Missbrauch in Sekten. Wo es geschieht und wie man den Opfern helfen kann.* Zürich: Kreuz Verlag.
Young, W. C., Sachs, R. G., Braun, B. G. & Watkins, R. T. (1991). Patients reporting ritual abuse in Childhood: A clinical syndrome. Report of 37 cases. *Child Abuse & Neglect 15,* 181–189.

Rückfälle von Sexualstraftätern

Dirk Bange

Spektakuläre Fälle von Vergewaltigungen und Sexualmorden an Kindern durch einschlägig vorbestrafte Sexualstraftäter haben in den letzten Jahren wiederholt zu Debatten über die Gefährlichkeit von Sexualstraftätern und ihr Rückfallrisiko geführt. Politik, Wissenschaft und Praxis haben darauf mit Gesetzesänderungen, vermehrten externen Begutachtungen, zusätzlichen Behandlungsplätzen und anderen Initiativen reagiert (Egg 2000, S. 49f.; Prittwitz 2000, S. 109ff.; Lösel 1999, S. 279). Allerdings werden viele der eingeleiteten Maßnahmen kritisiert (Jäger 2001; Prittwitz 2000). Deshalb erscheint es sinnvoll, einen Blick auf die zugrunde liegenden Erkenntnisse über die Rückfälligkeit und über den Verlauf der kriminellen Karrieren von Sexualstraftätern zu werfen.

Fehlende und/oder methodisch problematische Untersuchungen

In Deutschland liegen nur wenige Untersuchungen über die Rückfallhäufigkeit von Sexualstraftätern vor. Außerdem weisen sie methodische Mängel auf, die ihre Vergleichbarkeit und ihre Aussagekraft erheblich einschränken (Lösel 1999, S. 280; Egg 2000, S. 50):
- Sie basieren meist nur auf kleinen Stichproben (Lösel 1999, S. 282).
- In den Studien werden nur offiziell bekannt gewordene Fälle untersucht. Das beim sexuellen Missbrauch beträchtliche Dunkelfeld findet keine Berücksichtigung (Lösel 1999, S. 280). Sie erfassen somit nur einen hochselektiven Teil der Sexualstraftäter, da angezeigte und verurteilte Täter nicht repräsentativ für alle Täter sind. Dem Opfer unbekannte Täter werden z. B. eher angezeigt als solche aus dem sozialen Nahfeld. Ferner sind die polizeiliche Erfassung von Delikten und die gerichtliche Praxis zu einem nicht unwesentlichen Teil durch sozial selektive Mechanismen beeinflusst. Täter aus unteren sozialen Schichten sind deshalb in der Polizeilichen Kriminalstatistik überrepräsentiert und werden häufiger verurteilt (Wetzels 1997, S. 25ff.). Außerdem werden in den Untersuchungen Täter in ambulanter Behandlung nicht erfasst, da sie sich in der Regel auf Entlassene aus dem Straf- und Maßregelvollzug beschränken (Egg 2000, S. 50f.).

- Rudolf Egg (2000, S. 55) weist darauf hin, dass beim sexuellen Kindesmissbrauch nur rund 25 Prozent aller Tatverdächtigen später verurteilt werden, da die Mehrzahl der Ermittlungsverfahren von der Staatsanwaltschaft eingestellt wird oder anderweitig zum Abschluss gelangt. Schwankungen der Verurteiltenzahlen können daher auch unterschiedliche Reaktionsformen der Justizbehörden und Gerichte reflektieren.
- Die Studien differenzieren in der Regel nicht oder nur sehr grob nach einzelnen Deliktgruppen (Beier 2000, S. 158; Egg 2000, S. 50f.).
- Schließlich variieren die Nachuntersuchungszeiträume beträchtlich. Die meisten Studien beziehen sich zudem auf einen relativ kurzen Zeitraum von 1 bis 4 Jahren (Beier 2000, S. 158; Lösel 1999, S. 280).

In der Wissenschaft besteht deshalb Konsens darüber, dass die vorliegenden Erkenntnisse umstritten und in mehrfacher Hinsicht klärungsbedürftig sind. Des Weiteren ist unstrittig, dass die Forschung über Prognose und Behandlung von Sexualstraftätern dringend intensiviert werden muss (Lösel 1999, S. 280ff.; Egg 2000, S. 50f.). Bei der Interpretation der folgenden Ergebnisse sind die methodischen Einschränkungen unbedingt zu beachten.

Untersuchungsergebnisse zur Rückfälligkeit

Eine wegweisende, noch laufende Studie über die Rückfallhäufigkeit von Sexualstraftätern führt seit Ende 1996 die Kriminologische Zentralstelle in Wiesbaden unter Leitung von Rudolf Egg im Auftrag des Bundesministeriums der Justiz durch. Dort werden alle im ersten Halbjahr 1987 wegen sexuellen Missbrauchs an Kindern Verurteilten erfasst und bezogen auf die Anzahl und die Art der Eintragungen ins Bundeszentralregister bis zum 31.12.1996 untersucht. Im Bundeszentralregister werden alle Verurteilungen in der Bundesrepublik gespeichert. Ein zweiter Schritt umfasst für weitergehende Aspekte eine Auswertung von Strafakten. In der Studie wird zwischen den drei kriminologischen Hauptgruppen der Sexualdelikte, also sexueller Missbrauch (§§ 174, 176, 179 StGB), sexuelle Gewaltdelikte (§§ 177, 178 StGB) sowie Exhibitionismus und Erregung öffentlichen Ärgernisses (§§ 183, 183a StGB) differenziert (Egg 2000, S. 56f.).

Von den wegen *sexuellen Kindesmissbrauchs* Verurteilten waren nach den bisherigen Ergebnissen der Studie 18,5 Prozent einschlägig vorbestraft. 20,4 Prozent sind bis Ende 1996 erneut wegen eines Sexualdelikts verurteilt worden. 37,9 Prozent waren 1987 wegen anderer Delikte vorbestraft und 31,1 Prozent sind bis Ende 1996 wegen anderer Delikte erneut verurteilt worden. Bei den *Vergewaltigern* waren fast drei Viertel vorbestraft. 18,5 Prozent waren einschlägig vorbestraft. Neue Einträge wegen Sexualdelikten hatten 13,7 Prozent. Von den *Exhibitionisten* waren ebenfalls etwa drei Viertel vorbestraft, fast die Hälfte (48,8 Prozent) wegen eines Sexualdeliktes. Bei den neuen Einträgen wiesen sie mit 54,7 Prozent die höchste Rückfallrate auf (Egg 2000, S. 58).

Andere deutschsprachige und ausländische Untersuchungen kommen zu vergleichbaren Ergebnissen (Lösel 1999, S. 281). So führten z.B. R. Karl Hanson und Monique T. Bussière (1998) im Auftrag der Generalstaatsanwaltschaft Kanadas eine Meta-Analyse durch, in der sie die Ergebnisse von 61 Einzelstudien mit über 23.000 Sexualstraftätern aus verschiedenen Ländern auf ihre Konsistenz überprüften. Die meisten der analysierten Daten stammen aus den letzten 15 Jahren und die Beobachtungsperioden reichen von 6 Monaten bis zu 23 Jahren, im Durchschnitt liegen sie bei 66 Monaten. Die Rückfallquote lag insgesamt bei 13,4 Prozent. Bei Vergewaltigern war sie mit 18,9 Prozent etwas höher als bei Kindesmissbrauchern mit 12,7 Prozent.

Die methodisch anspruchsvolle Studie von Klaus M. Beier (1995, 2000) zeigt aber, dass diese Ergebnisse mit größter Vorsicht zu betrachten sind. Beier untersuchte 302 Sexualstraftäter, die in den Jahren 1945 bis 1981 an der Universität Kiel begutachtet wurden. Dabei wurden mit 19 bis 28 Jahren sehr lange Katamnesezeiträume erfasst. Außerdem wurden nicht nur die Strafregisterauszüge analysiert, sondern auch persönliche Nachuntersuchungen durchgeführt, um zusätzlich erneute „Dissexualität" im Sinne eines „sich im Sexuellen ausdrückenden Sozialversagens" feststellen zu können. Die Studie kommt u.a. zu folgenden Ergebnissen: 21,6 Prozent der Inzesttäter verhielten sich weiterhin „dissexuell" und 5,4 Prozent wurden erneut wegen eines Sexualdelikts strafverfolgt. Bei den Pädosexuellen, die hauptsächlich Jungen missbrauchten, verhielten sich mehr als die Hälfte „dissexuell" (50,8 Prozent) und ein Viertel wurde erneut strafverfolgt (25,4 Prozent). Bei den Pädosexuellen, die Mädchen missbrauchten, lagen die Raten bei 24,2 Prozent bzw. 12,9 Prozent (Beier 1995). Außerdem trat in über der Hälfte der Fälle erneute Dissexualität in der Katamneseserie mehr als 10 Jahre nach der Begutachtung auf (Beier 2000, S. 159).

Diese Ergebnisse unterstreichen zum einen noch einmal, dass die strafrechtlich erfasste Rückfälligkeit nur einen Teil der Rückfälle erfasst und der Aussagewert von Studien mit kurzen Katamnesezeiten begrenzt ist (s.o.). Zum anderen ergibt sich für zukünftige Studien, dass neben der Auswertung von Strafregisterauszügen Ergebnisse aus persönlichen Nachuntersuchungen eingeschlossen werden sollten, welche auch die nicht strafverfolgten sexuellen Übergriffe berücksichtigen. Außerdem sollte mehr zwischen verschiedenen Tätergruppen unterschieden werden. Schließlich zeigen aber auch die Ergebnisse von Beier, dass nicht jeder Sexualstraftäter rückfällig wird.

Verlaufsformen von Sexualdelinquenz

Ein weitere wichtige Fragestellung verschiedener Untersuchungen ist, welche Verlaufsformen krimineller „Karrieren" es gibt. Die Kriminologische Forschungsstelle Wiesbaden hat z.B. folgende Verläufe anhand der Registerauswertungen identifiziert. Bei der Analyse der wegen sexuellen Missbrauchs verurteilten Tätern zeigt sich, dass knapp ein Viertel (23,3 Prozent) so genannte „Einzeltäter" waren. D. h., dass sich bei ihnen außer der Verurteilung im Bezugsjahr keine weitere Registereintragung fand. Als „Gelegenheitstäter" wurden 44,7 Prozent klassifiziert. Sie hatten zwar vorher und nachher Straftaten begangen, allerdings war das Bezugsdelikt des Jahres 1987 das einzige registrierte Sexualdelikt. Zusammengefasst war also für etwa 70 Prozent das Bezugsdelikt im Jahr 1987 das einzige erfasste Sexualdelikt.

Bei 30 Prozent der Täter kann von einer kriminellen Karriere im Sinne der wiederholten Verurteilung wegen einer Sexualstraftat ausgegangen werden. 11,7 Prozent der Kindesmissbraucher waren einschlägig vorbestraft, begingen zudem das Bezugsdelikt, wurden dann aber nicht mehr wegen eines Sexualdelikts verurteilt („Aus- oder Umsteiger"). Eine umgekehrte Verlaufsform nahmen die „Einsteiger". Sie hatten keine früheren Eintragungen wegen Sexualdelikten, wiesen aber mindestens einen einschlägigen neuen Eintrag auf. Dieser Gruppe gehörten 13,6 Prozent der Kindesmissbraucher an. Als „Serientäter" im engeren Sinne, d.h. mindestens drei einschlägige Verurteilungen, traten 6,8 Prozent der Kindesmissbraucher in Erscheinung (Egg 2000, S. 61 ff.).

Klaus M. Beier (2000) unterscheidet in seiner Untersuchung zwischen verschiedenen Tätergruppen. Er differenziert zum einen zwischen Tätern, die außerfamilialen sexuellen Missbrauch begehen und „Inzesttätern". In einem zweiten Schritt unterscheidet er bei den „Inzesttätern" zwischen „Konstellationstätern", „promisken Tätern" und „pädophil-motivierten Tätern", bei denen der anderen Gruppe zwischen „Jugendlichen, sexuell unerfahrenen Tätern", „dissozialen Tätern", „schwachsinnigen Tätern", „Tätern mit pädophiler Nebenströmung" und „Tätern mit pädophiler Hauptströmung". Bei diesen Gruppen nimmt er eine weitere Einteilung abhängig von der sexuellen Orientierung vor. Bezogen auf die Rückfallhäufigkeit kommt er zu folgenden Ergebnissen:

– „Die biographische Relevanz der dissexuellen Verhaltensbereitschaft ist bei den ‚echten' Pädophilen … überdauernd (die Hälfte bis mehr als drei Viertel dieser Täter war erneut dissexuell auffällig), während sie für die sexuell unerfahrenen Jugendlichen und auch die ‚schwachsinnigen' Täter als episoden- bzw. phasenhaft angesehen werden kann: bei nur einem Zehntel bis maximal einem Viertel dieser Täter waren erneute Fälle dissexuellen Verhaltens im Katamnesezeitraum aufgetreten. Schwer einschätzbar aber bleiben dissoziale Täter, welche sexuelle Übergriffe auf Kinder begangen hatten und in etwa einem Drittel der Fälle wieder dissexuell auffielen" (ebd., S. 149).
– „Bei den Inzesttätern wurden eine im Katamnesezeitraum weiterhin bestehende Dissexualität und eine ungünstige soziale Entwicklung für die Hälfte der Täter festgestellt, bei denen eine pädophile Motivation bestand. Der ‚klassische' Inzesttäter hingegen, bei dem es vor dem Hintergrund spezifischer innerfamilialer Beziehungsmuster zu einem langjährigen Missbrauch des Opfers kommt, ist meist nur auf diese Phase begrenzt dissexuell: nur bei 2 der 19 nachuntersuchten „Konstellationstätern" war im Katamnesezeitraum ein erneutes dissexuelles Verhalten feststellbar gewesen" (ebd., 153).

Diese Ergebnisse relativieren die populäre These des grundsätzlich rückfallgeneigten Sexualstraftäters. Außerdem zeigen sie, dass es sich bei Sexualstraftätern um sehr heterogen zusammengesetzte Gruppen handelt, die sehr verschiedene „Karriereverläufe" haben. Des Weiteren belegen sie, dass sexueller Missbrauch bei verurteilten Sexualstraftätern häufig in Verbindung mit oder gefolgt von anderen, nicht-einschlägigen Delikten auftritt. Dadurch erscheint sexueller Missbrauch häufig als ein Delikt von vielen im Rahmen einer allgemeinen kriminellen „Karriere".

Faktoren, die das Rückfallrisiko erhöhen

Viele Untersuchungen widmen sich der wichtigen Frage, welche Faktoren das Rückfallrisiko erhöhen. Folgende Faktoren gelten nach bisherigen Erkenntnissen als in dieser Hinsicht bedeutsam:
- Eine pädosexuelle Veranlagung ist vorhanden.
- Beim Täter liegt eine antisoziale Persönlichkeitsstörung vor.
- Der Täter ist einschlägig vorbestraft.
- Der Täter hat bereits mehrere Straftaten begangen hat.
- Der Täter wuchs in einer auffälligen Familie auf (z.B. Suchtprobleme der Eltern, Gewalttätigkeiten zwischen den Eltern, negative Beziehung des Täters zur Mutter).
- Der Täter wurde als Kind körperlich misshandelt.
- Der Täter hat seine Therapie vorzeitig abgebrochen (Hanson & Bussière 1998; Lösel 1999; Egg 2000).

Bei der Studie der Kriminologischen Zentralstelle Wiesbaden wurden zudem folgende Faktoren isoliert:
- Der Täter ist ein Jugendlicher oder junger Erwachsener. Ihr Anteil in der Gruppe der Rückfälligen war zwei- bis dreimal höher als bei den Nicht-Rückfälligen. Dieses Ergebnis steht allerdings im Widerspruch zu den Erkenntnissen von Beier (2000).
- Der Täter hatte beim Bezugsdelikt mehr als ein Opfer.
- Der Täter bevorzugt Jungen als Opfer.
- Der Täter missbraucht fremde Kinder.

Der letzte Faktor ist aus meiner Sicht diskussionswürdig. Der Zusammenhang mit fremden Kindern könnte auch einfach darauf zurückzuführen sein, dass in erster Linie unbekannte Täter angezeigt werden.

Wichtig ist zudem noch das Ergebnis, dass weder in der Meta-Analyse von Hanson und Bussière (1998) noch in der Untersuchung von Egg (2000, 64) ein selbst erlebter sexueller Missbrauch des Täters mit einem erhöhten Rückfallrisiko korrelierte.

Schließlich ist anzumerken, dass diese Risikofaktoren für eine gültige Prognose nicht genügen, da sie durchweg nur wenig Varianz aufklären. Dennoch verweisen sie auf diagnostische Kernbereiche, die bei Sexualstraftätern auf jeden Fall erfasst werden sollten (Lösel 1999, S. 294f.).

Reduziert therapeutische Behandlung das Rückfallrisiko?

Lohnt sich die Behandlung von Sexualstraftätern? Auf diese wichtige Frage kann man folgende Antwort geben: Therapeutische Behandlung wirkt sich positiv auf die Rückfallhäufigkeit auf. Allerdings wird die Rückfallhäufigkeit „nur" um etwa 10 bis 12 Prozent vermindert (Lösel 1999, S. 285 ff.).

Zu beachten ist dabei, dass unterschiedliche Tätergruppen in unterschiedlicher Art und Weise von der Therapie profitieren. So zeigen die Untersuchungen, dass z. B. antisozial gestörte und insbesondere psychopathische Persönlichkeiten besonders schlechte Behandlungsergebnisse zeigen (ebd., S. 293).

Außerdem bestimmt die Art und Weise der Therapie über ihren Erfolg mit. Relativ einheitlich zeigen die Untersuchungen, dass Programme,
– die verschiedene Methoden verwenden,
– stärker strukturiert sind,
– in denen an den Kognitionen und konkreten Verhaltensmustern der Straftäter angesetzt wird und
– wo ihnen konkrete Fertigkeiten und Fähigkeiten vermittelt werden,
bessere Ergebnisse aufweisen als nondirektive Verfahren, Gesprächsgruppen oder unstrukturierte Fallarbeit (ebd., S. 287 f.; Prittwitz 2000, S. 133).

Des Weiteren haben sich der institutionelle Kontext und die Integrität der Programmdurchführung als bedeutsame Faktoren erwiesen. So führen z.B. unsystematische Änderungen des Programms und fehlende Verlaufsanalysen zu schlechteren Ergebnissen. Zudem hat das Institutions- und Interaktionsklima (z.B. Einstellung des Personals, Kooperation mit anderen Einrichtungen) Einfluss auf den Behandlungserfolg. Auch Maßnahmen zur Rückfallvermeidung wie ambulante Nachbetreuungskonzepte entscheiden über Erfolg oder Misserfolg der Therapie mit (Lösel 1999, S. 290 f.).

Schließlich belegen verschiedene Untersuchungen, dass mit unangemessenen Konzepten sogar negative Effekte erzielt werden können. Beispielsweise scheinen bei psychopathischen Persönlichkeiten schwach strukturierte oder permissive Therapien kontraindiziert zu sein (ebd., S. 293; Prittwitz 2000, S. 133).

Fazit

Es besteht dringender Forschungsbedarf bezüglich des Rückfallrisikos und der Behandlung von Sexualstraftätern. Sicher ist, dass nicht jeder Sexualstraftäter rückfällig wird und sich das Rückfallrisiko bei verschiedenen Tätergruppen deutlich unterscheidet. Angaben zur Rückfallhäufigkeit von etwa 20 Prozent sind als absolute Untergrenze zu betrachten, da in den Studien nur offiziell erfasste Taten berücksichtigt werden und das Dunkelfeld beim sexuellen Missbrauch groß ist. Die Behandlung von Sexualstraftätern wirkt sich auf einen Teil der Täter positiv aus und vermindert bei ihnen das Rückfallrisiko.

Literatur

Abel, G. & Rouleau, J.-L. (1990). The nature and extent of sexual assault. In: W.L. Marshall u. a. (Hg.). *Handbook of Sexual Assault. Issues, Theories and Treatment of the Offender* (S. 9–12). New York: Plenum Press.

Beier, K. M. (1995). *Dissexualität im Lebenslängsschnitt.* Berlin: Springer.

Beier, K. M. (2000). Differentialtypologie und Prognose bei dissexuellem Verhalten – mit besonderer Berücksichtigung jugendlicher Sexualstraftäter. In: J.-M. Fegert & F. Häßler (Hg.). *Qualität forensischer Begutachtung, insbesondere bei Jugenddelinquenz und Sexualstraftaten* (S. 136–165). Herbolzheim: Centaurus.

Egg, R. (2000). Verlaufsformen der Sexualdelinquenz. In: J.-M. Jehle (Hg.). *Täterbehandlung und neue Sanktionsformen. Kriminalpolitische Konzepte in Europa* (S. 49–69). Mönchengladbach: Forum Verlag Godesberg.

Hanson, R. K. & Bussière, M. T. (1998). Predicting relapse: A meta-analysis of sexual offender recidivism studies. In: *Journal of Consulting and Clinical Psychology, 55,* 348–362.

Jäger, M. (2001). Sicherheit durch Therapie – Alibifunktion der Strafgesetzgebung. In: *Zeitschrift für Rechtspolitik, Heft 1,* 28–33.

Lösel, F. (1999). Behandlung und Rückfälligkeit von Sexualstraftätern. In: S. Höfling, D. Drewes & I. Epple-Waigel (Hrsg.). *Auftrag Prävention. Offensive gegen sexuellen Missbrauch* (S. 279–304). München: Atwerp.

Prittwitz, C. (2000). Reform des Sexualstrafrechts – Verantwortbare Risiken? In: J.-M. Fegert & F. Häßler (Hg.). *Qualität forensischer Begutachtung, insbesondere bei Jugenddelinquenz und Sexualstraftaten* (S. 107–135). Herbolzheim: Centaurus.

Wetzels, P. (1997). *Gewalterfahrungen in der Kindheit.* Baden-Baden: Nomos Verlagsgesellschaft.

Rückführungskriterien

Klaus-Peter David und Dirk Bange

In Fällen von innerfamilialem Kindesmissbrauch wird der Kontakt zwischen Missbraucher und kindlichem Opfer oftmals unterbrochen, um weitere Übergriffe zu verhindern. Das geschieht im Idealfall durch Auszug des Täters, in der Regel jedoch durch Fremdunterbringung der Kinder. Häufig werden Kinder auch aufgrund von z. B. Verhaltensauffälligkeiten in Pflegefamilien oder stationären Einrichtungen der Jugendhilfe untergebracht, und es stellt sich erst später heraus, dass sie zu Hause sexuell missbraucht wurden (→ *Pflegefamilie,* → *Hilfen zur Erziehung*).

Die Entscheidungen über Fremdplatzierungen oder Rückführungen der Kinder in die Herkunftsfamilie werden durch verschiedene Motive und Bewertungen beeinflusst. So können pädagogisch-psychologische Entscheidungen in Konflikt mit finanziellen Erwägungen geraten. Außerdem sind Mitarbeiterinnen und Mitarbeiter sozialer Dienste mitunter überaus vorsichtig, weil sie befürchten bei Fehlentscheidungen juristisch belangt zu werden. Des Weiteren lassen sie sich oftmals von Tätern täuschen. Sie glauben ihnen ohne kritische Überprüfung des Wahrheitsgehalts, wenn diese nach einem Schuldeingeständnis die Übergriffe als Fehler bezeichnen und behaupten, dass das nicht noch einmal passieren würde.

Ein großes Problem ist, dass offenbar viele Rückführungen von sexuell missbrauchten Kindern ohne eine grundlegende Überprüfung der Situation in den Herkunftsfamilien stattfinden. Dies belegt die Untersuchung über „Leistungen und Grenzen der Heimerziehung" (Finkel 1998, S. 374). So war in den 21,2% der Fälle, in denen die Mädchen wieder zu ihren Eltern oder zu Mutter/Vater mit neuem/neuer Partner(in) zurückkehrten, nicht immer geklärt, ob die Mädchen dort vor weiteren Übergriffen geschützt sind. Margarete Finkel (ebd.) bewertet dies wie folgt: „Nicht der Umstand, dass Mädchen und Jungen nach der Jugendhilfe wieder mit ihren Eltern oder Elternteilen mit neuen PartnerInnen zusammenleben, muss hier kritisiert werden, sondern, dass die Kinder/Jugendlichen dorthin entlassen werden, ohne dass von professioneller Seite geprüft und sichergestellt ist, dass sie nicht erneut und fortgesetzt sexuellen Gewalthandlungen ausgesetzt sind."

Irmela Wiemann (1997, S. 229) berichtet ebenfalls darüber, dass sie zunehmend häufiger auf Fortbildungen für Pflegeeltern oder Mitarbeiter in Jugendämtern mit Rückführungen von Pflegekindern in ihre Herkunftsfamilien konfrontiert wird, die das kindliche Beziehungsgeschehen, die traumatisierende Wirkung von Trennungen und den Schutz der Persönlichkeit des Kindes außer Acht lassen. In diesem Zusammenhang benennt sie auch explizit Fälle von sexuell missbrauchten Kindern.

Bislang kehren (sexuell missbrauchte) Kinder in Deutschland also entweder ohne eine eingehende Klärung der Situation oder allenfalls auf Grundlage von Eindrücken (Kindler 2000, S. 222) in ihre Herkunftsfamilie zurück. Angesichts dieser Praxis und der großen Wiederholungsgefahr ist eine Diskussion darüber, unter welchen Bedingungen eine Rückkehr möglich ist, dringend erforderlich.

Einige Autorinnen und Autoren lehnen eine Rückkehr in die Herkunftsfamilie bei innerfamilialem sexuellem Missbrauch allerdings kategorisch ab (z.B. Wiemann 1997, S. 232). Dem gegenüber steht die im § 37 Kinder- und Jugendhilfegesetz festgelegte Rückkehroption. Sie sieht vor, dass durch Beratung und Unterstützung die Erziehungsbedingungen in der Herkunftsfamilie innerhalb eines auf die Entwicklung des Kindes oder Jugendlichen vertretbaren Zeitraumes so weit verbessert werden, dass das Kind wieder in der Familie erzogen werden kann. Ist eine solche Verbesserung nicht zu erzielen, muss eine andere, dem Wohl des Kindes förderliche und auf Dauer angelegte Lebensperspektive eröffnet werden. Die Rückkehroption gilt im Grundsatz auch für Familien, in denen es zu sexuellem Missbrauch gekommen ist. Es müssen deshalb unbedingt im Sinne der Sicherheit der Mädchen und Jungen strukturierte Verfahren entwickelt werden, um das Gefährdungspotenzial bei einer Rückkehr einschätzen zu können. Irmela Wiemann (1997, 231) bringt dies auf den Punkt: „Die Klärung, ob die Rückführung aus einer Pflegefamilie (oder einem Heim, d. A.) in seine Herkunftsfamilie eine positive Alternative bedeutet, muss systematisch und gründlich und nach fachlichen Standards von Jugendamtsseite erfolgen. Es wäre ein nicht vertretbarer Rückschritt gegenüber einer verantwortungsvollen Kinder- und Jugendhilfepolitik, wenn Rückführungen unvorbereitet, ohne Schutz der kindlichen Bedürfnisse und ohne Schutz langjähriger Bindungen, wahllos vorgenommen werden, letztendlich weil es sich um die billigste Form von Jugendhilfe handelt."

In Ländern wie den USA gibt es zumindest bezogen auf Misshandlung und Vernachlässigung bereits eine Reihe solcher Verfahren und genügend positive Erfahrungen mit ihrer Anwendung (Kindler 2000, S. 223). Ziel der Verfahren zur Risikoeinschätzung ist es, die Fachkräfte beim Sammeln und Gewichten relevanter Informationen zu unterstützen und/oder zusätzliche Einschätzungen als Entscheidungshilfe anzubieten. Es geht hierbei also vorrangig nicht darum, Verdachtsmomente weiter zu erhärten oder abzuschwächen, sondern um eine Einschätzung der aktuellen und künftigen Gefährdung des Kindes (ebd., S. 234).

Es sollte aus unserer Sicht fachlicher Standard für Entscheidungen über die Rückführung eines (vermutlich) sexuell missbrauchten Kindes sein, dass
– die Rückführung am seelischen und körperlichen Wohl des Kindes orientiert ist,
– das Kind die Rückführung wünscht,
– die für Kinderschutz notwendige fokussierte Deliktarbeit auf Seiten des Täters stattfindet und

– Bewertungen und Entscheidungen immer im Diskurs mit anderen beteiligten und unbeteiligten Professionellen getroffen und protokolliert werden.

Vorschläge für Kriterien zur Einschätzung von Gefährdungspotenzialen

Im Folgenden werden einige Kriterien zur strukturierten Überprüfung von Rückführungsrisiken beschrieben, die sich zum einen aus der Forschung über die Risikofaktoren für sexuellen Missbrauch und zum anderen aus den Erfahrungen der deliktorientierten Täterarbeit herleiten. Die Rückführungskriterien, die aus Ursachen- und Risikoforschung abgeleitet sind, basieren vorwiegend auf dem von David Finkelhor (1984) entwickelten Modell der vier Vorbedingungen und den sich an dieses Modell anschließenden Untersuchungen (Brockhaus & Kolshorn 1993, 1997 und siehe → *Modell der vier Vorbedingungen* und → *Drei-Perspektiven-Modell*). Als Grundlage für die aus der Täterarbeit entwickelten Kriterien dienen insbesondere die Veröffentlichungen von Günther Deegener (1995 und 1999), Ruud Bullens (1995 und 1997), Wolfgang Berner (1997), Friedrich Lösel (1997) und Klaus-Peter David, Hildegard König & Kay Wegner (2000). Außerdem sind Erkenntnisse über die Täterstrategien von Ursula Enders (1999) und Anita Heiliger (2000) eingeflossen.

Die benannten Kriterien beschreiben Mindeststandards, die erfüllt sein müssen, bevor eine Rückkehr eines Kindes in seine Familie möglich wird. Sie beziehen sich auf den Täter, den nicht missbrauchenden Elternteil, die Paarbeziehung, das Kind und die Familie im sozialen Kontext. Die Kriterien für Veränderungen sollten sich im beobachtbaren Verhalten der Familienmitglieder zeigen. Sie schon zu Beginn einer Intervention oder Therapie positiv zu formulieren, kann Berater und Therapeuten unterstützen, konkrete Arbeitsziele für Veränderungen mit ihren Klienten zu vereinbaren (Niemanntsverdriet & van Klinken 1998).

Der Täter

Sexueller Missbrauch in Familien und/oder andere Kindesmisshandlungen sind nur dadurch möglich, dass der Täter die Interaktionen der anderen Familienmitglieder stark manipuliert und Loyalitäten ausnutzt. Verheimlichungen, Verleugnungen und Schuldzuweisungen kennzeichnen Familien, in denen es zu sexuellem Missbrauch kommt (Bentovim 1995). Deshalb muss der Täter
– offen und klar über seine Delikthandlungen sprechen,
– vor allen Mitgliedern der Familie die Verantwortung für den sexuellen Missbrauch und seine Folgen übernehmen,

- deutlich machen, wie er das Kind und die anderen Familienbeziehungen manipuliert und ausgenutzt hat,
- Einfühlungsvermögen in das Opfer zeigen,
- die Gründe verstehen, die zu seinem Missbrauchsverhalten führten,
- sich z. B. mit eigenen nicht bearbeiteten Traumatisierungen auseinander gesetzt haben,
- sich mit seiner männlichen Identität beschäftigt haben,
- seine Einstellungen zur Sexualität verändert haben,
- sich mit seinen sexuellen Präferenzen und Phantasien auseinandergesetzt und sie verändert haben,
- seine inneren Hemmungen gegenüber sexuellem Missbrauch und seine Selbstkontrollfähigkeiten gestärkt haben,
- gegebenenfalls seine Alkohol- oder Drogenabhängigkeit überwunden bzw. seinen Alkohol- oder Drogenkonsum reduziert haben,
- andere psychische Störungen bearbeitet haben,
- positive Veränderungen im Bereich sozialer Fertigkeiten zeigen und
- die Mitglieder seiner Familie über Warnsignale sowie erneute Risikosituationen informieren und mit ihnen absprechen, was sie dann tun und an wen sie sich wenden können (→ *Systemische Therapieansätze bei der Arbeit mit sexueller Gewalt*).

Partnerinnen von innerfamilial missbrauchenden Männern

Mütter bzw. nicht missbrauchende Partnerinnen sind, besonders wenn sie die Beziehung aufrecht erhalten, weil sie sich emotional und/oder finanziell auf ihren Partner angewiesen fühlen, häufig nicht in der Lage, sich auf die Seite ihres Kindes zu stellen. Einige verleugnen den Missbrauch, wollen „alles vergessen", andere beschuldigen das Kind (Breitenbach 1992 → *Mütter*).

Die Mutter bzw. die nicht missbrauchende Partnerin braucht in dieser für sie emotional schwierigen Situation Hilfe, um die Verantwortung ihres Partners und Lebensgefährten für die Missbrauchshandlungen anerkennen und ihm gegenüber z.B. ihre Verletzungen und Kränkungen durch seine Übergriffe ausdrücken zu können. Realisiert sie die Auswirkungen auf das Kind, braucht sie Unterstützung, um ihre Schuldgefühle zu bewältigen. Unterbleibt dies, wird sie wahrscheinlich auch in Zukunft ihr Kind nicht schützen können. Eine Rückkehr des Kindes in eine Familie setzt folglich voraus, dass die Mutter sich beraterisch-therapeutische Hilfe gesucht hat und folgende Kriterien erfüllt:
- Sie ist informiert über das konkrete Missbrauchsverhalten,
- akzeptiert die Verantwortung ihres Partners für den Missbrauch,
- stellt sich auf die Seite des Kindes,
- spricht über die Folgen des Missbrauchs für sie (Verrat, Vertrauensbruch, Misstrauen, Kränkung, Eifersucht …),

- hat das Für und Wider der Beziehung zum Partner abgeklärt,
- ist gegebenenfalls nicht mehr alkohol- oder drogenabhängig bzw. hat ihren Alkohol- oder Drogenkonsum reduziert und
- weiß um Warnzeichen für erneuten Missbrauch.

Die Paarbeziehung

Häufig sind die Paarbeziehungen durch starke Beziehungskonflikte geprägt und es wird kaum noch miteinander gesprochen. Hinzu kommt, dass der Täter nicht selten auch seine Partnerin unterdrückt, schlägt und missbraucht (Bentovim 1995, → *häusliche Gewalt*). Deshalb muss sich in der Paarbeziehung Folgendes verändert haben:
- Zurückliegende Kränkungen sind besprochen und beigelegt worden.
- Konflikte werden verbal und angemessen gelöst.
- Die Partner respektieren grundsätzlich die Position des anderen und
- die Paarbeziehung wird als überwiegend zufriedenstellend erlebt.

Die Eltern-Kind-Beziehung

Die Eltern-Kind-Beziehungen in Familien, in denen es zu sexuellem Missbrauch kommt, sind oftmals durch große Unsicherheiten geprägt. Die Täter treiben z.B. gezielt einen Spalt in die Mutter-Kind-Beziehung, um sich vor einer Entdeckung zu schützen (Heiliger 2000). Oftmals kommt es auch zu einer so genannten Rollenumkehr. D.h., das Kind versorgt seine Eltern emotional und muss gegebenenfalls auch seine kleineren Geschwister versorgen (Bentovim 1995). Folglich müssen zumindest folgende Kriterien erfüllt sein:
- Die Kind-Eltern-Beziehungen werden von den Eltern und dem Kind als sicher erlebt.
- Die Eltern übernehmen ihre Rolle und Funktion als Eltern.
- Die Kinder dürfen Kinder sein.

Das Kind

Zahlreiche Untersuchungen zeigen, dass viele sexuell missbrauchte Mädchen und Jungen emotional und sozial nicht ausreichend versorgt sind. Dementsprechend sind es emotional unsichere und ängstliche Kinder, die ein erhöhtes Risiko aufweisen, sexuell missbraucht zu werden. Hinzu kommt vielfach ein mangeln-

des Wissen über Sexualität und sexuellen Missbrauch (Finkelhor 1984; Brockhaus & Kolshorn 1993; Heiliger 2000). Deshalb muss das Kind bei einer Rückkehr in die Herkunftsfamilie
– selbstbewusster als vor dem sexuellen Missbrauch sein,
– emotional stärker sein,
– über ausreichend Wissen über Sexualität und sexuellen Missbrauch verfügen,
– möglichst in eine Gleichaltrigengruppe integriert sein und
– Ansprechpartner bei erneut auftretenden Problemen haben.
Grundsätzlich gilt: Das Kind muss die Rückführung wollen und ihr zustimmen!

Soziale Integration der Familie

Ein Risikofaktor für sexuellen Missbrauch ist es, wenn Familien sozial isoliert sind und dadurch bei Krisen keine Unterstützung von außen erhalten bzw. nicht bereit sind, sich Hilfe zu suchen (Brockhaus & Kolshorn 1993). Deshalb sollte die Familie
– besser in ihre Nachbarschaft integriert sein sowie regelmäßig Kontakte zu Verwandten und /oder Bekannten haben und
– die Eltern sollten bereit sein, Hilfe anzunehmen, das Risiko für das Kind zu erkennen und sich für seinen Schutz einzusetzen.
Falls Wohnprobleme und ungewöhnliche Schlafverhältnisse bestanden haben, so sollten diese behoben sein. Gleiches gilt für finanzielle Probleme.

Bevor eine Rückführung stattfinden kann, müssen die Kontakte und Beziehungen des Kindes zu den Eltern – falls sie unregelmäßig waren oder abgerissen sind – wieder intensiviert werden. Die Eltern müssen das Kind zuvor in der Pflegefamilie oder im Heim regelmäßig über Monate besuchen. Die Pflegeeltern oder Erzieher sollten umgekehrt ebenfalls auch die Familie mit dem Kind in der elterlichen Wohnung treffen. Nach einer solchen Serie von Besuchen könnte dann ein Besuchswochenende zu Hause anstehen usw. Nur eine solch sorgfältig geplante Rückführung mit langsamen Übergängen ist in solchen Fällen angemessen. Des Weiteren müssen nach der Rückführung das Kind, der nicht missbrauchende Elternteil und der Täter weiter betreut werden (Wiemann 1997, S. 236f.).

Diese Ausführungen und die genannten Mindeststandards sollen die dringend notwendige Diskussion über die Einschätzung von Gefährdungsrisiken bei der Rückkehr von sexuell missbrauchten Kindern in ihre Familie anregen. Die genannten Mindeststandards sind keineswegs als vollständig und abgesichert zu betrachten. Weitere Forschung ist hier dringend notwendig. Hinzu kommt, dass viele der benannten Risikofaktoren von den Professionellen komplexe Einschätzungen verlangen, die sie bei ihrem Kenntnisstand nicht leisten können. Deshalb ist eine verbesserte Aus- und Fortbildung über diese Problematik überfällig.

Literatur

Bentovim, A. (1995). *Traumaorganisierte Systeme – Systemische Therapie bei Gewalt und sexuellem Missbrauch in Familien.* Mainz: Matthias-Grünewald-Verlag.

Berner, W. (1997). Sexualpsychopathologie des sexuellen Mißbrauchs. In: G. Amann & R. Wipplinger (Hrsg.): *Sexueller Mißbrauch – Überblick zu Forschung, Beratung und Therapie. Ein Handbuch* (S. 130–139).Tübingen: dgvt Verlag.

Breitenbach, E. (1992). *Mütter mißbrauchter Kinder.* Pfaffenweiler: Centaurus.

Brockhaus, U. & Kolshorn, M. (1997). Die Ursachen sexueller Gewalt. In: G. Amann & R. Wipplinger (Hrsg.): *Sexueller Mißbrauch – Überblick zu Forschung, Beratung und Therapie. Ein Handbuch* (S. 89–105).Tübingen: dgvt Verlag.

Brockhaus U. & Kolshorn, M. (1993). *Sexuelle Gewalt gegen Mädchen und Jungen.* Frankfurt am Main: Campus.

Bullens, R. (1995). Der Grooming-Prozess – oder das Planen des Missbrauchs. In: B. Marquardt-Mau (Hg.). *Schulische Prävention gegen sexuelle Kindesmißhandlung* (S. 55–69). Weinheim und München: Juventa.

Bullens, R. (1997). Aufgaben und Möglichkeiten multiprofessioneller Kooperation aus der Sicht der Misshandlertherapie. *Informationsdienst für Kindesmisshandlung und -vernachlässigung, 4 (Sonderband 1.1.),* 105–114.

Dagleish, L. I. (1989). The relationship of child abuse indicators to the assessment of perceived risk and to the decision to seperate. *Child Abuse and Neglect Vol. 13, No. 4,* 491–506.

David, K.-P., König, H. & Wegner K. (2000). *5 Jahre ambulante Tätertherapie. Eine konzeptionelle Darstellung der Arbeit der Beratungsstelle im Packhaus.* Eigenverlag.

Deegener, G. (1995). *Sexueller Missbrauch: Die Täter.* Weinheim. Beltz Verlag.

Deegener, G. (1999). Sexuell aggressive Kinder und Jugendliche – Häufigkeiten und Ursachen, Diagnostik und Therapie. In: S. Höfling, D. Drewes & I. Epple-Waigel (Hg.). *Auftrag Prävention. Offensive gegen sexuellen Kindesmissbrauch* (S. 352–382). München: Hanns-Seidel Stiftung.

Eldridge, H. & Bullens, R. (1997). *Dauerhafte Veränderung – Handbuch zur Rückfallprävention.* Leiden. Eigenverlag.

Enders, U. (1999). Die Strategien der Täter und die Verantwortung von uns Erwachsenen für den Schutz von Mädchen und Jungen. In: S. Höfling, D. Drewes & I. Epple-Waigel (Hg.). *Auftrag Prävention. Offensive gegen sexuellen Kindesmissbrauch* (S. 177–198). München: Hanns-Seidel Stiftung.

Finkel, M. (1998). „Das Problem beim Namen nennen!" – Kinder und Jugendliche mit sexuellen Gewalterfahrungen in Hilfen zur Erziehung. In: D. Baur u. a.. *Leistung und Grenzen von Heimerziehung.* Herausgegeben vom Bundesministerium für Familie, Frauen, Senioren und Jugend (S. 351–385). Stuttgart: Kohlhammer.

Finkelhor, D. (1984). *Child Sexual Abuse. New Theory and Research.* New York: Free Press.

Heiliger, A. (2000). *Täterstrategien und Prävention.* München: Frauenoffensive.

Kindler, H. (2000). Verfahren zur Einschätzung von Mißhandlungs- und Vernachlässigungsrisiken. *Kindheit und Entwicklung 9 (4),* 222–230.

Lösel, F. (1997). *Checkliste zur diagnostischen Untersuchung von Sexualstraftätern.* Erlangen: Institut für Psychologie der Universität Erlangen.

Niemanntsverdriet, J. & Klinken, H. van (1998). Das Behandlungsprotokoll in der Van der Hoven Klinik als Qualitätsinstrument. *Forensische Psychiatrie und Psychotherapie 5 (1),* 83–101.

Wiemann, I. (1997): Psychologische und soziale Voraussetzungen für die Rückführung von Pflegekindern zu ihren leiblichen Eltern. *Unsere Jugend 49,* 229–237.

Selbsthilfe

Marion Mebes

Selbsthilfe bei sexualisierter Gewalt hat sich in den Anfängen nahezu zwangsläufig aus dem Mangel an professionellen Hilfsangeboten entwickelt. Zu Beginn der Auseinandersetzung mit dem Thema „sexualisierte Gewalt" Anfang der 80er Jahre in Westdeutschland existierte weder beachtenswerte Literatur noch eine relevante Debatte in den helfenden Berufen. In den Ausbildungsbereichen Medizin, Sozialarbeit/Sozialpädagogik und anderen Gebieten, in denen eine Konfrontation mit dieser Problematik gegeben gewesen wäre, war es nicht im Lehrplan verzeichnet. Die Beachtung von Opfern und deren Interessen hing weitestgehend vom Einsatz einzelner ab, die sich mutig für sie einsetzten.

Die Betroffenen waren deshalb in aller Regel auf sich selbst zurückgeworfen, eine Art unfreiwilliger Selbsthilfe. Das betraf (und betrifft) die Ebene des individuellen Umgangs mit sexuellen Übergriffen und ihren Folgen für den Lebensalltag. Hier waren (und sind) Mädchen und Jungen auf sich selbst und ihre Fähigkeiten angewiesen. Dabei setzen sie ihre gesamte Kreativität ein, um Mechanismen zu entwickeln, die sie den Schmerz aushalten lassen. Welche Mühen die Kinder auf sich nehmen müssen, um Hilfe zu bekommen, zeigt sich daran, dass ein Kind im Durchschnitt sechs Personen erfolglos versucht, auf den sexuellen Missbrauch aufmerksam zu machen, bevor die siebte Person hilft (Weber & Rohleder 1995, S. 55).

Diese Situation führte dazu, dass sich erwachsene Frauen, die in ihrer Kindheit sexualisierte Gewalt erfahren hatten, freiwillig, aus eigener Entscheidung und Kraft der Selbsthilfe zu wandten. Dies führte schließlich auch zur Beachtung des Themas in der öffentlichen Diskussion. Gründerinnen der ersten Selbsthilfegruppe waren Anne Voss und Marion Mebes. Sie begannen im Sommer 1982 mit ihren ersten Treffen. Um weitere Frauen zu gewinnen, inserierten sie in Zeitungen, sprachen im Radio, machten Aushänge an Frauenorten und sammelten so die erste Gruppe. Ihr Bestreben war es, den Schmerz nicht mehr für sich allein zu bewältigen, sondern ihn (mit) zu teilen, zu verarbeiten und hinter sich lassen zu können.

Selbsthilfe – verschiedene Ebenen

Bereits im März 1983 wurde in Zusammenarbeit mit der Soziologin Barbara Kavemann und der Anwältin Ingrid Lohstöter in Berlin eine Veranstaltung organisiert, die 100 Frauen mobilisierte – größtenteils betroffene Frauen und Mütter, aber auch Frauen aus helfenden Berufen. Auf diese Veranstaltung geht die erste Müttergruppe (→ *Mütter*) zurück, die Gründung einer weiteren Selbsthilfegruppe betroffener Frauen und der Aufbau der ersten Berufsgruppe, die später zur Vernetzung von beruflich mit dem Thema befassten Personen beitrug. Auch dies eine Form der Selbsthilfe.

Selbsthilfe fand und findet also auf mehreren Ebenen statt:
- auf der Ebene der Opfer
- auf Ebene der unterstützenden Angehörigen
- auf der Ebene der Professionellen.

Hier soll auf die beiden ersten Gruppen eingegangen werden, die eher der klassischen Selbsthilfe zuzuordnen sind. Zu Beginn wurde das Thema fast ausschließlich von Frauen besetzt. Erst nach einiger Zeit wurde deutlich, dass auch Jungen (→ *Jungen als Opfer*) direkt von sexualisierter Gewalt betroffen sein können, oder indirekt als Brüder von Mädchen, die missbraucht werden. Männliche Bezugspersonen als Helfer, nicht missbrauchende Väter/Stiefväter oder Partner wurden ebenfalls erst später mit zunehmender Auseinandersetzung und Professionalisierung wahrgenommen.

Aus dieser ersten Selbsthilfegruppe heraus entstand der Verein Wildwasser Berlin. Als Trägerverein initiierte Wildwasser vielfache Angebote für Mädchen und Frauen, später für unterstützende Angehörige und professionell damit befasste Personen. Wildwasser arbeitet mit einem parteilichen Ansatz und hat bundesweit Nachfolgeorganisationen gefunden (→ *Parteilichkeit,* → *Parteiliche Beratungsstellen*). Die Qualifizierung ist uneinheitlich. Es findet sich reine Selbsthilfe, professionelle und semiprofessionelle Arbeit.

Die Basis der ersten Selbsthilfegruppen

Die Gestaltung der ersten Selbsthilfegruppen ging im Wesentlichen auf die Erfahrungen der Initiatorinnen zurück. Sie kamen beide aus dem sozialpädagogischen Bereich, hatten Selbsthilfegruppen in den USA und Großbritannien kennen gelernt und aus deren Strukturen die sinnvoll erscheinenden Teile in die Entwicklung der Gruppen betroffener Frauen in Berlin eingebracht. Die US-amerikanischen Modelle umfassten das Spektrum von völlig selbst organisierten Gruppen, die sich an das Zwölf-Schritte-Programm der Anonymen Alkoholiker[1] anlehnten, über feministisch-pragmatische Ansätze bis hin zu durchstrukturierten Gruppen, die von Beratungsstellen organisiert und geleitet wurden und erst nach einer gewissen Zeit in eine selbst organisierte Selbsthilfegruppe übergingen. In Großbri-

---

[1] Die Anonymen Alkoholiker zählen in den USA zur bestorganisiertesten Selbsthilfestruktur mit hoher gesellschaftlicher Akzeptanz und großer Erfolgquote im Bereich Sucht. Die AA vertreten wirksam die Kultur der Selbsthilfe und sind deshalb so prägend.

tannien war das Spektrum nicht so ausgeprägt. Den deutlichsten Einfluss von dort hatten sogenannte Drop-In-Groups, aus denen sich geschlossene Gruppen entwickeln konnten. Drop-In-Gruppen haben in Deutschland nur in Großstädten jemals Relevanz gehabt und auch dort nur temporär.

Diese Beschreibung gilt für den Westdeutschen Raum. Auf dem Gebiet der ehemaligen DDR ist die Entwicklung jünger und sehr vom kulturellen Hintergrund vor der Wende gekennzeichnet. Die Begrifflichkeit „ehemalige DDR" ist mit Bedacht gewählt. Die Bezeichnung „neue Bundesländer" enthält eine gewisse Geschichtslosigkeit, die dem Verlauf der Entwicklung in diesem Bereich nicht entspricht. So ist mit dem Fall der Mauer überhaupt erst eine Diskussion über sexuellen Missbrauch in Gang gekommen, obwohl das Problem den zuständigen Stellen bekannt war. Die Existenz wurde von offizieller Seite jedoch schlicht geleugnet. Die Begründung dafür ist auch in der besonderen politischen und gesellschaftlichen Struktur der DDR zu sehen, die bis heute fortwirkt (Schurich 1997, S. 14 ff.).

Spezifische Merkmale klassischer Selbsthilfe

Wesentliches Merkmal der Selbsthilfe ist, dass sich eine Gruppe von gleichberechtigten Personen zur gegenseitigen Hilfe trifft. Ein Machtgefälle, wie in der therapeutischen Arbeit von Therapeutin zu Klientin ist ausgeschlossen. Besonders bei der Auseinandersetzung mit sexualisierter Gewalt, der die Ausbeutung eines Machtgefälles von Seiten eines/einer Mächtigeren als Basis hat, erweist sich das Zusammentreffen von Gleichen als hilfreich.

Selbsthilfe bedeutet aber auch ein gewisses Maß an Eigenverantwortung und Selbstständigkeit, Auseinandersetzungsfähigkeit, Respekt für sich und andere und die Fähigkeit, Grenzen zu setzen / zu akzeptieren – oder doch zumindest den Willen und die Fähigkeit, dies zu lernen und offen damit umzugehen. Ein bestimmtes Maß an Kontinuität im Lebensalltag ist ebenfalls hilfreich. Die Selbsthilfe kann für spezifische Probleme keine Lösung sein. Daraus ergeben sich Ausschlusskriterien für die Teilnahme an einer Selbsthilfegruppe: Die Auseinandersetzung mit der erlebten sexualisierten Gewalt und deren Folgen erfordert bereits viel Energie, deshalb sollten andere Belastungen ausgeschlossen sein. Bei akuter Suchtmittelabhängigkeit, einer schwerwiegenden Erkrankung, besonderen Lebensumständen wie Obdachlosigkeit oder Schwangerschaft muss sich die Person einen anderen Hilferahmen suchen. Kann eine Frau oder ein Mann nicht kontinuierlich über einen Zeitraum von ein bis zwei Jahren teilnehmen, ist dies ebenfalls ein Ausschlusskriterium. Hier sind andere Hilfsangebote gefragt.

In der Regel bestehen Selbsthilfegruppen maximal aus zehn Frauen oder Männern, die sich wöchentlich als geschlossene Gruppe treffen. Damit wird Fluktuation unterbunden. Wenn jemand ausscheidet, kommt niemand neues nach, es sei denn, die Gruppe hat sich erst wenige Male getroffen. Dies geschieht, weil sexualisierte Gewalt in der Mehrzahl unter Ausnutzung eines Vertrauensverhältnisses ausgeübt wird. Aus dieser Erschütterung ergibt sich eine besondere Notwendigkeit, Vertrauen wieder zu lernen, langsam aufzubauen und prüfen zu dürfen. Laufend wechselnde Teilnehmerinnen bzw. Teilnehmer erschweren diesen Prozess. Das mag ein Grund dafür sein, warum Drop-In-Gruppen zu diesem Thema zu keiner größeren Bedeutung gelangen.

Die persönlichen Voraussetzungen werden in den ersten Gesprächen besprochen, solange sich die Gruppe noch „sammelt". Die Vorgespräche dienen zur individuellen Klärung, ob jetzt der richtige Zeitpunkt für diese Form der Auseinandersetzung mit eigener Geschichte ist. Außerdem sind sie unerlässlich zur Klärung der Frage, ob die künftigen Teilnehmerinnen bzw. Teilnehmer sich vorstellen können, miteinander zu arbeiten.

Als Vorbereitung und Begleitung hat sich der Selbsthilfeleitfaden von Wildwasser Berlin (1992, wird derzeit überarbeitet) bewährt, der von und für Frauen geschrieben wurde. Die Autorengruppe Tauwetter (1998) hat aus der Selbsthilfearbeit von und mit Männern ein Selbsthilfe-Handbuch entwickelt, das außer Regeln und Tipps für die Gruppe auch für den Entscheidungsweg Therapie oder Selbsthilfe Pragmatisches für Betroffene bietet. Die strukturierenden Basisinformationen sind für beide Geschlechter eine ausgezeichnete Orientierungshilfe, denn Verabredungen wie beispielsweise „Jede/r spricht für sich selbst", „Androhung und/oder Ausübung von Gewalt ist verboten" oder das Versprechen, nüchtern und pünktlich zu den Treffen zu erscheinen, sind für beide Geschlechter zutreffend. An anderen Punkten gibt es wieder sehr spezifische Anforderungen für Frauen bzw. Männer. Einer der wichtigsten Bereiche ist dabei die Auseinandersetzung mit Sexualität und sexueller Identität. Sexuelle Übergriffe auf Jungen werden – wie bei Mädchen – zum überwiegenden Teil von Männern ausgeübt. Dies und die Tatsache, dass Jungen durch sexuelle Übergriffe ein Maß an Ohnmacht erfahren, das dem Rollenbild ihres Geschlechts zuwider läuft, trägt zu einer geschlechtsspezifischen Identitätsproblematik bei. Die Angst, homosexuell (geworden) zu sein, beschäftigt viele Jungen/Männer, die Opfer sexuellen Missbrauchs geworden sind (Autorengruppe Tauwetter 1998).

Kopiervorlagen, „Spickzettel" mit Leitfragen für die Orientierung und Klärung sind eine gute Begleitung bei einzelnen Schritten für betroffene Frauen und Männer.

Finanzielle Mittel

Geld ist nicht unbedingt nötig für eine Selbsthilfegruppe. Das ist ihr großer Vorteil. Die Miete für einen Raum ist oft das einzige, was aufgebracht werden muss. Einen neutralen Ort als Treffpunkt zu suchen, ist auf jeden Fall besser als sich in der Wohnung einer/eines Teilnehmers zu treffen. Treffen bei einer Teilnehmerin/einem Teilnehmer zu Hause können einen Einbruch in ihren/seinen Privatraum bedeuten, dessen Wirkung nicht vorhersehbar ist. Außerdem kommt diese(r) Teilnehmer(in) leicht in die Rolle der Gastgeberin/des Gastgebers. Diese Sonder-Position bringt Ablenkung für alle Seiten und damit ebenfalls unvorhersehbare Wirkungen mit sich.

Gleichzeitig ist es aber auch oft der Mangel an Finanzierung für eine Anlauf- oder Beratungsstelle usw., die den Betroffenen keine Wahl lässt, wenn sie etwas für sich tun wollen.

Ziele und Mittel der Selbsthilfe

Ziel und Mittel der Selbsthilfe sind der Austausch mit anderen, die Vergleichbares erlebt haben und miteinander Wege und Möglichkeiten zu finden, um die Folgen dieser Erlebnisse besser bewältigen zu können. Ziel ist auch, den Alltag zu handhaben und sich – statt sich ausschließlich am Überleben zu orientieren – dem Leben wieder zuzuwenden. Das ist ein sehr umfassender Prozess, der Geduld und Zeit in Anspruch nimmt. In der Regel findet in Selbsthilfegruppen dieser Prozess auf der sprachlichen Ebene statt; im Gegensatz zu therapeutischen Gruppen, die körperorientierte Elemente oder therapeutische Methoden einfließen lassen, die über das rein Sprachliche hinaus gehen. Es gibt Gruppen, die experimentieren und deren Teilnehmerinnen bzw. Teilnehmer abwechselnd Treffen vorbereiten, bei denen gemalt, geschrieben, vorgelesen oder ein Film angesehen wird. Diese Mittel dienen als Katalysator für Gruppenprozesse und müssen sorgfältig erwogen werden, denn die vorbereitenden Teilnehmer/innen geraten in leitende Funktion. Auch wenn es nur einen Abend betrifft, kann diese Strukturveränderung bedeutsam für alle sein.

Vorrangig ist die solidarische anteilnehmende Hilfe untereinander. Dafür haben Gruppen z.B. auch Patinnen- oder Vertrautensysteme institutionalisiert: Jede/r Teilnehmer(in) erhält von ein oder zwei anderen die Telefonnummer für die Kontaktaufnahme außerhalb der Gruppentreffen, wenn ein Notfall eintritt. Das Patinnen- und Vertrautensystem haben sich für Krisensituationen bewährt.

Bewährt hat sich außerdem die ergänzende individuelle Arbeit mit Literatur. Hervorzuheben ist hier für Frauen der Titel „Trotz allem" von Ellen Bass und Laura Davis (1990). Im Untertitel ist die Intention genauer ausgedrückt: Wege zur Selbstheilung für sexuell missbrauchte Frauen. An Männer richtet sich „Als Junge missbraucht" von Mike Lew (1993) und für Angehörige geschrieben hat Laura Davis ihr Buch „Verbündete" (1995). Klärende Information von großer Sachkenntnis gepaart mit Anteilnahme ergänzen oftmals die Gruppengespräche, machen eigene Mechanismen verständlicher. Zudem enthalten die Bücher stärkende Übungen, die allein gemacht werden können. Viele der Übungen werden wiederum in Selbsthilfegruppen zur Bereicherung der gemeinsamen Arbeit aufgenommen. Für die individuelle Arbeit von Menschen, die gerne schreiben, sei ergänzend der Titel „Von der Seele schreiben" von Gabriele Rico (1999) empfohlen.

Professionalisierte Varianten der Selbsthilfe

Sehr früh wurden von der ersten Selbsthilfegruppe professionelle Varianten der Selbsthilfe begonnen und in Projekten weiterentwickelt, die als Initiatorinnen bzw. Initiatoren neuer Gruppen auftreten, sei es, dass sie Räume oder den organisatorischen Rahmen (Zentrale Adresse zum Sammeln von Interessentinnen bzw. Interessenten u. ä.) zur Verfügung stellen. Außerdem bringen sie auch ihre Erfahrung aus der eigenen Gruppenarbeit ein. Meist sind es zwei Teilnehmerinnen bzw. Teilnehmer, die die ersten zwei oder drei Treffen der neuen Gruppe begleiten, dabei aus eigenem Erleben von der Selbsthilfe berichten und so die neue Gruppe „auf den Weg bringen" (Semiprofessioneller Ansatz, der aus gebündelter, reflektierter Erfahrung entsteht, aber keine Ausbildung im pädagogisch-therapeutischen Bereich voraussetzt.).

In pädagogisch-therapeutischen Arbeitsfeldern wurden professionelle Varianten entwickelt, die besondere Problemstellungen aufgriffen. So wurde von Marion Mebes und Gabi Jeuck (1989) erstmals eine Gruppenform konzipiert, die ehemals suchtmittelabhängige Frauen ansprach und für diese Zielgruppe ein strukturiertes Angebot über einen eingegrenzten Zeitraum machte, das speziell die Verknüpfung von sexualisierter Gewalt und Suchtmittelmissbrauch ansprach. Mit einem ähnlich Ansatz wurde später ein Angebot für Frauen mit Essstörung von Silke Sachau und Christine Schröder (1995) konzipiert. Diese strukturierten Konzepte entstanden u. a. weil die Historie von Sucht meist zu den Ausschlusskriterien in den Selbsthilfegruppen gehörte.

Regionale Bedingungen

Regionale Gegebenheiten sind von großer Bedeutung. Dies wurde im Hinblick auf die Unterschiede von West- und Ostdeutschland bereits angesprochen. Auch das Stadt-Land-Gefälle ist erschwerend für den Bereich Selbsthilfe, da auf dem Land eine große Angst besteht, sich als Betroffener erkennbar zu machen und sich so einer Stigmatisierung auszusetzen. Individuelle Selbsthilfe mit Hilfe von Büchern (siehe oben), Austausch per Brief und gelegentliche Beratungen oder Wochenendworkshops sind mögliche Alternativen.

Aussichten

Selbsthilfeforen im Internet gehören zu den neueren Entwicklungen, die regionale Nachteile zumindest teilweise auffangen können (→ *Internet*). Schneller als bisher werden Informationen zugänglich und Austausch möglich gemacht. Das Internet bietet Anonymität. Vielleicht sind zukünftig Internetgruppentreffen eine Alternative nicht nur für regional Benachteiligte, sondern auch für Menschen mit Behinderungen oder anderen Einschränkungen wie beispielsweise Agoraphobie, die eine Teilnahme an einer Gruppe verhindern.

Literatur

Autorengruppe Tauwetter (1998). *Tauwetter. Selbsthilfe-Handbuch für Männer, die als Junge sexuell mißbraucht wurden.* Ruhnmark: Donna Vita / verlag mebes & noack.
Bass, Ellen und Laura Davis (1990). *Trotz allem. Wege zur Selbstheilung für sexuell mißbrauchte Frauen.* Berlin: Orlanda und Donna Vita / verlag mebes & noack.
Davis, Laura (1995). *Verbündete, Ein Handbuch für Partnerinnen und Partner sexuell mißbrauchter Frauen und Männer.* Berlin: Orlanda.
Lew, Mike (1993). *Als Junge mißbraucht. Wie Männer sexuelle Ausbeutung in der Kindheit verarbeiten können.* München: Kösel Verlag.
Mebes, Marion und Gabi Jeuck (1989). *Sucht.* Berlin und Ruhnmark: Donna Vita / verlag mebes & noack.
Rico, Gabriele (1999). *Von der Seele schreiben. Im Prozeß des Schreibens den Zugang zu tiefverborgenen Gefühlen finden.* Paderborn: Junfermann.
Sachau, Silke und Christine Schröder (1995). *Frauen mit Eßstörungen erobern sich ihr Leben zurück.* Berlin und Ruhnmark: Donna Vita / verlag mebes & noack.
Schurich, F.-R. (1997). *Tödliche Lust. Sexualstraftaten in der DDR.* Berlin: edition ost.
Weber, M. & Rohleder, C. (1995). *Sexueller Missbrauch. Jugendhilfe zwischen Aufbruch und Rückschritt.* Münster: Votum.

Sextourismus

Detlef Drewes

Mit dem verharmlosenden Begriff „Sextourismus" wird eine relativ neue Entwicklung umrissen, bei der Reisende gezielt Länder der so genannten Dritten Welt (offiziell werden diese als Low Developed Countries – LDC – bezeichnet, übersetzt: unterentwickelte Länder) aufsuchen, um dort Männer und Frauen, Jungen und Mädchen für sexuelle Praktiken zu kaufen. Die leichtere und preiswertere Verfügbarkeit von Fernreisen hat vor allem in den 70er Jahren zu einem ersten Boom solcher Sex-Flüge („Bums-Bomber") geführt, die im Grunde eine neuzeitliche Fortentwicklung des Sklaventums ist.

Die Infrastruktur der Porno- und Sex-Industrie in vielen Ländern hat einen militärischen Ursprung. Dieses Verbrechen ist uralt. Japaner haben Frauen in den eroberten Ländern Mitte der 50er Jahre zu sexuellen Dienstleistungen gezwungen, und im Zweiten Weltkrieg wurde von vielen Seiten offen dazu aufgerufen, nicht nur die gegnerischen Truppen zu bekämpfen, sondern die Männer durch Vergewaltigung ihrer Frauen und Kinder zu demoralisieren. Frankreich und die USA errichteten später offizielle Feldbordelle für die eigenen Soldaten, um die Kampfmoral zu stärken. Mit wachsender militärischer Präsenz baute Washington dann Thailand zur Sex-Etappe aus. Von 1964 bis 1976 waren in den sieben US-Basen im Land bis zu 50.000 GIs stationiert, noch einmal 70.000 Soldaten kamen jedes Jahr aus Vietnam, um den Dschungelkrieg dort mit Hilfe junger Thailänderinnen für einige Tage zu vergessen. „Rest & Recreation" nannte sich das so genannte Programm offiziell. Pattaya, das einstige Fischerdorf bei Bangkok, aber auch Kambodscha, die Philippinen (US-Stützpunkt Olongpago) und viele andere Regionen wurden so zu den ersten sextouristischen Zonen.

Bevorzugte Destinationen heutiger Sextouristen sind Fernost (Thailand, Indien, Philippinen, Sri Lanka), Afrika (Kenia) und Lateinamerika sowie inzwischen auch Länder des ehemaligen Ostblocks (Tschechien, Rumänien, Polen, Russland, Ukraine ...). In einer Studie der Bundesregierung (Bundesministerium für Gesundheit, 1995) wird die Zahl der Sex-Touristen aus Deutschland auf 400.000 im Jahr beziffert, wobei jeder Vierte bei einer Befragung angab, auch Kontakte zu Minderjährigen zu suchen. Die genannten Länder werden nicht zuletzt deshalb häufig aufgesucht, weil sich Pädosexuelle und Kunden erwachsener Prostituierter dort vor polizeilicher Überwachung sicherer fühlen als in Europa oder den USA.

Dabei bedienen sich westliche Kunden gerne angeblicher kultureller und religiöser sowie politischer Ideologien, um ihr Verhalten zu rechtfertigen. So vertrat der niederländische Pädosexuelle Edward Brongersma (1986) offen die im asiatischen Kulturkreis häufiger zu hörende These: „Die asiatischen Knaben, die gelegentlich mit Touristen schlafen, sind merklich lebhafter und gesünder als die Millionen armer Kinder dort." Außerdem wird nicht selten die Lüge von der Quasi-Entwicklungshilfe vertreten. Tatsächlich ist die Verlockung vor allem armer Bevölkerungskreise groß, mangels anderer Verdienstmöglichkeiten die Familie durch Verkauf des eigenen Körpers oder eines Kindes in die Prostitution zu ernähren. Eine Prostituierte in Asien, so das Ergebnis einer wissenschaftlichen Studie der Universität von Djakarta, kann mit ihrem Einkommen 18 Familienangehörige ernähren (vgl. Die Zeit, Nr. 39/1996, S. 22). Vom irischen Missionar und Vorkämpfer gegen Kinderprostitution in Asien, Pater Shay Cullen, stammt der Satz „Die sexhungrigen Soldaten wurden von den Armen befriedigt, die nach Essen hungerten" (→ *Armut von Kindern und Jugendlichen*).

Nach Studien von terre des hommes und dem Uno-Kinderhilfswerk Unicef (Unicef-Information, 1999) verdienen derzeit rund zwei Millionen Kinder unter 14 Jahren weltweit ihren Lebensunterhalt durch Prostitution (→ *Mädchenprostitution,* → *Jungenprostitution*).

Kinderprostitution ist ein überaus komplexes Problem. Sie umfasst Kinder, die von ihren Familien verkauft, durch Kinderhändler verschleppt und von Bordellbesitzern regelrecht versklavt werden, bis hin zu Jugendlichen, die sich „freiwillig" prostituieren, um ihr Überleben zu sichern oder ihren Drogenkonsum zu finanzieren. In einigen Untersuchungen haben Straßenkinder angegeben, dass Prostitution für sie weniger gefährlich und beschämend sei als zu betteln. In anderen Fällen erwirtschaften Kinder durch Prostitution in der Stadt den Unterhalt für ihre Familien auf dem Land. Ähnlich vielfältig wie die Erscheinungsformen der Kinderprostitution sind deren Ursachen. Sie wird vor allem durch Armut gefördert (→ *Armut von Kindern und Jugendlichen*). In den vergangenen 30 Jahren ist die Kluft zwischen Arm und Reich auf der Welt erheblich gewachsen. Der Einkommensunterschied zwischen ärmsten und reichsten Bevölkerungsschichten lag 1960 bei 1:30, 1990 bereits bei 1:61. (Vereinfacht gesagt kamen 1960 auf jede D-Mark, die ein Bewohner der Dritten Welt zur Verfügung hatte, in Deutschland 30 D-Mark. 1990 waren es bereits 61 D-Mark). Mit anderen Worten, die reichsten Menschen der Welt verfügen über 61 mal mehr Einkommen als die ärmsten. Geringe Einkommensalternativen, unzureichende Bildungsangebote und mangelhafte Gesundheitsversorgung führen in vielen Regionen zur Landflucht. Aus den verarmten Bauernfamilien in wirtschaftlich desolaten ländlichen Regionen rekrutieren Mädchenhändler den „Nachschub". In den Städten treffen die Kinder dann auf Lebensbedingungen, die sie schließlich zwingen, jeden Strohhalm zum Überleben zu ergreifen. Da liegt die Prostitution sehr nahe, da sich kaufkräftige Kunden aus den Industrieländern anbieten.

Es wäre jedoch falsch, Armut als einzige Ursache für die Kinderprostitution anzunehmen. Denn keineswegs alle armen Kinder werden sexuell ausgebeutet. Unicef verweist auch auf einen Zusammenhang zwischen Gewalt und sexuellem Missbrauch in der Familie der Kinder. Unter minderjährigen Prostituierten ist der Anteil derer, die bereits innerhalb der Familie sexuelle Gewalt erfahren haben, überdurchschnittlich hoch. Eine weitere Ursache liegt auch in der Geringschätzung von Mädchen und Frauen, die in einigen Kulturkreisen nach wie vor verbreitet ist. Sie werden als „Besitztümer der Männer" oder minderwertige Kostgänger angesehen. Solche Vorstellungen mindern zumindest die Skrupel, an Mädchen zu verdienen.

Kinderprostitution, Kinderhandel und Kinderpornographie zählen zu den schlimmsten Menschenrechtsverletzungen (→ *Kinderpornographie*). Diese zeitgenössischen Formen der Sklaverei schädigen nicht nur die Gesundheit, sondern auch das seelische Gleichgewicht, das Grundvertrauen der Kinder. Immer wieder gibt es Berichte, denen zufolge Kinder in Bordellen sadistisch gefoltert werden, eingesperrt, angekettet, geschlagen, vergewaltigt, mit glühenden Zigaretten verbrannt oder durch Schnittwunden verstümmelt (→ *Ritualisierter Missbrauch*). Viele Opfer leiden an Geschlechtskrankheiten, Aids ist zu einem gravierenden Problem geworden. Dem Verfasser mitgeteilte Schätzungen der thailändischen Kinderschutzorganisation FACE zufolge sind in einigen Landstrichen bis zu 80 Prozent der 8- bis 14-Jährigen HIV-infiziert (→ *Geschlechts-*

krankheiten). Hinzu kommen die Folgen des Drogenkonsums, da viele Kinder von den Zuhältern gezielt drogenabhängig gemacht werden, wie Augenzeugenaussagen, die Ron O'Grady und der Autor vor Ort sammelten, belegen.

Wie groß die genaue Zahl der Touristen ist, die sich während eines Auslandsaufenthaltes erwachsene oder minderjährige Prostituierte beiderlei Geschlechts kaufen, ist nicht abzuschätzen. Bürger- und Kinderschutz-Initiativen vor Ort unterscheiden heute drei Gruppen von „Sex-Touristen" (Launer, 1993):
– Der reiche Pädosexuelle sichert sich eine ausreichende Versorgung mit Kindern durch den Kauf ganzer Familien. Er schenkt ihnen Hausgeräte, Möbel, ein ganzes Haus und garantiert ihnen mit Geld (z. B. für einen kleinen Laden) ein geringes, aber regelmäßiges Einkommen. Im Tausch gegen ihre Kinder wird den Eltern sofortiger Gewinn garantiert. Haben die Familien einmal angebissen, kommen sie von ihrem „Wohltäter" nur wieder los, wenn sie den Lebensstandard aufgeben.
– Die zweite Kategorie bilden die weniger wohlhabenden Pädosexuellen, die ihre „Schützlinge" zwar mit teuren Geschenken wie Motorrädern oder Kassettenrekordern versorgen, sich aber keine größeren, kontinuierlichen Zahlungen leisten können. Die Bindung zum Opfer ist daher nicht so eng wie bei der ersten Gruppe.
– Die dritte Gruppe der Pädosexuellen sucht keine langfristigen Bindungen. Sie zahlen für eine kurze Begegnung, eine Nacht. Bei der bereits erwähnten Studie der Bundesregierung wurde deutlich, dass diese „Sex-Touristen" sehr häufig Kontakt zu vier oder mehr Minderjährigen während einer Reise hatten.

Das Wort „Sex-Tourist" wurde schon bisher als wenig zutreffend beschrieben. Es suggeriert nämlich das fast zufällige Abenteuer am Rande einer Reise, assoziiert Gewaltfreiheit und übersieht dabei die zum Teil festen Organisationsstrukturen vor Ort. Viele Pädosexuelle strukturieren ihre Reise vorher, indem sie sich via Internet mit anderen austauschen, sich Tipps und Informationen holen (→ *Internet*). Aus diesen informellen Zirkeln sind im Laufe der Jahre mehr oder weniger strukturierte Ringe geworden, die den weltweiten Pädosexuellen-Markt stets mit „Frischfleisch" versorgen. Ron O'Grady (1992), internationaler Koordinator der in Bangkok beheimateten „Kampagne zur Beendigung der Kinderprostitution im asiatischen Tourismus" listet mehrere Quasi-Organisationen auf, die gezielt Kontakte zwischen Pädosexuellen und den Zuhältern in der Dritten Welt herstellen:
– North American Man/Boy Love Association (NAMBLA) – Die Organisation beschreibt ihre Ziele folgendermaßen: „Wir bemühen uns, Unterstützung für Knaben und Männer zu organisieren, die nach gegenseitiger Übereinkunft eine sexuelle und emotionale Beziehung wünschen oder diese bereits haben, und wir bemühen uns, die Gesellschaft dahingehend zu erziehen, dass diese Beziehungen als positiv zu bewerten sind." NAMBLA wurde 1978 gegründet, gibt zehnmal im Jahr ein Mitteilungsblatt heraus, das von jedermann abonniert werden kann. Es enthält unter anderem Artikel und Tipps, wo man relativ einfach an minderjährige Prostituierte in aller Welt herankommt.

- Rene Guyon Society (RGS): Diese Organisation begann als kalifornische Splittergruppe der Sexual Freedom League, die sexuelle Praktiken zwischen Kindern befürwortet. Die RGS stellt die These auf, die Mehrheit der Personen, die wegen sexueller Belästigung von Kindern festgenommen wurden, hätten diese Beziehung nur aufgenommen, weil das betreffende Kind ständig nach Sex verlangt habe. Der „Pädophile" dürfe sich dieser Annäherung nicht verweigern (→ *Pädosexualität*).
- Lewis Carroll Collector's Guild: Das ist eine amerikanische Organisation, die von Chicago aus operiert. Benannt wurde sie nach dem Autor von „Alice im Wunderland" James Carroll, der im 19. Jahrhundert lebte und ein leidenschaftlicher Sammler von Fotos nackter Kinder war. Die Organisation beschreibt sich in ihrer Publikation WONDERLAND als „freiwilliger Zusammenschluss von Personen, die der Überzeugung sind, dass Aktbilder eine verfassungsrechtlich geschützte Ausdrucksform sind, und deren Sammlerinteressen sich auch auf Aktbilder vorpubertärer Kinder erstrecken."
- Howard Nichols Society: Ihr Pamphlet „Wie macht man Sex mit Kindern" beginnt so: „Will man eine sexuelle Beziehung mit einem Kind beginnen, so lässt sich dies am einfachsten als Teil eines Spiels bewerkstelligen. ... Ungefähr alles, was Erwachsene miteinander tun können, kann auch ein Erwachsener mit einem Kind tun."
- Paedophile Information Exchange (PIE) galt lange als einflussreichste pädosexuelle Gruppe in Europa und lieferte das Informationsnetzwerk, das für Pädosexuelle unumgänglich ist, um außer Reichweite des Gesetzes bleiben zu können. Angeblich zählen viele Akademiker und hohe Persönlichkeiten aus dem sozialen und wirtschaftlichen Leben zu den Mitgliedern. PIE-Ex-Chef Stephen Freeman: „Die Pädophilie war schon immer eine ebenso gesunde Erscheinungsform unserer Spezies wie rothaarige Menschen oder Linkshänder." (Auszug aus „The Guardian", 5. Dezember 1984)
- Stichting Paidika Foundation: Die Organisation operiert von den Niederlanden aus und gibt zweimal im Jahr eine Zeitschrift, Paidika, heraus. Außerdem initiiert sie Untersuchungen, die sich mit Pädosexualität befassen.
- Australian Paedophile Support Group, die neuerdings unter der Bezeichnung BLAZE firmiert. Sie soll mehrfach philippinische Kinder nach Australien gebracht haben, die dann an Eltern mit pädosexuellem Hintergrund zur Adoption weitergegeben wurden.

Zu einem ersten offenen Kampf gegen den Sex-Tourismus kam es Anfang der 90er Jahre, als das Kinderhilfswerk terre des hommes Reiseveranstalter aufforderte, in ihren Prospekten offene oder verdeckte Hinweise auf Prostitution zu unterlassen. Immerhin gab es noch 1992 in einem deutschen Reise-Katalog Beschreibungen wie „Hotel Flipper Lodge: Beliebt wegen seiner guten Lage, Strandnähe und freizügigen Atmosphäre." Oder: „Hotel Green: Für Familien nicht geeignet." Nach jahrelangen Bemühungen und Gesprächen zwischen terre des hommes und Reiseveranstaltern gelang es schließlich, derartige Anzeigentexte weitgehend zu unterbinden. Dass die Sex-Touristen sich allerdings noch immer offen und ungeniert nach Opfern erkundigten, zeigt ein – vielfach zitiertes – Schreiben an die deutsche Botschaft in Bangkok, in dem es heißt: „Für meinen Aufenthalt in Bangkok möchte ich gern ein Thai-Mädchen engagieren. Um aber nicht mit Tripper oder Syphillis nach Deutschland zurückzukehren, möchte ich sie gerne dort von einem Hautarzt oder einer Klinik untersuchen lassen. Ich wäre Ihnen dankbar, wenn Sie mir die Adresse eines garantiert einwandfreien Arztes oder einer Klinik mitteilen würden." (u. a. Drewes, 1995).

Dies änderte sich erst, nachdem die Bundesregierung 1993 den sexuellen Missbrauch Minderjähriger auch auf Taten im Ausland ausdehnte, der seither genauso geahndet werden, als wenn die Tat im Inland ausgeübt worden wäre. In einem aufsehenerregenden Prozess gelang es der Staatsanwaltschaft Frankfurt/Main wenige Jahre später, zum ersten Mal einen deutschen Staatsbürger wegen sexuellen Missbrauchs an einem minderjährigen asiatischen Kind zu bestrafen.

Die Gesetzesänderung war eine Folge der Kinderrechtskonvention, die die Vereinten Nationen 1989 verabschiedet haben. Darin verpflichteten sich die unterzeichnenden Länder – darunter Deutschland –, dass sie die Pflicht haben, Kinder zu schützen vor der „Beteiligung an rechtswidrigen sexuellen Handlungen, zu denen sie verleitet oder gezwungen werden, vor der Ausbeutung für die Prostitution und anderen rechtswidrigen Praktiken, vor der Ausbeutung durch pornographische Darbietungen und Darstellungen." (Art. 34)

Als weiterer Höhepunkt im Kampf gegen die weltweite Gewalt gegen Kinder galt die 1. Weltkonferenz gegen kommerzielle sexuelle Ausbeutung von Kindern, die im August 1996 in Stockholm stattfand. Sie verabschiedete eine Deklaration und einen Aktionsplan, die die nationalen Regierungen und internationalen Organisationen seither verpflichten, Kinder weltweit vor Kinderhandel, Ausbeutung und sexuellem Missbrauch zu schützen.

Literatur

Brongersma, E. (1986). *Loving Boys, Vol 1.* New York: Global Academic Publishers.
Bundesministerium für Gesundheit (Hrsg.) (1995). *Aids, Sex und Tourismus.* Baden-Baden: Nomos-Verlag.
Drewes, D. (1995). *Kinder im Datennetz – Pornographie und Prostitution in den neuen Medien.* Frankfurt/Main: Eichborn.
Launer, E. (1993). *Sextourismus.* München: Lamuv-Verlag.
O'Grady, R. (1992). *Gebrochene Rosen – Kinderprostitution und Tourismus in Asien.* Bad Honnef: Horlemann.
Unicef-Information (1999). *Sexuelle Ausbeutung von Kindern.* Bonn: Eigenverlag.

Weiterführende Literatur

Arbeitsgemeinschaft Kinder- und Jugendschutz, Landesstelle Nordrhein-Westfalen e. V. (1997). *Kinderpornografie.* Köln.
Bundeskanzleramt (1998). *Wortprotokoll der Kinderschutzkonferenz beim Bundeskanzler Gipfel für Kinder vom 17. Juni 1998.* Bonn.

Bundeskriminalamt (2000). *Bekämpfung der Kriminalität im Internet.* Dokumentation einer Informationsveranstaltung des Bundeskriminalamtes 2000. Wiesbaden.
Bundesministerium der Justiz (Hrsg.) (1999). *Kinderpornographie, Jugendschutz und Providerverantwortlichkeit im Internet – eine rechtsvergleichende Untersuchung von U. Sieber.* Godesberg: Forum Verlag.
Bundesministerium der Justiz (Hrsg.) (1994). *Kinderhandel – Der Stand des empirischen Wissens im Bereich des (kommerziellen) Handels mit Kindern von H.-J. Albrecht.* Bonn.
Däubler-Gmelin, H., & Speck, D. (1997). *Sexueller Missbrauch – Die Einsamkeit der Opfer, die Hilflosigkeit der Justiz.* München: Droemersche Verlagsanstalt.
Die Kinderschutz-Zentren (1998). *Kinderpornographie – Produkt der neuen Medien? – Hilflosigkeit der Helfer.* Dokumentation einer Fachtagung. Köln.
Drewes, D. (1995). *Kinder im Datennetz – Pornographie und Prostitution in den neuen Medien.* Frankfurt/Main: Eichborn.
Drewes, D. (1998). *Schützt unsere Kinder! Stoppt ihre sexuelle Ausbeutung!* Augsburg: Weltbild brisant.
ECPAT Schriftenreihe (1996). *Child Prostitution and Sex Tourism.* Veröffentlicht im Rahmen der Stockholm-Konferenz.
Enquete-Kommission (1998). Zukunft der Medien in Wirtschaft und Gesellschaft – Deutschlands Weg in die Informationsgesellschaft. Schlussbericht vom 22.6.98. *Bundestags-Drucksache 13/11004.*
Enquête-Kommission (1998). Zukunft der Medien in Wirtschaft und Gesellschaft – Deutschlands Weg in die Informationsgesellschaft. In Deutscher Bundestag (Hrsg.), *Kinder- und Jugendschutz im Multimediazeitalter.* Bonn: Zeitungs-Verlag Service.
Fiehl, H. (1999). Erfahrungen bei der Recherche in Datennetzen. *Der Kriminalist, Ausgabe 1/1999.*
Höfling, S., Drewes, D. & Epple-Waigel, I. (Hrsg.) (1999). *Auftrag Prävention – Offensive gegen sexuellen Missbrauch.* Sonderausgabe der Serie Politische Studien der Hanns-Seidel-Stiftung. München.
Internationale Konferenz (1999). Kampf gegen Kinderpornographie im Internet in Wien, 29.9. bis 1.10.1999. Dokumentation. *www.stop-childpornop.at*
Gallwitz, A. & Paulus, M. (1997). *Grünkram – Die Kinder-Sex-Mafia in Deutschland.* Hilden: Verlag Deutsche Polizei-Literatur,
Gewerkschaft der Polizei/Junge Gruppe (1999). Fachtagung Kinderpornographie im Internet. *Dokumentation der Tagung vom 15. Juni 1999 in Frankfurt/Main.* Hilden: Verlag Deutsche Polizeiliteratur.
O`Grady, R. (1992). *Gebrochene Rosen – Kinderprostitution und Tourismus in Asien.* Bad Honnef: Horlemann.
Groebel, J. (1997). Gewalt im Internet. Universität Utrecht. *Report für die Enquête-Kommission „Zukunft der Medien" des Deutschen Bundestages.* Utrecht.
Kommission der Europäischen Gemeinschaft (1998). *Mitteilung der Kommission an das Europäisches Parlament, den Rat, den Wirtschafts- und Sozialausschuss und den Ausschuss der Regionen: Aktionsplan zur Förderung der sicheren Nutzung des Internet.* Brüssel.
Landtag Brandenburg, Ausschuss für Bildung, Jugend und Sport. Protokoll der 74. Sitzung, Anhörung zu Maßnahmen zur Bekämpfung des sexuellen Missbrauchs und der sexuellen Gewalt an Kindern und Jugendlichen. *Ausschussprotokoll 2/1234.*
Ministerium für die Gleichstellung von Mann und Frau des Landes Nordrhein-Westfalen (1995). Was Frauen und Männer vor dem Bildschirm erleben – Rezeption von Sexismus und Gewalt im Fernsehen. *Dokumente und Berichte, 32.* Düsseldorf.
Moewes, K. (1999). *Internet – Dienste, Funktionen, Kriminalität.* München: Eigenverlag Moewes.
Newsweek (1996). Special Report „The Worlds dirtiest Business", *Newsweek, Ausgabe 2,* September.
Sieber, U. (1999). *Verantwortlichkeit im Internet – Technische Kontrollmöglichkeiten und multimediarechtliche Regelungen.* München: Beck.
Terre des hommes Deutschland e.V. (Hrsg.) (1998). Kinder im Datennetz schützen. *Dokumentation der Internationalen ExpertInnen-Tagung, Essen 1998.* Osnabrück: Terre des hommes Deutschland e.V.
Terre des hommes Deutschland e.V. (Hrsg.) (1996). *Ein Kind um jeden Preis? – Eine Studie zum Adoptionskinderhandel von G. Wuttke.* Osnabrück: Terre des hommes Deutschland e.V.
Violence on the Screen and the Rights of the Child. Report from a seminar in Lund, Sweden, September 1995, *Svenska Unescoradets skriftserie, 2.*

Sexualpädagogik

Christa Wanzek-Sielert

Zur Genese des Verhältnisses von Sexualpädagogik und sexuellen Missbrauch

Sexualität prägt unser individuelles und gesellschaftliches Leben von Geburt an. So zeigt sich auch schon kindliche Sexualität in vielfältigen Facetten, denen auch heute noch viele Erwachsene unsicher gegenüber stehen. Im Zuge der Liberalisierungen in den 70er Jahren ist die Akzeptanz sexueller Ausdrucksformen von Kindern gewachsen. Durch die Thematisierung des sexuellen Missbrauchs an Mädchen und Jungen kam es jedoch ab Mitte der 80er Jahre zu vielen bewussten und unbewussten Bestrebungen, Kindersexualität wieder zu tabuisieren.

Die Auseinandersetzung über den sexuellen Missbrauch wurde lange Zeit in der (Fach-)Öffentlichkeit kontrovers – verbunden mit vielen Emotionen – geführt. Die Art und Weise dieses Diskurses wies Tendenzen einer erneuten Dämonisierung des Sexuellen auf. Bis heute kommt es dabei dazu, dass Sexualität unter dem Fokus der Gewalt gesehen wird und der Zugang zur positiven Seite von Sexualität dadurch versperrt ist. Groß ist die Gefahr, nur noch den Missbrauch zu sehen und das Kind selbst in seiner Ganzheit als Person aus dem Blick zu verlieren und es nur noch als „sexuell benutztes Opfer" in einem inzestuösen Szenario vor sich zu sehen. In einer solchen Situation ist es für Erwachsene kaum möglich, eine lustvolle lebensbejahende Sexualität – auch von Kindern – zum Thema zu machen.

In den letzten Jahren hat sich der Diskurs über den sexuellen Missbrauch beruhigt. Allmählich setzte sich die Sichtweise durch, dass zur Präventionsarbeit auch eine sexualbejahende Aufklärung gehört. Den Zugängen zur Sexualität über negative Aspekte wie sexueller Missbrauch oder auch Aids und ungewollte Schwangerschaften, also über Gefahrenvermeidungsabsichten, ist einem Konzept der Lebensweltorientierung gewichen, in dem die Ressourcen eines jeden Mädchens und Jungens individuell in den Blick kommen. Dabei geht es eben nicht nur um Schweres und Problematisches in der Sexualität wie Gewalt, Macht, Ausbeutung, Angst, Entwürdigung und Empörung, sondern um Spielerisches, Lustvolles und Lebensspendendes. Auch wenn bis heute Unsicherheiten geblieben sind, nimmt Sexualpädagogik heute einen wesentlich größeren Stellenwert ein als früher. Die Bedeutung von Sexualität für die Persönlichkeitsentwicklung von Kindern und Jugendlichen wird kaum mehr in Frage gestellt.

Was ist Sexualität?

Sexualität ist nicht nur Geschlechtsverkehr, hat nicht nur mit Genitalität zu tun, sondern umfasst viel mehr und steht in enger Verbindung mit anderen Lebensäußerungen und Lebensbereichen. Das Bedürfnis nach Sexualität ist nicht nur ein körperlicher Vorgang, sondern wird aus vielen anderen Quellen gespeist. Sexualität ist eine Lebensenergie, die sich im Körper entwickelt und ein Leben lang wirksam ist. Es gibt vielfältige Ausdrucksmöglichkeiten von Sexualität: Zärtlichkeit, Sinnlichkeit, Lust, Geborgenheit, Leidenschaft, Erotik aber auch das Bedürfnis nach Fürsorge und Liebe. Die Medien wie auch die Sexualindustrie unterstützen dagegen die genitalfixierte einseitige Sichtweise. Viele Menschen glauben deshalb, dass nur Handlungen, die mit Genitalität zu tun haben, Sexualität seien.

Sexualität hat eine große Bedeutung für das seelische Gleichgewicht von Menschen. Sie kann das Selbstwertgefühl stärken, Lebensfreude geben und Freude am Körper vermitteln, aber auch Scham und Selbstzweifel nähren. Sexualität hat verschiedene Sinnaspekte – den Identitätsaspekt, den Beziehungsaspekt, den Lustaspekt und den Fruchtbarkeitsaspekt –, die für ein selbstbestimmtes und bejahendes Leben von Mädchen und Jungen von Bedeutung sind (vgl. Sielert u. a.1993).

Hinzu kommen andere Ausdrucksformen von Sexualität, die dem „anderen Gesicht" der Sexualität zugeordnet werden. Sie reichen von der heftigen Geilheit bis zu sexualisierter Gewalt in Form von Vergewaltigungen und sexuellem Missbrauch. Die Grenze zur heftigen Sexualität und sexueller Gewalt wird heute allgemein da gezogen, wo die Ebene der Übereinkunft verlassen wird. Im Zusammenhang von Sexualität zwischen Kindern und Erwachsenen muss davon ausgegangen werden, dass eine solche Ebene wegen der Unterschiede von Erwachsenensexualität und Kindersexualität erst gar nicht erreicht wird (→ *Definitionen und Begriffe*, → *Pädosexualität*).

Emanzipatorische Sexualpädagogik

Emanzipatorische Sexualpädagogik (vgl. Sielert & Valtl, 2000, S. 30 ff.) setzt sich für die sexuelle Selbstbestimmung von Mädchen und Frauen, Jungen und Männern sowie die ungestörte sexuelle Entwicklung von Kindern ein (→ *Sexuelle Entwicklung von Kindern bis zur Pubertät*). Eines ihrer zentralen Anliegen ist es, Kompetenzen im Umgang mit Sexualität und Beziehungsgestaltung zu fördern. Dabei spielen die Selbstgestaltung und Eigenverantwortlichkeit im Rahmen der jeweiligen Möglichkeiten eine große Rolle. Die spezifische Lebenswelt der Kinder und Jugendlichen und deren individuelle Förderung von Lebenskompetenz im Dialog mit ihnen ist ihr Ausgangs- und Bezugspunkt.

Emanzipatorische Sexualpädagogik ergreift „Partei gegen individuelle und strukturelle patriarchale Gewalt und – was in der Vergangenheit den am stärksten umkämpften Bereich ausmachte – sie tritt ein für die sexuellen Bedürfnisse von Kindern und Jugendlichen in einer erwachsenenzentrierten Gesellschaft" (Sielert & Valtl 2000, S. 33).

Verschiedene gesellschaftliche Strömungen tun sich immer noch schwer, die Sexualität einzelner Gruppen – Kinder, Menschen mit einer geistigen Behinderung und alte Frauen und Männer – anzuerkennen. Deren selbstbestimmte sexuelle Glücksansprüche werden negiert und tabuisiert. Im Umgang mit kindlicher Sexualität wird dies besonders deutlich. Kindliche Sexualität bewegt sich zwischen Entdeckungslust und Erfahrungsfrust. Kinder suchen Kontakt, Wärme, Zärtlichkeit, probieren aus, wie sich Umarmungen, Küsse und Berührungen anfühlen und erleben von Erwachsenen immer wieder Einschränkungen, manchmal Übergriffe und seit einiger Zeit wieder zunehmend manche Verhaltensunsicherheiten.

Emanzipatorische Sexualpädagogik will Mädchen und Frauen, Jungen und Männern zu einer selbstbestimmten, autonomen und authentischen Sexualität verhelfen. Dabei gewinnt die Kompetenz an Bedeutung, mit den vielfältig auftretenden Ambivalenzen in den unterschiedlichsten sexuellen Kontexten adäquat und wertschätzend umzugehen. Letztlich muss Sexualpädagogik ihren Beitrag dazu leisten, dass der Intimitätsschutz innerhalb einer sexualisierten Alltags- und Medienwelt, der sich kaum jemand mehr entziehen kann, gewahrt wird.

Sexualität in der Familie

Körperliche Nähe und Berührungen wurden in Familien mal eher gelebt, mal eher gemieden. Durch die Missbrauchsdebatte scheint das Pendel in Richtung Berührungsvermeidung ausgeschlagen zu sein. Dies kann für die heranwachsenden Mädchen und Jungen nicht ohne Folgen bleiben. Die unterschiedlichen familiären Lebensformen sind immer noch Ort primärer Sozialisation. Der Mutter kommt dabei immer noch die größte Bedeutung zu. Sie ist trotz leicht zunehmenden Engagements von Vätern für die emotionale Beziehungsarbeit zuständig und nimmt in der Aufklärung eine Schlüsselfunktion ein (vgl. BZgA, 1998).

Familienleben wurde historisch betrachtet zunehmend enger, intimer, „emotionalisierter" und gleichzeitig wurde die Toleranz hinsichtlich des Sexuallebens der Kinder größer. Eltern erlaubten in den 70er Jahren eher sexuelle Kontakte ihrer Töchter und Söhne zu ihren jeweiligen Partnerinnen und Partnern im Elternhaus und waren auch gegenüber der sexuellen Neugier und den unterschiedlichsten Ausdrucksformen kindlicher Sexualität aufgeschlossener als in den Jahren und Jahrzehnten davor.

Gleichzeitig wurde die Eltern-Kind-Beziehung durch die Reduktion der Kinderzahl immer enger und führte im Zusammenhang mit dem offeneren Sexualitätsleben auf beiden Seiten zu Grenzziehungsproblemen. Die große Intimität in der Familie veranlasste Eltern, sich zunehmend in die Sexualität ihrer Kinder und

Jugendlichen einzumischen, sie (wenn auch gut gemeint) zu kontrollieren. Bis heute zeigen sich im Umgang mit Sexualität ambivalente Gefühle, die zwischen Unterbinden und Gewährenlassen hin und her pendeln. So genießen Eltern einerseits z. B. den liberalen Umgang mit ihren Kindern, andererseits gucken sie neidisch auf deren Möglichkeiten sexuellen Lebens.

Kompliziert wird die Situation zusätzlich dadurch, dass sexuelle Interessen und Fragen von Kindern für diese manchmal etwas anderes bedeuten als für Erwachsene. Kindliche Sexualität ist egozentrisch, auf sich selbst bezogen. Sexuelle Verhaltensweisen von Kindern und Erwachsenen sind nicht dasselbe. Das Streicheln des Körpers ist bei Kindern ihrer sexuellen Neugier zuzuordnen, während dies bei Erwachsenen mit sexuellen und erotischen Phantasien verknüpft ist. Erst durch die Reaktionen und Verhaltensweisen von Erwachsenen lernt das Kind Scham, Unsicherheit und Befangenheit im Umgang mit Sexualität (→ *Sexuelle Entwicklung von Kindern bis zur Pubertät*, → *Pädosexualität*).

Die Gratwanderung der Sexualpädagogik in der Missbrauchsprävention

Durch den Missbrauchsdiskurs ist zum einen die Bedeutung und Notwendigkeit von emanzipatorischer Sexualpädagogik unterstrichen worden, zum anderen war sie heftiger Kritik ausgesetzt. Die Gefahr der „Verführung" und „Versexualisierung" geisterte durch die Presse. Interessant dabei ist, dass zu Beginn der Missbrauchsdebatte das amerikanische Präventionsprogramm CAPP (Child Assault Prevention Project) in der Bundesrepublik Deutschland weit verbreitet war (→ *CAPP*). Prävention gegen sexuellen Missbrauch stand im Vordergrund, Sexualerziehung fand nur am Rande statt. Dies ist nicht verwunderlich, da viele Präventionsprogramme von sexuellem Missbrauch sich mit der Frage beschäftigten, inwieweit über Sexualität und die damit zusammenhängenden Fragen, Erfahrungen und Begriffe gesprochen werden darf, soll oder muss. Aufgrund der in den USA regional sehr unterschiedlich verbreiteten Norm, nach der über Sexualität möglichst nicht gesprochen werden soll, verzichten die meisten Präventionsprogramme auch darauf. Eltern, Pädagoginnen und Pädagogen sind froh, Sexualität aussparen zu können und befürworteten somit Präventionsinhalte, „sobald sie sich von der offenkundigen Unanstößigkeit der Programme, das heißt von der Tabuisierung der Sexualität überzeugt hatten" (Wehnert-Franke, Richter-Appelt & Gaenslen-Jordan 1992, S. 42).

So werden betroffene wie nicht betroffene Mädchen und Jungen nicht grundlegend über Sexualität informiert, so dass sie gar nicht unterscheiden lernen, welche Berührungen ihnen gut tun und welche gegen ihre Bedürfnisse gerichtet sind. So wissen nur Erwachsene, dass bestimmte Berührungen nicht sein dürfen. Dies lässt für die Erfahrungen, Gefühle und Phantasien der Kinder keinen Raum. Liest man Erfahrungsberichte missbrauchter Mädchen und Jungen, so fällt auf, dass häufig von fehlender Sexualaufklärung die Rede ist und davon, dass in der Familie nicht über Sexualität gesprochen wird. Hieraus erklärt sich, warum viele betroffene Kinder nicht einschätzen können, was mit ihnen passiert und nicht wissen, dass das, was der Erwachsene mit ihnen macht, nicht in Ordnung ist. Hinzu kommt, dass der sensible Bereich Sexualität für Erwachsene ohnehin besonders prädestiniert ist, Macht, Wut und Unterdrückung auszuleben. In Verbindung mit Unwissenheit über Sexuelles und der Unerfahrenheit im Umgang mit eigener Sexualität hat dies weitreichende Folgen für die betroffenen Mädchen und Jungen. Sie sind verwirrt, fühlen sich tief verletzt und verunsichert. Die kindliche (sexuelle) Unwissenheit und mangelnde Erfahrung werden ausgenutzt.

In der notwendigen Auseinandersetzung über sexuelle Gewalt an Mädchen und Jungen ist bisher kaum beachtet worden, dass für viele Mädchen und Jungen, besonders im Jugendalter, wichtig ist, über die positiven energiespendenden Aspekte von Liebe, Sexualität und Erotik ins Gespräch zu kommen. Dabei wirken geschlechtsspezifische Mechanismen der Erziehung und Sozialisation auch heute noch weiter. So fällt es Jungen häufig nicht so leicht, Zuneigung und zärtliche Gefühle sowohl zu Jungen als auch zu Mädchen offen zu zeigen und zu leben. Sie drücken dies eher indirekt und auf Umwegen aus, wie z.B. im Balgen und Boxen. Weinen, Trauer zeigen und Gerührt-Sein ist unter Jungen verpönt, denn „ein Indianer kennt keinen Schmerz". Es ist bisher viel zu wenig nachgedacht worden, was es für Jungen tatsächlich bedeutet, keine Tränen und „Rührungen" zeigen zu dürfen (→ *Jungensozialisation*).

Mädchen erleben oftmals Einschränkungen zu Beginn der Pubertät und der Adoleszenz, spätestens mit Einsetzen der Menstruation. Ihnen werden Aktivitäten verboten, die vorher noch erlaubt waren; im Kontakt mit Jungen werden ihnen Grenzen gesetzt. Oft haben die Verbote mit Sexualität zu tun und häufig steht männliche Gewalttätigkeit im Vordergrund. „Wie das Problem zu lösen ist, einerseits männliche Gewalttätigkeiten nicht zu verharmlosen, andererseits Raum zu schaffen für lustvolle Debatten über weibliche heterosexuelle Wünsche erscheint mir nicht einfach, aber dennoch sinnvoll und notwendig" (Brückner, 1993, S. 55).

Sexualpädagogik als Primärprävention von sexuellem Missbrauch

Die Existenz kindlicher Sexualität wird zwar von den meisten Erwachsenen erkannt, doch insgesamt versucht man nicht die Bandbreite sexueller Neugier der Kinder ins Gespräch zu bringen, sondern Informationen auf ausgewählte Teilbereiche zu beschränken. Groß ist die Sorge, die Kinder durch zu frühes und zu detailliertes Wissen zu überfordern. Die Initiative wird dem Kind überlassen. Man wartet auf seine Fragen und geht mit den Antworten auch nur so weit, wie die Frage reicht. Dabei kommt nicht in den Blick, dass Kinder nur einen Bruchteil ihrer Neugier und Ängste verbalisieren können. Viele Fragen der Kinder werden versteckt und verschlüsselt gestellt. Dies wird oft nicht wahrgenommen, überhört oder durch Ablenkungsmaßnahmen überspielt.

Kinder erfahren, sehen, hören im Alltag sehr viele Facetten von Sexualität, diese Sexualisierung unserer Umwelt ist nicht zu ignorieren. Erwachsene müssen mit ihnen darüber im Gespräch bleiben, es manchmal kindgemäß übersetzen, jedenfalls sie nicht damit alleine lassen. Meistens sind Erwachsene auf wache und offene Kinder besonders stolz und so liegt es auf der Hand, dass wache Kinder Sexualität nicht übersehen können und viele Fragen stellen.

Nicht nur bezogen auf die Kinder, sondern insgesamt besteht heute ein eklatanter Widerspruch zwischen einer scheinbar aufgeklärten „durchsexualisierten" Gesellschaft und ihren Grenzüberschreitungen einerseits und dem tatsächlichen Informationsstand sowie der sexuellen Handlungskompetenz der Erwachsenen und Kinder andererseits.

Das bisher Gesagte zeigt eindringlich, dass eine umfassende Sexualerziehung vor der Thematisierung von sexuellem Missbrauch stattfinden muss. Emanzipatorische Sexualpädagogik setzt an der Selbstbestimmung von Mädchen und Jungen an, trägt so zur Lebenskompetenzförderung bei und unterstützt die Identitäts- und Persönlichkeitsentwicklung von Mädchen und Jungen. Gelungene sexualpädagogische Konzepte sollten die Stärkung der Mädchen und Jungen im Blick haben. Körperlichkeit, positive Körpergefühle, Bedürfnisse und Gefühle für eigene Grenzen, die positiven, lustvollen, lebensbejahenden Aspekte als auch die unterschiedlichen Schattierungen von Aggressionen und Gewalt müssen gleichermaßen thematisiert werden. Primärprävention sollte sich grundlegend mit der psychosexuellen Entwicklung von Kindern und der Aufklärung über kindliche Sexualität und deren unterschiedlichen Ausdrucksformen befassen.

Dies bedeutet Stärke, Selbstvertrauen, Selbstbewusstsein und Autonomie zu gewinnen. Autonomie bedeutet, Zugang zu den eigenen Gefühlen und Bedürfnissen zu bekommen. Das Experimentieren mit dem eigen Körper ist für die Entwicklung der Ich-Identität und Ich-Autonomie von großer Bedeutung. Das Wissen um die eigene Körperlichkeit macht Mädchen und Jungen stark, sich bei sexuellen Grenzverletzungen nicht alles gefallen zu lassen und sich eher adäquat zur Wehr setzen zu können. Für den sexuellen Missbrauch kann dies bedeuten, dass Mädchen und Jungen nicht mehr so lange schweigen, weil sie wissen, dass das, was mit ihnen geschehen ist, nicht in Ordnung ist.

Primärprävention sollte auch Elternarbeit mit einschließen. Dabei geht es um fundierte Informationen über sexuellen Missbrauch und Sexualerziehung. Eine Elternarbeit, die die Kompetenzen und Kreativität der Eltern mit einbezieht, Kooperation ernstnimmt und zum Dialog ermutigt, ermöglicht allen Beteiligten, ihre Ängste und Schwierigkeiten mit tabuisierten und heiklen Themen anzusprechen. Denn die Sprachfähigkeit der Eltern über Sexualität, sexuelle Gewalt und sexuellen Missbrauch, eröffnet den eigenen Kindern die Möglichkeit, Probleme im Umgang mit Sexualität, sexueller Gewalt und sexuellem Missbrauch mitzuteilen, weil sie spüren, dass ihre Eltern nicht mehr so „geschockt" sind, sondern das Problem kennen und angemessen reagieren (→ *Prävention als Elternarbeit*).

Die pädagogische Praxis braucht keine starren Programme, sondern differenzierte Theorie und sensibles unvoreingenommenes Vorgehen, um der Vielfalt individueller und geschlechtsspezifischer Entwicklung gerecht zu werden. Sie braucht viel Vorsicht bei der Umsetzung pädagogischer Intentionen, um nicht kontraproduktive Nebenfolgen zu produzieren.

Literatur

Brückner, Margit (1993). Einbettung von Gewalt in die kulturellen Bilder von Männlichkeit und Weiblichkeit. In: *Zeitschrift für Frauenforschung, 11*, 55–65.
Bundeszentrale für gesundheitliche Aufklärung (BzgA) (1998). Jugendsexualität 1998. Köln.
Sielert, Uwe u. a. (1993). *Sexualpädagogische Materialien für die Jugendarbeit in Freizeit und Schule*, Weinheim: Beltz-Verlag.
Sielert, Uwe & Valtl, Karlheinz (2000). *Sexualpädagogik lehren*. Weinheim: Beltz-Verlag.
Wanzeck-Sielert, Christa (1997). Der Missbrauchsdiskurs und seine Auswirkungen auf Sexualität und Sexualerziehung. In: *BZgA-FORUM, Heft 1–2*, 22–25.
Wehnert-Franke, Natascha, Richter-Appelt, Hertha & Gaenslen-Jordan, Christine (1992). Wie präventiv sind Präventionsprogramme zum sexuellen Missbrauch von Kindern? In: *Zeitschrift für Sexualforschung Heft 5*, 41–55.

Sexuell auffälliges Verhalten von Kindern

Bettina Schuhrke

Verhalten als auffällig zu bezeichnen, ist nur einen Schritt von seiner Charakterisierung als gestört oder pathologisch entfernt. Da es unserer Gesellschaft ohnehin schwer fällt, mit kindlichem sexuellem Verhalten umzugehen, besteht die Gefahr, dass es insgesamt problematisiert wird.

Aus der Sicht der Entwicklungspsychopathologie basiert die Unterscheidung von normalem und gestörtem Verhalten auf verschiedenen Normtypen (vgl. Petermann et al., 2000), die sich teilweise auch in der Literatur zur sexuellen Entwicklung und zum sexuellen Missbrauch finden:

- Nach *statistischen Normen* ist der normal, dessen Verhalten dem einer Mehrheit entspricht.
- Nach *sozialen Normen* ist normal, wer lebt, wie es die Gesellschaft erwartet.
- Nach *Idealnormen* ist normal, wer ohne Beschwerden lebt.
- Nach *funktionellen Normen* ist normal, wer zentrale Lebensaufgaben erfüllen kann.

Kindliches sexuelles Verhalten und Normen

Verschiedene Normen sind nicht unabhängig voneinander, sondern schränken das sexuelle Verhalten zusätzlich ein. So gelten weit verbreitete Verhaltensweisen von Kindern nach einer statistischen Norm als normal; diese Beurteilung wird jedoch durch Altersnormen auf bestimmte zeitliche Abschnitte im Entwicklungsverlauf eingeschränkt. Bei Zweijährigen gilt es z.B. als unproblematisch, wenn sie sich unbedarft vor Fremden ausziehen, nicht jedoch bei Schulkindern.

Statistische Normen

Die Frage nach der Verbreitung bestimmter Verhaltensweisen steht im Vordergrund der meisten Studien zur sexuellen Entwicklung. Damit wird in der Forschung oft der zweite Schritt vor dem ersten getan, der in einer sorgfältigen Beschreibung und Definition sexuellen Verhaltens besteht. Schließt z.B. Masturbation nur Selbstbefriedigung mit den Händen ein oder auch mit Gegenständen? Ein von Friedrich et al. (1992) entwickelter Fragebogen (Child Sexual Behavior Inventory, CSBI) enthält dazu getrennte Fragen, während in älteren Studien Eltern meist nur nach Masturbation gefragt werden.

Die Ergebnisse zur Verbreitung von Verhalten unterscheiden sich beträchtlich zwischen Studien (→ *Sexuelle Entwicklung von Kindern bis zur Pubertät*), weshalb hier nur auf einige aktuelle Ergebnisse mit dem CSBI eingegangen werden soll.

In zwei niederländischen Stichproben (über eine Elternzeitschrift bzw. bei Vorsorgeuntersuchungen angeworben) sind eine ganze Reihe von Verhaltensweisen wesentlich verbreiteter als in einer US-amerikanischen (Friedrich et al., 2000; Sandfort & Cohen-Kettenis, 2000). Bei allen drei Stichproben wurde versucht, sexuell missbrauchte Kinder mittels eines Screenings auszuschließen. Bei den 0- bis 11-jährigen niederländischen Kindern aus der Zeitschriften-Stichprobe und den 2- bis 12-jährigen amerikanischen Kindern sind übereinstimmend die folgenden Verhaltensweisen besonders selten ($\leq 10\%$ der Kinder):
- fragt, ob es sexuell explizite Fernsehsendungen sehen darf,
- ahmt sexuelles Verhalten mit Puppen nach,
- fordert zu sexuellen Aktivitäten auf,
- macht sexuelle Geräusche,

– steckt Gegenstände in Vagina oder Anus,
– spricht über sexuelle Handlungen,
– spricht flirtend,
– reibt den Körper gegen andere Personen.

Häufige sexuelle Verhaltensweisen, d. h. solche, die Eltern bei 50 oder mehr Prozent der Kinder bemerken, sind bei den 0- bis 11-jährigen niederländischen Kindern die Folgenden:
– berührt die eigenen Geschlechtsteile zu Hause,
– berührt Brüste,
– ist am anderen Geschlecht interessiert,
– macht Doktorspiele,
– stellt Fragen über Sexualität,
– masturbiert mit der Hand.

Doktorspiele und Fragen nach Sexualität gehören nicht zu den Items der CSBI und fehlen in der amerikanischen Untersuchung.

Betrachtet man in der amerikanischen Stichprobe den gesamten Altersbereich von zwei bis zwölf Jahren, so ist keine Verhaltensweise häufig; das Gleiche gilt für eine getrennte Analyse der Sieben- bis Zwölfjährigen. Nur bei den Zwei- bis Sechsjährigen lassen sich häufige Verhaltensweisen identifizieren:
– berührt die eigenen Geschlechtsteile zu Hause,
– kratzt sich zwischen den Beinen,
– zieht sich vor anderen aus,
– läuft nackt herum,
– läuft in Unterwäsche herum.

Die letzten drei Items wurden den Eltern nur in der amerikanischen Studie vorgelegt. Sie verweisen eher auf mangelndes Schamgefühl als auf sexuelle Aktivität. Körperscham setzt in der Regel um den Schulbeginn ein und Kinder werden bei Nacktheit vor nicht vertrauten Personen zurückhaltend. Vertraute Personen heißt überwiegend Familienmitglieder (vgl. Schuhrke, 1998).

Soziale Normen

Sie markieren in der Kindheit überwiegend unerwünschtes sexuelles Verhalten, während erwünschtes erst mit der Pubertät ins Blickfeld gerät.

Stichwort „Sexuell aggressives Verhalten": Romer und Berner (1998) grenzen sexuelle Rollenspiele von missbräuchlicher sexueller Aktivität bzw. sexuell aggressiver Impulsivität bei Kindern ab. Sie sprechen von letzterer, wenn Gewalt, Zwang oder Bedrohung, versuchte Penetration, Verletzungen, ein Altersunterschied von fünf oder mehr Jahren zwischen den Beteiligten im Spiel sind oder wenn körperliche Gewaltanwendung von sadistischen Körperzerstörungsimpulsen begleitet wird. Aus Fallstudien an Jungen schließen sie auf die Bedeutung defizitärer Bindungserfahrungen, gewaltsam agierter Konflikte in der

Familie und sexueller Viktimisierung der Mütter in der Kindheit für das Entstehen sexuell aggressiven Verhaltens bei Jungen. Eine eigene sexuelle Viktimisierung scheint bei Mädchen wichtig zu sein (Johnson, 1989), wobei in den von Romer und Berner ausgewerteten Fällen meist zumindest eine Erotisierung der Mutter-Sohn Beziehung vorliegt (→ *Kinder als Täter*).

Stichwort „Übermäßige sexuelle Betätigung": Hinweise auf exzessive Masturbation finden sich in einer Reihe von Studien. Erzieherinnen aus Einrichtungen der Kindertagesbetreuung berichten, dass Kinder während der Masturbation für andere Anregungen unzugänglich sind (Gundersen et al., 1981). Eine der am häufigsten genutzten psychiatrischen Skalen, die CBCL (Child Behavior Checklist von Achenbach & Edelbrock, zur dtsch. Bearbeitung Döpfner et al., 1994) enthält nur wenige Fragen zu sexuellen Problemen, u. a. zwei Items zum sexuellen Verhalten: „Spielt zu viel mit den Geschlechtsteilen" und „Denkt zu viel an Sex". Was „zu viel" oder „exzessiv" bedeutet, bleibt dem Beurteiler überlassen.

Stichwort „Sexuelles Verhalten in der Öffentlichkeit": Auch wenn ihre Reize präsentierende, verführerisch dreinblickende Erwachsene, überwiegend Frauen, aus den Medien nicht mehr wegzudenken sind – Kinder sollen zunächst lernen, zwischen einem privaten und einem öffentlichen Bereich zu unterscheiden und dass Nacktheit und Sexualität in diesen privaten Bereich gehören (vgl. Schuhrke, 1998). Auch die CBCL enthält dazu ein Item „Spielt in der Öffentlichkeit mit den Geschlechtsteilen".

Stichwort „Entwicklungsangemessenes sexuelles Verhalten": Veränderung im sexuellen Verhalten wird gerne auf Reifung zurückgeführt, die ihren Ausgangspunkt in hormonellen Prozessen hat. In einer Spanne von wenigen Monaten nach der Geburt bis zur Adrenarche mit ca. zehn Jahren ist aber eher von einer hormonellen Ruhephase auszugehen. Trotzdem verändert sich das sexuelle Wissen und Verhalten von Kindern. Dies muss im Zusammenhang mit der sozialen, kognitiven und emotionalen Gesamtentwicklung gesehen werden. Als auffällig gilt Verhalten, dass bis in ein zu hohes Alter anhält, z. B. öffentliches Genitalspiel bei Schulkindern, die kognitiv schon in der Lage sind, soziale Regeln für Privatheit zu verstehen, oder Verhalten, das zu frühzeitig stattfindet, z.B. Koitusversuche in der mittleren Kindheit, die aus der Sicht der Erwachsenen erst mit Erreichen der Fortpflanzungsfähigkeit einen Sinn haben. Um fundierte Aussagen zur Entwicklungsangemessenheit zu machen, wäre es wichtig, das gegenwärtige Verständnis der sexuellen Entwicklungsprozesse und ihrer Bedeutung für das Kind zu verbessern.

Stichwort „Sexualität ohne Partnerschaft": Bis heute besteht als implizite Norm, was Grassel und Bach (1979) formuliert haben. Sie trennen zwischen einer erotischen Entwicklung, die zur Beziehungsfähigkeit zum (in der Regel) anderen Geschlecht führen soll, und der sexuellen, die mit Genitalität, Lustsuche und Erregung verbunden wird. Beide Entwicklungen sollten im Jugendalter zusammen kommen, wobei ein Vorauseilen der erotischen Entwicklung als positiv angesehen wird, damit es nicht zu einer Verselbständigung der sexuellen Komponenten kommt.

Funktionelle Normen

Auf Grund unseres mangelhaften Verständnisses der sexuellen Entwicklung ist es noch kaum gelungen, die langfristige Bedeutung von kindlichem sexuellem Verhalten zu sehen und daraus Normen zu entwickeln. Ein gewisses Maß an sexuellem Wissen in der Kindheit wird mittlerweile als Voraussetzung für die Stärkung von Kindern gegen sexuellen Missbrauch, die Verhütung von Schwangerschaften und Ansteckung mit sexuell übertragbaren Krankheiten im Jugendalter angesehen (→ *Geschlechtskrankheiten,* → *Sexualpädagogik).* Die sexuelle Betätigung in der Kindheit könnte mit größerer sexueller Zufriedenheit im Erwachsenenalter verbunden sein, z.B. mit Orgasmusfähigkeit und Akzeptanz des eigenen Körpers.

Idealnormen

Idealnormen sexuellen Verhaltens werden am ehesten noch in einer freizügigen sexualpädagogischen Literatur formuliert.
Verhalten, das mit sinnlichem Erleben, Lustempfinden, Freude am eigenen Körper einhergeht, sollte danach akzeptiert sein. Dies gilt für autoerotische Betätigungen und für einvernehmliche Spiele mit anderen.

Sexuell auffälliges Verhalten und sexueller Missbrauch

Sexuell auffälliges Verhalten als Folge von sexuellem Missbrauch findet sich keineswegs bei einer Mehrzahl der Opfer. Nach Kendall-Tackett et al. (1993) variieren die Prozentsätze in den von ihnen verglichenen Studien zwischen 7 und 90% der Kinder.
Als sexuell auffällig werden immer wieder genannt: übermäßige Masturbation, verführerisches Verhalten, Aufforderung zu sexueller Stimulation, starkes Interesse an den Geschlechtsteilen Familienangehöriger, sexuell aggressives Verhalten, altersunangemessenes Wissen über Sexualität, sexuelle Spiele mit Puppen oder Objekte in Vagina oder Anus einführen (z.B. Mian et al., 1985). Dabei handelt es sich um seltenes Verhalten, das aber keineswegs nur bei missbrauchten Kindern vorkommt (s.o. Statistische Normen; Volbert, 1997). Auch ein gegenüber dem Durchschnitt in Vergleichsstichproben („normale" Kinder,

Kinder mit klinischen Störungsbildern) erhöhtes Niveau sexueller Gesamtaktivität (in CBCL und CBCI) wird als möglicher Indikator sexuellen Missbrauchs betrachtet (vgl. Cosentino et al., 1995; Friedrich et al., 1992). Erhöhte Werte im CSBI finden sich in Zusammenhang mit schweren Formen sexuellen Missbrauchs, einer größeren Täterzahl und Drohung oder Gewalt. Allerdings sind auch Kinder mit einer größeren Zahl kritischer Lebensereignisse (z.B. Trennung der Eltern) und Kinder mit einem freizügigeren Umgang mit Sexualität in der Familie sexuell aktiver (Friedrich et al., 1992). Beachtet werden sollten auch die oben geschilderten kulturellen Unterschiede im Niveau sexueller Aktivität.

In einem durch Zeichnungen unterstützen Interview finden Gordon et al. (1990) zwar keine Unterschiede im sexuellen Wissen von missbrauchten und nicht missbrauchten Kindern, doch zeigte ca. die Hälfte der missbrauchten Kinder ungewöhnliche emotionale, überwiegend stressbetonte Reaktionen im Interview.

Aus den bisherigen Überlegungen folgt, dass bei auffälligen Verhalten sehr sorgfältig geklärt werden muss, ob Missbrauch vorliegt. Auffälliges sexuelles Verhalten kann auch ein Hinweis auf andere Probleme des Kindes bzw. der Familie sein. Masturbation kann z.B. beruhigen und trösten, Ängste und Unsicherheiten binden, die durch Bezugspersonen unzureichend aufgefangen werden (Gundersen et al., 1981; Scharff, 1990). Klinische Fallberichte legen nahe, dass sich im auffälligen kindlichen Verhalten auch unbewältigte sexuelle Probleme von Elternteilen (z.B. erlebter Missbrauch, Schuldgefühle) oder eine unbefriedigende sexuelle Beziehung der Eltern manifestieren können (Scharff, 1990; Healy et al., 1991).

Literatur

Cosentino, C. E. et al. (1995). Sexual behavior poblems and psychopathology symptoms in sexually abused girls. *J. of the American Academy of Child and Adolescent Psychiatry, 34,* pp. 1033–1042.
Döpfner, M., Schmeck, K. & Berner, W. (1994). *Handbuch: Elternfragebogen über das Verhalten von Kindern und Jugendlichen. Forschungsergebnisse zur deutschen Fassung der Child Behavior Checklist (CBCL).* Köln: Arbeitsgruppe Kinder-, Jugend- und Familiendiagnostik.
Friedrich, W. N., Sandfort, T. G. M., Oostveen, J. & Cohen-Kettenis, P. (2000). Cultural differences in sexual behavior: 2-6 year old dutch and american children. In T. G. M. Sandfort & Rademakers, J. (Eds.), Childhood sexuality: Normal sexual behavior and development. *J. of Psychology and Human Sexuality, 12,* pp. 117–129.
Friedrich, W. N. et al. (1992). Child sexual behavior inventory: Normative and clinical comparisons. *Psychological Assessment, 4,* pp. 303–311.
Gordon, B. N., Schroeder, C. S. & Abrams, M. (1990). Children's knowledge of sexuality: A comparison of sexually abused and nonabused children. *American J. of Orthopsychiatry, 60,* pp. 250–257.
Grassel, H. & Bach, K. R. (1979). *Kinder- und Jugendsexualität.* Berlin: Deutscher Verlag der Wissenschaften.
Gundersen, H. B., Melås, P. S. & Skår, J. E. (1981): Sexual behavior of preschool children. Teacher's observations. In: Constantine, L. L. & Martinson, F.M. (Eds.): *Children and sex. New findings, new perspectives* (pp. 45–65). Boston: Little, Brown and Company.
Healy, N., Fitzpatrick, C. & Fitzgerald, E. (1991). Clinical note: Childhood neurotic disorders with a sexual content need not imply child sexual abuse. *J. of Child Psychology and Psychiatry, 32,* pp. 857–863.

Johnson, T. C. (1989). Female child perpetrators: Children who molest other children. *Child Abuse & Neglect, 13,* pp. 571–585.
Kendall-Tackett, K. A., Williams, L. M. & Finkelhor, D. (1993). Impact of sexual abuse in children: a review and synthesis of recent empirical studies. *Psychological Bulletin, 113,* pp. 164–180.
Mian, M., Wehrspann, W., Klajner-Diamond, H., LeBaron, D. & Winder, C. (1985): Review of 125 children 6 years of age and under who were sexually abused. *Child Abuse & Neglect, 10,* 223–229.
Petermann, F., Döpfner, M., Lehmkuhl, G. & Scheithauer, H. (2000). Klassifikation und Epidemiologie psychischer Störungen. In F. Petermann (Hg.), *Lehrbuch der Klinischen Kinderpsychologie und -psychotherapie* (4. überarb. Aufl., S. 29–56). Göttingen: Hogrefe.
Romer, G. & Berner, W. (1998). Sexuell aggressive Impulsivität von Kindern. *Z. f. Sexualforschung, 11,* S. 308–326.
Sandfort, T. G. M., Cohen-Kettenis, P. (2000). Sexual behavior in dutch and belgian children as observed by their mothers. In T. G. M. Sandfort & Rademakers, J. (Eds.), Childhood sexuality: Normal sexual behavior and development. *J. o. Psychology and Human Sexuality, 12,* 105–115.
Scharff, D. E. (1990): Sexual development and sexual psychopathology: An object relations point of view. In M. Lewis & S. M. Miller (Eds.): *Handbook of developmental psychopathology* (pp. 441–451). New York: Plenum.
Schuhrke, B. (1998). *Kindliche Körperscham und familiale Schamregeln. Eine Studie im Auftrag der BZgA.* Köln: BzgA.
Volbert, R. (1997). Sexuelles Verhalten von Kindern: Normale Entwicklung oder Indikator für sexuellen Missbrauch. In G. Amann & R. Wipplinger (Hrsg.), *Sexueller Missbrauch. Überblick zu Forschung, Beratung und Therapie. Ein Handbuch* (S. 385–398). Tübingen: dgvt-Verlag.

Sexuelle Entwicklung von Kindern bis zur Pubertät

Bettina Schuhrke

Was soll man unter kindlicher Sexualität verstehen?

Mit Ford und Beach (1968, S. 7) könnte man pragmatisch das als *Sexualverhalten* bezeichnen,
- was „(…) mit der Reizung und Erregung der Sexualorgane verbunden ist." Genitale Erregung kann auch durch nicht genitale Reizung herbeigeführt werden. Der heute übliche, weit gefasste Verhaltensbegriff schließt nicht nur Handlungen, sondern auch Gedanken, Phantasien und Empfindungen ein.

Daneben wird bei Kindern in der Regel noch als Sexualverhalten aufgefasst:
- was dem unmittelbar körperlichen Sexualkontakt Erwachsener ähnelt (z.B. rhythmische Beckenstöße gegen ein Objekt, Zungenküsse, sexuelle Laute)

oder zur sexuellen Annäherung zwischen den Geschlechtern gehört (z. B. aufreizende Hüftbewegungen oder tiefe Blicke – real oder im Rollenspiel).
- die auf primäre und sekundäre Geschlechtsorgane gerichtete Neugier und körperliche Untersuchungen.

Kindliches Sexualverhalten kann autoerotisch oder in der Interaktion mit anderen erlebt werden. Kinder verfügen unbestritten über ein *angeborenes sexuelles Potenzial* (z. B. Erektionen, Orgasmen). Körperteile, Handlungen und Situationen haben für Kinder aber zunächst keine sexuelle Bedeutung. Sie gewinnen diese erst durch die Einführung in das in unserer Kultur bestehende symbolische System für Sexualität (vgl. Stein-Hilbers, 2000). Dieses wird durch die Interaktion mit Bezugspersonen, Medieninhalte usw. transportiert.

Die sexuelle Entwicklung hat neben dem sexuellen Verhalten im engeren Sinn noch eine Vielzahl anderer Facetten, die in der Literatur mit den Begriffen *Geschlechtsidentität, sexuelle Orientierung, Geschlechtsrolle, Intimität und Privatheit, sexuelles Wissen und körperliche Veränderungen* (z. B. primäre und sekundäre Geschlechtsmerkmale, hormonelles System) angesprochen werden (vgl. Schuhrke, 1991).

Bis in die 50er und 60er Jahre (Money, Stoller) lässt sich die aktuelle Einteilung von Sexualität in ein „*sex-gender-System*" (vgl. auch Stein-Hilbers, 2000, S. 55 f.) zurückverfolgen. Benennungen, die die Silbe „sex" enthalten, werden für Facetten gewählt, bei denen biologische Aspekte, Fortpflanzung und Lustsuche im Vordergrund stehen. „Gender/Geschlecht" taucht dagegen vor allem dann auf, wenn die soziale Konstruktion und die gesellschaftliche Strukturierung von Sexualität bedacht werden.

In diesem Beitrag werden vorrangig „Sexualverhalten" und „sexuelles Wissen" behandelt, weil Besonderheiten in diesen Facetten oft als Indikatoren für den erlebten sexuellen Missbrauch gelten (→ „*Sexuell auffälliges Verhalten von Kindern*"). Leider mangelt es an aktuellen aussagekräftigen Studien (vgl. Schuhrke, 1999a), besonders solchen, die Kinder in die Untersuchung einbeziehen und nicht nur ihre Bezugspersonen befragen. Eltern (und Forscher) befürchten u. a., dass die sexuelle Neugier von Kindern durch die Untersuchungsteilnahme angeregt wird.

Detaillierte Belege für die im Folgenden dargestellten Ergebnisse finden sich in Literaturzusammenfassungen zum sexuellen Wissen und Verhalten und zur sexuellen Sozialisation von Kindern bei Stein-Hilbers (2000), Schuhrke (1999a, 1991), Volbert & van der Zanden (1996) und Martinson (1994).

Sexuelle Erfahrungen mit dem eigenen Körper

Reflexhafte sexuelle Reaktionen zeigen Kinder bereits im Mutterleib und in den ersten Monaten nach der Geburt. Gut belegt sind männliche Erektionen. Sie kommen bei den verschiedensten Gelegenheiten (z. B. affektive Anspannung,

Schlafen, Saugen) vor; allerdings gibt es große individuelle Häufigkeitsunterschiede. Weniger gut belegt, weil schwerer festzustellen, ist das Auftreten von Scheidenfeuchtigkeit und Klitoriserektionen bei Mädchen.

Schon im ersten Jahr beginnen Kinder an ihren *Genitalien herumzuspielen* und verschaffen sich dabei auch angenehme Gefühle. Nur in wenigen Fällen gelangen Kinder schon in den ersten beiden Jahren zum Orgasmus und wenn, dann eher nicht durch manuelle Techniken, sondern z. B. das Drücken des Beckens gegen eine Unterlage oder das Zusammenpressen der Oberschenkel. *Orgasmen* wurden schon ab dem vierten Monat beobachtet.

Im zweiten Jahr *entdecken* Kinder ihre Genitalien bereits sehr *bewusst*, je nachdem wie viel Möglichkeit ihnen von Bezugspersonen dazu gelassen wird. Jungen haben den Vorteil, dass sie ihre Genitalien sehen können; für Mädchen ist das Körpergefühl zentraler für die Integration der Genitalien in die Landkarte ihres Körpers (vgl. Schuhrke, 1997). In Einzelfällen entdecken sie auch ihre Klitoris und Vagina. Im dritten Jahr kommt es noch einmal zu einer Intensivierung genitaler Beschäftigung und Lusterzeugung, so dass man von *Masturbation* sprechen kann.

Auf Grund der Angaben von Eltern und dem Personal von Kinderbetreuungseinrichtungen kann man davon ausgehen, dass die Mehrheit der Kinder im Alter bis zu sechs Jahren an ihren Genitalien herumspielt. Auch Selbstbefriedigung, d. h. Manipulationen, die mit Lust und Erregung, nicht aber unbedingt mit Orgasmen verbunden sind, sind in der frühen Kindheit weit verbreitet. Im Grundschulalter scheint die Verbreitung der Masturbation zurückzugehen, um dann vor bzw. mit der Pubertät wieder anzusteigen. Dieser scheinbare Entwicklungsverlauf kann jedoch auch ein Artefakt der Forschung sein und lediglich dadurch entstehen, dass zur frühen und mittleren Kindheit meist Eltern befragt werden oder Jugendliche bzw. Erwachsene retrospektiv. In der mittleren Kindheit verbergen Kinder ihre sexuellen Aktivitäten jedoch zunehmend und retrospektive Befragungen haben mit Erinnerungsproblemen zu kämpfen. Angaben zum Anteil masturbierender Kinder in verschiedenen Altersgruppen variieren stark zwischen einzelnen Studien (vgl. Sandfort & Cohen-Kettenis, 2000; Schuhrke, 1999a; Volbert & van der Zanden, 1996).

Befragungen von Jugendlichen ergeben, dass wesentlich mehr Jungen (87 %) als Mädchen (41 %) bis zum Alter von ca. 16 Jahren masturbationserfahren sind (Schmidt et al., 1992). Möglicherweise wird Mädchen der Zugang zum eigenen Körper gründlicher aberzogen, denn im Kindergartenalter und früher fallen Unterschiede nicht so eindeutig aus. Teilweise erscheinen Mädchen sogar aktiver als Jungen (vgl. Schuhrke, 1999a; Klein, 1993).

Sexuelle Erfahrungen mit anderen

Schon ab dem Ende des ersten Lebensjahres bemerken Eltern bei ihren Kindern *Interesse an den Genitalien anderer Personen*. Dies ist normaler Bestandteil des Körpererkundungsprozesses, der über den Körper des Kindes hinausgreift. Möglichkeiten dazu sind eng an Nacktheit gekoppelt und bieten sich vor allem in der Familie (vgl. Schuhrke, 2000).

Die sexuelle Neugier an den Eltern hält über die ganze Kindheit an. Trotz eines alterskorrelierten Rückganges berühren selbst neunjährige Kinder gelegentlich noch elterliche Geschlechtsteile (Genitalien, Brust) (vgl. Schuhrke, 1999b). Anders als mit Erwachsenen kann sexuelle Neugier mit Gleichaltrigen in *interaktiven Spielen* ausgelebt werden. Bei den Drei- bis Fünfjährigen sind sie noch häufig öffentlich sichtbar (Friedrich et al., 1991). Eine Reihe von Studien belegen, dass Kinder bei Spielen die Genitalien vor allem zeigen, betrachten oder berühren. Nach neueren Studien beteiligt sich der größte Teil der Kinder an sexuellen Spielen in der Kindheit, wobei das Interesse keineswegs nur auf das andere Geschlecht konzentriert ist. Spiele unter Druck und Zwang werden in der Rückschau eher negativ beurteilt (vgl. Schuhrke, 1999a). Gefühle *sexueller Attraktion* und *sexuelle Phantasien* werden ungefähr im Alter von zehn Jahren stabile, erinnerbare Erfahrungen. Herdt und McClintock (2000) bringen dies mit der Adrenarche in Verbindung, der beginnenden Ausschüttung von Geschlechtshormonen durch die Nebennierenrinde.

Sexuelles Wissen

Zu ihrem sexuellen Wissen werden Kinder in Studien häufiger selbst befragt als zu ihrem sexuellen Verhalten. Untersucht wurden vor allem explizite Kenntnisse über Fortpflanzung, genitale Geschlechtsunterschiede und die Geschlechtsidentität.

Die *Geschlechtsidentität*, also das Wissen um die eigene Geschlechtszugehörigkeit, entwickelt sich um das Alter von zwei Jahren und ist spätestens mit vier Jahren gut ausgeprägt. Wissen über genitale Geschlechtsunterschiede und über solche, die durch die Geschlechtsrolle bestimmt sind, bestehen lange Zeit nebeneinander, ohne in Verbindung gebracht zu werden. Wenn Kinder das Geschlecht von Personen einschätzen sollen, stützen sie sich vor allem auf äußerliche Merkmale wie Haartracht, dynamische Merkmale (rennen, sitzen, reden) und Bekleidung (Intons-Peterson, 1988). Selbst im Alter von zehn Jahren erkannten in der Untersuchung von Trautner et al. (1985, n. Schuhrke, 1991) erst 80% der Mädchen und 50% der Jungen die Bedeutung der äußeren Genitalien für die Definition des Geschlechts.

Studien zur frühen und mittleren Kindheit kommen zu dem Ergebnis, dass Mädchen über genitale Unterschiede besser Bescheid wissen als Jungen (vgl. Schuhrke, 1997; Volbert & van der Zanden, 1996). Geht es um das *Benennen*, kristallisiert sich folgendes Bild heraus: Ein ungefähr gleich großer Anteil von Jungen und Mädchen verfügt über Namen für das männliche Geschlechtsteil, aber nur sehr wenige Jungen haben einen Namen für das weibliche Geschlechtsteil. Dies lässt sich u. a. dadurch erklären, dass Mütter selbst Mädchen seltener eine Benennung für die weiblichen als für das männlichen Geschlechtsteile anbieten. Häufig werden in den ersten Lebensjahren Benennungen verwendet, die von den benachbarten Körperteilen oder dem Wort für die Ausscheidung abgeleitet sind. „Scheide" wird oft als Name für das gesamte weibliche Geschlechtsteil vermittelt.

Das Wissen über mögliche *Funktionen der Genitalien* wächst nur langsam. Im zweiten Lebensjahr bringen Kinder die Genitalien zunächst mit der Ausscheidungsfunktion in Verbindung (vgl. Schuhrke, 2000, 1997). Wissen über die Genitalien als Quelle erregender, lustvoller Gefühle wurde bisher kaum systematisch untersucht. Rademakers et al. (2000) ließen Acht- und Neunjährige „angenehme" und „erregende" Körperteile auf Abbildungen markieren. Der Körperbereich Genitalien-Anus-Hinterteil wurde von den Kindern jedoch unter beiden Begriffen am seltensten markiert.

Bis zum Alter von sieben Jahren haben Kinder in der Regel noch kein detailliertes Wissen über das Sexualverhalten der Erwachsenen (Volbert, 2000), bringen die Genitalien aber mit *Schwangerschaft und Geburt* in Verbindung. Verfolgt man die Ergebnisse von Studien aus den letzten 70 Jahren, so wird deutlich, dass Kinder in immer früherem Alter besser über die Fortpflanzung Bescheid wissen. Heute verfügen Kinder im Alter von vier bis sieben Jahren über ein grundlegendes Verständnis von Schwangerschaft, in dem Sinne, dass ein Baby im Bauch der Mutter wächst, und die Mehrheit hat auch ein mehr oder weniger genaues Wissen über mögliche Wege der Geburt, aber fast kein Wissen, wie die Zeugung vor sich geht. Die Rolle des Vaters wird in der frühen Kindheit höchstens als soziale Unterstützung für die Mutter gesehen (vgl. Volbert, 2000). Kinder häufen Fortpflanzungswissen nicht einfach an, sondern konstruieren aktiv Konzepte, die der Struktur ihres Denkens auf ihrer jeweiligen Entwicklungsstufe entsprechen. Allerdings finden sich auch erstaunliche Unterschiede innerhalb der Altersgruppen, u.a. erklärbar durch die Menge korrekter Informationen, die Kindern aus ihrer Umwelt beziehen. So wussten z.B. in der Untersuchung von Goldman & Goldman (1983) Kinder aus Schweden, wo Sexualaufklärung bereits Teil des Schulunterrichts war, wesentlich besser Bescheid darüber, wie sich die Körper von der Kindheit zum Erwachsenenalter verändern und woran man das Geschlecht eines Babys erkennt, als Kinder aus den USA, Großbritannien und Australien. Auch Kinder mit Geschwistern des anderen Geschlechts erwiesen sich als besser informiert.

Wissen um das *Sexualverhalten Erwachsener* und um die Zeugung kann bei Kindern ganz unabhängig nebeneinander bestehen. Verschiedene Studien legen nahe, dass Kinder erst um das Alter von neun bis zehn Jahren in nennenswertem Umfang und mit einem mehr als vagen Verständnis den Koitus mit der Fortpflanzung in Verbindung bringen (Volbert, 2000).

Einflussfaktoren sexueller Entwicklung

Kulturvergleichende Studien unterscheiden hinsichtlich kindlicher Sexualität permissive von restriktiven Gesellschaften (vgl. Frayser, 1994; Schuhrke, 1991).

In unserer eher restriktiven Gesellschaft gibt es keine Kultur sexuellen Lernens, die sexuelles Verhalten in der Kindheit als vielleicht ähnlich wichtigen Bestandteil der menschlichen Entwicklung ansehen könnte, wie die Einübung von Denkprozessen.

Über Einflussfaktoren auf die sexuelle Entwicklung ist wenig bekannt. Zum einen bestehen möglicherweise von Geburt an individuelle Unterschiede in der Erregbarkeit (s.o., Erektionen), zum anderen spielen Erfahrungen mit der sozialen Umwelt eine wesentliche Rolle dafür, dass Kinder sexuell aktiver sind. Schwere Formen sexuellen Missbrauchs durch erwachsene Familienangehörige stellen einen extremen Reiz für das kindliche sexuelle Reaktionspotenzial dar. Gerade wenn der Missbrauch in sehr frühem Alter passiert, haben Kinder später oft Schwierigkeiten, im Sinne kultureller Normen kontextangemessen mit sexuellen und nicht sexuellen Formen von Nähe und Körperkontakt zu reagieren. Größere sexuelle Aktivität, die jedoch nicht zwangsläufig mit sozialen Normen konfligiert (→ *Sexuell auffälliges Verhalten*) wird auch von Kindern aus Familien mit einem sexual- und körperkontaktfreundlichen Klima berichtet. Als Hinweise auf ein solches Klima gelten z.B. freizügiger Umgang mit Nacktheit unter Familienmitgliedern, gemeinsames Schlafen in einem Bett, Bildmaterial mit nackten Personen oder sexuellen Handlungen im Haus (vgl. Schuhrke, 1999a; Friedrich et al., 1991).

Literatur

Ford C. S. & Beach, F. A. (1968). *Formen der Sexualität. Das Sexualverhalten bei Mensch und Tier.* Reinbek: Rowohlt.
Frayser, S. G. (1994). Defining Normal Childhood Sexuality: An Anthropological Approach. *Annual Review of Sex Research, Vol. V,* pp. 173–217.
Frayser, S. G.., Grambsch, P., Broughton, D., Kuiper, J., Beilke, R. L. (1991): Normative sexual behavior in children. *Pediatrics, 88,* pp. 456–464.
Friedrich, W. N., Sandfort, T. G. M., Oostveen, J. & Cohen-Kettenis, P. (2000). Cultural differences in sexual behavior: 2–6 year old dutch and american children. In T. G. M. Sandfort & Rademakers, J. (Eds.), Childhood sexuality: Normal sexual behavior and development. *Journal of Psychology and Human Sexuality [Special issue], 12,* pp. 117–129.
Goldman, R. & Goldman, J. (1983). Children's perceptions of sex differences in babies and adolescents: A cross-national study. *Archives of Sexual Behavior, 12,* pp. 277–294.
Herdt, G. & McClintock, M. (2000). The magical of age of 10. *Archives of Sexual Behavior, 29,* pp. 587–606.
Intons-Peterson, M. J. (1988). *Children's concepts of gender.* Norwood, N.J.: Ablex.
Klein, M. (1993). Masturbation im Kindesalter. In K. R. Bach, H. Stumpe & K. Weller (Hrsg.), *Kindheit und Sexualität* (S. 46–49). Braunschweig: Holtzmeyer.
Martinson, F. M. (1994). *The sexual life of children.* Westport: Bergin & Garvey.
Rademakers, J., Laan, M. & Straver, C. J. (2000). Studying children's sexuality from the child's perspective. In T. G. M. Sandfort & Rademakers, J. (Eds.), Childhood sexuality: Normal sexual behavior and development. *Journal of Psychology and Human Sexuality [Special issue], 12,* pp. 49–60.
Sandfort, T. G. M., Cohen-Kettenis, P. (2000). Sexual behavior in dutch and belgian children as observed by their mothers. In T. G. M. Sandfort & Rademakers, J. (Eds.), Childhood sexuality: Normal sexual behavior and development. *Journal of Psychology and Human Sexuality [Special issue], 12,* pp. 105–115.
Schmidt, G., Klusmann, D. & Zeitschel, U. (1992). Veränderungen der Jugendsexualität zwischen 1970 und 1990. *Z. f. Sexualforschung, 5,* S. 191–218.

Schuhrke, B. (1991). *Körperentdecken und psychosexuelle Entwicklung. Theoretische Überlegungen und eine Längsschnittuntersuchung im zweiten Lebensjahr.* Regensburg: Roderer.
Schuhrke, B. (1997). Genitalentdecken im zweiten Lebensjahr. *Z. f. Sexualforschung, 10,* S. 106–126.
Schuhrke, B. (1999a). Die Entwicklung kindlicher Sexualität – beobachtet. In K. Rutschky & R. Wolff (Hrsg.), *Handbuch sexueller Missbrauch* (2. Aufl., S. 149–181). Reinbek: Rowohlt.
Schuhrke, B. (1999b). Scham, körperliche Intimität und Familie. *Z. f. Familienforschung, 11,* S. 59–83.
Schuhrke, B. (2000). Young children's curiosity about other people's genitals. In T.G.M. Sandfort & J. Rademakers (Eds.), Childhood sexuality: Normal sexual behavior and development. *Journal of Psychology and Human Sexuality [Special issue], 12,* pp. 27–48.
Stein-Hilbers, M. (2000). *Sexuell werden. Sexuelle Sozialisation und Geschlechterverhältnisse.* Opladen: Leske & Budrich.
Volbert, R. & van der Zanden, R. (1996). Sexual knowledge and behavior of children up to 12 years – What is age appropriate? In G. Davies, S. Lloyd-Bostock, M. McMurren & C. Wilson (Eds.), *Psychology, law, and criminal justice. International development in research and practice* (pp. 198–215). Berlin: de Gruyter.
Volbert, R. (2000). Sexual knowledge of preschool children. In T. G. M. Sandfort & J. Rademakers, J. (Eds.), Childhood sexuality: Normal sexual behavior and development. *Journal of Psychology and Human Sexuality [Special issue], 12,* pp. 5–26.

Sexuelle Übergriffe in der Therapie

Franz Moggi und Vedrana Hercek

In der Literatur werden die Begriffe sexuelle Kontakte, sexuelle Ausbeutung, sexueller Missbrauch und sexuelle Übergriffe oft synonym verwendet, um den Sachverhalt zu beschreiben, dass Beratende oder Therapierende mit ihrem Klientel eine sexuelle Beziehung aufnehmen oder unterhalten (Vogt & Arnold, 1993). Als sexuell werden Handlungen verstanden, die dazu dienen, sexuelle Lust zu erregen oder zu befriedigen (Gartrell, Herman, Olarte, Feldstein & Localio, 1986). Nach Jehu (1994) besteht in der Fachliteratur weitgehend Einigkeit darüber, dass in der Therapie sexuelle Witze, anzügliche Blicke und Bemerkungen, Küssen, Nacktsein, sexuelles Streicheln sowie Oral-, Anal- und Geschlechtsverkehr sexuelle Übergriffe darstellen. Des Weiteren werden Berührungen und Umarmungen lediglich unter bestimmten Umständen als sexuelle Übergriffe angesehen. Sexuelle Phantasien und gegenseitige sexuelle Anziehung (Attraktivität) sind sowohl bei Klientinnen und Klienten als auch bei Therapeuten und Therapeutinnen natürliche Reaktionen, die jedoch nicht ausgelebt werden dürfen *(→ Psychoanalytische Therapie).*

Psychologische Beratung und Psychotherapie sind Dienstleistungen, die im Rahmen einer professionellen Arbeitsbeziehung geleistet werden. Darin wird die Rollenverteilung durch die Hilfsbedürftigkeit der Klientin/des Klienten und die Fachkompetenz des Therapeuten bestimmt, so dass unausweichlich ein Machtgefälle entsteht. Dem Therapeuten obliegt die Verantwortung für die sachgerechte Durchführung der Therapie. Dazu gehört auch die Verpflichtung, als Therapeut unter allen Umständen die Machtstellung nicht zur Befriedigung eigener Wünsche und Bedürfnisse auszunutzen (Vogt & Arnold, 1993).

Berufsethik, Zivil- und Strafrecht

Berufsverbände im Allgemeinen und Therapieverbände im Speziellen verfügen heute über eine Berufsethik, in der Rechte und Pflichten des Beratenden oder Therapierenden schriftlich niedergelegt sind. Diese Regelwerke halten die Normen professionellen Handelns fest, an die sich die Verbandsmitglieder zu halten haben und über deren Inhalt sich die Öffentlichkeit informieren kann.

Untersuchungen zur Prävalenz

Zuerst wurden in den USA und erst in jüngster Zeit auch in Europa Erhebungen zur Häufigkeit (=Prävalenz) mit umfangreicheren Kollektiven oder Stichproben durchgeführt. Drei Zielgruppen wurden angesprochen (Moggi et al., 1992):
1. Therapeutinnen und Therapeuten wurden meist schriftlich befragt, ob sie jemals sexuelle Kontakte zu einer oder mehreren Klientinnen unterhielten.
2. Klientinnen und Klienten wurden schriftlich oder in Interviews befragt, ob es jemals sexuelle Kontakte zwischen ihnen und ihrem Therapeuten gab.
3. Folgetherapeuten und -therapeutinnen wurden meist schriftlich befragt, ob sie in ihrer Praxis Klientinnen behandeln, die mit Vorgängertherapeuten sexuelle Kontakte hatten.

Die Ergebnisse der drei Zugangsweisen werden im Folgenden dargestellt und diskutiert.

Therapeutinnen- und Therapeutenbefragungen

Bei den Veröffentlichungen zu therapeutenorientierten Untersuchungen handelt es sich vorwiegend um repräsentative Erhebungen, bei denen die Therapeuten, Psychiater, Psychologen, Sozialarbeiter und Pflegepersonal der Psychiatrie, anonym und schriftlich befragt wurden (z.B. Gartrell, Herman, Olarte, Feldstein & Localio, 1986; Pope, Keith-Spiegel & Tabachnick, 1986; Borys & Pope, 1989; Moggi, Bossi & Bachmann, 1994). Die Rücklaufquoten sind trotz der Thematik in den meisten Untersuchungen befriedigend bis hoch. Es zeigt sich, dass erstens deutlich mehr männliche als weibliche Therapeuten sexuelle Kontakte mit Klientinnen bzw. Klienten angeben, und dass zweitens die mittlere Häufigkeit mindestens einmaliger sexueller Kontakte zu mindestens einer Patientin/einem Patienten für männliche Therapeuten bei rund 7% und für weibliche Therapeuten bei rund 2% liegt.

Klientinnen- und Klientenbefragungen

Die Sichtung der Untersuchungen, in denen Klientinnen und Klienten direkt befragt wurden, zeigt, dass das Wissen über die Prävalenz nicht auf repräsentativen Stichproben sondern auf kleinen Kollektiven beruht, auf deren Grundlage die Häufigkeit sexueller Übergriffe nicht geschätzt werden kann (Williams, 1992).

Niedrige Fallzahlen sind nicht nur für die Ermittlung der Häufigkeit, sondern auch für die Überprüfung anderer Hypothesen wie z.B. zu den Risikofaktoren oder Konsequenzen sexueller Übergriffe problematisch. Es fehlt meist an Vergleichsgruppen, die die Ergebnisse versuchsplanerisch und statistisch absichern würden. Deswegen sind bis heute alle Ergebnisse, die aus Untersuchungen mit direkter Befragung von Klientinnen und Klienten stammen, bestenfalls explorativ und im Stadium der empirischen Voruntersuchung. Sie können nicht als gesichert und verallgemeinerbar gelten.

Erstmals in der Schweiz wurden während zwei Jahren systematisch alle austretenden Patienten zweier psychiatrischen Universitätskliniken über das Vorkommen sexueller Kontakte mit Behandlern befragt. Von 585 antwortenden Patientinnen und Patienten gaben 25 (4,3%) sexuelle Kontakte mit ihren Behandlern an (Bachmann, Hercek, Moggi, Maurer & Hirsbrunner, 2000).

Befragungen von Folgetherapeutinnen und -therapeuten

Ein indirekter Zugang zur Prävalenzschätzung ist die Befragung von Folgetherapeuten und -therapeutinnen darüber, wieviele ihrer Klientinnen und Klienten über sexuelle Kontakte zu vorgängigen Therapeuten berichten (Bouhoutsos, Holroyd, Lerman, Forer & Greenberg, 1983; Gartrell et al., 1986; Pope & Vetter, 1991). Es zeigt sich zum einen, dass von den ihrem Folgetherapeuten über sexuelle Übergriffe durch Vorgängertherapeuten oder -therapeutinnen berichtenden Klienten oder Klientinnen im Mittel 92% Frauen und 8% Männer sind, und zum anderen, dass 24 bis 65% der Folgetherapeutinnen und -therapeuten von sexuellen Übergriffen durch Kollegen oder Kolleginnen erfuhren.

Die Höhe und die große Streuung der Prävalenz ist kaum auf methodische Unterschiede wie z.B. auf die Verwendung unterschiedlicher Definitionen zurückzuführen. Vielmehr scheinen eher Therapeutinnen und Therapeuten zu antworten, die zur Frage, ob ihnen Klientinnen/Klienten über sexuelle Kontakte mit Vorgängertherapeutinnen und -therapeuten berichteten, affirmativ Stellung nehmen können. Zudem werden mit diesem indirekten Zugang nur Klientinnen und Klienten erfasst, die zum einen Folgetherapeuten aufsuchen und zum anderen über die sexuellen Kontakte in der Folgetherapie berichten. Des Weiteren sind die Angaben des Folgetherapeuten erstens von seiner Erinnerung und zweitens von seinem professionellen Urteil abhängig, ob sexuelle Kontakte tatsächlich stattgefunden haben oder ob es sich um eine „Phantasie" der Klientin/des Klienten handelt. Fachliche Urteile ihrerseits sind bekanntlich vom theoretischen Hintergrund der Therapieschule und von der praktischen Erfahrung abhängig. Die Befragung von Folgetherapeuten erscheint deshalb die am wenigsten geeignete Zugangsweise für die Erhebung der Prävalenz zu sein.

Risikofaktoren für sexuelle Übergriffe

Im Folgenden werden die Risikofaktoren dargestellt, die die Wahrscheinlichkeit von sexuellen Kontakten in Beratung und Therapie erhöhen. Dabei wird zwischen Risikofaktoren auf Seiten des Therapeuten/der Therapeutin und Risikofaktoren auf Seiten der Klientin/des Klienten unterschieden.

Risikofaktoren bei Psychotherapeuten/-innen

In der Literatur wurden bei den Therapeuten und Therapeutinnen drei Risikofaktoren hervorgehoben (Reimer & Argast, 1990):
1. Als aktuelle Bedingungen werden unglückliche Ehen, Trennungen und Scheidungen, fehlende Beziehungen, Mangel an sozialen Kontakten und Arbeitssucht am häufigsten als Gründe für die eigene Bedürftigkeit gesehen (Butler & Zelen, 1977; Heyne, 1994).
2. Biographische Bedingungen: Eine Annahme geht von der narzisstischen Bedürftigkeit des Therapeuten/der Therapeutin aus. Die Klientin soll dem Therapeuten das Gefühl der Bewunderung und des Gebrauchtwerdens vermitteln (Jehu, 1994).
3. Als weiterer Risikofaktor wurde eine ungenügende Ausbildung in Bezug auf das Thema Erotik in der psychotherapeutischen Situation genannt (Pope, Sonne & Holroyd, 1996). Obwohl die meisten Therapeutinnen und Therapeuten mit sexuellen Übergriffen über eine langjährige Berufserfahrung verfügen, hat Retsch (1990) in ihrer Studie eruiert, dass während der Ausbildung

zum Therapeutenberuf die Thematik der sexualisierenden Übertragung nie oder nur ungenügend behandelt worden sei.

Risikofaktoren bei Klientinnen und Klienten

Zu Risikofaktoren auf seiten der Klientinnen und Klienten liegen bis heute keine empirischen Untersuchungen vor. Vielmehr wurden aufgrund therapeutischer Erfahrungen oder theoretischer Überlegungen Bedingungen postuliert, die das Risiko von Patientinnen und Patienten erhöhen könnten, sexuelle Kontakte mit ihren Psychotherapeuten einzugehen (Jehu, 1994; Moggi, Brodbeck & Hirsbrunner, 2000). 5 Faktoren wurden geltend gemacht:
1. Gesellschaftliche Faktoren: Mit der Übernahme traditioneller Männer- und Frauenrollen würden Einstellungen über Sexualverhalten gelernt. Sie unterstützen die Erwartung, dass Frauen die Bedürfnisse von Männern zu erfüllen hätten (Pope & Bouhoutsos, 1986).
2. Biographische Faktoren: Opfer sexueller Gewalt im Kindes- oder Erwachsenenalter weisen eine erhöhte Wahrscheinlichkeit auf, wiederholt Opfer sexueller Gewalt zu werden (Pope & Vetter, 1991). Sexueller Missbrauch in der Kindheit (v.a. Inzest) oder andere Formen von Kindesmisshandlung könnten dazu führen, dass als Erwachsene auf inadäquate Formen von Zuwendung und Beziehungsangeboten (z.B. private Verabredungen mit dem Therapeuten o.ä.) eingegangen wird (Smith, 1984; Aghassy & Noot, 1987; Rutter, 1991; Somer & Saadon, 1999).
3. Persönlichkeitsmerkmale: Selbstunsicherheit, Selbstwertprobleme, Ichschwäche und emotionale Labilität würden Patientinnen und Patienten vulnerabel für sexuelle Übergriffe in der Therapie machen (Smith, 1984; Pope & Bouhoutsos, 1986).
4. Merkmale der psychischen Störungen: Nach einigen Untersuchungen sind Patientinnen, die unter Suchtproblemen leiden (Vogt, 1989) oder eine Borderline-Persönlichkeitsstörungen aufweisen (Gutheil, 1989), stärker für sexuelle Übergriffe in der Therapie gefährdet.
5. Beziehungsprobleme: Soziale Kontaktschwierigkeiten, Einsamkeitsgefühle, Probleme in der Partnerschaft und Beziehungskrisen würden den Wunsch nach nahen Beziehungen fördern und so die Bereitschaft erhöhen, eine Liebesbeziehung mit dem Therapeuten einzugehen (Aghassy & Noot, 1987).

Äußere Merkmale sexueller Übergriffe und deren Begründungen durch die Therapeuten/-innen

Fasst man die bisherigen Ergebnisse aus Falldarstellungen und Studien mit größeren Kollektiven zusammen, so lassen sich einige Tendenzen in Bezug auf die

Merkmale sexueller Übergriffe beschreiben (vgl. z.B. die Überblicke von Reimer & Argast, 1990; Moggi et al., 1992): In der überwiegenden Mehrzahl der Fälle sind es männliche Therapeuten, die sexuelle Kontakte mit Klientinnen eingehen. Das Durchschnittsalter der Therapeuten liegt bei rund 40 Jahren, während das der Klientinnen bei 30 Jahren zu finden ist. Im Allgemeinen verfügen die Therapeuten über eine abgeschlossene Ausbildung und eine langjährige Praxiserfahrung als Psychotherapeut. In der Regel finden die sexuellen Kontakte im ersten Jahr der Therapie statt. In rund einem Drittel der Fälle wird die Therapie sofort und etwa in der Hälfte der Fälle in den ersten drei Monaten nach dem ersten sexuellen Kontakt abgebrochen. Meist bestimmt der Therapeut, wo, wann und wie die sexuellen Handlungen ausgeführt werden. In der Mehrzahl finden die sexuellen Handlungen am Arbeitsort oder in der Praxis des Therapeuten statt. Die Beziehung wird vom Therapeuten nicht selten unter demütigenden Umständen abgebrochen. Nach Gartrell et al. (1986) sind 33% der Therapeuten, die sexuelle Kontakte zu Patientinnen aufnehmen, Wiederholungstäter.

Als Begründungen für die sexuellen Kontakte werden von den Therapeuten häufig „therapeutische Argumente" ins Feld geführt. Sexuelle Handlungen seien für den Therapieprozess nützlich, sie ermöglichten eine wertvolle „korrigierende" emotionale Erfahrung oder sie würden das Selbstwertgefühl der Patientin heben. Mit der Begründung, dass das sexuelle Abstinenzgebot mit dem Ende der Therapie erlösche, würden zudem häufig von Seiten des Therapeuten Behandlungen abgebrochen. Ein kleinerer Teil gibt an, verliebt zu sein oder gar den Wunsch nach Heirat zu verspüren (vgl. Heyne, 1994).

Becker-Fischer und Fischer (1996) zeigen, dass die Opfer in 4/5 der Fälle keine Schuldgefühle beim Therapeuten wahrnehmen, sondern vielmehr eine Delegation der Verantwortung für ihr Tun an die Klientin. Andere Formen waren Rechtfertigungen wie „Ich bin ja auch nur ein Mensch" oder Hinweise auf die bis zum Missbrauch eingetretene Besserung einschließlich der Behauptung, die Vorfälle seien zumindest nicht schädlich. Geschenke, Versprechungen und Andeutungen über ein zukünftiges Zusammenleben waren weitere Formen nachträglicher Rechtfertigungen, die zeigen sollten, dass die Therapeuten es „ernst" gemeint hätten. Derartige Begründungen äußern erstaunlicherweise gerade Wiederholungstäter, wie Herman, Gartrell, Olarte, Feldstein & Localio (1987) in ihrer Untersuchung feststellten.

Folgen sexueller Übergriffe für die Klientinnen und Klienten

Sexuelle Kontakte und Beziehungen in Psychotherapien werden in der Fachliteratur als Missbrauch therapeutischer Macht zur Befriedigung von sexuellen Bedürfnissen des Therapeuten mit negativen Folgen für die Patientinnen und Patienten betrachtet. In Falldarstellungen, Untersuchungen mit Befragungen von

Klientinnen und Klienten ohne Vergleichsgruppe oder Befragungen von Folgetherapeuten hat sich gezeigt, dass vor allem physische Kontakte von den Klientinnen und Klienten mit negativen Folgen in Verbindung gebracht werden (Bouhoutsos et al., 1983; Pope & Vetter, 1991). Des Weiteren scheint das Ausmaß negativer Folgen noch mit anderen Merkmalen sexueller Übergriffe wie z.B. dem Zeitpunkt der sexuellen Kontakte (während oder nach der Therapie), Kontrolle über die sexuellen Handlungen (Ort, Zeit, Therapeut, Klientin oder beide) etc. zusammenzuhängen (Pope, 1994).

Für die Art der Folgen wird von Pope (1994) ein typisches „patient-sex-syndrome" mit folgenden Symptomen postuliert: 1. Ambivalenz gegenüber dem Therapeuten, 2. Schuldgefühle, 3. Gefühle der Leere und Isolation, 4. sexuelle Konfusion, 5. Misstrauen gegenüber Männern, 6. Identitäts-, Grenz- und Rollenkonfusion, 7. emotionale Labilität und Depressivität, 8. unterdrückte Wut, 9. erhöhte Suizidalität, 10. kognitive Störungen wie Aufmerksamkeits- und Konzentrationsstörungen. Zusätzlich würden entweder Therapiefortschritte gehemmt bzw. gänzlich verhindert. Löwer-Hirsch (1998) beschreibt in einer qualitativen Studie, dass es zur Symptomverschlechterung oder Auftreten neuer Symptome kommt. In einer Untersuchung von Moggi et al. (2000; Moggi & Brodbeck, 1997) konnten diese Folgen bestätigt werden.

Diese Ergebnisse weisen auf eine besondere Konsequenz sexueller Übergriffe hin. Sie besteht in einem profunden Misstrauen der Klientinnen gegenüber jeder Form von psychologischer Beratung oder Psychotherapie, so dass Folgetherapien gar nicht oder erst nach Jahren in Angriff genommen werden. Nur wenn es dem Nachfolgetherapeuten gelingt, die Tatsache sexueller Übergriffe zu akzeptieren, wird die Klientin/der Klient bereit sein, über ihre/seine Erfahrungen zu berichten und damit den Grundstein zur Verarbeitung legen. Die Anerkennung der sexuellen Übergriffe stellt an den Nachfolgetherapeuten in verschiedener Hinsicht hohe Anforderungen, deren kompetente Bewältigung mindestens teilweise in Seminaren gelernt werden kann. Das Thema der sexuellen Übergriffe in seinen vielfältigen Aspekten fehlt indes weitgehend im Aus-, Weiter- und Fortbildungsangebot.

Literatur

Aghassy, G. & Noot, M. (1987). Seksuele contacten binnen psychotherapeutische relaties. *Tijdschrift voor Psychotherapie, 13,* 293–337 (Unveröffentlichte Übersetzung und Zusammenfassung von J. O. Rave).

Bachmann, K. M., Hercek, V., Moggi, F., Maurer, A. & Hirsbrunner, H. P. (2000). *Sexueller Missbrauch in der Therapie: Sexualität zwischen Patienten und Behandelnden in psychiatrischen Krankenhäusern. Schlussbericht für den Schweizerischen Nationalfonds (SNF-Projekt 3200-04082.95).* Bern: Forschungsbericht der Universitären Psychiatrischen Dienste Bern, Direktion Klinische Psychiatrie.

Becker-Fischer, M. & Fischer, G. (1996). *Sexueller Missbrauch in der Psychotherapie – Was tun?* Heidelberg: Asanger.

Borys, D. S. & Pope, K. S. (1989). Dual relationship between therapist and client: A national study of psychologists, psychiatrists, and social workers. *Professional Psychology: Research and Practice, 20*, 283–293.
Bouhoutsos, J., Holroyd, J., Lerman, H., Forer, B. R. & Greenberg, M. (1983). Sexual intimacy between psychotherapists and patients. *Professional Psychology: Research and Practice, 14*, 185–196.
Butler, S. & Zelen, S. L. (1977). Sexual intimacies between patients and patients. *Psychotherapy: Theory, Research and Practice, 14*, 139–145.
Gartrell. N., Herman. J. L., Olarte, S., Feldstein, M. & Localio, R. (1986). Psychiatrist-patient sexual contact: Results of a national survey I: Prevalence. *American Journal of Psychiatry, 143*, 1126–1131.
Gutheil, T. G. (1989). Borderline personality disorder, boundary violations, and patient-therapist sex: Medicolegal pitfalls. *American Journal of Psychiatry, 146*, 597–602,
Herman, J. L., Gartrell, N., Olarte, S., Feldstein, M. & Localio, R, (1987). Psychiatrist-patient sexual contact: Results of a national survey II: Psychiatrists' attitudes. *American Journal of Psychiatry*, 144, 164–169.
Heyne, C. (1994). Verführung, Manipulation, Rechtfertigung – Konstanten im Verhalten sexuell missbrauchender Therapeuten? In K.M. Bachmann & W. Böker (Hrsg.), *Sexueller Missbrauch in Psychotherapie und Psychiatrie* (S. 105–121). Bern: Huber.
Jehu, D. (1994). *Patients as victims. Sexual abuse in psychotherapy and counselling.* Chichester: John Wiley & Sons.
Löwer-Hirsch, M. (1998). *Sexueller Missbrauch in der Psychotherapie. Zwölf Fallgeschichten: elf Frauen und ein Therapeut.* Göttingen: Vandenhoeck & Ruprecht.
Moggi, F., Bossi, J. & Bachmann, K. M. (1992). Sexueller Missbrauch in therapeutischen Beziehungen. *Nervenarzt, 63*, 705–709.
Moggi, F., Bossi, J. & Bachmann, K. M. (1994). Sexuelle Kontakte zwischen Pflegepersonal und Patienten in psychiatrischen Kliniken. In K.M. Bachmann & W. Böker (Hrsg.), *Sexueller Missbrauch in Psychotherapie und Psychiatrie* (S. 73–90). Bern: Huber.
Moggi, F. & Brodbeck, J. (1997). Risikofaktoren und Konsequenzen von sexuellen Übergriffen in Psychotherapien. *Zeitschrift für Klinische Psychologie, 26*, 50–57.
Moggi, F., Brodbeck, J. & Hirsbrunner (2000). Therapist-patient sexual involvement: Risk factors and consequences. *Clinical Psychology and Psychotherapy, 7*, 54–60.
Pope, K. S. (1994). *Sexual involvement with therapists: Patient assessment, subsequent therapy, forensics.* Washington: American Psychological Association.
Pope, K. S. & Bouhoutsos, J. (1986). *Sexual intimacy between therapists and patients.* New York: Praeger.
Pope, K. S., Keith-Spiegel, P. C. & Tabachnick, B. G. (1986). Sexual attraction to clients: The human therapist and the (sometimes) inhuman training system. *American Psychologist, 41*, 147–158.
Pope, K. S. & Vetter, V. A. (1991). Prior therapist-patient sexual involvement among patients seen by psychologists. *Psychotherapy, 28*, 429–438.
Pope, K. S., Sonne, J. L. & Holroyd, J. (1996). *Sexualität in der Psychotherapie.* Weinheim: Beltz.
Reimer, C. & Argast, U. (1990). Zur Problematik intimer Beziehungen während psychotherapeutischer Behandlung. *Schweizerische Ärztezeitung, 71*, 1508–1514.
Retsch, A. (1990). *Liebe, Erotik und Sexualität in der Therapie. Eine anonyme Befragung von Verhaltenstherapeutinnen und Verhaltenstherapeuten.* Unveröffentlichte Diplomarbeit, Institut für Psychologie der TU Braunschweig.
Rutter, P. (1991). *Verbotene Nähe. Wie Männer mit Macht das Vertrauen der Frauen missbrauchen.* Düsseldorf: Econ.
Smith, S. (1984). The sexually abused patient and the abusing therapist. A study in sadomasochistic relationships. *Psychoanalytic Psychology, 2*, 89–98.
Somer, E. & Saadon, M. (1999). Therapist-client sex: Clients' retrospective reports. *Professional Psychology: Research and Practice, 30*, 504–509.
Vogt, I. (1989). Liebe und Sex in der Therapie. *Verhaltenstherapie und psychosoziale Praxis, 21*, 39–47.
Vogt, I. & Arnold, E. (1993). *Sexuelle Übergriffe in der Therapie. Anleitungen zur Selbsterfahrung und zum Selbstmanagement.* Tübingen: dgvt-Verlag.
Williams, M. H. (1992). Exploitation and inference. Mapping the damage from therapist sexual involvement. *American Psychologist, 3*, 412–421.

Sicherungsverwahrung

Gerhard Rehn

Die Sicherungsverwahrung wurde 1993 in Deutschland – in etwa zeitgleich auch in vielen anderen europäischen Ländern – eingeführt. Sie ist im § 66 Strafgesetzbuch (StGB) als eine von drei freiheitsentziehenden Maßregeln der Besserung und Sicherung verankert. Die beiden anderen Maßregeln sind die Unterbringung in einem psychiatrischen Krankenhaus (§ 63 StGB) und die Unterbringung in einer Entziehungsanstalt (§ 64 StGB). Maßregeln werden im Gegensatz zur Strafe unabhängig von der Schuld eines Täters verhängt. Bei der Sicherungsverwahrung steht die Sicherung der Öffentlichkeit vor gefährlichen Straftätern im Vordergrund. Damit ist aber der Besserungszweck nicht ausgeschlossen. Die Sicherungsverwahrung kann neben einer vollstreckbaren Freiheitsstrafe von mindestens zwei Jahren bei mehrfach erheblich vorbestraften so genannten Hangtätern angeordnet werden; nach §§ 80a und 246 Strafprozessordnung (StPO) ist die vorherige Anhörung eines Sachverständigen vorgeschrieben (Feltes 2000).

Mit dem Gesetz zur Bekämpfung von Sexualdelikten und anderen gefährlichen Straftaten vom 26. Januar 1998 (BGBl I, 160) hat der Gesetzgeber die Voraussetzungen für die Anordnung der Sicherungsverwahrung für Sexualstraftäter (§ 66 Abs. 2 und Abs. 3 StGB) deutlich herabgesetzt:

– Während vorher frühestens nach der dritten einschlägigen Tat und bereits zuvor verhängter und vollzogener Freiheitsstrafe oder Maßregel die Sicherungsverwahrung verhängt werden konnte, kann dies nun bei im Einzelnen im Gesetz aufgeführten Sexual- und Gewaltdelikten unter bestimmten Voraussetzungen bereits dann erfolgen, „wenn eine Vorverurteilung wegen einer solchen Tat vorliegt oder der Täter im aktuellen Verfahren wegen zweier solcher Taten verurteilt wird" (Dölling 1999, S. 34).

– Des Weiteren wurde die Befristung der Dauer der ersten Sicherungsverwahrung auf zehn Jahre aufgehoben. Nach § 67d Abs. 3 StGB kann das Vollstreckungsgericht die Maßregel nach Ablauf von zehn Jahren erst dann für erledigt erklären, „wenn nicht die Gefahr besteht, dass der Untergebrachte infolge seines Hanges erhebliche Straftaten begehen wird, durch welche die Opfer ... schwer geschädigt werden". Weiter gehende Bestrebungen, die Sicherungsverwahrung während der Freiheitsstrafe unter bestimmten Voraussetzungen nachträglich anzuwenden, stoßen auf schwer wiegende Bedenken (Peglau 2000).

– Schließlich wurde auch die Schwelle für die bedingte Entlassung aus einer laufenden Maßregel in zweifacher Hinsicht deutlich erhöht. Bisher konnte die vorzeitige Entlassung auf Bewährung erfolgen, „sobald verantwortet werden kann zu erproben, ob der Untergebrachte ... keine rechtswidrigen Taten mehr begehen wird" (§ 67d Abs. 2 StGB a.F.). Nach der neuen Fassung darf die Entlassung nur erfolgen, „wenn zu erwarten ist, dass der Untergebrachte ... keine rechtswidrigen Taten mehr begehen wird". Die Schärfe dieser Vorschrift wird in Verbindung mit neuen Formulierungen in den §§ 454 und 463 StPO erst richtig deutlich. Danach hat das Vollstreckungsgericht, das eine vorzeitige Entlassung erwägt, nicht mehr nur – wie bisher – bei Verbüßung einer lebenslangen Freiheitsstrafe ein Gutachten einzuholen. Vielmehr ist dies zwingend auch dann erforderlich, wenn – neben anderen Tatbeständen – ein Sexualstraftäter (→ *Strafvorschriften gegen sexuellen Missbrauch*) nach den §§ 174 bis 176, 179, 180 und 182 StGB zu einer Freiheitsstrafe von mehr als zwei Jahren verurteilt worden ist und „nicht auszuschließen ist, dass Gründe der öffentlichen Sicherheit einer vorzeitigen Entlassung entgegenstehen". Das Gutachten hat sich vor allem zu der Frage zu äußern, „ob bei dem Verurteilten keine Gefahr mehr besteht, dass dessen durch die Tat hervorgetretene Gefährlichkeit fortbesteht" (§ 454 Abs. 2 Nr. 2 StPO). Nach § 463 Abs. 3 Satz 3 StPO ist ein derartiges Gutachten auch bei Verurteilten einzuholen, bei denen die vorzeitige Entlassung aus der Sicherungsverwahrung oder die Beendigung der Maßregel nach Ablauf von zehn Jahren beabsichtigt ist.

Die Sicherungsverwahrung ist die umstrittenste der drei Maßregeln. Bis zur Strafrechtsreform von 1969 war es vor allem ihre häufige Anwendung bei vielfach rückfälligen Kleinkriminellen, die Anlass für grundsätzliche Bedenken gab (Feest 2000). Diese Einwände führten 1969 dazu, die Voraussetzungen für ihre Verhängung zu verschärfen und ihre Dauer auf zehn Jahre zu begrenzen. Gemeinsam mit verbesserten gerichtlichen Überprüfungsregeln führte dies dazu, dass seit 1970 überwiegend, seit 1991 ausschließlich Männer verwahrt werden, die überwiegend wegen Sexual- und Gewaltdelikten verurteilt worden sind (Rotthaus 2000 zu § 130 StVollzG, Rz 1). An den 1998 vom Gesetzgeber vorgenommenen Verschärfungen wird kritisiert, dass
– es an qualifizierten Gutachtern fehlt,
– die Prognosewissenschaften nicht wie erforderlich entwickelt sind und
– die gesetzliche Messlatte „ob bei den Verurteilten keine Gefahr mehr besteht ...", so hoch gelegt ist, dass bei strikter Anwendung der Gutachter in vielen Fällen mit einem ehrlichen „Das kann ich leider auch nicht sagen" antworten müsste (Leygraf 1999, S. 135; vgl. auch Feltes 2000).

Sieht man sich die Strafvollzugsstatistik, die Angaben zur Zahl der Sicherungsverwahrten und der sich darunter befindenden Sexualstraftäter jeweils zum 31.3. eines Jahres ausweist, und die Verurteiltenstatistik (Anzahl der Verurteilungen pro Jahr) an, zeigt sich Folgendes:
– Die Zahl der in Sicherungsverwahrung befindlichen Täter hat nach 1968 deutlich abgenommen und ist nach schwankendem Verlauf seit 1995 wieder

maßvoll angestiegen. Der Anteil derer, bei denen Sicherungsverwahrung wegen eines Verbrechens gegen die sexuelle Selbstbestimmung angeordnet worden ist, hat kontinuierlich zugenommen und macht heute fast die Hälfte der Täter aus (Tabelle 1).
- Die Verurteilungen zu Sicherungsverwahrung zeigen einen davon teilweise abweichenden Verlauf. Sie haben nach 1968 ebenfalls stark abgenommen, erreichten in den 80er Jahren ihren Tiefpunkt und steigen seither leicht an. Bei den Verbrechen gegen die sexuelle Selbstbestimmung ist jedoch noch kein steigender Trend zu erkennen (Tabelle 2).

Tabelle 1: Zahl der Sicherungsverwahrten (SV) in den Justizvollzugsanstalten jeweils am 31.März

Jahr	1968	1984	1988	1993	1995	1997	1998	1999
SV Gesamt	828[1]	182	231	184	183	200	202	206
davon Sexualstraftäter		47	75	84	85	91	95	98

[1] davon 37 Frauen
Quelle: Statistisches Bundesamt, Strafvollzugsstatistik, Fachserie 10, Reihe 4.1

Tabelle 2: Anzahl der Verurteilungen zu Sicherungsverwahrung (SV) im jeweiligen Jahr (nur alte Bundesländer)

Jahr	1968	1970	1984	1988	1993	1995	1997	1998
SV Gesamt	268[1]	110	36	32	34	45	46	61
davon Sexualstraftäter	34	18	15	12	16	13	18	14

[1] davon 6 Frauen, 160 Männer wegen Diebstahl und Unterschlagung
Quelle: Statistisches Bundesamt, Strafvollzugsstatistik, Fachserie 10, Reihe 3

Diese Differenz resultiert vermutlich daraus, dass – da die Zahl der wegen eines Sexualdelikts Verurteilten bisher alles in allem gleich geblieben ist – offensichtlich ein gegenüber früher häufigerer tatsächlicher Antritt der Sicherungsverwahrung im Anschluss an eine Freiheitsstrafe sowie ein längeres Verweilen in der Maßregel zu höheren Stichtagszahlen in der Strafvollzugsstatistik führt. Damit wäre eine Annäherung an die strafverschärfende Zielsetzung des Gesetzes zur Bekämpfung von Sexualdelikten und anderen gefährlichen Straftaten bereits auf indirektem Wege teilweise erreicht worden.

Sicherungsverwahrte sind zwar in der Regel in einer oder in wenigen Justizvollzugsanstalten der einzelnen Länder konzentriert, wegen ihrer geringen Zahl sind sie aber durchweg mit anderen erwachsenen Männern im Vollzug von Freiheitsstrafen zusammen untergebracht. Da sie selbst vor der Maßregel Freiheitsstrafe verbüßt haben, gleiten sie in der Regel in einer unveränderten Umwelt in die Sicherungsverwahrung hinein. Auch ihr Status ändert sich nur geringfügig. Die meisten Bestimmungen des Strafvollzugsgesetzes (StVollzG) gelten für sie fort. Lediglich einige Erleichterungen bei der Haftraumausstattung, bei besonderen Maßnahmen zur Förderung und Betreuung, der Erlaubnis privater Kleidung, dem Anspruch auf Selbstbeschäftigung und auf ein angemessenes Taschengeld (§§ 131–133 StVollzG) tragen der Dauer und dem besonderen rechtlichen Charakter der Sicherungsverwahrung Rechnung.

Dem Sicherungsverwahrten soll geholfen werden, sich in das Leben in Freiheit einzugliedern (§ 129 StVollzG). Um die Entlassung vorzubereiten und zu erproben, können Vollzugslockerungen gewährt werden (§ 134 StVollzG). Auch für sicherungsverwahrte Sexualstraftäter stehen somit die vorhandenen, aber begrenzten Möglichkeiten des Strafvollzugs und die der Sozialtherapeutischen Anstalt zur Verfügung (Rehn u. a. 2001).

Literatur

Dölling, D. (1999) Sexueller Missbrauch von Kindern. Entwicklung der Gesetzgebung und Aufgaben der Kriminologie. In: Egg, R. (Hrsg.). *Sexueller Missbrauch von Kindern. Täter und Opfer.* Wiesbaden: Kriminologische Zentralstelle, 19–41.
Feest, J. (2000). Kommentierung zu § 129 ff. Strafvollzugsgesetz: Sicherungsverwahrung. In: Feest, J. (Hrsg.). *Kommentar zum Strafvollzugsgesetz (AK StVollzG).* 4 Auflage Neuwied, Darmstadt: Luchterhand.
Feltes, Th. (2000). Rückfallprognose und Sicherungsverwahrung: Die Rolle des Sachverständigen. *Der Strafverteidiger, 5,* 281–286.
Leygraf, N. (1999). Probleme bei der Begutachtung und Prognose bei Sexualstraftätern. In: R. Egg (Hrsg.). *Sexueller Missbrauch von Kindern: Täter und Opfer.* Wiesbaden: Kriminologische Zentralstelle, 125–136.
Peglau, J. (2000). „Nachträgliche Sicherungsverwahrung" – eine mögliche (strafrechtliche) Sanktion in Deutschland? *Zeitschrift für Rechtspolitik 4,* 147–151.
Rehn, G., Wischka, B., Lösel, F. & Walter, M. (2001) (Hrsg.). *Behandlung „gefährlicher Straftäter". Grundlagen, Konzepte, Ergebnisse.* Herbolzheim: Centaurus.
Rotthaus, K. P. (1999). Kommentierung zu § 129 ff. Strafvollzugsgesetz: Sicherungsverwahrung. In: Schwind, H. D. & Böhm, A. (Hrsg., 1999). *Strafvollzugsgesetz.* Großkommentar. 3. Aufl. Berlin, New York: de Gruyter.

Soziale Schicht

Dirk Bange

Verschiedene Autorinnen und Autoren betrachten sexuellen Missbrauch in erster Linie als Unterschichtsphänomen. Sie gehen davon aus, dass sexueller Missbrauch durch soziale Deklassierung, beengte Wohnsituation, Arbeitslosigkeit und soziale Isolation der Familien mitbedingt ist. Dabei berufen sie sich entweder auf einzelne Ergebnisse aus Dunkelfelduntersuchungen oder auf Täterbefragungen, die einen solchen Zusammenhang zeigen (z.B. Wolff 1999, S. 86f.). Bei den Untersuchungen über Täter ist jedoch zu beachten, dass sie in der Regel auf Stichproben verurteilter oder zumindest bekannt gewordener Täter beruhen. Es ist aber belegt, dass die polizeiliche Erfassung von Vorfällen zu einem nicht unwesentlichen Teil soziale Selektionsprozesse widerspiegelt. Opfer wie Täter aus dem Bereich der unteren Schichten sind deshalb überrepräsentiert (Wetzels 1997, S. 32f. → *Ausmaß*).

Auf Grund der vorliegenden Untersuchungen lässt sich die Frage, ob sexueller Missbrauch an Kindern ein über alle Schichten gleichmäßig verteiltes Problem ist, nicht eindeutig beantworten. In den meisten Untersuchungen wurde keine Korrelation zwischen sozialer Schicht und Häufigkeit festgestellt. So fand sich z.B. bei der einzigen national-repräsentativen Untersuchung in den USA kein solcher Zusammenhang (Finkelhor u.a. 1990). Bei einigen Studien sind Kinder aus schlechter gestellten Familien etwas überrepräsentiert (z.B. Finkelhor 1984, Bange 1992 bezogen auf innerfamilialen sexuellen Missbrauch), während andere Untersuchungen einen umgekehrten Zusammenhang aufweisen (Finkelhor & Baron 1986, S. 67). In der einzigen deutschen Repräsentativbefragung zeigen sich statistisch signifikant höhere Opferraten für die höheren sozio-ökonomischen Schichten, wenn man exhibitionistische Delikte einbezieht. Bei Eingrenzung auf sexuellen Missbrauch mit Körperkontakt findet sich nur eine nicht signifikante Tendenz. Eine getrennte Analyse für Frauen und Männer führt nicht zu anderen Ergebnissen (Wetzels 1997, S. 157).

Die Studien legen also den Schluss nahe, dass sexueller Missbrauch ein in allen sozialen Schichten vorkommendes Problem ist. Außerdem deuten sie in ihrer Gesamtheit eher darauf hin, dass es vermutlich keinen oder zumindest keinen ausgeprägten Zusammenhang zwischen sozialer Schicht und Häufigkeit gibt. Die Aussage, sexueller Missbrauch sei ein Unterschichtsproblem, ist daher zurückzuweisen.

Literatur

Bange, D. (1992). *Die dunkle Seite der Kindheit. Sexueller Missbrauch an Mädchen und Jungen.* Köln: Volksblatt.
Finkelhor, D. (1984). *Child sexual abuse: New theory and research.* New York: Free Press.
Finkelhor, D., Hotaling, G. Lewis, I.A. & Smith, C. (1990). Sexual abuse in a national survey of adult men and women: Prevalence, characteristics, and risk factors. In: *Child Abuse & Neglect Vol. 15,* 19–28.
Finkelhor, D. & Baron, L. (1986). High-risk children. In: D. Finkelhor (Hg.): *A Sourcebook on Child Sexual Abuse* (S. 60-88). Beverly Hills: Sage.
Wetzels, P. (1997). *Gewalterfahrungen in der Kindheit.* Baden-Baden: Nomos Verlagsgesellschaft.
Wolff, R. (1999²). Der Einbruch der Sexualmoral. In: K. Rutschky & R. Wolff (Hg.). *handbuch sexueller missbrauch* (S. 77–94). Reinbeck: rororo.

Sozialpädagogische Prozessbegleitung für Opferzeuginnen und -zeugen im Rahmen der Jugendhilfe

Friesa Fastie

Jahrzehnte gab es Berührungsängste und Vorurteile im gegenseitigen Umgang juristischer, polizeilicher und psycho-sozialer Berufsgruppen miteinander. Daraus resultierten auf der einen Seite erhebliche Unkenntnisse über die juristischen Bedingungen eines Strafverfahrens und über juristische Denkweisen. Auf der anderen Seite mangelte es an Wissen über die sozialpädagogischen Interventionsmöglichkeiten zum Wohle minderjähriger Zeuginnen und Zeugen. Während Mitarbeiterinnen[1] aus dem Bereich der freien und öffentlichen Jugendhilfe stets die Täterorientiertheit strafrechtlicher Normen ins Blickfeld ihrer Kritik rückten, wussten die Vertreterinnen der Strafjustiz mit dem 1991 in Kraft getretenen Kinder- und Jugendhilfegesetz nur wenig anzufangen *(→ Kinder- und Jugendhilfegesetz).* Dies trug dazu bei, einen wirksamen Opferschutz zu verhindern (vgl. Blumenstein & Fastie, 1996; Fastie & Kavemann 1996). Während sich die unter-

---
[1] Bei Aussagen, die sowohl für weibliche als auch für männliche Personen zutreffen, verwende ich zur Vereinfachung durchgängig die weibliche Form.

schiedlichen Berufsgruppen lange Zeit mit dem innerdisziplinären Abwägen um das eigene JA oder NEIN zu einer Strafanzeige (→ *Strafanzeige/Anzeigepflicht*) befassten, blieben die Opfer zumeist sich selbst überlassen: nicht wissend, was im Rahmen eines Strafverfahrens auf sie zu kommt, nicht wissend, von wem sie (ausgenommen Rechtsanwältinnen, → *Nebenklage*) in der sie belastenden Situation Unterstützung bekommen können. Erst in den vergangenen 10 Jahren haben sich zunehmend interdisziplinäre Arbeitskreise und fachübergreifende Foren gebildet, die sich ein gemeinsames Ziel gesetzt haben: die Verbesserung der Situation verletzter Zeuginnen und Zeugen im Strafverfahren. Dies gilt für den Bereich der häuslichen Gewalt (→ *Häusliche Gewalt)* ebenso wie für den Schutz von kindlichen und jugendlichen Opferzeuginnen als Verletzte von Straftaten gegen die sexuelle Selbstbestimmung. Hier war und ist insbesondere eine wohlwollende Zusammenarbeit unter Wahrung berufsspezifischer Grenzen zwischen Jugendhilfe, Polizei und Justiz gefordert (vgl. Fastie, 1999; Raack, 1996; Schweikert, 2000).

Jugendliche und Heranwachsende als Beschuldigte in einem Strafverfahren erfahren eine gezielte Hilfe. So sind Gespräche zwischen einem/einer Beschuldigten und der Jugendgerichtshilfe sowie die Anwesenheit oder gar Begleitung durch die Jugendgerichtshilfe zu Verhandlungsterminen, wie in den §§ 50 und 70 des Jugendgerichtsgesetzes vorgesehen, die generelle Praxis. Dagegen werden kindliche, jugendliche und heranwachsende Opfer von Sexualdelikten mit einem anhängigen Strafverfahren in der Regel von den Jugendämtern an freie Beratungsstellen und Opferhilfeorganisationen verwiesen.

Dieses Ungleichverhältnis kann nur damit erklärt werden, dass den Vertreterinnen der öffentlichen Jugendhilfe die potenziellen immensen Belastungen eines Strafverfahrens für die Opfer nur selten bekannt sind und dadurch eine individuelle Hilfebedarfsermittlung verhindert wird. Die minderjährigen Verletzten selbst und ihre Angehörigen, die nicht wissen, dass mit der Strafanzeige ein Verfahren in Gang gesetzt wurde, dessen Dauer und Ablauf für sie weder einschätzbar noch überschaubar ist, können demzufolge ebenfalls keine Auskunft darüber geben, welche Hilfeform für sie die richtige ist, vor allem, wenn ihnen kein entsprechendes Angebot gemacht wird (vgl. Fastie, 1999).

Sozialpädagogische Prozessbegleitung im Strafverfahren bedeutet: „Die individuellen tatsächlichen Belastungsmomente einer Zeugin/eines Zeugen zu erkennen und durch eine alters- und entwicklungsangemessene Vermittlung von Rechtskenntnissen und Bewältigungsstrategien im Rahmen sozialpädagogischer Betreuung und in wohlwollender Kooperation mit allen am Strafverfahren beteiligten Berufsgruppen zu minimieren."

Sie ist auf die Begleitung und Betreuung der Zeuginnen vor, während und nach der Hauptverhandlung, dem Kernstück eines Strafverfahrens, ausgerichtet. Gespräche mit den Zeuginnen über den zur Verhandlung stehenden Sachverhalt bzw. das Tatgeschehen sind dabei ausgeschlossen, um die Gefahr einer Manipulation der Zeugenaussage zu vermeiden und die Kontinuität der Prozessbegleitung nicht zu gefährden. Denn jede Person, die – auch vom „Hörensagen" –

etwas über eine Straftat erfährt, kommt selbst als Zeugin in Frage und kann an der Hauptverhandlung vor der eigenen Aussage nicht teilnehmen.

Ein Einzelfall

Erstmalig seit Bestehen des KJHG wurde im Mai 2000 durch ein Berliner Jugendamt nach Feststellung der Voraussetzungen des § 27 KJHG im Rahmen einer Jugendhilfemaßnahme (Betreuungshilfe nach § 30 KJHG) gezielt der Auftrag für eine Sozialpädagogische Prozessbegleitung einer jugendlichen Opferzeugin unter 16 Jahren im Strafverfahren erteilt. Die ambulante Hilfe wurde sowohl von der jugendlichen Zeugin selbst als auch von ihrer Mutter nach umfassender Aufklärung über den Sinn und Zweck einer Sozialpädagogischen Prozessbegleitung gewünscht und beantragt. Sie erstreckte sich während des ersten Hauptverfahrens über einen Zeitraum von insgesamt drei Monaten, in deren Mitte die Hauptverhandlung (Gerichtsverhandlung) stattfand. Die Sozialarbeiterin des Jugendamtes erkannte nach Rücksprache mit der zuständigen Sachbearbeiterin und der Polizeipsychologin des Landeskriminalamtes Berlin eine „besondere Schutzbedürftigkeit der Jugendlichen – insbesondere auch bezüglich des bevorstehenden Gerichtsverfahrens" und hielt es für erforderlich, eine Sozialpädagogische Prozessbegleitung einzurichten. In der Zielvereinbarung des Hilfeplans wurde als Hauptziel festgehalten, die „entstehende psychische Belastung der Minderjährigen zu minimieren und die Gefahr weiterer Traumatisierungen durch den Prozess so gering wie möglich zu halten".

Aus Datenschutzgründen kann hier auf die familiäre Situation der Minderjährigen, die unter Berücksichtigung der anhängigen Strafverfahren die Hilfe zur Erziehung begründete, nicht detaillierter eingegangen werden. Nur soweit: Im Laufe von einem Jahr musste sich das Mädchen in insgesamt vier Strafverfahren als verletzte Zeugin behaupten, wovon drei Verfahren bis zur Hauptverhandlung (HV) gelangten. Bedrohungen des Mädchens und weitere tätliche Angriffe gegen sie durch den Angeklagten und seine Freunde hatten in wenigen Monaten dazu geführt, dass die Jugendliche die Schule wechseln musste und sich nur noch außerhalb ihres Wohnbezirkes auf die Straße wagte. Das zuständige Jugendamt sah in der Sozialpädagogischen Prozessbegleitung eine geeignete und notwendige Hilfe für die Jugendliche, die in eine immer tiefere psychische Krise geriet und deren Mutter mit der aktuellen Lebenssituation völlig überfordert war.

Im Interesse der Zeuginnen und aus Gründen der Transparenz benötigt das zuständige Jugendamt zu Beginn der Hilfemaßnahme von der eingesetzten Fachkraft ein sozialpädagogisches Konzept über die inhaltliche und methodische Arbeitsweise während der Prozessbegleitung. Das Konzept für die erste Hauptverhandlung umfasste die drei Kernbereiche der Prozessbegleitung vor, während und nach der Hauptverhandlung. In dem hier geschilderten Fall wurden sie inhaltlich wie folgt festgelegt:

Vor der Hauptverhandlung ...
– Kennen lernen der Zeugin und ihrer Mutter
– Kontaktaufnahme zu den am Verfahren beteiligten Vertreterinnen
– Klärung der Vorstellung/des Vorwissens der Jugendlichen über den Ablauf einer HV und ihrer Funktion als Zeugin
– Altersangemessene Informationsvermittlung über Rechte und Pflichten einer (verletzten) Zeugin
– Vorbereitender Besuch einer HV (kein Gewaltdelikt)
– Kennen lernen des Gerichtsgebäudes (Schutzraum suchen)
– Ab eine Woche vor HV-Beginn Telefonbereitschaft (kontinuierliche Erreichbarkeit)
– Kooperation mit der Mutter der Zeugin

Während der Hauptverhandlung ...
– Elementare Versorgung (Abholen auf Wunsch, Verpflegung während des Aufenthaltes im Gericht)
– Betreuung/Begleitung während der Hauptverhandlung
– Kooperation mit der Erzieherin des Jugendzimmers am Kriminalgericht
– Erledigung von Formalitäten (Meldung beim Wachtmeister, Zeugengeld, etc.)
– Aufarbeitung des jeweiligen Sitzungstages
– Kooperation mit der Rechtsanwältin und den Vertreterinnen der Justiz

Nach der Hauptverhandlung ...
– Informationsvermittlung über den Verfahrensausgang (Freispruch, Einstellung oder Schuldspruch)
– Aufarbeitung des Verfahrensausgangs gegebenenfalls unter Einbeziehung des Richters und der Staatsanwältin
– Verabschiedung der Zeugin

Das Konzept für eine Hilfemaßnahme im Rahmen des Kinder- und Jugendhilfegesetzes muss die individuelle Lebenslage der Jugendlichen allgemein berücksichtigen.

Zur besseren Verständlichkeit sei kurz beschrieben, wie die Umsetzung eines solchen Konzeptes in der Praxis aussehen kann: Es war festgelegt, dass die eingesetzte Sozialpädagogin ca. 4–6 Wochen vor der Hauptverhandlung Kontakt zur Jugendlichen aufnimmt, damit ein der Dauer und Intensität der Maßnahme angemessenes Vertrauensverhältnis hergestellt werden kann. Die Jugendliche erhielt im Folgenden alle für sie notwendigen Informationen über die Rechte und Pflichten einer Zeugin. Sie besuchte mit der Prozessbegleiterin vorab eine Hauptverhandlung. Es wurde eine Verhandlung ausgewählt, die kein Gewalt- bzw. Sexualdelikt zum Gegenstand hatte und von daher keine inhaltliche Nähe zu ihren eigenen Erlebnissen aufwies, was sowohl aus ethischen Gründen als auch im Hinblick auf die Gefahr der suggestiven Zeugenbeeinflussung nicht vertretbar wäre. Lediglich das gerichtliche Arrangement war durch die ausgewählte Instanz nahezu identisch und ermöglichte es der Jugendlichen dadurch, sich mit den auch für sie relevanten gerichtlichen Abläufen vertraut zu machen. Der zuständige Richter in der vorbereitenden Verhandlung, mit dem die Prozessbegleiterin den Besuch zuvor besprochen hatte, zeigte ihr vor Verhandlungsbeginn das sonst nicht zugängliche Beratungszimmer und stand ihr für alle Fragen zur Verfügung. Darüber hinaus ermöglichte er es ihr, während der Verhandlungspause die für ihre Verhandlung relevanten Räumlichkeiten zu besichtigen. Im Anschluss an das zweistündige Jugendstrafverfahren konnte sie mit ihm über ihre Eindrücke sprechen. Die Jugendliche verfolgte die Hauptverhandlung aufmerksam, nahm den Unterschied im richterlichen Verhalten vor, während und nach der Verhandlung wahr und konnte das unterschiedliche Verhalten den notwendigen beruflichen Formalitäten zuordnen und diese von der persönlichen Ebene trennen. Damit sollte verhindert werden, dass die Jugendliche ein distanziertes förmliches Verhalten des sie später selbst befragenden Richters automatisch als negative Reaktion auf ihre Person werten würde. Darüber hinaus ermöglichte ihr dieser Besuch Einblick in die praktische Handlungsweise eines Richters und führte dazu, ihre Vorstellung, Richter seien „voll streng" zu revidieren.

Mit Unterstützung ihrer Rechtsanwältin (Nebenklagevertreterin) und durch zunehmendes gerichtsrelevantes Wissen im Hinblick auf die geregelten Abläufe und praktischen Entlastungsmöglichkeiten gelang es der Jugendlichen trotz ihrer Ängste vor dem Angeklagten, innere Sicherheit zu gewinnen.

Das Verfahren endete in Abwesenheit der jugendlichen Zeugin mit einer für sie unerwünschten und unerwarteten Einstellung (Beendigung ohne Urteil). Die Jugendliche war enttäuscht und konnte sich trotz einfühlsamer Erklärungen ihrer Rechtsanwältin und dem Hinweis, der Richter habe dem Angeklagten einige deutliche Worte mit auf den Weg gegeben, nicht damit abfinden, zumal sie selbst diese Worte nicht gehört hatte. Es blieb ein offenes Ende. Die Prozessbegleiterin bot der Jugendlichen an, ein Gespräch mit dem Richter zu vermitteln, damit sie von ihm selbst noch einmal hören könne, wie es zu diesem Verfahrensausgang gekommen war.

Eine Woche nach der Verhandlung nahmen sich sowohl der zuständige Richter als auch die Staatsanwältin eine Stunde Zeit, um der Jugendlichen einfühlsam die Gründe für die Einstellung des Verfahrens zu erklären. Bei dieser Gelegenheit erfuhr sie vom Richter, mit welchen mahnenden Worten er den Angeklagten verabschiedet hatte und dass es ihm damit sehr Ernst sei. Das Gespräch schien die Jugendliche zu erleichtern und zu entlasten. Vor allem jedoch machte sie die wichtige Erfahrung, vom Richter und der Staatsanwältin ernst genommen zu werden. Denn ein unbefriedigender Verfahrensausgang ist oftmals nur das Ende einer Kette von sich aneinander reihenden Verfahrensmomenten und Situationen, die die Opferzeuginnen als ungerecht oder belastend erleben (vgl. Enders, 2000; Fastie, 1994; Kirchhoff, 1994).

Ein ausführlicher Abschlussbericht der eingesetzten Fachkraft für die Sozialpädagogische Prozessbegleitung, in dem der Verlauf der Hilfemaßnahme dargestellt wird, ermöglicht die Überprüfung der vorab festgelegten Zielvereinbarung und ist von daher von großer Wichtigkeit.

In diesem Fall führten die außerrechtlichen Interventionen dazu, die Jugendliche während des Strafverfahrens darin zu bestärken, sich auf legalem Weg gegen die an ihr verübten Straftaten und den Täter zur Wehr zu setzen, sich zunehmend sicher und aufgeschlossen in dem ihr vorher fremden System zu bewegen und nach Wegen zu suchen, sich von verinnerlichten Opferstrukturen als Folge jahrelangen sexuellen Missbrauchs zu befreien. Während sich das Mädchen bis zur ersten Hauptverhandlung vehement gegen die Versuche von Vertreterinnen unterschiedlicher Berufsgruppen, sie zum Reden zu bewegen, gewehrt hatte, entschloss sie sich nach dem Gespräch mit dem Richter und der Staatsanwältin dazu, eine Therapie zu beginnen, sobald die Verfahren abgeschlossen sind.

Nur das Zusammenwirken der unterschiedlichen Berufsgruppen unter Einbeziehung der Opferzeuginnen selbst kann gewährleisten, dass ihre individuelle Situation wahrgenommen wird und umfassende Berücksichtigung erfährt.

Aufgrund noch nicht vorhandener Standards in diesem Arbeitsbereich ist die Gefahr groß, dass nicht ausreichend qualifizierte Fachkräfte von den Jugendämtern mit dieser Aufgabe betraut werden. So gesehen ist hier die Möglichkeit der Sozialpädagogischen Prozessbegleitung im Rahmen einer ambulanten Jugendhilfemaßnahme schneller erkannt worden, als ausgebildete Fachkräfte für die Durchführung der Maßnahme zur Verfügung stehen.

Für den Bereich der eigenständigen Interessenvertretung von Kindern im familienrechtlichen Verfahren gibt es seit der Kindschaftsreform die Verfahrenspflegschaft. Das Strafverfahren hingegen ist kein Parteienstreit. Dort gibt es lediglich das Rechtsinstitut der Nebenklage. Verfahrenspflegerinnen sind ausschließlich für das familienrechtliche Verfahren ausgebildet. Von daher ist ihr Wirkungskreis ausschließlich auf das Zivilverfahren begrenzt.

Die Eignung von Sozialpädagoginnen für eine Sozialpädagogische Prozessbegleitung minderjähriger Opferzeuginnen im Strafverfahren setzt ebenso wie eine qualifizierte Arbeit in kommunalen Zeugenbegleitprogrammen zusätzliche Fachkenntnisse in den Bereichen Straf- und Strafprozessrecht voraus wie auch einen vertrauten Umgang mit den alltäglichen Arbeitsabläufen in den Strafverfolgungsbehörden und der Justiz. Darüber hinaus ist ein hohes Maß an Kooperationsbereitschaft im Rahmen interdisziplinärer Zusammenarbeit erforderlich (vgl. Dannenberg u.a., 1997; Fastie, 1999; Lercher u.a., 2000).

Literatur

Blumenstein, H.-A. & Fastie, F. (1996). Sexuell missbrauchte Kinder und Jugendliche als ZeugInnen vor Gericht. In G. Hentschel (Hrsg.). *Skandal und Alltag. Sexueller Missbrauch und Gegenstrategien* (S. 317–323). Berlin: Orlanda.

Dannenberg, U., Höfer, E., Köhnken, G. & Reutemann, M. (1997). *Abschlußbericht zum Modellprojekt „Zeugenbegleitprogramm für Kinder"*. Institut für Psychologie der Christian-Albrechts-Universität Kiel.

Enders, U. (2000). *Im Namen des Staates. Sexueller Missbrauch vor Gericht.* Köln: Zartbitter Verlag.
Fastie, F. (1994). *Zeuginnen der Anklage. Die Situation sexuell missbrauchter Mädchen und junger Frauen vor Gericht.* Berlin: Orlanda.
Fastie, F. (1999). Das Strafverfahren bei sexuellem Missbrauch von Kindern – Opferschutz zwischen Anspruch und Wirklichkeit. In KiZ – Kind im Zentrum im Evangelischen Jugend- und Fürsorgewerk (Hrsg.), *Wege aus dem Labyrinth. Erfahrungen mit familienorientierter Arbeit zu sexuellem Missbrauch* (S. 35–41). Berlin: Evangelisches Jugend- und Fürsorgewerk – EJF.
Fastie, F. (Hrsg.) (2002). *Recht Würde Helfen. Verletzte im Strafverfahren. Ein interdisziplinäres Handbuch.* Opladen: Leske + Budrich.
Fastie, F. & Kavemann, B. (1996). *Abschlussbericht der wissenschaftlichen Begleitung des Magdeburger Interventionsprojektes für die Opfer sexueller Gewalt.* Leitstelle für Frauenpolitik des Landes Sachsen-Anhalt (Hrsg.). Magdeburg/Berlin.
Kirchhoff, S. (1994). *Sexueller Missbrauch vor Gericht. Bd. 1: Beobachtung und Analyse.* Opladen: Leske + Budrich.
Lercher, L., Kavemann, B., Wohlatz, S., Rupp, S. & Plaz, E. (2000). *Psychologische und juristische Prozessbegleitung bei sexuellem Missbrauch an Mädchen und Buben. Abschlussbericht Modellprojekt.* Bundesministerium für soziale Sicherheit und Generationen (Hrsg.). Wien.
Raack, W. (1996). Effektiver Opferschutz bzw. Kinderschutz durch Zusammenarbeit – das Kerpener Modell. In Sozialpädagogische Fortbildungsstätte Haus Koserstraße der Senatsverwaltung für Schule, Jugend und Sport (Hrsg.), *Vom Umgang der Jugendhilfe und der Justiz mit dem Kinderschutz* (S. 60–65). Berlin.
Schweikert, B. (2000). *Gewalt ist kein Schicksal. Ausgangsbedingungen, Praxis und Möglichkeiten einer rechtlichen Intervention bei häuslicher Gewalt gegen Frauen unter besonderer Berücksichtigung von polizei- und zivilrechtlichen Befugnissen* (S. 515–517). Baden-Baden: Nomos.

Literaturempfehlungen

Busse, D., Volbert, R. & Steller, M. (1996). *Belastungserleben von Kindern in Hauptverhandlungen. Abschlußbericht eines Forschungsprojekts im Auftrag des Bundesministeriums der Justiz.* Bundesministerium der Justiz (Hrsg.). Bonn.
Fastie, F. (1997). *Ich weiß Bescheid. Sexuelle Gewalt: Rechtsratgeber für Mädchen und Frauen.* Wildwasser Berlin e.V. (Hrsg.). Ruhrmark: Donna Vita.
Friedrich-Ebert-Stiftung, Forum Berlin (Hrsg.) (2000). *Sexualstrafrecht auf dem Prüfstand. Rechtspolitischer Dialog.* Berlin.
Haupt, H. & Weber, U. (1999). *Handbuch Opferschutz und Opferhilfe für Straftatsopfer und ihre Angehörigen, Mitarbeiter von Polizei und Justiz, Angehörige der Sozialberufe und ehrenamtliche Helfer.* Baden-Baden: Nomos.
Lüthke, A. & Müller, I. (1998). *Strafjustiz für Nicht-Juristen. Ein Handbuch für Schöffen, Pädagogen, Sozialarbeiter und andere Interessierte.* Opladen: Leske + Budrich.
Marquardt, C. & Lossen, J. (1999). *Sexuell missbrauchte Kinder in Gerichtsverfahren. Juristische Möglichkeiten zum Schutz sexuell missbrauchter Kinder in Gerichtsverfahren.* Münster: Votum.
Wodtke-Werner, V. (Hrsg.) (1997). *Alles noch mal durchleben. Das Recht und die (sexuelle) Gewalt gegen Kinder.* Baden-Baden: Nomos.
Wolf, P. (1997). *Was wissen Kinder und Jugendliche über Gerichtsverhandlungen: eine empirische Untersuchung.* Regensburg: Roderer.

Sozialtherapeutische Anstalt

Gerhard Rehn

Sozialtherapeutische Anstalten und Abteilungen sind Spezialeinrichtungen des Strafvollzugs, in denen behandlungsbedürftige Straftäter mit den dort vorhandenen therapeutischen Mitteln und sozialen Hilfen besonders effektiv darauf vorbereitet werden, künftig in sozialer Verantwortung ein Leben ohne Straftaten zu führen (§ 2 Strafvollzugsgesetz – StVollzG). Wesentliche Grundlage für die Verlegung in eine sozialtherapeutische Anstalt oder Abteilung ist der § 9 des StVollzG (s. u.). Bis zum Januar 1998 wurde eine solche Verlegung allein nach den Regelungen des jetzigen Absatzes 2 vollzogen. Ein Gefangener konnte auf eigenen Antrag verlegt werden, wenn er geeignet erschien, ein Platz für ihn frei oder eine entsprechende Einrichtung überhaupt vorhanden war. Auf der Grundlage dieser „Kann-Vorschrift" ging der Ausbau der Sozialtherapie nur schleppend voran.

Durch das Gesetz zur Bekämpfung von Sexualdelikten und anderen gefährlichen Straftaten vom 26.1.1998 (BGBl I, 160) und – mittelbar – das Sechste Ge-

§ 9 Verlegung in eine sozialtherapeutische Anstalt

(1) Ein Gefangener ist in eine sozialtherapeutische Anstalt zu verlegen[1], wenn er wegen einer Straftat nach den §§ 174 bis 180 oder 182 des Strafgesetzbuches zu zeitiger Freiheitsstrafe von mehr als zwei Jahren verurteilt worden ist und die Behandlung in einer sozialtherapeutischen Anstalt nach § 6 Abs. 2 Satz 2 oder § 7 Abs. 4 angezeigt ist. Der Gefangene ist zurückzuverlegen, wenn der Zweck der Behandlung aus Gründen, die in der Person des Gefangenen liegen, nicht erreicht werden kann.

(2) Andere Gefangene können mit ihrer Zustimmung in eine sozialtherapeutische Anstalt verlegt werden, wenn die besonderen therapeutischen Mittel und sozialen Hilfen der Anstalt zu ihrer Resozialisierung angezeigt sind. In diesen Fällen bedarf die Verlegung der Zustimmung des Leiters der sozialtherapeutischen Anstalt.

(3) Die §§ 8 und 85 bleiben unberührt.

---

[1] Bis zum 31.12.2002 gilt nach § 199 Abs. 3 folgende Übergangsfassung: „Ein Gefangener soll in eine sozialtherapeutische Anstalt verlegt werden, wenn ..."

setz zur Reform des Strafrechts, ebenfalls vom 26.1.1998 (BGBl I, 164), hat sich dies deutlich verändert. Nach § 9 Abs. 1 StVollzG sind Sexualstraftäter nunmehr in eine Sozialtherapeutische Anstalt zu verlegen, wenn sie wegen des sexuellen Missbrauchs von Schutzbefohlenen (§ 174 StGB), von Gefangenen, behördlich Verwahrten oder Kranken und Hilfsbedürftigen in Einrichtungen (§ 174a StGB), wegen sexuellen Missbrauchs unter Ausnutzung einer Amtsstellung (§ 174b StGB) oder eines Beratungs-, Behandlungs- und Betreuungsverhältnisses (§ 174c StGB) sowie wegen des sexuellen Missbrauchs von Kindern (§ 176 StGB), des schweren sexuellen Missbrauchs von Kindern (§ 176a StGB) oder des sexuellen Missbrauchs von Kindern mit Todesfolge (§ 176b StGB), ferner wegen sexueller Nötigung, Vergewaltigung (§ 177 StGB), sexueller Nötigung und Vergewaltigung mit Todesfolge (§ 178 StGB), sexuellen Missbrauchs Widerstandsunfähiger (§ 179 StGB), der Förderung sexueller Handlungen Minderjähriger (§ 180 StGB) oder wegen des sexuellen Missbrauchs Jugendlicher (§ 182 StGB) zu zeitiger Freiheitsstrafe von mehr als zwei Jahren verurteilt worden sind und ihre Behandlung angezeigt ist. Die Verlegung ist weder an die Einwilligung des Gefangenen noch an die Zustimmung der Leitung der Sozialtherapeutischen Einrichtung gebunden. Wenn der Zweck der Behandlung aus Gründen, die in der Person des Gefangenen liegen, nicht erreicht wird, dann ist er zurückzuverlegen (§ 9 Abs. 1 StVollzG.; Rehn 2000, § 9 Rz. 7ff.).

Mit dem nach zwei schrecklichen Sexualmorden an Kindern im Jahre 1996 bereits im Januar 1998 ungewöhnlich rasch erlassenen Gesetz wird der Anschein erweckt, als habe die Zahl der Sexualstraftaten besorgniserregend zugenommen. Tatsächlich ist aber auch bei der Analyse längerfristiger Zahlenreihen eine eher gegenteilige Entwicklung festzustellen (Egg 1999; Meier 1999; Wischka 2000, → *Fallanalyse*). Verändert hat sich seit 1992 allerdings die Berichterstattung über Sexualstraftaten, die teilweise äußerst reißerisch aufgemacht ist (Egg 1999, → *Medien*).

Insgesamt befanden sich am 31.03.1998 3.566 Männer, 23 Frauen und 173 nach dem Jugendgerichtsgesetz (JGG) verurteilte junge Männer wegen Sexualstraftaten im Sinne der §§ 174 bis 180 und 182 StGB im Gefängnis. Die meisten von ihnen sind wegen sexuellen Missbrauchs von Kindern oder Vergewaltigung verurteilt worden (Tabelle 1).

Die Zahl der Sexualstraftäter in den Gefängnissen ist jedoch größer als diese Zahlen ausweisen: So sind Täter mit kurzen Freiheitsstrafen unterrepräsentiert. Dies gilt auch für solche Täter, die neben einer aktuellen Strafe, z.B. wegen Diebstahls, einen widerrufenen Strafrest wegen einer früheren Verurteilung, z.B. wegen Vergewaltigung, verbüßen. Zudem begehen viele Sexualstraftäter im Verlauf ihres Lebens ganz unterschiedliche Delikte. Ein Teil von ihnen befindet sich deshalb wegen anderer Delikte im Gefängnis, ohne dass sie in der Statistik als Sexualstraftäter registriert werden (→ *Rückfälle von Sexualstraftätern*). Schließlich kann auch anderen Stichtagsdelikten eine offenkundig gewordene sexuelle Dynamik zugrunde liegen (z.B. bei Mord oder Totschlag), ohne das dies als Sexualdelikt gezählt wird. Weiterführende Berechnungen kommen daher zu dem

Tabelle 1: Wegen einer Straftat gem. § 9 Abs. 1 StVollzG einsitzende Strafgefangene und Sicherungsverwahrte, Stichtag 31.03.1998

Delikt	Anzahl erwachsener Männer	Anzahl erwachsener Frauen	Anzahl junger Strafgefangener[1]
Sexueller Missbrauch Abhängiger	95	1	
Sexueller Missbrauch von Kindern	1.341	12	20
Vergewaltigung	1.684	4	107
Sexuelle Nötigung, Missbrauch Widerstandsunfähiger	435	6	44
Sexueller Missbrauch mit Todesfolge	11		2
Summe	3.566	23	173

[1] nur Männer, lediglich zwei junge Frauen saßen wegen sexueller Nötigung ein
Quelle: Statistisches Bundesamt, Fachserie 10, Reihe 4.1. 1998; eigene Berechnungen

Ergebnis, dass bei rund 8,5 % der in Vollzugsanstalten befindlichen Männer gegen die persönliche Integrität gerichtete Sexualdelinquenz vorliegt (Dolde 1997; Wischka 2000). Das wären, umgerechnet auf die am 31.03.1999 einsitzenden 57.648 Männer, rund 5.900 Personen.

Geht man davon aus, dass rund 35 % dieser Männer nach § 9 Abs. 1 in eine Sozialtherapeutische Einrichtung zu verlegen sind, ergibt sich daraus ein Bedarf von rund 1.720 Plätzen (Rehn 2001b). Daneben besteht aber der Bedarf für andere behandlungsbedürftige und z.T. nicht weniger „gefährliche" Täter (zum Begriff der „Gefährlichkeit" s. Walter 2001) im Sinne des § 9 Abs. 2 fort. Nimmt man für sie eine Quote von lediglich 2,5 % aller am 31.03.1999 einsitzenden Gefangenen an, dann sind weitere 1.440 Plätze erforderlich. Zusammen mit dem Bedarf für Sexualstraftäter werden somit rund 3.160 Plätze in sozialtherapeutischen Einrichtungen benötigt, um die dringendsten Behandlungsbedarfe für Männer abzudecken. Das sind rund 5,5 % der Gesamtbelegung.

Ein Vergleich der vorhandenen Plätze mit dem errechneten Bedarf differenziert nach den einzelnen Bundesländern und für das Bundesgebiet zeigt, dass gegenwärtig mehr als 2.100 Plätze fehlen (Stand: Ende 2000). Lediglich Hamburg ist bereits heute in der Lage, die nach § 9 Abs. 1 aufzunehmenden Sexualstraftäter therapeutisch zu versorgen, ohne andere Gefangenengruppen dafür über Gebühr zu vernachlässigen (Tabelle 2).

Tabelle 2: Haftplatzbedarf der Bundesländer in sozialtherapeutischen Einrichtungen (nur Männer)

Land	Belegung Männer 31.3.99	Bedarf für Sexualstraftäter	Bedarf für sonstige Täter	Haftplatzbedarf insgesamt	vorhandene Haftplätze	Differenz
Baden-Württemberg	5.780	172	145	317	106	-211
Bayern	8.830	263	221	484	77	-407
Berlin	3.886	116	97	213	160	-53
Brandenburg	1.667	50	42	92	19	-73
Bremen	486	15	12	27	-	-27
Hamburg	2.159	64	54	118	137	+19
Hessen	4.354	130	109	239	171	-68
Mecklenburg-Vorpommern	1.168	35	29	64	-	-64
Niedersachsen	5.052	150	126	276	101	-175
Nordrhein-Westfalen	13.335	397	333	730	117	-613
Rheinland-Pfalz	2.893	86	72	158	67	-91
Saarland	690	21	17	38	-	-38
Sachsen	3.151	94	79	173	64	-109
Sachsen-Anhalt	1.649	49	41	90	-	-90
Schleswig-Holstein	1.215	36	30	66	-	-66
Thüringen	1.333	40	33	73	15	-58
Gesamt	57.648	1.718	1.440	3.158	1.034	-2.143[1]

[1] ohne plus 19 in Hamburg
Quellen: Strafvollzugsstatistik 31.3.1998 und 31.3.1999; Rehn (2000)

Nimmt man bei den Frauen den gleichen Bedarf an wie für die Männer wären etwa 140 weitere Plätze erforderlich (5,5 % von ca. 2.500 Frauen). Davon sind in den Bundesländern Berlin, Hamburg und Niedersachsen 34 bereits vorhanden, so dass hier ein Fehlbedarf von etwa 100 Plätzen besteht. Wegen der großen Behandlungsbedürftigkeit bei den im Vergleich zu den Männern wenigen

Frauen, die in den Strafvollzug gelangen, wird dies für erforderlich gehalten, obwohl ihr Anteil an den Sexualstraftätern sehr gering ist (Tabelle 1).

Die Mehrheit der Länder ist zur Zeit bemüht, Plätze in – vorzugsweise – sozialtherapeutischen Abteilungen zu schaffen. Ziel dieser Anstrengungen ist es, am 1.1.2003 wenigstens für die dann zwingende Verlegung der Sexualstraftäter gerüstet zu sein (Egg 2000). Bei einer Reihe von Ländern ist aber zu erwarten, dass die Plätze nicht reichen und andere Tätergruppen zu Gunsten der Sexualstraftäter unbehandelt bleiben werden. Ferner besteht die Gefahr des Etikettenschwindels, wenn kleine Abteilungen unter dem erdrückenden Einfluss großer Regelvollzugseinrichtungen ihr therapeutisches Konzept nicht hinlänglich entfalten können und zudem auch personell nur unzureichend ausgestattet sind (Rehn 2001 a). Spannend bleibt zudem die Frage, wie die Länder den gesetzlichen Auftrag, wonach besonders gründlich zu prüfen ist (§ 6 Abs. 2 Satz 2 StVollzG), ob eine Verlegung angezeigt ist (§ 9 Abs.1), auslegen werden. Denn die Bedarfslage kann auch über Aufnahmekriterien gesteuert werden (Rehn 2000, zu § 9 StVollzG, Rz 13).

Das Gesetz lässt in § 9 Abs. 2 – und auch sonst – offen, was mit den „besonderen therapeutischen Mitteln und Hilfen" gemeint ist und wodurch diese zur Sozialtherapie werden und sich von anderen Behandlungsmethoden unterscheiden. Die sozialtherapeutischen Einrichtungen haben sich daher auch sehr unterschiedlich entwickelt. Unstrittig ist aber heute, dass die Eigenart der oft schweren Störungsbilder und die Tatsache der oft langfristigen Unterbringung eine Anpassung therapeutischer Schulmethoden an die Bedingungen des Arbeitsfeldes erfordern. Sozialtherapie ist heute „integrative Sozialtherapie" (vgl. Wischka & Specht 2001). Auf der Grundlage eines möglichst weitgehend normalisierten Anstaltsalltags ist sie darauf gerichtet, die unterschiedlichen Bereiche der Anstalt – etwa Wohngruppe, Soziales Training/Therapie, Arbeit/Ausbildung und Freizeit – und die dort vertretenen fachlichen Perspektiven zu integrieren. Das schließt die Förderung der Mitarbeit und Mitverantwortung des Personals und der Gefangenen durch geeignete Organisationsformen ein. Schließlich gehören zum Konzept „integrativer Sozialtherapie" Offenheit für Besuche und regelmäßig im Fortgang der Behandlung ermöglichte Vollzugslockerungen (einschließlich Sonderurlaub nach § 124 StVollzG) sowie Ausbildung oder Arbeit außerhalb der Anstalt (Freigang). Ziel dieser Lockerungen ist es, Kontakte zur Außenwelt erhalten, die Gefangenen unter realistischen Bedingungen erproben und die Überleitung in das Leben in Freiheit intensiv begleiten zu können (Wischka 2001; Rehn 2000). Unerlässlich ist die Anwendung der inzwischen präzise formulierten personellen und organisatorischen Mindestanforderungen bei der Gestaltung der Sozialtherapie (Wischka & Specht 2001).

Dieses multidimensionale Vorgehen entspricht den überwiegend komplex miteinander verbundenen sozialen Benachteiligungen und psychischen, sozialen sowie häufig auch gesundheitlichen Problemen von Gefangenen. Die Wirksamkeitsforschung hat ergeben, dass folgende Bedingungen für eine rückfallverhütende Straftäterbehandlung notwendig sind: Ein theoretisch fundiertes

Behandlungskonzept, ein klar strukturierter institutioneller Rahmen, geeignetes Personal, ein günstiges Institutionsklima, dynamisierte Diagnosen und problemnahe, eher kognitiv- und verhaltensorientierte Behandlung. Außerdem gehören die Stärkung der vorhandenen schützenden Faktoren, eine abgestufte Überleitung in Freiheit sowie Nachsorge und Rückfallprävention dazu (Lösel 2001; Wischka 2001). Behandlungskonzepte sind im Sinne der Rückfallverhütung um so erfolgreicher, je mehr sie diesen Bedingungen genügen (Lösel 1994; Egg u. a. 2001, → *Rückfälle von Sexualstraftätern*).

Literatur

Dolde, G. (1997). Kriminellen Karrieren von Sexualstraftätern. *ZfStrVo 46*, S. 323–331.
Egg, R. (1999). Zur Rückfälligkeit von Sexualstraftätern. *Kriminalistik 6*, S. 367–373.
Egg, R. (2000). Die Behandlung von Sexualstraftätern in sozialtherapeutischen Anstalten – Ergebnisse von Umfragen der KrimZ. In: Egg, R. (Hrsg.). *Behandlung von Sexualstraftätern im Justizvollzug. Folgerungen aus den Gesetzesänderungen* (S. 75–97). Wiesbaden 2000: Kriminologische Zentralstelle.
Egg, R., Pearson, F. S., Cleland, C. M. & Lipton, D. S. (2001): Evaluation von Sexualstraftäterbehandlungsprogrammen in Deutschland: Überblick und Meta-Analyse. In: Rehn, G., Wischka, B., Lösel F. & Walter, M. (Hrsg.). *Behandlung „gefährlicher Straftäter"* (S. 321–347). *Grundlagen, Konzepte, Ergebnisse*. Herbolzheim: Centaurus.
Lösel, F. (1994). Meta-analytische Beiträge zur wiederbelebten Diskussion des Behandlungsgedankens. In: Steller, M., Dahle, K.-P. & Basque M. (Hrsg.): *Straftäterbehandlung. Argumente für eine Revitalisierung in Forschung und Praxis* (S. 13–34). Pfaffenweiler: Centaurus
Lösel, F. (2001).Das Konzept der Psychopathie und seine Bedeutung für die Straftäterbehandlung. In: Rehn, G., Wischka, B., Lösel F. & Walter, M. (Hrsg.). *Behandlung „gefährlicher Straftäter". Grundlagen, Konzepte, Ergebnisse* (S. 36–53). Herbolzheim: Centaurus.
Meier, B.-D. (1999). Zum Schutz der Bevölkerung erforderlich? – Anmerkungen zum „Gesetz zur Bekämpfung von Sexualdelikten und anderen gefährlichen Straftaten" vom 26.1.1998. In: Kreuzer, A., Jäger, H., Otto, H., Quensel, St. & Rolinski, K. (Hrsg.). *Fühlende und denkende Kriminalwissenschaften. Ehrengabe für Anne-Eva Brauneck* (S. 445–472). Mönchengladbach: Gießener Kriminalwissenschaftliche Schriften.
Rehn, G. (2000). Kommentierung zu §§ 9 und 123ff StVollzG. In: Feest, J. (Hrsg.). *Kommentar zum Strafvollzugsgesetz (AK StVollzG)*. 4. Aufl. Neuwied, Darmstadt: Luchterhand.
Rehn, G. (2001a). Chancen und Risiken – Erwartungen an das Gesetz zur Bekämpfung von Sexualdelikten und anderen gefährlichen Straftaten. In: Rehn, G., Wischka, B., Lösel F. & Walter, M. (Hrsg.). *Behandlung „gefährlicher Straftäter". Grundlagen, Konzepte, Ergebnisse* (S. 26–35). Herbolzheim: Centaurus.
Rehn, G. (2001b). „Wer A sagt..." Haftplätze und Haftplatzbedarfe in Sozialtherapeutischen Einrichtungen. In: Rehn, G., Wischka, B., Lösel F. & Walter, M. (Hrsg.). *Behandlung „gefährlicher Straftäter". Grundlagen, Konzepte, Ergebnisse* (S. 264–275). Herbolzheim: Centaurus.
Walter, M. (2001). Kriminologische und kriminalpolitische Probleme mit „gefährlichen Straftätern". In: Rehn, G., Wischka, B., Lösel F. & Walter, M. (Hrsg.). *Behandlung „gefährlicher Straftäter". Grundlagen, Konzepte, Ergebnisse* (S. 3–10). Herbolzheim: Centaurus.
Wischka, B. (2000). Sexualstraftäter im niedersächsischen Justizvollzug. Situation und Perspektiven. *Bewährungshilfe 47*, S. 76–101.
Wischka B. (2001): Der Faktor „Milieu, Beziehung und Konsequenz" in der stationären Therapie von Gewalttätern. In: Rehn, G., Wischka, B., Lösel F. & Walter, M. (Hrsg.). *Behandlung „gefährlicher Straftäter"* (S. 125–149). *Grundlagen, Konzepte, Ergebnisse*. Herbolzheim: Centaurus.
Wischka, B. & Specht, F. (2001): Integrative Sozialtherapie – Mindestanforderungen, Indikation und Wirkfaktoren. In: Rehn, G., Wischka, B., Lösel F. & Walter, M. (Hrsg.). *Behandlung gefährlicher Straftäter. Grundlagen, Konzepte, Ergebnisse* (S. 249–263). Herbolzheim: Centaurus.

Grundlagenliteratur, die nicht zitiert wurde:

Callies, R.-P. & Müller-Dietz, H. (2000). *Strafvollzugsgesetz.* 8. Aufl. München: C. H. Beck.
Feest, J. (Hrsg.) (2000). *Kommentar zum Strafvollzugsgesetz (AK StVollG).* 4. Aufl. Neuwied, Darmstadt: Luchterhand.
Schwind, H. D. & Böhm, A. (Hrsg.) (1999). *Strafvollzugsgesetz. Großkommentar.* 3. Aufl. Berlin, New York: de Gruyter.

Spezialisierte Beratungsstellen

Monika Weber

Als Reaktion auf die z. T. am eigenen Leib erfahrenen Missstände im bestehenden Hilfesystem haben sich in den Achtzigerjahren vielerorts betroffene und professionell interessierte Frauen in Selbsthilfe- und Berufsgruppen zusammengeschlossen (Nitschke 1985, → *Selbsthilfe*). Aus diesen Initiativen sind schon kurz darauf die ersten spezialisierten Anlauf- und Beratungsstellen gegen sexuellen Missbrauch hervorgegangen, die sich gezielt und mit neuen Handlungsansätzen der Problematik sexuellen Missbrauchs annahmen. Die erste Einrichtung dieser Art war die Beratungsstelle „Wildwasser" in Berlin, die zusammen mit einer Zufluchtswohnung für Mädchen mit sexuellen Gewalterfahrungen von der Bundesregierung als Modellprojekt gefördert und in diesem Rahmen auch wissenschaftlich begleitet wurde (vgl. Günther, Kavemann & Ohl, 1993).

Mittlerweile gibt es in fast jeder größeren Stadt – und nach und nach auch in ländlichen Regionen – entsprechende spezialisierte Beratungsangebote. Hinsichtlich des Alters und des Geschlechts ihrer Zielgruppe sowie hinsichtlich ihres jeweiligen Angebots haben sich die Anlauf- und Beratungsstellen ausdifferenziert: Während sich die zahlreichen Wildwasser-Initiativen in erster Linie an jugendliche Mädchen und erwachsene Frauen wenden, bieten andere Einrichtungen z. B. auch Hilfen für betroffene Jungen und Männer an oder konzentrieren ihr Angebot ausnahmslos auf Erwachsene oder Kinder.

Seit Beginn ihrer Arbeit verfolgen die spezialisierten Beratungsstellen eine doppelte Zielsetzung: Sie wollen zunächst der (damals) festgestellten Nichtbeachtung, Ausgrenzung, Schuldzuweisung und Stigmatisierung von Mädchen und Jungen mit sexuellen Gewalterfahrungen durch die klassischen sozialen

Dienste ein fachkompetentes und adäquates Hilfsangebot für Betroffene entgegen setzen. Außerdem ist es bis heute ein zentrales Anliegen spezialisierter Beratungsstellen, durch Öffentlichkeits-, Aufklärungs- und Fortbildungsarbeit zu einer Qualifizierung des gesamten Hilfesystems beizutragen.

Mit Bezugnahme auf das Konzept der Parteilichkeit wenden sie sich ausdrücklich gegen Beratungsansätze, die Berichte über sexuelle Gewalt im Kontext psychoanalytischer Theorie als Ausdruck ödipaler Konflikte deuten und somit ins Reich der Phantasie verweisen (vgl. dazu Miller 1983) oder die die Ursachen sexueller Gewalt vor allem in dysfunktionalen Familienstrukturen verorten (vgl. DKSB 1987). Demgegenüber setzen die spezialisierten Beratungsstellen am Machtgefälle in Familien – zwischen Erwachsenen und Kindern, vor allem aber auch zwischen Männern und Frauen – an und verbinden diese Analyse mit einer eindeutigen Parteinahme zu Gunsten der Betroffenen. Der parteiliche Arbeitsansatz konkretisiert sich u. a. darin,
- dass konsequent die Wahrnehmung, die Bedürfnisse und die Interessen der Betroffenen im Mittelpunkt des Beratungsprozesses stehen,
- dass in der Regel nicht mit Täterinnen und Tätern gearbeitet wird,
- dass das polarisierte Geschlechterverhältnis in der Täter-Opfer-Relation, wonach die Opfer mehrheitlich Frauen und Mädchen und die Täter mehrheitlich Männer sind, als Erklärungshintergrund berücksichtigt wird,
- dass Verantwortlichkeiten klar benannt werden, die Betroffenen von Schuldgefühlen entlastet werden und z.B. den Familienmitgliedern je eigene Berater/innen zur Seite gestellt werden, um Loyalitätskonflikte zu vermeiden,
- dass Frauen/Mädchen von Frauen beraten werden, solange sie es nicht ausdrücklich anders wünschen
- und sich die Projekte gesellschaftlich für die Verbesserung der Lebensbedingungen von Kindern und Frauen/Mädchen engagieren (vgl. Hartwig & Weber 2000, → *Parteilichkeit in der Beratung*).

Beratungsstellen gegen sexuellen Missbrauch sind von Beginn an als „Spezialangebote" misstrauisch beäugt worden. Spätestens mit dem 8. Jugendbericht der Bundesregierung hat das Konzept der Lebensweltorientierung, mit dem u.a. die Forderung nach Ent-Spezialisierung verbunden war, in der Jugendhilfe starke Beachtung gefunden (vgl. Bange, Gindorf, Normann & Steege 2000). Die Kommission empfahl, so wenig Spezialdienste wie möglich einzurichten, belegten doch Erfahrungen aus den Jugendämtern, dass durch wachsende Spezialisierung die Zahl der in einer Familie aktiven Fachkräfte ansteigt, ohne dass zumeist eine ausreichende Koordination der Hilfen gewährleistet ist (vgl. Achter Jugendbericht 1990, S. 184ff.). Eine weitere Gefahr von Spezialdiensten liegt in der Ausgrenzung spezifischer Themen aus dem allgemeinen Hilfesystem. So kann das Vorhandensein von Spezialdiensten dazu führen, dass sich Mitarbeiterinnen und Mitarbeiter in den Regeleinrichtungen für bestimmte Problemlagen wie z.B. sexuelle Gewalterfahrungen entweder nicht ausreichend kompetent oder aber nicht länger zuständig fühlen und in solchen Fällen Kinder und Jugendliche lediglich weiter verweisen.

Für die Adressatinnen und Adressaten bringt eine weitreichende Spezialisierung zunächst mit sich, dass sich die Zahl ihrer Ansprechpartnerinnen und -partner erhöht. Werden ihnen damit einerseits wiederholte Schilderungen ihrer Situation und erhöhte Koordinationsleistungen abverlangt, so muss jedoch andererseits gesehen werden, dass sie damit auch einer umfassenden sozialen Kontrolle entgehen und selbst mehr Möglichkeiten haben, den Informationsfluss zu steuern. Eindeutig negativ äußern sich die Begleiterscheinungen von Spezialdiensten für die Betroffenen jedoch, wenn sich Regeleinrichtungen und die dort tätigen Fachkräfte ihrer Verantwortung entledigen und Adressatinnen bzw. spezifische Problemlagen ausgrenzen. Die damit verbundene „Delegationskette" führt zum einen dazu, dass Betroffene auf der Suche nach Hilfe häufig eine „Odyssee" hinter sich bringen müssen, weil sie immer wieder weiter verwiesen, verlegt o.ä. werden (vgl. Wolke 1998, Finkel 1998). Dies ist für sie immer auch mit Beziehungsabbrüchen verbunden. Zum anderen wird die Bezugnahme auf Spezialdienste in solchen Fällen dazu benutzt, bestimmte Problemlagen aus der Alltagsarbeit auszugrenzen. Dieses bringt nahezu zwangsläufig eine Stigmatisierung der Betroffenen mit sich.

In den Beratungsstellen gegen sexuellen Missbrauch hat die Auseinandersetzung mit den Gefahren der Spezialisierung von Beginn an Konzepte und Handlungsorientierungen maßgeblich mitbestimmt. Leitende Prämisse der Arbeit ist denn auch, dass Beziehungsabbrüche für die Betroffenen sowie Verantwortungsdelegationen im Hilfesystem soweit wie möglich vermieden werden sollen. Entsprechend zielt die Arbeit in den spezialisierten Beratungsstellen nicht darauf, „Fälle" bzw. Fallverantwortung zu übernehmen (vgl. Günther, Kavemann & Ohl 1993, S. 165). Solange sich die Betroffenen nicht selbst an die Anlauf- und Beratungsstellen wenden, geht es vielmehr in erster Linie darum, den betroffenen Mädchen und Jungen – soweit vorhanden – schützende Vertrauenspersonen in ihrem sozialen Umfeld zu erhalten, diese in ihrer Auseinandersetzung mit der Thematik zu unterstützen und zu entlasten und/oder die Hilfeplanung und -koordination im bestehenden Hilfesystem fachlich zu beraten und zu begleiten (vgl. Enders 2001, S. 181 ff.). Der Vernetzung mit anderen Einrichtungen und der Einbindung in das bestehende Hilfesystem wird von den Beratungsstellen ebenfalls ein hoher Stellenwert beigemessen (→ *Intervention – die „Regeln der Kunst"*).

Forschungsergebnisse und die Erfahrungen aus den Beratungsstellen gegen sexuellen Missbrauch unterstreichen mittlerweile auch eindeutig die Vorteile und Leistungen spezialisierter Einrichtungen – insbesondere bei einem mit hoher Tabuisierung und Handlungsunsicherheit verbundenen Thema wie sexualisierter Gewalt. Bezogen auf das Thema „sexueller Missbrauch" weist die aktuelle Untersuchung über die „Leistungen und Grenzen der Heimerziehung" beispielsweise nach, dass bei den betroffenen Mädchen in einem Drittel der Fälle die Gewaltproblematik im Verlauf der Hilfe gar nicht bearbeitet wurde und die Mädchen in über 60 Prozent in zwei oder mehr Einrichtungen betreut wurden. Wie es zu den Verlegungen kam, bleibt unklar (Finkel 1998, S. 369 ff.; vgl. auch Roth 1997; Hartwig 1990). Gleichzeitig belegt die Untersuchung, dass sich „ein offener und bewusster Umgang mit der sexuellen Gewaltproblematik (...) v. a. in den von spezifischen Mädcheneinrichtungen und von – für Kinder und Jugendliche mit sexuellen Gewalterfahrungen – spezialisierten Einrichtungen geleisteten Hilfeangeboten nachzeichnen (lässt)" (ebd.). Dies mag ein Grund dafür sein, dass es in den Spezialeinrichtungen zu weniger unbegründeten Verlegungen kam. Offensichtlich trägt die Offenheit und bewusste Auseinandersetzung mit dem Thema sexueller Missbrauch in den Spezialeinrichtungen dazu bei, dass die Betroffenen eher angemessene Hilfe finden und häufige Beziehungsabbrüche entsprechend vermieden werden können.

Ähnliches lässt sich auch bei einer genaueren Analyse der Leistungen und Angebote der spezialisierten Anlauf- und Beratungsstellen feststellen: Wenn es um Fragen und Hilfegesuche bei sexuellem Missbrauch geht, wenden sich Betroffene und Hilfesuchende in den meisten Fällen an die spezialisierten Beratungsstellen. Ergebnisse einer Studie zum Umgang mit sexuellem Missbrauch in der Jugendhilfe (vgl. Weber & Rohleder 1995) weisen die spezialisierten Beratungsstellen als die Anlaufstellen aus – zumindest in den alten Bundesländern; sie rangieren als Ansprechpartnerinnen sogar vor den Jugendämtern *(→ Jugendämter)*.

Von den Betroffenen werden die aus der Frauenbewegung hervorgegangenen Projekte schließlich als besonders positiv und hilfreich beurteilt (vgl. Frenken & van Stolk 1990, 261; Teegen u. a., 1992). Dafür sind vor allem zwei Gründe ausschlaggebend:
– Die spezialisierten Beratungsstellen weisen zunächst in ihrer Öffentlichkeitsarbeit ausdrücklich darauf hin, Hilfen bei sexuellem Missbrauch anzubieten. Es zeichnet sich ab, dass solche Angebote insbesondere für betroffene Frauen und Mädchen, die gezielt Hilfe bei sexuellem Missbrauch suchen, besondere Bedeutung gewinnen, wird ihnen doch hier signalisiert, auf „offene Ohren" zu stoßen. Sie müssen weder befürchten, sich erst lang erklären zu müssen, noch, auf unsensible Gesprächspartnerinnen zu stoßen. Von den anderen Angeboten, die Beratung bei sexuellem Missbrauch anbieten wie z.B. Pro Familia, Notdienste, Frauenberatungsstellen, die Erziehungs- und Familienberatungsstellen, die Jugendämter etc. weisen lediglich 50% durch Öffentlichkeitsarbeit auf das bestehende Angebot hin (Weber & Rohleder 1995, 112f.).
– Hilfe Suchenden machen die spezialisierten Beratungseinrichtungen zudem das umfassendste Angebot: Sofern es in den Regionen überhaupt weiterführende Hilfen gibt wie z.B. Selbsthilfegruppen, sind diese fast ausnahmslos bei diesen Initiativen angesiedelt, d.h. Betroffene werden nicht wieder weggeschickt.

Weiterhin leisten die problemzentrierten Hilfsangebote unverzichtbare Beiträge zur Qualifizierung des gesamten Hilfesystems. In den von Weber & Rohleder (1995) untersuchten Regionen waren die problemzentrierten Hilfsangebote die wichtigsten Fortbildungsanbieter: Jede vierte der Fortbildungen, die die befragten 1.661 Fachkräfte besucht haben, wurde von einer spezialisierten Beratungsstelle durchgeführt. Die Mitarbeiterinnen in Einrichtungen wie „Wildwasser" haben das Thema sexuelle Gewalt in den Regionen als erste – z. T. gegen erhebliche

Widerstände – bewegt, sie verfügen in der Regel über die längste Erfahrung in der Kommune oder Region im Umgang mit der Problematik sexueller Gewalt. Die Ergebnisse belegen, wie sehr die spezifischen Kompetenzen der Mitarbeiterinnen auch für eine angemessene Hilfestellung in anderen Einrichtungen unverzichtbar sind. Ergänzend dazu stellt eine Studie aus Niedersachsen fest, dass in Städten bzw. Regionen mit Spezialeinrichtungen das gesamte vorhandene Beratungsangebot stärker an den Bedürfnissen der Betroffenen orientiert ist als in Kommunen ohne solche Einrichtungen (vgl. Hagemann-White, 1992, 21).

Der Schwerpunkt der spezialisierten Beratungsstellen liegt auch heute noch eindeutig im Bereich von Fortbildung und Beratung. Das Angebot hat sich aber weiter ausdifferenziert: Gruppenangebote, therapeutische Unterstützung, Prozessbegleitung, präventive Angebote und Informationsveranstaltungen in Schulen, Kindergärten etc. gehören heute ebenso zum festen Bestandteil der Arbeit vieler Einrichtungen (vgl. Kindernetzwerk 1999).

Trotz ihrer Erfolge in Ergänzung zum bestehenden Hilfesystem arbeiten viele der Anlauf- und Beratungsstellen noch immer unter unsicheren Rahmenbedingungen und mit einer unsicheren Perspektive mittels ABM-Kräften, Projektgeldern o. ä. Die Einrichtungen sind in der Regel pauschalfinanziert, häufig mit einer Mischfinanzierung aus kommunalen und Landesmitteln. Sie arbeiten in der Regel auf Grundlage des Kinder- und Jugendhilfegesetzes und hier vor allem der §§ 8, 13 und 27ff. KJHG. Die Teams setzen sich aus Sozialpädagogen/innen, Psychologen/innen, Pädagogen/innen und Verwaltungskräften zusammen. Es handelt sich entweder um reine Frauenteams oder um gemischtgeschlechtliche Teams.

Die spezialisierten Anlauf- und Beratungsstellen werden nach wie vor überwiegend von erwachsenen Frauen, die als Betroffene aktiv für sich Hilfe suchen, oder von professionellen Kontaktpersonen betroffener Mädchen oder Jungen in Anspruch genommen. So stellt z. B. Gabriele Roth (1997) in ihrer Untersuchung fest, dass alle von ihr interviewten Fachkräfte, die in ihrer Arbeit mit sexuellem Missbrauch zu tun hatten, für sich Unterstützung gesucht haben und sich dabei vorrangig an die Fachberatungsstellen gewandt haben. Diese werden auch von den Fachkräften als besonders hilfreich eingeschätzt. Ebenso zeigte sich aber, dass einem Teil der Fachkräfte die Anlaufstellen nicht bekannt waren oder sie sich explizit nicht dorthin wenden wollten, weil sie Angst vor einer Überbewertung des Themas hatten.

Dies ist sicher auch Ausdruck der vor allem von Gerichtsgutachtern und Juristen erhobenen Anschuldigungen, dass die spezialisierten Beratungsstellen übereifrig seien, mit unseriösen Methoden und Materialien wie anatomisch korrekten Puppen Verdachtsabklärung betreiben (→ *Anatomisch korrekte Puppen*) und häufig suggestiv auf die Kinder einwirken würden (z.B. Endres & Scholz 1994; Schade, Erben & Schade 1995; Offe, Offe & Wetzels 1992). In Einzelfällen ist es sicher zu Fehlern gekommen. Deshalb die Arbeit der Spezialberatungsstellen insgesamt abzuwerten, ist allerdings unangemessen. Es gibt auch viele sehr schlechte Gutachten (vgl. Busse, Steller und Volbert 2000), deshalb die Zunft der Gutachter zu verdammen, wäre ebenso falsch.

Auch zukünftig wird sich das Hauptaugenmerk der spezialisierten Beratungsstellen darauf richten, das jeweilige regionale Angebot der Prävention, Krisenintervention, Beratung und weiterführenden Hilfen auszubauen, weiterzuentwickeln und zu qualifizieren sowie auf die Bedürfnisse der unterschiedlichen Zielgruppen (z.B. Jungen, jüngere Kinder, Betroffene von sexueller Gewalt in Einrichtungen etc.) zuzuschneiden. Darüber hinaus zeichnen sich gegenwärtig folgende Aufgabenstellungen für die Zukunft der Arbeit in den spezialisierten Beratungsstellen ab:
– Mit der zunehmenden Verankerung von Leistungsvereinbarungen in der Jugendhilfe gewinnen auch für die Beratungsstellen derzeit Fragen der Qualitätsentwicklung und der Evaluation der eigenen Arbeit vermehrt an Bedeutung.
– In fast allen Kommunen und Kreisen existieren mittlerweile Runde Tische, Arbeitskreise, Netzwerke gegen Gewalt an Frauen und Kindern etc. Hier wird es zukünftig verstärkt darum gehen, die Erfahrungen aus den vielfach modellhaft erprobten Interventionsprojekten (vgl. Kavemann, Leopold & Schirrmacher 2001), die u.a. eine veränderte Kooperation mit den Strafverfolgungsbehörden anstreben, sowie die Anforderung des nationalen Aktionsprogramms gegen Gewalt an Frauen und Mädchen auf die kommunale Ebene zu übertragen. Der Beteiligung an diesem Prozess kommt in vielen Projekten ein wachsender Stellenwert zu.

Literatur

Achter Jugendbericht. (1990). Bericht über Bestrebungen und Leistungen der Jugendhilfe. Herausgegeben vom Bundesministerium für Jugend, Familie, Frauen und Gesundheit. Bonn.
Bange, D., Gindorf, B., Normann., D. & Steege, G. (2000). Lebensweltorientierung als Maxime der Hilfen zur Erziehung. *Stichwort: Jugendhilfe in Hamburg, 1,* Heft 2, 4–6.
Busse, D., Steller, M. & Volbert, R. (2000). *Abschlußbericht zum Forschungsprojekt: Sexueller Missbrauchsverdacht in familiengerichtlichen Verfahren.* Unveröffentlichtes Manuskript Freie Universität Berlin. Institut für Forensische Psychiatrie. Berlin.
Deutscher Kinderschutzbund Bundesverband e. V. (Hrsg.) (1987). *Sexuelle Gewalt gegen Kinder – Ursachen, Vorurteile, Sichtweisen, Hilfsangebote.* Hannover.
Enders, U. (2001). *Zart war ich, bitter war's. Handbuch gegen sexuellen Missbrauch.* Völlig überarbeitete Neuausgabe. Köln: Kiepenheur & Witsch.
Endres, J. & Scholz, O. B. (1994). Sexueller KindesMissbrauch aus psychologischer Sicht – Formen, Vorkommen, Nachweis. *Neue Zeitschrift für Strafrecht, 14,* 466–473.
Finkel, M. (1998). „Das Problem beim Namen nennen!" – Kinder und Jugendliche mit sexuellen Gewalterfahrungen in Hilfen zur Erziehung. In: D. Baur u.a.. *Leistungen und Grenzen von Heimerziehung.* Herausgegeben vom Bundesministerium für Familie, Frauen, Senioren und Jugend (S. 351–385). Stuttgart: Kohlhammer.
Frenken, J. & van Stolk, B. (1990): Incest Victims: Inadequate Help by Professionals. In: *Child Abuse & Neglect, 14,* 253–263.
Günther, R., Kavemann, B. & Ohl, D. (1993): *Modellprojekt Beratungsstelle und Zufluchtwohnung für sexuell Missbrauchte Mädchen von „Wildwasser" – Arbeitsgemeinschaft gegen sexuellen Missbrauch an Mädchen e. V., Berlin.* Abschlußbericht der wissenschaftlichen Begleitung. Hrsg. Vom Bundesministerium für Frauen und Jugend. Stuttgart: Kohlhammer.
Hagemann-White, C. (1992). *Strategien gegen Gewalt im Geschlechterverhältnis. Bestandsanalyse und Perspektiven.* Pfaffenweiler: Centaurus.
Hartwig, L. (1990). *Sexuelle Gewalterfahrungen von Mädchen.* Konfliktlagen und Konzepte mädchenorientierter Heimerziehung. Weinheim: Juventa.

Hartwig, L. & Weber, M. (2000). Parteilichkeit als Konzept der Mädchen- und Frauenarbeit. In L. Hartwig & J. Merchel (Hrsg.). *Parteilichkeit in der Sozialen Arbeit* (S. 25–49). Münster: Waxmann.
Kavemann, B., Leopold, B. & Schirrmacher, G. (2001). *Modelle der Kooperation gegen häusliche Gewalt*. Hrsg. vom Bundesministerium für Frauen, Senioren, Familie und Jugend. Stuttgart: Kohlhammer.
Kindernetzwerk e. V. (Hrsg.) 1999: *(Sexuelle) Gewalt gegen Kinder und Jugendliche*. Wer hilft weiter? Bundesweiter Wegweiser. Schmidt & Rönhild.
Miller, A. (1983): *Du sollst nicht merken*. Variationen über das Paradies-Thema. Frankfurt a. M.: Suhrkamp.
Nitschke, S. (1985). „Wildwasser" – das erste Selbsthilfeprojekt in Berlin. Ein Überblick über Entstehung und Arbeitsbereiche. *Sexueller Missbrauch von Mädchen – Strategien zur Befreiung. Neue Materialien vorgestellt auf der Fachtagung im Wannseeheim für Jugendarbeit in Berlin 12. – 16. 10. 1985*. Berlin.
Offe, H., Offe, S. & Wetzels, P. (1992). Zum Umgang mit dem Verdacht des sexuellen Kindesmissbrauchs. *neue praxis, 22*, 240–256.
Roth, G. (1997). *Zwischen Täterschutz, Ohnmacht und Parteilichkeit. Zum institutionellen Umgang mit „Sexuellem Missbrauch"*. Bielefeld: Kleine.
Schade, B., Erben, R. & Schade, A. (1995). Möglichkeiten und Grenzen diagnostischen Vorgehens bei Verdacht auf sexuellen Missbrauch eines Kindes. *Kindheit und Entwicklung, 4*, 197–207.
Teegen, F. et. al. (1992): Sexueller Missbrauch von Jungen und Mädchen: Psychodynamik und Bewältigungsstrategien. In: Gegenfurtner, M. & Keukens, W. (Hrsg.). *Sexueller Missbrauch an Kindern und Jugendlichen*. Diagnostik – Krisenintervention – Therapie (S. 11–23). Essen: Westarp Wissenschaften.
Weber, M. & Rohleder, C. (1995). *Sexueller Missbrauch. Jugendhilfe zwischen Aufbruch und Rückschritt*. Münster: Votum.
Wolke, A. (1998). Institutionelle Reaktionen auf sexuellen Missbrauch von Kindern und Jugendlichen. In Grimm, A. (Hrsg.), *Wie schützen wir unsere Kinder? Vom gesellschaftlichen Umgang mit sexueller Gewalt*. Loccumer Protokolle 55/97 (S. 30–43). Loccum.

Sport

Birgit Palzkill

Auswirkungen sexueller Gewalt auf die Körper- und Bewegungsentwicklung von Frauen

Mitte der 80er Jahre gab es im Rahmen der feministischen „Frauen-Sport-Bewegung" erste Ansätze, sich mit sexueller Gewalt gegen Mädchen und Frauen und deren Auswirkungen auf Körper, Sport und Bewegung auseinanderzusetzen. Dabei ging es zunächst ausschließlich um Gewalt, die *außerhalb des Sports* gegen Mädchen und Frauen verübt wird und um die Konsequenzen, die diese Gewalt für die individuelle und kollektive Bewegungsgeschichte von Frauen hat sowie um die Frage, welche Aufgaben sich hieraus für eine feministische Sport- und Bewegungskultur ergeben (Bischoff 1986 und 1993, Palzkill 1991, Ulmer 1993). Als Ergebnis lassen sich auf der individuellen Ebene folgende *mögliche* Auswirkungen von sexuellen Gewalterfahrungen beschreiben: Negativbewertung und Ablehnung des eigenen Körpers; partielle Ausblendung von Körperwahrnehmungen; unrealistische Vorstellungen bezüglich der eigenen Körperformen sowie den Möglichkeiten und Grenzen der körperlichen Fähigkeiten; Schwierigkeiten mit der Grenzsetzung im Körperkontakt, wie z. B. gänzliches Meiden von Körperkontakt oder die Beschränkung aller Berührung auf sexuelle Kontakte; das Meiden von Sport und Bewegung, um mit der Abwendung vom Sport auch die Wahrnehmung des Körpers, die Wahrnehmung von Schmerzen und den Kontakt mit anderen auf körperlicher Ebene sowie in einem auf den Körper bezogenen Umfeld so weit wie möglich zu reduzieren; andererseits aber auch: exzessives Sporttreiben, Funktionalisierung des eigenen Körpers für die sportliche Leistung, um ihn als verfügbar und beherrschbar zu erleben – verfügbar nicht für andere, sondern für sich selbst; Abspaltung von Erschöpfungs- und Schmerzempfinden, Flucht vor Ohnmachtserfahrungen in die Illusion körperlicher Unversehrbarkeit durch Training bis hin zu suchthafter Abhängigkeit vom Sporttreiben (vgl. Palzkill 1991 →*Folgen*, →*Betroffenen-Bericht*).

Über diese Auswirkungen auf Körper und Bewegung der einzelnen *Betroffenen* hinaus hat sexuelle Gewalt auch einen großen Einfluss auf die kollektive Körper- und Bewegungsgeschichte von Mädchen und Frauen. Denn die offen oder subtil vermittelte Angst vor sexueller Gewalt stellt ein strukturelles Merkmal der Sozialisation aller Frauen dar (→*weibliche Sozialisation*). Schon die frühe Bewegungssozialisation von Mädchen wird durch Angst der Erwachsenen vor sexuellen Übergriffen auf das Kind beeinflusst. Aus dieser Angst heraus werden Mädchen stärker beaufsichtigt und *ihr Spiel- und Bewegungsraum* weitgehend auf den Wohnbereich und seine unmittelbare Umgebung beschränkt, d. h. ihnen wird eine geringe räumliche Entfernung zur Bezugsperson zugestanden. Der Erkundungsraum von Mädchen ist anders und vor allen Dingen begrenzter als der von Jungen, was mit einer deutlichen Einschränkung der Bewegungs- und Körpererfahrungen verbunden ist (vgl. Pfister 1992).

Im Erwachsenenalter setzt sich dies fort. Es ist zumindest teilweise als Folge *der Angst vor sexueller Gewalt und/oder realer sexueller Gewalterfahrungen* zu begreifen, wenn Frauen sich scheinbar wie selbstverständlich darin beschneiden, sich öffentliche Räume anzueignen, ihren Aktionsradius bewusst oder unbewusst einschränken, z. B. im Dunkeln nicht mehr auf die Straße gehen, öffentliche Plätze meiden, versuchen in der Öffentlichkeit möglichst wenig Raum zu beanspruchen, um nicht aufzufallen etc. Diese Beschränkungen in der Aneignung und Nutzung der sozialräumlichen Umwelt korrespondieren mit als „typisch weiblich" angesehenen Bewegungs- und Verhaltensmustern, die wenig raumgreifend sind (wie z. B. kleiner Schrittlänge, eng anliegenden Armen, etc.).

Als Konsequenz aus diesen Erkenntnissen wurden Konzepte entwickelt, die das Ziel haben, Formen des Umgangs mit individuellen und kollektiven Gewalterfahrungen in der Bewegungsarbeit mit Mädchen und Frauen zu finden. Eine tragende Rolle spielten hierbei die damals neu gegründeten autonomen Frauensportvereine und die Frauenarbeit des Allgemeinen Deutschen Hochschulsportverbandes (ADH) (siehe hierzu Kapitel III in Palzkill, Scheffel & Sobiech 1991; Kröner & Pfister 1992; Bischoff 1993; Jacob & Schanz 1997; für den Schulsport: Palzkill 1994 und Scheffel 1996). Heute spielen bei dieser Zielsetzung die Konzepte zu Selbstverteidigungs- und Selbstbehauptungskursen für Mädchen und Frauen zahlenmäßig und inhaltlich die größte Rolle. Darüber hinaus gibt es in der Sporttherapie erste Ansätze für die Arbeit mit Mädchen und Frauen, die durch sexuellen Missbrauch traumatisiert worden sind (Heye 1995). Insgesamt gesehen ist jedoch die sportspezifische Auseinandersetzung mit dem Thema der sexuellen Gewalt und ihrer Auswirkungen auf Körper und Bewegung noch sehr lückenhaft.

Sexuelle Gewalt gegen Mädchen und Frauen im Sport

1994 brach die Diskussion über *sexuelle Gewalt innerhalb des Sports* mit der spektakulären Berichterstattung über den „Fall Fajfr" ziemlich unvermittelt in die Welt des Sports ein. Der Eiskunstlauftrainer Fajfr wurde damals beschuldigt, ihm anvertraute jugendliche Eiskunstläuferinnen körperlich misshandelt und sexuell missbraucht zu haben. Nachdem Fajfr rechtskräftig verurteilt worden war, zeigte sich sehr rasch, dass es sich hierbei nicht um einen Einzelfall handelt. Denn weitere Sportlerinnen trauten sich in der Folge öffentlich über Gewalt zu berichten, die ihnen durch ihre Trainer angetan worden war. Dabei kamen sexuelle Übergriffe und sexuelle Nötigungen ebenso ans Licht, wie Abhängigkeitsverhältnisse, die die betroffene Athletin bisweilen wie eine „Leibeigene" des Trainers erscheinen ließ.

Waren diese Berichte schon erschreckend genug, so wurden sie noch erheblich verschärft durch das, was über die Bedingungen bekannt wurde, die für die Betroffenen innerhalb der Strukturen des Sports herrschten: Wollten die Sportlerinnen sich zur Wehr setzen, so brauchten sie viel Mut und Ausdauer, um überhaupt Gehör zu finden. Nach Bekanntwerden der Beschuldigungen gegen ihre Trainer erfuhren sie in der Regel wenig Solidarität, sondern sahen sich vielmehr weit eher einer geschlossenen Front des Verschweigens, Vertuschens und Abwiegelns gegenüber. Sie wurden als „Nestbeschmutzer" diffamiert und ausgegrenzt, während die Täter häufig mit keinen oder nur geringen Konsequenzen zu rechnen hatten. Aufgeschreckt durch diese Berichte und gerichtlichen Auseinandersetzungen wurde in Teilen des organisierten Sports der Ruf laut, sich der Problematik zu stellen und Gegenmaßnahmen zu ergreifen. Trotz gleichzeitiger massiver Versuche, das Thema wieder in die Tabuzone zurückzudrängen, ist die Diskussion seither immer wieder aufgeflammt. 1997 gab Constance Engelfried das erste Buch heraus, das sich der Thematik explizit widmet. 1998 erschien eine vom Ministerium für Frauen, Jugend, Familie und Gesundheit des Landes NRW in Auftrag gegebene Pilotstudie über Gewalt gegen Mädchen und Frauen im Sport (Klein & Palzkill, 1998) sowie 1999 eine Interviewstudie des Schweizerischen Kinderschutzbundes mit Athletinnen und Athleten, die von ihren Trainern missbraucht wurden (Kohler, 1999). Einzelne Sportorganisationen (v.a. Landessportverbände und insbesondere die Sportjugend NRW) haben damit begonnen, Präventionskonzepte zu entwickeln, die z.B. Öffentlichkeitsarbeit, die Schulung von Übungsleiterinnen und Übungsleitern, einen Ehrenkodex für Trainerinnen und Trainern etc. umfassen.

Für die *Präventionsarbeit im Sport* ist es dabei wesentlich, über die Erkenntnisse der allgemeinen Präventionsforschung hinaus die spezifischen Bedingungen und Strukturen im Sport zu beachten, die Gewalt gegen Mädchen und Frauen begünstigen. Als solche spezifischen Bedingungen benennen Klein & Palzkill (1998):
1. die zentrale Rolle der Körperlichkeit im Sport;
2. die vielen sportlichen Handlungen und Interaktionen immanente körperliche Nähe und Dichte;
3. die mit dem Sport verbundene Notwendigkeit, sich umzuziehen, zu duschen etc.;
4. die Tatsache, dass Sport traditionell ein Feld „männlicher" Kompetenz und Überlegenheit darstellt und eine gesellschaftliche Funktion und Bedeutung als Aneignungsfeld von „Männlichkeit" erfüllt sowie
5. der weitgehende Ausschluss von Frauen aus den Macht- und Entscheidungszentren des Sports.

Eine wesentliche Bedingung für das Gelingen von Präventionsarbeit im Sport ist darin zu sehen, dass die Thematik der sexuellen Gewalt nicht auf den sexuellen Missbrauch durch Trainer eingeschränkt wird. Denn hierbei besteht die Gefahr, dass die massiven und spektakulären Vergehen einzelner Trainer als singuläre Entgleisungen und Auswüchse eines ansonsten intakten und gewaltfreien Systems betrachtet werden, von denen man(n) sich gelassen abwenden kann. Alltägliche Formen der Gewalt wie verbale Schlüpfrigkeiten, sexistische Blicke, Gesten und mediale Darstellungen, in denen Sportlerinnen auf ein Sexualobjekt reduziert werden, exhibitionistische Übergriffe, ungewollte Berührungen bei der Hilfestellung, Verletzungen der Intimsphäre durch das Eindringen in Umkleideräume und Duschen, körperliche Übergriffe etc. bleiben dann weiterhin tabuisiert. Die alltäglichen Erscheinungsformen von Gewalt gegen Mädchen und Frauen und ihre strukturelle Verankerung im Sportsystem bilden jedoch erst die Basis, auf der sich die massiven Formen der Gewalt überhaupt erst entwickeln können. Klein & Palzkill (1998) konnten in allen von ihnen untersuchten Feldern, vom Schulsport über den Breitensport bis hin zum Leistungssport, ein Kontinuum von Gewalt nachweisen und Anzeichen dafür identifizieren, dass Mädchen und Frauen auf solche Gewalterfahrungen mit innerem oder äußerem Rückzug vom Sport reagieren.

Sport als Männerdomäne

Dieser Rückzug von Frauen verfestigt dabei die ohnehin vorhandene *männliche Dominanz im Sport*. Sport stellt traditionell ein Feld männlicher Überlegenheit und Kompetenz dar, in dem weibliche Bedürfnisse und Interessen eher randständig vertreten sind. Dies zeigt sich schon im Schulsport, der sich in der Praxis in großem Ausmaß an den Interessen von Jungen orientiert. Das, was in der Regel die Jungen gerne tun und gut beherrschen, wie etwa die Ballspiele, schiebt sich schon in der Schule meist unbemerkt in den Vordergrund, während Unterrichtsinhalte aus dem Bereich der Körpererfahrung, Tanz, Gymnastik oder Aerobic schnell als „Weiberkram" abgewertet und an den Rand gedrängt werden (vgl. Scheffel 1996).

Diese Benachteiligung „weiblicher" Interessen im Sport setzt sich auf allen Ebenen fort: in den Sportseiten der Tagespresse, in der medialen Sportberichterstattung, in der Besetzung der Macht- und Entscheidungszentren des Sports, wo Frauen mit steigender Hierarchie immer weiter ausgeschlossen und in den Spitzengremien höchstens marginal vertreten sind usw. Der Sport erscheint fast durchgängig als Männerdomäne und der Rückzug von Frauen aus dem Sport aufgrund erlebter Gewalterfahrungen schreibt den Sport als eine solche Männerdomäne, als Feld „männlicher" Kompetenz und Überlegenheit weiter fest. In diesem Sinne bedingen sich direkte Formen der Gewalt und die strukturellen Benachteiligungen von Frauen und Mädchen im Sport wechselseitig. Will Präventionsarbeit erfolgreich sein, so muss sie diesen Zusammenhängen Rechnung tragen und der Arbeit ein Gewaltverständnis zugrunde legen, das sowohl die direkten Formen der sexuellen Gewalt als auch die strukturellen Bedingungen umfasst.

Sexuelle Gewalt gegen Jungen und die Sozialisation von „Männlichkeit" im Sport

Seit Ende der 90er Jahre beginnt die Diskussion über sexuelle Gewalt im Sport auch zunehmend *Jungen* in den Blick zu nehmen. Zum einen richtet sich die Aufmerksamkeit dabei auf Jungen als Opfer sexueller Gewalt im Sport *(→ Jungen als Opfer)*. So interviewte Kohler (1999) nicht nur Frauen sondern auch Männer, die als Jungen von ihren Trainern sexuell missbraucht wurden und stellt Gemeinsamkeiten wie Unterschiede in den Auswirkungen und Verarbeitungsformen der Betroffenen dar. Abgesehen von dieser Untersuchung und einzelnen eindrücklichen Berichten von Opfern ist die nötige Diskussion und die Forschung über dieses Thema noch äußerst rudimentär.

Ein weiteres wichtiges Thema, dem im Sport bislang kaum Aufmerksamkeit gewidmet wurde, ist die Frage nach der Rolle des Sports bei der Sozialisation von Jungen und Männern hin zu den Mustern „hegemonialer Männlichkeit" (siehe hierzu z.B. Klein 1990, Kolb 1997 → *Jungensozialisation*) und der diesbezüglichen pädagogischen Verantwortung des Sports. In den letzten Jahren sind im organisierten Sport (z.B. bei der Sportjugend in NRW und in Hessen) vereinzelt Jungenarbeitskreise entstanden, die diese Fragen aufgreifen und Konzepte einer antisexistischen Jungenarbeit im Sport entwickeln wollen.

Literatur

Bischoff, S. (1986). Die Lust am Leben eigener Bewegungsutopien im Patriarchat. In S. Schenk (Hrsg.), *Frauen – Bewegung – Sport*. (S. 130–138). Hamburg: VSA.
Bischoff, S. (Hrsg.) (1993). *... auf Bäume klettern ist politisch. Texte aus der Feministischen Bewegungs- und Sportkultur*. Hamburg: Frühlings Erwachen.
Engelfried, C. (1997). *„Auszeit". Sexualität, Gewalt und Abhängigkeit im Sport*. Frankfurt am Main/New York: Campus.
Heye, S. (1995). *Sexuelle Gewalt an Mädchen in der Familie – Auswirkungen leiblicher Traumatisierung auf Selbst- und Körperbild*. Unveröffentlichte Diplomarbeit, Deutsche Sporthochschule Köln.
Jacob, B. & Schanz, B. (1997). Eine Seminarreihe zum Thema „Sexuelle Gewalt im Sport". In C. Engelfried (Hrsg.). *„Auszeit". Sexualität, Gewalt und Abhängigkeit im Sport* (S. 161–177). Frankfurt am Main/New York: Campus.
Klein, M. (1990). Sportbünde – Männerbünde? In G. Völger/K. von Welck (Hrsg.), *Männerbünde – Männerbande. Zur Rolle des Mannes im Kulturvergleich, Bd. 2*. (S. 137–148). Köln: Druck- & Verlagshaus Wienand.
Klein, M.. & Palzkill, B. (1998): *Gewalt gegen Mädchen und Frauen im Sport*. Pilotstudie im Auftrag des Ministeriums für Frauen, Jugend, Familie und Gesundheit des Landes NRW (MFJFG). In: MFJFG (Hrsg.). *Dokumente und Berichte 46* (S. 1–94). Düsseldorf.
Kohler, I. (1999). *„Im Sport berührt man sich halt so ...". (Sexuelle) Gewalt gegen Kinder und Jugendliche im Sport. Interviewstudie im Auftrag des Schweizerischen Kinderschutzbundes (SKSB)*. Herausgegeben vom SKSB Bern, Postfach 344.
Kolb, M. (1997). Streetball als jugendkulturelle Bewegungsform. In J. Baur (Hrsg.). *Jugendsport. Sportengagements und Sportkarrieren* (S. 199–213). Aachen.
Kröner, S. & Pfister, G. (Hrsg.) (1992). *Frauen-Räume. Körper und Identität im Sport*. Pfaffenweiler: Centaurus.
Palzkill, B., Scheffel, H. & Sobiech, G. (Hrsg.) (1991). *Bewegungs(t)räume. Frauen, Körper, Sport*. München: Frauenoffensive.
Palzkill, B. (1991). Was hat sexuelle Gewalt mit Sport(abstinenz) zu tun? – Körper- und Bewegungsentwicklung in Gewaltverhältnissen. In B. Palzkill, H. Scheffel & G. Sobiech (Hrsg.). *Bewegungs(t)räume. Frauen, Körper, Sport* (S. 62–74). München: Frauenoffensive.
Palzkill, B. (1994). Sexuelle Gewalterfahrungen und ihre Konsequenzen für den Sportunterricht. *Sportunterricht 4/94*, 170–178.
Pfister, G. (1992). Mädchenspiele – Zum Zusammenhang von Raumaneignung, Bewegungserfahrungen und Sportengagement. In K. Zieschang & W. Buchmeier (Hrsg.). *Sport zwischen Tradition und Zukunft* (S. 29–30). Schorndorf: Hoffmann.
Scheffel, H. (1996). *MädchenSport und Koedukation. Aspekte einer feministischen Sportpraxis*. Butzbach: AFRA.
Ulmer, R. (1993). Das Lachen im Körper wieder hören. Sexuelle Gewalt und Sport/Bewegung. In S. Bischoff (Hrsg.) *... auf Bäume klettern ist politisch. Texte aus der Feministischen Bewegungs- und Sportkultur*. (S. 52–64). Hamburg: Frühlings Erwachen.

Staatliches Wächteramt

Reinhard Wiesner

Der Begriff bezeichnet den staatlichen Schutzauftrag zur Abwehr von Gefahren für das Kindeswohl und die Kindesentwicklung. Dieser Schutzauftrag ist in Art. 6 Abs. 2 Satz 2 des Grundgesetzes verankert.

Grundsätzliche Bedeutung

Das Grundgesetz hat das staatliche Wächteramt im Kontext der elterlichen Erziehungsverantwortung geregelt. So heißt es in Artikel 6 Abs. 2 Satz 1 GG:
„Pflege und Erziehung sind das natürliche Recht der Eltern und die zuvörderst ihnen obliegende Pflicht."
Der nachfolgende Satz 2 lautet:
„Über ihre Betätigung wacht die staatliche Gemeinschaft."

Dies bedeutet nicht nur, dass der Staat darüber zu wachen hat, dass Pflege und Erziehung des Kindes durch die Eltern stattfinden, sondern dass er das Kind als Grundrechtsträger auch vor Gefahren für sein Wohl schützen bzw. die erforderlichen Maßnahmen zur Abwendung bzw. Beseitigung einer bereits eingetretenen Gefährdung ergreifen muss.

Staatliches Wächteramt und Elternrecht

Das staatliche Wächteramt hat im Hinblick auf das Elternrecht akzessorischen Charakter, d.h. der Staat hat die elterliche Erziehungsautonomie, soweit sie reicht, zu respektieren. Dies bedeutet:
– Der Staat hat keine Befugnis zu einer mit dem elterlichen Erziehungsrecht konkurrierenden und ihrerseits autonomen Erziehungssteuerung.
– Das Mandat der staatlichen Gemeinschaft richtet sich auf Korrektur und Kompensation elterlichen Erziehungsversagens, es verleiht aber kein Recht zur begleitenden Erziehungskontrolle und zur Elternbevormundung.
Daraus wird nicht nur das Dilemma staatlichen Handelns deutlich, das primär auf die Unterstützung der elterlichen Erziehungsverantwortung und (sekundär)

auf den Schutz des Kindes gerichtet ist. Gleichzeitig wird deutlich, dass der Schutz des Kindes nur relativ ist und seine Gewährleistung im Einzelfall von vielen Faktoren abhängt.

Träger des Wächteramtes

Verpflichtet wird aus dem Wächteramt die staatliche Gemeinschaft. Damit ist der Staat bzw. die staatliche Gewalt gemeint. Darunter fallen sowohl der Bund als auch die Länder aber auch die kommunalen Gebietskörperschaften. Einbezogen ist nicht nur die Verwaltung, sondern auch die Gesetzgebung und die Justiz.

Aus der grundgesetzlichen Verpflichtung ergeben sich aber noch keine konkreten Befugnisse bzw. Verpflichtungen für Gerichte oder Behörden zur Gefahrenabwehr. Der abstrakte Schutzauftrag des Art. 6 GG wird deshalb im Hinblick auf die verpflichtete Institution und die zu ergreifenden Maßnahmen in verschiedenen Gesetzen näher konkretisiert. Besondere Bedeutung kommt dabei dem Familiengericht (§ 1666, 1666a BGB) und dem Jugendamt (→ *Jugendämter*) und den ihm nach dem SGB VIII – Kinder- und Jugendhilfe – obliegenden Aufgaben zu (→ *Kinder- und Jugendhilfegesetz*).

Funktionen des Wächteramtes

Das staatliche Wächteramt umfasst folgende Funktionen:
1. Gefahrenvorsorge, Gefahrenabwehr, Schadensbegrenzung
Das Wächteramt ist darauf gerichtet, eingetretene Kindeswohlschädigungen zu sanktionieren und zu kompensieren, andererseits aber auch – und sogar schwerpunktmäßig – darauf, eine Schädigung des Kindeswohles erst gar nicht eintreten zu lassen, sondern ihr bereits auf der Gefährdungsstufe zu begegnen.
2. Beobachtung und Informationsverschaffung
Um die Wächteraufgabe erfüllen zu können, ist der Staat befugt und gehalten, das familiäre Erziehungsgeschehen „vorausschauend zu beobachten". Diese vorausschauende Beobachtung dient der Beschaffung von Informationen, die den Staat überhaupt erst in die Lage versetzen, Gefahren- und Schädigungslagen zu diagnostizieren, zu prüfen, ob die Voraussetzungen für ein Einschreiten auf der Grundlage von Art. 6 Abs. 2 Satz 2 GG erfüllt sind, und entsprechende Gegenmaßnahmen einzuleiten. Allerdings lassen sich elterliche Auskunfts-, Duldungs- oder Mitwirkungspflichten nur ausnahmsweise, d.h. bei begründetem Verdacht einer Kindeswohlverletzung rechtfertigen. Sie bedürfen zudem einer ausdrücklichen gesetzlichen Grundlage.

Voraussetzungen für die Aktualisierung des Wächteramtes

Das staatliche Wächteramt besteht in der doppelten Aufgabe, die Einhaltung der Grenzen des Elternrechts und die Erfüllung der Elternpflichten zu überwachen und im Falle der Grenzüberschreitung zum Wohle des Kindes einzuschreiten. Die Aufgabe, Gefahren und Schädigungen abzuwehren, aktualisiert sich nur dann, wenn elterliches Pflege- oder Erziehungsversagen eine Gefährdung oder Schädigung des Kindeswohles nach sich zieht.

Notwendig ist daher ein schwerwiegendes, verschuldensunabhängiges Fehlverhalten der Eltern als Ursache für eine Gefährdung oder Schädigung des Kindeswohls.

Modalitäten und Kautelen des staatlichen Wächteramtes

Der Staat ist hinsichtlich der Wahrnehmung seines Wächteramtes nicht frei, sondern hat folgende Maßgaben zu beachten:
- Eingreifende Maßnahmen bedürfen einer gesetzlichen Ermächtigung, die aber wegen der Spezifika des Einzelfalles abstrakt-generell bleiben muss und letztlich vom zuständigen Gericht bzw. der Behörde konkret zu bestimmen ist.
- Die Beeinträchtigung des Kindeswohls als Eingriffsvoraussetzung ist zugleich der Eingriffsmaßstab: der Staat muss sich auf solche Maßnahmen beschränken, die notwendig sind, um eine drohende Beeinträchtigung des Kindeswohles abzuwehren oder eine eingetretene Beeinträchtigung im Rahmen des Möglichen zu beseitigen.
- Wächteramtsmaßnahmen müssen dem Grundsatz der Verhältnismäßigkeit entsprechen: Unterstützende Maßnahmen haben Vorrang vor eingreifenden Maßnahmen, individuelle Maßnahmen haben Vorrang vor generellen Maßnahmen.

Konkretisierungen des Staatlichen Wächteramtes

Hilfen für Kinder und Jugendliche in Konfliktsituationen

Abweichend vom Grundsatz, dass Adressat der Hilfe zur Erziehung regelmäßig die (sorgeberechtigten) Eltern sind, können Kinder und Jugendliche unabhängig von ihrem Alter in Not- und Konfliktsituationen eigenständig bestimmte Hilfen nach dem KJHG/SGB VIII in Anspruch nehmen:
- Ein Kind oder ein Jugendlicher hat Anspruch auf Beratung ohne Kenntnis des Personensorgeberechtigten, wenn die Beratung aufgrund einer Not- und Kon-

fliktlage erforderlich ist und solange durch die Mitteilung an den Personensorgeberechtigten der Beratungszweck vereitelt würde (§ 8 Abs. 3 SGB VIII).
– Das Jugendamt ist verpflichtet, ein Kind oder einen Jugendlichen in Obhut zu nehmen, wenn das Kind oder der Jugendliche um Inobhutnahme bittet (§ 42 Abs. 2 Satz 2 SGB VIII).

Pflicht des Jugendamtes, das Familiengericht anzurufen

Hält das Jugendamt zur Abwendung einer Gefährdung des Wohls des Kindes oder Jugendlichen das Tätigwerden des (Familien)-Gerichts für erforderlich, so hat es das Gericht anzurufen (§ 50 Abs. 3 SGB VIII).

Diese Anrufungspflicht wird relevant, wenn das Jugendamt bei einer Prüfung der Gefährdungssituation des Kindes oder Jugendlichen zu dem Ergebnis kommt, dass die Gefährdung nicht durch Hilfe für und in Zusammenarbeit mit den Eltern, sondern nur durch sorgerechtliche Maßnahmen des Familiengerichts auf der Grundlage der §§ 1666, 1666 a BGB abgewendet werden kann.

Maßnahmen des Familiengerichts zur Abwehr von Gefahren für das Kindeswohl

Wird das körperliche, geistige oder seelische Wohl des Kindes oder sein Vermögen durch missbräuchliche Ausübung der elterlichen Sorge, durch Vernachlässigung des Kindes, durch unverschuldetes Versagen der Eltern oder durch das Verhalten eines Dritten gefährdet, so hat das Familiengericht, wenn die Eltern nicht gewillt oder in der Lage sind, die Gefahr abzuwenden, die zur Abwendung der Gefahr erforderlichen Maßnahmen zu treffen (§1666 BGB, → *Gefährdung des Kindeswohls*).

Solche Maßnahmen sind insbesondere Ge- oder Verbote an die Eltern, die Verpflichtung, bestimmte Hilfen in Anspruch zu nehmen oder der – teilweise oder ganze – Entzug der elterlichen Sorge und ihre Übertragung auf einen Vormund oder Pfleger.

Literatur

Böckenförde, E.-W. (1980). Elternrecht – Recht des Kindes – Recht des Staates. Zur Theorie des verfassungsrechtlichen Elternrechts und seiner Auswirkung auf Erziehung und Schule. In: J. Krautscheidt & H. Marrè (Hrsg.), *Essener Gespräche zum Thema Staat und Kirche*. Münster.

Jestaedt, M. (1995). Art. 6 Abs. 2 und 3 G. In: *Bonner Kommentar zum Grundgesetz*, 74. Lieferung, Dezember 1995.

Wiesner, R. (1996). Zwischen familienorientierter Hilfe und Kindesschutz – Interventionen im Rahmen des KJHG: Ein unlösbares Dilemma? *Praxis der Kinderpsychologie und Kinderpsychiatrie 45*, 286–229.

Staatsanwaltschaft

Dagmar Freudenberg

Die Staatsanwaltschaft ist die Strafverfolgungsbehörde, die in allen Teilen des Strafverfahrens, also dem Ermittlungsverfahren, dem Hauptverfahren mit der Hauptverhandlung und der Strafvollstreckung, maßgeblich beteiligt ist.

Sie allein ist zur Erhebung der Anklage befugt, die die Voraussetzung für die Eröffnung eines gerichtlichen Verfahrens ist (§§ 151, 152 Strafprozessordnung – StPO). Über die Anklageerhebung entscheidet die Staatsanwaltschaft, also der Staatsanwalt oder die Staatsanwältin, nach Durchführung eines Ermittlungsverfahrens.

Die Einleitung eines Ermittlungsverfahrens kann aus unterschiedlichen Gründen erfolgen: Entweder erfolgt eine schriftliche oder mündliche Anzeige einer Straftat bei der Staatsanwaltschaft oder bei der Polizei, in seltenen Fällen auch bei dem örtlich zuständigen Amtsgericht (§ 158 StPO). Nach der Anzeigeerstattung ist die Staatsanwaltschaft verpflichtet, wegen aller verfolgbaren Straftaten einzuschreiten. Sie unterliegt dem Legalitätsprinzip (§ 152 Absatz 2 StPO). Dieses Legalitätsprinzip stellt einen Verfolgungszwang dar, der bedeutet, dass sie keinen Ermessensspielraum dahingehend hat, zu entscheiden, ob der Sachverhalt näher aufgeklärt wird oder nicht. Sobald die Staatsanwaltschaft aufgrund einer Strafanzeige oder in anderer Weise von konkreten Anhaltspunkten für das Vorliegen einer Straftat erfährt, besteht der sogenannte Anfangsverdacht (Kleinknecht & Meyer-Großner 1999, § 152 Randnummer Rn. 4). Sie ist verpflichtet, den Sachverhalt zu erforschen (§ 160 StPO). Sind die Anhaltspunkte für das Vorliegen einer Straftat noch nicht konkret, muss die Staatsanwaltschaft, jedenfalls in Fällen einer Anzeigeerstattung, prüfen, ob Ermittlungen eine Konkretisierung des Tatverdachts erlauben. Bei bloßen Vermutungen ist sie zur Einleitung eines Ermittlungsverfahrens allerdings nicht verpflichtet (ebd.).

Nach Einleitung eines Ermittlungsverfahrens bestimmt grundsätzlich die Staatsanwaltschaft Art und Umfang der Ermittlungen. Sie ist verpflichtet, alle zur Erforschung des Sachverhalts erforderlichen Ermittlungen und Untersuchungen durchzuführen. Sie muss dabei die im Strafprozess geltenden Grundprinzipien, darunter vor allem die *Unschuldsvermutung* und den *Verhältnismäßigkeitsgrundsatz*, beachten.

Die Unschuldsvermutung ist der wesentliche Bestandteil des Rechts eines Jeden auf ein faires Verfahren. Sie ist verankert in Artikel 6 Absatz 2 der Menschenrechtskonvention (MRK), der im Strafprozessrecht in allen Verfahrensstadien unmittelbar gilt. Die Unschuldsvermutung bedeutet, dass jeder wegen einer Straftat Beschuldigte bis zum gesetzlichen Nachweis seiner Schuld, also bis zur rechtskräftigen Verurteilung durch ein ordentliches Gericht, als unschuldig gilt. Zugleich bedeutet die Unschuldsvermutung, dass niemand verpflichtet ist, zum Nachweis seiner Schuld beizutragen. Für die Ermittlungen der Staatsanwaltschaft heißt dies, dass sie alle Umstände für und gegen den einer Straftat Verdächtigen zu ermitteln hat (§ 160 Absatz 2 StPO). Dabei ist das Ziel der Ermittlungen der Staatsanwaltschaft ihre Entschließung darüber, ob die Erhebung der öffentlichen Klage geboten ist oder das Verfahren mangels hinreichenden Tatverdachts eingestellt werden muss (§ 170 Absatz 1 und 2 StPO).

Die Art und Weise der Ermittlungen, also auch die Auswahl der Mittel, bestimmt die Staatsanwaltschaft alleinverantwortlich nach den Anforderungen des Einzelfalles. Dabei hat sie den bereits erwähnten Grundsatz der Verhältnismäßigkeit zu beachten. Dieser Grundsatz verlangt, dass eine Maßnahme unter Würdigung aller persönlichen und tatsächlichen Umstände des Einzelfalles zur Erreichung des angestrebten Zwecks geeignet, aber auch erforderlich ist. Dies ist zum Beispiel dann nicht der Fall, wenn ein milderes Mittel ausreicht, oder wenn der mit der Maßnahme verbundene Eingriff in die Rechte der Beteiligten, insbesondere des Beschuldigten zur Bedeutung der Sache und zur Stärke des bestehenden Tatverdachts außer Verhältnis steht (ebd., Einleitung Rn 20). In einem Ermittlungsverfahren wegen sexuellen Missbrauchs von Kindern müssen die zu ergreifenden Maßnahmen, wie zum Beispiel körperliche Untersuchungen des Beschuldigten gemäß § 81a StPO, Durchsuchungen und Beschlagnahmen von Beweismitteln gemäß §§ 94, 98 StPO und Anträge auf Anordnung der Untersuchungshaft unter diesem Gesichtspunkt sorgfältig geprüft werden.

Da in diesen Verfahren die tatbetroffenen kindlichen Opfer in den meisten Fällen besonders belastet sind, hat die Staatsanwaltschaft insbesondere auch den Opferschutz bei ihren Ermittlungsmaßnahmen sorgfältig zu bedenken *(→ Opferschutzgesetz)*. Zu diesem Zweck sind in den letzten Jahren verschiedene Maßnahmen in die StPO neu aufgenommen worden, die bereits bestehende Regelungen zum Opferschutz ergänzen sollen. So gehörten bereits zuvor die Beiordnung eines Anwalts oder einer Anwältin zu den möglichen Unterstützungsmaßnahmen für Opfer. Neu ist die gesetzliche Verpflichtung zur Aufzeichnung der Vernehmung eines Zeugen auf Bild-Ton-Träger, also auf Video, bei Personen unter sechzehn Jahren, die durch die Straftat verletzt worden sind, also der kindlichen Opferzeugen (§ 58a StPO). Zwar ist in der Praxis zuweilen festzustellen, dass die kindlichen Opferzeugen trotz oder wegen der Videoaufzeichnung ihrer Vernehmung zusätzlich belastet sind *(→ Videovernehmung, → Vernehmung von Kindern)*. Für die Durchführung des Ermittlungsverfahren ist dieses Beweismittel unter dem Gesichtspunkt der Authentizität jedoch von erheblichem Beweiswert.

Durch die Richtlinien für das Straf- und Bußgeldverfahren (RiStBV) und die Bundeseinheitliche Handreichung zum Schutz kindlicher Opferzeugen im Strafverfahren (2000) ist die Staatsanwaltschaft gehalten, die Ermittlungen in Verfahren wegen sexuellen Missbrauchs von Kindern rücksichtsvoll hinsichtlich der

Belange der Verletzten, unter besonderer Beschleunigung und möglichst unter Vermeidung der mehrmaligen Vernehmung der Kinder und Jugendlichen vor der Hauptverhandlung zu führen (Nr. 19 RiStBV). Den Opfern soll mit besonderer Einfühlung begegnet werden (Nr. 19a RiStBV). Fragen nach entehrenden Tatsachen oder Umständen, die den persönlichen Lebensbereich betreffen, insbesondere Eigenschaften und Neigungen des Zeugen, seinen Gesundheitszustand oder seine Intimssphäre betreffend, sollen nur in Fällen gestellt werden, in denen diese Fragen zur Aufklärung des Sachverhalts unerlässlich sind (§ 68a StPO).

In Ermittlungsverfahren wegen sexuellen Missbrauchs von Kindern soll die Staatsanwaltschaft auf die richterliche Vernehmung der kindlichen Opferzeugen gemäß § 162 StPO hinwirken, insbesondere wenn es sich um Zeugen handelt, die nach § 52 StPO zur Zeugnisverweigerung berechtigt sind (Nr. 10, 19 Absatz 2 RiStBV). Bei der Durchführung dieser Vernehmung soll der Staatsanwalt durch Anregungen und Anträge auf eine rücksichtsvolle und einfühlsame Vernehmung hinwirken und darauf achten, dass durch Fragen oder Erklärungen des Beschuldigten oder seines Verteidigers das Kind nicht größeren Belastungen ausgesetzt wird, als im Interesse der Wahrheitsfindung erforderlich ist (Nr. 19a Absatz 2 RiStBV). In Fällen, in denen zu erwarten ist, dass die Anwesenheit des Beschuldigten bei der richterlichen Vernehmung und die Ausübung seines Fragerechts den Untersuchungszweck gefährden würde, insbesondere, wenn zu befürchten ist, dass das Kind oder der Zeuge in Gegenwart des Beschuldigten nicht die vollständige Wahrheit sagen wird, kann und soll die Staatsanwaltschaft beantragen, den Beschuldigten von der Anwesenheit bei der Vernehmung auszuschließen (§ 168c Absatz 2 StPO; Nr 19 Absatz 2 RiStBV). Allerdings muss nach der Rechtsprechung in einem solchen Fall durch die Anwesenheit des Verteidigers, der nötigenfalls noch vor der Vernehmung zu bestellen ist und dem die Kontaktaufnahme zu dem Beschuldigten vor der Vernehmung ermöglicht werden muss, das Fragerecht des Beschuldigten gewährleistet bleiben (BGHSt 46, 93 – 106 = BGH NJW 2000, 3505-3510; Nr. 19 Absatz 2 RiStBV). Die Staatsanwaltschaft hat also darauf zu achten, dass die Rechte des Beschuldigten in einem solchen Fall in vollem Umfang gewahrt bleiben, andererseits aber dafür zu sorgen, dass hierdurch keine Gefährdung von Zeugen oder Veränderung oder Vernichtung von Beweisen entsteht.

Bei Vernehmungen von Kindern und Jugendlichen als Zeugen, die zur Verweigerung des Zeugnisses gemäß § 52 StPO berechtigt sind, weil einer der Erziehungsberechtigten Beschuldigter ist, wirkt die Staatsanwaltschaft durch entsprechende Antragstellung bei dem Familiengericht darauf hin, dass für dieses Kind gemäß § 1909 Absatz 1 Satz 1 Bürgerliches Gesetzbuch (BGB) ein Ergänzungspfleger bestellt wird (Nr 19. Absatz 3 RiStBV). Diesem Ergänzungspfleger sollten zumindest die Aufgabenkreise
– Entscheidung über die Ausübung des Aussageverweigerungsrechts,
– Entscheidung über die Zustimmung zur körperlichen Untersuchung gemäß § 81c Absatz 3 StPO,
– Entscheidung über die Entbindung der behandelnden Ärzte von der Schweigepflicht,

– Entscheidung über die Beauftragung und Auswahl eines Rechtsanwalts/einer
Rechtsanwältin als Vertreter/in im Ermittlungs- und Strafverfahren
übertragen werden.

Bei Jugendlichen ist die Bestellung eines Ergänzungspflegers nur dann entbehrlich, wenn ersichtlich der oder die Jugendliche über die notwendige Verstandesreife verfügt, um im Hinblick auf Ausmaß und Tragweite der vorgenannten Entscheidungen allein zu entscheiden. Dabei ist eine feste Altersgrenze für die Feststellung dieser Verstandesreife nach der Rechtsprechung nicht gegeben, vielmehr im Einzelfall zu entscheiden. Zum Ergänzungspfleger sollte ein Vertreter des zuständigen Jugendamtes jedenfalls dann nicht berufen werden, wenn eine Interessenkollision im Rahmen von Entscheidungen nach dem Kinder- und Jugendhilfegesetz (KJHG) nicht ausgeschlossen erscheint (→ *Kinder- und Jugendhilfegesetz*). Dies gilt insbesondere für den im konkreten Fall zuständigen Sozialarbeiter nach Jugendhilferecht. Um in diesem Zusammenhang zusätzliche Reibungsverluste im Ermittlungsverfahren durch fehlendes Verständnis oder fehlende Zusammenarbeit der beteiligten Professionen zu vermeiden, sollte die Staatsanwaltschaft in Zusammenarbeit mit den anderen beteiligten Institutionen insbesondere in derartigen Ermittlungsverfahren darauf bedacht sein, ein Netzwerk aller regional beteiligten Professionen einzurichten (→ *Intervention – die „Regeln der Kunst"*).

Mit der konkreten Durchführung der Ermittlungen beauftragt die Staatsanwaltschaft in der Regel die Polizei (→ *Polizei*). Da sie in bedeutsamen oder in rechtlich oder tatsächlich schwierigen Fällen den Sachverhalt vom ersten Zugriff an selbst aufklären soll (Nr. 3 Absatz 3 RiStBV), ist sie in Verfahren wegen sexuellem Missbrauch von Kindern stets geeigneter Ansprechpartner und maßgeblich für die einzelnen Entscheidungen hinsichtlich der Ermittlungsschritte verantwortlich. Allerdings wird sie bei dieser Arbeit durch die für diesen Deliktsbereich speziell ausgebildeten Beamtinnen und Beamten der Fachkommissariate der Polizei maßgeblich unterstützt.

Nach Abschluss der Ermittlungen trifft die Staatsanwaltschaft die Entscheidung über die Erhebung der öffentlichen Klage. Erhebt sie die Anklage, so überträgt sie mit der Übersendung der Ermittlungakten und der Anklage an das Gericht die Herrschaft über das Verfahren auf das Gericht. Sie ist von diesem Zeitpunkt an nur noch für die Vertretung der Anklage in der Hauptverhandlung vor Gericht und für die Kontrolle der Einhaltung der gesetzlichen Vorschriften zuständig.

Im Rahmen der Vertretung der Anklage in der Hauptverhandlung hat sie allerdings umfangreiche Antragsrechte. So kann sie insbesondere unter dem Gesichtspunkt des Schutzes der Zeugen, insbesondere der kindlichen Opferzeugen Anträge auf den zeitweisen Ausschluss des Angeklagten während der Vernehmung des kindlichen Zeugen zur Sache stellen. Auch kann sie Fragen, die den oder die Zeugen unnötig belasten, beanstanden oder zusätzliche Beweisanträge stellen. Stets steht am Ende der Beweisaufnahme, deren Inhalt die alleinige Grundlage des vom Gericht zu fällenden Urteils ist, das Plädoyer des Staatsanwalts oder der Staatsanwältin. In dem Plädoyer wird das wesentliche Ergebnis der durchgeführten Beweisaufnahme vor dem Gericht zusammengefasst und ein konkreter Antrag zur Schuldfeststellung und zur Bestrafung des Beschuldigten gestellt.

Nach dem Eintritt der Rechtskraft des Urteils hat die Staatsanwaltschaft in Strafverfahren gegen Angeklagte, die nach Erwachsenenrecht verurteilt worden sind, für die Vollstreckung der Strafen zu sorgen. Der Verurteilte wird durch die Staatsanwaltschaft aufgefordert, seine Geldstrafe zu bezahlen oder seine Freiheitsstrafe anzutreten.

Bei Unterbringungen im Vollzug einer Maßregel (Unterbringung im psychiatrischen Krankenhaus gemäß § 63 StGB, oder Unterbringung in einer Entziehungsanstalt gemäß § 64 StGB) muss die Staatsanwaltschaft vor jeder Lockerung, die der oder die Verurteilte erhalten sollen, der geplanten Lockerung zustimmen (→ *Sicherungsverwahrung*, → *Sozialtherapeutische Anstalten*). Derzeit noch auf Anfrage der Verletzten kann die Staatsanwaltschaft Auskünfte, insbesondere über voraussichtliche Entlassungstermine, erteilen und Hinweise auf weitere Betreuungs- und Hilfsmöglichkeiten geben.

Literatur

Bundeseinheitliche Handreichung zum Schutz kindlicher (Opfer-)Zeugen im Strafverfahren, herausgegeben vom Bundesministerium der Justiz, April 2000, Jerusalemer Straße 27, D-10117 Berlin, ISBN-3-9807240-0X.
Kleinknecht & Meyer-Goßner (1999). *Strafprozeßordnung mit GVG und Nebengesetzen*, Beck'sche Kurzkommentare, 44., neubearbeitete Auflage, München: Beck.
Richtlinien für das Strafverfahren und das Bußgeldverfahren – RiStBV – vom 01. Januar 1977 in der ab 01. Juli 1998 -bundeseinheitlich- geltenden Fassung; abgedruckt in Kleinknecht & Meyer-Goßner (1999). Strafprozeßordnung mit GVG und Nebengesetzen, Beck'sche Kurzkommentare, 44., neubearbeitete Auflage, Anhang 15, München: Beck – zuletzt geändert mit Wirkung ab 01.08.2000, vgl. AV des NdsMJ vom 05.07.2000 – 4208 – 303. 61.

Strafanzeige/Anzeigepflicht

Friesa Fastie

Sexueller Missbrauch an Kindern, Körperverletzung, sexuelle Nötigung, Vergewaltigung und viele andere kriminelle Handlungen sind Straftaten, egal, ob sie durch Fremde, Bekannte oder Verwandte begangen werden. Um eine Straftat offiziell bekannt zu machen und ihre Aufdeckung bzw. Aufklärung in Gang zu setzen, gibt es die Anzeige/Strafanzeige.

Eine Strafanzeige zu machen, bedeutet, der Polizei oder Staatsanwaltschaft vom Verdacht oder Vorliegen einer Straftat Kenntnis zu geben. Dies kann durch einen Anruf, ein Schreiben oder durch persönliches Vorsprechen bei einer dieser Strafverfolgungsbehörden geschehen. Sobald die Beamtinnen/Beamten der Polizei oder Staatsanwaltschaft von einer Straftat wie dem sexuellen Missbrauch eines Kindes, sexueller Nötigung oder Vergewaltigung erfahren, sind sie verpflichtet, ein Strafverfahren einzuleiten. Jede Person kann eine Strafanzeige machen, auch Kinder und Jugendliche unabhängig von einer eigenen Betroffenheit.

Die Beamtinnen/Beamten sind verpflichtet, die Anzeige aufzunehmen und eine entsprechende Untersuchung – ein Ermittlungsverfahren – einzuleiten. Ein Strafverfahren, welches die hier genannten Straftaten zum Gegenstand hat, ist nicht mehr zu stoppen. Auch dann nicht, wenn die durch die Straftat verletzte Person eine Strafverfolgung des Täters/der Täterin nicht wünscht oder die anzeigende Person die Strafanzeige zurück nimmt. Deshalb gilt es, sich vor einer Anzeigeerstattung mit dem Sinn und Zweck eines Strafverfahrens auseinander zu setzen, insbesondere unter der Berücksichtigung der möglichen Belastungen für den oder die Verletzte, aber auch im Hinblick darauf, dass jede nicht angezeigte Sexualstraftat oder auch Misshandlungstat den Täter davor schützt, entdeckt und für sein strafbares Handeln zur Verantwortung gezogen zu werden (vgl. Fastie, 1997; Wyre & Swift, 1991).

Im Gegensatz zu einigen anderen Ländern besteht in Deutschland für die oben genannten Straftaten keine Anzeigepflicht. Eine Person die durch eine Straftat physisch und/ oder psychisch verletzt geworden ist oder etwas über eine bereits geschehene Straftat weiß, ist deshalb nicht verpflichtet, diese zur Anzeige zu bringen. Dadurch ist das eigene Anzeigeverhalten von unterschiedlichen Kriterien, wie dem eigenen Verfolgungswillen, ethischen, moralischen und fachlichen Komponenten sowie der beruflichen Position von Personen, die im Rahmen ihrer Tätigkeit z. B. als Jugendamtsmitarbeiterin vom sexuellen Missbrauch eines Kindes erfahren, abhängig. Letztere müssen gründlich abwägen, ob die Gefährdung des Kindeswohls die Weitergabe personenbezogener Daten rechtfertigt oder, ob der Datenschutz das Risiko rechtfertigt, darauf zu verzichten und damit das Kind weiteren möglichen Straftaten auszusetzen (vgl. Bringewat, 1997; von Petersdorf, 2000).

Zurück liegende Straftaten sind nicht unbegrenzt lange strafrechtlich verfolgbar. Die Verjährungsfristen sind für jede Straftat unterschiedlich. Sowohl Anwältinnen und Anwälte als auch Vertreterinnen und Vertreter von Polizei und Staatsanwaltschaft können über die genaue Verjährungsfrist zuverlässig Auskunft geben. Bei sexuellem Missbrauch an Kindern beginnt die Verjährungsfrist erst mit Vollendung des 18. Lebensjahres zu laufen.

Jede Person, die sich ihres Anzeigeverhaltens unsicher ist, kann diesbezüglich das anonyme Gespräch – ohne Angabe von persönlichen bzw. örtlichen Daten der Betroffenen – mit der Polizei suchen. Wer vor Erstatten einer Anzeige anwaltlichen Rat einholen möchte, kann sich telefonisch an den überregionalen Anwaltsuch-Service (Tel.: 0180 – 52 54 555; Internetadresse: www.anwalt-such-service.de) wenden, der rund um die Uhr besetzt ist. Die Mitarbeiterinnen und Mitarbeiter des Anwaltsuch-Service dürfen selbst keine inhaltlichen Rechtsauskünfte im Sinne einer Rechtsberatung geben, doch sie helfen, wie sich in vielen Testanrufen auch durch Jugendliche gezeigt hat, stets freundlich und zuverlässig, das Rechtsproblem der Anrufenden einzugrenzen und benennen bis zu drei geeignete Anwältinnen/Anwälte in Wohnortnähe.

Bei den Überlegungen, ob und zu welchem Zeitpunkt man eine Anzeige macht, ist Folgendes zu bedenken: Je früher eine Straftat bekannt wird, umso größer ist die Möglichkeit, weiteren Schaden für das Opfer und möglicherweise weitere Personen zu verhindern. Je kürzer der Zeitraum zwischen Tat und Anzeige, desto authentischer ist die Wiedergabe des Erlebten durch den oder die Geschädigte und die Chance der Strafverfolgungsbehörden, juristisch verwertbares Beweismaterial zu sichern, das für die Überführung des Beschuldigten unerlässlich ist. Je länger eine Straftat zurück liegt, um so schwieriger ist es für die Verletzten, gerade, wenn sie zur Tatzeit noch minderjährig waren, sich in einem späteren Strafverfahren an alle Einzelheiten der Tat zu erinnern (→ *Erinnerungen*).

Für die von einer Straftat Geschädigten ist die ein Strafverfahren einleitende Anzeige der einzig legale Weg, sich gegen den Täter öffentlich rechtlich zur Wehr zu setzen, mit anwaltlicher Unterstützung durch die Nebenklage für seine Bestrafung einzutreten und öffentlich Recht zugesprochen zu bekommen. Eine Strafanzeige ist jedoch keine Gewähr dafür, dass am Ende eines Strafverfahrens die Verurteilung des Täters oder der Täterin steht. Vielmehr geht es darum, einem Beschuldigten im Rahmen des Strafverfahrens nach vorgeschriebenen Regeln, sein strafbares Handeln lückenlos nachzuweisen. Das juristische Regelwerk, nach dem dies geschieht, ist die Strafprozessordnung. Sie dient unter anderem dazu, Bürgerinnen und Bürger davor zu schützen, dass der Willkür von Behörden ebenso wie einem alltäglichen Denunziantentum Tür und Tor geöffnet werden. Ihre strikte Anwendung soll Sorge dafür tragen, dass jede angezeigte Person/jeder Beschuldigte das Recht auf ein faires Verfahren erhält und bis zu seiner rechtskräftigen Verurteilung als unschuldig gilt (vgl. Blanz-Gocht, 1997; Blumenstein, 1997).

Grundsätzlich hat jede durch eine Straftat verletzte Person das Recht auf alters- und entwicklungsangemessene unverfälschte Information über die Möglichkeit einer Strafanzeige sowie den regulären Ablauf eines Strafverfahrens. Insbesondere die Rechte von Minderjährigen sind durch nichts leichter einzuschränken als durch das Vorenthalten von Informationen, die dem eigenen Schutz bzw. der Möglichkeit dienen, sich legal zur Wehr zu setzen. Deshalb gibt es auch für Kinder und Jugendliche Informationsmaterialien, die ihnen den Zugang und das Verstehen von rechtlichen Möglichkeiten und Abläufen erleichtern (vgl. Dannenberg u. a., 1997, → *Zeugenbegleitprogramm für Kinder im Strafverfahren*).

Erst im Anschluss an eine sachgerechte Aufklärung über die Möglichkeit einer Anzeige sollten individuelle Überlegungen dazu angestellt werden, ob die durch die Straftat geschädigte Person willens und in der Lage ist, sich den potenziellen Belastungen eines Strafverfahrens zu stellen.

So hat sich häufig in der praktischen Arbeit psycho-sozialer Beratungsstellen gezeigt, dass Verletzte einer Straftat, nachdem sie eine Anzeige gemacht haben, feststellen, dass der Täter wider Erwarten noch auf freiem Fuß ist oder gar weiterhin sexuelle Übergriffe begeht. Hier zeigt sich deutlich, dass eine nicht zu erfüllende Hoffnung der Geschädigten oder dritter Personen an das Erstatten einer Anzeige geknüpft wurde (vgl. Fastie, 1999).

Juristische Laien, insbesondere Kinder und Jugendliche, können sich bei ihren Überlegungen im Hinblick auf eine Anzeigeerstattung verständlicherweise oftmals nur an dem orientieren, was ihnen an Informationen über ein Strafverfahren durch Printmedien, Hörfunk und Fernsehen in der öffentlichen Darstellung übermittelt wird. Im Zentrum von Filmen und Berichterstattung stehen häufig zwei Kriterien: die Grausamkeit des Täters gegenüber der Ohnmacht seines Opfers und die Frage, ob der Täter zu einer Freiheitsstrafe verurteilt wird bzw. für wie viele Jahre er ins Gefängnis muss.

Juristische Unwissenheit in Verbindung mit einer aufsehenerregenden Darstellung von Gerichtsverfahren bei Sexualdelikten zum Nachteil von Mädchen und Jungen führen so nur allzu häufig zu einem völlig realitätsfremden Bild über den Sinn und Zweck, aber auch über den rechtlich vorgeschriebenen Ablauf eines Strafverfahrens. Die Folgen für die Opfer der Straftat können sein, dass sie sich plötzlich und unerwartet in einem für sie undurchschaubaren Dschungel rechtlicher Vorschriften und Verfahrensabläufe wiederfinden, der sie selbst zunächst weitaus mehr beschäftigt und einbindet als den Täter und sich unter Umständen über einen langen Zeitraum erstreckt (vgl. Fastie, 1999; Heiliger & Engelfried, 1995; Wolf, 1997).

Von der Anzeigeerstattung bis zur Hauptverhandlung (Gerichtsverhandlung) können von wenigen Monaten bis zu mehr als drei Jahre vergehen. Dies ist in erster Linie von den Ermittlungen der Polizei und Staatsanwaltschaft abhängig, die alle den Beschuldigten be- und entlastenden Beweise zusammen tragen muss.

Diejenigen, die sich von einer Anzeigeerstattung primären Kinderschutz durch die Inhaftierung eines Täters versprechen, werden überwiegend enttäuscht werden. Denn nur in Ausnahmefällen bewirkt eine Strafanzeige eine sofortige Beendigung der Missbrauchssituation, weil der Beschuldigte sofort inhaftiert wird und bis zur Hauptverhandlung in Untersuchungshaft bleibt. Lediglich wenn sich aus den Ermittlungen ein dringender Tatverdacht in Verbindung mit Fluchtgefahr, Verdunklungsgefahr oder Wiederholungsgefahr ergibt, sind die Grundvoraussetzungen für eine Untersuchungshaft erfüllt. Verdunklungsgefahr ist gegeben, wenn der Beschuldigte nachweisbar versucht, Beweismittel zu vernichten oder Zeuginnen/Zeugen zu bedrohen, um deren Aussage zu verhindern oder zu manipulieren.

Da die Untersuchungshaft nicht mehr als sechs Monate überschreiten soll, findet die Hauptverhandlung in diesen Fällen in der Regel schneller statt, als wenn der Beschuldigte nicht inhaftiert ist.

Eine überstürzte Anzeige birgt die Gefahr der Enttäuschung und Überforderung der Verletzten in sich.

Es wäre jedoch nicht im Interesse der Opfer von Straftaten generell, aus diesen Umständen den Schluss zu ziehen, eine Anzeige sei sinnlos. Die genannten Bedenken führen auch in Fachkreisen immer wieder dazu, dass den Verletzten und ihren Angehörigen oder Freundinnen und Freunden von einer Strafanzeige abgeraten wird. Auch die berufliche Haltung, dass die Familie in Fällen innerfamiliären sexuellen Missbrauchs weiterhin zusammen leben könne und deshalb ausschließlich Hilfeangebote an die Familie der einzig richtige Weg seien, verhindert Strafverfahren. Beide Haltungen ignorieren jedoch den Umstand, dass hier möglicherweise eine schwere Straftat zum Nachteil eines Kindes begangen wurde, die ein hohes Potenzial an Wiederholungsgefahr beinhaltet und den Täter oder die Täterin davor schützt, sich verantworten zu müssen.

Nichts fördert das strafbare Fehlverhalten des Täters mehr, produziert weitere Opfer, als wenn seine Taten nicht öffentlich rechtlich zur Kenntnis genommen und durch ein ordentliches Gericht im Rahmen eines Strafverfahrens nachgewiesen werden.

Darüber hinaus sind therapeutische wie auch beraterische Interventionen unbedingt notwendig, um Bewusstsein beim Täter zu schaffen und Verhaltensänderung zu trainieren (vgl. Blumenstein 1997).

Die Strafanzeige ist der Beginn einer Intervention zur juristischen Inverantwortungnahme eines Täters oder einer Täterin.

So wie bereits jedes Kind im Grundschulalter bei Betreten eines Geschäftes lesen kann, dass jeder Diebstahl ein Hausverbot wie auch eine Strafanzeige nach sich zieht, gilt es auch, sachgerecht darüber aufzuklären, dass sexuelle Übergriffe wie auch Körperverletzung kriminelle Handlungen sind, die ein Strafverfahren zur Folge haben können.

Literatur

Blanz-Gocht, C. (1997). Sexueller Missbrauch von Kindern aus der Sicht eines Jugenddezernats der Kriminalpolizei. In V. Wodtke-Werner (Hrsg.). *Alles noch mal durchleben. Das Recht und die (sexuelle) Gewalt gegen Kinder.* (S. 111–117). Baden-Baden: Nomos.

Blumenstein, H.-A. (1997). Der Schutz sexuell missbrauchter und misshandelter Kinder im Strafverfahren. In V. Wodtke-Werner (Hrsg.). *Alles noch mal durchleben. Das Recht und die (sexuelle) Gewalt gegen Kinder.* (S. 77–87). Baden-Baden: Nomos.

Blumenstein, H.-A. (1997). Nachwort. In Wildwasser Berlin e.V. (Hrsg.). *Ich weiß Bescheid. Sexuelle Gewalt: Rechtsratgeber für Mädchen und Frauen.* (S. 88–89). Ruhnmark: Donna Vita.

Bringewat, P. (1997). *Tod eines Kindes – Soziale Arbeit und strafrechtliche Risiken.* Baden-Baden: Nomos.

Dannenberg, U., Höfer, E., Köhnken, E. & Reutemann, M. (1997). *Abschlußbericht zum Modellprojekt „Zeugenbegleitprogramm für Kinder".* Institut für Psychologie der Christian-Albrechts-Universität Kiel.

Fastie, F. (1997). *Ich weiß Bescheid. Sexuelle Gewalt: Rechtsratgeber für Mädchen und Frauen.* Wildwasser Berlin (Hrsg.). Ruhnmark: Donna Vita.

Fastie, F. (1999). Das Strafverfahren bei sexuellem Missbrauch von Kindern – Opferschutz zwischen Anspruch und Wirklichkeit. In KiZ – Kind im Zentrum im Evangelischen Jugend- und

Fürsorgewerk (Hrsg.). *Wege aus dem Labyrinth. Erfahrungen mit familienorientierter Arbeit zu sexuellem Missbrauch.* (S. 35–41). Berlin: Evangelisches Jugend- und Fürsorgewerk.
Heiliger, A. & Engelfried, C. (1995). *Sexuelle Gewalt: männliche Sozialisation und potentielle Täterschaft.* Frankfurt/ Main; New York: Campus.
Petersdorf, von, U. (2000). Kinderschutz und Kooperation trotz Datenschutz. In Sozialpädagogische Fortbildungsstätte Haus Koserstraße der Senatsverwaltung für Schule, Jugend und Sport (Hrsg.). *Interdisziplinäre Fachtagung zum kindlichen Opferschutz. Bericht über die interdisziplinäre Fachtagung der sozialpädagogischen Fortbildungsstätte Haus Koserstraße vom 01.–02. September 1999.* (S. 113–117). Berlin.
Wolf, P. (1997). *Was wissen Kinder und Jugendliche über Gerichtsverhandlungen: eine empirische Untersuchung.* Regensburg: Roderer.
Wyre, R. & Swift, A. (1991). *Und bist du nicht willig ... Die Täter.* Köln: Volksblatt Verlag.

Literaturempfehlungen

Arbeitsgemeinschaft für Jugendhilfe (Hrsg). (1999). *Kinderschutz und Kinderrechte zwischen Jugendhilfe und Justiz. Dokumentation des 11. Treffens der Internationalen Arbeitsgemeinschaft für Jugendfragen vom 20. bis 25. September 1998 in Bingen.* Bonn.
Fastie, F. (Hrsg.) (2002). *Recht und Würde. Verletzte im Strafverfahren. Ein interdisziplinäres Handbuch.* Opladen: Leske + Budrich.
Heusohn, L. & Klemm, U. (Hrsg.) (1998). *Sexuelle Gewalt gegen Kinder. Gesellschaftliche Bedingungen, Betroffene und Täter, Chancen und Grenzen der Prävention, Konsequenzen und Perspektiven.* Ulm: Verlag Klemm & Oelschläger.
Trube-Becker, E. (1982). *Gewalt gegen das Kind.* Heidelberg: Kriminalistik Verlag.
Stumpf, T.W. (1995). *Opferschutz bei Kindesmisshandlung. Eine kriminalpolitische Herausforderung.* Neuwied: Luchterhand.
Wetzels, P. (1997). *Gewalterfahrungen in der Kindheit: SexuellerMissbrauch, körperliche Misshandlung und deren langfristige Konsequenzen.* Baden-Baden: Nomos.

Strafverfahren

Hans-Alfred Blumenstein

Bisher stand der Angeklagte – aus historischen Gründen und zur Sicherung seiner Rechtsposition – im Mittelpunkt des Strafverfahrens. Demgegenüber stehen Opfer- und Zeugenschutz rechtsgeschichtlich erst am Beginn ihrer Entwicklung. Das bisher auf den Angeklagten allein konzentrierte Verfahren bekommt dadurch einen weiteren Schwerpunkt. Das Spannungsverhältnis zwischen effektivem

Opferschutz auf der einen Seite und der Ermittlung der – prozessualen – Wahrheit unter Berücksichtigung der für jeden Angeklagten geltenden Unschuldsvermutung auf der anderen Seite wird gleichwohl unauflösbar bleiben. Die Gefahr sekundärer Viktimisierung des Tatopfers durch gerichtliche Instanzen wird fortbestehen. Andererseits wird die Autorität staatlichen Strafens auf Dauer davon abhängen, auf welche Weise der Staat mit den Opfern strafbarer Handlungen umgeht, vor allem wenn sie Kinder sind.

Der Gesetzgeber hat durch zahlreiche prozessuale Opferschutzbestimmungen die Position vor allem des Opferzeugen nachhaltig gestärkt (→ *Opferschutzgesetz*). Der materielle (inhaltliche) Opferschutz, wie er nicht oder noch nicht im Gesetz steht (→ *Zeuginnen und Zeugen*), bedarf jedoch des weiteren Ausbaus auch und gerade in der Hauptverhandlung selbst. Dazu gehört z.B. auch, dass sich die Vernehmungsperson – je nach dem Alter des zu vernehmenden Kindes – ohne die Distanz schaffende Robe räumlich auf eine Ebene mit dem Kind begibt.

Die Strafprozessordnung (StPO) teilt das Strafverfahren in mehrere Abschnitte ein: Das *Ermittlungsverfahren* beginnt mit der Erstattung einer Anzeige oder auf Grund eigener Erkenntnisse der Polizei oder der Staatsanwaltschaft, die zumindest einen Anfangsverdacht für eine Straftat begründen (→ *Polizei,* → *Staatsanwaltschaft*). In der Bundesrepublik Deutschland gilt im Strafverfahren das sog. *Legalitätsprinzip* (§§ 152 Abs. 2, 160, 162 StPO). Das bedeutet, dass die Strafverfolgungsbehörden jedem begründeten Verdacht einer strafbaren Handlung nachgehen *müssen*. Im Gegensatz dazu gibt das in einigen anderen Staaten geltende *Opportunitätsprinzip* den Strafverfolgungsbehörden einen gewissen Ermessensspielraum, ob sie eine Straftat verfolgen wollen oder nicht. Beide Prinzipien haben ihre Vor- und Nachteile. Das Legalitätsprinzip garantiert ein Höchstmaß an Gleichbehandlung, verhindert allerdings auch, dass Polizei und Staatsanwaltschaft beraten können, ob eine Anzeige erstattet werden soll oder nicht.

In Deutschland gilt die sog. *Amtsermittlungsmaxime*, die die Staatsanwaltschaft, die die Herrin des Ermittlungsverfahrens ist, verpflichtet, selbst von Amts wegen dem Verdacht einer Straftat nachzugehen. Bei ihr liegt auch, von den geringfügigen Fällen der Privatklage einmal abgesehen, das *Anklagemonopol* (§ 152 StPO).

Entscheidend geprägt wird das gesamte Strafverfahren, nicht nur durch das Ermittlungsverfahren, sondern auch von dem mit Verfassungsrang versehenen *Grundsatz des rechtlichen Gehörs* (Art. 103 Abs. 1 Grundgesetz, §§ 33, 163 a StPO). Er besagt, dass „vor Gericht jedermann Anspruch auf rechtliches Gehör" hat. Das hat zur Folge, dass einem Beschuldigten alle ihn belastenden Aussagen oder Tatsachen bekanntgegeben werden müssen, damit er in die Lage versetzt wird, dazu Stellung zu nehmen. Eng damit zusammen hängt die in Art. 6 Abs. 2 der Europäischen Menschenrechtskonvention (EMRK) verbriefte Unschuldsvermutung, die besagt, „dass der wegen einer strafbaren Handlung Angeklagte … bis zum gesetzlichen Nachweis seiner Schuld als unschuldig" zu gelten hat. Das gilt auch in Fällen des sexuellen Missbrauchs. Auch ein wegen solcher Straftaten Angeklagter ist kein Angeklagter minderen Rechts. Ihm steht daher unbeschadet des Rechts aus § 244 StPO auch das Recht zu, „Fragen an die Belastungszeugen zu stellen oder stellen zu lassen und die Ladung von und Vernehmung der Entlastungszeugen unter denselben Bedingungen wie die der Belastungszeugen zu erwirken" (Art. 6 Abs.3 d EMRK).

Die Einhaltung dieser Verfahrensgrundsätze kann u.a. zu Mehrfachvernehmungen des Tatopfers führen, etwa wenn der Beschuldigte entlastende Umstände vorträgt, die eine gewisse Plausibilität für sich haben, und das Tatopfer im Rahmen der Verdachtsklärung dazu Stellung nehmen muss. Die Opferschutzgesetze haben indessen Möglichkeiten vorgesehen, Mehrfachvernehmungen des Tatopfers weitgehend zu vermeiden. Im Übrigen sollte man stets darauf bestehen, das Tatopfer nur durch besonders geschulte Polizeibeamtinnen oder -beamte vernehmen zu lassen. Dadurch entstehen für die Zeugen keine Nachteile (→ *Vernehmung von Kindern*).

Glaubwürdigkeitsgutachten sollten, wenn man sie denn überhaupt braucht, schon während des Ermittlungsverfahrens eingeholt werden. Dabei muss streng darauf geachtet werden, dass die Gutachterin nicht in die Rolle der Ermittlerin gedrängt wird. Zu ermitteln ist allein Aufgabe der Staatsanwaltschaft und der Polizei (→ *Glaubwürdigkeitsbegutachtung und diagnostischer Erkenntnisprozess*).

Nach dem Abschluss der Ermittlungen entscheidet die Staatsanwaltschaft, ob der Tatverdacht zur Anklageerhebung ausreicht oder ob das Verfahren mangels hinreichenden Tatnachweises oder aus Rechtsgründen (z.B. Verjährung) eingestellt werden muss (§170 Abs. 2 StPO) oder wegen geringer Schuld mit Zustimmung des für die Eröffnung des Hauptverfahrens zuständigen Gerichts eingestellt werden kann (§§ 153ff. StPO). Stellt die Staatsanwaltschaft das Verfahren gem. § 170 Abs. 2 StPO ein, kann dagegen Beschwerde eingelegt werden (→ *Rechtsmittel*). Erhebt die Staatsanwaltschaft Anklage, steht ihr in gewissem Umfang ein Auswahlermessen zu, bei welchem Gericht sie das tun will. Um dem Tatopfer eine zweite Tatsacheninstanz zu ersparen (→ *Rechtsmittel*), sollte man soweit irgend möglich darauf dringen, dass gleich Anklage zum Landgericht erhoben wird.

Nach dem Eingang der Anklage bei Gericht beginnt ein sog. *Zwischenverfahren*, in dem dem Angeschuldigten und seinem Verteidiger nach Zustellung der Anklageschrift nochmals Gelegenheit gegeben wird, zu dem Tatvorwurf Stellung zu nehmen und weitere Beweiserhebungen zu beantragen. Am Ende des Zwischenverfahrens entscheidet das Gericht, ob auch aus seiner Sicht ein hinreichender Tatverdacht gegen den Angeschuldigten vorliegt oder ob der von der Staatsanwaltschaft angenommene Tatverdacht sich zerstreut oder doch so vermindert hat, dass keine Verurteilung zu erwarten ist. Im ersteren Fall erfolgt der Beschluss über die *Eröffnung des Hauptverfahrens,* im letzteren Fall wird die Eröffnung des Hauptverfahrens abgelehnt.

Nach der Eröffnung des Hauptverfahrens bestimmt die oder der Vorsitzende des Gerichts einen Termin zur Hauptverhandlung. Leider ist die Unsitte, alle Zeugen gleich zu Prozessbeginn zu laden, noch nicht ausgerottet. In einem solchen Falle empfiehlt es sich, das Gericht auf die vermeidbare Belastung insbesondere des Tatopfers hinzuweisen und um zeitlich gestaffelte Ladung zu bitten. Im Übrigen beeinträchtigt der durch langes Warten hervorgerufene Stress die Aussagetüchtigkeit, so dass es auch im Interesse des Gerichts liegen dürfte, dieser Bitte zu folgen.

Die Hauptverhandlung wird von den Grundsätzen der *Öffentlichkeit* (§§ 169 ff Gerichtsverfassungsgesetz – GVG), der *Mündlichkeit* (§§ 249 ff. StPO), der Unmittelbarkeit (§§ 261, 264 StPO), der *freien Beweiswürdigung* (§ 261 StPO) und des *in dubio pro reo* geprägt. Verstöße gegen diese Grundsätze können schwere Rechtsfehler sein, die zur Aufhebung des Urteils führen können. Richter achten deshalb besonders auf deren Einhaltung, schon um den Bestand des Urteils nicht zu gefährden. Zwei dieser Grundsätze bedürfen der besonderen Erläuterung. „Mündlichkeit" heißt, dass grundsätzlich nur das in der Hauptverhandlung Gesprochene und Erörterte Gegenstand der Urteilsfindung sein darf. Daher kann ein Zeuge nicht auf seine Aussage vor der Polizei verweisen, um seine erneute Vernehmung vor Gericht zu vermeiden. Die polizeiliche Aussage kann allenfalls im Wege des Vorhalts als Gedächtnisstütze dienen.

„Unmittelbarkeit" heißt, dass das Gericht gezwungen wird, bis zu den Quellen vorzustoßen und z.B. im Zweifelsfalle das Tatopfer erneut zu vernehmen. Sicheren Schutz davor bietet auch die richterliche Videovernehmung des Kindes im Ermittlungsverfahren gem. § 168 e StPO nicht (§ 255 a Abs. 2 Satz 2 StPO, → *Opferschutzgesetz,* → *Videoaufzeichnung*).

Aber auch in der *Hauptverhandlung* selbst stehen zahlreiche Opferschutzmöglichkeiten zur Verfügung, von denen leider nicht in allen Fällen Gebrauch gemacht wird. Dazu zählen
– die Vernehmung des Tatopfers in nichtöffentlicher Sitzung (§§ 171 b, 172 Nr. 4 Gerichtsverfassungsgesetz),
– nur durch die oder den Vorsitzenden (§ 241 a StPO),
– in Abwesenheit des Angeklagten (§ 247 StPO) oder
– mittels Videovernehmung in getrennten Räumen (§ 247 a StPO).
Alle diese Schutzmöglichkeiten ersetzen jedoch kaum einen von Zuwendung geprägten Umgang vor allem mit dem Tatopfer. Daran fehlt es leider immer noch in vielen Gerichtssälen. Kinder sind eben keine kleinen Erwachsenen. Bedauerlicherweise verwechseln manche Gerichte Zuwendung mit Befangenheit, obwohl sie unbestritten eine Fürsorgepflicht auch gegenüber Zeugen haben.

Die Hauptverhandlung endet mit dem *Urteil,* in seltenen Fällen auch mit der *Einstellung des Verfahrens.* Die Tatopfer sollten stets über den Ausgang des Verfahrens in geeigneter Form verständigt werden. In den Fällen der Einstellung des Verfahrens und des Freispruchs sollte ihnen gegenüber besonders begründet werden, warum es nicht zur Verurteilung kam. Die Übersendung des Urteils allein reicht im letzteren Falle nur selten aus, weil bei Anwendung des Grundsatzes „im Zweifel zugunsten des Angeklagten" der vom Angeklagten vorgebrachte Sachverhalt den Feststellungen zugrunde gelegt werden muss und dieser manchmal mit dem wirklichen Tatgeschehen, das eben nicht mit einer jeden vernünftigen Zweifel ausschließenden Sicherheit nachgewiesen werden konnte, nur mehr wenig gemeinsam hat. Vor allem Kinder werden dadurch völlig verstört. Erläuterungen sind deshalb insoweit unerlässlich. In Einzelfällen dürfte es sich auch empfehlen, den Ausgang des Verfahrens nachträglich mündlich zu erläutern.

Strafvollzug

Gerhard Rehn

In der Bundesrepublik Deutschland waren am 31.03.1999 in 197 geschlossenen und 26 offenen Justizvollzugsanstalten 75.102 Haftplätze zur Durchführung der Untersuchungshaft und der Sicherungsverwahrung sowie zur Verbüßung von Freiheits- und Jugendstrafen vorhanden, davon 3.470 für Frauen. 28.820 Haftplätze entfielen auf gemeinschaftliche Unterbringung mit bis zu acht Betten. Die Haftplätze waren am gleichen Tag mit 80.610 Gefangenen (über-)belegt, darunter mit 3.549 Frauen. Auf den Vollzug von Freiheitsstrafe entfielen 51.705 Gefangene, darunter 2.225 Frauen, auf Jugendstrafe 6.875 junge Gefangene, darunter 188 Frauen und auf Sicherungsverwahrung 206 Gefangene, nur Männer.

Rechtliche Grundlage für den Strafvollzug ist das Gesetz über den Vollzug der Freiheitsstrafe und der freiheitsentziehenden Maßregeln der Besserung und Sicherung – Strafvollzugsgesetz (StVollzG) – vom 16.03.1976 (BGBl I, S. 581). Im Januar 1998 wurden durch den Artikel V des Gesetzes zur Bekämpfung von Sexualdelikten und anderen gefährlichen Straftaten (BGBl I, S. 2461) die Behandlungsvoraussetzungen für Sexualstraftäter insbesondere in einem neu geschaffenen § 9 Abs. 1 StVollzG zwingender ausgestaltet (s. dazu im Einzelnen → *Sozialtherapeutische Anstalt*).

Der Anteil der Sexualstraftäter an allen Straftätern ist relativ gering. Er kann auf unterschiedliche Weise erschlossen werden (Rehn, 2001b): Nach der vom Statistischen Bundesamt herausgegebenen Strafvollzugsstatistik (Fachserie 10, Reihe 4.1) befanden sich am 31.03.1998 wegen einer Straftat gegen die sexuelle Selbstbestimmung 3.948 Strafgefangene und Sicherungsverwahrte in deutschen Gefängnissen (hier muss auf die Zahlen aus 1998 zurückgegriffen werden, weil die Zahlen für 1999 als Folge des am 01.04.1998 in Kraft getretenen Sechsten Strafrechtsreformgesetz nicht auflösbare Verzerrungen bei der Zuordnung zu einzelnen Tatbeständen enthalten). Das sind rund 7,0 % der 56.661 am 31.03. 1998 einsitzenden Strafgefangenen und Sicherungsverwahrten. Der Anteil ist bei den Männern mit rund 7,2 % deutlich höher als bei den Frauen mit 1,7 % und bei den nach dem Jugendgerichtsgesetz (JGG) zu Jugendstrafe verurteilten jungen Männern mit 2,7 % deutlich geringer als bei den zu Freiheitsstrafe und Sicherungsverwahrung verurteilten Männern des Erwachsenenvollzuges (7,6 %).

Bei den zu Freiheits- und Jugendstrafe sowie Sicherungsverwahrung verurteilten Männern entfallen 95 auf den sexuellen Missbrauch Abhängiger, 1.361 auf den sexuellen Missbrauch von Kindern, 479 auf sexuelle Nötigung und Missbrauch Widerstandsunfähiger, 1.791 auf Vergewaltigung sowie 11 auf sexuellen Missbrauch mit Todesfolge. Insgesamt sind dies 3.739 nach den §§ 174 bis 180 und 182 Strafgesetzbuch (StGB) wegen Verbrechens gegen die Integrität von Leib und Leben anderer Menschen verurteilte Täter. Hinzu kommen 39 wegen Exhibitionismus Verurteilte und 131 sonstige Fälle, die wegen des Ausnutzens sexueller Neigungen (Zuhälterei, Prostitution, Verleitung zur Prostitution, Menschenhandel, Verbreitung pornografischer Schriften) einsitzen.

Mit dem „Gesetz zur Bekämpfung von Sexualdelikten und anderen gefährlichen Straftaten" hat der Gesetzgeber zum Ausdruck gebracht, dass er die nach den §§ 174 bis 180 und 182 des StGB verurteilten Taten für besonders gefährlich und die Täter für besonders behandlungsbedürftig hält. Entsprechend wurden u.a. die Schwellen für die Anordnung der Sicherungsverwahrung, der Führungsaufsicht und für Therapieweisungen abgesenkt, die Voraussetzungen für die Aussetzung des Restes einer Strafe zur Bewährung dagegen deutlich erhöht. Außerdem schreibt das Gesetz die Verlegung dieser Straftäter in eine Sozialtherapeutische Anstalt unter bestimmten Voraussetzungen zwingend vor (Boetticher, 1998; Dölling, 2000; Dessecker, 2001; Rehn, 2001a, → *Sicherungsverwahrung,* → *Sozialtherapeutische Anstalt*).

Bei den Sexualstraftätern handelt es sich nach Delikt und Strafmaß, Alter und Persönlichkeit um eine äußerst heterogene Gruppe (vgl. Lösel, 2001; Kury, 2001 und Rehder, 2001), die durch den Strafvollzug nur z.T. therapeutisch erreicht wird und auf ganz unterschiedliche Weise zu sichern und zu betreuen ist.

Zwar rückt das StVollzG in § 2 die Behandlung und Eingliederung der Gefangenen in den Vordergrund, ohne dabei berechtigte Sicherheitsanliegen zu vernachlässigen, wenn es heißt: „Im Vollzug der Freiheitsstrafe soll der Gefangene fähig werden, künftig in sozialer Verantwortung ein Leben ohne Straftaten zu führen (Vollzugsziel). Der Vollzug der Freiheitsstrafe dient auch dem Schutz der Allgemeinheit vor weiteren Straftaten." Jedoch gibt es auch 23 Jahre nach dem in Kraft treten des Gesetzes unverändert erheblichen Reformbedarf. Viele Strafvollzugsgebäude sind veraltet, z.T. noch in Galeriebauweise und ausschließlich am Sicherungs- und Verwahrgedanken orientiert errichtet worden. Die Hafträume (im geschlossenen Vollzug überwiegend „Wohnclos") sind klein, die Abteilungen unübersichtlich groß. Viele Gefangene sind gemeinschaftlich untergebracht, häufig in Räumen mit vier bis acht Betten. Diese Säle sind menschenunwürdig und Brutstätten für Unterdrückung, Gewalt und neue Verbrechen. Traditionell sind auch andere Mängel: z.B. an Arbeits-, Ausbildungs- und Behandlungsplätzen, an Personal aller Berufsgruppen etc.

Diese herkömmlichen Probleme werden durch eine seit 1993 rasch zunehmende Überbelegung, durch den hohen Ausländeranteil (in einigen Bundesländern um 40%), durch massive Suchtmittelprobleme, die Zunahme von Verelendung und Gewalt sowie durch die Folgen von Sparprogrammen zur Haushaltskonsolidierung noch verschärft (zur Situation des Strafvollzugs s. Walter, 1999). Hinzu kommt, dass die Einstellungen gegenüber Straftaten und Straftätern schärfer geworden sind und perspektivlose Vergeltung in den Vordergrund tritt. Dabei wird vergessen, dass die heutigen Täter vielfach als frühere Opfer Unsägliches erlebt haben und dies nun weiter geben und dass Kreisläufe bösartiger „sozialer Vererbung" nur durchbrochen werden können, wenn Täter mit ihrer Verantwortung ernst genommen und in einem therapeutischen Milieu gefördert werden. Bloße Repression und Verwahrung verschlimmern Hass und Lebensuntüchtigkeit und gefährden nach der Entlassung Frauen und Kinder langfristig mehr als alle Versuche einer stringenten und strikten Behandlung, die freilich ohne das Eingehen kurzfristiger Risiken nicht möglich ist. Denn was gelernt wird, muss dann unter den Bedingungen zunehmender Freiheit erprobt und gefestigt werden. Die Gesamtsituation wirkt sich negativ auf vorhandene Ansätze zur Straftäterbehandlung aus. Das gilt auch für Sexualstraftäter, die in der Hierarchie der Gefangenen ganz unten stehen, besonders, wenn sie als „Kinderschänder" bekannt geworden sind. Weder wird im Milieu der überbelegten, mit bloßer Mängelverwaltung befassten Anstalten die Bereitschaft der Gefangenen, an ihrer Behandlung mitzuwirken, Schuld und Versagen anzuerkennen und zu bearbeiten, ausreichend geweckt und gefördert – eher wird, was an Bereitschaft vorhanden ist, durch negative subkulturelle Einflüsse eingeebnet und zerstört. Noch stehen andererseits qualifizierte Mitarbeiterinnen und Mitarbeiter in hinlänglicher Zahl bereit, um zu motivieren und zu therapieren „... Schwerstgestörte", schreibt Eberhard Schorsch, „zuhauf hinter Gittern. Die Fortschritte der Aufklärung, sofern sie schreitet, sind winzig" (1991, S. 10). Nach den Haushaltsplänen der Bundesländer für 1999 stehen, um die im gegebenen Zusammenhang wichtigste Berufsgruppe herauszugreifen, 560 Stellen für Psychologen zur Verfügung. Auf 100 Haftplätze entfallen 0,74, auf 100 Gefangene 0,71 Stellen. Andersherum: Ein Psychologe hat es mit rund 140 vielfach schwer gestörten Menschen zu tun. Hinzu kommt, dass die Stellen auf Länder und Anstalten höchst unterschiedlich verteilt sind: Die Spanne reicht von 0,33 Stellen pro 100 Gefangenen (Bayern) bis zu ca. einer Stelle pro 100 Gefangenen in Hamburg, Niedersachsen und Berlin (vgl. auch Hohage u.a. 2000). Weiter ist zu berücksichtigen, dass die Zahl der Psychologenstellen in behandlungsorientierten Einrichtungen des Erwachsenenvollzugs und im Jugendstrafvollzug höher ist als in den großen Anstalten des Regelvollzuges und dass insbesondere die vielen Gefangenen mit kurzen Freiheitsstrafen weitgehend unversorgt bleiben.

Nach dem StVollzG sind in einer Behandlungsuntersuchung bei hinlänglich langer Strafzeit Grundlagen für die „planvolle Behandlung ... und für die Eingliederung (des Gefangenen) nach seiner Entlassung" zu legen (§ 6 StVollzG). Auf dieser Basis wird sodann ein Vollzugsplan erstellt (§ 7 StVollzG), der u. a. Aussagen zur Unterbringung im offenen oder geschlossenen Vollzug, zu Ausbildungs- und Arbeitsmaßnahmen, zu besonderen Hilfs- und Behandlungsmaßnahmen sowie zu Lockerungen des Vollzuges (Ausgang, Urlaub, Freigang) enthält. Bei nach §§ 174 bis 180 und 182 StGB verurteilten Sexualstraftätern ist besonders gründlich zu prüfen, ob die Verlegung in eine Sozialtherapeutische Anstalt angezeigt ist.

Auf der Grundlage des Vollzugsplanes, der „mit der Entwicklung des Gefangenen und weiteren Ergebnissen der Persönlichkeiterforschung in Einklang zu halten" und daher fortzuschreiben ist (§ 7 Abs. 3 StVollzG), werden nach regelmäßiger Beratung der an der Behandlung Beteiligten (s. § 159 und § 154 StVollzG) im Rahmen der Möglichkeiten unterschiedliche Maßnahmen eingeleitet. Für Sexualstraftäter, deren Verlegung in eine Sozialtherapeutische Anstalt nicht oder noch nicht in Betracht kommt, kann – neben den auch sonst üblichen Angeboten des Vollzuges (z. B. einer schulischen Maßnahme) – Therapie durch einen intern beschäftigten oder extern tätigen Therapeuten bereitgestellt werden. Die Bundesländer haben organisatorische, administrative und z. T. auch materielle Vorkehrungen dafür getroffen sowie Verbindungen z. B. zu Fachkrankenhäusern und Hochschuleinrichtungen hergestellt, um der gesetzlichen und gesellschaftlichen Forderung nach einer intensiven Behandlung der Sexualstraftäter möglichst weitgehend gerecht werden zu können (siehe im Einzelnen Egg, 2000). Dies umfasst auch die Qualifizierung der psychologischen Fachdienste für die gutachterliche Tätigkeit, die bei Sexualstraftätern aus Sicherungs- und Absicherungsgründen etwa vor dem Beginn von Lockerungen oder der Verlegung in den offenen Vollzug regelmäßig anfällt.

Für die Behandlung der Sexualstraftäter wird zunehmend auch auf internationale Erfahrungen zurückgegriffen. Vor allem das in England schon 1991 eingeführte Sex-Offender-Treatment-Programm (SOTP), wird seit Mai 2000 auch in Hamburg (vgl. Berner & Becker 2001) und seit Herbst 2000 in Niedersachsen erprobt (Wischka u. a. 2001). Das Programm folgt einem kognitiv-verhaltenstherapeutischen Ansatz. Das Haupt-(„Core"-)Programm wird in 86 Gruppensitzungen, die durch ein Behandlungsmanual strukturiert werden, durchgeführt.

Bei den gravierenden Mängeln des Strafvollzuges ist es beachtlich, was engagierte (Fach-)Dienste aller Laufbahnen bei der Straftäterbehandlung dennoch leisten. Dabei ist nicht zu verkennen, dass die Konzentration auf die Sexualstraftäter bei im Wesentlichen gleich gebliebenen personellen Ressourcen dazu führt, dass andere Gefangenengruppen, die nicht weniger behandlungsbedürftig und häufig auch nicht weniger gefährlich sind, zusätzlich benachteiligt werden. Das nun auch gesetzlich normierte Kernstück bei der Behandlung von Sexualstraftätern im Justizvollzug sind aber die Sozialtherapeutischen Anstalten und Abteilungen (→ *Sozialtherapeutische Anstalt*).

Literatur

Berner, W. & Becker, K. H. (2001). „Sex Offender Treatment Programme" (SOTP) in der Sozialtherapeutischen Abteilung Hamburg – Nesselstraße. In: Rehn, G., Wischka, B., Lösel, F. & Walter, M. (Hrsg.). *Behandlung „gefährlicher Straftäter. Grundlagen, Konzepte, Ergebnisse* (S. 206–217). Herbolzheim: Centaurus.
Boetticher, A. (1998). Der neue Umgang mit Sexualstraftätern – eine Zwischenbilanz. In: *Monatsschrift für Kriminologie und Strafrechtsreform, 81,* 354–367.
Dessecker, A. (2001). Rechtsgrundlagen der Sanktionierung „gefährlicher" Straftäter. In: Rehn, G., Wischka, B., Lösel F. & Walter, M. (Hrsg.). *Behandlung „gefährlicher Straftäter". Grundlagen, Konzepte, Ergebnisse* (S.11–25). Herbolzheim: Centaurus.
Dölling, D. (1999). Sexueller Missbrauch von Kindern – Entwicklung der Gesetzgebung und Aufgaben der Kriminologie. In: Egg, R. (Hrsg.). *Sexueller Missbrauch von Kindern. Täter und Opfer* (S. 19–41). Wiesbaden: Kriminologische Zentralstelle.
Egg, R. (1999). Zur Rückfälligkeit von Sexualstraftätern. *Kriminalistik, 6,* 367–373.
Egg, R. (2000). Die Behandlung von Sexualstraftätern in sozialtherapeutischen Anstalten – Ergebnisse von Umfragen der KrimZ. In: Egg, R. (Hrsg.): *Behandlung von Sexualstraftätern im Justizvollzug. Folgerungen aus den Gesetzesänderungen* (S. 75–97). Wiesbaden 2000: Kriminologische Zentralstelle.
Hohage, B., Walter, M. & Neubacher, F. (2000). Die Entwicklung der personellen Ausstattung der Justizvollzugsanstalten in Abhängigkeit von kriminalpolitischen Strömungen. *Zeitschrift für Strafvollzug und Straffälligenhilfe, 49,* 136–151.
Kury, H. (2001). Herausforderungen an die Sozialtherapie: Persönlichkeitsgestörte Straftäter. In: Rehn, G., Wischka, B., Lösel, F. & Walter, M. (Hrsg.). *Behandlung „gefährlicher Straftäter". Grundlagen, Konzepte, Ergebnisse* (S. 54–80). Herbolzheim: Centaurus.
Lösel, F. (2001). Das Konzept der Psychotherapie und seine Bedeutung für die Straftäterbehandlung. In: Rehn, G., Wischka, B., Lösel, F. & Walter, M. (Hrsg.). *Behandlung „gefährlicher Straftäter". Grundlagen, Konzepte, Ergebnisse* (S. 36–53). Herbolzheim: Centaurus.
Meier, B.-D. (1999). Zum Schutz der Bevölkerung erforderlich? – Anmerkungen zum „Gesetz zur Bekämpfung von Sexualdelikten und anderen gefährlichen Straftaten" vom 26.1.1998. In: Kreuzer, A., Jäger, H., Otto, H., Quensel, St. & Rolinski, K. (Hrsg.). *Fühlende und denkende Kriminalwissenschaften. Ehrengabe für Anne-Eva Brauneck.* Mönchengladbach: Gießener Kriminalwissenschaftliche Schriften.
Rehder, U. (2001). Sexualstraftäter: Klassifizierung und Prognose. In: Rehn, G., Wischke, B., Lösel, F. & Walter, M. (Hrsg.). *Behandlung „gefährlicher Straftäter". Grundlage, Konzepte, Ergebnisse* (S. 81–103). Herbolzheim: Centaurus.
Rehn, G. (2000) Kommentierung zu §§ 9 und 123ff StVollzG. In: Feest, J. (Hrsg.). *Kommentar zum Strafvollzugsgesetz (AK StVollzG).* 4. Aufl. Neuwied, Darmstadt: Luchterhand.
Rehn, G. (2001a). Chancen und Risiken – Erwartungen an das Gesetz zur Bekämpfung von Sexualdelikten und anderen gefährlichen Straftaten. In: Rehn, G., Wischka, B., Lösel, F. & Walter, M. (Hrsg.). *Behandlung „gefährlicher Straftäter". Grundlagen, Konzepte, Ergebnisse* (S. 26–35). Herbolzheim: Centaurus.
Rehn, G. (2001b). „Wer A sagt ..." Haftplätze und Haftplatzbedarf in Sozialtherapeutischen Einrichtungen. In: Rehn, G., Wischka, B., Lösel, F. & Walter, M. (Hrsg.). *Behandlung „gefährlicher Straftäter". Grundlagen, Konzepte, Ergebnisse* (S. 264–75). Herbolzheim: Centaurus.
Schorsch, E. (1991). *Kurzer Prozess? Ein Sexualstraftäter vor Gericht.* Hamburg: Klein.
Walter, M. (1999). *Strafvollzug.* 2. Aufl. Stuttgart u.a.: Richard Boorberg.
Wischka, B., Foppe, E., Griebenburg, P., Nuhn-Naber, C. & Rehder, U. (2001). Das Behandlungsprogramm für Sexualstraftäter (BPS) im niedersächsischen Justizvollzug. In: Rehn, G., Wischka, B., Lösel, F. & Walter, M. (Hrsg.). *Behandlung „gefährlicher Straftäter". Grundlagen, Konzepte, Ergebnisse* (S. 193–205). Herbolzheim: Centaurus.

Weitere Literatur

Callies, R.-P. & Müller-Dietz, H. (2000). *Strafvollzugsgesetz.* 8. Aufl. München: C. H. Beck.
Feest, J. (Hrsg.) (2000). *Kommentar zum Strafvollzugsgesetz (AK StVollzG).* 4. Aufl. Neuwied, Darmstadt: Luchterhand.
Schwind, H. D. & Böhm, A. (Hrsg.) (1999). *Strafvollzugsgesetz. Großkommentar.* 3. Aufl. Berlin, New York: de Gruyter.

Strafvorschriften gegen sexuellen Missbrauch (§§ 174 bis 184c StGB)

Hans-Alfred Blumenstein

Es werden hier nur die für die Praxis besonders wichtigen Bestimmungen besprochen.

Sexuelle Handlungen im Sinne des Gesetzes sind gemäß § 184 c StGB „nur solche, die im Hinblick auf das geschützte Rechtsgut von einiger Erheblichkeit sind". Eher flüchtige unsittliche Berührungen fallen daher nicht unter die mit z.T. mit hohen Strafen bedrohten Straftaten gegen die sexuelle Selbstbestimmung. Dies bedeutet jedoch nicht, dass solche Verfehlungen straflos bleiben. Sie können vielmehr – allerdings nur auf Antrag – als tätliche Beleidigung gem. § 185 StGB verfolgt werden.

Werden sexuelle Handlungen vor einem Kind vorgenommen, ist erforderlich, dass das Kind diese auch wahrnimmt. Dabei kommt es nicht darauf an, dass das Kind die Sexualbezogenheit auch erkennt (Rudolphi, Horn, Samson & Günther 2000).

Absoluten gesetzlichen Schutz vor sexuellem Missbrauch genießen Kinder bis zum vollendeten 14. Lebensjahr auf Grund der zentralen Vorschrift des § 176 StGB. Allein die Tatsache, dass die sexuellen Handlungen an oder vor einem Kind oder durch das Kind an dem Täter oder einem Dritten vorgenommen werden, begründet die Strafbarkeit gem. § 176 Abs. 1 StGB. *Auf die Willensrichtung des Kindes kommt es dabei nicht an.* Insbesondere ist es unerheblich, ob das Kind die Sexualbezogenheit der Handlungen erkennt, sie vielleicht sogar will und freiwillig mitmacht. So stehen auch sexuelle Handlungen eines strafmündigen 14-jährigen Jungen an seiner 13-jährigen Freundin unter Strafe. Allerdings kann hier, so es denn überhaupt zu einer Anzeige kommt, das Verfahren nach § 45 Jugendgerichtsgesetz (JGG) eingestellt werden. Sonst reicht die Strafdrohung von 6 Monaten bis zu zehn Jahren Freiheitsstrafe, in minder schweren Fällen von Geldstrafe bis zu fünf Jahren.

Die §§ 176a und b StGB sind unter denselben Voraussetzungen wie vorstehend als Verbrechenstatbestände mit Mindeststrafen von einem Jahr und mehr ausgebildet. Zum schweren sexuellen Missbrauch zählen die Fälle des „vaginalen, oralen und analen Geschlechtsverkehrs" mit Kindern, gemeinschaftliche Begehungsweise, schwere Gesundheitsgefährdung oder erhebliche Entwicklungsschädigung sowie Rückfalltaten. Die Bestrafung setzt insoweit weder Gewaltanwendung noch Drohung oder sonstigen Zwang voraus. Wird indessen ein

Kind schwer misshandelt oder in die Gefahr des Todes gebracht, ist Freiheitsstrafe nicht unter fünf Jahren angedroht. Die Höchststrafe beträgt 15 Jahre. In minder schweren Fällen kann die Strafe gemildert werden.

§ *174 StGB* schützt die ungestörte Entwicklung von Kindern und Jugendlichen in verschiedenen Altersstufen vor unerlaubten sexuellen Eingriffen im Rahmen von *Erziehungs-, Betreuungs- oder Arbeitsverhältnissen*. § 174 Abs. 1 Nr. 1 StGB stellt allein die Tatsache unter Strafe, dass es z.B. zwischen einem Heimmitarbeiter und einer Heimbewohnerin unter 16 Jahren zu sexuellen Handlungen kommt und sei es auch im Rahmen eines Liebesverhältnisses. Vor der *bewussten Ausnutzung* eines Erziehungs-, Betreuungs- oder Arbeitsverhältnisses zu sexuellen Handlungen werden Kinder und Jugendliche bis zum vollendeten 18. Lebensjahr geschützt. Dasselbe Schutzalter gilt für leibliche und angenommene Kinder und Jugendliche.

Die §§ 177 und 178 StGB schützen Kinder, Jugendliche und Erwachsene gleich welcher Altersstufe vor sexuellen Handlungen, die *mit Gewalt, Drohungen mit gegenwärtiger Gefahr für Leib oder Leben oder unter Ausnutzung einer Lage, in der das Opfer der Einwirkung des Täters schutzlos ausgeliefert ist,* vorgenommen werden (Vergewaltigung, sexuelle Nötigung, → *Vergewaltigung*). Die letztere Regelung wurde erst 1998 eingeführt, um die Strafbarkeitslücke in solchen Fällen zu schließen, in denen der Täter sein Opfer etwa an einen abgelegenen Ort bringt, wo es ihm ohne Aussicht auf Hilfe auch ohne Gewaltanwendung oder Drohung ausgeliefert ist. Die Mindeststrafe beträgt im Grundtatbestand ein Jahr. Kommt es zum Geschlechts-, Mund- oder Afterverkehr oder wird die Tat von mehreren gemeinschaftlich begangen (Gruppenvergewaltigung) erhöht sich die Mindeststrafe auf zwei, beim Mitführen einer Waffe o.ä. oder bei der Gefahr einer schweren Gesundheitsschädigung auf drei Jahre. Wird die Waffe zur Erreichung der Ziele des Täters tatsächlich angewandt, das Opfer schwer misshandelt oder in Todesgefahr gebracht, liegt die Mindeststrafe bei fünf Jahren. Die Höchststrafe beträgt einheitlich 15 Jahre. In minder schweren Fällen kann die Strafe gemildert werden.

§ *182 StGB,* dessen Absatz 2 („... dabei die fehlende Fähigkeit des Opfers zur sexuellen Selbstbestimmung ausnutzt ...") eine unter Opferschutzgesichtspunkten (→ *Opferschutzgesetz*) leider sehr unglückliche Formulierung gefunden hat, ist diesen Bestimmungen gegenüber in der Regel nachrangig. Unglücklich an der Formulierung ist, dass das Tatbestandsmerkmal der Ausnutzung der sexuellen Unerfahrenheit des Tatopfers ein Einfallstor für eine aggressive Verteidigung bietet. Wenn der Angeklagte bestreitet, er habe die sexuelle Unerfahrenheit seines Opfers ausgenutzt, kann er eine Vielzahl von Beweisanträgen in die Richtung stellen, das Opfer habe schon mit dem oder dem oder dem Angeklagten selbst sexuellen Umgang gehabt. Diesen Beweisanträgen muss das Gericht nachgehen. Meist kommt nichts Negatives über das Opfer heraus, aber die Belastung des Opfers ist enorm. Außerdem wird der Ruf des Opfers beschädigt. Diese Bestimmung ist deshalb wenig opferfreundlich. An ihr zeigt sich erneut, das Opferschutz vor allem eine Sache des Prozessrechts und nicht so sehr des materiellen Strafrechts ist. Es erscheint deshalb oft als purer Aktionismus, wenn Strafrahmen angehoben werden und am Prozessrecht aber nichts geändert wird.

Diese Strafbestimmungen können auch zusammentreffen; wenn z.B. eine 13-jährige Heimbewohnerin von ihrem Erzieher vergewaltigt wird, sind die Straftatbestände der §§ 176 a Abs.1 Nr. 1, 174 Abs.1 Nr. 2 und 177 Abs. 2 Nr. 1 gleichzeitig verwirklicht. Die Strafe wird aus dem Tatbestand, der die schwerste Strafe vorsieht, entnommen.

Literatur

Rudolphi, H.-J, Horn, E., Samson, E. & Günther, H. L. (1997). *Systematischer Kommentar zum Strafgesetzbuch,* Loseblattausgabe, Stand April 2000, § 184c , Anm. 19.

Supervision

Bernhard Eckert-Groß

Supervision bei sexueller Gewalt gegen Kinder stellt in mehrerer Hinsicht eine besondere Herausforderung für alle Beteiligten – Supervisor(in) und die zu supervidierenden Einrichtungen, Teams und Supervisand(inn)en – dar. Im Folgenden beschreibe ich aus der jeweiligen Perspektive der genannten Beteiligten auf Basis meiner Erfahrungen die besonderen Aspekte von Supervision bei Fällen sexuellen Missbrauchs.

Die Ausführungen beziehen sich in erster Linie auf die am häufigsten vorkommende Situation, nämlich den Verdachtsfall, in dem der Täter/die Täterin noch nicht eindeutig feststeht, erste Hinweise auf möglichen Missbrauch vorhanden sind oder sich verdichten und ein gerichtliches Verfahren in der Regel noch nicht läuft. Die geschilderten Prozesse variieren selbstverständlich mit dem Erfahrungsstand der Teams und Supervisor(inn)en bzw. dem Stand der „internen Intervention" der jeweiligen Einrichtungen.

Supervision als Krisenintervention

In den meisten Fällen von sexueller Gewalt gegen Kinder und Jugendliche befinden sich alle Beteiligten – je nach Erfahrungsstand – in einer akuten Krise.

Fast immer aktiviert ein akuter Missbrauchsverdacht folgende Reaktionen und Impulse bei Einzelnen und im Team: Leugnung des Missbrauchs („Bei uns nicht!"), Verharmlosung und Rationalisierung, Schuldgefühle („Warum haben wir nichts bemerkt?"), Angst, Ohnmacht, Scham („Wie sieht das aus, wenn das in der Einrichtung bekannt wird, dass das in unserer Gruppe passiert ist?", „Was passiert, wenn das rauskommt?") und unspezifische Wut und Ärger (meist auf den Täter bezogen).

Diese Krise und die Befürchtung, dass die gewohnten Maßnahmen zur Bewältigung in diesem Fall nicht ausreichen, führen oft, aber leider nicht immer zur Erkenntnis, alleine nicht (mehr) weiterzukommen. Diese Erkenntnis und die Suche nach Unterstützung von außen ist für die Gestaltung einer angemessenen Intervention von großer Bedeutung: Das Erkennen eigener Grenzen und Möglichkeiten hilft zum einen dem/den betroffenen Kind/ern, zum anderen den Professionellen im Hinblick auf den Erhalt der eigenen Kräfte, die dringend für die Gestaltung der Intervention und für die eigene Krisenbewältigung gebraucht werden. Deshalb ist die Wahrnehmung und die Akzeptanz dieser Krise nicht hinderlich oder unprofessionell, sondern geradezu ein Zeichen hoher Professionalität.

Neben der allgemeinen Krise ist ebenfalls damit zu rechnen, dass beim Missbrauch eines Kindes in der Einrichtung häufig vorhandene, bisher aber nicht bearbeitete, eigene Missbrauchserfahrungen von Mitarbeiterinnen und Mitarbeitern aktiviert werden können. Dieser Aspekt ist sehr bedeutsam, da manchmal die eigene Missbrauchserfahrung stellvertretend am betroffenen Kind „bearbeitet" wird. Dies kann sich z.B. in Form von Überengagement in der „Retter-Rolle" oder in Verharmlosung des Geschehens äußern. Darauf vorbereitet zu sein, ist für eine/n Supervisor/in wichtig.

Auf Ebene der Einrichtungsstruktur und der Leitung sind häufig folgende Reaktionen zu beobachten: Da die Leitung einer Einrichtung u.a. die Aufgabe hat, die Außenwirkung und die fachliche Kompetenz, also die Qualität der Leistung der Einrichtung, nach außen „verkaufen" zu müssen, ist hier die Gefahr der Leugnung und Verharmlosung besonders hoch. Folgende Ängste und Befürchtungen stehen im Raum:
– „Werden wir noch angefragt, wenn bekannt wird, dass es in unserer Einrichtung Missbrauch gibt, gerade jetzt, wo Qualitätsentwicklung so zentral ist?"
– „Wie sollen wir damit umgehen, dass wir z.B. Opfer und Täter in der Einrichtung haben?"
– „Sind unsere Mitarbeiter/innen ausreichend ausgebildet?"
– „Was das an Ressourcen kostet, das können wir uns nicht leisten!"

Unbewusste Prozesse in Team und Einrichtung

In Teams und Einrichtungen löst ein Verdacht auf sexuellen Missbrauch Gefühle und Phantasien bezogen auf das betroffene Kind und die anderen beteiligten

Personen (z.B. nicht missbrauchende Eltern, Täter) aus, die die innere Dynamik der Personen widerspiegeln. Diese auch als „Spiegelprozesse" bezeichneten unbewussten Prozesse sind in Therapien und Supervision nichts Ungewöhnliches (Kutter 1992, 292; Neff 1997, 97). Im psychoanalytischen Jargon werden diese Prozesse als Gegenübertragung bezeichnet (Freud 1910, 108). In der Integrativen Therapie wird die Gegenübertragung so verstanden, dass der Therapeut auch eigenes Material in den Kontakt mit einbringt (Petzold 1993, 1130). Bei Fällen sexuellen Missbrauchs sind diese Prozesse oft besonders ausgeprägt und beeinflussen häufig die Interventionen. Reinhold Neff (1997, 98) geht sogar so weit, dass er meint auf Grund dieser Prozesse würden „die geplanten Hilfen in der Regel nicht dem Kind helfen, sondern dem Professionellen zur Entlastung dienen." Mit diesen Prozessen sollte deshalb jede/r der Interventionen bei Fällen sexuellen Missbrauchs durchführt und jede/r Supervisor/in der Teams dabei begleitet, vertraut sein (ebd., 108).

Das Team

- fällt angesichts der Ungeheuerlichkeit des Geschehens in „rasende" Wut gegenüber den Täterinnen und Täter, der Gesellschaft, den Männern etc. („Verfolger-Position").
- empfindet sich als hilflos und ohnmächtig („Opfer-Position").
- findet keine Worte für das Geschehene, leugnet die Tatsachen oder/und deren Bedeutung („Nicht der Rede wert!") und schweigt gegenüber der Leitung und dem/der Supervisor/Supervisorin.
- erlegt sich kollektiv Geheimhaltung auf („Da kriegen wir nur Ärger und tun können wir eh nichts …!").
- „spaltet" sich in zwei (oder mehr!) unerbittliche Lager: Liegt Missbrauch vor oder nicht? Wenn Männer und Frauen im Team arbeiten, gibt es oft eine „Opfer-Fraktion" (meist Frauen), die in starker „Solidarität" mit den Betroffenen gegen die „Täter-Fraktion" (meist Männer!) darum kämpfen, wer nun recht hat. Diese Spaltungen zeichnen sich dadurch aus, dass die Positionen häufig unerbittlich und mit großer Energie verteidigt werden. Diejenigen im Team, die den Missbrauchsverdacht benannt und aufgedeckt haben, werden nicht selten pathologisiert oder stigmatisiert, z.B. durch Aussagen wie „…der/die war ja schon immer ein bisschen arg empfindlich …", „… klar, wieder typisch die Erzieher/innen (bei Teams mit unterschiedlichem Ausbildungshintergrund!), Feministinnen, Männer …" etc.

Die Leitung

- sucht nach „Schuldigen" bei den Mitarbeiterinnen und Mitarbeitern, wenn die Leugnung nicht aufrechtzuerhalten ist („… zu wenig oder zu viel Fortbildungen …", „… das hätten Sie merken müssen …", „… Warum haben Sie nicht …?").

- verharmlost und delegiert („... Ach das sind doch harmlose Spiele, regeln Sie das auf der Gruppe ..."').
- leugnet den Missbrauch („Bei uns gibt es so etwas nicht...ich fordere Sie auf, das nicht mehr auszusprechen, sonst ...!").

Werden diese Prozesse nicht erkannt, hat dies meist fatale Folgen: Teams sind in sich zerstritten. Einzelne, die als „Retter" angetreten sind, werden am Ende diffamiert. Ganze Teams werden entlassen, um den Schein nach außen aufrechtzuerhalten.

Die „Lösung" solcher Prozesse liegt in folgenden Erkenntnissen:
- Die beschriebenen Prozesse zeigen sich häufiger als uns lieb ist! Dies ist kein Indiz für schlechtes Arbeiten, sondern liegt in der Schwere des Delikts und seiner Dynamik begründet.
- Die Aufdeckung der Prozesse spiegelt wichtige diagnostische Erkenntnisse über das Erleben des/der Betroffenen und der Opfer-Täter-Dynamik wider.
- Das Nicht-Erkennen solcher Prozesse hat oft zur Folge, dass Einzelne und/ oder Teams ausgebrannt, stigmatisiert und frustriert werden. Dabei gehen manchmal jegliche Solidarität und Unterstützung verloren.
- Die Leugnung seitens der Einrichtung hat zur Folge, dass Mitarbeiterinnen und Mitarbeiter keinen strukturellen Rückhalt für das Aussprechen und Benennen von Grenzüberschreitungen oder Missbrauchshandlungen besitzen. Dies führt häufig zum Leugnen des Themas und zum Wegsehen in der Arbeit mit Kindern und Jugendlichen.

Professionelle Anforderungen und Anregungen an Teams, Einrichtungen, Supervisor(inn)en

Die Teams sollten

- über ausreichend Wissen bezüglich der Symptomatik, der innerpsychischen Dynamik von Betroffenen und der Dynamik zwischen Opfer und Täter(in) verfügen.
- sich über die beschriebenen Teamdynamiken und deren spezifische Formen bei sexueller Gewalt bewusst sein.
- regelmäßige Supervision und Fortbildung erhalten.
- über eine ausgeprägte Fürsorge-Struktur verfügen: „Feed-back-Kultur", Anerkennung und Würdigung des Beitrags jeder/jedes Einzelnen, Kenntnis eigener Stärken und des eigenen Entwicklungsbedarfs.

Die Einrichtungen sollten

- eine Einrichtungskultur schaffen, die sich durch Enttabuisierung des Themas, Benennen-Dürfen ohne Strafe und Scham, standardisiertes Vorgehen bei sexueller Gewalt in der Einrichtung (Stichworte sind hier „Helferkonferenz",

„Umgang mit jugendlichen Tätern", „Umgang mit Mitarbeiterinnen und Mitarbeitern, die missbrauchen", „Prävention") auszeichnet.
- eine Konzeption zum Umgang mit sexuellen Missbrauch entwickelt haben, in deren Präambel die Definition, die ethische Haltung und das Vorgehen bei sexueller Gewalt in der Einrichtung benannt wird. Diese Konzeption muss für alle Mitarbeiterinnen und Mitarbeiter zugänglich und verbindlich sein (→ *Intervention – die „Regeln der Kunst"*).
- erkannt haben, dass ein aktives Vorgehen Zeit, Kosten und Ressourcen spart (Mitarbeitereinsatz, Burn-out, Krankheitsquote, Kündigungen, Verwaltungsaufwand etc.).
- davon ausgehen, dass sich ein „präventives, internes Interventionskonzept" im Zuge von Qualitätssicherung für eine professionelle Außendarstellung eignet.

Für den/die Supervisor/in sind folgende Voraussetzungen wichtig und folgende Besonderheiten bei Missbrauch zu bewältigen. Sie/er muss
- über Kenntnisse der Missbrauchsdynamik auf allen Ebenen (Opfer-Täter/in-Familie) verfügen.
- mit der Täterdynamik, Leugnungsprozessen und dem direktiven Vorgehen in der Täter-Therapie vertraut sein (→ *Abwehrstrategien der Täter*).
- über Gegenübertragungen und „Spiegelprozesse" informiert sein und mit ihnen umgehen können.
- Wissen über die juristischen Rahmenbedingungen für Verfahren besitzen und die Bereitschaft mitbringen, sich mit dem spezifischen juristischen Bezugsrahmen auseinanderzusetzen, ohne diesen abzuwerten.
- genügend innere Autonomie besitzen, um sich Schutz und Konfrontation von Teams und Leitung zuzutrauen.
- über Kenntnisse organisationsspezifischer Strukturen und Abläufe und deren Verbindung zur Intervention und Prävention von sexueller Gewalt verfügen.
- bereit sein, die Gratwanderung zwischen „klinischem Schutzraum" und einem eventuell schon lange bestehenden Straftatbestand bzw. Gewaltdelikt anzunehmen.
- die Bereitschaft mitbringen, Leugnung und Rationalisierungen bei allen Beteiligten langsam mit „beharrlicher Geduld" und „wertschätzender Konfrontation" aufzulösen und anschließend weiter zu begleiten.
- sich eine klare ethisch-professionelle Position gegenüber Täterinnen und Täter erarbeitet haben.
- alternative Ansätze und deren Voraussetzungen für die Schaffung einer einrichtungsspezifischen Interventionskultur auf verschiedenen Ebenen (Team, Psychologischer Dienst, Leitung, Vorstand etc.) präsentieren können.

Supervision hat bei Fällen von sexuellen Missbrauch also auf mehreren Ebenen „parteiliche" Funktion: Sie muss auf den Schutz der Betroffenen, den Schutz und die Aufrechterhaltung der Professionalität der Mitarbeiter/innen und den Schutz und die Gewährleistung effektiver Gesamtintervention achten.

Literatur

Freud, S. (1910). *Die zukünftigen Chancen psychoanalytischer Therapie.* Gesammelte Werke Band 8 (S. 104–115). Frankfurt am Main: Fischer.
Neff, R. (1997). Interventionsmaßnahmen – Hilfen mit aller Gewalt. In: K. Klees & W. Friedebach (Hg.): *Hilfen für missbrauchte Kinder. Interventionsansätze im Überblick* (S. 95–111). Weinheim und Basel: Beltz.
Kutter, P. (1992). Das direkte und das indirekte Spiegelphänomen. In: H. Pühl (Hg.): *Handbuch der Supervision.* Berlin: Springer.
Petzhold, H. G. (1993). *Integrative Therapie. Band II/3. Klinische Praexeologie.* Paderborn: Junfermann.

Systemische Erklärungsansätze zum Sexuellen Missbrauch

Franziska Sitzler und Wilhelm Körner

Systemisch bzw. familientherapeutisch orientierte Erklärungsansätze sexuellen Kindesmissbrauchs beziehen sich zumeist auf Übergriffe vom Vater auf die (Stief-)Tochter und sehen in früheren und aktuellen Familienbeziehungen die Grundlage der ausgeübten Gewalt.

Bezogen auf den familiären Hintergrund der Elterngeneration wird beschrieben, dass sowohl die gewalttätigen Väter als auch die Mütter von Inzestopfern überdurchschnittlich häufig in der Kindheit selbst Opfer innerfamilialer Übergriffe waren oder mit Vernachlässigung, Zurückweisung und Angst vor Verlassenwerden konfrontiert waren (siehe Joraschky 2000; Hirsch 1987; Bentovim 1995). Trepper & Barrett (1991) gehen dabei von folgender Annahme aus: „Es gibt keine einzige Ursache für inzestuöse Übergriffe. Vielmehr sind alle Familien mit einer gewissen Vulnerabilität ausgestattet, die auf individuelle Faktoren und auf die Faktoren der Umgebung wie der Ursprungsfamilien zurückzuführen ist. Diese Vulnerabilität kann als Inzest zum Ausdruck kommen, wenn entsprechende Ereignisse dafür den Anstoß geben und die Fähigkeiten der Familie, sich damit erfolgreich auseinanderzusetzen, nicht ausreichen" (ebd., S. 46).

Innerhalb der so genannten Inzestfamilien wird von unterschiedlichen Autoren ein problematischer Umgang mit den Generationsgrenzen und/oder den Geschlechtergrenzen beschrieben. Wird eine Eltern-Kind-Beziehung in Konkurrenz zur Beziehung der Eltern untereinander aufgebaut, wird einem Kind unverhältnismäßig viel Verantwortung für das Wohlergehen der anderen Familienmitglieder auferlegt oder werden Grenzen zwischen den Geschlechtern (z.B. beim gemeinsamen Baden) nicht gewahrt, so entstehen inzestuöse Strukturen, die die Grundlage für körperliche Übergriffe durch ein Elternteil bilden können (siehe Joraschky, 2000; Levold u.a. 1990). Bentovim (1995, S. 56) beschreibt die konkreten „Misshandlungsprozesse", die bei sexuellen Übergriffen eine Rolle spielen, als „das Einsetzen sexueller Verhaltensweisen an die Stelle normaler zärtlicher Kontakte" sowie „die Nutzung sexuell missbrauchender Handlungen, um den anderen dominieren und beherrschen zu können". Joraschky (2000, S. 91) unterscheidet dabei folgende „typische Rollenmuster" in Inzestfamilien, wobei er sich auf die Theorie der Generationsgrenzen und deren Bedeutung für das familiale Zusammenleben bezieht: 1. ein dominanter, mächtiger Vater und eine abhängige Mutter; 2. eine dominante, mächtige Mutter und ein Vater, der keine klare Trennung zur Generation der Kinder zieht; 3. die chaotische Struktur, bei der sich alle Familienmitglieder „auf derselben Generationsebene befinden" und entsprechend von den Eltern nur wenig Verantwortung übernommen wird; 4. die Stieffamilie, in der eine geringe Bindung des Stiefelternteils an die Kinder besteht und keine angemessenen „Regeln, Rollen und Grenzen" entwickelt wurden.

Häufig werden im Zusammenhang mit innerfamilialem Missbrauch sozial isolierte Familien beschrieben, die sich auf paranoide Weise von der Außenwelt abschotten und in denen nur ungenügende emotionale Beziehungen zwischen den Familienmitgliedern bestehen (siehe z.B. Hirsch 1987; Joraschky 2000). Trepper & Barrett (1991, S. 130) bewerten folgende Kommunikationsprobleme als typisch für Inzestfamilien: „(1) Geheimnistuerei; (2) widersprüchliche oder unklare Botschaften füreinander; (3) seltene Gespräche über Gefühle; (4) wenig aufmerksames Zuhören oder Mitgefühl und (5) mangelnde Fähigkeit, Konflikte zu lösen". Nach Levold u.a. (1990, S. 80) werden die Beziehungen zwischen den Familienangehörigen „gleichzeitig als bedrohlich und lebensnotwendig erlebt und sind daher tief ambivalent". Die Autoren unterscheiden dabei zwischen „konfliktvermeidenden Familien", in denen die Wahrnehmung von Hinweisen auf sexuelle Übergriffe verleugnet wird und in denen der Missbrauch häufig ohne Sprache vollzogen wird und „konfliktregulierenden Familien", in denen der Inzest als Geheimnis der gesamten Familie gilt, das vor der Außenwelt verborgen wird und von den Angehörigen gedeckt wird. Das so genannte Circumplex-Modell umfasst eine zweidimensionale Beschreibung von Familienstrukturen bezogen auf die Themen Kohäsion (Grad der emotionalen Bindung von verstrickt bis losgelöst) und Adaptabilität (Grad der Flexibilität für Veränderungen von starr bis chaotisch). Hierbei werden Inzestfamilien als extrem starr-verstrickt oder chaotisch-aufgelöst beschrieben (Trepper & Barrett 1991; Joraschky 2000).

Von einigen Autoren werden die Isolation nach außen und die starken innerfamilialen Konflikte so interpretiert, dass der Inzest „als eine Art Bindemittel fungiert" (Rijnaarts 1988). Hirsch (1987) schreibt dazu: „Inzest ist spannungsreduzierend und verringert die Gefahr der Auflösung [...], er stabilisiert die Familie". Rijnaarts (1988, S. 158) weist in diesem Zusammenhang darauf hin, die Spannungen in der Familie seien „in vielen Fällen nicht Ursache, sondern Folge des Inzests", wenn etwa der Vater versuche, Außenkontakte der Tochter zu verhindern oder die Tochter versuche, sich der Tyrannei des Vaters zu entziehen. Levold u. a. (1990) weisen unter Bezug auf Jehu (1988) darauf hin, dass zu der Verstrickung der Angehörigen auch der Umstand gehört, dass missbrauchte Kinder häufig materielle Geschenke, besondere Anerkennung durch den Täter, das Gefühl sexueller Überlegenheit gegenüber der Mutter u.a. bekommen, was sie einerseits möglicherweise an den Täter bindet, andererseits Schuld- und Schamgefühle nährt.

Als Charakteristikum der Partnerschaften gilt eine stark konfliktgeladene Beziehung, die von den Eltern dennoch nicht beendet wird (siehe Joraschky 2000; Levold u. a. 1990). Hirsch (1987, S. 131) betont, dass sexuell übergriffige Väter die Töchter neben der sexuellen Befriedigung auch „als Werkzeug der Aggression gegen den Ehepartner" benutzen. Nach Gerwert (1996, S. 15) liefern Haugaard & Repucci (1988, S. 120ff.) einen „zusammenfassenden Überblick über die in der Literatur beschriebenen Familienstrukturen von Inzestfamilien". Dabei werden zwei Typen von Rollenverteilungen zwischen Vater und Mutter unterschieden: „Der eine Familientyp ist gekennzeichnet durch patriarchalische Familienstrukturen. Der Vater ist dominant, häufig körperlich gewalttätig und Herrscher über die Familie. Die Mutter ist eher submissiv und emotional zurückgezogen. Zudem leidet sie oft unter psychischen und physischen Beeinträchtigungen. Innerhalb der Familie gehört sie eher zum Subsystem der Kinder. Beim zweiten Typ ist die Mutter die eigentlich Dominierende in der Familie, die alle Familienmitglieder bemuttert. Der Vater hingegen wird als abhängig und passiv beschrieben" (ebd.). Gerwert (1996) und Rijnaarts (1988) erwähnen, dass in älteren Veröffentlichungen die Mutter häufig als „Schlüsselfigur" bewertet wurde, die das familiäre Klima maßgeblich gestaltet und die (als zu schwache oder zu dominante Frau) ein eigenes Interesse daran hat, dass der Missbrauch des Mannes an der Tochter nicht aufgedeckt wird. Blieb hinter dieser tendenziösen Beschreibung der Frauen die Beschreibung der Täter häufig sogar im Hintergrund, so wurde der „Vater-Tochter-Inzest zum Frauenproblem" gemacht (Rijnaarts 1988, S. 159) und „außer Acht gelassen, dass das Verhalten von Mutter und Tochter zumindest in traditionellen Familien (unter anderem) durch die Macht des Vaters bestimmt ist" (ebd., S. 157). Dieser letztgenannte Punkt trifft auch auf diejenigen Beschreibungen innerfamilialen Missbrauchs zu, bei denen absichtlich nicht zwischen den Positionen der einzelnen Familienmitglieder unterschieden wird. Trepper & Barrett (1991, S. 72) beispielsweise gehen so weit, den Inzest gegenüber den Familienangehörigen als „ein Zeichen für allzu große Liebe in eurer Familie" anzusehen und als Therapieziel die Entwicklung eines anderen Weges festzusetzen, diese Liebe auszudrücken.

Als Vorteil der systemischen Erklärungsansätze kann die Entwicklung eines differenzierteren Verständnisses innerfamilialen Missbrauchs über die Beschreibung von „Täterpersönlichkeiten" hinaus betrachtet werden. Dabei sollte allerdings eine Verschiebung der Verantwortlichkeiten vom Täter auf die weiblichen Familienmitglieder vermieden werden. Weiterhin sollte bei der Beschreibung von Familienstrukturen ausreichend zwischen den unterschiedlichen Positionen und Interessen der einzelnen Familienmitglieder unterschieden werden.

Literatur

Bentovim, A. B. (1995). *Traumaorganisierte Systeme.* Systemische Therapie bei Gewalt und sexuellem Missbrauch in Familien. Mainz: Grünewald.
Gerwert, U. (1996). *Sexueller Missbrauch an Mädchen aus der Sicht der Mütter.* Frankfurt a. M.: Peter Lang.
Hirsch, M. (1987). *Realer Inzest.* Psychodynamik des sexuellen Missbrauchs in der Familie. Berlin: Springer.
Joraschky, P. (2000). Sexueller Missbrauch und Vernachlässigung in Familien. In: U. T. Egle, S.O. Hoffmann & P. Joraschky (Hrsg.). *Sexueller Missbrauch, Misshandlung, Vernachlässigung* (S. 84–98). Stuttgart: Schattauer.
Levold, T; Wedekind, E. & Georgi, H. (1990). Familienorientierte Behandlungsstrategien bei Inzest. *System Familie, 3,* 74–87.
Rijnaarts, J. (1988). *Lots Töchter. Über den Vater-Tochter-Inzest.* Düsseldorf: claasen.
Trepper, T. S. & Barrett, M. J. (1991). *Inzest und Therapie.* Ein (system)therapeutisches Handbuch. Dortmund: modernes lernen.

Systemische Therapieansätze bei der Arbeit mit sexueller Gewalt

Franziska Sitzler und Wilhelm Körner

Theoretischer Hintergrund

Die verschiedenen Richtungen von Familien- und Systemtherapien werden in der Fachliteratur unterschiedlich geordnet (vgl. z. B. Hoffman 1982; v. Schlippe 1984; Körner 1992; Schmidt 1998). Eine aktuelle Einteilung (v. Schlippe & Schweitzer 2000, S. 24) unterscheidet drei Richtungen mit folgenden Vertretern:

Klassische Modelle
- Strukturelle Familientherapie (Minuchin)
- Mehrgenerationen-Modell (Boszormeny-Nagy & Spark; Stierlin)
- Erlebnisorientierte Familientherapie (Satir; Whitaker)
- Strategische Familientherapie (Haley)
- Systemisch-kybernetische Familientherapie (Selvini Palazzli u.a.)

Modelle der Kybernetik 2. Ordnung
- Systemisch-konstruktivistische Therapie (Boscolo u.a., Stierlin)
- Reflecting Team (Andersen)

Narrative Ansätze
- Therapie als konstruktive und hilfreiche Dialoge (Anderson & Goolishian)
- Therapie als Dekonstruktion (White)
- Lösungsorientierte Kurz-Therapie (de Shazer)

Schmidt (1998, S. 411) bemerkt: „Im Zuge wechselseitiger Integration und Differenzierung haben sich die Unterschiede zwischen den Schulen der Familientherapie nivelliert. Eine systemische Sichtweise hat sich, falls sie nicht bereits implizit im jeweiligen Therapieansatz enthalten war (vgl. Kriz 1988), allgemein durchgesetzt". Schiepek (1999, S. 35 ff.) beschreibt die theoretisch-konzeptionellen Grundpositionen dieser systemischen Sichtweise: Demnach ist systemische Therapie charakterisiert durch die Berücksichtigung der „Autonomie" sowie der „Eigendynamik" von Systemen, die Berücksichtigung der „System-Umwelt", die „Veränderung innerer Konstrukte und Wirklichkeitskonstruktionen" und den „wechselseitigen Bezug [...] zwischen individuellen Problemen und interpersoneller Kommunikation". Vom Therapiesetting sind neben der Familientherapie inzwischen auch Einzel- und Gruppentherapien auf systemischer Basis gängig (vgl. Schmidt 1998).

Die Entwicklung systemischer Beratung und Therapie bei sexuellem Missbrauch

Die frühe familienorientierte Haltung zum Thema sexueller Missbrauch entsprechend dem „Familiensystem-Modell" aus den 60er und 70er Jahren beschreiben Trepper & Barrett (1991, S. 41) wie folgt: „Hierbei sind alle Familienmitglieder sowohl Übeltäter wie auch Opfer des Inzest. [...] Die Therapie, die sich aus diesem Modell ergibt, ist natürlich die Familientherapie". Als Vorteile dieses Konzeptes sehen die Autoren an, dass es u. a. ermögliche, die Interaktionen zwischen den Individuen zu beurteilen, dass es präventiv wirke, die „nichtbetroffenen" Familienmitglieder unterstütze, aber auch, dass die Familie zusammenbleibe, „mit all den dazugehörigen emotionalen und wirtschaftlichen Vorteilen" (ebd., S. 42). Gleichzeitig beschreiben sie jedoch als Nachteil, „dass ein Kind in einem nicht sicheren Zuhause verbleibt" (ebd.). Außerdem könne es „zu der nicht akzeptablen Botschaft führen, alle Familienmitglieder teilten gleichermaßen die Verantwortung für die Übergriffe, und der Vater käme ungeschoren davon" (ebd.). Eine Folge für die von Inzest betroffenen Kinder war entsprechend häufig ein nur ungenügender Schutz vor ihren Schädigern (vgl. Körner 1992; Gröll & Körner 1994).

Seit Ende der 80er Jahre wurden einige systemische Konzepte zur Behandlung von Gewalt und sexuellem Missbrauch verändert. Feministische Kritik (z. B. MacKinnon & Miller 1987, Walters u. a. 1991) findet in dem Punkt Zustimmung, dass „man soziale Ungerechtigkeiten nicht angreifen kann, ohne sich auf Macht zu beziehen oder „Neutralität" aufzugeben" (Hoffman 1987, S. 90). Bentovim (1995, S. 77) betont, inzwischen werde die Vorstellung, man könne therapeutisch arbeiten ohne genau zu wissen, „wer eine bestimmte Misshandlung begangen habe", nicht mehr akzeptiert, und ein unmissverständliches Offenlegen des Missbrauchs sei Vorraussetzung für eine Therapie bei sexuellem Missbrauch (siehe auch Madanes 1997). Carter (1991, S.68) betont: „Jede Einzel- oder Familientherapie, die [...] erwartet, der Missbrauch werde als Ergebnis der therapeutischen Sitzungen eingestellt werden, wird selbst zu einem Bestandteil des Problems". Um den Schutz des Kindes gewährleisten zu können, wird daher auch von Familientherapeuten mittlerweile die Möglichkeit der Trennung von Familien und die Einzelarbeit mit Betroffenen vertreten (siehe z.B. Bentovim 1995). Als Bedingung für gemeinsame Gespräche mit Opfer und Täter gilt, dass dieser die Übergriffe nicht mehr leugnet (Trepper & Barrett, 1991; Bentovim, 1995). Als generelle Haltung fordern Trepper & Barrett (1991), sich im Zweifelsfall zu Gunsten des Kindes zu irren. Gleichzeitig wird von systemischen Autoren allerdings eine opferbezogene Parteilichkeit kritisiert. Jakob (1992, S. 13) vermutet, eine parteiliche Haltung „schließt den Täter vom Kontakt mit Helferinnen aus" und Levold et al. (1990) befürchten, ein Abbruch der Beziehung zum Misshandler und Solidarität mit den Betroffenen erlaube es nicht, die typischerweise bestehende Ambivalenz aller Familienmitglieder zu berücksichtigen. So käme es entweder zu einer Verleugnung der Bindung zum Täter oder einer Verleugnung der Misshandlung. Die Autoren propagieren daher eine „Parteilichkeit mit der Ambivalenz der Familienmitglieder" (ebd., S. 85; siehe auch Levold u. a. 1991).

Systemische Methoden

Auf der oben beschriebenen Grundlage sind inzwischen unterschiedliche themenspezifische Veröffentlichungen zur systemischen Therapie bei sexuellem Missbrauch entstanden, in denen z.T. die Abfolge unterschiedlicher Therapiephasen beschrieben wird (s.u.). Auf der Ebene konkreter systemischer Gesprächsführung und Interventionen lässt sich keine allgemein-verbindliche Umsetzung für das Thema Missbrauch beschreiben. Exemplarisch seien einige systemische Interventionsmöglichkeiten genannt. (Für einen Überblick über systemische Interventionen siehe v. Schlippe & Schweitzer 2000.)
– Zirkuläre Fragen sollen zu einer Perspektivübernahme anregen und können zur Bearbeitung der gegenseitigen Wahrnehmung in Familien oder unausge-

sprochener Vermutungen über die Auffassungen anderer Familienmitglieder genutzt werden.
- Das Externalisieren von Erlebnisinhalten (z.B. Angst oder Wut) kann ein wohlwollendes Selbstbild und eine Stärkung des Selbstwirksamkeitserlebens fördern.
- Über Reframing (Umdeuten) können beispielsweise Symptome eines Kindes als Lösungsstrategie oder Hilferuf gewertet werden.
- Mit Hilfe von Genogrammen können die Beziehungen der Familienmitglieder und die Bedeutung bestimmter Themen über mehrere Generationen veranschaulicht und bearbeitet werden.
- Mithilfe der Metapher von unterschiedlichen Anteilen einer Person können widersprüchliche Empfindungen oder Introjekte (z.B. der Eltern) bearbeitet werden.
- Über Zukunftsimaginationen können individuell bedeutsame, konkrete und erlebnisnahe Ziele erarbeitet werden.
- Mithilfe von Skalierungsfragen wird über den Therapieprozess eine Orientierung an den Zielen und Bedürfnissen der Klienten aufrechterhalten und können kleinste Veränderungen eingeschätzt werden.
- Fragen nach Ausnahmen oder erfolgreichen Problembewältigungen aus der Vergangenheit fördern das Selbstwirksamkeitserleben und geben Anregungen für die individuelle Bewältigung aktueller Probleme.
- Mit Hilfe des Reflecting Teams wird im Rahmen der Therapie die Interaktion in den Sitzungen reflektiert und werden darauf aufbauend Anregungen und Interventionen aus einer Beobachterperspektive gegeben.

Konzepte zur Therapie bei sexuellem Missbrauch

In den meisten systemisch orientierten Veröffentlichungen zum sexuellen Kindesmissbrauch wird davon ausgegangen, dass eine Klärung bzw. Aufdeckung bereits erfolgt ist. In der ressourcenorientierten systemischen Kindertherapie, die u.a. mit hypnotherapeutischen Elementen arbeitet, finden sich Anregungen zu einer Diagnostik, die neben den Schwierigkeiten auch die speziellen Stärken, Fähigkeiten, Wünsche und Zukunftsträume von Kindern erhebt (siehe z.B. Vogt-Hillmann & Burr 1999, Klemenz 2000). Bei Kindern mit Gewalterfahrungen kann dies einen wohlwollenden Kontaktaufbau fördern und gleichzeitig wichtige Hinweise auf therapeutische Möglichkeiten geben.

Familienorientierte Therapie

In der Literatur zum Thema werden am häufigsten Therapien mit Familien beschrieben, in denen innerfamilialer Missbrauch stattgefunden hat. Trepper &

Barrett (1991, S. 17) beschreiben als Therapieziel bei diesen von ihnen so genannten „Inzest-Familien" (zur Erläuterung vgl. Gerwert 1996, S. 16), „sexuelle Übergriffe zu stoppen und individuelle und familiäre Muster so zu ändern, dass es unwahrscheinlich wird, dass so etwas wieder passiert."

Je nach Therapieabschnitt sind Einzelgespräche, Gespräche mit den Eltern, mit Mutter und betroffenem Kind, mit dem Kind und seinen Geschwistern sowie mit Eltern und Kindern möglich. Trepper & Barrett (1991) zeigen sich auf Grund ihrer Erfahrung davon überzeugt, „dass die wirkungsvollste Behandlung in einer Kombination von Familien-, Individual- und Gruppentherapie besteht" (ebd., S. 33). Bei dieser Arbeit wird häufig in einem Team aus weiblichen und männlichen Therapeuten zusammengearbeitet (vgl. auch Bintig 1994; Levold u.a. 1990; Bentovim 1995). Die Möglichkeit unterschiedlicher und wenn gewünscht gleichgeschlechtlicher Therapeuten für Einzelgespräche gewährleistet einen vertrauensvollen Rahmen, kann Konflikte, die aus einer gleichzeitigen Arbeit mit Täter und Opfer resultieren, vermeiden und verhindert ein zu enges Bündnis mit den Familienmitgliedern und damit eine Wiederholung von Missbrauchsstrukturen in der Therapie. Möglich ist dabei die Arbeit mit einem „case manager", der den gesamten Therapieverlauf verfolgt, regelmäßige Teamtermine leitet und den Kontakt zu anderen Institutionen wie Gerichten und Ämtern gewährleistet (Bintig 1994).

Madanes (1990) stellt ein 16-Punkte umfassendes Programm zur Behandlung von innerfamilialem Missbrauch (z.B. eines älteren Geschwisters an einem jüngeren) vor, in dem es zunächst darum geht, den bereits bekannt gewordenen Missbrauch unter Einbeziehung der Familienmitglieder möglichst vollständig aufzudecken. Danach werden die negativen Folgen für das Opfer sowie die Folgen für den Täter und die übrigen Familienmitglieder verdeutlicht und mögliche zurückliegende Missbrauchserfahrungen der Beteiligten oder entfernterer Bezugspersonen thematisiert. Täter und Familienangehörige werden angeleitet, sich beim Opfer für das zugefügte Leid und den unterlassenen Schutz zu entschuldigen. Danach folgen eine intensivere Arbeit mit dem Opfer zu den Erlebnissen sowie der Aufbau von Schutzmechanismen unter Einbezug von Vertrauenspersonen des Opfers und einer Wiedergutmachung für das Opfer. Schließlich wird an angemessenen „Betätigungsmöglichkeiten" für den Täter, einer Verbesserung der Beziehung der Mutter zum jugendlichen Täter oder zum Opfer, an der Beziehung von Täter und Opfer und dem Selbstbild des Täters gearbeitet.

Trepper & Barrett (1991) sprechen sich für eine möglichst frühe Familienzusammenführung aus, die sie als Belohnung für die Familienmitglieder ansehen und nennen neun Bedingungen, die erfüllt sein müssen, bevor eine Familie wieder zusammen leben kann: Die Tochter bringe in Einzelsitzungen mehrmals zum Ausdruck, dass sie sich zu Hause vor weiteren Übergriffen sicher fühle. Sie habe einen realistischen Sicherheitsplan, der z.B. beinhaltet, Mutter und Großmutter zu benachrichtigen, wenn sie sich bedroht fühlt oder wieder Opfer eines Übergriffs wurde. Die Therapeutin könne den Sicherheitsplan bestätigen. Die Inzest-Vulnerabilitätsfaktoren der Familie würden von dieser verstanden und akzeptiert. Bei den Faktoren, die den Übergriff auslösen (z.B. übermäßiger Alkoholkonsum des Vaters), habe sich eine wesentliche Veränderung ergeben. Kein Familienmitglied streite die Tatsache des sexuellen Übergriffs ab. Die anderen Arten des Leugnens (das Leugnen des Wissens, der Verantwortung und der Wirkung) kämen seltener vor. Die Mutter werde für fähig gehalten, ihre Kinder vor weiteren Übergriffen zu schützen. Der inzestuöse Übergriff sei nicht länger ein Geheimnis in der Familie sondern wichtigen Mitgliedern der weiteren Familie bekannt (vgl. Trepper & Barrett 1991, S. 89f.).

Bentovim (1995, S. 128ff.) skizziert ein Therapiekonzept in vier Phasen, das als Grundprinzip den Schutz des Kindes ansieht. Der erste Schritt besteht in der Entdeckung und dem Brechen des Schweigetabus und der Klärung, ob das Kind in der Familie bleiben kann oder ob eine Form der Trennung nötig ist. In der nächsten Phase folgt die emotionale und kognitive Verarbeitung des Geschehens durch das Opfer und eine Untersuchung und Bearbeitung der begangenen Übergriffe mit dem Täter. Bentovim schlägt dazu eine Kombination aus Individual-, Gruppen- und Paartherapie sowie Therapie mit familiären Subsystemen vor. Die dritte Phase umfasst eine „Rehabilitation" und die Entscheidung, in welcher Umgebung das Kind weiterhin leben kann. Hier wird mit der ganzen Familie gearbeitet. Abschließend wird für eine Stabilisierung des Kindes in der neuen Familienumgebung gesorgt.

Therapie mit Opfern

Dies ist zum einen möglich mit Kindern, die dem Einfluss des Täters entzogen sind und die in der Therapie die Möglichkeit erhalten sollen, das Erlebte zu bearbeiten und sich emotional wieder zu stabilisieren. Hier können in der systemischen Therapie Vertrauenspersonen des Kindes (z.B. die Mutter, die Pflegemutter, Geschwister oder Freunde) mit einbezogen werden. Zum anderen ist eine stabilisierende Therapie angezeigt, wenn sich jugendliche oder erwachsene ehemalige Opfer nach wie vor oder nach einer Phase des Verdrängens wieder verstärkt durch die zurückliegenden Erlebnisse belastet und beeinträchtigt fühlen.

Dolan (1998) beschreibt diesen Therapieprozess als eine Neukonstruktion der eigenen Identität vom Opfer zur Überlebenden und schließlich zu einer von Missbrauch betroffenen Person, die diese Erfahrungen als einen neben vielen anderen Anteilen in ihrem Leben sieht und (auch) eine freudvolle Gegenwart leben kann. Die Aufgabe der Therapeutin sieht sie darin, die Klientin in Kontakt mit ihren Ressourcen zu bringen, sie bei der Entwicklung von Zielen zu bestärken und sie durch bedeutungsvolle Fragen darin zu unterstützen, passende Veränderungen zu gestalten. Die Klientinnen werden zunächst in ihrer Selbstwahrnehmung und inneren Stabilität gestärkt und darin unterstützt, Kraftquellen in ihrem aktuellen Leben aufzutun. Über die Beschäftigung mit Träumen und Hoffnungen werden realistische Ziele und langsame Veränderungen entwickelt. Über hypnotherapeutische Methoden wie die Arbeit mit Imaginationen und Metaphern, über die Beschäftigung mit hilfreichen Personen, das Schreiben von Briefen, Tagebüchern usw. wird gemeinsam mit den Klientinnen ein Umgang mit Erinnerungen, belastenden Gefühlen und aktuellen belastenden Ereignissen entwickelt, der die spezifischen Ressourcen und Ziele der Person mit einbezieht.

Tätertherapie

Bintig (1994) beschreibt das Therapiemodell des „Rotterdamer Projektes zur Behandlung von Inzestfamilien" (siehe auch Bullens 1993). Als Klienten werden Täter gewonnen, die wegen inzestuösem Verhalten angezeigt wurden (→ *Täterbehandlung*). Die Therapie läuft über einen Zeitraum von insgesamt zwei Jahren in enger Abstimmung mit dem Gericht, das über Teilnahme und Verbleib in dem Modell entscheidet und die endgültige Rechtsprechung von dem Ergebnis der Therapie abhängig macht. Da eine Eingangsmotivation der Täter zumeist nicht gegeben ist, reicht als Voraussetzung deren Teilnahmebereitschaft und ein (Teil-)Geständnis. Der Autor beschreibt, dass es in etwa einem Drittel der Fälle gelingt, auch die Familienangehörigen zu einer Teilnahme zu bewegen. Diese erhalten parallele Therapieangebote, die von einem case manager koordiniert und zusammengeführt werden. Die Tätertherapie umfasst folgende fünf Phasen: Zunächst wird über das Erstellen einer ausführlichen Anamnese eine Arbeitsgrundlage gebildet. Der Täter erfährt dabei Unterstützung und Interesse ohne dass seine Tat entschuldigt oder bagatellisiert wird. Danach wird anhand unterschiedlicher Beispiele das Deliktszenario inklusive der Zeit davor und danach durchgearbeitet. Dabei wird deutlich, wie der Täter seine Tat geplant und vorbereitet hat und welche Alternativen er gehabt hätte. In der nächsten Phase wird ein Schuld- und Konfliktbewusstsein entwickelt, indem zunehmend die Gefühle des Täters und der anderen Betroffenen thematisiert werden. Ziel der nächsten Phase ist der „Aufbau eines (neuen) Selbst-Bewusstseins" (ebd., S. 181). Erst in dieser Phase werden lebensgeschichtliche Hintergründe wie eigene Gewalterfahrungen einbezogen und Handlungsalternativen entwickelt. Es folgt der Abschluss der Behandlung und der Aufbau der weiteren Perspektive nach Beendigung der Therapie.

Literatur

Bentovim, A. (1995). *Traumaorganisierte Systeme.* Systemische Therapie bei Gewalt und sexuellem Missbrauch in Familien. Mainz: Grünewald.
Bintig, A. (1994). Das Rotterdam-Projekt zur Behandlung von Inzestfamilien. *System Familie 7,* S. 178–183.
Boscolo. L., Cecchin, G., Hoffman, L. & Penn, P. (1988). *Familientherapie – Systemtherapie.* Das Mailänder Modell. Dortmund: modernes lernen.

Bullens, R. (1993). Zur Behandlung von Sexualstraftätern. In: Ministerium für die Gleichstellung von Frau und Mann (Hrsg.). *Gewalt gegen Frauen – Was tun mit den Tätern?* (61–76). Düsseldorf (Dokumente und Berichte 24).
Carter, B. (1991). Väter und Töchter. In: Walters, M.; Carter, B.; Papp, P & Silverstein, O. (Hrsg.), *Unsichtbare Schlingen. Die Bedeutung der Geschlechterrollen in der Familientherapie. Eine feministische Perspektive* (S. 144–178). Stuttgart: Klett-Cotta.
Dolan, Y. (1998). *One small Step.* Moving Beyond Trauma and Therapy to a Life of Joy. Watsonville, CA (papier-mache).
Gerwert, U. (1996). *Sexueller Missbrauch an Mädchen aus der Sicht der Mütter.* Frankfurt a. M.: Peter Lang.
Gröll, J. & Körner, W. 1994. Zur Anwendung des radikal-konstruktivistischen Modells in systemischen Therapien. In: Hörmann, G. (Hrsg.). *Im System gefangen* (S. 185–208). Münster: Hans Zygowski Bessau.
Hoffman, L. (1982). *Grundlagen der Familientherapie.* Hamburg: Isko-Press.
Hoffman, L. (1987). Jenseits von Macht und Kontrolle: Auf dem Wege zu einer systemischen Familientherapie ‚zweiter Ordnung'. *Zeitschrift für systemische Therapie 5 (2),* S. 76–93.
Jakob, P. (1992). Erziehungsberatungsstelle und sexueller KindesMissbrauch in der Familie. *Informationen für Erziehungsberatungsstellen 3/92,* S. 10–13.
Klemenz, B. (2000). Ressourcendiagnostik bei Kindern. *Praxis der Kinderpsychologie und Kinderpsychiatrie, 49 (3),* S. 176–198.
Körner, W. (1988). Zur Kritik Systemischer Therapien. In: G. Hörmann u.a. (Hrsg.), Familie und Familientherapie. Opladen: Westdeutscher.
Körner, W. (1992). *Die Familie in der Familientherapie.* Opladen: Westdeutscher.
Levold, T.; Wedekind, E. & Georgi, H. (1990). Familienorientierte Behandlungsstrategien bei Inzest. *System Familie 3,* 74–87.
Levold, T.; Blum, R. & Zenz, W (1991). Systemische Therapie bei Inzest. Zum Umgang mit einem Problemsystem. *Zeitschrift für systemische Therapie 9 (3),* S. 160–179.
MacKinnon, L. K. & Miller, D. (1987). The new epistemology and the Milan approach: feminist and sociopolitical considerations. *Journal of Marital and Family Therapy 13 (2),* S. 139–155.
Madanes, C. (1997). *Sex, Liebe und Gewalt.* Heidelberg: Carl-Auer-Systeme.
Schiepek, G. (1999). *Die Grundlagen der Systemischen Therapie.* Göttingen: Vandenhoeck & Ruprecht.
Schlippe, A. v. (1984). *Familientherapie im Überblick* (3. Auflage). Paderborn: Junfermann.
Schlippe, A. v. & Schweitzer, J. (2000). *Lehrbuch der systemischen Therapie und Beratung* (7. Auflage). Göttingen: Vandenhoeck & Ruprecht.
Schmidt, M. (1998). Systemische Therapie/Beratung. In: W. Körner & G. Hörmann (Hrsg.), *Handbuch der Erziehungsberatung. Band 1* (S. 411–433). Göttingen: Hogrefe.
Trepper, T. S. & Barrett, M. J. (1991). *Inzest und Therapie.* Ein (system)therapeutisches Handbuch. Dortmund: modernes lernen.
Vogt-Hillmann, M & Burr, W. (Hrsg.) (1999). *Kinderleichte Lösungen.* Ressourcenorientierte Kreative Kindertherapie. Dortmund: borgmann.
Walters, M.; Carter, B.; Papp, P & Silverstein, O. (Hrsg.) (1991). *Unsichtbare Schlingen. Die Bedeutung der Geschlechterrollen in der Familientherapie. Eine feministische Perspektive.* Stuttgart: Klett-Cotta.

Täterbehandlung

Günther Deegener

Vorbemerkungen

Die folgenden Umfrageergebnisse (ProSieben/forsa, 1998) deuten darauf hin, dass in der Öffentlichkeit Sexualtäter häufig einseitig mit „Sexualmördern" und unheilbaren „wandelnden Zeitbomben" gleichgesetzt werden:
- „Glauben Sie, dass psychisch gestörte Sexualstraftäter überhaupt therapiefähig sind, also geheilt werden können?"
  ja: 21,7%   *nein: 59,9%*   weiß nicht: 18,4%
- Würden Sie eine Zwangskastration von psychisch gestörten Sexualstraftätern befürworten?
  ja: 48,5%   nein: 39,1%   weiß nicht: 12,4%
- Sollten auch psychisch gestörte Sexualstraftäter eine Chance bekommen, in das normale Leben zurück zu kehren?
  ja: 38,7%   *nein: 45,0%*   weiß nicht: 16,3%
- Sollten psychisch gestörte Sexualstraftäter stärker bestraft oder intensiver therapiert werden?
  stärker bestraft: 44,9%   intensiver therapiert: 30,9%   beides: 19,4%   weiß nicht: 4,8%

Solchen Beurteilungen liegen sicherlich auch Projektionen zugrunde, d.h. eigene negative Anteile im sexuellen und aggressiven Bereich werden auf die Täter verschoben. Bestärkt wird dieser Vorgang durch zahlreiche Fachleute, die undifferenziert für die Sexualtäter keine Heilungschancen sehen, sondern eine lebenslange Fremd- und Selbstkontrolle fordern („no cure, but control"). Vor diesem Hintergrund werden dann Behandlungsprojekte mit dem alleinigen Hinweis auf den Opferschutz begründet, so als ob die Fachwelt sich für anderweitige Indikationen von Tätertherapien vor den Stammtischen entschuldigen müsse und Täter an sich keine therapeutischen Bemühungen rechtfertigen würden. Dagegen müsste die Öffentlichkeit vermehrt über folgenden Sachverhalt aufgeklärt werden: Je höher die (absolute) Sicherheit vor Rückfällen von Sexualtätern sein soll, um so häufiger muss man Menschen die Freiheit nehmen, obwohl sie mit recht hoher Wahrscheinlichkeit keinen Rückfall mehr begehen (→ *Rückfälle von Sexualstraftätern*). Denn letztlich lassen sich leider Rückfälle von (Sexual-)Tätern nie vermeiden – es sei denn wir sperren sie lebenslänglich ein und verlassen den Boden des Rechtsstaates.

Tradierte Defizite in Wissenschaft und Praxis der Täterbehandlung

Erwachsene Straf-/Sexualtäter

Zur bisherigen Forschung und Praxis von Straf-/Sexualtäter-Therapien in Deutschland ergibt sich ein eher deprimierendes Bild (Lösel, 1993; Lösel und Bender, 1998, Kury, 1998; Pfäfflin et al. 1998; Krupinski et al., 1998; Kröber 1998):
- Erst in den 60er Jahren begann in Deutschland zögerlich eine gezieltere Behandlungsforschung bei Straffälligen, wobei Justizvollzugsanstalten ein äußerst ungünstigstes Behandlungs-Milieu darstellen.
- Nur etwa 2% der Inhaftierten kommen in sozialtherapeutische Anstalten, die restlichen 98% erhalten kaum resozialisierende Behandlung: Dies verstößt gegen den § 2 des Strafvollzugsgesetzes, wonach Gefangene dazu befähigt werden sollen, „künftig in sozialer Verantwortung ein Leben ohne Straftaten zu führen" (→ *Sozialtherapeutische Anstalt*).
- Das Behandlungsangebot in den sozialtherapeutischen Einrichtungen wird weniger durch spezifische theoretische Konzepte, als vielmehr vom (zufälligen) Angebot an Psychologen mit entsprechender (Grund-)Ausbildung bestimmt.
- Bei den etwa 130.000 Straffälligen unter Bewährung bestehen fast unlösbare Probleme der Finanzierung und Rekrutierung geeigneter Psychotherapien.
- Durch das neue „Gesetz zur Bekämpfung von Sexualdelikten und anderen gefährlichen Straftaten" wird sich wenig ändern, da es zu wenig Plätze in den Sozialtherapeutischen Anstalten in Deutschland gibt. Für die nun bei bedingter Entlassung der Gefangenen zu erfolgenden Begutachtungen und ambulanten Therapien stehen auch nicht genügend Sachverständige/Therapeuten zu Verfügung. Dieser Mangel wirkte sich bereits in der Vergangenheit bei Prognosegutachten z. B. folgendermaßen aus: „Die häufigste Erhebung [von Sexualanamnesen] mit 29,4% erfolgte bei Sexualdelikten mit Gewaltanwendung" (Nowara, 1998, S. 152).
- Meta-Analysen zur Straftäterbehandlung ergeben als realistische Schätzung eine Senkung der Rückfallquote der Behandelten im Vergleich zu nichtbehandelten Kontrollgruppen von 10%, wobei unterschiedliche Behandlungsprogramme nahezu identische Mittelwerte hinsichtlich der Effektgrößen aufweisen. In Bezug auf Sexualstraftäter ermittelte Egg (1998, S. 67) bei einem Beobachtungszeitraum von 10 Jahren je nach untersuchter Stichprobe bzw. Bezugsdelikt eine Rückfälligkeit von etwa 12 bis 20%. Allerdings wurden dabei nicht angezeigte Fälle, Fälle mit nicht ermittelbaren Tätern oder von Staatsanwaltschaften eingestellte Fälle nicht erfasst. Außerdem kam es – insbesondere bei den wegen Vergewaltigung Vorbestraften – auch zu einer hohen Anzahl neuerlicher Verurteilungen wegen anderer, teilweise auch schwerer Delikte (→ *Rückfälle von Sexualstraftätern*).

- In Bezug auf die Effizienz von Behandlungen psychisch kranker Straf-/Sexualtäter im Maßregelvollzug kommt Leygraf (1998, S. 179) aufgrund seiner Übersicht zu folgender Bewertung: „Alle bisherigen Untersuchungen zur Frage der Legalbewährung nach einer bedingten Entlassung kamen zu Ergebnissen, die für den Maßregelvollzug vergleichsweise [gegenüber Regelvollzug und Sozialtherapie] günstig erscheinen." Aber auch Leygraf (1998, S. 183–184) fasst zusammen: „Woran es bei uns sicherlich mangelt ist der Versuch, die Behandlungsergebnisse einzelner Einrichtungen mit unterschiedlichen therapeutischen Konzeptionen miteinander zu vergleichen. Insbesondere fehlt es noch fast völlig an Studien zur Wirksamkeit spezieller Behandlungsprogramme …".

Jugendliche und heranwachsende Sexualtäter

Die vermehrte Beachtung dieser Tätergruppe erfolgt in Deutschland erst seit etwa 5 Jahren, obwohl etwa 20 bis 25 % der Vergewaltigungen und 30 bis 40 % sexueller Missbrauchshandlungen von ihr begangen werden sowie etwa 30 bis 50 % der erwachsenen Sexualtäter bereits in ihrem Jugendalter sexuell deviante Interessen/Handlungen aufwiesen (s. Deegener, 1999a, S. 352-356). Bis in die Gegenwart werden in Deutschland für diese Tätergruppe verharmlosende und einseitige Erklärungen vorgeschlagen, z.B.:
- Auslöser sind „häufig tatstimulierende Situationen …, bei denen die Konfrontation mit einem z.B. anziehenden Mädchen den auslösenden Reiz ausmachen kann" und dann „die Delikte als Ausdruck puberaler Triebspannung [„eine Art Übersprunghandlung"] gelten müssten" (Focken, 1981, zit. n. Klosinski, 1991, S. 80).
- Sexuelle Gewalthandlungen sind „Ersatzhandlungen für (ersehnte) sexuelle Beziehungen mit gleichaltrigen Mädchen" im Falle von sexuellem Missbrauch von Kindern oder aber „Auffälligkeiten erst im Rahmen der Pubertätsentwicklung" und „erschwerte Verarbeitung neuer Körpererfahrungen in der Adoleszenz; nicht selten Bild des schüchternen Einzelgängers" im Rahmen von Vergewaltigung/sexueller Nötigung (Beier, 1997, S. 20–21).

Vor dem Hintergrund solcher Annahmen sind die vorgeschlagenen Therapien entsprechend einseitig-naiv:
- Leitloff (1990) empfiehlt, „den gefährdeten Jugendlichen bzw. Heranwachsenden eine Arbeit zu verschaffen, mit der sie zufrieden sind und die sie vom sexuellen Verlangen ablenkt".
- Nissen (1994, S. 312) führt folgende (und zwar nur diese) Therapievorschläge für jugendliche Exhibitionisten an: „Giese … empfiehlt seinen Patienten manchmal einen Anschluss an Freikörperkulturbewegungen und gibt ihnen gelegentlich den praktischen Rat, in einer akuten Drangsituation den projektierten Partner vorbeugend anzusprechen, ihn etwa nach der Uhrzeit zu fragen. Züblin … berichtet, dass er vom einfachen Zunähen der

Hosen bei Jugendlichen symptomatisch ausgezeichnete Erfolge gesehen habe".

Sexuell aggressive Kinder

Mit sexuell aggressiven Kindern beginnen sich Forschung und Praxis weltweit erst heute in nennenswertem Umfang zu beschäftigen. Bei dieser Altersgruppe wurden und werden immer noch häufig eindeutig sexuell-aggressive Handlungen eher im Rahmen von natürlicheren Verhaltensweisen bzw. neutraleren Diagnosen (z.B. Doktorspiel, Informationssammlung, Neugierverhalten, normale Spielbreite kindlicher Sexualentwicklung) fehlgedeutet und somit die Chancen für rechtzeitige Forschung und Entwicklung von Behandlungsangeboten vertan (Araij, 1997; Deegener, 1999a, → *Kinder als Täter*).

Gegenwärtige Tendenzen der Sexualtäterbehandlung

Erwachsene Sexualtäter

Das Behandlungsangebot für erwachsene Sexualtäter hat sich in den letzten Jahren zunehmend differenziert, wobei zukünftige Forschung die folgende Frage noch hinreichend beantworten muss: Welche Therapie ist für welche Deliktgruppe mit welchen Sozialisationsbedingungen sowie welchen spezifischen Persönlichkeitsmerkmalen und welchen gegenwärtigen Bezugssystemen unter welchen institutionellen Bedingungen am effektivsten?

Auch die Frage der besseren Wirksamkeit von Gruppen- und Einzeltherapien ist noch nicht beantwortet, wobei wohl häufig eine Kombination von (psychodynamisch orientierter) Einzeltherapie und (verhaltenstherapeutisch orientierter) Gruppentherapie anzustreben ist. Außer Frage steht wohl die immer notwendige Einbeziehung der Bezugspersonen des Täters.

In Deutschland sollte über den Wert von Messungen sexueller Erregung, z.B. Penisvolumenmessungen vermehrt nachgedacht werden. Es sollte überprüft werden, ob durch eine solche Erfassung der Stärke und Fixiertheit auf spezifische deviante sexuelle Präferenzen ein Erkenntnisgewinn über spezifische Gruppen von Sexualtätern, für die Einstufung der Rückfallgefährdung, für die Kontrolle des Therapieverlaufs usw. zu erlangen ist (s. Greuel, 1998, → *Rückfälle von Sexualstraftätern*).

Jugendliche und heranwachsende Sexualtäter

Die große Bedeutung einer „guten" Therapeut-Klient-Beziehung sei an dieser Tätergruppe veranschaulicht:

- In ihrer Biographie litten diese jungen Menschen sehr häufig unter verschiedenen Formen der Kindesmisshandlung sowie unter elterlicher Partnergewalt und Trennungen von Bezugspersonen. Dies führte zu zahlreichen Entwicklungsstörungen im sozialen, emotionalen und kognitiven Bereich: Zur Nachreifung der Persönlichkeit dieser Jugendlichen müssen Therapeuten sich für das Gesamt ihrer Entwicklung und Persönlichkeit langfristig interessieren. Sie sollten zudem in der Behandlung je nach Situation und Verlauf hinreichend väterliche/mütterliche, therapeutische und freundschaftliche Beziehungsaspekte anbieten.
- Nach der Psychotherapieforschung zeichnet sich eine „gute" Beziehung durch Merkmale aus, unter deren Mangel die meisten jugendlichen Gewalttäter in ihrem Lebenslauf litten: Empathie; positive Wertschätzung und Interesse; Stärkung der Selbstheilungskräfte und Ressourcen; Echtheit im Verhalten; aktive Hilfen und Unterstützung. Diese Merkmale sind es auch, die verhindern, dass in der Kindheit misshandelte Erwachsene auch ihre eigenen Kinder misshandeln: „Nichtwiederholer hatten in der Kindheit mindestens eine Person, an die sie sich mit ihrem Kummer wenden konnten und/oder hatten irgendwann in ihrem Leben eine längere (> 1 Jahr) Psychotherapie absolviert und/oder lebten gegenwärtig häufiger in einer befriedigenden Beziehung mit Ehepartner/Freund. Theoretisch gesprochen sind ihre Selbst- und Objektrepräsentanten flexibler und reichhaltiger, weil sie auch Erfahrungen mit Bindungsfiguren einschließen, die verfügbar waren, und ebenso Vorstellungen von sich selbst als liebenswert beinhalten" (Dornes, 2000, S. 81).
- Die „gute" Beziehung zum jugendlichen Sexualtäter ist aber auch wegen deliktspezifischer Therapieziele wichtig: „Im Kern handelt es sich um die Frage, ob jemand bereit und in der Lage ist, den anderen als Person eigenen Rechts und eigenen Wertes zu erkennen und darauf aufbauend eine partnerschaftliche Beziehung einzugehen" (Rotthaus, 1991, S. 8). Vor dem Hintergrund psychoanalytisch orientierter Modellvorstellungen bedeutet dies auch der Wandel von der eingeengten sexuellen Kontaktsuche zu Teilobjekten oder dem vom Objekt abgespaltenen sexuellen Lustgewinn hin zur Möglichkeit einer Beziehung zum ganzen Objekt, ohne infantile Abhängigkeit zu ihm, im reifen Miteinander.
- Eine „gute" Beziehung macht es auch leichter, den Jugendlichen (mit Rotthaus und Gruber, 1997) vom zunächst Verantwortung abwehrenden Behandlungs-"Besucher"/„Beobachter" zum über seine Probleme erkennenden „Klagenden" bis hin zum eigenständig Ziele und Lösungsschritte formulierenden „Kunden" zu führen.

Gruppentherapien für jugendliche Sexualtäter erscheinen wünschenswert, wobei grundlegend auf Bausteine aus Programmen z.B. zur Förderung der sozialen Kompetenz, des Arbeitsverhaltens, der Stressprävention zurückgegriffen werden kann. Bei sehr gewaltbereiten Jugendlichen muss auch an das Anti-Aggressivitäts-Training (Weidner et al., 1997) gedacht werden.

Die Einzel- und/oder Gruppentherapie muss aber auch spezifischer auf die Sexualdelikte abgestimmt sein, wodurch Inhalte wichtig werden wie z.B. Wahrnehmung von Mädchen/Frauen, Umgang mit ‚unmännlichen' Gefühlen, Opferwahrnehmung und Empathie, kognitive Verzerrungen, Tatkonfrontation, eigene Missbrauchserfahrungen, Sexualaufklärung.

Letztlich sollten immer auch kognitiv-verhaltenstherapeutische Interventionen (→ *Verhaltenstherapie*) im Rahmen der Rückfall-Prophylaxe angewendet werden, wobei die Jugendlichen lernen sollen, ihre spezifischen Risikofaktoren zu erkennen und adäquate Coping-Strategien zu entwickeln, um rechtzeitig Rückfällen selbstkontrollierend vorbeugen zu können.

Sexuell aggressive Kinder

Nach den bisher vorliegenden Erkenntnissen zu sexuell aggressiven Kindern sind diese noch häufiger und ausgeprägter durch multiple Misshandlungsformen, häusliche Gewalt, sexualisierendes und verwahrlosendes Milieu geschädigt worden als jugendliche Sexualtäter. Dies bedeutet, dass diese Kinder meist intensivster erzieherischer Hilfen und therapeutischer Anstrengungen bedürfen, wobei oft auch viel Zeit zur Verfügung stehen muss, um den Kindern im Rahmen „guter" Beziehungen gesündere Bindungserfahrungen zu ermöglichen, neue Normen/Werte zu vermitteln sowie Lernanregungen und Entwicklungsreize zu geben (→ *Kinder als Täter*).

Zusammenfassung

Trotz aller derzeitig sich verbessernden Forschung und Praxis der Sexualtäterbehandlungen kann die Notwendigkeit einer umfassenden gesellschaftlichen Gewaltprävention zur Vermeidung von sexueller und körperlicher Gewalt nicht genügend betont werden.

Neueste Übersichten zu Täterbehandlungen, differenziert nach den institutionellen Gegebenheiten (u.a. ambulante Angebote, Klinik, Justizvollzugsanstalt), den theoretischen Ansätzen (z.B. kognitiv-behavioral, psychodynamisch, familienorientiert), der praktischen Durchführung (Gruppen- und/oder Einzeltherapie), dem Alter der Täter (Jugendliche vs. Erwachsene), der Schuldfähigkeit/Verantwortungsreife (z.B. Patienten im Rahmen des Maßregelvollzugs; Kinder/Jugendliche) sowie der Art und Weise der Gewalttaten bzw. der Persönlichkeit der Täter (z.B. sexueller Missbrauch, Vergewaltigung, geringe vs. hohe Rückfallgefährdung) finden sich bei Marshall et al. (1998) sowie Deegener (1999b).

Literatur

Araji, S.K. (1997). *Sexually Aggressive Children. Coming to Understand Them.* Thousand Oaks: Sage Publications.
Beier, K.M. (1997). Prognose und Therapie von Sexualstraftätern aus sexualmedizinischer Sicht. *Kriminalpädagogische Praxis, 37,* 13–25.
Deegener, G. (1999a). Sexuell aggressive Kinder und Jugendliche: Häufigkeiten und Ursachen, Diagnostik und Therapie. In S. Hoefling, D. Drewes & I. Epple-Waigel (Hrsg.), *Auftrag Prävention – Offensive gegen sexuellen Kindesmissbrauch* (S. 352–382). München: Atwerp-Verlag.
Deegener, G. (Hrsg.). (1999b). *Sexuelle und körperliche Gewalt.* Therapie jugendlicher und erwachsener Täter. Weinheim: Psychologie Verlags Union.
Dornes, M. (2000). Vernachlässigung und Mißhandlung aus der Sicht der Bindungstheorie. In U.T. Egle, S.O. Hoffmann & P. Joraschky (Hrsg.), *Sexueller Missbrauch, Mißhandlung, Vernachlässigung* (S. 65–78). Stuttgart, New York: Schattauer.
Egg, R. (1998). Zur Rückfälligkeit von Sexualstraftätern. In H.-L. Kröber & K.-P. Dahle (Hrsg.), *Sexualstraftaten und Gewaltdelinquenz* (S. 57–70). Heidelberg: Kriminalistik-Verlag.
Greuel, L. (1998). Der Einsatz des Polygraphen in der Behandlung und Überwachung hoch rückfallgefährdeter Sexualstraftäter. *Praxis der Rechtspsychologie, 8,* 54–70.
Klosinski, G. (1991). Anmerkungen zu psychodynamischen und ineraktionellen Aspekten jugendlicher Sexualdelinquenz. In W. Rotthaus (Hrsg.), *Sexuell deviantes Verhalten Jugendlicher* (S. 79–92). Dortmund: Modernes Lernen.
Kröber, H.-L. (1998). Unveröffentlichtes Abstract. *Tagung der Hanns-Seidel-Stiftung über „Täter – Therapieren oder Wegsperren"* am 2. und 3. 4.1998 in München.
Krupinski, M., Schöchlin, C., Fischer, A. & Nedopil, N. (1998). Annäherung an ambulante Therapie bei Straffälligen. In H.-L. Kröber & K.-P. Dahle (Hrsg.), *Sexualstraftaten und Gewaltdelinquenz* (S. 169–174). Heidelberg: Kriminalistik-Verlag.
Kury, H. (1998). Strafvollzug und Resozialisierung – Ergebnisse deutscher und internationaler Evaluationsforschung. *Praxis der Rechtspsychologie, 8 (1),* 5–20.
Leitloff, D. (1990). *Kriterien zur Rückfallprognostik bei jugendlichen bzw. heranwachsenden Sexualdelinquenten.* Homburg/Saar: Dissertation, Medizinische Fakultät der Universität des Saarlandes.
Leygraf, N. (1998). Wirksamkeit des psychiatrischen Maßregelvollzugs. In H.-L. Kröber & K.-P. Dahle (Hrsg.), *Sexualstraftaten und Gewaltdelinquenz* (S. 175–184). Heidelberg: Kriminalistik-Verlag.
Lösel, F. (1993). *Evaluating psychosocial interventions in prison and other penal context.* Strasbourg, 22.–25.11.1993: Council of Europe.
Lösel, F. (1995). The efficacy of correctional treatment: A review and synthesis of meta-evaluations. In J. McGuire (Hrsg.), *What works: reducing reoffending* (S. 79–111). Chichester: Wiley.
Lösel, F. & Bender, D. (1998). Aggressives und delinquentes Verhalten von Kindern und Jugendlichen. Kenntnisstand und Forschungsperspektiven. In H.-L. Kröber & K.-P. Dahle (Hrsg.), *Sexualstraftaten und Gewaltdelinquenz* (S. 13-37). Heidelberg: Kriminalistik-Verlag.
Marshall, W.L., Fernandez, Y.M., Hudson, S.M. & Ward, T.(Hrsg.). (1998). *Sourcebook of Treatment Programs for Sexual Offenders.* New York, London: Plenum Press.
Nissen, G. (1994). Psychische Störungen in der Pubertät und Adoleszenz. In C. Eggers, R. Lempp, G. Nissen, G. & P. Strunk (Hrsg.), *Kinder- und Jugendpsychiatrie.* Berlin: Springer.
Nowara, S. (1998). Kritische Analyse von Prognosegutachten im Maßregelvollzug. In: T. Fabian, S. Nowara, I. Rode & G. Werth, G. (Hrsg.), *Rechtspsychologie kontrovers* (S. 150–154). Bonn: Deutscher Psychologen Verlag.
Pfäfflin, F. (1978). *Vorurteilsstruktur und Ideologie psychiatrischer Gutachten über Sexualstraftäter.* Stuttgart.
Pfäfflin, F., Roß, T., Sammet, N. & Weber, M. (1998). Psychotherapie mit Straftätern. In H.-L. Kröber & K.-P. Dahle (Hrsg.), *Sexualstraftaten und Gewaltdelinquenz* (S. 159–160). Heidelberg: Kriminalistik-Verlag.
ProSieben/Forsa (1998). *Die Umfrage im Überblick.* Internetseite: www.pro-sieben.de/news/forsa/1998/21/fragen.
Rotthaus, W. & Gruber, T. (1997). Systemische Tätertherapie mit Jugendlichen und Heranwachsenden – Einladung zur Konstruktion einer Welt der Verantwortlichkeit. In R. Amann & R. Wipplinger, R. (Hrsg.), *Sexueller Missbrauch* (S. 573–585). Tübingen: dgvt-Verlag.

Rotthaus, W. (1991). Einleitung. In W. Rotthaus (Hrsg.). *Sexuell deviantes Verhalten Jugenlicher.* Dortmund: modernes lernen.
Weidner, J., Kilb, R. & Kreft, D. (Hrsg.) (1997). *Gewalt im Griff. Neue Formen des Anti-Aggressivitäts-Trainings.* Weinheim: Beltz.

Tätergespräch

Ursula Enders

In den Achtziger- und Neunzigerjahren wurde über Gesprächsangebote an Täter sexueller Gewalthandlungen gegen Mädchen und Jungen sehr dogmatisch diskutiert: Die einen bewerteten jeden Kontakt zum Täter als Verrat der Parteilichkeit mit dem Kind, die anderen glaubten auch ohne räumliche Trennung von Täter und Opfer im Rahmen einer Familientherapie den sexuellen Missbrauch mit allen Beteiligten bearbeiten zu können. Frauen als Täterinnen wurden von beiden „Fraktionen" fast gänzlich ausgeblendet *(→ Frauen als Täterinnen).* Inzwischen haben sich vor dem Hintergrund einer breiten Erfahrung im Umgang mit der Problematik der sexuellen Ausbeutung von Mädchen und Jungen die Wogen geglättet. Mitarbeiterinnen und Mitarbeiter parteilicher Beratungsstellen erkennen die Chance einer Entlastung des Opfers, wenn es gelingt, den Täter (die Täterin) zumindest punktuell für eine Kooperation im Sinne des Kindeswohls zu gewinnen. Im Arbeitsfeld erfahrene Familientherapeuten/-therapeutinnen zweifeln die Notwendigkeit einer räumlichen Trennung nicht mehr an und sehen die Grenzen einer Aufarbeitung des sexuellen Missbrauchs im gemeinsamen Setting mit Opfer und Täter (Täterin) *(→ Systemische Therapieansätze bei der Arbeit mit sexueller Gewalt).*

Die unterschiedlichen therapeutischen Schulen und Berufsgruppen treffen sich heute in ihrem Bemühen, die Krise der Aufdeckung sexueller Gewalthandlungen zu nutzen, um Täter (Täterinnen) zu einer Übernahme der Verantwortung für ihre Taten zu bewegen (vgl. z.B. Spoden 1999, S. 204). Selbst wenn diese die Verantwortung für das am Kind verübte Verbrechen in der Regel nicht übernehmen, so erhalten jedoch Beraterinnen und Berater oftmals in dem Kontakt Informationen, die die therapeutische Aufarbeitung der traumatischen Erfahrungen für das Opfer erleichtern können. Gespräche mit Tätern (Täterinnen) sind deshalb in vielen Fällen eine entscheidende Intervention im Sinne einer parteilichen Arbeit für Opfer sexueller Gewalt.

Im Folgenden sollen vor dem Hintergrund der Beratungserfahrungen einer Kontakt- und Informationsstelle gegen sexuellen Missbrauch (Zartbitter Köln) Möglichkeiten und Grenzen des Gesprächs mit dem Täter (der Täterin) als ein Interventionsschritt im Beratungsprozess mit den Opfer und/oder dessen Vertrauenspersonen skizziert werden.

Voraussetzungen für ein Gespräch

Erste und wichtigste Voraussetzung für ein Gespräch mit dem Täter/der Täterin ist das Einverständnis der Klientin/des Klienten. Eine anfängliche Skepsis des Opfers („Du musst gut aufpassen, der kann ganz böse werden!" „Das hab ich schon so oft erlebt, alle die den kennengelernt haben, haben mir anschließend nicht mehr geglaubt! Der kann so nett sein!"), muss sehr ernst genommen werden. Es ist z. B. für das Kind wichtig zu erfahren, dass die Beraterin/der Berater keine Angst vor dem Täter (der Täterin) hat und auch nach dem Gespräch keinen Zweifel an der Wahrhaftigkeit der Aussagen des Kindes haben wird. Trauen Mädchen und Jungen der Beraterin/dem Berater diese Standfestigkeit zu, so erhoffen sie sich oftmals eine Entlastung von dem Gespräch: „Dann kannst du ja für die sorgen, dann muss ich nicht mehr darüber nachdenken, wie es der geht" (Benjamin, 10 Jahre). Ähnliches gilt für Mütter bzw. Väter betroffener Kinder.

Als zweites gilt es die an ein Gespräch mit dem Täter (der Täterin) geknüpften unterschiedlichen Erwartungen zu klären. Das Gespräch mit dem Täter (der Täterin) birgt zum einen die Chance, diesen (diese) zu einer Kooperation im Sinne des Kindeswohls zu bewegen (z. B. die gemeinsame Wohnung freiwillig zu verlassen, Vereinbarungen zum Schutz der Betroffenen auszuhandeln und einzuhalten, Zusage regelmäßiger Unterhaltszahlungen). Zum anderen kann ein solches Gespräch erheblichen diagnostischen Wert haben. Außerdem kann das Angebot, den Missbraucher (die Missbraucherin) an Tätertherapeuten zu vermitteln, die Sorge des Kindes um das Wohlbefinden des Erwachsenen reduzieren. „Dann ist für den auch jemand da – so wie Sie für mich. Dann muss der da aber hingehen, sonst ist der ganz schön dumm" (Sara, 9 Jahre).

Auf keinen Fall sollten Beschuldigte bei einem noch nicht erhärteten Verdacht eingeladen werden, wenn der räumliche Schutz des Mädchens/Jungen noch nicht gesichert ist. Ein Ansprechen der eigenen Vermutungen gegenüber dem/der Beschuldigten, solange dieser (diese) noch Einflussmöglichkeiten auf das Opfer hat – und sei es nur telefonisch –, kann zu einer weiteren massiven Schädigung des Kindes führen, da ein Täter (eine Täterin) den Geheimhaltungsdruck erhöhen wird. Eine voreilige Aufdeckung der Vermutung ist einer der gravierendsten „Kunstfehler", die in der Arbeit gegen sexuellen Missbrauch gemacht werden können.

Die Täter sollten in Absprache mit den betroffenen Mädchen und Jungen förmlich durch einen Brief oder ein Telefonat eingeladen werden. In diesem Kontakt sollten die folgenden „Spielregeln" des Gesprächs verdeutlicht werden:

– Als Vertrauensperson des Opfers bzw. der Mutter und/oder des Vaters des Kindes unterliegt die Beraterin/der Berater der Schweigepflicht. Dennoch hat sie/er in Rücksprache mit der Klientin/dem Klient die Erlaubnis mit dem Täter (der Täterin) zu reden, um sich gegenseitig kennen zu lernen, allgemeine Fragen nach der Arbeitsweise der Beratungsstelle zu beantworten und über seine (ihre) Sichtweise der Missbrauchsvorwürfe zu sprechen.
– Ein Schweigeversicherung gegenüber dem, was der Täter (die Täterin) in diesem Gespräch äußert, kann nicht gegeben werden.
– Der Termin wurde bewusst so gelegt, dass der Täter (die Täterin) auf keinen Fall dem Mädchen/Jungen und auch keinen anderen Kindern in der Beratungsstelle begegnet.

Durch diese Klarheit bietet die Beraterin/der Berater dem Täter (der Täterin) eine notwendige Zuverlässigkeit: Er (sie) weiß, woran er (sie) ist – eine wesentliche Voraussetzung, um Kooperationsabsprachen aushandeln zu können.

Bei Kindern im Vor- und Grundschulalter kann das Gesprächsangebot auch durch Kontaktpersonen von Kindern (z.B. Mutter, Vater, Vormund) geschehen. Nicht ungewöhnlich ist es auch, dass Täter (Täterinnen), die erfahren, dass von ihnen sexuell ausgebeutete Kinder und Jugendliche von Zartbitter Köln beraten/therapeutisch begleitet werden, sich aus eigenem Antrieb telefonisch an Zartbitter wenden, um einen Gesprächstermin zu erhalten.

Vorbereitung der Beraterin/des Beraters

Um das Gespräch diagnostisch nutzen bzw. den Täter (die Täterin) zu einer Kooperation bewegen zu können, muss die Beraterin/der Berater bereits einige Details der Missbrauchshandlung kennen. Missbraucher (Missbraucherinnen) haben mit großer Raffinesse z.T. über Jahre die Wahrnehmung der Umwelt vernebelt (→ *Täterstrategien und Prävention*): Sie spüren sehr schnell, ob jemand „blufft" oder wirklich informiert ist. In der Vergangenheit haben sie sich niemals vorstellen können, dass ein Opfer sich Dritten anvertrauen könnte. Sie waren sich sicher, dass ihre „Maßnahmen zur Geheimhaltung" greifen (z.B. Drohungen), und sie die Situation unter Kontrolle haben. Durch eine, höchstens zwei in das Gespräch eingeflochtene Fragen nach Details aus dem situativen Zusammenhang der Missbrauchshandlungen wird ihnen sehr schnell deutlich, dass Beraterinnen/Berater ein ernstzunehmendes Gegenüber sind – z.B. durch die scheinbar beiläufige Frage „Haben Sie dem Kind mal eine gelbe Plastikente geschenkt?", wenn eben durch das Spiel mit der Ente Missbrauchssituationen in der Badewanne eingeleitet wurden.

Während es z.B. in einem Konfrontationsgespräch mit einem Täter (einer Täterin) durch das Jugendamt sinnvoll sein kann, die bekannten Fakten des Missbrauchs klar zu benennen, darf die Beraterin/der Berater im Kontext eines Beratungsgespräches auf keinen Fall Tatschilderungen des Opfer oder Details aus der therapeutischen Arbeit mit dem Kind offenbaren. Dies wäre ein eindeutiger Verrat an dem Mädchen oder Jungen – eine Situation, die diese/dieser bereits leidvoll erfahren hat. Auf keinen Fall sollte sich die Beraterin/der Berater zu einer Stellungnahme verleiten lassen, inwieweit der sexuelle Missbrauch zweifelsfrei nachgewiesen ist oder nicht. Es empfiehlt sich in jedem Fall nur von einem begründeten Verdacht zu sprechen.

Wer das Gespräch führt, muss im Einzelfall genau abgeklärt werden. Sicherlich ist die Teamkollegin/der -kollege dafür prädestiniert, die/der sich am intensivsten mit Täterstrategien auseinandergesetzt hat – auch im Rahmen von Selbstreflexion. In Einzelfällen kann es zudem sinnvoll sein, dass die Beraterin/der Berater des Opfers an dem Gespräch teilnimmt.

Das Gespräch

Zu Beginn der Sitzung sollten noch einmal die „Spielregeln" des Gesprächs erläutert werden, um falsche Erwartungen zu verhindern.

Eine freundliche – allerdings in der Sache eindeutige – Gesprächsführung versteht sich von selbst. Sie dient ebenso wie die grundlegende Bereitschaft, auch die positiven Seiten des Missbrauchers (der Missbraucherin) sehen zu wollen, nicht zuletzt auch der eigenen Psychohygiene: Die Vorstellung, mit einem „Monster" zu sprechen, ist wesentlich anstrengender, als wenn man/frau versucht, die z. T. auch positiven Bindungen zum Kind anzusprechen und diese für Kooperation im Sinne des Kindes zu nutzen.

Auf keinen Fall darf das Gespräch zu einem Tribunal werden, z. B. indem mehrere Personen einen Täter gemeinsam – aus welchen Motiven auch immer – „endlich mal" konfrontieren. Ein solches Vorgehen treibt Täter (Täterinnen) weiter in die Verleugnung (→ *Abwehrstrategien der Täter*). Nur wenn Beraterinnen/Berater im Rahmen von Supervision (→ *Supvervision*) gelernt haben, ihre Wut auf Täter (Täterinnen) zurückzustellen, macht das Gespräch Sinn. Nur dann haben sie die Möglichkeit Missbrauchern (Missbraucherinnen) mit menschlichem Respekt zu begegnen, der notwendig ist, um auch seine (ihre) sympathischen Seiten wahrnehmen und dadurch die Bindung des Kindes an den Täter (die Täterin) besser verstehen zu können.

Nimmt eine Beraterin/ein Berater bewusst beide Gesichter des Täters (der Täterin) wahr, so läuft sie/er auch weniger Gefahr zu „kippen". Immer wieder wird in der Praxis deutlich, dass insbesondere Helfer/Helferinnen, die sehr massive Täterkonfrontationen fordern, ihre Parteilichkeit mit dem Opfer aufgeben, wenn sie wider ihr Erwarten einen sympathischen Menschen kennen lernen und nicht ihr Bild vom „Täter als Monster" bestätigt wird. Auch erfahrene Beraterinnen/Berater erleben es immer mal wieder, dass sie sich, von Tätern (Täterinnen) mehr oder weniger „um den Finger wickeln lassen". Wird ihnen nach dem Gespräch bewusst, dass evtl. ihre Wahrnehmung vernebelt wurde und sie selbst ihre Klarheit verloren haben, so ist umgehend eine Realitätsprüfung zu leisten (z.B. indem man sich anhand der dokumentierten Fakten nochmals die Aussagen und Hinweise des Kindes bewusst macht oder sich mit den Kolleginnen/Kollegen austauscht).

Das Gespräch als diagnostische Möglichkeit nutzen

Schon in einem Gesprächskontakt mit Tätern (Täterinnen) können Berater/Beraterinnen für die Arbeit mit dem Opfer wichtige Eindrücke gewinnen: Der politisch aktive Vater einer 14-Jährigen gibt sich sehr eloquent, der Onkel eines 4-jährigen Jungen entwirft von sich das Bild des freundlichen Kumpels aus der Kneipe um die Ecke, die Mutter eines 11-jährigen Mädchen gibt sich als sehr frauenbewusst, der Stiefvater von 8-jährigen Zwillingen wirkt rigide, hat eine brutale Ausstrahlung ... Überraschend ist oftmals, wie weit diese ersten Eindrücke von den Bildern abweichen, die Mädchen und Jungen und ihre Kontaktpersonen über die Täter (Täterinnen) vermitteln. Ein aus Kindersicht bedrohlicher, riesengroßer Mann schrumpft auf die Größe von etwa 1,70 m bis 1,75 m, ein bisher die Taten absolut von sich weisender Mann, spricht von „komischen Situationen, die das Kind wohl falsch interpretiert hat", eine Mutter berichtet, dass sie bei ihrem 7-jährigen Sohn über drei Jahre lang jeden Morgen die Vorhaut gedehnt hat, damit er keine Entzündung bekommt. Schon das erste Gespräch mit einem Täter (einer Täterin) kann Beraterinnen/Beratern somit wesentliche Informationen über die Beziehung des Opfers zum Täter (zur Täterin) als auch über dessen (deren) Auftreten und seine (ihre) Verführungsstrategien vermitteln. Oftmals kann die Helferin/der Helfer nach dem Gespräch das Opfer besser verstehen – z.B. die Panik des Kindes, wenn jemand sehr laut oder leise spricht, oder die extrem große Trauer über den Verlust, wenn der Täter (die Täterin) eine sehr lebenslustige Person ist, die für Kinder sehr interessante Themen und Aktivitäten anbietet.

Missbraucher (Missbraucherinnen) kennen den Alltag von Kindern meistens sehr genau, kennen deren Interessen und Vorlieben, wissen wovor das Mädchen/der Junge Angst hat, was eine Strafe für sie/ihn wäre und welche anderen Menschen dem Kind wichtig sind. Es empfiehlt sich, ihnen ebenso wie den anderen Kontaktpersonen Fragen nach dem Tagesablauf, Schlafgewohnheiten, Freundeskreis, Belastungen der Familie, Verhaltensweisen des Kindes ... zu stellen. Einige Täter (Täterinnen) lassen bei der Beantwortung dieser Fragen keine Sorge über die Situation des Opfers erkennen, sondern sorgen sich nur um sich selbst, sprechen nur von ihrer eigenen schwierigen Lage. Andere geben für die Begleitung des Opfers wichtige Detailinformationen. Die Bedeutung der Informationen ist zum Zeitpunkt des Gespräches oftmals für die Beraterin/den Berater des Kindes noch nicht transparent, sondern erst in der weiteren Arbeit mit dem Kind wird deutlich, dass der Täter (die Täterin) einen entscheidenden Hinweis gegeben hat, um die versteckten Hinweise des Opfers verstehen zu können.

Warum kommen Täter zu einem solchen Gespräch?

Missbraucher nehmen keinen subjektiven inneren Leidensdruck wahr (Bullens & Mähne 1999, S. 189) und kommen nicht „freiwillig" zu einem Gespräch zu der Beraterin/dem Berater des Opfers – selbst wenn die Initiative dazu von ihnen ausgeht. Sie stehen unter Druck und kommen aus strategischen Gründen. Einige kommen, um bei der Beraterin des Kindes einen guten Eindruck zu machen und deren Wahrnehmung zu vernebeln. Sie soll aufgrund des persönlichen Kontaktes zu der Überzeugung gelangen, dass dieser Mann (diese Frau) niemals einem Kind „so etwas antun könnte". Andere kommen auf Empfehlung ihres Anwaltes oder haben Angst vor dem Verlust ihrer Familie. Einige wenige sind in wirklicher Sorge um das Kind, glauben jedoch, dass dem Mädchen/Jungen weniger die von ihnen „anders gemeinten sexuellen Übergriffe" geschadet haben als z.B. die aktuelle Trennung von ihnen oder der „Stress, der jetzt darum gemacht wird". Oftmals äußern sie Wut auf diejenigen Personen, welche ihr sexuelles Gewaltverhalten aufgedeckt haben und von denen sich nun verfolgt fühlen (Spoden 1999, S. 205).

Gefahren eines solchen Gesprächs

Helfer und Helferinnen sind nicht darin ausgebildet, Lügner zu identifizieren (Eldridge, 1999, S. 139). Im Kontakt mit dem Täter (der Täterin) ist deshalb Vorsicht geboten! Fast alle Missbraucher (Missbraucherinnen) leugnen das von ihnen verübte Verbrechen. Im Kontakt mit der Beraterin/dem Berater greifen die „Künstler der Manipulation" auf ihre Verführungsstrategien zurück. Einige treten z.B. sympathisch auf und wecken über die „Mitleidstour" in ihrem Gegenüber den Impuls, sie in Schutz zu nehmen und zu entlasten (vgl. z.B. Thurn & Wils 1998, S. 117). Andere „fallen wie aus allen Wolken", da sie doch „so etwas nie machen können und sich schon immer gegen sexuellen Missbrauch engagiert haben", oder sie bieten Zusammenarbeit auf der Suche nach dem wahren Täter (der Täterin) an, da sie sich selbst als Opfer einer Verwechslung ansehen. Treten Beraterinnen/Berater sowohl sehr freundlich als auch in der Sache sehr klar auf, so legen einige Täter (Täterinnen) insbesondere im ersten Gespräch ein Teilgeständnis ab und geben genau das zu, was ihnen ohnehin hieb- und stichfest nachgewiesen werden kann. Viele Berater/Beraterinnen laufen im Kontakt mit „geständigen" Tätern (Täterinnen) Gefahr, ihrem eigenen Größenwahn zu verfallen: Sie lassen sich von Missbrauchern (Missbraucherinnen) einwickeln und glauben, beide – Opfer und Täter (Täterin) – gleichzeitig beraten und beiden helfen zu können. Damit geben sie die Parteilichkeit für das Opfer auf. Meist wird ein solcher Verrat am Kind mit der Erleichterung darüber begründet, dass „dies endlich mal ein Mann ist, der zu dem steht, was er gemacht hat". Auch kann dieser „Kunstfehler" im naiven Glauben an dogmatische Therapiekonzepte begründet sein, die „plötzlich" alle als Opfer beschreiben und der Dynamik von wirklichem Opfer und tatsächlichem Täter in keiner Weise gerecht werden. Auch wenn die Tragik der individuellen Lebensgeschichte vieler Aggressoren nicht zu leugnen ist, darf die vom Tätern (von Täterinnen) ausgeübte Gewalt nicht verharmlost werden, dürfen diese aus der Verantwortung für ihre Taten nicht entlassen werden. Die von vielen professionellen Helfern/Helferinnen praktizierte Verharmlosung der Gewalt missachtet nicht nur das Kindeswohl, sondern reduziert auch die Chancen des Täter (der Täterin) auf einen Ausstieg aus der Täterkarriere, denn dieser beginnt erst damit, dass diese anfangen, zu ihren Taten zu stehen.

Berater/Beraterinnen tappen im Gespräch mit Tätern (Täterinnen) oftmals auch in eine andere klassische Falle: die Verleugnungsdynamik des Täters (der Täterin). Sie lassen sich z.B. nur allzu schnell darauf ein, die Missbrauchshandlungen als Reaktion auf eine schwierige Kindheit oder als Überreaktion auf berufliche Anspannungen und Konflikte im Privatbereich zu bewerten. Damit bestätigen sie die Verleugnungsstrategie der Täter (Täterinnen), die ihre Verbrechen in gleicher Weise erklären, sprich ent-schuld-(ig)en – und die Schuld den Umständen oder Dritten zuschieben (z.B. ihrer „gefühlskalten Mutter oder Frau") (vgl. Bange 1993, Wyre/Swift 1991, → *Abwehrstrategien der Täter*).

Selbst von einem „Bekenntnis" eines Täters (einer Täterin) gegenüber einer Beraterin/einem Berater („Ich habe ja nicht gewusst, wie sehr ich dem Kind dadurch schade, und werde es nie wieder tun!") sollte mann/frau sich nicht blenden lassen, denn Täter (Täterinnen) können geständig sein und sich dennoch unschuldig fühlen (vgl. Godenzi 1989). Der englische Tätertherapeut Ray Wyre stellt deshalb erst dann die Frage nach dem „Warum" – nach der individuellen Leidensgeschichte eines Täters –, wenn dieser von sich aus die Verleugnung aufgibt und wirklich die Verantwortung für seine Verbrechen übernimmt.

Literatur

Bange, Dirk (1993). Sexueller Missbrauch an Mädchen und Jungen – Hintergründe und Motive der Täter. *psychosozial 54,* 49–65.

Bullens, Ruud & Mähne, Ursula (1999). Täterbehandlung – Neue Wege. Ambulante Behandlung von Sexualstraftätern in den Niederlanden. In: V. Wotke-Werner & U. Mähne (Hrsg.). *„Nicht wegschauen!" Vom Umgang mit Sexual(straf)tätern* (S. 183–200). Baden-Baden: Nomos Verlagsgesellschaft.

Eldridge, H. (1999). Therapeutische Arbeit mit Frauen, die Kinder sexuell missbraucht haben. In: KIZ – Kind im Zentrum (Hrsg.). *Wege aus dem Labyrinth. Erfahrungen mit familienorientierter Arbeit zu sexuellem Missbrauch* (S. 138–151). Berlin: Eigenverlag.

Enders, Ursula (Hrsg.) (2001). *Zart war ich, bitter war's*. Handbuch gegen sexuellen Missbrauch an Mädchen und Jungen. Komplett überarbeitete und erweiterte Neuauflage. Köln: Kiepenheuer & Witsch.

Godenzi, Alberto (1989). *Bieder, brutal. Frauen und Männer sprechen über sexuelle Gewalt*. Zürich: Unionsverlag.

Spoden, Christian (1999). Jenseits von Polizei und Justiz: Möglichkeiten und Grenzen einer Arbeit mit Sexualstraftätern in Beratungsstellen. In: V. Wotke-Werner & U. Mähne (Hrsg.): *„Nicht wegschauen!" Vom Umgang mit Sexual(straf)tätern* (S. 201–219). Baden-Baden: Nomos Verlagsgesellschaft.

Thurn, Claudia & Wils, Elisabeth (1998). *Therapie sexuell Missbrauchter Kinder. Erfahrungen – Konzepte – Wege*. Berlin: Berliner Verlag.

Wyre, Ray/Swift, Anthony (1991): *Und bist du nicht willig ... die Täter*. Köln: Volksblatt Verlag.

Täterprävention

Thorsten Kruse

Die Täterprävention ist innerhalb der pädagogischen Arbeit gegen sexualisierte Gewalt eine Richtung neueren Datums. Sie entstand aus der herkömmlichen präventiven Arbeit, die ihren Fokus hauptsächlich auf die Stärkung von Kindern und Jugendlichen legte, um sie vor sexualisierter Gewalt zu schützen (→ *Prävention mit Kindern*). Die dort gesammelten Erfahrungen zeigten jedoch, dass es nicht reicht, den Blick ausschließlich auf die Vermeidung des Opferseins zu richten. Vielmehr muss insbesondere auch mit Jungen daran gearbeitet werden, kein Täterverhalten zu übernehmen. Aus dieser Einsicht heraus setzte sich Täterprävention nach und nach und als ein Standbein der präventiven Arbeit durch. Sie beinhaltet in der Hauptsache die Arbeit mit Jungen oder männlichen Jugendlichen und hat das Ziel, diese in ihrer Entwicklung so zu unterstützen, dass sie keine sexualisierte Gewalt ausüben. Sie ist von der Täterarbeit abzugrenzen. Unter ihr wird die therapeutisch orientierte Arbeit mit Männern, Frauen oder Jugendlichen, die schon sexualisierte Gewalthandlungen begangen haben, verstanden. Sie setzt also nach der Ausübung sexualisierter Gewalt ein (→ *Täterbehandlung*). Die Täterprävention versucht, diese Ausübung zu verhindern und setzt daher in der Regel früher ein. Allerdings hat die Täterprävention von den Erkenntnissen aus der Täterarbeit profitiert. So ist z. B. die Einsicht, dass Täter nicht aufgrund eines fehlgesteuerten Sexualtriebes zu den so genannten Sexualstraftätern werden, auch eine grundlegende Erkenntnis für die Täterprävention (Bullens, 1998).

Inhalte der Täterprävention

Als erste Konzepte erstellt und der notwendige inhaltliche Rahmen der Arbeit abgesteckt wurden, stellten sich zunächst die Fragen nach der Haupttätergruppe und nach den Ursachen für die Entstehung von Täterverhalten. Als Haupttätergruppe war schnell ein Geschlecht auszumachen, nämlich das männliche. 80–90% der sexualisierten Gewalthandlungen werden von Männern oder männlichen Jugendlichen ausgeübt, wie verschiedene Untersuchungen zeigen (Julius & Boehme, 1997, S. 106). Da zudem ca. $1/3$ der männlichen Täter bereits im jugendlichen Alter sexualisierte Gewalt anwendet (Bange & Enders, 1995, S. 76), wurde deutlich, dass sich die Täterprävention in erster Linie an Jungen vor dem Alter von etwa 14 Jahren wenden muss.

Die Frage nach den Ursachen für sexualisierte Gewalt zu beantworten, erwies sich als schwieriger, da verschiedene Autorinnen und Autoren unterschiedliche Erklärungsansätze lieferten. Innerhalb der Täterprävention hat sich ein sozialpsychologisch orientiertes Ursachenverständnis, mit dem Hauptaugenmerk auf die Entstehung und Ausfüllung der Geschlechteridentität von Jungen durchgesetzt (auch Geschlechtsrolle genannt). Sie stellt dabei folgende Faktoren in den Vordergrund:

1. Die geschlechtsspezifische Sozialisation: Sozialisation meint den aktiven Prozess des Erlernens von Verhaltensweisen, in dem es darum geht, solche zu übernehmen, die für ein wirksames Bestreben innerhalb der Gesellschaft wesentlich sind (Arnold, Eysenck & Meili, 1980, S. 2109). So lernen Jungen innerhalb ihrer geschlechtsspezifischen Sozialisation, welche Verhaltensweisen in unserer Gesellschaft von Jungen und/oder Männern gefordert und gefördert werden. Diese übernehmen sie, wenn auch in unterschiedlichen Ausprägungen (→ *Jungensozialisation*). Bedeutungsvoll für die täterpräventive Arbeit sind solche Verhaltensweisen, die die Entwicklung von Täterverhalten unterstützen: Das Streben von Jungen nach Dominanz und Macht, ihr herabsetzendes Verhalten Mädchen und Frauen gegenüber, ihre Sexualisierung von Gefühlen, ihr Verhalten innerhalb einer Gruppe von Jungen und ihre Schwierigkeiten Gefühle zu benennen und zu äußern, sind bedeutsame Aspekte. Ferner ist zu hinterfragen, welchen Vorbildern sie nachzustreben versuchen, wie sie mit den Gefühlen von Macht und Ohnmacht umgehen, welche Vorstellungen sie von weiblicher und männlicher Identität haben, ob sich ihr eigenes Selbstwertgefühl aus der Demütigung anderer speist und wie sie sich anderen Jungen mit jungenuntypischen Mustern gegenüber verhalten.

2. Das Leben und Erleben von Sexualität: Einige Jungen verstehen Sexualität als einen Akt, der sich ausschließlich auf das Eindringen ihres Penisses in die Scheide eines Mädchens bezieht. Auch Vorstellungen von der ständigen sexuellen Verfügbarkeit von Frauen und der permanenten männlichen Bereitschaft zur Sexualität in Verbindung mit einem Leistungsaspekt und das Bedürfnis, sich mittels Sexualität mächtig zu fühlen, sind Komponenten, die mit den Jungen reflektiert und bearbeitet werden müssen. Ein weiteres Thema ist häufig der Druck von Jungen, möglichst früh mit einem Mädchen Sexualität zu haben, notfalls auch gegen den Willen des Mädchens. Schwierigkeiten haben viele Jungen auch mit ihrem Körper. Insbesondere sind sie oftmals verunsichert, ob ihr Penis groß genug ist und die richtige Form hat. Dies ist ein weiterer wichtiger Aspekt, der mit ihnen besprochen werden muss. Dabei muss dem herrschenden Ideal entgegengearbeitet werden, dass der Träger des größten und längsten Penisses auch der beste Mann ist. Ihre Ängste, auf der einen Seite sexuell zu versagen und auf der anderen darüber auch nicht sprechen zu können, stellen ein weiteres Problem dar, bei dem die Jungen Unterstützung, Hilfe und Alternativen der Bearbeitung benötigen.

3. Den Umgang mit eigenen Gewalterfahrungen: Viele Jungen sind Betroffene unterschiedlicher Gewaltformen. Sie erleiden psychische, physische, sexualisierte und/oder rassistische Gewalt innerhalb oder außerhalb der Familie. Bei allen Gewaltformen außer der sexualisierten Gewalt ist der Anteil der Jungen an der Opferziffer größer als der Anteil der Mädchen (Lenz, 2000, S. 25 ff.). Zugleich werden betroffene Jungen oft nicht als Gewaltopfer wahrgenommen, da dies dem vorherrschenden Bild männlicher Identität – Männer und damit auch Jungen sind keine Opfer – widerspricht. Unterstützt wird dieses Klischee durch die Forderung an Männer und Jungen grundsätzlich mit Problemen alleine klar zu kommen. So leiden gewaltbetroffene Jungen in dreifacher Hinsicht: Sie erfahren Gewalt, werden damit aber nicht wahrgenommen und müssen sie alleine verarbeiten. Wird ihnen keine alternative Bewältigungsform zur Verfügung gestellt, ist die Gefahr gegeben, dass diese Jungen der üblichen männlichen Bewältigungsstrategie, Gefühle der Ohmacht mit Gefühlen von Macht zu kompensieren, folgen (Kruse, 1997, S. 20). Hier schließt sich der Kreis zur Täterprävention. Erlittene Gewalt beinhaltet für Jungen ein Gefühl der Ohnmacht. Aufgrund der geschilderten Prozesse liegt es für sie dann nahe, dieses Ohnmachtsgefühl mittels der Ausübung von Gewalt zu bewältigen, um das Gefühl von Macht zu erhalten. Dies ist eine wichtige Erklärung dafür, dass ein großer Teil der Jungen, die sexualisierte Gewalt ausüben, selber sexuell missbraucht worden sind. Der Umkehrschluss, viele von sexualisierter Gewalt betroffene Jungen werden später zu Tätern, ist jedoch nicht zulässig, da er dem Stand der Forschungen widerspricht. Die Bedeutung des Zurverfügungstellens und Erarbeitens alternativer Bewältigungsformen für sexuell missbrauchte Jungen liegt damit auf der Hand. Sie stellt daher eine relevante Aufgabe innerhalb der Täterprävention dar. Sie ist außerhalb der Täterprävention als Hilfeangebot für betroffene Jungen aber mindestens genauso bedeutend, um nicht dem verbreiteten Klischee aufzusitzen, dass man betroffenen Jungen helfen muss, damit sie später nicht zu Tätern werden. Missbrauchte Jungen benötigen in erster Linie Hilfe, weil sie missbraucht wurden oder werden, nicht weil sie später eventuell Täterverhalten übernehmen. Jungen klare und eindeutige Grenzen zu ziehen, wenn sie sich gewalttätig verhalten, ist zudem eine Notwendigkeit, die unabhängig von den skizzierten Themen auch außerhalb der Täterprävention eine große Rolle spielt.

Bedingungen für die täterpräventive Arbeit

Täterprävention kann in jeder pädagogischen Einrichtung stattfinden. Sie bedarf keiner anderen Methoden, als den bisher existierenden. Allerdings setzt sie ein Bewusstsein für die oben dargestellten Zusammenhänge und die daraus resultierenden Themen und Gesichtspunkte bei dem oder der pädagogisch Handelnden voraus.

Da sie sich in erster Linie an Jungen richtet, muss sie dieses Klientel gezielt ansprechen, zu erreichen versuchen und empathisch begleiten. Ob täterpräventive Arbeit ausschließlich in reinen Jungengruppen (geschlechtshomogene Gruppen) stattfinden kann oder soll, wird zur Zeit diskutiert und ist noch nicht abschließend geklärt. Unbeantwortet ist bisher auch die Frage nach dem Geschlecht der pädagogischen Fachkraft. So gibt es die Forderung, dass nur Männer täterpräventiv mit Jungen arbeiten sollten. Argumentiert wird dabei mit der Authenzität der Vermittlung (vom Mann zum Jungen, also vom Mann zum späteren Mann) und der Vorbildfunktion des Pädagogen als jemand, der sich eindeutig gegen Täterverhalten ausspricht und zugleich als wichtige männliche Ansprechperson für die Jungen vorhanden ist. Dem steht die Position gegenüber, dass auch Frauen in der Lage sind, mit Jungen im Sinne der Täterprävention zu arbeiten, weil sie deren Themen pädagogisch genauso behandeln und zudem den Jungen ein starkes und emanzipatorisches Bild von Frauen vermitteln können. Untersuchungen darüber, ob Männer oder Frauen effektiver präventiv mit Jungen arbeiten und über die Erfolge der Täterprävention überhaupt, stehen noch aus.

Literatur

Arnold, M. B., Eysenck, E. & Meili, D. (1980). *Lexikon der Psychologie*. Band 3. Freiburg: Herder.
Bange, D. & Enders, U. (1995). *Auch Indianer kennen Schmerz. Sexuelle Gewalt gegen Jungen.* Köln: Kiepenheuer & Witsch.
Bullens, R. (1998). Persönlichkeit des Täters; Grooming-Prozess; Behandlungsmöglichkeiten von Tätern; Was wissen wir von Tätern? In: Mendener Arbeitskreis gegen sexuellen Missbrauch (Hrsg.), *Dokumentation der Fachtagung „Täter kennen/erkennen?"* (S. 5–41). Menden.
Julius, H. & Boehme, U. (1997). *Sexuelle Gewalt gegen Jungen: eine kritische Analyse des Forschungsstandes* (2. überarb. u. erw. Aufl.). Göttingen: Verlag für Angewandte Psychologie.
Lenz, H.-J. (2000). „... und wo bleibt die solidarische Kraft für die gedemütigten Geschlechtsgenossen?" Männer als Opfer von Gewalt – Hinführung zu einer (noch) verborgenen Problemstellung. In: H.-J. Lenz (Hrsg.). *Männliche Opfererfahrungen: Problemlagen und Hilfeansätze in der Männerberatung* (S. 19–69). Weinheim u. München: Juventa.
Kruse, T. (1997). Die herkömmliche Sozialisation von Jungen und die Konsequenzen daraus für die Prävention sexualisierter Gewalt. In: *Schriftenreihe von Widerspruch* (Hrsg.). Nr. 2 (2. überarb. Aufl.). Kiel.

Täterprävention und männliche Sozialisation

Anita Heiliger

Sexuelle Gewalt setzt ein Machtgefälle zwischen Opfer und Täter voraus, das durch Abhängigkeit, Altersunterschied, Unterlegenheit und andere Faktoren gekennzeichnet ist (vgl. Brownmiller 1978, Kavemann & Lohstöter 1984, Russel 1984, Fey 1987, Godenzi 1989, Herman 1990, Bange 1992, Brockhaus & Kolshorn 1993). Der Machtüberhang wird zur Befriedigung sexueller Bedürfnisse an der unterlegenen Person benutzt bzw. Macht wird sexualisiert: Ein Bedürfnis nach und die Gelegenheit zur Machtausübung verbinden sich mit sexueller Erregung. Die Wahrnehmung der Unterlegenheit und/oder Abhängigkeit des Opfers erzeugt eine sexuelle Reaktion beim Täter oder wird von ihm sexuell genutzt. Kinder verschaffen offenbar in besonderer Weise Bestätigung und Machtgefühle durch ihre extreme Abhängigkeit in der Generationenhierarchie, durch ihr hohes Bedürfnis nach Zuneigung und ihr vollständiges Angewiesensein auf Zuwendung und Liebe, ihre häufig spontane Körperlichkeit, ihre enorme Bereitschaft zu Vertrauen und Gehorsam sowie ihre durch ihren altersmäßig bedingten geringen Grad an Informiertheit und Erfahrungen rasch aktivierte Angst bei Drohungen.

Sexueller Missbrauch an Kindern wird in erster Linie durch Männer verübt. Bei allen anderen Formen sexueller Gewalt sind so gut wie ausschließlich Männer die Täter. Es ist deshalb naheliegend, die Ursachen von sexueller Gewalt in den Zusammenhang von gelebter Männlichkeit, männlicher Identität und männlicher Sozialisation zu stellen. Die entscheidenden Fragen sind dabei, warum das Bedürfnis nach Macht und Dominanz vor allem bei Männern entsteht und wie es zur erwähnten Koppelung zwischen Macht und Sexualität, zwischen Machtbedürfnis und sexueller Reaktion kommt.

Ergebnisse einer Studie des Deutschen Jugendinstituts

Diese Fragen bildeten den Ausgangspunkt für eine zweijährige qualitative Studie am Deutschen Jugendinstitut in München (Heiliger & Engelfried 1995). In biographischen Interviews mit zwanzig erwachsenen Männern wurden die sexuelle Sozialisation, das Erlernen des Umgangs mit Mädchen und Frauen, die Wirkung der herrschenden Männlichkeitsbilder und die Rolle des gesellschaftlichen Umfeldes für die Herausbildung der Einstellung zu sexuellen Übergriffen erfragt. Außerdem ging es darum, Bedingungen herauszufinden, die es Jungen ermöglichen, sich den gängigen Anforderungen der Männerrolle zu widersetzen und keine sexuellen Übergriffe auszuüben.

Von klein auf gelernt

In Bezug auf die Tradierung der Geschlechterhierarchie und eines patriarchalen Männlichkeitsbildes berichteten die Männer, dass sie bereits als kleine Jungen durch das Beispiel ihrer Eltern und in der Kindergemeinschaft mit dem Machtverhältnis zwischen den Geschlechtern konfrontiert wurden. Diese Einschätzung der befragten Männer stimmt mit zahlreichen Untersuchungsergebnissen aus der Sozialisations- und Geschlechterforschung überein (z.B. Hagemann-White 1984; Schmauch 1987; Badinter 1993; Rohrmann 1994).

In der Pubertät verstärkte sich aus Sicht der befragten Männer, im Wesentlichen durch Einflüsse außerhalb der Familie, die Botschaft allgemeiner Frauenabwertung. Sie fühlten sich als Jungen praktisch dazu aufgefordert, sich auf Kosten von Mädchen und Frauen Gefühle von Dominanz und Stärke zu verschaffen. Sie schätzen die Versuchung als groß ein, bei realer Selbstwahrnehmung von Schwäche, Unsicherheit und Verletzlichkeit sich auf dem durch die Sozialisation vorgezeichneten Weg Gefühle von Stärke, Macht und Dominanz zu verschaffen. Gegenüber anderen Unsicherheiten einzugestehen und sich vom gängigen Männerbild abzuwenden, kam für sie als Jungen kaum in Frage, weil sie fürchteten, ausgegrenzt und isoliert zu werden. Jungencliquen erlebten sie dabei als entscheidende Vermittlungs- und Kontrollinstanz normierter patriarchal orientierter Männlichkeit. Die These verschiedener Forscherinnen und Forscher zur besonderen Bedeutung der Cliquen für Jungen und ihrer Sozialisation wurde von den befragten Männern also eindrucksvoll bestätigt (vgl. Böhnisch & Winter 1993; Rohrmann 1994).

Sexualaufklärung durch Pornographie

Fast alle befragten Männer waren so gut wie nicht darüber aufgeklärt worden, was Sexualität genau ist, wie sie sich äußert und wie sie verantwortlich allein oder im Zusammenhang mit Partnerinnen/Partnern gelebt werden kann. Als „Volksaufklärungsmittel" zum Geschlechterverhältnis im Hinblick auf Sexualität dienten ihnen im engeren und weiteren Sinne pornographische Abbildungen von Frauen, die ihnen eine Verfügbarkeit von Frauen für Männer als selbstverständlich vermittelten. Nach Einschätzung der Männer wurden ihre Vorstellungskraft und ihre Sexualität durch diese Bilder an sich und durch die übliche Praxis der Masturbation an Hand dieser Bilder entscheidend geprägt. Bei dieser Art von „Aufklärung" fehlte ihnen die Vermittlung gefühlsmäßiger Vorgänge im Zusammenhang mit Sexualität und der Notwendigkeit beidseitigen Einverständnisses bei sexuellen Kontakten. Gleichzeitig berichteten die Männer übereinstimmend, dass diese Bilder Druck auf sie ausübten, sexuell überlegen und aktiv sein zu müssen, um das ihnen vermittelte Männlichkeitsbild zu erfüllen und entsprechende Anerkennung unter den Gleichaltrigen zu erlangen. Die Wirkung dieser „Aufklärung" trug aus Sicht der Männer zu ihren Problemen bei, sich selbst, ihren Körper und ihre Sexualität anzunehmen sowie andere Menschen in ihrer Körperlichkeit und Sexualität zu akzeptieren. Diese Ergebnisse bestätigen andere Studien, die besagen, dass Pornographiekonsum zur Entwicklung von sexuell aggressiven Verhaltensweisen beitragen kann (→ *Feministisches Ursachenverständnis*). Hohe Aufmerksamkeit erfordert in diesem Zusammenhang der aktuelle und teilweise sehr hohe Konsum von Internetseiten mit pornographischen Inhalten durch Jugendliche.

Funktionalisierung von Sexualität

Zugleich erlebten die Männer Sexualität früh als Mittel der Kompensation von Unsicherheiten, Unzulänglichkeiten und Unzufriedenheit. Sexualität ausüben, um Spannungen verschiedenster Art abzureagieren sowie Defizite zu kompensieren, bewerteten sie als Funktionalisierung, die eine Abhängigkeit von dieser Art „Problemlösung" bis hin zum Zwang erzeugen könne. Die von ihnen wahrgenommene Erwartung an Jungen – vor allem im Laufe der Pubertät – sexuelle Erfahrungen mit Mädchen zu machen, erzeugte einen enormen Druck, „Erfolge" aufzuweisen und förderten eine Kultur sexueller Übergriffe als Männlichkeitsbeweis: „(es wurde) so lange gestichelt, dann musst du es auch irgendwann machen. Da habe ich es mal gemacht ... und dann kam ich mir natürlich auch toll vor" (Heiliger & Engelfried 1995, S. 136). Begleitet waren diese Verhaltensweisen durch z.T. hohen Alkoholkonsum, der offensichtlich Selbstwahrnehmungen von Schwäche, Unterlegenheit und Verletzlichkeit überdecken half, um die an die Jungen (untereinander) gestellten Erwartungen erfüllen zu können. Dabei waren viele Ängste im Spiel. Fast jeder Junge glaubte, die anderen seien physisch besser ausgestattet, sexuell erfahrener und erfolgreicher als er, und er selbst sei das „arme, dumme Schwein". Daher wurde viel gelogen, geprotzt und geprahlt, um sich gegenseitig vorzumachen, wie großartig jeder sei (→ *Täterprävention*).

Diese Ergebnisse lassen erkennen, welche Probleme eine Vorstellung von Männlichkeit bei Jungen und Männern erzeugt, die ihre Überlegenheit sowie Stärke, Erfolg, Härte proklamiert und ihre Sexualität zur Herstellung solcher Überlegenheit funktionalisiert.

Täterprävention durch Veränderung des Männlichkeitsverständnisses

Die Forschung über sexuelle Missbraucher zeichnet Persönlichkeiten, die in ihrer männlichen Identität unsicher sind, Angst vor sexuellem Versagen haben und sich durch den Missbrauch an Kindern überlegen, stark und potent fühlen (vgl. Wyre & Swift 1991). Es liegt auf der Hand, dass das vorherrschende Männlichkeitsbild und die männliche (sexuelle) Sozialisation grundlegend verändert werden müssen, um sexueller Gewalt vorzubeugen, die aus Gefühlen von „Unmännlichkeit" und in der Vorstellung, Gewalt über Kinder und Frauen mache sie stark, begangen werden (Bange 1999). Bisher konnte durch die Forschung keine spezifische Gruppe von Jungen und Männern als besondere Risikogruppe benannt werden, deshalb muss sich die Täterprävention an alle Jungen und Männer richten (vgl. Finkelhor 1984, Russel 1984, Bange 1993, 1999). Die folgenden Themen müssen dabei im Mittelpunkt stehen:

Empathiefähigkeit

Für Männer ist es kulturell akzeptiert, andere Personen als Objekte für sexuelle Entladung, Bestätigung und Machtaneignung zu nutzen, z.B. in der Prostitution oder der Pornografie. Es muss deshalb ein zukünftiges Lernziel für Jungen im Prozess der Aneignung ihrer Sexualität sein, dass der Körper eines Mädchens, einer Frau oder einer anderen Person generell nicht als Objekt benutzt werden darf und Empathiefähigkeit entwickelt werden muss (vgl. Connell 1999). Die häufigen Aussprüche von Tätern, der Missbrauch sei doch schön für das Opfer (vgl. Heiliger 2000a), zeigen unter anderem das Absolutsetzen des eigenen Genusses und die Projektion der eigenen Gefühle auf die benutzte Person, deren eigene Realität völlig ausgeblendet wird. Nur auf solchem Wege kann z.B. auch die – leider immer noch weit verbreitete – Meinung zustande kommen, dass eine Vergewaltigung lustvoll für eine Frau oder ein Mädchen sein könne.

Realistische Anforderungen an Jungen und Männer

Das aus dem gesellschaftlich gültigen System der Geschlechterhierarchie abgeleitete Männlichkeitsbild von Dominanz, Macht, Leistung, Härte, Überlegenheit und Verfügung über Frauen sowie (sexuellem) Erfolg stellt unrealistische und im Grunde unerfüllbare Anforderungen an Jungen, denen sie durch Ausübung von Bestimmungsmacht und (häufig sexuell) gewalttätigem Verhalten gegenüber Schwächeren gerecht zu werden versuchen. Jungen und Männern muss deshalb ein realistisches Männerbild vermittelt werden. Dazu gehört u.a., dass jeder Mensch Schwächen hat, Frauen und Männer gleichwertig sind und Respekt vor Schwächeren eine Tugend und kein Makel ist.

Grenzen setzen

Präventive Arbeit mit Jungen muss der Tatsache Rechnung tragen, dass Jungen auf der Opferseite, aber in erheblichem Maße auch auf der Täterseite zu finden sind. Einige bundesrepublikanische Präventionsansätze berücksichtigen mittlerweile diesen Doppelaspekt in der präventiven Arbeit mit Jungen (vgl. z.B. Ottemeier-Glücks 1987, Karl 1994, Strohhalm e.V. 1996, Petze e.V. 1996, Kruse 1996, Sachs 1996, Bange 1995, 1999).

Damit Jungen sich nicht mit einem Männlichkeitsbild identifizieren, das (sexuelle) Verfügung über Mädchen und Frauen zur Machtaneignung enthält, müssen bei früh auftretendem übergriffigen Verhalten Grenzen gesetzt werden. Die Förderung einer Entsolidarisierung von entsprechendem Verhalten unter Jungen beugt einer Herausbildung sexistischer männerbündischer Strukturen vor (vgl. Heiliger 1998; Heiliger 2000a, Bange 1995).

Der Protest mancher Jungenarbeiter, Jungen dürften grundsätzlich nicht über eine Täterrolle definiert werden, weicht der Konfrontation mit sich häufig schon früh manifestierendem konkreten Täterverhalten von Jungen aus und leugnet es (vgl. Permien & Frank, 1995, Heiliger & Engelfried 1995). Wer Jungen ausschließlich in der potenziellen Opferrolle sieht, ignoriert die bedeutsame Tatsache, dass männliche Belästiger und Sexualstraftäter dieses Verhalten in der Regel als Jungen/Jugendliche herausbilden (vgl. Bange 1999) und in dieser Phase noch an der Entwicklung einer weiteren Täterkarriere gehindert werden können bzw. müssen.

Notwendig für Täterprävention ist die stärkere Aufmerksamkeit für frühe sexuelle oder sexualisierte Übergriffe von Jungen gegen Mädchen oder andere Jungen und ein gezieltes Eingreifen mit therapeutischer Intervention. In der Bundesrepublik existieren bisher erst relativ wenige Ansätze therapeutischer Arbeit mit jugendlichen Sexualstraftätern, die als solche eingeordnet bzw. verurteilt wurden (vgl. Rotthaus & Gruber 1997, Deegener 1999, Fürniss 1999), obwohl „alle TherapeutInnen, die sich auf solch eine Arbeit einlassen, gleichermaßen die Erfahrung (machen), dass die Therapie mit Jugendlichen und Heranwachsenden, die sexuell deviantes Verhalten zeigen, durchaus erfolgversprechend ist, da in diesem Alter die Verfestigung solchen Verhaltens noch relativ gering ist" (Rotthaus 1991, S. 7). Die relative Vernachlässigung dieser Arbeit ist umso schwerer verständlich als der Anteil männlicher Jugendlicher an (bekannt gewordenen) Sexualstraftaten größer ist als von ihrem Bevölkerungsanteil zu erwarten wäre (Deegener 1999).

Noch wesentlich größer ist das Defizit an Konzepten und Maßnahmen bei sexuellen Übergriffen durch Kinder. Hier ist dringend Aufklärung und Fortbildung zu fachlich qualifiziertem Handeln notwendig, um die Herausbildung von Täter- und Opferkarrieren zu verhindern (→ *Kinder als Täter*).

Wider den alltäglichen Sexismus

In Bezug auf alltägliche Verhaltensweisen von Jungen gegenüber Mädchen, die Entwertungen und sexualisierte Machtaneignungen enthalten, muss eine generelle Haltung kultiviert werden, die eine Beendigung der Duldung signalisiert. Im Zusammenhang mit der „Münchner Kampagne gegen Männergewalt an Frauen und Mädchen/Jungen" (vgl. Heiliger 2000b) ist z. B. in einem Schulprojekt deutlich geworden, wie rasch Jungen in der Lage und auch bereit sind, Orientierungen anzunehmen und umzusetzen, wenn sie ihnen als neue Norm erklärt und durch positive Grenzsetzungen vermittelt werden. Da Mädchen gleichermaßen im System der Geschlechterhierarchie und der zugewiesenen Rollenvorstellungen verfangen sind, darf und kann die Abwehr nicht von ihnen allein verlangt werden, sondern es ist die Aufgabe von erwachsenen Bezugspersonen, Jungen die notwendigen Bewertungen und Erklärungen zu vermitteln. Jungen sind auf dem Weg zu ihrer männlichen Identität auf entsprechende Hilfestellungen angewiesen vor allem, wenn es darum geht, traditionelle, patriarchale Männlichkeitsvorstellungen abzubauen, was ohne Unterstützung nur schwer gelingen kann.

Die Förderung positiver Vorbilder für eine männliche Identität, die sich nicht auf Dominanz gegenüber Schwächeren gründet, sondern Dominanzstreben ablehnt und Respekt vor Mädchen und Frauen vermittelt, bringt eine grundsätzliche Neuorientierung in Bezug auf ein gleichberechtigtes Geschlechterverhältnis sowie ein entsprechendes Männlichkeitsverständnis auf den Weg. Jungen, die bereits in diese Richtung gehen, brauchen Anerkennung und Unterstützung für ihr Verhalten, das anderen Jungen als die neue, gesellschaftlich erstrebenswerte Norm, vermittelt werden muss. Schließlich kommt der Veränderung der sexuellen Sozialisation von Jungen eine wesentliche präventive Bedeutung zu. Die bisherige Förderung von Sexualität als Kompensations- und Bestätigungsmittel muss durch eine auf Partnerschaftlichkeit aufbauende Sexualität ersetzt werden.

Literatur

Badinter, E. (1993). *XY. Die Identität des Mannes.* München: Piper.
Bange, D. (1992). *Die dunkle Seite der Kindheit.* Köln: Volksblatt.
Bange, D. (1993). Sexueller Missbrauch an Mädchen und Jungen Hintergründe und Motive der Täter. *Psychosozial, 54,* 49–65.
Bange, D. (1995). Von Leid- und Leitbildern. Über die Notwendigkeit einer geschlechtsspezifischen (Täter-) Präventionsarbeit mit männlichen Jugendlichen. U. Enders (Hg.). *Zart war ich, bitter war's* (S. 292–295). Köln: Kiepenheuer und Witsch.
Bange, D. (1999). Männliche Sozialisation und Täterprävention. In: S. Höfling, D. Drewes & I. Epple-Waigel (Hrsg.). *Auftrag Prävention. Offensive gegen sexuellen Missbrauch* (S. 152–163). München: Atwerp.
Böhnisch, L. & Winter, R. (1993). *Männliche Sozialisation.* Weinheim: Juventa.
Brockhaus, U. & Kolshorn, M. (1993). *Sexuelle Gewalt gegen Mädchen und Jungen.* Frankfurt am Main: Campus.
Brownmiller, Susan (1978). *Gegen unseren Willen. Vergewaltigung und Männerherrschaft.* Frankfurt a. M.: Fischer.
Connell, R., W. (1999). *Der gemachte Mann. Konstruktion und Krise von Männlichkeiten.* Opladen: Westdeutscher Verlag.
Deegener, G. (1999). Sexuell aggressive Kinder und Jugendliche – Häufigkeiten und Ursachen, Diagnostik und Therapie. In: S. Höfling, D. Drewes & I. Epple-Waigel (Hrsg.). *Auftrag Prävention. Offensive gegen sexuellen Missbrauch* (S. 352–382). München: Atwerp.

Fey, E. (1987). Männer vergewaltigen niemals gleich Starke. *Sozial extra 9,* 16–17.
Finkelhor, David (Ed.) (1984). *Child Sexual Abuse. New Theory and Research.* New York: The Free Press.
Fürniss, T. (1999). Aspekte der spezifischen Therapie mit jugendlichen Mißhandlern. In: S. Höfling, D. Drewes & I. Epple-Waigel (Hrsg.). *Auftrag Prävention. Offensive gegen sexuellen Missbrauch* (S. 383–396). München: Atwerp.
Godenzi, A. (1989). *Bieder, brutal. Männer und Frauen sprechen über sexuelle Gewalt.* Zürich: Unionsverlag.
Godenzi, A. (1993). *Gewalt im sozialen Nahraum.* Basel: Helbing & Lichtenhahn.
Hagemann-White, C. (1984). *Sozialisation: weiblich – männlich.* Opladen: Leske und Budrich.
Heiliger, A. & Engelfried, C. (1995). *Sexuelle Gewalt. Männliche Sozialisation und potentielle Täterschaft.* Frankfurt: Campus.
Heiliger, A. (1998). Jungen Grenzen setzen! Eine SchülerInnenbefragung an einer Realschule zu Gewalt von Jungen an Mädchen. *Arbeitspapier des Deutschen Jugendinstitutes München.*
Heiliger, A. (2000a). *Täterstrategien und Prävention. Sexueller Missbrauch an Mädchen innerhalb familialer und familienähnlicher Strukturen.* München: Frauenoffensive.
Heiliger, A. (2000b). *Männergewalt gegen Frauen beenden. Strategien und Handlungsansätze – am Beispiel der Münchner Kampagne gegen Männergewalt an Frauen und Mädchen/Jungen.* Opladen: Leske und Budrich.
Herman, J. L. (1990). Sex Offenders. A Feminist Perspective. In: W.L. Marshall, D.R. Laws, D.R. & H.E, Barbaree (Ed.): *Handbook of Sexual Assault. Issues, Theories and Treatment of the Offender* (S. 117–193). New York: Sage.
Karl, H. (1994). Der ehrenhafte Abschied vom Panzersoldaten. Grundlagen antisexistischer Jungenarbeit. In: E. Glücks & F.-G. Ottemeier-Glücks (Hg.). *Geschlechtsbezogene Pädagogik* (S. 133 – 154). Münster: Votum.
Kavemann, B. & Lohstöter, I. (1984). *Väter als Täter.* Reinbek: rororo.
Kruse, Torsten (1996). Arbeit mit Jungen im Spannungsfeld zwischen potentieller Opfer- und Täterschaft. In: B. Kavemann und Bundesverein zur Prävention von sexuellem Missbrauch an Mädchen und Jungen e. V. (Hrsg.). *Prävention. Eine Investition in die Zukunft* (S. 186–198). Ruhmark: Donna Vita.
Ottemeier-Glücks, F.-G. (1987). Über die Notwendigkeit einer antisexistischen Arbeit mit Jungen. *Deutsche Jugend 7,* 343–350.
Petze e.V. (Hg.) (1996). *Keine Panik, Schulische Prävention von sexualisierter Gewalt gegen Mädchen und Jungen. Beiträge zur LehrerInnenfortbildung.* Kiel.
Permien, H. & Frank K. (1995). *Schöne Mädchen – starke Jungen? Gleichberechtigung – (k)ein Thema in Tageseinrichtungen für Schulkinder?* Freiburg: Lambertus.
Rohrmann, T. (1994). *Junge, Junge – Mann, o Mann. Die Entwicklung zur Männlichkeit.* Reinbek: rororo.
Rotthaus, W. (Hrsg.) (1991). *Sexuell deviantes Verhalten Jugendlicher.* Dortmund: modernes lernen.
Rotthaus, W. & Gruber, Th. (1997). Systemische Tätertherapie mit Jugendlichen und Heranwachsenden – Einladung zur Konstruktion einer Welt der Verantwortlichkeit. In: G. Amann & R. Wipplinger (Hrsg.). *Handbuch Sexueller Missbrauch. Überblick zu Forschung, Beratung und Therapie* (S. 573–585). Tübigen: dgvt.
Russell, Diane E.H. (1984). *Sexual Exploitation. Rape, Child Sexual Abuse and Workplace Harassment.* Beverly Hills: Sage.
Sachs, Kai: Ist Prävention sexualisierter Gewalt überhaupt möglich? Oder: Wie kann Interventionsarbeit durch Männer für Jungen aussehen? In: Petze e. V. (Hg.) (1996). *Keine Panik, Schulische Prävention von sexualisierter Gewalt gegen Mädchen und Jungen. Beiträge zur LehrerInnenfortbildung* (S. 42–60). Kiel.
Schmauch, U. (1987). *Anatomie und Schicksal – Zur Psychoanalyse der frühen Geschlechtersozialisation.* Frankfurt am Main: Fischer.
Strohhalm e.V. (Hrsg.) (1996). *Auf dem Weg zur Prävention.* Berlin: Eigenverlag.
Wyre, R. & Swift, A., (1991). *Und bist Du nicht willig … Die Täter.* Köln: Volksblatt.

Täterstrategien und Prävention

Anita Heiliger

Täter, die Kinder sexuell missbrauchen, behaupten immer wieder, es sei einfach über sie gekommen, es sei eben passiert, um eine plötzliche, nicht geplante Handlung zu suggerieren, für die sie kaum oder keine Verantwortung zu tragen hätten (Deegener 1995, → *Abwehrstrategien der Täter*). Dieser Darstellung folgen nicht selten Gerichte mit entsprechend milden Urteilen, die häufig sowohl die Schwere der Tat und ihrer Folgen als auch die Gefahr der Wiederholungstäterschaft fehleinschätzen (Kirchhoff 1994; Fastie 1994; Enders 2001). Ausgangspunkt der vorliegenden Untersuchung zu Täterstrategien war das Interesse, dass mehr Wissen zu diesem Thema in den Umgang mit Tätern und Opfern sowohl im Rahmen juristischer Verfahren als auch im Handeln von Sozialarbeit und anderen Institutionen im sozialen und pädagogischen Bereich eingeht, damit es dem Opferschutz besser gerecht werden kann (→ *Opferschutzgesetz*). Die Auseinandersetzung mit Betroffenen und die Beobachtung von Prozessverläufen zeigt, dass häufig noch immer ein Verhalten zu überwiegen scheint, das Täter in der Tendenz eher entlastet und Opfer belastet, was dazu führen kann, dass Opfern nicht geglaubt wird und Täter nicht gestoppt werden.

In einer empirischen Untersuchung wurden anhand der Aussagen von acht Opfern in Interviews und 10 Gerichtsakten Täterstrategien in familialen Konstellationen herausgearbeitet (Heiliger 2000). Die Ergebnisse wurden auf die vorhandene Forschung bezogen, die zeigt, dass Täter sich sehr systematisch und teilweise mit großer Raffinesse ihren Opfer nähern. Dabei setzen sie keineswegs immer körperliche Gewalt ein, sondern greifen oftmals auf manipulative Strategien zurück (Conte, Wolf & Smith 1989; Elliott, Browne & Kilcoyne 1995; Bullens 1995; Enders 2001).

Systematische Verstrickung der Kinder

Bei der Auswertung konnten fünf unterschiedliche, aufeinanderfolgende Schritte in den Täterstrategien herausgearbeitet werden, in denen die Täter den sexuellen Missbrauch jeweils planten, vorbereiteten, durchführten und absicherten:
1. die Herstellung oder Nutzung von Bedingungen und Voraussetzungen, um den sexuellen Missbrauch begehen zu können,
2. die sexuelle Annäherung an das Kind,

3. die Absicherung des sexuellen Zugangs zu ihm,
4. die Funktionalisierung der Mütter zur Duldung des Missbrauchs und
5. schließlich die Stützung auf in hohem Maße täterschützende Institutionen bzw. auf ein Umfeld, das dem Kind wenig oder keinen Glauben schenkte.

Abgeschlossen wurde die Auswertung mit einem überraschenden sechsten Punkt: der Beendigung der Täterstrategien durch konfrontatives Handeln der Opfer selbst (→ *Betroffenen-Bericht*).

Das Ergebnis der Auswertungen zeigt, dass die Strategien, mit denen sich pädokriminelle Väter oder vaterähnliche Personen Zugang zu Opfern verschaffen, so vielfältig sind wie die Zahl der Täter. Jede Strategie schien individuell entsprechend den Gegebenheiten, an denen der Täter ansetzen konnte, um an das Opfer zu gelangen, Hilfe auszuschließen und Widerstand unmöglich zu machen. Die Strategien, auf die Täter allergrößte Sorgfalt verwendeten, richteten sich zugleich nach mehreren Seiten:
– nach außen, um ein Eingreifen auszuschließen
– gegenüber dem Opfer, um es gefügig und wehrlos zu machen
– gegenüber der Mutter (oder anderer weiblicher Bezugsperson), um sie zu täuschen oder zur Duldung zu bewegen.

So vielfältig die Strategien im Einzelnen erschienen oder es konkret auch sind, so erfolgten sie doch nach den gleichen Mustern, mit denen ein Kind getäuscht, benutzt, geängstigt, mit denen ein soziales Umfeld manipuliert und enge Bezugspersonen funktionalisiert werden, um an das eine Ziel zu gelangen: das Kind sexuell zu missbrauchen, wann, wie und solange der Täter es will. Die Ähnlichkeit der Strategien ergibt sich aus der spezifischen Situation des kindlichen Opfers: Abhängigkeit, relative Unwissenheit, Angewiesenheit auf Zuwendung, Sehnsucht nach Liebe und Wärme, Suche nach Bestätigung und Anerkennung.

Gefährdungsfaktoren für Kinder

Die folgenden Bedingungen und Voraussetzungen erhöhen das Risiko für Kinder, Opfer eines sexuellen Missbrauchs zu werden:
– Gefühl, ungeliebt zu sein, wenig Zuwendung, Anerkennung, Liebe und Wärme durch seine Bezugspersonen zu bekommen,
– geringes Selbstwertgefühl,
– defizitäre Lebenssituation der Mutter (Mütter können oft ihr Kind nicht schützen, z.B. weil sie selber Probleme haben, oder weil sie den Mann nicht verlieren möchten, oder weil sie selber zum Opfer ein schwieriges Verhältnis haben),
– allgemeines Gewaltklima in der Familie, das zu grundsätzlicher Einschüchterung des Kindes führt,
– autoritäres Verhalten des Vaters/Täters,
– traditionelle Erziehungsvorstellungen wie Verlangen von unbedingtem Gehorsam etc.,

– Probleme in der Beziehung zwischen den Eltern,
– ein Mangel an oder gänzliches Fehlen von Sexualaufklärung des Kindes.
Nicht selten stellt auch eine sozial angesehene Position des Täters einen Rahmen her, der es ihm ermöglicht, als Täter nicht in Verdacht zu geraten und dadurch einen Freiraum zum sexuellen Missbrauch des Kindes zur Verfügung zu haben.

Diese Ergebnisse über mögliche Risikofaktoren decken sich mit denen anderer Untersuchungen und können als gut belegt gelten (Finkelhor & Baron 1986; Brockhaus & Kolshorn 1993).

Strategien der sexuellen Annäherung

Die Strategien der sexuellen Annäherung an das Kind folgten immer dem Muster, an den Schwächen und Bedürfnissen des Kindes anzusetzen, es in seiner Wahrnehmung über gut und schlecht, über kindgerechte und übergriffige Berührungen zu verwirren und mit zunächst scheinbar unbeabsichtigten, scheinbar zufälligen Berührungen an einen Körperkontakt zum Täter zu gewöhnen. Die schleichende Sexualisierung bemerkte das Kind oft erst dann, wenn ein Ausbrechen aus der Situation kaum oder gar nicht mehr möglich war. Die Täter zielten in besonders raffinierter Weise nicht selten darauf ab, das Kind durch die sexualisierten Berührungen selbst zu Lustgefühlen zu bringen, um damit eine Abhängigkeit zu erzeugen, die das Kind nicht überblicken konnte. Auf diese Weise vermittelte der Täter dem Kind sein sexualisiertes Verhalten als „Normalität". Außerdem stellte der Täter beim Opfer dadurch Schuldgefühle her: Es habe die Berührungen genossen und daher kein Recht auf Abwehr und Hilfe von außen. Ziel dieser Strategie ist es, den Widerstand des Kindes zu brechen und eine Basis für die Duldung von Eskalationen des sexuellen Missbrauchs und für die Einforderung der Befriedigung der sexuellen Bedürfnisse des Täters zu erreichen. Das Argument, das häufig in Gerichtsverfahren auftaucht, der Täter habe ja keine Gewalt ausgeübt und dem Kind sei daher kein Schaden zugefügt worden, lässt die Strategien des Täters, das Kind für sich sexuell verfügbar zu machen, voll aufgehen. Es verkennt die subtile Gewalt, die im Vorgehen des Täters steckt, das immer wieder durch Demonstrationen offener Gewalt unterstützt und begleitet wird, um das Gewaltpotenzial zu zeigen und die Angst des Kindes zu schüren.

Lange Planung und Dauer des Missbrauchs im sozialen Nahraum

Typisch für den sexuellen Missbrauch an Kindern im sozialen Nahraum/in familialen Konstellationen scheint nicht nur die jahrelange Planung und Vorbereitung, sondern ebenso die jahrelange Dauer der Missbrauchshandlungen, die der Täter als Resultat seiner Strategien genießt und die das Opfer ertragen muss. Spezielle Strategien des Täters richteten sich nach dem Gelingen des endgültigen sexuellen Zugriffs darauf, die Ängste des Kindes weiter zu schüren, Macht zu demonstrieren, Abhängigkeiten des Opfers zu festigen, Hilfe auszuschalten und die Täuschungsmanöver gegenüber anderen Personen zu verstärken. Drei bis zehn Jahre betrug die Dauer, die die acht im Rahmen der Studie interviewten Frauen und die 10 jungen Frauen aus den Akten in ihrer Kindheit und Jugend den sexuellen Missbrauch ertragen mussten. Er war damit ein entscheidender, traumatisierender Faktor, der ihre ganze Kindheit und ihr weiteres Leben paralysierte. Auch dieses Ergebnis stimmt mit anderen Untersuchungen überein. So zeigt z.B. die Untersuchung von Bange und Deegener (1996), dass dem Kind unbekannte Täter ihre Opfer nur einmal sexuell missbrauchen, Täter aus dem Bekanntenkreis der Familie zu etwa einem Drittel die Kinder mehrfach missbrauchen und innerhalb der Familie drei Viertel der Opfer wiederholt und über lange Zeit sexuelle Gewalt widerfährt. In sechzehn der in dieser Untersuchung erfassten neunzehn Fällen von Missbrauch durch den Vater wurden die befragten Frauen wiederholt und über Jahre sexuell missbraucht.

Schlussfolgerungen für die Prävention

Präventives Handeln gegen Täterstrategien muss nach den vorliegenden Untersuchungsergebnissen auf mehreren Ebenen ansetzen:

Jeder sexuelle Missbrauch ist Gewalt

Grundsätzlich muss der Gewaltcharakter des sexuellen Missbrauchs an Kindern an sich erkannt werden. Jede Form des sexualisierten Übergriffes, vom „Streicheln" bis hin zur Vergewaltigung, ist ein schwer wiegender Eingriff in die körperliche und seelische Integrität eines Kindes. Dies wird aus den Interviews und aus den Aktenauswertungen deutlich. Benutztwerden für die sexuellen und Macht-Bedürfnisse des Erwachsenen verletzt die Menschenwürde von Kindern, entwertet sie als Mensch, degradiert sie zum – austauschbaren – Objekt, gibt ihnen das Gefühl, kein Lebensrecht zu haben, lässt sie ihren Körper hassen und verfolgt sie mit Schuld- und Schamgefühlen. Manchen Kindern, insbesondere denjenigen, denen die Täter vorgaukelten, der Missbrauch geschehe aus Liebe, wird all dies erst dann bewusst, wenn der Täter sie „fallen" lässt und sie dann erkennen, dass es ihm nur um seine Bedürfnisse ging.

Wider die Verharmlosung sexueller Gewalt

Dass die Folgen des sexuellen Missbrauchs für die Opfer bisher kaum oder gar keine Beachtung finden, scheint ein Ergebnis dessen zu sein, dass die Tat immer noch in verharmlosender Weise verkannt wird. Als Gewalt wird häufig nur begriffen, wenn die Täter massive Prügel u.ä. einsetzen, was, wie die Analyse der Gerichtsakten zeigt, im Vergleich eher seltener der Fall ist. Die Täter können ihre Ziele auf andere Weise viel effektiver und langfristiger durchsetzen: Mit offenen und subtilen Drohungen, mit Druck, Ängstigung, der Schaffung eines gewalttätigen Klimas, der Förderung der Angst des Kindes vor Liebesentzug und Bestrafung sowie durch die Erweckung von Schuldgefühlen beim Kind.

Sicherung der emotionalen und sozialen Versorgung von Kindern

Zur Prävention sind dringend die Bedingungen zu beachten, die Kinder offensichtlich leicht sexuellem Missbrauch aussetzen: Die extreme Abhängigkeit von den Bezugspersonen, der sehr häufig vorhandene Mangel an Zuwendung und teilweise auch materielle Deprivation, die Abgeschlossenheit der familialen Struktur, das nicht seltene Bemühen von Frauen, unbedingt ihren Partner zu halten oder einen Partner zu finden.

All diese Gefährdungsfaktoren verweisen auf gesellschaftsstrukturelle Bedingungen, die sexuellen Missbrauch an Kindern begünstigen. Präventives Handeln muss daher die materielle und emotionale Versorgung von Kindern autonom absichern und eine vollständige Angewiesenheit auf ihre Bezugspersonen auflösen.

Eigenständige, unabhängige und informierte Mütter

Prävention von sexuellem Missbrauch insbesondere innerhalb familialer Konstellationen muss auch die Situation der Mütter beachten. Wie gezeigt werden konnte, waren die Mütter sexuell missbrauchter Mädchen nicht in der Lage, die Signale richtig zu deuten und ihr Kind zu schützen. Die Befreiung von Frauen von der häufigen Angst, alleine nichts zu gelten und der daraus nicht selten resultierenden Fixierung an einen Partner (vgl. Heiliger 1991), setzt ihre Eigenständigkeit und Unabhängigkeit sowohl ökonomisch als auch psychisch voraus. Dabei handelt es sich um Faktoren, die mit der Gleichberechtigungspolitik bereits gefördert werden, aber auf der breiten Ebene bisher viel zu wenig greifen (→ *Mütter*).

Gegen die Gefahr für eine Mutter, an einen pädokriminellen Beziehungspartner zu geraten, der durch seine Täterstrategien die Partnerin manipuliert und für seine Interessen funktionalisiert, ist breite Aufklärung notwendig, um Frauen mit Kindern, die auf Partnersuche sind, auf diese Gefahr aufmerksam zu machen (→ *Pädosexualität*).

Veränderung männlicher Sexualität

Als allgemeine präventive Maßnahme muss mit den Mythen über angeblich biologisch determinierte männliche Sexualität öffentlich aufgeräumt werden. Ferner muss damit Schluss sein, dass Männern quasi ein permanentes Recht auf sexuelle Befriedigung eingeräumt wird. Diese Ideologie setzt Frauen unter Druck, für diese Befriedigung verantwortlich zu sein, und ist ein Grundstein der Rechtfertigung und Verharmlosung von sexuellem Missbrauch.

Für eine neue sexuelle Sozialisation von Jungen

In diesem Zusammenhang kommt der Veränderung der sexuellen Sozialisation von Jungen eine grundsätzliche präventive Bedeutung zu, die die bisherige Förderung triebgesteuerter Sexualität durch Selbstkontrolle ersetzt und neue Männlichkeitsmodelle entwickelt (→ *Täterprävention*).

Absicherung der Hilfen für Betroffene

Die Unterstützung von sexueller Gewalt betroffener Mädchen und Frauen, Jungen und Männer bei der Aufarbeitung erlittener Beschädigungen ist zum einen eine allgemein zu erkennende Verpflichtung, zum anderen ist sie ein Element der Prävention in der Weise, dass Mädchen und Jungen, die zu Opfern gemacht wurden, nicht ihr Leben lang weiterhin in der Opferrolle verbleiben, dass sie also in die Lage versetzt werden, sowohl sich selber als auch ihre Kinder und die Menschen um sich herum zukünftig zu schützen. Die Unterstützung der Opfer muss die Finanzierung von entsprechenden Hilfen entweder über öffentliche Mittel oder durch die Täter selbst einschließen.

Täter zur Verantwortung ziehen

Zur Primär- und Sekundärprävention ist es ferner unerlässlich, Täter als solche zu benennen, zu verfolgen und (auch strafrechtlich) zur Verantwortung zu ziehen. Täterschutz durch Institutionen darf nicht geduldet und gedeckt werden, denn er liefert weitere Opfer aus.

Die Täterarbeit und -therapie muss verbessert werden

Schließlich gehört es wesentlich auch zur Prävention von sexueller Gewalt an Kindern, die Täter, die in aller Regel als Wiederholungstäter gelten müssen (→ *Rückfälle von Sexualstraftätern*), in einer Weise zu behandeln, die es ihnen unmöglich macht, ihre Täterschaft weiter fortzusetzen. In dieser Richtung jedoch sind die bisher vorliegenden Konzepte von Täterarbeit und Tätertherapie noch nicht überzeugend. Es müssen dringend Konzepte entwickelt werden, die die Kenntnis der Täterstrategien voraussetzen und ihr Weiterwirken in der Tätertherapie ausschließen (→ *Täterbehandlung*).

Literatur

Bange, D. & Deegener, G. (1996). *Sexueller Missbrauch an Kindern. Ausmaß, Hintergründe, Folgen*. Weinheim: Psychologie Verlags Union.
Brockhaus, U. & Kolshorn, M. (1993). *Sexuelle Gewalt gegen Mädchen und Jungen*. Frankfurt am Main: Campus.
Bullens, R. (1995). Der Grooming Prozeß – oder das Planen des Missbrauchs. In: B. Marquardt-Mau (Hg.). *Schulische Prävention gegen sexuelle Kindesmißhandlung* (S. 55–67). Weinheim: Juventa.
Conte, J. R., Wolf, S. & Smith, T. (1989). What Offenders Tells Us About Prevention Strategies. In: *Child Abuse & Neglect, 13*, 293–301.
Deegener, G. (1995). *Sexueller Missbrauch: Die Täter*. Weinheim: Psychologie Verlags Union.
Elliott, M., Browne, K. & Kilcoyne, J. (1995). Child Abuse Prevention: What Offenders Tell Us. In: *Child Abuse & Neglect, 19*, 579–594.
Enders, U. (Hg.), (2001). *Zart war ich, bitter war's. Sexueller Missbrauch an Mädchen und Jungen*. Völlig überarbeitete Ausgabe. Köln: Kiepenheuer & Witsch.
Fastie, F. (1994). *Zeuginnen der Anklage. Die Situation sexuell Missbrauchter Mädchen und junger Frauen vor Gericht*. Berlin: Orlanda Frauenverlag.
Finkelhor, D. & Baron, L. (1986). Risk factors for child sexual abuse. In: *Journal of Interpersonal Violence, 1*, 43–71.
Heiliger, A. (2000). *Täterstrategien und Prävention. Sexueller Missbrauch an Mädchen innerhalb familialer und familienähnlicher Strukturen. Ergebnisse einer empirischen Untersuchung*. München: Frauenoffensive.
Heiliger, A. (1991). *Alleinerziehen als Befreiung. Mutter-Kind-Familien als positive Sozialisationsinstanz und als gesellschaftliche Chance*. Pfaffenweiler: Centaurus.
Kirchhoff, S. (1994). *Sexueller Missbrauch vor Gericht*. Band 1. Opladen: Leske und Budrich.

Traditionelles Ursachenverständnis

Maren Kolshorn und Ulrike Brockhaus

Das traditionelle Ursachenverständnis sexueller Gewalt reicht im Kern bis weit vor unsere Zeitrechnung zurück (Lerner 1991). Es beinhaltet folgende Auffas-

sungen, die auch heute noch in weiten Teilen der Bevölkerung aber auch in der Wissenschaft vertreten werden:
- Sexuelle Gewalttaten werden häufig erst gar nicht als solche verstanden, sondern als beiderseitig erwünschte Sexualkontakte angesehen. Sofern sexuelle Gewalt als solche definiert wird, wird sie als eine gewalttätige Form der Sexualität und nicht als sexualisierte Gewalt interpretiert. Folgerichtig werden die Ursachen im sexuellen Bereich gesucht.
- Getreu der Haltung „was nicht sein darf, das kann auch nicht sein" werden sexuelle Gewalttaten für Ausnahmefälle gehalten, die von ganz bestimmten Männern an ganz bestimmten Frauen und Kindern verübt werden. Die Täter werden meist als psychisch oder sozial auffällig angesehen. Ihre Taten resultieren aus einer schweren Kindheit, Psychopathie, Alkoholabhängigkeit, geringer Intelligenz usw. Den Kindern und Frauen wird unterstellt, dass sie die Taten durch aufreizendes Verhalten provoziert hätten. Was sexuelle Gewalt an Kindern innerhalb der Familie betrifft, wird statt einer gestörten Täterperson oft eine dysfunktionale Familienstruktur vermutet. Danach ist die Tat lediglich Symptom für familiäre Störungen. An der Entstehung dieses Symptoms seien alle Familienmitglieder beteiligt und alle – auch das Opfer! – hätten einen Nutzen davon (→ *Systemische Erklärungsansätze zum sexuellen Missbrauch*).
- Der männliche Sexualtrieb wird von Natur aus als aggressiver und mehr auf Angriff ausgerichtet eingeschätzt als der weibliche. Frauen möchten diesem Verständnis entsprechend „erobert" und so manche auch mit „Gewalt genommen" werden. Konsequenterweise werden derartige Vorfälle dann nicht mehr als Gewalt betrachtet, denn „der Mann freut sich besonders, wenn er einen weiblichen Widerstand überwunden hat, die Frau besonders, wenn sie sich der männlichen Stärke fügen musste" (Leonhard, 1964, S. 61 f.).
- Des Weiteren wird den Männern ein viel stärkerer Sexualtrieb als den Frauen zugeschrieben. Bei einigen Männern wird gar von einem krankhaft starken Trieb ausgegangen (Triebtäter). Einmal gereizt könne er nicht mehr kontrolliert werden und dränge nach sofortiger Befriedigung („Dampfkesseltheorie"). Deshalb komme es leicht zu sexuellen Gewalttaten, wenn ein Kind oder eine Frau einen Mann z. B. durch aufreizende Kleidung provoziere. Der Mann wird als unschuldig angesehen. Die betroffenen Opfer sind die eigentlich Schuldigen, weil sie – so diese Annahme – die Tat provoziert und ausgelöst haben. Die Provokation zur Tat wird zum Teil auch schon kleinen Kindern unterstellt. Dies wird oft durch einen Rückgriff auf die psychoanalytische Theorie, dass Kinder von einer sexuellen Beziehung zum gegengeschlechtlichen Elternteil träumen, begründet (→ *Psychoanalyse und Inzest*).
- Eine weitere Ursache für sexuelle Gewalttaten wird im Rahmen traditioneller Theorien in der angeblichen sexuellen Frustration der Täter gesehen. Diese treibe ihn dazu, sich mit Gewalt zu holen, was ihm fehle oder vorenthalten werde. Die Frustration wird meist darauf zurückgeführt, dass der Mann keine Partnerin habe oder sie ihn nicht ausreichend befriedigt. Hinter dieser Er-

klärung steht die Haltung, dass Männer unbedingt Sexualität brauchen und ein Recht darauf haben, sie (von anderen) zu bekommen. Gerade sexueller Missbrauch an Kindern wird oft in diesem Sinne erklärt. So meinen etwa Lustig u.a. (1966, S. 34), dass Frauen, die sich „dem Mann sexuell verweigerten, ... in ihm eine erhebliche sexuelle Frustration und Spannung" erzeugten und so „die sexuelle Energie des Mannes Richtung Tochter" dirigierten. Ein damit verwandtes Erklärungsmuster ist, dass die sexuellen Frustrationen einem generell verklemmten Verhältnis zur Sexualität sowie Problemen im Umgang mit Gleichaltrigen entspringe.

So weit verbreitet die genannten Erklärungsmuster sind, so wenig sind sie empirisch haltbar. Zahlreiche Forschungsergebnisse widerlegen die traditionellen Erklärungen:

- Entgegen der Grundprämisse des traditionellen Ursachenverständnisses ist sexuelle Gewalt weniger ein sexuelles als ein Machtphänomen. Befragungen von Opfern und Tätern zeigen, dass es den Tätern vor allem darum geht, Macht zu erleben, sich überlegen zu fühlen, zu demütigen, zu strafen, Wut abzulassen oder die eigene Männlichkeit zu bestätigen (Groth, Burgess & Holmstrom, 1977; Groth & Birnbaum, 1979; Renvoize, 1982; Godenzi, 1991; Heiliger & Engelfried, 1995). Sexualität wird von den Tätern offensichtlich als sehr effektives Mittel erlebt, um diese Ziele zu erreichen.
- Aber auch in den Fällen, in denen es den Tätern hauptsächlich um sexuelle Befriedigung geht, gilt es zu klären, warum Gewalt als adäquates Mittel erscheint, sexuelle Handlungen zu erzwingen. Traditionell werden ein starker Trieb oder fehlende Möglichkeiten zu freiwilligen sexuellen Kontakten dafür verantwortlich gemacht. Studien zeigen jedoch, dass sexuelle Gewalttaten in der Regel nicht aus Mangel an anderen Gelegenheiten, sondern zusätzlich zu einvernehmlichen Sexualkontakten erfolgen (Groth & Birnbaum, 1979; Hermann & Hirschman, 1981; Gebhard et al., 1965). Außerdem weisen sie nach, dass Kindesmissbraucher ein spezifisches Interesse an Kindern haben und diese nicht als Ersatzobjekte für erwachsene Frauen nutzen (Abel et al., 1979). Was den angeblich starken Trieb betrifft, ist zu fragen, warum sich der Täter nicht für andere als gewalttätige Wege der „Problemlösung" entscheidet, etwa für Masturbation.
- Das Postulat traditioneller Ansätze, dass die Täter alle krankhaft veranlagt, psychopathisch oder anderweitig gestört sind, wird ebenfalls durch zahlreiche Untersuchungen widerlegt. Selbst Studien mit inhaftierten Tätern bestätigen das Bild des gestörten Täters nicht (Fromuth, Burkkhard & Jones, 1991; Koss et al., 1985; Koss & Dinero, 1988; verschiedene Studien in Araji & Finkelhor, 1986). Vielmehr zeigen die Untersuchungen, dass die meisten Täter nicht von der gesellschaftlichen Norm abweichen, sondern sie scheinen dieser eher besonders zu entsprechen, etwa indem sie dem herrschenden Männlichkeitsideal und Frauenbild extrem zusprechen und sozial gut angepasst sind (z.B. Finkelhor, 1979; Herman & Hirschman, 1981; Koss et al., 1985; Muelenhard & Falcon, 1990; Hull & Burke; 1991). Außerdem spricht gegen das Bild des „psychopathisch ge-

störten Triebtäters", dass nach einer vorsichtigen Schätzung etwa jeder vierte bis fünfte (!) Mann wenigstens einmal in seinem Leben einen schweren (!) sexuellen Übergriff verübt (Brockhaus & Kolshorn, 1993, S. 56ff).
– Doch selbst, wenn Auffälligkeiten des Täters als gegeben angenommen werden, erklären traditionelle Ansätze nicht, wie sie sexuelle Gewalttaten bedingen. Hinsichtlich des Alkohols wird z.B. dessen enthemmende Wirkung dafür verantwortlich gemacht. Aber woher kommt die im nüchternen Zustand gehemmte Bereitschaft zur Gewaltausübung? Und warum werden alkoholisierte Frauen nicht im gleichen Maße wie Männer zu sexuellen Gewalttäterinnen? Die Frage nach der Geschlechtsspezifität müsste – nimmt man die traditionellen Ursachenmodelle ernst – übrigens bei jedem angenommenen individuellen Erklärungsfaktor gestellt werden: Warum werden sexuell frustrierte Frauen, Frauen mit Minderwertigkeitsgefühlen, einsame Frauen usw. nicht genauso zu Täterinnen wie entsprechende Männer?
– So wenig die Täter in der Regel auffällig sind, so wenig sind es die Opfer. Von sexueller Gewalt sind Frauen und Kinder unabhängig von ihrem Alter, ihrem Äußeren und ihrem Verhalten betroffen (größere Studien z. B. Russell, 1984; Weis, 1982; zu sexueller Gewalt an Kindern Literaturauswertung in Brockhaus & Kolshorn, 1993).
– Was schließlich die Annahme einer gestörten Familienstruktur als Ursache für innerfamilialen sexuellen Missbrauch angeht, spricht der Befund, dass ein nicht unerheblicher Teil der Täter sowohl ihre eigenen Kinder als auch Kinder außerhalb der Familie sexuell ausbeuten, deutlich gegen die These des gestörten Familiensystems (Abel & Rouleau, 1990, nach Bange, 1992).

Alles in allem spiegeln die traditionellen Erklärungen konservative Vorstellungen über Frauen- und Männerrollen sowie althergebrachte Mythen über sexuelle Gewalt (siehe → *Mythen zu sexueller Gewalt*, → *Feministisches Ursachenmodell*). Sie tragen dazu bei, dass sexuelle Gewalt verschwiegen und verharmlost wird. Sie verzerren die Realität so, dass sexuelle Ausbeutung von Frauen und Kindern als die natürliche Ordnung der Geschlechter erscheint. Sofern die Existenz sexueller Gewalt als solche anerkannt wird, liefern sie Erklärungen, die die herrschenden Verhältnisse nicht in Gefahr bringen: Ein normaler Mann übt keine sexuelle Gewalt aus, also ist der Täter pathologisch. Anständige Frauen und Mädchen werden nicht vergewaltigt, also hat das Opfer wohl gereizt und provoziert – und dann ist sie auch selber schuld.

Auf diese Weise wird männliche Dominanz mit der vermeintlichen Schuld der Unterworfenen gerechtfertigt. Unbequeme Fragen müssen nicht gestellt werden. Jeder und jede kann sich von Tätern und Opfern distanzieren. Der traditionelle Erklärungsansatz hilft, das eigene Weltbild aufrechtzuerhalten und schützt etablierte Strukturen. Eine brauchbare Ursachenanalyse sexueller Gewalt liefert er nicht.

Literatur

Abel, G. G., Becker, J., Murphy, W.D. & Flanagan, B. (1979). Paper presented at 11th Banff International Conference on Behaviour Modification, 21 March.
Abel, G. G. & Rouleau, J.-L. (1990). The nature and extend of sexual assault. In W. L. Marshall u. a. (Hg.), *Handbook of sexual assault: issues, theories and treatment of the offender* (S. 9–21). New York.
Araji, Sharon & Finkelhor, David (1986). Abusers: A review of research. In Finkelhor, David u.a. (Hg.). *A sourcebook on child sexual abuse* (S. 89–118). Berverly Hills: Sage Publications.
Bange, Dirk (1992). *Die dunkle Seite der Kindheit. Sexueller Missbrauch an Mädchen und Jungen. Ausmaß – Hintergründe – Folgen.* Köln: Volksblatt.
Brockhaus, Ulrike & Kolshorn, Maren (1993). *Sexuelle Gewalt gegen Mädchen und Jungen. Mythen, Fakten, Theorien.* Frankfurt a.M.: Campus.
Finkelhor, David (1979). *Sexually victimized children.* New York: The Free Press.
Fromuth, Mary Ellen; Burkhart, Barry R. & Jones, Catherine W. (1991). Hidden child molestation. An investigation of adolescent perpetrators in a nonclinical sample. *Journal of Interpersonal violence, 6 (3),* 367–384.
Gebhard, Paul H., Gagnon, John H., Pomeroy, Wardell B. & Christenson, Cornelia V. (1965). *Sex offenders: An analysis of types.* New York: Harper & Row.
Godenzi, Alberto (1991). *Bieder, brutal. Frauen und Männer sprechen über sexuelle Gewalt.* Zürich: Unionsverlag.
Groth, A. Nicholas & Birnbaum, H. Jean (1979). *Men who rape: The psychology of the offender.* New York: Plenum.
Groth, A. Nicholas, Burgess, Ann W. & Holmstrom, Lynda L. (1977). Rape: Power, anger, and sexuality. *American Journal of Psychiatry, 134 (11),* 1239–1243.
Heiliger, Anita & Engelfried, Constance (1995). *Sexuelle Gewalt. Männliche Sozialisation und potentielle Täterschaft.* Frankfurt: Campus.
Herman, Judith L. & Hirschman, Lisa (1981). *Father-daughter incest.* Cambridge: University Press.
Hull, Debra & Burke, Jacqueline (1991). The religious right, attitudes towards women, and tolerance for sexual abuse. *Journal of Offender Rehabilitation 17 (1–2),* 1–12.
Koss, Mary P. & Dinero, Thomas E. (1988). Predictors of sexual aggression on a university campus. *American Sociological Review, 22,* 52–58.
Koss, Mary P.; Leonard, Kenneth E.; Beezley, Dana A. & Oros, Cheryl J. (1985). Nonstranger sexual aggression: A Discriminant analysis of the psychological characteristics of undetected offenders. *Sex Roles, 12,* 981–992.
Lerner, Gerda (1991). *Die Entstehung des Patriarchats.* Frankfurt a.M.: Campus.
Leonhard, K. (1964). *Instinkte und Urinstinkte in der menschlichen Sexualität.* Stuttgart: Enke.
Lustig, Noel, Dresser, John W., Spellman, Seth W. & Murray, Thomas B. (1966). Incest. A family group survival pattern. *Archives of General Psychiatry, 14,* 31–40.
Muelenhard, Charlene L. & Falcon, Polly L. (1990). Men's heterosocial skill and attitude toward women as predictors of verbal sexual coercion and forceful rape. *Sex Roles, 23 (5/6),* 241–259.
Renvoize, Jean (1982). *Incest. A family pattern.* London: Routledge & Kegan Paul.
Russell, Diana E.H. (1984). *Sexual Exploitation: Rape, Child Sexual Abuse and Workplace Harrassment.* Beverly Hills: Sage.
Weis, Kurt (1982). *Die Vergewaltigung und ihre Opfer. Eine viktimologische Untersuchung zur gesellschaftlichen Bewertung und individuellen Betroffenheit.* Stuttgart: Enke.

Trauma

Hertha Richter-Appelt

Traumatisierungen im Bereich der Sexualität lassen sich unterteilen in Traumatisierungen durch externe sexuelle Reize – worunter u. a. Traumatisierungen durch Sexualstraftaten fallen – und Traumatisierungen der Sexualität durch nicht sexuelle Reize. Die zweite Gruppe zählt in der Regel nicht zu den Sexualstraftaten.

Traumatisierungen durch sexuelle Reize

Hier muss zwischen der ungewollten Konfrontation mit der Sexualität eines anderen (dies wird meist als sexueller Missbrauch bezeichnet) und dem Erleben einer durch einen anderen intendierten und ausgelösten sexuellen Erregung beim Opfer selbst unterschieden werden. Zu einer Traumatisierung kann es auch kommen, wenn keine Intention eines anderen im Spiel ist. In diesem Fall würde das Ereignis nicht unter Missbrauch fallen. Beide können in ein und derselben Situation eine Rolle spielen, müssen aber nicht.

Konfrontation mit der (Erwachsenen-)Sexualität

Die meisten Personen, die mit der Erwachsenensexualität konfrontiert werden, werden mit der Sexualität eines Mannes konfrontiert. Es sind Männer, die Kinder missbrauchen, Frauen vergewaltigen, Kinder durch Exhibition erschrecken. Dies bedeutet keineswegs, dass nicht auch Frauen im Bereich der Sexualität vor allem bei der Erziehung der Kinder, aber auch in sexuellen Beziehungen traumatisierend sein können, sie setzen dabei jedoch weniger ihre eigene Sexualität ein als Männer (→ *Frauen als Täterinnen*).

Diese Konfrontation kann mit oder ohne Berührung bzw. mit oder ohne körperliche Gewaltanwendung stattfinden. (In letzter Zeit wurde gerne jede Form von sexuellem Übergriff als Gewaltanwendung bezeichnet. Dies differenziert zu wenig den großen Unterschied zwischen „zärtlich" erscheinenden und mit groben Verletzungen einher gehenden Übergriffen.) Es kann sich um reale Sexualität oder um Sexualität durch den Einsatz medialer Hilfsmittel wie Filme, Bilder etc. handeln. Die Reaktion auf die Erwachsenensexualität führt in manchen Fällen zu Neugierde (z. B. für das männliche Genitale als Folge einer Begegnung mit einem Exhibitionisten), manchmal sogar zu einem sehr ausgeprägten Interesse für Sexualität. Immer wieder wurde beschrieben, dass Kinder, die sexuell missbraucht worden waren, in vermehrtem Ausmaß sexuelle Ausdrücke in ihren Wortschatz aufnahmen, andere Kinder in zweideutiger Weise berührten, Interesse für Prostitution entwickelten (Finkelhor 1988, → *Sexuell auffälliges Verhalten von Kindern*). Nicht selten spielte bei diesen Personen das Erleben sexueller Erregung während der Konfrontation mit der Erwachsenensexualität eine Rolle. Es kam zu einer Sexualisierung ihres Bewusstseins.

In die psychotherapeutische Praxis kommen allerdings viel häufiger diejenigen Personen, bei denen die Konfrontation mit der Erwachsenensexualität zu Panik, Angst, Flucht und damit einher gehenden Hemmungen im Bereich der Sexualität führten. Sexuelle Erregung wird hier zwar auch oft erlebt, meist jedoch als extrem unangenehm empfunden (Hirsch 1997).

Sexuelle Stimulierung des Opfers

Während die Beschäftigung mit sexueller Stimulierung durch erwachsene meist männliche Personen in dem Bereich der Sexualstraftaten und in der Psychotherapie eine wichtige Rolle spielen, wissen wir relativ wenig über das Problem der Über- (und Unter-) stimulierung im Genitalbereich bei der Erziehung von Kindern, die noch keine Sprache erlangt haben. Es gilt als allgemein anerkannt, dass das Gedächtnis nicht erst mit dem Spracherwerb einsetzt, sondern bereits lange vor der Fähigkeit, Dinge zu benennen. Es gibt somit ein vorsprachliches Gedächtnis. Untersuchungen der Säuglingsforschung haben in diesem Punkt die Annahme der Psychoanalyse bestätigt, dass Entwicklungsprozesse, die vor dem Spracherwerb stattfinden, sich auf die psychosexuelle Entwicklung auswirken (Dornes 1993). Die Traumatisierung der Sexualität kann somit bereits vor dem bewussten Erleben von Körpervorgängen stattfinden. Bei regelmäßiger Überstimulierung wird ein Kind in dem Moment, in dem es bewusst die Körpervorgänge wahrnimmt, Überstimulierung gar nicht als etwas Ungewöhnliches erleben, da es diese immer schon erfahren hat. Diese Personen leiden oft später an einem suchtartigen Bedürfnis nach Sexualität (dranghaftes Aufsuchen von Prostituierten, zwanghaftes Masturbieren etc; Becker 2001).

Zusätzlich können fehlende Grenzziehungen im Körperkontakt und die Behinderung einer gesunden Schamentwicklung in der Familie zu einer Traumatisierung der Sexualität führen. Wenngleich immer wieder angenommen wurde, Kinder, die Opfer von Sexualstraftaten werden, seien emotional und körperlich vernachlässigt und misshandelt, wissen wir heute, dass auch das Erlernen von Zurückweisungen und Grenzen im körperlichen Umgang in Familien mit sexuellen Übergriffen nicht eindeutig vermittelt wird. Berichten Kinder aus solchen Familien ihren Eltern von sexuellen Übergriffen durch andere, wird dies oft bagatellisiert, in Frage gestellt und nichts unternommen, um eine Wiederholung zu vermeiden (z.B. der Besuch bei einem Großvater, der sexuelle Übergriffe startet).

Traumatisierungen der Sexualität durch nicht sexuelle Reize

Traumatisierungen der Sexualität geschehen keineswegs nur durch sexuelle Übergriffe oder sexuelle Überstimulierung. Viel zu wenig wurde in der öffentlichen Diskussion um den sexuellen Missbrauch der Unterdrückung von Sexualität Beachtung geschenkt.
Obgleich diese Form der sexuellen Traumatisierung in der Regel nichts mit Sexualstraftaten zu tun hat, soll sie hier Erwähnung finden. In der öffentlichen Diskussion der letzten Jahre spielte die Angst vor einer unkontrollierten, impulsartigen männlichen Sexualität eine zentrale Rolle. Wenig Berücksichtigung fanden Aspekte der psychosexuellen Entwicklung, die zu einer Störung der Sexualität durch Unterdrückung führen. Frauen als „Täterinnen" gehören sicherlich hier erwähnt (→ *Frauen als Täterinnen*). Die sexuelle Liberalisierung hat zwar zu einer Verringerung der Unwissenheit über sexuelle Vorgänge geführt und zu einem freieren Umgang mit Sexualität, aber auch zu einer Unsicherheit, ob und wann Grenzen überschritten werden. Gerade in denjenigen Familien, in denen es zu Grenzüberschreitungen kommt, sind sexuelle Handlungen oft verboten oder werden bestraft.

Literatur

Becker, N. (2001). Psychoanalytische Theorie der sexuellen Perversion. In V. Sigusch (Hrsg.): *Sexuelle Störungen und ihre Behandlung* (3. Aufl.) (S. 418–438). Stuttgart: Thieme.
Dornes, M. (1993). *Der kompetente Säugling*. Die präverbale Entwicklung des Menschen. Frankfurt a. M.: Fischer.
Finkelhor, D. (1988). The Trauma of sexual abuse. In G. Wyatt & G. Powell (eds), *Lasting effects of child sexual abuse*. Newbury Park, Beverly Hills, London: Sage Publications.
Hirsch, M. (1997). Zur Psychoanalytischen Therapie bei Opfern sexuellen Missbrauchs. In: G. Amann & R. Wipplinger (Hrsg.), *Sexueller Missbrauch* (S. 486–499). Tübingen: dgvt-Verlag.
Richter-Appelt, H. (2001). Psychotherapie nach sexueller Traumatisierung. In: V. Sigusch (Hrsg.), *Sexuelle Störungen und ihre Behandlung* (3. Aufl.) (S. 475–488). Stuttgart: Thieme.

Trennung und Scheidung, Regelung der elterlichen Sorge und des Umgangs bei sexuellem Missbrauchsverdacht

Rainer Balloff

Einführung

Jährlich erfolgen mittlerweile in der BRD ca. 200.000 Scheidungen, von denen ca. 150.000 Kinder und Jugendliche betroffen sind. Rechnet man die Kinder nicht miteinander verheirateter Eltern mit hinzu (ca. 5% aller Nichtverheirateten, die in einer nichtehelichen Lebensgemeinschaft leben, haben eigene Kinder: Nave-Herz, 2001, S. 4), die die Trennung ihrer Eltern erleben, ist eine Größenordnung von jährlich knapp 200.000 trennungsbetroffenen Kindern durchaus denkbar.

Im „Kampf um das Kind" bei anstehenden Sorgerechts- und Umgangsregelungen rief insbesondere der in den Achtziger- und Neunzigerjahren des 20. Jahrhunderts sich zahlenmäßig ausweitende Verdacht des sexuellen Missbrauchs – vor allem in hochstrittigen Familienrechtsverfahren, die nach Schätzungen ca. 5% derartiger Familiengerichtsverfahren ausmachen sollen (Salzgeber, 2001) –, z.T. große Betroffenheit, Widerstände, Ängste und häufig auch übereilte Aktivitäten hervor (zu denken ist hier z.B. auch an die überaus umstrittene Aufdeckungsarbeit oder an die Arbeit mit den sog. anatomischen Puppen → *Anatomisch korrekte Puppen*).

Im Familiengerichtsverfahren muss dennoch jedem Verdacht des sexuellen Missbrauchs als das Kindeswohl u.U. besonders stark gefährdendes Element gemäß § 1666 BGB nachgegangen werden.

Dabei sind bei der Verdachtsprüfung auf sexuellen Kindesmissbrauch immer zwei grundsätzliche Konstellationen nicht nur im Strafverfahren, sondern ebenso im Familiengerichtsverfahren zu unterscheiden:
1. Die Bekundung eines Kindes gegenüber einem Dritten bildet den Ausgangspunkt der Verdachtsbildung.
2. Der Verdacht wird aufgrund von Beobachtungen des Kindes durch Dritte formuliert, ohne dass das Kind eine entsprechende Aussage gemacht hat (Steller, 1995, S. 61).

Wenn also die Aussage des Kindes den Ausgangspunkt der Verdachtsbildung beinhaltet, gleicht die forensische Begutachtung, die dem Familiengericht in al-

len derartigen Fällen dringend anzuraten ist, der psychologischen Glaubhaftigkeitsbegutachtung im Strafverfahren. Dies beinhaltet demnach ebenso wie im Strafverfahren
- eine Persönlichkeitsanalyse des Aussagenden (Frage nach der Zeugeneignung bzw. Zeugentüchtigkeit),
- eine Analyse denkbarer Motive für eine Falschbezichtigung (Analyse der Geschichte der Aussage, der Geburtsstunde der Aussage und Analyse der möglichen Quellen einer absichtlichen oder unabsichtlichen Falschaussage) und
- eine inhaltliche Analyse der Aussage selbst (hierbei handelt es sich um die sog. Realkennzeichenanalyse, die auf der empirisch gesicherten Annahme beruht, dass Aussagen über erlebnisgestützte Ereignisse sich in ihrer Qualität von nicht erlebnisgestützten Aussagen unterscheiden und dass sich dieser Umstand in bestimmten Merkmalen, den Realkennzeichen zeigt.) (→ *Glaubhaftigkeitsbegutachtung und diagnostischer Erkenntnisprozess*).

Kommt es zu einer Verdachtsbildung ohne entsprechende Aussage des Kindes, ist ein sexueller Missbrauchsverdacht meist nicht belegbar. Erfolgt nach einer sog. Aufdeckungsarbeit, die wegen erheblicher Suggestionswirkungen aus forensisch-psychologischer Sicht als außerordentlich kritisch angesehen werden muss, eine Aussage des Kindes, kommt der Analyse der Entstehungsbedingungen der Aussage herausragende Bedeutung zu (Steller, 1995, S. 61), die aber angesichts häufig unprofessionellen Vorgehens, nicht nur im Rahmen der Aufdeckungsarbeit, oft nicht möglich ist.

Liegt ein nicht unbegründeter Anfangsverdacht vor, hat das Familiengericht nach § 12 FGG (Gesetz über die Angelegenheiten der Freiwilligen Gerichtsbarkeit) von Amts wegen die zur Feststellung der Tatsachen erforderlichen Ermittlungen vorzunehmen und die geeigneten Beweise zu erheben. Dabei entscheidet das Familiengericht im Rahmen des sog. FGG-Verfahrens allein über die anzustellenden Ermittlungen sowie darüber, ob und welche Beweise erhoben werden. Dabei ist das Familiengericht nicht an die Beweisanträge der Verfahrensbeteiligten (Eltern, Kind, Jugendamt oder Verfahrenspfleger) gebunden (Ehinger, 1995, S. 68, → *Familien- und Vormundschaftsgericht*).

Legt der Beweisbeschluss in einem familiengerichtlichen Verfahren mit Verdacht des sexuellen Missbrauchs fest, eine Begutachtung in Auftrag zu geben, ist es nach einer sich nur zögernd herauskristallisierenden – nunmehr in Deutschland zumindest in Familienrichter und Familienrichterinnen Kreisen vorherrschenden – Meinung (vgl. Salzgeber, 2001) oft erforderlich,
- zunächst ein Gutachten über die Glaubhaftigkeit der kindlichen Zeugenaussage zu erstellen
- und erst danach oder parallel durch einen anderen Sachverständigen in einem weiteren Begutachtungsschritt ein familienpsychologisches Gutachten anfertigen zu lassen, das beispielsweise mit Hilfe der explorativen und anamnestischen Gesprächen (Oberbegriff: Interview) mit den Kindeseltern und dem Kind sowie weiterer Erkenntnisquellen dem Gericht die weiteren Konsequenzen für eine Sorgerechts- und Umgangsregelung aufzeigt.

Zu beachten ist ferner die strafrechtlich außerordentlich bedeutsame Belehrungspflicht eines Zeugen und Beschuldigten. Das Gesetz über die Angelegenheiten der freiwilligen Gerichtsbarkeit (FGG) kennt eine Belehrungspflicht, beispielsweise des Kindes, in einem sexuellen Missbrauchsverfahren in der Familiengerichtsbarkeit nicht. Dennoch ist es ratsam, ein Kind oder den betreffenden Erwachsenen auch im familiengerichtlichen Verfahren zu belehren und auf das Aussageverweigerungsrecht hinzuweisen, um nicht von vornherein die Aussagen im möglicherweise parallel zum Familiengerichtsverfahren oder später anhängigen Strafverfahren der Betroffenen unverwertbar werden zu lassen (Rakete-Dombeck, 1997, S. 219, → *Vernehmung von Kindern*).

Hervorzuheben ist jedoch, dass im familiengerichtlichen Verfahren allein die Kindeswohlmaxime den entscheidenden Beurteilungsmaßstab darstellt (Schütz, 1997, S. 225), nicht aber Fragen der Tatbestandsverwirklichung, Rechtswidrigkeit des Handelns und der Schuld eines der Tat Verdächtigen.

Vor allem Anfang der Achtziger- und Neunzigerjahre des vergangenen Jahrhunderts soll es nach Meinung von Juristen und Gerichtsgutachtern eine besonders drastische Zunahme und zum Teil verfahrensentscheidende Auseinandersetzungen im familien- und vormundschaftsgerichtlichen Verfahren bezüglich eines sexuellen Missbrauchsverdachts vordringlich im Rahmen einer Regelung der elterlichen Sorge und des Umgangsrechts – meist anlässlich einer Trennung oder Scheidung – gegeben haben, obwohl sich die empirische Evidenz meist auf amerikanische Untersuchungen und konkrete Begutachtungen in der Familien- und Vormundschaftsgerichtsbarkeit bezog (vgl. ausführlich mit weiteren Nachweisen und Erläuterungen: Busse, Steller & Volbert, 2000, S. 6).

Seit Mitte der neunziger Jahre des letzten Jahrhunderts ist offenbar wieder ein tendenzieller Rückgang derartiger Missbrauchsvorwürfe zu verzeichnen (Busse, Steller & Volbert, 2000, S. 71, → *Falschbeschuldigungen*).

Bemerkenswerterweise liegen bisher bundesweit keine gesicherte statistische Angaben vor, wie häufig beispielsweise ein Vorwurf des sexuellen Missbrauchs in der familiengerichtlichen Auseinandersetzung geäußert wurde bzw. auch heute noch zum Tragen kommt.

Da im deutschen Sprachraum bisher nur wenige fundierte Untersuchungen (vgl. aber Busse, Steller & Volbert, 2000, – eine Untersuchung, die an zwei Berliner Familiengerichten durchgeführt wurde und die Umgangs- und Sorgerechtsverfahren der Jahre 1988, 1993 und 1995 umfassten) vorliegen, die etwa auf eine generelle Zunahme von Missbrauchsdelikten hinweisen – die polizeiliche Anzeigestatistik weist seit Jahren jährlich ca. 14.000 bis 16.000 angezeigte Fälle auf – könnten möglicherweise
– irrtümliche Falschverdächtigungen,
– aber auch echte Falschbezichtigungen
– und die seit Jahren in einer breiteren Öffentlichkeit geführte Debatte zu Fragen des sexuellen Missbrauchs
zu einer „Zunahme" derartiger Fälle in der Familiengerichtsbarkeit geführt haben. In der Tat weist die Studie von Busse, Steller & Volbert (2000, S. 71) eine

leichte Zunahme von Missbrauchsverdachtsfällen im Jahr 1993 gegenüber 1988 auf, die allerdings die Signifikanzschwelle nicht überschreitet. Gleichzeitig ist jedoch in der angesprochenen Studie eine tendenzielle Abnahme der sexuellen Missbrauchsverdachtsfälle im Jahr 1995 erkennbar. Insgesamt wurden von Busse, Steller & Volbert (2000) 1.352 Akten zur Frage der Umgangsregelungen aus den Jahrgängen 1988, 1993 und 1995 untersucht, in denen sich 45 Fälle (3,3%) befanden, in denen ein sexueller Missbrauchsverdacht zur Sprache kam. Eine Stichprobe von 1.500 Sorgerechtsfällen aus den drei Jahrgängen erbrachte ebenfalls 45 Fälle (3,0%), die einen sexuellen Missbrauchsvorwurf zum Inhalt hatten (Busse, Steller, Volbert, 2000, S. 71).

Von einer drastischen Zunahme der sexuellen Missbrauchsfälle im familiengerichtlichen Verfahren kann jedoch nach dem Befund von Busse, Steller & Volbert (2000) keine Rede sein.

Mittlerweile ist aber die Anzahl der Falschverdächtigungen, vordringlich in der Form der irrtümlichen Induktion falscher Aussagen, wieder zurückgegangen (Busse, Steller, Volbert, 2000, S. 71), so dass sexuelle Missbrauchsverdachtsfälle derzeit in familiengerichtlichen Verfahren mit ca. 3% nach wie vor zur Ausnahme gehören.

Vor allem in den neunziger Jahren des vergangenen Jahrhunderts wurde auf eine bedeutende Zunahme falscher sexueller Missbrauchsbeschuldigungen hingewiesen, die 25% bis 95% (sic!) aller Sorgerechtsprozesse umfassen sollten (Busse, Steller & Volbert, 2000, S. 7, mit weiteren Nachweisen). Kluck (1995, S. 58) spricht von Erfahrungswerten von 10%. Während Volbert (1995, S. 55) 1995 auf eine von Familienrichtern und Gutachtern berichteten deutlichen Zunahme solcher Fälle hinweist (→ *Missbrauch mit dem Missbrauch*).

Nach wie vor gilt, dass bei einem sexuellen Missbrauchsverdacht bzw. Missbrauchsvorwurf in familiengerichtlichen Auseinandersetzungen um das Sorge- und Umgangsrecht selbst vage Verdachtsmomente oft verfahrensentscheidende Bedeutung haben.

Die Methode der Wahl in einem Familiengerichtsverfahren muss deshalb – genauso wie im Strafverfahren – die Glaubhaftigkeitsuntersuchung sein, deren Standards auch für eine Begutachtung im familiengerichtlichen Verfahren inhaltlich voll gültig sind (vgl. Balloff, 2000; Salzgeber, 2001, S. 204).

Dennoch ist in der familiengerichtlichen Rechtsprechung die Frage nach der Bedeutung und den Konsequenzen eines vor dem Familiengericht vorgetragenen Missbrauchsverdachts noch immer nicht einheitlich geklärt. So wird einerseits ein gerichtliches Eingreifen angesichts eines bloßen Verdachts des sexuellen Missbrauchs für nicht gerechtfertigt erachtet, andererseits reicht in manchen Fällen offenbar eine erhöhte Wahrscheinlichkeit des sexuellen Missbrauchs bereits aus, um Entscheidungen gegen die der Tat verdächtigten Person zu treffen, die häufig das Sorgerecht einschließen, aber auch das Umgangsrecht, und oft zu einem Kontaktabbruch, einer Kontaktverminderung, einen Begleiteten Umgang nach § 1684 Abs. 4 S. 4 BGB iVm § 18 Abs. 3 SGB VIII (KJHG) oder sogar zu einem Ausschluss des Umgangs führen (vgl. mit weiteren Nachweisen Busse, Steller & Volbert, 2000).

Zum Stand der Diskussion

Aus der Trennungs- und Scheidungsforschung (z.B. Cierpka, 1999; Figdor, 1997; Kardas & Langenmayr, 1996; Menne, Schilling & Weber, 1993; Petri, 1992), Väterforschung (z.B. LBS-Initiative Junge Familie, 1999), der Entwicklungs- und Familienpsychologie (Schneewind, 1991; Schneewind, 2000) und Bindungstheorie (vgl. Spangler & Zimmermann, 1995; Endres & Hauser, 2000) ist bekannt, dass eine Trennung des Kindes aus bestehender Beziehung und Bindung oft heftige emotionale Reaktionen hervorruft, die denen des sexuellen Missbrauchs sehr ähneln können, wie z.B. das Auftreten von Ängsten, Wut- und Trauerreaktionen, Essstörungen, Bauchschmerzen, Kopfschmerzen, nächtlichem Aufwachen, Unruhe, Stimmungsschwankungen, Schulleistungsstörungen und als Kompensation u.U. auch vermehrte Masturbationshandlungen.

Umso schwieriger ist es für das Jugendamt, Familiengericht, den Verfahrenspfleger oder Sachverständigen brauchbare differenzialdiagnostische und vor allem entscheidungsrelevante Erkenntnisse zu gewinnen, um trennungsbedingte Erschütterungen des Kindes von Auffälligkeiten des Kindes nach einem etwaigen sexuellen Missbrauch unterscheiden zu können.

Hervorzuheben ist, dass ein differenzierter Umgang mit dem Begriff der Falschbeschuldigung dringend erforderlich ist, da bei familiengerichtlichen Auseinandersetzungen die Falschbezichtigungen meist nicht auf eine direkte Täuschungsabsicht zurückzuführen sind, sondern offenbar eher auf suggestionsbedingte Aussagen, die vom Kind übernommen und unter Umständen dann als tatsächlich erlebt angesehen werden (Volbert, 1995 → *Falschbeschuldigungen*). Auch zu dieser Frage bleibt festzuhalten, dass keine empirischen Befunde vorliegen, allenfalls Erfahrungswissen einschlägiger Sachverständiger.

Anderer Auffassung ist offenbar Undeutsch (1993, S. 116 f.), der sich auf US-amerikanische Forschungen beruft und ausführt, dass
– die Beschuldigungen meist erst dann auftauchen, nachdem sich die Ehepartner getrennt haben und gerichtliche Schritte eingeleitet worden sind,
– das Familienleben und der Familienzusammenhalt bereits vor der Trennung erhebliche Defizite aufgewiesen hat,
– die Persönlichkeit der die Beschuldigung erhebenden Person, meist die Mutter, emotional labil ist und zu übersteigerten Reaktionen neigt,
– das angebliche Opfer typischerweise ein Mädchen unter acht Jahren ist,
– die Beschuldigung zuerst durch den sorgeberechtigten Elternteil an die Behörden herangetragen wird,
– die Mutter das Kind zum „Sachverständigen" (Arzt, Psychologen, Psychotherapeuten) zur Untersuchung oder Behandlung bringt,
– der „Sachverständige" den Missbrauch des Kindes bestätigt und der Vater als Täter verdächtigt wird,
– das Familiengericht auf die gutachtlichen Stellungnahmen reagiert und der vermeintliche Täter vom Umgang oder dem Sorgerecht ausgeschlossen wird.

Zuverlässige und repräsentative amerikanische Studien machen deutlich, dass von einer erheblichen Zunahme sexueller Missbrauchsvorwürfe in Familiengerichtsverfahren mit derzeit ca. 2% aller familiengerichtlicher Verfahren nicht die Rede sein kann (Busse, Steller & Volbert, 2000, S. 11).

Busse, Steller & Volbert (2000, S. 77ff.) kommen anhand der 64 von ihnen in Deutschland untersuchten Fälle zu dem Ergebnis, dass in nur 45 Fällen (70%) eine gerichtliche Entscheidung getroffen wurde. Dabei war die Anzahl jener Fälle, in denen der Vorwurf des sexuellen Missbrauchs in der Gerichtsentscheidung thematisiert wurde, mit 19 Fällen gering, wobei in 84% dieser 19 Fälle der Vorwurf des sexuellen Missbrauchs nicht bestätigt wurde. Besonders bemerkenswert ist in dieser Untersuchung, dass in den neun Umgangsrechtsfällen mit sexuellem Missbrauchsverdacht, trotz Nichtbestätigung des Verdachts, in fünf Fällen Einschränkungen des Kontakts des Kindes mit dem Verdächtigen erfolgten, die sich beispielsweise in einem nur tagsüber erlaubten Kontakt oder in Anwesenheit eines neutralen Dritten dokumentierten.

Erschwerend kommt allerdings bei Fragen der Aufklärung eines sexuellen Missbrauchsverdachts hinzu, dass offenbar viele, insbesondere jüngere Kinder im Rahmen einer aussagepsychologischen Untersuchung angesichts ihres Alters oder Entwicklungszustandes zu keiner Aussage in der Lage sind, eine Aussage widerrufen oder über die behaupteten Vorkommnisse nicht reden können bzw. nicht reden wollen. Zu dieser Frage, wie viele Kinder in den jeweiligen Gerichtsverfahren zu einer Aussage willens und fähig sind, gibt es bisher keine empirische Evidenz.

Um so bedauerlicher ist in diesem Zusammenhang das sog. Polygrafieverbot, das zwar nur für das Strafverfahren offenkundige Bedeutung hat, aber dennoch mit Nachdruck auf die Familiengerichtsbarkeit ausstrahlt (Urteil des BGH vom 17.12. 1998 – 1 StR 156/98 – LG Mannheim, in: Sonderheft: Praxis der Rechtspsychologie (1999), 9, 205-220, inkl. der BGH-Gutachten: Psychophysiologische Aussagebeurteilung von K. Fiedler; U. Undeutsch & G. Klein; M. Steller & K-P. Dahle; vgl. auch die knappe Zusammenfassung bei Salzgeber, 2001, S. 209-213, der mit anderen Autoren davon ausgeht, dass im Rahmen der polygrafischen Untersuchung von einer Trefferquote von 90% bei schuldigen Personen ausgegangen werden kann).

Zu bedenken ist ferner, dass der Polygraf derzeit die einzige Alternative darstellt, den Vorwurf des sexuellen Missbrauchs abzuklären, ohne dass das Kind in die Untersuchungen mit einbezogen werden muss. Im Übrigen kann die polygrafische Untersuchung auch eine zu Unrecht beschuldigte bzw. in Verdacht geratene Person exkulpieren (→ *Polygraph*).

Fazit

Im familiengerichtlichen Verfahren mit einem sexuellen Missbrauchsverdacht sollten Familienkonflikte mittels der großen Bandbreite von Möglichkeiten, die nach der Familien- und Kindschaftsrechtsreform vom 1.7.1998 nochmals forciert wurden, einer Lösung zugeführt werden (z.B. Einsatz eines Verfahrenspflegers, Begutachtung, Einleitung eines Vermittlungsverfahrens, Begleiteter Umgang, Beratung, Mediation, Psychotherapie, Familientherapie etc.). Um Strafe und Bestrafung kann es in einem familiengerichtlichen Verfahren jedoch nicht gehen, sondern ausschließlich um das Wohl und den Schutz des Kindes.

Deshalb sollte im Fall einer Bestätigung des Verdachts eines sexuellen Missbrauchs dem Tatverdächtigen konsequent die elterliche Sorge bzw. das Aufenthaltsbestimmungsrecht nach § 1666 BGB entzogen werden.

Bevor eine Umgangsregelung in einer derartigen Fallkonstellation getroffen werden sollte, sollte der/die Tatverdächtige
– rückhaltlos vor Zeugen die Verantwortung für sein/ihr Handeln übernehmen,
– dem Kind gegenüber versichern, dass er/sie allein „Schuld" an dem Geschehen hat,
– dem Kind versprechen, dass sich Derartiges nie mehr wiederholen wird,
– die Inanspruchnahme einer therapeutischen Hilfe belegen (→ *Tätergespräch*, → *Täterbehandlung*).

Darüber hinaus sollte, bevor eine Umgangsregelung im Rahmen eines zunächst nur Begleiteten Umgangs nach § 1684 Abs. 4 S. 3 u. 4 BGB iVm § 18 Abs. 3 KJHG getroffen wird, das Kind ausdrücklich den Wunsch und Willen bekunden, mit dieser Person wieder in Kontakt zu treten. Aufgabe des Jugendamtes, des Familiengerichts, des Verfahrenspflegers und des Sachverständigen wird es sein, die Qualität des Willens des Kindes zu erkunden, herauszuarbeiten und kenntlich zu machen. Im Rahmen einer derartigen Analyse haben sich, wie im Übrigen auch in allen anderen Fallkonstellationen familiengerichtlicher Verfahren, vier Kategorien zur Bestimmung des Willens des Kindes als besonders effektiv erwiesen:
1. *Zielorientiertheit* (Kind muss z.B. die Person in Kenntnis des von ihr ausgegangenen Missbrauchs ausdrücklich namentlich nennen),
2. *Intensität* der Willensrichtung (Kind muss emotional einfühlbar wiederholt den Wunsch äußern, mit der betreffenden Person in Kontakt zu treten),
3. *Stabilität* (auf der Zeitschiene überdauernde Wünsche des Kindes) und
4. *Autonomie* (der Wille des Kindes muss erlebnisgestützt sein, also auf einer eigenen Meinung beruhen; er darf nicht das Ergebnis von vagen Versprechungen, Beeinflussungen, Manipulationen oder Suggestionen sein).

Solange das Kind Kontakte verweigert, sollte der Umgang ausgeschlossen werden (vgl. zu diesem Problembereich: Walter, 1996). Zu beachten ist allerdings, dass ein Ausschluss des Umgangsrechts die Probleme des Kindes nicht löst. Deshalb sollte ein Ausschluss des Umgangs auch in sexuellen Missbrauchsfällen grundsätzlich nur eine vorläufige Maßnahme zum Schutz des Kindes sein. Sind die Gefährdungen weggefallen und äußert das Kind den Wunsch und Willen, die betreffende Person wieder zu sehen, sollte u. U. unter kontrollierten Bedingungen ein Begleiteter Umgang erwogen werden.

Im Übrigen gelten bei einer Begutachtung anlässlich eines sexuellen Missbrauchsvorwurfs im familiengerichtlichen Verfahren die gleichen aussagepsychologischen Standards wie im Strafverfahren. Diese Standards sind erst jüngst vom Bundesgerichtshof für Strafsachen neu festgelegt worden (Urteil des Bundesgerichtshofes vom 30.7.1999).

Literatur

Balloff, R. (2000). Das Urteil des Bundesgerichtshofs vom 30. Juli 1999 zur Frage der wissenschaftlichen Anforderungen an aussagepsychologische Begutachtungen (Glaubhaftigkeitsgutachten) und die Folgen für die Sachverständigentätigkeit. *Praxis der Kinderpsychologie und Kinderpsychiatrie, 49,* 261–274.
Busse, D., Steller, M. & Volbert, R. (2000). Forschungsbericht. Sexueller Missbrauchsverdacht in familiengerichtlichen Verfahren. *Praxis der Rechtspsychologie, 10 (Sonderheft 2),* 3–98.
Cierpka, M. (1999). Das geschiedene Familiengefühl in Scheidungsfamilien. In A.-M- Schlösser & K. Höhfeld (Hrsg.). *Trennungen* (S. 85–100). Gießen: Psychosozial-Verlag.
Deckers, R. (1997). Probleme bei der juristischen Aufarbeitung von Missbrauchsfällen im Familien- und Strafprozeß. *Familie, Partnerschaft, Recht, 5,* 211–218.
Endres, M. & Hauser, S. (Hrsg.) (2000). *Bindungstheorie in der Psychotherapie.* München. Reinhardt.
Ehinger, U. (1995). Rechtliche Informationen zur Begutachtung. Freibeweis – Strengbeweis, Beweisanordnungen, Rechte des Gutachters und der Begutachteten. *Familie, Partnerschaft, Recht, 3,* 68–71.
Figdor, H. (1997). *Scheidungskinder – Wege der Hilfe.* Gießen: Psychosozial Verlag.
Kardas, J. & Langenmayr, A. (1996). *Familien in Trennung und Scheidung.* Ausgewählte psychologische Aspekte des Erlebens und Verhaltens von Scheidungskindern. Stuttgart: Enke.
Kluck, M.-L. (1995). Verdacht auf sexuellen Missbrauch und familiengerichtliches Verfahren – Probleme der Entstehung und der Prüfung. *Familie, Partnerschaft, Recht, 3,* 56–59.
LBS-Initiative Junge Familie (Hrsg.). (1996). *Trennung, Scheidung und Wiederheirat.* Wer hilft dem Kind? Weinheim: Beltz.
LBS-Initiative Junge Familie (Hrsg.). (1999). *Engagierte Vaterschaft.* Die sanfte Revolution in der Familie. Opladen: Leske + Budrich.
Menne, K., Schilling, H. & Weber, M. (Hrsg.). (1993). *Kinder im Scheidungskonflikt.* Beratung von Kindern und Eltern bei Trennung und Scheidung. Weinheim: Juventa.
Nave-Herz, R. (2001). Die nichteheliche Lebensgemeinschaft – eine soziologische Analyse. *Familie, Partnerschaft, Recht, 7,* 3–7.
Petri, H. (1992). *Verlassen und verlassen werden.* Angst, Wut, Trauer und Neubeginn bei gescheiterten Beziehungen. Zürich: Kreuz.
Praxis der Rechtspsychologie (1999). *BGH-Gutachten Psychophysiologische Aussagebeurteilung.* Sonderheft, 9.
Rakete-Dombek, I. (1997). Familienrecht und Strafrecht – Unterschiede und Zusammenhänge am Beispiel des Missbrauchsverdachts. *Familie, Partnerschaft, Recht, 5,* 218–225.
Salzgeber, J. (2001). *Familienpsychologische Gutachten.* Rechtliche Vorgaben und sachverständiges Vorgehen. 3. Auflage. München: Beck.
Schneewind, K. A. (1991). *Familienpsychologie.* Stuttgart: Kohlhammer.
Schneewind, K. A. (Hrsg.) (2000). *Familienpsychologie im Aufwind.* Brückenschläge zwischen Forschung und Praxis. Göttingen: Hogrefe.
Schütz, H. (1997). Gerichtliche Prüfung des Missbrauchsverdachts in Familiensachen. *Familie, Partnerschaft, Recht, 5,* 225–227.
Spangler, G. & Zimmermann, P. (1995). *Die Bindungstheorie: Grundlagen, Forschung und Anwendung.* Stuttgart: Klett-Cotta.
Steller, M. (1995). Verdacht des sexuellen Missbrauchs – Begutachtung in familien- und vormundschaftsgerichtlichen Verfahren. *Familie, Partnerschaft, Recht, 3,* 60–62.
Undeutsch, U. (1993). Die aussagepsychologische Realitätsprüfung bei Behauptung sexuellen Missbrauchs. In S. Kraheck-Brägelmann (Hrsg.). *Die Anhörung von Kindern sexuellen Missbrauchs.* (S. 69–162). Rostock: Hanseatischer Fachverlag für Wirtschaft.
Urteil des Bundesgerichtshofes vom 30.7.1999 (1999). *Praxis der Rechtspsychologie, 9,* 113–125.
Volbert, R. (1995). Sexueller Missbrauch von Kindern – Definition und Häufigkeit. *Familie, Partnerschaft, Recht, 1,* 54–55.
Walter, E. (1996). Einschränkung und Ausschluß des Umgangs nach § 1634 II S. 2 BGB. *Zentralblatt für Jugendrecht, 83,* 270–278.

Umstände

Dirk Bange

Die zahlreichen in Deutschland und in anderen Ländern durchgeführten Dunkelfelduntersuchungen haben folgende Erkenntnisse zu den Umständen des sexuellen Missbrauchs an Mädchen und Jungen zu Tage gefördert:

Bekanntschaftsgrad zwischen Kindern und Tätern

Die früher vielfach geäußerte Behauptung, dass Kinder meist durch Fremde sexuell missbraucht werden, ist falsch. Die Studien belegen, dass der überwiegende Teil der Kinder die Täter bereits vor dem sexuellen Missbrauch kennt. Mädchen werden demnach etwa zu einem Viertel bis zu einem Drittel durch *Familienangehörige* sexuell missbraucht. Bei Jungen kommen die Täter mit zehn bis zwanzig Prozent etwas seltener aus der Familie. Zu beachten ist beim innerfamilialen sexuellen Missbrauch außerdem, dass keineswegs immer Väter die Täter sind. In erheblichem Maße treten auch Großväter, Onkel, Brüder, Cousins und Mütter als Täterinnen und Täter auf. Bei den Jungen ist der Anteil von Tätern aus dem *außerfamilialem Nahraum* mit 50 bis 60% etwas höher als bei den Mädchen, die zur Hälfte solchen Tätern (Nachbarn, Freunde der Familie, Lehrer, Erzieher, Jugendgruppenleiter, Babysitter) zum Opfer fallen. Den Kindern zuvor gänzlich *unbekannte Täter* sind für weniger als ein Fünftel der sexuellen Übergriffe verantwortlich (Wetzels 1999, S. 122f.; Bange & Deegener 1996, S. 129ff.; Brockhaus & Kolshorn 1993, S. 70ff.).

Art und Dauer des sexuellen Missbrauchs

Mehr als die Hälfte der befragten Frauen und Männer gibt in den Dunkelfelduntersuchungen an, dass der sexuelle Missbrauch aus einem einmaligen Übergriff bestand. Zudem zeigen die Studien, dass Unbekannte ihre Opfer in der Regel nur einmal sexuell missbrauchen. Bei Tätern aus dem Bekannten- oder Freundeskreis der Familie liegt der Anteil der mehrmaligen Übergriffe bei einem Drittel bis zur Hälfte. Innerhalb der Familie werden mehr als drei Viertel der Opfer wiederholt und oft über Jahre sexuell missbraucht (Wetzels 1999, S. 123; Bange & Deegener 1996, S. 134 ff.; Brockhaus & Kolshorn 1993, S. 120 ff.).

Unterteilt man die Art der Übergriffe nach ihrer Intensität in drei Formen, zeigen die Dunkelfelduntersuchungen, dass etwa einem Drittel der Opfer anale, orale oder vaginale Vergewaltigungen widerfahren. Ein Drittel wird zu genitalen Manipulationen gezwungen. Das übrige Drittel erlebt andere Formen sexuellen Missbrauchs bzw. sexueller Belästigung wie erzwungene Zungenküsse oder Exhibitionismus (Brockhaus & Kolshorn 1993, S. 118 ff.; Bange & Deegener 1996, S. 134 ff.). Ähnlich wie bei der Dauer des sexuellen Missbrauchs ist auch bei der Art der Übergriffe die Rate der Opfer innerfamilialen Missbrauchs, die vergewaltigt werden, signifikant höher als bei Opfern von Bekannten oder Fremden (Wetzels 1999, 123).

Alter der Kinder

Von den befragten Frauen und Männern wurden einige als Kleinkinder, andere im Grundschulalter und ein Teil als Jugendliche sexuell missbraucht. Das ermittelte Durchschnittsalter zu Beginn des sexuellen Missbrauchs bzw. bei den einmaligen Übergriffen liegt je nach Studie zwischen 10 und 12 Jahren (Wetzels 1999, S. 122 f.; Bange & Deegener 1996, S. 134 ff.; Brockhaus & Kolshorn 1993, S. 118 ff.). Der Missbrauch durch Familienmitglieder beginnt im Durchschnitt signifikant früher als der durch bekannte und unbekannte Täter. Peter Wetzels (1999, S. 123) zieht deshalb folgendes Fazit: „Inzestuöser sexueller Missbrauch beginnt also früher, umfasst schwerwiegendere, eingriffsintensivere Handlungen und ist in der überwiegenden Zahl der Fälle fortgesetzter, mehrfacher Missbrauch".

Die Tatsache, dass sich in klinischen Stichproben in der Regel ein deutlich höherer Anteil von Fällen innerfamilialen Missbrauchs findet als in Befragungen der Allgemeinbevölkerung könnte dadurch bedingt sein. Denn die traumatisierende Wirkung sexuellen Missbrauchs steigt mit der Intensität und der Dauer der Übergriffe sowie der Enge der Beziehung zwischen Opfer und Täter. In diesem Zusammenhang ist allerdings festzuhalten, dass von der Intensität der Handlungen im Einzelfall nicht auf die Schwere der Folgen für die betroffenen Mädchen und Jungen geschlossen werden kann. Auch wenn tendenziell Vergewaltigungen und genitale Manipulationen schlimmere Folgen haben, können auch „weniger intensive" Handlungen schwer wiegende Folgen nach sich ziehen (Brockhaus & Kolshorn 1993, S. 120; Bange & Deegener 1996, S.135).

Alter der Täter

Etwa ein Viertel der in den Untersuchungen befragten Teilnehmer/innen gibt an, von Kindern oder Jugendlichen sexuell missbraucht worden zu sein. Auffällig ist dabei, dass Männer zu einem höheren Anteil als Frauen sexuelle Übergriffe durch gleichaltrige bzw. jugendliche Täter erleben (Wetzels 1997, S. 154; Bange & Deegener 1996, S. 144 f.)

Durch Täterbefragungen werden diese Ergebnisse bestätigt. Dort wird regelmäßig festgestellt, dass ein nicht unerheblicher Teil der untersuchten Sexualstraftäter bereits als Jugendliche sexuell gewalttätig auftraten (Deegener 1999, S. 356). Einige Untersuchungen belegen auch, dass Männer, die Jungen missbrauchen, besonders häufig, bereits als Jugendliche damit beginnen (Ryan u. a. 1996; Abel & Rouleau 1990).

Geschlecht der Täter

In der überwiegenden Zahl der bisher vorliegenden Dunkelfelduntersuchungen geben jeweils mehr als 90 Prozent der Frauen an, dass sie durch Männer sexuell missbraucht wurden. Bei den männlichen Opfern liegt die Zahl derer, die von Frauen sexuell missbraucht wurden, bei durchschnittlich 10 bis 20 Prozent. Allerdings gibt es einige Studien, die bei Männern mit bis zu über 75 Prozent eine deutlich höhere Zahl von Frauen als Täterinnen feststellen (Julius & Boehme 1997, S. 74 ff.; Bange & Deegener 1996, S. 50 f.). Worauf diese große Streubreite bei den Männern zurückzuführen ist, ist bisher nicht geklärt.

Familiale Situation der sexuell missbrauchten Mädchen und Jungen

Im Vergleich zu den nicht sexuell missbrauchten Befragten kommen deutlich mehr der sexuell ausgebeuteten Frauen und Männer aus sogenannten „broken homes", d.h. ihre Eltern haben sich scheiden lassen, ein Elternteil ist gestorben u.ä.. Deutlich schlechter bewerten sie auch das Familienklima, in dem sie aufgewachsen sind. Sie schätzen die Beziehung ihrer Eltern, ihre Beziehung zu den Eltern – insbesondere zum Vater – schlechter ein als die anderen Befragten. Außerdem geben sie signifikant häufiger an, dass sie körperliche Misshandlungen durch ihre Eltern erlebt und/oder Gewalt zwischen ihren Eltern beobachtet haben (Wetzels 1999, S. 128 f.; Bange & Deegener 1996, S. 159 ff.; Brockhaus & Kolshorn 1993, S. 110 ff.).

Literatur

Abel, G. G. & Rouleau, J. L. (1990). The nature and the extent of sexual assault. In Marshall, W. L., Laws, D. R., Barbaree, H. E. (Eds): *Handbook of sexual assault: Issues, theories, and treatment of the offender* (S. 9–21). New York: Plenum Books.

Bange, D. & Deegener, G. (1996). *Sexueller Missbrauch an Kindern. Ausmaß – Hintergründe – Folgen.* Weinheim: Psychologie Verlags Union.
Brockhaus, U. & Kolshorn, M. (1993). *Sexuelle Gewalt gegen Mädchen und Jungen. Mythen, Fakten, Theorien.* Frankfurt: Campus.
Deegener, G. (1999). Sexuell aggressive Kinder und Jugendliche: Häufigkeiten und Ursachen, Diagnostik und Therapie. In S. Hoefling, D. Drewes & I. Epple-Waigel (Hrsg.), *Auftrag Prävention – Offensive gegen sexuellen Kindesmissbrauch* (S. 352–382). München: Atwerp-Verlag.
Julius, Henri & Boehme, Ulfert (1997). *Sexuelle Gewalt gegen Jungen. Eine kritische Analyse des Forschungsstandes.* Göttingen: Verlag für angewandte Psychologie.
Ryan, G., Miyoshi, T. J., Metzner, J. L., Krugman, R. D. & Fryer, G. E. (1996). Trends in a national sample of sexually abusive youth. In: *Journal of the American Academy of Child and Adolescent Psychiatry, 35,* S. 17–25.
Wetzels, P. (1997). Gewalterfahrungen in der Kindheit. Baden-Baden: Nomos Verlagsgesellschaft.
Wetzels, P. (1999). Verbreitung und familiäre Hintergründe sexuellen KindesMissbrauchs in Deutschland. In S. Hoefling, D. Drewes & I. Epple-Waigel (Hrsg.), *Auftrag Prävention – Offensive gegen sexuellen Kindesmissbrauch* (S. 104–134). München: Atwerp-Verlag.

Väter

Ursula Enders und Dirk Bange

Väter können die sexuelle Ausbeutung ihrer Tochter/ihres Sohnes durch Menschen aus dem sozialen Nahbereich oftmals noch weniger glauben und als Realität akzeptieren als Mütter. Sie fühlen und denken, dass sie der ihnen von der Gesellschaft zugeschriebenen obersten Vaterpflicht, ihr Kind vor Gewalt zu schützen, nicht nachgekommen sind. Sie machen sich Vorwürfe, nicht genug aufgepasst zu haben, nicht im rechten Augenblick da gewesen zu sein und sorgen sich um die Zukunft ihres verletzten Kindes. Sie haben Angst vor dem Gerede der Nachbarschaft. Sie fühlen sich ohnmächtig und verzweifelt. Bei Jungen als Opfer kommt hinzu, dass sie befürchten, ihr Sohn würde nun homosexuell oder von anderen gehänselt. Der Gedanke „das kann doch nicht wahr sein" liegt da nahe. Ihre Zweifel und ihr Unglaube schützen sie vor dem Gefühl, „auf der ganzen Linie als Vater versagt zu haben". Kommt die Realität langsam bei ihnen an, so entwickeln viele Väter eine große Wut auf den Täter (die Täterin) und drohen z.B., den Täter (die Täterin) umzubringen. Leider äußern sie ihre Wut oft auch im Beisein der Opfer. Kinder nehmen solche Ankündigungen meist sehr ernst: Sie lösen dadurch bei von sexualisierter Gewalt betroffenen Mädchen und Jungen weitere Ängste aus.

In den ersten Wochen nach der Aufdeckung der sexuellen Ausbeutung übernehmen Väter meist das „Management der äußeren Situation", während Mütter sich intensiver um die Kinder kümmern und sich die Zeit nehmen, mit ihren Freundinnen über ihren Schmerz zu sprechen. So ist es z. B. bei sexuellem Missbrauch von Kindern durch Mitarbeiter (Mitarbeiterinnen) aus Institutionen typisch, dass sich die Väter vor allem in Gesprächen mit Fachaufsichtsbehörden engagieren und Aufgaben übernehmen, die die Neuorganisation der Einrichtung betreffen. Auf ihre persönliche Befindlichkeit angesprochen, nennen sie in der Regel weniger ihre eigene Erschütterung als die Sorge um das Kind und ihre Frau, „die das alles sehr mitnimmt" und die Unterstützung brauche.

Hier spiegelt sich die typische geschlechtsspezifische Rollenverteilung wider. Die Frau ist für das Emotionale und das Innere zuständig, der Mann vertritt die Familie nach außen. Beides ist in der Krise eines sexuellen Missbrauchs insofern zuerst einmal funktional, als dass es Vätern und Müttern Sicherheit vermittelt. In der Beratung von Vätern ist dennoch darauf zu achten, dass auch ihre Ängste und Zweifel von Beginn an angesprochen werden. Zumal nach einigen Wochen nicht selten diese Rollen wechseln: Die Mütter haben wieder Boden unter den Füßen gewonnen, die Väter lassen den eigenen Schmerz eher zu – vor allem die hinter ihrer Wut liegende Trauer. Nicht Wenige nehmen nun wahr, dass die sexuelle Ausbeutung ihrer Tochter/ihres Sohnes auch sie zutiefst erschüttert hat: Sie können kaum noch schlafen, liegen nachts weinend im Bett, haben den Missbrauch bildlich vor Augen. Insbesondere, wenn der Sohn missbraucht wurde, erleben viele Väter die Leiden des Kindes, als ob sie „es" selbst am eigenen Leib erfahren hätten. Es geht ihnen z. B. sehr nahe, wenn ihnen ihr Sohn erzählt, dass der Täter (die Täterin) ihn anal vergewaltigt hat.

Oftmals werden Gewalterfahrungen in der eigenen Kindheit wieder lebendig, über die sie noch nie gesprochen haben: psychische und körperliche Misshandlungen im Elternhaus, sexuelle Gewalterfahrungen durch Erwachsene oder Jugendliche aus dem sozialen Umfeld, Miterleben von (sexueller) Gewalt gegen Geschwister, Freunde, die Mutter. Für die Aufarbeitung und den Umgang mit diesen Erfahrungen brauchen die Väter eine einfühlsame und behutsame Begleitung und Beratung. Zum einen damit es ihnen wieder besser geht, zum anderen aber auch, weil sie nicht selten in ihrer Hilflosigkeit auf die durch die Gewalterfahrung ihres Sohnes/ihrer Tochter ausgelöste Retraumatisierung mit Wut auf das Kind reagieren. Ohne dass es ihnen selbst bewusst ist, machen einige Väter dem Jungen/Mädchen zum Vorwurf, dass sie mit dem eigenen – verdrängten – Leid erneut konfrontiert werden. Vielfach erklären sie schon einige Wochen nach Aufdeckung der sexuellen Ausbeutung des Kindes: „Jetzt muss es endlich mal gut sein!" Sie hoffen damit die eigenen Ohnmachtgefühle wieder wegschieben zu können.

Während bei Müttern betroffener Kinder eigene (sexuelle) Gewalterfahrungen in Kindheit und Jugend und eine durch die Ausbeutung ihres Sohnes/ihrer Tochter erlittene Retraumatisierung von professionellen Helferinnen/Helfern als Möglichkeit oftmals mitbedacht/angesprochen wird, werden betroffene Väter mit ihrer Not kaum wahrgenommen. Die Erfahrungen von „Zartbitter Köln" belegen, dass Väter Beratungsangebote in der Regel annehmen und sich auch auf kontinuierliche Beratungsprozesse einlassen, wenn sie persönlich eingeladen werden und die Beratung mit ihren beruflichen Verpflichtungen vereinbaren können (z. B. Beratungstermine in den frühen Abendstunden und an Freitagnachmittagen).

Obgleich inzwischen fachlicher Konsens darüber besteht, dass zwei Drittel aller Fälle sexueller Ausbeutung von Mädchen und Jungen außerhalb der Familie stattfindet und der Anteil der Väter unter den Tätern nur einen geringen Prozentsatz ausmacht, wird bis heute in der Fachdiskussion die Wichtigkeit der Väter bei der Unterstützung des Heilungsprozesses der Opfer sexueller Gewalt grob vernachlässigt. So gibt es bis heute keine deutschsprachigen Publikationen über die Situation der Väter, deren Töchter und Söhne missbraucht wurden. Auch in der Forschung ist die Situation katastrophal. So werden z. B. bei Untersuchungen über die elterlichen Reaktionen und deren Einfluss auf das Ausmaß der Traumatisierungen fast ausschließlich die Mütter befragt (Kendall-Tackett, Williams & Finkelhor 1997, S. 168).

Eine der wenigen Ausnahmen ist die Untersuchung von Manion u.a. (1998). Im Rahmen dieser Untersuchung wurden 63 Mütter und 29 Väter, von Kindern, die außerfamilial sexuell missbraucht wurden, befragt und mit einer Kontrollgruppe verglichen. Die Väter wiesen drei Monate nach der Aufdeckung des Missbrauchs ein gegenüber der Kontrollgruppe 4,6-fach erhöhtes Risiko auf, sich im klinischen Bereich der Messskalen zum allgemeinen emotionalen Wohlergehen zu befinden. Nach einem Jahr war dieser Wert etwas gefallen (3,5-fach). Die Mütter wiesen nach drei Monaten ein 13,3-fach erhöhtes Risiko auf und 38% fielen auch nach zwölf Monaten noch in den klinischen Bereich der Messskalen (Manion 1998, S. 1299). Dieses Ergebnis erweckt den Eindruck, dass Mütter durch den außerfamilialen sexuellen Missbrauch ihres Kindes emotional mehr belastet sind als die Väter. Allerdings geben die Autorinnen und Autoren selbst zu bedenken, dass deutlich weniger Väter an der Untersuchung teilgenommen haben als Mütter und sich möglicherweise gerade die Väter mit den größten Problemen nicht beteiligt haben (ebd., S. 1300). Außerdem wurden die Interviews ausschließlich von Frauen durchgeführt, was es vielleicht für einige Väter erschwert hat, sich zu öffnen. Wie dem auch sei, zeigt die Untersuchung, dass Väter lange Zeit unter dem Missbrauch ihres Kindes leiden.

Die wenigen Fachmänner, die sich in der Arbeit gegen sexuelle Ausbeutung an Kindern engagieren, vernachlässigen die Entwicklung von Beratungskonzepten für Väter. Einer der Gründe dafür könnte sein, dass es häufig sehr „jungenhafte" Kollegen sind, die oftmals in ihrer Selbsterfahrung in der Auseinandersetzung mit „dem Jungen in ihnen stecken". Eine vergleichbare Entwicklung war in den Achtzigerjahren in den oftmals von sehr jungen Frauen gegründeten Projekten gegen sexuelle Ausbeutung von Mädchen zu beobachten. Die Mitarbeiterinnen waren seinerzeit z. T. sehr mütterfeindlich. Dies änderte sich erst, als zunehmend „erwachsene" Kolleginnen in den Beratungsstellen tätig wurden, die sich nicht nur in die Situation der empörten Töchter, sondern ebenso in die der Mütter einfühlen konnten.

Es ist deshalb dringend erforderlich, dass Beratungskonzepte und -angebote für Väter von sexuell missbrauchten Kindern entwickelt und angeboten werden. Väter sexuell missbrauchter Kinder müssen in Zukunft – genau wie Mütter – die Chance haben, angemessene Hilfe und Unterstützung zu finden. Dies ist schon deshalb wichtig, weil verschiedene Untersuchungen übereinstimmend belegen, dass die elterlichen Reaktionen auf den sexuellen Missbrauch einer der wichtigsten Faktoren für Genesung des Kindes sind (Kendall-Tackett, Williams & Finkelhor 1997, S. 168). Außerdem wäre es sicher hilfreich, wenn auch einmal Väterabende in Kindergärten und Schulen angeboten würden. Auch wenn ein solcher Abend mangels Nachfrage mal ausfallen oder zu einem solchen Abend nur ein paar Väter kommen würden, würden zumindest die engagierten Väter erreicht. Außerdem würde ein Zeichen gesetzt, dass sexueller Missbrauch Väter und Mütter gleichermaßen betrifft (→ *Prävention als Elternbildung*).

Literatur

Kendall-Tackett, K. A., Williams, L. M. & Finkelhor, D. (1997). Die Folgen von sexuellem Missbrauch bei Kindern: Review und Synthese neuerer empirischer Untersuchungen. In: G. Amann & R. Wipplinger (Hrsg.): *Sexueller Missbrauch – Überblick zu Forschung, Beratung und Therapie. Ein Handbuch* (S. 151–186). Tübingen: dgvt-Verlag.

Manion, I. u.a. (1998). Child extrafamilial sexual abuse: Predicting parent and Child functioning. In: *Child Abuse and Neglect Vol. 23*, 1285–1304.

Verdrängung

Günther Deegener

Begriffsbestimmungen

Der allgemeine Nenner der folgenden, in der Literatur höchst unterschiedlich verwendeten Begriffe besteht darin, dass sie Vorgänge beschreiben, durch die

spezifische (als unangenehm, traumatisch, schuldbesetzt, konflikthaft usw. bezeichnete) Ereignisse, Handlungen, Gefühle oder Gedanken dem Bewusstsein/der Erinnerung nicht mehr oder nur in abgewandelter Quantität und Qualität zugänglich sind:
- *Verdrängung*: hiermit ist meist ein unbewusster Abwehrmechanismus gemeint, der bewirkt, dass im weitesten Sinne „bedrohliche" Erinnerungen und Vorkommnisse nicht mehr dem Bewusstsein zugänglich sind. Bei der Unterdrückung wird dies hingegen ganz bewusst versucht.
- *Affektisolierung*: nur der mit einer bestimmten Vorstellung/Erinnerung verbundene Affekt wird verdrängt, während die Vorstellungen als solche bewusst bleiben. Die Affektisolierung ist vergleichbar mit der Intellektualisierung, durch die kognitive Aspekte eines Vorganges betont werden, um das Emotionale zu vermeiden.
- *Deckerinnerungen*: diese können als „verschobene" Erinnerungen angesehen werden, d.h. durch Verschiebung wird nicht mehr das eigentliche „bedrohliche" Ereignis erinnert, sondern ein mit diesem Ereignis zeitlich, räumlich oder inhaltlich verwandtes (Neben-)Ereignis (→ *Erinnerungen*).
- *Passives, „ungebetenes" Erinnern:* ungewollt wiederholt in den Sinn kommende Gedanken, um von der Erinnerung an ein anderes Ereignis abzulenken.
- *Dissoziation*: Während Verdrängung eher als ein Prozess des „Nach-unten-Drückens" beschrieben werden kann (= „horizontale Verdrängungsbarriere"), wird Dissoziation eher als Abspaltungsprozess auf vertikaler Ebene aufgefasst (mit einer „amnestischen Barriere", z.B. zwischen verschiedenen Ich-Zuständen), wodurch die integrative Funktion des Bewusstseins beeinträchtigt wird, was sich zeigen kann in nicht organisch bedingten Störungen wie
  - *multipler Persönlichkeit (dissoziativer Identitätsstörung):* Aufspaltung in zwei oder mehr verschiedene Persönlichkeiten, von denen jede zu einem bestimmten Zeitpunkt dominiert
  - *psychogenes Weglaufen (dissoziative Fugue):* plötzliches unerwartetes Weglaufen verbunden mit der Unfähigkeit, sich an die eigene Vergangenheit zu erinnern
  - *psychogene (dissoziative) Amnesie:* plötzliche und ausgedehnte Unfähigkeit, sich an wichtige persönliche Daten zu erinnern
  - *Depersonalisationsstörungen*: Gefühl, von den eigenen psychischen Prozessen oder vom eigenen Körper getrennt zu sein (→ *Dissoziation*).

Die aufgeführten Begriffe werden heute von Professionellen z.T. inflationsartig in Diagnostik und Therapie verwendet. Es ist jedoch davon auszugehen, dass eher selten fundierte wissenschaftliche Kenntnisse vorliegen bezüglich der folgenden bei diesem Thema ineinandergreifenden Bereiche: kognitive Gedächtnispsychologie, psychoanalytische Theorienbildung, bewusstseinstheoretischer Fragestellungen, autobiographisches Gedächtnis, klinische Psychopathologie (umfassendere Überblicke hierzu finden sich bei Granzow, 1994 und Parker, 2000).

Verdrängter sexueller Missbrauch und Wiedererinnerung

Über die Konzepte Verdrängung, Abspaltung, Dissoziation und wiederentdeckte Erinnerungen im Zusammenhang mit sexuellem Missbrauch gibt es in den USA mittlerweile eine Vielzahl von Untersuchungen (→ *Erinnerungen*). In Deutschland tauchen sie dagegen vor allen Dingen in Fall- und Erfahrungsberichten über spätere Wiedererinnerungen eines in der Kindheit erlebten sexuellen Missbrauchs auf (z. B.: Williams, 1988; Wirtz, 1989; Bass und Davis, 1990; Bommert, 1993; Kämpfen Heer, 1993). Die Durchsicht dieser Fall- und Erfahrungsberichte ergibt folgendes Bild:

- Die Annahmen über die Häufigkeiten solcher Verdrängungen gehen sehr weit. Die wissenschaftliche Literatur zu diesem Thema wird kaum rezipiert. Die Erkenntnisse beruhen meist auf eigenen Praxiserfahrungen.
- Die Dauer solcher Verdrängungen sowie die Möglichkeiten der erneuten Erinnerungen an sexuelle Missbrauchsereignisse in der Kindheit werden z. T. sehr groß eingeschätzt. Es werden Jahrzehnte der Verdrängung sowie ebenfalls Jahrzehnte der Therapie zur Aufhebung der Verdrängung beschrieben.
- Im Allgemeinen wird angenommen, dass je früher und/oder traumatischer und/oder häufiger der sexuelle Missbrauch erlitten wurde, um so ausgeprägtere Verdrängungs- und Abspaltungsprozesse erfolgen. Diese Annahme stimmt mit der vorliegenden wissenschaftlichen Literatur überein.
- Die den Verdrängungen/Abspaltungen zugrundeliegenden Mechanismen werden meist darin gesehen, dass die mit dem sexuellen Trauma verbundenen Gefühle/Erinnerungen nicht zu verkraften sind und somit aus dem Bewusstsein verbannt werden müssen.
- Sie wirken aber weiter und äußern sich in zahlreichen Symptomen, Verhaltensauffälligkeiten, Trauminhalten usw.
- Die Spezifität dieser Symptome des verdrängten sexuellen Missbrauchs in der eigenen Kindheit wird kaum hinterfragt, eine Abklärung im Rahmen weiterer Hypothesen zur Verursachung bestimmter Symptome erfolgt kaum bis gar nicht.
- Die Beschreibung der Symptome erfolgt häufig sehr beliebig oder bezieht beide Pole eines Verhaltensspektrums ein („vernachlässigtes oder übertriebenes Hygieneverhalten") oder umfasst alle Varianten einer angenommenen spezifischen Folge des sexuellen Missbrauchs („Abhängigkeit von Alkohol und Drogen, süchtig nach Essen, Arbeit und Sex"). Des Öfteren beinhalten sie auch ein sehr geringfügiges Ausmaß der Symptome („vage Hinweise"; „unbestimmte Gefühle"; „dumpfe Ahnungen").
- Dennoch wird häufig mit großer Sicherheit auf einen sexuellen Missbrauch in der Kindheit geschlossen (auch wenn keinerlei Erinnerung vorliegt): „Geh davon aus, dass deine Gefühle richtig sind"; „Wenn du dich nicht an solche konkreten Geschehnisse erinnern kannst, und trotzdem das Gefühl hast, missbraucht worden zu sein, stimmt es vermutlich".

– Der Weg zur Gesundung wird darin gesehen, dass die Verdrängungen/Abspaltungen aufgehoben werden müssen. Hierbei kommt es z.T. zu sehr gewagt erscheinenden Deutungen, wie sich diese abgewehrten Erinnerungen während der Therapie äußern (z. B. „symbolisch in einer schmerzlichen Eiterbeule unter dem rechten Arm").
– Der Erinnerungsprozess der Opfer findet (nach vollständiger Verdrängung) auf extrem unterschiedliche Art und Weise statt, es ist im Grunde alles denkbar, in jedem Alter: „ganz plötzlich und ganz klare, detaillierte Bilder"; „langwierige Arbeit an der Erinnerung"; „minimale unscheinbare Auslöser bis hin zur Vergewaltigung"; „bruchstückhafte Arbeit am Puzzle"; „Arbeit als Detektivin"; „nach Wegfall von Süchten, welche die Erinnerung abblockten, z.B. Medikamenten- und Drogensucht sowie zwanghaftem Essen"; „nach traumatischen Ereignissen wie z.B. Tod eines Verwandten oder herausragenden Ereignissen wie z.B. Geburt eines Kindes"; in Träumen, Alpträumen; Flashbacks; aufgrund von Berichten in Medien; während der Therapie; durch Geräusche und Gerüche; usw.
– Zur Wiederbelebung der Erinnerungen dienen Techniken der Regression/Rückführung, Hypnotherapie, verschiedenartigste Psychotherapieausrichtungen, Selbsthilfe- bzw. Inzestgruppen, Bücher usw.: Manchmal werden sie allein dazu verwendet, einen Missbrauch aufzudecken und die Erinnerungen wieder herzustellen. Allerdings zeigen Untersuchungen aus den USA, dass die meisten Erinnerungen nicht im Rahmen einer oder durch eine Therapie wiederkehren, sondern die Klientinnen und Klienten wegen wiederkehrender Erinnerungen eine Therapie aufsuchen (→ *Erinnerungen*).
– Qualität und Quantität der in den Fallgeschichten beschriebenen Erinnerungen – auch aus der frühesten Kindheit – stehen teilweise im Widerspruch zu wissenschaftlichen Erkenntnissen über Erinnerungen und die Funktionsweise des Gedächtnisses. So wird beschrieben, dass sich „nach 8 Monaten Therapie die Patientin anlässlich einer Spielsituation mit einem Pflegekind erinnert, dass der Vater sie bereits im Alter von 2 oder 3 Jahren zwischen den Beinen berührt haben müsse". Allgemein wird jedoch davon ausgegangen, dass man sich an die Zeit vor dem dritten Lebensjahr nicht erinnern kann.
– Sehr kritisch ist, dass Klientinnen offenbar auch bei fehlender Erinnerung dahingebracht werden, den Missbrauch als Tatsache zu „akzeptieren". So wird über eine 38 Jahre alte Überlebende berichtet: „Mit der Zeit gelang es ihr aber, die fehlende Erinnerung zu akzeptieren" und so den Missbrauch anzunehmen.
Gleichgültig, nach welchen Theorien und Schulen Therapeutinnen und Therapeuten arbeiten, muss davor gewarnt werden, manipulative Techniken zur Aufdeckung von Erinnerungen anzuwenden. Außerdem muss sehr sorgfältig abgewogen werden, ob es sinnvoll ist Monate oder Jahre der Therapie darauf zu verwenden, um Verdrängungen aufzuheben, Erinnerungen zu wecken sowie auf diese Weise einen tatsächlichen sexuellen Missbrauch aufzudecken und schließlich zu verarbeiten. Unseriös ist es, Monate oder Jahre einer Therapie darauf zu verwenden, um einen Kind oder einen Erwachsenen in der The-

rapie dazu zu bringen, an einen nicht stattgefundenen sexuellen Missbrauch in seiner Kindheit zu glauben.
In diesem Spannungsfeld bestehen folgende Gefahren:
- je länger die Aufdeckungs- und Wiedererinnerungsarbeit dauert,
- je weniger dabei Befürchtungen vor der Induzierung falscher Erinnerungen bestehen,
- je mehr bestimmte Verhaltensweisen, Symptome, Träume, körperliche Reaktionen usw. einseitig, ohne Gegenhypothesen zu überprüfen, und vorschnell nur mit der angenommenen sexuellen Traumatisierung in Verbindung gebracht werden,
- je weniger die Abhängigkeitsaspekte zwischen Klient(inn)en und Therapeut(inn)en gesehen und beachtet werden in Bezug auf die „gläubige" Übernahme von Erklärungen und Deutungen zu bestimmten Verhaltensweisen, Symptomen, Träumen usw.,
- je mehr an die Aufhebung von Verdrängungen auch bis in die früheste Kindheit geglaubt wird,
- je mehr dabei dann auch die Notwendigkeit der Verarbeitung dieser Erinnerungen für die Gesundung der Klient(inn)en durch Therapeut(inn)en vertreten wird,
- je mehr Zutrauen in die Gedächtnis- und Erinnerungsfähigkeiten der Klient(inn)en bis in die früheste Kindheit besteht,
um so mehr besteht die Gefahr und die Wahrscheinlichkeit,
- dass sich bei Klient(inn)en induzierte (falsche) Erinnerungen einstellen sowie
- sich ihr Verhalten und Erleben nach den gemeinsamen Überzeugungen ausrichten (z.B. bezüglich der Inhalte in den Träumen, der Verbesserung oder Verschlechterung von Symptomausprägungen).
Zur Diskussion über (induzierte) Erinnerungen liegen seit Jahren zahlreiche empirische Arbeiten vor, die von vielen Klinikerinnen und Klinikern bisher kaum zur Kenntnis genommen wurden (z.B. Köhnken, 1987; Loftus und Ketcham, 1995; Höfer et al., 1997). Vergleichbares gilt u.a. über empirische Arbeiten zur frühkindlichen Amnesie (z.B. Kihlstrom & Harackiewicz, 1982; Pillemer und White, 1989; Loftus, 1993) und zur Erinnerung an traumatische Ereignisse von Kindern und Erwachsenen (z.B. Christianson & Loftus, 1991; Pynoos & Nader, 1989; Terr, 1988). Gleichzeitig finden sich im klinischen Bereich zahlreiche Arbeiten, die immer wieder einen engen Zusammenhang zwischen traumatischen Ereignissen (z.B. verschiedene Formen der Kindesmisshandlung) sowie spezifischen Krankheitsbildern (z.B. Dissoziative Störungen, Bordeline-Störungen) aufzeigen (s. z.B. Eckhardt-Henn und Hoffmann, 2000, aber auch: Huber, 1995; Scharfetter, 1999). Diese Studien werden wiederum von den Forscherinnen und Forschern zum Gedächtnis/Erinnern kaum erwähnt bzw. rezipiert.

Literatur

Bass, E. & Davis, L. (1990). *Trotz allem. Wege zur Selbstheilung für sexuell Missbrauchte Frauen*. Berlin: Orlanda.
Bommert, C. (1993). *Körperorientierte Psychotherapie nach sexueller Gewalt*. Weinheim: Psychologie Verlags Union.
Christianson, S.-A. & Loftus, E. F. (1991). Remembering emotional events. *Cognition and Emotion, 5,* 81–108.
Eckhardt-Henn, A. & Hoffmann, S. O. (2000). Dissoziative Störungen. In U.T. Egle, S.O. Hoffmann & P. Joraschky (Hrsg.), *Sexueller Missbrauch, Mißhandlung, Vernachlässigung* (S. 258–270). Stuttgart, New York: Schattauer.
Forward, S. (1990). *Vergiftete Kindheit*. München: Bertelsmann.
Granzow, S. (1994). *Das autobiographische Gedächtnis. Kognitionspsychologische und psychoanalytische Perspektiven*. Berlin, München: Quintessenz.
Höfer, E., Langen, M., Dannenberg, U. & Köhnken, G. (1997). Empirische Ergebnisse und theoretische Überlegungen zu verdrängten Erinnerungen. In L. Greuel, T. Fabian & M. Stadler (Hrsg.), *Psychologie der Zeugenaussage* (S. 165–176). Weinheim: Psychologie Verlags Union.
Huber, M. (1995). *Multiple Persönlichkeiten. Überlebende extremer Gewalt*. Frankfurt/M.: Fischer.
Kämpfen Heer, M. (1993). Integrative Therapie mit einer inzest-traumatisierten Frau. In G. Ramin (Hrsg.), *Inzest und sexueller Missbrauch* (S. 157–192). Paderborn: Junfermann.
Kihlstrom, J. F. & Harackiewicz, J. M. (1982). The earliest recollection: A new survey. *Journal of Personality, 50,* 134–138.
Köhnken, G. (1987). Nachträgliche Informationen und die Erinnerung komplexer Sachverhalte. *Psychologische Rundschau, 38,* 190–203.
Loftus, E. (1993). The reality of repressed memories. *American Psychologist, 48,* 518–537.
Loftus, E. & Ketcham, K. (1995): *Die therapierte Erinnerung*. Hamburg: Klein.
Parker, A. J. (2000). *Erinnern und Vergessen*. Göttingen: Huber.
Pillemer, D. B. & White, S. H. (1989). Childhood events recalled by children and adults. In H.W. Reese (Hrsg.), *Advances in child development and behavior, Band 21* (S. 297–340). San Diego: Academic Press.
Pynoos, R. S. & Nader, K. (1989). Children's memory and proximity to violence. *Journal of the American Academy of Child and Adolescent Psychiatry, 28,* 236–241.
Scharfetter, C. (1999). *Dissoziation, Split, Fragmentation. Nachdenken über ein Modell*. Göttingen: Hogrefe.
Terr, L. (1988). What happens to early memoris of trauma? A study of 20 children under age five at the time of documented traumatic events. *Journal of the American Academy of Child and Adolescent Psychiatry, 27,* 96–104.
Williams, M. (1988). Rekonstruktion einer frühen Verführung. *Psyche, 11,* 945–960.
Wirtz, U. (1989). *Seelenmord. Inzest und Therapie*. Zürich: Kreuz.

Verführungstheorie

Dirk Bange

Seite Mitte der Achtzigerjahre wird kontrovers über Sigmund Freuds Verführungstheorie diskutiert. Kritikerinnen und Kritiker werfen Freud vor, er habe seine Verführungstheorie wider besseren Wissens aufgegeben. Durch diesen Schritt und durch seine Ödipustheorie habe er erheblich dazu beigetragen, dass Erzählungen von Kindern über sexuellen Missbrauch bis heute immer wieder als kindliche Fantasien abgetan werden. Außerdem habe er die ursächliche Bedeutung realer (sexueller) Traumen für die Entwicklung von psychischen Erkrankungen an den Rand gedrängt und die Konstitution und Vererbung zu deren Hauptursachen erklärt. Insbesondere von Psychoanalytikerinnen und -analytikern werden diese Anschuldigungen vehement zurückgewiesen und der Widerruf der Verführungstheorie als Geburtsstunde der Psychoanalyse bezeichnet. Dieser Streit ist deshalb so interessant, weil er auf individueller und gesellschaftlicher Ebene zeigt, wie schwer es ist, sich mit traumatischen Erfahrungen auseinanderzusetzen und ihre Realität anzuerkennen.

Was ist die Verführungstheorie?

Am 21. April 1896 hielt Sigmund Freud einen Vortrag mit dem Titel „Zur Ätiologie der Hysterie" vor seinen Kollegen vom Verein für Psychiatrie und Neurologie in Wien. In diesem Vortrag führte er die hysterischen Symptome der von ihm behandelten zwölf Frauen und sechs Männer ursächlich auf sexuellen Missbrauch in der frühen Kindheit zurück. Bedingung für das Auftreten der hysterischen Symptome war nach seiner Ansicht, dass die Erinnerung an dieses Erlebnis verdrängt wurde und dieser unbewusste Erinnerungskomplex in der Pubertät wiederbelebt wird. Auf Grund der fortgeschrittenen psychosexuellen Entwicklung ruft diese Erinnerung wesentlich stärkere Emotionen hervor als seinerzeit das reale Erlebnis, weshalb auch erst in der Pubertät die Hysterie ausbricht (Freud 1896).

Freud glaubte, damit die Ursache der Hysterie gefunden zu haben. Er hielt seine Theorie für eine wichtige Enthüllung. Umso enttäuschter war er, als sein Vortrag keineswegs wohlwollend aufgenommen wurde. In einem Brief vom 26.4. 1896 an seinen damaligen Freund Wilhelm Fließ schrieb er vielmehr, dass der Vortrag „bei den Eseln eine eisige Aufnahme" fand (Freud 1986, S. 193).

Freuds Gründe für den Widerruf der Verführungstheorie

Etwa ein Jahr nach seinem Vortrag widerrief Freud die Verführungstheorie. Am 21. September 1897 begründet er dies in einem Brief an Wilhelm Fließ folgendermaßen: „... Ich will also historisch beginnen, woher die Motive zum Unbehagen gekommen sind. Die fortgesetzten Enttäuschungen bei den Versuchen, eine Analyse zum wirklichen Abschluss zu bringen. ... Dann die Überraschung, dass in sämtlichen Fällen der Vater als pervers beschuldigt werden musste, mein eigener nicht ausgeschlossen, die Einsicht in die nicht erwartete Häufigkeit der Hysterie, wo jedesmal dieselbe Bedingung erhalten bleibt, während doch solche Verbreitung der Perversion gegen Kinder wenig wahrscheinlich ist. (Die Perversion muss unermesslich häufiger sein als die Hysterie, da ja Erkrankung nur eintritt, wo sich die Ereignisse gehäuft haben und ein die Abwehr schwächender Faktor hinzugetreten ist.) Dann drittens die sichere Einsicht, dass es im Unbewussten ein Realitätszeichen nicht gibt, so dass man die Wahrheit und die mit Affekt besetzte Fiktion nicht unterscheiden kann. ... Viertens die Überlegung, dass in der tiefgehendsten Psychose die unbewusste Erinnerung nicht durchdringt, so dass das Geheimnis der Jugenderlebnisse auch im verworrensten Delirium sich nicht verrät" (Freud 1986, S. 283 ff.).

Kritik an Freud und seinem Widerruf der Verführungstheorie

1950 erschien ein Teil der Briefe von Sigmund Freud an Wilhelm Fließ unter dem Titel „Aus den Anfängen der Psychoanalyse". Anna Freud, Ernst Kris und Marie Bonaparte, die Herausgeber/innen, behaupteten damals, nur die wissenschaftlich irrelevanten Briefe weggelassen zu haben. Es fehlten aber all die Briefe, die nach dem 21. September 1897 datieren und die Verführungstheorie betreffen. Aus dem obigen „Widerruf-Brief" fehlte zudem der Satz „mein eigener (Vater) nicht ausgeschlossen" (Hirsch 1994[3], S. 37). Als Jeffrey M. Masson Leiter des Sigmund-Freud-Archivs wurde, stieß er auf diese Briefe und erkannte ihre Brisanz. Er veröffentlichte seine Entdeckung 1984 in dem umstrittenen Buch „The Assault on Truth". Ausgelöst durch dieses Buch kam es zu einer bis heute anhaltenden Kontroverse über die Frage, warum Freud seine Verführungstheorie aufgab.

Für eine Reihe von Forscherinnen und Forscher ist entscheidend, dass Freud seinen eigenen Vater als Täter beschuldigt. Sie interpretieren seine Abkehr von der Verführungstheorie als Versuch, die tatsächlichen Begebenheiten seiner eigenen Kindheit und der seiner Geschwister im Dunkeln zu lassen (Krüll 1992[2], S. 92 ff.; Kupfersmid 1992, S. 303; Hirsch 1994[3], S. 35 f.; Rush 1985[3], S. 148 ff.). Als Argumente für diese Hypothese führen sie folgende Indizien an:
– Am 8.2.1897 schreibt Freud an Fließ, dass er seinen Vater als einen von den Perversen ansieht, der die Hysterie seines Bruders und einiger jüngerer Schwestern

verschuldet hat (Freud 1986, S. 245). Zum Zeitpunkt dieses Briefes deutete Freud seine eigenen Symptome noch als Akutalneurose. Erst im Zuge seiner Selbstanalyse begann er zunehmend, seine eigene Symptomatik als Hysterie zu bewerten. Da er sich selbst und seine Geschwister als Hysteriker ansah, war die Beschuldigung seines Vaters die logische Konsequenz von Freuds eigener Theorie.
– Zweitens wird angeführt, dass Freud seine Klientinnen- und Klientenberichte dahingehend verfälschte, dass er entgegen besseren Wissens andere Personen als die Väter als Täter benannte. In dem gemeinsam mit Josef Breuer 1895 veröffentlichten Buch „Studien über Hysterie" nennt er bei der Falldarstellung seiner Patientin Katharina den Onkel als Täter, obwohl es der Vater war. Ähnlich verhält es sich bei seiner Patientin Rosalie H.. Erst 1924, anlässlich einer Neuausgabe, korrigierte er diese bedeutenden Entstellungen (Hirsch 1994[3], S. 28ff.). Des Weiteren betont Freud in seinen Veröffentlichungen immer wieder, dass nicht nur die Väter, sondern auch häufig andere Erwachsene aus dem sozialen Umfeld oder ältere Geschwister die Täter sind (z.B. Freud 1896, S. 444). In seiner privaten Korrespondenz beschuldigt er jedoch überwiegend die Väter und schreibt sogar von „Väterätiologie" (Freud 1986, S. 283f.).
– Schließlich wird darauf verwiesen, dass Freud die Ödipussage um ihre Vorgeschichte verkürzt. Er lässt weg, dass Laios seinen Sohn Ödipus aussetzt und den Sohn des Königs Pelops während der nemäischen Spiele entführte und missbrauchte. Laios wird insgesamt als brutal, gewalttätig und jähzornig beschrieben (Devereux 1953, S. 133ff.). Marianne Krüll (1992[2], S. 103) zieht daraus den Schluss: „Die vollständige Ödipussage könnte man als passendes Symbol für die Verführungstheorie verwenden. Dass Freud sie um die Prähistorie des Laios kappte und dann als Symbol für die neue Fantasietheorie wählte, verweist wiederum auf Freuds eigene Vaterbindung. Er durfte eine Schuld des Vaters nicht mehr suchen, die Vergangenheit des Vaters war Tabu für ihn."

Ob Freud oder seine Geschwister wirklich von ihrem Vater sexuell missbraucht wurden, kann nicht mit letzter Sicherheit geklärt werden. Die Verführungstheorie bereitete ihm aber auf jeden Fall starke innerseelische Konflikte.

Jeffrey M. Masson (184, S. 159ff.) vertritt dagegen die These, Freud hätte aus egoistischen Motiven die Verführungstheorie aufgegeben. Er hätte sich durch seine Theorie beruflich isoliert. Ohne ihren Widerruf hätte er die gesamte Psychoanalyse in Misskredit gebracht und sich selbst beruflich ruiniert (→ *Psychoanalyse und Inzest*).

Verteidigung Freuds durch Psychoanalytiker/innen

Die Autorinnen und Autoren, die Freuds Abkehr von der Verführungstheorie verteidigen, nehmen zu diesen Erklärungsversuchen kaum Stellung. Einzig führen sie an, dass Freud schon 1896 bereit gewesen sei, mit seiner Verführungstheorie für einen Aufruhr zu sorgen. Außerdem habe Freud einige Jahre später mit seiner

Theorie der kindlichen Sexualität ebenfalls Empörung und Ablehnung ausgelöst, ohne dass er sie deshalb widerrufen hätte (Köhler 1988, S. 180; Knörzer 1989, S. 98; Kupfersmid 1992, S. 303 ff.). Ansonsten beziehen sie sich weitgehend auf die theoretischen Gründe, die Freud als Argumente für seinen Widerruf angeführt hat.

Sie weisen zu Recht darauf hin, dass es Freud nicht darum ging, über das Ausmaß und die Folgen sexuellen Missbrauchs aufzuklären, sondern zu analysieren, ob zwischen sexuellem Missbrauch und Hysterie ein ursächlicher Zusammenhang besteht. Freuds Abkehr von einem direkten Zusammenhang zwischen realen sexuellen Gewalterfahrungen und hysterischen Symptomen bedeute deshalb nicht, dass er die Realität sexueller Ausbeutung an Kindern leugne. Freud gebe nur die Gesetzmäßigkeit auf, die er zwischen sexuellem Missbrauch und Hysterie zuvor postuliert hatte (Nitschke 1997, S. 26ff.; Eissler 1993, S. 858; Köhler 1989, S. 176 ff.; Holland 1988, S. 332 f.; Knörzer 1988, S. 103; Paul 1985, S. 164 ff.).

Des Weiteren führen sie an, dass Freud sexuellen Missbrauch niemals als nur in der Fantasie von Kindern vorkommend bezeichnet habe (Nitschke 1997, S. 28; Köhler 1989, S. 176 f.; Paul 1985, S. 167 ff.). Dieser Einwand ist teilweise berechtigt. In Freuds Veröffentlichungen finden sich auch nach 1897 immer wieder Textstellen, in denen er von realen sexuellen Gewalterfahrungen schreibt und diese als eine relevante Ursache psychischer Störungen bewertet (Freud 1905, S. 91 ff.; Freud 1917, S. 385; Freud 1938, S. 113; Freud 1939, S. 314 f.).

Außerdem wird darauf hingewiesen, dass Freud in seinen Ausführungen zur Verführungstheorie angenommen hatte, dass Kinder keine eigenständige Sexualität haben (Freud 1896, S. 446). Dementsprechend musste Freud die Verführungstheorie aufgeben, als er erkannte, dass es eine kindliche Sexualität gibt (Eissler 1993, S. 857; Knörzer 1988, S. 109; Paul 1985, S. 171, → *Sexuelle Entwicklung von Kindern bis zur Pubertät*).

Zudem wird darauf verwiesen, dass sich der ursächliche Zusammenhang von Verführung und Hysterie auflöst, wenn Freud auch nur auf einen hysterischen Klienten stößt, der als Kind nicht sexuell missbraucht wurde. Von Freuds Verteidigern werden er selbst (z. B. Holland 1989, S. 335) und seine Patientin Dora (Eissler 1993, S. 857) als früheste Widerlegungen betrachtet, da beide als Kinder nicht sexuell missbraucht worden seien und doch Hysteriker waren.

Zurückgewiesen wird auch die an Freud geäußerte Kritik, er habe die Verführungstheorie durch den Ödipuskomplex ersetzt. Vielmehr sei die Verführungstheorie der Versuch, die Entstehung der Hysterie durch äußere Einflüsse – sprich sexuellen Missbrauch – zu erklären, während der Ödipuskomplex eine Entwicklungsphase darstelle, die jedes Kind durchlaufe (Freud 1905, S. 127 f.). Zu psychischen Auffälligkeiten komme es nur dann, wenn der Ödipuskomplex nicht richtig aufgelöst werde. Freud machte hierfür in erster Linie angeborene Dispositionen verantwortlich, die durch belastende Kindheitserfahrungen modifiziert würden und zu abweichenden Bedürfnissen und Fantasietätigkeiten führten (ebd., S. 137 ff.). Die Verführungstheorie und der Ödipuskomplex seien demnach also nicht notwendigerweise als zwei konkurrierende Gedankengebäude anzusehen (Köhler 1989, S. 189; Knörzer 1988, S. 113).

Schließlich sei Freud bereits 1897 auf dem Weg zu einer Synthese von innerpsychischer und äußerer Realität und ihrer gegenseitigen Beeinflussung und Abhängigkeit gewesen. Für ihn hatten im Mai 1897 die Fantasien noch die Aufgabe, die unerträgliche Realität eines Traumas zu verschleiern, um das Trauma aushalten zu können (Freud 1986, S. 253; Bohleber 2000, S. 805f.; Hirsch 1994[3], S. 32f.).

Blinde Flecken der „Verteidiger" Freuds

Allerdings muss zu den „Verteidigern" Freuds zweierlei kritisch angemerkt werden: Neben den Textstellen, in denen Freud sexuellen Missbrauch als real bezeichnet, gibt es zahlreiche Textstellen, in denen Freud sexuellen Missbrauch als nur in der Fantasie von Kindern vorkommend beschreibt. Rückblickend führt er z. B. in seiner Schrift „Zur Geschichte der psychoanalytischen Bewegung" aus: „Auf dem Wege dahin (zur Psychoanalyse) galt es einen Irrtum zu überwinden, der für die junge Forschung verhängnisvoll gewesen wäre. Unter dem Einfluss der an Charcot anknüpfenden traumatischen Theorie der Hysterie war man leicht geneigt, Berichte der Kranken für real und ätiologisch bedeutsam zu halten, welche ihre Symptome auf passive sexuelle Erlebnisse in den ersten Kinderjahren, also grob ausgedrückt: auf Verführung zurückleiteten. Als diese Theorie an ihrer eigenen Unwahrscheinlichkeit und an dem Widerspruch gegen sicher festzustellende Verhältnisse zusammenbrach, war ein Stadium völliger Ratlosigkeit das nächste Ergebnis. Die Analyse hatte auf korrektem Wege bis zu solchen infantilen Sexualtraumen geführt, und diese waren unwahr. Man hatte also den Boden der Realität verloren" (Freud 1914, S. 55; siehe auch Freud 1906, S. 153; Freud 1925, S. 63f.; Freud 1932, S. 128).

Außerdem beschreibt Freud (1932, S. 128) durchaus einen engen Zusammenhang zwischen Verführungstheorie und Ödipustheorie. „In der Zeit, da das Hauptinteresse auf die Aufdeckung sexueller Kindheitstraumen gerichtet war, erzählten mir fast alle meine weiblichen Patienten, dass sie vom Vater verführt worden waren. Ich musste endlich zur Einsicht kommen, dass diese Berichte unwahr seien, und lernte so zu verstehen, dass die hysterischen Symptome sich von Fantasien, nicht von realen Begebenheiten ableiten. Später erst konnte ich in dieser Fantasie von der Verführung durch den Vater den Ausdruck des typischen Ödipuskomplexes beim Weibe erkennen."

Fazit

Freud kann nicht unterstellt werden, er hätte die Verführungstheorie aus niederen Motiven widerrufen. Vielmehr scheinen ihn schwer wiegende wissenschaftliche Bedenken zur Aufgabe seiner Theorie bewogen zu haben. Möglicherweise kamen innerseelische Konflikte hinzu, die ihn bezüglich der Verführungstheorie immer wieder ambivalent erscheinen lassen. Leider hat Freud durch seine schwankende Haltung und durch die Ödipustheorie dazu beigetragen, dass Kindern bis heute oftmals nicht geglaubt wird, wenn sie über sexuellen Missbrauch sprechen. Bei aller Kritik an Freud muss jedoch auch gewürdigt werden, dass er einer der ersten war, der sich mit den Folgen sexuellen Missbrauchs auseinandergesetzt hat. Außerdem muss berücksichtigt werden, dass seine Entdeckungen keine Anerkennung finden konnten, solange ein politisches und gesellschaftliches Umfeld fehlte, das die Erforschung von traumatischen Erfahrungen unterstützte (Herman 1994, S. 32).

Literatur

Bohleber, W. (2000). Die Entdeckung des Traumas in der Psychoanalyse. *Psyche 54,* 797–839.
Devereux, G. (1953). Why Oedipus killed Laios. *International Journal of Psychoanalysis 34,* 132–141.
Eissler, K. R. (1993). Bemerkungen über falsche Interpretationen von Freuds Verführungstheorie. *Psyche 10,* 855–865.
Freud, S. & Breuer, J. (1895). *Studien über Hysterie.* Gesammelte Werke. Band I. Frankfurt: Fischer.
Freud, S. (1896). *Zur Ätiologie der Hysterie.* Gesammelte Werke. Band I. Frankfurt: Fischer.
Freud, S. (1905). *Drei Abhandlungen zur Sexualtheorie.* Gesammelte Werke. Band V. Frankfurt: Fischer.
Freud, S. (1906). *Meine Ansichten über die Rolle der Sexualität in der Ätiologie der Neurosen.* Gesammelte Werke. Band V. Frankfurt: Fischer.
Freud, S. (1914). *Zur Geschichte der psychoanalytischen Bewegung.* Gesammelte Werke. Band X. Frankfurt: Fischer.
Freud, S. (1917). *Vorlesungen zur Einführung in die Psychoanalyse.* Gesammelte Werke. Band XI. Frankfurt: Fischer.
Freud, S. (1925). *Selbstdarstellung.* Gesammelte Werke. Band XIV. Frankfurt: Fischer.
Freud, S. (1932). *Neue Folgen der Vorlesung zur Einführung in die Psychoanalyse.* Gesammelte Werke. Band XV. Frankfurt: Fischer.
Freud, S.: (1938). *Abriß der Psychoanalyse.* Gesammelte Werke. Band XVII Frankfurt: Fischer.
Freud, S. (1939). *Der Mann Moses und die monotheistische Religion.* Gesammelte Werke. Band XVI. Frankfurt: Fischer.
Freud, S. (1986). *Briefe an Wilhelm Fließ 1897–1904.* Herausgegeben von J.M. Masson. Frankfurt: Fischer.
Herman, J. L. (1994). *Die Narben der Gewalt.* München: Kindler.
Hirsch, M. (1994³). *Realer Inzest.* Berlin: Springer.
Holland, N. N. (1989). Massonic wrongs. *American Imago 46,* 329–352.
Knörzer, W. (1988). Einige Anmerkungen zu Freuds Aufgabe der Verführungstheorie. *Psyche 42,* 97–131.
Köhler, Th. (1989). *Abwege der Psychoanalyse-Kritik.* Frankfurt: Fischer.
Krüll, M. (1992²). *Freud und sein Vater.* Frankfurt: Fischer.
Kupfersmid, J. (1992). The „defense" of Sigmund Freud. *Psychotherapy 29,* 297–309.
Masson, J. M. (1984). *Was hat man dir, du armes Kind, getan?* Reinbek: Rowohlt.
Nitschke, B. (1997). Die Debatte des sexuellen Missbrauchs (S. 25–38). Richter-Appelt, H. (Hrsg.): *Verführung, Trauma, Missbrauch* (1896–1996). Gießen: edition psychosozial.
Paul, R. A. (1985). Freud and the seduction theory: A critical examination of Masson`s the assault on truth. *Journal of Psychoanalytic Anthropology 8,* 161–187.
Rush, F. (1985³). *Das bestgehütete Geheimnis: Sexueller Kindesmissbrauch.* Berlin: sub rosa.

Vergewaltigung[1]

Susanne Heynen

Vergewaltigungen sind traumatische, existenziell bedrohliche Ereignisse, von denen Mädchen und Frauen objektiv am stärksten bedroht sind und die subjektiv gegenüber anderen Straftaten als schwerstes Delikt empfunden werden (Wetzels & Pfeiffer, 1995). Bei den Tätern handelt es sich um Fremde, Bekannte, den Partner oder Autoritäten. Trotz der Häufigkeit von Vergewaltigungen und der damit verbundenen Belastungen für die Opfer, werden diese oft allein gelassen, während die Täter kaum sanktioniert werden. Dies ist Ausdruck der strukturellen Gewalt gegen Mädchen und Frauen, die ihr Leben bestimmt und sie in ihren Entwicklungspotenzialen einschränkt (→ *Drei-Perspektiven-Modell: Ein feministisches Ursachenmodell*).

Begriffsbestimmung

In Anlehnung an Brownmiller (1978) ist eine Vergewaltigung jedes sexuelle, gewalttätige Eindringen in den Körper einer Person, zu dem diese nicht ihr Einverständnis gegeben hat. In Deutschland werden erst seit der Strafrechtsänderung vom 1.7.1997 neben außerehelichen vaginalen auch anale und orale Vergewaltigungen, Vergewaltigungen mit Gegenständen sowie Vergewaltigungen durch den Ehepartner als solche sanktioniert (§ 177 StGB). Der bis dahin verwendete Gewaltbegriff wurde um das Ausnutzen einer schutzlosen Lage erweitert, setzt aber den Einsatz physischer Gewalt oder deren Androhung voraus. Außerdem berücksichtigt das Strafgesetzbuch das Ausnutzen eines Beratungs-, Behandlungs- oder Betreuungsverhältnisses, z.B. im Rahmen einer psychotherapeutischen Behandlung (§ 174c StGB) (→ *Sexuelle Übergriffe in der Therapie*), sowie das Ausnutzen einer Widerstandsunfähigkeit, z.B. aufgrund einer seelischen Krankheit oder Behinderung (§ 179 StGB). Das Strafgesetz bezeichnet allerdings in diesen Fällen das Eindringen in den Körper des Opfers nicht als Vergewaltigung, sondern als „sexuellen Missbrauch" und bleibt im Strafmaß unter dem einer Vergewaltigung nach § 177 StGB. Das gleiche gilt für Vergewalti-

---

[1] Der folgende Beitrag bezieht sich aufgrund des derzeitigen Forschungsstandes primär auf die Situation von Mädchen und Frauen.

gungen von Personen unter 14 Jahren (§ 176a „Schwerer sexueller Missbrauch"). Aufgrund der fehlenden sprachlichen Differenzierung gerät dabei die besondere Traumatisierung, die eine Vergewaltigung bedeutet, aus dem Blickfeld.

Eine Vergewaltigung ist sowohl Ausdruck personaler Gewalt innerhalb eines sexuellen Kontextes, als auch eine Form von Sexualität innerhalb eines gewalttätigen Bezugsrahmens. Sie ist eine Dominanzgebärde mit dem Ziel der Unterwerfung des Opfers und der Durchsetzung sexueller Interessen (vgl. dazu auch Brockhaus & Kolshorn, 1993). In der anglo-amerikanischen Literatur wird „Sexual coercion" von Vergewaltigung abgegrenzt (vgl. Muelenhard & Schrag, 1991). Gemeint sind damit sexuelle Forderungen, in die das Opfer aufgrund von Drohungen, beispielsweise vom Partner verlassen zu werden, oder unter Drogen nur wider Willen einwilligt (vgl. dazu u.a. Bachmann, 1988; Godenzi, 1996; Krahé, 1998). Die Übergänge zwischen einverständlicher Sexualität, einer erzwungenen Zustimmung und einer Vergewaltigung sind fließend.

Veröffentlichungsbereitschaft und Häufigkeit von Vergewaltigungen

Es erweist sich als schwierig, zuverlässige Zahlen über die Häufigkeit von Vergewaltigungen (→Ausmaß) zu erhalten. Dies liegt daran, dass die Definition dessen, was unter einer Vergewaltigung zu verstehen ist, sehr uneinheitlich ist (zum Überblick vgl. Heynen, 2000). Nicht erfasst werden Vergewaltigungen, an die sich die Frauen zur Zeit der Befragung nicht erinnern. Außerdem ist die Veröffentlichungsbereitschaft der Opfer gering (u.a. Licht, 1991; Helfferich, Hendel-Kramer, Tov & von Troschke, 1997; Teubner, Becker & Steinhage, 1983). Gründe dafür sind Scham und Angst vor einem Wiedererleben des Traumas, vor der Rache des Täters und vor Beschuldigungen des Opfers. Vor allem Jugendliche befürchten, ihre Eltern könnten von der Vergewaltigung erfahren und sie aufgrund dessen in ihrer Autonomie einschränken (vgl. u.a. Hedlund & Granö, 1986; Mörth, 1994). Die Bereitschaft zur Inanspruchnahme professioneller Hilfe ist noch geringer als die allgemeine Veröffentlichungsbereitschaft (z.B. Helfferich, Hendel-Kramer, Tov & von Troschke, 1997).

Anonyme Befragungen zu Opfererfahrungen zeigen die erschreckende Häufigkeit von Vergewaltigungen im Leben von Mädchen und Frauen (zum Überblick vgl. Heynen, 2000, →Ausmaß). Nach einer ersten deutschen repräsentativen Untersuchung durch das „Kriminologische Forschungsinstitut Niedersachsen" (Wetzels & Pfeiffer, 1995) wird jede 7. Frau mindestens einmal in ihrem Leben Opfer einer (versuchten) Vergewaltigung. Ungefähr drei Viertel der sexuellen Gewaltdelikte sind im sozialen Nahbereich angesiedelt.

Krahé, Scheinberger-Olwig und Waizenhöfer (1999) fragten 560 Jugendliche nach sexuellen Gewalterlebnissen. Unter anderem gab jede 10. Jugendliche an, bereits einmal durch verbalen Druck (falsche Versprechungen, Drohungen, die

Beziehung zu beenden etc.) zum Geschlechtsverkehr genötigt worden zu sein. 8,9% der Befragten hatten gegen ihren Willen Geschlechtsverkehr mit einem Mann, der ihnen zuvor Alkohol oder Drogen gegeben hatte. Mehr als jede vierte Frau berichtete von einem entsprechenden Versuch. Außerdem berichteten 3,2% der zwischen 17 und 20 Jahre alten männlichen Teilnehmer von sexualisierten Gewalthandlungen, die als strafbare Handlungen zu bewerten sind. Insgesamt übten 44% der männlichen Jugendlichen sexuellen Zwang zum Beispiel durch verbalen Druck oder Alkohol aus (Krahé, 1998). Nach verschiedenen Untersuchungen hält es ein Drittel bis die Hälfte der befragten Männer unter der Voraussetzung, dass es niemand erfahre und keine Bestrafung erfolge, für möglich, eine Frau zu vergewaltigen (z.B. Bohner, 1998; Malamuth, 1981; Tieger, 1981).

Anzeigebereitschaft und Sanktionsrisiko der Täter

Im Gegensatz zu Prävalenzangaben aufgrund von Befragungen bleiben die Zahlen gemäß der Kriminalstatistik auf einem vergleichsweise niedrigen Niveau (z.B. Baurmann, 1991; Heynen, 2000). Der Hintergrund dafür ist die geringe Bereitschaft, die Tat anzuzeigen (vgl. u.a. Wetzels & Pfeiffer, 1995). Insgesamt sinkt die Anzeigebereitschaft mit dem Bekanntheitsgrad zwischen Täter und Opfer (vgl. auch Feldmann, 1992; Helfferich, Hendel-Kramer, Bauer & Tov, 1994). Daneben sind Faktoren wie angenommene Beweisprobleme, ein geringer gesellschaftlicher Status der Vergewaltigten, fehlende soziale Unterstützung sowie Belastungen durch das Verfahren von Bedeutung (vgl. Heynen, 2000; s. auch → *Strafanzeige/Anzeigepflicht*, → *Falschaussagen*).

Aufgrund der seltenen Verurteilungen identifizierter Täter wird nur ein geringer Prozentsatz der Vergewaltigungen geahndet. Die Einstellung der Verfahren hängt mit dem Bekanntheitsgrad zwischen Täter und Opfer (Weis, 1982), dem Tatort und dem Ausmaß an angewandter physischer Gewalt zusammen (Breiter, 1995; Heynen, 2000). Demzufolge werden Vergewaltigungen vor allem für Personen aus dem sozialen Umfeld zu einer risikoarmen Straftat. Godenzi (1989) nimmt an, dass lediglich 2% der Täter (ausgenommen der Tatbestand Vergewaltigung in der Ehe) verurteilt werden. Die hohe Dunkelziffer und die geringen Konsequenzen für den Täter legen den „Schluss von der rechtlichen Sanktionslosigkeit auf das moralische Erlaubt-Sein" (Breiter, 1995, S. 15) nahe. Eine „Normstabilisierung oder -geltung im Bewusstsein der Bevölkerung" (Hassemer, 1990, S. 325), das heißt die nachdrückliche Sicherung gesellschaftlicher Normen bleibt aus. Die damit verbundene Botschaft, dass es sich bei einer Sexualstraftat lediglich um ein individuelles Problem der Vergewaltigten handelt, erreicht nicht nur (potenzielle) Täter, sondern alle Frauen und Männer, Mädchen und Jungen sowie die Opfer von Gewalt (vgl. dazu auch Reemtsma, 1998).

Dem geringen Sanktionsrisiko der Täter stehen die Belastungen für die Vergewaltigungsopfer und für indirekt betroffene Personen (z.B. Kinder aus Vergewaltigungen, Eltern, Partner/-innen) sowie der Gesellschaft gegenüber (vgl. Godenzi & Yodanis, 1998; Kavemann, 1997; Kurowski, 1993).

Vergewaltigung als psychisches Trauma

Die Abwehr der Vergewaltigung seitens des Opfers hängt mit der Täter-Oper-Beziehung, den vom Täter vorgegebenen situationalen Bedingungen und der Vorhersagbarkeit des traumatischen Ereignisses zusammen (vgl. Mandoki & Burkhart, 1991; Scholz, 1995). Frauen wehren sich zum Beispiel gegen überfallartig angreifende Fremdtäter intensiver und wirkungsvoller als gegenüber Bekannten (Breiter, 1995). Hinzu kommen die realen Möglichkeiten physischer Gegenwehr (vgl. dazu u.a. Degener, 1991). Kurz vor und während der Tat entwickeln Opfer sowohl kognitive Strategien (z.B. Überlegungen, wie der Tat entgangen werden kann, Ablenkung und Ausblendung der Realität, Einprägung von Tätermerkmalen), verbale Strategien (wie Überredung, Ablenkung des Täters) und physische Aktivitäten (Flucht, Gegenwehr) (vgl. u.a. Heynen, 2000; Licht, 1991).

Insgesamt sind die Antworten auf die Frage nach erfolgreichen Selbstbehauptungs- und Selbstverteidigungsstrategien widersprüchlich (vgl. auch Hiekel & Endres, 1997). Die einen halten die frühzeitige Aufmerksamkeit gegenüber Grenzverletzungen, den Einsatz einer Vielzahl von Abwehrmaßnahmen sowie aktiv-aggressive und insbesondere physische Gegenwehr für geeignet. Andere weisen auf ein erhöhtes Verletzungsrisiko (zum Überblick s. Heynen, 2000), auf das Risiko einer Verstärkung von opferbelastenden Vergewaltigungsmythen sowie von falscher subjektiver Sicherheit hin (z.B. Brandewiede, 1996; Heynen 2000; Wyre & Swift, 1991). So würden bei keinem anderen Delikt wie bei Vergewaltigungen die Selbstschutzmöglichkeiten des Opfers in einem solchen Ausmaß betont (Sick, 1995).

Bricht die nach außen gerichtete Abwehr im Sinne eines existenziellen Diskrepanzerlebnisses zwischen Bedrohung und Bewältigung zusammen, kommt es zum traumatischen Schock (Fischer & Riedesser, 1998). Kurz vor und während der Tat erleben die Opfer neben aktiven Abwehrstrategien unkontrollierbare psychische, psychophysische und physische Reaktionen wie Blockierung der Wahrnehmungsfähigkeit, Entfremdungserlebnisse, Übelkeit, Hyperventilation sowie Immobilisation und Todesangst (Heynen, 2000). Die von Wetzels und Pfeiffer (1995) befragten Frauen berichteten als unmittelbare Folge der Vergewaltigung von Gefühlen der Erniedrigung (82,2%), von Ängsten (74%), einem starken Schock (54%) und Schmerzen (52%). 93,1% der Frauen litten langfristig unter Ängsten. Hinzu kommen zum Teil lebensgefährliche physische Verletzungen, nach Weis (1982) bei etwa einem Drittel der Vergewaltigungsopfer.

Schockphase oder Akutsituation nach der Vergewaltigung können einige Stunden bis zu wenigen Wochen dauern. Das Verhalten der Mädchen und Frauen reicht von äußerlicher Ruhe, paradoxen Reaktionen, wie lächelnd von der Vergewaltigung zu erzählen, bis zu Apathie und Verwirrung. Fast alle Opfer empfinden Ekel und haben das Bedürfnis nach einer ausgiebigen Reinigung. Zum Teil wünschen sie, alleine zu sein, zum Teil suchen sie Schutz bei vertrauten Personen (vgl. auch Burt & Katz, 1987, Kretschmann, 1993). Schon nach einigen Tagen bis Wochen versuchen Vergewaltigungsopfer, die Kontrolle über ihr Leben wiederherzustellen. Um die Gefühle von Ohnmacht, Hilflosigkeit und Angst zu überwinden, wird ein Wiedererinnern des traumatischen Erlebnisses vermieden und die Tat verleugnet. In dieser Phase können Hilfsangebote zurückgewiesen werden.

Mit der Zeit bilden sich in Abhängigkeit von den eigenen und sozialen Ressourcen spezielle Reaktionen auf die Vergewaltigung heraus. Einen Überblick über entsprechende Untersuchungen geben unter anderem Calhoun und Atkeson (1994). Vergewaltigungsopfer erleben vor allem:
– Angst und Furcht bis hin zu spezifischen Phobien und generalisierten Ängsten;
– Depressive Reaktionen;
– Beeinträchtigungen der sozialen Anpassung und sozialer Beziehungen;
– Negative Auswirkungen auf die Sexualität;
– Somatische Reaktionen bzw. gesundheitliche Probleme, auch wenn nur geringe physische Verletzungen vorliegen.

Nur ein Teil der Vergewaltigungsopfer leidet unter einer posttraumatischen Belastungsstörung (→ *Posttraumatische Belastungsstörung*) im Sinne des „DSM-IV" (APA, 1996). Nach einer Studie von Kilpatrick et al. (1989, zit. in Calhoun & Atkeson, 1994) betrifft dies 14% der Opfer einer versuchten Vergewaltigung und 35% der Vergewaltigungsopfer.

Im Laufe der Zeit lassen die symptomatischen Belastungen nach. Den Frauen gelingt es auf der einen Seite zunehmend, gelassen über die Vergewaltigung zu reden. Auf der anderen Seite kommt es zu einer veränderten Lebenseinstellung, die vor allem durch sozialen Rückzug, Resignation und eine negative Einstellung gegenüber Männern, Sexualität und gesellschaftlichen Kontakten geprägt sein kann (Kretschmann, 1993). Die Frauen können von massiven Reaktionen („Flashbacks") überrollt werden, wenn sie in anderen Zusammenhängen mit der sexuellen Gewaltthematik konfrontiert werden oder in Krisensituationen geraten (vgl. Heynen, 2000).

Zu den langfristigsten Folgen gehören Schwangerschaft und Mutterschaft aufgrund einer Vergewaltigung. Schätzungen gehen von 5% erzwungenen Schwangerschaften in den USA sowie 15–18% in Mexiko aus (Heise, 1994). Es ist zu vermuten, dass besonders Frauen, die wiederholt von ihrem Partner vergewaltigt werden und mit ihm Kinder haben, auch durch eine der Vergewaltigungen zur Schwangerschaft und Mutterschaft gezwungen werden (Heynen, 2000, 2001; vgl. auch Gershenson et al., 1989).

Bewältigungsprozesse nach einer Vergewaltigung

Aus der traumatischen Reaktion verbunden mit neuen situationalen Faktoren entstehen eine Vielzahl von Belastungen, die das Vergewaltigungsopfer bewältigen muss. Neben der realen äußeren Welt, die Anforderungen an die Vergewaltigte stellt, ist sie mit ihrer inneren Welt konfrontiert, mit Angst, Ekel, Hoffnungslosigkeit, Schlafstörungen, „Flashbacks" und dem zusammengebrochenen Selbst- und Weltverständnis. Je nachdem, wie sich das soziale und gesellschaftliche Umfeld verhält, ob die Tat vom Opfer oder anderen veröffentlicht oder angezeigt wird, das Opfer erneut mit dem Täter konfrontiert wird, womöglich wieder vergewaltigt oder misshandelt wird, potenzieren sich die Belastungen.

Mädchen und Frauen sind gezwungen, neue Bewältigungsstrategien aufzubauen oder alte dem Erlebnis anzupassen. Dazu gehört auch die Entwicklung einer subjektiven Theorie, die den Glauben in die eigene Sicherheit wiederherstellt und eine Integration des Traumas in die Biographie ermöglicht (Heynen, 2000). Erweisen sich gewählte Problemlöse- und Emotionsbewältigungsstrategien langfristig als dysfunktional, erhöhen sich die Beeinträchtigungen, beispielsweise aufgrund von missbräuchlichem Medikamenten- und Drogenkonsum.

Um die aus dem Wechselspiel zwischen Belastungs- und Entlastungsfaktoren entstehende Komplexität, die individuell verschiedenen, zum Teil widersprüchlichen Bewältigungsaufgaben und die lebensgeschichtliche Bedeutung der Vergewaltigung berücksichtigen zu können, reichen Verlaufsmodelle der psychischen Traumatisierung (z.B. Fischer & Riedesser, 1998) nicht aus. Stattdessen bedarf es eines interaktionistischen Modells, welches den zeitlichen Prozess der Traumaverarbeitung, bestimmt durch den Schweregrad des Traumas und Einflüsse auf das Opfer, wie vorher existierende Belastungen oder demographische Variablen, berücksichtigt (vgl. auch Ruch & Leon, 1983). Es müssen komplexe Prozesse der Wiederherstellung des Selbst- und Weltverständnisses betrachtet werden. Der Verlauf der psychischen Traumatisierung setzt sich in Bewältigungsprozessen (vgl. Heynen, 2000 in Anlehnung an die Arbeitsgruppe um Lazarus, z.B. Lazarus, 1991; Lazarus, 1995; Lazarus & Folkman, 1984) fort, welche das soziale und gesellschaftliche Umfeld mit einbeziehen.

So verstanden sind Bewältigungsprozesse nach einer Vergewaltigung nie ganz abgeschlossen, da immer wieder neue Anforderungen entstehen können. Die Erinnerung an das Vergewaltigungstrauma kann erneut wachgerufen werden. Grenzverletzungen können Auslösereize für „Flashbacks" und Schlafstörungen sein. Bewältigungsstrategien, die kurzfristig eine Erholung ermöglichen, können sich langfristig als dysfunktional erweisen. Von besonderer Bedeutung sind die Ressourcen des Opfer selbst, aber auch Formen sozialer und gesellschaftlicher Unterstützung, die sich zum einen in einer klaren Normverdeutlichung und in der Konfrontation der Täter sowie in der Bereitstellung von fachlicher Hilfe für die Opfer ausdrücken.

Literatur

American Psychiatric Association (1996). *Diagnostisches und statistisches Material psychischer Störungen DSM-IV* (dt. Bearbeitung und Einführung von H. Sass). Göttingen: Hogrefe.
Bachmann, F. (1988). *Vom Ja-Sagen und Nein-Meinen: weibliche Sozialisation und Sexualität.* Reinbek bei Hamburg: Rowohlt.
Baurmann, M. C. (1991). Straftaten gegen die sexuelle Selbstbestimmung. Zur Phänomenologie sowie zu Problemen der Prävention und Intervention. In J. Schuh & M. Killias (Hrsg.), *Sexualdelinquenz* (S. 77–110). Chur: Rueger.
Bohner, G. (1998). *Vergewaltigungsmythen – Sozialpsychologische Untersuchungen über täterentlastende und opferfeindliche Überzeugungen im Bereich sexueller Gewalt* (Psychologie; Bd. 19). Landau: Empirische Pädagogik.
Brandewiede, J. (1996). Über die alltägliche Selbst – Verteidigungspraxis von Frauen und Mädchen. In Polizei Hamburg und Senatsamt für Gleichstellung (Hrsg.), *Fachinformation Gewalt gegen Frauen und Mädchen: Selbstverteidigung/Selbstbehauptung* (S. 87–95). Hamburg: Landeskriminalamt.
Breiter, M. (1995). *Vergewaltigung: ein Verbrechen ohne Folgen?* Wien: Verlag für Gesellschaftskritik.
Brockhaus, U. & Kolshorn, M (1993). *Sexuelle Gewalt gegen Mädchen und Jungen: Mythen, Fakten, Theorien.* Frankfurt a. M.: Campus.
Brownmiller, S. (1978). *Gegen unseren Willen: Vergewaltigung und Männerherrschaft.* Frankfurt a. M.: Fischer.
Burt, M. R. & Katz, B. L. (1987). Dimensions of recovery from rape. Focus on Growth Outcomes. *Journal of Interpersonal Violence, 2 (1),* 57–81.
Calhoun, K. S. & Atkeson, B.M (1994). *Therapie mit Opfern von Vergewaltigung: Hilfen bei der Überwindung der psychischen und sozialen Folgen.* Bern: Huber.
Degener, T. (1991). „Das glaubt mir doch sowieso keiner". Behinderte Frauen berichten. In D. Janshen (Hrsg.), *Sexuelle Gewalt: die allgegenwärtige Menschenrechtsverletzung* (S. 219–222). Frankfurt a.M.: Zweitausendeins.
Feldmann, H. (1992). *Vergewaltigung und ihre psychischen Folgen: ein Beitrag zur posttraumatischen Belastungsreaktion.* Stuttgart: Ferdinand Enke.
Fischer, G. & Riedesser, P. (1998). *Lehrbuch der Psychotraumatologie.* München: Reinhardt.
Gershenson, H. P., Musick, J. S., Ruch-Ross, H. S., Magee, V., Rubino, K. K. & Rosenberg, D. (1989). The Prevalence of Coercive Sexual Experience Among Teenage Mothers. *Journal of Interpersonal Violence, 4 (2),* 204–219.
Godenzi, A. (1989). *Bieder, brutal – Frauen und Männer sprechen über sexuelle Gewalt.* Zürich: Unionsverlag.
Godenzi, A. (1996). *Gewalt im sozialen Nahraum* (3., erw. Aufl.). Basel: Helbing & Lichtenhahn.
Godenzi, A. & Yodanis, C. (1998). *Erster Bericht zu den ökonomischen Kosten der Gewalt gegen Frauen.* Freiburg/Schweiz: Universität Freiburg.
Hassemer, W. (1990). *Einführung in die Grundlagen des Strafrechts* (2. Aufl.) (Schriftenreihe der Juristischen Schulung, H. 77). München: Beck.
Hedlund, E. & Granö, M. (1986). Jugendliche als Vergewaltigungsopfer. In J. Heinrichs (Hrsg.), *Vergewaltigung: die Opfer und die Täter* (S. 52–57). Braunschweig: Holtzmeyer.
Heise, L. L. (1994). Gender-based violence and women's reproductive health. *International Journal of Gynecology & Obstetrics, 46,* 221–229.
Helfferich, C., Hendel-Kramer, A., Bauer, L. & Tov, E. (1994). *Bekanntheit der Anlaufstelle für vergewaltigte Frauen und sexuelle Viktimisierung in Freiburg – eine Befragung Freiburger Bürgerinnen.* Freiburg: Abt. für Medizinische Soziologie.
Helfferich, C., Hendel-Kramer, A., Tov, E. & von Troschke, J. (1997). *Anlaufstelle für vergewaltigte Frauen: Abschlußbericht der wissenschaftlichen Begleitforschung.* (Schriftenreihe des Bundesministeriums für Familie, Senioren, Frauen und Jugend; Bd. 146). Stuttgart: Kohlhammer.
Heynen, S. (1999). Kontrollerwartung und Angstbewältigung – wie Frauen zur sekundären Viktimisierung von Vergewaltigungsopfern beitragen. In B. Bischof & H. Neumann (Hrsg.), *Täterinnen – von Schuldgefühlen zur Verantwortung – im Spannungsfeld der verschiedenen Herrschafts- und Unterdrückungsstrukturen. 21. Feministischer Frauentherapiekongreß St. Andreasberg.* Dokumentation (S. 135–160). Göttingen, Hamburg: Selbstverlag.
Heynen, S. (2000). *Vergewaltigt: Die Bedeutung subjektiver Theorien für Bewältigungsprozesse nach einer Vergewaltigung.* Weinheim und München: Juventa.

Heynen, S. (2001). Partnergewalt in Lebensgemeinschaften: direkte und indirekte Auswirkungen auf die Kinder. *beiträge zur feministischen theorie und praxis, 24 (56/57),* 83–99.
Hiekel, A. & Endres, J. (1997). Sexuelle Uebergriffe gegen Frauen (1) Können Frauen sich vor Vergewaltigung schuetzen? *Kriminalistik, 51 (10),* 627–633.
Kavemann, B. (1997). Gesellschaftliche Folgekosten sexualisierter Gewalt gegen Mädchen und Jungen. In B. Kavemann & Bundesverein zur Prävention von sexuellem Missbrauch an Mädchen und Jungen (Hrsg.), *Prävention: eine Investition in die Zukunft* (S. 215–256). Ruhnmark: Donna Vita.
Krahé, B. (1998). Sexual aggression among adolescents: Prevalence and predictors in a German sample. *Psychology of Women Quarterly, 22 (4),* 537–554.
Krahé, B., Scheinberger-Olwig, R. & Waizenhöfer, E. (1999). Sexuelle Aggression zwischen Jugendlichen: eine Prävalenzerhebung mit Ost-West-Vergleich. *Zeitschrift für Sozialpsychologie, 30 (2/3),* 165–178.
Kretschmann, U. (1993). *Das Vergewaltigungstrauma: Krisenintervention und Therapie mit vergewaltigten Frauen.* Münster: Westfälisches Dampfboot.
Kurowski, L. (1993). *Was kostet uns die Männergewalt? Rechtliche Untersuchung zur Lage von Frauen in Gewaltverhältnissen unter besonderer Berücksichtigung der Wohnsituation.* München: Gleichstellungsstelle der Landeshauptstadt München.
Lazarus, R. S. (1991). *Emotion and Adaption.* London: Oxford University Press.
Lazarus, R. S. (1995). Streß und Streßbewältigung – ein Paradigma. In S.-H. Filipp (Hrsg.), *Kritische Lebensereignisse* (3., erw. Aufl.) (S. 198–232). München: Psychologie Verlags Union.
Lazarus, R.S. & Folkman, S. (1984). *Stress, appraisal and coping.* New York: Springer.
Licht, M. (1991). *Vergewaltigungsopfer: psychosoziale Folgen und Verarbeitungsprozesse; empirische Untersuchung* (2. Aufl.) (Hamburger Studien zur Kriminologie; Bd. 3). Pfaffenweiler: Centaurus.
Malamuth, N. M. (1981). Rape proclivity among males. *Journal of Social Issues, 37 (4),* 138–157.
Mandoki, C. A. & Burkhart, B. R. (1991). Women as Victims: Antecedents and Consequences of Acquaintance Rape. In A. Parrot & L. Bechhofer (Eds.), *Acquaintance rape: the hidden crime* (pp. 176–191). New York: Wiley.
Mörth, G. (1994). *Schrei nach innen: Vergewaltigung und das Leben danach.* Wien: Picus.
Muelenhard, C. L. & Schrag, J. L. (1991). Nonviolent Sexual Coercion. In A. Parrot & L. Bechhofer (Eds.), *Acquaintance rape: the hidden crime* (pp. 115–128). New York: Wiley.
Reemtsma, J. P. (1998). Das Recht des Opfers auf Bestrafung des Täters – als Problem (Unveröffentlichter Vortrag). Köln: *Kongreß Trauma und kreative Lösungen – Praktische Hilfen für Traumaopfer vom 6.–7. März 1998.*
Ruch, L. O. & Leon, J. J. (1983). Sexual assault trauma and trauma change. *Women and Health, 8,* 5–21.
Scholz, O. B. (1995). Psychologische Forschungen zum Vergewaltigungsopfer. In G. Kaiser & J.-M. Jehle (Hrsg.), *Kriminologische Opferforschung: neue Perspektiven und Erkenntnisse* (Neue kriminologische Schriftenreihe der Neuen Kriminologischen Gesellschaft e. V.; Bd. 102) (S. 205–227). Heidelberg: Kriminalistik.
Sick, B. (1995). Diskussion: Die sexuellen Gewaltdelikte oder: Der Gegensatz zwischen Verbrechensempirie und Rechtswirklichkeit. *Monatsschrift für Kriminologie, 78 (4–5),* S. 281–293.
Strafgesetzbuch (31. Aufl.). (1998). München: Deutscher Taschenbuch Verlag.
Teubner, U., Becker, I. & Steinhage, R. (1983). *Untersuchung „Vergewaltigung als soziales Problem – Notruf und Beratung für vergewaltigte Frauen"* (Schriftenreihe des Bundesministers für Jugend, Familie und Gesundheit; Bd. 141). Stuttgart: Kohlhammer.
Tieger, T. (1981). Self rated likelihood of raping and the social perception of rape. *Journal of Research in Personality, 15,* 147–158.
Weis, K. (1982). *Die Vergewaltigung und ihre Opfer: eine viktimologische Untersuchung zur gesellschaftlichen Bewertung und individuellen Betroffenheit.* Stuttgart: Ferdinand Enke.
Wetzels, P. & Pfeiffer, C. (1995). *Sexuelle Gewalt gegen Frauen im öffentlichen und privaten Raum: Ergebnisse der KFN-Opferbefragung 1992* (Forschungsberichte Nr. 37). Hannover: Kriminologisches Forschungsinstitut Niedersachsen.
Wyre, R. & Swift, A. (1991). *Und bist Du nicht willig ... Die Täter.* Köln: Volksblatt Verlag.

Verhaltenstherapie

Gabriele Amann und Rudolf Wipplinger

Einleitung

Verhaltenstherapie weist einen besonderen Bezug zur Grundlagenforschung der Psychologie auf. Grundlage der Verhaltenstherapie sind die Lerntheorien, deren Grundthese es ist, dass menschliches Verhalten nicht nur erlernt, sondern ebenso um- oder neugelernt werden kann (Reinecker, 2000a). Verhalten bezeichnet nicht nur die motorische, beobachtbare Ebene, sondern auch die kognitive, emotionale und physiologische Ebene. Der Verhaltensbegriff bezieht sich somit auf die Gesamtheit des Menschen, auf all seine intra- und extra-organischen wie psychischen Aktionen und Interaktionen mit seiner physikalischen und sozialen Umwelt.

Die Aufgabe der Therapeutin ist, das Problem der Klientin[1] in seiner komplexen Bedingtheit zu analysieren und jene Variablen zu isolieren, die mit dem Problem in einem funktionalen Zusammenhang stehen, d.h. dieses Problem bedingen oder beeinflussen. Da sich die Verhaltenstherapie auf aktuelles Verhalten konzentriert, stehen entsprechend auch aktuelle Variablen im Vordergrund. Faktoren aus der Vergangenheit der Klientin (z.B. frühere Erfahrungen, Erlebnisse) oder aus ihrer Zukunft (z.B. Ziele, Prognosen über Zukünftiges) sind aber soweit zu berücksichtigen, wie sie aktuell für das Problem der Klientin bedeutsam sind.

Da die Folgeerscheinungen eines sexuellen Missbrauchs unterschiedlichster Natur sein können und auch bis jetzt kein typisches Missbrauchssyndrom bestätigt werden konnte (Ellerbrok, Heuft & Senf, 1995; Green, 1993; Kendall-Tackett, Meyer Williams & Finkelhor, 1998), wurden in der Verhaltenstherapie keine spezifischen Interventionen für die Behandlung von sexuellen Missbrauchsopfern entwickelt. Entsprechend der jeweils auftretenden Störungen setzt sich die Therapie von Opfern eines sexuellen Missbrauchs aus unterschiedlichsten Methoden zusammen. Wie bei allen Störungen gibt es auch bei der Behandlung der Folgen eines sexuellen Missbrauchs kein Patentrezept. Daher besteht die zentrale Aufgabe der Therapeutin darin, sich zu Beginn einen umfassenden Überblick zu den vorhandenen Problembereichen zu verschaffen, um so eine sinnvolle Konzeptualisierung des Einzelfalles zu erarbeiten, und daraus eine adäquate Therapieplanung abzuleiten.

---

[1] Bei Aussagen, die sowohl für weibliche als auch für männliche Personen zutreffen, verwenden wir zur Vereinfachung durchgängig die weibliche Form.

Ein *transparentes therapeutischen Vorgehen* ist gerade bei sexuell missbrauchten Klientinnen von essenzieller Bedeutung. Durch ihre Erfahrungen des Benützt-Werdens und des Kontrollverlustes ist die Angst, dass etwas geschehen könnte, was sie nicht wünschen, besonders groß. Für die Klientin muss immer nachvollziehbar sein, wie durch die gemeinsam entworfene Strategie ihre Ziele erreicht werden können. Sie sollte auf alles, was in der Therapie geschieht, vorbereitet werden und vor allem damit einverstanden sein (Calhoun & Atkeson, 1994; Hoyndorf, Reinhold & Christmann, 1995).

Der Aufbau einer *therapeutischen Beziehung* gestaltet sich bei Opfern eines sexuellen Missbrauchs oft sehr schwierig, da diese aufgrund ihrer Erfahrungen davor zurückscheuen jemandem zu vertrauen und Therapie häufig mit Hilflosigkeit und Ausgeliefert-Sein assoziiert ist. Die therapeutische Beziehung soll als Modell für eine unterstützende, wertschätzende und tragfähige Vertrauensbeziehung fungieren, in der die Klientin lernen kann, dass es möglich ist, mit einem anderen Menschen in einer klaren, eindeutigen und verlässlichen Weise verbunden zu sein und von diesem Menschen ohne bestimmte Gegenleistungen Wertschätzung und Unterstützung erfahren zu können. Durch das Verhalten der Therapeutin soll die Klientin lernen, ihre Einschätzung und ihr Verhalten sich selbst gegenüber positiv zu verändern.

Für den Beziehungsaufbau mit Kindern sind grundsätzlich andere Aspekte bedeutsam als bei Erwachsenen. Bei Kindern löst eine therapeutische Situation in noch stärkerem Ausmaß als bei Erwachsenen Angst aus. Insbesondere missbrauchte Kinder haben Erwachsenen gegenüber ein sehr ausgeprägtes Misstrauen. Dies erfordert von der Therapeutin viel Geduld und Einfühlungsvermögen, das Vertrauen der Kinder zu gewinnen, damit sich diese für die therapeutische Arbeit öffnen und auch aktiv am therapeutischen Prozess teilnehmen. Bei Kindern, die einen intrafamiliären Missbrauch erlebt haben, ist der Beziehungsaufbau für die Therapeutin in besonderem Maß schwierig (Moggi 1996, 1998; Wipplinger & Amann, 1998, → *Kinder-Spieltherapie*).

Therapeutisches Vorgehen

In der Therapie mit Kindern und Jugendlichen gelten im Prinzip dieselben Regeln wie in der Therapie mit Erwachsenen. Wichtig ist hierbei jedoch, die Methoden und Strategien der Arbeit mit Kindern und Jugendlichen anzupassen. Während bei Erwachsenen das therapeutische Gespräch im Vordergrund steht, ist es bei Kindern und Jugendlichen notwendig, in die therapeutische Arbeit das Medium Spiel zu integrieren. Je jünger die Kinder sind, umso stärker muss man den Kindern in der Therapie durch konkretes Erleben eine Veränderung ihres Verhaltens, ihrer Gedanken und Gefühle ermöglichen. Von zentraler Bedeutung ist, dass die konkreten Interventionen unbedingt dem Entwicklungsstand und den Fähigkeiten des Kindes entsprechen.

Um nicht mit den negativen Erlebnissen und Gefühlen konfrontiert zu werden, vermeiden die Opfer eines sexuellen Missbrauchs, sich mit dem Erlebten auseinanderzusetzen. Vermeidung ist wohl die bedeutsamste Strategie, die Opfer einsetzen, um einen sexuellen Missbrauch zu bewältigen (Gelinas, 1983; Spaccarelli & Fuchs, 1998; Sturkie, 1983). Sich in Therapie zu begeben, bedeutet hingegen unweigerlich die Konfrontation mit dem Erlebten und die Unterbindung dieser zwar kurz- aber nicht langfristig erfolgreichen Vermeidungsstrategie. Das Kernstück der Verhaltenstherapie mit Opfern eines sexuellen Missbrauchs muss daher sein, den Kreislauf der Vermeidung und Verleugnung zu unterbrechen und eine konstruktive *kognitiv-emotionale Verarbeitung* des Erlebten zu ermöglichen. Dabei reicht es für das Opfer jedoch nicht aus, sich an die Erlebnisse zu erinnern oder über damit verbundene Gefühle zu sprechen. Für eine konstruktive Verarbeitung muss sich die Klientin vielmehr damit auseinandersetzen, was der erlebte sexuelle Missbrauch für sie bedeutet und wie sie das Erlebte im Verlauf der Jahre bewertet hat.

Aus der Vielzahl an Behandlungsmethoden der Verhaltenstherapie (siehe dazu Margraf, 1996; Reinecker, 2000b) haben wir zwei Methoden ausgewählt, die wir im Folgenden ausführlicher darstellen wollen. Diese beiden Methoden kommen speziell in der Therapie mit Opfern eines sexuellen Missbrauchs häufig zur Anwendung. Dies heißt aber nicht, dass sich die Behandlung auf den Einsatz dieser Methoden beschränken sollte. In der Therapie muss vielmehr immer der individuelle Gesamtzusammenhang berücksichtigt und das konkrete Vorgehen dem Einzelfall angepasst werden.

Kognitive Umstrukturierung bei Depressionen und negativen Selbstbild

Opfer eines sexuellem Missbrauchs leiden sehr häufig unter einem negativen Selbstbild und einer damit verbundenen depressiven Störung. Oft kommt es auch zu Suizidalität und selbstverletzendem Verhalten (z.B. Braver, Bumberry, Green & Rawson, 1992; Briere & Runtz, 1988; Jackson et al., 1990; Stein et al., 1988). Bei diesen Problembereichen spielen dysfunktionale Kognitionen, im Sinne von systematischen Denkfehlern, die mit dem sexuellen Missbrauch in Beziehung stehen, eine zentrale Rolle. *Dysfunktionale Kognitionen*, die im Zusammenhang mit Schuld- und Schamgefühlen, Selbstabwertungen und Abwertungen der Beziehungen zu anderen Menschen auftreten, müssen in einer Form umstrukturiert, d.h. verändert werden, dass die Klientin für sich eine alternative Konzeptualisierung entwickeln kann.

Als Methoden hierfür bieten sich die Kognitive Therapie nach Beck (Beck et al., 1986) sowie die Rational-Emotive Therapie nach Ellis (1977) an. Besonders zu beachten ist, dass dysfunktionale Kognitionen bei sexuell missbrauchten Klientinnen zumeist über lange Zeit bestanden haben und oft das gesamte Leben von diesen Erklärungen und Bewertungen bestimmt war, so dass deren Veränderung besonders schwierig und schmerzhaft und zumeist nur gegen großen Widerstand möglich ist. In diesem Prozess müssen die gesamten Überzeugungen der

Klientin hinsichtlich des Missbrauchs und dessen Ursachen, ihre Selbstbeschuldigungen, Bewertungen und Erwartungen in Bezug auf die langfristigen Folgen systematisch und genau erfasst werden, um anschließend die zentralen dysfunktionalen Kognitionen auszuwählen und sie einer systematischen Umstrukturierung zuführen zu können. Die verzerrten Denkabläufe der Klientin werden im therapeutischen Gespräch z. B. mit Hilfe des „sokratischen Dialoges" verändert. Dies ist eine spezifische Kommunikationstechnik, die darauf abzielt, die Gedanken der Klientin aufzudecken und einer Prüfung an der Realität zu unterziehen. Durch besondere Fragen der Therapeutin wird die Klientin in die Lage versetzt, ihre bisherige Art zu denken, selbst zu hinterfragen. Sie macht die Erfahrung, dass es für bestimmte Ereignisse sehr viele andere Interpretationen gibt als jene, die für sie bisher immer Gültigkeit hatten. Sie erkennt, dass diese neuen Interpretationen ebenso berechtigt, ja vielleicht sogar realitätsgerechter sind als ihre alten.

Viele Opfer glauben z. B., selbst dafür verantwortlich zu sein, den sexuellen Missbrauch nicht verhindert, ihn vielleicht sogar selbst initiiert zu haben. Hier setzt die kognitive Umstrukturierung an, indem an einer Veränderung der Zuschreibung von Verantwortung in Richtung des Täters gearbeitet wird. Die Klientin wird beispielsweise die alte Überzeugung „ich bin selbst schuld am sexuellem Missbrauch" durch eine realistischere ersetzen, wie „ich war ja noch ein Kind und kann gar nicht dafür verantwortlich sein" oder „ich bin wertlos", „ich bringe nichts zustande", „niemand liebt mich" durch „vielleicht bekomme ich nicht so viel Liebe wie ich mir wünsche, aber viele von meinen Freunden haben mich gern, es kann mich ja nicht jeder lieben".

Auch *Gefühle von Hilflosigkeit und die Unfähigkeit* sich gegenüber der Umwelt bzw. anderen Menschen und deren Forderungen *abzugrenzen*, führen zu depressiven Verstimmungen. Diese haben sich aus den Erfahrungen in der Missbrauchssituation entwickelt und können durch die Theorie der gelernten Hilflosigkeit (Seligman, 1995) erklärt werden. Therapeutisches Ziel ist, dass die Klientin derartige Situationen der Hilflosigkeit erkennt und für sich Möglichkeiten erarbeitet, diese Situationen sehr wohl beeinflussen zu können. Dies geschieht, indem schrittweise abgrenzendes Verhalten aufgebaut wird. Der Prozess kann durch Imaginationsübungen unterstützt werden, in welchen sich die Klientin mit den vergangenen Missbrauchssituationen konfrontiert, den Ablauf dieser Situationen verändert und so die ursprünglichen Missbrauchserlebnisse retrospektiv alternativen Lösungen zugeführt werden können. Zentrale Wirkvariable ist dabei, dass die Klientin in diesen Situationen ein Gefühl der Macht und Stärke erlebt, welches sie auch in aktuellen Situationen von Grenzverletzungen aktivieren kann.

Konfrontation und Reaktionsverhinderung bei Posttraumatischer Belastungsstörung und Ängsten

Auch Ängste, Panikattacken, Alpträume und Schlafstörungen sind bei Opfern eines sexuellen Missbrauchs häufig zu finden (z. B. Briere & Runtz, 1988; Pribor

& Dinwiddie, 1992; Saunders et al., 1992; Sedney & Brooks, 1984). Bei Opfern eines sexuellen Missbrauchs können unterschiedlichste, alltägliche Situationen Erinnerungen an den sexuellen Missbrauch und dadurch auch alle damit verbundenen Gefühle und Gedanken auslösen. Es kann jedoch auch „lediglich" zu isolierten negativen Gefühlen, wie Unwohlsein, Ängste oder Ekel kommen. Dies führt dazu, dass die Betroffenen häufig diese Situationen – sofern möglich – vermeiden. Diese Symptome sind unter dem Syndrom der Posttraumatischen Belastungsstörung (PTSD) zusammengefasst (vgl. DSM-IV; American Psychiatric Association, 1996, → *Posttraumatische Belastungsstörung*).

Zur Bewältigung von Ängsten muss die Klientin dabei unterstützt werden, *kognitive und emotionale Aspekte des Traumas zu integrieren*. Nach einer systematischen Erhebung aller angstauslösenden Stimuli und Situationen, auch unter Beachtung innerer Bilder und Kognitionen, empfiehlt sich die *Konfrontation* mit diesen – sowohl in sensu (in der Vorstellung) als auch in vivo (in der Realität). Dabei muss gleichzeitig verhindert werden, dass die Klientin die Konfrontation abbricht bzw. vermeidet. Bei der Durchführung einer Konfrontationsbehandlung ist besonders wichtig, dass die Klientin die Grundprinzipien dieses Vorgehens (Konfrontation – Verhinderung der Vermeidung – Habituation d. h. Verminderung der Ängste als Folge einer wiederholten Darbietung des entsprechenden Stimulus) versteht und bereit ist, sich den angstauslösenden Stimuli bzw. Situationen zu stellen. In der Gestaltung der Konfrontationsbehandlung ist darauf zu achten, dass die für die Habituation nötige Angst ausgelöst wird, diese jedoch für die Klientin noch erträglich ist. Es empfiehlt sich mit Konfrontationen in sensu zu beginnen (zur Konfrontationsbehandlung siehe z. B. Barlow, 1988; Fiegenbaum, 1986; Reinecker, 1993). Eine effektive kognitiv-emotionale Verarbeitung und Angstbewältigung setzt jedoch nicht nur die Konfrontation mit den unterschiedlichen angstauslösenden Stimuli voraus, sondern auch die Konfrontation mit korrigierenden Informationen. Diese ermöglicht, die Bedeutung dieser Stimuli und der Reaktionen darauf zu verändern und damit auch die Gedächtnisstrukturen, die diesen Emotionen zugrunde liegen, zu modifizieren (Foa & Kozak, 1986; Foa, Steketee & Olasov-Rothbaum, 1989; Resick & Schnicke, 1993).

Bei Opfern eines sexuellen Missbrauchs treten häufig auch *Alpträume* und sogenannte *„Flashbacks"* auf. Flashbacks sind klassisch konditionierte Reaktionen, bei welchen bestimmte Stimuli eine unwillkürliche Wiedererinnerung an ein Missbrauchserlebnis und die damit verbundenen Gefühle auslösen. Die Angst vor Flashbacks führt zur Vermeidung von Situationen, in denen diese auftreten können. Flashbacks und Alpträume sind im eigentlichen Sinn Angstreaktionen, die entsprechend durch eine *Konfrontation* mit den auslösenden Situationen und den darin enthaltenen Bildern und Inhalten zu behandeln sind. Bei Flashbacks empfiehlt sich die Technik des Gedankenstopps und eine Gegenkonditionierung durch positive und angenehme Phantasien. Man kann auch im Rahmen von Imaginationsübungen auftauchende Bilder soweit entfremden, dass die damit verbundenen negativen Gefühle von den Bildern entkoppelt werden. Hier empfiehlt es sich, die Erinnerungen und Bilder mit der Klientin schrittweise zu bearbeiten.

Die Klientin wird instruiert, sich diese Bilder konkret vorzustellen und sie anschließend bewusst zu verändern, indem sie diese farblich verändert (z. B. grün einfärben oder schwarz-weiß), die Tonlagen der Stimmen verändert (die Stimme des Täters ganz hoch, ihre eigene Stimme ganz tief), die Bilder in Zeitlupe oder Zeitraffer ablaufen lässt. Dadurch verlieren die Bilder und Erinnerungen ihren Schrecken für die Klientin und lösen im Verlauf immer weniger negative Gefühle wie Angst, Ekel und Hilflosigkeit verbunden mit einer physiologischen Erregung aus. Situationen, die Angst vor Flashbacks auslösen, werden dadurch immer seltener.

Resümee

Insgesamt gesehen bietet die Verhaltenstherapie sowohl sehr effiziente als auch sehr gut überprüfte Strategien für die Behandlung von Opfern eines sexuellen Missbrauchs. Abhängig davon, welches komplexe Netz von Folgeproblemen (→ *Folgen*) sich bei der jeweiligen Klientin entwickelt hat, wird die Therapeutin ein entsprechend differenziertes therapeutisches Vorgehen gemeinsam mit der Klientin erarbeiten müssen. Die Erfahrung zeigt, dass zwischen dem Grad an Chronifizierung und der Komplexität der Probleme und Störungen sowie der Dauer der Therapie ein deutlicher Zusammenhang besteht.

Literatur

American Psychiatric Association (1996). *Diagnostisches und statistisches Manual psychischer Störungen. DSM-IV* (dt. Bearb. und Einf. von H. Sass, H.-U. Wittchen & M. Zaudig). Göttingen: Hogrefe.
Barlow, D. H. (1988). *Anxiety and its disorders. The nature and treatment of anxiety and panic.* New York: Guilford.
Beck, A. T., Rush, A. J., Shaw, B. F. & Emery, G. (1986). *Kognitive Therapie der Depression.* München: PVU.
Braver, M., Bumberry, J., Green, K. & Rawson, R. (1992). Childhood abuse and current psychological functioning in a university counseling center population. *Journal of Counseling Psychology, 39,* 252–257.
Briere, J. & Runtz, M. (1988). Symptomatology associated with childhood sexual victimization in a nonclinical adult sample. *Child Abuse and Neglect, 12,* 51–59.
Calhoun, K. S. & Atkeson, B. M. (1994). *Therapie mit Opfern von Vergewaltigung. Hilfen bei der Überwindung der psychischen und sozialen Folgen.* Bern: Huber.
Ellerbrok, G., Heuft, G. & Senf, W. (1995). Zur Prävalenz sexuellen Missbrauchs in der Vorgeschichte stationärer Psychotherapiepatienten. *Psychotherapeut, 40,* 9–16.
Ellis, A. (1977). *Die rational-emotive Therapie. Das innere Selbstgespräch bei seelischen Problemen und seine Veränderung.* München: Pfeiffer.
Fiegenbaum, W. (1986). *Agoraphobie – Theoretische Konzepte und Behandlungsmethoden.* Opladen: Westdeutscher Verlag.
Foa, E. B. & Kozak, M. J. (1986). Emotional processing of fear: Exposure to corrective information. *Psychological Bulletin, 99,* 20–35.
Foa, E. B., Steketee, G. & Olasov-Rothbaum, B. (1989). Behavioral/cognitive conceptualizations of post-traumatic stress disorder. *Behavior Therapy, 20,* 155–176.

Gelinas, D. J. (1983). The persisting negative effects of incest. *Psychiatrry, 46,* 312–332.
Green, A. H. (1993). Child sexual abuse: Immediate and long-term effects and intervention. *Journal of the American Academy of Child and Adolescent Psychiatry, 32,* 890–902.
Hoyndorf, S., Reinhold, M. & Christmann, F. (1995). *Behandlung sexueller Störungen. Ätiologie, Diagnostik, Therapie: Sexuelle Dysfunktionen, Missbrauch, Delinquenz.* Weinheim: Beltz, Psychologie Verlags Union.
Jackson, J. L., Calhoun, K. S., Amick, A. E., Maddever, H. M. & Habif, V. L. (1990). Young adult women who report childhood intrafamilial sexual abuse: Subsequent adjustment. *Archives of Sexual Behavior, 19,* 211–221.
Kendall-Tackett, K. A., Meyer Williams, L. & Finkelhor, D. (1998). Die Folgen von sexuellem Missbrauch bei Kindern: Review und Synthese neuer empirischer Studien. In: G. Amann & R. Wipplinger (Hrsg.). *Sexueller Missbrauch. Überblick zu Forschung, Beratung und Therapie. Ein Handbuch* (2. Aufl.) (S. 151–186). Tübingen: dgvt.
Margraf, J. (Hrsg.). (1996). *Lehrbuch der Verhaltenstherapie. Bd. 1: Grundlagen – Diagnostik – Verfahren – Rahmenbedingungen.* Berlin: Springer.
Moggi, F. (1996). Merkmalsmuster sexueller Kindesmißhandlung und Beeinträchtigung der seelischen Gesundheit im Erwachsenenalter. *Zeitschrift für klinische Psychologie, 25 (4),* 296–303.
Moggi, F. (1998). Sexuelle Kindesmißhandlung: Traumatisierungsmerkmale, typische Folgen und ihre Ätiologie. In: G. Amann & R. Wipplinger (Hrsg.). *Sexueller Missbrauch. Überblick zu Forschung, Beratung und Therapie. Ein Handbuch* (2. Aufl.) (S. 187–200). Tübingen: dgvt.
Pribor, E. F. & Dinwiddie, S. H. (1992). Psychiatric correlates of incest in childhood. American Journal of Psychiatry, 149, 52–56.
Reinecker, H. (1993). *Phobien. Agoraphobien, soziale und spezifische Phobien.* Göttingen: Hogrefe.
Reinecker, H. (2000a). Grundlagen verhaltenstherapeutischer Methoden. In H. Reinecker unter Mitarbeit von M. Borg-Laufs, U. Ehlert, D. Schulte, H. Sorgatz & H. Vogel. *Lehrbuch der Verhaltenstherapie* (S. 87–146). Tübingen: dgvt.
Reinecker, H. (2000b). Methoden der Verhaltenstherapie. In H. Reinecker unter Mitarbeit von M. Borg-Laufs, U. Ehlert, D. Schulte, H. Sorgatz & H. Vogel. *Lehrbuch der Verhaltenstherapie* (S. 147–333). Tübingen: dgvt.
Resick, P. A. & Schnicke, M. K. (1993). *Cognitive processing therapy for rape victims. A treatment manual.* Newbury Park: Sage.
Saunders, B. E., Villeponteaux, L. A., Lipovsky, J. A., Kilpatrick, D. G. & Veronen, L. J. (1992). Child sexual assault as a risk factor for mental disorders among women: A community survey. *Journal of Interpersonal Violence, 7,* 189–204.
Sedney, M. A. & Brooks, B. (1984). Factors associated with a history of childhood sexual experience in a nonclinical female population. *Journal of the American Academy of Child Psychiatry, 23,* 215–218.
Seligman, M. E. (1995). *Erlernte Hilflosigkeit* (5. korr. Aufl.). Weinheim: Psychologie Verlags Union.
Spaccarelli, S. & Fuchs, C. (1998). Kognitive Bewertung und Coping bei sexuellem Missbrauch an Kindern. In: G. Amann & R. Wipplinger (Hrsg.). *Sexueller Missbrauch. Überblick zu Forschung, Beratung und Therapie. Ein Handbuch* (2. Aufl.) (S. 287–309). Tübingen: dgvt.
Stein, J. A., Golding, J. M., Siegel, J. M., Burnam, M. A. & Sorenson, S. B. (1988). Long-term psychological sequelae of child sexual abuse. The Los Angeles Catchment Area Study. In G.E. Wyatt & G.J. Powell (Eds.), *Lasting effects of child sexual abuse* (pp. 135–154). Newbury Park: Sage.
Srurkie, K. (1983). Structured group treatment for sexually abused children. *Health and Social Work, 41,* 299–309.
Wipplinger, R. & Amann, G. (1998). Kognitiv-behaviorale Therapie mit Opfern eines sexuellen Missbrauchs. *Verhaltenstherapie & Verhaltensmedizin, 19 (4),* 449–474.

Vernachlässigung

Eberhard Motzkau

Definition, Daten, Zahlen und Fakten

Vernachlässigung ist die andauernde oder wiederholte Unterlassung fürsorglichen Handelns durch sorgeverantwortliche Personen (Eltern oder andere von ihnen autorisierte Betreuungspersonen), welches zur Sicherstellung der seelischen und körperlichen Versorgung des Kindes notwendig wäre. Diese Unterlassung kann aktiv oder passiv (unbewusst), aufgrund unzureichender Einsicht oder unzureichenden Wissens erfolgen. Die durch Vernachlässigung bewirkte chronische Unterversorgung des Kindes durch die nachhaltige Nichtberücksichtigung, Missachtung oder Versagung seiner Lebensbedürfnisse hemmt, beeinträchtigt oder schädigt seine körperliche und seelische Entwicklung und kann zu gravierenden bleibenden Schäden oder gar zum Tode des Kindes führen (Schone, Gintzel, Jordan, Kalscheuer & Münder, 1997).

Die Unterversorgung kann in körperlicher, emotionaler, materieller oder sozialer Hinsicht erfolgen. Von Vernachlässigung wird gesprochen, wenn die Unterversorgung über längere Zeit vorliegt und zu einem prägenden Element der Entwicklungsbedingungen des Kindes wird.

Zur Beurteilung von Vernachlässigungssituationen muss die individuelle Situation des Kindes berücksichtigt werden, die Familie mit ihren Traditionen und Lebensbedingungen sowie der soziale und gesellschaftliche Zusammenhang in dem die Familie lebt. Die vernachlässigenden und damit schädigenden Personen sind die Eltern oder die mit der Pflege und Aufzucht des Kindes beauftragten Personen. Vernachlässigung prägt folglich immer zu einem wesentlichen Teil das Beziehungsgeschehen für das Kind. Die Folgen sind deshalb auch so tiefgreifend.

Für die Einschätzung von Vernachlässigung sind allerdings nicht nur die Zusammenhänge in der Familie selbst zu berücksichtigen, dies würde zu unerlaubten und wenig hilfreichen einseitigen Beschuldigungen der Familie führen. Es muss uns bewusst sein, wie viele Elemente von Vernachlässigung unsere gesellschaftlichen und strukturellen Lebensbedingungen aufweisen. Die Beispiele reichen von vernachlässigenden Erziehungsnormen über zu große Kindergartengruppen, kinderfeindliche Lebensbedingungen in Städten bis hin zu Strukturen der Arbeitsorganisation, in denen Kinder zu erziehen, sich immer noch nachteilig für Eltern, vor allem für Frauen, auswirkt. Außerdem wird immer noch viel zu selbstverständlich und bereitwillig hingenommen, dass Väter in der Versorgung und Erziehung von Kindern nur in Ausnahmefällen eine Rolle spielen.

Zur Orientierung seien die wichtigsten und elementarsten Bedürfnisse von Kindern aufgezählt:
- Körperliche Bedürfnisse: Essen, trinken, Schlaf-Wach-Ruherhythmus, Zärtlichkeit, Körperkontakt.
- Schutzbedürfnisse: Schutz vor Gefahren, vor Krankheiten, vor Witterungseinflüssen, vor emotionalen Unsicherheiten und Angst.
- Bedürfnisse nach Bindung und Einfühlungsvermögen: Stetigkeit und Zugewandtheit in der Verständigung und im Dialog, Eingehen auf die jeweiligen Kommunikationsmöglichkeiten des Kindes, Sicherheit in der Zugehörigkeit zur Familie etc.
- Bedürfnis nach Wertschätzung: Bedingungslose Anerkennung als seelisch und körperlich wertvoller Mensch, Respekt, Zärtlichkeit, Elternliebe, Wertschätzung als autonome Person.
- Bedürfnisse nach Anregung, Spiel und Leistung: Angemessene Förderung, Anregung, Unterstützung beim Erleben und Erforschen, angemessene Anforderung.
- Bedürfnis nach Selbstverwirklichung: Unterstützung bei der Bewältigung von Entwicklungsschritten, von Angst und Enttäuschung, Unterstützung eines positiven Selbstbildes, Unterstützung in zunehmender Eigenständigkeit und Wahrnehmung der eigenen Bedürfnisse.

Schon diese grobe Zusammenstellung von kindlichen Bedürfnissen macht deutlich, welch komplexes und verantwortungsvolles Unterfangen es darstellt, ein Kind aufzuziehen. Gleichzeitig wird vorstellbar, dass erst langfristige Mangelsituationen zu Vernachlässigungserscheinungen führen, und dass vor allem im emotionalen und sozialen Bereich Vernachlässigung absolut kein Phänomen von finanziell und sozial hoch belasteten Familien ist. Materielle Überversorgung bei seelischer Vernachlässigung ist in Mittel- und Oberschichtsfamilien nicht selten.

Über die Häufigkeit von Vernachlässigung liegen keine genauen Zahlen vor. Bei den Fachleuten besteht Übereinstimmung darin, dass Vernachlässigung wesentlich häufiger ist als körperliche Misshandlung. Die Schätzungen für 6-jährige Kinder in unserem Land liegen zwischen 50.000 und dem Zehnfachen davon (Engelbert, 1999).

Risikofaktoren

Vernachlässigung geht häufig mit belastenden Faktoren des Lebenszusammenhanges in der Familie einher. Diese Belastungen beziehen sich auf die Situation des Kindes, auf die persönliche Situation der Erziehungsperson und auf die gesamte familiale Situation mit ihren sozialen und finanziellen Bedingungen. Bei

Kindern sind es die Versorgung erschwerende Bedingungen, wie als störend empfundenes Verhalten, chronische Krankheiten oder Entwicklungsstörungen etc. Bei den *Eltern* sind vor allem eigene negative Erfahrungen in der Kindheit, insbesondere mit Vernachlässigung, zu berücksichtigen. Des Weiteren sind bei ihnen häufig Suchtkrankheiten, Persönlichkeitsprobleme oder Depressivität zu beobachten. Belastende Faktoren in der *Familie* können Arbeitslosigkeit, niedriges Einkommen, Kinderreichtum, schlechte Wohnverhältnisse, Eheprobleme und mangelnde Unterstützung im sozialen Umfeld sein (→ *Armut von Kindern und Jugendlichen*).

Insbesondere Depressivität, Passivität und psychische Abhängigkeit wirkt sich negativ auf das Bindungsverhalten des Kindes, auf die von Kindern erlebte Bindungssicherheit zur Bewältigung von Angst und auf die Entwicklung eines sprachlichen Dialoges aus. Als vernachlässigend eingeschätzte Mütter zeigen sich im Kontakt mit ihren Kindern weniger variabel und weniger sprachlich im Kontakt mit ihren Kindern (Dornes, 1997).

Diese Faktoren sind als Zeichen einer Gefährdung für Vernachlässigung anzusehen. Ihr Vorhandensein allein beweist das Vorliegen von Vernachlässigung jedoch ebenso wenig wie das Fehlen solcher Belastungsfaktoren eine Vernachlässigung ausschließt.

Folgen

Die Folgen von Vernachlässigung können vielfältig sein. Im Bereich der körperlichen Entwicklung kann Vernachlässigung zu Tod, zu Minderwuchs, zu Ess-Störungen, zu Mangelkrankheiten und erhöhter Krankheitsanfälligkeit, zu verzögerter motorischer Entwicklung etc. führen. Die verzögerte Sprachentwicklung gilt als Leitsymptom, regelmäßig entfalten vernachlässigte Kinder aber auch ihr intellektuelles Leistungspotenzial nicht so, wie es bei guter Förderung möglich wäre. In der psychischen Entwicklung fallen bei vernachlässigten Kindern Hospitalismus, Passivität, Störung der Nahrungsaufnahme und des Schlaf-Wach-Rhythmus, Störungen der Persönlichkeitsentwicklung, vor allem Ausbildung depressiver Persönlichkeitszüge mit geringem Selbstwert und verminderter Selbstwahrnehmung auf. Verminderte Schmerzwahrnehmung, Neigung zu Unfällen und Störungen der Impulskontrolle machen deutlich, wie wenig diese Kinder in der Säuglings- und Kleinkindzeit gesehen bzw. wahrgenommen wurden und wie wenig sie dadurch lernen konnten, sich selbst wahrzunehmen und zu steuern. In der sozialen Entwicklung fallen Kontaktstörungen, häufig mit Distanzlosigkeit, Neigung zu Aggressionen mit fehlenden Konfliktlösungsstrategien, Misstrauen, Neigung zur Entwertung anderer bei gleichzeitiger Selbstidealisierung sowie Missachten von Regeln und Grenzen auf.

Familiale Hintergründe

Das langfristige Fehlen von Kontinuität in Gefühlen und Beziehungen und von Lebenskonzepten verhindert, dass die als Kinder selbst vernachlässigten Eltern ihr Leben steuern können. Sie bleiben abhängig von Elternpersonen, meist von ihren realen Eltern, die inzwischen als Großeltern nun scheinbar kompetent und mühelos ihre Enkel versorgen. Häufig sind die Eltern aber auch von vielen Helfern und Institutionen abhängig. Die als Kind gelebten Gefühle von Einsamkeit, Leere und Sinnlosigkeit werden im Erwachsenenalter häufig mit Suchtstrukturen gefüllt. In diesen Familien finden sich oft stoffliche Abhängigkeit (Alkohol, Drogen, Spielsucht), aber auch suchtartiger Umgang mit Hilfen und Helfern. Dieser suchtartige Umgang mit Befriedigung oder Ersatzbefriedigung ist ein Ausdruck der Unfähigkeit, Wünsche zu formulieren, die Zufriedenheit vermitteln könnten. Menschen in Vernachlässigungsfamilien neigen dazu, ihre Umwelt in nur „gut" oder nur „böse" zu spalten. Diesem Muster entsprechend gibt es für sie keine abgestuften Bedürfnisse und Hilfen, sondern nur noch „alles oder nichts". Es ist deshalb nötig aber schwierig, Hilfen zu dosieren.

Die Erwachsenen in den Familien sind häufig apathisch im Fühlen und Handeln. Oft bringen die Kinder dann Lebendigkeit durch ihre anrührende Abhängigkeit und Niedlichkeit als Kleinkinder oder durch Provokationen, die in diesen Familien häufig sind. Um diese Lebendigkeit zu erhalten, gibt es in diesen Familien immer wieder neue Säuglinge, oft auch Hunde, die mit ihrer Rudelorientierung am besten in Systeme von Abhängigkeit passen.

Die Kinder in Vernachlässigungsfamilien dienen den Eltern aber auch als Projektionsfiguren ihrer eigenen Sehnsucht nach Wunscherfüllung und Wertschätzung. Die Kinder bekommen deshalb unverhältnismäßig viel geschenkt, damit die Eltern sich als gute Eltern fühlen können, wenn sie sich schon als Kind nicht wertgeschätzt gefühlt haben. Bei den Kindern allerdings kommt wieder keine Wertschätzung an, sondern lediglich die Verpflichtung, sich über die Geschenke zu freuen. Nachdem dies geschehen ist, haben diese Geschenke dann auch ihren Dienst erfüllt und werden häufig und in kurzer Zeit zerstört.

Aus diesem kurzen Beispiel mag auch deutlich werden, warum Kinder aus Vernachlässigungsfamilien sich in so starkem Ausmaß verantwortlich fühlen für ihre Eltern und warum sie selten von sich aus bereit sind, ihre Familien zu verlassen, auch wenn es ihnen materiell und emotional dort schlecht geht. Diese emotionalen Mangelzustände fangen – wie oben ausgeführt – häufig die Großeltern auf, die dadurch in eine Konkurrenzposition mit den Eltern kommen und in diesen Misstrauen und Eifersucht wecken. Das Misstrauen stammt aus der Zeit, als die Eltern selber als Kinder sich schlecht versorgt gefühlt haben. Die Konkurrenz zwischen Eltern und Großeltern bewirkt häufig, dass die Eltern die Angst entwickeln, ihre Kinder könnten ihnen von den Großeltern „weggenommen" werden. Häufig wird dieser tief gehende und heftige Konflikt nicht innerhalb der Familie bearbeitet, sondern nach außen verlagert. Dann sind es scheinbar Lehrer, Kindergärtnerinnen, Familienhelfer oder Sozialarbeiter, die im

Erleben der Eltern ihnen die Kinder „wegnehmen wollen". Misstrauen und Konkurrenz führen dann häufig zu typischen „Stellvertreterkonflikten". Oft beleben diese Stellvertreterkonflikte auch den Alltag der Familie und tragen erheblich zur Strukturierung des Lebens bei. Dies führt allerdings in aller Regel nicht zur Veränderung der grundsätzlichen Passivität und Depressivität in der Lebenshaltung. Diese Passivität in Verbindung mit dem negativen Selbstwertgefühl führt aber dazu, dass Vernachlässigungsfamilien schwer in dauerhafte Kontakte einzubinden sind, häufig den Kinderarzt wechseln und überdurchschnittlich oft einfach vergessen werden.

Hilfen

Aus den beschriebenen Lebenshaltungen der Familien ist nicht zu erwarten, dass auffällige Entwicklungen von Kindern von allein korrigiert werden. Dazu sind Hilfen erforderlich, die sich zunächst an den Bedürfnissen der Kinder, natürlich aber auch an den Bedürfnissen der Eltern orientieren müssen.

Schon der Zugang zu diesen Familien ist schwierig, weil in der Regel ein illusionärer Realitätsbezug es selber vernachlässigten Eltern unmöglich macht, die Realität ihrer Kinder mit ihren Entwicklungsrückständen und ungestillten Bedürfnissen zu erkennen und zu verändern. Bereits diese Realität zuzulassen, ist schmerzhaft und erfordert großes Vertrauen. Dies kann nur langsam und mit sehr viel Anerkennung erreicht werden. Gelegentlich erlaubt die Situation der Kinder ein so langsames Vorgehen nicht, so dass zumindest vorübergehend eine außerfamiliale Unterbringung und Förderung der Kinder erforderlich ist (→ *Jugendämter,* → *Gefährdung des Kindeswohls*).

Ist aber ein Vertrauensverhältnis mit den Eltern erreicht, geht es darum, die vorhandenen Ressourcen der Familie zu stärken und die Hilfen so zu dosieren, dass keine neue oder zusätzliche Abhängigkeit von den Helfern entsteht. Die Hilfen werden sich sehr lebenspraktisch an den Belastungen der Familien orientieren, erst im zweiten oder dritten Schritt kommen therapeutische Verfahren infrage.

Aus der häufig vielgestaltigen Problemlage ergibt sich, dass Vernachlässigungsfamilien nur mit einem gut koordinierten und sich untereinander wertschätzenden sowie nicht durch Konkurrenz blockierenden Netz von Helfern zu unterstützen sind. Die Qualität der Zusammenarbeit und der Kommunikation ist in jedem Fall Vorbild für die Familie – im positiven wie im negativen Verlauf. Immerhin hat es der Kreis der Helfer mit den gleichen Gefühlen und Spannungen zu tun, wie die Familie selber: Es geht um Macht und Hilflosigkeit, um Entwertung und Anerkennung, um Misstrauen und Vertrauen, um Ablehnung und Zuwendung, um Bindung und Ausstoßung, um Autonomie und Abhängigkeit. Dies sind Konfliktfelder, die auch professionellen Helfern große Schwierigkeit bei der Zusammenarbeit bereiten und nicht ohne supervisorische Unterstützung zu lösen sind (→ *Supervision*).

Literatur

Dornes, M. (1997). Vernachlässigung und Misshandlung aus der Sicht der Bindungstheorie. In: Egle, Hoffmann & Joraschky (Hrsg.). *Sexueller Missbrauch, Misshandlung, Vernachlässigung.* (S. 65–78). Stuttgart, New York: Schattauer.
Engelbert, A. (1999). Vergessene Kinder? Gesellschaftliche Hintergründe von Kindesvernachlässigung. In: Landesstelle Jugendschutz Niedersachsen (Hrsg.). *Vernachlässigung von Kindern. Erscheinungsformen – Hintergründe – Hilfen.* (S. 6–14). Hannover.
Schone, R., Gintzel, U., Jordan, E., Kalscheuer, M., Münder, J., (1997). *Kinder in Not, Vernachlässigung im frühen Kindesalter und Perspektiven sozialer Arbeit.* Münster: Votum.

Vernehmung von Kindern

Ursula Nelles

Rechtliche Rahmenbedingungen

Vernehmung ist nicht einfach Befragung, sondern setzt ein Verfahren voraus, in dem die Vernommenen eine bestimmte (förmliche) Rolle einnehmen. Die Rolle als Beschuldigte entfällt bei Kindern, weil sie bis zur Vollendung des 14. Lebensjahres nicht schuldfähig sind (§ 19 StGB). Missbrauchte Kinder haben zwar eigene prozessuale Rechte (Zeugenbeistand, sog. Opferanwalt und Nebenklagebefugnis, → *Opferschutzgesetz,* → *Nebenklage*), sie sind in der Regel aber auch das wichtigste „persönliche Beweismittel", nämlich Zeugen.

Zeugnispflicht und Zeugnisfähigkeit

Die Strafprozessordnung setzt eine Zeugnispflicht für „jedermann" voraus. Diese wird in einem konkreten Verfahren durch die Ladung aktualisiert, die unter Hinweis auf die gesetzlichen Folgen zu geschehen hat. Damit sind Ordnungsgeld oder Vorführung gemeint, die bei schuldhafter Zuwiderhandlung verhängt werden können. Da Kinder unter 14 Jahren nicht schuldfähig sind, können sie nicht entsprechend in Pflicht genommen werden (Nelles, 1996 m.w.N.). Ersichtlich zur Vermeidung dieses Ergebnisses sehen Rechtsprechung und Literatur

(Denger, 1991; Vierhaus, 1994 jew. m. w. N.) dagegen die Vorführung als schuldunabhängige und deswegen auch gegen Kinder verhängbare Maßnahme an, auch wenn sie regelmäßig unverhältnismäßig sein dürfte (Keiser, 1998, S. 95 ff.), so dass auch Kinder als zeugnispflichtig gelten. – In der Realität jedenfalls werden Kinder als Zeugen vernommen. Das ist bei Freiwilligkeit unbedenklich, so dass die Vernehmung älterer Kinder, nach Belehrung darüber, dass sie als Zeugen aussagen können, aber nicht müssen, dann auch zulässig ist.

Für jüngere Kinder ist zu beachten, dass Zeuge nur sein kann, wer über wahrgenommene Tatsachen (verständlich) berichten kann (Zeugnisfähigkeit). Fehlt diese Fähigkeit, können Kinder allenfalls für den sog. Sachbeweis (Untersuchung auf Tatspuren und -folgen) herangezogen werden. Die Fähigkeit fehlt naturgemäß bei Kleinstkindern, die sich sprachlich noch nicht ausdrücken können. Generell gelten Kinder ab dem Alter von 4–5 Jahren als zeugnisfähig (Gley, 1987 m. w. N.). Es sind dann aber besondere Anforderungen an die Art und Weise der Vernehmung (Denger, 1991) und die (richterliche Beweis-) Würdigung der Aussage zu stellen.

Beweisgewinnung, -verwertung und -würdigung

Aussagen kann ein Gericht für die Urteilsfindung nur als Beweismittel benutzen – „verwerten" –, wenn die Vorschriften über die *Beweisgewinnung* (hier: Zeugenvernehmung) beachtet werden. Es ist deshalb bereits im frühen Stadium der Ermittlungen, im Extremfall schon bei Anzeigeerstattung darauf zu achten, dass eine gerichtlich verwertbare Aussage gewonnen wird, wenn das Kind nur einmal vernommen werden kann oder soll. Dazu gehört auch die Beachtung der Belehrungsvorschriften. Auch kindliche Zeugen sind darüber zu belehren, dass sie etwa bei enger Verwandtschaft mit dem Beschuldigten das Zeugnis verweigern können (§ 52 StPO). Diese Belehrung ist – kindgerecht – so zu formulieren, dass sie inhaltlich verstanden und dem Zeugen die Tragweite seiner Entscheidung deutlich wird. Ferner sind gesetzliche Vertreter zu belehren, die ein eigenes Entscheidungsrecht über die Zeugnisverweigerung des Kindes haben.

Teilweise wird vorgeschlagen, dass das Kind bei Anzeigeerstattung zunächst „informatorisch" befragt werden solle, um ihm Druck und Schuldgefühle zu nehmen. In diesem „ersten Gespräch" solle das Kind völlig frei reden können; es sei allenfalls das Anzeigemotiv vorsichtig zu erfragen (Wegner, 1997). Indessen wird so keine verwertbare Aussage produziert, und es ist auch keine Videoaufzeichnung zulässig, die nur für Vernehmungen vorgesehen ist (→ *Videoaufzeichnung*).

Für die gerichtliche *Verwertung* einer Aussage sind zwei Fragen zu unterscheiden: die Form der Einführung einer Aussage in die Hauptverhandlung und die Verwertung ihres Inhalts.

Kommt es zu einer Hauptverhandlung, ist die (erneute) persönliche Vernehmung des Kindes, ggf. im Wege der Videozuschaltung, gesetzliche Regel. Sie kann aber durch Einführung der (Video-) Aufzeichnung einer früheren Vernehmung ersetzt werden. Wird aber das Zeugnis erst in der Hauptverhandlung verweigert, darf dies nicht durch Einführung einer früheren Aussage (durch Verlesung eines Protokolls oder Vorführung einer Videoaufzeichnung) umgangen werden (§ 252 StPO).

Von der Beweisverwertung ist der Akt der *Beweiswürdigung*, d.h. der richterlichen Überzeugungsbildung (§ 261 StPO), zu unterscheiden. Das Gericht muss auf der Grundlage der (zulässig) erhobenen Beweise, unter Einsatz allgemeiner Denkgesetze und Schlussfolgerungen den Hergang rekonstruieren und sich eine persönliche Überzeugung vom Tatvorwurf bilden. Dazu gehört auch die Entscheidung über die Verlässlichkeit von Beweismitteln, bei Zeugen also, ob ihnen geglaubt werden kann. Kriterien dafür sind die Entstehungsgeschichte und das Motiv einer Aussage, mögliche Einflüsse Dritter, Konstanz und Widerspruchsfreiheit der Aussage, ihr Detailreichtum etc. aber auch Faktoren, die die Zeugnisfähigkeit betreffen wie etwa psychische oder physische Beeinträchtigungen der Wahrnehmungsfähigkeit oder der Fähigkeit zu geordneter Berichterstattung (Arntzen, 1993, S. 56 ff). Über diese sog. Hilfstatsachen, die sich auf die Qualität eines Beweismittels und nicht auf den Tatvorwurf beziehen, ist ebenfalls Beweis zu erheben. Fehlt dem Gericht dazu die eigene Sachkunde, muss es sich der Hilfe von Sachverständigen bedienen. Diese sind selbst Beweismittel. Ihre Funktion besteht darin, Tatsachen nach den Regeln ihrer Profession (ggf. selbst zu erheben und) so aufzubereiten, dass das Gericht die Entscheidung etwa über die Qualität eines Beweismittels treffen kann. Diese Entscheidung darf nicht vom Sachverständigen verlangt oder gar selbst getroffen werden. Das Gericht kann also (nach BGH, 1999: muss) Sachverständige zur Begutachtung der Glaubhaftigkeit einer kindlichen Zeugenaussage heranziehen (siehe → *Glaubhaftigkeitsbegutachtung und diagnostischer Erkenntnisprozess*), um die Aussage „würdigen" zu können.

Gestaltung der Vernehmung unter dem Aspekt des Zeugenschutzes

Vernehmungskonzentration

Mehrfachvernehmungen, die als eine der wichtigsten Quellen der so genannten „sekundären Viktimisierung" gelten (Mildenberger, 1995, S. 24 m. zahlr. Nachw.; kritisch Pfäfflin, 1997), sollen vermieden werden. Daher sollte im Ermittlungsverfahren eine umfassende und abschließende (richterliche) Vernehmung des Kindes durchgeführt und aufgezeichnet (siehe → *Videoaufzeichnungen*) werden. Diese ist – auch durch die Vernehmungsperson – gründlich vorzubereiten.

Vernehmungspersonen und Vernehmungsumfeld

Grundsätzlich ist die Vernehmung von den Amtsträger/inne/n durchzuführen, die für das jeweilige Verfahrensstadium zuständig sind. Das sind im Ermittlungsverfahren die Beamt/inn/en der Polizei und der Staatsanwaltschaft oder die Ermittlungsrichter/innen, im Hauptverfahren die Vorsitzenden (§ 241a StPO). Da Vernehmungstechnik und -psychologie nicht Gegenstand juristischer Ausbildung sind, kommt es hier oft zu ersten Problemen bei der Vernehmung von Kindern (Hussels, 1995). Überdies sind gezielte Nachfragen oft unvermeidbar, so dass ungeübte Vernehmungspersonen auf Zeugen den Eindruck vermitteln, man glaube ihnen nicht. Es wird deswegen – zu Recht – gefordert, Juristen im Umgang mit kindlichen Opfern speziell zu schulen. Ferner sollen – und werden in der Praxis auch schon häufig – Sonderdezernate gebildet werden (Denger, 1991), damit primär solche Amtsträger/innen in Missbrauchsverfahren eingesetzt werden, die die Sprache und Bilder von Kindern verstehen.

Grundsätzlich finden Vernehmungen in für Kinder häufig befremdlichen Verwaltungs- und Gerichtsgebäuden statt, auch wenn es rechtlich möglich ist, das Kind in gewohnter Umgebung zu vernehmen. Für die Vernehmung kindlicher Zeugen ist ein (bei größeren Polizeibehörden und Gerichten vorhandenes) Zeugenzimmer zu nutzen.

Dies lässt sich im Hauptverfahren dann nicht realisieren, wenn die persönliche Vernehmung des Kindes unumgänglich und eine Videosimultanvernehmung ebenfalls nicht möglich ist. Dann ist das Kind auf die Vernehmung vorzubereiten (Volbert & Pieters, 1993, S. 29 ff.). Dazu gehört, vor der Vernehmung (nach vorheriger Absprache) gemeinsam mit dem Kind den Sitzungssaal zu besuchen und die Abläufe zu erklären. Wenn möglich sollte das Kind vorher auch mit dem Vorsitzenden und anderen anwesenheitsberechtigten Verfahrensbeteiligten persönlich bekannt gemacht werden (Blumenstein, 1997).

Soweit eine Vernehmung in der Hauptverhandlung unumgänglich ist, sind in Missbrauchsverfahren regelmäßig die Öffentlichkeit (§ 171b GVG) und der Angeklagte (§ 247 StPO) auszuschließen. Die Vernehmungspersonen sollten angsterzeugende Rituale vermeiden. Roben sollten abgelegt werden. Es wird empfohlen, dass sich die Vernehmungsperson zu dem Kind setzt und ihre Fragen nicht von der Richterbank aus stellt.

Vernehmung

Es ist zu Beginn der Vernehmung deutlich zu machen, dass die Aussage freiwillig ist, um den Druck der Vernehmungssituation abzubauen. Dieser Hinweis muss wiederholt werden, wenn Fragen oder Gegenstände der Vernehmung dem Kind unangenehm werden. Fragen, die dem Zeugen oder einem nahen Angehörigen „zur Unehre gereichen" oder deren „persönlichen Lebensbereich betreffen" dürfen nur gestellt werden, wenn dies unerlässlich ist (§ 68a Abs. 1 StPO). Wehrhafte erwachsene Zeugen können die Beantwortung solche Fragen zurückweisen oder jedenfalls verlangen, dass schonend mit ihnen umgegangen wird (Kleinknecht & Meyer-Goßner, 1999, S. 220). Bei Kindern haben (auch) die Vernehmungspersonen die Verantwortung dafür mit zu übernehmen, insbesondere dann, wenn anwesenheits- und mitwirkungsberechtigte Personen (Verteidigung) die Zeugen unmittelbar befragen.

Die Vernehmung sollte mit einer „Aufwärmphase" (Themen aus dem Alltagsleben des Kindes) beginnen. Im Übrigen muss die Art der Fragestellung zwar schonend und kindgerecht, mit Blick auf den Wert der Aussage als Beweismittel darf sie aber nicht suggestiv sein (→ *Befragung von Kindern)*. Für die Befragung zur Sache wird auch empfohlen, Stifte und Papier zum Malen vorzuhalten sowie u. U. ein Bilderbuch mit Strichzeichnungen nackter Menschen, um die Benennung der Geschlechtsteile zu klären (von Knoblauch zu Hatzbach, 2001).

Anwesenheit von Zeugenbeistand und Vertrauenspersonen

Weil Kinder ihre Rechte und Befugnisse bei der Vernehmung regelmäßig nicht selbst wahrnehmen können, ist ihnen für die Vernehmung (auf Staatskosten) ein *anwaltlicher Beistand* beizuordnen (§ 68b StPO), wenn sie noch keinen haben. Das gilt nach der gesetzgeberischen Intention (BT-Drucks. 13/7165, S. 8) ausnahmslos. In der rechtswissenschaftlichen Literatur wird allerdings überwiegend vertreten, dass das nicht für polizeiliche Vernehmungen gelte (Pfeiffer, 2001, S. 124 m.w.N.). Insoweit können Erziehungsberechtigte einen Beistand aber indirekt erzwingen, indem sie die immer nur freiwillige Aussage vor der Polizei an diese Bedingung knüpfen. – Der Zusammenhang zwischen Anwesenheit eines solchen Beistands und Einsatz schonender Maßnahmen ist empirisch belegt (Busse & Volbert & Steller 1996, S. 190).

Zusätzlich können Verletzte die Anwesenheit einer Person ihres Vertrauens verlangen (§ 406f. Abs. 3 StPO). Diese *Vertrauenspersonen* (Verwandte oder Bekannte) sollen die psychologische Betreuung ermöglichen. Ein Rechtsanspruch besteht nicht; die Zulassung steht im Ermessen der Vernehmenden. Allerdings gilt es als ermessensfehlerhaft, Kinder ohne eine solche Vertrauensperson zu vernehmen (Meier, 1991). Bei der Auswahl ist darauf zu achten, dass solche Vertrauenspersonen, von deren Anwesenheit eine Gefährdung des Untersuchungszwecks zu befürchten ist, nicht zugelassen werden dürfen. Nach Erfahrungen von Gerichtspsychologinnen kann auch die Anwesenheit der Mutter problematisch sein (von Knoblauch zu Hatzbach, 2001).

Gestaltung der Vernehmung unter dem Aspekt des Beweiswertes

Da Ziel eine gerichtsverwertbare Aussage ist, sind auch und gerade dann, wenn die Konzentration auf nur eine Vernehmung gelingen soll, die Bedingungen für eine verlässliche Aussage einzuhalten („Qualitätssicherung").

Vernehmungszeitpunkt

Eine möglichst frühe Befragung des Kindes ist mit Blick auf die (spätere) Beweiswürdigung der Aussage grundsätzlich empfehlenswert, weil auch bei größeren Kindern generell die Gefahr besteht, dass sie durch informatorische Befragungen des Umfelds beeinflusst werden. Die unmittelbare Erstvernehmung ist als wichtigste Aussage empirisch belegt (Albrecht, 1993). Dabei kann aber oft noch nicht auf Tatsachen eingegangen werden, die erst später bekannt werden (z. B. Einlassung des Beschuldigten oder Erkenntnisse des Jugendamtes). Deshalb ist es sachgerecht, wenn auch nicht gängige Praxis, auf polizeiliche Vernehmungen möglichst zu verzichten und das Vorgehen der beteiligten Behörden (Polizei, Jugendamt etc.) durch die Staatsanwaltschaft zu koordinieren. Diese sollte dann auf solider Informationsbasis möglichst zeitnah eine richterliche Vernehmung beantragen („Wetzlarer Modell", Kilian 1999), denn eine richterliche Vernehmung ist in der Hauptverhandlung unter erleichterten Voraussetzungen reproduzierbar (siehe → *Videoaufzeichnungen*).

Zuziehung von Sachverständigen

Die Richtlinien für das Straf- und Bußgeldverfahren empfehlen, Sachverständige bereits zur Vernehmung von Kindern hinzuziehen, um eine möglichst zeitnahe Begutachtung zu ermöglichen, solange die Aussage noch nicht von späteren Eindrücken überlagert ist (Wegner, 1997). Es hat sich jedoch gezeigt, dass dieses Vorgehen eine gründlichere Exploration in der Regel nicht ersetzen kann (Kilian, 1999). Eine Glaubhaftigkeitsbegutachtung bleibt nach der Rechtsprechung des Bundesgerichtshofs (BGH, 1999) regelmäßig zusätzlich erforderlich ist. Vor allem ältere Kinder haben aber für eine spätere Befragung durch die Gutachterin wenig Verständnis, wenn diese bei der Vernehmung anwesend war (von Knoblauch zu Hatzbach 2001).

Fragerecht der Verteidigung

Eine Aufzeichnung der Vernehmung ist nur gerichtsverwertbar, wenn Staatsanwaltschaft, Beschuldigter und Verteidiger ihr Anwesenheits- und Fragerecht wahrnehmen konnten. Diese Rechte müssen zwar, können aber auch durch Videoübertragung gewahrt werden.

Vorabvernehmung von Begleitpersonen

Anwesende Vertrauenspersonen, die ihrerseits als mögliche Zeugen in Betracht kommen, sollten zuvor selbst vernommen sein, damit es zu keiner Verfälschung oder Überlagerung ihrer Aussage durch die Berichte des Kindes kommt.

Literatur

Albrecht, H.-J. (1993). *Die Stellung des kindlichen Opferzeugen im Strafverfahren – eine vergleichende Analyse.* Unveröffentlichtes Manuskript.
Arntzen, F. (1993). *Psychologie der Zeugenaussage – System der Glaubwürdigkeitsmerkmale* (3. Aufl.). München: Beck.
Blumenstein, H.-A. (1997). Der Schutz sexuell Missbrauchter und mißhandelter Kinder im Strafverfahren. In: Wodtke-Werner, V. (Hrsg.). *Alles nochmal durchleben* (S. 77–88). Baden-Baden: Nomos.
Bundesgerichtshof. (1999). *Entscheidungen des Bundesgerichtshofs in Strafsachen, 45, 164–182 Bundestagsdrucksache, 13/7165*
Busse, D., Volbert, R. & Steller, Max (1996). *Belastungserleben von Kindern in Hauptverhandlungen.* Hersausgegeben vom Bundesministerium der Justiz. Bonn: Forum Verlag Godesberg.
Denger, B. (1991). Kinder und Jugendliche als Zeugen im Strafverfahren wegen sexuellen Missbrauchs in der Familie und deren Umfeld. *Zeitschrift für Rechtspolitik, 24,* 48–51.
Gley, C. (1987). Psychologische Grundlagen und Kriterien der Beurteilung von Zeugenaussagen bei Kindern und Jugendlichen. *Strafverteidiger, 7,* 403–410.
Hussels, M. (1995). Kinder im Zeugenstand – eine aktuelle Betrachtung. *Juristenzeitung, 50,* 1877–1878.
Keiser, C. (1998). *Das Kindeswohl im Strafverfahren.* Frankfurt: Lang.
Kilian, B. (1999). Opferschutz und Wahrheitsfindung – ein Widerspruch? *Deutsche Richterzeitung, 77,* 256–261.
Kleinknecht, T. & Meyer-Goßner, L. (1999). *Strafprozeßordnung* (44. neubearb. Aufl.). München: Beck.
Knoblauch zu Hatzbach, P. (2000). Videovernehmung von Kindern – erste Erfahrungen deutscher Gerichtspsychologinnen. *Zeitschrift für Rechtspolitik, 33,* 276–278.
Knoblauch zu Hatzbach, P. (2001). Erfahrungen psychologischer Gerichtsgutachterinnen mit dem Einsatz der Videotechnik bei der Vernehmung von Kindern durch Juristen in Fällen möglichen sexuellen Missbrauchs. *Manuskript, verbreitet durch Rundschreiben des Bundesministeriums der Justiz vom 1. 2. 2001* (R B 2 – 4103/1 II – R5 587/2000)
Meier, B.-D. (1991). Zwischen Opferschutz und Wahrheitssuche. *Juristenzeitung, 46,* 638–645.
Mildenberger, E. (1995). *Schutz kindlicher Zeugen im Strafverfahren durch audiovisuelle Medien.* Frankfurt: Lang.
Nelles, U. (1996). Persönlichkeitsrechte und Pflichten kindlicher Zeugen im Strafprozeß. In H.-U. Erichsen & H. Kollhosser & J. Welp (Hrsg.), *Recht der Persönlichkeit* (S. 211–234). Berlin: Duncker & Humblot.
Oberlandesgericht Saarbrücken, *Neue Juristische Wochenschrift, 27,* 1959.
Pfäfflin, F. (1997). Schützen Videovernehmungen kindliche Zeugen vor sekundärer Traumatisierung? *Strafverteidiger, 17,* 95–99.
Pfeiffer, G. (2001). *Strafprozeßordnung* (3. Aufl.). München: Beck.
Vierhaus, H.-P. (1994). Zulässigkeit der Ordnungs- und Zwangsmittel des § 51 StPO gegen Kinder als Zeugen. *Neue Zeitschrift für Strafrecht, 14,* 271–272.
Volbert, R. & Pieters, V. (1993). *Zur Situation kindlicher Zeugen vor Gericht.* Bonn: Forum Verlag Godesberg.
Wegner, B. (1997). Wie Opferschutz der Wahrheit dient. *Zeitschrift für Rechtspolitik, 30,* 404–412.

Videoaufzeichnungen

Ursula Nelles

Rechtliche Rahmenbedingungen

Für die Hauptverhandlung in Strafverfahren gilt das Unmittelbarkeitsprinzip. Es bedeutet, dass das Gericht sich von allen Beweismitteln einen unmittelbaren Eindruck verschaffen muss. Deshalb sind alle Beweise, die im Ermittlungsverfahren gesammelt wurden, in der Hauptverhandlung (erneut) zu erheben. Es bedeutet auch, dass der Beweis einer Tatsache, der auf der Wahrnehmung einer Person beruht, durch deren Vernehmung in die Hauptverhandlung einzuführen ist (§ 250 StPO). Daraus resultiert, dass Zeugen vom Beginn der Ermittlungen bis zum rechtskräftigen Urteil oft mehrfach vernommen werden: durch Polizei und Staatsanwaltschaft – je nach Fortschritt der Ermittlungen auch mehrfach – und durch das Gericht (Mildenberger 1995, S. 230ff.). Verletzte einer Straftat sind meist unverzichtbare Tatzeugen. Für sie sind Mehrfachvernehmungen Teil der Belastung, die als „sekundäre Viktimisierung" bezeichnet werden (Volbert & Busse, 1995).

Bis zum Zeugenschutzgesetz im Jahre 1998 konnten auch Opfern sexuellen Missbrauchs mehrfache Vernehmungen oft nicht erspart werden. Für die Vernehmung waren nur Erleichterungen vorgesehen: die Entfernung des Angeklagten aus dem Sitzungszimmer (§ 247 StPO) und der Ausschluss der Öffentlichkeit (§§ 171 b GVG, 172 Nr. 4 GVG).

Die Diskussion über die Einführung der Videotechnik

1995 vernahm zum ersten Mal ein Landgericht kindliche Zeugen außerhalb des Gerichtssaals und übertrug ihre Aussagen per Videotechnik in den Sitzungsraum (Landgericht Mainz, 1996). Das Gericht ging davon aus, dass ein solches Vorgehen auch ohne gesetzliche Grundlage bei Zustimmung aller Verfahrensbeteiligten zulässig sei. Es entschied sich für eine Videosimultanübertragung: die Kinder wurden in einem Nebenraum vom Vorsitzenden vernommen, und die Vernehmung wurde per Videodirektleitung in den Sitzungssaal übertragen. Daneben bestand eine Telefonverbindung, über die Fragen an die Zeugen gerichtet werden konnten (Meurer 1999). Die Vernehmung wurde nicht aufgezeichnet. Dieses „Mainzer Modell" löste eine lebhafte Diskussion aus: Rechtlich wurde vor allem kritisiert, dass es zu einer „gespaltenen Hauptverhandlung" führe (Dahs, 1996), also die Verfahrensregel verletze, dass die Verhandlung „in ununterbrochener Gegenwart der zur Urteilsfindung berufenen Personen" stattzufinden hat (§ 226 StPO). Im Übrigen wurde kontrovers diskutiert, ob die Verfahrensgestaltung die konflikthafte Vernehmungssituation für die betroffenen Kinder wirklich entschärfen könne (Arntzen, 1995).

Die Regelungen des Zeugenschutzgesetzes

Der Gesetzgeber ist dem Mainzer Modell nicht gefolgt. Er hat vielmehr die Videotechnik in zwei anderen Varianten eingeführt.

Eine Möglichkeit sieht § 247a StPO für die *Hauptverhandlung* vor: Nur die Zeugen halten sich an einem anderen Ort auf. Sie werden durch den Vorsitzenden des erkennenden Gerichts per Bild-Ton-Direktübertragung vernommen (sog. Zuschaltmodell), und die Aussage wird zeitgleich in das Sitzungszimmer übertragen (näher Schmoll, 1999, S. 175ff.). Voraussetzung für diesen Ersatz der persönlichen Vernehmung ist entweder die dringende Gefahr eines schwerwiegenden Nachteils für das Wohl des Zeugen, wenn er in Gegenwart der Anwesenheitsberechtigten vernommen wird oder, dass dem Erscheinen des Zeugen in der Hauptverhandlung besondere Hindernisse entgegen stehen. Die übrigen Verfahrensbeteiligten (beisitzende Richter, Schöffen, Staatsanwaltschaft, Angeklagter und Verteidigung) können ihr Fragerecht ausüben, indem sie vom Vorsitzenden verlangen, dass er dem Zeugen weitere Fragen stellt. Dieser kann ihnen, wenn „ein Nachteil für das Wohl des Zeugen nicht zu befürchten ist", auch die unmittelbare Befragung per Direktleitung gestatten. Eine solche Vernehmung kann gleichzeitig aufgezeichnet werden, „wenn zu befürchten ist, dass der Zeuge in einer weiteren Hauptverhandlung nicht vernommen werden kann und die Aufzeichnung zur Erforschung der Wahrheit erforderlich ist" (§ 274a StPO).

Von diesen Voraussetzungen ist auch die zweite Möglichkeit abhängig, Videotechnik zum Schutz von Zeugen einzusetzen: die Herstellung einer „Video-Konserve" bereits im *Ermittlungsverfahren* (§ 58a StPO). Dies ist zwingend vorgeschrieben für Opferzeugen unter 16 Jahren (eingehend Schmoll, 1999, S. 106 ff). Die Zeugen haben die Aufzeichnung zu dulden (Kleinknecht & Meyer-Goßner, 1999, S. 195). Die Regelung richtet sich an die Staatsanwaltschaft (§ 161a StPO) und gilt auch für Polizeibeamte, die Zeugen vernehmen dürfen, auch wenn sie – anders als die Staatsanwaltschaft – keine Befugnis haben, Zeugen zwangsweise vorzuladen (§ 163a Abs. 5 StPO).

Eine *Kombination beider Möglichkeiten* ist in § 168e StPO vorgesehen, wenn der Ermittlungsrichter die Vernehmungen des Zeugen durchführt. Auch dann ist die Vernehmung nach § 58a StPO aufzuzeichnen; sie ist aber zugleich zu übertragen. Bei richterlichen Vernehmungen im Ermittlungsverfahren haben nämlich Beschuldigte, Staatsanwaltschaft und Verteidigung grundsätzlich ein Anwesenheitsrecht (§ 168c Abs. 2 StPO). Denn Aufzeichnungen richterlicher Vernehmungen können unter erleichterten Bedingungen als Ersatz für eine persönliche Vernehmung in der Hauptverhandlung benutzt werden, wenn die übrigen Verfahrensbeteiligten dabei Gelegenheit hatten, den Zeugen zu befragen. Deshalb kann der Richter, zur Abwendung der dringenden Gefahr eines schwerwiegenden Nachteils für das Wohl des Zeugen, wenn er in Gegenwart der übrigen Anwesenheitsberechtigten befragt wird, die Vernehmung getrennt durchführen. Richter und Zeuge befinden sich in einem Raum, und die Vernehmung wird simultan in den Raum übertragen, wo sich die Anwesenheitsberechtigten aufhalten.

Das Gesetz stellt Videoaufzeichnungen den Vernehmungsniederschriften gleich (§ 255a Abs. 1 StPO). Sie können also unter den Voraussetzungen, unter denen eine Zeugenvernehmung durch Verlesung des Protokolls einer früheren Vernehmung ersetzt werden konnte, in der Hauptverhandlung benutzt werden. Dabei unterscheidet das Gesetz zwischen der Aufzeichnung einer richterlichen und einer nichtrichterlichen Vernehmung.

Voraussetzung für die Benutzung der Aufzeichnung einer *richterlichen* Vernehmung ist – grob zusammengefasst –, dass ein Zeuge unerreichbar ist oder dem Erscheinen in der Hauptverhandlung nicht zu beseitigende Hindernisse entgegen stehen. Letzteres ist für kindliche Zeugen von Interesse, wenn ihre Erziehungsberechtigten sie nicht für eine (weitere) Zeugenvernehmung frei geben. Der Ersatz der Vernehmung durch die Aufzeichnung ist ferner zulässig, wenn Staatsanwaltschaft, Verteidigung und Angeklagte damit einverstanden sind (§ 251 Abs. 1 StPO). Speziell in Missbrauchsverfahren kann die Vernehmung von Zeugen unter 16 Jahren ohne weiteres durch Vorführung der Videoaufzeichnungen richterlicher Vernehmungen ersetzt werden, wenn die Mitwirkungsrechte insbesondere des Angeklagten und seines Verteidigers gewahrt wurden (näher Schmoll, 1999, S 145 ff).

Die Aufzeichnung einer *nichtrichterlichen* Vernehmung darf bei Einverständnis von Staatsanwaltschaft, Verteidigung und Angeklagtem und im Übrigen nur dann als Surrogat für eine persönliche Vernehmung benutzt werden, wenn der Zeuge verstorben ist oder aus einem anderen Grund in absehbarer Zeit gerichtlich nicht vernommen werden kann (§ 251 Abs. 2 StPO).

Davon abgesehen dürfen Videoaufzeichnungen jeder früheren Vernehmung in der Hauptverhandlung beschränkt benutzt werden, wenn ein Zeuge bei seiner Vernehmung erklärt, dass er sich an eine bestimmte Tatsache nicht mehr erinnern könne oder Widersprüche zu früheren Aussagen nicht anders festgestellt oder behoben werden können (§ 253 StPO). Hier wird der Umfang der Wiedergabe durch den Zweck bestimmt: Es darf nur der auf die nicht erinnerlichen Tatsachen oder Widersprüche bezogene Teil der Aufzeichnung verwertet werden, es sei denn die Beschränkung auf nur einen Teil ist insoweit unmöglich (Kleinknecht & Meyer-Goßner, 1999, S. 875). Schließlich kann die Aufzeichnung auch als so genannter „Vorhalt" benutzt werden („Vernehmungsbehelf"), wenn es etwa auf den genauen Wortlaut einer (früheren) Aussage ankommt oder die Aussagekonstanz überprüft werden soll (Kleinknecht & Meyer-Goßner, 1999, S. 876).

Die Benutzung einer Konserve setzt generell voraus, dass die Aussage prozessual zulässig zustande gekommen ist und keine Verwertungsverbote entgegenstehen. Danach ist ein Ersatz z. B. ausgeschlossen, wenn ein Zeuge (erst) in der Hauptverhandlung von seinem Zeugnisverweigerungsrecht Gebrauch macht (§ 252 StPO); dieses Recht soll nicht durch Benutzung von Aufzeichnungen unterlaufen werden.

Technische Umsetzung

Die Strafprozessordnung regelt keine technischen Einzelheiten. Die Anforderungen an Übertragung und Aufzeichnung können daher nur aus allgemeinen Verfahrensprinzipien, der Funktion von Beweismitteln und den Rechten der Beteiligten abgeleitet werden. Danach müssen Direktübertragung und Aufzeichnung eine möglichst zuverlässige und umfassende Wahrnehmung der verbalen und non-verbalen Äußerungen der Zeugen ermöglichen. Andererseits sind die räumlichen und technischen Bedingungen entsprechend den Zielen des Zeugenschutzes zu gestalten.

Übertragung aus dem und Aufzeichnung in dem Vernehmungszimmer

Das Vernehmungszimmer ist so zu wählen, dass eine (auch zufällige) Begegnung oder gar Kontaktaufnahme zwischen anderen Verfahrensbeteiligten, insbesondere dem Beschuldigten, und dem Zeugen vermieden wird (Helmig, 2000). Teilweise wird sogar vorgeschlagen, dass Vernehmungs- und Sitzungszimmer in verschiedenen Gebäuden bzw. Gebäudeteilen liegen sollen (Janovsky, 1999).

Im Vernehmungszimmer sind mindestens zwei Kameras erforderlich. Eine soll die lückenlose Übersicht über den Raum mit den darin anwesenden Personen wiedergeben (Raumkamera), um den möglichen Einwand der Beeinflussung des Zeugen zu entkräften. Das ist dann besonders wichtig, wenn sich eine Betreuungsperson (Zeugenbeistand, Opferanwalt; siehe → *Vernehmung von Kindern*) mit im Raum befindet. Eine zweite Kamera soll die Frontalaufnahme des Zeugen zeigen. Sie ist möglichst so zu installieren, dass sie die Aussageperson in Kopfhöhe oder gar leicht von unten erfasst, weil gerade Kinder bei unangenehmen Fragen bzw. Antworten oft den Kopf senken (Beulke, 2001). Bei Kindern, die sich gern im Raum bewegen, ist es ratsam, schwenkbare Kameras einzusetzen.

Die Kameras müssen über einen Timer verfügen, der das aktuelle Datum und die Uhrzeit in das Bild einblendet. Darauf ist auch dann zu achten, wenn eine Simultanvernehmung aufgezeichnet wird, damit der Zeitpunkt der Aussage für eine spätere Wiedergabe dokumentiert ist. – Besonders wichtig sind leistungsstarke Mikrofone, die sowohl die Aussage der Zeugen als auch die Fragen des (nur zugeschalteten) Richters zuverlässig aufzeichnen. Nach (nicht repräsentativen) Umfragen ist seit Inkrafttreten des Zeugenschutzgesetzes die Ersetzung einer Zeugenvernehmung durch Videoaufzeichnungen praktisch nicht vorgekommen, weil die Vorführung durch ein Geständnis des Angeklagten entbehrlich wurde oder die Aufzeichnungen technisch zu schlecht waren (von Knoblauch zu Hatzbach , 2000; Beulke, 2001). Es wird deshalb insbesondere bei der Zuschaltung des Zeugen in die Hauptverhandlung eine zusätzliche Sicherungsaufnahme auf hochwertige Tonträger (von Knoblauch zu Hatzbach 2001) oder der Einsatz eines Mischpultes empfohlen, der die unterschiedlichen Tonquellen zusammenführt (Janovsky, 1999). Außerdem sollte bei der Vernehmung von Kindern auf solches Spielzeug im Vernehmungszimmer verzichtet werden, das die akustische Übertragung stört (von Knoblauch zu Hatzbach 2001).

Übertragung aus dem Sitzungssaal in das Vernehmungszimmer (§ 247 a)

Zwar reicht es bei der Vernehmung nach dem gesetzlichen Zuschaltmodell aus, wenn nur eine Tonleitung aus dem Sitzungssaal in das Vernehmungszimmer besteht, über die Fragen gestellt werden können. Jedoch wird aus zwei Gründen empfohlen, auch eine Bildübertragung aus dem Sitzungssaal in das Vernehmungszimmer zu schalten. Janovsky (1999) meint, die Vernehmungsatmosphäre sei unbefangener, wenn die fragenden Personen sichtbar seien. Andere stellen darauf ab, dass ein mangelnder Überblick über die Gesamtsituation bei Kindern Ängste hervorrufe und das Kind unter keinen Umständen belogen oder getäuscht werden dürfe (von Knoblauch zu Hatzbach, 2001); die Qualität der Aussage als solcher sei deshalb ohne Bildübertragung aus dem Sitzungssaal gefährdet. Wenn eine solche Schaltung vorgenommen wird, ist allerdings dafür Sorge zu tragen, dass sie unterbrochen werden kann („Pause"), damit nicht prozessuale Auseinandersetzungen über einzelne Fragen in das Vernehmungszimmer übertragen werden.

Eignung der Videotechnik als Maßnahme des Opfer-/Zeugenschutzes

Sowohl die Regelung als auch der tatsächliche Einsatz der Videotechnik lassen Zweifel an ihrer Eignung als Mittel des Opfer-/Zeugenschutzes in Missbrauchsverfahren. Das Gesetz begreift seinem Vorverständnis nach Opfer, Zeugen und insbesondere Kinder als Schutzobjekte, statt sie (altersangemessen) als autonome und wehrhafte Persönlichkeiten zu respektieren. Es verfestigt den Opferstatus, indem es die Definitionsmacht über ihre Interessen anderen (den Gerichten, der Staatsanwaltschaft und der Polizei) zuschreibt (Nelles & Oberlies, 1998). Weder kann sich der (kindliche) Zeuge gegen eine Aufzeichnung der Aussage zur Wehr setzen, wenn er oder sie sich stark genug fühlt, die Aussage im Angesicht des Täters zu machen, noch kann er oder sie mit Hinweis darauf, dass er oder sie sich nur zu einer Aussage in Abwesenheit in der Lage sehe, eine Aufzeichnung erzwingen. Überdies stellen Videoaufzeichnungen einen erheblichen Eingriff in das Persönlichkeitsrecht dar, gegen dessen Duldung das Gesetz keine Abwehr zulässt. Aufzeichnungen unterliegen außerdem dem Akteneinsichtsrecht der Verteidigung (§ 147 StPO). Es ist kein Verbot der Zugänglichmachung an Dritte, insbesondere den Angeklagten vorgesehen. Die Löschungsvorschriften sind höchst vage: Aufzeichnungen sind (erst) zu vernichten, wenn sie „zur Strafverfolgung nicht mehr erforderlich" sind (§ 58a Abs. 2 i. V. m. § 100 b Abs. 6 StPO), und das kann mit Blick auf die Rechtsmittel und mögliche Rückfallprognosen des Täters eine jahrzehntelange Aufbewahrung bedeuten.

Im Einzelfall kann der Einsatz der Videotechnik zwar sinnvoll sein und der Schonung des Kindes dienen. Ob er allerdings der sekundären Viktimisierung immer entgegenwirkt ist zweifelhaft (näher Helmig, 2000). Zum einen schließt die Existenz einer Aufzeichnung eine „ergänzende Vernehmung des Zeugen" gerade nicht aus (§ 255a Abs. 2 Satz 2 StPO). Der Grundsatz der (unbedingten) richterlichen Aufklärungspflicht kann vielmehr gebieten, den oder die Zeugin angesichts neuer Erkenntnisse oder aufgrund eines entsprechenden Beweisantrages doch noch persönlich zu vernehmen. Zum anderen kann die persönliche Vernehmung je nach Persönlichkeit des Kindes auch Mittel zur Bewältigung des Traumas sein (Pfäfflin, 1999). Nach Berichten von Sachverständigen ist überdies nicht auszuschließen, dass der Einsatz der Videotechnik für manche Kinder angsterzeugender und viktimisierender ist als eine persönliche Befragung (Arntzen, 1995).

Literatur

Arntzen, F. (1995). Video- und Tonbandaufnahmen als Ersatz für richterliche Vernehmungen von Kindern zu Sexualdelikten? *Zeitschrift für Rechtspolitik, 28,* 241–247.

Beulke, W. (2001). *Erfahrungen mit dem Zeugenschutzgesetz.* Unveröffentlichtes Manuskript, Vortrag auf der Strafrechtslehrertagung 2001.

Dahs, H. (1996). Die gespaltene Hauptverhandlung. *Neue Juristische Wochenschrift, 49,* 178–179.

Helmig, J. (2000). *Anwendbarkeit und Zweckmäßigkeit der Videotechnik zum Schutz von Zeugen vor Belastungen durch das Strafverfahren.* Aachen: Shaker.

Janovsky, T. (1999). Zeugenvernehmung mit Video. *Kriminalistik, 53,* 453–456.

Kleinknecht, T. & Meyer-Goßner, L. (1999). *Strafprozeßordnung* (44. neubearb. Aufl.). München: Beck.

Knoblauch zu Hatzbach, P. (2000).Videovernehmung von Kindern – erste Erfahrungen deutscher Gerichtspsychologinnen. *Zeitschrift für Rechtspolitik, 33,* 276–278.

Knoblauch zu Hatzbach, P. (2001). Erfahrungen psychologischer Gerichtsgutachterinnen mit dem Einsatz der Videotechnik bei der Vernehmung von Kindern durch Juristen in Fällen möglichen sexuellen Missbrauchs. *Manuskript, verbreitet durch Rundschreiben des Bundesministeriums der Justiz vom 1. 2. 2001* (R B 2 – 4103/1 II – R5 587/2000).

Landgericht Mainz (1995). Beschluß vom 15. 5. 1995. *Strafverteidiger. 15,* 354–355.

Meurer, D. (1999). Zeugenschutzgesetz und Unmittelbarkeitsgrundsatz. *Juristische Schulung 39,* 937–941.

Mildenberger, E. (1995). *Schutz kindlicher Zeugen im Strafverfahren durch audiovisuelle Medien.* Frankfurt: Lang.

Nelles, U. & Oberlies, D. (1998). *Reform der Nebenklage und anderer Verletztenrechte*. Baden-Baden: Nomos.
Pfäfflin, F. (1997). Schützen Videovernehmungen kindliche Zeugen vor sekundärer Traumatisierung? *Strafverteidiger, 17*, 95–99.
Salgo, L. (Hrsg.) (1995). *Vom Umgang der Justiz mit Minderjährigen. Auf dem Weg zum Anwalt des Kindes*. Neuwied: Luchterhand.
Schmoll, D. (1999). *Videovernehmung kindlicher Opfer im Strafprozeß*. Frankfurt: Lang.
Volbert, R. & Busse, D. (1995). Belastungen von Kindern in Strafverfahren wegen sexuellen Missbrauchs. In L. Salgo (Hrsg.) *Vom Umgang der Justiz mit Minderjährigen. Auf dem Weg zum Anwalt des Kindes* (S. 73–93). Neuwied: Luchterhand.

Weibliche Sozialisation

Gisela Roth

Sozialisation bezeichnet den Gesamtzusammenhang der kognitiven, sprachlichen, emotionalen und motivationalen Entstehung und lebenslangen Veränderung der Person im Rahmen sozialer, interaktiver und gegenständlicher Einflüsse. Sozialisation ist dabei ein aktiver Prozess der Auseinandersetzung. Die Auseinandersetzungsmöglichkeit der Person mit den äußeren Verhältnissen ist aber selbst ein Ergebnis der Sozialisationsprozesse und kann durch sie auch beeinträchtigt werden.

Innerhalb der Sozialisationsforschung (z. B. Hurrelmann, 1998; Tillmann, 1997) werden die psychologischen und die soziologischen (Basis-)Theorien als die zwei großen klassischen Theoriebereiche unterschieden. Bezüglich der Theoriebildung gilt: Die Fülle von Zugängen zum Komplex Sozialisation zeigt, dass es „die" Sozialisation nicht gibt, vielmehr handelt es sich dabei jeweils um Modellvorstellungen, nicht um Aussagen darüber, wie etwas wirklich ist (Hurrelmann, 1998, S. 18).

Sozialisation als lebenslanger Prozess umfasst verschiedene Phasen. Der primären familialen Sozialisation folgt die sekundäre, die Bildungs- und Ausbildungszeiten umfassende des Heranwachsenden, und schließlich die tertiäre Sozialisation des Erwachsenen bis zum Alter. Allerdings ist diese Aufteilung eher statisch und entspricht nicht mehr den Flexibilisierungen der Biographie in modernen Gesellschaften.

Unterschiedlichen Lebenslaufphasen entsprechen verschiedene Felder der Sozialisation, z.B. Familie, Schule, Gleichaltrige, Jugendkultur, Vereine, Medien. In der Tendenz gilt, dass sich bis zum Erwachsenenalter die Sozialisationsfelder ausdifferenzieren: Ist im Säuglingsalter die Familie das einzige Sozialisationsfeld mit umfassendem Einfluss, so nimmt die Zahl der Sozialisationsinstanzen im weiteren Lebenslauf zu und der Einfluss der einzelnen Felder ab. In modernisierten Gesellschaften wirken die Anforderungen und Einflüsse der verschiedenen Felder nicht in die gleiche Richtung, sondern stehen in Spannungsverhältnissen. Daraus resultieren belastende Balanceforderungen, aber auch Freiheitsräume.

Der Sozialisationsprozess bei Mädchen und Jungen verläuft zwar unterschiedlich, jedoch nicht, weil ein Mensch biologisch weiblich oder männlich ist, vielmehr ist Geschlechtlichkeit selbst eine Dimension, die angeeignet werden muss. Von Zweigeschlechtlichkeit als kulturellem System hat Carol Hagemann-White schon 1984 geschrieben. Auch davon, dass die „Geschlechtszugehörigkeit primär symbolisch" ist und dass – auf der symbolischen Ebene – fließende Übergänge im Sinne eines Kontinuums zwischen den Geschlechtern ausgeschlossen sind (Hagemann-White, 1984, S. 78 ff.). Zwanghaft gehört jede/jeder einer der beiden Ausschlusskategorien männlich-weiblich an. Wie Helga Bilden (1991) darlegt, strukturiert das Zwei-Geschlechtersystem grundlegend Gesellschaft, Interaktion und individuelle Psychodynamik. Es ist eine Struktur, deren Symbolik in alle gesellschaftlichen Bereiche hinein spielt und ein ganzes Netz von polaren Bedeutungen und Zuschreibungen produziert. Über diese konstituieren sich Männer und Frauen als gegensätzlich oder zumindest unterschiedlich (Bilden, 1991, S. 294 f.).

Es reicht jedoch nicht aus, die Geschlechter als soziale Konstruktionen von Weiblichkeit oder Männlichkeit aufzufassen, welche in die symbolische Ordnung eingeschrieben sind. „Geschlecht" ist nicht nur Bezugspunkt für Klassifikationen, durch die Menschen eindimensional sexuiert und in polarisierte Genus-Gruppen gezwängt werden. Ute Beer (1990) betont dagegen eine andere Dimension: die strukturierende Wirkung, die von der sozialen (Unter-)Scheidung der Geschlechter unter dem Aspekt ihrer gesellschaftlichen Ungleichheit ausgeht. Entlang dieser Trennlinie bilden sich sozioökonomische und politische Gefälle zwischen Frauen und Männern heraus.

In einer Kultur mit polarisiertem und hierarchischem Geschlechterverhältnis ist die eigene Zuordnung zu einem Geschlecht die Voraussetzung zur Identitätsbildung überhaupt. Gleichzeitig arbeiten wir – indem wir als Frauen und Männer handeln und Weiblichkeit und Männlichkeit darstellen – permanent an der Produktion des Geschlechtersystems mit (Hagemann-White, 1984). Die Chancen, dieses Konstruktionsprinzip zu durchbrechen und die dichotome durch eine multiple Geschlechtlichkeit zu ersetzen, scheinen gering: „Unabhängig von der Art, wie konkrete Eltern und Erziehungspersonen die eigene Haltung zur Geschlechterordnung definieren, erzwingt unsere Kultur eine Selbstzuordnung als Mädchen oder Junge im Unterschied zum jeweils anderen Geschlecht als Bedingung der Möglichkeit von Identität" (Hagemann-White 1988, S. 234). So scheuen nach Hagemann-White viele Mädchen aus Angst vor Ablehnung den Ausbruch aus dem gesellschaftlich für sie vorgesehenen Stereotyp und „retten sich" in das Vertraute: „Das was ‚weiblich' wäre, ist vertraut, nach Bedarf abrufbar, doch nicht identisch mit der Erfahrung des einzelnen Mädchens mit sich selbst, mit ihrem eigenen Bild von sich. Da aber die Verwirklichung einer eigenen, nicht angepassten Identität in der Praxis riskant ist, und die Angst vor dem Ungewissen in jedem Falle sie begleitet, bleibt es eine ständige Möglichkeit der Entlastung, die herkömmliche Rolleneinteilung wieder anzunehmen" (Hagemann-White 1984, S. 103).

An Mädchen/Frauen und Jungen/Männer werden demnach Erwartungen gerichtet, die normativen Charakter tragen. Die an männliche Personen gerichteten Erwartungen entsprechen der instrumentellen Rolle, die an Frauen der expressiven Rolle. Von Männern wird somit Durchsetzungsfähigkeit, Entschlusskraft, Leistungsstreben usw. erwartet, von Frauen Fürsorglichkeit, Einfühlungsvermögen und Nachgiebigkeit. Die Rollenerwartungen wiederum resultieren aus der geschlechtstypischen Arbeitsteilung, die Helga Bilden (1991) neben der Hierarchie der Geschlechter und der Organisation von Sexualität („Zwangsheterosexualität") als zentrales Strukturmoment des Geschlechterverhältnisses bestimmt. Die Arbeitsteilung sieht für Männer außerhäusliche Erwerbsarbeit vor und schreibt ihnen Tätigkeit im öffentlich-politischen Raum zu. Für Hausarbeit und Kindererziehung sind Frauen zuständig. Erwerbstätig können sie nur sein, so weit es mit der „primären" Frauenarbeit für die Familie vereinbar ist (Bilden, 1991, S. 291, → *Täterprävention und männliche Sozialisation*).

Es gibt für Frauen in unserer Gesellschaft ohne Zweifel vielfältige Lebensformen; charakteristisch für alle Frauen ist jedoch die nach wie vor dominierende Zuschreibung der Mutterrolle, egal, ob Frauen tatsächlich Kinder haben oder haben wollen. Mütterlichkeit gilt als ein Kriterium für Weiblichkeit. Mütterlichkeit wird charakterisiert mit Eigenschaften wie: immer zur Verfügung stehen, verständnisvoll sein, für andere sorgen, alles verzeihen, die eigenen Interessen hinten anstellen, für eine angenehme Atmosphäre sorgen (Faulstich-Wieland, 1999, S. 47). Zwar haben sich die starren Grenzen der geschlechtlichen Zuschreibung und die damit verbundene gesellschaftliche Arbeitsteilung auf einigen Gebieten durchaus verflüssigt, damit jedoch auch gleich das nahe Ende von geschlechtsspezifischen Prägungen einzuläuten, scheint verfrüht. Wie beispielsweise aktuell die 13. Shell Jugendstudie (2000) aufzeigt, sind die privaten und beruflichen Lebensentwürfe weiblicher und männlicher Jugendlicher nach wie vor abhängig von und bezogen auf diese Arbeitsteilung.

Die Sozialisation von Mädchen ist demnach als Prozess für und durch die geschlechtsspezifische Arbeitsteilung zu sehen, dem Konstruktionen von „Weiblichkeit" zu Grunde liegen. So werden Erziehungsziele und Erziehungsverhalten der Eltern, geschlechtstypisches Spielzeug, Spiele und Freizeitaktivitäten sowie Interaktionen der Kinder dabei, und die z.T. sehr subtile Ermutigung/Entmutigung der Spiel(zeug)auswahl durch Erwachsene und Gleichaltrige von der

Forschung mit späterem Sozial- und Leistungsverhalten, und insbesondere der Berufswahl, in Zusammenhang gebracht (Faulstich-Wieland, 1999, S. 51ff.).

Auf dem Forschungsfeld Koedukation besteht Einigkeit dahingehend, dass Koedukation, zumindest in der heute praktizierten, meist unreflektierten Form, offensichtlich der Entwicklung von traditionellen geschlechtsspezifischen Verhaltensweisen, Interessen, Berufs- und Lebensplanungen bei Mädchen und Jungen nicht entgegenwirkt, sondern sie zumindest stabilisiert, wenn nicht sogar fördert (exemplarisch: Horstkemper, 1995): Mädchen erhalten von Lehrerinnen und Lehrern quantitativ weniger Aufmerksamkeit als Jungen; Mädchen werden von Lehrerinnen und Lehrern als weniger intelligent eingeschätzt, gleichzeitig jedoch stärker in sozialen Bereichen gefordert als Jungen; hinsichtlich ihrer beruflichen Zukunft werden sie von Lehrerinnen und Lehrern entsprechend der traditionellen Geschlechterrollen beurteilt und gefördert; in Interaktionen übernehmen Mädchen eher eine untergeordnete Rolle und sind eher Opfer der vielfältigen Aggressionen von Jungen, die meist in sexistischer Weise auf sie gerichtet sind. Zu den zentralen Ergebnissen der Koedukationsforschung gehört weiter, dass „für Mädchen schulische Erfolge in noch ausgeprägterer Weise eine notwendige, aber nicht hinreichende Bedingung für die Entwicklung von Selbstbewusstsein ist. Die mit der weiblichen Geschlechtsrolle verbundenen Ergebnisse von Nachrangigkeit scheinen die positive Wirkung des Schulerfolgs zumindest teilweise zu unterlaufen (…) Den Jungen (…) erlaubt dagegen vermutlich gerade die generelle Höherbewertung der männlichen Rolle eine Kompensation individueller Misserfolge und Frustrationserlebnisse" (Horstkemper, 1995, S. 169).

Auch Hurrelmann (1991) kommt auf der Grundlage empirischer Untersuchungen zu psychosozialen Belastungen im Jugendalter zu dem Ergebnis, dass Mädchen ein vergleichsweise geringeres Gefühl von Selbstwert und Selbstbewusstsein als Jungen haben. Auch das Gefühl, unwichtig zu sein und von der sozialen Umwelt als „überflüssig" empfunden zu werden, wird von Mädchen viel häufiger geäußert als von Jungen. Sie reagieren viel stärker als Jungen mit psychosomatischen und psychophysiologischen Beeinträchtigungen auf Alltagsstress. Die starken Unterschiede bei den Gefühlszuständen Traurigkeit und Ängstlichkeit zeigen, wie sehr Mädchen im Vergleich zu Jungen Alltagsprobleme in sich „hineinfressen" und mit sich selbst und ihrem Körper abmachen, vor allem in Anpassungssituationen. Im Kontrast zu den Mädchen reagieren Jungen bei Alltagsproblemen viel stärker mit Handlungen wie Aggressivität, Körperaktivität und Sachbeschädigung oder Prügeleien. Mädchen hingegen zeigen Zorn und Wut nicht nach außen. Als Ursache hierfür nennt Hurrelmann (1991) die traditionellen Rollenmuster, Mädchen antizipieren demnach früh ihre „Mehrfachbelastung".

Grundlegend ist in diesem Kontext vor allem aber die nach wie vor unterschiedliche Sexualmoral für Jungen und Mädchen. Mädchen müssen sich entscheiden zwischen „Sittsamkeit" und „Sinnlichkeit" (Trauernicht, 1992, S. 17ff.). Für Mädchen impliziert demnach unsere „erotische Kultur" eine zusätzliche Entwicklungsaufgabe, die sich an Jungen so nicht stellt: „Sie müssen einen Balanceakt einüben, lernen das Gleichgewicht zwischen ‚Sinnlichkeit und Sittsamkeit' zu halten. Sie haben mit dem Widerspruch fertig zu werden, dass sie Macht ausüben können durch ihre weibliche Attraktivität, erotisch reizvoll aber erst durch ihre Unterwerfungsbereitschaft sind" (Ziehlke, 1992, S. 33). Diese widersprüchlichen Anforderungen an das weibliche Rollenverhalten sind wiederum ein Grund dafür, dass in der Pubertät die schulischen Leistungen vieler Mädchen nachlassen, denn intellektuelles Leistungsverhalten entspricht nicht den typischen Wertorientierungen des weiblichen Rollenleitbildes. Ergebnisse der Jugendsoziologie (exemplarisch: Tillmann, 1992) zeigen weiter, dass sich die Maßstäbe und Normen der Peers an sexualisierten Äußerlichkeiten und Verhaltensweisen weiblicher Idealbilder ausrichten. Dabei orientiert sich die jeweilige „Körperinszenierung" – Kleidung und Körpersprache, wie Bewegungsformen, Gestik, Mimik, Körpergewicht – meist an den idealen Normen der jeweiligen Bezugsgruppe (Bilden, 1991, S. 284). Insbesondere die Medien haben hier eine zentrale Bedeutung. Speziell bezogen auf die Themen „Sexualität" und „Körperbild" zeigt sich, dass die Massenmedien eine reduzierte Weiblichkeit darstellen bzw. konstruieren: die Frau wird über weite Strecken – besonders in der Werbung – sexualisiert und in der Sexualität als Nicht-Begehrende, aber für den Mann Bereitstehende, definiert. Das Familienbild wird – vor allem in den täglichen Serien – traditionell gezeichnet: die ideale Mutter, fürsorglich, aufopferungsbereit und zuständig für die Familie (exemplarisch: Luca, 1998) (→ *Medien)*. Da Mädchen auf der Suche nach den „idealen" Entwürfen in den Medien – und nicht nur da – kaum „alternative" weibliche Vorbilder finden, ist zwar eine Identifikation über die Geschlechtergrenzen hinweg theoretisch vorstellbar, in der Praxis bleibt es aber die zu lösende Aufgabe jeder Einzelnen, Qualitäten wie Stärke, Selbstbewusstsein und Dominanz, die von männlichen Figuren repräsentiert werden, in das Selbstbild als Frau zu integrieren.

Als „konstitutives Merkmal" (Kampshoff 1996) weiblicher Sozialisation ist sexuelle Gewalt zu nennen: „Der Begriff ‚Gewalt gegen Frauen' stand für die These, dass Misshandlung und Vergewaltigung nicht durch die Persönlichkeit und das Verhalten der einzelnen Beteiligten hervorgerufen werden, sondern in der Gesellschaft verankert sind. Diese Gewalt meint das Frau-sein ihres Opfers; daher betrifft sie uns alle, die wir Frauen sind. Sie kommt nicht am Rande der Gesellschaft vor, sondern in unserer aller Alltag; sie ist nicht Normverletzung, sondern Normverlängerung" (Hagemann-White u. a. 1992, S. 10). Diese Alltäglichkeit sexueller Gewalt findet in allen gesellschaftlichen Bereichen und allen Altersstufen von Mädchen und Frauen statt: im privaten Rahmen von Familien und Beziehungen, im halböffentlichen Rahmen von Einrichtungen wie Kindergärten, Schulen, Krankenhäusern und am Arbeitsplatz, sowie in öffentlichen Räumen. Aus der Sicht von Frauen und Mädchen äußert sie sich u. a. in den vielfältigen sexualisierten Anmachen und Belästigungen, in der Reduzierung des weiblichen Körpers auf dessen sexuelle Attraktivität für den Mann, in Vergewaltigungen und im Zwang zur Prostitution. Die Vermittlung sexueller Gewalt als Norm, als legitime Handlung, als rechtmäßige Verfügungsgewalt des männlichen Geschlechts über das weibliche wird dabei ergänzt und unterstützt durch die Darstellungen sexueller Gewalt und der Verfügbarkeit über den weiblichen Körper in Medien, Werbung, Filmen und Pornografie. Die zentrale Funktion, die sexuelle Gewalt übernimmt, ist die Regulierung der Machtbeziehungen der Geschlechter; die Durchsetzung und Aufrechterhaltung des hierarchischen Geschlechterverhältnisses (Heiliger & Engelfried, 1995, S. 50ff.). Welche massiven Auswirkungen sexuelle Gewalt auf die Sozialisationsprozesse und damit auf das Leben von Mädchen und Frauen hat, zeigen beispielsweise die Studien von Gitta Trauernicht (1992) und Luise Hartwig (1992), die den Zusammenhang zwischen „abweichendem" Verhalten (z.B. Familienflucht, Prostitution) und sexueller Gewalt aufzeigen.

Literatur

Beer, U. (1990). *Geschlecht, Struktur, Geschichte. Soziale Konstituierung des Geschlechterverhältnisses.* Frankfurt am Main: Campus.
Bilden, H. (1991). Geschlechtsspezifische Sozialisation. In K. Hurrelmann & D. Ulich (Hrsg.). *Neues Handbuch der Sozialisationsforschung* (S. 279–301). Weinheim: Beltz.
Deutsche Shell (Hrsg.). (2000). *Jugend 2000. 13. Shell Jugendstudie.* Opladen: Leske + Budrich.
Faulstich-Wieland, H. (1999). Weibliche Sozialisation zwischen geschlechtersterotyper Einengung und geschlechterbezogener Identität. In: Scarbath, H. u.a. (Hrsg.). *Geschlechter. Zur Kritik und Neubestimmung geschlechterbezogener Sozialisation und Bildung* (S. 47–63). Opladen: Leske + Budrich.
Hagemann-White, C. (1984). *Sozialisation: Weiblich – männlich?* Opladen: Leske + Budrich.
Hagemann-White, C. (1988). Wir werden nicht zweigeschlechtlich geboren ... In Hagemann-White, C. & Rerrich, M. (Hrsg.). *FrauenMännerBilder. Männer und Männlichkeit in der feministischen Diskussion* (S. 224–235). Bielefeld: AJZ-Verlag/FF2.
Hagemann-White, C. (mit Lang, H., Lübbert, J., Rennefeld, B.) (1992). *Strategien gegen Gewalt im Geschlechterverhältnis. Bestandsanalyse und Perspektiven.* Pfaffenweiler: Centaurus.
Hartwig, L. (1992). *Sexuelle Gewalterfahrungen von Mädchen. Konfliktlagen und Konzepte mädchenorientierter Heimerziehung.* (2. Aufl.). Weinheim u. München: Juventa.
Heiliger, A. & Engelfried, C. (1995). *Sexuelle Gewalt. Männliche Sozialisation und potentielle Täterschaft.* Frankfurt a.M.: Campus.
Horstkemper, M. (1995). *Schule, Geschlecht und Selbstvertrauen. Eine Längsschnittstudie über Mädchensozialisation in der Schule* (3. Aufl.). Weinheim u. München: Juventa.
Hurrelmann, K. (1991). Junge Frauen: Sensibler und selbstkritischer als junge Männer. In *Pädagogik, 7–8,* 59–62.
Hurrelmann, K. (1998). *Einführung in die Sozialisationstheorien. Über den Zusammenhang von Sozialstruktur und Persönlichkeit* (6.Aufl.). Weinheim und Basel: Beltz.
Kampshoff, M. (1996). Sexuelle Gewalt – ein konstitutives Merkmal für das Mädchen- oder Jungesein? In Fischer, L. u.a. (Hrsg.). *Kategorie: Geschlecht? Empirische Analysen und feministische Theorien* (S. 97–116). Opladen: Leske + Budrich.
Luca, R. (1998). *Medien und weibliche Identitätsbildung. Körper, Sexualität und Begehren in Selbst- und Fremdbildern junger Frauen.* Frankfurt/Main: Campus.
Tillmann, K.-J. (1997). *Sozialisationstheorien.* (8. Aufl.). Reinbek bei Hamburg: Rowohlt.
Tillmann, K.-J. (Hrsg.). (1992). *Jugend weiblich – Jugend männlich. Sozialisation, Geschlecht, Identität.* Opladen: Leske + Budrich.
Trauernicht, G. (1992). *Ausreißerinnen und Trebegängerinnen* (2. Aufl.). Münster: Votum.
Ziehlke, B. (1992). „Fehlgeleitete Machos" und „frühreife Lolitas" – Geschlechtstypische Unterschiede der Jugenddevianz. In Tillmann, K.-J. (Hrsg.). *Jugend weiblich – Jugend männlich. Sozialisation, Geschlecht, Identität* (S. 28–40). Opladen: Leske + Budrich.

Zeugenbegleitprogramm für Kinder im Strafverfahren

Sigrid Bürner

Zur Situation kindlicher Zeugen und Zeuginnen in Strafverfahren

Im Zuge der Diskussionen zum Opferschutz (→ *Opferschutzgesetz*) ist seit Anfang der 90er Jahre die Situation kindlicher Zeuginnen und Zeugen in Strafverfahren wegen sexuellen Missbrauchs in den Vordergrund gerückt. Dabei ist unstrittig, dass ein solches Verfahren und eine Aussage vor Gericht für viele Kinder eine belastende Erfahrung sein kann, insbesondere, wenn sie über traumatisierende Erfahrungen wie sexuellen Missbrauch berichten müssen. Verschiedene empirische Studien zu potenziellen Belastungsfaktoren für Minderjährige in Strafverfahren zeigen, dass bereits vor der Hauptverhandlung Belastungen durch die lange Dauer des Ermittlungsverfahrens, wiederholte Befragungen, fehlendes rechtliches Wissen sowie ggf. durch die Einstellung des Verfahrens bestehen können. Während der Hauptverhandlung sind insbesondere lange Wartezeiten bis zur Vernehmung, eine nicht kindgerechte gerichtliche Atmosphäre, die Befragung durch mindestens eine fremde Person, die Aussage vor Fremden und die Konfrontation mit dem Angeklagten problematisch. Auch nach Abschluss des Verfahrens bestehen vielfach Belastungen durch unzureichende Informationen über das Urteil, dessen Bedeutung und Folgen (vgl. z.B. Volbert & Pieters 1993, Busse & Volbert 1995, Busse, Volbert & Steller 1996).

Vor dem Hintergrund kontrolltheoretischer Annahmen (z.B. Thompson, 1981) kommt dem fehlenden rechtlichen Wissen von Kindern und Jugendlichen für ihr Belastungserleben im Strafverfahren eine besondere Bedeutung zu. Demnach können fehlendes rechtliches Wissen, unzutreffende Erwartungen sowie mangelnde Kenntnisse über geeignete Bewältigungsmöglichkeiten zu Ängsten, Verunsicherung und Kontrollverlust führen. Empirische Studien kommen übereinstimmend zu dem Ergebnis, dass gerichtsbezogene Kenntnisse von Kindern und Jugendlichen vielfach gering oder fehlerhaft sind. Einen Überblick geben Wolf und Steller (1995).

Untersuchungen zu verfahrensbezogenen Ängsten von Kindern und Jugendlichen und Erfahrungen aus der Begleitungspraxis verdeutlichen, dass Befürchtungen, dem Angeklagten zu begegnen und vor ihm aussagen zu müssen, von sehr vielen Kindern geäußert werden. Zudem haben Kinder Angst, sich nicht richtig ausdrücken zu können oder sexuelle Handlungen falsch zu benennen und Fragen nicht richtig zu verstehen. Sie befürchten, Erinnerungslücken zu haben, des Lügens bezichtigt zu werden oder selbst in das Gefängnis zu müssen (vgl. Dannenberg, Mantwill, Stahlmann-Liebelt & Köhnken, 1997). Insbesondere bei innerfamiliärem Missbrauch und dem Kind nahestehenden Tätern sind oftmals Verunsicherungen und Befürchtungen, an einer Bestrafung des Täters schuld zu sein, zu beobachten. Unter Ängsten vor Rache seitens des Angeklagten leiden viele Kinder über die gesamte Verfahrensdauer hinweg. Zunächst befürchten sie die Rache aufgrund ihrer Aussage bei der Polizei, später aufgrund des Urteils und der Folgen für den Angeklagten.

Die dargestellte Situation hat auf verschiedenen Ebenen dazu geführt, nach Möglichkeiten zur Entlastung kindlicher und jugendlicher Zeuginnen und Zeugen zu suchen. Unter anderem wurden Zeugenbegleitprogramme für Kinder und Jugendliche eingeführt. Dabei kommt dem Land Schleswig-Holstein mit der landesweiten Einführung eines offiziellen Zeugenbegleitprogrammes für Kinder und Jugendliche eine Vorreiterrolle zu (Generalstaatsanwalt des Landes Schleswig-Holstein & Institut für Psychologie der Christian-Albrechts-Universität Kiel, 1996).

Theoretischer Hintergrund des Zeugenbegleitprogramms

Ziel der Zeugenbegleitung ist es, Ängste und Belastungen im Zusammenhang mit dem Strafverfahren abzubauen und die Gefahr von sekundären Schädigungen zu reduzieren.

Das Zeugenbegleitprogramm in Schleswig-Holstein geht von psychologischen Theorien der kognitiven Kontrolle aus (Dannenberg, Stahlmann-Liebelt, Höfer, Reutemann & Köhnken, 1998). Eine mangelnde Vorhersehbarkeit eines bedeutsamen und aversiven Ereignisses, wie die Aussage in einer Hauptverhandlung, und Überzeugungen, nur geringe Einfluss- und Handlungsmöglichkeiten zu haben, können zu erhöhtem Belastungserleben, zu Gefühlen von Hilflosigkeit und mangelnder Kontrolle führen. Durch die Vermittlung von Informationen soll angstauslösenden Vorstellungen und falschen Wissenskonzepten entgegengewirkt und Bewältigungskompetenz aufgebaut werden (Dannenberg, Mantwill, Stahlmann-Liebelt & Köhnken, 1997). Darüber hinaus ist ein zweiter wesentlicher Bestandteil der Zeugenbegleitung die soziale Unterstützung durch die Begleitperson (Dannenberg, Stahlmann-Liebelt, Höfer, Reutemann & Köhnken, 1998). Der sozialen Unterstützung kommt neben der Verfügbarkeit anderer Coping-Ressourcen bei der Bewältigung emotional belastender Situationen eine besondere Bedeutung zu (Lazarus & Folkman, 1984).

Ablauf und Inhalt der Begleitung kindlicher Zeugen und Zeuginnen

Kontaktaufnahme

Konzeptionell erfolgt die Vermittlung der kostenlosen Begleitung in Schleswig-Holstein bei Anklageerhebung durch die Staatsanwaltschaft. Daneben haben sich andere Wege der Kontaktvermittlung durch Beratungsstellen, Jugendämter, Anwaltskanzleien oder die Kriminalpolizei etabliert. Die Sorgeberechtigten bzw. Vertrauenspersonen des Kindes werden dort über die Möglichkeiten des Zeugenbegleitprogrammes informiert. Dies hat den Vorteil, dass Informationsgespräche nicht erst bei Anklageerhebung sondern zu einem früheren Zeitpunkt im Ermittlungsverfahren erfolgen können. Vor dem Hintergrund der beschriebenen Belastungsfaktoren im Ermittlungsverfahren und aufgrund der Praxiserfahrungen der Begleitpersonen kommt einem anzeigenahem Informationsgespräch zur Reduktion von Ängsten und Belastungen eine zentrale Bedeutung zu. Dies sollte bei der Einführung entsprechender Begleitprogramme berücksichtigt werden.

Bei der Begleitung von Kindern in Strafverfahren hat es sich bewährt, vor dem ersten Kontakt mit dem Kind ein Gespräch mit den Eltern bzw. Bezugspersonen zur Klärung ihrer eigenen Fragen und Befürchtungen zu führen und ihnen die Gelegenheit zu geben, ihren Unmut – z. B. über die lange Verfahrensdauer und mangelnde Informationen – auszudrücken. Eine negative Einstellung der Eltern oder Bezugspersonen zum Strafverfahren kann Kinder stark verunsichern und ist zumindest als vermittelnde Variable für das Belastungserleben der Kinder anzunehmen (vgl. Volbert & Pieters, 1993).

Der Erstkontakt mit dem Kind dient vorrangig dazu, eine positive Beziehung herzustellen. Die Begleitperson sollte zunächst über das Angebot der Zeugenbegleitung informieren und deutlich machen, dass das Kind ihr gegenüber keine Angaben über die Vorfälle machen muss und der Inhalt der Begleitung nicht Gespräche über den Verfahrensgegenstand sind. Das ist insbesondere für Kinder erleichternd, die im Zuge des Ermittlungsverfahrens bereits mehrfach vernommen wurden. Vor dem Hintergrund, dass sich viele Kinder aufgrund von Drohungen und Schweigegeboten seitens der Täter über lange Zeiträume keiner Person anvertraut haben, sollte jedoch nicht der Eindruck einer Tabuisierung oder eines Redeverbotes entstehen.

Es ist unstrittig, dass eine Begleitperson keinerlei Einfluss auf die Aussage des Kindes nehmen soll und das Einüben einer Aussage ausdrücklich nicht erfolgen darf (Generalstaatsanwalt des Landes Schleswig-Holstein & Institut für Psychologie der Christian-Albrechts-Universität Kiel, 1996). Es ist jedoch kaum zu verhindern, dass die Begleitperson im Laufe der Kontakte mit spontanen Äußerungen der Kindern zum Missbrauchsgeschehen konfrontiert ist. Sie sollte diese Äußerungen nicht mit Nachfragen vertiefen. Die begleiteten Personen sollten zudem darüber informiert sein, dass eine Zeugenbegleitperson kein Zeugnisverweigerungsrecht besitzt und u. U. über das berichten muss, was das Kind ihr anvertraut hat.

Vorbereitung auf die Hauptverhandlung

Informationsvermittlung

Die Informationsvermittlung und die Bearbeitung verfahrensbezogener Befürchtungen erfolgt zumeist in zwei bis drei Kontakten mit dem Kind vor der Hauptverhandlung. Inhalte sind beispielsweise Informationen über die Zeugenrolle, den Ablauf einer Gerichtsverhandlung, die anwesenden Personen und ihre Aufgaben, den Ablauf einer Zeugenvernehmung und die möglichen Opferschutzmaßnahmen. Die Informationsvermittlung sollte altersangemessen sein. Hierzu hat sich die Arbeit mit einem Holzpuppenmodell und mit entsprechenden Kinderbroschüren bei kindlichen Zeugen und Zeuginnen bzw. Büchern bei Jugendlichen bewährt (z.B. Hille, Eipper, Dannenberg & Clausen, 1996 oder Eipper, Hille & Dannenberg, 1996, Fastie 1997).

Dabei ist nicht Ziel, jedes Kind mit maximalen Informationen auszustatten. Vielmehr muss individuell entschieden werden, wie viele und welche Informationen ein Kind aufnehmen kann und welche Aspekte für das einzelne Kind wichtig sind. Manche Kinder bewältigen ihr Unbehagen in Bezug auf die bevorstehende Verhandlung mit Informationsvermeidung. Auch dieses Verhalten muss akzeptiert werden. Oftmals kommt es im Verlauf der Begleitung dennoch dazu, dass auch diese Kinder das Informationsangebot nutzen.

Bearbeitung von Ängsten, Vermittlung von Bewältigungsmöglichkeiten

Während der Vorbereitung auf die Hauptverhandlung äußern die meisten Kinder eine Reihe von Befürchtungen und Ängsten im Hinblick auf ihre Vernehmung. Zentral ist die Angst vor einer Begegnung mit dem Angeklagten und die Aussage in seiner Gegenwart. Nur wenn eine Entfernung des Angeklagten nach § 247 StPO nach Absprache mit der Nebenklagevertreterin (→ *Nebenklage*) wahrscheinlich ist, sollte das Kind darüber informiert werden, dass es dem Angeklagten möglicherweise gar nicht begegnen wird. In anderen Fällen wird mit dem Kind besprochen, wie es mit der Anwesenheit des Angeklagten umgehen kann. Die Begleitperson sollte dem Kind deutlich machen, dass sie selbst und die anderen Verfahrensbeteiligten das Kind vor dem Angeklagten schützen. Die Begleitperson sollte ggf. die Nebenklagevertretung bitten, auf eine Sitzordnung hinzuwirken, bei der das Kind dem Angeklagten nicht direkt gegenüber sitzt bzw. dieser sich während der Vernehmung des Kindes in den Zuschauerraum begibt.

Für alle Opferschutzmaßnahmen gilt, dass diese dem Kind nur dann als Informationen vor der Hauptverhandlung gegeben werden sollten, wenn ihre Anwendung auch wahrscheinlich ist. Derartige Informationen können zwar vor der Hauptverhandlung entlastend sein, trifft das Erwartete aber nicht ein, kann dies zu starken Verunsicherungen und Ängsten während der Hauptverhandlung führen.

Sehr viele Kinder äußern im Vorfeld der Hauptverhandlung Befürchtungen, sich nicht mehr erinnern zu können. Damit ist die Vorstellung verbunden, bei Erinnerungslücken nicht glaubhaft zu sein und selbst bestraft zu werden. Dem Kind sollte vermittelt werden, dass Erinnerungslücken normal sind und ohne negative Folgen zugegeben werden können und sollten (→ *Erinnerungen*).

Auch Befürchtungen, sich sprachlich nicht richtig ausdrücken oder sexuelle Handlungen nicht richtig benennen zu können, beschäftigen viele Kinder vor der Hauptverhandlung. Sie führen möglicherweise dazu, dass sie während der Vernehmung Fragen nicht beantworten, aus Scheu, einen falschen Begriff zu verwenden oder sich lächerlich zu machen. Hilfreich ist der Hinweis, auch im Gericht Ausdrücke verwenden zu dürfen, die für das Kind sonst alltagssprachlich gebräuchlich sind.

Zur Reduktion von Ängsten, während der Vernehmung weinen zu müssen oder nicht weiter sprechen zu können, sind Erklärungen wichtig, dass alle Anwesenden wissen, wie schwierig es ist, vor Gericht eine Aussage zu machen und dass das Kind in einem solchen Fall um eine Pause bitten darf. Oftmals ist es sinnvoll, mit dem Kind Absprachen zu treffen, etwa bestimmte „Zeichen" seitens des Kindes gegenüber der Begleitperson, wenn es eine Pause wünscht und sich nicht traut, selbst darum zu bitten.

Gerichtsbesuch

Einem Gerichtsbesuch vor der Hauptverhandlung in Verbindung mit einem Besuch bei der vorsitzenden Richterin oder dem Richter kommt ein zentraler Stellenwert bei der Reduktion von Befürchtungen zu (Dannenberg, Höfer, Köhnken & Reutemann, 1998). „Hast Du gesehen, der hatte auch 'ne Jeans an", „Das ist ja ein ganz normaler Mensch" oder „Vor dem hab' ich gar keine Angst" sind spontane Reaktionen der Kinder nach einem Besuch im Gericht.

Im Rahmen des Zeugenbegleitprogrammes war in Schleswig-Holstein die Bereitschaft der Richter und Richterinnen, sich Kindern vor der Hauptverhandlung vorzustellen, allgemein positiv. Auch das Bundesministerium der Justiz (2000) empfiehlt bei jüngeren Kindern einen Gesprächstermin im Gericht und weist darauf hin, dass dieser maßgeblich dazu beitragen, kann, Ängste und Belastungen der Kinder abzubauen.

Dem Kind sollte zuvor mitgeteilt werden, dass bei diesem Besuch nicht über den Inhalt der Anklage gesprochen werden wird. Meist wird gemeinsam mit der Richterin oder dem Richter der Gerichtssaal angesehen und noch einmal besprochen, welche Person wo sitzen wird und welche Aufgabe sie hat.

Letztlich wird gemeinsam mit dem Kind der Gerichtstag geplant. Dabei wird beispielsweise abgesprochen, welches Kuscheltier oder welchen Glücksbringer das Kind mitbringen möchte, welches Lieblingsspiel für mögliche Wartezeiten mitgenommen wird. Insbesondere die Verabredung, nach der Vernehmung gemeinsam etwas zu unternehmen, woran das Kind Spaß hat, bewirkt, dass der bevorstehende Verhandlungstag auch mit Dingen verbunden ist, auf die das Kind sich freut.

Begleitung während der Hauptverhandlung

Die Begleitung während der Hauptverhandlung umfasst die Betreuung während der Wartezeiten und die Begleitung während der Vernehmung und eine direkte Nachbesprechung des Erlebten nach der Vernehmung. Die Begleitperson kann auch bei Ausschluss der Öffentlichkeit als Vertrauensperson gemäß § 175 Gerichtsverfassungsgesetz zugelassen werden.

Während der Hauptverhandlung kommt insbesondere dem Aspekt der sozialen Unterstützung besondere Bedeutung zu. Diese ist für das Kind während der Vernehmung nur dann hilfreich, wenn die Begleitperson dem Kind hinreichend vertraut ist, ein positiver Kontakt besteht und die Begleitperson im Hinblick auf die Situation als kompetent erlebt wird. Darüber hinaus ist entscheidend, dass die Begleitperson zwar empathisch aber gleichzeitig hinreichend emotional distanziert ist, d.h. dass für das Kind nicht der Eindruck besteht, die Vertrauensperson durch seine Aussage zu belasten.

Vor diesem Hintergrund sind nahe Bezugspersonen als Begleitung während der Vernehmung des Kindes meist nicht geeignet, da sie emotional involviert sind und häufig durch den Missbrauch des Kindes und das Verfahren selbst belastet sind. Hinzu kommt, dass nahen Bezugspersonen, wie beispielsweise Müttern, der gesamte Umfang oder Einzelheiten des Missbrauchs nicht bekannt sind. Viele Kinder haben Angst, ihre Mütter und andere nahe Bezugspersonen durch Einzelheiten zu belasten. In diesem Fall können sie in der Vernehmungssituation in einen Konflikt geraten, der sich negativ auf ihre Befindlichkeit und auch auf die Aussagequalität auswirken kann (→ *Mütter,* → *Vernehmung von Kindern*).

Die Begleitung während der Vernehmung ersetzt keinesfalls die Notwendigkeit der Anwesenheit einer Nebenklagevertretung (→ *Nebenklage*). Umgekehrt kann diese nur in Grenzen eine umfassende Betreuung des Kindes leisten, da sie zumindest während der Verhandlung damit befasst ist, die prozessualen Rechte des Kindes wahrzunehmen und dafür vor und nach der Vernehmung des Kindes im Sitzungssaal verbleibt. Insbesondere unmittelbar nach der Vernehmung muss Kindern jedoch die Möglichkeit gegeben werden, das Erlebte zu besprechen und Fragen zu unverstandenen Abläufen zu klären. Vielfach haben die Kinder Angst, etwas falsch gemacht zu haben oder haben das Gefühl, dass ihnen nicht geglaubt wurde. Manche Kinder empfinden ihre Aussage als „peinlich" und häufig steht direkt nach der Vernehmung die Angst vor Rache des Angeklagten im Vordergrund.

Nachbesprechung

Eine weitere Nachbesprechung mit dem Kind findet in der Regel einige Tage nach der Hauptverhandlung statt. Inhalte sind die Erklärung des Urteils und die Besprechung von damit verbundenen Befürchtungen. Hier stehen Ängste vor Begegnungen mit dem Täter im Falle einer Bewährungsstrafe, Ängste vor Rache oder die Bearbeitung von Schuldgefühlen, dafür verantwortlich zu sein, dass der Täter eine Freiheitsstrafe verbüßen muss meist im Zentrum. Wenn es sinnvoll bzw. notwendig erscheint, sollten Möglichkeiten weiter gehender Beratungs- oder Therapieangebote besprochen und vermittelt werden.

Legt der verurteilte Täter Rechtsmittel ein und steht dadurch eine Berufungsverhandlung an, entsteht eine erneute und vielfach starke Belastung für Kinder und deren Bezugspersonen, die eine intensive Nachbetreuung und die Vermittlung weiterer Unterstützungsangebote erfordert.

Rahmenbedingungen

Die erfolgreiche Umsetzung von Zeugenbegleitprogrammen setzt als Qualifikation der Begleitpersonen sowohl die notwendigen Hintergrundinformationen über Belastungsfaktoren und Ängste von Kindern und Jugendlichen im Strafverfahren, ein fundiertes Wissen zum Themenfeld des sexuellen Missbrauchs sowie Erfahrungen im Umgang und in der Beratung betroffener Kinder und ihrer Sorgeberechtigten als auch hinreichende juristische bzw. strafprozessuale Kenntnisse voraus. Zur Fort- bzw. Ausbildung von Begleitpersonen sind demnach Seminare notwendig, die psychologische und juristische Aspekte vermitteln. Insbesondere muss gewährleistet werden, dass durch die Begleitpersonen keine Beeinflussung der kindlichen Zeuginnen und Zeugen erfolgt. Dies ist eine wesentliche Voraussetzung für die Akzeptanz von Begleitprogrammen bei den Prozessbeteiligten.

Wenngleich eine Begleitung keine therapeutischen Interventionen beinhaltet, sollte die Möglichkeit eines kollegialen Austausches und einer Supervision bestehen (→ *Supervision*). In Schleswig-Holstein hat sich der Austausch in kommunalen Arbeitskreisen der Begleitpersonen sowie in regelmäßigen landesweiten Treffen bewährt. Die Angliederung der Begleitung bei freien Trägern ermöglicht den Mitarbeiterinnen im Rahmen der Institutionen Supervision in Anspruch zu nehmen.

Zur Wirkung von Zeugenbegleitung bei kindlichen und jugendlichen Zeuginnen

Das in Schleswig-Holstein zunächst als Modellprojekt eingeführte Zeugenbegleitprogramm wurde in der Modellphase mit einer evaluierenden Studie durch das Institut für Psychologie der Universität Kiel wissenschaftlich begleitet (Dannenberg, Höfer, Köhnken & Reutemann, 1997).

Neben einer sehr positiven Bewertung durch die Eltern und Betreuungspersonen der begleiteten Kinder konnte über die Einschätzung der Begleitpersonen die Nützlichkeit einzelner Komponenten des Programmes bestätigt werden, wobei u.a. ein vorheriger Besuch im Gericht und bei der Richterin oder dem Richter für die Entlastung der Kinder eine besondere Bedeutung beigemessen wurde.

Hinsichtlich der emotionalen Entlastung stützen sich Befunde auf Verhaltensbeobachtungen und Einschätzungen durch Prozessbeteiligte. Begleitete Kinder wurden gegenüber nicht begleiteten Kindern während ihrer Vernehmung als geringer emotional belastet eingeschätzt. Darüber hinaus wurde der Beweiswert ihrer Aussage durch Prozessbeteiligte höher eingeschätzt, als der nicht begleiteter Kinder. Außerdem hat das Begleitprogramm in Schleswig-Holstein in der Justiz hohe Akzeptanz gefunden. Anfängliche Befürchtungen von Prozessbeteiligten hinsichtlich einer möglichen suggestiven Beeinflussung und Gefahr der Verfälschung von Aussagen wurden am Ende der Modellphase als gering eingeschätzt (→ *Glaubhaftigkeitsbegutachtung und diagnostischer Erkenntnisprozess*).

Der Erfolg des Zeugenbegleitprogrammes führte in Schleswig-Holstein nicht nur zur festen Einrichtung des Angebotes, sondern darüber hinaus zur Ausweitung auf erwachsene Opfer von Sexualstraftaten und häuslicher Gewalt.

Resümee

Die Erfahrungen zeigen, dass eine qualifizierte Zeugenbegleitung Ängste und Belastungen von Kindern in Strafverfahren reduzieren kann und als psychologisch-sozialpädagogische Ergänzung zur anwaltlichen Vertretung von Kindern in Strafverfahren sinnvoll ist (Dannenberg, Stahlmann-Liebelt, Höfer, Reutemann, M. & G. Köhnken, 1998, → *Sozialpädagogische Prozessbegleitung*).

Während in Schleswig-Holstein allen Kindern und Jugendlichen in Strafverfahren wegen sexuellen Missbrauchs eine kostenlose Begleitung durch eine professionelle Begleitperson angeboten wird, erfolgt dies in anderen Bundesländern bislang lediglich in einzelnen Städten bzw. Bezirken, vielfach in Anlehnung an das schleswig-holsteinische Modell. Damit besteht ein Ungleichgewicht bei der Unterstützung von Kindern und Jugendlichen in Strafverfahren, das durch ein bundesweites Angebot ausgeglichen werden sollte.

Literatur

Bundesministerium der Justiz (2000). *Bundeseinheitliche Handreichung zum Schutz kindlicher (Opfer-)Zeugen im Strafverfahren.* Bonn.

Busse, D. & R. Volbert (1995). Belastungen von Kindern in Strafverfahren wegen sexuellem Mißbrauch. In Salgo L. (Hrsg.). *Vom Umgang der Justiz mit Minderjährigen.* Schriftenreihe Familie und Recht, 13, S. 73–93. Berlin: Luchterhand.

Busse, D. , Volbert, R. & M. Steller (1996). *Belastungserleben von Kindern in Hauptverhandlungen.* Abschlußbericht eines Forschungsprojektes im Auftrag des Bundesministeriums der Justiz. Bonn: Bundesministerium der Justiz.

Dannenberg, U., Mantwill, M., Stahlmann-Liebelt, U. & G. Köhnken (1997). Reduzierung von Informationsdefiziten und Ängsten kindlicher Zeugen. In L. Greuel, Th. Fabian & M. Stadler (Hrsg.), *Psychologie der Zeugenaussage: Ergebnisse der rechtspsychologischen Forschung.* (S. 237–245). Weinheim: Beltz.

Dannenberg, U., Höfer, E., Köhnken, G. & M. Reutemann (1997). *Abschlußbericht zum Modellprojekt „Zeugenbegleitprogramm für Kinder".* Institut für Psychologie der Universität Kiel.

Dannenberg, U., Stahlmann-Liebelt, U., Höfer, E., Reutemann, M. & G. Köhnken (1998). Das Zeugenbegleitprogramm in Schleswig-Holstein. *Pro Jugend, 3,* 21–23.

Eipper, S., Hille, P., & U. Dannenberg (1996). *Rasmus Rabe ermittelt: Was passiert eigentlich bei Gericht?* Raisdorf: Rathmann Druck und Verlag.

Fastie, F. (1997). *Ich weiß Bescheid. Sexuelle Gewalt: Rechtsratgeber für Mädchen und Frauen.* Wildwasser Berlin e.V. Arbeitsgemeinschaft gegen sexuellen Mißbrauch an Mädchen (Hg.). Berlin: Donna Vita.

Generalstaatsanwalt des Landes Schleswig-Holstein & Institut für Psychologie der Christian-Albrechts-Universität Kiel (1996). *Das Zeugenbegleitprogramm Schleswig-Holstein in Verfahren wegen sexuellen Mißbrauchs.* Unveröffentlichtes Konzept.

Hille, P., Eipper, S., Dannenberg, U. & B. Clausen (1996). *Klara und der kleine Zwerg. Ein Buch für Kinder, die Zeugen bei Gericht sind.* Raisdorf: Rathmann Druck und Verlag.

Lazarus, R. S. & S. Folkmann (1984). *Stress, appraisal and coping.* New York: Springer.

Thompson, S. C. (1981). Will it hurt less if I can control it? A complex answer to a simple question. *Psychological Bulletin, 90,* 89–101.

Volbert, R. & V. Pieters (1993). *Zur Situation kindlicher Zeugen vor Gericht: Empirische Befunde zu Belastungen durch Strafverfahren und zu möglichen Reformmaßnahmen.* Bonn: Forum-Verlag.

Wolf, P. & M. Steller (1995). Kinder als Zeugen. Was wissen sie über Gerichtsverhandlungen? In Bierbrauer, G., Gottwald, W. & B. Birnbreier-Stahlberger (Hrsg.), *Verfahrensgerechtigkeit – Rechtspsychologische Forschungsbeiträge für die Justizpraxis* (S. 139–162). Köln: Dr. Otto Schmidt KG.

Zeuginnen und Zeugen

Friesa Fastie

Die Rechte von kindlichen und jugendlichen Opferzeuginnen[1] stellen eine bedauernswerte Grauzone in unserem Strafrechtssystem dar. In den vergangenen Jahren ist der Umgang der Justiz mit minderjährigen Verletzten von Sexualstraftaten deshalb ins Kreuzfeuer der Kritik geraten. Bis Anfang der Neunzigerjahre wurde dem justiziellen Umgang mit Kindern und Jugendlichen als Zeuginnen im Strafverfahren kaum Beachtung geschenkt. Danach gewann er zunehmend an Aufmerksamkeit, mussten sich deren Vertreterinnen ebenso wie die Verantwortlichen in der Politik dem kritischen Blick von Außen stellen. Praktikerinnen und Wissenschaftlerinnen begannen, die Wechselwirkung zwischen dem Aussageverhalten von Kindern und Jugendlichen und ihrer Behandlung durch die Vertreterinnen der Strafverfolgungsbehörden und Justiz ebenso zu untersuchen, wie klare Forderungen nach einer Gesetzesnovellierung zum Schutz kindlicher und jugendlicher Opferzeuginnen zu stellen (vgl. Fastie, 1994; Frommel, 1995; Kirchhoff, 1994; Mildenberger, 1995; Salgo, 1995).

Trotz der ständigen Kollision von Opferschutz und Beschuldigtenrechten im Strafverfahren hat die praktische wie wissenschaftliche Untersuchung potenzieller Belastungsfaktoren für Kinder und Jugendliche, die als Verletzte in ein Strafverfahren involviert sind, zu deutlichen Veränderungen geführt, die zeigen, dass die Rolle der Verletzten zunehmend an Bedeutung gewinnt und Berücksichtigung findet. Dies sollte jedoch nicht darüber hinweg täuschen, dass das Strafverfahren nach wie vor eine Belastung im Leben der Opfer darstellt und die Optimierung der strafprozessualen Bedingungen noch nicht erreicht ist und die bereits in der Strafprozessordnung vorhandenen Möglichkeiten zur Zeugen schonenden Prozessführung nicht genügend Anwendung finden (vgl. Busse u.a., 1996). Oberlies (1999, S.14) macht deshalb bezogen auf den letzten Punkt zu Recht darauf aufmerksam: „Zu schnell wird aus den Mängeln einzelner Verfahren auf einen Mangel des Rechts geschlossen; viel häufiger als das Recht selbst ist aber seine Umsetzung mangelhaft".

Die Umsetzung geltenden Rechts hängt wie in allen berufsspezifischen Bereichen stets vom Problem- und Lösungsbewusstsein der ausführenden Ent-

---

[1] Bei den Aussagen, die sowohl für weibliche als auch für männliche Personen zutreffen, verwende ich zur Vereinfachung die weibliche Form.

scheidungsträgerinnen ab. Für eine angemessene Einschätzung von und den adäquaten Umgang mit minderjährigen Opferzeuginnen bedeutet dies, die unbedingte Wahrnehmung der potenziellen Belastungsmomente von Kindern und Jugendlichen, die sich in der Doppelrolle von Opfern und Zeuginnen sexueller Übergriffe in einem Strafverfahren behaupten müssen.

In Wissenschaft und Praxis besteht zumindest über die folgenden potenziellen Belastungsmerkmale für kindliche und Jugendliche Opferzeuginnen im Hinblick auf eine zu erwartende Hauptverhandlung kaum mehr Zweifel (vgl. Busse u.a., 1996; Blumenstein, 1997; Fastie, 1994; Volbert & Pieters, 1993):

Vor der Hauptverhandlung ...

- *Lange Wartezeiten bis zur Hauptverhandlung oder Einstellung (Beendigung) des Verfahrens*

Die Wartezeit von der Anzeige bis zur Hauptverhandlung in erster Instanz kann von wenigen Monaten bis zu mehr als drei Jahre betragen.

- *Wiederholte Befragungen durch wechselnde Personen*

In dieser Zeit bzw. im Rahmen des Ermittlungsverfahrens müssen die Zeuginnen damit rechnen, sowohl von der Polizei als auch der Staatsanwaltschaft wiederholt zum Sachverhalt befragt zu werden. Dies ist jedoch nicht unbedingt der Regelfall, da das Bewusstsein der Vertreterinnen von Polizei und Staatsanwalt darüber, dass Mehrfachbefragungen für die Verletzten eine erhebliche Belastung darstellen, dazu geführt hat, dass in vielen Dienststellen bzw. Fachkommissariaten und Sonderdezernaten der Staatsanwaltschaft darauf geachtet wird, eine Mehrfachbefragung, insbesondere durch wechselnde Personen zu vermeiden. Gelingt dies nicht, ist häufig nicht der Unwillen der Beamtinnen, sondern der in diesem Bereich vorherrschende Personalmangel dafür ausschlaggebend (→ *Vernehmung von Kindern*).

- *Mangelnder Informationsfluss zum aktuellen Verfahrensstand*

In der Regel werden die Verletzten nicht über den aktuellen Verfahrensstand informiert. So werden ihnen und ihren Angehörigen zum Beispiel weder die Inhaftierung noch die Haftentlassung eines Beschuldigten mitgeteilt. Wird ein Verfahren eingestellt, wird lediglich die anzeigende Person hierüber informiert, nicht jedoch das Opfer selbst.

- *Verunsicherung durch fehlendes rechtliches bzw. falsches Wissen*

Kinder und Jugendliche beziehen ihre Informationen über Strafverfahren und Strafprozesse überwiegend aus dem Fernsehen. Viele der Spielfilme und Serien kommen aus den USA. Sie bauen demzufolge auf mehr oder weniger realitätsgetreuen Elementen des amerikanischen Strafrechtssystems auf. Sie sind von daher für die Vermittlung gerichtsrelevanten Wissens nach dem deutschen Straf- und Strafprozessrecht wenig geeignet bzw. führen gar zu erheblichen falschen Vorstellungen (z.B. Kreuzverhör, Geschworene) (→ *Zeugenbegleitprogramm für Kinder im Strafverfahren).*

Für eine alters- und entwicklungsangemessene Vermittlung von Rechtskenntnissen gibt es in Deutschland bis heute keine vorgeschriebene Normierung. Bislang wird polizei- und gerichtsrelevantes Wissen im Hinblick auf die Rolle Minderjähriger als Opfer und Zeugin im Strafverfahren nur durch einige Informationsmaterialien wie auch im Rahmen diverser kommunaler Begleitprogramme für Zeuginnen und Zeugen vermittelt.

Während der Hauptverhandlung...

• *Wartezeit bis zum Aufruf als Zeugin*

Die Zeitdauer bis zur eigenen Aussage in der Hauptverhandlung ist oftmals schwer voraus zu sagen, da das Stellen von Anträgen während der Verhandlung ebenso wie der Verlauf von Vernehmungen der vorherigen Zeuginnen und deren Aussageverhalten nicht immer einzuschätzen ist. So kann es im Einzelfall zu einer Wartezeit kommen, die eine ohnehin schon vorhandene Unruhe von Kindern und Jugendlichen verstärkt. Die gilt besonders dann, wenn sich niemand die Mühe macht, ihnen die Gründe hierfür zu erklären und sie um Verständnis zu bitten.

Generell werden die Wartezeiten innerhalb des gesamten Strafverfahrens von Kindern und Jugendlichen häufig als belastend empfunden. Deshalb ist es wichtig, dass sie während dieser Zeit kompetent betreut werden.

• *(Fremde) Gerichtsatmosphäre (räumlich und sprachlich)*

Gerichtsgebäude, ihre Ausstattung und Größe haben bereits auf Erwachsene eine beeindruckende Wirkung und sind darauf angelegt, Autoritätsstrukturen hervorzuheben. Die Sprache der Juristinnen ist eine sehr eigene, die ohne das entsprechende Fachwissen von berufsfremden Personen nicht verstanden werden kann.

Die vorherige Besichtigung der Räumlichkeiten kann deshalb bei Kindern und Jugendlichen ebenso zu einer vertrauensbildenden Maßnahme gehören, wie eine kurze, freundliche Begrüßung der Zeuginnen durch die Vertreterinnen von Staatsanwaltschaft und Gericht, bevor der eigentliche Aufruf als Zeugin erfolgt.

Viele Richterinnen gestatten es, dass während der Zeugenaussage eine Vertrauensperson neben dem Mädchen oder Jungen sitzen darf, die nicht selbst als Zeugin gehört wird.

• *Aussage vor der Öffentlichkeit*

Hauptverhandlungen, in deren Zentrum ein Angeklagter steht, der zum Tatzeitpunkt über 18 Jahre alt war, sind grundsätzlich öffentlich. Das heißt, allen bekannten aber auch fremden Interessierten ist es möglich, hinten im Saal sitzend der Verhandlung zu folgen. Es liegt im Ermessen des Gerichts, die Öffentlichkeit für die Zeit der Vernehmung der kindlichen und jugendlichen Zeuginnen von der Verhandlung auszuschließen. In der Regel wird ein diesbezüglicher Antrag von der Anwältin bzw. dem Anwalt (Nebenklagevertreterin (→ *Nebenklage*) der verletzten Zeugin oder des Zeugen gestellt werden müssen. Dies ist nur einer der zahlreichen Gründe, weshalb auf eine Nebenklage nicht verzichtet werden sollte.

• *Befragung durch fremde Personen (Art und Umfang)*

Da das Erlernen einer kindgerechten Gesprächsführung ebenso wenig zum juristischen Studium gehört wie das Aneignen von Fachwissen zu sexueller Gewalt, seinen Ursachen und Folgen für die Opfer, ist der Befragungsstil der Juristinnen überwiegend von ihrem Einfühlungsvermögen und individuellen Fortbildungsengagement abhängig. Es fällt ihnen oftmals schwer, sich von einem juristischen Sprachstil und einer gerichtstypischen Kommunikationsstruktur zu lösen und Fragen alters- und entwicklungsangemessen zu formulieren. Für die Mädchen und Jungen bedeutet dies, sich immer wieder auf neue, ihnen fremde Personen einstellen zu müssen. Dies fällt ihnen in Zuständen innerer Aufregung in dieser ungewohnten Ausnahmesituation besonders schwer. Das kann dazu führen, dass sie die ihnen gestellten Fragen nicht verstehen und hierdurch weiter verunsichert werden. Erfahrene und sensible Richterinnen und Staatsanwältinnen bemerken das und bemühen sich um eine Korrektur (→ *Befragungen von Kindern*).

• *„Alles noch mal erzählen" (Ausdrucksmöglichkeiten)*

Obwohl die geschädigten Zeuginnen bei der Kripo und eventuell auch bei der Staatsanwaltschaft ihre Aussage bereits zu Protokoll gegeben haben, ist es notwendig, in der Hauptverhandlung alles noch einmal zu erzählen. Dies leuchtet ihnen nicht ein, solange sie nicht wissen, dass für eine Verurteilung des Täters nur das ausschlaggebend ist, was in der Hauptverhandlung mündlich gesprochen wird, zumal das Gericht, die Staatsanwaltschaft und die Verteidigung des Angeklagten die Akten mit den unterschiedlichen Aussageprotokollen während der Verhandlung vor sich liegen haben. Außerdem findet die Hauptverhandlung zu einem fremd bestimmten Zeitpunkt statt, zu dem das Kind oder die/der Jugendliche sich möglicherweise gerade in einem Entwicklungsstadium befindet, in dem er/sie nicht über das Erlebte sprechen möchte bzw. sich nicht gut daran erinnern kann. Darüber hinaus kann die beeindruckende Gerichtsatmosphäre dazu führen, sich von der alltäglichen Umgangssprache zu entfernen und sich „gewählt" ausdrücken zu wollen. Kinder und Jugendliche müssen deshalb die Information erhalten, dass sie sich vor Gericht wie auch im Rahmen sonstiger Vernehmungen bei der Kripo oder Staatsanwaltschaft so ausdrücken dürfen, wie es ihnen vertraut ist und sie ihr Erleben ihrer eigenen Wahrnehmung entsprechend schildern sollen (→ *Vernehmung von Kindern*).

• *Konfrontation mit dem Angeklagten*

Die mögliche Begegnung mit dem Angeklagten bzw. die Angst davor, in seiner Gegenwart eine Zeugenaussage machen zu müssen, wird von fast allen kindlichen und jugendlichen Opferzeuginnen als die größte Belastung empfunden. Nur selten kommt es vor, dass eine Zeugin oder ein Zeuge in Anwesenheit des Angeklagten über die Tatvorwürfe sprechen will. Die Begegnung mit dem Angeklagten am Tag der Hauptverhandlung im Gerichtsgebäude ist durch ein fachgerechtes Zeuginnen- und Zeugenbegleitprogramm vermeidbar. Ebenso bietet die Strafprozessordnung die Möglichkeit, den Angeklagten für die Zeitdauer der Vernehmung der verletzten Zeugin von der Verhandlung auszuschließen. Insbesondere, um die Umsetzung dieser Zeugen schonenden Maßnahme zur Anwendung zu bringen, bedarf es eines Antrages durch eine Nebenklagevertreterin (Anwältin).

• *Mangelndes Wissen über den Ablauf der Hauptverhandlung*

Die Vorstellungen von Kindern und Jugendlichen, aber auch von Erwachsenen, über die Funktion der am Prozess Beteiligten und den Ablauf einer Hauptverhandlung nach deutschen strafprozessualen Normen sind oftmals weit von der Realität entfernt. Dies führt ebenso zu einer vermeidbaren Verunsicherung der Zeuginnen wie auch zu einer qualitativ weniger verwertbaren Aussage für die Justiz. Zeuginnen, die umfassend aufgeklärt, informiert und mit entsprechender Selbstsicherheit in eine Hauptverhandlung gehen, können sich besser auf ihre Aussage konzentrieren und somit auch im Interesse des Gerichts entsprechend zur Wahrheitsfindung beitragen.

Nach der Hauptverhandlung ...

• *Unerwünschter Verfahrensausgang*

Unabhängig davon, ob das Verfahren für den Angeklagten mit einer Freiheitsstrafe oder einem Freispruch endet, zeigt sich immer wieder, dass sich Kinder und Jugendliche in hohem Maße für den Ausgang des Verfahrens verantwortlich fühlen. Dem kann zum Beispiel im Rahmen einer Sozialpädagogischen Prozessbegleitung durch eine fachkompetente Aufarbeitung, gegebenenfalls unter Einbeziehung der am Strafverfahren beteiligten Richterin oder Staatsanwältin, entgegen gewirkt werden (→ *Sozialtherapeutische Prozessbegleitung*).

• *Mangelnde Informationen über das Urteil und seine Folgen*

Verletzte Zeuginnen und Zeugen, die keine Nebenklagevertreterin (Anwältin) haben, hören allenfalls die mündliche Urteilsbegründung am Ende der Hauptverhandlung. Ein schriftliches Urteil erhalten sie nicht. In Fällen, in denen ein Angeklagter zu einer Haftstrafe verurteilt wird, nehmen sie häufig mit Unverständnis zur Kenntnis, dass er wie alle anderen nach der Verhandlung das Gerichtsgebäude verlässt. Gezielte Informationen darüber, welche Verfahrensausgänge generell möglich sind und was sie bedeuten, erhalten die Kinder und Jugendlichen in der Regel nicht. Doch auch hier ist umfassende Aufklärung notwendig, damit die verletzten Zeuginnen den Ausgang des Verfahrens richtig einordnen und das Verfahren für sich innerlich abschließen können.

Den potenziellen Belastungsmomenten stehen viele Erfahrungen minderjähriger Zeuginnen gegenüber, die das Strafverfahren dank der entsprechenden Sachkunde und Sensibilität von Vertreterinnen der Strafverfolgungsbehörden und des Gerichts mit einem Gefühl neu widerfahrener Gerechtigkeit und innerer Stärke abgeschlossen haben.

Die Tatsache, dass es für Kinder und Jugendliche belastend und schmerzhaft ist, in einem Strafverfahren über erlebte Gewalt bzw. sexuelle Übergriffe sprechen zu müssen, sollte nicht zu dem generellen Schluss führen, dass Strafverfahren per se schädlich sind. Vielmehr sind alle Berufsgruppen gefordert, ihre Fachkompetenz zu nutzen und wohlwollend zusammen zu arbeiten, um alle belastungsminimierenden Möglichkeiten im Rahmen eines Strafverfahrens unter Einbeziehung geeigneter psycho-sozialer Maßnahmen auszuschöpfen. Ziel der Zusammenarbeit muss es sein, dass kindlichen und jugendlichen Opferzeuginnen der Weg durch das Strafverfahren ihrem Alter und ihrem Entwicklungsstand entsprechend annehmbar und würdevoll gestaltet wird.

Literatur

Blumenstein, H.-A. (1997). Der Schutz sexuell mißbrauchter und misshandelter Kinder im Strafverfahren. In V. Wodtke-Werner (Hrsg.), *Alles noch mal durchleben. Das Recht und die (sexuelle) Gewalt gegen Kinder* (S. 77–87). Baden-Baden: Nomos.

Busse, D., Volbert, R. & Steller, M. (1996). Belastungserleben von Kindern in Hauptverhandlungen. *Abschlußbericht eines Forschungsprojekts im Auftrag des Bundesministeriums der Justiz* (S. 80–88). Bundesministerium der Justiz (Hrsg.). Bonn: Forum Verlag Godesberg.

Fastie, F. (1994). *Zeuginnen der Anklage*. Die Situation sexuell mißbrauchter Mädchen und junger Frauen vor Gericht. Berlin: Orlanda.

Fastie, F. (1999). Das Strafverfahren bei sexuellem Mißbrauch von Kindern – Opferschutz zwischen Anspruch und Wirklichkeit. In KiZ – Kind im Zentrum im Evangelischen Jugend- und Fürsorgewerk (Hrsg.), *Wege aus dem Labyrinth*. Erfahrungen mit familienorientierter Arbeit zu sexuellem Mißbrauch (S. 35–41). Berlin: Evangelisches Jugend- und Fürsorgewerk.

Frommel, M. (1995). Möglichkeiten und Grenzen des Schutzes kindlicher Opferzeugen im Strafverfahren. In L. Salgo (Hrsg.), *Vom Umgang mit der Justiz mit Minderjährigen – Auf dem Weg zum Anwalt des Kindes* (S. 31–50). Neuwied: Luchterhand.

Kirchhoff, S. (1994). *Sexueller Mißbrauch vor Gericht* (Bd. 1 und 2). Opladen: Leske + Budrich.

Mildenberger, E.-H. (1995). Die Einführung von Videoaufzeichnungen kindlicher Zeugen in das Strafverfahren nach geltendem Recht. In L. Salgo (Hrsg.), *Vom Umgang der Justiz mit Minderjährigen – Auf dem Weg zum Anwalt des Kindes* (S. 51–71). Neuwied: Luchterhand.
Oberlies, D. (1999). Spezieller Kinderschutz oder bessere Verletztenbeteiligung im Strafverfahren. In Arbeitsgemeinschaft für Jugendhilfe (Hrsg.), *Kinderschutz und Kinderrechte zwischen Jugendhilfe und Justiz*. Dokumentation des 11. Treffens der Internationalen Arbeitsgemeinschaft für Jugendfragen vom 20. bis 25. September 1998 in Bingen (S. 13–37). Bonn.
Salgo, L. (Hrsg.) (1995). *Vom Umgang der Justiz mit Minderjährigen – Auf dem Weg zum Anwalt des Kindes*. Neuwied: Luchterhand.
Volbert, R. & Pieters, V. (1993). *Zur Situation kindlicher Zeugen vor Gericht*. Empirische Befunde zu Belastungen durch Strafverfahren und zu möglichen Reformmaßnahmen (S. 13–27). Bonn: Forum Verlag Godesberg.

Literaturempfehlungen

Enders, U. (2000). *Im Namen des Staates*. Sexueller Mißbrauch vor Gericht. Köln: Zartbitter Verlag.
Fegert, J.M. (1999). Betroffene, Helfer und Strafverfolger. Eine empirische Untersuchung im Labyrinth der Reaktionsmöglichkeiten auf sexuellen Mißbrauch. In KiZ – Kind im Zentrum im Evangelischen Jugend- und Fürsorgewerk (Hrsg.), *Wege aus dem Labyrinth*. Erfahrungen mit familienorientierter Arbeit zu sexuellem Mißbrauch (S. 42–61). Berlin: Evangelisches Jugend- und Fürsorgewerk.
Friedrich Ebert Stiftung, Forum Berlin (Hrsg.) (2000). *Sexualstrafrecht auf dem Prüfstand. Rechtspolitischer Dialog*. Berlin.
Perry, N.W. & Wrightsman, L.S. (1991). *The child witness: legal issues and dilemmas*. California: Sage Publications.
Wolff, S. & Müller, H. (1997). *Kompetente Skepsis*. Eine konversationsanalytische Untersuchung zur Glaubwürdigkeit in Strafverfahren. Opladen: Westdeutscher Verlag.

Autorenregister

Abel, A. H. 73 f.
Abel, G. G. 234, 665 f., 681
Abelmann-Vollmer, K. 397
Abraham, K. 460
Abrahams, C. 175
Abrahams, J. 157
Abrams, M. 547
Achter Jugendbericht 581
Adler, N. A. 156 f., 271, 273
Aghassy, G. 558
Ahn, H. 443
AJS 433, 435
Akhtar, S. 464
Akman, D. 248, 458
Albrecht, H.-J. 722
Aliochin, K. 143, 216, 223
Allen, D. M. 256
Amann, G. 47 f., 51, 338, 426, 449, 451, 457, 706
Amati, S. 465
Amendt, G. 16
American Psychiatric Association 709
Amick, A. E. 707
Ammann, R. 61
Ammons, P. W. 497
Anderson, J. 23
Antoine, L. B. 271
Applegate, B. 271
Araji, S. K. 665
Arbeitsgemeinschaft Kinder- und Jugendschutz (AJS) 121
Arbuckle, B. 496
Arey, D. 334
Argast, U. 557, 559
Argent, A. C. 148
Ariés, Ph. 300
Armstrong, L. 112
Arnold, M. B. 647
Arnold, E. 554 f.
Arntzen, F. 719, 725, 729
Arny, L. 494
Atkeson, B. M. 701, 706
August, R. L. 7
Autorengruppe Tauwetter 476 f., 526
Ave-Lallement, U. 297
Avery, N. C. 99 f.
Axline, V. 285 ff.
Aymans, M. 91

Bach, K. R. 545
Bachmann, F. 698
Bachmann, I. 322
Bachmann, K. M. 555, 559, 655

Bader, B. 254 ff., 258
Badinter, E. 264, 651
Bäcker, G. 10, 12
Bailey, J.-M. 335
Baldenius, I. 281
Ball, I. 404
Balloff, R. 6, 162, 164, 284, 290, 299, 674
Balzer, H. 472
Bandura, A. 495
Bange, D. 22 f., 50 f., 70 f., 73, 138, 150, 185, 202, 205, 228, 234, 245 ff., 254, 257, 288, 331 f., 334, 348, 398, 408, 420, 434, 436, 440, 442, 444, 449, 451, 475 ff., 484, 566, 581, 645 f., 650, 653 f., 660, 666, 679 ff.
Bank, S. P. 155 f., 158
Baradoran, L. 496
Barbaree, H. 415
Barlow, D. H. 709
Barnett, D. 493
Baron, L. 111, 566, 659
Barrett, M. J. 621 ff., 625 ff.
Bartels, V. 33, 75 f.
Bartholow, B. N. 150, 333
Bar-On, D. 157
Bartley, D. L. 149
Bass, D. 148
Bass, E. 527, 687
Bauer, J. 219
Bauer, S. 699
Baumgart, U. 297
Baurmann, M. C. 21 f., 80, 699
Bays, J. 172
Beach, F. A. 548
Beck, A. T. 707
Becker, J. V. 276
Becker, D. 466
Becker-Fischer, M. 559
Becker, I. 698
Becker, J. 665
Becker, M. 31, 33, 35
Becker, N. 669
Becker, P. N. 218, 222
Becker, W. 75
Beckmann-Herfurth, E. 285, 287
Beer, U. 731
Beezley, D. A. 376, 665
Beier, K. M. 234, 510 ff., 635
Beilke, R. L. 154, 271
Beitchman, J. H. 248, 458
Beland, K. 442
Bell, A. P. 330
Belsky, J. 493, 495, 497
Bender, D. 493 ff., 497, 499, 633

Benedek, E. 92
Benedict, M. I. 403
Bentner, A. 354
Bentovim, A. 236, 248, 518, 520, 621 f., 626, 628 f.
Bergandi, T. 253
Berger, C. 217, 221, 223, 284, 290, 482, 487
Bergmann, M. 107
Berkowitz, C. H. 149
Berliner, L. 51, 92, 119, 248
Berner, W. 15, 270 f., 275, 518, 544 f., 612
Bernet, W. 301
Berning, B. 415 f.
Berrick, J. 439 ff., 443
Best, K. M. 498
Beulke, W. 227 f.
Beuter, R. 80
BGH 35, 168, 299, 357, 280, 413, 416, 598, 676
BGH-Urteil vom 30.07.1999 6, 8 f., 95 f., 164, 719, 722
Biddulph, S. 263
Bieler, M. 323
Bieligk, A. 10
Biermann-Ratjen, E. 312 ff.
Bilden, H. 731 f., 734
Billmire, M. E. 148
Bintig, A. 628, 630
Biringen, Z. 157
Birnbaum, H. J. 665
Bischoff, S. 587 f.
bke 74
Blandow, J. 403 f., 406 f.
Blanz-Gocht, C. 602
Bliesener, T. 499
Blum, H. 463 f., 466
Blum, R. 626
Blumenstein, H.-A.
Blum-Maurice, R. 483
BMFSFJ 191 ff. 353
Boat, B. W. 7, 93
Boatman, B. 176
Bochow, M. 333
Bock, G. 139
Bodenmüller, M. 328 f.
Bodenstein, F. 168
Boeck-Singelmann, C. 286
Boehme, U. 47, 49, 245 ff., 249 f., 331, 475 ff., 646, 681
Bohner, G. 373, 376, 699
Böhnisch, L. 399, 651
Bohleber, W. 67 f., 463, 695
Bommert, C. 687
Boos-Nünning, U. 347, 351
Boris, N. W. 493
Bormann, M. 412
Borys, D. S. 556
Boscolo, L. 625
Bossi, J. 555
Bottoms, B. L. 62 f., 65

Bouhoutsos, J. 556, 560
Bousha, D. 496
Boyer, D. K. 255 f.
Braecker, S. 448
Branch, G. 148
Brandes, H. 475
Brandewiede, J. 700
Braun, B. G. 508
Braun, G. 70, 422, 433 ff., 440, 447 f.
Braver, M. 707
Breitenbach, E. 367, 371, 519
Breiter, M. 699 f.
Brem-Gräser, L. 297
Brickenkamp, R. 297
Briere, J. 63, 67, 120, 375 f., 707 f.
Brill, W. 31 f., 34 f.
Bringewat, P. 601
Brocher, T. 297
Brock, J. 270
Brockhaus, U. 16, 55, 57, 70, 111, 115, 366, 374 f., 408, 518, 521, 650, 659, 666, 679 ff., 698
Brodbeck, J. 558, 560
Brongersma, E. 530
Brooks, B. 709
Broughton, D. 154, 271
Broverman, D. M. 116
Brownmiller, S. 650, 697
Browne, K. 17, 202, 657
Browning, D. 176
Brückner, M. 400, 540
Briggs, F. 476
Bruni, F. 203
Brunner, R. 457
Bürgin, D. 272
Bugental, D. B. 496
Bullens, R. 3, 17, 429, 442, 518, 630, 644, 646, 657
Bullinger, H. 475
Bumberry, J. 707
Bundesgerichtshof 380, 413, 416, 492, 678
Bundeskriminalamt 79 f., 85 f. 89, 213, 215, , 281, 300
Bundesministerium der Justiz 740
Bundesministerium für Gesundheit 530
Bundesministerium für Jugend, Familie und Gesundheit 203, 319
Bundesverein Zur Prävention von sexuellem Missbrauch an Mädchen und Jungen 434
Bundesvereinigung Lebenshilfe 36
Bundschuh, C. 202 f., 205, 237, 408
Burger, E. 227, 403
Burgess, A.W. 234, 298, 665
Burian, W. 275
Burke, J. 376, 665
Burkett, E. 203
Burkhart, B. R. 247, 376, 700
Burnam, M. A. 707
Burns, N. 501
Burr, W. 627

Burt, M. R.   375, 377, 701
Burton, J. E.   274
Burton, S.   182
Busse, D.   9, 91 ff., 95, 217, 359, 381, 584, 673 f., 676, 721, 724, 736, 745 f.
Bussière, M. T.   511, 513
Butler, S.   557
Butzmühlen, R.   111

Calhoun, K. S.   701, 706 f.
Campo Bowen, A. E.   271
Caplan, G.   439
Carballo-Diéguez, A.   150
Carter, B.   626
Case Analysis Unit   80
Casey, J. F.   323, 415
Cavanagh-Johnson, T.   272
Cecchin, G.   625
Celik, H.   347, 352
Chadwick, D.   172
Chernoff, R.   404
Chodorow, N.   370
Christenson, C. V.   665
Christianson, S.-A.   689
Cicchetti, D.   493, 498
Cierpka, M.   675
Clarkson, F. E.   116
Clausen, B.   739
Cleland, C. M.   579
Coester, M.   132 f.
Cohen, J.   250
Cohen-Kettenis, P.   543, 550
Cohen, K. M.   336
Collings, S.   247 f., 475 f.
Conen, M.-L.   195 f., 198, 201, 431
Connell, R. W.   264, 653
Conte, J. R.   17, 63, 67, 204, 246, 657
Cook, A.   494
Copeland, J.   458
Corwin, D. L.   92
Cosentino, C. E.   547
Costin, F.   3, 375
Coughlan, J.-G.   32, 34
Cox, P.   149
Cranach, M. von   61
Christmann, F.   706
Crittenden, P. M.   496, 498
Cross, Th.   414 f.
Cummings, M.   149

D'Augelli, A. R.   333
DaCosta, G. A.   248, 458
Dahle, K.-P.   413, 415 f., 657
Dahs, H.   725
Daie, N.   156, 158
D'Imperio, R.   493
Dallmann, A.   10 f.
Dangschat, J. S.   13
Dannecker, M.   50, 279, 330 f., 390

Dannenberg, U.   572, 602, 689, 737, 739 f., 743
David, K.-P.   518
Davies, M.   250
Davies, J. M.   464
Davis, J.   415, 458
Davis, K. B.   497
Davis, L.   527, 687
Dean, K. E.   238
Deberding, E.   91
Debbonaire, T.   183
Deegener, G.   1, 3, 22 f., 26, 50 f., 138, 234, 245, 247 f., 383, 415, 475 f., 484, 518, 634 f., 637, 654, 657, 660, 679 ff.
Degener, T.   700
Deisher, R. W.   331, 333
De Jong, A. R.   271
DeLoache, J. S.   7
DeMause, L.   135 ff., 254, 300
Denger, B.   718, 720
Derler, B.   421
Dern, H.   80
Der Polizeipräsident in Berlin   180
Dessecker, A.   610
Deutscher Kinderschutzbund   41
Deutsche Shell   266 f.
Deutscher Städtetag   225
Devaney, A.   271
Devereux, G.   693
Devine, S. E.   502, 504
Dewald, M.   80
De Young, M.   444
Diepold, B.   272
DiGiorgio-Miller, J.   160
Dijkstra, S.   495.
Dinero, T. E.   234, 665
Dinwiddie, S. H.   709
Djafazadeh, P.   424
Dobler, J.   333 f.
Dölling, D.   562, 610
Döpfner, M.   545, 548
Dörsch, M.   143, 216, 223
Dohmel, W.   219
Dolan, Y.   629
Dolde, G.   576
Dolezal, C.   150, 476
Doll, L. S.   333
Doraiswamy, B.   149
Doré, P.   150
Dornes, M.   495, 636, 669, 714
Dothagen, M.   249, 477
Dougherty, D.   417
Douglas, J. E.   272
Douglas, J. M.   333
Draijer, N.   408
Dressler, J. W.   100, 665
Drewes, D.   280, 282, 534
Droegemueller, W.   493
Dulz, B.   317, 474
Durfee, M. J.   149
Dziuba-Leatherman, J.   245, 441, 443 f., 449 f.

Eccles, A. 234
Eck, M. 449f.
Eckenrode, J. 498
Eckert, J. 312ff.
Eckhardt-Henn, A. 689
Eckhardt, K. 169
Eckhart, A. 53
Edleson, J. L. 183
Egeland, B. 495, 498
Egg, R. 234, 509ff., 512, 575, 578f., 612, 633
Eggers, Ch. 24, 108, 234, 247
Egle, U. T. 457, 473
Egolf, M. 498
Ehinger, U. 672
Ehlers, B. 286
Ehlert, M. 467
Ehlert, U. 412
Ehrenberg, M. F. 92
Eipper, S. 739
Eissler, K. R. 694
Eldridge, M. 204, 238, 644
Eldrige, H. 126ff., 130
Eleff, M. 156, 158
Ellason Joan, W. 458
Ellerbrok, G. 705
Elliger, T. 23
Elliott, M. 17, 62f., 65, 67, 124, 129, 202, 657
Elliot, P. 458
Ellis, A. 707
Elterman, M. F. 92
Emens, M. 92
Emery, G. 707
Enders, E. 367f.
Enders, U. 17, 48, 125, 186f., 202, 205, 216f., 227, 246, 248, 348, 356, 358, 360, 422f., 426, 429, 447, 482, 501, 518, 571, 582, 646, 657
Endres, J. 6f., 27, 91, 584, 675, 700
Engelbert, A. 713
Engelfried, C. 113, 202, 588, 603, 650, 652, 654, 665, 735
Engfer, A. 116, 300ff., 496
Entscheidungen des Bundesgerichtshofes in Strafsachen 6
Entscheidungssammlung des Bundesverfassungsgerichts 43, 132
Enzmann, D. 300
Epple-Waigel, I. 282
Epstein, C. 175, 183
Epstein, M. E. 62f., 66
Erben, R. 91, 584
Erhardt, A. 154, 271
Erickson, M. F. 495
Ernst, C. 20, 25, 458
Erster Armuts- und Reichtumsbericht der Bundesregierung 10
Esser, G. 349, 496
Evans, I. M. 237

Everett, V. D. 148
Everson, M. D. 7, 93
Eysenck, E. 647

Fabian, A. 27, 165, 168
Fabian, T. 27, 165, 168
Faigman, D. 412
Falcon, P. L. 376, 665
Faller, K. 92f.
Farmer, E. 175
Farrell, M. K. 148
Farrington, D. P. 495
Farrow, J. A. 331, 333
Fastie, F. 352, 567f., 571f., 601, 603, 657, 739, 745f.
Fath, E. 426f..
Faulstich-Wieland, H. 265, 732f.
Feest, J. 563
Fegert, J. M. 7 f., 27, 31, 51, 91, 96, 138, 149f., 172, 217, 221, 223, 227, 284, 290, 367f., 403ff., 412, 482, 487
Feingold, L. 150
Feldmann, H. 699
Feldman, J. 68
Feldman-Summers, S. 63ff.
Feldstein, M. 554f., 559
Feltes, Th. 562f.
Ferenczi, S. 100, 316, 393, 461ff., 470ff.
Fergusson, D. 248
Fernandez, Y. M. 637
Fey, E. 440, 650
Fichte, H. 323
Fiedler, K. 6, 167, 676
Fiegenbaum, W. 709
Fielding, J. 323
Fietkau, H.-J. 313
Figdor, H. 675
Finkel, M. 184, 186, 191, 218, 227f., 353, 407, 426f., 484f., 516, 582
Finkelhor, D. 23, 25, 50f., 55, 115, 118f., 123, 152, 156, 198, 245, 247f., 362ff., 366, 425, 441, 443f., 449ff., 475, 501, 518, 520, 546, 566, 653, 659, 665, 669, 684 f., 705
Fischer, A. 633
Fischer, T. 45
Fischer, G. 154, 559, 700, 702
Fitzgerald, E. 547
Fitzner, H. 258
Fitzpatrick, C. 547
Flanagan, B. 665
Flick, L. A. 148
Fliess, R. 462
Flitcraft, A. 175
Flomenhaft, K. 99
Foa, E. B. 709
Folkman, S. 702, 737
Fondacaro, K. 476
Foote, B. 458
Foppe, E. 612
Foreman, B. D. 7

Forer, B. R.   556, 560
Ford, C. S.   548
Foulds, M.   245
Frank, R.   174
Franz, M.   265
Fraser, S.   322 f.
Frawley, M. G.   464
Frayser, S. G.   553
Fröhling, U.   503 f.
Frommel, M.   745
Fromuth, M. E.   247, 376, 665
Frenken, J.   583
Freud, A.   216, 462, 692
Freud, S.   55, 66, 459 ff., 618, 691 ff.,
Freund, K.   330
Friedman, R. C.   331
Friedrich, W. N.   154, 248, 250, 271, 543, 547, 551, 553,
Frisch, M.   322
Frister, H.   414 ff.
Frude, N.   502
Fryer, G. E.   441, 451, 455, 681
Fthenakis, W. E.   264
Fuchs, C.   707
Fürniss, T.   2, 101, 358, 654
Fullilove, M. T.   63
Furedy, J.   413 ff.
Furth, G. M.   297

Gaenslen-Jordan, C.   448 f., 539
Gagnon, J. H.   665
Gaitanides, S.   349 ff.
Gallé, I.   72, 123
Gallwitz, A.   278 f.
Garbarino, J.   443
Garbe, E.   297 f.
Garmezy, N.   498
Garrels, L.   263
Garry, M.   68
Gartrell, N.   554 ff., 559
Gaudin, J. M.   497
Gebhard, P. H.   665
Geisler, E.   139
Gelfand, D.   496
Gelinas, D. J.   707
Gellert, G. A.   149
Gendlin, E. T.   313 f., 316
Generalstaatsanwalt des Landes Schleswig-Holstein   737 f.
Genreith, W.   255
George, E.   323
Georgi, H.   622 f., 626, 628
Gerchow, J.   139
Gershenson, H. P.   701
Gerson, W.   75
Gerwert, U.   367 f., 623, 628
Gibson, P.   333
Gies, H.   42
Gilbert, G. M.   156
Gilbert, N.   439 ff., 443

Ginciauskas, L.   285 f.
Gindorf, B.   581
Gintzel, U.   712
Gley, C.   718
Glöer, N.   245, 475
Glogauer, W.   281
Gluszczynski, A.   267
Godenzi, A.   112, 114, 376, 438, 645, 650, 665, 698 ff.
Gögelein, H. G.   3
Goetze, H.   287, 289
Gold, S.   475
Golding, J. M.   63, 707
Goldman, R.   552
Goldman, J.   552
Goldman, R.   552
Goldstein, J.   216
Goodman, G.   8, 92
Goodwin, J.   92
Gordon, B. N.   547
Gordon, I.   150
Gottlieb, E.   272
Gottlieb, H.   272
Gould, M.   333
Gould, P.   297
Graf, H.   74 ff., 286, 288
Grambsch, P.   154
Granö, M.   698
Granzow, S.   686
Grass, G.   322
Green, A. H.   92, 705
Green, K.   707
Greenacre, P.   462
Greenberg, M.   556, 560
Greuel, L.   6 ff., 27, 165, 167 f., 635
Griebenburg, P.   612
Gröll, J.   74, 626
Grönzinger, W.   297
Groffmann, K. J.   139
Gross, A.   23
Grossmann, T.   330 ff.
Groth, A. N.   234, 665
Gruber, Th.   415, 636, 654
Grubitzsch, S.   286
Grubman-Black, S.   248
Grubrich-Simitis, J.   460
Gründer, M.   48
Günther, H. L.   46, 614
Günther, R.   580, 582
Gundersen, H. B.   545, 547
Gusy, B.   254 ff., 259 f.
Gutheil, T. G.   92, 99 f., 558

Haardt, A.   283
Habif, V. L.   707
Häbel, H.   326
Hänel, I.   90
Härtl, S.   424
Hagemann-White, C.   174, 227, 231, 263, 395 f., 400, 482 f., 485, 584, 651, 731 f., 734

Hamburger, F. 347f.
Hammelman, T. L. 333
Hammerschlag, M. R. 148f.
Hammersmith, S. K. 330
Hammond, J. G. 148
Hanesch, W. 10, 12
Hanks, H. G. I. 122, 126ff.
Hanmer, J. 175
Hansen, D. J. 498
Hanson, R. K. 511, 513
Hanslo, D. 148
Hanson, R. 234
Happe, G. 43f., 46, 133.
Harackiewicz, J. M. 689
Harbeck, V. 185, 227, 232, 430, 480, 482
Harrison, J. S. 333
Harry, J. 333
Hart, E. L. 271
Harten, H.-C. 112
Hartnick, E. 458
Hartwig, L. 184, 191, 194f., 227, 328, 401f., 581f., 735
Hassemer, W. 699
Harvey, M. R. 65
Harwin, N. 179
Hauser, S. 675
Hawkes, C. 271
Hawkins, R. 476
Hazzard, A. 442
Hebenstreit-Müller, S. 483
Healy, N. 547
Hechtman, L. 270
Heckmann, W. 254ff., 259f.
Hedlund, A. D. 442
Hedlund, E. 698
Heiliger, A. 17, 69 f., 113, 186f., 265, 360, 376, 408, 429, 442, 518, 520, 603, 650, 652ff., 657, 661, 665, 735
Heim, Ch. 412
Heinz-Trossen, A. 259f.
Heise, L. L. 701
Heitkamp, H. 406
Heller, S. S. 493
Helfer, R. E. 300
Helfferich, C. 265, 698f.
Helmig, J. 727, 729
Hendel-Kramer, A. 698f.
Hensel, K. 324
Hensel, T. 286
Hepp, M. 139
Hercek, V. 556
Herdt, G. 551
Herman, J. L. 50, 62ff., 111, 316, 367, 369, 470, 473, 502, 506, 554ff., 559, 650, 665, 696
Herrenkohl, E. C. 498
Herrenkohl, R. 498
Hershberger, S. L. 333
Herzberger, S. D. 156
Hessisches Sozialministerium 397
Hester, M. 175, 179, 181

Heuft, G. 705
Heye, S. 588
Heyne, C. 125, 557, 559
Heynen, S. 698ff.
Hiekel, A. 700
Hille, P. 739
Hinz, M. 132f.
Hirsbrunner, H. P. 119, 556, 558
Hirsch, M. 98, 100, 154, 198, 459, 462f., 467f., 473, 621f., 669, 692f., 695
Hirschfeld, M. 330
Hirschman, L. 11, 665
Hite, S. 111
Hobbs, C. J. 173, 403, 407
Hobbs, G. F. 403, 407
Hochheimer, I. 435f.
Hock, B. 10f.
Hocke, M. 191
Hodes, R. 417
Höbel, U. 421
Höfer, E. 572, 602, 689, 737, 740, 743
Höfling, S. 282
Hoefnagels, C. 438, 442f.
Hoeg, P. 323
Hörmann, G. 74
Hoey, H. 157
Hoffman, L. 624, 626
Hoffmann, J. 80, 625
Hoffmann, S. O. 53, 457, 473, 689
Hohage, B. 611
Hohmann, J. S. 136
Holland, N. N. 694
Holmes, G. 245, 476
Holmstrom, L. L. 665
Holroyd, J. 556f.
Holt, J. 476
Holt, K. D. 498
Holz, G. 10f.
Holzberger, D. 497
Holzkamp, K. 217
Honts, Ch. 415
Hood, J. E. 248, 458
Hopper, J. 62
Horn, E. 46, 614
Horn, J. 377
Horstkemper, M. 733
Houskamp, B. M. 120
Hoyndorf, S. 706
Huber, M. 473, 501, 503, 507, 689
Hudson, S. 415
Hudson, S. M. 637
Huesmann, L. R. 495
Hull, D. 376, 665
Hunter, J. 332f.
Hughes, J. 442
Hurrelmann, K. 730, 733
Hussels, M. 720
Huston, R. 245

Inbau, F. E. 415

Ingenfeld, M. 351
Ingram, D. L. 148
Institut für Psychologie der Christian-Albrechts-Universität Kiel 737f.
Intons-Peterson, M. J. 551
Isaac, C. 415
Isay, R. A. 330f.
Israel, E. 157, 273
Isselhorst, R. 230

Jackson, J. L. 707
Jacob, B. 588
Jacobson, E. 463
Jaede, W. 287, 289
Jäger, M. 509
Jaffe, P. G. 174, 183
Jahrreis, R. 473
Jakob, P. 74, 77, 626
Jamisson, L. 442
Jankowski, P. 313
Janovsky, T. 727f.
Jans, K. W. 43f., 46, 133
Janus, M. D. 255f.
Jarvis, T. J. 458
Jehu, D. 554, 557f., 623
Jenkins, J. 271
Jeuck, G. 528
Jönsson, E. 219
Johanson, E. M. 138
Johns, J. 440, 444
Johnson, B. D. 276
Johnson, T. C. 271, 273, 545
Jones, B. 494
Jones, C. W. 376, 665
Jones, D. 412
Jones, D. P. 92f., 98, 148f., 172, 502
Jonker, F. 501
Jonker, I. 501
Joraschky, P. 457, 473, 621ff.
Jordan, E. 406f., 712
Joy, D. 333
Jugendamt der Landeshauptstadt Stuttgart 220f., 481
Julius, H. 47, 49, 245ff., 348, 475, 646, 681
Justice, B. 157, 273
Justice, R. 157, 273

Kaatz, S. 286
Kämpfen Heer, M. 687
Kahn, M. D. 155f.
Kaiser, A. 263
Kallert, H. 353
Kalscheuer, M. 712
Kampshoff, M. 734
Kardas, J. 675
Karl, H. 654
Karner, H. 255ff.
Kassebrock, F. 74
Katz, B. L. 701
Kaufman, J. 494f.

Kaufman, K. 335
Kavemann, B. 21, 49, 122, 124f., 130, 174, 227, 328, 344, 395f., 401, 407, 439, 523, 567, 572, 580, 582, 585, 650, 700
Kaye, D. 412
Keep, G. 175
Keiser, C. 132, 718
Keith-Spiegel, P. C. 555
Kelley, H. H. 61
Kelly, L. 177ff., 182
Kelly, S. J. 501
Kempe, C. H. 300, 493
Kempe, R. 300
Kemper, F. 286
Kendall-Tackett, K. A. 248, 546, 684f., 705
Kentler, H. 50, 356f.
Kerger, C. 434
Kernberg, O. F. 463
Kernberg, P. F. 272
Ketcham, K. 62, 65, 502, 689
Khan, M. M. R. 463
Kihlstrom, J. F. 689
Kilb, R. 636
Kilcoyne, J. 17, 202, 657
Kilian, B. 722
Kilpatrick, A. C. 120, 701
Kilpatrick, D. 234, 709
Kind, H. 279
Kindernetzwerk e. V. 584
Kindler, H. 238, 517
King, N. 476
Kiper, H. 322, 440
Kirchhoff, S. 355, 357, 382, 412, 420, 571, 657, 745
Kirchhofer, F. 444
Kircher, J. 415
Klajner-Diamond, H. 546
Klee, E. 139
Kleemeier, C. 442
Klees, K. K. 285, 440
Kleiber, D. 258
Klein, M. 550, 589, 591
Klein, S. 31
Kleiner, R. 48
Kleinknecht, T. 596, 720, 725f.
Klemenz, B. 627
Klie, Th. 440
Kling, F. 15
Klinken, H. van, 518
Kloiber, A. 247
Klopfer, U. 217, 221, 482, 487
Kluck, M.-L. 91, 169, 399, 674
Klüber, A. 171
Kluge, C. 326
Klusmann, D. 550
Knappe, A. 338, 420f., 440, 449
Knaut, H. 504
Knoblauch zu Hatzbach, P. 721f., 728
Knörzer, W. 604
Koch, H. H. 447, 449, 451, 454

Koch, K. 297
Köhnken, G. 572, 602, 689, 737, 740
Köhler, Th. 694
König, H. 518
Körner, W. 74 ff., 286, 288, 624, 626
Kohler, I. 589 f.
Kolb, M. 591
Kolip, P. 494
Kolko, D. 442
Kolmer, C. 353
Kolshorn, M. 16, 55, 57, 70, 111, 115, 366, 374 f., 408, 518, 521, 650, 659, 666, 679 ff., 698
Koss, M. P. 234, 376, 665
Kowalczyk, M. 354
Kozak, M. J. 709
Krafft-Ebing, H. 270
Krahé, B. 234, 330, 332, 334, 377, 698 f.
Kraizer, S. K. 441, 451
Kramer, E. 297 f.
Kramer, S. 464
Krause, P. 10, 12
Krauß, G. 254 ff., 259 f.
Krausse, J. von 17
Kreft, D. 236
Kretschmann, U. 701
Krieger, W. 426 f.
Kriener, M. 195
Krivacska, J. J. 442
Kröber, H.-L. 633
Kröner, S. 588
Kruck, M. 447, 449, 451, 454
Krüll, M. 692 f.
Krugman, R. D. 681
Kruks, G. 333
Krupinski, M. 633
Kruse, T. 248, 251, 477, 648, 654
Künzler, E. 459 f.
Kuhlmann, C. 402
Kuiper, J. 154, 271
Kunsleben, C. 347, 352
Kupfersmid, J. 692, 694
Kurowski, L. 700
Kury, H. 610, 633
Kutter, P. 618

Laan, M. 552
Lachmann, P. I. 148
LBS-Initiative Junge Familie 675
Lahey, B. B. 271
Lamb, M. 496
Lamers-Winkelmann, F. 439
Landesinstitut für Schule und Weiterbildung 440
Landgericht Mainz 724
Landswerk, J. A. 238
Lane, S. 415
Lang, E. 254 ff., 258
Lange, C. 25
Langeland , W. 495

Langen, M. 689
Langenmayr, A. 675
Langfeld, T. 271
Lappe, K. 440
Larrieu, J. A. 493
Laszlo, P. 245, 475
Laucht, D. 496
Laufer, D. 150
Launer, E. 532
Lautmann, R. 50, 357, 391 ff., 415
Laviola, M. 158
Laye-Mc Donough, M. 442
Lazarus, R. S. 702, 737
LeBaron, D. 546
Lee, F. 125
Lehmkuhl, G. 217, 221, 482, 487
Lehmkuhl, U. 217, 221, 482, 487
Leibfried, S. 11 f.
Leisering, L. 11 f.
Leitloff, D. 634
Lenz, H.-J. 398, 648
Leon, D. 323
Leon, J. J. 702
Leonard, K. E. 376, 664 f.
Leopold, B. 326 ff., 585
Lerner, G. 111, 375, 663
Leppich, G. 449
Lercher, L. 421, 572
Lerman, H. 556
Levine, H. 464
Levold, T. 622 f., 626, 628
Lew, M. 143, 248, 348, 475, 478, 527
Lewis, D. O. 270
Lewis, J. 496
Leygraf, N. 563, 634
Lezius-Paulus, R. 285
Licht, H. 136, 698, 700
Lieberz, K. 265
Liebman Jacobs, J. 367, 370
Lightfoot, S. 237
Lindemann, A. 351
Lindsay, D. S. 62, 68
Lipovsky, J. 234, 709
Lipschitz, D. S. 458
Lipton, D. S. 579
Lisak, D. 111
Lister, E. D. 316, 473
Litrownik, A. J. 238
Litz, J. 442
Llosa, V. 322
Localio, R. 554 f., 559
Lösel, F. 493 ff., 497, 499, 509 ff., 513 f., 518, 565, 579, 610, 633
Loewald, H. W. 462
Löwer-Hirsch, M. 560
Loftus, E. 62 f., 65, 68, 502, 689
Lohaus, A. 448 ff., 451
Lohstöter, I. 21 f., 49, 227, 344, 407, 523, 650
Longo, R. E. 234
Lossen, J. 106 f., 225, 229 f., 383

Luca, R. 734
Lückert, H. R. 75
Lustig, N. 100, 665
Lykken, D. 415
Lynch, M. 498
Lynskey, M. 248

Machotka, P. 99
MacKinnon-Lewis, C. 496
MacKinnon, L. K. 626
Madanes, C. 626, 628
Maddever, H. M. 707
Mader, P. 440
Mädchenzuflucht Frankfurt 348, 352
Mähne, U. 644
Maercker, A. 473
Magdol, L. 234
Magee, V. 701
Mahler, M. S. 463
Maibach, E. W. 150
Maisch, H. 139
Malamuth, N. M. 238, 376, 699
Malinosky-Rummell, R. 498
Maltas, C. 157
Mamet, D. 323
Mandoki, C. A. 700
Manly, J. T. 493
Mann, F. 313
Mannarino, A. 250
Manion, I. 684
Mantwill, M. 737
Mantyla, S. M. 496
Margraf, J. 707
Marlatt, G. A. 5
Marquardt, C. 106f., 227, 229f.,
Marquardt-Mau, B. 440, 444
Marshall, W. 415
Marshall, W. L. 234, 637
Martin, J. 23
Martinez, P. E. 494
Martinson, F. M. 549
Marzolf, D. P. 7
Masson, J. M. 138, 459, 461, 692f.
Masten, A. S. 498
Maurer, A. 556
Mayer, K. 150
Mayring, P. 338
McClintock, M. 551
McCormack, W. M. 149
McFadin, J. B. 334
McGrath, R. 234
McGraw, J. M. 93
McIntosh, J. A. 92
Mebes, M. 395, 440, 523, 528
Meier, B.-D. 575, 721
Meili, D. 647
Meiselman, K. C. 159
Melås, P. S. 545, 547
Melchert, T. P. 63, 67
Menne, K. 675

Merkel, P. 3
Merz, H. 322f.
Metzner, J. L. 681
Meurer, D. 724
Meyer, A. E. 457
Meyer-Andersen, K. 278
Meyer-Goßner, L. 596, 722, 725f.
Meyer Williams, L. 705
Mian, M. 546
Michelbrink, M. 405f.
Mikkelsen, E. J. 92
Mildenberger, E. 719, 724, 745
Miller, A. 581
Miller, D. 626
Miller, M. 441, 451
Ministerium für Arbeit, Gesundheit und Soziales des Landes Nordrhein Westfalen 13, 22
Misch, P. 270, 277
Miyoski, T. 455
Miyoshi, T. J. 681
Moan, S. 8
Möbius, T. 254ff., 259f.
Mörth, G. 698
Moffit, T. 234
Moffitt, T. E. 496, 498
Moggi, F. 117ff., 555f., 558ff., 706
Monck, E. 270
Monden-Engelhardt, C. 286
Money, J. 154, 271, 549
Moran, P. B. 498
Moravia, A. 323
Morgan, L. 149
Morley, R. 178
Moser, J. 442
Motzkau, E. 172
Mrozynski, P. 74
Muehrer, P. 333
Muelenhard, C. L. 376, 665, 698
Müller-Hohagen, J. 503
Müller, W. 306
Münder, J. 105, 227, 230, 439, 712
Müther, M. 91, 399
Mullen, P. 23, 248
Mullender, A. 178
Murphy, W. D. 665
Murray, T. B. 100
Musick, J. S. 701
Musolff, C. 80
Mutke, B. 227, 230

Nabokov, V. 322
Nacci, P. L. 333f.
Nader, K. 689
Nagel, H. 48
Nass, G. 139f.
Nau, E. 139
Nave-Herz, R. 671
Neff, R. 618
Neldner, S. 32

Nelles, U.   381, 386, 389, 717, 728
Neubauer, E. Ch.   32
Neubauer, G.   262, 266 ff.
Neuendorff-Bub, B.   113
Neumann, D. A.   120
Neutzling, R.   262
Newberger, M. C.   367, 369
Newton, R. R.   238
Nicholas, E.   8
Nienstedt, M.   403, 406
Niemanntsverdriet, J.   518
Nissen, G.   23, 634
Nitschke, S.   580, 694
Noot, M.   558
Normann., D.   581
Nowara, S.   633
Nuhn-Naber, C.   612

Oberlandesgericht Köln   108
O'Brien, M.   157, 273
Oberlies, D.   386, 389, 728, 745
Offe, H.   27, 91, 165, 584
Offe, S.   27, 91, 165, 584
Offen, L.   245, 476
O'Grady, R.   532
Ohl, D.   395f., 580, 582
Okami, P.   270
Olarte, S.   554ff., 559
Olasov-Rothbaum, B.   709
Olivier, C.   264
Oostveen, J.   543, 551, 553
Oros, C. J.   376
O'Shea, M.   23
Oster, G. D.   297
Ottemeier-Glücks, F.-G.   654
Overbeck, A.   168
Owen, M.   175

Palzkill, B.   587 ff.
Pant, A.   258, 261
PAPATYA   350, 352 f.
Papp, P.   626
Parens   155
Parides, M.   333
Parker, A. J.   686
Parker, H.   111
Parker, S.   111
Parra, J.   245
Parzer, P.   457
Paul, N.   326
Paul, R. A.   694
Paulus, M.   278 f.
Paxton, R.   148
Pearson, C.   175, 179, 181, 579
Peglau, J.   562
Penn, P.   625
Pensky, L.   495
Perez, D.   271
Permien, H.   654
Petermann, F.   168, 542

Peters, D.   475
Peters, S. D.   23
Petersdorf, von, U.   601
Petretic-Jackson, A.   458
Petri, H.   265, 675
Petze e.V.   440, 444, 654
Pfäfflin, F.   633, 719, 729
Pfafferodt, M.-T.   74f., 286
Pfeiffer, Ch.   266, 300, 697 ff.
Pfeiffer, G.   721
Pfister, G.   587 f.
Pianta, R.   495 f.
Pieper, R.   255 ff.
Pieters, V.   381, 720, 736, 738, 746
Pilkington, N. W.   333
Pillemer, D. B.   698
Pine, F.   272
Pircher, E.   32
Pistor, R.   80
Pithers, W. D.   5
Pittinsky, T.   495
Pittman, F. S.   99
Plaz, E.   572
Polansky, N. A.   497
Pollack, W.   262
Pollock, V. E.   120
Polonsky, S.   63
Pomeroy, W. B.   665
Pope, K. S.   63 ff., 556 ff., 560
Potter, J. S.   150
Powell, T.   476
Prasad, N.   347
Praxis der Rechtspsychologie   676
Pribor, E. F.   708
Prihoda, T.   245
Prinz, R. J.   92
Prittwitz, C.   509, 514
Prochazka, I.   332
ProSieben/Forsa   632
Putnam, F. W.   501
Pynoos, R. S.   120, 689

Raack, W.   76, 228, 232, 568
Rademakers, J.   552
Rakete-Dombek, I.   673
Range, L,   475
Raskin, D.   415
Rasmussen, L. A.   274
Raupp, U.   24, 234, 247
Rawson, R.   707
Read, J.   62, 68, 458
Realmuto, G. M.   7
Reddemann, L.   315, 317, 472 f.
Reemtsma, J. P.   312, 473, 699
Regan, L.   182
Rehder, U.   610, 612
Rehn, G.   565, 575 f., 577 f., 609 f.
Reiche, R.   330 f.
Reichelt, S.   297
Reid, J. E.   415

Reimer, C. 557, 559
Reinecker, H. 705, 707, 709
Reinsberg, C. 136
Reinhold, M. 706
Reiter, K. 227, 403
Remafedi, G. 331, 333
Remplein, H. 141
Remus, N. 439
Renvoize, J. 665
Resch, F. 270, 457
Resick, P. A. 709
Resnick, H. 234
Ressler, R. 79, 272
Retsch, A. 557
Reutemann, M. 572, 602, 737, 740, 743
Richter-Appelt, H. 24, 448, 457f., 539
Richter, H. G. 297, 321
Richters, J. E. 494
Richtlinien für das Strafverfahren und das Bußgeldverfahren – RiStBV 597, 722
Riedel, K. 288f.
Riedel-Breitenstein, D. 440
Riedesser, P. 154, 159, 700, 702
Rijnaarts, J. 344, 397, 622f.
Rico, G. 527
Rimza, M. E. 149
Rind, B. 118ff., 390
Robert, M. 461
Roebers, C. 170
Roemer, A. 91
Rösner, S. 30, 91
Rogers, C. R. 285, 312ff.
Rogosch, F. A. 498
Rohde-Dachser, C. 463
Rohleder, C. 184ff., 191f., 194, 225, 227, 231, 401, 427, 430, 481, 483ff., 523, 583
Rohrmann, T. 262, 264f., 651
Romans, S. 23
Romer, G. 154, 157, 159, 270f., 273, 544f.
Rosario, M. 332f.
Rosenkrantz, P. S. 116
Ross Colin, A. 458
Rosenberg, D. 701
Rossetti, S. 306
Ross-Gower, J. 458
Roß, T. 633
Roth, G. 184ff., 227, 231, 295ff., 427, 481, 483f., 582, 584
Rotheram-Borus, M. J. 332f.
Rothstein, A. 464
Rotthaus, K. P. 563
Rotthaus, W. 415, 636, 654
Rouleau, J. L. 234, 666, 681
Rubino, K. K. 701
Ruch, L. O. 702
Ruch-Ross, H. S. 701
Rudd, J. M. 156
Rudolphi, H.-J. 46, 614
Runtz, M. 376f., 707f.
Rupp, S. 572

Rush, A. J. 707
Rush, F. 135ff., 344, 692
Russell, D. E. H. 51, 123, 408, 666
Russell, T. A. 148
Rust, G. 50
Rutschky, K. 140, 325, 356f.
Rutter, M. 271, 494f., 498
Rutter, P. 558
Ryan, G. 415, 681

Saadon, M. 558
Sachau, S. 528
Sachs, K. 654
Sachs, R. G. 501
Sachsse, U. 315, 317, 463, 473
Sade, M. de 321
Safier, E. J. 161
Sakheim, D. K. 502, 504
Saks, M. 412
Salgo, L. 745
Saller, H. 51, 440
Salter, A. C. 2, 117
Salzgeber, J. 91, 164, 671f., 674, 676
Sammet, N. 633
Samson, E. 46, 614
Sanchez, R. P. 63
Sanday, P. 111
Sanders, J. 412
Sanderson, C. A. 150
Sandfort, T. G. M. 543, 547, 550
Saradjian, J. 122, 126ff.
Saunders, B. 234
Saunders, B. E. 709
Saurbier, H. 43f., 46, 133.
Savin-Williams, R. C. 330ff.
Saxe, L. 414f.
Saywitz, K. 8
Schade, A. 91, 584
Schade, B. 30, 91, 357, 584
Schade, G. 185, 227, 232, 430, 480, 482.
Schäfer, G. 388
Schanz, B. 588
Scharfetter, C. 689
Scharff, D. E. 547
Schatzow, E. 63f., 67
Scheffel, H. 588, 590
Schein 245
Scheinberger-Olwig, R. 330, 332, 334, 698
Scheinhardt, S. 323
Scheithauer, H. 542
Schenk, H. 113
Schepank, H. 265
Schetky, D. 92
Scheuer, K. 139
Schickedanz, H. J. 255ff.
Schiepek, G. 625
Schilling, H. 675
Schimke, H.-J. 219
Schirrmacher, G. 585
Schlich, H.-P. 256f., 258ff.

Schliermann, B. 113
Schlingmann, T. 476f.
Schlippe, A. v. 624, 626
Schmauch, U. 651
Schmeck, K. 545
Schmid, J. 167
Schmidt, G. 390f., 550
Schmidt, M. 624f.
Schmidtchen, S. 286
Schmidt-Relenberg, N. 255ff.
Schmiedeskamp-Böhler, I. 245, 475
Schmitz, N. 265
Schmoll, D. 725f.
Schnack, D. 262
Schneewind, K. A. 675
Schneider, W. 170
Schnicke, M. K. 709
Schöchlin, C. 633
Schötensack, K. 23
Scholz, O. B. 6, 9, 91, 700
Scholz, S. 91
Schone, R. 105, 712
Schorch, E. 611
Schorsch, S. 449
Schrag, J. L. 698
Schriftenreihe des Bundesministeriums für Frauen und Jugend 395
Schröder, Ch. 528
Schroeder, C. S. 547
Schröer, W. 354
Schrott, G. 254ff.
Schütz, H. 673
Schuhrke, B. 544f., 549ff.
Schulz, D. 75f.
Schultz, L. R. G. 137
Schurich, F.-R. 525
Schutz, J. 156f., 271. 273
Schwarz, N. 3, 375, 377
Schwartz, H. J. 312ff.
Schweikert, B. 568
Schweitzer, J. 624, 626
Schwerhoff, G. 137
Sedney, M. A. 709
Segal, H. 463
Sego, S. A. 63
Seig, A. 92
Selg, H. 338, 440, 449
Seligman, M. E. 708
Senf, W. 705
Seth, W. 665
Shaffer, D. 333
Shamroy, J. A. 148
Shaw, B. F. 707
Shaw, J. A. 271
Shay, J. 157
Shengold, L. 462f., 465, 467, 470
Sick, B. 700
Sieber, U. 278
Siegel, J. M. 707
Sielert, U. 537f.

Silva, P. 234
Silver, H. K. 300, 493
Silverman, F. N. 493
Silverstein, O. 626.
Simmedinger, R. 10f.
Simmons, J. L. 61
Simone, S. 202, 205, 454
Sipe, R. 306
Sitzler, F. 74
Skår, J. E. 545, 547
Skuse, D. H. 498
Smith, H. 157, 273
Smith, M. 503f.
Smith, R. S. 494f.
Smith, S. 558
Smith, T. 17, 204, 246, 657
Sobiech, G. 588
Sohni, H. 155f.
Solnit, A. J. 216
Somer, E. 558
Sonne, J. L. 557
Sorenson, S. B. 707
Southwick, S. M. 458
Spaccarelli, S. 707
Spangler, G. 675
Specht, F. 578
Spellmann, S. W. 100, 665
Spitzl, M. 347, 350, 352
Spoden, Ch. 639, 644
Srurkie, K. 711
Stadler, M. 27, 165, 168
Stahlmann-Liebelt, U. 737, 743
Stallberg, F. W. 254ff.
Stark, E. 175
Statham, A. 61
Steege, G. 581
Steele, B. B. 493
Steffan, E. 326 ff.
Stein, J. A. 707
Steinberg, A. M. 120
Steinbrock, R. 414f.
Steinhage, R. 48, 297f., 315f., 344, 470, 473, 698
Stein-Hilbers, M. 202f., 205, 237, 408, 549
Steiniger, Ch. 34
Steketee, G. 709
Steller, M. 6, 9, 27, 29, 91ff., 95, 163, 166, 217, 359, 413, 415ff., 584, 671ff., 676, 721, 736
Stern, L. W. 138
Stiffman, A. R. 151
Sting, S. 354
Strafgesetzbuch 44, 80, 242, 281, 562, 610, 697
Strapko, N. 441, 449, 451
Straus, M. A. 111
Straver, C. J. 552
Strohhalm e.V. 424, 442, 654
Stüwe, G. 349f.
Stumpf, J. 367f.

Sturzbecher, D.   286
Sugarman, A.   464
Summa, D.   27
Swift, A.   17, 202f., 601, 645, 653, 700

Tabachnick, B. G.   555
Tamaro, S.   323
Tauche, A.   103
Tausch, A.   287f.
Tausch, R.   287f.
Tavris, C.   62
Teegen, F.   583
Tenhumberg, A.   405f.
Ter-Nedden, C.   348f., 352
Terr, L.   62, 66f., 689
Testa, R. J.   271
Teti, D.   496
Teubner, U.   698
Textor, M. R.   403f., 406f.
Tharinger, D.   442
The Royal College of Physicians   148f., 172
Thoennes, N.   92
Thönnissen, A.   278
Thoma, P.   264
Thompson, N. J.   150
Thompson, S. C.   736
Thurn, C.   367f., 644
Tiefensee J.   458
Tieger, T.   376f., 699
Tillmann, K.-J.   730, 734
Titus, T.   253
Tjaden, P. G.   92
Toal, S. D.   442
Toppe, S.   10f.
Tov, E.   698f.
Trauernicht, G.   328, 733, 735
Tiede, I.   326ff.
Trautmann, K.   80
Trepper, T. S.   621ff., 625ff.
Tröndle, H.   45
Tromovitch, P.   118ff.
Trube-Becker, E.   135
Tscheulin, D.   313
Twentyman, C.   496
Tyson, M.   458

Ucar, S.   348f., 352
Ulfers, R.   256, 258
Ulmer, R.   587
Underwager, R.   62, 91f.
Undeutsch, U.   26, 30, 357, 412, 414ff., 675
Unicef-Information   530
Urteil des Bundesgerichtshofes vom 30.7.1999   6, 26, 678

van der Kolk, B.   67
van der Zanden, R.   549ff.
van Kessel, W.   312
van Outsem, R.   245

van Scoyk, S.   98
van Stolk, B.   583
Vela, R.   272
Velentgas, P.   150
Verein für Kommunalwissenschaften e.V.   228
Verein zur Prävention von sexueller Gewalt an Mädchen und Jungen – Ostwestfalen-Lippe E.V.   440, 442, 444
Vermeulen, M.   444
Veronen, L. J.   709
Vetter, V. A.   556, 558, 560
Volling, B.   496
von Troschke, J.   698
Vick, J.   80
Vierhaus, H.-P.   718
Villeponteaux, L. A.   709
Vincent, G. C.   442
Vizard, E.   270f.
Vogel, S. R.   116
Vogt-Hillmann, M.   627
Vogt, I.   554f., 558
Volbert, R.   9, 29, 91f., 95, 162f., 166f., 217, 359, 381, 546, 549ff., 584, 673ff., 720f., 724, 736, 738, 746
Vuuren, B. van   18

Wais, M.   72, 123
Waizenhöfer, E.   698
Wakefield, H.   62, 91f.
Walker, A.   323
Waller, G.   458
Walper, S.   11, 13ff.
Walser, A.   323
Walter, E.   333, 677
Walter, M.   565, 576, 611
Walters, M.   626
Wanzeck-Sielert, Ch.   440
Ward, T.   637
Waschlewski, S.   235
Watkins, B.   248
Watkins, R. T.   501
Wawrok, S.   31
Webb, C.   442
Weber, J.   227
Weber, M.   184ff., 191f., 194, 225, 227, 231, 401f., 427, 430, 480f., 483ff., 523, 581, 583, 675
Webster-Stratton, C.   497
Wedekind, E.   622f., 626, 628
Wegner, K.   518
Wehnert-Franke, N.   448f., 451, 539
Wehrspann, W.   546
Weidner, J.   636
Weilbach, K.   475
Weinberg, M. S.   330
Weinel, H.   496
Weis, K.   375, 377, 666, 699f.
Weisberg, K.   255ff.
Weiss, P.   332
Weiß, W.   430

Wellendorf, F.   155
Werder-Mörschel, I.   90
Werner, E. E.   494f.
Wescoe, S.   7
Westermann, A.   403, 406
Wetzels, P.   21, 24, 27, 47, 49, 91, 165, 192, 300, 493, 495, 509, 566, 584, 679ff., 697ff.
Whipple, E. E.   497
White, S.   92
White, S. H.   698
Whits-Simms, S. T.   151
Widlöcher, D.   297
Wieghaus, B.   297
Wieland, N.   398
Wiemann, I.   516f., 521
Wiesner, R.   224, 229
Wilhelm, R.   415
Williams, L. M.   62, 64f., 67, 248, 556, 684f., 687
Williams, M.   687
Williams, M. H.   556
Wils, E.   644
Wilson, S. K.   174
Wiltschko, J.   314
Winegar, R. K.   458
Winder, C.   546
Winkler, M.   427
Winnicott, D. W.   462f., 467
Winter, R.   262, 266ff., 651
Wipplinger, R.   47f., 51, 338, 426, 449, 451, 457, 706
Wirth, S.   171
Wirtz, U.   315f., 470, 473, 687
Wirtz-Weinrich, W.   448
Wischka, B.   575f., 578f., 612
Wittenhagen, F.   91
Witztum, E.   156, 158
Wohlatz, S.   572

Wolf, S.   17, 204, 246, 657
Wolf, P.   603, 736
Wolfe, D. A.   174, 183
Wolfers, O.   123
Wolff, R.   17, 51, 356f., 566
Wolke, A.   228, 582
Woods, J.   271
Wraith, R.   120
Wright, M. T.   254ff., 259f.
Wüstendorfer, W.   10f.
Wulffen, E.   140
Wyatt, G. E.   475
Wynick, S.   271
Wynne, J. M.   173, 403, 407
Wyre, R.   17, 202f., 601, 645, 653, 700

Yapko, M. D.   62, 65, 68
Yates, A.   271
Young, W. C.   501
Youngblade, L.   495
Yüksel, S.   347, 350

Zartbitter Köln   640f., 684
Zeitschel, U.   550
Zelen, S. L.   557
Zemann, R.   331
Zemp, A.   32
Zenz, W.   626
Ziehlke, B.   734
Zielke, M.   477
Zierler, S.   150
Zigler, E.   495
Zilbergeld, B.   268
Zille, H.   138
Zimmermann, P.   267, 675
Zitelmann, M.   481
Zucker, K. J.   248, 458

Sachregister

Abwehrstrategien der Täter   1
   Abwehrhaltung   1
   Graugestehen   3
   Kognitive Verzerrungen   3
   „Scheinbar irrelevante Entscheidungen" (SIE)   4
   Verantwortungs-Abwehr-System   2

Allein erziehende Mütter   14, 17

Allgemeiner Sozialer Dienst   219, 221, 228, 235, 480, 482

Amnesie   53f., 66, 419, 461, 686, 689

Anatomisch korrekte Puppen   6ff., 584
   Suggestionspotenzial der Puppen   8

Angehörige der Täter   310, 355

Anzeigepflicht   45f., 134, 600f.

Armut von Kindern und Jugendlichen   10
   Allein erziehende Mütter   14
   Auswirkung der Armut   12
      Psychische Probleme und Verhaltensauffälligkeiten   16
   Definition   10
      Absolute Armut   10
      Lebenslagenkonzept   10
      Relative Armut   10
      Sozialhilfebezug als Armutsindikator   11
   Dynamische Armutsforschung   11
   „Infantilisierung der Armut"   11

Aufenthaltsbestimmungsrecht   76, 105f., 677
   Entzug des Aufenthaltsbestimmungsrechts   105
   Entzug der Personensorge   105

Ausmaß   20
   Inzidenz   20
   Dunkelfeld   20
   Dunkelziffer   21
   Forschungsmethodische Probleme   22
      Befragungsinstrumente   22
      Definitionen   22
      Rücklaufquote   22
      Stichprobe   22
   Polizeiliche Kriminalstatistik   20
   Prävalenz   20, 22

Aus- und Fortbildung   424, 444, 480f., 521

Befragung von Kindern   26
   Falschaussage   27
      Autosuggestionen   27
      Absichtliche Falschaussagen   27
      Erinnerungsfehler   27
      Falschaussagen aufgrund von Fremdbeeinflussungen   27
   Kriterienorientierte Aussageanalyse   29
   Realkennzeichen   26
   „Trichtertechnik"   27

Begriffe   47
„Begriffs- und Definitionswirrwarr"   47
   Inzest   48
   sexuelle Ausbeutung   48
   sexuelle Gewalt   48
   sexueller Missbrauch   47
   sexuelle Misshandlung   48

Behinderung und sexuelle Gewalt   31
   Erziehungsberatungsstellen   35

Betreuter Umgang   107

Bundesgerichtshof (BGH)   6, 26, 168, 380, 413, 416, 490, 492, 678, 722

CAPP – Child Assault Prevention Project   40ff., 440, 539
   Elternworkshop   41
   Kinderworkshop   41
   Workshop für Schulpersonal   41

Datenschutz   43, 45, 218f., 320, 488, 569, 601
   Anzeigerstattung durch Jugendhilfeträger   45
   Anzeigepflicht   46
   Einwilligung   44
   Erhebung und Weitergabe von Sozialdaten   43
   Informationelle Selbstbestimmung   43
   Interessenabwägung   46
   Rechtfertigender Notstand   45
   Sozialdaten   43
   Sozialgeheimnis   45
   Strafanzeige   45
   Verbrechen   44
   Vergehen   44
   Zweckbindung   44

Definition 10, 24f., 47ff., 120, 154, 270, 300, 373, 457, 698, 712
  Definitionskriterien 50f.
  Altersgrenze 51
  Altersunterschied zwischen Opfer und Täter 50
  Übergriffe ohne Körperkontakt 50
  Willen des Kindes 50
  wissentliches Einverständnis 50
  „enge Definitionen" 49
  Exhibitionismus 49f.
  „feministische" Definitionen 49
  Forschungs-Definitionen 49
  klinische Definitionen 49
  normative Definitionen 49
  rechtliche Definitionen 49
  „weite Definitionen" 48

Diagnostik 1, 5, 26, 32, 34, 47, 143, 159, 272, 275, 286, 477, 627, 686

Dissoziation 53, 66f., 322, 458, 463, 686f.
  Depersonalisationsstörungen 54
  Dissoziative Amnesie (Gedächtnisverlust) 53
  Dissoziative Bewegungsstörung 54
  Dissoziative Fugue 54
  Dissoziative Identitätsstörung 54
  Dissoziative Krampfanfälle 55
  Dissoziative Sensibilitäts- und Empfindungsstörungen 54
  Dissoziative Störungen 53
  Dissoziativer Stupor 54
  Erinnerungen 53
  Hysterie 55
  Konversionsstörung 55
  Multiple Persönlichkeitsstörung 54

Drei-Perspektiven-Modell: Ein feministisches Ursachenmodell 55
  Kosten-Nutzen-Abwägung 59
  Person des Täters 56
    Handlungsmöglichkeiten 58
    Handlungsmotivation 57
    Verhaltensfördernde und -hemmende Internalisierungen 58

Elternbildung 420ff.
  Elternarbeit 420
  Grundsätze der Elternbildung 421
  Inhalte und Ziele der Elternbildung 421
  „Mütterabende" 421
  Strukturen professioneller Elternbildung 424
  Symptomlisten 423
  „Väterabende" 421

Entschädigungsverfahren 109

Ergänzungspfleger/in 102, 105, 598f.

Erinnerungen 27, 30, 53f., 61ff., 118, 411, 415, 418f., 459ff., 506f., 686ff., 691f.
  Einfaches Vergessen 66
  Dissoziation 66
  Falsche Anschuldigungen 65
  „False Memory Syndrome Foundation" 61
  Häufigkeit fehlender Erinnerungen 61, 65
  Suggestionen 61
  Verdrängung 66

Erziehung 69ff., 74ff., 190ff., 292ff., 420ff., 592, 713
  Autoritärer Erziehungsstil 70
  Familienklima 70
  Kindliche Intuition 72
  Körperkontakt wider Willen 71
  Mangel an Sexualerziehung 71
  Manipulation 72
  Traditionelle Geschlechtsrollenaufteilung 70

Erziehungsberatung 73ff., 293
  Erziehungsberatungsstellen 73
  Hinweise für Nutzer/Nutzerinnen 76
  Kerpener Modell 76
  Klärung von sexueller Gewalt 75

Europol 214

Exhibitionismus 22, 49f., 116f., 119, 452, 510, 610, 680

Fallanalyse 21, 78f., 82ff., 94
  Ablauf der Fallanalyse 85
  DNA-Probe 87
  Durchführung von Fallanalyse 86
  Experten- und Spezialistendatei (ESPE) 79
  Geografische Fallanalyse 79, 87
  Operative Fallanalyse 78f.
  Polizeiliche Fallanalytiker 89
  Polizeiliche Kriminalstatistik 80
  „profiling" 78
  Sexualmord 82
  Täterprofil 79, 87
  Tathergangsanalyse 84
  ViCLAS-Datenbank 79

Falschaussage 27, 30, 93, 165ff., 672
  Absichtliche Falschaussagen 27
  Autosuggestionen 27
  Häufigkeit von Falschbeschuldigungen 62
  Falschaussagen aufgrund von Fremdbeeinflussung 27
  Erinnerungsfehler 28

Falschbeschuldigungen 90ff., 359, 675
  „Missbrauch mit dem Missbrauch" 90
  Untersuchungen

Sachregister

aus den USA 92
erste deutsche Studie 93

Familiendynamik 97, 156, 349, 365
 Exogamiegebot 99
 Geschwisterbeziehung 100
 Inzestfamilie 98
 Parentifizierung 99
 Rollenumkehr 99
 Trennungsangst 98
 Vater-Tochter-Inzest 97

Familien- und Vormundschaftsgericht 102, 487, 507
 Anhörungsrecht 104
 Aufenthaltsbestimmungsrecht 105
  Entzug des Aufenthaltsbestimmungsrecht 105
  Entzug der Personensorge 105
 Befangenheit 103
 Ergängzungspfleger 102
 Gefährdung des Kindeswohls 104
 „go order" 104
 Kindschaftsrechtsreform 102
 Rechtliches Gehör 104
 Rechtspfleger 102
 Sorgerecht 102
  alleinige elterliche Sorge 106
  gemeinsames Sorgerecht 106
 Sorgerechtsentzug 105
 Umgangsrecht 106
  betreuter Umgang 107
 Verfahrenspflegschaft 104
 Videoaufnahme 105
 Vormünder 102
 Zeugenschutzgesetz 108
 Zeugnisverweigerungsrecht 102

Feministisches Ursachenverständnis 109 f.
 Frauenbewegung 109
 Geschlechtsspezifische Arbeitsteilung 111
 Patriarchale Gesellschaftsstruktur 110
 Verdinglichung weiblicher Sexualität 111
 Verfügungsrecht über die Sexualität 111
 Traditionelle Geschlechtsrolle 111, 113

Focusing 312 ff., 316

Folgen 51, 94, 96, 108, 116 ff., 154, 158, 160, 247 ff., 258, 333 f., 340 ff., 373 ff., 497, 506, 559 f., 619, 714
 Auffälligkeiten im Sozialverhalten 117
 Emotionale Reaktionen 117
 Externalisierende Reaktionsformen 117
 Geschlechtstypische Unterschiede 118
 Internalisierende Reaktionsformen 117
 Kurzzeitfolgen 117
  Auffälligkeiten im Sozialverhalten 117
  Emotionale Reaktionen 117
  Somatische und psychosomatische Folgen 117
  Unangemessenes Sexualverhalten 117
 Langzeitfolgen 117
  Dissoziative Störungen 118
  Emotionale und kognitive Störungen 118
  Essstörungen 118
  Geschlechtstypische Unterschiede 118
  Persönlichkeitsstörungen 118
  Posttraumatische Belastungsstörung 118
  Psychosomatische Symptome 118
  Schlafstörungen 118
  Selbstschädigendes Verhalten 118
  Sexuelle Störungen 118
  Störungen interpersonaler Beziehungen 118
  Substanzgebundenes Suchtverhalten 118
 Methodische Probleme der Folgenforschung 119
  Befragungsmethoden 120
  Befragtengruppen 120
  Definition 120
  Erhebungsinstrumente 120
  prospektive Langzeitstudien 119
  retrospektive Studien 119
  statistische Verfahren
 Opfer ohne Symptome 119

Frauen als Täterinnen 121, 123, 140, 639, 670, 681
 Anteil weiblicher Täterinnen 122
 Folgen der sexuellen Gewalt durch Frauen 123
 Gruppierungen von Täterinnen 126
  Atypische Täterin 127
  Liebhaberin 126
  Mittäterin 126
  Vorbelastete Täterin 126
 Therapeutische Arbeit mit weiblichen Missbrauchenden 130
 Ursachen sexueller Gewalt durch Frauen 124

Gefährdung des Kindeswohls – Eingriffe in das elterliche Sorgerecht 131
 Eingriffstatbestände 132
  Missbrauchstatbestand 132
  Unverschuldetes Versagen der Eltern 133
  Vernachlässigungstatbestand 133
 Inobhutnahme 133
 Staatliches Wächteramt 132

Geschichte 135 ff., 300, 395, 464, 695

Geschlecht des Beraters/der Beraterin 143

Geschlechtskrankheiten 117, 147 f., 172, 259, 531

Bakterielle Vaginose 149
Chlamydia trachomatis 148
Gonorrhoe 148
Herpes genitalis 149
HIV/AIDS 149
    HIV-Test 149
Syphilis 149
Warzen im Genitalbereich 148

Geschlechtsrollen 58, 60, 111 ff., 375 ff., 435

Geschlechtsspezifische Angebote 485

Geschwister 151
    Geschwisterbeziehungen 155
    Geschwisterinzest im Kindes- und Jugendalter 154
        Häufigkeit und Charakteristika 156
        Diagnostik und Therapie 159
        Familiendynamik 156
        Folgen sexueller Traumatisierung durch Geschwisterinzest 158
        Langzeitfolgen 158
        Trauma-Ansteckung („trauma contagion") 157

Glaubhaftigkeitsuntersuchung 8, 162 ff., 166, 674
    Aussagepsychologische Begutachtung 163
    Aussagegenauigkeit 163
    Aussagequalität 165
        Aussagevalidität 165
        Aussagetüchtigkeit 164
    Falschaussagen 166
        durch Autosuggestionen 166
        durch Fremdbeeinflussungen 166
    Glaubhaftigkeit 163
    Glaubwürdigkeit 163
    Hypothesengeleitetes Vorgehen 164
    Inhaltsanalytischer Ansatz 163
    Null- oder Unwahrheitshypothese 164
    Realkennzeichen 166
    Zeugentüchtigkeit 163

„go-order" 104, 106, 108, 134

Gynäkologische Untersuchung 171, 382

Häusliche Gewalt 64, 174 ff., 568, 637, 743
    Beschützter Umgang 181
    Familiengerichte 180
    Frauenhäuser 179
    Jugendämter 180
    Kinder misshandelter Mütter 174
    Misshandelnde Männer 177
    Misshandelte Mütter 178
    Polizei 180
    Täterprogramme 182

Heimerziehung 185, 191 f., 227 f., 294, 403, 407, 425 ff., 432, 516, 582

Helferinnen/Helfer und Professionalisierung 183
    Arbeitskreise 189
    Berufsgruppe 189
    Fachberatung 189
    Supervision 189
    Vernetzung 189

Hilfekonferenz 219 f., 222, 228

Hilfeplan 222, 294
    Hilfeplanverfahren 228

Hilfeprozessmanager/in 220 f., 223, 229

„Hilfe statt Strafe" bzw. „Helfen statt Strafen" 187

Hilfen zur Erziehung 133, 190 f., 229, 293, 569, 594
    Parteiliche Arbeitsansätze 192
    Sekundäre Traumatisierung 192
    Sozialpädagogische Familienhilfe 193
    Spezialeinrichtungen 192

Homosexualität 257, 268, 330 f.
    Coming-out 330 f., 333 f.

Inobhutnahme 44 f., 133 f., 189, 194, 294, 484, 488, 595

Institutionen und sexueller Missbrauch 196, 202
    Täterstrategien 202
        Berufswahl 202
        Gezielte Suche nach verletzlichen Kindern 204
        Institutionelle Strukturen nutzen 202
        Jugendliche Täter 206
        Wahrnehmung der Umwelt vernebeln 203
    Überstrukturierte Einrichtungen 198
    Unterstrukturierte Einrichtungen 200

Internet 210, 242 ff., 278, 280, 282, 324, 477, 478, 528, 532
    Bundesprüfstelle für jugendgefährdende Schriften 213
    Chat-Bereiche 210
    Freiwillige Selbstkontrolle der Multimedia-Dienstanbieter (FSM) 213
    FTP 210
    Gesetzliche Regelungen 212
    Informations- und Kommunikationsdienstegesetz (IuKDG) 213
    Internet Relay Chat (IRC) 214
    Jugendschutz.net 213

Newsgroup 210
Nicht-Regierungs-Organisationen (NGOs) 214
Präventive Maßnahmen 212
Usenet 210
www 210

Interpol 214

Intervention – die „Regel der Kunst" 216
  Alternativhypothesen 216
  Allgemeiner Sozialer Dienst 221
  Befragung der Kinder durch Spezialisten 222
  Beteiligung der Eltern am Hilfeprozess 219
  Datenschutz 218
  Dokumentation 216
  Fallzuständiges Team 220
  Hilfekonferenz 219
  Hilfeplan 222
  Hilfeprozessmanager/in 220f.
  Krisenvorsorge 222
  Ressourcen des Kindes 217
  Selbstevaluation 223
  Supervision 222
  Teamarbeit 218
  Wünsche des Kindes 217

Jugendamt/Jugendämter 103, 133, 180f., 190ff., 220f., 224ff., 294, 406ff., 429ff., 484, 487, 593, 595
  Arbeitsgemeinschaften nach § 78 SGB VIII 231
  Jugendamtsverwaltung 225
  Jugendhilfeausschuss 225
  Planungs- und Gesamtverantwortung der Jugendämter 225
  Hilfeplanverfahren 228
  Jugendhilfeplanung 230
  Kindeswohlgefährdung 226
  Staatliches Wächteramt 225

Jugendhilfeplanung 230f., 482

Jugendliche Täter 234, 681
  Pädosexualität 236
  Rückfallquoten 234

Jugendmedienschutz 240, 242ff.,
  Bundesprüfstelle für jugendgefährdende Schriften (BPjS) 241
  Filtersysteme 244
  Freiwillige Selbstkontrolle der Multimedia-Dienstanbieter (FSM) 243
  Freiwillige Selbstkontrolle Fernsehen (FSF) 241
  Jugendschutz.net 243
  Selbstkontrolle der Filmwirtschaft (FSK) 241
  Unterhaltungssoftware Selbstkontrolle (USK) 241
  Gesetz über die Verbreitung jugendgefährdender Schriften und Medieninhalte (GjS) 241
  Gesetz zur Regelung der Rahmenbedingungen für Informations- und Kommunikationsdienste 243

Jungen als Opfer 140, 145, 245, 330, 513, 590, 682
  Ausmaß sexualisierter Gewalt gegen Jungen 246
  Beratung und Therapie 249
  Prävention 250
  Projektive Faktoren 248
  Umstände sexueller Gewalt gegen Jungen 246

Jungenprostitution 254f., 257, 260
  Anlaufstellen 259
  Beratungsangebote 259
  Fakten zur Jugendprostitution 255
  Folgen 258
  Freier 258
  Motive der Strichjungen 257
  Sexuelle Identität 257
  Soziale Hintergründe 256
  Streetwork 259

Jungensozialisation 261f.
  Abgrenzung von der Mutter 264
  Aggression 266
  Ausländische Jungen 267
  Biologische Erklärungen 263
  Doing gender 265
  Entwicklung der Geschlechtsidentität 264
  Fehlende männliche Vorbilder 264
  Gewalt 266
  Hegemoniale Modell von Männlichkeit 263
  Homosexualität 268
  Coming-out 268
  Homophobie 268
  Männlichkeit
  Sexualität 268
  Untergeordnete und marginalisierte Männlichkeit 264

„Kerpener Modell" 76

Kinder als Täter 270
  Borderline-Syndrom im Kindesalter 272
  Definition 270
  Entwicklungspsychopathologie 271
  Partnerkonflikte 273
  Positive Vaterfigur 274
  Sadistische Gewalt 274

Sexuell-aggressive Impulsivität im Kindesalter 270
Sexuelle Auffälligkeiten bei Kindern 270
Störung der Mutter-Kind-Beziehung 273

Kinderpornographie 212 ff., 278 ff., 365, 531

Kinderschutzdienste 285

Kinder- und Jugendhilfegesetz 74, 103, 218, 224, 291 f., 517, 567, 570, 584, 599
    Adressaten 293
    Aufgaben der Jugendhilfe 293
    Begriff 292
    Entstehungsgeschichte 292
    Strukturen der Jugendhilfe 294
        Zusammenarbeit zwischen öffentlicher und freier Jugendhilfe 294
    Subsidarität 294
    Systematik 292
    Verfahrensvorschriften 295
    Wichtige Änderungen seit dem Inkrafttreten 295
    Zielsetzung 293
    Zitierweise 292

Kinderzeichnungen 296 ff.
    Entwicklungsstufen kindlichen Zeichnens 297
    Farbenwahl 298
    Zeichentests 297

Kindesmisshandlung 116 ff., 175 f., 300 ff., 318 ff., 438 f., 505 f.
    Arten der körperlichen Misshandlung 301
        Körperlichen Misshandlung 300
        Bagatellwunden 301
        Bissverletzungen 302
        Blaue Flecken 301
        Heftiges Schütteln 301
        Verbrühen und Verbrennungen 301
        Verletzungen durch Schlagen 301
        Würgen und Strangulieren 302
    Expressive Gewalt 303
    Instrumentelle Gewalt 303
    Misshandlungszeichen 301
    Psychodynamische Zusammenhänge 303
    Risikofaktoren 302

Kinderspiel-Therapie 284 f., 287, 290
    Kinderschutzdienst 285
    Prinzipien der personenzentrierten Kinderspieltherapie 285
        Achtung des Kindes 288
        Annahme des Kindes 287
        Begrenzungen 289
        Erkennen und Reflektieren von Gefühlen 288
        Freie Wahl des Kindes 287
        Gesetz von Bereitsein 289
        Gestaltung der Beziehung 287
        Handlungsfreiheiten des Kindes 288
        Klima des Gewährenlassens 287

Kindeswohl 104, 107, 130, 132, 180 f., 187, 193, 203, 216, 225 f., 229 f., 359, 386, 592 ff., 601, 639 f., 645, 671

Kindeswohlgefährdung 94, 102, 216, 225 f., 229 f.

Kindschaftsrechtsreform 102, 106 f., 230, 677

Kirche 306
    Angehörige der Täter 310
    Gemeinde 310

Klientenzentrierte Gesprächspsychotherapie 312, 314
    „experiencing" 313
    Focusing 312 f.
    Grundprinzipien der therapeutischen Methoden 312
        Empathie 313
        Kongruenz 313
        Unbedingte Wertschätzung 313

Körperliche Untersuchung bei Kindesmisshandlung 318
    „frozen watchfullness" 319
    Schweigepflicht 320

Kooperation und Vernetzung 486
    Fallunabhängige Kooperation und Vernetzung 486

Literatur 321 ff.

Lügendetektor siehe Polygraph

Mädchenprostitution 326 f.
    Ausmaß 326
    Erklärungsansätze 328
    Erscheinungsformen 327
    Interventionsstrategien 329
    Soziale Lage 327
    Trebe 327

Männliche Homosexualität 330
    Coming-out 330
    Suizidrisiko 333
    Tauwetter.de 334
    „unmännliches" Geschlechtsrollenverhalten 331

Medien 211 ff., 240 ff., 278 ff., 324, 337 ff., 355 ff., 734 f.
    Folgen 340

Sachregister

Häufigkeit der Berichte 338
Opfer 340
Ursachen 340
   familiäre Ursachen 340
   psychische Ursachen 340
   soziales Umfeld 340
   soziale Ursachen 340
Sozialwissenschaftliches Dokumentationssystem (SOWI-DOK) 338

Migrantinnen und Migranten 323, 346ff.
   Entgesellschaftlichung 347
   Gefahr kulturalisierender Verkürzungen 347
   Institutionelle Hilfeangebote 353
   Lebenssituation türkischer Familien in der BRD 349
   Migrationsprozess als Entwicklungschance 349
   Sexuelle Gewalt an türkischen Mädchen 352

Missbrauch mit dem Missbrauch 90, 355ff.
   Arbeitsgemeinschaft Humane Sexualität (AHS) 357
   Argumente der Kampagne 358
   DER SPIEGEL 355
   Dunkelziffer 358
   Interessen- und Schutzgemeinschaft unterhaltspflichtiger Väter (ISUV) 357
   Sex-Ringe 358
   Täterlobby 355

Modell der vier Voraussetzungen 362
   Motivation zu sexuellem Missbrauch 363
   Überwindung innerer Hemmungen 363
   Überwindung äußerer Hemmungen 364
   Überwindung des kindlichen Widerstandes 364

Multiple Persönlichkeitsstörung 54, 118

Mütter 174ff., 186f., 220, 367ff., 420ff., 495f., 519, 661
   Bindung der Frauen an den Täter 370
   Mutter-Tochter-Beziehung 370
   Mutterschaft 370
   Mütter als Opfer traumatischer Erfahrungen 369
   Rolle der sexuellen Versorgerin 371

Mythen über sexuelle Gewalt 58, 60, 111ff., 373, 375ff., 666
   Ausübung und Rechtfertigung sexueller Gewalt durch Männer 376
   Definition von Mythen 373
   Frauenfeindlichket der Mythen 375
   Funktion der Mythen 373
   Funktion und Folgen der Mythenakzeptanz 374
   Ineffektive Schutz- und Widerstandsstrategien der (potenziellen) Opfer 376
   Inhalte der Mythen zu sexueller Gewalt 373
   Mythenakzeptanz 375
   Opferfeindliche bzw. täterfreundliche Gewalt 377

Nebenklage 379, 382ff., 389, 456f., 491, 572, 602, 748
   Anwesenheitsrecht in der Hauptverhandlung 384
   Beweisantragsrecht 384
   Beweisaufnahme 384
   Einholung von Attesten 385
   Kindeswohl 386
   Nebenklage ausgeschlossen 383
   Nebenklagefähigen Delikts 383
   Schlussvorttrag 385
   Schutz kindlicher Zeugen 381
   Schutzmaßnahmen für das verletzte Kind 380
   Verantwortungsübernahme durch den Angeklagten 385
   Verantwortungszuweisung durch das Gericht 385
   Verfahrenskosten 379
   Verletztenbeistand 380
   Verurteilungswahrscheinlichkeit 380
   Wormser-Strafverfahren 381
   Zeugenbeistand 380
   Ziel der Nebenklagevertretung 382

Nicht-Regierungs-Organisation (NGOs) 214

Opferentschädigungsgesetz 105, 387
   Beweislasterleichterung bzw. -umkehr 388
   Gesetz über die Entschädigung für Opfer von Gewalttaten 387
   Heilbehandlungen 387
   Rentenzahlungen 387
   Versorgungsämter 387

Opferschutzgesetz 389, 607
   Zeugenschutzgesetz 389

Pädosexualität 237, 356, 390ff., 533
   Adultophilie 392
   Machtungleichgewicht 391
   Missbrauchsfigur 393
   Objektfindung 392
   Pädophilie 390
   Ungleichheit der sexuellen Wünsche 391

Parteiliche Beratungsstellen 231, 395ff., 639
   „Allparteilichkeit" 396
   Familienorientierter Ansatz 397
   Parteilichkeit 395
   Parteilichkeit als Qualitätskriterium 397
   Ziele parteilicher Beratungsstellen 396

Parteilichkeit in der Beratung 398 ff.
　Antikapitalistische Soziale Arbeit 398
　Begriffsbestimmung 398
　Feministische Soziale Arbeit 399
　Geschlecht in der Beratungspraxis 401

Personensorgerecht 105, 132 f.
　Entzug des Personensorgerechts 105

Pflegefamilien 190, 235, 403 ff., 516 ff., 521
　Vermittlungspraxis 404
　　Standards für die Vermittlungspraxis 405

Polizei 20, 78 ff., 180, 212 ff., 320, 410 f., 487 f., 596 f., 601 f., 606 ff., 720 ff., 724
　Gebot der absoluten Objektivität 410
　Grundsatz der Verhältnismäßigkeit 410
　Legalitätsprinzip 410
　Personelle Beweismittel 411
　Richterliche Vernehmung 411
　Sachliche Beweismittel 411
　Staatsanwaltschaft 410
　Unschuldsvermutung 410
　Videovernehmung 411

Polizeiliche Kriminalstatistik 20 f., 80 ff., 300, 509

Polygraph 412 ff., 416
　Beurteilung der Tauglichkeit des Verfahrens 414
　Darstellung des Untersuchungsablaufs 413

Posttraumatische Belastungsstörung 117 f., 369, 418 f., 701, 708 f.
　Akute Belastungsstörung 419
　Wiederholungszwang 418

Prävention 75, 230 f., 250 f., 420 ff., 425 ff., 433 ff., 438 ff., 447 ff., 539, 657 ff.
　Als Elternbildung 420
　Elternarbeit 420
　Grundsätze der Elternbildung 421
　　Inhalte und Ziele der Elternbildung 421
　　Mütterabende 421
　　Väterabende 421
　　Strukturen professioneller Elternbildung 423
　In der Heimerziehung 425
　Sexualpädagogik 428
　Staatliches Wächteramt 429
　In der Kindertagesbetreuung 432
　　Positive Prävention 437
　　Präventive Erziehungshaltung 432
　　Vorbedingung präventiver Arbeit 434
　　Zentrale Themen 433
　In der Schule 438
　　Aufgaben schulischer Prävention 438
　　Primäre Prävention 439
　　Sekundäre Prävention 439
　　Tertiäre Prävention 439
　　Möglichkeit und Grenzen schulischer Prävention 441
　　Schulische Rahmenbedingungen 444
　Mit Kindern 447
　　Ist Prävention mit Kindern sinnvoll 449
　　Ziele und Themen 447
　Präventionsarbeit im Sport 589
　Pädagogische Basis für Prävention 435
　Positive Prävention 437
　Vorbedingungen präventiver Arbeit 434
　Zentrale Themen 433
　Ziele präventiver Arbeit 447

Prozesskostenhilfe 389, 455 f.
　Beweisantragsrecht 456
　Nebenklage 456
　Prozesskostenhilfe 456
　Rechtsschutzversicherung 456
　Weißer Ring 456
　Zeugenschutzgesetz 456

Psychiatrie 89, 91, 93, 457, 555, 691

Psychiatrie und sexueller Missbrauch 457

Psychoanalyse 418, 459, 461 ff., 669, 691 ff., 695
　Inzest 459
　Objektbeziehungstheorie 463
　Ödipuskomplex 459
　Seelenmord 462
　Verführungstheorie 459

Psychoanalytische Psychotherapie 465
　Ausmaß der Wut 466
　Schuldgefühle 468
　Traumatische Reinszenierung 466
　Unschuldsvermutung 465

Psychodynamik sexuell missbrauchter Mädchen und Frauen 470
　Erzwungenes Schweigen 473
　Identifizierung 472
　Introjektion 472

Psychodynamik sexuell missbrauchter Männer 475
　Selbsthilfe 477

Rahmenbedingungen für Interventionen 480
　Arbeitsfeldübergreifende Arbeitskreise 487
　Arbeitskreise nach § 78 SGB VIII 486
　Aus- und Fortbildung 480
　Fallunabhängige Kooperation und Vernetzung 486

Fehler und Erfolge analysieren 480
Geschlechtsspezifische Angebote 485
Jugendberatung 484
Jugendhilfeplanung 482
Kooperation und Vernetzung 486
Öffnung der Einrichtungen für Minderheiten 485
Regeleinrichtungen 483
Selbstreflexion 481
Spezialeinrichtungen 483
Spezialisierte Beratungsangebote 482

Realkennzeichen 26, 29, 166f., 672

Rechtsmittel 457, 489ff., 729, 742
    Antrag auf gerichtliche Entscheidung 489
    Berufung 489, 491
    Beschwerde 489f.
    Bundesgerichtshof (BGH) 490, 492
    Generalstaatsanwaltschaft 489
    Landgericht 490
    Oberlandesgericht 489
    Revision 489, 491
    Sofortige Beschwerde 490
    Sprungrevision 492
    Staatsanwaltschaft 489
    Wiedereinsetzung in den vorigen Stand 491

Resilienz 493

Richterliche Vernehmung 104, 411, 598, 722

Risiko- und Schutzfaktoren 238, 493f., 497
    Außerfamiläre Beziehungen 496
    Auswirkungen bei misshandelten Kindern
    „battered child syndrome" 493, 498
    „cycle of violence" 494
    Eltern-Kind-Interaktionen 496
    Kindliche Seite 496
    Menschliche Regenerationspotenzial 498
    „natürliche" Schutzfaktoren 498
    Protektive Faktoren
    Resilienz 493
    Schutzfaktoren 493

Ritualisierter Kindesmissbrauch 501f.
    Definition 503
    Folgen ritualisierter Gewalt 506
    Kinderhandel 504
    Ritualisierte Formen körperlicher Misshandlung 505
    Ritualisierte Formen psychischer Misshandlung 505
    Satanisten 502
    Satanische Rituale 502
    Schwarze Messen 503
    Tier- und Menschenopferungen 504

Rückfälle von Sexualstraftätern 509, 632

Faktoren, die das Rückfallrisiko erhöhen 513
Rückfälligkeit bei 510
    Exhibitionisten 510
    Kindesmissbrauchern 511
    Vergewaltigern 510
Rückfallrisiko 514
Therapeutische Behandlung 514
Untersuchungen 509
Verlaufsformen von Sexualdelinquenz 511
    „Aus- oder Umsteiger" 512
    „Echten" Pädophilen 512
    „Einsteiger" 512
    „Einzeltäter" 512
    Inzesttäter 512
    Klassische Inzesttäter 512
    „Serientäter" 512

Rückführungskriterien 516, 518
    Kriterien für die
        Eltern-Kind-Beziehung 520
        Soziale Integration der Familie 521
        Kinder 520
        Mütter 519
        Paarbeziehung 520
    Verfahren zur Risikoeinschätzung 517
        Mindeststandards 518

Sekundäre Traumatisierung 192, 195, 250,

Selbstevaluation 223

Selbsthilfe 255, 477, 523ff.
    Ausschlusskriterien 525
    Berufsgruppe 524
    Drop-In-Groups 525
    Internetgruppentreffen 529
    Merkmale klassischer Selbsthilfe 525
    Patinnen- und Vertrautensystem 527
    Selbsthilfegruppen 523
    Ziele und Mittel der Selbsthilfe 527

Selbstreflexion 76, 401, 481, 642

Sexualisiertes Verhalten 7, 34, 117, 129, 184, 659

Sexualmord 80, 82f., 88, 509, 575

Sextourismus 17, 340, 428, 529
    Armut 531
    Gruppen von Sextouristen 532
    Kinderrechtskonvention 534
    „Rest & Recreation" 530
    Zahl der Sextouristen 530

Sexualpädagogik 427ff., 536ff.
    Emanzipatorische Sexualpädagogik 537
    Elternarbeit 541
    Fehlende Sexualaufklärung 540

Sexualität in der Familie 538
Sexualpädagogik als Primärprävention 540
Tabuisierung der Sexualität 539

Sexuell auffälliges Verhalten von Kindern 542, 546
    Normtypen 542
        Funktionelle Normen 546
        Idealnormen 546
        Soziale Normen 544
            Entwicklungsangemessenes sexuelles Verhalten 545
            Sexualität ohne Partnerschaft 545
            Sexuell aggressives Verhalten 544
            Sexuelles Verhalten in der Öffentlichkeit 545
            Übermäßige sexuelle Betätigung 545
        Statistische Normen 543

Sexuelle Entwicklung von Kindern bis zur Pubertät 548
    Angeborenes sexuelles Potenzial 549
    Masturbation 550
    Orgasmen 549
    Reflexhafte sexuelle Reaktion 549
    Sex-gender-System 549
    Sexualverhalten 548
    Sexuelles Wissen 551
        Geschlechtsidentität 551
        Funktion der Genitalien 552
        Schwangerschaft und Geburt 552
        Sexualverhalten Erwachsener 552

Sexuelle Übergriffe in der Therapie 554, 558
    Befragungen von Folgetherapeutinnen und -therapeuten 556
    Berufsethik 555
    Folgen sexueller Übergriffe 559
    Klientinnen- und Klientenbefragungen 556
    „patient-sex-syndrome" 560
    Risikofaktoren für sexuelle Übergriffe 557
        Risikofaktoren bei Psychotherapeuten/-innen 557
        Risikofaktoren bei Klientinnen und Klienten 558
    Therapeutinnen- und Therapeutenbefragungen 555

Sicherungsverwahrung 562 ff., 609 f.
    Bedingte Entlassung 563
    Maßregeln 562
    Vollstreckungsgericht 563

Sorgerecht 76, 95, 102, 104 ff., 131, 180 f., 674 f.
    Alleinige elterliche Sorge 106
    Entzug des Sorgerechts 595

Gemeinsames Sorgerecht 181

Sozialpädagogische Prozessbegleitung 567 ff., 571 f., 749
    Jugendliche und Heranwachsende als Beschuldigte 568
        Jugendgerichtsgesetz 568
        Jugendgerichtshilfe 568
        Nach der Hauptverhandlung 570
        Opfer von Sexualdelikten 568
        Vor der Hauptverhandlung 570
        Während der Hauptverhandlung 570
        Zeuginnen und Zeugen im Strafverfahren 568

Sozialtherapeutische Anstalt 574 f., 610, 612, 633
    Freigang 578
    Gesetz zur Bekämpfung von Sexualdelikten und anderen gefährlichen Straftaten vom 26.1.1998 575
    Haftplatzbedarf der Bundesländer 577
    Integrative Sozialtherapie 578
    Sechstes Gesetz zur Reform des Strafrechts 575
    Sexualstraftäter in Gefängnissen 575
    Strafvollzugsgesetz – StVollzG 574
    Wirksamkeitsforschung 578

Spezialisierte Beratungsstellen 285, 580
    Delegationskette 582
    Lebensweltorientierung 581
    Parteilicher Arbeitsansatz 581

Sport 204, 440, 586 ff.
    Auswirkungen von sexuellen Gewalterfahrungen 587
    Bewegungs- und Verhaltensmuster 587
    Hegemoniale Männlichkeit 590
    Präventionsarbeit im Sport 589
    Schulsport 590
    Selbstbehauptungskurse 588
    Sexuelle Gewalt im Sport 588
    Spiel- und Bewegungsraum 587
    Sport als Männerdomäne 590

Staatliches Wächteramt 592
    Elternrecht 592
    Funktion des Wächteramtes 593
    Hilfen für Kinder und Jugendliche in Konfliktsituationen 594
    Inobhutnahme 595
    Träger des Wächteramtes 593

Staatsanwaltschaft 379 ff., 410 f., 489, 491, 596 ff., 601, 606 f., 722, 724 ff., 738, 746 ff.
    Ergänzungspfleger 598
    Ermittlungsverfahren 596
    Hauptverfahren 596
    Hauptverhandlung 596

Legalitätsprinzip 596
Opferschutz 597
Polizei 599
Rechte der Beschuldigten 598
Strafvollstreckung 596
Unschuldsvermutung 596
Verhältnismäßigkeitsgrundsatz 596
Zeugnisverweigerung 598

Stieffamilie 622

Strafanzeige/Anzeigepflicht 600
Anwaltssuchservice 602
Datenschutz 601
Gefährdung des Kindeswohls 601
Keine Anzeigepflicht 601
Strafanzeige 601
Untersuchungshaft 603
Dringender Tatverdacht 603
Fluchtgefahr 603
Verdunkelungsgefahr 603
Wiederholungsgefahr 603
Verjährungsfristen 601

Strafverfahren 44ff., 163f., 229, 380ff., 385f., 389, 456f., 567ff., 596f., 599f., 601ff., 671ff., 724, 736ff., 742f., 745ff.
Amtsermittlungsmaxime 606
Anklagemonopol 606
Einstellung des Verfahrens 608
Ermittlungsverfahren 606
Eröffnung des Hauptverfahren 607
Freie Beweiswürdigung 608
Grundsatz des rechtlichen Gehörs 606
In dubio pro reo 608
Legalitätsprinzip 606
Materieller (inhaltlicher) Opferschutz 606
Mehrfachvernehmung des Tatopfers 607
Mündlichkeit 608
Öffentlichkeit 608
Opportunitätsprinzip 606
Sekundäre Viktimisierung 606
Unmittelbarkeit 608
Unschuldsvermutung 606
Urteil 608
Zwischenverfahren 607

Strafvollzug 565, 578, 609f.
Behandlung der Sexualstraftäter 612
Haftplätze 609
Vollzugsplan 612
Vollzugsziel 610

Strafvorschriften gegen sexuellen Missbrauch 614
Gruppenvergewaltigung 615
Sexuelle Handlungen 614
Tätliche Beleidigung 614

Supervision 143, 146, 222f., 616ff.

Leitung 618
Professionelle Anforderungen 619
Supervision als Krisenintervention 616
Team 618

Systemische Erklärungsansätze 621, 623
Stieffamilie 622

Systemische Therapieansätze 624
Familienorientierte Therapie 627
„Familiensystem-Modell" 625
Systemische Methoden 626
Tätertherapie 630
Therapie mit Opfern 629

Täterbehandlung 632f., 637
Effizienz von Behandlungen 634
Erwachsene Sexualtäter 635
Jugendliche und heranwachsende Sexualtäter 634
Messung sexueller Erregung 635f.
Sexuell aggressive Kinder 635

Tätergespräch 639
Konfrontationsgespräch 641
„Spielregeln" des Gesprächs 640
Vorbereitung der Beraterin/des Beraters 641
Voreilige Aufdeckung 640

Täterprävention 646ff.
Erleben von Sexualität 647
Geschlechtsspezifische Sozialisation 647
Umgang mit eigenen Gewalterfahrungen 647
Ursachenverständnis 647

Täterprävention und männliche Sozialisation 650
Empathiefähigkeit 653
Funktionalisierung von Sexualität 652
Grenzen setzen 654
Kultur sexueller Übergriffe 652
Pornographie 651
Realistische Anforderungen an Jungen 653
Veränderung des Männlichkeitsverständnisses 653
Wider den alltäglichen Sexismus 654

Täterstrategien und Prävention 657
Dauer der Missbrauchshandlungen 660
Gefährdungsfaktoren für Kinder 658
Gewaltcharakter des sexuellen Missbrauchs 660
Körperkontakt zum Täter 659
Schlussfolgerungen für die Prävention 660
Die Täterarbeit und -therapie muss verbessert werden 662

Eigenständige und informierte Mütter 661
Hilfen für Betroffene 662
Täter zur Verantwortung ziehen 662
Sicherung der Versorgung von Kindern 661
Veränderung der sexuellen Sozialisation von Jungen 662
Veränderung männlicher Sexualität 662
Wider die Verharmlosung sexueller Gewalt 661
Strategien der sexuellen Annäherung 659
Subtile Gewalt 659
Widerstand des Kindes 659

„Tauwetter" 334, 476f., 526

Trauma 37, 63, 154, 315f., 419, 459ff., 467ff., 472f., 668ff., 700
Konfrontation mit der (Erwachsenen-)Sexualität 668
Sexuelle Stimulierung des Opfers 669
Traumatisierung durch sexuelle Reize 668
Unterdrückung von Sexualität 670
Vorsprachliches Gedächtnis 669

Traum-Ansteckung (trauma contagion) 157

Traditionelles Ursachenverständnis 663, 665
„Dampfkesseltheorie" 664
Dysfunktionale Familienstruktur 664
Triebtäter 664

Trennung und Scheidung 671
Aufeckungsarbeit 672
Elterliche Sorge 671
Falschbeschuldigung 675
Gesetz über die Angelegenheit der Freiwilligen Gerichtsbarkeit 672
„Kampf ums Kind" 671
Realkennzeichenanalyse 672
Sorgerechts- und Umgangsregelung 671
Zunahme von Missbrauchsverdachtsfällen 674
Umgangsrecht
Ausschluss des Umgangs 677
Ausschluss des Umgangsrechts 677
Begleiteter Umgang 677
Umgangsregelung 677
Wille des Kindes 677

Umstände 246, 679ff.
Alter der Kinder 680
Alter der Täter 680
Art und Dauer des sexuellen Missbrauchs 679
Bekanntschaftsgrad zwischen Kindern und Tätern 679
Familienangehörige 679

Außerfamilialer Nahraum 679
Unbekannte Täter 679
Familiale Situation 681
Geschlecht der Täter 681

UN-Kinderrechtskonvention 193, 534

Väter 70, 176, 181f., 420ff., 682ff.

Verdrängung 3, 26, 63, 66f., 208, 460, 685ff.
Begriffsbestimmungen 685
Affektisolierung 686
Deckerinnerung 686
Depersonalisierungsstörung 686
Dissoziation 686
Intellektualisierung 686
Multiple Persönlichkeit 686
Passives „ungebetenes" Erinnern 686
Psychogene (dissoziative) Amnesie 686
Psychogenes Weglaufen 686
Unterdrückung 686
Verdrängung 685
Erinnerungsprozess des Opfers 688
Frühkindliche Amnesie 689
(induzierte) Erinnerungen 689
Wiederbelebung der Erinnerungen 688
Wiedererinnerung 687

Verführungstheorie 138, 459ff., 691ff.
Ödipuskomplex 691, 694
„Väterätiologie" 693

Vergewaltigung 80ff., 338f., 373, 470, 503f., 660, 697ff.
Akutsituation 700
Anzeigebereitschaft 699
Begriffsbestimmung 696
Bewältigungsprozesse 702
Erzwungene Schwangerschaft 701
Falshbacks 702
Folge der Vergewaltigung 700
Opferbelastende Vergewaltigungsmythen 700
Schocksituation 700
Selbstbehauptungsstrategie 700
Selbstverteidigungsstrategie 700
Spezielle Reaktionen auf Vergewaltigung 701
Traumatischer Schock 700

Verhaltenstherapie 705, 707, 710
Alpträume 709
Aufbau einer therapeutischen Beziehung 706
Dysfunktionale Kognitionen 707
„Flashbacks" 709
Imaginationsübungen 709
Kognitiv-emotionale Verarbeitung 707
Kognitive Umstrukturierung 707
Konfrontation 709

Konfrontationsbehandlung 709
„sokratischer Dialog" 708
Transparentes therapeutisches Vorgehen 706
Verhaltensbegriff 705
Verhalten 705
Vermeidungsstrategie 707

Vergehen 44, 281, 303, 413, 589

Vernachlässigung 133, 493f., 497f., 712ff.
  Bedürfnisse von Kindern 713
  Familiale Hintergründe 715
  Folgen 714
  Hilfen 716
  Risikofaktoren 713
  Suchtstrukturen 715
  Unterversorgung des Kindes 712
  Verzögerte Sprachentwicklung 714

Vernehmung von Kindern 717, 720, 722, 728
  Anwesenheit von Zeugenbeistand und Vertrauensperson 721
  Belehrungsvorschriften 718
  Beweisgewinnung 718
  Beweisverwertung 718
  Beweiswürdigung 718f.
  Fragerecht der Verteidigung 722
  Sachverständige 722
  Vernehmungsperson 719
  Vernehmungsumfeld 719
  Vernehmungszeitpunkt 722
  Vorabvernehmung von Begleitpersonen 722
  „Wetzlarer Modell" 722
  Zeugnisfähigkeit 717f.
  Zeugnispflicht 717

Videoaufzeichnung 30, 108, 597, 718f., 724, 726f., 729
  Aufzeichnung einer nicht richterlichen Vernehmung 726
  Aufzeichnung einer richterlichen Vernehmung 726
  Aufzeichnung in dem Vernehmungszimmer 727
  Eignung der Videotechnik 728
  Ermittlungsverfahren 725
  Rechtliche Rahmenbedingungen 724
    Unmittelbarkeitsprinzip 724
    Zeugenschutzgesetz 724
  Übertragung aus dem Sitzungssaal 728
  Übertragung aus dem Vernehmungszimmer 727

Technische Umsetzung 727
Videokonserve 725
Videosimultanübertragung 724
Zuschaltmodell 725

Vormund 595, 641

Vormundschaftsgericht 76, 102, 105, 225, 230, 294, 380, 484, 487, 507, 672

Weibliche Sozialisation 125, 730
  Alltäglichkeit sexueller Gewalt 734
  Gewalt gegen Frauen 734
  Koedukation 733
  Mutterrolle 732
  Mütterlichkeit 732
  Unterschiedliche Sexualmoral für Jungen und Mädchen 733
  Sozialisation 730

Weißer Ring 456

Wiederholungszwang 418, 467
Zeugenbegleitprogramm 572, 602, 736ff., 740, 742f., 749
  Ablauf und Inhalt 738
  Begleitpersonen
    Ausbildung von Begleitpersonen 742
    Begleitung während der Hauptverhandlung 741
    Nachbesprechung 742
    Rahmenbedingungen 742
  Kontaktaufnahme 738
  Theorie der kognitiven Kontrolle 737
  Vorbereitung auf die Hauptverhandlung 739
    Bearbeitung von Ängsten, Vermittlung von Bewältigungsmöglichkeiten 739
    Gerichtsbesuch 740
    Informationsvermittlung 739

Zeuginnen und Zeugen 384, 567f., 736f., 742, 745, 747, 750,
  Belastungsmerkmale für kindliche und jugendliche Opferzeugen 746
  Nach der Hauptverhandlung 749
  Vor der Hauptverhandlung 746
  Während der Hauptverhandlung 747

Zeugenschutzgesetz 108, 389, 456, 724f., 727

Zeugnisverweigerungsrecht 102, 104, 106, 727, 738

Wilhelm Körner
Georg Hörmann (Hrsg.)

Handbuch der Erziehungsberatung

Band 1: Anwendungsbereiche und Methoden der Erziehungsberatung

1998, 534 Seiten, geb.,
€ 39,95 / sFr. 69,–
ISBN 3-8017-0927-2

Das Handbuch bietet eine kritische Bestandsaufnahme und Reflexion der organisatorischen Einbindung, der Anwendungsbereiche und Klientele sowie der Methoden der Erziehungsberatung.

Herbert Goetze

Handbuch der personenzentrierten Spieltherapie

2002, XIV/587 Seiten, geb.,
€ 59,95 / sFr. 98,–
ISBN 3-8017-1334-2

Das Buch bietet einen umfassenden und praxisorientierten Überblick über die personenzentrierte Spieltherapie. Die theoretische Fundierung, das Konzept sowie das methodische, diagnostische und therapeutische Vorgehen werden umfassend beschrieben.

Wilhelm Körner
Georg Hörmann (Hrsg.)

Handbuch der Erziehungsberatung

Band 2: Praxis der Erziehungsberatung

2000, 418 Seiten, geb.,
€ 39,95 / sFr. 64,–
ISBN 3-8017-0928-0

Anhand ausführlicher Fallbeispiele, z.B. Lern- und Leistungsstörungen, Hyperaktivität, Jugendgewalt, sexueller Mißbrauch, wird in diesem Band die Praxis der Erziehungsberatung ausführlich beschrieben.

Klaus A. Schneewind (Hrsg.)

Familienpsychologie im Aufwind

Brückenschläge zwischen Forschung und Praxis

2000, 297 Seiten,
€ 36,95 / sFr. 60,–
ISBN 3-8017-1243-5

Der Band informiert ausführlich über Familientheorien, die Methodik der Familienpsychologie sowie der Familiensoziologie und Verhaltensgenetik, über die Familienentwicklung sowie familiäre Interventionen.

Hogrefe

Hogrefe-Verlag
Rohnsweg 25 • 37085 Göttingen
Tel.: 05 51 - 4 96 09-0 • Fax: -88
E-mail: verlag@hogrefe.de
Internet: www.hogrefe.de

Hogrefe

Hogrefe-Verlag
Rohnsweg 25 • 37085 Göttingen
Tel.: 05 51 - 4 96 09-0 • Fax: -88
E-mail: verlag@hogrefe.de
Internet: www.hogrefe.de

Mechthild Schäfer
Dieter Frey (Hrsg.)

Aggression und Gewalt unter Kindern und Jugendlichen

1999, 284 Seiten, geb.,
€ 26,95 / sFr. 44,80
ISBN 3-8017-1203-6

Manfred Cierpka (Hrsg.)

Kinder mit aggressivem Verhalten

Ein Praxismanual für Schulen, Kindergärten und Beratungsstellen

1999, 366 Seiten,
€ 32,95 / sFr. 51,–
ISBN 3-8017-1150-1

Rudolf H. Weiß

Gewalt, Medien und Aggressivität bei Schülern

2000, XII/310 Seiten,
€ 32,95 / sFr. 51,–
ISBN 3-8017-1247-8

Henri Julius / Ulfert Boehme

Sexuelle Gewalt gegen Jungen

Eine kritische Analyse des Forschungsstandes

1997, 302 Seiten,
€ 26,95 / sFr. 44,80
ISBN 3-8017-1004-1

Manfred Döpfner
Gerd Lehmkuhl
Dietmar Heubrock
Franz Petermann

Ratgeber Psychische Auffälligkeiten bei Kindern und Jugendlichen

Informationen für Betroffene, Eltern, Lehrer und Erzieher

(Ratgeber Kinder- und Jugendpsychotherapie, Band 2)
2000, 73 Seiten,
€ 7,95 / sFr. 14,80
ISBN 3-8017-1374-1

Günther Deegener

Aggression und Gewalt von Kindern und Jugendlichen

Ein Ratgeber für Eltern, Lehrer und Erzieher

2002, 129 Seiten,
€ 15,95 / sFr. 28,–
ISBN 3-8017-1607-4

Hogrefe

Hogrefe-Verlag
GmbH & Co. KG
Rohnsweg 25 • 37085 Göttingen
Tel.: 05 51 - 4 96 09-0
Fax: 05 51 - 4 96 09-88
E-mail: verlag@hogrefe.de